JN449535

파 생 상 품 이 론

Theory of Derivatives

파생상품이론

THEORY OF DERIVATIVES

원 재 환 저

신론사

머리말

1944년 7월부터 시작된 브레튼-우즈 체제(Bretton-Woods System)는 미국 달러화를 기축통화로 하는 금본위제(gold standard system)로서 고정환율제도(fixed exchange rate system)이다. 이는 환율의 안정에 기여하였고, 기업이나 개인투자자들이 환위험(exchange rate risk)에 대한 부담 없이 국제거래가 가능하도록 해 주었다. 그러나 미국의 월남전참전과 경기과열로 인플레이션 압력이 점증하고, 이로 인한 달러가치의 하락은 1971년 8월 15일 닉슨 대통령의 금태환정지 선언을 유발하였고, 이로써 지난 30여 년간 지속된 고정환율제가 무너지고 변동환율제로 전환되기에 이르렀으며, 국제금융시장에서 환율의 변동성이 크게 증가하게 되었다.

한편, 1973년과 1979년에 발생한 두 차례의 석유파동(oil shock)으로 원유가격이 크게 상승하여 인플레이션이 세계적으로 확산되었고, 이로 인해 금리의 인상은 물론 금리의 변동성이 커지게 되었다. 또한, 1990년대에 들어 정보통신기술 및 컴퓨터기술의 급속한 발전으로 자본의 국제화가 빠르게 진전되어 국제금융시장은 세계적 공조현상을 초래하였으며, 이는 각국 주식시장의 변동성을 증가시키게 되었다.

변동환율제의 도입에 따른 환율의 변동성 증가, 석유파동으로 인한 물가와 금리의 변동성 증가, 자본시장의 국제화에 따른 주가 변동성의 증가 등으로 요약되는 1970년대 이후의 시장에서의 위험증가는 파생상품(derivatives)이라는 새로운 금융상품의 개발을 촉진하였으며, 새로운 위험관리기법을 개발하는 원동력이 되었다. 예를 들어, 환위험을 관리하기 위해 통화선물이 도입(1972)되었고, 1980년대에는 통화옵션, 통화스왑, 통화선물옵션 등이 개발되었다. 금리위험을 관리하기 위해서 T-bill선물, T-bond선물, 유로달러선물, 국고채선물 등의 금리선물이 도입되었고, 1983년에는 금리스왑도 개발되었다. 또한 주가의 변동성을 관리하기 위해 주가지수선물 및 옵션 등도 개발되었다.

우리 나라도 국제화와 개방화가 진행됨에 따라 환율, 금리, 주가 등에서 변동폭이 증대되어 체계적인 위험관리의 필요성이 점증하고 있다. 특히, 1997년의 외환위기는 금융부문의 구조조정을 통한 선진화를 가속화하는 계기가 되었으며, 효율적인 리스크관리의 필요성이 인식되는 기회가 되었다. 이제 리스크관리는 국가뿐만 아니라, 기업과 개인차원에서도 생존을 위해 선택이 아닌 필수과제가 되었고, 이러한 리스크관리의 필요를 충족해 줄 수 있는 강력한 도구로서 선물, 옵션, 스왑 등의 첨단 금융기법들은 자연스럽게 주목을 받기 시작했다. 우리 정부는 이러한 환경변화에 부응하기 위해 1996년 7월 1일부터 선물거래법과 시행령을 제정, 시행에 들어갔으며, 한국증권거래소(KSE)는 1996년 5월 3일 처음으로 주가지수선물시장을 개설하였고, 1997년 7월 7일에는 주가지수옵션시장을 개설하게 되었다. 또한 1999년 4월 23일에는 한국선물거래소(KOFEX: Korea Futures Exchange)가 개장되었고, 2005년 1월에 한국증권거래소와 한국선물거래소가 통합되어 한국증권선물거래소가 출범되었으며, 2009년 4월에 한국증권선물거래소를 한국거래소(KRX: KoRea eXchange)로 명칭을 변경하여 지금에 이르게 되었다. KOSPI200주가지수 선물과 옵션으로 시작하여, 지금은 국고채선물, 달러선물, 엔 · 유로선물, 돈육선물, 개별 주식 및 옵션선물, 그리고 금선물 등 다양한 금융선물과 상품선물들이 거래되고 있다.

파생상품의 거래규모도 그 동안 급속도로 증가하여, 국제시장에서는 2010년기준 거래소(Exchange)에서 약 100조달러, 장외시장(OTC)에서 약 700조달러의 엄청난 규모로 거래되고 있다. 우리 나라의 경우에는 거래소 거래금액이 2001년 약 2,270조원이었던 것이 매년 폭발적으로 증가하여 2011년에 약 1경 6,442조원(약 15조달러)에 이르는 규모인데, 이는 2010년국내총생산(GDP)이 1조 145억달러(약 1,200조원)임을 감안하면 GDP의 약 15배에 해당되는 큰 규모이다. 거래량의 경우에도 2011년 39억 2,800만건으로 전세계 거래량의 약 15.7%를 차지하여 단일거래소 거래량으로는 전세계 1, 2위를 다투는 규모이고, 우리 나라 주식시장시가총액이 세계 13위권임을 감안하면 우리 나라 파생상품시장이 매우 크다는 것을 알 수 있다. 이와 같은 우리 나라의 선물 및 옵션시장의 급성장은 투자자들에게 다양한 리스크관리기법을 제공함은 물론, 투자포트폴리오의 분산효과 극대화를 통한 효율적 투자위험 관리, 선진 첨단금융기법의 활용을 통한 금융선진화 등에 크게 기여하고 있다.

그러나, 2007년부터 시작된 미국의 서브프라임 모기지(sub-prime mortgage)사태는 전세계 금융위기를 촉발함으로써 파생상품의 위험성에 대해 전세계가 새롭게 인식하는 계기가 되었으며, 파생상품의 위험을 제어하기 위한 다양한 규제와 감독강화 방안이 전세계적으로 논의, 도입되고 있다. 이러한 경험으로부터 파생상품은 금융산업발전에 기여하는 긍정적인 측면과 레버리지 효과로 인한 높은 위험성이라는 부정적인 측면을 동시에 가지고 있다는 점이 점차 잘 인식되고 있다. 즉, 파생상품은 마치 칼과 같아서 잘 사용하면 금융시장을 활성화시키고 시장효율성을 제고하여 경제를 살리기도 하지만, 잘못 사용하면 경제위기와 국가부도를 초래할 수 있다는 점을 잘 인식할 필요가 있으며, 파생상품의 올바른 사용을 위해 파생상품에 대한 깊은 이해가 필요하다. 이러한 목적을 달성하는데 조금이라도 기여하고자 하는 것이 이 책을 집필하게 된 기본 동기이다.

금융환경 변화에 따른 다양한 선진금융기법이 현장에 효율적으로 적용되기 위해 이론으로 잘 무장한 실무인력 배양의 중요성은 아무리 강조해도 지나치지 않을 것이다. 따라서, 이 책은 파생상품에 대한 기초이론을 잘 마스터하고, 보다 고급의 파생상품이론을 공부하고자 하는 학생들과 실무에서 파생상품을 다루고 있거나 앞으로 다루기를 희망하는 실무자나 투자자들을 위한 입문서로 집필되었다. 따라서, 이 책은 학부 3학년 혹은 4학년에서 파생상품관련 강의교재로 이용하면, 대학원에서 고급 파생상품이론을 공부하기 위한 기초 이론교재로서 적당할 뿐만 아니라, CPA, CFA, FRM, 증권분석사, 선물거래사 등 파생상품관련 전문자격증을 준비하는 수험생에게 도움이 되도록 쓰여졌다. 이러한 자격시험들의 기출문제 중 출제빈도가 높은 것들을 포함하여 연습문제를 구성하고 상세하게 정답을 설명함으로써 시험에의 적응능력 향상을 도모하였으며, 이론설명 뒤에는 사례를 수록하여 이론의 이해도 및 적용능력을 높이고자 노력하였다. 아울러, 보다 수준 높은 이론을 알고 싶어하는 독자들을 위해 심화학습란을 통해 고급의 이론과 수학적인 증명들을 소개하였다. 또한, 부록에 미국 파생상품 규정 및 연습문제, 한국의 파생상품 운영규정, 빈번히 쓰이는 주요 용어와 표준정규분포표 등을 수록하였다. 이는 가능하면 이 책 한 권으로 파생상품 기초이론의 마스터는 물론, 실무적용능력 제고 및 자격증 준비까지 철저히 대비시키고자 하는 필자의 의도가 담겨진 것으로서 공부에 큰 도움이 되리라 확신한다.

이 책의 구성을 간략히 설명하면 다음과 같다.

제1부에서는 선물과 선도의 개념, 거래시장, 그리고 가치평가 등을 심도 있게 다루고 있다. 그 주요 내용으로는 선물거래소의 구조 및 기능, 청산소의 역할, 선물관련 규정 및 거래, 선물 및 선도가격 결정이론, 베이시스(basis)의 개념, 최소분산헷지 등 선물시장을 이용한 위험관리, 귀금속 · 에너지 · 곡물 · 가축 등의 상품선물 소개, 단기 · 중기 · 장기 금리선물과 금리선물을 이용한 금리헷지방법, 환율의 개념, 환율의 결정요인, 통화선물의 종류 및 통화선물을 이용한 환위험관리, 주가지수의 정의 및 계산방법, 주가지수선물을 이용한 주가위험의 헷지, 한국의 선물시장 등이 있다.

제2부에서는 옵션의 개념, 거래시장, 그리고 가치평가 등을 심도 있게 다루고 있는데 그 주요 내용으로는, 옵션의 정의, 거래방법, 종류, 이항분포모형과 블랙-숄즈-머튼 모형을 이용한 옵션가격결정 방법과 옵션을 이용한 다양한 투자전략, 헷지방법, 특별한 형태의 옵션, 실물옵션, 한국의 옵션시장 등이 있다. 그리고, 마지막으로 제3부에서는 스왑의 개념, 종류, 가치평가에 대해 자세히 다룬다.

이 책을 공부하면서 미비점이나 의문사항에 대한 독자들의 적극적인 의견개진을 바라며, 필자의 노력에도 불구하고 오류나 문제가 발생한다면 이는 전적으로 필자의 책임이다. 미비하나마 이 책이 파생상품을 처음 공부하거나, 실무에서 참고하려는 분들, 그리고 파생상품관련 각종 전문 자격시험을 준비하는 분들께 도움이 되기를 바라며, 앞으로 더욱 정진하여 더 좋은 책으로 수정, 보완해 나가도록 하겠다.

이 책이 있기까지 필자에게 박사과정 중 이론적 · 학문적으로 큰 힘이 되어주신 미국 텍사스대학의 Larry J. Merville 지도교수님과 Ted E. Day 교수님, 박사논문지도에 흔쾌히 참여해 주신 미국 Southern Methodist University(SMU)의 Andrew H. Chen 교수님, 석사과정 중 학문의 자세를 가르쳐 주신 한국과학기술원(KAIST) 한민희 교수님, 그리고 선배로서, 동료로서 부족한 필자에게 늘 도전과 격려를 주시는 서강대 경영학과 재무분야 교수님들께 깊이 감사드리며, 이 책을 집필하도록 흔쾌히 승낙하고 여러모로 지원을 아끼지 않은 **신론사** 사장님께 이 자리를 빌어 깊은 감사를 드린다. 특히 출판과 교정작업 가운데 많은 도움을 주신 편집부에 고마움을 전한다.

그리고 이 책을 집필하는 동안 옆에서 물심영(物心靈) 삼면(三面)으로 지원을 아끼지 않은 사랑하는 아내 은숙(殷淑)과 바쁜 아빠 때문에 아빠와 함께할 시간들을 양보해야 했던 착하고 듬직한 두 아들 영대(永大), 영웅(永雄)에게 미안한 마음과 함께 깊은 고마움을 전하며, 부족한 필자를 위해 늘 걱정 어린 마음으로 기도해 주시는 장모님, 형님들, 누님들, 친척분들, 그리고 막내인 필자를 아끼고 사랑하셨던 그리운 두 분 아버님, 어머님 영전에 이 책을 바친다.

2013년 4월 서강대 캠퍼스에서

저자 원 재 환

주요 차례

제1부 선물과 선도

제2부 옵션

제3부 스왑

부 록

차 례

제1부 선물과 선도

부록 한국과 미국의 선물 및 옵션 규정

제1부

선물과 선도

선물과 선도의 개요

1장에서는 파생상품 중 선물과 선도에 대해 살펴보고자 한다. 우선 선물과 선도란 무엇인지 그 개념에 대해 정의하고, 파생상품시장의 거래규모, 그리고 선물과 선도를 이해하기 위한 주요 용어들과 기호들에 대해서도 정리한다.

또한, 오랜 역사를 가지고 있는 농산물선물과 선도의 유래와 도입배경에서부터 최근에 괄목할 만한 발전을 보이고 있는 금융선물과 선도에 이르기까지 선물과 선도시장의 발전과정을 고찰할 것이다. 마지막으로 선물과 선도시장에 참여하는 주요 주체들, 즉, 헷저(hedger), 투기자(speculator), 스프레드거래자(spreader), 차익거래자(arbitrageur)의 기능과 역할, 그리고 선물과 선도의 경제적 기능에 대해서도 자세히 살펴보고자 한다.

1. 선물과 선도의 개념

1) 파생상품

(1) 파생상품의 정의

선물과 선도에 대해 이해하기 위해서는 먼저 파생상품이 무엇인지 알 필요가 있다. 파생상품(derivatives)이란 스스로는 존재할 수 없고 다른 기본자산에 의존하는 상품을 말한다. 따라서 파생상품의 가치는 자신이 의존하고 있는 기본자산의 가치에 의해 결정된다. 여기서 말하는 기본자산(primary asset)이란 스스로 독립적으로 존재할 수 있는 자산을 말하며, 그 예로 금융자산(financial asset)과 상품(commodity) 등이 있다. 대표적인 금융자산으로는 주식(stock), 채권(bond), 외국통화(foreign currency), CD(Certificate of Deposit: 양도성예금증서) 등이 있고, 상품으로는 농산물, 축산물, 임산물, 부동산 등이 있다.

파생상품이 의존하고 있는 기본자산들을 기초자산(underlying asset)이라고 부른다. 파생상품은 독립적으로 존재할 수 없으므로 모든 파생상품의 가치의 합은 0이 되어야 한다(zero sum rule).

(2) 파생상품의 종류

대표적인 파생상품으로는 선물(futures), 선도(forward), 옵션(option), 스왑(swap) 등이 있다. 본서에서는 이들 대표적인 4가지 파생상품에 대해 살펴보고자 한다. 각 파생상품의 정의와 종류, 거래시장과 거래방법, 가격결정이론 등이 그 주요내용이다.

(3) 파생상품의 용도

파생상품은 칼과 마찬가지로 양면성을 가지고 있다. 칼을 의사가 사용하면 생명을 살리지만 칼을 살인강도가 사용하면 생명을 위협할 수 있는 것처럼, 파생상품을 본래의 의도대로 잘 사용하면 기업이나 개인의 투자 및 리스크관리 등 경제활동에 매우 유용하지만 파생상품을 잘못 오용하면 2007년 전세계 금융위기를 불러온 서브프라임 모기지(subprime mortgage)사태와 같이 기업과 국가경제에 심각한 타격을 줄 수도 있다. 따라서 파생상품의 신중하고 합리적인 사용이 요구된다.

파생상품은 일반적으로 다음과 같은 용도로 사용된다.

① 리스크를 다른 사람에게 전가하는 헷지(hedge)목적으로 사용된다.
② 자료와 정보 등을 근거로 시장의 미래방향을 예측하고 적극적으로 투자하는 투기(speculation)목적으로 사용된다.
③ 무위험 차익거래(arbitrage)이익을 얻기 위한 목적으로 사용된다.
④ 고정부채를 변동부채로 변경하는 등의 부채의 성격변동에 사용된다.
⑤ 포트폴리오 거래비용 없이 투자의 성격(베타, 가중치 등)을 변동시키는 데 사용된다.

(4) 파생상품의 거래

파생상품은 크게 다음과 같은 두 가지 시장에서 거래된다. 하나는, 거래소(ex-changes)이고, 다른 하나는 장외(OTC : Over The Counter)시장이다. 전자의 대표적인 예로 한국거래소(KRX : KoRea eXchange), 시카고상품거래소(CBOT : Chicago Board of Trade), 영국선물거래소(LIFFE : London International Financial Futures Exchange) 등이 있고, 후자의 경우 거래당사자가 직접 만나서 거래하거나, 전화, 인터넷, 컴퓨터 등으로 거래하는 시장을 말한다.

(5) 파생상품의 경제적 기능

파생상품의 경제적 기능은 다음과 같이 크게 다섯 가지로 구분할 수 있다.
① 치열한 정보수집과 경쟁을 통한 공정한 가격형성과 발견(formation and discovery of fair prices)
② 가격변동위험의 헷지(hedge over price changes)
③ 레버리지 활용을 통한 유동성증대(increase in liquidity)
④ 미래가격예측을 통한 저축 및 투자유도로 자본형성촉진(promotion of capital accumulation)
⑤ 자본의 시차적 배분(time differential distribution of capital)

(6) 파생상품의 거래 규모

파생상품의 거래규모는 생각하는 것 이상으로 매우 크다. 국제적인 거래규모와 국내거래규모를 나누어 살펴보자. 먼저, 〈그림 1-1〉의 (a)에서 보는 바와 같이 1998년부터 2010년까지의 국제파생상품 거래규모를 거래소(Exchange)와 장외시장(OTC)으로 나누어 살펴보면, 거래소는 2010년 약 100조달러, 장외시장은 약 700조달러이며, 이는 국제결제은행(BIS : Bank for International Settlements)의 자료를 인용한 것이다. 이는 전세계 국내총생산(GDP)합계액의 약 5배에 이르는 큰 규모이다. 다만 이러한 거래량은 기초자산의 명목가치를 기준으로 한 것이므로 실제 현금거래액수는 이보다는 작다고 볼 수 있다. 예컨대 금리스왑의 경우 액면가는 실제 교환되지 않고 이자의 차이만 교환하므로 실제 거래금액이 대폭 줄어든다.

〈표 1-1〉과 〈그림 1-1〉의 (b)는 국내시장 거래규모를 보여주고 있는데 여기서는 한국거래소(KRX)에서 거래되는 파생상품 연간거래금액만 표시한 것이므로 장외시장에서 거래되는 파생상품금액을 합하면 이보다 훨씬 크다고 할 수 있다. 표와 그림에서 보듯이 거래소 거래금액은 2001년 약 2,270조원이었던 것이 매년 지속적으로 증가하여 2011년에 약 1경 6,442조원에 이르러 약 15조달러규모로 매우 크다는 것을 알 수 있다. 이는 2010년 국내총생산(GDP)이 1조 145억달러(약 1,200조원)임을 감안하면 GDP의 약 15배에 해당되는 큰 규모이다. 거래량의 경우 2011년 39억 2,800만건으로 전세계 거래량의 약 15.7%를 차지하여 단일거래소 거래량으로는 전세계 1, 2위를 다투는 규모이고, 우리나라 주식시장시가총액이 세계 13위권임을 감안하면 우리나라 파생상품시장이 매우 크다는 것을 알 수 있다.

〈표 1-1〉 한국의 파생상품 거래규모

	2001	2002	2003	2004	2005	2006	2007	2008	2009	2010	2011
건수	866	1,947	2,913	2,587	2,593	2,475	2,777	2,867	3,103	3,752	3,828
금액	2,270	3,565	4,121	4,059	4,560	5,491	7,238	8,621	10,831	14,161	16,442

주) 계약건수단위는 백만건, 금액단위는 조원임

<그림 1-1> 파생상품시장 규모

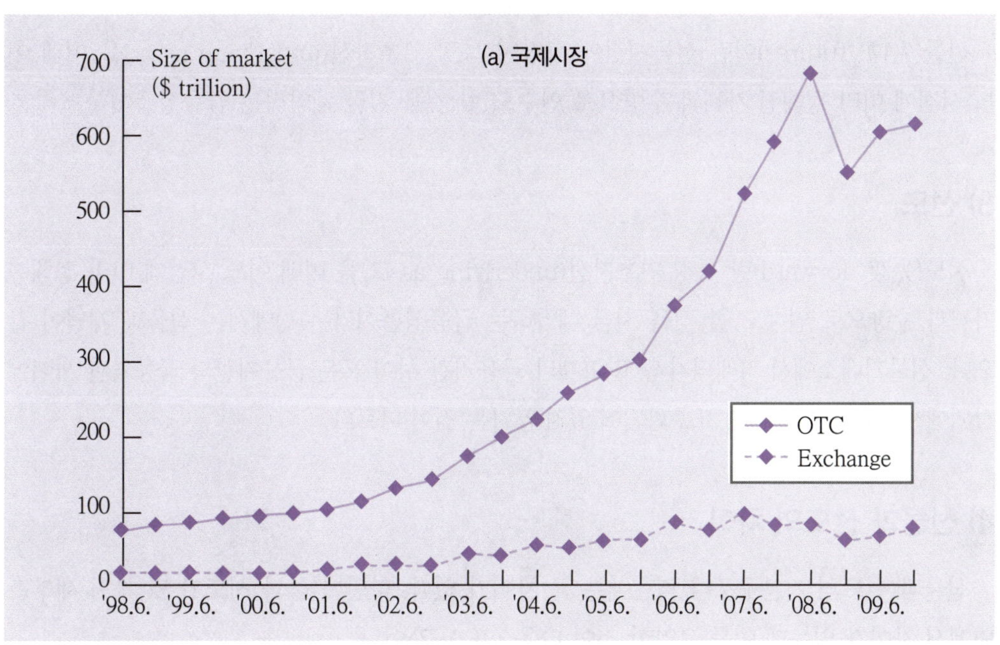

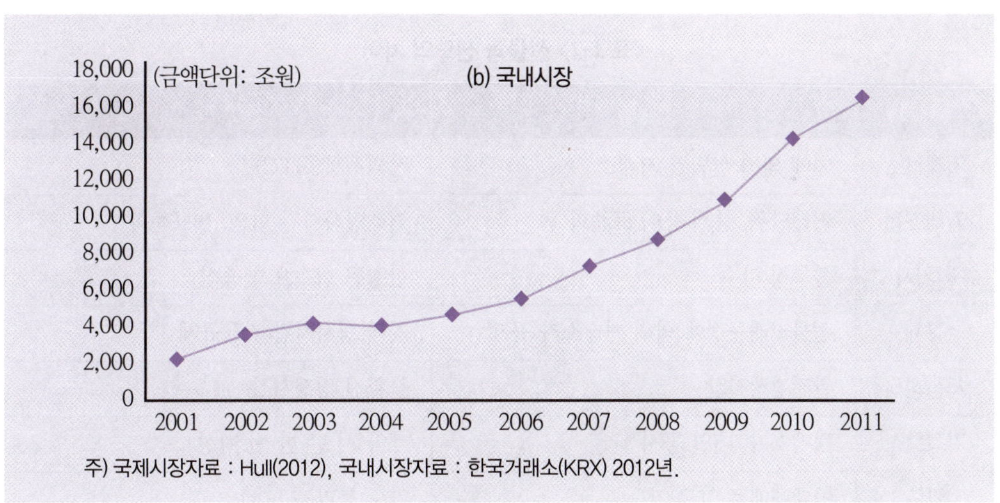

주) 국제시장자료 : Hull(2012), 국내시장자료 : 한국거래소(KRX) 2012년.

2) 선물

선물(先物: futures)이란 선물시장에 상장된 특정 기초자산(underlying asset)을 미래 어느 시점에 미리 정해진 가격과 수량으로 인수도 할 것을 지금 계약하는 금융상품이다.

3) 선도

선도(先渡: forward)란 특정 기초자산(underlying asset)을 미래 어느 시점에 미리 정해진 가격과 수량으로 인수도 할 것을 지금 계약하는 금융상품이라는 점에서는 선물과 개념이 같으나, 선물거래소에서 거래되지 않고 고객과 금융기관 사이 혹은 금융기관과 금융기관 사이에 장외에서 거래되며 상품이 표준화되어 있지 않다는 점이 다르다.

4) 선물과 선도의 차이

선물과 선도의 기본구조나 역할에는 큰 차이가 없다. 다만 선물과 선도가 몇 가지 세부측면에서 차이가 있는데 이를 요약한 것이 다음 〈표 1-2〉이다.

〈표 1-2〉 선물과 선도의 차이

구 분	선 물	선 도
거래장소	법에 의해 설립된 거래소	장외시장(OTC)
거래조건	거래단위, 품질 등이 표준화 됨	거래당사자간 합의, 비표준화
참가자	불특정 다수	한정된 실수요자 중심
규제	선물거래규정에 의해 거래소가 규제	거래 당사자간 자율규제
시장성격	완전경쟁시장	불완전 경쟁시장
가격형성	경쟁호가, 매일 공시	계약 시 단 한 번 형성
양도	반대매매로 양도 가능	양도 불가능
보증	청산소가 보증, 신용위험 거의 없음	보증이 없음, 당사자간 신용이 중요
증거금	납부 의무	납부의무 없음, 합의로 납부 가능
중도청산	반대매매로 쉽게 청산 가능	불가능
결제일자	표준화된 일자	쌍방 합의된 일자

표에서 보는 바와 같이 선물과 선도는 거래장소, 거래조건, 참가자, 시장에서의 규제, 시장의 성격, 가격형성, 양도와 보증, 증거금 납부여부, 중도청산의 용이성, 결제일자 등에서 차이가 있지만 그 외에는 같은 파생상품유형이라 볼 수 있다.

2. 주요 용어

선물과 선도를 이해하기 위해서는 먼저 주요 용어와 그 개념들을 이해할 필요가 있다. 여기서는 중요하고 대표적인 용어들을 정리하고자 한다.

1) 기초자산

기초자산(underlying asset)이란 선물거래에서 거래의 대상이 되는 자산을 말한다. 기초자산은 크게 상품자산과 금융자산으로 구분할 수 있다. 전세계에서 거래되고 있는 주요 기초자산의 종류들을 요약하면 다음 〈표 1-3〉과 같다.

2) 수익과 손익

파생상품거래의 경제적 성과를 파악하는 데는 두 가지 용어가 존재하는데, 하나는 수익(payoff)이고 다른 하나는 손익(profit or loss)이다. 그 차이점은 다음과 같다.

- 수익 : 거래결과에 대한 경제적 이득으로서 투자비용은 고려하지 않는 개념이다. 회계의 손익계산서에서 매출액(revenue)의 개념과 유사하다.
- 손익 : 수익에서 거래에 필요한 투자비용을 공제한 것으로서 손익계산서에서 순이익(NI: Net Income)과 같은 개념이다.

한 가지 유의해야 할 사항은 선물(선도)은 계약 시 투자비용이 들지 않으므로 수익이 손익과 같지만, 옵션의 경우 계약 시 프리미엄을 지불해야 하므로 '손익 = 수익 - 옵션가격(프리미엄)'이 된다는 것이다. 즉, 선물(선도)에서는 수익이나 손익이 같지만, 옵션에서는 서로 다르다.

〈표 1-3〉 선물시장에서 거래되는 주요 기초자산

대분류	소분류	기초자산
상품선물	농산물	옥수수, 쌀, 밀, 면화, 콩, 보리, 커피, 코코아, 설탕, 오렌지쥬스, 대두유, 대두밀, 코코넛유, 팜 유
	축산물	소, 돼지, 칠면조, 양모, 버터
	임산물	목재, 생고무, 합판
	광산물	금, 은, 동, 백금, 알루미늄
	에너지	원유, 난방유, 휘발유, 프로판 가스, 전력
	부동산	공장, 사무실, 주택
금융선물	주가지수	(한국) KOSPI 200 (미국) S&P 500, NYSE 지수, Value Line 지수, Major Market 지수 (일본) Nikkei 225, TOPIX (캐나다) TSE 300 지수 (프랑스) CAC 40 지수 등
	외환(통화)	미국 달러화, 영국 파운드화, 일본 엔화, EU 유로화, 스위스 프랑화, 캐나다 달러화 등
	금리	(한국) 3년, 5년, 10년 국고채 (미국) T-Bond(장기국채), 지방채(Municipal and Local Bond), T-Note(중기국채), T-Bill(단기국채), CP(상업어음), Ginnie Mae (영국) 장기국채(20년), 중기국채(7~10년), LIBOR, 단기국채(3~5년) (일본) 장기국채(20년), 중기국채(10년) (프랑스) 장 · 단기국채, POBOR, 단기채(T-Bill) (유로) 유로(Euro)금리
	보험	건강보험, 손해보험
	기타	공해(公害)선물, 기타 금융선물에 대한 옵션

3) 선물계약의 2가지 포지션

선물이나 선도에서 사용하는 포지션(position)이라는 용어는 계약이 아직 마감되지 않고 유효한 상태임을 의미하며, 다음과 같은 두 가지 포지션이 있다.

- 매입(long)포지션 : 선물(선도)을 통해 기초자산을 사고자(buy) 계약을 체결하는 것
- 매도(short)포지션 : 선물(선도)을 통해 기초자산을 팔고자(sell) 계약을 체결하는 것

통상 매입(long)포지션은 "L"로 표시하고, 매도(short)포지션은 "S"로 표시한다. 또한, 선물(선도) 두 가지 포지션의 만기일 손익은 다음과 같이 계산하며, 이를 그래프로 표시한 것이 〈그림 1-2〉이다.

- 매입(long)포지션 손익 = 만기일 현물가격-선물계약가격(인도가격) = $S_T - K$
- 매도(short)포지션 손익 = 선물계약가격(인도가격)-만기일 현물가격 = $K - S_T$

〈그림 1-2〉 선물(선도)포지션의 손익

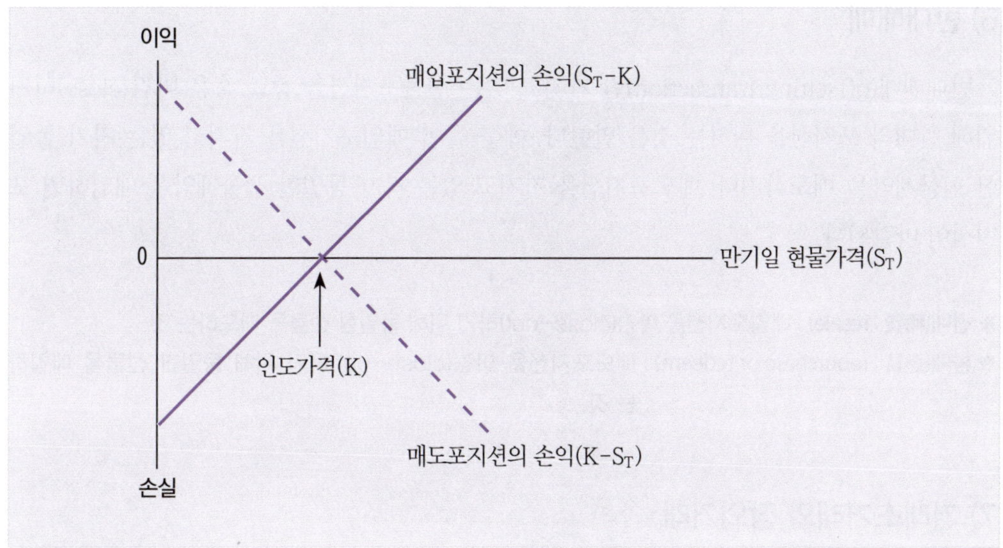

4) 증거금

증거금(margin)이란 선물계약의 이행을 보증하기 위한 일종의 보증금 혹은 담보금으로서 선물거래를 위해서는 반드시 필요하다. 선물계약에만 공식적인 증거금제도가 있고 선도계약에는 공식적으로는 없다. 그러나 선도에서도 점차 신용리스크(credit risk: 거래상대방이 계약을 이행하지 않아 발생하는 손실위험)를 줄이기 위해 증거금과 유사한 보증금제도를 거래당사자 사이에 도입하고 있는 추세이다.

선물은 포지션을 취하는 계약 당사자가 모두 의무를 가지므로 양 당사자가 당연히 증거금을 납부해야 거래가 가능하지만, 옵션의 경우에는 매도포지션을 취한 사람만 의무를 가지므로 증거금을 납부하고 매입포지션을 취한 사람은 의무가 아닌 권리를 가지므로 증거금 납부 의무가 없다.

증거금에는 개시증거금, 유지증거금, 추가증거금(변동증거금) 등 3가지가 있으며, 이에 대한 자세한 설명은 2장에서 다룬다.

5) 일일정산

일일정산(daily settlement 혹은 marking to market)이란 선물거래의 손익을 매일 거래종료 시점에 정산하여 증거금계좌에 기록하는 것을 말한다. 일일정산의 기본 목적은 손익처리를 매일 정산함으로써 큰 손실을 방지하고 이를 통해 신용리스크를 줄이려는 데 있다. 자세한 일일정산 방법과 사례는 2장에서 다룬다.

6) 반대매매

반대매매(offsetting transaction)란 가지고 있는 선물포지션을 종료 혹은 마감(close)하기 위해 반대의 포지션을 취하는 것을 말한다. 예를 들어 매입포지션을 가지고 있는 자가 동일한 선물계약을 매도하거나, 매도포지션을 가지고 있는 자가 동일한 선물계약을 매입하면 포지션이 마감된다.

※ **전매(轉賣 : resale)** : 매입포지션을 마감(close-out)하기 위해 동일한 선물을 매도하는 것.
※ **환매(還買 : repurchase or redeem)** : 매도포지션을 마감(close-out)하기 위해 동일한 선물을 매입하는 것.

7) 거래소거래와 장외거래

선물과 선도, 그리고 그 외 주요 파생상품이 거래되는 장소와 주요 거래상품을 요약한 것이 〈그림 1-3〉이다.

Tip 몇 가지 주요 용어

* **Pyramiding** : 투자자가 조금씩 포지션의 크기를 계속 늘려 가는 투기적 전략
* **Switching or Roll-over** : 근월물에 포지션을 취한 자가 만기에 근월물을 마감하고 동시에 원월물에 비슷한 포지션을 취하는 투자 전략
* **Hair cut** : 위험한 증권을 담보물로 받을 경우, 증권의 위험을 감안해 증권의 시장가치보다 적은 액수를 담보가치(collateral value)로 인정하는 것

〈그림 1-3〉 거래소거래와 장외거래

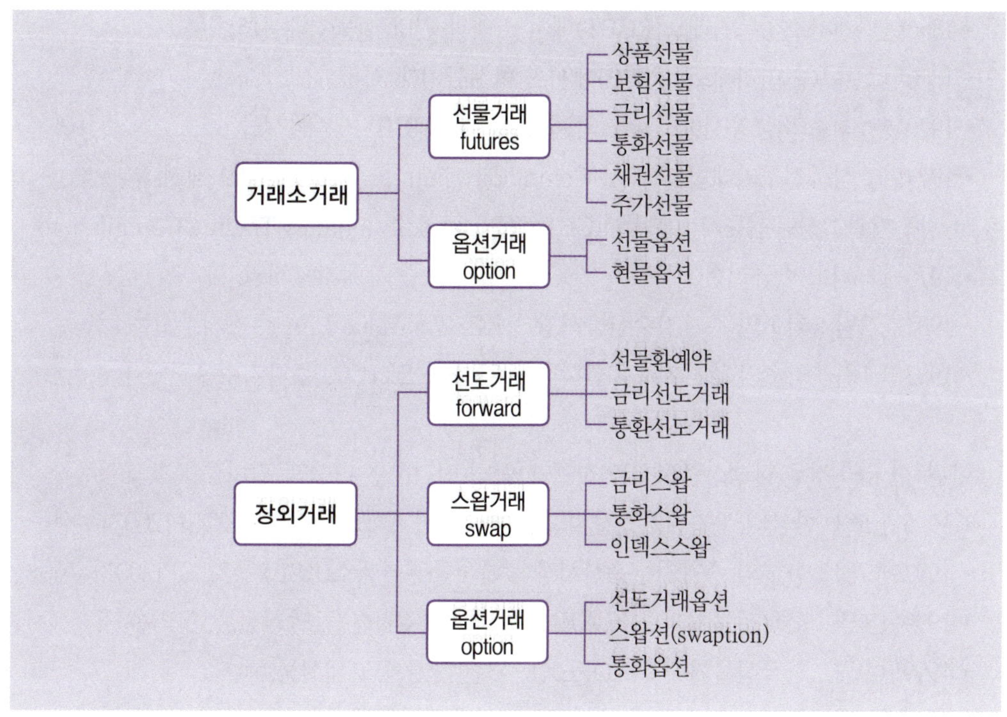

3. 선물시장의 역사

1) 선물과 선도거래의 기원

유럽에서는 18세기경 곡물, 면화 등이 선도거래의 형태로 거래되기 시작하였고, 한국에서도 아주 오래 전부터 '밭떼기'라는 이름으로 농작물에 대해 선도형태의 거래가 있었다고 전해 내려오나 정확한 시작연도는 알려진 바가 없다.

※ **거래소 명칭** : Exchange(영국), Bourse(프랑스), Borse(독일), Borsa(이탈리아), Beurs(네덜란드).

2) 현대적 의미의 선물시장

- 세계 최초의 선물시장: 1848년 미국 시카고상품거래소(CBOT) - 곡물현물이 주로 거래됨.

- 1851년 : CBOT에서 곡물이 선도거래형식으로 거래되기 시작함.
- 1856년 : 캔사스상품거래소(KCBT)에서 소맥과 원당 선물거래 시작.
- 1870년 : 뉴욕원면거래소(NYCE)에서 면화선물거래 시작.
- 1970년 : 최초의 금융선물시장 - 국제상업거래소(ICE) - 외환선물.
- 1974년 : 상품선물거래법(CFTA: Commodity Futures Trading Act) 제정.

⇒ 감독기관 : 상품선물거래위원회(CFTC: Commodity Futures Trading Commission).

- 1975년 : 최초의 금리선물시장 - CBOT - 정부보증 주택저당채권.
- 1982년 2월 : 최초의 주가지수선물시장 - KCBT - Value Line 주가지수선물.
- 1983년 1월 : 최초의 주가지수옵션시장 - CME - S&P500 주가지수옵션.

한편, 한국의 경우 파생상품시장 역사를 간략히 정리하면 다음과 같다.

- 1996년 5월: 한국의 주가지수선물시장 - 한국증권거래소(KSE) - KOSPI200지수선물.
- 1997년 7월 : 한국의 주가지수옵션시장 - 한국증권거래소(KSE) - KOSPI200지수옵션.
- 1999년 4월 : 한국선물거래소(KOFEX) - 금선물, CD선물, 달러선물, 달러옵션.
- 1999년 9월 : 한국선물거래소(KOFEX) - 3년 만기 국고채선물.
- 2002년 1월 : 한국선물거래소(KOFEX) - 개별주식옵션.
- 2005년 1월 : 한국증권선물거래소(KRX) 출범.
- 2006년 6월 : 한국증권선물거래소(KRX) - 엔 · 유로선물.
- 2008년 5월 : 한국증권선물거래소(KRX) - 주식선물.
- 2008년 7월 : 한국증권선물거래소(KRX) - 돈육선물.
- 2009년 4월 : 한국증권선물거래소(KRX)를 한국거래소(KRX)로 명칭변경.
- 2010년 9월 : 한국거래소(KRX) - 미니금선물.

3) 세계 주요 선물거래소 현황

세계적으로 거래가 활발한 주요 선물거래소는 〈표 1-4〉와 같다.

〈표 1-4〉 세계 주요 선물거래소

거래소명	약 자	국 가	위 치	비중이 큰 거래자산
시카고 상품거래소	CBOT	미국	시카고	곡물, 장기채권, 주가지수
시카고 상업거래소	CME	미국	시카고	통화, 단기채권, 주가지수
영국 선물거래소	LIFFE	영국	런던	금융선물
프랑스국제상품거래소	MATIF	프랑스	파리	통화, 장기채권
뉴욕상품거래소	NYMEX	미국	뉴욕	원유
브라질 볼사상업거래소	BM&F	브라질	상파울로	농산물일반(커피)
영국상품교환소	LME	영국	런던	비철금속
오사카증권거래소	OSE	일본	오사카	통화, 장기채권
시드니증권 및 선물거래소	SFE	호주	시드니	곡물, 금융선물
동격국제금융선물거래소	TIFFE	일본	동경	금융선물

4. 선물시장의 참여자

1) 헷저(hedger)

현재 자산을 보유하고 있거나 앞으로 보유할 예정인 사람으로서 자신에게 불리한 가격변동에 의한 손실을 예방하기 위해 선물을 거래하는 자.

헷저는 가격위험(price risk)을 회피하는 대신, 베이시스위험(basis risk)을 갖게 된다. 그러나, 베이시스는 가격에 비해 변동성이 작기 때문에 전체위험(overall risk)은 줄어든다.(베이시스위험에 대해서는 뒤에서 자세히 다룬다.)

헷저의 목적은 위험을 다른 사람(투기자)에게 전가하여 위험을 최소화하는 것이지 이익을 최대화하는 것이 아니다.

사례

〈1-1〉 헷지

한국의 A회사는 미국의 B회사에게 물건을 수입하고 3개월 후 그 대금을 달러로 지급하기로 하였다. 그런데 3개월 후 달러화 가격이 상승할 것을 우려하여 달러화 선물계약에 매입(long)포지션을 취하여 원-달러환율 변동위험을 헷지할 수 있다.

(사례 분석) A회사의 헷지전략을 분석해 보자.

① 달러화가 강세가 되는 경우

달러화가 강세가 되면 선물 매입포지션의 가치는 증가하므로 A회사는 선물거래에서는 이익을 얻게 되지만, 현물시장에서 원화를 달러화로 바꿀 때는 비용이 증가하게 되므로 선물이익과 현물추가비용이 상쇄된다. 따라서 환율변동위험을 헷지할 수 있다.

② 달러화가 약세가 되는 경우

달러화가 약세가 되면 선물 매입포지션의 가치는 감소하므로 A회사는 선물거래에서는 손실을 보게 되지만, 현물시장에서 원화를 달러화로 바꿀 때는 비용이 감소하게 되므로 선물손실과 현물감소비용이 상쇄된다. 따라서 환율변동위험을 헷지할 수 있다.

• 헷지펀드(hedge fund)

공매도(short-selling) 등 헷지전략을 구사하여 이익을 추구하는 투자펀드를 헷지펀드라고 한다. 최근에는 헷지라는 말이 무색할 정도로 개발도상국의 환율이나 주식시장 등에 투기적으로 투자하는 경우가 많아 국제시장을 교란하고 금융위기를 초래하는 등의 문제가 많아 미국, 유럽 등 많은 국가에서 적극적으로 규제에 나서고 있다.

⇒ 헷지펀드의 종류: Long/Short Equities, Convertible arbitrage, Distressed securities, Emerging markets, Global macro, Merger arbitrage

2) 투기자

투기자(speculator)란 위험을 감수하고 단순히 선물의 가격변동에만 주목하여 선물을 매입 또는 매도함으로써 시세차익을 얻으려 하는 자를 일컫는다. (주로 많은 자료와 정보를 이용하여 미래가격의 변화방향을 예측)

• 선물시장에서 투기자의 역할 2가지

① 헷저로부터 위험을 넘겨 받는 것.
② 시장에 유동성(liquidity)을 제공하는 것.
그 대가로 예측이 옳을 경우 높은 수익을 얻는다.

※ 투기자가 없는 시장을 '비유동적 시장'('thin market' 혹은 'illiquid market')이라 한다.
※ 투기자는 헷저의 위험을 부담하는 대가로 이익을 얻게 된다. 따라서 투기자가 없으면 헷저도 존재할 수 없다.

파생상품에 투자하는 경우 적은 비용으로도 투자가 가능하므로 레버리지(leverage)효과가 발생하여 이익과 손실도 더 확대되므로 파생상품이 기본자산보다 더 위험하다. 옵션에 대해서는 뒤에서 자세히 다룬다.

사례

〈1-2〉 투기

어떤 투자자는 시장가격에 대한 많은 정보를 가지고 있고 이를 바탕으로 적극적으로 주식에 투자하고 있다. 현재 200만원의 투자자금을 가지고 있으며 자신의 정보에 의하면 향후 2개월간 주식A의 가격이 상승할 것이라 확신하고 있다. 현재 그 주식가격은 2만원이다. 이 투자자는 이 주식 100주를 지금 매입함으로써 주식가격상승에 대해 투기적으로 투자할 수 도 있고, 주식가격이 오를 때 이익이 되는 콜옵션(call option)을 매입하여 투자할 수도 있다.

(사례 분석) 이 투자자의 투기전략을 분석해 보자.

① 2개월 후 주식가격이 예상대로 상승할 경우
이 투기자는 주식가격상승만큼의 이익을 얻거나, 콜옵션에 투자한 경우 더 큰 이익을 얻을 수 있다.
② 2개월 후 주식가격이 예상과 달리 하락할 경우
이 투기자는 주식가격하락만큼의 손실을 보거나, 콜옵션에 투자한 경우 더 큰 손실을 보게 된다.

3) 차익거래자

차익거래자(arbitrageur) : 선물의 이론가격과 시장가격의 차이(괴리)가 선물거래비용보다 클 경우 자신의 자본을 투입하지 않고 위험이 없이 차익을 얻으려 하는 자.

스프레드 거래자(spreader) : 같은 시장 혹은 관련시장에서 다른 두 선물을 동시에 사고팔아 위험을 관리하면서 차익을 얻으려 하는 자(차익거래자의 한 형태임). (스프레드거래가 항상 단순 매입 혹은 매도포지션보다 안전한 것은 아니다. 즉, 스프 레드거래가 선물거래 초보자에게 가장 좋은 전략은 아니다.)

무위험차익거래(아비트라지: arbitrage)의 조건 : ① 자신의 자본을 투자하지 않고(no investment), ② 위험을 부담하지 않으면서(no risk), ③ 이익(positive profit)을 얻음.

사례

〈1-3〉 차익거래

A주식가격이 한국거래소(KRX)에서는 50,000원에 거래되고 있고, 이 주식이 미국 뉴욕주식거래소(NYSE)에서는 $55에 거래되고 있다. 현재 외환시장에서 원달러 환율은 달러당 1,000원이다. 이 경우 차익거래기회가 존재하는가?
(단, 주식거래비용과 세금, 원달러 환전수수료, 단기차입이자는 무시해도 될 정도로 작다고 하자.)

사례 분석 A주식에 대해 차익거래기회가 있는지 분석해 보자.

현재 환율을 적용해 보면 한국에서의 주식가격은 $50(50,000/1,000)가 되므로, 한국시장에서의 주가는 미국에서보다 낮게 거래되고 있음을 알 수 있다. 따라서 상대적으로 가격이 저렴한 한국에서 주식을 매입하여 미국에서 매도하면 위험 없이 차익을 얻을 수 있다. 즉, 다음과 같은 차익거래전략을 통해 차익을 얻을 수 있으므로 차익거래기회가 존재한다.

① 은행에서 50,000원을 차입한다(no investment).

② 차입한 자금으로 한국거래소에서 주식을 1주 매입하고 즉시 미국거래소에서 $55에 매도한다.

③ 매도자금 $55를 원달러환율 1,000으로 원화로 환전하면 55,000원이 되고 이 중 50,000원은 은행에 즉시 상환한다.

④ 아무런 위험 없이(no risk), 5,000원의 이익을 얻는다(positive profit).

* **참고** : 선물시장에서 특히 상품선물은 대부분 만기직전에 마감되는데, 그 이유는 실제 기초자산인 상품을 인수도 할 경우 운반이나 보관 등이 번거롭고 비용이 들기 때문이다. 실제로 시장에서 상품선물의 경우 실제 인수도되는 비율이 3%도 채 안 되는 경우가 흔하다.

연습문제

01. 선물시장에서 투기자(speculator)의 역할을 가장 잘 설명한 것은?

① 가격변동성을 최소화한다.
② 필요한 유동성을 제공한다.
③ 최소의 가격충격으로 대량의 주문을 처리해 준다.
④ 위의 세 가지 전부 맞다.

02. 선물시장에서의 활발한 거래는 다음 중 어떤 효과를 가져오는가?

① 현물가격 변동성을 없애준다.
② 현물가격 변동빈도를 줄여준다.
③ 현물가격 변동폭을 줄여준다.
④ 현물가격 변동빈도와 폭을 줄여준다.

03. 다음 중 선도(forward)가 선물(futures)과 다른 점을 잘 설명하고 있는 것은?

Ⅰ. 표준화되어 있지 않다.
Ⅱ. 경매에 의해 가격이 결정되지 않는다.
Ⅲ. 거래당사자간의 개인적 관계를 포함한다.
Ⅳ. 거래를 마감하기 쉽다.

① Ⅰ, Ⅱ, Ⅲ
② Ⅰ, Ⅲ, Ⅳ
③ Ⅱ, Ⅳ
④ Ⅱ, Ⅲ, Ⅳ

04. "선의(bona fide)의 헷저(hedger)"란 다음 중 어떤 사람을 의미하는가?

① 상품이 거래되는 거래소의 회원
② 상품이 거래되는 거래소의 회원과 거래하는 사람
③ 금융기관에 의해 지정되어 선물거래위원회에 의해 인준된 사람
④ 선물로 헷지된 상품의 실제 매입자 혹은 매도자

Exercises

05. 어떤 사람이 선물계약을 매입하거나 매도할 때 갖게 되는 책임의 한계는?

① 증거금계좌에 대해서만 ② 선물의 현금가치 중 70% 이하
③ 계약의 가치 전부 ④ 위의 세 가지 모두 아님

06. 다음 중 헷저(hedger)가 가장 관심을 가지고 있는 것은?

① 선물가격의 변동 ② 베이시스의 변화
③ 선물 인도월의 차이 ④ 계약의 현재가치

07. 다음 중 선물시장의 장점이 아닌 것은?

① 헷징이 가능하다. ② 거래에 대한 신용리스크가 작다.
③ 위험이 한 장소로 모여진다. ④ 매입자와 매도자가 직접 거래할 수 있다.

08. 콩(soybean)재고를 현재 가지고 있지 않은 한 곡물거래인이 다음 1월에 인도될 콩선도 매도포지션을 취하고 있을 경우, 이 선도매도계약을 헷지할 수 있는 방법은?

① 선물매입포지션을 취하고 현물을 매입한다.
② 선물을 매도하고 계약을 인도한다.
③ 선물 매입
④ 선물 매도

09. 선물시장의 주요 기능을 잘 설명하고 있는 것은?

① 선도가격의 결정자료 제공 ② 투기자의 유인
③ 상품의 규격화, 등급화 및 표준화 ④ 위의 세 가지 모두

10. 선물거래소의 가장 중요한 기능으로서 선물거래의 발단이 된 것은?

① 현물매매업의 수행
② 투기자에게 거래시장 제공
③ 원하지 않는 위험을 회피할 수 있는 수단을 헷저에게 제공
④ 매매당사자간 거래 활성화

11. 투기자가 선물시장을 이용하는 이유로 가장 적절한 것은?

① 거래이익을 얻기 위해 ② 자재비용을 줄이기 위해
③ 이자율을 얻기 위해 ④ 위험을 최소화하기 위해

12. 선물의 포지션을 "상쇄 혹은 마감(offset)"하기 위해서는?

① 같은 거래소에서 인도월이 같은 선물을 같은 수만큼 매도함으로써 선물매입포지션 을 청산한다.
② 다른 거래소에서 인도월이 같은 선물을 같은 수만큼 매도함으로써 선물매입포지션을 청산한다.
③ 매도포지션만 보호(cover)한다.
④ 계약의무를 다른 사람에게 넘기지 않는다.

13. 거래규모가 동일할 경우 다음 거래 중에서 리스크가 큰 것부터 작은 것 순으로 올바로 나열한 것은?

Ⅰ. 헷지거래 Ⅱ. 투기거래 Ⅲ. 스프레드거래 Ⅳ. 차익거래

① Ⅰ-Ⅲ-Ⅱ-Ⅳ ② Ⅱ-Ⅰ-Ⅳ-Ⅲ
③ Ⅱ-Ⅰ-Ⅲ-Ⅳ ④ Ⅲ-Ⅱ-Ⅰ-Ⅳ

14. 위험한 증권을 증거금으로 납부할 경우, 증권의 위험을 감안해 증권의 시장가치보다 적은 액수를 담보가치로 인정하는 것을 무엇이라 하는가?

① pyramiding ② switching
③ roll-over ④ hair-cut

15. 파생상품이란 무엇인지, 그리고 대표적인 3가지 종류와 주요 용도에 대해 설명하시오.

16. 파생상품의 경제적 기능 5가지를 자세히 설명하시오.

17. 헷지펀드에 대해 설명하고 어떤 종류가 있는지 설명하시오.

18. 선물거래소에서 신용리스크를 줄이기 위한 대표적인 방법 4가지를 설명하시오.

19. 선물거래소의 대표적인 3가지 거래방법인 헷지, 투기, 차익거래에 대해 자세히 설명하시오.

20. 선물과 선도의 차이점에 대해 자세히 설명하시오.

연습문제 정답 및 해설

01. ❹ 02. ❸ 03. ❶

04. ❹ 05. ❸

06. ❷

헷저는 가격변동 위험을 베이시스위험(basis risk)으로 전환하기 때문에 베이시스의 변화에 가장 큰 관심을 가지고 있다.

07. ❹

선물(futures)거래는 통상 거래소에서 이루어지고 거래 당사자가 누구인지 알 필요가 없다. 그러나, 선도(forward)의 경우에는 매입자와 매도자가 직접 거래한다는 점에서 선물과 다르다.

08. ❸

선도 매도포지션을 취하고 있는 사람은 가격이 하락할 때는 이익을 얻을 수 있지만, 가격이 상승하면 손실이 발생한다. 따라서 가격이 상승할 경우 발생할 수 있는 손실을 헷지하기 위해 가격이 상승할 때 이익이 되는 포지션을 취해야 하는데 보기에서는 콩선물매입포지션이 이에 부합한다.

09. ❹

10. ❸

농산물가격 헷지를 위해 선물이 시작되었다는 것은 선물시장에서의 헷지의 중요성을 시사한다.

11. ❶

헷저가 위험회피 수단으로 선물시장을 이용하는데 비해, 투기자는 이익을 얻기 위해 선물시장을 이용한다고 할 수 있다.

12. ❶

13. ❸

선물거래에서 차익거래는 위험이 없는 거래로 정의되며, 스프레드거래는 차익거래와 유사하지만 위험이 전혀 없다고 할 수 없으며 다소의 리스크는 존재한다. 즉, 두 개의 포지션에 반대되는 포지션을 동시에 취하는 것이 스프레드거래인데 두 개의 반대포지션이 예상한 방향으로 움직이지 않으면 손익이 정확히 상쇄되지 않아 약간의 리스크가 존재하게 된다. 투기거래는 이익극대화가 주목적이므로 상당한 리스크를 감수하는 거래이고, 헷지거래는 리스크를 상대방에게 전가시키기는 하지만 미래를 잘못 예측하면 손실도 볼 수 있으므로 리스크가 다소 존재한다. 따라서, 이들 거래방법들의 리스크의 크기는, 투기거래 > 스프레드거래 > 헷지거래 > 차익거래 순이다.

14. ❹

15. 파생상품의 정의, 종류, 용도

1) 파생상품의 정의: 파생상품(derivatives)이란 스스로는 존재할 수 없고 다른 기본자산에 의존하는 상품을 말한다. 따라서 파생상품의 가치는 자신이 의존하고 있는 기본자산의 가치에 의해 결정된다.

2) 파생상품의 종류

대표적으로 선물(futures), 선도(forward), 옵션(option), 스왑(swap) 등이 있다.

3) 파생상품의 용도

i) 리스크를 다른 사람에게 전가하는 헷지(hedge)목적

ii) 자료와 정보 등을 근거로 시장의 미래방향을 예측하고 적극적으로 투자하는 투기(speculation) 목적

iii) 무위험 차익거래(arbitrage)이익을 얻기 위한 목적

iv) 고정부채를 변동부채로 변경하는 등의 부채의 성격변동

v) 포트폴리오 거래비용 없이 투자의 성격(베타, 가중치 등)변동

16. 파생상품의 경제적 기능

파생상품의 경제적 기능은 다음과 같이 크게 다섯 가지로 구분할 수 있다.

i) 공정한 가격형성과 발견(formation and discovery of fair prices)

ii) 가격변동위험의 헷지(hedge over price changes)

iii) 레버리지 활용을 통한 유동성증대(increase in liquidity)

iv) 미래가격예측을 통한 저축 및 투자유도로 자본형성촉진(promotion of capital accumulation)

v) 자본의 시차적 배분(time differential distribution of capital)

17. 헷지펀드의 정의와 종류

i) 정의 : 공매도(short-selling) 등 헷지전략을 구사하여 이익을 추구하는 투자펀드.
그러나 최근에는 헷지라는 말이 무색하게 개발도상국의 환율이나 주식시장 등에 투기적으로 투자하는 경우가 많아 국제시장을 교란하고 금융위기를 초래하는 등의 문제가 많아 미국, 유럽 등 많은 국가에서 적극적으로 규제에 나서고 있다.

ii) 종류 : Long/Short Equities, Convertible arbitrage, Distressed securities, Emerging markets, Global macro, Merger arbitrage

18. 선물거래소 신용리스크 완화방안

선물시장은 거래소에서 거래되는데 청산소에 다음과 같은 제도를 둠으로써 신용리스크를 획기적으로 줄이고 있다. 선도와 달리 선물거래가 안전한 이유이다.

i) 증거금(margin) 제도

ii) 일일정산(daily settlement) 제도

iii) 마진콜(margin call) 제도

iv) 청산기관으로서 청산소(clearing house)

19. 헷지, 투기, 차익거래

i) 헷지 : 리스크를 다른 사람에게 전가하는 것 헷지(hedge)목적으로 사용된다.

ii) 투기 : 자료와 정보 등을 근거로 시장의 미래방향을 예측, 적극적으로 투자하는 것

iii) 차익거래 : 내 자금 투자없이, 위험 없이, 이익을 얻는 것

20. 선물과 선도의 차이

구 분	선 물	선 도
거래장소	법에 의해 설립된 거래소	장외시장(OTC)
거래조건	거래단위, 품질 등이 표준화 됨	거래당사자간 합의, 비표준화
참가자	불특정 다수	한정된 실수요자 중심
규제	선물거래규정에 의해 거래소가 규제	거래 당사자간 자율규제
시장성격	완전경쟁시장	불완전 경쟁시장
가격형성	경쟁호가, 매일 공시	계약 시 단 한 번 형성
양도	반대거래로 양도 가능	양도 불가능
보증	청산소가 보증, 신용위험 거의 없음	보증이 없음, 당사자간 신용이 중요
증거금	납부 의무	납부의무 없음, 합의로 납부 가능
중도청산	반대매매로 쉽게 청산 가능	불가능
결제일자	표준화된 일자	쌍방 합의된 일자

선물시장의 구조 및 거래

선물시장은 크게 거래소시장과 장외시장으로 구분되는데, 거래소시장은 선물거래소를 의미하며 장외시장은 거래소 이외의 시장을 의미한다. 2장에서는 선물거래소를 중심으로 거래소의 구조와 거래소에서 중요한 역할을 담당하는 중개인들에 대해 살펴보고자 한다. 특히, 파생상품은 리스크가 크기 때문에 선물시장에 대한 규제가 더욱 강화되고 있는 추세이며, 선물거래에서 생길 수 있는 신용리스크를 최소화하기 위해 청산소를 설치하여 운영하기도 하므로 청산소의 기능과 역할에 대해서도 이해할 필요가 있다.

또한 투자자들이 어떻게 선물거래를 시작할 수 있는지 선물거래절차와 방법, 그리고 선물이나 선도거래에 대한 회계기준과 세금에 대해서도 살펴보고자 한다.

1. 선물거래소

1) 선물거래소의 성격

① 선물거래소는 통상 선물거래와 관련된 사업을 하는 회원들에 의해 운영된다. 회원들은 자본금을 공동으로 출자하여 선물거래소를 설립하게 된다. 우리나라의 경우 선물거래는 한국거래소(KRX)에서 이루어지며, 〈표 2-1〉에서 보는 바와 같이 한국거래소는 2012년 현재 94개 회원사로 구성되어 있다.

② 선물거래소는 회원제, 주식회사제, 공영제로 구분되는데, 우리나라의 경우에는 회원제의 비영리 특수사단법인으로 증권거래법에 규정되어 있다.

〈표 2-1〉 한국거래소 회원 현황

소속	분류	회원사 수
증권회원	국내법인	50
	외국법인	11
	국내은행	16
	외국은행	10
(소계)		(87)
파생상품회원	국내법인	52
	외국법인	9
(소계)		(61)
합계*		94

주) 총회원사 148개 중 중복으로 분류된 54개를 1개씩으로 간주하면 실제 회원수는 94개임

③ 선물거래소는 직접 선물거래를 하지 않는다.

④ 선물거래소는 선물계약을 보유하지 않는다.

⑤ (주)한국거래소는 증권거래소, 선물거래소, 코스닥위원회, (주)코스닥증권시장 등 기존 4개기관이 통합되어 2005년 1월 27일 설립되었으며, 「자본시장과 금융투자업에 관한 법률」에 의거 증권 및 장내파생상품의 공정한 가격 형성과 그 매매, 그 밖의 거래의 안정성 및 효율성을 도모하기 위함을 설립 목적으로 하고 있다.

⑥ (주)한국거래소의 주요 역할은 다음과 같다.

- 유가증권시장 · 코스닥시장 및 파생상품시장의 개설 · 운영에 관한 업무
- 증권 및 장내파생상품의 매매에 관한 업무

- 증권의 매매거래 및 파생상품거래에 따른 청산 및 결제에 관한 업무
- 증권의 상장에 관한 업무
- 장내파생상품 매매의 유형 및 품목의 결정에 관한 업무
- 상장법인의 신고 · 공시에 관한 업무
- 시장감시, 이상거래의 심리 및 회원에 대한 감리에 관한 업무
- 증권의 경매업무
- 유가증권시장 · 코스닥시장 및 파생상품시장 등에서의 매매거래와 관련된 분쟁의 자율조정에 관한 업무
- 시장정보(지수를 포함한다)의 제공 및 판매에 관한 업무
- 시장과 관련된 전산시스템의 개발 및 운영에 관한 업무
- 부동산 및 전산장비 임대업무
- 외국거래소 (그 지주회사를 포함한다) 및 증권파생상품관련기관과의 제휴 · 연계 · 협력 등에 관한 업무
- 외국거래소 및 증권파생상품관련기관 등에 대한 시스템 수출 · 업무자문 등에 관한 업무
- 그 밖에 법령에 따라 부여된 업무 또는 상기 업무에 수반되는 부대업무

2) 선물거래소의 주요 기능

* 선물거래를 위한 규칙의 제정
* 상장하고자 하는 선물상품을 연구하고 표준화시킴
* 선물계약이 효율적으로 이루어지도록 제반의 서비스 제공
* 선물시장의 조직화와 시장참여자에게 편의 제공

3) 선물거래소의 조직과 기능

미국 등 주요 선진국들의 선물거래소는 다음과 같이 조직되어 있다.

(1) 이사회(BOD: Board of Director): 최고 의사결정 기구

(2) 위원회(Committee):

- 입회위원회(Committee on Admission): 신규회원 가입자의 적격성을 검토하여 이

사회에 추천

- 중재위원회(Arbitration Conduct Committee): 회원간 혹은 비회원간의 선물거래에서의 분쟁을 중재
- 업무수행위원회(Business Conduct Committee): 거래소의 업무수행과 관련한 내부 통제
- 통제위원회(Control Committee): 시장조작행위를 방지하기 위해 거래행위 등 거래소에서 발생하는 제반 행위를 감시
- 신상품위원회(New Products Committee): 각 거래소의 특성을 살릴 수 있는 새로운 상품을 개발하고 이들의 적합성을 연구
- 감독위원회(Supervisory Committee): 업무수행위원회가 상정한 안건에 대해 규정 위반이 발생했는지 여부를 결정
- 장내위원회(Floor Committee): 장내중개인과 장내거래인의 행위를 감독하며 부정 행위에 대해서 자체적으로 규제

4) 선물거래소의 회원

* 회원자격의 취득: 이사회의 승인을 받은 후 회원권(exchange membership 또는 seats)을 매입해야 한다(회원권은 매매가 가능하다).
* 회원의 권리: 거래소 내에서 거래를 할 수 있는 권리와 거래소 운영에 참가할 수 있는 권리
* 회원의 분류:
  - 업무에 따른 분류
    i) 거래소회원(exchange member): 선물거래업무를 수행한다.
    ii) 청산소회원(clearing member): 선물거래 체결 후 결제업무를 수행한다.
  - 기능에 따른 분류
    i) 장내거래자(floor trader): 자신의 계좌로 헷지 또는 투기를 통해 이익 혹은 손실을 실현한다.
    ii) 장내중개인(floor broker): 일반 고객의 주문을 중개하거나 자기가 소속된 선물중개회사(FCM: Futures Commission Merchant)의 주문을 처리한다.

Tip 주요 용어

* **이중거래(dual trading)** : 장내중개인이 고객의 주문을 중개함과 동시에 자기의 계좌를 통해 선물거래에 직접 참여하는 것을 말한다.
* **프런트런닝(front running)** : 이중거래를 하는 장내중개인이 고객의 주문에 앞서 자신의 주문을 유리한 가격에 먼저 성사시키는 행위로서, 규제의 대상이다.
* **양도(Give-up)** : 브로커가 다른 브로커의 고객의 거래를 대신 체결시키는 것을 말한다.

2. 선물중개인

1) 선물중개인의 등록

전국선물협회(NFA)에 등록하여야 한다.

2) 선물중개인의 분류

(1) FCM(Futures Commission Merchants)

* 기능 : 개인 또는 단체로서 매매주문을 받아 체결하며, 주문의 체결에 따른 고객 의 현금이나 유가증권을 관리한다.
* 종류 : 청산회원(clearing member)과 비청산회원(non-clearing member)
  청산회원인 FCM은 직접 결제업무를 수행할 수 있으나, 비청산회원인 FCM은 청산회원인 FCM을 통해서만 결제업무를 수행할 수 있다.

(2) IB(Introducing Broker)

* 고객들에게 선물거래를 권유, 주문을 받는 독립된 브로커
* 고객으로부터 받은 거래에 필요한 자금(현금 혹은 유가증권)은 직접 관리할 수 없고, 계약관계에 있는 FCM에 즉시 예치해야 한다.

(3) CPO(Commodity Pool Operator)

* 선물시장에서 거래되는 선물상품에 투자할 목적으로 자금이나 유가증권 등을 모집하여 투자한 후, 그 대가로 일정 수수료를 받거나 거래이익의 일정부분을 보상으로 받는 개

인이나 기업

* CPO는 공시약관(disclosure statement)이 고객에게 전달되기 전에는 자금을 유치할 수 없다.

(4) CTA(Commodity Trading Advisor)

* 선물거래와 관련한 '투자자문'을 하는 개인이나 집단
* 고객의 선물거래와 관련하여 고객에게 직접 또는 보고서, 출판물 등을 통해 투자자문을 제공함으로써 이에 대해 수수료 또는 거래이익의 일부를 수입으로 함

(5) AP(Associated Person)

* 고객으로부터 선물거래 관련 주문, 자금, 그리고 고객을 FCM, IB, CTA, 또는 CPO를 위해 유치하는 일을 하는 중개인

3. 선물시장의 규제와 규제기관

1) 선물거래의 기본법

1936년 제정된 상품거래법(CEA: Commodity Exchange Act)

2) 법적규제와 자율규제

(1) 법적규제

미국 선물시장의 법적규제에서 가장 중요한 역할을 하는 기관은 상품선물거래위원회이다. 상품선물거래위원회(CFTC: Commodity Futures Trading Commission)는 미국의 선물거래를 통일적으로 감독하는 독립정부기관(대통령직할)으로 1974년 설립되었으며, 본부는 워싱턴DC에 있다. CFTC는 미국내의 선물거래인가권을 가지고 있으며, 상품거래소의 상장상품, 금리, 파생상품(derivatives) 전반을 감독한다. 또한, 시장참가자의 보호를 목적으로 사기, 시장조작 등의 부정행위를 추적하는 시장의 거래감독권한을 갖고 있다. 미국에 거점을 두고 있는 선물거래업자(FCM)는 CFTC에의 등록이 의무화되어 있으며, 정기적으로 전 자산 및 고객거래구좌 자금 등을 보고할 의무가 있다.

각 거래소는 매주화요일 거래종료 후 포지션수를 CFTC에 보고하며, CFTC는 집계하여 금요일 오후3시30분(미국동부시각)에 홈페이지상에 공표하고 있다. 여기에서 다루는 4통화(파운드, 유로, 엔, 호주달러)는 시카고상업거래소(CME)내의 국제통화시장(IMM: International Monetary Market)에 상장되어 있는 상품이다.[1] 일반적으로 투기세력(non-commercial)의 Long(매수)과 Short(매도)의 매매가 주목되고 있다. 헷지펀드, CTA 등 투기세력의 포지션변화에 의해서 시세의 방향성을 보는 투자가가 많아졌다. 단, 대형헷지펀드 등은 수법이 공개되는 것을 피하기 위해 통화선물을 이용하지 않는 것으로 알려져 있으므로 반드시 투기세력의 동향이 반영된다고 볼 수 없으므로 주의할 필요가 있다.

이상으로부터, 법적규제에서 가장 중요한 역할을 하는 CFTC의 규제내용을 요약하면 다음과 같다.

i) 선물거래에 참여하는 각종 중개인들에 대한 면허업무(licensing)
ii) 새로운 파생상품계약의 인가(approving new contracts)
iii) 투자자 및 시장참가자 보호(protecting public interests)

CFTC외에 증권거래위원회(SEC), 연방준비제도이사회(FRB), 연방 재무부(Department of Treasury) 등도 선물거래의 법적규제에 참여하고 있는데 이들은 주로 선물거래가 현물거래에 미치는 영향에 대해 관심을 가지고 규제하고 있다. 특히 SEC는 주가지수나 주식 및 채권과 관련된 파생상품에 대한 규제 및 감독권을 가지고 있다.

(2) 자율규제

국가에서 선물시장을 법으로 규제하는 데에는 한계가 있으므로 많은 경우 규제권한을 민간기구에 위임하고 있는 추세이다. 특히 선물시장에 참여하고 있는 개인이나 기관들로 구성된 미국선물협회(NFA: National Futures Association)는 자율규제기관으로서 매우 중요한 역할을 수행한다. NFA는 1982년에 설립되었으며, 사기거래를 방지하고 선물거래가 공공의 이익에 부합하도록 자율적으로 규제하는 것이 주 목적이다. 정부는 NFA로 하여금 거래를 모니터하고 필요시 적절한 시정조치를 취할 수 있는 권한을 부여하고 있으며, 거래자들 사

---

1 IMM은 시카고상업거래소 내부에 있는 독립된 거래소를 말하는 것으로 이곳에 상장되어 있는 상품은 금 이외에 영국 파운드화, 유로, 일본 엔화 등의 주요 통화와 채권 등이다. 미국에서 1974년에 개인의 보유가 인정된 금은 현재 시카고 IMM 외에 뉴욕 상품거래소(COMEX)와 시카고상품거래소(CBOT), 중부지역의 5개 거래소에 상장되어 있지만 거래액은 시카고 IMM과 뉴욕상품거래소가 가장 많다. 최근에는 통화가치의 불안정성을 반영하여 주요 통화의 거래가 크게 늘어나고 있어 외환시장의 선행지표로도 이용되고 있다.

이에 발생하는 분쟁을 조정하는 역할을 수행하고 있다.

3) 규제기관별 주요 규제대상

* 증권거래위원회(SEC: Securities and Exchange Commission): 주식옵션과 주가지수옵션 등 현물옵션 규제
* 상품선물거래위원회(CFTC: Commodity Futures Trading Commission): 주식옵션과 주가지수옵션 등 현물옵션을 제외한 모든 선물 및 선물옵션

4) 주요 규제기관(regulatory organizations)

(1) 상품선물거래위원회(CFTC)

* 연방 정부기관으로 1명의 위원장과 4명의 위원으로 구성된다.
* 규제목적: 선물시장의 참여자들을 보호하고 선물시장의 경제적 기능 극대화
  ⇒ 주요 규제내용: 사기 및 부정행위 금지, 가격조작금지, 지나친 투기거래 금지, 매점과 매석 금지, 허위정보 유포 금지
* 주요기능: 선물 계약조건 인준, 규정의 변경 및 추가 등 인준, 회원권의 적정성과 고객 불평 검토, 가격조작 방지, 선물거래기록 보관, 거래량 보고수준 (reporting level)과 포지션 한도(position limit)를 설정하고 감시한다.

(2) 선물협회(NFA: National Futures Association)

* 1974년 CFTC Act에 의해 탄생된 유일의 자율규제기관(SRO: Self-Regulatory Organization)
* 설립취지:
  - CFTC의 과중한 업무를 경감시켜 주기 위해
  - 비거래소회원인 선물거래 종사자들에 대해 자율규제를 강화하기 위해(단, 거래소에 대해서는 규제할 수 없다.)
* 주요 규제 내용
  - 회원의 부정행위 금지
  - 고객과의 손익 분배
  - 공정거래 원칙

- 일임매매계좌: 고객으로부터 '위임장(power of attorney)'을 서면으로 받으면 가능
- 총괄계좌(omnibus account)
- 기타: 감독, 기록보관, 옵션거래, 대중과의 정보교류, 고객정보 및 위험공시 등

(3) 선물거래소(Futures Exchange)

* CFTC, NFA와 더불어 거래소도 중요한 규제기관이다.

* 규제대상: 선물거래소 회원

* 주요 규제내용

- 계좌 관리
- 불법거래 방지
- 인수도 절차
- 장내중개인 관리
- 보증금 관리

5) 우리나라의 규제시스템

우리나라의 경우에도 미국과 유사한 규제시스템을 갖추고 있으며, 미국의 CFTC에 해당되는 증권선물위원회가 중요한 법적규제를 담당하고 있다. 증권선물위원회는 증권 및 선물시장의 불공정거래를 조사하고, 증권선물시장에 대한 관리 및 감독 등의 업무에 대한 주요사항을 사전심의하기 위하여 설립된 금융위원회 소속의 합의제 행정기관이다. 차관급 위원장 1인을 포함한 5인의 위원으로 구성한다. 위원장을 제외한 위원 중 1인은 상임(고위공무원단에 속하는 별정직공무원)으로 하고, 위원장은 금융위원회 부위원장이 겸임하며, 증권선물위원회 위원은 금융위원회 위원장의 추천으로 대통령이 임명한다. 증권선물위원회의 주요업무는 다음과 같다.

- 증권 · 선물시장의 불공정거래 조사
- 기업회계 기준 및 회계감리에 관한 업무
- 금융산업 및 기업의 구조조정 추진
- 증권 · 선물시장의 관리감독 및 감시 등을 통해 금융감독원으로부터 위임받은 업무
- 기타 다른 법령에서 증권선물위원회에 부여한 업무

자율규제의 경우 미국의 NFA와 마찬가지로 한국선물협회에서 담당하고 있다.

Tip 주요 용어

* **거래량 보고수준(reporting level) :** 거래자들이 특정 상품선물 및 선물옵션에 대해 CFTC와 거래소에 보고해야 하는 계약수준으로, 이를 초과 시 특별계좌(special account)로 취급하고 해당 거래소는 최소한 매주 CFTC에 보고해야 한다.(헷저, 투기자, 스프레드거래자 모두 해당된다.)
* **포지션 한도(position limit) :** 특정 상품선물 및 선물옵션에 대해 거래자들이 보유할 수 있는 최대한의 계약 보유수량을 말하며, 지나친 투기와 가격 조작 가능성을 배제하기 위해 설정한다.(단, 진정한 헷저(bona fide hedger)라 심사되면 포지션 한도에 제한을 받지 않는다.)

4. 청산소

1) 청산소(clearing house)의 역할

* 선물계약에 따른 거래자들간의 계약이행을 보장한다.
* 청산소는 모든 선물매입자와는 매도포지션을, 모든 선물매도자와는 매입포지션을 취한다. 따라서, 선물시장에서 모든 거래자는 청산소에 대해서만 의무를 지며, 거래상대방에게는 관심을 가질 필요가 없고 청산소 자체의 신뢰성에만 주의를 기울이면 된다.

2) 청산소의 조직

* 청산소는 선물거래소의 엄격한 설립요건 하에서 설립되며, 해당 선물거래소의 부속 기관(혹은 부서)으로 존재하거나 별도의 독립기관으로 존재할 수 있다.
* 청산소의 청산회원(clearing member)이 되면, 고객이 선물거래와 관련하여 청산업무를 수행한다(회원은 개인, 파트너, 기업 형태로 가입가능).

3) 청산소의 주요기능

① **관리기능:** 청산소 이용자들을 관리하여 청산소 자체의 신용을 유지하며 선의의 거래피해자를 미연에 방지하는 기능이다. (예 : 거래의 기록, 거래비교, 청산)

② **정산보장 기능:** 선물거래에서 보다 원활한 정산기능을 가능하게 한다.
(예 : 국제 선물거래 시 중간자적 입장으로 지불, 인수도 등의 역할을 담당한다.)

③ **상품의 인수 · 인도에 관한 보증기능:** 실물인수도가 원활하고 공정하게 이루어지도록 절

차주선 및 업무의 관리, 서류상 처리를 한다.

④ **일일정산(daily settlement) 기능**: 선물거래에 있어 가격의 변화에 따라 거래자의 손 익을 매일 정산한다.

(일일정산 시 선물손익은 전일(前日)과 당일(當日)의 결제가격의 차이로 결정된다.)

⑤ **증거금(margin)의 책정 기능**: 개시증거금(initial margin), 유지증거금(main-tenance margin) 등을 결정한다.

⑥ **공시 기능**: 거래량과 미청산계약수를 공시한다.

* 거래량(market volume): 특정 거래 인도월에 거래되는 매수와 매도의 계약 수

* 미청산계약수(open interest): 어느 특정일까지 미청산된 계약 수

⑦ **기타 기능**: 청산회원에게 회원권의 대가로 보증금(guarantee fund)을 부과하며, 선물거래가 청산될 때마다 청산수수료(clearing fee)를 부과한다.(미국의 경우 수수료는 계약당 $0.25이하이다.)

4) 청산소의 기금(Fund)

* 보증기금(Guarantee fund): 청산소회원들이 총수익금의 일정 비율을 적립

* 잉여기금(Surplus fund): 청산소회원들의 회비 중 일부를 적립

5) 증거금과 일일정산

(1) 증거금 제도

① **증거금(margin)이란?**: 선물계약의 이행을 보증하기 위한 일종의 보증금 혹은 담보금으로서 선물거래를 위해서는 반드시 필요하다. 선물계약에만 공식적인 증거금제도가 있고 선도계약에는 공식적으로는 없다. 그러나 선도에서도 점차 신용리스크(credit risk: 거래상대방이 계약을 이행하지 않아 발생하는 손실위험)를 줄이기 위해 증거금과 유사한 보증금제도를 거래당사자 사이에 도입하고 있는 추세이다.

② 증거금 부과대상

선물은 포지션을 취하는 계약 당사자가 모두 의무를 가지므로 양 당사자가 당연히 증거금을 납부해야 거래가 가능하지만, 옵션의 경우에는 매도포지션을 취한 사람만 의무를 가지므로 증거금을 납부하고, 매입포지션을 취한 사람은 의무가 아닌 권리를 가지므로 증거금 납

부의무가 없다.

③ **증거금의 종류**

증거금에는 개시증거금, 유지증거금, 추가증거금(변동증거금) 등 3가지가 있다.

i) 개시증거금(initial margin): 선물계약시점에 예치해야 하는 자금
(통상 계약액의 5%~15%)

ii) 유지증거금(maintenance margin): 증거금계좌의 잔액이 마이너스(-)가 되지 않도록 하기 위해 설정한 증거금 (통상 개시증거금의 약 70% 수준)

iii) 추가증거금(variation margin): 추가증거금요청(margin call)을 받을 경우 납입해야 하는 금액(추가할 때는 현금 혹은 정부채권을 사용할 수 있으나, 외국통화는 불가)

※ 추가증거금 = 개시증거금 - 현재 증거금 잔액(유지증거금보다 작을 경우)

※ 추가증거금요청(margin call): 증거금 잔액이 유지증거금을 하회할 경우 다음날까지 개시증거금 수준으로 증거금을 보충하도록 투자자에게 요청하는 것

⇒ 납입요청에 응하지 않을 경우, 브로커가 임의로 반대매매로 선물계약을 마감할 수 있음

④ **매매증거금과 위탁증거금**

※ 매매증거금(clearing margin): 중개회사(brokerage firm)가 청산소(clearing house)에 납부하는 증거금(매매증거금에는 개시증거금만 있고 유지증거금은 없다.)

※ 위탁증거금: 고객이 중개 회사에 납부하는 증거금(개시증거금과 유지증거금)

※ 한국에는 위탁증거금에 개시 및 유지증거금 외에 기본예탁금제도가 있다.

⑤ **증거금의 성격**: 증거금은 '계약 시 초기할부금(down payment)'이 아니다. 증거금은 보증금(earnest money or good faith money or a performance bond)의 의미를 갖는다.

⑥ **증거금계좌**(margin account)

선물거래를 위해 투자자가 브로커(broker)에게 증거금 납부를 위해 만드는 계좌를 말한다.

※ 증거금으로 예치 가능한 자산: 현금화가 용이한 유가증권

i) 현금(cash)

ii) 단기 국채(T-bill)

iii) 거래소에서 거래되는 주식(stock) 등(단, 외국통화는 안됨)

⇒ Hair cut: 현금 이외의 자산으로 증거금을 납부할 경우, 액면가나 시가보다 낮게 평가하는 것으로, 가격변동성이 클수록 낮게 평가된다.

※ 거래 유형별 증거금 액수: 위험이 낮은 거래일수록 증거금요구액이 적어진다.

– 위험의 정도: 스프레드거래 < 헷지거래 < 투기거래

⇒ 스프레드거래의 증거금 < 헷지거래의 증거금 < 투기거래의 증거금

⑦ 증거금의 현금흐름

- 선물가격 상승 시: 선물매입자 이익, 선물매도자 손실
  선물매도자(S) ⇒ 매도자 브로커 ⇒ 청산소회원 ⇒ 청산소 ⇒ 청산소회원 ⇒ 매입자 브로커 ⇒ 선물매입자(L)
- 선물가격 하락 시: 선물매도자 이익, 선물매입자 손실
  선물매입자(L) ⇒ 매입자 브로커 ⇒ 청산소회원 ⇒ 청산소 ⇒ 청산소회원 ⇒ 매도자 브로커 ⇒ 선물매도자(S)

(2) 일일정산

* 일일정산(marking to market 혹은 daily settlement)이란 선물거래의 손익을 매일 거래 종료 시점에 정산하여 증거금계좌에 기록하는 것을 말한다.
* 일일정산 방법
  - 증거금 잔액이 유지증거금을 상회할 경우: 초과하는 금액을 언제든 인출가능
  - 증거금 잔액이 유지증거금을 하회할 경우: 다음 날 장 개시 전까지 개시증거금 수준으로 증거금을 보충하도록 추가증거금요청(margin call)을 받음.

사례

〈2-1〉 일일정산

한 투자자가 6월 5일 뉴욕상품거래소(NYMEX)에서 12월 금선물(gold futures) 2계약에 매입(long) 포지션을 취하였다. 금선물 1계약규모는 100온스(oz.)이며, 계약 당시 선물가격은 온스당 $1,250이다. 이 계약을 체결하기 위해서는 1계약당 $6,000의 개시증거금이 필요하며, 유지증거금은 계약당 $4,500이다. 이 경우 선물가격변동에 따른 일일정산의 예는 다음 〈표 2-2〉와 같다. 총개시증거금은 $12,000이고 총유지증거금은 $9,000이다.

〈표 2-2〉 일일정산

날짜	선물가격(oz당)	손익	누적손익	증거금잔액	추가증거금	인출가능액
6/5	1,250			12,000		
6/6	1,241	-1,800	-1,800	10,200	없음	없음
6/7	1,238.30	-540	-2,340	9,660	없음	없음
6/8	1,234.20	-820	-3,160	8,840	3,160	없음
6/9	1,242.90	+1,740	-1,420	13,740	없음	1,740
6/10	1,243.80	+180	-1,240	13,920	없음	1,920
6/11	1,250.90	+1,420	+180	15,340	없음	3,340

* 인출이 가능할 때, 인출을 실제 하지 않았다고 가정함.
* 총손익 = 누적손익 = $180 = 증거금잔액-총투자 = 15,340 – (12,000+3,160)

5. 선물의 거래

1) 계좌 개설

선물거래 신규 참가자는 선물을 거래하기 위해 적절한 선물중개회사(FCM)를 선택 한 후, 그 회사에 계좌를 개설해야 한다. 선물거래의 위험 때문에 계좌개설에 앞서 선물중개회사는 고객에 대한 인적 · 재정적 상태를 파악하고, 고객이 선물거래에 적합한 지를 판단해야 한다.

※ 계좌개설 시 의무 이행사항

i) 위험공시약관(Risk Disclosure Statement)을 고객에게 설명한 후 서명을 받아야 한다.

ii) 고객인지수칙(Know-Your-Customer Rule)에 따라 고객의 인적, 재정사항을 조사하고 선물거래자로 적합한지 판단한다.

iii) 고객계약서(Customer Agreement)를 작성한다.

2) 계좌의 종류(Types of Account)

① **일반계좌**(Individual Customer Account)

선물거래와 관련한 일체의 의사결정이 고객의 책임 하에 이루어지는 계좌

② **총괄계좌**(Omnibus Account)

비청산회원인 선물중개회사가 청산회원인 선물중개회사의 이름으로 자신의 고객의 선물거래 정산을 위해 개설한 계좌로서, 2인 이상의 고객의 거래가 별도로 처리되지 않고 비청산회사의 모든 고객들을 회사이름으로 일괄적으로 처리하는 계좌

③ **일임매매계좌**(Discretionary Account)

'Account with Power of Attorney'라고도 불리는 것으로서 스스로 계약을 체결할 수 있는 자격을 가진 개인이 특정행위를 대행할 제3자를 지정할 수 있는 계좌이다. 위임하는 정도에 따라 완전일임(full discretionary: 자금관리와 거래의사결정 모두를 위임)과 부분위임(limited discretionary: 거래의사결정만을 위임)으로 구분된다.

(단, 일임매매계좌의 최종 책임자는 고객 자신이다.)

④ **합작계좌**(Partnership Account)

2인 이상이 공동소유자의 자격으로 운영하는 계좌이며, 공동소유자 상대방이 대리인으로 간주된다.

⑤ **법인계좌**(Corporation Account)

정부로부터 법인으로서의 영업허가를 받은 고객이 이용하는 계좌

⑥ **헷지계좌**(Hedge Account)

실제로 보유하고 있는 상품이나 금융자산에 발생할 수 있는 위험회피를 목적으로 개설되는 계좌로 CFTC의 규정을 충족해야 한다.

※ 상품거래법(CEA: Commodity Exchange Act)이 투기자에게 요구하는 포지션한도(position limit)가 헷지계좌에는 면제된다.

3) 주문의 전달 과정과 계약 체결

거래자 → 주문서를 선물중개회사에 접수 → (회사는 Time stamp를 찍고) 거래소 내 중개회사 직원에게 주문서 전달 → 장내브로커(pit broker)에게 전달 → 다른 장내브로커와 공개호가(open outcry)방식으로 계약 체결

4) 주문의 종류

① Market Order(**시장가주문 혹은 성립가주문**)

다른 조건 없이 가능한 한 빨리 시장에서 가장 유리한 조건에 매입 혹은 매도하라는 주문이다. 가장 우선적으로 주문이 집행된다는 장점이 있으나, 유동성이 작고 가격변동이 심할 때에는 희망가격에 체결되지 않을 수도 있다.

(예) Buy July Corn at the Market

② Limit Order or Resting Order(**지정가주문**)

고객이 정한 지정가나 그보다 더 좋은(OB: Or Better)가격에 매입하거나 매도하 고자 할 때 이용하는 주문이다.

- 지정가 매입(Buy Limit Order): 시장가보다 낮은 금액으로 주문하여 시장가격 이 지정된 가격보다 같거나 낮을 때 계약이 체결된다.
- 지정가 매도(Sell Limit Order): 시장가보다 높은 금액으로 주문하여 시장가격 이 지정된 가격보다 같거나 높을 때 계약이 체결된다.

  (예) Buy July Corn 273 Limit(OB)

③ Stop Order or Stop-Loss Order(**역지정가주문 혹은 특정가주문**)

시장가격이 특정가격(stop price)에 도달하면 Market Order가 되는 주문이다.

- 역지정가 매입(Buy Stop Order): 현재의 시장가격보다 높은 가격으로 주문을 내며, 선물가격이 stop price보다 높거나 같으면 Market Order로 전환된다.

⇒ 매도자가 향후 선물가격이 더 상승할 것에 대비하여 손실을 제한하고자 할 때나, 쉽게 매입포지션을 취하고자 할 때 이용하는 주문이다.

- 역지정가 매도(Sell Stop Order): 현재의 시장가격보다 낮은 가격으로 주문을 내며, 선물가격이 stop price보다 낮거나 같으면 Market Order로 전환된다.

⇒ 매입자가 향후 선물가격이 더 하락할 것에 대비하여 손실을 제한하고자 할 때나, 쉽게 매입포지션을 취하고자 할 때 이용하는 주문이다.

'Stop price'는 시장의 변동성에 비례하여 설정한다.

(예) Buy 2 July Oats at 123 stop

④ Stop Limit Order(지정폭주문)

Stop Order와 Limit Order를 결합한 주문형태로, stop price 또는 그보다 불리한 가격으로 시장가격이 형성되면 곧바로 Limit Order가 되는 주문이다. 가격변동 특히 급변하는 가격에 대하여 어느 정도의 보호막 역할은 해 주지만, 시장가격이 너무 급격히 변동할 때는 어떤 주문도 체결이 보장되지 않는다.

(예) Buy 2 Corn 271 stop 273 limit

⇒ 시장가격이 271에 도달하면 주문을 실행하되, 273보다 낮은 가격에 계약을 체결하라는 주문이다. (여기서 stop price는 271이고, limit price는 273이다.)

⑤ MIT(Market-If-Touched) or Board Order(MIT주문)

시장가격이 주문서에 지정된 가격에 도달하면 Market Order로 전환되는 주문을 말한다.

- MIT 매입(Buy MIT Order): 시장가격이 특정가격 이하가 되면 Market Order가 된다.
- MIT 매도(Sell MIT Order): 시장가격이 특정가격 이상이 되면 Market Order가 된다.

(예) Sell 2 Dec Oats at 118 MIT

⑥ Fill or Kill Order(FOK: 성립-취소주문)

장내중개인이 주문서 접수 시 주문가격 또는 그보다 좋은 가격으로 즉시 집행하거나 그렇지 못하면 자동적으로 취소되는 주문이다. 주문이 자동적으로 취소되는 경우, 장내중개인은 고객에게 최종적인 시장가격 수준과 함께 주문이 체결되지 못했음을 알려야 한다.

⑦ Scale Order(**대규모주문**)

대량의 포지션을 단계적으로 집행할 때 사용되는 주문이며, 2단위 이상의 동일한 선물계약의 매입 또는 매도주문을 지정된 가격차를 두고 집행할 것을 지시하는 주문이다.

⑧ Combination Order(**조합주문**)

2개 이상의 주문이 복합되어 있는 주문이다.

i) OCO(One-Cancels-the-Other-Order): 2개의 주문이 동시에 접수되는 주문으로, 둘 중 하나가 체결되면 다른 하나는 자동적으로 취소되는 주문이다.

ii) Contingent Order: 2개의 주문이 동시에 접수되는 주문으로, 둘 중 하나가 체결되는 것을 전제로 다른 주문이 유효하게 된다.

⑨ **시간분류에 따른 주문**

i) Day Order: 고객이 취소하거나 계약이 체결되지 않을 경우 주문을 낸 당일에 한하여 유효한 주문이다.
(통상 고객이 별도로 기간을 언급하지 않으면 Day Order로 간주된다.)

ii) GTC(Good-Till-Cancelled) Order: 고객이 취소할 때까지 계속 유효한 주문이다.

iii) Time-of-the-Day Order: 특정한 시간 또는 시간대에만 주문을 집행하도록 거래체결 시간에 제한을 두는 주문이다.

iv) Off-at-a-Specific-Time Order: 하루의 거래시간 중 지정된 시간에만 유효하며, 지정시간 전에 집행 또는 취소되지 않는 한 지정시간까지는 유효성이 지속된다.

v) 기타: GTW(Good-Till-Week), GTM(Good-Till-Month), CFO(Cancel Former Order)

⑩ **기타 주문**

i) MOO(Market-on-the-Opening Order)(개장가주문): 개장시 가장 유리한 가격에 계약을 체결하는 주문

ii) MOC(Market-on-the-Close Order)(폐장가주문): 폐장시 가장 유리한 가격에 계약을 체결하는 주문

※ 미국의 거래소별로 허용되지 않는 주문

CBOT: 스프레드에 대한 stop order, MIT order, Contingent order

CME: spread or straddle oder(최종거래일에)

5) 만기 시 기초자산의 인수도(delivery)

선물만기에 실제 인도되는 선물은 전체의 3%를 넘지 않는다. 이는 선물계약이 실제 상품의 인수도를 위해 거래되기보다는 헷지나 투기 등 투자목적으로 이용되고 있음을 의미한다.

• 선물계약 인수도 절차

i) 매도자가 인도일을 결정하여 청산소에 통보

ii) 청산소는 다음을 고려하여 현물인수자를 선정

- 장부상에 매입포지션을 가장 오래 보유한 청산회원을 선택하고, 청산회원은 자신의 고객 중 가장 오래 보유하고 있는 매입자순으로 현물인수자를 선정
- 장부상에 총매입포지션(gross open long position)을 가장 많이 보유한 청산회원을 선택하고, 청산회원은 자신의 고객 중 총매입포지션을 가장 오래 보유하고 있는 매입자순으로 현물인수자를 선정
- 장부상에 순매입포지션(net open long position)을 가장 많이 보유한 청산회원을 선택하고, 청산회원은 자신의 고객 중 순매입포지션을 가장 오래 보유하고 있는 매입자순으로 현물인수자를 선정

iii) 청산소는 매도자에게 인수한 기초자산을 매입자에게 전달하고, 매입자로부터 인수한 대금을 매도자에게 전달한다.

• 인수도 관련 선택권(option)

- 선물기초자산을 인도해야 하는 사람은 선물매도자이므로 매도자에게는 다음과 같이 인수도에서의 재량권이 부여된다.

i) 시기선택권(timing option)

ii) 수량선택권(quantity option)

(농산물과 금선물 계약은 인도될 양에 융통성이 있다.)

iii) 품질선택권(quality option)

iv) 인도장소 선택권(location option)

• 상품소유권(title)의 이전시기: 기초자산인 상품이 인도되고 대금이 지불될 때.

• 상품인도의 다양한 방법

* 곡물(grains)인도는 창고영수증(warehouse receipts)이 사용된다.

* 냉동브로일러(frozen broiler) 같은 부패가능식품(perishables)은 요구증서(Demand certificate)가 사용된다.
* 귀금속(precious metals)의 인도에는 예금영수증(Depository or Vault receipts)이 사용된다.

• 장외거래(Ex-pit transaction):

거래소의 거래 피트(trading pit)이외의 장소에서 거래되는 모든 거래
(예) 현물거래, 인수도 절차, 중개회사(brokerage firm)의 변경(미결제포지션이 있는 고객이)

• 스프레드거래의 유형

* 만기간 스프레드(inter-delivery spread): 같은 거래소, 같은 상품, 다른 인도월
* 시장간 스프레드(inter-market spread): 다른 거래소, 같은 상품, 같은 인도월
* 상품간 스프레드(inter-commodity spread): 같은 거래소, 다른 상품, 같은 인도월
* 강세 스프레드(bull spread): 근월물 매입, 원월물 매도
  (제한된 위험, 무제한 이익 가능: 스프레드가 narrow(strengthen)될수록 이익증가)
* 약세 스프레드(bear spread): 근월물 매도, 원월물 매입
  (무제한 위험, 제한된 이익 가능: 스프레드가 widen(weaken)될수록 이익증가)

6. 선물거래 회계기준과 세금

선물거래에 관한 회계기준은 헷지를 제외하고 모든 선물거래에 대해 발생주의원칙에 의거 선물계약의 시장가치변화가 생기는 시점을 손익의 인식시점으로 하고 있다. 다만 헷지거래의 경우는 헷지대상자산(기초자산)에서 발생하는 손익과 같은 시점에 손익을 인식하는 것으로 한다(헷지회계: hedge accounting).

아래에 있는 사례는 헷지거래와 투기거래의 회계와 세금계산 방법을 설명하고 있다.

〈2-2〉 헷지와 투기의 회계 및 과세

두 명의 투자자가 2013년 3월이 만기인 옥수수선물(corn futures) 1계약에 투자하고 있다. 한 사람은 헷저이고 다른 한 사람은 투기자이다. 옥수수선물의 1계약 단위는 5,000부쉘(bushel)이다. 2012년 9월 선물계약 체결 시 시장에서 옥수수선물의 부쉘당 가격은 250센트(cent)였고, 2012년 12월에는 270센트, 2013년 2월에는 280센트가 되었다고 한다. 두 사람 모두 이 계약을 2013년 2월에 마감할 경우, 각각의 손익인식시점에 대해 살펴보자. 단, 회계연도는 1월부터 12월까지라 가정한다.

사례 분석

1) 투기자의 경우

비록 기초자산의 거래는 선물을 마감하는 2013년 2월에 이루어지지만, 회계규정상 회계년도말인 2012년 12월에 한 번 정산하고 마감이 이루어진 2013년 2월이 속한 2013년 12월에 또 한 번 손익에 대해 정산해야 한다. 즉,

2012년 12월 정산: (270-250)cents/bu.×5,000bu. = $1,000이익(세금납부)

2013년 12월 정산: (280-270)cents/bu.×5,000bu. = $500이익(세금납부)

2) 헷저의 경우

헷저의 경우에는 기초자산의 손익실현시점에 한 번 정산하므로,

2013년 12월 정산: (280-250)cents/bu.×5,000bu. = $1,500이익(세금납부)

연습문제

01. 상품선물 중 단지 3%정도만이 실제로 인도된다는 사실이 시사하는 것은?

① 상품이 나라전체에 쉽게 유통되는 것을 촉진한다.
② 현물가격과 선물가격사이의 관계를 유지한다.
③ 선물계약약관에 의한 결과이다.
④ 위의 세 가지 모두

02. 단지 "선의의 헷저(bona fide hedger)"만이 면제 받을 수 있는 것은?

① CFTC에의 일일보고 의무
② CFTC의 포지션 한도
③ 거래소 증거금 의무
④ 청산소에 의해 규정된 인도절차

03. 한 고객이 개시증거금을 브로커에게 납부한 후 선물가격이 자신에게 유리하게 변동하였다. 다음 중 그 고객이 취할 행동은?

① 당초포지션을 마감할지에 관계없이 초과증거금으로 또다른 포지션을 취한다.
② 초과증거금을 담보로 자금을 융자하고 융자에 대한 이자를 브로커에게 지급한다.
③ 그 계좌를 마감한다 할지라도 초과금액을 인출하지 않는다.
④ 증거금을 더 납부하지 않는 한 추가로 다른 포지션을 취하지 않는다.

04. 거래시간 중에 청산소회원에게 증거금을 추가하도록 요구되어졌다면, 증거금은 1시간 이내에 청산소에 입금시켜야 하는데, 이와 같은 증거금납입요청(margin call)을 무엇이라 하는가?

① 추가증거금(variation margin)
② 거래증거금(trading margin)
③ 유지증거금(maintenance margin)
④ 개시증거금(initial margin)

05. 만일 미결제약정수(open interest)가 증가하고 가격은 하락하였다면, 이것이 의미하는 것은 다음 중 어느 것인가?

① 시장에서 매도자가 매입자보다 많다.
② 기매도자가 신매입자에게 매도하고 있다.
③ 신매입자가 기매도자에게 매입하고 있다.
④ 기매도자가 기매입자에게 매도하고 있다.

06. 선물인도 기간 중에 실제로 인도시점은 다음 중 누가 결정하는가?

① 매입자 ② 매도자
③ 거래소 ④ 매입자와 거래소

07. 선물매도자가 실제로 물건을 인도하기 전에 취하는 조치는?

① 인도장소와 등급을 명시한 인도의사고지서(notice of intention to delivery) 발행
② 매입자에게 지급해야 하는 액수의 명세서(bill)를 준비하여 발행
③ 인도해야 할 상품에 해당하는 금액의 수표를 매입자에게 요구
④ 추가증거금 발행

08. "성립-취소주문(FOK: Fill-or-Kill order)"이 실행되는 때는?

① 거래기간 중 아무때나 ② 장내브로커(floor broker)의 재량에 따라
③ 주문즉시 아니면 소멸됨 ④ 위의 세 가지 모두 아니다.

09. 한 거래소회원이 청산소회원인 다른 회사에 계좌를 가지고 있다. 그 거래소회원이 고객의 이름이나 신분을 명시하지 않고 동시에 여러 고객의 주문을 냈다면, 이러한 유형의 계좌는?

① 거래소규약에 의해 금지되어진다.
② 일괄계좌(omnibus account)이다.
③ 일임매매계좌(discretionary account)이다.
④ 헷지계좌(hedge account)이다.

10. CBOT에 의해 설정된 가격제한(price limit)제도에 따르면 가격이 제한폭에 이르면 다음날 거래 시 제한폭이 150% 확대된다. 이러한 제한폭 확대가 개시 및 유지증거금에 미치는 영향을 잘 설명하고 있는 것은?

① 새로운 개시증거금이 모든 계약에 적용된다.
② 새로운 개시 및 유지증거금이 모든 계약에 적용된다.
③ 새로운 개시증거금이 신규 계약에만 적용된다.
④ 새로운 개시 및 유지증거금이 신규 계약에만 적용된다.

11. 장내브로커(floor broker)가 주문처리에 실수를 저지를 경우에는?

① 고객은 손실을 감수해야 한다.
② 청산소가 차액을 보상한다.
③ 장내브로커가 재정적 책임을 진다.
④ 위의 세 가지 모두 아니다.

12. CBOT에서 거래되는 콩(계약단위 5,000부쉘)의 개시증거금은 $3,000이고 유지증거금은 $2,600이다. 한 고객이 $24,000을 계좌에 입금하고 콩선물이 $7.00/bu.에 거래되고 있을 때 8개의 매입포지션을 취하였다. 선물가격이 $6.96으로 하락할 경우 그의 증거금계좌에 어떤 영향을 주는가?

① 증거금을 개시증거금수준으로 보충하도록 증거금납입요청(margin call)이 있을 것이다.
② 증거금을 유지증거금수준으로 보충하도록 증거금납입요청(margin call)이 있을 것이다.
③ 증거금을 유지증거금이상으로 유지하도록 증거금납입요청(margin call)이 있을 것이다.
④ 증거금납입요청(margin call)이 없을 것이다.

13. 거래소는 일반적으로 순매입포지션이나 순매도포지션보다 스프레드포지션에 대해 적은 증거금을 요구하고 있는데 그 이유는?

① 스프레드는 현물과 선물에 동시에 포지션을 취하는 헷지거래라 할 수 있기 때문에
② 거래소회원인 회사들은 재정적으로 안정된 고객에게만 스프레드를 허용하고, 매입이나 매도포지션은 아무 고객이나 취할 수 있도록 허용하기 때문에
③ 스프레드포지션의 가치변동은 순매입이나 매도포지션의 변동보다 작기 때문에
④ 위의 세 가지 어느 것도 아니다.

14. 한 고객이 1월물 밀선물 30,000부쉘(bu.)을 5.25의 가격에 매입주문을 내면서, 6계약을 다 사거나 아니면 주문을 취소하라고 요청했다면, 다음 중 옳은 것은?

Ⅰ. 이 주문은 '전부 혹은 전무(all or none)주문'이다. Ⅱ. 이 주문은 '지정폭주문(stop-limit order)'이다. Ⅲ. 이러한 유형의 주문이 CBOT에서 허용되어진다. Ⅳ. 이러한 유형의 주문은 CBOT에서 허용되어지지 않는다.

① Ⅰ과 Ⅲ
② Ⅰ과 Ⅳ
③ Ⅱ와 Ⅲ
④ Ⅲ과 Ⅳ

15. 만일 선물가격과 미결제약정수(open interest) 둘 다 상승하고 있을 경우 다음 중 맞는 것은?

Ⅰ. 매도포지션이 줄고 있다.
Ⅱ. 매입포지션이 늘고 있다.
Ⅲ. 매입포지션이 줄고 있다.
Ⅳ. 매도포지션이 늘고 있다.

① Ⅰ과 Ⅱ　　② Ⅰ과 Ⅲ
③ Ⅱ와 Ⅳ　　④ Ⅲ과 Ⅳ

16. "비유동적시장(thin market)"에서 선물가격의 변동성(volatility)은?

① 증가한다.　　② 감소한다.
③ 변동이 없다.　　④ 위의 세 가지 모두 아니다.

17. 시카고에 있는 거래소에서 9월물 밀선물을 매도하고, 캔사스에 있는 거래소에서 9월물 밀선물을 매입하는 전략은 다음 중 어느 것인가?

① 시장간 스프레드(inter-market spread)
② 만기간 스프레드(inter-delivery spread)
③ 시장내 스프레드(intra-market spread)
④ 위의 세 가지 모두 아니다.

18. 상품선물에서는 인도할 기초자산의 품질을 규정하도록 하고 있다. 만일 계약서에 규정된 것보다 더 좋은 품질의 상품으로 인도하게 된다면?

① 상품매입자가 더 많은 프리미엄을 내야 한다.
② 매도자는 더 적은 수의 상품을 인도해도 된다.
③ 결재소가 거래소 규정에 따라 프리미엄의 액수를 결정할 것이다.
④ 계약조건에 아무런 영향이 없다.

19. 한 투자자가 COMEX의 은선물 스프레드포지션에 관심을 가지고 있다(은선물의 계약단위는 5,000 온스(oz.)임). 선물가격공시는 다음과 같다.

11월	12월	2월	4월	5월
523.40	533.60	554.30	586.55	594.75

RCR로서 당신이 추천해야 할 일은?

① 2월물 매도, 12월물 매입　② 2월물 매도, 12월물 매도
③ 2월물 매도, 4월물 매입　④ 4월물 매도, 2월물 매입

20. 상품매도포지션에 대해 상품인도는 어디서 이루어지는가?

① 서로 동의하는 어느 곳에서든지 가능
② 거래소가 지정하는 곳에서만 가능
③ CFTC에서 지정하는 곳에서만 가능
④ 위의 세 가지 모두 맞다.

21. 다음 중 상품거래소에서 개시증거금으로 적합하지 않은 것은?

① 고객의 약속어음　② 현금
③ 재무성채권　④ 신용장

22. 선물계약을 매입 혹은 매도하면 선물의 기초자산에 대한 소유권은 언제 이전되는가?

① 최초 인도의사(first notice of delivery)가 고지될 때
② 선물포지션이 상쇄(offset)될 때
③ 기초자산이 실제 인도될 때
④ 최종 인도의사(last notice of delivery)가 고지될 때

23. 다음 중 고객계좌에서 증거금을 현금 대신 주식(equity)으로 할 경우 사용방법이 올바로 설명된 것은?

① 고객은 개시증거금이 초과되는 금액이 발생해도 인출할 수 없으며, 그러한 돈을 추가거래를 위해 사용할 수 없다.
② 개시증거금이 초과되는 금액이 발생할 경우, 초과금액은 새로운 계약을 체결하는데 신용으로 이용될 수 있다.
③ 개시증거금보다는 적지만 유지증거금을 초과하는 금액은 개시증거금을 만족시키는 신용으로 사용될 수 없다.
④ 위의 설명 모두 맞다.

24. 한 고객이 선물가격이 '특정가격'에 도달하면 포지션을 취할 것이라고 말했다. 2주 후, 선물가격이 그 '특정가격'에 도달하여 계좌집행인(account executive)이 그 고객과 계약을 맺고자 하지만, 집행인이 일임매매권한(discretionary authority)을 가지고 있지 않아 계약을 맺을 수가 없다. 다음 중 그 집행인이 취할 수 있는 조치는?

① 주문이 체결된 후 빠른 시간 내에 고객과 계약을 맺을 수 있다고 생각하면, 그 집행인은 주문을 내야 한다.
② 그 주문이 고객의 투자목적과 재정능력에 부합한다는 확신이 들면 그 집행인은 주문을 내야 한다.
③ 일임매매권한(discretionary authority)을 가지고 있지 않는 한, 주문을 내면 안 된다.
④ 그 고객의 계좌에 거래 증거금에 필요한 충분한 자금이 있다면, 주문을 내도 된다.

25. 장내브로커(floor broker)가 주문을 잘못 수행할 경우 어떤 일이 발생하는가?

① 고객은 손실을 감수해야 한다.
② 청산소가 손실을 보상해야 한다.
③ 장내 브로커 본인이 재정적으로 책임져야 한다.
④ 위의 세 가지 모두 해당되지 않는다.

26. 스프레드(spread)는

① 서로 다른 두 시장에서의 선물로 구성될 수 있다.
② 동일시장내 서로 다른 두 선물로 구성될 수 있다.
③ 동일선물에 대한 서로 다른 인도월의 선물로 구성될 수 있다.
④ 위의 세 가지 모두 해당된다.

27. 만일 선물시장에 많은 수의 선물이 거래가능 하지만 수요가 없다면, 이러한 시장을 무엇이라 하는가?

① 매입자 시장(buyers' market) ② 매도자 시장(sellers' market)
③ 과도매입시장(overbought market) ④ 과도매도시장(oversold market)

28. 다음 중 매입과 매도포지션에 대한 개시증거금(initial margin)을 정하는 기관은?

① 거래소 이사회(Exchange Board of Director)
② 상품선물 거래위원회(CFTC)
③ 연방 준비제도이사회(FRB)
④ 거래소 장내실무위원회(Exchange Floor Practice Committee)

29. 가축선물이 46.82에 거래되고 있다. 당신은 현재 매도포지션에 있고 이익을 얻고 있다. 이 이익을 보호하기 위해 당신이 내야 하는 주문은?

① 46.60에 매입 역지정가(buy stop) 주문
② 46.60에 매도 역지정가 (sell stop) 주문
③ 47.10에 매입 역지정가(buy stop) 주문
④ 47.10에 매도 역지정가 (sell stop) 주문

30. 고객이 선물계약을 매입하거나 매도할 경우 갖게 되는 책임의 범위는?

① 최초증거금
② 계약가치의 10%
③ 계약가치 전체
④ 위의 세 가지 모두 아니다.

31. 한 고객이 20,000부쉘(bu.)의 콩선물 1개를 $6.50에 매입하였다. 증거금이 부쉘당 30¢이어서 $6,000을 증거금으로 입금시켰다. 콩선물값이 2%하락한 후에 계약을 마감하였다면 그의 손실은?

32. 원유선물의 경우 투기자에게 개시증거금은 1,000배럴당 $1,500, 유지증거금은 $1,000이고, 헷저에게는 개시증거금이 $1,000이다. 한 선의의 헷저(bona fide hedger)가 3개의 원유 선물계약을 매입하였는데, 선물가격이 $28.45에서 $28.25로 변했다면, 증거금납입요청(margin call)액수는 얼마인가?

33. CBOT에서 옥수수선물(계약단위는 5,000부쉘)의 수수료가 $30이고, 증거금은 부쉘(bu.) 당 $0.16이다. 만일 옥수수선물을 가격이 부쉘당 $1.35일 때 4계약을 매입하고 부쉘당 $0.07 상승하였을 때 포지션을 마감하였다면, 이익은 증거금의 몇%를 차지하는가?

34. 개시증거금이 $0.12/bu.이고 유지증거금이 $0.10/bu.인 옥수수선물 한 계약을 2.53¼에 매도한 한 고객이 증거금납입요청(margin call)을 받기 위해서는 선물가격이 어떻게 변화해야 하는가?

35. 한 헷저가 보유비용(cost-to-carry)을 걱정하고 있다. 그는 176.52의 가격에 오렌지쥬스 선물(계약단위는 15,000파운드임) 3계약에 매도포지션을 취하고, 3개월 후 169.88에 포지션을 마감하였다면 거래비용이나 수수료를 무시할 경우 그의 이익 혹은 손실은?

36. 한 투자자가 미국 중부상품거래소(Mid-America Commodity Exchange)에서 bu.당 $1.47의 가격으로 콩선물 4계약을 매입하고(계약단위는 1,000bu.), $1.61에 포지션을 마감하였다. 증거금이 bu.당 25¢이고 수수료는 계약당 $20이라 할 때, 투자자의 수익률(투자액수 대비 이익)은?

37. 한 투자자가 COMEX에서 6월물 금선물(계약단위 100온스) 5계약을 온스당 $452.30에 매도하고, 12월물 금선물(계약단위 100온스) 5계약을 온스당 $446.70에 매입한 후, 6월물은 온스당 $450.20에, 12월물은 온스당 $451.60에 마감하였다면, 그의 이익은?

38. 당신의 고객이 11월물 콩선물 2계약(계약단위는 5,000bu.)을 매도하였다. 증거금이 bu.당 $1.50이고 현물가격은 bu.당 $7.50이다. 콩현물가격이 2% 변한다면, 투자액 대비 가격변화는 몇 %인가?

39. 한 투기자가 CBOT에서 합판선물(계약단위는 76,032sq.bd.ft.) 4개를 매입하고, 가격이 MSF(1,000sq.bd.ft.)당 $15 상승했을 때 마감하였다. 한 계약당 수수료가 $30이라면 투기자의 순이익은?

40. 시카고 선물거래소에서 밀선물의 경우 증거금은 부쉘(bu.)당 20¢이고, 수수료는 계약당 (계약단위는 5,000bu.) $50이다. 한 거래자가 3월물 밀계약 2개를 부쉘당 $3.61에 매입하고, 가격이 부쉘당 $3.72일 때 마감하였다면, 수수료를 내고 난 후 수익률은?

41. 한 투기자가 생우선물(계약단위는 40,000파운드) 3계약을 선물가격이 파운드당 58.40¢ 일 때 매입하고, 가격이 64.65¢로 상승하였을 때 마감하였다면, 수수료를 무시할 경우 이익은?

42. 한 투기자가 NYME에서 난방용 원유(계약단위는 42,000갤론) 4계약을 갤론당 $0.9850에 매도포지션을 취하고, 일주일 후 $0.9810에 4계약을 마감하였다면, 수수료를 무시할 때 이익 혹은 손실은?

43. 한 고객이 COMEX에서 은선물 10계약(계약단위는 5,000온스)을 온스당 432.50¢에 매도하고 가격이 397.00¢일 때 마감하였다. 수수료가 계약당 $30.00이라면, 이익은?

44. 한 투기자가 7월물 커피선물(계약단위는 37,500파운드)을 134.50¢에 매도포지션을 취한 후, 128.20¢에 포지션을 마감하였다. 계약당 증거금이 $2,500이라면, 선물거래이익금은 투자비(즉, 증거금) 대비 몇 %인가?

45. 한 고객이 11월물 콩선물 2계약(1계약단위는 5,000부쉘)에 매도포지션을 취하였다. 가격이 부쉘 당 $7.25에서 $6.85로 하락하였고, 증거금은 부쉘 당 $1이며, 수수료가 계약 당 $25이라면, 투자액에 대한 이익률 혹은 손실률은 얼마인가?

46. 콩선물의 증거금은 부쉘당 $0.30이고, 총 투자액은 $5,000이며, 선물가격은 부쉘당 $3.60이다. 콩선물의 계약단위가 5,000부쉘이라 할 때, 계약가능한 최대의 계약수를 매입한다고 하면 총 투자액은 총 선물계약가격의 몇 %인가?

47. 한 투기자가 커피선물 2계약(1계약은 37,500파운드)을 파운드 당 134.50¢에 매도하고, 정산가격 128.20¢에 포지션을 마감하였다. 계약 당 증거금이 $2,500이라면 투자 대비 이익은 몇 %인가?

48. 한 고객이 COMEX에서 금선물 2계약(1계약은 100온스)을 온스당 $135.50에 매입하였다. 현재의 금선물가격이 온스당 $140.70이고, 그 투자자는 자신의 이익을 지키기 위해 역 지정가 주문(stop order)을 온스당 $139에 내었고, $138.70에 역 지정가 주문이 체결되었다. 계약당 수수료가 $40이라면 고객의 순이익은?

49. 8월 18일에 한 투자자가 10월물 금선물 8계약을 온스(troy oz.)당 $433.60에 매도하였다 (금선물 1계약은 100온스). 그는 남아프리카공화국(South Africa)의 문제가 원만히 해결될 것으로 믿고 있고, 따라서 금과 전략금속자원(strategic metals)들의 공급이 증가할 것으로 믿고 있다. 10월 1일 자신의 포지션을 온스(troy oz.)당 $422.50에 마감하였고, 수수료(매도 및 매입)가 계약 당 $60라면, 투자자의 순이익 혹은 순손실은?

50. 뉴욕커피설탕거래소(New York Coffee and Sugar Exchange)에서 설탕거래를 위한 수수료는 계약 당 $62이다(설탕 1계약은 112,000파운드임). 한 거래자가 설탕선물 4계약을 파운드(lb.)당 $0.08일 때 매입하고, 선물가격이 100포인트 증가했을 때 포지션을 마감하였다면, 거래에서 얻은 순이익은?

연습문제 정답 및 해설

01. ❷

02. ❷

일부 대규모 투기자에 의해 선물시장이 영향받는 것을 배제하기 위해 포지션한도를 두고 있는데, 이 규정은 '선의의(bona fide)'헷저에게는 적용되지 않는다.

03. ❶

초과마진이 발생할 경우 현금을 인출할 수도 있고 새로운 포지션을 취할 수 있다.

04. ❶

05. ❶

매도자가 많아지면 미결제약정수는 늘어나고 공급증가로 가격하락요인이 되고, 매입자가 늘어나면 미결제약정수는 늘지만 수요증가로 가격상승요인이 된다.

06. ❷ **07.** ❶ **08.** ❸ **09.** ❷

10. ❷ **11.** ❸

12. ❹

선물을 매입하였는데 가격이 하락하였으므로 손실이다. 즉,
계약 당 손실 = ($6.96 - $7.00)/bu×5,000bu. = -$200.
따라서, 증거금계좌에는 계약 당 $200 감소한 $3,000 - $200 = $2,800이 남아 있다.
증거금 납입요청(margin call)은 증거금계좌의 잔액이 유지증거금($2,600)보다 적어야 발생하는데 현 잔액($2,800)이 유지증거금보다 많으므로 납입요청은 없다.

13. ❸ **14.** ❷

15. ❸

미결제약정수(open interest)가 늘고 있다는 것은 매입포지션과 매도포지션 둘 다 증가하고 있음을 의미하며, 가격의 상승은 매입포지션이 매도포지션보다 상대적으로 많음을 의미한다.

16. ❶

시장참가자수가 적은 "비유동적시장(thin market)"에서는 한 두 사람의 참여자의 행동이 시장에 영향을 주며, 따라서 변동성도 크다.

17. ❶　　**18.** ❶

19. ❹

원월물(far futures)로 갈수록 가격이 상승하므로 강세스프레드(bull spread)를 취하면 이익을 얻을 수 있다. ①과 ④가 답이 될 수 있으나 ①의 경우 스프레드가 10.20인 반면 ④의 경우 스프레드가 32.25이므로 더 많은 이익이 예상된다. 따라서 ④를 선택해야 한다.

20. ❷

인도장소 및 기간은 거래소가 정한다.

21. ❶

약속어음(demand note)은 증거금으로 사용할 수 없다.

22. ❸

기초자산에 대한 소유권 혹은 권리(title)는 자산이 인도되고 대금을 지불할 때 이전된다.

23. ❷　　**24.** ❸　　**25.** ❸

26. ❹

스프레드는 크게 다음과 같이 네 가지로 구분된다.

1) 만기간 스프레드(inter-delivery spread): 같은 거래소, 같은 상품, 다른 인도월
2) 시장간 스프레드(inter-market spread): 다른 거래소, 같은 상품, 같은 인도월
3) 상품간 스프레드(inter-commodity spread): 같은 거래소, 다른 상품, 같은 인도월
4) 상품-상품제조물간 스프레드(commodity-product spread): 상품과 그 상품을 이용한 제조물간의 스프레드

i) 크러쉬 스프레드(crush spread): 대두(大豆)(L)-대두유(大豆油)와 대두박(大豆粕)(S)
ii) 역 크러쉬 스프레드(reverse crush spread): 대두(S)-대두유와 대두박(L)
iii) 크랙 스프레드(crack spread): 원유(L)-난방유와 휘발유(S)
iv) 역 크랙 스프레드(inverted crack spread): 원유(S)-난방유와 휘발유(L)
v) 총 제조 이윤(GPM: Gross Processing Margin): 원유와 대두박(난방유와 휘발유)수익 - 대두(원유) 원가

* 참조: L = long position(매입); S = short position(매도)
대두 = soybean; 대두유 = soybean oil; 대두박 = soybean meal
원유 = crude oil; 난방유 = heating oil; 휘발유 = gasoline

27. ❶

수요는 적고 공급이 많아서 가격이 하락하게 되는 시장을 매입자시장(buyers' market)이라 한다.

28. ❶

29. ❶

매도 후 이익이 났다는 것은 가격이 하락하였음을 의미한다. 이 이익을 보호하기 위해서는 46.82보다 아래의 가격에서 매입 역지정가(buy stop)주문을 내야 한다.

* 참조: 만일 매입 후 이익이 났다면, 가격이 상승하였다는 것을 의미하고, 이 이익을 보호하기 위해서는 46.82보다 위의 가격에서 매도 역지정가(sell stop)주문을 내야 한다.

30. ❸

고객은 선물에 포지션을 취하면 계약가치 전체에 대해 책임을 져야 한다.

31. 선물매입 포지션을 취하였는데 가격이 하락하였으므로 손실을 보게 된다. 손실액수는,
$6.5/bu.×2%×20,000bu. = $2,600.

32. 선물을 매입했는데 가격이 하락하였으므로 손실이다. 즉, 배럴 당 손실은 다음과 같다.
선물매입: $28.25 - $28.45 = -$0.20(손실). 따라서, 3계약에 대한 총 손실을 계산하면,
총 손실 = 3계약×1,000배럴/계약×-$0.20/배럴 = -$600(손실).
그런데, 선의의 헷저의 경우 개시증거금과 유지증거금이 같으므로 손실 $600을 채우면 다시 증거금이 개시증거금 수준이 되므로 납입요청액은 $600이 된다.

33. 계약당 증거금 = 5,000bu./계약×$0.16/bu. = $800
선물을 매입하였는데 가격이 상승하였으므로 이익이다. 즉,
계약 당 이익 = $0.07×5,000bu./계약 = $350. 그런데, 계약당 수수료가 $30이므로,
계약 당 순이익 = 이익 - 수수료 = $350 - $30 = $320
따라서, 순이익/증거금 = $320/$800 = 0.40 혹은 40%.

34. 매도한 선물에 손실이 발생하기 위해서는 가격이 상승해야 하고, 증거금납입요청은 증거금잔액이 유지증거금 미만으로 감소할 때 발생한다. 그런데 개시증거금과 유지증거금의 차이가 $0.02(즉, $0.12 - $0.10)이므로 가격차이가 $0.02보다 크게 날 때 납입금요청이 있게 된다.

35. 매도포지션을 취하였는데 선물가격이 하락하였으므로 이익이다. 즉,
선물 매도포지션: 176.52₵/파운드(S) - 169.88₵/파운드 = 6.64₵/파운드(이익)
따라서 총 이익 = 6.64₵/파운드×15,000파운드/계약×3계약 = $2,988

36. 선물을 매입하였는데 선물가격이 상승하였으므로 이익이 된다. 즉,
선물(매입): $1.61/bu.(S) - $1.47/bu.(L) = $0.14/bu.(이익)
총 이익 = $0.14/bu.×1,000bu./계약×4계약 = $560
수수료 = $20/계약 × 4계약 = $80이므로,
순이익 = 총 이익 - 수수료 = $560 - $80 = $480
투자액(증거금) = $0.25/bu.×1,000bu./계약×4계약 = $1,000
따라서, 수익률 = 순이익/투자액 = $480/$1,000 = 0.48 혹은 48%

37. 매도한 6월물 선물가격은 하락하였으므로 이익이고, 매입한 12월물 선물가격은 상승하였으므로 또한 이익이다. 즉,
매도선물(6월물): 5계약 × 100온스/계약 × ($452.30 - $450.20)/온스 = $1,050(이익)
매입선물(12월물): 5계약 × 100온스/계약 × ($451.60 - $446.70)/온스 = $2,450(이익)
따라서, 총 이익 = $1,050(6월물 이익) + $2,450(12월물 이익) = $3,500

38. 투자액(증거금) = $1.50/bu.
가격변화 = $7.50/bu. × 2% = $0.15/bu.
따라서, 가격변화/투자액 = $0.15/$1.50 = 0.10 혹은 10%

39. 총 수수료 = $30/계약 × 4계약 = $120
총 이익 = $15/1,000sq.bd.ft × 76,032sq.bd.ft/계약 × 4계약 = $4,561.92
따라서, 순이익 = 총 이익 - 총 수수료 = $4,561.92 - $120 = $4,441.92

40. 총 수수료 = $50/계약 × 2계약 = $100
투자액(증거금) = $0.20/bu. × 5,000bu./계약 × 2계약 = $2,000
총 이익 = [$3.72/bu.(S) - $3.61/bu.(L)] × 5,000bu./계약 × 2계약 = $1,100
순이익 = 총 이익 - 총 수수료 = $1,100 - $100 = $1,000
따라서, 수익률 = 순이익/투자액 = $1,000/$2,000 = 0.50 혹은 50%

41. 선물을 매입하였는데 가격이 상승하였으므로 이익이다. 즉,
선물(매입): $0.6465/파운드(S) - $0.5840/파운드(L) = $0.0625/파운드(이익)
총 이익 = $0.0625/파운드 × 40,000파운드/계약 × 3계약 = $7,500

42. 선물을 매도하였는데 가격이 하락하였으므로 이익이다. 즉,
선물(매도): $0.9850/gal.(S) - $0.9810/gal.(L) = $0.0040/gal.(이익)
총 이익 = $0.0040/gal. × 42,000gal./계약 × 4계약 = $672

43. 선물을 매도하였는데 가격이 하락하였으므로 이익이다. 즉,
선물(매도): $4.3250/온스(S) - $3.9700/온스(L) = $0.3550/온스(이익)
총 이익 = $0.3550/온스 × 5,000온스/계약 × 10계약 = $17,750
총 수수료 = $30/계약 × 10계약 = $300
따라서, 순이익 = 총 이익 - 총 수수료 = $17,750 - $300 = $17,450.

44. 매도포지션을 취하였는데 가격이 하락하였으므로 이익이다. 즉,
이익 = 134.50₵(S) - 128.20₵(L) = 6.30₵/파운드
커피 1계약은 37,500파운드이므로 1계약으로부터의
총 이익 = 6.30₵/파운드 × 37,500파운드 = 236,250₵ = $2,362.50
계약 당 증거금이 $2,500이므로, 증거금(즉, 투자비) 대비 총 이익은,

총 이익/투자액 = $2,362.50/$2,500 =0.945 혹은 94.5%

45. 매도포지션을 취하였는데 가격이 하락하였으므로 이익이다. 즉,
부쉘 당 이익 = $7.25(S) - $6.85 = $0.40/bu.
1계약단위가 5,000bu.이므로 2계약은 10,000bu.이고, 따라서 2계약에 대한
총이익 = $0.40/bu. × 10,000bu. = $4,000
총비용 = 수수료/계약 × 계약수 = $25 × 2 = $50
순이익 = 총이익 - 총비용 = $4,000 - $50 = $3,950
한편, 증거금은 $1/bu.이므로, 2계약(10,000bu.)에 대한 증거금(투자액) = $10,000
따라서, 이익률 = 순이익/투자액(증거금) = $3,950/$10,000 = 0.395 혹은 39.5%

46. 총 투자금액은 $5,000이며, 계약 당 증거금은 다음과 같이 $1,500이다. 즉,
계약 당 증거금 = $0.30/bu. × 5,000bu./계약 = $1,500
따라서, $5,000로 3계약을 매입할 수 있으며, 선물계약가치는 다음과 같다.
선물계약가치 = bu. 당 선물가격 × 1계약 단위 × 계약 수
= $3.60 × 5,000bu./계약 × 3계약 = $54,000
따라서, 총 투자액 대비 선물계약 가치
= 총 투자액/선물계약가치 = $5,000/$54,000 = 0.0926 혹은 9.26%

47. 매도포지션을 취하였는데 가격이 하락하였으므로 이익이다. 즉,
이익 = 가격변화/파운드 × 계약단위 × 계약 수
= [134.50₵(S) - 128.20₵(L)]/파운드 × 37,500파운드/계약 × 2계약
= 6.30₵ × 37,500 × 2 = 472,500₵ = $4,725
총 투자비 = 총 증거금 = $2,500/계약 × 2계약 = $5,000
따라서, 투자비 대비 이익률 = 이익/총 투자비 = $4,725/$5,000 = 0.945 혹은 94.50%

48. 고객이 매입포지션을 취하였고 가격이 상승하였으므로 이익이다. 즉,
이익 = 가격변화/온스 × 계약단위 × 계약 수
= [$138.70(S) - $135.50(L)]/oz. × 100oz./계약 × 2계약
= $3.20 × 100 × 2 = $640
그런데, 계약 당 수수료가 $40이므로 2계약에 대한 총 수수료는 $80이고, 따라서
순이익 = 이익 - 수수료 = $640 - $80 = $560

49. 매도포지션을 취하였는데 가격이 하락하였으므로 이익이다. 즉,
총이익 = [$433.60(S) - $422.50(L)]/oz. × 100oz./계약 × 8계약 = $8,880
총수수료 = $60/계약 × 8계약 = $480
따라서, 순 이익 = 총이익 - 총수수료 = $8,880 - $480 = $8,400

50. 선물을 매입하였는데 가격이 상승하였으므로 이익이다. 100포인트는 $0.01을 의미하므로 총이익은

다음과 같다.

총이익 = $0.01/lb. × 112,000lb/계약 × 4계약 = $4,480

계약 당 수수료가 $62이므로 총수수료는 $62 × 4 = $248

따라서, 순이익 = 총이익 - 총수수료 = $4,480 - $248 = $4,232

Chapter 3

선물을 이용한 헷징전략

선물은 헷지거래, 투기거래, 스프레드거래, 차익거래 등 다양한 목적으로 사용될 수 있는데, 특히 헷지(hedge)는 선물이 처음 만들어지게 된 주된 동기였고 지금도 단순 투자자가 아닌 실수요자 입장에서는 가장 중요한 선물 거래전략이라 할 수 있다. 따라서 3장에서는 헷지의 개념과 종류, 그리고 구체적인 헷지 실행절차에 대해 살펴보고자 한다. 그리고 포트폴리오 전체의 리스크를 줄이기 위해 어떻게 주가지수를 활용할 수 있는지, 베이시스 리스크와 유효가격(실질가격)은 무엇이고 어떻게 산출하는지에 대해서도 자세히 고찰하고자 한다.

한편, 선물을 이용한 헷지에 대해 부정적이거나 반대하는 의견도 있는데 그 이유는 무엇이고 과연 그러한 논리가 현실적으로 타당성이 있는지에 대해서도 검토하고자 한다.

1. 헷지의 개념

헷지(hedge)란 투자자가 자신에게 노출된 리스크를 다른 투자자에게 전가시켜 리스크를 줄이고자 하는 투자전략을 말한다. 현재 보유하고 있거나 앞으로 보유할 자산의 현물포지션과 정반대의 포지션을 선물시장에서 취하는 것을 말한다.

일반적으로 헷저(hedger)는 리스크를 투기자(speculator)에게 전가하고자 하며, 투기자는 헷저의 리스크를 떠맡는 대신 높은 이익을 추구한다. 이러한 헷저와 투기자의 상호관계가 선물시장을 발전시켜 왔으며, 둘 다 선물시장이 성립하기 위해 반드시 필요한 존재들이다. 따라서 "투기는 나쁘다"는 단순한 선입관으로는 선물시장을 이해할 수 없다.

앞에서 살펴본 파생상품의 역사에서 볼 수 있듯이 파생상품이 처음 등장하게 된 배경에 리스크에 대한 헷지 필요성이 자리잡고 있다. 즉, 파생상품이 처음으로 시장에 도입된 이유가 바로 헷지때문이라는 것이다. 최근 파생상품에 대해 일반인들이 높은 수익률 혹은 일확천금 같은 투기상품으로 이해하는 것은 매우 안타까운 일이다. 파생상품의 용도로 가장 중요한 것은 헷지라는 사실을 잊어서는 안되며, 따라서 파생상품을 이용한 헷지에 대한 정확한 이해가 매우 중요하다는 점을 깊이 이해해야 할 것이다.

본 장에서는 헷지의 다양한 형태, 헷지실행 절차, 주가지수를 이용한 포트폴리오 헷지, 헷지에 관한 찬반이론, 베이시스와 유효가격 등에 대해 살펴보고자 한다.

2. 헷지의 분류

1) 매입헷지와 매도헷지

(1) 매입헷지

매입헷지(long hedge or short-the-basis)란 앞으로 매입하고자 하는 자산의 가격상승위험을 제거하기 위해 선물계약에 매입포지션을 취하여 헷지하는 것을 말한다. 가격이 오를 때 이익을 얻을 수 있는 선물 매입포지션을 취함으로써 불리한 현물가격변화를 선물에서의 이익으로 상쇄함으로써 가격을 현재 선물가격수준으로 고정(lock-in)시켜 미래 가격변화로 인해 생기는 리스크를 제거하고자 하는 헷지전략이다.

다음 〈표 3-1〉에서 보는 바와 같이 매입헷지의 경우 매입하고자 하는 기초자산가격과 선물가격이 상승할 경우 현물매입 시 가격상승으로 인한 불리함을 선물매입포지션에서의 이익으로 일부 상쇄하여 실질매입비용을 현재선물가격으로 고정시킬 수 있다. 현물 매입시점에 가격이 하락할 경우에는 반대로 해석하면 된다. 그러나 무헷지의 경우 가격변화위험에 그대로 노출된다.

〈표 3-1〉 매입헷지 효과분석

전략	포지션	매입시점 가격상승 (↑S, ↑F)	매입시점 가격하락 (↓S, ↓F)
매입헷지 (long hedge)	+F(선물매입)	이익(=ΔF=F2-F1)	손실(=-ΔF=F1-F2)
	현물(매입비용변화)	손실(=-ΔS)(매입비용증가)	이익(=ΔS)(매입비용감소)
	실질매입비용	S2-(F2-F1)=F1(매입비용 고정)	S2-(F2-F1)=F1(매입비용 고정)
무헷지 (no hedge)	실질매입비용	S2(매입비용증가)	S2 (매입비용감소)

주1) 선물가격과 현물가격은 만기에 가까워질수록 서로 수렴함. 즉, F2=S2로 가정함
2) Ft와 St는 각각 t시점에서의 선물가격과 현물가격을 의미하며, t=1은 선물계약시점, t=2는 선물 마감시점을 의미함.

〈3-1〉 매입헷지

㈜서강은 5월 15일 100,000파운드(lb.)의 구리(copper)를 필요로 한다. 미국 뉴욕상품거래소(NYMEX)에서 거래되는 구리선물의 1계약단위는 25,000파운드이며, 1월 1일 현재 구리현물 가격은 파운드당 340센트(cent)이고, 5월만기 구리선물가격은 파운드당 320센트이다. 선물인수도의 번거로움을 피하기 위해 선물만기(T) 직전에 선물포지션을 마감하고자 한다. 마감 당시 현물가격 및 선물가격이 상승할 때와 하락할 때 각각의 경우 매입헷지전략을 분석해보자.(단, S1과 F1은 각각 현재의 현물, 선물가격이고, S2와 F2는 각각 마감 시 현물 및 선물가격이며, S2=F2로 수렴한다고 가정함)

사례 분석

1) 파운드당 350센트로 상승하는 경우

선물포지션 손익(파운드당) = F2-F1=350-320=+30센트(이익)

선물마감 시 실제 매입비용(파운드당)=S2-선물이익=350-30=320센트=F1

2) 파운드당 310센트로 하락하는 경우

선물포지션 손익(파운드당) = F2-F1=310-320=-10센트(손실)

선물마감 시 실제 매입비용(파운드당)=S2+선물손실=310+10=320센트=F1

(2) 매도헷지

매도헷지(short hedge or long-the-basis)란 이미 보유하고 있거나 앞으로 보유하게 될 자산의 가격하락위험을 제거하기 위해 선물계약에 매도포지션을 취하여 헷지하는 것을 말한다. 선물매도포지션을 취하여 가격이 하락하면 생기는 이익으로 현물가격하락으로 인한 현물손실을 상쇄함으로써 실질현물매도가격을 현재의 선물가격으로 고정시켜 미래 가격변화로 인한 리스크를 제거하는 헷지전략이다.

〈표 3-2〉 매도헷지 효과분석

전략	포지션	매도시점 가격상승(↑S, ↑F)	매도시점 가격하락(↓S, ↓F)
매도헷지 (short hedge)	-F(선물매도)	손실(=-ΔF=F1-F2)	이익(=ΔF=F2-F1)
	+S(현물보유)	이익(=ΔS)	손실(=-ΔS)
	실질매도가격	S2+(F1-F2)=F1 (매도가격 고정)	S2+(F1-F2)=F1 (매도가격 고정)
무헷지 (no hedge)	실질매도가격	S2 (매도가격상승)	S2 (매도가격하락)

주 1) 선물가격과 현물가격은 만기에 가까워질수록 서로 수렴함. 즉, F2=S2로 가정함
2) Ft와 St는 각각 t시점에서의 선물가격과 현물가격을 의미하며, t=1은 선물계약시점, t=2는 선물 마감시점을 의미함.

〈표 3-2〉에서 보는 바와 같이 매도헷지를 한 경우, 보유자산의 매도시점에 가격이 상승하는 경우 선물매도포지션은 손실을 보게 되지만 현물매도가격이 상승하므로 실질 매도가격은 현재 선물가격(F1)으로 고정되며, 가격이 하락하는 경우는 그 반대로 해석할 수 있고 역시 실질 매도가격은 현재 선물가격으로 고정된다. 그러나 무헷지의 경우 실질매도가격은 매도시점의 현물가격(S2)에 의해 전적으로 결정되므로 현재시점에서는 가격변동 리스크가 고스란히 남아있게 된다.

따라서, 매도헷지의 경우 매도시점에 가격이 상승하면 헷지로 인해 손실이 발생하지만, 가격이 하락하면 이익이 발생한다. 자산을 보유하고 있는 사람의 입장에서는 향후 가격하락을 우려하므로 가격하락에 대해 적절한 헷지효과를 보게 되는 것이다.

결국, 매입헷지든 매도헷지든 중요한 것은 미래 실질매도가격이나 실질매입비용은 현재 선물가격(F1)으로 고정시키는 효과가 있으므로 헷저는 미래 가격변동에 대한 걱정없이 자신

의 사업에 충실할 수 있게 된다. 또 한가지 중요한 사실은, 헷지의 목표는 가격변동리스크를 줄이는 것이지 이익을 극대화하는 것이 아니다.

〈3–2〉 매도헷지

㈜서강은 원유(oil)를 생산하는 기업이라고 하자. 오늘은 5월 15일이며, 3개월뒤인 8월 15일에 생산한 원유를 판매하고자 한다. 그런데 원유를 판매하려는 시점에 원유가격이 하락하여 손해를 볼까 걱정하고 있다. 따라서 이 회사는 3개월 후 원유현물가격의 하락리스크를 줄이고자 8월만기 원유 선물 매도헷지전략을 구사하고자 한다. 상품선물 인수도의 불편함을 피하고자 만기 직전에 매도 선물계약을 마감하고자 한다. 현재 미국 뉴욕상품거래소(NYMEX)에서 원유선물계약 단위는 1,000 배럴(ba.)이며, 현물가격은 배럴당 $100, 선물가격은 배럴당 $95이다. 3개월 후 가격이 상승하거나 하락할 경우 각각에 대해 분석해 보자.

사례 분석

1) 가격이 하락하는 경우

선물 마감 시 선물과 현물가격이 모두 $90로 하락했다고 가정하자.

선물포지션 손익(배럴당) = F1-F2 = 95 - 90 = $5(이익)

실질매도가격 = S2 + 선물이익(=F1-F2) = 90 + 5 = $95 = F1

2) 가격이 상승하는 경우

선물 마감 시 선물과 현물가격이 모두 $110로 상승했다고 가정하자.

선물포지션 손익(배럴당) = F1-F2 = 95 - 110 = -$15(손실)

실질매도가격 = S2 - 선물손실(=F1-F2) = 110 + 15 = $95 = F1

2) 완전헷지와 불완전헷지

(1) 완전헷지

완전헷지(perfect hedge)란 선물계약을 통해 가격리스크를 완전히 제거하는 것을 말한다. 완전헷지가 되기 위해서는 다음과 같은 조건들이 충족되어야 한다.

i) 현물가격 변동이 매출수익 혹은 매입원가에 미치는 영향의 예측이 가능할 것

ii) 헷지대상자산과 선물기초자산이 일치할 것

iii) 선물계약의 만기가 원하는 헷지기간과 일치할 것

iv) 선물계약 수량과 헷지대상 현물의 수량이 일치할 것

v) 현물가격과 선물가격사이의 상관계수가 1일 것

그런데 현실적으로 이러한 조건이 모두 만족되기는 매우 어려우므로 완전헷지는 실제로 거의 불가능하다고 할 수 있다.

(2) 불완전헷지

불완전헷지(imperfect hedge)란 선물계약을 통해 가격위험을 부분적으로만 제거하는 것을 말한다. 실제 현실에서는 완전헷지가 거의 불가능하기 때문에 불완전헷지가 대부분이며, 따라서 헷지의 목적은 가급적 완전헷지에 가깝도록 헷지전략을 구사하는 것이다.

Tip 주요 용어

거래기간에 따른 투자자 분류

- Day trader: 선물계약 체결과 거래마감을 하루 안에 하는 자
- Position trader: 포지션을 다소 오래 보유하는 자(통상 1주일 또는 1개월)
- Scalper: 계약 당 조그만 이익으로 대량의 거래를 하는 장내거래자 혹은 매우 짧은 기간만 포지션을 보유하는 초단기 거래자

3) 정적헷지와 동적헷지

(1) 정적헷지

정적헷지(static hedge 혹은 hedge-and-forget)란 일단 헷지가 시작되면 헷지가 종료될 때까지 헷지포지션을 변화시키지 않는 헷지전략을 말한다. 정적헷지의 장점은 헷지비용이 적게 들고, 헷지가 간편하다는 것이다. 그러나, 시간의 흐름에 따라 선물가격과 헷지대상자산가격사이의 격차가 일정하지 않고 변화할 때 헷지효과가 감소할 수 있다는 단점이 있다. 따라서 정적헷지는 선물가격과 헷지대상자산가격 사이의 격차가 크게 변하지 않을 때 유용한 헷지전략이다.

(2) 동적헷지

동적헷지(dynamic hedge)란 헷지를 시작한 이후 시간이 지남에 따라 선물가격과 헷지대상자산가격 차이에 변화가 생기면 헷지포지션을 변화시켜 헷지효과를 극대화하고자 하는 전략을 말한다. 헷지효과가 커지는 장점이 있으나, 헷지포지션 변화로 인한 헷지비용이 커지고 가격관련 데이터와 정보를 지속적으로 수집하고 모니터해야 하는 등 헷지가 더 복잡하고 어려워진다는 단점도 있다. 따라서 동적헷지로 인한 헷지비용을 줄이기 위해서 헷지포지션 변화주기를 조정하여 다소 긴 주기로 하는 것도 고려할 필요가 있다. 즉, 헷지효과 증대와 헷지비용사이에는 상충관계(trade-off)가 있으므로 헷저의 자금상황을 고려하여 최적의 헷지전략을 구사할 필요가 있다.

4) 교차헷지

교차헷지(cross hedge)란 헷지대상자산과 헷지에 이용될 선물의 기초자산이 완전히 일치하지 않거나, 헷지대상기간과 선물의 만기시점이 일치하지 않을 경우, 제3의 유사한 선물을 선택해 헷지하는 것을 말한다. 물론 교차헷지를 하지 않고 헷지를 할 수 있다면 좋겠지만, 부득이 교차헷지를 하고자 할 경우에는 헷지대상 자산가격과 상관계수가 가장 높은 기초자산을 가진 선물을 택하는 것이 헷지효과를 극대화 할 수 있는 방법이다.

예를 들어, 항공기 회사가 항공기연료 가격을 헷지하고자 하는데, 선물시장에 항공기연료를 기초자산으로 하는 선물이 상장되어 있지 않을 경우, 항공기가격과 상관관계가 높은 원유를 기초자산으로 하는 선물을 이용하여 헷지한다면 이는 교차헷지이다.

3. 헷지실행 절차

1) 리스크 노출정도 결정

리스크노출이 적을수록(즉, 헷지를 많이 할수록) 기대수익률은 낮아진다. 즉, 완전헷지에 가까울수록 리스크가 작아지므로 기대수익은 작아지고, 리스크노출이 많이 되면 그 만큼 기대수익은 커진다. 따라서 투자자가 자신의 리스크선호도(risk preference)를 고려하여 적정 헷지수준을 결정해야 한다.

2) 헷지수단의 선택

헷지수단의 선택이란 리스크에 노출된 자산의 헷지에 적합한 대상선물과 만기를 선택하는 것을 말한다. 기본적으로 리스크에 노출된 자산과 동일한 기초자산을 갖는 선물을 선택하는 것이 바람직하지만, 시장에 그런 선물이 존재하지 않을 경우 앞에서 설명한 대로 교차헷지를 고려해야 한다. 또한 리스크에 노출되는 기간이 선물만기보다 짧아야 적절한 위험헷지가 되는 것은 당연하겠으나, 만일 원하는 헷지기간이 선물 만기보다 길 경우 헷지연장(roll-over)전략을 사용할 수 있다.

Tip 주요 용어

헷지연장(stack-and roll 혹은 roll-over hedge)

원하는 헷지기간이 헷지에 이용되는 선물만기보다 더 길 경우 완전헷지가 어려워진다. 이 경우 선물만기가 다가오면 기존 선물계약은 마감하고, 늦은 인도월을 갖는 선물에 동일한 포지션을 취하는 전략을 말한다.

예를 들어, 원하는 헷지기간을 T라 하고 T_i시점에 헷지연장을 한다면 다음과 같은 헷지연장전략이 가능하다. 매도헷지라 가정하면,

T_1시점: 선물계약1에 매도포지션

T_2시점: 선물계약1을 마감하고, 선물계약2에 매도포지션

T_3시점: 선물계약2를 마감하고, 선물계약3에 매도포지션

·

·

·

T_n시점: 선물계약(n−1)을 마감하고, 선물계약n에 매도포지션(헷지종료)

(단, $T_1 < T_2 < T_3 < \cdots < T_n$; $T_n \geq T$; $T_1 < T_2$는 T_2시점이 T_1시점보다 나중임을 의미)

3) 헷지비율의 결정

(1) 헷지비율

헷지비율(HR: Hedge Ratio)이란 리스크에 노출된 현물규모에 대한 선물포지션규모의 비율을 말한다. 즉, 위험에 노출된 현물 1단위당 선물포지션의 크기를 말한다. 이를 식으로 표시하면 다음과 같다.

$$\text{헷지비율}(h) = \frac{\text{선물포지션 규모}}{\text{헷지대상 현물의 규모}} = \frac{N_F}{N_A} \qquad \text{(식 3-1)}$$

(2) 최적헷지비율

헷지의 기본목적은 리스크를 최소화하는 것이다. 따라서 헷지포트폴리오의 총리스크를 최소화하는 헷지비율을 정하면 최선이고 이를 최적헷지비율(optimal hedge ratio) 혹은 최소분산헷지비율(minimum variance hedge ratio)이라 한다. 왜냐하면 총리스크의 크기가 분산으로 측정되기 때문이다. 최소분산헷지비율을 식으로 표시하면 다음과 같다.

$$\text{최소분산헷지비율(minimum variance HR)} = \rho \frac{\sigma_S}{\sigma_F} \qquad \text{(식 3-2)}$$

단, ρ = ΔS와 ΔF간의 상관계수(correlation coefficient)
σ_S = ΔS의 표준편차(즉, 변동성: volatility)
σ_F = ΔF의 표준편차(즉, 변동성: volatility)
ΔS = 현물가격변화 = S2-S1
ΔF = 선물가격변화 = F2-F1

심화 학습 3-1 최소분산헷지비율의 유도

(식 3-2)에 있는 최소분산헷지비율을 유도해 보자.

자산을 보유하고 있는 투자자가 가격하락을 우려하여 매도헷지를 취하였다고 하자.

그리고 매도헷지포지션 시작시점의 현물가격과 선물가격을 각각 S1과 F1이라 하고, 헷지포지션 마감시의 현물가격과 선물가격을 각각 S2와 F2라 하자.

만일 헷지비율을 $h=\frac{N_F}{N_A}$라 하고, 이 매도헷지포트폴리오의 마감시 가치를 P라 하면,

$$\begin{aligned} P &= S2N_A - (F2-F1)N_F \\ &= S2N_A - (S1-S1)N_A - (F2-F1)N_F \\ &= S1N_A + (S2-S1)N_A - (F2-F1)N_F \\ &= S1N_A + \Delta SN_A - \Delta FN_F \qquad (1) \end{aligned}$$

그런데, $h=N_F/N_A$이므로, $N_F=hN_A$ (2)

(2)를 (1)에 대입하면,

$$P = S1N_A + \Delta SN_A - \Delta FhN_A \qquad (3)$$

(3)의 양변에 분산을 취하면,

$$\sigma_P^2 = \sigma_S^2 - 2h\rho\sigma_S\sigma_F + h^2\sigma_F^2 \qquad (4)$$

(4)는 결국 매도헷지포트폴리오의 총리스크(분산)이며, (4)를 최소화시키는 h^*를 구하면 이것이 곧 최소분산헷지비율이 된다. (4)의 최소값을 구하기 위해 미분법을 이용해보자.

i) 최소값이 되기 위한 필요조건(necessary condition)[2] : 1차미분 = 0

$$0 = \frac{d\sigma_P^2}{dh} = -2\rho\sigma_S\sigma_F + 2h\sigma_F^2$$

$$\Rightarrow h^* = \rho\frac{\sigma_S}{\sigma_F}$$

ii) 최소값이 되기 위한 충분조건(sufficient condition)[3] : 2차미분 > 0

$$\frac{d^2\sigma_P^2}{dh^2} = 2\sigma_F^2 > 0$$

따라서 i)과 ii)로부터 최소분산헷지비율은 $h^* = \rho\frac{\sigma_S}{\sigma_F}$ 이다.

(식 3-2)에 있는 최소분산헷지비율은 다음 〈그림 3-1〉과 같이 표현할 수 있다.

〈그림 3-1〉 최소분산헷지비율

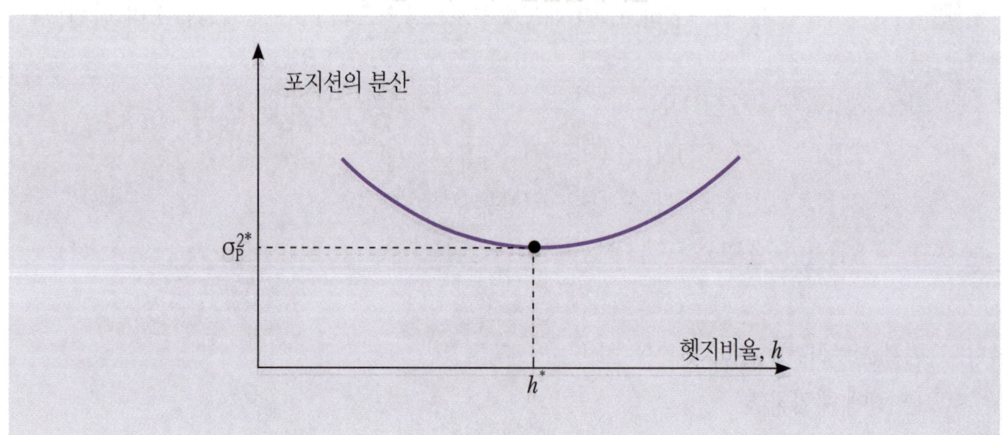

2 수학에서는 '필요조건'을 '1차조건(FOC: First Order Condition)'이라고도 한다.

3 수학에서는 '충분조건'을 '2차조건(SOC: Second Order Condition)'이라고도 한다.

심화 학습 3-2 **최소분산 헷지비율의 의미**

(식 3-2)에 있는 최소분산헷지비율의 의미를 좀더 고찰해 보자.
통계학에서 두 개의 확률변수 S와 F 사이의 상관계수는 다음과 같이 표시된다.

$$\text{상관계수}(\rho) = \frac{\text{S와 F 사이의 공분산}}{\text{(S의 표준편차)(F의 표준편차)}} = \frac{\sigma_{SF}}{\sigma_S \sigma_F} \tag{1}$$

따라서, (1)을 최소분산 헷지비율에 대입하면 다음과 같이 표시할 수 있다.

$$h^* = \rho \frac{\sigma_S}{\sigma_F} = \frac{\sigma_{SF}}{\sigma_S \sigma_F} \frac{\sigma_S}{\sigma_F} = \frac{\sigma_{SF}}{\sigma_F^2} \tag{2}$$

그런데 (2)는 회귀분석(regression analysis)의 관점에서 보면 회귀식의 기울기에 해당된다. 즉, 〈그림 3-2〉에 있는 회귀선의 기울기로 최소분산헷지비율(h^*)을 구할 수 있다.

〈그림 3-2〉 최소분산헷지비율과 회귀선

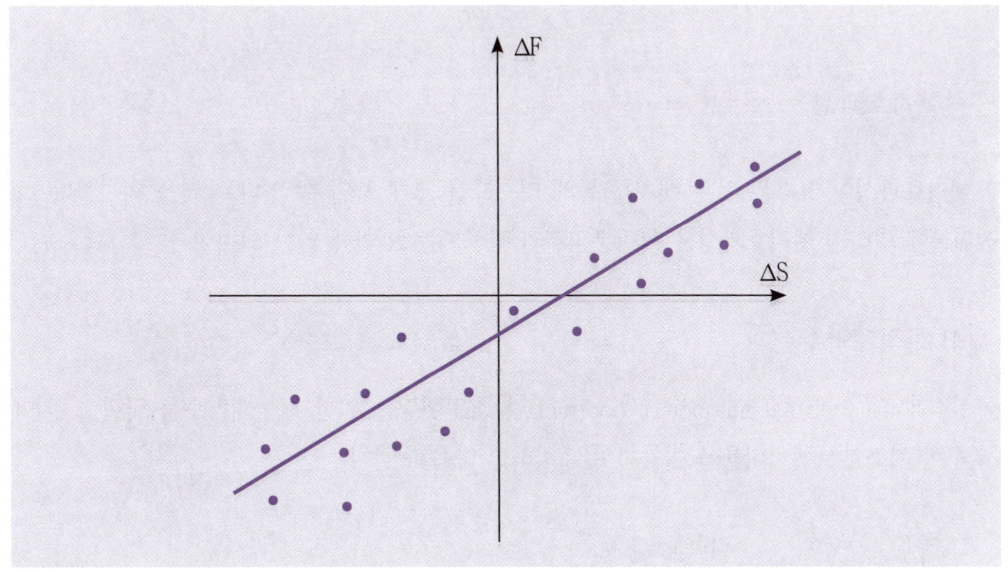

〈그림 3-2〉에 있는 회귀선을 1차식으로 표현하면 다음과 같다.

$$\Delta F = \alpha + \beta \Delta S + \varepsilon \qquad \text{(식 3-3)}$$

단, ΔS = 현물가격변화
ΔF = 선물가격변화
α = y축 절편
β = 직선(회귀선)의 기울기
ε = 실제값과 회귀선사이의 오차항(error term)

따라서, 〈심화학습 3-2〉는 최소분산헷지비율(h^*)이 (식 3-3)의 β와 같다는 것을 의미한다. 즉, $h^* = \beta$. 이는 곧 최소분산헷지비율이 선물가격변화에 대한 현물가격변화의 민감도(sensitivity)와 같음을 의미한다. 즉,

$$h^* = \beta = \frac{\Delta F}{\Delta S} \qquad \text{(식 3-4)}$$

(3) 헷지효과성

헷지효과성(hedge effectiveness)이란 헷지포트폴리오 전체 리스크(분산)가 헷지에 의해 감소되는 리스크의 비율을 의미하며, 다음과 같이 계산한다.

$$\text{헷지효과성} = \rho^2 = h^{*2} \frac{\sigma_F^2}{\sigma_S^2} \qquad \text{(식 3-5)}$$

헷지효과성이 크다는 것은 헷지를 통해 리스크를 크게 줄일 수 있다는 것을 의미한다. 회귀이론에 의하면 헷지효과성은 회귀분석결과 산출되는 R^2와 동일한 의미이다.

(4) 최적계약수

최적계약수(optimal number of contract)란 최적헷징을 위한 선물계약수를 말한다. 위에서 구한 최소분산헷지비율을 이용하여 표시하면 다음과 같다.

$$\text{최적계약수} = N^* = \frac{h^* Q_A}{Q_F} \qquad \text{(식 3-6)}$$

단, Q_A = 헷지대상현물의 규모 = N_A
Q_F = 선물 1계약의 크기

(식 3-6)은 다음과 같이 쉽게 유도할 수 있다.

$$h^* = \frac{N_F}{N_A} = \frac{N^* Q_F}{Q_A}$$

$$\Rightarrow N^* = \frac{h^* Q_A}{Q_F}$$

선도와 달리 선물을 헷지도구로 사용할 경우 일일정산(daily settlement)의 영향을 고려해 조정을 해주어야 하는데 이를 '헷지계약수의 조정(tailing the hedge)'이라 하며, 이 경우 최적계약수는 다음과 같이 산출한다. 가격이 변하면 헷지계약수가 변한다.

$$\text{최적계약수} = N^* = \frac{h^* V_A}{V_F} \quad \text{(식 3-7)}$$

단, V_A = 헷지대상현물의 가치
V_F = 선물 1계약의 가치 = 선물가격 × Q_F

사례

〈3-3〉 최소분산헷지

(주)강서기업은 겨울철 난방유가격 폭등을 우려해 헷지하고자 한다. 뉴욕상품거래소(NYMEX)에서 난방유선물의 1단위는 42,000갤론이다. 이 회사의 올 겨울 난방유필요량은 약 200만갤론이라 한다. 과거 난방유현물가격과 선물가격자료를 분석해 본 결과 다음과 같은 자료를 얻었다.

난방유 현물가격변화(ΔS)의 표준편차 = σS = 0.0263
난방유 선물가격변화(ΔF)의 표준편차 = σF = 0.0313
현물가격변화와 선물가격변화 사이의 상관계수 = ρ = 0.928
갤론당 선물가격 = $1.99
갤론당 현물가격 = $1.94

사례 분석 이 경우 최소분산헷지비율, 최적계약수를 각각 구해보자.

(1) 최소분산헷지비율

$$h^* = \rho \frac{\sigma_S}{\sigma_F} = 0.928 \frac{0.0263}{0.0313} = 0.7798$$

(2) 최적계약수

(i) 헷지계약수 조정을 하지 않는 경우(no tailing the hedge)

$$N^* = \frac{h^* Q_A}{Q_F} = \frac{0.7798 \times 2{,}000{,}000\text{갤론}}{42{,}000\text{갤론}} = 37.13\ (\text{약 }37\text{계약})$$

(ii) 헷지계약수 조정을 하는 경우(tailing the hedge)

$$N^* = \frac{h^* V_A}{V_F} = \frac{0.7798 \times (\$1.94 \times 2{,}000{,}000\text{갤론})}{\$1.99 \times 42{,}000\text{갤론}} = 36.20\ (\text{약 }36\text{계약})$$

4. 주가지수를 이용한 헷지

1) 개념

앞에서 설명한 최적헷지의 개념을 주식포트폴리오에 적용할 수 있다. 특히 주식포트폴리오가 분산투자가 잘 되어 있는 경우 주가지수선물을 이용하여 헷지할 수 있다. 이 경우 최소분산헷지비율(h) 대신에 포트폴리오 베타(β)를 이용하면 된다. 왜냐하면, 앞서 설명한 바와 같이 h는 선물가격변화에 대한 현물가격변화의 민감도를 의미하는데, 베타 또한 주식시장변화에 대한 포트폴리오가치변화의 민감도이기 때문이다. 즉, $\beta = \frac{dV_P}{dV_M}$. 여기서 dVP와 dVM은 각각 포트폴리오의 가치변화와 시장(주가지수)가치의 변화를 의미한다.

따라서, 최소분산헷지비율을 이용한 최적계약수 공식(즉, (식 3-7))을 이용하면 주식포트폴리오 헷지를 위한 최적계약수는 다음과 같이 구할 수 있다.

$$\text{최적계약수} = N^* = \beta \frac{V_A}{V_F} \qquad (\text{식 } 3\text{-}8)$$

단, β = 포트폴리오 베타

V_A = 헷지대상 주식포트폴리오의 가치

V_F = 주식선물 1계약의 가치 =주식선물가격 × 주가지수승수(IM)

주가지수승수(IM: Index Multiplier) = 주가지수를 금액으로 전환시키기 위해 곱해주는 값[2]

2 예를 들어, 미국 S&P500주가지수선물의 경우 지수승수가 주가지수 1포인트당 $250이며, 한국의 KOSPI200선물의 1포인트당 지수승수는 50만원이다. 지수승수를 한국에서는 '거래승수'라고 한다.

사례

〈3-4〉 주가지수를 이용한 최적헷지

(주)서강증권은 잘 분산투자된 주식포트폴리오에 300억원을 투자하고 있다. 이 투자위험을 헷지하기 위해 KOSPI200주가지수선물을 이용하려고 한다. 현재 한국거래소(KRX)에서 KOSPI200선물가격은 2,000포인트이고, 지수승수는 포인트당 50만원, 그리고 이 주식포트폴리오의 베타는 1.2라 한다. 이 투자회사의 최적헷지에 대해 살펴보자.

사례 분석

우선, 최적계약수를 구해보면,

$$\text{최적계약수} = N^* = \beta\frac{V_A}{V_F} = 1.2\frac{300\text{억원}}{(2{,}000\times 50\text{만원})} = 30\text{계약}$$

즉, 서강증권은 주식포트폴리오가치의 하락을 대비하기 위한 헷지를 해야 하므로 매도헷지 포지션을 취해야 하므로 KOSPI200주가지수선물 30계약을 매도하면 된다.

2) 포트폴리오 베타의 조정

주식포트폴리오에 투자한 사람이 주식시장의 변화에 대응하기 위해 포트폴리오 베타를 조정하고자 현물주식을 매매할 경우 많은 시간과 비용이 소요될 수 있다. 예를 들어, 주식투자자가 향후 시장상황이 좋아질 것이라 예상되는 경우에는 보유주식들의 베타를 높여 주가상승에 의한 수익률 상승을 기대할 것이고, 반대로 시장상황이 나빠질 것으로 예상되면 보유주식들의 베타를 줄여 주가하락에 의한 손실을 최소화하고자 할 것이다. 그런데 보유한 주식포트폴리오의 베타를 조정하려면 보유한 주식들을 매도하거나 신규주식매입이 필요하며 이 때 매매수수료가 발생한다. 또한 매매하고자 하는 주식의 유동성 정도에 따라 매매에 많은 시간이 소요되어 적시에 베타를 조정하지 못할 수도 있다.

이러한 시간과 매매비용문제를 해결할 수 있는 한 가지 방법은 주가지수선물을 활용하는 것이다. 즉, 현물주식의 매매 없이 주가지수선물의 매입 혹은 매도만으로 주식포트폴리오 베타를 조정할 수 있다. 그 방법은 다음과 같다.

ⅰ) 포트폴리오 베타를 감소시키고자 할 때

현재 보유중인 주식포트폴리오의 베타가 β인데 이를 β^*로 감소시키고자 할 때(즉, $\beta^* < \beta$)

는 다음 N*만큼 주가지수선물에 '매도'포지션을 취하면 된다.

$$N^* = (\beta - \beta^*) \frac{V_A}{V_F} \quad \text{(식 3-9)}$$

단, V_A = 헷지대상 주식포트폴리오의 가치
V_F = 주식선물 1계약의 가치 =주식선물가격 × 주가지수 승수(IM)

ii) 포트폴리오 베타를 증가시키고자 할 때

현재 보유중인 주식포트폴리오의 베타가 β인데 이를 β*로 증가시키고자 할 때(즉, β*>β) 는 다음 N*만큼 주가지수선물에 '매입'포지션을 취하면 된다.

$$N^* = (\beta^* - \beta) \frac{V_A}{V_F} \quad \text{(식 3-10)}$$

사례

〈3-5〉 주가지수선물을 이용한 베타조정

현재 보유하고 있는 주식포트폴리오의 베타가 1.5이다. 현재 S&P500주가지수선물가격이 1,000포인트이고, 보유하고 있는 포트폴리오의 가치가 $5,000,000이다. S&P500선물의 지수승수가 포인트당 $250라 한다.

(1) 향후 주식시장이 나빠질 것으로 예상되어 주가지수선물을 이용하여 베타를 0.75로 줄이려 한다면 다음과 같이 N*만큼의 S&P500주가지수선물을 매도하면 된다.

$$N^* = (\beta - \beta^*) \frac{V_A}{V_F} = (1.5-0.75) \frac{\$5,000,000}{1,000 \times \$250} = 15$$

즉, S&P500주가지수선물 15계약에 '매도'포지션을 취하면, 보유중인 주식포트폴리오 베타를 1.5에서 0.75로 줄일 수 있다.

(2) 향후 주식시장이 좋아질 것으로 예상되어 주가지수선물을 이용하여 베타를 2.0으로 늘리려 한다면 다음과 같이 N*만큼의 S&P500주가지수선물을 매입하면 된다.

$$N^* = (\beta^* - \beta) \frac{V_A}{V_F} = (2.0-1.5) \frac{\$5,000,000}{1,000 \times \$250} = 10$$

즉, S&P500주가지수선물 10계약에 '매입'포지션을 취하면, 보유중인 주식포트폴리오 베타를 1.5에서 2.0으로 늘릴 수 있다.

5. 베이시스와 유효가격

1) 베이시스

(1) 베이시스의 정의

베이시스(basis)란 현물가격과 선물가격의 차이를 말한다. 일반적으로 베이시스는 다음 식과 같이 정의된다.[3]

베이시스(basis) = 현물가격 − 선물가격 = S − F (식 3-11)

베이시스가 증가하는지 혹은 감소하는지에 따라 헷저에게 이익이 되기도 하고 손실이 되기로 한다. 예를 들어, 베이시스가 증가한다는 것은 베이시스가 양(+)이 된다는 것을 의미하며, 이는 선물가격에 비해 현물가격이 더 증가하므로 매도포지션을 취하는 자에게 유리하며, 반대로 베이시스가 약해진다는 것은 베이시스가 음(−)이 된다는 것을 의미하며 이는 현물가격에 비해 선물가격이 상대적으로 더 증가함을 의미하므로 매입포지션을 취한 자에게 이익이 된다. 이를 정리하면 다음과 같다.

베이시스의 증가(strengthening of the basis, positive) ⇒ 매도헷저 이익
베이시스의 감소(weakening of the basis, negative) ⇒ 매입헷저 이익

참고로 제로 베이시스 헷지(zero basis hedge)란 만기까지 현물과 선물을 동시에 보유하여 베이시스 위험을 없애는 헷지를 말한다.

(2) 베이시스 리스크

〈그림 3-3〉에서 보는 바와 같이 시간이 경과함에 따라 현물가격변화와 선물가격변화가 다르기 때문에 베이시스는 시간에 따라 변하게 된다.

3 '베이시스 = 선물가격 − 현물가격'으로 정의되기도 하는데, 특히 기초자산이 금융자산인 경우에 종종 사용된다.

〈그림 3-3〉 베이시스의 변화

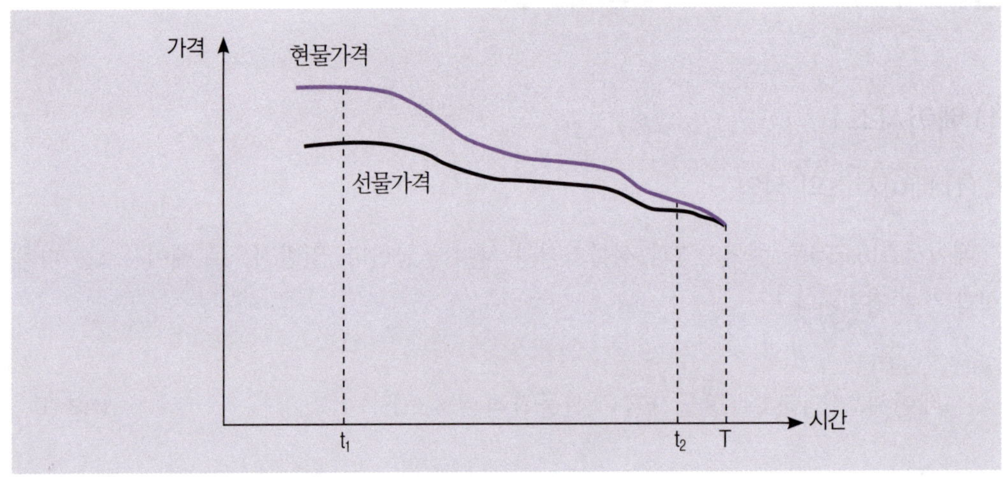

다음과 같은 용어를 사용하여 베이시스의 변화에 대해 살펴보자.

S1 = t_1시점에서의 현물가격
F1 = t_1시점에서의 선물가격
S2 = t_2시점에서의 현물가격
F2 = t_2시점에서의 선물가격
b1 = t_1시점에서의 베이시스 = S1 - F1
b2 = t_2시점에서의 베이시스 = S2 - F2

매도헷징을 t_1시점에서 시작하고, t_2시점에서 마감한다고 가정하면,

마감시점에서의 실제 매도가격 = S2 + (F1-F2) = F1 + (S2-F2) = F1 + b2

즉, 마감시점에서 매도헷저의 실제 매도가격은 현재 선물가격(F1)과 마감시점의 베이시스(b2)의 합이다. 그런데 현재시점(t_1)에서 볼 때 F1은 이미 알고 있는 상수값이지만, b2는 마감시점(t_2)에 가야 알 수 있는 미지수이다. 만일 b2값을 미리 알 수 있다면 미래 베이시스에 대한 리스크가 없지만, 미리 알 수 없다면 미지수 b2때문에 미래 실제매도가격은 예측할 수 없게 된다. 이러한 리스크를 '베이시스 리스크(basis risk)'라 한다.

참고로, 선물만기에는 현물가격이 선물가격에 수렴하므로(제4장에서 자세히 설명함) 만기시점에서의 베이시스는 0이 된다. 이 경우에는 베이시스 리스크가 존재하지 않으며 미래 실

제매매가격을 정확히 예측할 수 있으며 완전헷지가 가능하다. 따라서 미래 매매시점에서의 베이시스가 예측가능하면 완전헷지가 가능하지만, 그렇지 않을 경우 불완전헷지가 된다.

2) 유효가격

(1) 유효가격의 개념

선물을 이용하여 헷지를 할 경우, 헷지마감시점에 헷지포지션에서 손익이 발생하기 때문에 실제 매입 혹은 매도가격은 마감시점(매매시점)의 현물가격이 아니라 마감시점의 현물가격에 선물손익을 더해주어야 한다. 즉, 매입헷지를 한 투자자의 경우 실제로 현물을 매입하게 되는 시점에서는 선물포지션을 마감하고 현물을 매입하게 된다. 따라서 선물마감 시 손익을 현물매입 시 활용할 수 있으므로 실제 매입가격은 달라지게 된다. 매도헷지의 경우도 마찬가지이다. 예를 들어, 매입헷지를 한 투자자가 현물을 매입하고자 하는 시점에서 선물을 마감하니 $10의 이익이 있었다고 가정하고, 매입 시 시장에서 현물가격이 $100라 하면, 이 투자자는 $90만 추가하면 현물을 매입할 수 있으니 실제로 이 투자자가 지불하는 매입가격은 $90가 되는 것이다. 이러한 실제매매가격을 '유효가격(EP: effective price)' 혹은 '실질가격'이라 한다. 본서에서는 유효가격이라는 용어를 사용하고자 한다.

(2) 유효가격의 산출방법

i) 매입헷지의 경우

앞에서 정의한 용어를 사용하여 유효가격 산출방법에 대해 알아보도록 하자.

〈표 3-3〉 매입헷지의 유효가격

구분	수식
매입 시 현물가격(A)	S2
선물손익(B)	F2-F1
유효매입가격(A-B)	S2 - (F2-F1) = F1 + (S2-F2) = F1 + b2

〈표 3-3〉에서 보는 바와 같이 매입포지션을 취한 경우 현물을 실제 매입하는 시점에 지불해야 하는 유효매입가격은 현물가격에서 선물손익을 차감한 가격이다. 선물매입에서 이익을 얻었다면(즉, F2-F1 > 0) 그만큼 유효매입가격은 작아질 것이고, 선물매입에서 손실을 입었다면(즉, F2-F1 < 0) 그만큼 유효매입가격은 커질 것이다.

ⅱ) 매도헷지의 경우

매입헷지와 같은 방법으로 유효가격을 산출할 수 있다.

〈표 3-4〉 매도헷지의 유효가격

구 분	수 식
매도 시 현물가격(A)	S2
선물손익(B)	F1-F2
유효매도가격(A+B)	S2 + (F1-F2) = F1 + (S2-F2) = F1 + b2

〈표 3-4〉에서 보는 바와 같이 매도포지션을 취한 경우 현물을 실제 매도하는 시점에 받을 수 있는 유효매도가격은 현물가격에서 선물손익을 합산한 가격이다. 선물매도에서 이익을 얻었다면(즉, F1-F2 > 0) 그만큼 유효매도가격은 커질 것이고, 선물매도에서 손실을 입었다면(즉, F1-F2 < 0) 그만큼 유효매도가격은 작아질 것이다.

6. 헷지에 관한 찬반논쟁

1) 찬성입장의 논리

헷지를 찬성하는 측의 논리는 일반기업이나 투자자는 리스크관리의 전문가가 아니라는 점에서 출발한다. 이자율, 환율, 물가상승률 등 거시경제 변수들은 미래에 어떻게 변할 지 예측하기도 힘들고 관리하기도 힘들다. 이러한 시장변수들에 의해 야기되는 리스크들은 기업이나 투자자의 이익에 큰 영향을 미치지만 리스크관리 전문가가 아니면 관리하기 힘들 뿐만 아니라 리스크관리에는 많은 시간과 비용이 수반된다.

따라서 체계적이고 과학적인 리스크관리에 전문성이 없는 기업이나 투자자입장에서는 리스크를 전문가들에게 전가하고 자신들은 자신의 고유업무에 집중하는 것이 훨씬 합리적이다. 이것이 헷지에 찬성하는 측의 가장 중요한 논리적 근거이다. 예를 들어, 반도체를 만들어 수출하는 기업이 다른 경쟁기업들에 비해 뛰어난 경쟁력을 가지기 위해서는 반도체제조 기술이나 판매노하우가 가장 중요하다. 따라서, 반도체수출에서 경쟁력을 갖기 위해서 연구개발 등에 집중하고 투자해야 할 것이다. 반도체기업이 수출대금을 관리하기 위해 환율이 시장에서 어떻게 변하는지 환율연구에 집중한다고 하면 기술에도 집중하지 못하고 전문성이 없는 환율리스크관리에도 실패하여 결국 생존을 위협받게 될 것이다. 환율리스크는 헷지로 관리하고 회사는 기술개발과 시장개척에 전념할 때 가장 경쟁력있는 회사가 될 것이라는 것이 헷지를 찬성하는 핵심논리인 것이다.

2) 반대입장의 논리

(1) 헷징과 주주

회사의 주주들이 스스로 분산투자를 통해 각자 리스크를 관리 할 수 있으므로 기업입장에서는 헷지가 필요하지 않다는 주장은 일견 그럴 듯 하지만 몇 가지 문제점이 있다. 첫째, 이러한 논리가 성립되려면 주주들이 가지고 있는 정보의 질과 양이 회사가 가지고 있는 것과 거의 같아야 한다. 즉, 정보의 비대칭성(asymmetry of information)이 없어야 하지만, 이는 매우 비현실적이다. 둘째, 거래비용문제이다. 주주 개인이 분산투자를 위해 지불해야 하는 거래수수료는 기업이나 기관투자자(투자회사, 연금 · 기금 등)가 대량으로 매매할 때 지불하는 거래수수수료에 비해 훨씬 높다. 따라서, 이러한 두 가지 문제점만 보더라도 주주들이 스스로 분산투자할 수 있으므로 헷지가 필요없다는 주장은 현실성이 약하다고 볼 수 있다.

(2) 헷징과 경쟁자

경쟁자는 헷지를 하지 않고 나만 할 경우 오히려 나의 리스크가 커진다는 주장이다. 예를 들어, 금(gold)을 원료로 하는 보석(jewelry)제조산업을 생각해 보자. 대부분의 보석제조회사들은 금가격에 대해 헷지를 하지 않는데 한 회사만 금선물을 이용하여 헷지한다고 하자. 금가격을 헷지하지 않은 기업들의 경우 원료인 금가격이 변동하면 보석가격도 변동하여 원가변동충격을 가격변동으로 흡수하게 되어 이익의 변동성은 없어져 리스크는 없게 된다. 그러나 헷지한 기업의 경우 원가인 금가격변동성은 없어지지만 보석가격변동성은 그대로 남아 이익의 변동성이 생기고 따라서 리스크가 생기게 된다.

이를 도식으로 설명하면 〈표 3-5〉와 같다.

<표 3-5> 헷지와 경쟁자

금가격	보석가격	헷지하지 않은 기업 손익변동	헷지한 기업 손익변동
상승	상승	변동 없음	증가
하락	하락	변동 없음	감소

주) 이익 = 보석가격 − 금가격
1) 헷지하지 않은 기업: Δ이익= Δ보석가격−Δ금가격=0 (금가격변동분만큼 보석가격을 변동시키므로)
2) 헷지한 기업: Δ이익= Δ보석가격−Δ금가격=Δ보석가격(금헷지 때문에 금가격변동분=0이므로)

(3) 헷지와 경영자

헷지를 반대하는 또 다른 논리는 경영자들의 헷지에 대한 이해부족이다. 즉, 헷지는 이익을 최대화하는 전략이 아니고 리스크를 최소화하는 전략이기 때문에 때로는 헷지로 인해 손실을 볼 수도 있기 때문이다. 따라서 이익을 최대화하는 것이 목표인 경영자입장에서는 헷지를 잘해 이익이 나는 것은 당연시 하지만, 헷지를 잘못해 손실이 발생하는 것은 이해하지 못하는 경향이 있다는 것이다. 이런 이유로 재무담당자는 헷지를 기피하는 경향이 있다는 것이다. 그러나, 헷지의 본질은 리스크를 최소화하고 회사의 고유 사업에 집중하여 이익을 최대화하는 것이므로 이러한 헷지의 본질을 경영자에게 설득하는 것이 바람직하지, 경영자의 헷지에 대한 이해부족을 이유로 헷지가 필요할 때 헷지를 기피하는 것은 바람직한 태도로 보기 어렵다.

이상의 3가지 헷지반대논리는 현실적으로 타당성이 부족하다고 평가된다. 따라서 헷지는 리스크를 줄이기 위해 필요한 전략임이 분명하다.

연습문제

01. 한 투자자가 많은 금(gold)을 보유하고 있다. 그는 금값하락을 염려하고 있지만, 앞으로 주요국의 채무불이행가능성이 금값의 폭발적 상승을 가져올 것이라는 국제적 상황을 인식하고 있다. 이 투자자가 자신의 포지션을 헷지할 수 있는 방법은?

① 금선물 매도　　② 금선물 매입
③ 금선물풋옵션 발행　　④ 금선물풋옵션 매입

02. 헷지포지션이 가격의 불리한 변동을 완전하게 보호하지 못하는 이유는?

① 헷지가 작동하는 동안 베이시스(basis)가 변하기 때문에
② 현물가격과 선물가격이 같이 움직이기 때문에
③ 인도월이 다른 선물들이 서로 다른 가격에 거래되기 때문에
④ 운송비용이 지역마다 서로 다르기 때문에

03. 돼지고기의 cwt.당 가격이 다음과 같다.

날 짜	현 물	선 물
8월 6일	\$64.10	\$66.50
10월 8일	\$61.69	\$63.30

한 돼지사육자가 8월 6일에 주어진 가격으로 헷지포지션을 취하고 10월 8일에 포지션을 마감하고 돼지고기를 매도하였다면 그의 베이시스(basis)는?

① 감소되었고, 결과적으로 cwt.당 \$0.81의 손실을 가져옴.
② 감소되었고, 결과적으로 cwt.당 \$0.99의 손실을 가져옴.
③ 증가되었고, 결과적으로 cwt.당 \$0.81의 이익을 가져옴.
④ 증가되었고, 결과적으로 cwt.당 \$0.79의 이익을 가져옴.

04. 선물을 이용한 헷지는?

① 가격이 헷지하고자 하는 방향으로만 움직일 때 설정된다.
② 선물매도포지션 하에 있는 자산을 추후 매도하기 위한 일시적 대체물이다.
③ 근월물로만 이루어진다.
④ 위의 세 가지 모두 맞다.

05. 한 가축사육장에서 장래에 사육소를 사고자 하여 소값 상승에 대비해 헷지를 하고자 한다. 사육 숫송아지의 현물가격은 cwt.당 $80.75이며, 11월물 선물가격은 파운드(lb)당 77.45¢이다(선물의 계약단위는 44,000lbs임). 헷지포지션을 마감할 때의 현물가격이 cwt. 당 $78.25이고 선물가격이 lb당 74.77¢라 할 때, 헷지의 결과는?

① 계약당 $79.20 손실　　② 계약당 $79.20 이익
③ 계약당 $1,179.20 손실　　④ 계약당 $1,179.20 이익

06. 난방용기름 공급업자가 12월에 8,400,000갤론을 매도하는 계약을 8월에 맺었다. 가격하락을 헷지하기 위해 계약당 42,000갤론인 선물에 매도포지션을 취하였다. 8월에 현물가격이 갤론당 $0.45이고 선물가격은 $0.50이었으며, 12월에는 현물이 $0.40이고 선물이 $0.41이었다면 헷지의 결과는?

① $336,000 이익　　② $420,000 이익
③ $756,000 이익　　④ $840,000 이익

07. 금융선물에서 베이시스(basis)란 무엇인가?

① 특정금융선물의 인도월의 차이
② 서로 다른 선물거래소에서 거래되는 선물들의 인도월의 차이
③ 특정금융자산의 현물가격과 해당자산 선물가격과의 차이
④ 단기선물과 장기선물가격과의 차이

08. 2월에 Eve는 ALFA주식 1,500주를 주당 $$53^1/_2$에 공매(short-selling)하고, 헷지를 위해 3월물 S&P500 주가지수선물(1 point = $500)을 104.90에 매입하였다. 3월에 Eve는 공매주를 $55^3/_8$의 가격에 커버하고 103.80에 선물포지션을 마감하였다면 헷지의 결과는?

① $2,262.50의 순손실　　② $3,362.50의 손실
③ $2,262.50의 순이익　　④ $3,362.50의 이익

09. 베이시스(basis)에 영향을 미치는 요인은?

① 바로 취득가능한 공급량의 변화
② 특정장소, 특정날짜에 특정품질의 수요량 변화
③ 미래의 거래량과 품질에 대한 불확실성
④ 위의 세 가지 모두

10. ABC전기회사는 구리(copper)의 큰 수요자이다. 그 회사가 구리선물로 헷지포지션을 취할 때의 베이시스가 파운드당 -$0.35였고, 헷지를 마감할 때의 베이시스가 -$0.41이라면 베이시스 변화에 따른 회사의 이익 혹은 손실은?

① 파운드당 $0.50 이익　　② 파운드당 $0.06 이익
③ 파운드당 $0.41 손실　　④ 파운드당 $0.08 손실

11. 헷저는 현물과 반대방향으로 선물포지션을 취한다. 헷저가 가장 걱정하는 것은?

① 현물가격　　② 선물가격
③ 베이시스의 변화　　④ 현물 및 선물시장의 상승과 하락 여부

12. 합판저장업체가 자신의 재고합판(총 76,032sq.bd.ft.)에 대해 헷지포지션을 취하였다. 1월 1일 헷지포지션을 취할 당시의 베이시스가 -400포인트(즉, 1,000sq.bd.ft.당 -$4)였고, 6 월 1일 헷지를 마감할 때 베이시스가 +200포인트라면, 헷지 결과 총이익은?

① +$152.064　　② −$152.064
③ +$456.192　　④ −$456.192

13. 한 커피제조업체가 브라질산 커피원료가격의 상승에 대비해 헷지포지션을 취하고자 한다(선물계약단위는 37,500파운드). 헷지포지션을 취할 때의 커피원료는 현물가격이 파운드당 $1.31, 선물가격이 $1.4225였고, 헷지포지션을 마감할 때의 현물가격은 $1.40, 선물 가격이 $1.4685가 되었다면, 1계약당 헷지의 결과는?

① $1,650 손실　　② $1,650 이익
③ $1,725 손실　　④ $1,725 이익

14. 한 설탕제조회사가 설탕가격의 하락을 염려하고 있다면, 그 회사가 헷지를 위해 해야 하는 일은?

① 설탕선물 매도　　② 설탕현물 매도 및 설탕선물 매입
③ 설탕선물 매입　　④ 현물설탕 매입 및 설탕선물 매입

15. 다음 중 선물을 이용한 헷저의 '순지불가격(net price paid)'의 정의를 가장 잘 설명하고 있는 것은?

① 현물지불가격에 선물거래이익을 더한 것
② 현물지불가격에 선물거래이익을 뺀 것
③ 현물지불가격에 선물거래손실을 더한 것
④ 현물지불가격에 선물거래손실을 뺀 것

16. 다음 중 선물헷지에서 필수요건이 아닌 것은?

① 선물포지션의 크기는 위험에 노출된 현물크기와 비슷해야 한다.
② 선물포지션의 위험은 현물포지션과 반대이어야 한다.
③ 현물시장에서 포지션을 가져야 한다.
④ 선물포지션의 위험은 현물포지션과 동일한 위험이어야 한다.

17. 헷지(hedge)의 결과를 가장 잘 묘사하고 있는 것은?

① 운전자본(working capital)의 감소 ② 순이익(net income)의 증가
③ 낮은 생산원가(production cost) ④ 위의 세 가지 모두

18. 한 브로커가 지정된 가격에 곡물현물(cash grain)을 인도하기로 계약을 체결하였다. 이 브로커는 다음 중 어떻게 자신의 포지션을 헷지할 수 있는가?

① 곡물선물을 매입함 ② 곡물선물을 매도함
③ 곡물현물을 매입함 ④ 곡물현물을 매도함

19. 현물과 선물의 가격변화가 다음과 같다.

날짜	현물	선물
3/10	166.35	171.60
4/25	169.25	172.25

3/10부터 4/25까지의 매도헷지의 베이시스(basis)변화는 얼마인가?

① −4.25 ② +2.25
③ −2.25 ④ +4.25

20. 구리 500,000파운드(lb)를 필요로 하는 한 제조업체가 구리선물(계약단위는 25,000lb)에 매입포지션을 취하였는데, 포지션을 취할 당시의 구리현물가격은 128.75¢ /lb였고 선물가격은 137.25¢ /lb였다. 얼마 후 현물가격이 143.75¢ /lb가 되고 선물가격이 147.75¢ /lb가 되었을 때 헷지포지션을 마감하였다면 당초 현물가격과 비교할 때 실질비용 (effective cost)은?

① 8.5¢ /lb 감소 ② 10.5¢ /lb 감소
③ 4.5¢ /lb 증가 ④ 5.0¢ /lb 증가

21. 한 농부가 부쉘(bu.)당 $6.05인 대두(콩)를 10,000bu. 소유하고 있다. 소유하고 있는 대두를 헷지하기 위해 같은 양만큼의 대두선물을 bu. 당 $6.15에 매도포지션을 취하였다. 그가 나중에 헷지포지션을 마감할 때 베이시스가 +15₵가 되었다면 bu. 당 그의 손실 혹은 이익은 얼마인가?

22. 오렌지쥬스 선물의 계약단위는 15,000파운드(lb.)이다. 한 오렌지과수원 소유자가 5월에 15개의 선물계약에 매도포지션을 취하고, 11월에 같은 양의 현물을 매도함과 동시에 선물계약을 마감하였다. 현물과 선물의 가격변화는 다음과 같다.

	현물	선물
5월	113.00₵/lb	114.70₵/lb
11월	126.30₵/lb	125.25₵/lb

이 소유주가 이러한 헷지거래 결과 얻을 수 있는 이익은?

23. 한 제분업자(miller)가 밀선물 1계약(계약단위는 5,000부쉘)을 부쉘(bu.)당 $3.04에 매입하고 인도받았다. 인도할 당시 밀선물의 정산가격이 $3.42라면 제분업자가 지급하는 실질비용(effective cost)은 얼마인가?

24. 한 난방유(heating oil) 공급업자가 8월에 420만 갤론(gal.)의 난방유를 12월에 현금가격으로 공급하는 계약을 체결하였다. 발생가능한 손실에 대비하기 위해 같은 양의 선물을 매도하여 헷지포지션을 취하였다. 갤론당 가격의 변화는 다음과 같다.

	현물가격	선물가격
8월	$0.35	$0.40
12월	$0.30	$0.31

난방유선물의 1계약 단위가 42,000갤론이라면 12월에 헷지를 통해 얻은 총이익은 얼마인가?

25. 한 고객이 금으로 도금된 보석 1,000온스를 소유하고 있다. 4월에 한 도매업자가 그 고객에게 온스당 $363을 제안했는데 당시의 12월물 금선물가격(계약단위는 100온스)은 온 스당 $372이다. 그 고객은 금값이 더 오를 것을 기대하고 금선물 매도포지션을 취했는데, 11월에 금현물가격은 $356이 되었고 베이시스는 온스당 -2.50이 되었다면, 고객의 총이익은?

Exercises

26. 6,500부쉘(bu.)의 옥수수를 보유하고 있는 한 농부가 선물가격이 bu.당 $3.72일 때 선물 매도포지션을 취하고, 선물가격이 $3.61일 때 마감하는 동시에 현물가격 $3.18에 옥수수를 매도하였다면 총 수익(revenue)은?(단, 선물의 계약단위는 5,000bu.임)

27. 3월 현재 한 농부가 5월에 20,000 부쉘(bu.)의 밀을 추수할 것을 계획하고 있다. 밀의 현물가는 현재 부쉘당 $3.22이고 시카고 5월물 밀선물이 $3.32이다. 5월 밀선물 4계약(계약 단위는 5,000bu.)을 매도함으로써 자신의 밀에 헷지포지션을 취하였다. 5월에 자신의 밀을 현물가격 $3.08에 20,000bu.을 매도하고 선물포지션을 $3.11에 마감하였다면, 수수료를 무시할 때, 밀의 유효가격은?

28. 미국 아이오와에 있는 한 가축사육업자가 20,000cwt.(hundredweight)의 식용쇠고기를 매도하고자 하여 현물가격이 85.04¢ /lb이고 11월선물가격이 86.72일 때 헷지포지션을 취하고, 9월 30일에 쇠고기를 현물가격 87.81에 매입하고 선물포지션을 88.48에 마감하였다면 유효가격은?

29. 돼지고기와 관련한 가격이 다음과 같다.

날짜	현물생돈	선물생돈
5월 3일	44.50	42.60
6월 3일	46.40	45.80
7월 3일	47.50	46.20
8월 3일	46.90	45.95
9월 3일	48.30	47.45
10월 3일	47.10	46.20

미국 일리노이에 있는 한 고기포장업자가 가을에 돼지고기를 사고 싶지만 가격의 상승을 걱정하고 있다. 5월 3일에 포지션을 취하고 9월 3일에 현물고기를 매입하고 선물포지션을 마감하였다면 유효가격은?

30. 한 목재생산업자가 합판 912,384 평방피트(sq. ft.)를 매도하고자 한다. 그는 합판현물가격이 1,000sq. ft.당 $188.50이고 8월물 선물(계약단위는 76,032sq. ft.)가격이 $194.25 일 때 선물 매입포지션을 취하였다. 주택가격이 4% 상승하고, 합판 현물가격이 $196.75이고 선물가격이 $203.50일 때 포지션을 마감한다면 헷지된 합판의 유효가격(effective price)은 얼마인가?

31. 완전헷지(perfect hedge)가 불완전헷지보다 항상 더 좋은 결과를 가져오는가? 그 이유는 무엇인가?

32. 최소분산헷지전략을 이용하여 헷지하고자 해도 헷지를 전혀 할 수 없는 경우는 언제인가?

33. 기초자산의 분산이 2.56, 선물의 분산은 0.16, 그리고 이 선물을 이용한 헷지의 최소분산 헷지비율이 0.80이라면, 기초자산과 선물 사이의 공분산은 얼마인가?

34. (주)서강증권은 2천만달러의 미국 주식포트폴리오를 보유하고 있으며 이 포트폴리오의 베타는 1.2이다. 이 증권회사는 미국의 대표적인 지수선물인 S&P500지수선물을 이용하여 보유하고 있는 포트폴리오의 리스크를 헷지하려고 한다. 지수선물은 현재 1,080이고 지수선물의 지수승수는 포인트당 $250이다. 이 포트폴리오의 리스크를 최소화하는 헷지전략은 무엇인가? 그리고 앞으로 주식시장이 나빠질 것으로 예상되어 지수선물을 이용해 베타를 0.6으로 줄이려고 한다면 선물에 어떤 포지션을 취해야 하는가?

35. '최소분산헷지비율이 1.0이라면, 이 헷지는 완전헷지이다'라는 주장은 옳은가? 그 이유는 무엇인가?

(단, 현물가격 변동이 매출수익 혹은 매입원가에 미치는 영향의 예측이 가능하며, 헷지대상자산과 선물기초자산이 일치하고, 선물계약의 만기가 원하는 헷지기간과 일치하며, 현물수량과 선물계약수량은 일치한다고 가정한다.)

36. '만일 베이시스 리스크가 없다면, 최소분산헷지비율이 항상 1.0이다'라는 주장은 옳은가? 그 이유는 무엇인가?

37. 난방유현물가격변화(ΔS)의 표준편차(σS)는 0.0263, 난방유선물가격변화(ΔF)의 표준편차(σF)는 0.0313, 그리고 난방유선물을 이용한 최소분산헷지비율(h*)은 0.7798이라 한다. 이 헷지의 효과성(effectiveness)은 얼마인가?

38. 옥수수선물의 부쉘 당 증거금은 30¢이고 수수료는 계약당 $30이며 1계약의 크기는 5,000부쉘이다. 한 고객이 옥수수선물 가격이 부쉘당 $3.35일 때 2개의 매입헷지(long hedge)포지션을 취하고 가격이 부쉘당 $3.40일 때 포지션을 마감하였다면, 이 거래의 수익률(return on equity)은 얼마인가?

39. 일본에서 기계류를 수입하는 ㈜강서물산은 8월 25일에 1억엔을 수입상대방인 일본기업에 지급할 예정이다. 그런데 지급시점에 엔화가 강세가 될 것이 걱정되어 한국거래소에서 9월물 일본엔화선물 20계약을 100엔당 1,320원에 매입하였다. 예정대로 8월 25일 1억엔을 현물시장에서 매입하고 엔화선물포지션은 반대매매를 통해 청산하였다. 이때 엔화 현물환율 및 선물환율이 각각 100엔당 1,380원, 1,370원이었다고 하면 실제지급한 엔화는 100엔당 얼마인가?

40. ㈜한국투자증권은 미국 주식포트폴리오에 투자하고 있는데, 향후 주가하락을 걱정하여 만기가 3개월인 S&P500주가지수선물을 이용하여 헷지하고자 한다. 현재상황은 다음과 같다. 단, S&P500주가지수 승수는 포인트당 $250이다.

S&P500주가지수 = 1,000포인트
S&P500주가지수선물가격 = 1,010포인트
보유주식포트폴리오의 가치 및 베타 = $5,050,000
보유주식포트폴리오의 베타 = 1.5
무위험이자율(연간) = 4%
S&P500주가지수의 연속 배당이익률(연간) = 1%

(i) 최소분산헷지를 위한 최적의 선물매도계약수는 얼마인가?

(ii) 선물포지션 마감 시(3개월 후) 걱정한 대로 주식시장이 나빠져 S&P500현물지수가 900으로 하락하였고, S&P500선물지수가 902로 하락하였다면, ㈜한국투자증권의 마감 시 매도헷지 포지션의 기대가치(expected value)는 얼마가 되는가?

연습문제 정답 및 해설

01. ❹

금을 보유하고 있으므로 통상적인 헷지방법은 선물매도포지션을 취하는 것이 적절하지만, 문제의 상황으로 보아 향후 금값이 상승할 가능성이 매우 크므로 금선물풋옵션을 매입함으로써 금값 상승 시 옵션을 행사하여 선물매입포지션을 가짐으로써 금값상승에 대한 이익을 추가적으로 얻게 되므로 풋옵션매입이 보다 적절한 방법이라 할 수 있다.

02. ❶

베이시스(즉, S_2-F_2)가 변하지 않고 일정하다면 베이시스위험이 없으므로 완전헷지(perfect hedge)가 가능하다. 그러나, 통상 베이시스가 변하므로 완전헷지가 불가능하다.

03. ❹

계약시 베이시스(at t=1) = S_1 - F_1 = \$64.10 - \$66.50 = -\$2.40
마감시 베이시스(at t=2) = S_2 - F_2 = \$61.69 - \$63.30 = -\$1.61
따라서 계약시점에 비교해서 마감시점의 베이시스는 증가되었고, 매도포지션이므로 이익을 얻게 된다. 이익은 베이시스의 변화량인 cwt.당 \$0.79(즉, 2.40 - 1.61)이다.

* 참조: 이익은 다음과 같이 구할 수도 있다.
유효가격 = S_2 + (F_1 - F_2) = \$61.69 + (\$66.50 - \$63.30) = \$64.89
이익 = 유효가격 - 계약 시 현물가격 = \$64.89 - \$64.10 = \$0.79

04. ❷

05. ❶

매입포지션으로 헷지를 하였는데 선물가격이 하락하였으므로 선물에서는 손실이고, 현물가격은 하락하였으므로 이익이다. 즉,
선물매입: 74.77¢(S) - 77.45¢(L) = - 2.68¢/파운드(손실)
현물: 80.75¢(S) - 78.25¢ = 2.50(이익). 따라서,
합계 = - 2.68¢/파운드(손실) + 2.50(이익) = -0.18¢(손실)/파운드
총 손실 = -0.18¢/파운드 × 44,000파운드 = 7,920¢ = \$79.20

* 참조: 1 cwt.(hundred-weight) = 100파운드
따라서, \$80.75/cwt. = 8,075¢/100파운드 = 80.75¢/파운드

06. ❶

선물을 매도했는데 선물가격이 하락하였으므로 이익이고, 현물은 매도가격이 하락하였으므로 손실이다. 즉,

선물: \$0.50/gal.(S) - \$0.41/gal.(L) = \$0.09/gal.(이익)

현물: \$0.40/gal.(S) - \$0.45/gal.(L) = -\$0.05/gal.(손실). 따라서,

합계 = \$0.09/gal.(이익) - \$0.05/gal.(손실) = \$0.04/gal.(이익). 총 8,400,000gal. 매도이므로,

총 이익 = \$0.04/gal × 8,400,000gal. = \$336,000(이익)

07. ❸

베이시스 at t (b_t) = 현물가격(S_t) - 선물가격(F_t)

08. ❷

공매주식: \$53$\frac{1}{2}$에 공매(S)하고, \$55⅜에 매입(L)하여 커버하였으므로 손실이다. 즉,

\$53$\frac{1}{2}$(S) - \$55⅜(L) = -\$1⅞(손실)

주식에서의 총 손실 = -\$1⅞/주 × 1,500주 = -\$2,812.50

헷지선물: 매입포지션인데 선물가격이 하락하였으므로 손실이다. 즉,

103.80point(S) - 104.90point(L) = -1.10point

선물에서의 총 손실 = -1.10point × \$500/point = -\$550

따라서, 주식과 선물로부터의 손실 합계 = -\$2,812.50 - \$550 = -\$3,362.50

* 참조: 주식 공매란? 내가 가지고 있지 않은 주식을 누군가에게 일정기간 빌리고 추후 약속한 날짜에 다시 주식으로 갚는 제도. 주식을 빌려주는 자는 그 대가로 일정수수료를 받는다.

09. ❹

10. ❷

ABC전기회사는 구리수요자이므로 구리에 대해 매입포지션을 취함으로써 위험을 헷지할 것이고, 베이시스의 하락은 유효매입가격(effective purchasing price)을 감소시킴으로 이익이 된다. 이익은 베이시스의 차이만큼 발생하므로,

이익 = -0.35/파운드 - (-0.41/파운드) = 0.60/파운드.

11. ❸

12. ❸

합판저장업체는 합판을 판매하기를 원하고 판매가격의 하락을 염려하므로 선물매도포지션으로 헷지하고자 한다. 베이시스가 상승하였으므로 유효가격은 상승하고 매도포지션은 이익을 얻게 된다. 즉,

베이시스의 변화는 200 - (-400) = 600point = \$6/1,000bd.ft. 이므로,

총 이익 = \$6/1,000bd.ft. × 76,032bd.ft. = \$456.192

13. ❶

선물: \$1.4685/파운드(S) - \$1.4225/파운드(L) = \$0.0460/파운드(이익)

현물: \$1.31/파운드(S) - \$1.40/파운드(L) = -\$0.09/파운드(손실)

합계 = \$0.0460/파운드 - \$0.09/파운드 = -\$0.044/파운드(손실)

총 손실 = -\$0.044/파운드 × 37,500파운드 = \$1,650

14. ❶

가격의 하락을 염려하고 있다면, 가격하락 시 이익을 얻을 수 있는 매도포지션을 취해야 한다.

15. ❷

매입포지션: 순가격(net price) = 현물매입가격 - 선물이익, 혹은
순가격(net price) = 현물매입가격 + 선물손실

매도포지션: 순가격(net price) = 현물매도가격 + 선물이익, 혹은
순가격(net price) = 현물매도가격 - 선물손실

* 참조: 매입포지션의 순가격(net price paid) = 매입유효가격(effective price)
매도포지션의 순가격(net price received) = 매도유효가격(effective price)

16. ❹

17. ❶

운전자본(working capital)은 단기자산(short-term asset)과 단기부채(short-term liability)를 의미한다. 헷지를 하게 되면 증거금이 필요하고, 통상 증거금으로 현금과 같은 단기자산을 이용하거나 주식, 채권 등과 같은 유가증권을 이용하게 되는데 이는 단기자산의 감소를 가져오고, 따라서 운전자본이 감소하게 된다.

18. ❶

곡물현물을 매도하기로 계약을 체결하였으므로 이 계약을 헷지하기 위해서는 선물에 매입포지션을 취하면 된다.

19. ❷

t시점에서의 베이시스(B_t)는 다음과 같이 정의된다. 즉,

B_t = 현물가격(S_t) - 선물가격(F_t)

t=1은 3월 10일을, t=2는 4월25일을 각각 의미한다고 하면,

$B_1 = S_1 - F_1 = 166.35 - 171.60 = -5.25$

$B_2 = S_2 - F_2 = 169.25 - 172.25 = -3.00$

따라서, 베이시스의 변화(△B) = $B_2 - B_1 = -3.00 - (-5.25) = +2.25$

20. ❸

유효비용(effective cost) = S2 + $(F_1 - F_2)$

$= 143.75¢/lb. + (137.25¢ - 147.75¢)/lb.$

$= 133.25¢/lb.$

그런데, 당초 현물가격이 128.75¢/lb.이었으므로 실질비용은 4.5¢/lb.증가(왜냐하면, 133.25¢/lb. - 128.75¢/lb.)하였다.

* 참조: 실질비용은 4.5¢/lb.만큼 증가하였으나, 헷지를 하지 않았을 경우, 구리를 구입할 때 현물가격 143.75¢/lb.를 지불해야 한다는 사실을 감안하면, 헷지를 통해 손실이 줄어들었음을 알 수 있다. 즉,

헷지의 가치 = 실제 매입 시 현물가격 - 실질비용(EC)

$= S_2 - [S_2 + (F_1 - F_2)] = F_2 - F_1 = 10.50¢/lb.$

21. 헷지할 때의 베이시스 = 현물 - 선물 = \$6.05/bu. - \$6.15/bu. = -\$0.10/bu.
헷지를 마감할 때의 베이시스 = +\$0.15/bu.
따라서, 베이시스의 변화 = +\$0.15 - (-\$0.10) = +\$0.25/bu.
매도헷지(short hedge)를 하였는데 베이시스가 증가하였으므로 이익이다. 즉, bu. 당 \$0.25 혹은 25¢만큼 이익이다.

22. 현물: 126.30¢/lb.(S) - 113.00¢/lb.(L) = +13.30¢/lb.(이익)
선물: 114.70¢/lb.(S) - 125.25¢/lb.(S) = -10.55¢/lb.(손실)
합계 = +13.30¢/lb.(이익) - 10.55¢/lb.(손실) = +2.75¢/lb.(이익)
총이익 = 이익/lb. x 계약단위(lb./계약) x 계약 수
= +2.75¢/lb. x 15,000lb./계약 x 15계약 = 618,750¢ = \$6,187.50

23. 부쉘 당 실질비용(effective cost) = S2 + (F1 - F2) = \$3.42 + (\$3.04 - \$3.42) = \$3.04
밀선물 1계약은 5,000bu.이므로, 총 실질비용 = \$3.04/bu. x 5,000bu. = \$15,200

* 참조: 선물포지션이 매입이든 매도이든 상관없이 유효(실질)가격(EP)을 구하는 공식은 다음과 같다.

유효가격(effective price) = $S_2 + (F_1 - F_2)$

⇒ i) 매입포지션의 경우: F_2가 F_1보다 커질수록 유리한데, 그 이유는 위의 식에서 보는 바와 같이 $(F_1 - F_2)$가 (-)가 되므로 매입비용이 줄어들기 때문이다.

ii) 매도포지션의 경우: F_2가 F_1보다 작아질수록 유리한데, 그 이유는 위의 식에서 보는 바와 같이 $(F_1 - F_2)$가 (+)가 되므로 매도가격이 커지기 때문이다.

24. 공급자 입장에서 보면, 현물가격의 하락은 현물에서의 손해를 의미하고, 선물에서는 매도포지션을 취하였는데 선물가격이 하락하였으므로 이익이다. 즉, 현물을 보유하고 있는 공급자는 헷지를 통해 손실을 막을 수 있었음을 알 수 있다. 즉,

현물포지션: \$0.30/gal.(S) - \$0.35/gal.(L) = -\$0.05/gal.(손실)

선물포지션: \$0.40/gal.(S) - \$0.31/gal.(L) = +\$0.09/gal.(이익)

따라서, 두 포지션으로부터,

손익합계 = 현물손익 + 선물손익 = -\$0.05/gal. + \$0.09/gal. = +\$0.04/gal.(이익)

난방유선물 총 계약규모는 4,200,000gal.(즉, 100계약)이므로

총 이익 = \$0.04/gal. × 4,200,000gal. = \$168,000

25. 유효매도가격 = $S_2 + (F_1 - F_2) = F_1 + (S_2 - F_2)$

= F1 + 베이시스(마감시)

= \$372 - \$2.50 = \$369.50/온스

따라서, 총 이익 = \$369.50/온스 × 1,000온스 = \$369,500

26. 선물(매도): \$3.72/bu.(S) - \$3.61/bu.(L) = \$0.11/bu.(이익)

그런데 선물계약단위가 5,000bu.이므로,

총 이익 = \$0.11/bu. × 5,000bu. = \$550

현물매도: 총 수입 = \$3.18/bu. × 6,500bu. = \$20,670

합계(수익) = \$550 + \$20,670 = \$21,220

* 참조: 여기서는 "수익(revenue)"을 구하는 문제지 "이익(profit)"을 구하는 문제가 아니다. 이익을 구하기 위해서는 계약시의 현물가격도 알아야 한다. 또한 이 문제의 경우 선물계약물량(5,000bu.)과 현물물량(6,500bu.)이 다름에 유의해야 한다.

27. 유효가격 = $S_2 + (F_1 - F_2)$ = \$3.08 + (\$3.32 - \$3.11) = \$3.29/부쉘

28. 유효가격 = $S_2 + (F_1 - F_2)$ = \$87.81 + (\$86.72 - \$88.48) = \$86.05

29. 유효가격 = $S_2 + (F_1 - F_2)$ = \$48.30 + (\$42.60 - \$47.45) = \$43.45

30. 유효가격(1,000 sq. ft. 당) = $S_2 + (F_1 - F_2)$ = \$196.75 + (\$194.25 - \$203.50) = \$187.50

총 매도가격 = 유효가격/1,000sq. ft. × 912,384 sq. ft. = \$171,072

* 참조: S_2 = 마감시점의 현물가격, F_1 = 계약 시 선물가격, F_2 = 마감시점의 선물가격.

31. 완전헷지가 불완전헷지보다 항상 더 좋은 결과를 가져오는 것은 아니다. 완전헷지가 불완전헷지에 비해 항상 더 '확실한 결과(certain outcome)'를 가져오는 것은 맞지만, 항상 더 '좋은 결과(better outcome)'를 가져온다는 보장은 없다. 여기서 말하는 좋은 결과란 이익의 관점에서 말하는 것이다. 예를 들어, 헷지하고자 하는 자산의 현물가격이 헷저에게 매우 유리하게 변동한다면, 완전헷지는 이익의 기회를 모두 헷지상대방에게 넘겨주지만, 불완전헷지는 이익의 기회가 상대방에게 완전히 넘어

가는 것이 아니고 일부 헷저에게 남기 때문에 이러한 상황에서는 불완전헷지가 오히려 헷저에게 더 좋은결과를 가져다 줄 수 있다.

* 참조: i) 완전헷지(perfect hedge): 헷저의 리스크를 완전히 제거하는 헷지전략

ii) 헷지로 인해 리스크가 헷지상대방에게 전가되는 것을 '리스크중립화(neutralization of risk)'라고도 한다. 따라서, 완전헷지는 이익의 기회도 완전히 중립화되기 때문에 헷저에게 돌아갈 이익의 기회도 헷지상대방에게 모두 넘어가게 된다.

32. 최소분산헷지비율을 구하는 공식은 다음과 같다.(본문 (식 3-2)참조)

$$\text{최소분산헷지비율(minimum variance HR)} = \rho \frac{\sigma_S}{\sigma_F}$$

그런데, σ_S는 Δ_S의 표준편차(즉, 변동성)이고, σ_F는 ΔF의 표준편차(즉, 변동성)이고, ρ는 ΔS와 ΔF간의 상관계수(correlation coefficient)이다. 만일 σ_S나 σ_F가 0이라면 헷지가 필요없으니 의미가 없고, 따라서 관건은 상관계수이다. 만일 상관계수가 0이라면 헷지비율이 0이 되어 헷지를 할 수 없게 된다.

결론적으로, 최소분산헷지전략을 사용할 수 없는 유일한 상황은 헷지대상현물가격과 헷지에 사용된 선물가격사이의 상관계수가 0인 경우이다.

33. $\text{최소분산헷지비율} = \rho \frac{\sigma_S}{\sigma_F} = 0.8$

따라서, $\rho = 0.8 \times \frac{\sigma_S}{\sigma_F} = 0.8 \times \frac{0.4}{1.6} = 0.2$

그런데, $\rho = \frac{\sigma_{SF}}{\sigma_S \sigma_F} = \frac{\text{공분산}}{\text{표준편차(S)} \times \text{표준편차(F)}}$ 이므로,

$\text{공분산}(\sigma_{SF}) = \rho\sigma_S\sigma_F = 0.2 \times 1.6 \times 0.4 = 0.128$

34. i) 최적 헷지전략

포트폴리오의 리스크를 최소화하는 최소분산헷지전략을 사용할 경우, 최적계약수는 다음과 같이 구할 수 있다.(본문 (식 3-8)참조)

주어진 문제에서, $\beta = 1.2$, V_A= 헷지대상 주식포트폴리오의 가치 = \$20,000,000,

주식선물 1계약의 가치= V_F= 주식선물가격×주가지수 승수(IM) = 1,080×\$250 = \$270,000.

따라서, 최적계약수= $N^* = \beta \frac{V_A}{V_F} = 1.2 \times \frac{20,000,000}{270,000} = 88.89.$

즉, 현재 주식을 보유하고 있으므로 S&P500주가지수선물 89계약에 매도포지션을 취하면 주식포트폴리오의 리스크를 최소화할 수 있다.

ii) 베타를 0.6으로 줄이는 방법

주가지수선물을 이용하여 주식포트폴리오의 베타를 다음과 같이 줄일 수 있다.(본문 (식 3-9)참조)

베타를 줄이고자 할 때 적정계약수, $N^* = (\beta - \beta^*) \frac{V_A}{V_F} = (1.2-0.6) \frac{20,000,000}{270,000} = 44.44$

따라서, S&P500주가지수선물 44계약에 매도포지션을 취하면 주식포트폴리오의 리스크를 1.2에서 0.6으로 줄일 수 있다.

35. 이 주장은 옳지 않다.

그 이유는 완전헷지가 되기 위해서는 다음과 같은 몇 가지 조건이 필요하다.

i) 현물가격 변동이 매출수익 혹은 매입원가에 미치는 영향의 예측이 가능할 것

ii) 헷지대상자산과 선물기초자산이 일치할 것

iii) 선물계약의 만기가 원하는 헷지기간과 일치할 것

iv) 선물계약 수량과 헷지대상 현물의 수량이 일치할 것

v) 상관계수가 1.0일 것

그런데 주어진 문제의 조건에서 위의 i) ~ iii)은 충족된다. 문제는 iv)인데, 선물계약 수량과 헷지대상 현물의 수량이 일치하되 상관계수가 1.0이어야 한다. 그러나, 헷지비율이 1.0이라는 것이 상관계수가 1.0이라는 것을 보장하지는 않는다. 즉,

최소분산헷지비율 = $\rho\frac{\sigma_S}{\sigma_F}$ = 1.0 이라는 것은 상관계수가 1.0이 아니어도 성립할 수 있다. 예를 들어, ρ =0.5, $\sigma_S=2\sigma_F$인 경우에도 헷지비율은 1.0이 된다.

결론적으로, 최소분산헷지비율이 1.0이라고 반드시 완전헷지가 되는 것은 아니다.

36. 이 주장은 옳다.

그 이유를 생각해 보자.

베이시스리스크가 없다는 것은 미래 실제 매매가격에 변동성이 없다는 것을 의미한다. 즉, 미래 실제 매매 시 유효가격 = F1 + b2인데, 미래 베이시스인 b2의 변동성이 없다는 것은 F1은 상수이므로 분산(b2) = 0임을 의미한다. 따라서 헷지포지션의 미래가치는 변동성이 0이고 이는 곧 완전헷지를 의미하며 따라서 헷지비율=1.0이어야 한다. 이 경우 헷저의 매매가격은 유효가격으로 고정(lock-in)된다.

37. 헷지효과성을 구하기 위해서는 현물가격과 선물가격사이의 상관계수를 알아야 한다.

그런데, 최소분산헷지비율, $h^* = \frac{\sigma_S}{\sigma_F}$ 이므로, $\rho = h^*\frac{\sigma_F}{\sigma_S} = 0.7798\ \frac{0.0313}{0.0263} = 0.9281$

따라서, 헷지효과성 = $\rho^2 = (0.9281)^2 = 0.8614$ 혹은 86.14%

38. 매입포지션을 취하였는데 가격이 상승하였으므로 이익이다. 즉,

총이익 = 단위 당 가격변화 × 계약단위 × 계약 수

= [\$3.40(S) - \$3.35(L)]/bu. × 5,000bu./계약 × 2계약 = \$500

총수수료 = 계약 당 수수료×계약 수 = \$30/계약×2계약 = \$60

순이익 = 총이익 - 총수수료 = \$500 - \$60 = \$440

투자액(증거금) = 단위 당 증거금 × 계약단위 × 계약 수 = \$0.30 × 5,000 × 2 = \$3,000

따라서, 수익률 = 순이익/투자액 = \$440/\$3,000 = 0.1466 혹은 14.66%

39. 100엔당 유효가격 = F1 + b2 = 1,320원 + (1,380-1,370) = 1,330원

40. (ⅰ) 최적계약수 (본문 (식 3-8)참조)

최적계약수= $N^* = \beta \frac{V_A}{V_F} = 1.5 \times \frac{\$5,050,000}{(\$250 \times 1,010)} = 30$

따라서, ㈜한국투자증권은 헷지를 위해 S&P500주가지수선물 50계약을 매도하면 된다.

(ⅱ) 마감 시(3개월후) 매도헷지포지션의 기대가치

① 선물포지션 이익 = 30계약×(1,010-902)포인트/계약×$250/포인트 = $810,000

② 포트폴리오의 기대가치

– 주가지수현물손실률 = (1,000-900)/900 = 10%

– 주가지수현물 3개월간 배당이익률 = 연간이익률/4 = 1%/4 = 0.25%

⇒ 주가지수현물 총수익률 = -10% + 0.25% = -9.75% = ER_M

⇒ 3개월 무위험이자율 = 연간 무위험이자율/4 = 4%/4 = 1% = R_F

⇒ CAPM모형을 이용할 경우 포트폴리오의 3개월 후 기대수익률

$= R_F + \beta(ER_M - R_F) = 1 + 1.5(-9.75-1) = -15.125\%$

⇒ 따라서, 포트폴리오의 기대가치 = $5,050,000 × (1-0.15125) = $4,286,187

③ 헷지포지션의 기대가치 = ① + ② = $810,000 + $4,286,187 = $5,096,187

* 참조:

기대수익률을 구하는 모형: 자본자산가격결정모형(CAPM:Capital Asset Pricing Model) 에 의하면, 어떤 자산 j의 기대수익률은 다음과 같이 결정된다.

$E(R_j) = R_F + \beta_j(ER_M - R_F)$

단, E(Rj) = 자산 j의 기대수익률

R_F = 무위험이자율

β_j = 자산 j의 베타(체계적 위험)

ER_M = 시장전체(주가지수)의 기대수익률

Chapter 4

선물과 선도의 가격결정모형

파생상품이론에서 가격결정이론의 중요성은 아무리 강조해도 지나치지 않을 것이다. 시장에 차익거래기회가 없다고 가정하거나 시장이 균형상태에 있다고 가정하고 이론적으로 구한 가격이 시장에서 수요와 공급에 의해 결정된 시장가격과 다소의 차이가 있을 수 있으나, 이론적인 모형으로 구한 가격이 갖는 의미는 매우 크다. 이론적인 모형들은 최대한 이상적인 시장상황을 가정하므로 시장에서 형성되는 가격이 공정(fair)한 것인지에 대한 좋은 비교기준(benchmark)을 제공한다. 이론적인 가격을 알지 못한다면 현재 시장에서 형성된 시장가격이 과연 적절한 수준인지, 본질가치를 충분히 반영하고 있는 것인지, 그리고 고평가되어 있는지 아니면 저평가되어 있는지 등에 대해 판단할 합리적인 근거를 찾기가 힘들어진다. 또한 가격결정모형들은 미래 시장가격이나 시장가격의 변화방향을 예측하는 것을 가능하게 해주기 때문에 시장참여자들의 다양한 의사결정에 도움을 준다.

이러한 이론적인 가격결정모형의 중요성을 감안하여, 4장에서는 선물과 선도의 이론적인 가격을 결정하는 보유비용모형(cost of carry model)에 대해 분석하고자 한다. 특히, 파생상품의 경우 대부분 균형이론(equilibrium theory)보다는 무차익거래이론(no arbitrage theory)을 적용하여 가치를 평가하기 때문에 기초자산이 소비자산인지 아니면 투자자산인지의 분류도 아주 중요하다. 또한 선물의 경우 일일정산(daily settlement)제도가 있어 선도의 가격결정방법과 다소 다를 수 있는데 둘 사이의 차이점에 대해서도 자세히 고찰할 필요가 있다. 그 외에도 공매의 개념, 보유비용의 의미, 선도계약 자체의 가치평가 등도 4장에서 다루게 되는 중요한 주제들이다. 마지막으로 우리는 과거의 선물가격 혹은 선도가격을 분석하여 향후 선물거래나 선도거래에 어떻게 활용할 수 있는지, 즉 기본분석과 기술분석 방법에 대해서도 살펴보고자 한다.

1. 소비자산과 투자자산

선물과 선도의 가격결정모형을 유도하기 위해서는 기초자산이 소비자산인지 투자자산인지 구분할 필요가 있다. 왜냐하면 가격결정모형을 유도할 때 차익거래(arbitrage) 논리를 사용하는데 소비자산을 기초자산으로 하는 선물이나 선도의 경우 차익거래논리를 사용할 수 없기 때문이다.[1] 따라서 소비자산과 투자자산의 개념을 정확히 이해할 필요가 있다.

1) 소비자산

소비자산(consumption asset)이란 소비를 주목적으로 보유하는 자산을 말한다. 따라서 소비자산은 투자목적으로 보유하지 않는 자산으로서 대표적으로 농산물(옥수수, 콩, 오렌지 쥬스 등), 축산물(돼지고기, 생우, 생돈 등), 광산물(원유, 구리, 천연가스 등), 임산물(목재 등), 그리고 에너지(전기 등) 등이 있다. 소비자산의 경우 시간과 공간의 제약, 변질가능성으로 인해 공매가 어렵고 따라서 차익거래논리를 적용하기 어렵다. 또한 보유편익(convenience yield)이라는 측정하기 어려운 추가소득이 존재하는 경우가 많아 가격모형을 구축하는 것이 투자자산보다 훨씬 어렵다.[2]

2) 투자자산

투자자산(investment asset)이란 불특정다수에 의해 투자를 주목적으로 보유되는 자산을 말한다. 때로는 투자자산이 소비목적으로 사용되기도 하는데, 예컨대 금과 은의 경우가 그렇다. 금의 경우 보석으로 만들어 소비목적으로 사용하기도 하고, 건강을 위해 식용으로 첨가하기도 한다. 은의 경우에도 공장에서 공업용 재료로 사용하기도 한다. 따라서 투자자산으로 분류되기 위해서는 상당한 수의 투자자들이 오직 투자목적으로만 그 자산을 보유해야 한다는 조건이 충족되어야 한다. 대표적인 투자자산으로서 주식, 채권과 같은 대부분의 금

---

1 재무금융분야에서 가격결정모형을 구축하기 위해서 일반적으로 사용되는 이론은 크게 두 가지로 나눌 수 있다. 첫째, 균형이론(equilibrium theory)이 있는데, 이는 수요와 공급이 일치되는 안정적인 시장상황하에서 가격모형을 세우는 것이며 대표적인 것으로 '자본자산가격결정모형(CAPM: Capital Asset Pricing Model)이 있다. 둘째, 무차익거래이론(no arbitrage theory)이 있는데, 이는 무위험차익거래기회가 없는 안정적인 시장상황을 가정하여 가격모형을 세우는 것으로서 대표적으로 본서에서 다루게 될 선물가격결정이론이나 블랙-숄즈옵션평가모형(Black-Scholes Option Pricing Model) 등이 있다.

2 공매나 보유편익 등의 개념에 대해서는 뒤에서 자세히 다룬다.

융자산을 들 수 있다. 투자자산의 경우 공매가 가능하여 차익거래논리로 가격결정모형을 유도할 수 있다.

2. 공매

1) 공매의 개념

가격결정모형을 유도하기 위해 사용하는 차익거래이론에서 공매라는 개념은 매우 중요하게 사용된다. 공매(空賣: short selling 혹은 selling short)란 '없는 것을 판다'라는 의미인데, 자기가 소유하지 않는 자산(주식이나 채권 등)을 매도하는 것을 말한다. 공매를 공매도(空賣渡)라고 부르기도 한다. 즉, 자신이 소유하지 않는 자산을 다른 사람에게 실제로 빌리거나, 실제로는 빌리지 않고 서류상 빌린 것으로 하여 시장에서 매도하는 투자기법이다. 주식을 빌려 매도하였으므로 추후 반드시 주식을 매입하여 주식으로 상환하여야 한다. 헷지펀드(hedge fund)들이 리스크를 줄이면서 이익을 내기 위한 방편으로 적극적으로 이용하면서 널리 알려지게 되었다.

공매는 주가가 향후 하락할 것으로 예상될 때 사용되는 투자기법으로서, 예상대로 주가가 하락하면 이익을 얻지만, 그렇지 않을 경우 손실을 보게 된다. 통상 주식투자에서는 주가가 올라야 이익을 보지만, 주가가 하락할 때도 이익을 볼 수 있는 투자방법으로 공매가 활용될 수 있다는 점에서 많은 투자자들의 관심을 받고 있다.

Tip 주요 용어

헷지펀드

• 개념

헷지펀드(hedge fund)는 처음 도입되었을 때는 공매전략을 잘 활용하여 비교적 안전한 투자상품이었으나, 지금은 적극적으로 저평가된 자산들을 전세계에서 발굴하여 공격적으로 투자하게 되면서 많은 나라들이 규제하고 있는 위험상품으로 변질되고 있다.

• 헷지펀드와 뮤추얼펀드의 차이

일반적으로 뮤추얼펀드(mutual fund)의 경우 헷지펀드에 없는 다음과 같은 규제들이 있다.

i) 투자정책에 대한 공개
ii) 투자자가 원하는 시점에 환매(redemption) 가능
iii) 레버리지(부채) 사용의 제한
iv) 공매불가

• 헷지펀드의 종류

주식 매입/매도(long/short equities), 전환가능 차익거래(convertible arbitrage), 부도위험증권(distressed securities), 신흥시장(emerging markets), 세계거시변수(global macro), 합병차익거래(merger arbitrage) 등이 있다.

2) 공매 방법

공매절차를 주식공매의 예를 통해 설명하면 다음과 같다.

- 공매를 원하는 측은 자신의 중개인(딜러 혹은 브로커)에게 공매의사를 전한다.
- 공매의사를 전달받은 중개인은 자신의 고객들 중 주식을 빌려줄 고객을 찾는다.
- 빌려줄 고객을 찾으면 공매주식수, 공매기간, 공매조건(수수료 등) 등을 협의하여 정한다.
- 공매조건이 정해지면 이를 공매를 원하는 측과 협의하여 확정하고 공매계약을 체결한다.
- 공매로 주식을 넘겨받은 측은 주식을 시장에서 매도하고 매도자금을 적절한 투자처에 공매기간 동안 투자한다.
- 공매기간 안에 발생하는 중도수익금(배당금, 이자 등)은 주식을 빌려준 측 계좌에 입금한다.
- 공매만기가 되면 공매한 측이 시장에서 동일한 주식을 매입하여 주식을 빌려준 측에 전달해야 하고, 공매수수료도 함께 지급한다. 이 때, 시장에서 주식을 매입하여 공매계약을 마감하는 것은 '환매수(short covering)'라 한다.

사례

〈4-1〉 공매 현금흐름

한 투자자가 향후 A기업의 주가가 하락할 것으로 예상하고 100주를 $100에 공매하였다. 공매기한은 3개월이고 공매기한 도중 한 차례 주당 $3의 배당이 예정되어 있다. 3개월 후 공매만기일에 시장에서 주당 $90에 공매를 마감하였다고 한다. 공매투자자의 현금흐름과 공매대신 주식을 매입하였을 경우 현금흐름을 분석해보자.

사례 분석

〈표 4-1〉 공매 현금흐름

시 간	공 매	주식매입
t=1(공매시)	100주×$100/주=+$10,000	100주×(-$100)/주=-$10,000
t=2(배당시)	100주×(-$3)/주=-$300	100주×$3/주=+$300
t=3(마감시)	100주×(-$90)/주=-$9,000	100주×$90/주=+$9,000
손익	+$700(이익)	-$700(손실)

- 〈표4-1〉에서 보는 바와 같이 예상대로 주가가 $100에서 $90로 하락할 경우 공매투자자는 총$700의 이익을, 단순 주식매입자는 $700의 손실을 보게 됨을 알 수 있다.
- 그러나, 예상과 달리 주식가격이 상승한다면 반대의 현금흐름이 생기게 된다.
- 위 사례분석에서는 편의상 공매수수료를 포함시키지 않았으나, 현실적으로는 수수료를 감안하여야 한다. 만일 공매투자자가 공매시 주식을 시장에서 매도하고 매도금액을 투자해서 얻은 투자수익금이 수수료보다 크면 이익은 더 커지고, 반대로 투자수익금이 수수료보다 작으면 이익은 줄어들게 된다. 최소한 공매자는 은행에서 무위험이자만큼의 투자수익은 얻을 수 있다.

3) 공매관련 주요 제도

(1) 공매도와 대주

일반적으로 공매는 주식을 실제 빌리지 않고 계약상으로만 빌려 매도하는 무대차공매도(naked short selling)와 주식을 실제로 주고받으면서 매도하는 대차공매도(covered short selling)로 구분된다. 무대차공매도를 흔히 공매(도)라 부르며, 대차공매도를 대주(貸株)라 부르기도 한다. 우리 나라의 경우 대차공매도(대주)만 허용되며 무대차공매도는 허용되지 않는다.

(2) 공매도호가 가격제한규정(업틱 룰)

시장에서 공매가 이루어지면 일반 투자자들은 향후 그 주식의 가격이 하락할 것으로 예상하게 된다. 그러면 그 주식 보유자들은 주가가 하락하기 전에 주식을 매도하여 손실을 줄이려 하기 때문에 일시에 시장에 매도물량이 급증하고 이는 그 주가의 추가하락을 가져올 수 있다. 이러한 공매로 인한 시장에서의 주가폭락을 예방하기 위한 제도적 장치로 공매도 시 매도호가를 제한하는 규정이 있는데 이를 '공매도호가 가격제한규정' 혹은 '업틱 룰(up-tick rule)'이라고 한다.

업틱 룰은 1938년 미국에서 처음 도입되었는데, 그 당시에는 공매를 '주가 상승시'에만 할 수 있도록 제한을 둠으로써 시장에서의 연쇄적인 주가하락을 방지하고자 하였다. 그러다 2010년 '대안 업틱 룰(alternative up-tick rule)'이 도입되었는데, 주요 규제내용을 보면, 첫째, 주가가 10%이상 하락할 경우 당일과 익일에는 공매를 금지한다는 것이고, 둘째, 공매시 매도가격은 최근 주가 중 최고치보다 작을 수 없다는 것이다.

다음 〈심화학습 4-1〉은 우리나라에서의 공매도관련 규정들과 주요이슈를 정리한 언론기사이다.

심화 학습 4-1　공매도, 필요악인가?

공매도가 작전세력에 의해 악용되고 있지만 금융당국이 제대로 대처하지 못한다는 불만이 투자자들 사이에서 커지고 있다. 지난 2002년 공매도가 활성화 된 이후 지난 10년 동안 당국이 직접 감시, 감독한 사례가 2008년 단 한번에 그친데다 그 제재 수위도 낮아 사실상 뒷짐만 지고 있다는 것이다.

현재 대차거래 잔고 상위종목에 국내 증시 삼성전자(005930)를 비롯해 LG전자(066570), OCI(010060) 등 국내 대표 상장사들이 포진해 있다는 점을 감안하면 당국의 안일한 대응은 개인투자자들의 불안감을 더욱 키울 수 있다는 지적도 나온다.

◇ 금융당국, 공매도 감시감독 10년째 '뒷짐'

국내 주식시장에 공매도 제도가 처음 도입된 것은 지난 1969년이지만 현재와 같이 공매도가 활성화된 것은 외국인 투자자에 대차거래가 허용된 2002년 이후다. 외국인 투자자 주식대차거래는 지난 2002년 3월 시작됐다. 도입 첫해 1조9000억원에 불과했던 대차거래 잔고규모는 10년 후인 올해 39조600억원까지 증가했다.

대차거래가 증가하면 공매도거래도 비례해서 늘어난다. 금융당국의 현행법규 상 국내 시장에서 공매도거래를 하려면 먼저 주식을 빌려야 하기 때문이다. 불과 10년 만에 공매도 규모도 20배 가까이 증가한 셈이다. 금융투자협회가 지난 2008년부터 한국예탁결제원 등 전체 주식대차거래 내역을 합산해 일별 현황을 공시하고, 한국거래소가 공매도 거래내역을 공시하는 것도 이 때문이다.

이에 비해 금융당국의 감시감독 기능은 10년 전과 비교해 크게 개선된 것이 없다. 공매도의 경우 공매도 포지션을 청산하려면 빌렸을 당시 주식의 가치보다 낮아야 한다는 것이 전제돼야 하는 거래란 점을 감안하면 상황은 심각하다. 실제 금융당국이 지난 10년 동안 공매도에 대해 실태조사에 나선 것은 지난 2008년 단 한 차례에 불과하다. 당시 금융감독원은 공매도 주문을 증권사들을 대상으로 공매도 주문수탁 적정성에 대한 검사를 실시했다. 검사 결과, 현행 규정 상 금지하고 있는 '공매도 호가의 가격제한'을 위반한 것은 전체 시장 전체 공매도 규모 27조2000억원의 51% 수준인 13조8000억원에 달했다. 거래금액의 절반 이상이 법규를 위반했음에도 불구하고 당시 금융당국은 간단한 주의 · 경고조치에 그쳤다. 과태료 제재도 없었다. 이에 대해 금융감독원 관계자는 "공매도에 대한 이상거래를 심리하는 것은 한국거래소의 업무로 당국의 소관이 아니"라며 "지난 2010년 비공식적으로 공매도에 대한 조사를 한 차례 진행한 바 있다"고 말했다.

◇ 불공정거래 적발 시 무기징역? "유명무실"

현행 자본시장법은 허위사실 유포에 대해선 10년 이하의 징역 또는 5억원 이하 벌금에서 최대 무기징역 및 부당이익금액 · 손실회피액의 3배까지 벌금을 부과할 수 있도록 규정하고 있다.

때문에 빌린 주식을 싼 값에 되갚기 위해 허위사실을 유포한다거나 미공개 정보를 이용한 내부자 거래를 철저히 적발하고 처벌한다면 작전세력에 충분한 '경종'이 될 수 있다. 하지만 이번 셀트리온(068270) 사례에서 나타난 것처럼 공매도 세력의 불공정거래에 대해서는 소문이나 주장만 무성할 뿐 당국이 직접 나서 조사나 적발을 한 사례는 없다.

〈표 4-2〉 우리나라 공매관련 규정

차입공매도만 가능 자본시장과 금융투자업에 관한 법률 제180조 동법 시행령 제208조 유가증권시장업무규정 제17조 코스닥시장업무규정 제9조의 2	결제불이행 위험이 있는 공매도(naked short sale)를 금지하고, 대차거래 등에 의해 차입한 경우나, 다른 보관기관에 소유하고 있어 결제가 가능하다고 확인된 경우에 공매도 허용.
공매도 호가의 가격제한 유가증권시장 업무규정 제18조 코스닥시장 업무규정 제9조의 3	공매도 시 직전가 이하의 호가 금지(Up-tick rule). 다만, 주가상승시에는 직전가 호가 허용, 차익거래 등에 대해서는 가격규제 적용 예외 인정
공매도 확인 및 호가 명시 의무화 유가증권시장 업무규정 제17조/18조의 2 코스닥시장 업무규정 제9조의 2	최근 20거래일간 공매도금액이 총거래금액의 5%(코스닥 3%)를 넘는 경우, 금융위의 승인을 얻어 10거래일간 공매도를 금지할 수 있음.(시행 시 실질적 효과가 있었으나 2011년 이후 단 한 건도 검토하거나 시행하지 않음)
공매도 집중종목 냉각기간 설정 유가증권시장 업무규정 제17조 5항 시행세칙 제24조의2	최근 20거래일간 공매도 금액이 총거래금액의 5%(코스닥 3%)를 넘는 경우, 금융위의 승인을 얻어 10거래일간 공매도를 금지할 수 있음.(시행 시 실질적 효과가 있었으나 2011년 이후 단 한 건도 검토하거나 시행하지 않음.)
대량공매도 포지션 보고제도 (시행예정)	투자자가 일정수준 이상의 공매도 상태에 있을 때에는 감독 강국과 거래소에 관련 사항을 보고해야 함. 해외 사례 분석과 의견 수렴을 통해 금융투자업 규정에 반영 후 3분기 안에 시행할 예정.

주) 자료 : 금융감독원

불공정거래 적발이 어렵다면 반드시 차입한 주식만 공매도 하도록 한 규정이나 공매도 호가의 가격제한에 대한 규정(Up-tick rule), 공매도 확인 및 호가 명시 의무화 등의 법규에 관한 감시라도 강화해야 한다는 목소리도 있다.

다만 이 경우는 처벌 수위가 낮아 사실상 공매도로 인한 시장교란 등의 부작용을 막기엔 역부족이라는 지적도 있다. 현재 공매도 규정 위반 시 부과되는 과태료는 5000만원에 그친다. 그나마 이조차도 현재까지 부과된 적은 없다.

한 업계 관계자는 "부당 이득 금액에 따라 적정한 과태료를 부과할 수 있도록 관련 규정을 정비하고 거래 기관에 대해서도 일정 횟수 이상 위반 시 영업정지 등 강력한 행정제재가 필요하다"고 말했다.

금융감독원 관계자는 "과징금 과태료들이 법규와 현실 사이에 괴리가 있다"며 "불공정거래 등 시세조정을 할 경우 큰 부당이익을 취했지만 과징금은 한도가 정해져 있는 것이 현실"이라고 말했다.

◇ '대량 공매도 보고제도' 시행…효과는 미지수

금융당국은 투자자가 일정수준 이상의 공매도 상태에 있을 때는 감독 당국과 거래소에 관련 사항을 보고하도록 하는 대량공매도 포지션 보고제도를 이르면 올 3분기 안에 시행할 계획이다. 현재 주식시장에서 한 기업의 주식 5%이상을 보유할 경우 이를 금융감독원을 통해 신고하도록 하는 5%룰과 유사한 개념이다.

제도 자체만 두고 보면 투자자에게 해당기업이 외국인 공매도에 노출된 정도를 알 수 있도록 해 적지 않은 효과가 기대된다. 하지만 과연 실효성을 거둘 수 있을지는 금융당국 내부에서조차 유보적인 입장이다.

금융감독원 관계자는 "공매도가 많은 종목에 대해서는 공시를 하고 모니터링 하기 위한 제도지만 시장이 어떻게 반응할지 예측하기는 어렵다"고 말했다.

〈자료 : 경제전문 멀티미디어 뉴스통신 뉴스토마토 기사(2012-05-29)〉

3. 보유비용, 선도가격, 선물가격

1) 보유비용

보유비용은 선도와 선물가격에서 매우 중요한 개념이다. 보유비용(cost of carry)이란 자산을 일정기간 보유하는데 드는 비용을 말한다. 이를 수식으로 표현하면 다음과 같다.

보유비용 = 자산을 일정기간 보유하는데 드는 비용
= 투자비용 − 투자수익
= (자본비용 + 보관비용) − (배당소득 + 보유편익) (식 4-1)

(식 4-1)에서 보는 바와 같이 보유비용은 투자비용에서 투자수익을 차감한 것인데, 투자비용이라 함은 자산구입으로 발생하는 자본비용(cost of capital)에 자산보관비용(storage cost)을 더한 것이고, 투자수익은 자산을 보유함으로써 발생하는 수익으로서 배당소득(dividend income), 이자소득(interest income), 보유편익(convenience yield) 등을 더한 값이다. 자산별로 위의 5가지 항목이 모두 포함되는 경우도 있고, 어떤 자산의 경우에는 5가지 항목 중 일부만 포함되는 경우도 있다. 예를 들어, 주식과 같은 금융자산을 보유하는 경우, 투자비용에는 자본비용이 있고, 투자수익에는 배당소득 등이 있다. 옥수수와 같은 상품을 보유하는 경우, 투자비용에는 자본비용, 보관비용이 포함되고, 투자수익에는 보유편익 등이 포함된다. 보유편익에 대해서는 뒤에서 좀 더 자세히 살펴볼 것이다. 본서에서 선도가격이나 선물가격을 구하는 모형은 일반적으로 보유비용을 활용하기 때문에 흔히 '보유비용모형(cost of carry model)'이라고 부른다.

2) 선도가격과 선물가격

일반적으로 선도가격(forward price)을 구하는 것이 선물가격(futures price)을 구하는 것보다 더 쉽다. 그 주된 이유는 선도계약은 일일정산을 하지 않고 오직 만기일에 한번 정산하지만, 선물계약은 일일정산을 하기 때문이다. 그러나, 일반적으로 선도계약과 선물계약의 만기가 동일하면 동일한 기초자산에 대해, 선도가격이 선물 가격에 근접한다. 따라서, 보통 선도가격을 구하는 모형을 선물가격을 구하는 모형으로 그대로 사용한다.

선도가격과 선물가격 사이의 관계를 만기까지 이자율이 변동하지 않는 경우와 변동하는 경우 둘로 나누어 고찰해 보자.

(1) 만기까지 이자율이 변동하지 않는 경우

선물과 선도의 만기가 동일하고, 만기까지 무위험이자율(r)이 일정하다고 가정하면 선도가격과 선물가격이 항상 같아야 함을 이론적으로 증명할 수 있다(〈심화학습 4-2〉참조).

심화 학습 4-2 이자율이 일정 ⇒ 선물가격 = 선도가격

증명을 위해 다음과 같은 기호를 사용한다.

r = 일일 무위험이자율(daily risk-free rate)

T = 선물과 선도의 만기

F_i = i일(day i)의 선물가격

G_i = i일(day i)의 선도가격

e = 자연로그(log natural: ln)의 밑(base) = 2.718282...

그리고 이자계산은 연속복리로 한다고 가정한다.

(i) 투자전략 1

(매입포지션) 현재가격이 F_0인 무위험채권

(매도포지션) i일에 e^{ir} 만큼의 선물포지션

⇒ 매도포지션의 i일 이익 = $(F_i - F_{i-1})\ e^{ir}$

⇒ 매도포지션의 i일 이익의 만기(T)시 가치 = $[(F_i - F_{i-1})\ e^{ir}]\ e^{(T-i)r} = (F_i - F_{i-1})\ e^{Tr}$

⇒ 매도포지션의 만기시(T) 총가치 $= \sum_{i=1}^{T}(F_i - F_{i-1})e^{Tr}$

$= e^{Tr}\sum_{i=1}^{T}(F_i - F_{i-1})$

$= e^{Tr}(F_T - F_0)$ (1)

⇒ 매입포지션의 만기시(T) 가치 = $F_0 e^{Tr}$ (2)

⇒ 만기시(T) 투자전략1의 총가치 = (1)+(2) = $e^{Tr}(F_T - F_0) + F_0 e^{Tr}$

$= F_T\ e^{Tr}$

$= S_T\ e^{Tr}$ (현물가격과 선물가격의 수렴)

(ii) 투자전략 2

(매입포지션) 현재가격이 G_0인 무위험채권

(매도포지션) e^{Tr} 만큼의 선도포지션

⇒ 매입포지션의 만기시(T) 가치 = $G_0 e^{Tr}$ (3)

⇒ 매도포지션의 만기시(T) 가치 = $e^{Tr}(G_T - G_0)$ (4)

⇒ 만기시(T) 투자전략2의 총가치 = (3) + (4) = $G_0\ e^{Tr} + e^{Tr}(G_T - G_0)$

$= G_T\ e^{Tr} = S_T\ e^{Tr}$

(iii) 투자전략 1과 2의 가치 비교

(i)과 (ii)로부터, 투자전략1과 투자전략2의 만기(T)시 가치는 $S_T\, e^{Tr}$로 동일하다.

따라서 차익거래기회가 없다면 투자전략1과 2의 현재가치도 같아야 한다.

그런데, 투자전략1의 초기가치(투자액) = F_0 = 현재 선물가격

투자전략2의 초기가치(투자액) = G_0 = 현재 선도가격

결론적으로, 만기시까지 무위험이자율(r)이 일정하다면, 현재 선물가격 = 현재 선도가격이 된다.

* 증명의 출처: Cox, J.C., J.E. Ingersoll, and S.A. Ross, "The Relation between Forward Prices and Futures Prices", *Journal of Financial Economics*, Vol.9(Dec. 1981), pp.321-346.

(2) 만기까지 이자율이 변동하는 경우

선물과 선도 만기 시까지 무위험이자율이 변동한다면 이자율리스크에 노출되고 따라서 선물가격과 선도가격 사이의 관계를 정확히 예측하는 것은 불가능하다. 즉, 선물의 경우 매일 일일정산을 하여 증거금잔액이 유지증거금보다 작으면 마진 콜(margin call)을 받게 되어 추가증거금을 납입해야 하며, 반면 증거금잔액이 개시증거금보다 많으면 초과금액을 인출하여 어딘가에 재투자할 수 있다. 그런데 일일이자율(r)이 변동하게 되면 추가증거금 납입을 위한 자본조달비용이나 재투자수익률이 변동하게 되므로 만기 시 투자전략 1의 정확한 가치가 얼마가 되는지 예측할 수 없다.

그러나, 무위험이자율이 변동되는 경우 선물가격과 선도가격 사이의 관계를 전혀 알 수 없는 것은 아니고, 이자율과 기초자산인 현물가격 사이의 상관관계를 통해 대략의 관계를 유추할 수 있다. t시점의 이자율(r_t)과 현물가격(S_t)사이의 상관계수를 ρ라 하자.

① ρ> 0 경우

상관계수가 양수라는 것은 이자율과 현물가격이 같은 방향으로 변동함을 의미한다. 즉, 이자율이 상승하면 현물가격도 상승하고, 이자율이 하락하면 현물가격도 하락한다는 것이다. 선물에 매입포지션을 취한 경우를 생각해보자.

현물가격 상승 ⇒ 선물매입포지션 이익 ⇒ 재투자수익 상승(이자율도 상승하므로)

현물가격 하락 ⇒ 선물매입포지션 손실 ⇒ 추가증거금비용 하락(이자율도 하락하므로)

따라서, 선물이 선도보다 유리하다.
그러므로, 상관계수가 양수(+)이면, 선물가격 > 선도가격이 된다.

② $\rho < 0$ 경우
상관계수가 음수라는 것은 이자율과 현물가격이 반대 방향으로 변동함을 의미한다. 즉, 이자율이 상승하면 현물가격은 하락하고, 이자율이 하락하면 현물가격은 상승한다는 것이다. 선물에 매입포지션을 취한 경우를 생각해보자.

현물가격 상승 ⇒ 선물매입포지션 이익 ⇒ 재투자수익 하락(이자율은 하락하므로)
현물가격 하락 ⇒ 선물매입포지션 손실 ⇒ 추가증거금비용 상승(이자율은 상승하므로)

따라서, 선물이 선도보다 불리하다.
그러므로, 상관계수가 음수(−)이면, 선물가격 < 선도가격이 된다.

3) 선물가격 결정원리

선물과 선도의 만기는 통상 1년 미만으로 비교적 짧으므로 이 기간 동안 이자율의 변동도 그리 크지 않으며, 따라서 선도가격과 선물가격은 근접한다고 볼 수 있다. 그러므로 지금부터는 선도가격을 구하는 공식을 선물가격에 그대로 적용하기로 한다.

돈의 시간적 가치(time value of money)를 이용하여 미래가치를 구할 때 다음과 같은 원리를 적용한다.

미래가치 = 현재가치 + 이자 (식 4-2)

이와 같은 원리를 선물이나 선도가격을 구하는 공식에 응용할 수 있다. 즉, 선물(선도)가격은 미래의 현물가격을 미리 정하는 것이므로 선물(선도)가치는 미래가치이고, 따라서 (식 4-2)와 같은 원리를 (식 4-3)과 같은 선물(선도)가격결정에 적용할 수 있는 것이다.

선물(선도)가격 = 현물가격 + (현물)보유비용 (식 4-3)

(식 4-3)은 (식 4-1)에 있는 보유비용을 활용하고 있는바, 이는 다음과 같은 논리로 쉽게 설명할 수 있다. 선물(선도)가격은 현물의 미래가격이므로 현재 시장에서 현물을 구입하여 선물(선도) 만기까지 보유하면 만기 시 현물가격이 곧 지금의 선물(선도)가격과 같아야 한다. 그런데 만기 시까지 현물을 보유한다는 것은 첫째, 현물을 지금 매입해야 하므로 현재 현물가격만큼의 자금이 필요하고, 둘째, 매입한 현물을 만기까지 보유하기 위해서는 자산의 종류에 따라 (식 4-1)에 있는 만큼의 보유비용이 발생하는 것이다. 따라서 현물가격과 보유비용을 합한 것이 곧 지금의 선물(선도)가격이라고 볼 수 있는 것이다. 이것이 다름아닌 선물(선도)가격의 '보유비용모형'인 것이다.

4) 선물가격(F)과 미래 현물가격의 기대치

현재의 선물가격은 미래현물가격에 대한 투자자들의 예측치임은 앞서 이미 설명한 바 있다. 즉, 시장이 완전히 효율적이라면 현재(t)의 선물가격은 선물만기(T) 시점의 현물가격의 기대치와 동일하여야 한다. 이를 식으로 표현하면 다음과 같다.

$$F_t = E(S_T) \qquad \text{(식 4-4)}$$

그런데, 일반적으로 시장은 완전하게 효율적이지 못하므로 실무적으로는 (식 4-4)가 성립하기는 거의 불가능하고 선물가격은 기대현물가격보다 크거나 작다.

(1) $F_t > E(S_T)$ 경우: 콘탱고

현재 선물가격이 만기 시 기대현물가격보다 큰 경우를 '콘탱고(contango)'라 부른다. 콘탱고인 시장의 경우 〈그림 4-1〉에서 보듯이 선물가격이 계속 하락하여 선물만기에는 기대현물가격과 같아짐을 알 수 있다. 따라서, 시장이 콘탱고인 경우에는 선물에 매도포지션을 취해야 이익을 얻을 수 있다.

(2) $F_t < E(S_T)$ 경우: 정상백워데이션

현재 선물가격이 만기시 기대현물가격보다 큰 경우를 정상백워데이션(normal backwardation)이라 한다. 경제학자 힉스(Hicks)와 케인즈(Keynes)는 투기자의 투자동기를 분석해 본 결과, 대부분의 투기자들은 선물에 매입포지션을 취하는 것을 발견하였다. 투기자들은 이익극대화가 목적이므로 투기자들이 매입포지션을 주로 취한다는 것은 매입포지션을 취해야 선물시장에서 이익을 얻음을 알 수 있다. 그런데 선물에서 매입포지션이 이익을 얻으려면 선물가격이 상승해야 하므로 〈그림 4-1〉에서 보는 바와 같이 정상백워데이션이 선물시장에서는 보다 정상적임을 유추할 수 있다. 정상(normal)이라는 말도 그래서 붙여진 이름이다.

〈그림 4-1〉 콘탱고와 정상백워데이션

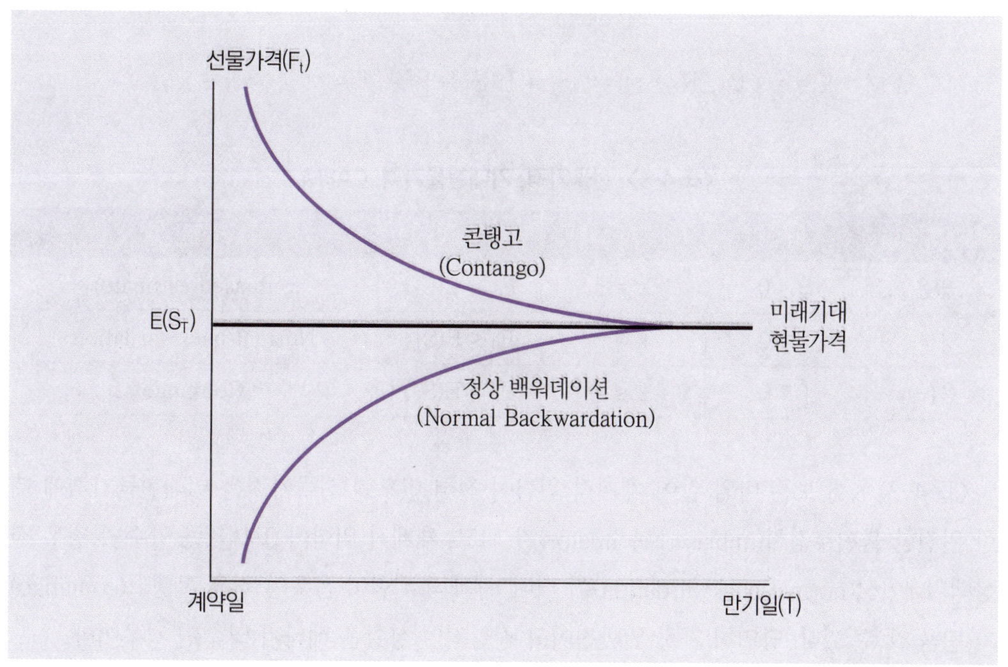

(3) 콘탱고, 정상백워데이션, 체계적 위험

체계적 위험이 콘탱고나 정상백워데이션과 어떤 관계를 가지고 있는지 살펴보자.

어떤 투자자가 특정 자산에 투자하는데, 이 자산의 리스크를 감안했을 때 최소 k의 요구수익률(RRR: Required Rate of Return)을 원한다고 하자. 그리고 다음과 같은 투자포트폴리오를 구성하였다.

포트폴리오(P) = F_0e^{-rt}예금(이자율은 r) +
만기가 T인 선물 매입(L)포지션(인도가격=F_0)

이러한 포트폴리오는 선물 만기시점(T)에 예금원리금 F_0를 찾아 기초자산을 한 단위 F_0에 매입할 수 있는 기회를 제공한다. 따라서, 다음과 같은 관계식이 성립한다.

$$\text{P의 현재 가치} = F_0e^{-rt} = E(S_T)e^{-kT} = \text{만기 시 매입한 자산의 현재가치}$$

따라서, $F_0 = E(S_T)e^{(r-k)T}$.

이제 현재선물가격(F_0)과 미래기대현물가격($E(S_T)$)과의 관계를 자본자산가격결정모형(CAPM)과 연계하여 설명하면 다음과 같다.

$$\text{CAPM : } k = r + \beta(ER_M - r) \Rightarrow F_0 = E(S_T)e^{(r-k)T}$$

〈표 4-3〉 선물가격, 기대현물가격, CAPM

체계적 위험	베타	CAPM	F_0와 $E(S_T)$	선물가격
없음	$\beta = 0$	$k = r$	$F_0 = E(S_T)$	Unbiased estimator
양(+)	$\beta > 0$	$k > r$	$F_0 < E(S_T)$	Normal backwardation
음(-)	$\beta < 0$	$k < r$	$F_0 > E(S_T)$	Contango

〈표 4-3〉에서 보는 바와 같이 체계적 위험이 전혀 없으면 선물가격은 미래현물가격에 대한 완전한 불편추정치(unbiased estimator)가 되고, 체계적 위험이 0보다 큰 양수의 경우 정상백워데이션(normal backwardation)이 되며, 체계적 위험이 음수인 경우 콘탱고(contango)가 됨을 알 수 있다. 당연히 가장 일반적이고 정상적인 상황은 베타가 양수인 경우이다.

종종 콘탱고와 정상시장, 그리고 정상백워데이션과 역조시장이라는 용어가 혼동되어 사용되기도 하지만, 본서에서는 보다 널리 사용되고 있는 용어를 사용하고 있다. 중요한 것은 콘탱고나 정상백워데이션은 현재선물가격을 미래 기대현물가격과 비교하는데 반해, 정상시장과 역조시장은 현재선물가격을 현재현물가격과 비교하는 개념이라는 것이다.

〈그림 4-2〉에서 왼쪽그림(a)이 $F_t > S_t$인 '정상시장(normal market or premium market)'이고, 오른쪽그림(b)이 $F_t < S_t$인 '역조시장(inverted market or discount market)'이다(단, F_t = t시점의 선물가격, S_t = t시점의 현물가격).

〈그림 4-2〉 현물가격과 선물가격의 수렴

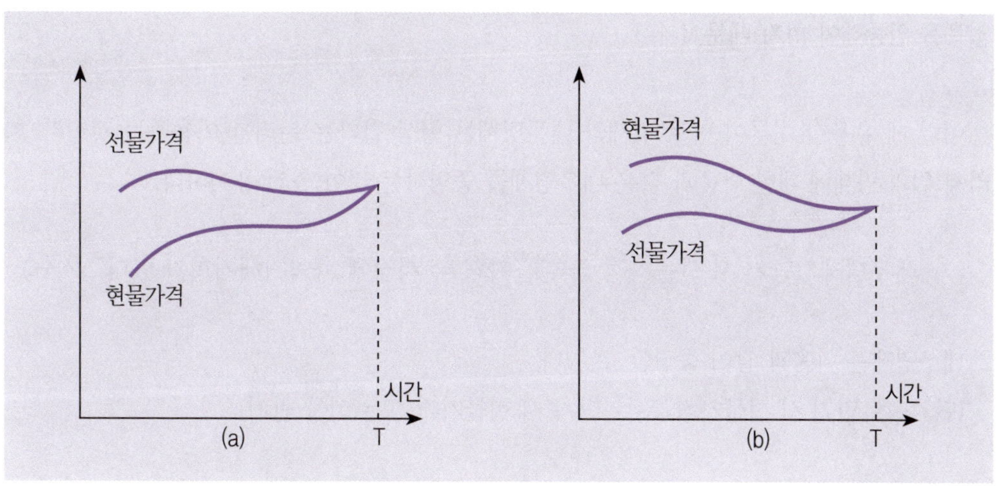

시장에서는 일반적으로 '정상시장'이 정상인데, 그 이유는 현재 선물가격은 미래 현물가격의 예측치이므로 현재 현물가격보다 높기 때문이다. 즉, 물가상승(인플레이션)을 감안해 볼 때 미래 현물가격이 현재 현물가격보다 높은 것이 정상이다. 예외적으로 역조시장은 현재의 공급부족, 현재의 수요과다, 혹은 예상되는 잉여 등의 이유로 발생한다. 즉, 물가상승이 아닌 물가하락(디플레이션)이 역조시장의 원인이다.

5) 선물가격과 현물가격의 수렴

선물만기에는 현물가격과 선물가격이 수렴(즉, 일치)해야 하는데, 이를 '현물가격의 선물가격에의 수렴(convergence of spot price to futures price)'이라 하며, 수렴하지 않을 경우 차익거래기회가 존재한다. 〈그림 4-2〉는 정상시장이든 역조시장이든 만기시점에서는 현물가격과 선물가격이 수렴(일치)해야 함을 보여준다.

선물만기에는 현물가격이 선물가격에 수렴해야 됨을 증명해 보자.

우리가 증명하고자 하는 것은 다음과 같은 명제이다. 즉,

명제: '시장에 차익거래기회가 없다 ⇒ 만기 시 선물가격 = 현물가격' (식4-5)

그런데 이 명제를 증명하려면 시장에 차익거래기회(arbitrage opportunity)가 없음이 전제되어야 하는데, 이 전제조건이 시장에서 충족되는지 증명하기는 거의 불가능하다. 이를 증명

하려면 시장에서 거래되는 모든 선물과 현물가격을 조사해 둘 사이에 차익거래기회가 전혀 없음을 입증해야 하기 때문이다.

이럴 때 유용한 이론이 바로 명제와 대우명제는 항상 같다는 논리를 이용하는 것이다. 따라서 위의 명제에 대한 다음과 같은 대우명제를 증명하는 것이 훨씬 용이하다.

대우명제: '만기 시 선물가격 $\neq$ 현물가격 $\Rightarrow$ 시장에 차익거래기회가 있다' (식4-6)

대우명제는 다음과 같이 증명할 수 있다.
(단, F_T = 만기 시 선물가격, S_T = 만기 시 현물가격, T = 선물 만기)

대우명제 증명

(i) $F_T > S_T$인 경우
(투자전략) T시점 매매종료 전에 선물을 F_T 에 매도하고, 동시에 현물을 S_T에 매입
(마감전략) T시점 매매종료 전에 매입한 현물을 선물매도포지션 마감을 위해 인도
(손익정산) 이익 = 인도가격(F_T) - 현물매입가격(S_T)>0. 즉, 차익거래기회 존재.

(ii) $F_T < S_T$인 경우
(투자전략) T시점 매매종료 전에 선물을 F_T에 매입하고, 동시에 현물을 S_T에 공매도
(마감전략) T시점 매매종료 전에 현물을 매입하여 공매도 포지션 마감
(손익정산) 이익 = 공매도가격(S_T) - 현물매입가격(F_T)>0. 즉, 차익거래기회 존재.

따라서, (i)과 (ii)로부터 만기 시 선물가격과 현물가격이 일치하지 않으면 차익거래기회가 존재함을 알 수 있고 대우명제인 (식 4-6)은 참임이 증명되었다. 고로 원래 명제(식 4-5)도 참이다. 즉, 시장에 차익거래기회가 없다면, 만기 시 선물가격과 현물가격은 수렴(일치)되어야 한다. *Q.E.D.*[3]

3 *Q.E.D.* = *Quod Erat Demonstrandum*: 라틴어로 '증명 끝'이라는 의미의 수학용어임.

심화 학습 4-3 가격급변과 거래정지 제도

1. Side-car

주식 선물시장에서는 거래의 많은 부분이 사전에 컴퓨터에 대량으로 어떤 종목을 얼마에 거래한다는 것을 미리 입력시켜놓은 프로그램 매매라는 거래 방식을 통해 일어난다. 그런데 선물가격이 급락하거나 급등할 경우, 특정 시점에서 매도 혹은 매수 주문이 일방적으로 많아지는 프로그램 매매가 이루어질 수 있다.

특히, 선물가격이 떨어지면 시장에 현물 매도 물량이 지나치게 많이 나오면서 현물시장도 함께 급락할 위험이 커진다. 이런 상황을 막기 위해 선물가격이 일정기준 이상 급락할 경우, 프로그램 매매를 일시 정지시키는 것을 '사이드 카'라고 한다. 사이드 카 제도는 프로그램 매매에 따른 주식 선물시장의 급등락과 그에 따른 부작용에 대응하기 위해 1998년부터 도입되어 시행되고 있다.

선물가격이 전일 종가 대비 코스피는 5%, 코스닥은 6% 이상 등락하는 상황이 1분 이상 계속되면 거래 시스템에 의해 사이드 카가 자동으로 발동된다. 이 시점부터 5분간 거래가 정지되며, 5분이 지나고 나면 매매체결이 재개된다. 사이드 카는 1일 1회에 한해 발동될 수 있지만, 후장 종료 40분 전인 오후 2시 20분 이후에는 발동되지 않는다.

2. Circuit-Breaker

서킷 브레이커는 전기장치에 과전류가 흘러 화재가 날 위험이 생길 때 전기 회로를 자동으로 끊어주는 부품의 이름에서 따온 경제용어이다. 서킷 브레이커는 주식시장에서 주가의 급등락으로 주식시장의 불안정성이 확대될 때 시장의 냉정을 되찾기 위해 만들어진 강제적인 안전장치이다.

서킷 브레이커는 종합주가지수, 즉 코스피 지수나 코스닥 지수가 전일 대비 10% 이상 하락하는 상황이 1분간 지속되는 경우에 발동된다. 서킷 브레이커가 발동되면 주식매매는 20분간 전면 중단되며, 이후 10분간은 호가만 접수해 단일가격으로 거래를 체결시킨다. 서킷 브레이커의 발동은 주식시장 시작 후 5분 이후, 즉 9시 5분부터 가능하며 하루에 단 한 번만 발동시킬 수 있다. 또한 장 마감 40분 전인 오후 2시 20분 이후에는 주가가 아무리 폭락하더라도 서킷 브레이커는 발동되지 않는다.

서킷 브레이커는 미국에서 1987년 10월 19일 하루 동안 주가가 22% 대폭락한 블랙먼데이 이후 뉴욕증권거래소에서 처음 도입되었고, 이후 세계 각국에서 도입하기 시작했다. 한국에서는 1998년 개별종목 주가의 일일 가격제한폭이 12% 이상 확대되는 등 주식시장의 불안정성에 문제가 제기되자 코스피에 먼저 서킷 브레이커 제도가 도입되었고, 코스닥에는 2001년 도입되었다. 한국에서 서킷 브레이커가 처음 발동된 것은 미국 주식시장 폭락의 영향으로 코스피 지수가 90포인트 이상 하락했던 2000년 4월 17일이다.

4. 선물의 가격결정

앞서 설명한 대로 만기가 수개월로 짧을 경우 선도와 선물가격은 거의 같기 때문에 지금부터는 선물가격결정이론을 선도가격결정이론과 동일하게 간주하며, 용어상 선물가격결정이론으로 통일하고자 한다. 또한 선물을 크게 금융선물과 상품선물로 나누어 가격결정이론을 소개하는데 그 이유는 금융선물은 보유비용이론으로 충분히 설명이 되지만, 상품선물은 보유비용뿐만 아니라 보유편익도 고려해야 하기 때문이다.

선물가격결정이론을 소개하기에 앞서 가격결정모형에 사용되는 기호(notation)들을 먼저 소개하고자 한다.

S_t = t시점의 현물(기초자산)가격
F_t = t시점의 선물가격
T = 선물의 만기(maturity)
r = 만기까지 적용되는 무위험이자율(risk-free interest rate)
(통상 t=0를 현재(today)시점으로 사용한다)
$\tau = T - t$ = t시점부터 만기(T)까지 남은 시간(=time to maturity)
e = 자연로그의 밑(base)으로서 2.718282......

1) 금융선물의 가격결정

금융선물에는 보관비용과 보유편익이 없고, 자본비용(r)과 배당소득 및 이자소득만 존재하므로 다음과 같이 3가지로 분류하여 선물가격평가모형을 만들 수 있다.

- 배당소득이 없는 경우: 중간 무소득 자산(예: 무배당 주식, 무이표채)
- 예정 소득(I)이 있는 경우: 예정 소득자산(예: 배당 주식, 이표채)
- 예정 소득율(q)을 아는 경우: 예정 배당 수익률 자산(예: 주가지수, 환율, 통화)

(1) 중간무소득자산에 대한 선물가격

만기 이전에 배당이나 이자 등 중간소득이 전혀 없는 중간무소득자산(non-dividend paying assets)의 경우, 시장에 차익거래기회가 없다면 (식 4-1)에 있는 보유비용개념을 이용하여 다음과 같이 이론적인 선물(선도)가격을 구할 수 있다.

i) 연속복리의 경우:

$$F_t = S_t e^{r(T-t)} = S_t e^{r\tau} \quad \text{(식 4-7)}$$

ii) 이산복리의 경우:

$$F_t = S_t(1+r)^{(T-t)} = S_t(1+r)^{\tau} \quad \text{(식 4-8)}$$

시장 선물가격이 위에서 제시된 이론 선물가격과 차이가 나면 차익거래 (arbitrage)기회가 발생한다. 거래비용이 없는 완전시장(perfect market)을 가정할 경우 차익거래 방법과 현금흐름은 다음 〈표 4-4〉와 같다(연속복리를 적용하는 경우).

〈표 4-4〉 중간무소득자산의 차익거래기회 및 현금흐름

$F_t > S_t e^{r(T-t)}$인 경우			$F_t < S_t e^{r(T-t)}$인 경우		
	현재(t)	만기(T)		현재(t)	만기(T)
선물 매도	0	$F_t - S_T$	선물 매입	0	$S_T - F_t$
자금 차입 현물 매입	S_t $-S_t$	$-S_t e^{r(T-t)}$ S_T	현물 공매 자금 예치	S_t $-S_t$	$-S_T$ $S_t e^{r(T-t)}$
차익	0	$F_t - S_t e^{r(T-t)} > 0$	이익	0	$S_t e^{r(T-t)} - F_t > 0$

(2) 예정 소득자산에 대한 선물가격

만기 이전에 배당이나 이자 등 중간소득이 예정되어 있고 그 소득을 예측할 수 있는 예정 소득자산(known dividend-paying assets)의 경우, 시장에 차익거래기회가 없다면 이론적인 선물(선도)가격은 다음과 같이 구할 수 있다. 단, I = 중간소득의 현재가치.

i) 연속복리의 경우:

$$F_t = (S_t - I)e^{r(T-t)} = (S_t - I)e^{r\tau} \quad \text{(식 4-9)}$$

ii) 이산복리의 경우:

$$F_t = (S_t - I)(1+r)^{(T-t)} = (S_t - I)(1+r)^{\tau} \quad \text{(식 4-10)}$$

시장 선물가격이 위에서 제시된 이론 선물가격과 차이가 나면 차익거래(arbitrage) 기회가 발생한다. 차익거래를 하는 방법은 〈표 4-4〉와 같다.

(3) 예정 배당수익률 자산에 대한 선물가격

만기 이전에 일정 배당률(q)로 연속적으로 배당을 지급하는 예정 배당수익률 자산(known dividend yield assets)의 경우, 시장에 차익거래기회가 없다면 이론적인 선물(선도)가격은 다음과 같이 구할 수 있다. 단, q = 예정된 배당수익률.

i) 연속복리의 경우:

$$F_t = S_t e^{(r-q)(T-t)} = S_t e^{(r-q)\tau} \quad \text{(식 4-11)}$$

ii) 이산복리의 경우:

$$F_t = S_t[1+(r-q)]^{(T-t)} = S_t[1+(r-q)]^{\tau} \quad \text{(식 4-12)}$$

시장 선물가격이 위에서 제시된 이론 선물가격과 차이가 나면 차익거래(arbitrage)기회가 발생한다. 차익거래를 하는 방법은 〈표 4-4〉와 같다.

2) 상품선물의 가격결정

일반적으로 상품선물의 가격은 금융선물의 가격과 다음의 2가지 면에서 다르다.

i) 창고비용, 보험료 등과 같은 보관비용(storage cost)이 발생한다.

ii) 가뭄, 홍수 등으로 인해 갑작스런 현물의 고갈이 발생하면 그 현물을 가지고 있을 경우 추가 이익이 발생할 수 있는데 이를 보유편익(convenience yield)이라 하며, 상품선물에서 발생한다. 보유편익은 미래의 상품확보가능성(future availability)에 대한 시장참여자들의 기대를 반영하며, 선물계약 기간 중에 상품부족현상이 나타날 가능성이 클수록 커지게 된다.

따라서, 상품선물의 경우 이와 같은 추가적인 보유비용을 감안하여 이론적인 가격을 계산해야 한다.

i) **연속복리의 경우:**

$$F_t = S_t e^{(r+s-y)(T-t)} = S_t e^{(r+s-y)\tau} \text{ 혹은 } F_t = (S_t + U)e^{(r-y)(T-t)} = (S_t + U)e^{(r-y)\tau} \quad \text{(식 4-13)}$$

ii) **이산복리의 경우:**

$$F_t = S_t[1+(r+s-y)]^{(T-t)} = S_t[1+(r+s-y)]^{\tau} \text{ 혹은}$$

$$F_t = (S_t + U)[1+(r-y)]^{(T-t)} = (S_t + U)[1+(r-y)]^{\tau} \quad \text{(식 4-14)}$$

단, s = 보관비용(storage cost)(비율)
y = 보유편익(convenience yield)(비율)
U = 보관비용의 현재가치(금액)

(식 4−13)과 (식 4−14)에서 앞에 있는 식은 보관비용이 비율(%)로 표시될 때의 모형이고, 뒤의 것은 보관비용이 금액으로 표시될 때의 모형이다.

사례

〈4-2〉 선물가격결정

앞서 설명한 보유비용모형을 통화선물과 주가지수선물 가격결정에 적용한 사례를 살펴보도록 하자. 이자계산은 연속복리로 하기로 한다(이산복리의 경우도 방법은 동일함).

ⅰ) 통화선물가격결정 사례

외국화폐를 보유한 자가 은행에 외환예금을 할 경우 외국이자율로 이자를 받으므로 이는 '예정 배당 수익률 자산'에 해당된다. 따라서, 통화선물가격결정은 (식 4-11)을 응용하면 된다.

$$F_t = S_t e^{(r-R)(T-t)} = S_t e^{(r-R)\tau} \qquad \text{(식 4-15)}$$

단, F_t = 선물 환율, S_t = 현물 환율
r = (국내)무위험이자율, R = 외국의 무위험이자율

(식 4-15)는 국제금융분야에서는 금리평가이론(IRP: Interest Rate Parity)이라고도 하는데, 〈그림 4-3〉과 같은 현금흐름도를 이용하여 설명할 수도 있다. 즉, 현재 1000단위의 외국통화(FC: Foreign Currency)를 가지고 있는 투자자가 통화선물 만기(T)시점에 외국통화를 미국달러로 환전하고 싶다. 그러면 다음과 같은 두 가지 방법을 고려할 수 있다.

첫째, 선물시장을 이용하는 경우: 선물매도(F_0) + 현물은 외화예금에 이자율 R로 예금
⇒ 만기 시(T)총 현금 = $(1000e^{R(T-t)}FC)F_t(\$/FC) = \$1000e^{R(T-t)}F_t$ (〈그림 4-3〉의 왼쪽)
둘째, 현물시장을 이용하는 경우: 현물환전(S_t) + 달러를 국내예금에 이자율 r로 예금
⇒ 만기 시(T)총 현금 = $[1000FC \times S_t(\$/FC)]e^{r(T-t)} = \$1000S_te^{r(T-t)}$ (〈그림 4-3〉의 오른쪽)

시장에 차익거래기회가 없다면 위의 두 가지 결과는 같아야 하므로,

$$\$1000e^{R(T-t)}F_t = \$1000S_te^{r(T-t)} \Rightarrow F_t = S_t\, e^{(r-R)(T-t)} = S_te^{(r-R)\tau}$$

<그림 4-3> 통화선물가격결정 흐름도

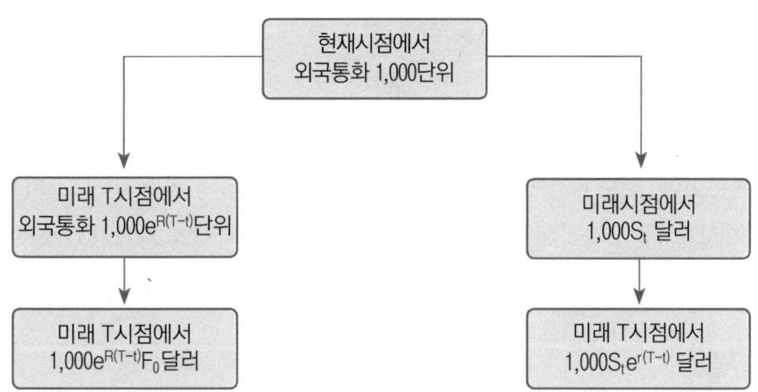

ii) 주가지수선물가격결정 사례

주가지수의 경우 지수에 포함되어 있는 주식들로부터 거의 연속적으로 배당을 받으므로 이는 '예정 배당 수익률 자산'에 해당된다. 따라서, 주가지수선물가격결정은 (식 4-11)을 응용하면 된다.

$$F_t = S_t e^{(r-q)(T-t)} = S_t e^{(r-q)\tau} \quad \text{(식 4-16)}$$

단, F_t = 지수선물 가격, S_t = 현물 지수, q = 지수 배당수익률

3) 선물(선도)가격 결정모형 요약: 보유비용모형(Cost of carry model)

지금까지의 결과들을 바탕으로 선물가격결정 모형을 요약하면 다음과 같다.[4]

$$F_t = S_t e^{c(T-t)} = S_t e^{c\tau} \quad \text{(식 4-17)}$$

단, 보유비용(c) = 자산을 일정기간 보유하는데 드는 비용
= 투자비용−투자수익
= (자본비용+보관비용)−(배당소득+보유편익)
= (r+s)−(q+R+y)

4 보유비용모형에는 세금(tax), 거래비용(transaction cost), 증거금(margin) 처리 등은 반영되어 있지 않다.

5. 선도계약의 가치

선도계약(forward contract)의 가치는 계약이 처음 체결될 때에는 0이어야 한다. 왜냐하면 계약을 처음 체결할 때 가치가 0이 아니라면 누군가는 이익을 보고 누군가는 손실을 본다는 의미이기 때문이다. 선도계약의 경우 양측 모두 계약시점에는 어떤 비용도 지불하지 않고 오직 의무만 가지게 된다. 따라서, 선도계약 체결시점에서는 계약의 가치가 0이어야 합리적이다. 계약 시 선도계약의 가치가 0이라는 것은 이때의 인도가격(K)이 시장선도가격과 같게 설정됨을 의미한다. 즉, 계약시점(t)에서는 $F_t = K$.

그러나, 계약이 체결된 직후부터는 시장에서 선도가격이 변동하므로 누군가는 이익을 보고 누군가는 그만큼 손실을 보게 된다. 따라서 선도계약의 가치도 시간이 흐름에 따라 변동하게 된다. 예를 들어, 선도가격이 상승한다면 매입포지션을 취한 자의 계약가치는 상승하고, 매도포지션을 위한 자의 가치는 하락하게 된다. 선도가격이 하락하면 그 반대가 될 것이다. 이제 선도계약의 가치를 평가하는 공식을 유도하기 위해 다음과 같이 기호를 정의하기로 한다.

f_t = t=0시점에 계약된 선도의 임의의 t시점($0 < t < T$)에서의 계약가치
f_t^* = 임의의 t시점($0 < t < T$)에서 계약된 선도계약의 가치
F_t = t시점의 선도가격
T = 선도계약의 만기
S_t = t시점의 현물가격
K = t=0시점에 계약된 선도의 인도가격(delivery price)
K^* = 임의의 t시점($0 < t < T$)에 계약된 선도의 인도가격(delivery price)

선도계약의 가치를 유도하기 위해 다음과 같이 두 개의 선도계약을 가정해 보자.

i) (선도1) t = 0시점에 계약된 선도 : 인도가격 = $K = F_0$
ii) (선도2) 임의의 t시점($0 < t < T$)에 계약된 선도 : 인도가격 = $K^* = F_t$

이 두 가지 선도계약을 이용하여 일반적인 선도계약의 가치를 구해보자(〈표 4-5〉 참조).

<〈표 4-5〉 선도계약의 가치

선도계약 (매입포지션)	t시점에서의 가치		
	t = 0	임의의 t (0 < t < T)	t = T
(선도1) t=0시점에 계약한 선도	$f_0 = 0$ $(K = F_0)$	f_t	$V_1 = S_T - K$
(선도2) 임의의 t시점에 계약한 선도		$f_t^* = 0$ $(K^* = F_t)$	$V_2 = S_T - K^*$

〈표 4-5〉로부터 임의의 t시점에서 두 선도가치의 차이를 구하면 다음과 같다.

(시점t에서) 선도1의 가치 - 선도2의 가치

$$= f_t - f_t^*$$
$$= (V_1 - V_2)e^{-r(T-t)}$$
$$= [(S_T - K) - (S_T - K^*)]e^{-r(T-t)}$$
$$= (K^* - K)e^{-r(T-t)}$$
$$= (F_t - K)\ e^{-r(T-t)}\ (\text{왜냐하면, } K^* = F_t)$$

따라서, $f_t = (F_t - K)e^{-r(T-t)}$ (왜냐하면, $f_t^* = 0$)
즉, t시점 선도매입계약의 가치 = $(F_t - K)e^{-r(T-t)}$ (식 4-18)

동일한 논리로 선도매도계약의 가치도 다음과 같이 구할 수 있다.

t시점 선도매도계약의 가치 =$(K - F_t)e^{-r(T-t)}$ (식 4-19)

6. 선물가격 분석기법

1) 기본분석

기본분석(fundamental analysis)이란 미래에 있을 수 있는 가격을 예측하고 그에 따른 거래전략을 구상하기 위해 기본적인 경제원칙인 수요와 공급의 법칙을 포함한 경제이론에 의해 가격을 분석하고 예측하는 것을 말한다.

(1) 상품선물의 기본분석

주로 기초자산인 상품의 수요(demand)와 공급(supply)을 예측하며 이는 전반적인 상품의 시장가격을 예측하게 한다. 이러한 미래의 예상가격이 선물가격을 결정하게 한다.

(2) 금융선물의 기본분석

금융선물은 크게 금리선물, 주가지수선물, 통화선물로 구분된다. 금융선물의 기초자산은 일반적으로 상품의 수급에 따른 양적인 변화에 크게 영향을 받지 않으며, 다음과 같이 사회, 정치적 요인, 경제적 요인들에 의해 영향을 받는다.

① 경기순환

경기순환(business cycle)이란 경제활동의 좋고 나쁨이 반복되는 주기를 말하며, 대상국가의 실물경제와 금융경제를 모두 포함한다. 경기순환은 경기회복(recovery), 호황(prosperity), 경기둔화(recession), 불황(depression) 등 4단계로 분류하며, 통상 하나의 cycle을 도는데 10년 정도가 소요되는 것으로 알려져 있다. 각 단계별로 정부의 대응전략을 면밀히 분석함으로써, 금리수준, 물가상승률, 환율의 변동추이를 예상하여 금융선물의 가격을 예측하게 된다.

② 경제지표

경제지표(economic Indicators)란 주어진 경기변화 속에서 어느 특정분야의 경제활동에 관하여 수치화하여 표현한 경제정보이다. 경제지표는 다음과 같이 구분된다.

i) 선행지수(leading indicators): 향후 경기방향의 흐름을 제시해 준다.

ii) 동행지수(concurrent indicators): 현재의 경제상태를 보여준다.

iii) 후행지수(lagging indicators): 과거의 경제상황을 보여준다.

③ 거시경제

주요 거시경제변수를 요약하면 다음과 같다.

i) 인플레이션(inflation): 선물거래량에 가장 많은 영향을 준다.

ii) 통화정책(monetary policy): 금리수준에 영향을 주는 통화 수급 정책은 선물가격에 영향을 주는데, 통화팽창정책은 금리를 하락시켜 선물가격이 상승하고, 긴축정책은 금리를 상승시켜 선물가격을 하락시키는 경향이 있다.

iii) 재정정책(fiscal policy): 조세(tax)와 재정지출에 관한 정책으로, 예컨대 세율 인상은 민간부문의 수요를 감소시켜 물가를 하락하게 한다.

iv) 환율(exchange rate): 환율의 변동은 선물가격과 밀접한 관련이 있다.

v) 무역정책(trade policy): 관세(tariff), 쿼터, 수입규제 등은 국제간의 상품교역에 영향을 미치고 이는 선물가격에 영향을 미친다.

2) 기술분석

기술분석(technical analysis)이란 과거의 가격 및 거래량 추이가 현재 그리고 미래의 시장에도 반영될 수 있다는 가정 하에서 가격 및 거래량에 대한 통계를 도표(chart)나 지수화하여 가격을 분석하고 예측하는 것을 말한다. 기본분석은 가격을 결정하는 수요와 공급에 영향을 주는 경제적인 요인들을 분석하는 것이고, 반면에 기술분석은 가격자체의 추세(경향)를 통해 미래가격을 예측하고자 한다는 차이점이 있다.

Tip 주요 용어

다우이론(Dow Theory)

- 1900년대 초에 시작된 다우이론은 기술분석의 시초라 할 수 있다.
- 다우이론은 개별증권의 가격을 예측하는 데에도 사용되지만, 원래는 증권시장 전체의 추세를 예측하는데 사용하기 위해 고안된 것이다.
- 가격의 변동은 크게 일일변동(daily movement), 수주 내지 수개월간의 변동인 2차 변동(secondary movement), 1년 이상 수년간의 변동인 주변동(primary movement)으로 구분된다. 다우이론은 이 중 주변동에 관심을 둔다.
- 다우이론에서 가장 중요한 신호는 유산점(流産點: abortive point)으로, 2차변동의 고점이 선행하는 고점보다 낮을 때 이를 상승추세의 주변동에서 하락추세의 주변동으로 전환하는 유산점이라 하고, 반대로 2차변동의 저점이 선행하는 저점보다 높을 때 이를 하락추세의 주변동에서 상승추세의 주변동으로 전환하는 유산점이라 한다.
- 일반적으로 증권시장이 장기적인 주가상승의 주변동에 있을 때 이를 '강세시장 (bull market)'이라 하고, 반대로 장기적인 주가하락의 주변동에 있을 때 이를 '약세시장(bear market)'이라 한다.

(1) 가격도표

① 선도표

선도표(line chart)는 특정기간(주로 일별)의 종가를 선으로 나타낸 것이다. 선도표는 현재까지의 가격흐름을 한눈에 알아보기 쉽게 나타낸다. 선도표는 보통 이동평균선(moving average line) 등과 같은 가격움직임을 보여주는 시장추세분석방법과 같이 사용된다.

② 봉도표

봉도표(bar chart or vertical line chart)는 정해진 기간(주로 일별)의 최저가격과 최고가격의 가격변화폭을 수직의 막대로 나타내고 이 수직막대에 수평으로 조금만 선을 그어 기간의 종가를 표시 하는 것을 말한다. 봉도표는 가격의 상향 또는 하향추세나 추세전환을 나타낸다. 가격의 하락반전을 top reversal(or selling reversal)이라 하고, 상승반전을 bottom reversal(or buying reversal)이라 한다.

③ 점수도

점수도(P&F: Point and Figure chart)는 가격이 상승하면 X표시를, 가격이 하락하면 O 표시를 연속적으로 표시한 도표이다. 점수도의 유용성은 현저한 가격추세의 지속과 가격역전을 쉽게 파악할 수 있다는 점이다.

(예) 새로운 X열이 바로 직전 X열의 최고수준보다 높게 나타나면 '매입신호(buy signal)'로 간주되며, 반면에 새로운 O열이 바로 직전 O열의 최저수준보다 낮게 나타나면 '매도신호(sell signal)'로 간주된다.

(2) 가격패턴

① 지지선 및 저항선

- 지지선(support line) 혹은 지지수준(support level)이란 시장에 충분한 매입세력이 있어 가격이 더 이상 하락하지 않는 가격수준을 말한다.
- 저항선(resistance line) 혹은 저항수준(resistance level)이란 시장에 상당한 매도압 력이 있어 가격이 더 이상 상승하지 못하는 가격수준을 말한다.

〈그림 4-4〉 지지선과 저항선

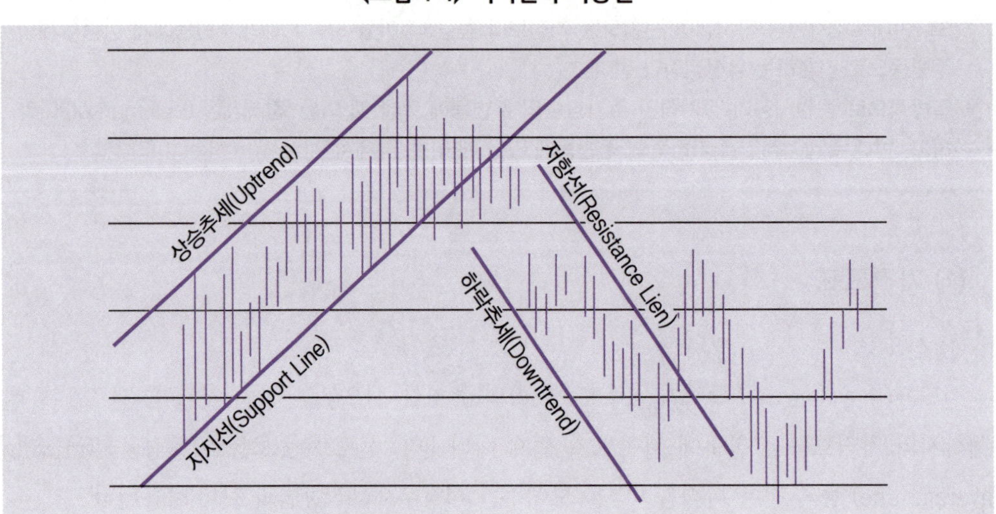

Tip 주요 용어

밀집지역(congestion area) 또는 조정구역(adjustment area)

- 밀집지역이란 가격이 상승과 하락의 양쪽방향으로 움직일 때 생기는 지역으로, 어떤 가격 수준에서 일시적으로 시장이 안정을 이룰 때 형성된다.
- 밀집지역은 매입과 매도가 균형을 이뤄 '보합움직임(sideway movement)'을 보이며 일정기간 동안 시장이 안정세를 이루는 지역이다.

<그림 4-5> 밀집지역

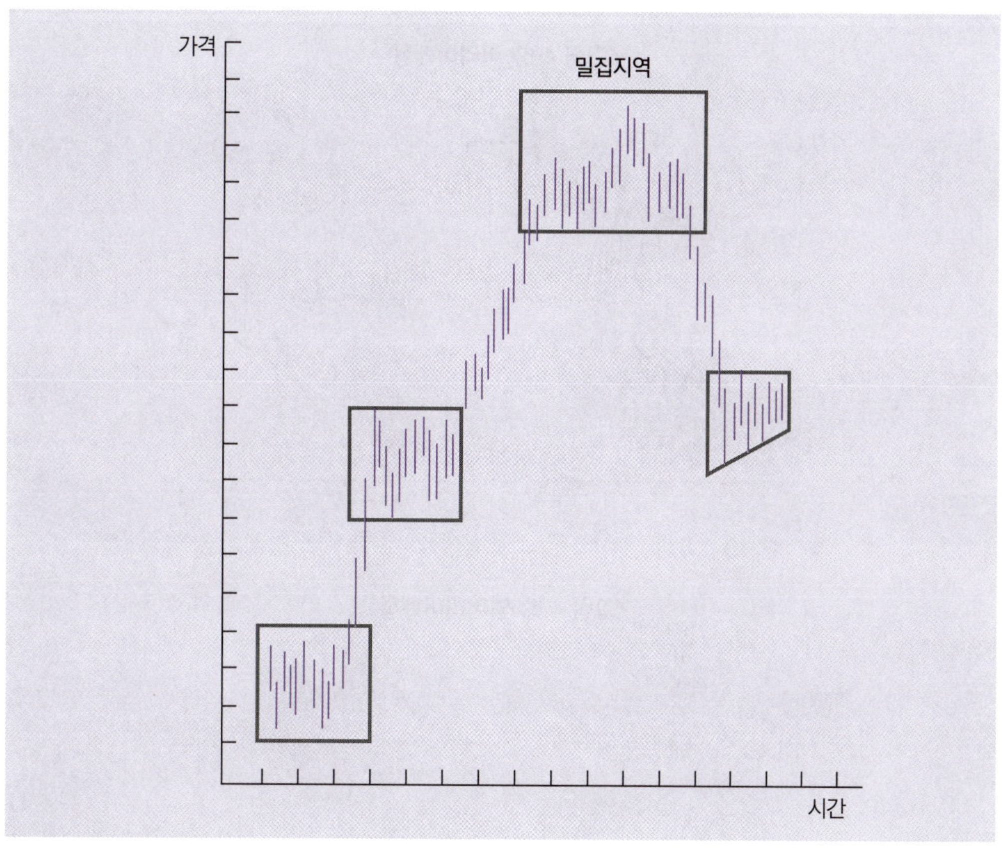

② 추세선

추세선(trend line) 분석은 고점과 고점(peak to peak)끼리 또는 저점과 저점(trough to trough)끼리 직선으로 연결하여 커다란 추세를 알아보는 것이다. 상승추세선(uptrend line)은 저점과 저점을 연결한 것이고, 하락추세선(downtrend line)은 고점과 고점을 연결한 것이다. 가격이 저항상승추세선(resistance uptrend line)을 넘어설 때는 매입신호로 보고, 가격이 지지하락추세선(support downtrend line)을 넘어설 때는 매도신호로 본다.

③ 머리어깨형

머리어깨형(head-and-shoulder)은 여러 가지 기술적 가격패턴 중에서 가격역전을 파악하는 데 가장 유용하게 이용되는 가격패턴이다.

- 머리어깨형은 왼쪽어깨(left shoulder), 머리(head), 오른쪽어깨(right shoulder)와 목선(neckline)으로 구성된다. 머리꼭대기에서 목선까지의 거리가 예상 가격변동 폭이다.
- 머리어깨형(head-and-shoulder)은 가격하락을 예측하는 것이고, '역머리어깨형(inverted head-and-shoulder)'은 머리어깨형을 엎어놓은 형태로서 가격상승을 예측하는 것이다.

〈그림 4-6〉 머리어깨형

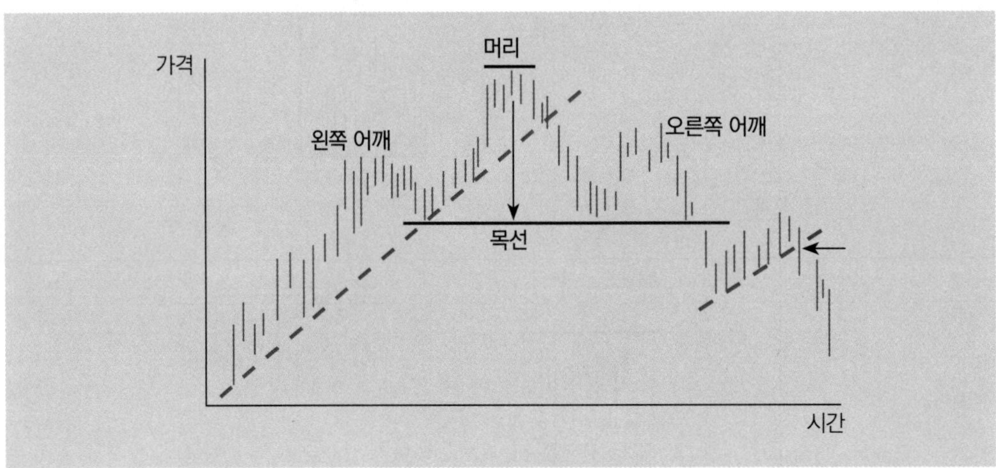

〈그림 4-7〉 역머리어깨형

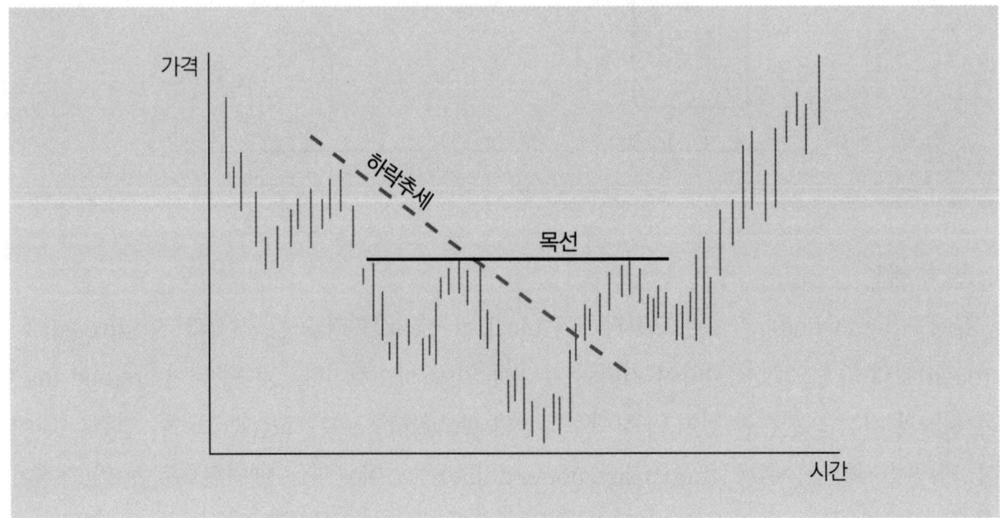

④ 더블 탑과 더블 바텀

더블 탑(double top)은 'M'의 형태를 보이며, 더블 바텀(double bottom)은 'W'의 형태를 보인다. 머리어깨형과 마찬가지로 시장전환의 신호가 된다. 시장가격이 이전의 최고가격보다 더 위로 상승하였다면 이는 매입신호이고, 시장가격이 이전의 최저가격보다 더 아래로 하락하였다면 이는 매도신호라 믿어도 된다.

⑤ 상향, 대칭, 하향 삼각형

추세를 가지고 움직이던 가격도 추세가 완만해지면서 중단되는 기간을 거치게 된다. 이때 보여지는 모양이 삼각형(triangle)이며, 다음의 세 가지로 구분된다.

i) 상향삼각형(ascending triangle): 일반적으로 가격의 급격한 변화 후에 나타나 며, 상승추세를 예측하게 한다. 가격이 저항선을 돌파할 때를 매입시기로 본다.

ii) 대칭삼각형(symmetrical triangle): 저항선은 하향세를, 지지선은 상향세를 보 이는 삼각형 모양을 가지며, 시장이 기반을 다지는 시기이다. 매입 또는 매도 신호는 저항선 또는 지지선을 돌파할 때이며, 돌파구가 형성되면 거래량이 급 격히 증대되는 특성을 갖는다.

iii) 하향삼각형(descending triangle): 상향삼각형과 대칭되는 모양을 가지며 가격 하락을 예측하게 한다. 가격하락으로 인한 매도시점은 지지선이 무너졌을 때이다.

(3) 시장추세분석

① 이동평균

이동평균(MA: Moving Average)은 일일변동을 제거하고 장기적이고 안정적인 가격추세를 알고자 할 때 사용되는 기법이다. 'n일 이동평균(즉, MA(n))'이란 최근 n일 동안의 종가를 평균한 것을 말한다.

(예) MA(5)는 최근 5일 간의 종가의 평균이며, MA(20)은 최근 20일간의 종가의 평균이다.

이동평균선(MA line)이란 이동평균값들을 연결한 선으로서, n이 크면 클수록 이동평균선은 더 완만해지고, n이 작을수록 이동평균선의 변동성이 커진다.

Tip 주요 용어

- **황금십자가(Golden Cross)**: 단기 이동평균선이 장기 이동평균선을 아래에서 위로 관통하는 경우
- **죽음의 십자가(Dead Cross)**: 단기 이동평균선이 장기 이동평균선을 위에서 아래로 관통하는 경우

⇒ 투자전략 : 황금십자가가 형성되면 매입전략을 취하고, 죽음의 십자가가 형성되면 매도전략을 취한다.

② 가격변화율을 이용한 기법

지금까지는 가격수준을 이용한 기법을 소개하였으나, 가격수준이 아닌 가격변화율을 이용하는 기법에 다음과 같은 대표적인 두 가지가 있다.

i) 모멘텀지수(MI: Momentum Index): 일정하게 고정된 기간 동안 절대가격의 움직임을 이용하여 가격의 등락의 추세가 가속(加速)되는가 아니면 감속(減速)되고 있는가를 측정하는 것이다. MI(n)은 다음과 같이 구한다.

$$MI(n) = \frac{\text{최근 n일간 가격변화 평균}}{\text{최근 n일 이전 n일간 가격변화평균}} \times 100 \qquad \text{(식 4-20)}$$

모멘텀지수가 (-)에서 (+)로 전환되면 매입신호이고, 반대로 (+)에서 (-)로 전환되면 매도신호이다.

ii) 진동지수(OI: Oscillator Index): 진동지수는 모멘텀지수를 표준화한 지수이다. 상한선과 하한선을 미리 설정할 수 없다는 모멘텀지수의 약점을 보완하기 위해 만들어진 지수로서, 상한선이 (+1), 하한선을 (-1)이 되도록 최대값으로 MI를 나누어준 것이다. OI가 (-1)에 가까워지면 매입포지션을 취하고, (+1)에 가까워지면 매도포지션을 취한다. OI가 0을 관통하고 지나가면 이는 가격추세의 역전이 일어날 것을 의미한다.

(3) 기타 기술분석

① 시장의 폭

시장의 폭(breadth of market)이란 증권시장 전체에 작용하는 상승세 또는 하락세의 강도를 말한다. 간단한 계산방법으로, 다음과 같은 식이 있다.

시장의 폭 = (상승종목 수 - 하락종목 수)의 누적 (식 4-21)

- 등락선(ADL: Advance-Decline Line): 시장의 폭을 선도표로 그린 것으로, 등락선이 아래로 꺾이면 약세시장의 시작을, 위로 꺾이면 강세시장을 의미한다.
- 등락비율(ADR: Advance-Decline Ratio): 상승종목 수를 하락종목 수로 나누어 계산하며, 이 값이 75%이하이면 매입신호, 125%이상이면 매도신호로 해석된다.

② 거래량

거래량(volume of trade) 분석은 주가가 크게 변동하는 시기를 중시한다. 가격이 상승기에 있을 때 거래량이 많다면 시장이 강세시장으로 향하고 있음을 의미하며, 반대로 가격이 하락기에 있을 때 거래량이 많다면 시장이 약세시장으로 향하고 있음을 의미한다.

③ 미청산계약수(Open Interest)

i) 가격↑, 거래량↑, 미청산계약수↑⇒ 공격적 매입세 ⇒ 강세시장
ii) 가격↑, 거래량↓, 미청산계약수↓⇒ 매도포지션 커버 ⇒ 상승추세 멈춤
iii) 가격↓, 거래량↑, 미청산계약수↑⇒ 공격적 매도세 ⇒ 약세시장
iv) 가격↓, 거래량↓, 미청산계약수↓⇒ 매입포지션 커버 ⇒ 하락추세가 상승추세로 반전

④ 엘리어트 파동이론(Elliot Wave Theory)

도표분석기법과 수량분석기법을 결합하는 '시장구조분석(structural analysis)'의 대표적 기법이다. 자연현상은 주기적인 리듬에 따라 움직인다는 이론이 엘리어트의 이론이고, 이 이론에 따르면 강세시장에서는 5개의 파동(1, 2, 3, 4, 5번 파동)이 존재하고, 뒤 이어 오는 약세시장은 3개의 파동이 존재한다. 파동은 충격파동(impulse wave), 조정파동(corrective wave), 그리고 주파동(major wave)으로 구분되며, 1, 3, 5번 파동은 충격파동, 2, 4번은 조정파동, 그리고 주기가 짧고 소규모의 소파동(minor wave)들로 이루어지는 것이 주파동이다.

연습문제

01. 다음 중 상품 보관비용(storage cost)에 가장 적게 영향을 미치는 경제요인은?

① 이자율　② 보험료
③ 임금수준과 상품가격　④ 대체재의 가격

02. 선물거래가 현물가격에 미치는 영향은?

① 선물거래는 현물가격의 모든(all) 변동성을 제거시켜 준다.
② 선물거래는 현물가격의 변동성을 다소(insignificantly) 줄여 준다.
③ 선물거래는 현물가격의 변동성을 현저히(significantly) 줄여 준다.
④ 위의 세 가지 모두 아니다.

03. 선물가격이 현물가격보다 높은 시장을 무엇이라 하는가?

① 할인시장(discounted market)　② 예비시장(preliminary market)
③ 역조시장(inverted market)　④ 정상시장(normal market)

04. 시장에서 선물가격은 어떻게 결정되는가?

① 선물거래소 가격위원회가 결정
② CFTC가 결정
③ 장내브로커사이의 사전약속
④ 거래소에서의 매입과 매도 의사(open bids and offers)

05. 약간의 가격상승이 큰 매도를 유발하고, 약간의 가격하락이 큰 매입을 유발하는 것을 무엇이라 하는가?

① 저항지역(resistance area)　② 지지지역(support area)
③ 밀집지역(congestion area)　④ 고갈간격(exhaustion gap)

06. 기술분석(technical analysis)에서 사용되는 상향삼각형(ascending triangle)은 미래 선물가격이 어떻게 됨을 의미하는가?

① 상승　② 하락
③ 일정　④ 위의 세 가지 모두 아니다.

07. 만일 상품의 공급이 수요를 초과하고 있다면, 이것이 의미하는 것은?

① 공급탄력성 ② 매입능력
③ 수요탄력성 ④ 매도능력

08. 다음 중 기술분석가가 분석하는 것이 아닌 것은?

① 거래량 ② 가격
③ 이월(carryover) ④ 미결제약정수

09. 잠재적 가격지지 혹은 저항선이 위치하는 곳은?

① 이전 최고가 및 최저가 ② 간격(gaps)
③ 밀집지역(congestion area) ④ 위의 세 가지 모두

10. 상품현물가격이 가장 많이 하락할 수 있는 계절은?

① 봄 ② 추수 직후
③ 여름 ④ 겨울

11. 기술분석에서 가격저항수준(price resistance level)이란 상승하고 있는 가격이 정지할 것이라 예상되는 가격대(price area)를 의미한다. 가격저항수준과 관련한 다음 설명 중 옳은 것은?

① 가격저항수준은 대개 하락시장(declining market)과 관계되어 있고, 반대로 가격지지수준(support level)은 상승시장(advancing market)과 관계되어 있다.
② 가격저항수준은 대개 상승시장(advancing market)과 관계되어 있고, 반대로 가격지지수준(support level)은 하락시장(declining market)과 관계되어 있다.
③ 가격저항수준은 주로 세부기초분석(detailed fundamental analysis)과 관련하여 사용되는 용어이다.
④ 가격저항수준은 '예상고객이 추천된 전략을 받아들이지 않는 정도'를 의미한다.

12. 선물거래에 있어서, 선물가격이 조금 떨어지는데도 공격적으로 매입하고, 선물가격이 조금 오르는데도 공격적으로 매도하는 것을 무엇이라 하는가?

① 지지(support) ② 저항(resistance)
③ 밀집(congestion) ④ 역전(reversal)

13. 가격이 도표에서 어떤 '가격수준' 이상으로 여러 차례 상승을 시도할 경우, 그러한 가격 수준을 무엇이라 하는가?

① 확정수준(confirmation level) ② 밀집지역(congestion area)
③ 지지수준(support level) ④ 저항수준(resistance level)

14. 미결제약정수의 감소를 수반하는 거래량의 증가는 다음 중 어떤 시장의 특징인가?

① 청산시장(liquidating market) ② 강세시장(bull market)
③ 약세시장(bear market) ④ 변동시장(variation market)

15. '역 도표(reversal chart)'와 가장 유사한 의미를 갖는 것은 다음 중 어느 것인가?

① 봉(bar) ② 선(line)
③ 점수도(point and figure) ④ 이동평균(moving average)

16. 다음 중 기술분석(technical analysis)에서 널리 사용되고 있는 도표방법은?

① 종가(closing prices)의 이동평균(moving average)
② 점수도(point and figure method)
③ 일일 고가-저가 봉도표(daily high-low close bar chart)
④ 위의 세 가지 모두

17. 기술분석에서 도표를 그리는 목적은 무엇을 찾기 위해서인가?

① 주요 추세(major trend)
② 주요 추세의 반전(reversal of a major trend)
③ 가능한 가격목표(possible price objective)
④ 위의 세 가지 모두

18. 시장의 주요한 상승 혹은 하락을 설명하는 '다섯-파동(five wave)'패턴을 설명하는 이론을 무엇이라 하는가?

① 사인 파동(sine wave) ② 엘리어트 파동(Elliot wave)
③ 다우 이론(Dow theory) ④ 랜덤워크 이론(random walk theory)

19. 상품의 순공급(net supply)이 순수요(net demand)보다 큰 시장상황을 무엇이라 하는가?

① 밀집(congestion) ② 매도압력(selling pressure)
③ 매입압력(buying pressure) ④ 지지수준(support level)

20. 선물가격이 미래기대현물가격보다 큰 시장을 무엇이라 하는가?

① 역조시장(inverted market)
② 콘탱고(contango)
③ 정상백워데이션(normal backwardation)
④ 정상시장(normal market)

21. 다음 설명 중 사실과 가장 거리가 먼 것은?

① 축산물과 농산물은 대표적인 소비자산이다.
② 일반적으로 소비자산은 공매가 어렵다.
③ 금융자산은 대표적인 투자자산이다.
④ 공매가 가능하지 않은 자산에 대해서는 선물가격결정모형을 적용할 수 없다.

22. 공매(short selling)와 관련된 다음 설명 중 옳지 않은 것은?

① 주식가격이 하락할 때 이익을 얻을 수 있는 투자전략이다.
② 주식을 실제 빌리지 않고 공매하는 것을 대주(貸株)라 한다.
③ 공매로 인해 주식시장이 폭락하는 것을 막기 위해 업틱 룰을 도입하기도 한다.
④ 헷지펀드들이 초기에 리스크를 줄이기 위해 공매전략을 활용하기도 하였다.

23. 공매만기가 되어 시장에서 주식을 매입하여 공매계약을 마감하는 것을 무엇이라 하는가?

① 환매수(short covering) ② 전매도(long liquidation)
③ 공매도(short selling) ④ 환매도(long covering)

24. 다음 중 보유비용모형에서 보유비용에 직접적으로 포함되지 않는 것은?

① dividend yield ② transaction cost
③ cost of capital ④ storage cost

25. 선물가격 및 선도가격과 관련된 다음 설명 중 적절치 않은 것은?

① 기초자산가격과 이자율사이의 상관계수가 0보다 크면 일반적으로 선도가격이 선물가격보다 크다.
② 만기까지 이자율이 변하지 않는다면 선도가격과 선물가격은 같아야 한다.
③ 선물가격을 구하는 것이 선도가격 구하는 것보다 더 어렵다.
④ 만기가 몇 개월 되지 않는 계약의 경우 선도가격과 선물가격사이의 이론적 차이는 대부분 무시할만큼 미미하다.

26. 다음 중 선도(선물)가격을 평가하기 위해 사용되는 보유비용모형에 반영되어 있는 것은?

① 세금(tax)
② 거래비용(transaction cost)
③ 자본비용(cost of capital)
④ 증거금(margin) 처리

27. 선물가격이 일정기준 이상 급락할 경우, 프로그램 매매를 일시 정지시키는 것을 의미하는 용어는 다음 중 어느 것인가?

① circuit-breaker
② up-tick rule
③ stop-loss Rule
④ side-car

28. 다음 중 콘탱고(Contango)에 대해 잘못 설명하고 있는 것은?

① 선물가격이 미래 기대현물가격보다 크게 형성된다.
② 베타(체계적 위험)가 0보다 클 때 발생한다.
③ 경제학자 Hicks와 Keynes는 투기자들을 조사한 결과 콘탱고보다는 정상백워데이션을 주장하였다.
④ 콘탱고에서는 선물에 매도포지션을 취할 때 이익을 얻을 수 있다.

29. 주가지수선물의 이론가격과 음(-)의 상관관계를 갖는 것은?

① 현물주가지수
② 이자율
③ 잔존만기
④ 배당수익률

30. 다음 중 주가지수선물의 차익거래 시 반드시 고려해야 할 사항이 아닌 것은?

① 보유편익(convenience yield)
② 거래비용(transaction cost)
③ 거래타이밍(timing)
④ 추적오차(tracking error)

31. 만기가 10개월 남아있는 주식선도가 있다. 현재 기초자산인 주식가격이 $50. 시장에서 무위험 이자율은 연간 8%, 주식배당이 3개월 후, 6개월 후, 9개월 후 각각 주당 $0.75예정되어 있다. 이 주식선도의 이론적 가격을 구하라. 단, 모든 이자계산은 연속복리로 한다.

32. 어떤 자산이 6개월 동안 자산가격의 2%에 해당하는 배당을 1회 지급한다고 한다. 이 자산을 기초자산으로 하는 선도의 만기는 6개월 남아있다. 시장에서 무위험이자율이 연간 10%(연속복리 기준)이고, 현재 이 자산의 가격은 $25이다. 만일 이 자산이 지급하는 배당을 연속적으로 지급한다고 가정하면 이 선도의 이론적 가격은 얼마이어야 하는가?

33. 어떤 무이표채권의 현재가격은 $930이다. 이 채권을 기초자산으로 하는 채권선물의 만기는 4개월이다. 시장에서 무위험이자율은 6%인데 만기까지 일정하다고 한다. 이 채권선물의 현재시점에서 이론적 가치를 구하라. 단, 이자계산은 연속복리로 하기로 한다.

34. 어떤 투자자가 배당을 지급하지 않는 주식을 기초자산으로 하는 주식선도계약에 매입포지션을 취하였다. 시장에서 무위험이자율은 연간 10%(연속복리)이고, 현재 주가는 $25, 선도의 만기는 6개월, 인도가격은 $24라고 한다. 이 선도계약의 가치를 구하라.

35. 현재 시장에서 호주와 미국의 연간 이자율이 각각 5%, 7%인데 향후 2년간 변함이 없다고 한다. 현재 외환시장에서 호주달러(AUD)와 미국달러(USD) 사이의 현물환율은 0.6200(USD/AUD)이라면, 2년 후 두 화폐 사이의 선도환율은 얼마로 예상되는가? 단, 모든 이자계산은 연속복리로 한다.

36. 중간소득을 제공하지 않는 어떤 투자자산을 기초자산으로 하는 만기 1년의 선물계약이 있다. 이 투자자산을 보관하는 데는 자산단위당 $2의 보관료가 소요되며, 이 보관료는 만기시점에 지불해야 한다. 시장의 무위험이자율은 연간 7%(연속복리)이며, 만기 동안 변함이 없다. 현재 이 투자자산의 단위당 현물가격이 $450라 한다면, 이 선물의 이론적 가치는 얼마인가?

37. 주가지수의 선물가격은 기대주가지수보다 높은가 아니면 낮은가? 그 이유를 설명하라.

38. 동일한 기초자산을 가지는 만기가 t1과 t2인 두 선물의 가격은 각각 F1과 F2이다. 만일 시장에 차익거래기회가 없다면, $F2 \leq F1e^{r(t2-t1)}$이 성립함을 증명하라. 단, 여기서 r은 이자율(일정)이고, 보관비용은 없으며, 선물계약과 선도계약은 동일하다고 가정한다. 그리고 $t2 > t1$이다.

39. 지수선물가격의 성장률이 지수수익률에서 무위험이자율을 차감한 것과 동일함을 증명하라. 단, 무위험이자율(r)과 지수배당수익률(q)은 일정하다.

40. 어떤 미국기업이 선물계약을 이용하여 호주달러에 노출된 환리스크를 헷지하고자 한다. r과 R을 각각 모든 만기에 적용할 수 있는 미국과 호주의 무위험이자율이라 하고, 만기까지 일정하다고 하자. 미국기업은 t시점에 노출된 리스크를 헷지하기 위해 만기가 T인 선물계약을 이용한다. 단, $t < T$.

(1) 최적헷지비율을 구하라.

(2) t=1 day 일 때, 헷지비율은 근사적으로 S_0/F_0임을 증명하라.
(단, S_0와 F_0는 각각 t=0(오늘)시점에서의 현물과 선물가격이다.)

연습문제 정답 및 해설

01. ❹ 02. ❸

03. ❹

선물가격은 미래 현물가격의 나침반이라 불린다. 대개의 경우 물가 상승률은 0보다 큰 것이 '정상'이고, 따라서 미래 가격수준은 현재 가격 보다 조금이라도 높을 것이라고 예측 하는 것은 '정상'이라 하겠다. 따라서, 선물가격이 현물가격 보다 높은 것을 '정상시장 (normal market)'이라 하고, 선물가격이 현물가격 보다 낮은 것을 '역조시장(inverted market)'이라 한다. 참고로 정상시장은 '할증시장(premium market)'이라고도 하며, 역조시장은 '할인시장(discount market)'이라고도 한다.

04. ❹

선물가격은 거래소에서 공개호가(매입 및 매도 주문)에 의해 결정된다.

05. ❸

06. ❶

기술분석에서 '상향삼각형(ascending triangle)'은 가격의 상승을, '하향삼각형 (descending triangle)'은 가격의 하락을 의미한다.

07. ❹

공급초과는 매도능력을, 수요초과는 매입능력을 의미한다.

08. ❸ 09. ❸

10. ❷

수확 후에는 상품공급이 증가하므로 가격이 하락하게 된다.

11. ❷ 12. ❸ 13. ❹

14. ❶

미결제약정수(open interest)가 감소한다는 것은 계약을 마감하는 자가 많아진다는 것을 의미하며 이는 주로 만기가 다가올 때 나타나는 현상이다. 즉, 만기가 다가오게 되면 모든 거래자는 자신의 포지션을 청산하려 하므로 거래량이 늘게 된다. 따라서, 미결제약정수(open interest)가 감소하고 거래량은 늘게 되며, 이러한 시장을 청산시장(liquidating market)이라 한다.

15. ❸ 16. ❹ 17. ❹ 18. ❷

19. ❷ **20.** ❷

21. ❹

공매가 가능하지 않더라도 자산을 순수하게 투자목적으로 보유하는 많은 사람들이 있으면 선물가격 결정모형을 적용할 수 있다.

22. ❷

주식을 실제 빌리지 않고 계약상으로만 빌려 매도하는 것을 무대차공매도(naked short selling) 혹은 간단히 공매(도)라 하고, 주식을 실제로 주고받으면서 매도하는 것을 대차공매도(covered short selling) 혹은 대주(貸株)라 한다.

23. ❶

공매만기가 되면 공매한 측이 시장에서 동일한 주식을 매입하여 주식을 빌려준 측에 전달해야 하고, 이때 공매수수료도 함께 지급한다. 이 때, 시장에서 주식을 매입하여 공매계약을 마감하는 것은 '환매수(short covering)'라 한다.

24. ❷

거래수수료(transaction cost)는 보유비용에 직접적으로 포함되지 않는다.

25. ❶

기초자산가격과 이자율사이의 상관계수가 0보다 크면 일반적으로 선물가격이 선도가격보다 크다.

26. ❸

자본비용(cost of capital)은 무위험이자율(r)의 형태로 보유비용모형에 포함되어 있지만, 세금, 거래비용, 증거금처리 등은 반영되어 있지 않다.

27. ❹

선물가격이 일정기준 이상 급락할 경우, 프로그램 매매를 일시 정지시키는 것을 '사이드 카(Side Car)'라고 한다. 사이드 카 제도는 프로그램 매매에 따른 주식 선물시장의 급등락과 그에 따른 부작용에 대응하기 위해 우리나라에서는 1998년부터 도입되어 시행되고 있다.

28. ❷

다음 표에서 보는 바와 같이 콘탱고는 베타가 0보다 작을 때 발생한다.

체계적 위험	베타	CAPM	F_0와 $E(S_T)$	선물가격
없음	$\beta = 0$	$k = r$	$F_0 = E(S_T)$	Unbiased estimator
양(+)	$\beta > 0$	$k > r$	$F_0 < E(S_T)$	Normal backwardation
음(−)	$\beta < 0$	$k < r$	$F_0 > E(S_T)$	Contango

29. ❹

(식 4-16)으로부터, 주가지수선물의 이론적 가격= $F_t = S_t e^{(r-q)(T-t)} = S_t e^{(r-q)\tau}$.
따라서, 현물주가지수(S_t), 이자율(r), 잔존만기($T-t = \tau$)는 주가지수선물가격과 양(+)의 관계를 가지며, 배당수익률(q)과는 음(-)의 상관관계를 갖는다.

30. ❶

주가지수는 금융자산이므로 보유편익이 존재하지 않는다. 주가지수선물의 차익거래를 위해서는 거래비용이 차익거래의 차익보다 크지는 않은지, 차익거래의 타이밍, 그리고 주가지수선물의 이론적 가격이 시장가격을 잘 추적하고 있는지 등을 종합적으로 고려하고서도 차익이 존재하는지 평가할 필요가 있다.

31. 먼저, 배당의 현재가격(I)을 구하면,
$I = 0.75e^{-0.08(3/12)} + 0.75e^{-0.08(6/12)} + 0.75e^{-0.08(9/12)} = \$2.162$
따라서, 선도의 이론적 가격 = $(S-I)e^{r(T-t)} = (50-2.162)e^{0.08(10/12)} = \$51.14$

32. 먼저, 연속으로 지급하는 배당률(q)를 구해보자.
주어진 조건에서 6개월안에 2%의 배당을 지급한다는 것은 연간으로 환산하면 4%를 지급하는 것과 같다. 그러면 이산복리를 연속복리로 전환하는 방법을 이용하여 연속배당률을 다음과 같이 구할 수 있다.

$Ae^{R_C n} = A(1+\frac{R_m}{m})^{mn}$ (단, R_C = 연속복리, R_m = 이산복리, m = 연간 복리횟수, n = 기간(년))

$\Rightarrow R_C = m \times \ln(1+\frac{R_m}{m}) = 2 \times \ln(1+\frac{0.04}{2}) = 3.96\% = q$

따라서, 이론적 선도가격 = $S_0 e^{(r-q)(T-t)} = \$25e^{(0.10-0.0396)\times 0.5} = \$25.77$

33. 무이표채권이므로 중간소득이 없는 경우이다. 따라서, 이 채권선물의 이론적 가격은 다음과 같이 구한다.
$F_0 = S_0 e^{rT} = \$930e^{0.06\times(4/12)} = \$948.79$

34. 선도계약의 가치를 구하기 위해서는 먼저 현재 선도가격을 알아야 한다. 선도의 이론적 가치를 구하는 공식을 이용하여 선도가격을 구해보자.
$F_0 = S_0 e^{rT} = \$25e^{0.10\times 0.5} = \$26.28$
그런데, 인도가격(K)=$24이고 선도는 매입포지션이므로,
선도계약의 가치 = $(F_0-K)e^{-rT} = (26.28-24)e^{-0.1\times 0.5} = \$2.17$

35. 통화선도의 이론적 가치를 구하는 공식을 이용하면 된다. 즉,
선도가격 = $F_0 = S_0 e^{(r-R)(T-t)} = 0.6200e^{(0.07-0.05)\times 2} = 0.6453$(USD/AUD)
(단, r=미국이자율, R=호주이자율)

36. 먼저 보관료의 현재가치(U)를 구해보자.
$U = \$2e^{-rT} = \$2e^{-0.07\times 1} = \$1.865$.

따라서, 선물의 이론적 가치 = $F_0 = (S_0+U)e^{rT} = \$(450+1.865)e^{0.07\times1} = \$484.63$

37. 주가지수선물가격은 항상 미래 기대주가지수보다 작다. 즉, $F_0 < E(S_T)$.
그 이유는 주가지수의 경우 항상 양(+)의 체계적 위험을 가지므로, CAPM이론에 따르면 항상 기대수익률(k)이 무위험이자율(r)보다 커야 한다. 즉,
베타 > 0
$\Rightarrow\ k = r + \beta(ER_m - r) > r$
$\Rightarrow F_0 < E(S_T)$: Normal Backwardation.

> * 참조: 이 문제는 다음과 같이 증명할 수도 있다.
> 주가지수의 연속배당률을 q, 주가지수의 기대수익률을 k라 하면,
> $E(S_T) = S_0e^{(k-q)T}$
> $F_0 = S_0e^{(r-q)T}$
> 그런데, 베타 > 0
> $\Rightarrow k > r$
> $\Rightarrow S_0e^{(k-q)T} > S_0e^{(r-q)T}$
> $\Rightarrow E(S_T) > F_0$: Normal Backwardation.

38. - 주어진 명제 : 차익거래기회가 없다면, $F2 \leq F1 \times e^{r(t2-t1)}$
- 대우명제 : $F2 > F1 \times e^{r(t2-t1)}$이라면, 차익거래기회가 존재한다.
그런데, 주어진 명제를 증명하는 것보다는 대우명제를 증명하는 것이 더 쉽다.

(증명) : $F2 > F1 \times e^{r(t2-t1)} \Rightarrow$ 차익거래기회가 존재
다음과 같은 투자전략을 생각해 보자.
1. 만기가 t1인 선물에 '매입'포지션을 취함
2. 동시에, 만기가 t2인 선물에 '매도'포지션을 취함
만기 t1이 도래하면,
이자율 r로 F1만큼의 자금을 빌려 F1가격으로 기초자산을 구입하고(선물1 이용),
구입한 자산을 t2까지 보유한 후, t2시점에 보유자산을 F2가격에 매도한다(선물2 이용).
이러한 투자전략의 총 수익 = F2, 총비용 = $F1 \times e^{r(t2-t1)}$
$\Rightarrow$ 순이익 = 총수익 - 총비용 = $F2 - F1 \times e^{r(t2-t1)} > 0$ (대우명제의 조건으로부터)
$\Rightarrow$ 차익거래기회 존재.
Q.E.D.

39. t=0와 t=t1시점에서의 지수선물의 가격을 각각 F_0, F_1이라 하자. 그리고 이 선물의 만기는 T라 하자.
그러면, 지수선물가격의 성장률 = F_1 / F_0가 된다. (1)
한편, 이론적인 지수선물가격 공식으로부터, $F_0 = S_0e^{(r-q)T}$ (2)

그리고, t1시점에서의 지수선물가격, $F_1 = S_1 e^{(r-q)(T-t1)}$ (3)

(단, S_0, S_1은 t=0와 t=t1시점에서의 지수현물의 가격)

(2)와 (3)으로부터, $\frac{F_1}{F_0} = \frac{S_1}{S_0} e^{-(r-q)\times t1}$ (4)

그런데, 지수의 무위험이자율(r)을 초과하는 수익률을 k라 하면,
지수의 총수익률 = k+r이 되고, 배당수익률을 제외한 지수의
순수 자본이득률(지수가격상승률) = k+r−q가 된다.

따라서, $S_1 = S_0 e^{(k+r-q)\times t1} \Rightarrow \frac{S_1}{S_0} = e^{(k+r-q)\times t1}$ (5)

(5)를 (4)에 대입하면, $\frac{F_1}{F_0} = e^{(k+r-q)\times t1} e^{-(r-q)\times t1} = e^{k\times t1}$ (6)

결론적으로, (1)과 (6)으로부터 지수선물의 성장률 = k = 지수수익률 − 무위험이자율.

40. (1) 최적 헷지비율

통화선물가격결정이론에 의하면, 임의의 t시점의 선물가격은 다음과 같다.

$F_t = S_t e^{(r-R)(T-t)}$ (a)

만일 헷지비율을 h라 하면, t시점의 유효매입가격(EP) = $S_t + h(F_0 - F_t)$ (b)

(a)를 (b)에 대입하면, EP = $hF_0 + S_t - hS_t e^{(r-R)(T-t)}$ (c)

(c)에서 $h = e^{-(r-R)(T-t)}$일 때, EP = hF_0가 되어 EP의 변동성은 0이 되므로,
최소분산헷지비율이 된다. 따라서, 최적헷지비율은 $h^* = e^{-(r-R)(T-t)} = e^{(R-r)(T-t)}$.

(2) t=1 day이면, t를 무시할 수 있으므로 $h^* \fallingdotseq e^{(R-r)T} = S_0/F_0$.
따라서, 근사적인 헷지비율은 S_0/F_0와 같다.

Chapter 5

금리선물

1장부터 4장까지는 선물과 선도의 개념, 시장과 거래제도, 그리고 가격결정이론 등 선물과 선도 전반에 대해 살펴보았다. 이제 5장부터 8장까지는 주요 선물들에 대해 보다 심층적으로 분석하고 시장에서 어떻게 활용되는지 고찰하고자 한다.

먼저, 5장에서는 전세계적으로 가장 거래량이 많고 시장참여자들의 경제활동에 가장 중요하고 민감한 금리와 금리선물에 대해 다루게 된다. 금리선물은 다른 선물들과는 달리 두 개의 만기를 가지고 있는데, 하나는 금리선물 자체의 만기이고 다른 하나는 금리선물의 기초자산인 채권의 만기이다. 이러한 2중의 만기구조 때문에 금리선물은 여타선물들보다 분석이 더 복잡하고 어려운 것이 사실이다. 따라서 금리선물을 이해하기 위해서는 금리선물의 기초자산인 채권의 가치평가, 채권가격에 영향을 주는 금리 및 금리의 기간구조 등에 대한 이해가 아주 중요하다. 금리선물에 대한 이해를 돕기 위해 금리선물을 기초자산의 만기에 따라 단기와 장기로 나누어 분석하고자 하며, 다양한 금리선물을 이용한 헷지전략, 스프레드전략에 대해서도 자세히 다루게 될 것이다. 마지막으로 국내에서 거래되고 있는 금리선물에 대해서도 상품명세, 종류, 거래방법 등을 살펴보고자 한다.

1. 금리선물의 개요와 이자율

1) 금리선물의 개념과 특징

금리선물(interest rate futures)이란 가격이 금리(이자율)수준에 의해서만 결정되는 기초자산을 대상으로 하는 선물을 말한다. 금리선물은 미래 정해진 시점에서의 예상금리를 현재시점에서 사고 파는 거래를 말하며, 실제 거래에서는 금리 자체보다는 이자를 발생시키는 금융자산을 대상물로 선물거래를 하게 된다. 경제 활동의 많은 부분이 이자율과 밀접한 관련을 갖고 있기 때문에 금리선물은 가장 활발히 거래되는 선물중의 하나이며 미국의 경우 전체 금융선물(financial futures)중 금리선물이 차지하는 비중이 80%이상이다.

일반적으로 이자율위험을 헷지하는 것이 다른 자산을 헷지하는 것보다 훨씬 복잡한데, 그 이유는 다른 자산의 가격은 단일 숫자로 설명할 수 있는 반면에 이자율 수준은 이자율의 전체적인 기간구조(term structure)를 알아야 하기 때문이다. 이자율 위험을 헷지하려는 투자자는 헷지대상 자산이 이자율 변동에 노출되는 기간을 예측하여 헷징기간을 결정하고 적절한 금리선물을 선택해야 한다.

금리선물의 특징중의 하나는 선물과 기초자산 둘 다 만기(maturity)를 가지고 있다는 점이다. 다른 선물들의 경우, 선물자체에는 만기가 있으나 기초자산에는 만기가 없다. 그러나 금리선물의 경우 다음과 같이 기초자산에도 만기가 있으며, 기초자산의 만기에 따라 금리선물을 구분한다. 즉,

- 단기금리선물: 선물 기초자산의 만기가 1년 이하
- 장기금리선물: 선물 기초자산의 만기가 1년 초과

2) 금리와 채권의 이해

(1) 금리의 구조

① 금리의 정의

금리란 돈을 빌리거나 빌려주는 가격이다(Interest rate is the rental price of money).

② 금리의 결정요인

금리도 시장에서 수요와 공급의 원리에 의해 결정된다. 금리는 금융시장에서 자금을 필요로 하는 자금수요총액과 여유자금을 공급하는 시장전체의 자금공급총액이 균형(equilibrium)을 이루는 점에서 결정된다.

③ 금리결정 모형

금리를 결정하는 모형으로 다음과 같은 식이 있다.

$$R = r + INF + LP + DRP + MRP \quad \text{(식 5-1)}$$

단, R = 명목 이자율(nominal interest rate)
r = 실질 이자율(real interest rate)
INF = 기대 물가 상승률(expected inflation)
LP = 유동성 보상(liquidity premium)
DRP = 채무 불이행 위험 보상(default risk premium)
MRP = 만기 위험 보상(maturity risk premium)

(식 5-1)에 따르면, 금리는 자금의 수요와 공급의 균형에 의해 금융시장에서 결정되며, 구체적으로는 예상물가상승률이 높을수록, 유동성이 작을수록, 채무불이행 가능성이 클수록, 그리고 만기가 길수록 금리는 높아지게 된다.

(2) 금리의 이해

① 단리와 복리

단리(simple interest)란 원금에만 이자가 계산되는 것을 말한다. 즉,

$$\text{단리의 원리금 합계} = \text{원금} \times (1 + n \times r) \quad \text{(식 5-2)}$$

단, n = 연수(年數), r = 연간 이자율(APR)

복리(compound interest)는 원금뿐만 아니라 이자에도 이자가 가산되는 것을 말한다.

$$\text{(연1회)복리의 원리금 합계} = \text{원금} \times (1 + r)^n \quad \text{(식 5-3)}$$

만일 1년에 m번 복리로 이자를 계산할 경우에 원리금합계는 다음과 같다.

(연m번)복리의 원리금 합계 = 원금×$(1 + r/m)^{m \times n}$ (식 5-4)

만일 이자계산이 복리로 매우 짧은 순간마다(연속적으로) 이루어지는 경우 (즉, m→∞)

연속복리의 원리금 합계 = 원금×$e^{r \cdot n}$ (식 5-5)

단, e = 자연로그의 밑(base) = 2.7182818......

② **채권 만기수익률과 수익률곡선**

만기수익률(YTM: yield to maturity)이란 채권을 구입하여 만기까지 보유할 경우 미래현금흐름의 현재가치와 현재 시장가격을 같게 만드는 할인율을 의미한다. 즉, 채권을 구입하고 만기 전에 채권을 매도하지 않고 보유할 경우 투자자가 얻게 되는 채권수익률을 말한다. 이는 채권의 순현재가치(NPV: net present value)를 영(零)으로 만들기 때문에 채권의 내부수익률(IRR: internal rate of return)이라고도 부른다.

i) 만기수익률 구하는 방법

다음 식을 만족하는 Y가 만기수익률이다.

$$B_0 = \sum_{t=1}^{T} \frac{C}{(1+Y)^t} + \frac{F}{(1+Y)^T} = \sum_{t=1}^{T} \frac{C_t}{(1+Y)^t}$$ (식 5-6)

단, B_0 = 채권의 현재 가격
Y = 만기수익률(YTM)
T = 채권의 만기(maturity)
C_t = t시점의 현금흐름
C = 채권의 표면이자(coupon)
F = 만기에 받는 채권 액면가(face value)

ii) 수익률곡선(yield curve)

표면이자(coupon)가 주어질 때 위에서 구한 Y를 다양한 만기(T)에 대해 선으로 연결한 그래프를 말한다. 수익률곡선의 형태에 따라 다음과 같이 3가지 유형이 있는데 가장 일반적인 유형은 상향수익률곡선이다.

⇒ 수익률곡선의 3가지 유형:

상향수익률곡선(normal yield curve): 장기채권 수익률 〉 단기채권 수익률

수평수익률곡선(flat yield curve): 장기채권 수익률 = 단기채권 수익률

하향수익률곡선(inverted yield curve): 장기채권 수익률 < 단기채권 수익률

〈그림 5-1〉 수익률곡선

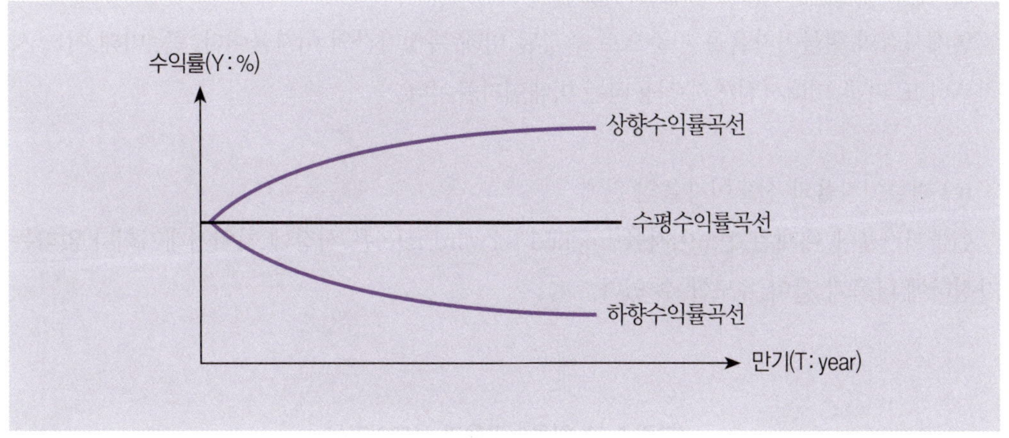

Tip 주요 용어

이자율의 기간구조와 수익률곡선

이자율의 기간구조(term structure)란 무이표채권(zero coupon bond)의 수익률(r_n)과 만기(n)와의 관계를 말하며, 이 관계를 그래프로 표시한 것이 수익률곡선(yield curve)이다. 좀 더 정확하게 표현하면, 기간구조와 수익률곡선은 만기가 다른 '무이표채권'의 만기수익률(즉, 현물이자율)을 사용하여 나타내야 하지만, 장기채권의 대부분이 이표채권(coupon bond)이므로 기간구조와 수익률곡선을 표시할 때 이표채를 사용한다.

③ 현물이자율과 선도이자율

i) n년 현물이자율(spot interest rate)

현재부터 n년 동안 지속된 투자에 대한 이자율(수익률)을 말한다. n년 무이표채 이자율(n-year zero coupon rate)이라고도 한다. 여기서 n년 무이표채란 n년 동안 표면이자(coupon)를 지급하지 않고 대신 현재 가격이 할인되어 거래되는 채권을 의미한다.

ii) n년 현물이자율의 계산

$$B = \frac{F}{(1+r_n)^n} \qquad \text{(식 5-7)}$$

단, r_n = n년 현물이자율(연간%)
B = 무이표채의 현재 시장가격
F = 채권의 액면가

iii) 선도이자율(forward interest rate)

현재시점의 현물이자율을 기준으로 추정된 미래 특정기간의 이자율이다. 즉, 미래 어느 시점부터 또 다른 미래시점까지 적용되는 미래이자율이다.

iv) 현물이자율과 선도이자율의 관계

현물이자율에 내재된 선도이자율(implied forward rate)은 시장에 차익거래기회가 없다는 가정하에 다음과 같이 유도할 수 있다.

〈그림 5-2〉 현물이자율과 선도이자율

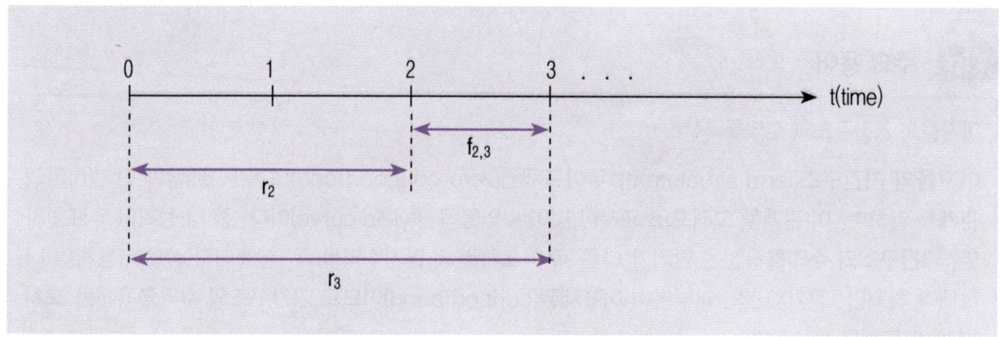

위의 〈그림 5-2〉로부터 시장에 차익거래기회가 없다면 미래구간인 t=2부터 t=3까지의 선도이자율 $f_{2,3}$와 현물이자율 r_2, r_3 사이에 다음 관계가 성립되어야 한다(이산복리의 경우).[5]

$$(1+r_3)^3 = (1+r_2)^2(1+f_{2,3})$$
$$\Rightarrow f_{2,3} = \frac{(1+r_3)^3}{(1+r_2)^2} - 1 \qquad \text{(식 5-8)}$$

(식 5-8)을 임의의 m과 n에 대해(n≥m) 일반화하면, 다음과 같은 공식을 얻을 수 있다.

5 여기서 주의해야 할 것은 r_2, r_3는 각각 2년간, 3년간 현물이자율이지만, 실제 표시할 때는 연간이자율(APR: annual percentage rate)로 표시한다는 것이다. 즉, r_3=5%라는 것은 연간 5%의 이자율이 향후 3년간 적용된다는 의미이다.

$$f_{m,n} = [\frac{(1+r_n)^n}{(1+r_m)^m}]^{n-m} - 1 \quad \text{(식 5-9)}$$

(식 5-9)를 연속복리에 대해 적용하면 다음과 같은 식을 얻는다.

$$e^{nr_n} = e^{mr_m} \cdot e^{(n-m)f_{m,n}}$$

$$\Rightarrow f_{m,n} = \frac{nr_n - mr_m}{n-m} \quad \text{(식 5-10)}$$

〈그림 5-3〉 이표채수익률, 무이표채수익률, 선도이자율

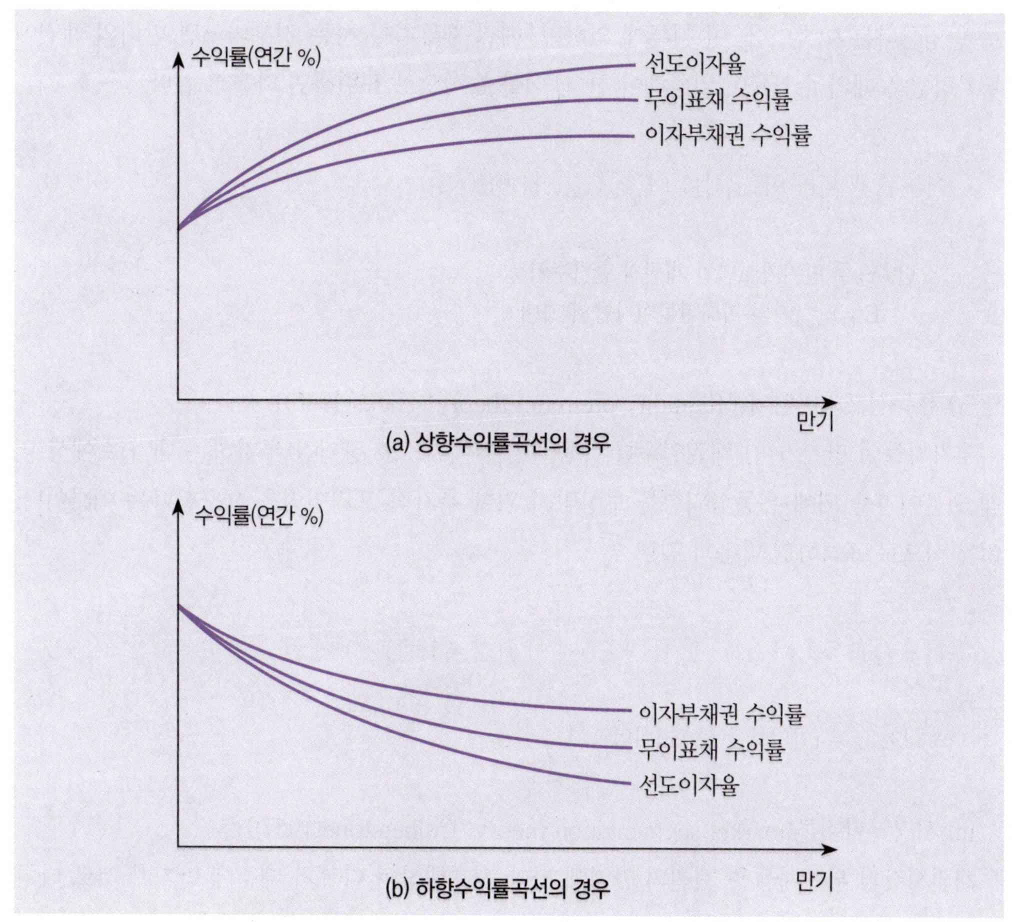

〈그림 5-3〉은 지금까지 설명한 이표채수익률, 무이표채수익률, 선도이자율 사이의 관계를 그래프로 표시한 것이다.

④ **이자율의 기간구조 이론**

이자율의 기간구조이론(term structure theory)이란 다른 조건은 같고 만기까지의 기간만 다를 경우 남아 있는 만기와 채권수익률간의 관계를 설명하는 이론을 말한다. 기간의 차이 때문에 생기는 수익률의 차이를 기간프리미엄(term premium)이라 하며, 만기가 다르면 왜 다른 수익률을 가져야 하는지를 설명하는 기간구조이론에는 다음과 같은 4가지가 있다.

i) 순수기대이론(pure expectation theory; Fisher(1896))[6]

채권의 만기수익률이 미래 현물이자율(future spot rate)에 대한 투자자들의 예상을 그대로 반영한다는 이론이다. 이 이론에 의하면, 매년 재투자를 하는 경우와 n년 만기의 채권에 투자하였을 때의 수익률이 일치해야 한다. 이를 수식으로 표현하면 다음과 같다.

$$(1+Y_n)^n = [1+E(r_1)][1+E(r_2)].....[1+E(r_n)] \qquad \text{(식 5-11)}$$

단, Y_n = 만기가 n년인 채권의 만기수익률
$E(r_t)$ = t기의 미래현물이자율의 기대치

ii) 유동성프리미엄이론(liquidity premium theory; Hicks(1946))

투자자들이 만기가 긴 채권일수록 유동성이 떨어지므로 장기간 투자하는 대가로 예상 미래 현물이자율 외에 유동성위험을 보상받기 위한 추가적 프리미엄을 요구한다는 이론이다. 이를 식으로 표시하면 다음과 같다.

$$(1+Y_n)^n = 1+E(r_1)+L_1][1+E(r_2)+L_2].....[1+E(r_n)+L_n] \qquad \text{(식 5-12)}$$

단, L_t = t기의 유동성프리미엄

iii) 시장분할이론(market segmentation theory; Culberstone(1957))

채권시장의 투자자들은 채권의 만기에 따라 선호대상이 다르기 때문에 만기가 서로 다른 자산들 사이에는 그다지 대체관계가 존재하지 않으며 만기가 다른 채권이 매매되는 독립된 하위 시장에서 각각의 수익률이 결정된다는 이론이다. 이 이론에 따르면 단기, 중기, 장기 채권시장이 독립적으로 존재하고 서로 다른 수요, 공급 체계에 따라 균형 수익률이 결정된다.

6 순수기대이론은 불편기대가설(unbiased expectations hypothesis)이라고도 한다.

iv) 선호영역이론(preferred habitat theory; Modigliani & Shiller(1973))

어떤 투자집단이 특정한 만기의 채권만을 선호하기 때문에 다른 만기의 채권에는 투자하지 않는다는 이론이다. 투자자들은 특정한 만기를 선호하지만, 충분한 대가가 주어진다면 다른 만기의 채권에 투자할 수 있다는 것이 선호영역이론이다.

(3) 채권의 이해

① 채권

채권(bond)이란 발행자가 일정한 이자를 지급함과 동시에 만기에 원금을 상환하기로 약속한 일종의 차용증서로서 채무를 표시한 유가증권이다. 채권은 원금과 이자의 지급시기와 금액이 약정되어 있는 전형적인 '고정소득 증권(fixed income security)'이다(고정소득증권이란 매기마다 또는 만기에 일정한 고정소득을 지급하는 증권을 말한다). 채권이 고정소득증권이라고 해서 위험이 없다는 것은 아니다. 채권의 원리금 지급이 약정대로 이행되지 않을 수도 있고, 예상치 못한 이자율의 변동이나 예상 외의 물가상승 때문에 채권의 가치가 변동할 수도 있기 때문이다.

② 금리와 채권가격과의 관계

[정리 1] 채권가격은 이자율과 반비례한다.

[정리 2] 이자율의 변동에 따른 채권가격의 변동폭은 만기가 길수록 커진다.

[정리 3] 이자율 변동이 발생할 때 만기까지의 기간이 길수록 채권가격은 체감(遞減)적으로(in the decreasing rate) 증가한다.

[정리 4] 이자율의 하락은 같은 폭의 상승보다 채권가격을 더 크게 변동시킨다.

[정리 5] 채권의 표면이자율이 높을수록 시장이자율 변동에 대한 채권가격의 변동폭은 작아진다.

* 이상에서 설명한 5가지 정리로부터 채권의 가격은 시장이자율의 움직임 때문에 변동하게 되며, 따라서 채권에 대한 투자에서의 성공여부는 시장이자율에 대한 예측능력 혹은 적절한 이자율변동에 대한 위험 헷지능력에 달려 있음을 알 수 있다.

※ 장기채권의 가격변동성이 단기채권가격의 변동성보다 크다.

※ 표면이자율과 시장이자율에 따른 채권의 분류

- 할증채권(premium bond): 채권가격 > 액면가: 표면이자율이 시장이자율보다 높을 때
- 액면가채권(par bond): 채권가격 = 액면가: 표면이자율이 시장이자율과 같을 때
- 할인채권(discount bond): 채권가격 < 액면가: 표면이자율이 시장이자율보다 낮을 때

3) 듀레이션과 면역화

(1) 이자율위험과 듀레이션

① 이자율 위험

이자율위험(interest rate risk)은 시장이자율의 변동으로 발생하는 위험을 의미한다. 이자율위험은 다음의 2가지로 구성된다.

i) 가격위험(price risk): 가격위험이란 시장이자율의 변동으로 채권가격이 변동하게 될 위험을 말한다.

ii) 재투자수익률위험(re-investment rate risk): 재투자수익률위험은 시장이자율이 변동함으로써 이자지급액의 재투자 시 얻게되는 수익률이 변동하게 될 위험이다.

⇒ 시장이자율 상승 시: 재투자수익은 증가하나 채권가격은 하락
시장이자율 하락 시: 재투자수익은 감소하나 채권가격은 상승

⇒ 가격위험과 재투자수익률위험을 정확하게 상쇄시킬 수 있다면 채권투자의 경우 이자율위험이 제거 될 수 있을 것이다. (채권을 어떤 기간만큼 보유하면 이자율위험을 거의 완전하게 제거 할 수 있는가에 대한 연구가 듀레이션과 면역화에 대한 이론이다).

② 듀레이션의 정의

이자율위험을 제거하기 위해 두 가지 상반되는 위험(가격위험과 재투자수익률위험)이 정확하게 상쇄되도록 하는 수단이 Macaulay(1938)가 개발한 듀레이션이라는 개념이다. 채권의 듀레이션(duration)이란 채권소유자가 채권 원리금을 지급 받는데 걸리는 '가중평균만기(weighted average term to maturity)'이다. 즉, 채권에 투자한 금액을 회수하는 데 드는 평균기간을 의미한다. 무이표채의 경우 만기에 한번 액면가에 해당하는 현금을 받으므로 듀레이션은 만기와 동일하다. 그러나, 만기이전에 이자를 지급하는 이표채의 경우 만기 전에 현금흐름이 있으므로 듀레이션은 만기보다 작아야 한다.

– Macaulay가 사용한 듀레이션의 정의

$$D = \sum_{t=1}^{T} (t \cdot w_t) \qquad \text{(식 5-13)}$$

단, $w_t = \dfrac{\dfrac{C_t}{(1+Y)^t}}{B}$ = t기의 가중치(weight)

C_t = t기의 현금흐름

Y = 만기수익률(YTM)

T = 채권의 만기

B = 채권의 현재가격

(연속복리의 경우에는 가중치를 $w_t = \dfrac{C_t e^{-Y \cdot t}}{B}$로 바꾸면 된다)

③ 듀레이션의 특성

- 듀레이션은 보통 잔존만기보다 짧다.
- 만기가 짧을수록 듀레이션도 짧아진다.
- 이표이자가 높을수록 듀레이션은 짧아진다.
- 만기수익률이 높을수록 듀레이션은 짧아진다.
- 만기까지 표면이자의 지급빈도가 높을수록 듀레이션은 짧아진다.
- 영속채권(perpetual bond)의 듀레이션은 (1+Y)/Y와 같다.(〈심화학습 5-1 참조〉)
- 채권 포트폴리오(P)의 듀레이션은 다음과 같다.

$$D_P = \sum_{j=1}^{N} x_j D_j \qquad \text{(식 5-14)}$$

단, x_j = 채권 j의 구성비율, Dj = 채권 j의 듀레이션

N = 포트폴리오를 구성하는 채권 수(數)

※ 듀레이션은 잔존만기가 짧을수록, 표면이자가 많을수록, 만기수익률이 높을수록, 표면이자의 지급빈도가 높을수록 짧아짐을 알 수 있다.

사례

〈5-1〉 Macaulay 듀레이션 계산

액면가가 10만원, 만기 3년, 표면이자율 연10%(이자는 분기마다 복리계산), 채권 만기수익률이 12%인 채권의 Macaulay듀레이션을 구해보자.

사례 분석

매 분기(3개월)마다 표면이자가 액면가의 10%/4(즉, 1만원/4=2500원) 지급되고, 1분기는 0.25년이므로 매 0.25년마다 2500원의 현금흐름이 발생한다. 그리고 만기인 3년말에는 이자 2500원과 액면가 10만원의 현금흐름이 동시에 발생한다. 이를 자세히 설명한 것이 〈표 5-1〉이다. 표에서 보는 바와 같이 현금이 발생하는 기간은 매 분기(0.25년)이며, 현금지급액은 현금발생액이고, 지급액의 현재가치는 현금발생액을 채권수익률(Y)로 할인하여 현재가치를 구한 것이다. 지급액의 현재가치를 모두 합하면 현재채권가치가 되는데 95,023원이다. 표면이자율(10%)이 채권수익률(12%)보다 작기 때문에 현재 채권가격이 액면가보다 작은 할인채권이 된 것이다. 가중치의 합은 1이어야 하고, 마지막 열에 있는 (기간x가중치)를 모두 더하면 Macaulay듀레이션이 2.6169년이 된다. 즉, 이 채권에 지금 투자하면 투자금(채권가격인 95,023원)을 모두 회수하는 데 평균 2.6169년이 소요된다.

〈표 5-1〉 Macaulay듀레이션의 계산

기간 (년)	현금지급액 $[C_t]$	지급액의 현재가치 $[C_t/(1+Y)^t]$	가중치 (w_t)	기간×가중치 (년)
0.25	2,500	2,427	0.0255	0.0064
0.50	2,500	2,356	0.0248	0.0124
0.75	2,500	2,288	0.0241	0.0181
1.00	2,500	2,221	0.0234	0.0234
1.25	2,500	2,156	0.0227	0.0284
1.50	2,500	2,094	0.0220	0.0330
1.75	2,500	2,033	0.0214	0.0374
2.00	2,500	1,974	0.0208	0.0415
2.25	2,500	1,916	0.0202	0.0455
2.50	2,500	1,860	0.0196	0.0490
2.75	2,500	1,806	0.0190	0.0523
3.00	102,500	71,891	0.7565	2.2697
합 계			1	2.6169

심화 학습 5-1 **미분으로 듀레이션을 계산하는 방법**

앞에서 설명한 (식 15-13)으로 Macaulay듀레이션을 구할 수도 있지만 영속채권(perpetual bond)처럼 만기가 무한대인 경우에는 (식 15-13)으로 듀레이션을 구할 수 없고 미분방법으로 구할 수 있다.

먼저, 채권가격을 구하는 공식은 (식 5-6)에서 설명한 바와 같이 다음과 같다.

$$B = \sum_{t=1}^{T} \frac{C_t}{(1+Y)^t}$$

이 채권가격공식을 채권수익률(Y)로 미분하면,

$$\frac{dB}{dY} = \sum_{t=1}^{T} (-t)\frac{C_t}{(1+Y)^t}\frac{1}{1+Y} = (-)\frac{B}{1+Y}\sum_{t=1}^{T}(t)\frac{\frac{C_t}{(1+Y)^t}}{B} = (-)\frac{B}{1+Y}\times D$$
$$= (-)\frac{D}{1+Y}\times B$$

$$\Rightarrow D(\text{Duration}) = (-)\frac{dB}{dY}(1+Y)\frac{1}{B}$$

예를 들어, 영속채권(perpetual bond)의 듀레이션을 미분법으로 구해보자.

$$\text{영속채권의 가격, } B = \frac{C}{Y}$$
$$\Rightarrow \frac{dB}{dY} = (-)\frac{C}{Y^2}$$
$$\Rightarrow D(\text{Duration}) = (-)\frac{dB}{dY}(1+Y)\frac{1}{B} = (-)(-)\frac{C}{Y^2}(1+Y)\frac{Y}{C} = \frac{1+Y}{Y}$$

* 참고 : 연속복리의 경우: $\frac{dB}{dY} = (-)D\times B$

(2) 채권가격의 이자율탄력성과 듀레이션

듀레이션이 중요한 이유 중의 하나는 듀레이션이 채권가격의 이자율탄력성(interest rate elasticity)을 의미하며, 따라서 이자율위험의 척도로 사용될 수 있기 때문이다.

$$- \text{ 듀레이션} = \text{이자율탄력성} : D=(-)\frac{\Delta B/B}{\Delta Y/(1+Y)}$$

⇒ 듀레이션이 길수록 채권의 금리탄력성이 증가한다.

(3) 듀레이션과 면역화전략

① 면역화전략

면역화전략(immunization strategy)이란 시장금리가 변동할 때 가격위험과 재투자위험이 서로 반대방향으로 변동하는 원리를 이용하여 금리변동으로 인한 이득이나 손실을 영(零)이 되도록 함으로써 금리위험을 제거하는 전략을 말한다.

- 방법 : 투자기간(H)과 듀레이션(D)을 일치(H=D)시킨다.

(예) **투자기간을 5년으로 계획하고 있을 경우 듀레이션이 5년인 채권에 투자하면 금리위험이 면역화된다.**

② 듀레이션 매칭전략

듀레이션 매칭전략(duration matching strategy)이란 은행과 같은 금융기관에서 금리위험으로부터 순자산가치를 보호하기 위해 자산포트폴리오의 듀레이션과 부채포트폴리오의 듀레이션을 일치시키는 전략을 말한다. 이 전략은 자산포트폴리오의 만기와 부채포트폴리오의 만기를 일치시키는 '만기매칭전략(maturity matching strategy)'보다 더 효과적인 헷지방법이다.

(4) 채권가격의 볼록성과 듀레이션

채권가격의 볼록성(convexity)이란 채권가격대비 수익률곡선이 원점을 향해 볼록한 모양을 가지는 현상으로 다음과 같이 정의된다.

$$\text{볼록성} = \frac{1}{2}\frac{\Delta^2 B}{\Delta Y^2}\frac{1}{B} \qquad \text{(식 5-15)}$$

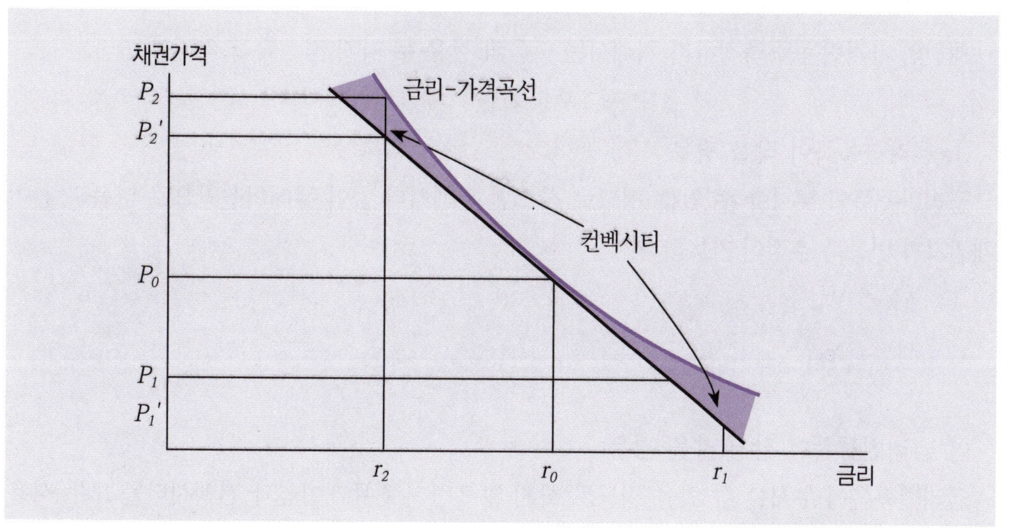

〈그림 5-4〉 채권의 볼록성

컨벡시티는 다음과 같이 공식을 이용하여 측정할 수도 있고 미분을 이용하여 측정할 수도 있다. 한 가지 주의해야 할 것은 듀레이션의 단위는 년(年, t)이지만 컨벡시티의 단위는 년의 제곱(t^2)으로 표시해야 한다는 점이다.

① 공식을 이용하는 경우

컨벡시티를 측정하는 공식은 다음과 같다.

$$C = \sum_{t=1}^{n} [\frac{t(t+1)}{(1+r)^2} \cdot w_t] \quad \text{(식 5-16)}$$

단, w_t = 듀레이션의 가중치와 동일

② 미분을 이용하는 경우

미분을 이용하여 컨벡시티를 구하는 방법은 다음과 같다.

$$\frac{d^2P}{dr^2} = C \cdot P \quad \text{(식 5-17)}$$

즉, (식 5-17)에서 보는 바와 같이 채권가격 P를 할인율 r로 두 번 미분한 후 우변을 정리하였을 때 P를 제외한 나머지 부분이 컨벡시티가 된다.

(5) 채권가격 변동의 측정

채권의 가격변동을 측정하기 위해서는 다음과 같은 두 가지 경우를 고려해야 한다.[7]

① **금리변동폭이 작을 경우**

금리변동폭이 무시할 수 있을 정도로 작으면 컨벡시티 없이 듀레이션만으로 다음과 같이 채권가격 변동폭 추정이 가능하다.

$$P(r_1) \cong P(r_0) + \frac{dP(r_0)}{dr}\Delta r = P(r_0) - P_0 \times MD \times \Delta r \quad \text{(식 5-18)}$$

② **금리변동폭이 작지 않을 경우**

금리변동폭이 무시할 수 있을 정도로 작지 않으면 수정듀레이션과 컨벡시티를 모두 사용하여 다음과 같이 채권가격 변동폭을 추정할 수 있다.[8]

$$P(r_1) \cong P(r_0) + \frac{dP(r_0)}{dr}\Delta r + \frac{1}{2}\frac{d^2P(r_0)}{dr^2}\Delta r^2 = P(r_0) - P_0 MD \Delta r + \frac{1}{2} CP_0 \Delta r^2 \quad \text{(식 5-19)}$$

2. 단기금리선물

금리선물(interest rate futures)은 금리자산(CD, T-bill, T-note, T-bond 등)을 대상으로 하는 선물계약이다. 기초자산인 금리자산의 만기에 따라 단기금리선물과 장기금리선물로 구분되며, 오늘날 전세계 선물시장에서 가장 큰 비중을 차지하고 있다.

단기금리선물의 시초는 1976년 1월 2일에 시카고상업거래소(CME)안에 있는 국제통화시장(IMM: International Monetary Market)에서 도입된 3개월 T-bill(미국 재무성 단기채권) 선물이다. 그리고 대표적 단기금리선물로서는 IMM에서 1981년에 도입한 3개월 유로달러(Eurodollar)선물, 1개월 LIBOR(London Inter Bank Offer Rate)선물, 1년 T-bill선물 등이

7 수학에서 사용하는 Taylor근사식을 이용하여 구할 수 있다.

8 금리변동이 어느 정도 되어야 무시할 수 있을 정도로 작은 것인지를 결정하는 절대적인 기준은 없으나, 실무에서는 1bp(=0.01%)를 기준으로 사용하기도 한다. 수정듀레이션(MD: modified duration)은 Macaulay의 듀레이션(D)을 (1+Y)로 나누어 구한다: MD = D/(1+Y)

있다. 〈표 5-2〉는 세계 주요 거래소에서 거래되고 있는 단기금리선물을 거래소별로 요약한 것이다.

〈표 5-2〉 주요 단기금리선물

국 명	거 래 소	거래대상 증권
미국	CME	T-bill(90일), LIBOR(30일), T-bill(1년) 유로달러(3개월), $/ £ Diff(3개월)
	MidAm	T-bill(3개월)
캐나다	TFE	캐나다 T-bill(90일)
영국	LIFFE	유로달러(3개월), 유로마르크(3개월), 스털링 금리(3개월), ECU(3개월)
프랑스	MATIF	프랑스 국채(90일), PIBOR(3개월), 유로마르크(3개월)
독일	DTB	FIBOR(3개월)
일본	TIFFE	유로엔(3개월), 유로달러(3개월), 유로엔(1년)
홍콩	HKFE	HIBOR(91일)
싱가포르	SIMEX	유로달러(3개월), 유로엔(3개월), 유로마르크(3개월)
호주	SFE	Bank-bill(90일)
뉴질랜드	NZFE	Bank-bill(90일)
브라질	BM&F	Cruzeiro 금리

본서에서는 가장 대표적인 단기금리선물인 T-bill선물과 유로달러선물을 중심으로 살펴보고자 한다.

1) T-bill 선물

(1) T-bill 현물시장

T-bill(Treasury bill)은 미국 재무성이 발행하는 만기 1년 이하의 단기채권으로서, 만기 전에 이자를 지급하지 않는 대신 액면가에서 할인된 가격으로 발행하는 '순수할인채권(pure discount bond)'이다. T-bill은 미국 정부가 지급을 보증하기 때문에 채무불이행 위험이 거의 없는 무위험증권(risk-free security)에 속한다. 현재 T-bill은 미국 재무성증권시장의 약 40% 정도를 차지하고 있고, 수익에 대해서 주정부 세금은 면제되지만 연방소득세는 부과된다.

T-bill발행에 대해 좀 더 자세히 살펴보면 다음과 같다.

- 액면가: 최소 $10,000부터 $5,000 단위로 증가되어 최대 $100만까지 가능
- 만기: 3개월, 6개월, 1년의 세 종류
- 공시방법: T-bill은 표면이자가 지급되지 않는 대신 할인되어 발행되므로 1년을 360일 기준으로 '할인수익률(DY: discount yield)'로 공시되며, 할인수익률은 다음과 같이 계산한다.

$$DY = (\frac{F-B}{F})(\frac{360}{DTM}) \quad \text{(식 5-20)}$$

단, B = 채권의 현재 가격, F = 채권의 액면가
DTM = 잔존만기일수(days to maturity)

- 할인수익률이 주어지면 채권의 현재가격은 다음과 같이 쉽게 계산할 수 있다.

$$B = F(1-DY\frac{DTM}{360}) \quad \text{(식 5-21)}$$

- 채권등가수익률(BEY): T-bill시장에서는 관행상 1년을 360일로 계산하지만 실제 투자수익률은 365일로 계산하므로 정확한 수익률은 표에서 찾을 수 없고 계산해야 하는데 이를 채권등가수익률(BEY: bond equivalent yield)이라 하고 다음과 같이 계산한다.

$$BEY = (\frac{F-B}{B})\frac{365}{DTM} \quad \text{(식 5-22)}$$

(2) T-bill 선물시장

T-bill 선물은 1976년 1월 2일에 CME의 국제통화시장(IMM)에서 처음 거래가 시작되었고, 유로달러선물과 달리 만기일에 기초자산인 T-bill을 실제로 인도한다. T-bill 중에서 잔존만기가 13주 이상 남은 것은 모두 인도대상이 되며, 액면금액이 $100만인 T-bill을 기초상품으로 한다. T-bill 선물의 최소가격변동폭(혹은 호가단위:tick)은 가격지수의 1bp로서, 금액으로 환산하면 $25($100만 × 0.01% × 90/360)이다.[9] T-bill선물의 거래명세를 요약한 것이 다음 〈표 5-3〉이다.

9 1 bp(basis point) = 0.01%

<표 5-3> T-bill선물 거래명세

구 분	내 역
기초자산	T-bill
거래소	CME(Chicago Mercantile Exchange)
거래단위	$1,000,000의 액면가
가격표시	IMM 지수
호가단위	계약당 $25(1*bp*)
가격제한폭	계약당 $2500(100 *bp*)
인도월	3, 6, 9, 12월
인도일	최종거래일 다음 날부터 연속 3일간의 영업일
최종거래일	인도월의 최초인도일 직전 영업일
인도방법	최종거래일 다음 날부터 연속 3일간의 영업일에 신규 13주 T-bill 또는 잔존만기가 90, 91, 92일 남은 기존 T-bill을 각각 현물인도
인도가능 T-biil	신규 13주 T-bill 또는 잔존만기가 90, 91, 92일 남은 기존 T-bill

Tip 주요 용어

탈중개기관화(Disintermediation)

대부분의 정부채권은 '금융기관'(은행, 보험회사, 투자회사 등)들이 보유하고 있으나, 개인의 보유비중이 점차 증가하고 있는데 이러한 현상을 '탈중개기관화'라 한다.

(3) T-bill 선물가격 결정

T-bill현물과 T-bill선물간의 '무차익거래 조건(no arbitrage condition)'을 이용하여 T-bill 선물의 균형가격을 구할 수 있다. 즉, 선도이자율($f_{T,T+90}$)을 이용하면 T-bill 선물의 무차익거래 조건하에서의 균형가격은 (T+90)일 시점에서 받을 액면가 $100만을 내재 선도이자율로 할인한 값이 되어야 한다. <그림 5-5>에서 보는 바와 같이 선물만기는 T시점이고, T시점에서 기초자산인 T-bill이 인도되면 이 채권의 만기인 (T+90)시점에 액면가인 $1,000,000을 받게 된다. 이를 이용하여 현재(t)시점에서의 선물가격을 구하면 다음과 같다.

$$F_{t,T} = \frac{\$1,000,000}{1+f_{T,T+90}} \qquad \text{(식 5-23)}$$

〈그림 5-5〉 T-bill선물 가격결정모형

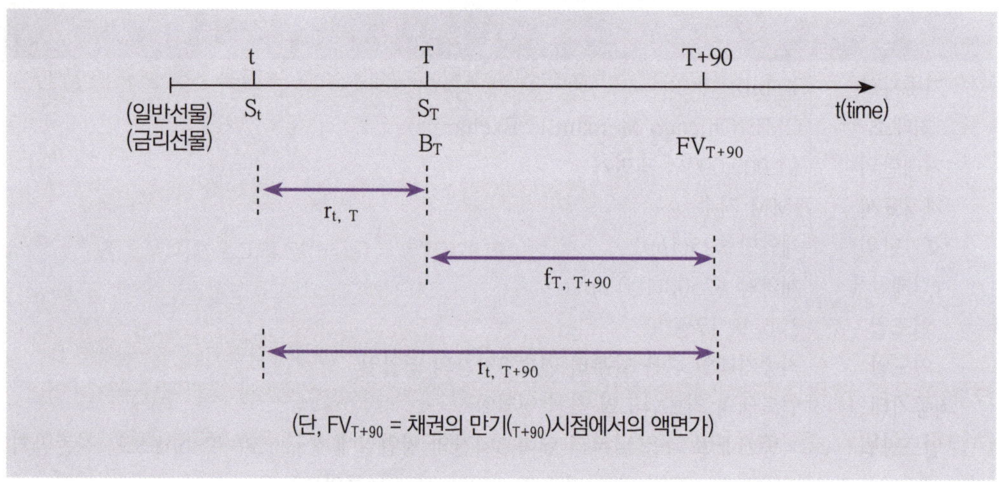

2) 유로달러선물

(1) 유로달러 현물시장

유로커런시(Eurocurrency)란 통화발행국 국경 밖의 다른 국가 은행에 통화발행국 화폐로 예치되어 있는 정기예금(time deposit)을 말한다. 유로커런시를 지칭할 때 유로(Euro)라는 말은 '유럽(Europe)'이라는 지리적 위치와는 아무 상관이 없다는 사실에 주의해야 한다. 미국달러가 유럽은행에 예치되어 있든 아시아 은행에 예치되어 있든 지리적 위치에 상관없이 그곳이 미국 이외의 지역이라면 유로달러라 한다.

(예) 유로달러(Eurodollar), 유로엔(Euroyen), 유로파운드(Europound) 등

유로달러시장은 유로커런시 시장에서 가장 중요한 시장이고, 주로 런던과 유럽은행에 예치되어 있으며, 양도가 불가능하고 고정금리를 지급한다. 유로달러시장에 적용되는 고정금리는 런던은행간 대출금리(LIBOR: London Inter-Bank Offer Rate)에 일정한 스프레드를 가산하여 결정하는 가산수익률(AY: add-on yield)로 계산한다. LIBOR의 연간금리는 T-bill과 마찬가지로 1년을 360일 기준으로 계산한다.

1bp = $100만×0.0001×(90/360) = $25.

(예) 90일 LIBOR가 3%라면 $100만의 연간이자는 다음과 같다.
연간이자 = $100만 × 3% × 90/360 = $7,500.

(2) 유로달러 선물시장

유로달러선물(Eurodollar futures)은 유로달러정기예금을 기초자산으로 하는 단기금리선물이다. 유로달러정기예금은 양도가 불가능하므로 선물의 만기가 도래하더라도 정기예금이 실제로 인도되지 않고 현금으로 정산한다.

유로달러선물은 1981년 12월 9일에 CME의 IMM에서 처음 도입되었고, 그 후 〈표 5-4〉에서 보는 바와 같이 영국(LIFFE: 1982년 9월), 싱가포르(SIMEX: 1984년 9월), 일본(TIFFE: 1989년 6월) 등에도 상장됨으로써, 전세계적으로 24시간 거래가 가능하게 되었다. 1995년에는 장기금리선물인 T-bond선물을 제치고 모든 선물 중에서 가장 거래량이 많은 선물로 발전하였다.

〈표 5-4〉 유로달러선물 거래시장

국 명	거 래 소	거래대상증권
미 국	CME	T-bill(90일), LIBOR(30일), T-bill(1년) 유로달러(3개월), $/£ Diff(3개월) $/DM(3개월), $/¥ Diff(3개월)
	MidAm	T-bill(3개월)
캐나다	TFE	캐나다 T-bill(90일)
영국	LIFFE	유로달러(3개월), 유로마르크(3개월), 스털링 금리(3개월), ECU(3개월)
프랑스	MATIF	프랑스 국채(90일), PIBOR(3개월), 유로마르크(3개월)
독일	DTB	FIBOR(3개월)
일본	TIFFE	유로엔(3개월), 유로달러(3개월), 유로엔(1년)
홍콩	HKFE	HIBOR(91일)
싱가포르	SIMEX	유로달러(3개월), 유로엔(3개월), 유로마르크(3개월)
호주	SFE	Bank-bill(90일)
뉴질랜드	NZFE	Bank-bill(90일)
브라질	BM&F	Cruzeiro 금리

(3) 유로선물의 가격 결정

유로선물가격은 위에서 설명한 T-bill 선물가격과 동일한 방법으로 유도할 수 있다.

(4) 유로달러선물이자율과 선도이자율

선물의 경우 선도와 달리 일일정산을 하기 때문에 금리가 변동하면 선물가격과 선도가격은 다소 차이가 있을 수 있음을 앞에서 배운바 있다. 마찬가지 이유로 유로달러선물에서 구하는 선물이자율(Eurodollar futures rate)과 선도이자율(forward rate)은 다소 다른데 이 차이를 조정하는 것을 '볼록성 조정(convexity adjustment)'이라 하며, 다음과 같은 식을 이용한다. 즉,

$$\text{선도이자율} = \text{선물이자율} - \frac{1}{2}\sigma^2 \cdot T_1 \cdot T_2 \quad \text{(식 5-24)}$$

단, σ = 단기이자율 변동성
T_1 = 선물계약만기
T_2 = 선물기초자산의 만기

3. 장기금리선물

미국의 T-bond선물을 중심으로 한 장기금리선물은 미국의 시카고상품거래소(CBOT)를 비롯한 세계 유명 선물시장에서 가장 활발하게 거래되는 선물계약 중의 하나이다. 미국 최초의 장기금리선물은 1975년 10월 20일 CBOT가 도입한 주택저당채권(GNMA: Government National Mortgage Association) 선물이다. 전세계적으로 거래되는 주요 장기금리선물을 요약하면 다음과 같다.

- CBOT는 1977년 8월 22일에 T-bond 선물을 도입
- 영국의 국제금융선물거래소(LIFFE)와 일본의 동경증권거래소(TSE)도 각각 1984년과 1989년에 T-bond 선물을 도입
- 중기금리선물: CBOT는 T-note, 지방채(municipal bonds), 무이표채 등 중기금리선물도 성공적으로 도입함
- CME = 단기금리선물의 중심지; CBOT = 중장기 금리선물의 중심지로 발전

1) T-bond 현물시장

(1) T-bond 현물시장 개요

1980년대 이후 미국 정부는 연방 재정적자를 충당하기 위해 T-bill, T-note, T-bond 등 재무성채권을 대규모로 발행하였다. 재무성채권은 뉴욕의 연방준비은행(FRB: Federal Reserve Board)이 개최하는 정기 경매(auction)를 통해 투자자에게 매각되며, 이 경매에는 약 40여명의 정부 채권딜러들이 참가한다. 채권딜러들은 경매에 참가하여 채권을 매입한 다음, 이를 다른 중개기관이나 투자자에게 재매각함으로써 발행시장 형성뿐만 아니라 유통시장 형성에도 기여하고 있다.

(2) T-bond와 T-note의 계약조건

- T-bond의 만기: 10년이상 30년 미만
- 표면이자: 매 6개월마다 지급
- T-note는 만기: 1년에서 10년으로 T-bond보다 짧아 보통 중기채권이라 함
- T-bond와 T-note의 차이: T-bond가 잔존만기 5년 이내에 정부에 의해 수의 상환(callable)될 수 있는데 반해, T-note는 그렇지 않다는 점
  (1985년 이후 발행된 T-bond에는 수의상환규정(call provisions)이 없음)

Tip 주요 용어

경과이자(accrued interest)

이자지급일(예를 들어, 매 6개월)과 채권매매일(연중 수시)이 일치하지 않을 때, 직전 이자지급일 이후 매매일까지 쌓여진 이자를 경과이자(AI: accrued interest)라 하며, 다음과 같은 식으로 계산한다.

$$\text{경과이자(AI)} = (\text{표면이자}) \times \frac{\text{직전표면이자 지급후 매매일까지 경과일수}}{\text{표면이자지급간의 총일수}} \quad \text{(식 5-25)}$$

2) T-bond 선물시장

(1) T-bond 선물의 개요

T-bond 선물이란 T-bond를 기초자산으로 하는 장기금리선물을 말한다.

① 기초자산의 표준물

표준물 : 표면금리 = 8%, 만기 = 20년, 액면가 = $100,000인 T-bond

현실적으로 표준물의 조건을 모두 갖춘 T-bond를 구하기 쉽지 않고, 만기 5년 전부터 수의상환 되는 경우가 있으므로 실제로는 가격조정을 거쳐 결제월의 첫 영업일 기준으로 만기 또는 수의상환 가능일까지 15년 이상 남은 T-bond는 모두 인도가 가능하다. T-bond 선물의 주요 거래명세가 〈표 5-5〉에 요약되어 있다.

〈표 5-5〉 T-bond선물 거래명세

구 분	내 역
기초자산	T-bond
거래소	CBOT
거래단위	액면가 $100,000
인도월	3, 6, 9, 12월
표준물	표면금리 8%, 20년물 T-bond
인도가능물	잔존만기가 15년 이상이거나 수의상환일까지 15년 이상 남은 T-bond
가격표시	백분율(%) 및 1/32%
호가단위	1틱 또는 1/32%($31.25)
가격제한폭	정상시장의 경우 전일 결제가격 기준으로 상하 각각 3%(96틱, $3,000)
최초인도일	인도월의 최초영업일
최종인도일	인도월의 최종영업일
최종거래일	인도월의 최종영업일로부터 7일 전 영업일 오전
인도방법	미국 연방기금전산시스템(Fed Funds Wire System)을 통한 전산이체

② T-bond 선물가격의 공시

액면가 $100,000에 대한 백분율(%)로 공시되며, 소숫점 이하는 1%의 1/32단위로 나타낸다. 이를 호가단위, 즉 1틱(tick)이라고 하며 금액으로는 $31.25(= $100,000 × 1% × 1/32)가 된다.

(예) 선물공시가격이 95-27이라면 이는 액면가의 95.8438%(95 + 27/32%)인 $95,844를 의미

③ 하루 동안의 최대 변동폭

상하 각각 3%(즉, $3,000 = $100,000 × 3%)

④ 인도월

3, 6, 9, 12월이고 인도월 중 어느 날에도 인도가능

(2) T-bond의 인도

① 인도 절차

선물의 인도월이 도래하면 선물매도자는 선물매입자에게 선물의 기초자산인 T-bond 현물을 인도하게 된다(단, 선물 최종거래일은 인도월 최종영업일 7일전). 자세한 인도절차는 〈표 5-6〉에 요약되어 있다.

〈표 5-6〉 T-bond선물 인도절차

인도 절차	가능 시점	내 용
최초 의사표시일 (first position day)	인도월 최초 영업일 2일	선물매입자가 청산소에 실물인수 의사 표시
제1일 : 의사표시일 (pisition day)	인도월 최초 영업일 2일전부터 최종영업일 2일전	선물매도자가 청산소에 실물인도 의사 표시 (최초의사 표시일과 겹칠 수 있음)
제2일 : 통지일 (notice day)	인도월 최초 영업일 1일전부터 최종영업일 1일전	정산소는 현물인수자를 선정하고 양 당사자에게 통지 (선물매도자는 선물매입자에게 대금 청구)
제3일 : 인도일 (delivery day)	인도월 최초 영업일부터 최종영업일	선물매도자는 선물매입자에게 T-bond 인도 (선물매입자는 선물매도자에게 대금 지불)

(단, 선물 최종거래일은 인도월 최종영업일 7일 전)

② 매도자의 인도선택권

T-bond 선물 매도자는 T-bond 인도과정에서 인도시기, 인도상품등급 등 인도조건을 선택할 수 있는 '인도옵션(delivery option)'을 가지고 있다. 인도옵션은 선물매도자가 인도조건을 자신에게 유리하게 선택하여 T-bond를 인도하는 권리이므로 내재풋옵션(implied put option)으로 간주할 수 있으며, 실제 선물가격은 내재풋옵션에 해당되는 가치만큼 낮게 형성된다.

선물매도자의 인도선택권에는 다음과 같은 것들이 있다.

- 인도시기 선택권(timing option)
- 인도상품등급 선택권(quality option)
- 와일드카드옵션(wild card option)[10]

③ **전환계수와 청구금액**

T-bond 선물의 인도가능물은 최초 의사표시일에서 잔존만기가 최소 15년 이상이거나, 수의상환되지 않는(non-callable) 모든 T-bond이다.

i) 전환계수(CF: conversion factor)

CBOT에서는 어떤 특정 T-bond에 수요가 집중되는 것을 방지하기 위해 청구금액을 조정하는데 이때 사용되는 조정계수를 전환계수라 한다. 전환계수는 다음과 같이 계산한다.

$$전환계수(CF) = \frac{비표준물\ T\text{-}bond가격}{표준물\ T\text{-}bond가격} \qquad (식\ 5\text{-}26)$$

CBOT에서는 수익률곡선이 8%로 수평하다(flat yield curve)는 가정 하에서, 모든 비표준물 T-bond의 액면가를 $1라 가정하고 표면이자를 액면가 $1당 연간 표면이자로 환산한 다음, 이를 표준물 T-bond의 표면이자율인 8%로 할인하여 전환계수를 계산한다.

ii) 청구금액

현물인도 시 선물매도자가 매입자에게 실제 청구할 수 있는 조정가격을 말하며, 다음과 같이 계산한다.

$$\begin{aligned} 청구금액 &= (선물공시가격)(전환계수) + 경과이자 \\ &= B_t \cdot CFt + AI \end{aligned} \qquad (식\ 5\text{-}27)$$

④ **최저가인도채권**

최저가인도채권(cheapest-to-deliver bond)이란 인도가능한 채권 중 인도가격이 가장 낮은 채권을 말한다. 다음 식에서 구한 인도비용이 가장 낮은 채권이 최저가인도채권이다.

10 CBOT의 T-bond 선물시장은 오후 2시에 폐장되지만 인도의사는 오후 8시까지 청산소에 통지하면 되기 때문에 6시간 동안의 재량권이 생기는데 이를 '와일드카드 옵션'이라 한다.

매도자 인도비용 = 채권매입비용 − 인도 시 청구금액

= (채권시가+경과이자) − [(선물가격)(전환계수) + 경과이자]

= 채권시가 − (선물가격)(전환계수)

$$= B_t - F_t \cdot CF \qquad \text{(식 5-28)}$$

사례

〈5-2〉 최저가인도채권

T-bond선물에 매도포지션을 취한 한 투자자가 선물 만기가 되어 T-bond를 인도해야 하는데, 현재 시장에서 구입하여 인도할 수 있는 T-bond는 다음 〈표5-7〉에서와 같이 3개가 있다고 한다. 이 투자자는 어느 채권을 인도할 때 가장 비용이 적게 드는지 분석해 보자.

단, 현재 T-bond선물공시가격은 93-08이다.

〈표 5-7〉 인도가능 T-bond선물

채권(T-bond)	현물공시가격	전환계수(CF)
A	99.50	1.0382
B	143.50	1.5188
C	119.75	1.2615

사례 분석

최저가 인도채권이 어느 것인지 결정하기 위해서는 각각의 채권에 대해 매도자 인도비용을 구해야 한다. (식 5-28)을 이용하여 구해보도록 하자.

먼저, 현재 선물가격(F_t)= 93-08 = 93 + 8/32 = 93.25%. 즉, 액면가격대비 93.25%인데, 〈표 5-7〉에 있는 현물공시가격도 액면가 대비 %이므로 편의상 액면가 $100로 가정하면 계산이 쉬워진다. 즉, 각 T-bond채권의 인도가격을 구하면 다음과 같다.

채권A: 99.50 - (93.25)(1.0382) = $2.69

채권B: 143.50 - (93.25)(1.5188) = $1.87

채권C: 119.75 - (93.25)(1.2615) = $2.12

따라서 인도비용이 가장 적은 채권B가 최저가인도채권이므로 이를 인도하면 된다.

3) 장기금리선물의 가격결정

T-bond 등 장기금리선물의 이론가격을 정확히 결정하는 것은 단기금리선물에 비해 더 어렵고 복잡하다. 왜냐하면, 최저가인도채권이 무엇이고, 인도시기가 언제가 될지 사전에 정확히 알 수 없기 때문이다. 다만, 최저가인도채권과 인도시기를 알고 있다고 가정할 때 T-bond를 중심으로 한 장기금리선물의 가격을 구하는 방법은 다음과 같다.

(1) 보유비용보형을 이용하는 경우

$$F_{t,T} = (S_t - I_{t,T})e^{rT} \quad \text{(식 5-29)}$$

단, $F_{t,T}$ = t시점에서의 선물의 현금가격
S_t = t시점에서의 현물(최저가 인도 T-bond)의 현금가격
$I_{t,T}$ = 선물계약 존속기간 동안의 이자지급액의 현재가치
r = 선물계약 존속기간 동안에 적용되는 무위험이자율
T = 선물계약의 만기

(식 5-29)를 이용하여 장기금리선물의 이론적인 가격을 구하는 절차는 다음과 같다.

i) 채권의 공시가격으로부터 최저가인도 채권의 현금가격 계산

ii) 채권의 현금가격을 (식 5-29)에 대입하여 선물의 현금가격 계산

iii) 선물현금가격으로부터 선물공시가격 계산

iv) 선물공시가격을 전환계수(CF)로 나눔으로써 최저가인도채권과 표준채권 간의 차이를 반영

(2) 근월물과 원월물을 이용하는 경우

$$F_{t,T2} = (F_{t,T1} - I_{T1,T2})e^{r(T2-T1)} \quad \text{(식 5-30)}$$

단, $F_{t,T2}$ = 원월물(遠月物)의 현금가격
$F_{t,T1}$ = 근월물(近月物)의 현금가격
$I_{T1,T2}$ = 원월물과 근월물 기초자산의 이자차이의 (T2-T1)간의 현재가치

원월물의 현금가격과 근월물의 현금가격차이($F_{t,T1} - F_{t,T2}$)를 스프레드(spread)라 하고, $F_{t,T2} > F_{t,T1}$이면(즉, 음의 spread) 정상시장(normal market), $F_{t,T2} < F_{t,T1}$이면(즉, 양의 spread) 역조시장(inverted market)이라 부른다.

4. 금리선물을 이용한 헷지 및 스프레드거래

1) 금리선물헷지 개요

금리선물에서의 헷지거래란 금리변동위험에 노출된 현물의 가치보전을 위해 선물시장에서 현물포지션과 반대의 선물포지션을 취하는 것을 말한다. 금리헷지의 종류를 간략히 설명하면 다음과 같다.

① **매입헷지**(long hedge)

금리하락에 따른 가격상승이 예상될 때 이에 따른 위험을 회피하기 위해서 선물매입포지션을 취하는 것을 말한다.

② **매도헷지**(short hedge)

미래에 금리가 상승하여 채권가격이 하락할 것으로 예상 될 때 이에 따른 자본손실위험 회피를 위해 선물매도포지션을 취하는 것을 말한다.

③ **교차헷지**(cross hedge)

헷지하고자 하는 현물을 기초자산으로 하는 선물이 존재하지 않을 경우 현물자산과 유사한 가격변동 패턴을 갖는 선물계약을 사용하여 가격변동위험을 회피하는 것을 말한다.

④ **스트립헷지**(strip hedge)

자금의 이용기간은 장기간인데 비해 이자의 지급이나 수취가 단기금리에 연동되어 있는 경우 금리선물의 만기마다 금리선물을 연속적으로 이용하여 금리변동의 위험을 헷지하는 것을 말한다.

⑤ **스택헷지**(stack hedge)

가장 가까운 인도월의 선물계약을 헷지에 필요한 계약수 만큼 매도하고 기간이 경과함에 따라 계속 가까운 인도월의 선물계약으로 교체해 가는 방법을 말한다.

2) 금리선물 헷지전략

일반적으로 금리현물과 금리선물 사이에 완벽한 가격변동 상관관계가 존재하지 않는다.

이러한 경우 적절한 헷지비율을 산정하기 위해 현물가격과 선물가격이 어떤 관계를 가지고 움직이는가를 알아야 한다. 금리위험에 효과적으로 대처하기 위해서는 다음과 같은 다섯 가지 사항을 고려해야 한다.

i) 헷지대상 자산과 선물기초자산의 만기
ii) 표면금리의 구조
iii) 헷지 기간
iv) 금리 위험구조(상품간의 위험을 고려한 수익률 차이)
v) 금리의 기간구조(즉, 수익률곡선의 모양)

(1) 단순 헷지전략

현물자산의 가치와 선물기초자산의 가치를 단순하게 일치시켜 헷지하는 전략으로서 최적 선물계약수(N)는 다음과 같이 계산한다.

$$N = \frac{\text{현물의 총 액면금액(총시장가치)}}{\text{선물계약의 액면금액(선물기초자산의 시장가치)}} \quad \text{(식 5-31)}$$

단순 헷지전략의 장, 단점은 다음과 같다.

- 장점: 이용이 간편하다.
- 단점: 표면금리와 만기가 거의 일치하는 기초상품의 선물계약을 선택할 뿐 헷지기간, 금리의 기간구조 및 위험구조 등을 고려하지 못하므로 헷지성과가 만족스럽지 못하다.

(2) 듀레이션을 이용한 헷지전략

듀레이션에 근거한 최적선물계약수(N)는 다음과 같다. 이는 가격민감도 헷지(price sensitivity hedge)라고도 한다. 단, 수익률곡선이 평행이동한다고 가정한다.

$$N = \frac{P \cdot D_P}{V \cdot D_F} \quad \text{(식 5-32)}$$

단, P = 헷지대상현물가치
V = 금리선물 1계약가치 = 선물가격(백분율)/100 * $100,000
D_p = 헷지대상현물의 헷지만기 시 듀레이션
D_F = 금리선물기초자산의 만기 시 듀레이션

선물에 최적선물계약수(N)만큼 포지션을 취하면 전체 포지션의 듀레이션은 0이 된다. 그러나, 다음과 같은 문제점도 있다.

i) △Y가 모든 수익률에 대해 동일(즉, 수익률곡선의 평행이동)하다는 가정 때문이다.

ii) D_P와 D_F사이에 큰 차이가 있다면 헷지성과는 만족스럽지 못할 수도 있다.

iii) 수익률곡선의 볼록성(convexity)도 헷지성과에 영향을 준다.

iv) T-bond나 T-note의 경우 D_F를 계산하기 위해 최저가인도채권을 알아야 하는데 최저가 인도채권의 듀레이션이 변한다면 선물의 최적계약수도 변하기 때문에 완전헷지가 어려워진다.

3) 금리선물 스프레드거래

(1) 만기간 스프레드거래

만기간 스프레드거래(inter-delivery spread)란 다른 거래조건은 동일하되 만기만 다른 두 선물을 이용하는 헷지를 말한다. 강세스프레드와 약세스프레드로 구분할 수 있다.

① 강세스프레드

강세스프레드(bull spread)란 만기가 짧은 근월물(nearby futures)의 선물을 매입하고, 동시에 만기가 긴 원월물(distant futures)의 선물을 매도하는 거래를 말하며 '매입스프레드'라고도 한다. 근월물 선물가격이 원월물 선물가격에 비해 상대적으로 더 많이 상승하거나 혹은 더 적게 하락할 것이라 예상될 경우 이용하는 스프레드 거래전략이다.

② 약세스프레드

약세스프레드(bear spread)란 근월물의 선물을 매도하는 동시에 원월물의 선물을 매입하는 거래를 말하며 '매도스프레드'라고도 한다. 원월물 선물가격이 근월물 선물가격에 비해 상대적으로 더 많이 상승하거나 혹은 더 적게 하락할 것이라 예상될 경우 사용하는 스프레드 거래전략이다.

(2) 상품간 스프레드거래

상품간 스프레드거래(inter-commodity spread)란 다른 거래조건은 동일하되 기초자산만 다른 두 선물을 이용하는 헷지를 말한다.

① TED 스프레드

TED(T-bill/Eurodollar) 스프레드란 TED 스프레드의 변동을 이용하여 이익을 얻기 위해 T-bill 선물과 유로달러선물에 동시에 반대포지션을 취하는 것을 말한다.

TED 스프레드 = T-bill 선물가격 - 유로달러 선물가격 (식 5-33)

유로달러정기예금은 T-bill 보다 채무불이행 위험이 크기 때문에 유로달러 선물가격은 T-bill 선물가격보다 낮게 형성된다. 따라서 TED스프레드는 항상 양(+)의 값을 갖는다. TED 스프레드의 변동은 베이시스 포인트(bp)로 표시하며 1bp는 $25에 해당된다. TED 스프레드 매입자는 TED 스프레드가 향후 확대될 경우에 이익을 얻고 축소될 경우에 손해를 보는 반면에, 매도자의 경우는 그 반대가 된다.

② NOB 스프레드

NOB(Note Over Bond) 스프레드거래는 T-note 선물과 T-bond 선물간의 스프레드 변동을 이용하여 이익을 얻고자 하는 거래이다. T-note 선물과 T-bond 선물이 모두 CBOT에서 거래되며, 매입주문과 매도주문을 별도로 하지 않고 한꺼번에 스프레드주문으로 처리할 수 있다. 두 선물의 거래단위가 액면가 $100,000로 동일하며 호가단위도 1/32%로 같다는 특징 때문에 NOB 스프레드는 금리선물간 스프레드 중에서 가장 활발히 이용되고 있다.

NOB 스프레드를 이용한 투자전략은 다음과 같다.

- 수익률곡선이 평행하게 상승할 것으로 예상되면 1:1 NOB 스프레드를 매입
- 수익률곡선이 평행하게 하락할 것으로 예상되면 1:1 NOB 스프레드를 매도

③ Turtle 스프레드

Turtle(T-bill Over T-bond) 스프레드거래는 NOB 스프레드거래와 유사한 거래로서 T-bill 수익률과 T-bond 수익률간의 차이의 변동에 따른 매매차익을 노리는 거래이다.

- T-bond 수익률이 T-bill 수익률보다 더 빠르게 상승할 것으로 예상되면 Turtle을 매입(즉, T-bill 선물 매입, T-bond 선물 매도)함으로써 이익을 얻을 수 있다.
- T-bond 수익률이 T-bill 수익률보다 더 빠르게 하락할 것으로 예상되면 Turtle을 매도(즉, T-bill선물 매도, T-bond선물 매입)해야 한다.

④ MOB스프레드

MOB(Municipal Over Bond) 스프레드거래는 Muni-bond(지방정부 발행 채권)선물과 T-bond선물 간의 스프레드 변동을 이용하여 이익을 얻고자 하는 거래이다.

- MOB 스프레드 매입: Muni–bond 선물을 매입하고 T–bond 선물을 매도하는 것
- MOB 스프레드 매도: Muni–bond 선물을 매도하고 T–bond 선물을 매입하는 것

Muni-bond와 T-bond는 만기가 서로 비슷하고 정부가 보증하므로 채무불이행 위험이 거의 없는 무위험 채권들이다. 두 채권 간의 중요한 차이점은 Muni-bond는 세금이 면제되기 때문에 T-bond보다 가격이 높다는 점이다.

- MOB 스프레드가 확대될 것으로 예상되면 MOB 스프레드를 매입해야 이익
- MOB 스프레드가 축소될 것으로 예상되면 MOB 스프레드를 매도해야 이익

5. 국내 금리선물

2013년 1월 현재 한국거래소(KRX)에서 거래되고 있는 금리선물에는 3년국채선물, 5년국채선물, 10년국채선물 등 3가지가 있다. 한국거래소에서 제공하는 자료를 중심으로 각각에 대해 살펴보고자 한다.

1) 3년국채선물

3년국채선물은 만기일 기준으로 잔존기간 3년의 국고채를 대상으로 거래하는 계약을 말한다. 국고채는 정부가 발행하는 채권으로 유가증권시장본부와 같은 장내유통시장 또는 증권회사 등을 통한 장외유통시장에서 거래가 되고 있다. 다음 〈표 5-8〉은 3년국채선물의 계약명세를 요약한 것이다.

<표 5-8> 3년국채선물의 계약명세

거래대상	표면금리 5%, 6개월단위 이자지급방식의 3년만기 국고채
거래단위	액면 1억원
결제월	3, 6, 9, 12월
상장결제월	6월 이내의 2개 결제월
가격의 표시	액면 100원당 원화(백분율방식)
호가가격단위	0.01 포인트
최소가격변동금액	10,000원(1억원)×0.01×1/100
거래시간	09:00~15:15 (최종거래일 09:00~11:30)
최종거래일	결제월의 세 번째 화요일(공휴일인 경우 순차적으로 앞당김)
최종결제일	최종거래일의 다음거래일
결제방법	현금결제
가격제한폭	기준가격 대비 상하 ± 1.5%
단일가격경쟁거래	개장시(08:00~09:00) 및 최종거래일 이외의 거래종료시 (15:05~15:15)

주) 자료 : 한국거래소(KRX)

2) 5년국채선물

5년국채선물은 만기일 기준으로 잔존기간 5년의 국고채를 대상으로 거래하는 계약을 말한다. <표 5-8>의 3년국채선물과 <표 5-9>의 5년국채선물의 거래명세를 비교해 보면, 다른 부분은 유사하나 거래대상(기초자산)과 가격제한폭에서 차이가 있다.

3) 10년국채선물

10년국채선물은 만기가 10년이고, 표면금리가 연 5%이며 6개월마다 이자가 지급되는 가상의 국고채권 표준물을 그 거래대상으로 하는 선물상품이다. 장기국채의 수익률이 변동함에 따라 장기국채의 가격은 변동하게 되는데 10년국채선물은 이러한 장기국채의 가격 변동으로부터 수익을 얻거나 이를 헷지하기 위한 상품이다.

<표 5-9> 5년국채선물의 계약명세

거래대상	표면금리 5%, 6개월단위 이자지급방식의 3년만기 국고채
거래단위	액면 1억원
결제월	3, 6, 9, 12월
상장결제월	6월 이내의 2개 결제월
가격의 표시	액면 100원당 원화(백분율방식)
호가가격단위	0.01 포인트
최소가격변동금액	10,000원(1억원)×0.01×1/100
거래시간	09:00~15:15 (최종거래일 09:00~11:30)
최종거래일	결제월의 세 번째 화요일(공휴일인 경우 순차적으로 앞당김)
최종결제일	최종거래일의 다음거래일
결제방법	현금결제
가격제한폭	기준가격 대비 상하 ± 1.8%
단일가격경쟁거래	개장시(08:00~09:00) 및 최종거래일 이외의 거래종료시 (15:05~15:15)

주) 자료: 한국거래소(KRX)

투자자들은 현재의 거래시점에 예측한 장기국채의 가격과 만기일의 장기국채 가격 간의 차액을 주고받게 된다(금결제방식). 10년국채선물을 활용하여 투자자들은 장기국채의 가격 변동에 따른 위험을 효과적으로 관리할 수 있을 것으로 예상된다.

10년국채선물은 2008년 2월에 실물인수도 방식으로 상장되었으나, 최종결제과정을 단순화하고 투자자의 실물인수도 부담을 없애기 위해 2010년 10월 25일 현금결제 방식으로 변경하였다.

〈표 5-10〉 10년국채선물의 계약명세

항 목	거래제도
대상자산	• 만기 10년, 표면금리 연5%, 6개월 단위로 이자를 지급하는 가상의 채권
거래단위	• 액면 1억원(1계약 당)
가격표시 방법	• 액면 100원당 원화
거래승수	• 100만(1계약의 약정금액은 가격×승수)
호가가격단위	• 0.01(1호가 금액 : 1만원=0.01×승수)
결제월	• 분기월물 2개(3, 6, 9, 12월 중 2개)
최종거래기간	• 6개월
최종거래일	• 각 결제월의 세 번째 화요일
거래개시일	최종거래일의 다음 거래일
거래시간	09:00~15:15(최종거래일 : 09:00~11:30)
호가접수시간	08:00~15:15(최종거래일 : 09:00~11:30)
단일가거래시간	08:00~09:00(시가결정) 15:05~15:15(종가결정) (최종거래일 종가 단일가 거래 없음)
가격제한폭	기준가격±(기준가격×2.7%)
스프레드거래	제1Spread: 최근월물+次근월물 (스프레드가격: 근월물가격-원월물가격)
증거금률	거래증거금률: 1.8%(유지위탁증거금률 동일) 위탁증거금률: 2.7%
미결제약정수량 제한	최근월물의 최종거래월 중 5,000계약
결제시한	최종거래일(T)+1일 16:00시
최종결제가격 산출방법	최종거래일 금융투자협회에서 산출한 최종결제기준채권 수익률로 결제수익률을 산출한 후, 이를 최종결제가격 산출식에 대입 (파생상품시장 업무규정 제42조)
최종결제방법	현금결제

주) 자료: 한국거래소(KRX)

Tip 주요 용어

일수계산관례(Day Count Convention)

채권이나 금리선물에서 경과날짜를 계산하는 데는 나라마다 다소 다른 관례를 가지고 있는데 이를 '일수계산관례(Day Count Convention)'라 부른다.

(예) X/Y = 실제 경과일 / 표면이자지급일 사이의 경과일

i) 미국의 경우

- T-bond: X/Y = actual/actual
- 회사채(corporate bond): X/Y = 30/360
- 화폐시장(money market) 채권: X/Y = actual/360

ii) 호주, 뉴질랜드, 캐나다의 화폐시장 채권: X/Y = actual/365

iii) 영국 LIBOR: X/Y = actual/360

(단, actual = 달력에서 계산하는 실제 경과일수)

연습문제

01. 투자자가 강세시장을 예상하고 채권가격이 오를 것으로 기대하고 있다. 만일 이 투자자가 5월물 T-bond선물의 2월 가격이 과대평가 되어 있다고 생각한다면 그는

① 5월선물에 매도포지션을 취해야 한다.
② 5월선물 콜옵션을 매도하고 2월선물 풋옵션을 매입해야 한다.
③ 5월선물을 매도하고 2월선물을 매입해야 한다.
④ 5월선물 풋옵션을 매입하고 2월선물 콜옵션을 매도해야 한다.

02. 다음 중 고정금리채권이 아닌 것은?

① T-bills ② T-notes
③ T-bonds ④ GNMAs

03. 수익률곡선(yield curve)이 역조(inverted)되어 있다면, 당신은 다음 중 무엇을 예상하는가?

① T-bond 수익률이 T-note 수익률보다 높다.
② GNMA 수익률이 T-bill 수익률보다 높다.
③ T-bill 수익률이 T-bond 수익률보다 높다.
④ T-bill 수익률이 T-bond 수익률보다 높다.

04. 다음 거래소 중 유로달러(Eurodollar)선물이 거래되는 곳은?

① NYFE ② CBOT
③ NYME ④ CME

05. T-bond선물로 회사채(corporate bond)를 헷지하는 것을 무엇이라 하는가?

① 교차헷지(cross hedge) ② 스트래들(straddle)
③ 비율헷지(ratio hedge) ④ 직접헷지(direct hedge)

06. T-bond선물의 계약단위는 $100,000이다. 만일 선물가격이 96-28에서 98-02로 상승한다면 거래비용을 무시할 경우 선물 1계약에서의 자산의 변동은 얼마인가?

① $5,200 ② $1,187.50
③ $650 ④ $2,500

07. 다음 중 미국정부가 발행하는 중기(mid-range)채권은?

① T-bills ② T-bonds
③ T-notes ④ GNMA

08. CBOT에서 거래되는 T-bond선물의 인도월을 바르게 나열한 것은?

① 1월, 3월, 4월, 6월, 7월, 9월, 10월, 12월
② 1월, 4월, 7월, 10월
③ 2월, 5월, 8월, 11월
④ 3월, 6월, 9월, 12월

09. 1월에 당신 회사는 9월경 대규모의 어음(commercial paper)을 발행하기로 결정했다. 현재 우대금리(prime rate)는 6%이고 3개월 T-bill의 수익률은 7%이다. 당신 회사는 1월에 어떻게 헷지할 수 있는가?

① 3개월 T-bill선물 매입
② 3개월 T-bill선물 매도
③ AAA등급 사채 매입
④ 3개월 T-bill선물 매입 및 9개월 T-bill선물 매도

10. 지금은 2월이고, 3월에 당신의 고객이 자신의 집을 팔아 $920,000을 받을 예정이다. 그는 그 돈을 T-bill에 투자할 예정이며 현재의 T-bill의 수익률에 만족해 하고 있다. 현재의 수익률을 유지하기 위해 그가 취해야 하는 포지션은?

① 3개월 T-bill선물 매입 ② 3개월 T-bill선물 매입 및 인도
③ 3개월 T-bill선물 매도 ④ 3개월 T-bill선물 매도 및 인도

11. 이자율이 향후 오를 것이라 생각하여 NOB스프레드 전략을 고려하고 있는 거래자(trader)가 취해야 하는 행동은?

① T-note선물 매입, T-bond선물 매도
② T-note선물 매도, T-bond선물 매입
③ T-note선물 매입, T-bond선물 매입
④ T-note선물 매도, T-bond선물 매도

12. '화폐시장 혹은 단기자금시장(money market)'이라는 용어는 만기가 어느 정도인 부채증권(debt securities)들이 거래되는 곳을 의미하는가?

① 1년 이하 ② 90일 미만
③ 5년 초과 ④ 2년 초과

13. 미국 연방준비은행(FRB)이 공개시장(open market)에서 증권(재무성 채권)을 매입하고 있다면, 이는 다음 중 어떤 결과를 초래하는가?

I. 은행예치금 증가
II. 은행예치금 감소
III. 시중에 더 많은 자금(돈)이 유통됨
IV. 이자율 증가

① I, II ② I, III
③ III, IV ④ I, II, III, IV

14. 미국 연방준비은행(FRB)이 공개시장(open market)에서 미국 정부증권(U.S. government securities), 즉 재무성 채권을 매입하는 것은 은행의 지불준비금 (reserve)과 예금(deposit)에 어떤 영향을 주는가?

① 준비금의 감소와 은행예금의 증가
② 준비금의 증가와 은행예금의 증가
③ 준비금의 감소와 은행예금의 감소
④ 준비금의 증가와 은행예금의 감소

15. 만일 연방준비은행(FRB)이 의무적인 지불준비금(reserve requirement)을 강화 (tighten)시키면, 다음 중 어떤 결과가 초래되는가?

① 자본지출(capital outlay) 감소, 이자율 상승, 물가 상승
② 자본지출(capital outlay) 증가, 이자율 상승, 물가 상승
③ 자본지출(capital outlay) 증가, 이자율 상승, 물가 하락
④ 자본지출(capital outlay) 감소, 이자율 상승, 물가 하락

16. 연방기금금리(federal fund rate)란 다음 중 무엇을 말하는가?

① 장기 지방채(municipal bond)지불 금리
② 연방기금부채의 성장률
③ 은행들이 초과 지불준비금을 다른 은행에 대출해 주는 금리
④ T-bond선물 계약에서 징수된 금리

17. 한 회사가 가격이 86-24/32인 채권을 발행하였고, 4월에 또 다른 채권을 $10,000,000 어치 추가 발행할 예정이다. 추가로 발행될 채권은 만기가 20년이다. 그 회사는 발행 예정인 채권에 대해 헷지를 하고자 하며, T-bond선물의 가격은 다음과 같다.

인도월	T-bond선물가격
12월	88-16/32
3월	88-22/32
6월	88-26/32
9월	89-2/32

이러한 상황하에서 이 회사가 가장 걱정하고 있는 것은 무엇이며, 우려하고 있는 것에 대비하기 위해 이 회사가 취해야 하는 헷지포지션은 무엇인가?

① 상승하는 금리를 걱정하고 있으며, 매입헷지포지션을 취해야 한다.
② 상승하는 금리를 걱정하고 있으며, 매도헷지포지션을 취해야 한다.
③ 하락하는 금리를 걱정하고 있으며, 매입헷지포지션을 취해야 한다.
④ 하락하는 금리를 걱정하고 있으며, 매도헷지포지션을 취해야 한다.

18. 다음 선물거래 중 만기에 현금으로 정산하는 결제방식을 취하는 것은?

① T-bill선물　② Eurodollar선물
③ T-note선물　④ T-bond선물

19. 최저가인도채권(cheapest-to-deliver bond)으로 적당치 않은 것은?

① 내재 repo이자율이 가장 큰 채권
② 베이시스가 최소인 채권
③ 전환계수(conversion factor)가 가장 큰 채권
④ 보유비용(cost of carry)이 최소인 채권

20. 전환계수(conversion factor)에 관한 다음 설명 중 옳지 않은 것은?

① 채권의 지급이자(coupon)가 많을수록 커진다.
② 채권의 지급이자가 8%라면 전환계수는 1.00이다.
③ 일정한 지급이자율에 대해 잔존 만기가 길수록 전환계수는 1에 가까와진다.
④ 채권의 지급이자가 8%보다 크면 전환계수는 1.00보다 크다.

21. 6월 20일 현재 'September T-bond'의 수익률이 6.8%라는 것은 무엇을 의미하는가?

① 6월 20일부터 15년간 T-bond 수익률이 6.8%
② 9월 15일부터 15년간 T-bond에 투자할 경우 수익률이 6.8%
③ 9월 15에 최저가현물 채권의 수익률이 6.8%이상이면 이익
④ 9월 15에 최저가현물 채권을 담보로 시장에서 차입할 때 금리가 6.8%

22. 4월 3일 현재 유로달러 예금시장에서 3개월 금리는 4%, 6개월 금리는 5%인데, 6월 만기 유로달러 가격이 94.51로 주어진다면, 어떤 차익거래가 가능하겠는가?

① 6월물 유로달러선물 매도
② 6개월 유로달러를 차입하여 3개월 운용
③ 3개월 유로달러를 차입하여 6개월 운용
④ 3개월 유로달러를 차입 및 6개월 운용과 동시에 6월물 선물 매도

23. 6월 4일 현재 September T-bond가격이 97-07로서 December T-bond가격인 96-04 보다 높다. 그 이유로 적당한 것은?

① 현재 시장금리가 8%이상이기 때문에
② September 최저가현물의 coupon이 December 최저가현물의 coupon보다 높기 때문에
③ September 최저가현물의 내재환매수익률(IRR: implied repo rate)이 December 최저가현물의 IRR보다 높기 때문에
④ 수익률곡선의 기울기가 우상향하기 때문에

24. 현재 December T-bond의 시장공시가격이 111.0으로 주어졌다. 다음 채권 중 December T-bond의 최저가인도채권이 되는 것은?

① coupon 11%, 가격 150.0, 전환계수 1.30인 채권
② coupon 10%, 가격 135.0, 전환계수 1.25인 채권
③ coupon 9%, 가격 125.0, 전환계수 1.10인 채권
④ coupon 7%, 가격 118.0, 전환계수 0.95인 채권

25. September T-bond의 내재환매수익률(IRR: implied repo rate)이 4.5%인데 반하여 September T-bond의 선물만기일까지의 2개월간 Repo금리는 4.0%로 주어져 있다. 어떤 거래가 가능한가?

① T-bond 현물매입(즉, Repo차입)과 T-bond 선물매도
② T-bond 현물매도(즉, Repo운용)과 T-bond 선물매입
③ T-bond 선물매도
④ T-bond 선물매입

26. BPV(basis point value)는 무엇을 의미하는가?

① 채권의 수익률
② 채권의 내재환매수익률(IRR: implied repo rate)
③ 금리변동에 대한 채권가격 변동폭
④ 금리변동에 대한 채권가격 변동율

27. 한 투자자가 액면가 1억달러의 T-bond를 보유하고 있다. 이 채권의 coupon은 10%, 전환계수는 1.35이다. 채권의 시장가격은 160-16이고, 장래 금리상승으로 인한 채권 가격의 하락을 헷지하기 위해 T-bond선물을 이용하고자 한다. 다음 중 적절한 전략은?

① T-bond선물 1,350개 매입　② T-bond선물 1,000개 매입
③ T-bond선물 1,350개 매도　④ T-bond선물 1,000개 매도

28. 다음 중 TED 스프레드거래가 가장 적절하게 이루어진 것은?

① 금융시장 긴축 시 TED 스프레드 매입
② 금융시장 긴축 시 TED 스프레드 매도
③ T-bill금리 상승 시 거래
④ 유로달러금리 상승 시 거래

29. 6월 1일 현재 September T-bond의 가격은 97-14, September T-note의 가격은 104-02로 주어졌다. September NOB 스프레드는 얼마인가?

① 97-14　② 6-20
③ 104-02　④ 6-88

Exercises

30. 다음 중 금리선물간의 가격차이를 이용한 스프레드거래가 아닌 것은?

① T-bill/Eurodollar ② T-note/T-bond
③ T-bill/T-bond ④ T-note/Eurodollar

31. 듀레이션(duration)에 대한 설명 중 잘못된 것은?

① 원리금이 상환되는 데 걸리는 가중평균기간을 의미한다.
② coupon을 지급하는 경우에는 항상 만기보다 짧다.
③ coupon이자율이 낮을수록 작아진다.
④ 만기와 정(+)의 관계를 가진다.

32. 만기가 2년인 채권의 연간 수익률이 12%이고, 만기가 1년인 채권의 연간 수익률이 10%라면 1년 후 시점에서의 1년 만기 채권수익률은 약 얼마로 예상되는가?

① 2% ② 11%
③ 12% ④ 14%

33. 다음 중 금리선물을 매입하는 이유로 적당하지 않은 것은?

① 채권을 보유하고 있고 향후 매도하고자 하는데 채권가격 상승이 우려되기 때문에
② 채권가격의 상승을 헷지하기 위해서
③ 금리하락을 예상하기 때문에
④ 시장가격이 이론가격보다 낮아 아비트라지 이익을 얻기 위해

34. 거래소에서 거래되는 금리선물의 가격이 이론적인 금리선물의 가격보다 낮을 경우 시행할 수 있는 차익거래(아비트라지)에 대한 설명으로 옳지 않은 것은?

① 선물을 매입하고 선물의 기초자산이 되는 금리상품을 공매도(short selling)하여 받은 금액을 무위험이자율로 예금한다.
② 거래되는 금리선물의 가격과 이론적인 금리선물 가격과의 차이가 차익거래 시 거래비용보다 작을 경우에 한해 차익거래기회가 생긴다.
③ 금리선물이 만기가 되면 차익거래자는 예금했던 자금을 회수하고 대상 금리상품을 인수하여 공매도포지션을 마감한다.
④ 차익거래자는 차익거래를 시작할 때의 이론 금리선물가격과 실제금리선물가격과의 차이에서 차익거래 수수료를 제외한 금액만큼 이익을 얻게 된다.

35. T-bill선물의 매매조건을 옳게 설명한 것은?

① 만기는 90일이며 액면가는 $100,000이고 최소가격변동폭은 $25이다.
② 만기는 90일이며 액면가는 $1,000,000이고 최소가격변동폭은 $25이다.
③ 만기는 1년이며 액면가는 $100,000이고 최소가격변동폭은 $31.25이다.
④ 만기는 1년이며 액면가는 $1,000,000이고 최소가격변동폭은 $31.25이다.

36. T-bond선물의 매매조건을 옳게 설명한 것은?

① 액면가는 $100,000이고 최소가격변동폭은 $25이다.
② 액면가는 $1,000,000이고 최소가격변동폭은 $25이다.
③ 액면가는 $100,000이고 최소가격변동폭은 $31.25이다.
④ 액면가는 $1,000,000이고 최소가격변동폭은 $31.25이다.

37. T-note선물의 매매조건과 관련한 다음 설명 중 틀린 것은?

① 표준물의 표면금리는 10%이다.
② 표준물의 만기에는 2년, 5년, 10년의 세 종류가 있다.
③ 2년 만기 T-note선물의 액면가만 $200,000이고 나머지는 모두 $100,000이다.
④ 10년 만기 T-note선물의 호가단위는 1/32% 혹은 $31.25이다.

38. 다음 금리선물에 관한 내용 중 옳지 않은 것은?

① 금리변동에 따른 금융자산 가격변동위험을 관리하기 위해 이용된다.
② 단기, 중기, 장기 금리선물로 구분된다.
③ 단기금리선물에는 T-bill선물, Eurodollar선물 등이 있다.
④ T-bond선물은 중기 금리선물이며, T-note선물은 장기금리선물이다.

39. 채권의 듀레이션과 관련한 다음 설명 중 틀린 것은?

① 표면이자가 높을수록 듀레이션은 길어진다.
② 듀레이션을 이용한 헷징 전략이 가능하다.
③ 만기가 90일인 T-bill의 듀레이션은 90일이다.
④ 듀레이션이 길수록 위험이 커진다.

40. 향후 3개월간 이자율이 상승할 것으로 예상하는 투자자의 투기적 거래전략은 다음 중 어느 것인가?

① 금리선물의 매도 ② 금리선물의 매입
③ 금리선물과 주가지수선물의 매도 ④ 금리선물과 주가지수선물의 매입

41. 이자율과 채권가격의 관계에 관한 다음 설명 중 틀린 것은?

① 채권가격은 이자율과 반비례한다.
② 이자율의 하락은 같은 폭의 상승보다 채권가격을 더 크게 변동시킨다.
③ 잔존만기가 길수록 이자율변동에 따른 채권가격변동폭이 작아진다.
④ 표면금리가 높을수록 이자율 변동에 따른 채권가격 변동폭이 작다.

42. 채권의 변동요인과 관련이 적은 것은?

① 금리 ② 채권이자
③ 만기 ④ 금리선물

43. T-bond에서 1tick은 얼마인가?

① \$25.00 ② \$31.25
③ \$36.00 ④ \$50.00

44. TED스프레드에 관한 다음 설명 중 틀린 것은 어느 것인가?

① 시장금리가 상승하면 TED를 매입한다.
② 시장금리가 상승하면 T-bill을 매입하고 Eurodollar를 매도하여 이익을 얻는다.
③ 시중 자금사정이 양호하면 TED를 매입하여 이익을 낸다.
④ 시중 자금사정이 양호하면 TED를 매도하여 이익을 낸다.

45. NOB스프레드에 관한 다음 설명 중 틀린 것은?

① T-note선물가격과 T-bond선물의 가격차이를 이용한 투자전략이다.
② 수익률곡선의 변동에 따른 두 선물의 가격움직임 차이만을 통해 단기간에 이익을 얻을 수 있다.
③ 수익률곡선이 우상향한다면 T-bond의 가격하락폭이 T-note에 비해 상대적으로 커진다.
④ NOB스프레드를 매입한다는 것은 T-note선물을 매도하고 T-bond선물을 매입하는 것을 의미한다.

46. Turtle스프레드(즉, T-bill over T-bond)에 관한 다음 설명 중 잘못된 것은?

① Turtle스프레드 매입이란 T-bill선물을 매입하고, 동시에 T-bond선물을 매도하는 전략이다.
② Turtle스프레드 매도란 T-bill선물을 매도하고, 동시에 T-bond선물을 매입하는 전략이다.
③ 수익률곡선의 기울기가 급해지는 경우에는 Turtle스프레드 매도전략이 유효하다.
④ 수익률곡선의 기울기가 완만해지는 경우에는 Turtle스프레드 매도전략이 유효하다.

47. 어떤 투자자가 3개월 후에 액면가가 $100,000이고 만기가 20년, 표면이자율(coupon rate)이 7%인 T-bond를 매입하고자 한다. 그 채권의 현재가격은 96-00이며 만기 수익률은 현재 7.25%이다. 95-08에 거래되고 있는 T-bond선물의 수익률은 8.50%이다. 헷지를 위해 이 투자자가 해야 하는 거래는 다음 중 어느 것인가?

① 만기수익률 7.25%를 확보하기 위해 T-bond선물 1계약 매입
② 만기수익률 7.25%를 확보하기 위해 T-bond선물 1계약 매도
③ 만기수익률 8.50%를 확보하기 위해 T-bond선물 1계약 매입
④ 만기수익률 8.50%를 확보하기 위해 T-bond선물 1계약 매도

48. 채권선물에서의 약세 스프레드(bear spread)에 관한 다음 설명 중 틀린 것은?

① 스프레드를 매도하는 포지션이다.
② 만기가 가까운 선물을 매도하고 동시에 만기가 먼 선물을 매입하는 전략이다.
③ 수익률곡선이 우상향할 경우 스프레드가 확대되면 손실이 발생한다.
④ 수익률곡선이 우상향할 경우 수익률곡선의 기울기가 급하게 변하면 이익이 발생한다.

49. 1965년 이후 미국 정부채권(U.S. government debt)에 관한 다음 설명 중 옳은 것은?

① 1965년 이전에는 대부분의 채권을 은행이 보유하였으나, 지금은 대부분 보험회사와 개인투자자들이 보유하고 있다.
② 개인 투자자들은 1965년 당시보다 적게 정부채권을 보유하고 있다.
③ 재무성(Treasury)은 1965년에 비해 단기채권은 더 많이 발행하고 장기채권은 더 적게 발행하고 있다.
④ 재무성(Treasury)은 1965년에 비해 단기채권은 더 적게 발행하고 장기채권은 더 많이 발행하고 있다.

50. 다음 중 단기 금리선물의 기초자산으로 가장 적절한 것은?

① T-bill
② T-bond
③ T-note
④ GNMA

※ 다음에 주어진 자료를 이용하여 물음에 답하라(51번 ~ 52번).

11월 1일 현재 15년 만기 8-$\frac{3}{4}$수익률의 T-bond 백만달러어치를 가지고 있는 한 채권딜러가 향후 이자율이 오를 것으로 예상하고 있다. 지금 보유하고 있는 채권을 헷지하면 내년 3월 4일에 헷지포지션을 마감할 예정이다. 현재 공시가격은 다음과 같다.

날짜	채권현물	3월물선물
11월 1일	92-27	90-19
3월 4일	81-04	77-07

51. 딜러가 11월 1일에 헷지포지션을 취하고 3월 4일에 그 포지션을 마감하였다면 거래결과 계약당 손익은?

52. 현물채권가격 변화와 헷지결과 둘 다 고려할 경우 딜러의 총 손익은?

53. 현재는 5월이고, 회사의 재정담당자는 수개월 내에 50만 달러의 현금이 회사에 들어올 것으로 예상하고 있으며 그 현금을 T-bonds에 투자하고자 한다. 그가 투자하려는 채권의 현재 가격은 96-16이고 12월물 T-bond선물가격은 97-00이다. 그는 장기 금리가 하락할 것을 염려하여 12월물 T-bond선물 5계약을 97-00에 매입하여 헷지 포지션을 취하였다. 12월에 현금 50만 달러를 받고 T-bond 5계약을 97-08가격으로 매입하고 12월물 선물포지션은 98-02에 마감하였다면 유효가격(effective price)은?

54. 한 투자자가 수익률 9.75%의 9월물 T-bill선물 매입포지션을 취한 후 수익률이 9.50%일 때 그 포지션을 마감하였다. 계약당 수수료가 $50이라면 거래결과 손익은?

55. 어떤 투기자가 $40,000을 증거금계좌에 입금하였다. 얼마 후 T-bill선물가격이 오를 것으로 예상한 투자자는 계좌에 입금한 돈으로 살 수 있는 최대한의 3월물 T-bill선물을 91.64에 매입하였다(T-bill선물 한 계약 당 필요 증거금은 $12,000이다). 선물가격이 94.22로 상승하여 그의 포지션을 마감하고, 94.19에 새로운 T-bill선물계약을 매입하였다. T-bill의 액면가가 $1,000,000이고 수수료가 매입 및 매도 당 $75이라면 초기 투자액(증거금입금액)에 대한 순수익률은?

56. 한 회사의 자금관리자는 6개월 안에 $3,500,000의 자금을 받을 예정이다. 8월 1일에 표면이자 9%인 채권이 9.25%수익률을 내고 있고, 자금관리자는 그 정도의 수익률은 만족스럽게 생각하고 그 채권에 투자하기를 원하지만 수익률이 하락할 것을 염려하고 있다. 그 채권가격이 96-08이고 T-bond선물(액면가 $100,000)의 가격이 94-24이다. 다음해 1월 15일까지 그 채권의 수익률이 8¾%로 하락하고 그 자금관리자가 선물포지션을 101-08에 마감한다면 이익 혹은 손실은 얼마인가?

57. 다음은 공시된 선물가격이다.

날짜	10월물	12월물
3월 8일	94.35	94.88
4월 7일	93.47	94.26
5월 9일	94.40	94.94
6월 6일	94.51	95.11
7월 12일	94.65	95.27
8월 11일	94.60	95.25
9월 8일	94.58	95.21

당신의 고객이 3월 8일에 10월물 T-bill선물 3계약을 매입하고 12월물 T-bill선물 3 계약을 매도한 후, 8월 11일에 포지션을 마감하였다면 손익은?

58. 어떤 회사가 내년 3월에 AAA등급채권 2,000만 달러를 발행할 예정에 있고 내년에 경제가 물가상승국면에 있으리라 예측하고 있다. 따라서 물가변동위험에 대처하기 위해 가격이 88-08인 T-bond(액면가는 $100,000임)와 가격이 90-12인 선물을 이용하여 헷지하고자 한다. 내년 3월에 T-bond가격이 83-20이 되고 선물가격이 84-16이 된다면 그 회사가 헷지포지션을 취함으로써 얻을 수 있는 순수익은 얼마인가?

59. 한 고객이 95.24의 가격으로 T-bill선물 3계약(계약단위는 $1,000,000임) 매도포지션을 취한 후, 선물가격이 94.36일 때 그의 포지션을 마감하였다. 수수료와 거래비용을 제외한 고객의 이익은 얼마인가?

60. 스프레드전략을 구사하고 있는 한 투자자가 9월 T-note를 97-04의 가격에, 그리고 12월 T-note를 97-01에 스프레드매도포지션을 취하고, 그의 포지션을 9월물은 96-07 에, 12월물은 94-26에 마감하였다. 모든 계약이 동일한 년도에 이루어졌다면 이러한 스프레드전략으로부터 얻을 수 있는 이익 혹은 손실은?

61. 한 투기자가 96.24의 가격으로 12월 T-bill선물 1계약을 매입하고 나중에 97.10에 매도하였다. 이 선물의 기초자산이 100만 달러 90일짜리 T-bill이라고 할 때, 수수료 를 무시하면 이 거래로부터 얻는 이익은?

62. 당신의 고객이 수년간 금융시장에서 경험을 가지고 있어 이자율변화에 대한 나름대로의 6감(sixth sense)을 가지고 있다고 하자. 그는 다음 달쯤 장기금리가 오를 것으로 예견하고 있다. 1월 15일 현재 3월물 T-bond선물 가격은 101-06이고 6월물은 102-10이다(거래단위는 계약 당 $100,000이다). 그 고객이 10개의 6월/3월 스프레드로 위험을 헷지하고자 한다. 3주후 6월물 가격은 103-24가 되었고 3월물은 102-03이 되었을 때 그 고객은 헷지포지션을 마감하였다. 이 스프레드 거래의 결과 손익은?

63. 어떤 은행이 장래에 주택저당채권(mortgage)을 $3,500,000어치 발행할 계획이고, 주택저당채권(GNMA)선물을 이용해 그 채권을 헷지하고자 한다. 헷지가 시작되었을 때 GNMA선물가격은 89-11이었고 현물가격은 89-06이었다. 헷지포지션이 마감 될 당시의 GNMA선물가격은 89-01이고 현물가격은 88-29라면, 은행의 실질적인 주택저당채권 판매가격은 얼마인가?

64. 어떤 투자자가 시카고상품거래소(CBOT)에서 T-bond선물을 63-21에 매도포지션을 취하고 금리하락 시의 손실을 막기 위해 64-01에 역지정가 매입(buy-stop order)주문을 냈다. 금리가 하락하여 'stop'이 발효되었고 포지션은 64-01에 마감되었다. 수수료를 고려하지 않을 경우 그 투자자의 손실은 얼마인가?

65. 한 상호은행(S&L; Savings & Loan)이 $1,000,000상당의 주택저당채권(mortgage)을 발행하고 손실위험을 GNMA선물(액면가=$100,000, 1.00포인트=$1,000)을 이용하여 헷지하였다. 만일 금리가 상승하여 GNMA선물 가격이 70-02에서 68-26으로 변하였다면 그 은행의 이익은?

66. 어떤 투자자가 향후 미국의 금리가 상승할 것으로 전망하고 5월 15일에 9월물 T-bond선물 100계약을 103-22에 매도하였다. 증거금은 계약 당 $2,500이고 1주일 뒤 선물포지션을 101-28에 마감하였다면, 증거금투자 대비 수익률은?

67. 현재 거래되는 채권가격이 $150이고, 시중에서의 금리가 연 10%, 채권의 표면금리(coupon rate)가 8%이며 선물의 만기가 2년 남았다고 할 때, 이 채권을 기초자산으로 하는 금리선물의 적정한 가격은 얼마인가? (단, 이자는 연속복리로 계산하기로 한다)

68. 현재 채권가격이 $1,000이고 연 수익률이 10%이다. 이 채권을 매입하기 위해 은행에서 자금을 대출 받고자 하는데 금리가 연간 5%이다. 이 채권을 매입하여 6개월간 보유하는데 드는 총비용은 얼마인가?

69. 현재 거래되는 채권가격이 $100이고, 시중에서의 금리가 연 8%, 채권의 표면금리(coupon rate)가 10%이며 선물의 만기까지 6개월 남았다고 할 때, 이 채권을 기초자산으로 하는 금리선물의 적정한 가격은 얼마인가? (단, 이자는 이산복리로 계산하기로 한다)

70. 어떤 투자자가 현물시장에서 액면가가 $1,000,000이고 표면금리가 8%인 T-bond를 115-21에 매입하였다. 그는 장래의 금리상승에 따른 채권가격 하락위험을 헷지하기 위해 선물시장에서 T-bond선물 10계약을 118-10에 매도하였다. 1개월 후에 현물시장에서 T-bond를 110-10에 매도하고 T-bond선물 10계약은 114-10에 마감하였다. 현물보유기간 동안 수입이자는 없었으며 수수료 등의 비용을 고려하지 않을 경우 이 투자자의 손익은?

71. 유로달러선물의 가격이 96.76에서 96.82로 변하였다. 이 선물 2계약을 매도한 투자자의 총손익은 얼마인가?

72. 300일 LIBOR이자율이 연속복리기준으로 3%이고, 300일 지나서 만기가 되는 유로달러선물계약으로부터 계산된 선도이자율이 연속복리기준으로 3.3%이다. 390일 무이표채이자율을 구하면 얼마인가?

73. 수익률곡선이 평행이동한다고 가정하면, 듀레이션에 근거한 최적선물계약수(N)는 다음과 같음을 증명하라. (본문 (식 5-32)참조)

$$N = \frac{P \cdot D_P}{V \cdot D_F}$$

(단, P = 헷지대상현물가치, V = 금리선물 1계약가치, D_S = 헷지대상현물의 헷지만기 시 듀레이션, D_F = 금리선물기초자산의 만기 시 듀레이션)

E x e r c i s e s

74. 1월 1일 현재 한 펀드매니저가 $1,000,000의 채권포트폴리오를 운영하고 있다. 6개월 후 이 채권포트폴리오의 수정듀레이션이 7.5년이 될 것으로 예상된다. 만일 9월만기 T-bond선물가격이 현재 103-16이며 최저가인도채권이 9월에 6.5년의 만기듀레이션을 가질 것으로 예상된다. 향후 6개월간의 이자율리스크에 대비하기 위한 듀레이션 기반 헷지전략을 설명하시오.

75. 90일 T-bill의 공시가격이 10.00이다. 이 채권의 현재 가격은 얼마인가? 그리고 이투자자가 90일간 T-bill로부터 얻는 연간 실제수익률(실제경과일수/365기준)은 얼마인가?

76. T-bond의 선물가격이 101-12이다. 다음 4개의 채권 중 최저가인도채권은?

채권	가격	전환계수(CF)
A	125-05	1.2131
B	142-15	1.3792
C	115-31	1.1149
D	144-02	1.4026

77. 만기가 60일 후인 유로달러선물의 공시가격이 90이다. 60일이후부터 150일 사이의 LIBOR선도이자율은 얼마인가? (단, 선물계약과 선도계약의 차이는 무시한다)

78. 채권시장에서 액면가가 100,000원인 순수할인채 A, B가 다음과 같이 거래되고 있다.

채권	만기	시장가격
A	1년	95,000원
B	2년	89,000원

한편, 선물시장에서는 액면가 100,000원, 만기 1년인 순수할인채를 기초자산으로 하고, 1년 후에 인도가 이루어지는 채권선물의 가격이 96,000원이다.

1) 선물매도포지션과 유사한 효과를 얻기 위한 현물채권 투자전략을 제시하라.

2) 1)의 투자전략에 기초하여 차익거래가 가능한지, 가능하다면 그 과정을 설명하라.

79. 5월 10일 현재 채권등가수익률에 의한 90일간의 이자율이 연8%이고, 180일간의 이자율은 연 8.5%라 할 때, 만기일이 6월10일인 T-bill선물의 이론가격을 구하라.

단, T-bill선물의 기초자산은 잔존만기 90일, 액면가 $100만인 T-bill이며, 1개월은 30일, 1년은 360일로 계산한다. 이자는 이산복리로 계산한다.

80. 1월 1일 현재 시장에 다음과 같은 순수할인채권이 거래되고 있다.

채권	액면가	만기	시장가격
A	1000원	1년	900원
B	1000원	2년	800원

1년에서 2년 사이의 내재 선도이자율을 이산복리로 구하라.

Exercises

연습문제 정답 및 해설

01. ❸

5월물 T-bond선물이 2월에 과대평가되어 있다면 그 선물가격은 2월에 최고를 보이고 5월에 하락할 것이 예상되므로 2월물은 매입하고 5월물은 매도하는 매입스프레드(혹은 강세 스프레드)전략을 통해 이익을 얻을 수 있다.

02. ❶

T-bill은 할인채이고 나머지는 통상 8%의 고정이자를 연2회 지급한다.

03. ❹ **04.** ❹

05. ❶

헷지대상자산이 거래소에서 거래되지 않을 때 유사한 자산을 헷지대상으로 이용하는 것을 교차헷지(cross hedge)라 한다.

06. ❷

98-02 - (96-28) = 1-06 = 1 + 06/32 = 1.1875%

이를 달러로 환산하면, 1.1875% × $10만 = $1,187.50

07. ❸ **08.** ❹

09. ❷

CP를 발행할 예정이므로 발행가격하락에 대비해 T-bill 같은 단기 금리선물로 매도포지션을 취해야 헷지할 수 있다.

10. ❶

11. ❶

NOB 스프레드는 T-note와 T-bond사이의 스프레드인데, 이자율이 상승할 경우 T-bond 가격의 하락폭이 T-note가격의 하락폭보다 더 커지므로 T-note는 매입하고 T-bond는 매도하여 NOB스프레드를 구성해야 한다. 이자율이 하락할 경우는 반대로 구성한다.

12. ❶

만기가 1년 미만인 자금시장을 화폐시장(money market)이라 한다.

13. ❷

FRB가 공개시장에서 재무성 채권을 사들이면 그 만큼 자금(현금)이 시중에 풀리게 되고, 따라서 시중에 유통되는 자금이 증가되며, 자금이 증가되면 은행에 예치되는 금액도 증가하게 된다.

14. ❷

FRB가 공개시장을 통해 재무성 채권을 사들이면 그만큼 시중에 자금이 풀려 통화량이 증가하게 되어, 은행의 예치금(deposit)이 늘고, 예치금의 증가는 곧 지불준비금(reserve)의 증가를 가져온다. 즉, 지불준비금은 예치금에 비례한다.

15. ❹

FRB가 의무적인 지불준비금(reserve requirement)을 강화시킨다는 것은 예치금 당 준비금이 늘어나는 것을 의미하며, 따라서 은행들은 더 많은 자금을 지불준비금으로 확보해야 하므로 시중에 사용가능한 자금이 줄어들게 되어 통화량이 감소한다. 통화량의 감소는 금리를 상승시키며, 상품에 대한 수요를 감소시켜 물가를 하락시키고, 자본지출 (capital outlay) 혹은 자금시장 대출규모가 줄어들게 된다.

16. ❸

연방기금금리(federal fund rate)란 초과 지불준비금을 가진 은행이 지불준비금이 부족한 타 은행에 대출할 때 적용되는 금리이다.

* 참조 : 미국 은행체제에서 자주 사용되는 기타 금리용어는 다음과 같다.

1) 할인금리(discount rate): 연방준비은행(FRB)이 회원 은행들 중 가장 신용이 좋은 은행에게 자금을 빌려 줄 때 적용하는 금리. 이 금리수준은 시중금리보다 일반적으로 낮기 때문에 은행들은 이 자금을 바로 시중에 투자하여 무위험 차익(아비트라지)을 얻을 수 있고 이 때문에 종종 특혜시비가 일곤 한다.
2) 우대금리(prime rate): 주요 은행이 자신의 고객들 중 신용이 가장 좋은 고객에게 적용하는 금리. 기타 고객에게는 이 우대금리에 신용상태에 따라 일정율이 가산된 금리가 적용된다.

17. ❷

회사채를 발행할 예정이므로 금리상승 혹은 채권가격하락을 걱정할 것이며, 따라서 T-bond선물 매도헷지(short hedge)포지션을 취해야 한다.

18. ❷

19. ❸

'최저가인도채권'이란 다음 식으로 구한 비용이 가장 낮은 채권을 말한다.

비용 = 채권가격 - (선물가격 × 전환계수)

위의 식에서 비용이 낮아지기 위해서는 전환계수가 작은 것이 유리함을 알 수 있다.

또한, 최저가인도채권이 되기 위한 조건에 다음과 같은 것이 있다.

- 시장수익률이 8% 미만인 경우: 듀레이션이 작을수록, 이자지급액(coupon)이 많을수록, 만기가 짧을수록 최저가인도채권이 될 가능성이 커진다.

- 시장수익률이 8%를 초과하는 경우: 듀레이션이 클수록, 이자지급액(coupon)이 적을수록, 만기가 길수록 최저가인도채권이 될 가능성이 커진다.

20. ❸

시카고상품거래소(CBOT)는 어느 특정한 채권에 매수세가 몰리지 않도록 청구금액을 조정하기 위해 전환계수(CF)를 도입하였는데, 전환계수란 액면금액이 $1이라 가정하고 채권의 미래 현금흐름을 연이율 8%로 할인하여 구한 현가(PV; present value)이다. 전환계수(CF)의 특징을 요약하면 다음과 같다.

i) 지급이자율(coupon rate)이 8%인 채권의 전환계수는 1.00이다.
ii) 지급이자율(coupon rate)이 8%를 초과하면 채권의 전환계수는 1.00보다 크다.
iii) 지급이자율(coupon rate)이 8%미만이면 채권의 전환계수는 1.00보다 작다.
iv) 일정한 지급이자율(coupon rate)에 대해 잔존 만기가 짧을수록 전환계수는 1에 가까워진다.

21. ❷ **22. ❹**

23. ❹

수익률곡선이 우상향하면 만기가 길수록 수익률은 높아지게 된다. 수익률은 채권가격과 역의 관계에 있으므로, 수익률이 더 높다는 것은 채권가격이 더 낮다는 것을 의미한다. 즉, 수익률곡선이 만기에 대해 우상향한다면, 만기가 길수록 채권가격은 낮아지게 된다.

24. ❸

최저가인도채권은 다음 식에서 구한 비용이 최소가 되는 채권을 말한다.
선물매도자의 비용 = 채권가격 - (선물가격 × 전환계수)
차례대로 대입해 보면,
① 비용 = 150.0 - (111.0 × 1.30) = 5.70
② 비용 = 135.0 - (111.0 × 1.25) = 3.75
③ 비용 = 125.0 - (111.0 × 1.10) = 2.90
④ 비용 = 118.0 - (111.0 × 0.95) = 12.55
비용이 최소가 되는 세 번째 채권이 최저가인도채권이다.

25. ❶

보유비용(즉, Repo rate)이 4.0%로서 내재환매수익률(IRR: implied repo rate) 4.5%보다 낮으므로 선물이 과대평가되어 있다. 따라서, 과대평가 되어 있는 선물은 매도하고, 현물은 매입하는 아비트라지 전략을 구사해야 한다.

26. ❸

27. ❸

먼저, 보유하고 있는 채권의 미래 가치하락을 염려하고 있으므로, 매도헷지(short hedge) 포지션을 취해야 한다. 다음에, 적절한 선물계약수를 구하기 위해 전환계수모형을 이용하면 다음과 같다.
선물계약수 = (현물의 총가치/선물기초자산의 가치) × 전환계수
= ($100,000,000/$100,000) × 1.35 = 1,350(계약)

28. ❶

TED(T-bill over Euro-Dallar) 스프레드란 T-bill선물과 유로달러선물의 가격차이를 이용하여 이익을 얻고자 하는 거래전략이다. 만일 금융시장이 긴축되어 시장수익률이 상승할 경우에는 TED를 매입함으로써 TED 스프레드가 확대될 때 이익을 보게 될 것이고, 반면에 시장수익률이 하락할 경우에는 TED를 매도함으로써 TED 스프레드가 축소될 때 이익을 보게 될 것이다.

29. ❷

NOB(Notes over Bonds) 스프레드란 T-note선물과 T-bond선물의 가격차이를 이용하여 이익을 얻고자 하는 거래전략으로서 오늘날 가장 활발히 거래되고 있는 '상품간스프레드 (inter-commodity spread)'전략이다. NOB 스프레드는 다음과 같이 정의된다.
NOB spread = T-note선물가격 - T-bond선물가격
= (104-02) - (97-14) = (103-34) - (97-14) = 6-20

30. ❹

금리선물간의 가격차이를 이용한 스프레드거래에는 다음과 같은 것이 있다.
i) NOB(Notes over Bond) = T-note선물가격 - T-bond선물가격
ii) TED(T-bill over Eurodollar) = T-bill선물가격 - Eurodollar선물가격
iii) Turtle(Bills over Bonds) = T-bill선물가격 - T-bond선물가격
iv) MOB(Municipal over Bonds) = Municipal선물가격 - T-bond선물가격

31. ❸

Coupon이자율이 낮을수록 원리금상환기간이 길어지므로 듀레이션은 증가하게 된다.

32. ❹

내재수익률(implied rate of return)을 구하는 문제이다. 다음의 2가지 전략이 같은 수익을 가져야 아비트라지 기회가 없게 된다. 즉,
전략1: 수익률이 12%인 2년 만기 채권을 지금 매입하여 2년간 보유
전략2: 수익률이 10%인 1년 만기 채권을 지금 구입한 후 1년 후에 매도하고, 1년 후에 만기가 1년이고 수익률이 x%인 채권을 매입하여 1년 동안 보유
전략1의 수익 = (1+0.12)(1+0.12) = 1.2544
전략2의 수익 = (1+0.10)(1+x)
두 전략의 수익이 같아야 하므로, (1+0.10)(1+x) = 1.2544 ⇒ x = 0.1404 혹은 약 14%

33. ❶

향후 채권을 매도하고자 한다면 채권가격의 하락을 염려할 것이고, 따라서 금리선물 매입포지션이 아

닌 매도포지션을 취해야 한다.

34. ❷

실제 금리선물의 가격과 이론적인 금리선물 가격과의 차이가 차익거래 시 거래비용보다 클 경우에 한해 차익거래기회가 생긴다. 가격차이가 비용(즉, 차익거래 수수료)보다 커야 비용을 상쇄하고 이익을 낼 수 있기 때문이다.

35. ❷ 36. ❸

37. ❶

T-bill선물과 T-bond선물의 매매조건은 만기에 관계없이 동일하나, T-note선물의 경우 만기별로 거래조건이 다르므로 유의하여야 한다. 예컨대, 2년 만기의 경우 액면가가 $200,000인 반면, 5년과 10년 만기 선물의 경우 액면가는 $100,000이다.

38. ❹

대표적인 단기 금리선물에는 T-bill선물과 Eurodollar선물이 있고, 중기 금리선물에는 T-note선물, 장기 금리선물에는 T-bond선물 등이 있다. 여기서 말하는 단기란 통상 1년 이하의 만기를 말하고, 중기는 1년 초과 10년 이하, 장기는 10년을 초과하는 만기를 말한다.

39. ❶

표면이자(coupon rate)가 높을수록 현금회수가 빨라지므로 듀레이션은 작아지게 된다.

40. ❶

앞으로 이자율이 상승할 것으로 예상하는 투자자는 이자율의 상승으로 발생할 채권가격의 하락에서 이익을 취하려 할 것이다. 따라서, 채권가격의 하락이 이익을 가져다 주는 채권매도포지션을 취함으로써 이익을 보려 할 것이다.

41. ❸

잔존만기가 길수록 이자율변동에 따른 채권가격변동폭이 커진다. 따라서, 이자율이 전반적으로 하락하는 시기에는 만기가 긴 장기채권의 투자비중을 높여 시세차익의 기회를 높이고, 이자율이 상승할 때는 단기채권에 투자하여 시세차손을 최소화하는 투자전략이 바람직하다.

42. ❹ 43. ❷

44. ❸

시중 자금사정이 양호하면 TED를 매도함으로써 TED스프레드가 축소될 때 이익을 얻을 수 있게 된다.

45. ❹

NOB스프레드 = T-note선물가격 - T-bond선물가격

즉, NOB스프레드를 매입한다는 것은 T-note선물을 매입하고, T-bond선물을 매도하는 것을 의미한다.

한편, 장기채(T-bond0가 중기채(T-note)나 단기채(T-bill)에 비해 시장수익률 변동에 따른 가격변동폭이 더 크다. 따라서 수익률곡선이 우상향한다면 동일한 수준의 수익률 상승으로 수익률곡선이 평행이동한다 해도 수익률 상승에 따른 장기채의 가격이 단기채에 비해 가격 하락폭이 상대적으로 더 커지므로 NOB스프레드를 매입하는 전략이 유리하다. 반대로 수익률이 동일한 수준만큼 하락하리라고 예상하면 NOB스프레드를 매도하는 전략이 더 유리하다.

46. ❸

Turtle스프레드 = T-bill선물가격 - T-bond선물가격

수익률곡선의 기울기가 급해지는 경우에는 T-bond선물가격이 T-bill선물가격보다 더 많이 하락하므로 T-bill선물을 매입하고 T-bond선물을 매도하는 Turtle매입 전략이 더 유효하다.

47. ❶

헷지의 대상은 투자자가 3개월 후에 매입할 T-bond이다. T-bond의 현재 만기수익률이 7.25%이므로 헷지의 목적은 향후 시장이자율의 변동에 관계없이 이 7.25%의 수익률을 확보하는 것이다. 그리고, 향후 3개월 후에 T-bond를 매입할 예정이므로 매입가격의 상승을 헷지하여야 하고, 따라서 매입헷지(long hedge)포지션을 취해야 한다.

48. ❹

bear spread = 단기채선물가격 - 장기채선물가격

수익률곡선이 우상향할 경우 수익률곡선의 기울기가 완만하게 변하면 이익이 발생한다. 왜냐하면, 수익률곡선이 급하게 변하면 장기채의 수익률이 단기채에 비해 변동폭이 더 크며, 따라서 매입포지션을 취한 장기채의 가격이 큰 폭으로 감소하고 매도포지션을 취한 단기채의 가격은 조금 하락하므로 장기채에서의 손실이 단기채에서의 이익보다 더 크게 되므로 손실이 발생한다.

49. ❸

1965년 이후 미국 정부채권(U.S. government debt)의 특징을 요약하면 다음과 같다.

i) 최근에는 단기채권(T-bill)의 발행량이 중,장기(T-note, T-bond채권보다) 더 많다. 그 이유는 재무성(Treasury)이 장기채권을 발행함으로써 오랜기간 높은 금리를 지불하는 것을 꺼려 하기 때문이다.

ii) 현재의 정부채권은 개인투자자가 아닌 주로 기관(은행, 보험회사, 투자회사, 기금 등)들이 보유하고 있다.

iii) 최근 들어 정부채권 보유비율이 가장 많이 늘어난 계층은 개인투자자들이며, 이를 '비 중개투자(dis-intermediation) 혹은 (금융 중개기관을 통하지 않는) 직접투자'현상이라 한다.

50. ❶

51. 현재 T-bond를 보유하고 있으므로 선물매도표지션을 취하여야 하고, 선물가격이 하락하였으므로

이익을 보게 된다. 즉,

90-19(S) - 77-07(L) = 13-12(이익) = 13-12/32

52. 위의 문제 21로부터 선물에서는 13-12의 이익을 얻었고, 현물에서는 가격이 하락하였으므로 손실을 입었다. 즉,

현물: 81-04(S) - 92-27(L) = -11-23(손실)

따라서, 현물과 선물 둘 다 고려할 경우,

순거래 결과 = 13-12(선물이익) + 11-23(현물손실) = 1-21(이익)

달러로 환산하면, (1-21) × $10만 = (1 + 21/32) × $10만

= 1.6563% × $10만 = $1,656.25

총 $100만어치의 채권을 가지고 있으므로 계약수= $100만/$10만 = 10계약

따라서 총 이익 = $1,656.25 × 10 =$16,562.50

53. 유효가격 = $S_2 + F_1 - F_2$ = (97-08) + (97-00) - (98-02) = 96-06

(단, S_1 = 계약 시 현물가격; S_2 = 마감 시 현물가격, F1 = 계약 시 선물가격; F_2 = 마감 시 선물가격)

54. 채권수익률과 채권가격은 반대로 움직이므로, 채권수익률의 하락은 채권가격의 상승을 의미한다. 그리고, 채권가격은 100에서 수익률을 뺀 값으로 표시하므로,

마감 시 채권가격 = 100 - 채권수익률 = 100 - 9.50% = 90.50(S)

계약 시 채권가격 = 100 - 채권수익률 = 100 - 9.75% = 90.25(L)

매입포지션이므로 채권가격의 상승은 이익을 의미한다. 즉,

이익 = 90.50 - 90.25 = 0.25(이익) = 25bp = 25ticks

달러로 환산하면, 25ticks × $25/tick = $625

수수료가 $50이므로 이익 = $625 - $50 = $575.

55. 계약당 필요증거금이 $12,000이므로 $40,000로 3계약을 매입할 수 있다.

선물가격이 상승하였으므로 매입포지션은 이익을 실현하게 된다.

즉, 94.19(S) - 91.64(L) = 2.55(이익) = 255bp

달러가격으로 환산하면, 255bp × $25 = $6,375

3계약을 매입하였으므로, 순이익 = 이익 - 비용 = ($6,375 - $75) × 3 = $18,900

순이익률 = 순이익/총투자 = ($18,900/$40,000) × 100% = 47.25%

56. 총계약수 = $350만/$10만 = 35(계약)

6개월 후 채권에 투자하기를 희망하므로 선물매입포지션을 취해야 하는데, 매입포지션 후 선물가격이 상승하였으므로 이익을 얻는다. 즉,

선물: 101-08(S) - 94-24(L) = 6-16(이익)

이를 달러로 환산하면 6-16 = (6 + 16/32)% × $100,000 = $6,500

총이익 = $6,500 × 35(계약) = $227,500 (이익)

57. 8월 11일 선물가격이 3월 8일 선물가격에 비해 모두 상승하였으므로 매입포지션은 이익을, 매도포지션은 손실을 보게 된다. 즉, 10월물은 이익을, 12월물은 손실을 보게 된다.

10월물: 94.60(S) - 94.35(L) = 0.25(이익)

12월물: 94.88(S) - 95.25(L) = -0.37(손실)

합계 = 0.25(이익) + 0.37(손실) = 0.12(손실) = 12bp = 12tick

이를 달러금액으로 바꾸면, 12 × $25 × 3계약 = $900(손실)

58. T-bond가격은 하락하므로 손해를 보지만 매도포지션에 있는 선물가격은 하락하므로 이익을 보게 된다. 즉,

T-bond: 83-20(S) - 88-08(L) = -4-20(손실)

선물: 90-12(S) - 84-16(L) = 5-28(이익)

합계 = 4-20(손실) + 5-28(이익) = 1-08(이익)

따라서 헷지포지션을 취함으로써 얻을 수 있는 이익 = 88-08 + 1-08 = 89-16

89-16을 달러금액으로 표시하면, 89-16 =(89 + 16/32)% × $100,000 = $89,500

그런데, 총계약수 = $2,000만/$10만 = 200(계약)

그러므로 순이익 = (89-16) × 200(계약) = $89,500 × 200 = $17,900,000

59. 매도포지션을 취한 후 가격이 하락하였으므로 이익을 얻는다.

즉, 95.24(S) - 94.36(L) = 0.88(이익) = 88 bp

이를 달러금액으로 환산하면, 88(bp) × $25 × 3계약 = $6,600(이익)

* 참조 : T-bill의 1-tick = 액면가의 1 bp = 0.01% × $1,000,000 × 90/360 = $25.
  1 bp = 0.01% = 0.0001

60. 매도스프레드(혹은 약세스프레드)란 근월물을 매도(S)하고 원월물을 매입(L)하는 전략을 말한다. 따라서, 이 문제의 경우 9월물은 매도하고 12월물은 매입하여야 하며, 마감 시 가격이 계약 시 가격보다 모두 하락하였으므로 매도한 9월물에서는 이익을, 매입한 12월물에서는 손실이 발생하였다. 즉,

9월물: 97-04(S) - 96-07(L) = 00-29(이익)

12월물: 94-26(S) - 97-01(L) = -2-07(손실)

따라서, 합계는 (00-29) - (2-07) = -(1-10)(손실)

그런데, 1-10을 달러로 환산하면,

1-10 = (1 + 10/32) × $1,000 = $1,000 + $312.5 = $1,312.50 (손실)

* 참조 : 가격인용 시 'yy-xx = (yy + xx/32) * 액면가'를 의미함.

61. 선물매입포지션을 취하고 선물가격이 상승하였으므로 이익.

선물이익: 97.10(S) - 96.24 = 0.86(이익) = 86ticks

달러로 환산하면, 86 × $25 = $2,150(이익)

62. 장기금리가 오를 것이라는 예상은 장기 채권가격의 하락을 예상하는 것과 동일하므로 약세 스프레드 거래(혹은 매도 스프레드)를 해야 한다. 즉, 3월물을 매도하고 6월물은 매입한다.

3월물 손익: 101-06(S) - 102-03(L) = -00-29(손실)

6월물 손익: 103-24(S) - 102-10(L) = 01-14(이익)

합계 = 01-14 - (00-29) = 00-17(이익)

달러로 환산하면, 00-17bp × $10만 × 10계약

= (17/32)bp × $10만 × 10 = $5,312.50(이익)

63. 은행에서 주택저당채권을 발행할 예정이므로 채권가격하락을 대비한 매도헷지(short hedge)포지션을 취해야 한다. 발행예정액이 $3,500,000이고 GNMA의 액면가격이 $100,000이므로 35계약(즉, $3,500,000/$100,000)이 필요하다.

실질 혹은 유효가격 = 매도 시 현물가격 + 선물손익

= $S_2 + (F_1 - F_2)$

= 88-29 + [(89-11) - (89-01)]

= 88-29 + (0-10)

= 88-39

= 88 + (1+7/32)

= 89-07포인트

= 89-07/32 = 89.2188

89-07포인트를 $로 환산하면, 89.2188포인트 × $1,000/포인트 = $89,218.75/계약

총 35계약이 필요하므로, 총 실질채권액 = $89,218.75/계약 × 35계약

= $3,122,656.25

64. 매도포지션을 취하였는데 가격이 상승하였으므로 손실이다. 즉,

거래결과 = (63-21)(S) - (64-01)(L)

= (63-21/32) - (64-01/32)

= 63.6563 - 64.0313 = -0.3750포인트(손실)

이를 $가치로 환산하면, -0.3750포인트 × $1,000/포인트 = -$375(손실)

65. 주택저당채권을 발행하고 채권가격의 하락(즉, 금리의 상승)을 염려하고 있으므로 GNMA선물에 매도헷지(short hedge)포지션을 취함으로써 손실을 막을 수 있다. 매도헷지포지션을 취하였는데 선물가격이 하락하였으므로 이익이다. 즉,

거래결과 = 70-02(S) - (68-26)(L)

= (70-02/32) - (68-26/32)

= 70.0625 - 68.8125 = 1.25포인트(이익)/계약

이를 $가치로 환산하면, 1.25포인트 × $1,000/포인트 = $1,250/계약(이익)

채권발행액이 $1,000,000이므로 총 계약수 = $1,000,000/$100,000 = 10개

따라서, 총이익 = $1,250/계약 × 10계약 = $12,500

66. 선물매입 포지션을 취하였는데 가격이 하락하였으므로 이익이다. 즉,

이익 = (103-22)(S) - (101-28)(L)

= (103-22/32) - (101-28/32)

= 1-26/32 = 1.8125포인트

T-bond의 액면가가 $100,000이므로 1.8125포인트를 $로 환산하면,

(1.8125포인트 ÷ 100) × $100,000 = $1,812.50

따라서, 수익률 = 이익/증거금 = $1,812.50/$2,500 = 0.7250 혹은 72.50%

67. 다음 공식을 이용하여 선물의 적정가격을 계산할 수 있다.

Ft = S_t × e(r-c)(T-t)

(단, F_t = 현재시점에서의 선물가격

S_t = 현재시점에서의 채권 현물가격

r = 시장이자율

c = 채권의 표면금리(coupon rate)

T-t = 만기까지의 잔존기간

e = 2.7183......)

따라서, Ft = St × e(r-c)(T-t) = $150 × e(0.10-0.08)(2) = $156.12

68. 우선, 채권의 시가가 $1,000이므로 $1,000의 비용이 필요하다. 다음으로, 은행에서 자금을 조달하여 매입하므로 이자가 발생한다. 연간 이자가 5%이므로 6개월간 이자는 $25[즉, $1,000 × 5% × $\frac{1}{2}$(반년)]이다. 한편, 채권을 보유하면 연간 10%(즉, $100)의 수익이 발생하므로 6개월 보유할 경우 $50의 수익이 발생한다. 이상의 결과를 종합하면,

총비용 = 채권매입가격 + 차입이자 - 채권수익

= $1,000 + $25 - $50 = $975

69. 이산복리로 이자를 계산하므로 위의 문제 78번과는 달리 다음 공식을 이용하여 선물의 적정가격을 계산해야 한다.

F_t = S_t × [1 + (r -c)](T-t)

(단, F_t = 현재시점에서의 선물가격

S_t = 현재시점에서의 채권 현물가격

r = 시장이자율

c = 채권의 표면금리(coupon rate)

T - t = 만기까지의 잔존기간)

따라서, F_t = S_t × [1 + (r -c)](T-t) = $100 × [1 + (0.08 - 0.10)]0.5

= $98.9949 ≒ $99

70. 현물포지션: (110-10)(S) - (115-21)(L) = -(5-11)포인트(손실)

선물포지션: (118-10)(S) - (114-10)(L) = (4-00)포인트(이익)

계약 당 총손익 = -(5-11)포인트(손실) + (4-00)포인트(이익) = -(1-11)포인트(손실)

이를 $가치로 환산하면,

총손익 = -(1-11)포인트/계약 × $1,000/포인트 × 10계약

= -(1 + 11/32) × $1,000×10 = -$13,438(손실)

71. 선물을 매도하였는데 가격이 올랐으므로 손실이다.

가격변동 = 96.82 - 96.76 = 0,06 혹은 6bp.

그런데 1 bp =$25에 해당되므로 계약당 손실 = 6bp × $25/bp = $150 손실.

총손실 = 2계약 × $150/계약 = $300

72. 연속복리에 대한 선도이자율을 구하는 (식5-10)을 적용하면 된다. 즉,

$$f_{m,n} = \frac{nr_n - mr_m}{n-m} \Rightarrow r_n = \frac{f_{m,n}(n-m)+mr_m}{n} = \frac{3.3\% \times 300 \times 3\%}{390} = 3.0692\%$$

73. 연속복리기준으로 채권가격을 수익률에 대해 1차미분하면 다음 식을 얻는다.

(이산복리의 경우에는 〈심화학습 5-1〉참조)

$$\frac{dB}{dY} = (-)D_B \cdot B$$

$$\Rightarrow dB=(-)\ D_B \cdot B \cdot dY$$

이를 채권포트폴리오(P)와 금리선물가치(V)에 적용하면, 다음의 두 가지 식을 얻는다.

$$dP = (-)\ D_P \cdot P \cdot dY_P \quad \text{(i)}$$

$$dV = (-)\ D_V \cdot B \cdot dY_V \quad \text{(ii)}$$

$$\text{그런데, 최적계약수(N)} = \frac{dP}{dV} \quad \text{(iii)}$$

(i)과 (ii)를 (iii)에 대입하면,

$$N = \frac{(-)D_P \cdot P \cdot dY_P}{(-)D_V \cdot B \cdot dY_V} = \frac{P \cdot D_P}{V \cdot D_V} \left(\frac{dY}{dY_V}\right)$$

그런데, 만일 수익률곡선이 평행이동하면, $dY_P = dY_V$이므로,

$$N = \frac{P \cdot D_P}{V \cdot D_F}.\ \textit{Q.E.D.}$$

74. 선물가치(V) = 선물가격(백분율)/100e*$100,100 = (103+16/32)/100*100,000 = $103,500

채권포트폴리오가치(P)=$1,000,000

채권포트폴리오 만기 시수정듀레이션(Dp) = 7.5

선물기초자산의 만기 시 수정듀레이션(Dp) = 6.5

따라서 듀레이션기반 최적계약수(N)는,

$$N = \frac{P \cdot D_P}{V \cdot D_F} = \frac{\$1,000,000 \cdot 7.5}{\$103,500 \cdot 6.5} = 11.15.$$

펀드매니저는 채권가격이 하락하면 손실을 입게되므로 매도포지션을 취해야 된다.

즉, 최적 헷지전략은,

i) T-bond선물 약 11계약에 매도헷지포지션을 취하고,

ii) 6개월 뒤인 7월1일 이전에 마감(close out)하면 된다.

75. T-bill은 표면이자가 지급되지 않는 대신 할인되어 발행되므로 1년을 360일 기준으로 '할인수익률(DY: discount yield)'로 공시되며, 할인수익률은 다음과 같이 계산한다.
(본문 (식 5-20)참조)

$$DY = (\frac{F-B}{F})(\frac{360}{DTM})$$

단, B = 채권의 현재 가격, F = 채권의 액면가, DTM = 잔존만기일수(days to maturity).
따라서, 할인수익률(DY)이 0.10(=10/100)으로 주어졌으므로 채권의 현재가격(B)은 다음과 같이 계산할 수 있다. (본문 (식 5-21)참조)

$$B = F(1-DY\frac{360}{DTM}) = 100(1-0.10\frac{90}{360}) = \$97.50$$

또한, 채권으로부터 얻게되는 실제수익률, 즉 채권등가수익률(BEY: bond equivalent yield)은 다음과 같이 계산한다.(본문 (식 5-22)참조)

$$BEY = (\frac{F-B}{B})(\frac{365}{DTM}) = (\frac{100-97.5}{97.5})(\frac{365}{90}) = 0.1040 \text{ 혹은 } 10.40\%$$

76. 채권인도가격 = 채권공시가격 - 선물가격·전환계수
채권A: 125.15625-101.375·1.2131 = $2.178
채권B: 142.46875-101.375·1.3792 = $2.652
채권C: 115.96875-101.375·1.1149 = $2.946
채권D: 144.06250-101.375·1.4026 = $1.874
따라서, 최저가인도채권은 D이다.

77. 유로달러선물가격이 90이라는 것은 유로달러선물이자율이 100-90 = 10%라는 것을 의미한다. 그리고 이는 90일~150일 사이의 LIBOR선도이자율이 10%라는 것과 같은 의미이며, 분기마다 복리계산이 이루어지고, '실제경과기간/360'으로 이자를 계산함을 의미한다.

78. 1) 선물매도: 1년후 96,000원을 받고, 액면가가 100,000원인 1년만기 채권을 인도해야 하므로 2년 후에는 액면가 100,000원을 지급해야 한다. 즉, 선물매도의 현금흐름은 다음과 같다.

시점(t)	현금흐름
1년말	+96,000원
2년말	-100,000원

선물매도포지션과 동일한 현금흐름을 만들기 위해 채권을 이용할 수 있다.

즉, 채권A를 0.96단위 매입하고, 채권B를 1단위 공매하면 된다.

그러면, 1년 후 현금흐름: 채권 A로부터 100,000원 · 0.96 = +96,000

2년 후 현금흐름: 채권B로부터 환매수비용 = -100,000원.

2) 1)의 채권투자전략을 구사하기 위한 총비용 = 95,000원 · 0.96 - 89,000 = 2,200원.

즉, 선물투자전략과 채권투자전략은 미래에 동일한 현금흐름을 실현하면서도 투자비용은 다르다. 채권투자비용은 2,200원, 선물투자비용은 0원으로 서로 다르므로 차익거래기회가 존재한다. 만일 1)의 투자전략과 반대포지션을 취하고 동시에 선물을 매도하면 +2,200원의 이익을 기대할 수 있다. 그러므로,

'차익거래전략 = 투자전략1)매도 + 선물매도'

이 차익거래의 현금흐름은 다음과 같다.

투자전략	현금흐름		
	t=0	t=1	t=2
채권A를 0.96단위 공매 채권B를 1개 매입 선물매도	+91,200 -89,000 -	-96,000 - 96,000	- +100,000 -100,000
차익거래합계	+2,200	0	0

79. 문제에서 주어진 자료들을 시간선으로 표시하면 다음과 같다.

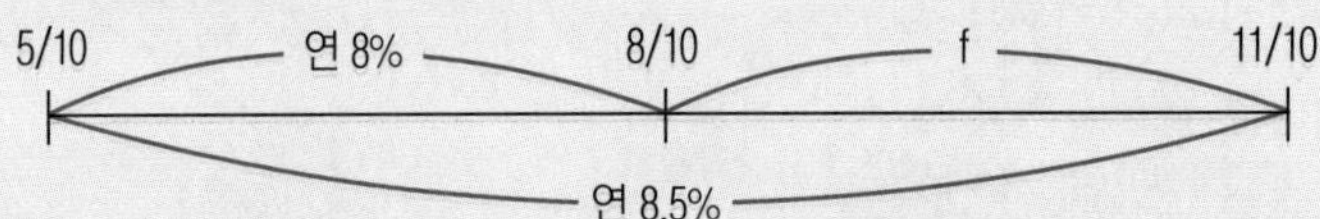

따라서 8월 10일부터 11월 10일 사이의 90일간의 선도이자율을 구하면 다음과 같다.

$$(1+0.085 \cdot \frac{180}{360}) = (1+0.08 \cdot \frac{90}{360})(1 + f \cdot \frac{90}{360})$$

$\Rightarrow f = 0.0882$ 혹은 8.82%

한편, 만기일이 6월 10일인 T-bill선물의 이론가격은 6월 10일부터 9월 10일까지의 90일간의 선도이자율(f*)로 기초채권액면가를 할인한 값이다.

따라서 선도이자율 f*를 구해보자(아래 시간선 참조).

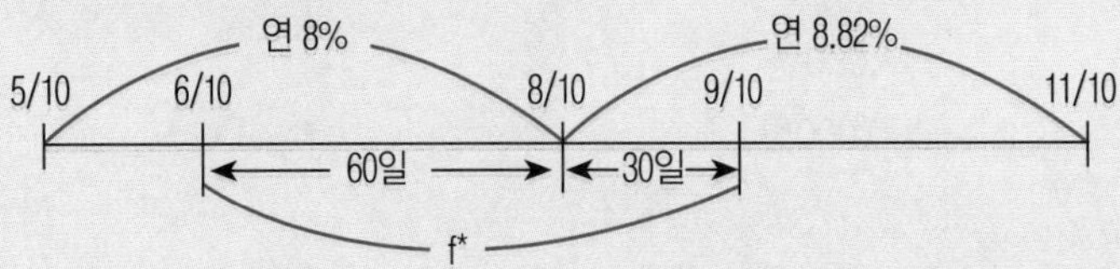

$$(1+f^* \cdot \frac{90}{360}) = (1+0.08 \cdot \frac{60}{360})(1+0.0882 \cdot \frac{30}{360})$$

$$\Rightarrow f^* = 0.0813$$

따라서 만기일이 6월 10일인 T-bill선물의 이론가격은 다음과 같다(본문 (식 5-23) 참조).

$$F_{t,T} = \frac{\$1,000,000}{1+f_{T,T+90}} = \frac{\$1,000,000}{1+0.0813 \cdot \frac{90}{360}} = \$979,648.$$

80. 먼저, 현물이자율을 구해보자.

1년만기 현물이자율: $900원 = \frac{1000원}{(1+r_1)} \Rightarrow r_1 = 0.1111$ 혹은 11.11%

2년만기 현물이자율: $800원 = \frac{1000원}{(1+r_2)} \Rightarrow r_2 = 0.1180$ 혹은 11.80%

따라서, 내재선도이자율은,

$$f_{1,2} = \frac{(1+r_2)^2}{(1+r_1)} - 1 = 0.1249$$ 혹은 12.49%.

주가지수선물과 주식선물

주가지수는 주식시장의 전체적인 가격수준을 대표하는 지표이며, 주식시장에서 거래되는 모든 주식을 포함하는 포트폴리오이기 때문에 개별주식보다는 다수의 주식으로 구성된 포트폴리오를 헷지하거나 평가하는 데 아주 유용하다. 전통적인 투자이론에 따르면 비체계적인 위험(기업고유의 위험)은 분산투자 등을 통해 헷지가 가능하나 체계적 위험(시장위험)은 헷지가 불가능하다. 그러나 주가지수선물을 이용하면 시장위험도 헷지가 가능하기 때문에 주가지수선물의 존재는 대단히 중요하다고 할 수 있다. 따라서, 6장에서는 주가지수선물을 이용한 헷지거래, 스프레드거래, 투기거래 등에 대해 자세히 살펴보고자 한다.

한편, 개별 주식선물은 주가지수선물에 비해 역사도 짧고 거래량도 많지 않지만, 최근 들어 그 활용도가 커지고 있다. 미국에서는 이미 상당수의 상장주식에 대해 주식선물이 발행되어 있고, 우리 나라에서도 2013년 현재 25종목의 주식에 대해 주식선물이 발행되어 거래되고 있다. 일반적으로 선물이 옵션보다 유동성이 높기 때문에 앞으로 주식선물의 거래량이 대폭 늘어날 것으로 전망되며, 개별주식과 주식선물이 결합된 다양한 투자전략이 활성화되어 개별주식에 대한 헷지와 주식선물을 이용한 스프레드거래, 투기거래 등이 대폭 증가할 것으로 기대된다.

1. 주가지수선물

1) 주가지수의 정의와 종류

(1) 주가지수

주가지수(stock index)는 시시각각 변하는 주식시장의 전체 또는 특정종목의 움직임을 알기 쉽도록 일정한 방식에 의해 하나의 수치로 작성된 지표이다. 즉, 주가지수는 어떤 기준시점을 결정하고 이 때의 시장전체의 주가를 기준수치로 정하여 비교시점의 주가를 기준수치의 상대치로 표현하는 방법이다.

(예) 우리 나라의 종합주가지수는 1980년 1월 4일이 기준일로 이 때의 시장가격 수준을 100으로 하였다. 2013년 1월 2일의 종합주가지수가 2,031.10인데 이는 1980년에 비해 약 20배가 되었다는 것을 의미한다.

주가지수가 갖는 의미는 다음과 같이 크게 네 가지로 분류할 수 있다.

i) 주가지수는 특정시점의 경제상황을 대표하는 지표이다.

주가지수의 변화는 단순히 상장된 기업들의 내적 요인인 이익, 성장, 경영능력 등의 특성을 종합적으로 반영해 줄 뿐만 아니라, 거시적인 면에서 정치, 사회, 심리적 요인까지 고려된 국가 전체적인 경제상황을 말해주고 있다. 국내 경제의 여건뿐만 아니라 국제적인 경제 상황까지 주가에 반영되고 있다.

ii) 주가지수는 미래의 경제예측을 반영한다.

주가지수는 미래에 대한 투자자의 기대와 예상까지 반영하기 때문에 미래의 경제상황을 미리 예측할 수 있게 해주는 선행지표(leading indicator)이다. 현재의 경제상황을 반영하는 지표를 현행지표라고 하는데 국민총생산(GNP)과 같은 국민소득이 이에 해당된다.

iii) 주가지수는 주식투자자의 투자성과를 평가하는 기준(benchmark)이 된다.

투자자가 일정기간 동안 주식 또는 주식 포트폴리오에 투자하였을 때, 과연 투자결정이 잘 되었는가는 통상 같은 기간 동안의 주가지수의 변화와 비교하여 평가한다.

iv) 과거 주가지수의 변화양상은 미래주가의 변화양상에 대한 정보를 제공하여 주기 때문에 주가지수는 미래의 주가예측에 도움이 될 수도 있다.

(2) 주가지수의 계산방법 및 주요 주가지수

① 주가지수의 계산 방법

주가지수는 여러 가지 방법으로 계산될 수 있으므로 동일한 시장에 대해서도 여러 가지 다른 주가지수가 작성될 수 있다. 그러나 이는 작성방법의 차이로 인하여 발생하는 것으로 어느 방법이 절대적으로 우월하다고 말하기는 힘들다. 작성방법의 차이란 크게 다음과 같은 두 가지 요인에 의해 생겨난다.

i) 표본 선택상의 문제이다.

이는 주식시장에 상장되어 있는 주식들 중에서 몇 개의 주식을 표본으로 선정하는가 하는 문제이다. 모든 주식을 표본으로 선정할 수도 있으나 계산의 편의, 주식시장의 대표성 등을 감안 일부 주식을 표본으로 선정하는 것이 일반적이다. 예를 들어 미국 다우지수(Dow index)는 30개의 대표적인 기업으로 구성되어 있다.

ii) 가중방법상의 문제이다.

즉, 가중치를 두는 방법으로서 주가지수의 계산에 포함되는 각 종목의 가중치를 어떻게 부여하는가의 문제이다. 주가, 거래량, 시가총액 등에 대해 어떻게 가중하는 것이 시장대표성의 측면에서 가장 바람직할 것인가에 관한 문제로서 일반적으로 시가총액에 가중하는 것이 가장 좋은 방법으로 알려져 있다.

표본방법과 가중방법에 따라 여러가지 주가지수가 가능하겠으나 여기서는 다음과 같이 대표적인 두 가지 주가지수에 대해 살펴보기로 한다.

i) 단순주가지수

단순주가지수(EWSI: equally weighted stock index)는 표본으로 채택된 주식의 가격의 단순합계를 기준시점과 비교시점 별로 따로 계산하고 비교시점의 가격합계를 기준시점의 가격합계로 나누어 그 상대치를 구하여 주가지수로 삼는 방법이다. 이를 식으로 나타내면 다음과 같다.

$$\text{단순주가지수(EWSI)} = \frac{\sum_{i=1}^{N} P_{i,t}}{\sum_{i=1}^{N} P_{i,0}} \times 100 \qquad \text{(식 6-1)}$$

단, N = 표본으로 선택된 주식 수

$P_{i,0}$ = 기준시점(t=0)에서의 표본주식 i의 가격(i=1,2,3,,,,N)

$P_{i,t}$ = 비교시점(t)에서의 표본주식 i의 가격(i=1,2,3,,,,N)

ii) 가중주가지수

단순주가지수가 각 주식의 상대적 중요도(예컨대 거래량, 시가총액등)를 반영하지 않는 반면, 가중주가지수(WSI: weighted stock index)는 각 주식의 상대적 중요도를 가중치로 한 주가지수이다. 이 때에 가중치로 사용하는 것은 거래금액, 상장주식수, 또는 시장가치 등이다. 특히 각 주식의 시장가치(=주식수×주가)를 가중치로 하여 계산된 주가지수를 가치가중주가지수(VWSI: value weighted stock index)라 한다. 일반적으로 가중주가지수(WS I)는 다음 식과 같이 계산한다.

$$\text{가중주가지수(WSI)} = \frac{\sum_{i=1}^{N} W_{i,t} \cdot P_{i,t}}{\sum_{i=1}^{N} W_{i,0} \cdot P_{i,0}} \times 100 \qquad \text{(식 6-2)}$$

단, $W_{i,0}$ = 기준시점(t=0)에서의 표본주식 i의 가중치(i=1,2,3,,,,N)
$W_{i,t}$ = 비교시점(t)에서의 표본주식 i의 가중치(i=1,2,3,,,,N)

(예) 미국의 S&P 지수는 (식 6-2)에서 가중치를 구할 때 $W_{i,t}$ = 발행주식수를 사용하는 가중주가지수(즉, 가치가중주가지수)이며, 1983년 이후 우리 나라의 종합주가지수도 이 방법을 사용하고 있다.

가중주가지수는 가중에 사용되는 수량을 어느 시점 것을 사용하느냐에 따라 다음과 같이 둘로 구분된다.

• 라스파이레스(Laspeyres) 방식

– 가중치를 계산할 때 '기준시점의 수량'을 사용한다.

$$\text{라스파이레스}(L_t) = \frac{\sum_{i=1}^{N} P_{i,t} \cdot Q_{i,o}}{\sum_{i=1}^{N} P_{i,0} \cdot Q_{i,0}} \times 100 \qquad \text{(식 6-3)}$$

단, N = 표본으로 선택된 주식 수
$P_{i,0}$ = 기준시점(t=0)에서의 표본주식 i의 가격(i=1,2,3,,,,N)
$P_{i,t}$ = 비교시점(t)에서의 표본주식 i의 가격(i=1,2,3,,,,N)
$Q_{i,0}$ = 기준시점(t=0)에서의 표본주식 i의 수량(i=1,2,3,,,,N)

- 장점: 지수를 계산할 때마다 매번 수량을 계산할 필요가 없다.
- 단점: 기준시점으로부터 많은 시간이 흐르면 비현실적 지수가 된다.
- 용도: 시점마다 수량을 매번 계산하기 어려울 때

– 사례: 소비자물가지수(CPI: consumer price index)

• 파셰(Paasches) 방식

– 가중치를 계산할 때 '비교시점의 수량'을 사용한다.

– 계산방법

$$파셰지수(P_t) = \frac{\sum_{i=1}^{N} P_{i,t} \cdot Q_{i,t}}{\sum_{i=1}^{N} P_{i,0} \cdot Q_{i,t}} \times 100 \quad (식\ 6\text{-}4)$$

단, $Q_{i,t}$ = 비교시점(t)에서의 표본주식 i의 수량(i=1,2,3,,,,N)

– 장점: 현재(비교시점)의 수량을 사용하므로 현실성이 있다.

– 단점: 지수를 계산할 때마다 매번 수량을 추정해야 한다.

– 사례: 한국의 종합주가지수 등 전세계의 대부분의 주가지수

※ 가중방법의 분류

i) 동일가중식 : $지수 = \frac{1}{N}\sum_{i=1}^{N} R_i$

ii) 주가가중식 : $지수 = \frac{\sum_{i=1}^{N} P_{it}}{\sum_{i=1}^{N} P_{i0}} \times 100$

iii) 시가총액식 : $지수 = \frac{\sum_{i=1}^{N} P_{i,t} \cdot Q_{i,t}}{\sum_{i=1}^{N} P_{i,0} \cdot Q_{i,t}} \times 100$

iv) 기하평균식 : $지수 = \sqrt[N]{\prod_{i=1}^{N} \frac{P_{it}}{P_{i0}}}$

② 주요 주가지수

ⅰ) 다우존스산업평균지수(DJIA)

다우존스산업평균지수(DJIA: Dow-Jones industrial average)는 1884년에 월 스트리트 저널의 편집장인 Charles Dow가 처음 창안한 것이다. 이 지수는 뉴욕증권시장에 상장되어 있는 주식 가운데 30개의 가장 안정된 주식을 표본으로 하여 시장가격을 평균하는 계산방법을 쓰고 있으며, 주식분할, 주식배당 등의 변화에 대하여 제수(除數: divisor)를 조정하여 사용하고 있으며, 산출식은 다음과 같다.

$$DJIA = \frac{\sum_{i=1}^{30} P_{i,t}}{D} \qquad (식 6\text{-}5)$$

단, D = 조정된 제수(除數: divisor)

DJIA는 세계적으로 가장 많이 알려진 지수이지만, 다음과 같은 몇 가지 문제점을 가지고 있다.

첫째, 표본으로 채택된 30개의 주식이 오직 대규모의 우량기업 주식만으로 구성되어 있기 때문에 이 지수가 전반적인 시장의 동향을 반영하기 어렵다. 예컨대 1999년 현재 다우지수 30개 종목의 시가총액은 약 2조 달러로 미국 증시에 상장된 기업들의 시가총액 약 18조 달러에 비해 11%에 지나지 않는다. 또한 표본 30개 주식에는 최근의 미국 증시를 이끌고 있는 벤처기업주식들과 인터넷관련 주식들이 포함되어 있지 않다는 점도 DJIA의 치명적 약점으로 꼽히고 있다. 둘째, 가중치를 쓰지 않고 단순히 주당가격을 사용하는 것에 대한 문제점이다. 즉, 선택 종목들 중에서 주가가 높은 주식의 비중이 주가가 낮은 주식에 비하여 높아야 된다는 것에 대한 비판이다. 셋째, 표본구성에 문제가 있다. 당초 선정된 30개 종목이 과연 전체 산업을 대표 할 수 있는지에 대해 비판 받고 있다. 넷째, 주가가 높은 주식들로 주로 구성된 DJIA는 변동폭이 상대적으로 크므로 주식시장의 위험을 과대 평가하는 문제점이 있다.

ⅱ) S&P500지수

S&P500지수(Standard & Poor 500 index)는 뉴욕증권거래소(NYSE)에 상장된 주식과 장외시장(OTC: over-the-counter market)에서 거래되는 주식 중 S&P가 선정한 보통주 500개의 종목(400개의 제조(industrials)관련 주식, 20개의 운수(transportations)관련 주식, 전기, 전화, 가스 등 40개의 공공사업(utilities)관련 주식, 40개의 금융(financial)관련 주식)으로 산출되는데, 이는 NYSE에서 거래되는 주식들의 시가총액의 약 80%를 차지한다.

이 지수는 시가총액에 기준을 두고 계산하고 있으며(즉, (식 6-2)에서 W=발행주식수), 1941년부터 1943년까지의 평균시가 총액을 10으로 하여 이를 기준시가총액(즉, (식 6-2)의 분모는 10)으로 사용하고 있다. 이 지수는 DJIA에 비해 여러 가지 장점이 있기 때문에 학문적인 연구에 가장 많이 사용되고 있다. 예를 들어 표본의 수가 커서 시장의 전반적인 동향을 잘 설명해 줄 수 있으며, 주식분할 등을 조정하는 문제도 없다. 그러나, 이 지수는 총 주식가치에 가중하기 때문에 규모가 큰 기업의 주가가 주가지수에서 너무 큰 비중을 차지한다는 비판도 있다.

iii) NYSE지수

NYSE지수(NYSE Composite)는 NYSE에서 거래되고 있는 모든 보통주로 구성되며, 계산방법은 S&P500지수와 같은 발행주식의 시장가치를 가중하여 사용한다. 이는 1965년 NYSE에서 시작한 것으로 1965년 12월 31일을 기준시점으로 하여 50을 기준가격으로 시작하였다. NYSE지수는 유,무상증자, 감자, 신규상장, 또는 합병 등이 발생할 때 기준시의 시가총액을 수정한다. NYSE지수에는 S&P500지수에 포함되어 있는 대형주들이 포함되어 있으므로 두 지수간의 상관계수가 높다. 그 외에 NYSE지수는 S&P500지수가 포함하고 있지 않은 소형주 1,000여개를 더 포함하고 있어서 소형주들의 움직임을 잘 반영하고 있다.

iv) 밸류라인평균(VLA)지수

밸류라인평균(VLA: Value Line Average)은 NYSE, ASE(American Stock Exchange) 및 장외시장(OTC)에서 거래되는 주요 주식들(1985년 당시 1685개 주식으로 이들 주식은 NYSE에서 거래되는 주식들의 80%에 해당)로 구성된다. VLA지수는 NYSE지수와 S&P500 지수와는 산출방식이 다르고 다소 복잡하다. 다른 지수들이 산술평균(arithmetic average)의 개념을 사용하는 반면, VLA는 다음과 같이 기하평균(geometric average)의 개념을 사용하여 다음과 같이 계산한다.

$$VLA_t = \sqrt[N]{\Pi \frac{P_{i,t}}{P_{j,t-1}} \times VLA_{t-1}} \qquad \text{(식 6-6)}$$

기준 연도는 1961년 6월 30일 이고, 이 때의 기준시가는 100으로 하였다. VLA 지수는 대형주와 소형주의 구분 없이 이들에 똑같은 비중을 주어 S&P500지수와 NYSE지수의 문제점인 소형주 경시 경향을 제거하였다.

v) MMI지수

MMI지수(Major Market Index)는 NYSE에서 거래되는 20개의 주요 우량주의 성과를 측정하는 주가지수이다. 이들 20개 주식에는 기계, 컴퓨터, 석유 및 가스, 화학, 제약, 그리고 소비재를 포함하는 산업 중 지명도가 높은 주식이 포함된다. MMI는 개별주식의 가격을 합하고 주식분할과 배당금을 고려하여 산출된다. MMI가 주요 산업에서 대표적인 대형주의 흐름을 반영하고 있어 자본금 규모를 고려하지 않고 있으며 S&P500와 높은 상관관계를 보여주고 있다.

2) 주가지수선물과 이론가격

(1) 주가지수선물

① 주가지수선물의 개요

주가지수선물이란 주식시장의 전체 또는 일부 상장 주식의 평균적 변동을 반영하는 주가지수를 대상으로 하는 현금결제선물을 말한다. 주가지수는 실제로 거래되는 자산이 아니기 때문에 인도가 불가능하고, 따라서 만기일이 되면 주가지수를 인도하는 대신에 만기일과 선물거래일 간의 주가지수의 차이를 현금으로 결제한다. 다른 선물과 마찬가지로 만기일전에 반대매매를 통해 선물포지션을 청산할 수 있다.

주가지수선물은 주식시장에서 분산투자(diversification)를 통해서도 제거할 수 없는 체계적 위험(systematic risk)까지 제거시키는 헷지수단으로 사용되며, 이러한 위험헷지기능때문에 주식시장에서 적극적인 포트폴리오투자가 가능하게 되어 투자규모도 증가하게 되었다. 또한 선물시장과 현물시장간의 지수를 통한 차익거래가 활발하게 이루어져 주식시장의 유동성증가로 인한 주가안정화에 기여하고 있다.

주가지수선물은 적은 증거금으로 대규모의 거래를 가능하게 만들기 때문에 높은 수익률과 높은 위험을 동시에 수반하는 투자수단이며, 주식시장에서의 대주(short selling)거래나 신용거래보다 거래비용이 저렴하여 적은 비용으로 대규모의 포트폴리오를 복제하는 효과가 있어 경제 전체의 위험을 최적 배분함으로써 자원배분의 효율성을 제고시킨다.

이러한 주가지수선물은 1982년 2월 미국 캔사스시티상품거래소(KCBT: Kansas City Board of Trade)에서 (식 6-6)에 있는 VLA(Value Line Average)를 대상으로 선물거래를 시작함으로써 처음 도입되었다. 같은 해 4월 CME는 S&P500지수를, 5월에는 NYFE(New

York Futures Exchange)가 NYSE지수를 대상으로 각각 지수선물거래를 시작하였다. 그 후 CBOT가 1984년 7월에 MMI지수를 이용한 주가지수선물을 성공적으로 도입하였고, 현재는 S&P500주가지수선물이 가장 활발하게 거래되고 있다. 미국을 비롯한 전세계의 주가지수선물 거래상황이 〈표 6-1〉에 나타나 있다.

〈표 6-1〉 세계의 주요 주가지수선물

국 명	거래소	주가지수선물
	CBOT	MMI-Maxi, NASDAQ 100 Index. TOPIX
	CME	S&P500 Index, Nikkei 255 Index
		FTSE 100 Index
미국	KCBT	VLI, Mini-VLI
	COMEX	Euro Top 100 Index
	NYFE	NYSE Composite Index, CRB Index
	NYCE	U$ Index
		National OTC Index
캐나다	TFE	TSE 300 Index. TSE 35 Index
영국	LIFFE	FTSE 100 Index
프랑스	MATIF	CAC 40 Index
독일	DTB	DAX Index
네덜란드	EOE	EOE Index, Dutch Tops Index
덴마크	CSE	KFX Stock Index
스웨덴	SOFE	SX 16 Index
핀란드	FOB	Finnish Options Index
일본	OSE	株先 50 指數, Nikkei 225 Index
	TSE	TOPIX
홍콩	HKFE	Hang Seng Index
싱가포르	SIMEX	Nikkei 225 Index
호주	ASE	ASX Securities Index
	SFE	All Ordinaries Share Price Index
뉴질랜드	NZFE	Barclays Share Price Index
브라질	BM&F	Bovespa 12 Index

② 주가지수선물 거래방법

앞에서 설명한 바와 같이 주가지수선물에 이용되고 있는 지수는 S&P500지수를 비롯하여, MMI, VLA, NYSE지수 등 여러 가지가 있으나, 거래방법은 대동소이하므로 가장 거래가 활발한 CME의 S&P500주가지수선물을 중심으로 선물거래 방법을 설명하고자 한다.

S&P500지수는 대부분 우량주에 속하는 500개의 주식으로 구성된 시가총액가 중 지수이다. 이들 주식들은 대부분 NYSE, AMEX, OTC 시장에 상장된 주식으로 미국의 주요산업에 있는 주식을 골고루 포함하고 있다. S&P500주가지수선물은 지수포인트(index point)당 $250의 가치를 갖는다.

사례

〈6-1〉 주가지수선물 거래

어떤 투자자가 8월 21일에 12월물 S&P500지수선물 1계약을 830.40포인트에 매입했다고 하자. 이날 고시된 12월물 S&P500지수선물 1계약의 가격을 화폐가치로 환산하면 $415,200가 된다.
즉, S&P500지수선물 1계약 가격
= 지수포인트 × $250 = 830.40 × $250 = $207,500.

사례 분석

(i) 만기일의 S&P500지수선물가격이 840포인트로 상승할 경우
선물매입자 손익 = (매도지수 - 매입지수) × $250
= (840 - 830.40) × $250 = $2,400(이익)

(ii) 만기일의 S&P500지수선물가격이 825포인트로 하락할 경우
선물매입자 손익 = (매도지수 - 매입지수) × $250
= (825 - 830.40) × $250 = -$1,350(손실)

〈표 6-2〉 MMI와 S&P500주가지수선물 거래명세서

<table>
<tr><th></th><th>MMI</th><th>S&P500</th></tr>
<tr><td>거래소</td><td>CBOT</td><td>ICOM(CME의 일부분)</td></tr>
<tr><td>거래일시일</td><td>1985. 8. 6.</td><td>1982. 4. 21.</td></tr>
<tr><td>거래단위</td><td>$250×주가지수</td><td>$250×S&P500주가지수</td></tr>
<tr><td>거래시간</td><td>09:15~16:15(거래최종일은 16:00 New York 시간)</td><td>09:30~16:15(New York 시간)</td></tr>
<tr><td>결제일</td><td>최초의 연속된 3개월(1개월씩) 및 3월, 6월, 9월, 12월 내에서 3개월 후의 월</td><td>3월, 6월, 9월, 12월(최장 1년)</td></tr>
<tr><td>호가단위</td><td>0.05포인트($12.5)</td><td>0.10포인트($25)</td></tr>
<tr><td>가격제한폭</td><td>20포인트
(다만, 2일 계속하여 3개 이상의 결제월거래가 가격제한폭에 달한 때에는 30포인트로 확대됨)</td><td>주된 결제일의 청산가격이 275포인트 미만인 때 15포인트, 275이상 325미만인 때 20포인트, 325포인트 이상인 때 25포인트(다만, 시초가 10분간은 5포인트)</td></tr>
<tr><td>거래최종일</td><td>현물인도월의 제3금요일</td><td>현물인도월의 제3금요일</td></tr>
<tr><td>결제방법</td><td>거래최종일의 당액지수의 종가에 의한 차액결정</td><td>결제일의 제3금요일의 각 지수 구성종목의 시초일에 의해 계산된 특별한 지수에 의한 차액결제</td></tr>
<tr><td>최종결제기일</td><td>결제월의 제3금요일의 다음 영업일</td><td>결제일의 제3금요일의 다음 영업일</td></tr>
<tr><td>위탁증거금</td><td><table><tr><th>거래종류</th><th>개시</th><th>유지</th></tr><tr><td>투기거래</td><td>$12,000</td><td>$10,000</td></tr><tr><td>헷지거래</td><td>$10,000</td><td>$10,000</td></tr></table></td><td><table><tr><th>거래종류</th><th>개시</th><th>유지</th></tr><tr><td>투기거래</td><td>$17,500</td><td>$6,000</td></tr><tr><td>헷지거래</td><td>$10,000</td><td>$6,000</td></tr><tr><td>스프레드거래</td><td>$400</td><td>$200</td></tr></table></td></tr>
</table>

③ 주가지수선물의 거래제도

〈표 6-2〉와 〈표 6-3〉은 미국의 주가지수선물거래에 관한 구체적인 거래방법을 도표화 한 것이다. 이를 토대로 지수선물거래제도를 간략히 설명하면 다음과 같다.

i) 거래시간

NYFE 지수선물의 거래시간은 다른 주가지수선물시장보다 늦게 종료되는데 이는 연장된 15분 동안 현물시장 참여자가 보유한 포지션을 선물시장에서 헷지할 수 있는 시간적 여유를 주기 위함이다.

〈표 6-3〉 NYSE와 VLA주가지수선물 거래명세서

<table>
<tr><th></th><th>NYSE종합</th><th>VLA</th></tr>
<tr><td>거래소</td><td>NYFE</td><td>KCBT</td></tr>
<tr><td>거래일시일</td><td>1982. 5. 6</td><td>1982. 2. 24</td></tr>
<tr><td>거래단위</td><td>$500×NYSE 종합주가지수</td><td>$500×Value Line 주가지수</td></tr>
<tr><td>거래시간</td><td>09:30~16:15(New York 시간)</td><td>09:30~16:15(거래최종일은 16:00 New York 시간)</td></tr>
<tr><td>결제일</td><td>3월, 6월, 9월, 12월(최장 1년)</td><td>3월, 6월, 9월, 12월(최장 15개월)</td></tr>
<tr><td>호가단위</td><td>0.05포인트($25)</td><td>0.05포인트($25)</td></tr>
<tr><td>가격제한폭</td><td>25포인트
(다만, 2일 계속하여 가격제한폭에 달한 때에는 35포인트로 확대됨)</td><td>주된 결제일의 청산가격이 275포인트 미만인 때 15포인트, 275이상 325미만인 때 20포인트, 325포인트 이상인 때 25포인트</td></tr>
<tr><td>거래최종일</td><td>결제월의 제3금요일의 직전 영업일</td><td>결제월의 제3금요일</td></tr>
<tr><td>결제방법</td><td>결제월의 제3금요일의 각 지수 구성종목의 시초가에 의해 계산된 특별한 지수에 의한 차액 결제</td><td>거래최종일의 당액지수의 종가에 의한 차액결제</td></tr>
<tr><td>최종결제기일</td><td>결제월의 제3금요일의 다음 영업일</td><td>거래최종일의 다음 영업일</td></tr>
<tr><td>위탁증거금</td><td><table><tr><th>거래종류</th><th>개시</th><th>유지</th></tr><tr><td>투기거래</td><td>$7,000</td><td>$5,000</td></tr><tr><td>헷지거래</td><td>$5,000</td><td>$5,000</td></tr><tr><td>스프레드거래</td><td>$200</td><td>$100</td></tr></table></td><td><table><tr><th>거래종류</th><th>개시</th><th>유지</th></tr><tr><td>투기거래</td><td>$7,000</td><td>$5,000</td></tr><tr><td>헷지거래</td><td>$5,000</td><td>$5,000</td></tr><tr><td>스프레드거래</td><td>$200</td><td>$100</td></tr></table></td></tr>
</table>

ii) 매매단위

주가지수선물은 구체적인 현물이 존재하지 않으므로 현물화하기 위해 선물지수에 일정한 금액을 곱한다. 예를 들어, 〈표 6-2〉에서 보는 바와 같이 MMI지수선물과 S&P500지수선물의 경우 지수에 $250를 곱한 값이 매매단위가 된다. 이와 같이 지수에 곱해주는 값을 '지수승수(IM: index multiplier)'라 한다.

iii) 호가단위

미국의 경우 현물지수는 0.01포인트 단위로 변동하는데 주가지수선물에서는 보통 0.05포인트로 규정하고 있으며 이를 1 tick이라 한다. 예를 들어 MMI지수선물의 경우 1 tick을 금액으로 환산하면 1 tick = 0.05×$250 = $12.50이 된다.

iv) 가격변동폭

가격변동폭이란 하루 동안 변동할 수 있는 최대 변화폭을 말하는데, 이는 거래질서의 혼란을 방지하기 위해 설정되었다. MMI의 경우는 20포인트, S&P500의 경우는 정산가격의 수준에 따라 가격폭의 수준이 결정된다.

v) 인도월

미국의 경우 실물선물거래는 격월로 특정월을 인도월로 정하고 있으며, 일본의 경우에는 실물선물거래는 매월이 자동적으로 인도월로 규정된다.

vi) 증거금

청산소회원(clearing house member)은 미청산계약을 보증하기 위해 청산회사 또는 거래소에 증거금을 유지해야 하는데, 미국의 경우 개시증거금과 유지증거금으로 나눈다. 증거금은 거래의 종류(즉, 투기거래, 헷지거래, 스프레드거래)에 따라 증거금이 다르다. 손실위험이 제일 작은 스프레드거래의 증거금이 제일 적고, 위험이 제일 큰 투기거래의 증거금이 제일 많다.

vii) 결제방법(현금결제)

선물계약을 청산(close out)하는데는 두 가지 방법이 있다. 첫째는, 계약만기일 이전에 미결제포지션에 대해 반대매매(offsetting transaction)를 행함으로 계약을 청산하고, 청산시점 지수와 계약시점 지수를 비교하여 차액으로 손익을 계산한다. 둘째, 계약만기일까지 선물을 보유하여 만기일에 실제로 기초자산을 인도하는 방법이다. 주가지수선물의 경우 현물이 존재하지 않으므로 현금으로 결제한 후 계약을 청산하게 된다.

미국에서는 1987년 초까지 모든 주가지수선물거래는 계약만기에 지수를 구성하는 모든 주식의 종가를 기준으로 현금결제를 하였으나, 1987년초 IMM(International Money Market)은 S&P500지수선물거래에 대해 최종거래일 다음날 주식들의 시가(始價)에 의해 현금결제가 이루어지도록 수정하였다. 이는 주가지수옵션, 주가지수선물, 주가지수선물옵션이 동시에 같은 날 만기가 되는 횟수를 1년중 4번으로 줄임으로써 주식시장의 혼란을 예방하기 위한 조치였다.

viii) 위탁 수수료

선물거래는 주로 가격변동에 따른 위험을 헷지하는데 그 목적이 있으므로 거래를 장려하기 위해 선물거래 위탁수수료를 현물거래 위탁수수료보다 훨씬 낮게 책정하고 있다. 수수료는 자율화되어 있어 선물중개인에 따라 일정치 않으나 대략 현물거래 시 수수료의 20%이하로 책정되어 있다.

(2) 주가지수선물의 가격결정

① 주가지수선물 이론가격

앞에서 이미 설명한 바와 같이 선물의 이론가격은 현물거래와 선물거래 사이의 차익거래 조건을 이용하여 구할 수 있는데, 주가지수선물의 이론가격도 같은 원리로 구할 수 있다. 예를 들어, 만일 현물가격이 선물만기에 선물가격에 정확히 수렴한다면, 만기 1년의 주가지수 선물을 구입하는 것과 현물(주식들)을 매입하여 1년간 보유하는 것은 이론적으로 동일한 거래이다. 다만 보유비용에서 차이가 있다. 주가지수선물의 경우 지수를 구성하는 주식들로부터 받는 배당(dividend)수입이 있으므로 마이너스(-) 보유비용을 가지며, 현물의 경우 주식보관비용은 무시할 수 있을 정도로 미미하다.

이와 같은 원리를 구체적으로 설명하기 위해 다음과 같은 포트폴리오 전략을 분석해 보기로 하자.

A. 평균 배당률 d만큼 제공하는 주가지수를 e^{-dT}단위만큼 매입
(단, 배당소득은 d의 수익률로 재투자 되며 이자는 연속복리로 계산)

B. 주가지수선물 1계약을 매도

이러한 투자전략은 다음과 같은 현금흐름을 발생시킨다.

i) 주가지수는 d의 수익률로 T기간만큼 재투자되므로 매입한 주가지수는 다음과 같이 T기간 후에는 1단위가 된다.

T기간 후 주가지수 = (e^{-dT}단위)(e^{dT}) = 1단위

ii) 주가지수선물 1계약을 T시점에서 마감(close out)하면 F가격으로 1단위의 주가지수를 매도할 수 있다.

다시 말해, 전략A로부터 T기간 후에 얻어지는 1단위의 주가지수를 전략B의 선물매도계약을 이용하여 T시점에서 F가격으로 매도할 수 있게 된다. 이러한 전략은 무위험차익거래(arbitrage)기회가 존재하지 않는다면 다음과 같이 영(zero)의 이익을 생성해야 한다.

No arbitrage = No profit (만일 위험과 투자가 없다면)
= 현금유입의 현가 - 현금유출의 현가
= 전략B의 현금흐름의 현재가치 - 전략A의 현금흐름의 현재가치
= $Fe^{-rT} - Se^{-dT} = 0$

따라서, 다음과 같은 주가지수선물 이론가격을 도출할 수 있다.

$$F_{t,T} = S_t e^{(r-d)T} \qquad \text{(식 6-7)}$$

단, $F_{t,T}$ = 만기가 T인 주가지수선물의 이론가격
S_t = 현재(t) 주가지수
r = 연간 무위험이자율
d = 주가지수의 연간 배당수익률

(식 6-7)로부터, $F_{t,T} > S_t$이면 주가지수를 구성하는 주식들을 무위험이자율로 자금을 차입하여 매입하고, 주가지수선물을 매도함으로써 무위험차익을 얻을 수 있다. 반대로, $F_{t,T} < S_t$이면 주가지수를 구성하는 주식들을 공매(short selling)하고, 주가지수선물을 매입함으로써 무위험차익을 얻을 수 있다. 이와 같이 주가지수선물을 이용하여 차익을 실현하는 것을 '지수차익거래(index arbitrage)'라 한다.

② 선물이론가격과 실제선물가격과의 관계

실제로 시장에서 형성된 선물가격과 이론적 선물가격은 거의 유사하다. 그러나 실제선물가격과 이론선물가격간에 약간의 차이가 발생하는데 그 이유는 다음과 같다.

i) 선물이론가격 결정모형에 오류가 있을 수 있다.

예컨대 이론적모형을 만들기 위해서는 비현실적 가정(assumption)을 이용할 경우가 있다. 무위험 이자율이 가정과 다를 수 있고, 연간 배당률이 예상과 틀릴 수 있으며, 주가지수가 선물가격의 변동을 동시적으로 반영하지 못할 수 있다.

ii) 이론가격을 구하기 위해 무위험 차익거래기회가 없다는 조건을 이용하였다.

이는 다시 말해 차익거래 기회가 실제 존재하더라도 차익거래자들이 금방 그 기회를 포착, 이익을 취하므로 그러한 기회는 아주 짧은 시간에만 존재할 수 있으므로 사실상 차익거래기회는 거의 존재하지 않는다. 따라서 이론가격을 구하기 위해 이용한 무차익거래조건은 현실적으로 합리적인 것 같아 보인다. 그러나, 실제로 주가지수선물의 경우 차익거래를 한다는 것은 많은 비용을 필요로 한다. 예컨대, 앞에서 설명한 것처럼 $F_{t,T} > S_t$이면, 주가지수를 구성하는 주식들을 무위험이자율로 자금을 차입하여 매입하고, 주가지수선물을 매도함으로써 무위험차익을 얻을 수 있다. 그러나, 주가지수를 구성하는 주식은 S&P500지수의 경우 500개나 되어 이들을 매입하는데는 현실적으로 많은 거래비용이 발생하며, 때로는 매입 자체가 짧은 시간 내에 성사되지 않을 수도 있다. 따라서, 차익거래기회가 다소 오랜 기간 동안 노출될 수 있으며, 이는 이론가격과 실제가격 사이에 괴리가 생기게 하는 원인이 된다.

iii) 발표되는 주가지수 자체가 잘못된 호가로 인하여 왜곡될 수 있다. 주가지수의 호가는 구성종목의 마지막 거래가격에 의해 계산되는데, 이는 현시점의 매수 혹은 매도 호가를 잘못 반영할 경우 주가지수 계산에 오류가 생길 수 있다.

3) 주가지수선물을 이용한 거래

(1) 헷지거래

① 헷지의 목적 및 필요 선물계약수

헷지는 일반적으로 선물시장에서 현물시장과 반대포지션을 취함으로써 가격변동에서 오는 위험을 회피하는 것을 목적으로 하는 거래를 말한다. 마찬가지로 주가지수선물거래에서 헷지거래란 주식시장의 전체적인 가격변동에 따른 투자위험을 효과적으로 회피하기 위하여 주가지수선물시장에서 주식시장과 반대되는 거래를 행하는 것을 말한다. 개별주식이 아닌 주가지수를 대상으로 하는 투자와 관련이 있기 때문에 개인투자자보다는 대규모의 주식을 보유하고 있는 기관투자가들이 주로 이용하는 헷지 방법이다.

주가지수선물에 대한 헷지는 통상 다음과 같은 세 가지 단계로 시행한다.

i) 헷지대상 포트폴리오의 총규모를 결정

헷지대상 포트폴리오의 총규모(S)는 개별주식의 시가(市價)와 주식수를 곱해 얻어진 포트폴리오 시가총액을 말한다.

ii) 헷지에 필요한 선물계약수 결정

헷지에 필요한 선물계약수는 다음의 식으로 계산할 수 있다.

$$N = h\frac{S}{F} \quad \text{(식 6-8)}$$

단, N = 필요선물계약수
h = 헷지비율(hedge ratio)
S = 헷지대상 포트폴리오의 총 규모($)
F = 주가지수선물가격(포인트)을 현금으로 환산한 금액

(예) 헷지대상 포트폴리오의 총규모(S)가 $500,000이고, 헷지비율이 2.0, S&P500지수선물가격이 400이라면 F = $100,000(400×$250)이므로, 필요선물계약수(N)는 10계약(N= (2×$500,000)/$100,000)이 된다.

iii) 선물의 매입 혹은 매도 포지션 결정

선물의 매입 혹은 매도 결정은 향후 시장상황을 예측함으로써 결정된다. 만일 앞으로 시장이 약세(bear market)로 전환될 것으로 예상되면 매도포지션을 취함으로써 현물시장에서의 손실을 선물시장에서의 이익으로 상쇄함으로써 손실위험을 회피할 수 있을 것이다. 반대로, 미래에 일정 규모의 포트폴리오를 구성하고자 하는 투자자의 입장에서 향후 주식시장이 강세(bull market)로 전환될 것으로 예상될 경우 매입포지션을 취함으로써 매입비용 상승으로 인한 손실위험을 회피할 수 있다.

② **최적헷지 비율**

헷지전략을 수행하기 위해서는 가장 중요한 개념이 헷지비율이다. 헷지비율(h: hedge ratio)이란 헷지하고자 하는 현물자산(주가지수)가치에 대하여 헷지하는 선물가치의 비율로서, 다음과 같이 구해진다.((식 6-8)참조)

$$h = N\frac{F}{S} \quad \text{(식 6-9)}$$

이 식에서 주어진 원리를 이용하여 다음과 같은 세 가지 상황에서의 헷지비율(h) 혹은 선물계약수(N)를 구해 보자.

i) 단순헷지

단순헷지의 목적은 주식포트폴리오의 위험을 최소화하는 것, 즉, 위험의 완전제거(perfect hedge)가 목적이다. 그러나 헷지를 통해서도 위험은 완전히 제거되지 않는데, 왜냐하면 헷지비율은 과거자료를 사용하여 도출하는데 이러한 비율을 미래에도 그대로 적용하는 데는 무리가 있으며, 헷지 만기 시의 베이시스(즉, 선물가격 - 현물가격)가 처음에 예상한 바와 일치하지 않을 수도 있기 때문이다. 즉, 매입헷지의 경우 베이시스가 예상보다 작거나 매도헷지의 경우 베이시스가 예상보다 크면 손실이 발생한다. 이러한 이유로 선물시장의 가격변동과 현물시장의 가격변동은 완전히 일치하지 않는다.

전통적인 1대 1의 단순헷지전략은 현물시장에서의 가격변동위험을 완전히 제거하지 못하고, 대부분의 경우에 헷지하지 아니한 현물의 보유에서 오는 손실을 줄일 수 있을 뿐이다. 따라서 선물과 현물의 가격변동이 다른 경우 주식포트폴리오를 헷지할 때 선물계약수(N)는 포트폴리오의 베타로 조정해야 한다. 즉, 헷지비율과 선물계약수는 다음과 같다.

$$h = \beta$$

$$N = h\frac{S}{F} = \beta\frac{S}{F} \qquad \text{(식 6-10)}$$

단, h = 헷지비율(hedge ratio)
S = 헷지대상 포트폴리오의 총 규모($)
F = 주가지수선물가격(포인트)을 현금으로 환산한 금액
β = 주식포트폴리오의 베타

〈6–2〉 주가지수선물 거래의 헷지

어떤 기관투자자가 5월 1일 현재 $1,000,000에 상당하는 주식포트폴리오를 보유하고 있는데, 이 포트폴리오의 베타는 1.3이고, 헷지를 위해 9월물 S&P500지수선물을 400포인트에 계약하고자 한다면, 필요한 최적계약수는 다음과 같이 계산할 수 있다.

사례 분석

$$N = \beta\frac{S}{F} = 1.3\frac{\$1,000,000}{400(\$250)} = 13\text{계약}$$

즉, 이 기관투자자는 13계약의 S&P500지수선물을 매도함으로써 포트폴리오가격 하락 위험을 헷지할 수 있다.

ii) 베타(β)조정 헷지

베타조정헷지란 베타를 이용하여 전체포트폴리오의 시장위험을 조정하는 헷지방법이다. 단순헷지의 목적이 보유하고 있는 주식포트폴리오의 위험을 완전히 제거하는데 있는 반면, 베타조정헷지는 위험회피 목적 이외에 시장상황에 따라 보유포트폴리오의 위험노출정도를 조정하여 수익도 얻고자 하는 적극적인 투자전략이다. 예를 들어 주가가 하락할 것으로 예상될 경우 주식포트폴리오와 주가지수선물을 포함하는 전체 포트폴리오의 베타를 낮추어줌으로써 주가하락에 따른 손실을 상대적으로 줄여주고, 반대로 주가가 상승할 것으로 예상될 경우 전체 포트폴리오의 베타를 높여 줌으로써 주가상승 시 이익을 취하고자 하는 것이다.

베타를 조정하기 위해서는 다른 베타값을 갖고 있는 주식으로 포트폴리오 종목 교체함으로써 가능하지만, 주가지수선물을 이용하면 보유종목의 교체 없이 주식포트폴리오의 베타값을 조정할 수 있어 비용과 시간을 절감할 수 있을 뿐만 아니라, 의도하는 대로 정확한 헷지가 가능하다는 장점이 있다. 베타헷지 방법은 전체 포트폴리오를 원하는 수준의 베타만큼 헷지비율을 조정하는 것이다. 주가지수선물과 주식포트폴리오의 수익률을 알면 다음과 같이 전체 포트폴리오의 수익률을 계산할 수 있다.

$$R_P = R_S + h \cdot R_F \qquad \text{(식 6-11)}$$

단, R_P = 전체 포트폴리오의 수익률
R_S = 주식 포트폴리오의 수익률
R_F = 주가지수선물의 수익률
h = 헷지비율

(식 6-11)과 분산(variance) 및 공분산(covariance)의 성질을 이용하면 다음과 같은 베타 관계식을 얻을 수 있다.

$$\beta_P = \beta_S + h\beta_F = \beta_S + h \qquad \text{(식 6-12)}$$

단, β_P = 전체 포트폴리오의 베타
β_S = 주식 포트폴리오의 베타
β_F = 주가지수선물의 베타 = 1
h = 헷지비율

(식 6-12)에서 β_F =1.0이 되어야 하는데, 왜냐하면 베타의 정의에 의해 주가지수선물의

베타는 주가지수선물시장과 비교되어 구해지기 때문이다. 즉, 주가지수선물의 변동은 주가지수선물시장의 변동과 같으므로 베타는 1.0이 된다. (식 6-12)를 다시 쓰면 다음과 같은 헷지비율을 구할 수 있다.

$$h = \beta_P - \beta_S \qquad \text{(식 6-13)}$$

(식 6-13)의 헷지비율을 (식 6-10)에 적용하면 적정 선물계약수(N)도 계산할 수 있다. 지금까지 설명한 헷지비율을 이용해 어떻게 베타조정헷지를 할 수 있는지 다음 사례를 통해 살펴 보기로 한다.

사례

〈6-3〉 주가지수선물의 베타조정헷지

7월말 현재 30개의 주식으로 구성된 주식포트폴리오(시장가치는 $1000만, 베타는 1.3)를 보유하고 있는 한 기관투자자가 앞으로 주가가 하락할 것으로 예상되어 주가하락에 따른 보유주식의 가치하락위험을 최소화하기 위해 베타를 0.5로 낮추고자 한다. 현재 S&P500지수선물가격은 400포인트라고 하자.

사례 분석

이러한 상황하에서 베타조정헷지는 다음과 같이 단계별로 시행할 수 있다.

- 헷지비율: $h = \beta_P - \beta_S = 0.5 - 1.3 = -0.8$
- 선물계약수:

$$N = h\frac{S}{F} = (-0.8)\frac{\$10,000,000}{400(\$250)} = -80\text{계약}$$

- 선물포지션: 향후 주가가 하락할 것으로 예상하므로 40계약의 S&P500주가지수선물 매도 (마이너스 부호는 매도를 의미)

따라서 이와 같은 전략을 구사할 경우 주식포트폴리오의 베타를 0.5로 조정하는 것과 동일한 효과를 갖는다. 만일 선물을 이용하지 않고 주식포트폴리오의 베타를 변동시키려면 많은 거래비용과 시간이 필요할 것이다.

iii) 최소분산헷지

선물포지션과 현물포지션으로 구성된 포트폴리오를 보유하고 있을 때 보유하고 있는 선물계약수에 대하여 포트폴리오에 대한 분산을 최소화함으로써 포트폴리오의 위험을 감소시킬 수 있다. 헷지된 포트폴리오의 수익률은 다음과 같이 계산할 수 있다.

$$R_h = \frac{\text{기말가치}}{\text{기초가치}} = \frac{(S_T - S_0 + D_S) - N(F_T - F_0)}{S_0}$$

$$= \frac{(S_T - S_0 + D_S)}{S_0} - \left(\frac{N \cdot I_0}{S_0}\right)\left(\frac{F_T - F_0}{I_0}\right) = R_S - hR_F \qquad \text{(식 6-14)}$$

단, I_0 = 기초(期初)의 주가지수

S_0, S_T = 기초(期初), 기말(期末)의 주식포트폴리오 가치

F_0, F_T = 기초(期初), 기말(期末)의 주가지수선물 가격

D_S = 주식포트폴리오의 배당

R_h, R_S, R_F = 헷지된 포트폴리오, 주식포트폴리오, 선물의 수익률

(식 6-14)로부터 헷지된 포트폴리오의 기대수익률과 분산을 구하면 다음과 같다.

$$E(R_h) = E(R_S) - h \cdot E(R_F)$$

$$\sigma^2(R_h) = \sigma^2(R_S) + h^2\sigma^2(R_F) - 2h\rho_{SF}\sigma(R_S)\sigma(R_F) \qquad \text{(식 6-15)}$$

단, E(·) = 기대치

σ(·) = 표준편차

ρ_{SF} = R_S와 R_F간의 상관계수(correlation coefficient)

분산을 최소화시키는 헷지비율은 (식 6-15)를 h에 대해 미분할 경우 1차미분의 값을 0으로 하는 h^*값이고((식 6-16)참조), 2차미분이 0보다 크면(아래로 볼록)된다.((식 6-17)참조)

$$\frac{\partial\sigma^2(R_h)}{\partial h} = 2h\sigma^2(R_F) - 2\sigma_{SF}\sigma(R_S)\sigma(R_F) = 0 \qquad \text{(식 6-16)}$$

$$\frac{\partial^2\sigma^2(R_h)}{\partial h^2} = 2\sigma^2(R_F) > 0 \qquad \text{(식 6-17)}$$

$$h^* = \rho\frac{\sigma(R_S)}{\sigma(R_F)} \qquad \text{(식 6-18)}$$

(식 6-18)에서 구한 헷지비율을 적용할 경우 (식 6-15)로부터 헷지된 포트폴리오의 총 위험은 다음과 같다.

$$\sigma^2(R_h)_{Min} = \sigma^2(R_S)(1-\sigma_{SF}^2) \quad \text{(식 6-19)}$$

따라서 헷지된 포트폴리오의 위험의 크기(즉, 분산)는 주식포트폴리오와 주가지수선물간의 상관계수(ρ_{SF})의 영향을 받는다. 만일 상관계수가 1이라면 (식 6-19)로부터 헷지된 포트폴리오는 아무런 위험을 갖지 않는 완전헷지(perfect hedge)가 가능하지만, 1보다 작을 경우에는 완전헷지는 어려워진다. 헷지방법은 주어진 통계자료를 이용, (식 6-18)을 적용함으로써 헷지비율(h)을 구한 후, 선물계약수(N)를 (식 6-10)을 이용하여 구하면 된다.

(2) 투기거래

주가지수선물시장에서 투기(speculation)거래란 주식현물과 관계없이 단순히 장래의 선물가격의 변동을 예측하여 선물을 매도 혹은 매입함으로써 시세변동에 따른 이익을 목적으로 하는 거래를 말한다.

선물거래는 보통 거래대금의 10~20%의 적은 증거금으로도 거래가 가능하고 언제든지 반대매매에 의해 거래를 마감할 수 있으므로 투기목적에 많이 사용된다. 이러한 투기거래는 시장유동성을 높여 헷지거래를 용이하게 만들고, 선물거래를 촉진시켜 시장에서의 선물가격형성을 원활하게 하는 등 한편으로는 긍정적인 역할을 하지만, 다른 한편으로 과도한 투기거래는 결제불이행사태의 초래로 신용위험(credit risk)을 증대시키는 등의 부정적인 측면도 있어 많은 선물거래소는 특정인이 투기목적으로 선물을 과도하게 보유하는 것을 규제하고 있다.

주가지수선물거래에서의 투기거래의 예를 주식투자 때와 비교하여 사례를 통해 살펴보면 다음과 같다.

〈6-4〉 주가지수선물의 투기거래

어떤 투기자가 향후 주가지수가 오를 것으로 예상하고 보유자금 $350,000로 S&P500지수선물을 매입하기로 하였다. 이때 현재 선물가격은 400포인트라 하자. 선물가격이 예상대로 상승할 경우와 예상외로 하락할 경우의 투자결과를 분석해 보자.

사례 분석

(i) 예상대로 주가지수가 상승할 경우(440으로 10% 상승)

보유하고 있는 35만달러로 매입할 수 있는 S&P500선물계약수는 〈표 6-2〉로부터 투기거래의 경우 개시증거금이 $17,500이므로 $350,000/$17,500 = 20계약이다.

- 주식에 투자 시 투자결과: $350,000 × 10% = $35,000 ⇒ 10% 수익률
- 선물에 투자 시 투자결과: (440-400) × 20계약 × $250 = $200,000
  ⇒ $200,000/$350,000 = 57.14% 수익률

(ii) 예상외로 주가지수가 하락할 경우(360으로 10%하락)

- 주식에 투자 시 투자결과: $350,000 × (-10%)= -$35,000 ⇒ -10% (손실)
- 선물에 투자 시 투자결과: (360-400) × 20계약 × $250 = -$200,000
  ⇒ -$200,000/$350,000 = -57.14% (손실)

〈사례 6-4〉에서 볼 수 있는 바와 같이 선물가격의 등락에 따라 주식포트폴리오에 투자할 경우 손익의 변동은 크지 않은 반면, 투기거래의 손익은 크게 변동하는 것을 알 수 있다. 이는 선물의 특성상 지렛대효과(leverage effect)가 주식투자보다 더 크게 작용하기 때문이며, 따라서 선물투기거래를 통해 이익을 크게 얻을 가능성도 있으나 손실이 클 가능성도 있어 그만큼 신용위험이 커지게 되는 것이다.

(3) 차익거래(아비트라지)

차익거래(arbitrage transaction)란 통상 동일한 자산이 2개의 시장에서 서로 다른 가격에 거래되고 있을 때, 가격이 낮은 시장에서 그 자산을 매입하여 높은 시장에서 매도함으로써 차익을 얻는 거래를 말한다. 주가지수선물의 경우 보유비용모형을 통해 구해진 이론선물가격이 실제선물가격과 괴리가 발생할 때, 상대적으로 저평가된 것을 매수하고 고평가된 것을 매도 혹은 공매(short selling)함으로써 차익을 얻을 수 있는데, 이를 지수차익거래(index arbitrage)라 한다.

차익거래가 가능한 주가지수선물가격과 이론가격의 괴리정도는 이론가격 산출시의 적용금리, 선물 및 주식거래 비용 등의 차이에 따라 이론가격을 계산하는 투자자마다 다를 수 있다. 이를 구체적으로 설명하면 다음과 같다.

i) 이론가격 산출 시 적용하는 자금차입 혹은 재투자 금리에 따라 이론가격이 달라진다. 차익거래가 존재할 경우 지수를 형성하는 주식들을 매입해야 할 때의 차입금리 혹은 주식들을 공매하고 공매자금을 운용할 때 적용하는 재투자금리를 얼마로 하느냐에 따라 선물의 이론가격은 달라진다.

ii) 선물 및 주식의 거래비용에 따라 이론가격이 달라진다.

위탁자의 위탁수수료, 회원의 회비, 그리고 거래위험(주문체결위험, 이자율위험, 배당위험, 거래비용위험 등) 등이 차익거래의 성패를 좌우하므로 이들 요인 때문에 이론가격이 달라질 수 있다. 여기서 주문체결위험이란 지수를 구성하는 다수종목의 주식을 원하는 가격에 전량 매매체결 되지 않을 위험을 말하며, 이자율위험은 주식매입 조달금리 혹은 주식공매자금 재투자금리가 변동할 위험을 말한다. 배당위험이란 배당수익률이 예상과 다르거나 배당금 지급시기가 연기 또는 배당이 취소 될 위험을 말하고, 거래비용위험이란 매매수수료, 증거금비율 및 세금 등이 변동될 위험을 말한다.

지수차익거래에는 매입차익거래와 매도차익거래가 있다.

i) 매입차익거래: 주식포트폴리오를 매입하고 주가지수선물을 매도하는 거래
실제선물가격이 이론선물가격과 거래비용을 초과하는 경우 사용하는 전략이다.

ii) 매도차익거래: 주식포트폴리오를 매도하는 동시에 주가지수선물을 매입하는 거래
실제선물가격이 이론선물가격과 거래비용보다 적을 경우 사용하는 전략이다. 차익거래 손익은 실제가격과 이론가격의 차이와 같다.

차익거래는 현물주식시장과 주가지수선물시장을 연결시켜 줄 뿐만 아니라 차익거래자는 선물가격이 이론가격으로부터 크게 이탈하지 못하도록 해준다. 다음의 사례를 통해 차익거래방법을 살펴보기로 하자.

사례

〈6-5〉 주가지수선물의 차익거래

어떤 투자자가 3월 20일 다음과 같이 매입차익거래(현물매입, 선물매도)를 하였고, 6월 20일에 포지션을 마감하였다고 하자. 시장 공시현황은 다음과 같다.

- 주가지수 배당수익률: 3.0%(연수익률)
- 무위험이자율(3개월 T-bill): 5%(연이자율)
- 6월물 S&P500주가지수 선물가격: 480 (6월 20일 인도)
- 선물 계약: 50단위 매도

이제 주가지수선물을 이용한 매입차익거래(=현물매입+선물매도)를 분석해 보자.

사례 분석

1) 매입차익거래에 필요한 자금

- 주가지수(주식) 매입자금: 50계약×450포인트/계약×$250/포인트 = $5,625,000
- 선물매도 증거금: 50계약×$6,000/계약 = $300,000

⇒ 합계(총비용) = $5,625,000 + $300,000 = $5,925,000

2) 매입차익거래 마감 결과(6월 20일)

i) S&P500주가지수가 430으로 하락하는 경우

- 선물매도이익 = (480-430)×50×$250 = $625,000
- 기간 중 배당수익 = $5,625,000×3%×3/12 = $42,187.50
- 현물매입손실 = $5,625,000 × (450-430)/450 = $250,000

⇒ 총손익 = $625,000 + $42,187.50 - $250,000 = $417,187.50

⇒ 수익률 = (총손익/ 총비용)×(1년으로 환산한 기간)

= ($417,187.50 /$5,925,000)×(12/3) = (7.04%)(4) = 28.16%

ii) S&P500주가지수가 490으로 상승하는 경우

- 선물매도손실 = (490-480)×50×$250 = $125,000
- 기간 중 배당수익 = $5,625,000×3%×3/12 = $42,187.50
- 현물매입이익 = $5,625,000×(490-450)/450 = $500,000

⇒ 총손익 = -$125,000 + $42,187.50 + $500,000 = $417,187.50

⇒ 수익률 = (총손익/ 총비용)(1년으로 환산한 기간)

= ($417,187.50 /$5,925,000)(12/3) = (7.22%)(4) = 28.16%

(4) 스프레드거래

스프레드(soread)거래란 하나의 선물을 사고 동시에 다른 선물을 매도하는 거래를 말한다. 스프레드거래는 크게 상품내 스프레드(intra commodity spread)와 상품간 스프레드(inter commodity spread)로 구분할 수 있다. 그리고 상품내 스프레드는 다시 인도월간 스프레드(inter delivery spread), 시간 스프레드(calendar spread), 수직 스프레드(vertical spread) 등으로 나눌 수 있으며, 상품간 스프레드는 다시 거래소간 스프레드(inter market spread), 거래소내 스프레드(intra market spread) 등으로 나눌 수 있다.

① 상품내 스프레드

동일한 선물에 대해 인도월이 다른 두 개의 선물 중에서 하나를 매입하는 동시에 다른 하나를 매도하는 거래를 말한다. 예컨대 인도월간 스프레드는 만기가 짧은 근월물(近月物: nearby futures)을 매입하고 만기가 긴 원월물(遠月物: distant futures)을 매도하는 거래로서, 근월물의 만기일이 도래하여 대금을 지불하고 현물을 인수받아 보유하고 있다가, 원월물의 만기일에 대금을 받고 현물을 인도하게 된다. 이러한 인도월간 스프레드 거래에서 스프레드 거래자(spreader)는 보관비용과 금융비용을 전부 감안하더라도 이익이 발생하므로 스프레드거래가 성립하게 된다.

일반적으로 스프레드를 구하는 식은 다음과 같다.

$$\begin{aligned}\pi &= F_d - F_n \\ &= S_t e^{(r_d-y)(T_d-t)} - S_t e^{(r_n-y)(T_n-t)} \\ &= S_t[\, e^{(r_d-y)(T_d-t)} - e^{(r_n-y)(T_n-t)}\,]\end{aligned}$$

(식 6-20)

단, π = 인도월간 스프레드

F_d = 원월물(distant futures)의 선물가격

F_n = 근월물(nearby futures)의 선물가격

S_t = 시점 t에서의 근월물과 원월물 공통 기초자산 가격

T_d = 원월물의 만기

T_n = 근월물의 만기

r_d = 원월물 만기에 상응하는 무위험 이자율

r_n = 근월물 만기에 상응하는 무위험 이자율

y = 기초자산의 배당 수익률(연간)

(식 6-20)으로부터 원월물이자율이 근월물이자율보다 크다면(즉, $r_d > r_n$), 각 변수에 대한 스프레드의 민감도(sensitivity)는 다음과 같다.

$$\frac{\partial \pi}{\partial S_t} = [e^{(r_d-y)(T_d-t)} - e^{(r_n-y)(T_n-t)}] > 0 \qquad \text{(식 6-21)}$$

$$\frac{\partial \pi}{\partial y} = S_t[(T_n-t)e^{(r_n-y)(T_n-t)} - (T_d-t)e^{(r_d-y)(T_d-t)}] < 0 \qquad \text{(식 6-22)}$$

$$\frac{\partial \pi}{\partial r_d} = S_t[(T_d-t)e^{(r_d-y)(T_d-t)}] > 0 \qquad \text{(식 6-23)}$$

$$\frac{\partial \pi}{\partial r_n} = (-)S_t[(T_n-t)e^{(r_n-y)(T_n-t)}] < 0 \qquad \text{(식 6-24)}$$

(식 6-21)은 스프레드가 기초자산(예컨대, 주가지수)과 같은 방향으로 움직여서 주가지수가 상승하면 스프레드도 커지고, 주가지수가 하락하면 스프레드도 작아짐을 의미한다. 그러나, (식 6-22)에서 볼 수 있는 바와 같이 배당수익률은 스프레드와 반대방향으로 움직인다. (식 6-23)과 (식 6-24)는 이자율과 스프레드의 관계를 나타내는데, 원월물이자율과 스프레드는 같은 방향으로 움직이는 반면, 근월물이자율은 스프레드와 반대방향으로 움직임을 알 수 있다. 즉, 원월물이자율이 근월물이자율보다 상대적으로 커질수록 스프레드는 커짐을 알 수 있다.

사례

〈6-6〉 주가지수선물의 만기간 스프레드거래

주가상승이 예상되지만 주가가 하락하는 만일의 사태에 대비하기 위해 1월 20일 S&P500지수 선물 3월물(근월물)을 500포인트에 5계약 매도하고, 동시에 6월물(원월물)을 510포인트에 5계약 매입한다. 그리고 3월 3일 반대매매포지션을 취한다.
이러한 만기간 스프레드거래에 대해 분석해 보자.

사례 분석

1) 주가가 상승하는 경우 (3월물보다 6월물의 가격상승폭이 큼)
- 거래: 3월 3일에 3월물은 505에, 6월물은 520에 거래 마감
- 손익: 3월물(매도포지션): (500-505)×$250×5계약 = -$6,250(손실)
  6월물(매입포지션): (520-510)×$250×5계약 = $12,500(이익)

⇒ 총손익 = $12,500-$6,250 = $6,250(이익)

2) 주가가 하락하는 경우 (3월물보다 6월물의 가격하락폭이 큼)
- 거래: 3월 3일에 3월물은 495에, 6월물은 500에 거래 마감
- 손익: 3월물(매도포지션): (500-495)×$250×5계약 = $6,250(이익)
  6월물(매입포지션): (500-510)×$250×5계약 =-$12,500(손실)

⇒ 총손익 = $6,250-$12,500 = -$6,250(손실)

위의 〈사례 6-6〉에서 보는 바와 같이 큰 폭의 가격상승을 예상하지만, 예상외의 위험을 회피하고자 할 때 인도월간 스프레드거래를 이용할 수 있다. 상승장세 하에서는 총이익이 초기포지션과 반대매매포지션 당시의 스프레드차이(15포인트 - 10포인트)에 해당하는 $6,250(스프레드차이 5포인트×$250×5계약)에 불과하여 상승장세에서 얻을 수 있는 큰 폭의 이익을 얻지는 못했으나, 하락장세에서는 스프레드차이만큼(10포인트 - 5포인트)으로 한정시킬 수 있음을 알 수 있다.

② 상품간 스프레드

상품간 스프레드거래란 동일한 대상물, 대체상품 혹은 수요와 공급의 패턴이 비슷한 종목간의 가격관계를 이용하는 거래를 말한다. 주가지수선물의 종목간 스프레드는 다음과 같이 두 가지로 나누어 생각해 볼 수 있다.

i) 주가의 상승이 예측되는 경우

변동폭이 큰 주가지수선물을 매입함과 동시에 변동폭이 작은 주가지수선물을 매도

ii) 주가의 하락이 예측되는 경우

변동폭이 큰 주가지수선물을 매도함과 동시에 변동폭이 작은 주가지수선물을 매입

종목간 스프레드를 구하는 공식은 (식 6-20)과 같은 방법으로 다음과 같이 구할 수 있다.

$$\pi = F_l - F_s \\ = S_l e^{(r-y_l)(T-t)} - S_s e^{(r-y_S)(T-t)} \quad \text{(식 6-25)}$$

단, π = 상품간 스프레드

F_l = 매입선물(long futures)의 가격

F_s = 매도선물(short futures)의 가격

S_l = 매입선물의 기초자산 가격

S_s = 매도선물의 기초자산 가격

T = 두 선물의 공통 만기

r = 공통만기에 적용되는 무위험 이자율

y_l = 매입선물 기초자산의 배당 수익률(연간)

y_s = 매도선물 기초자산의 배당 수익률(연간)

(식 6-25)로부터 각 변수에 대한 스프레드의 민감도(sensitivity)는 다음과 같다.

$$\frac{\partial \pi}{\partial S_l} = e^{(r-y_l)(T-t)} > 0 \quad \text{(식 6-26)}$$

$$\frac{\partial \pi}{\partial S_s} = (-)e^{(r-y_s)(T-t)} < 0 \quad \text{(식 6-27)}$$

$$\frac{\partial \pi}{\partial r} = (T-t)[S_l e^{(r-y_l)(T-t)} - S_S e^{(r-y_s)(T-t)}] < 0 \quad \text{(식 6-28)}$$

$$\frac{\partial \pi}{\partial y_l} = (-)S_l e(T-t)e^{(r-y_l)(T-t)} < 0 \quad \text{(식 6-29)}$$

$$\frac{\partial \pi}{\partial y_s} = S_s(T-t)e^{(r-y_s)(T-t)} > 0 \quad \text{(식 6-30)}$$

(식 6-26)과 (식 6-27)로부터 상품간 스프레드는 매입선물의 기초자산(예컨대, 주가지수)과는 반대방향으로 움직이고, 매입선물의 기초자산과는 같은 방향으로 움직인다. (식 6-28)

은 이자율과 스프레드의 관계를 나타내는데, 매입선물의 주가지수가 매도선물의 주가지수보다 작고, 매입선물의 주가지수배당률이 매도선물의 주가지수배당률 보다 작으면, 이자율과 스프레드는 반대방향으로 움직인다. 그리고, (식 6-29)와 (식 6-30)으로부터 매입포지션의 배당수익률은 스프레드와 반대방향으로 움직이는 반면, 매도포지션의 배당수익률은 스프레드와 같은 방향으로 움직인다.

우리 나라의 경우 주가지수선물이 많지 않아 상품간 스프레드를 실제로 활용하는데 한계가 있으나, 미국의 경우에는 주가지수선물이 S&P500, NYSE Composite Index, Value Line Index, MMI 등 여러 개가 있으므로 실제 적용이 용이하다. 예컨대, S&P500지수나 NYSE 지수는 상대적으로 대형주의 영향을 많이 받고, Value Line지수는 상대적으로 소형주에 큰 가중치를 주고 있기 때문에 시장의 변화에 S&P500지수나 NYSE지수보다 더 민감하게 반응하는 경향이 있다. 즉, Value Line지수는 활황장세(bull market)에서는 더 많이 오르고 불황장세(bear market)에서는 더 많이 하락하는 경향이 있다. 따라서 가격상승을 예상하고 위험노출을 적절히 관리하고자 하는 투자자는 이러한 지수들을 잘 활용할 수 있다. 다음에 설명하는 보기는 이러한 특성을 이용하여 상품간 스프레드거래 전략을 어떻게 구사할 수 있는지를 잘 보여주고 있다.

사례

〈6-7〉 주가지수선물의 상품간 스프레드거래

어떤 투자자가 향후 주식시장이 활황이 되리라 예상하고, 1월 20일 Value Line지수 6월물을 250.35에 5계약 매입하고, S&P500지수 6월물을 466.52에 5계약 매도하는 상품간 스프레드를 구성하였다. 이후 예측이 적중하여 2월 4일, Value Line지수선물은 261.66에 매도포지션을 취하고, S&P500지수선물은 471.05에 매입포지션을 취함으로써 포지션을 청산하기로 하였다

이러한 상품간 스프레드거래에 대해 분석해 보자.

사례 분석

1) Value Line지수선물의 경우(매입 포지션)

- 손익: (261.66-250.35) × \$500 × 5계약 = \$28,275 (이익)

2) S&P500지수선물의 경우(매도 포지션)

- 손익: (466.52 - 471.05) × \$250 × 5계약 = -\$5,662.50 (손실)

⇒ 총손익 = \$28,275 - \$5,662.50 = \$22,612.50 (이익)

일반적으로 주가지수선물은 채권선물(금리선물)과 상호 대체관계(substitute relationship)가 있는데, 이는 주식과 금리 사이의 부(-)의 관계로부터 쉽게 짐작할 수 있다. 따라서, 어느 시점에서 두 선물 사이의 가격차이가 정상궤도를 벗어날 경우에도 상품간 스프레드거래를 이용함으로써, 가격변동에 따른 위험을 헷지할 수 있다.

4) 주가지수선물을 이용한 포트폴리오 관리

투자신탁회사, 보험회사, 연금기금과 같은 기관투자가들은 T-bill과 같은 무위험증권과 주식으로 구성된 포트폴리오를 보유하며, 이들은 시장상황의 변화에 따라 거래시점(타이밍)과 종목을 적절히 선택함으로써 보유한 포트폴리오를 적극적으로 관리한다. 이 절에서는 주가지수선물을 이용한 시장타이밍전략, 종목선택전략, 그리고 프로그램매매 등을 설명한다.

(1) 주가지수선물을 이용한 시장타이밍 전략

시장타이밍전략(market timing strategy)은 주식시장의 상황에 따라 주식 또는 채권 중에서 어느 쪽에 투자하는 것이 더 유리한가를 판단하여 적절한 시점에 자금을 주식과 채권으로 배분하는 전략을 말한다. 예를 들어, 주식시장이 강세일 때는 채권을 주식으로 교체시키고, 주식시장이 약세일 때는 주식을 채권으로 교체시키는 적극적인 포트폴리오전략을 말한다. 그러나, 기관투자가가 주식시장에서 시장타이밍전략을 사용하면, 대규모거래로 인해 많은 거래비용이 발생하고 시장충격도 매우 크기 때문에 전략의 성과가 현저히 감소한다. 따라서 거래비용, 거래체결 속도, 유동성 등에서 주식시장보다 우월한 주가지수선물을 이용하면 시장타이밍전략을 효과적으로 구사할 수 있다.

① 합성 T-bill의 창출

T-bill 투자자나 주식포트폴리오 관리자는 주가지수선물을 이용하여 기존의 포지션을 저렴한 비용으로 개선시킬 수 있다. 즉, T-bill 투자자는 주가지수선물가격이 주가지수보다 고평가되어 있을 때 T-bill을 합성T-bill(synthetic T-bill)로 대체시킬 수 있다. T-bill 투자자는 보유하고 있는 T-bill을 매도하고, 그 자금으로 복제 포트폴리오를 매입하며, 주가지수선물을 매도함으로써 다음과 같은 합성 T-bill을 창출할 수 있다.

합성 T-bill = 주식포트폴리오 - 주가지수선물 (식 6-31)

다시 말해, T-bill 투자자는 (식 6-31)에 따라 현물매입준차익거래(cash-and-carry quasi-arbitrage)를 수행함으로써 순수차익거래보다 낮은 비용으로 합성 T-bill을 창출할 수 있다.

② 합성 주식포트폴리오의 창출

주식포트폴리오 관리자는 주가지수선물가격이 주가지수보다 저평가되어 있을 때, 현물매도준차익거래(reverse cash-and-carry quasi-arbitrage)를 통해 주식포트폴리오를 합성주식포트폴리오(synthetic stock portfolio)로 대체시킬 수 있다. 즉, 주식포트폴리오 관리자는 보유하고 있는 주식포트폴리오를 매도하고, 그 자금으로 T-bill을 매입하며, 주가지수선물을 매입함으로써 다음과 같은 합성주식포트폴리오를 창출할 수 있다.

합성 주식포트폴리오 = T-bill + 주가지수선물 (식 6-32)

즉, 주식포트폴리오 관리자는 (식 6-32)에 따라 현물매도준차익거래를 수행함으로써, 순차익거래자보다 더 저렴한 비용으로 합성 주식포트폴리오를 창출할 수 있다.

③ 시장 타이밍 전략

향후 주식시장이 약세시장으로 반전되어 주가하락이 예상되면, 방어적인 투자전략으로 변경하여 보유주식을 T-bill로 신속하게 교체해야 한다. 이때 포트폴리오관리자가 사용할 수 있는 전략은 다음과 같은 두 가지이다.

첫째, 보유주식을 매도하고 T-bill을 직접 매입하는 전략이다.

둘째, 주식시장에서 주식을 그대로 보유하면서 주가지수선물을 매도하여 합성 T-bill을 창출하는 선물전략이다.

이와 반대로, 주식시장이 강세시장으로 반전되어 주가상승이 예상되면, 공격적인 투자전략으로 변경하여 보유중인 T-bill을 신속하게 교체해야 한다. 이때 포트폴리오관리자가 사용할 수 있는 전략은 다음과 같은 두 가지이다.

첫째, 보유중인 T-bill을 매도하고 주식을 직접 매입하는 전략이다.

둘째, T-bill을 그대로 보유하면서 주가지수선물을 매입하여 합성 주식포트폴리오를 창출하는 선물전략이다.

이상의 두 전략 중에서 거래비용을 고려하면 선물전략이 더 유리할 때가 많다. 좀더 구체적으로는 다음과 같은 시장 타이밍 전략을 구사하여 포트폴리오를 적극적으로 관리할 수 있다.

i) 시점 t에 주식(혹은 T-bill) 매입
ii) 시점 t^* ($t^*>t$)에 주식(혹은 T-bill)을 합성 T-bill(혹은 합성 주식포트폴리오)로 전환

- 시점 t*에서의 주가지수선물 매도계약수 = $V_{t*} / F_{t*,T}$ (식 6-33)

단, V_{t*} = 시점 t^*에서의 주식포트폴리오의 총가치
$F_{t*,T}$ = 시점 t^*에서의 T일물 주가지수선물 1계약의 가치

iii) 합성 T-bill(혹은 합성주식포트폴리오)을 주가지수선물만기인 T시점($T>t^*$)까지 보유

(2) 주가지수선물을 이용한 종목선택 전략

종목선택전략(stock picking strategy)은 주어진 위험수준 하에서, 저평가된 주식을 매입하고 고평가된 주식을 매도함으로써 시장평균이상의 투자수익률을 달성하고자 하는 적극적 투자전략을 말한다. 투자수익률은 종목선택능력뿐만 아니라 시장타이밍에 의해서도 좌우되는데 때로는 이 두 가지가 상충되는 효과를 보일 때도 있다. 예컨대, 어떤 주식이 저평가된 종목으로 선택되었으나, 매입 후에 시장이 약세시장으로 반전되면 소기의 초과수익률을 달성할 수 없게 되는데, 이는 약세시장에서는 저평가된 주식이 균형가격(혹은 정상가격)으로 회복될 가능성이 작기 때문이다. 예를 들어, 위험수준이 동일한 다른 주식에 비해 5% 저평가된 주식이 발견되었다면, 그 주식을 매입하였다가 일정기간 후 정상가격으로 매도하면 5%의 초과수익을 얻을 수 있으나, 그 주식을 매입한 후에 시장전체가 10% 하락하면, 오히려 5%의 손실을 보게 된다.

그러나, 주가지수선물을 이용하면 시장상황의 변화에 관계없이 초과수익률을 확실히 달성할 수 있는 종목선택전략의 구사가 가능해진다. 즉, 주식시장에서 저평가된 주식이 발견되면 그 주식을 매입함과 동시에 주가지수선물을 매도함으로써 시장이 약세로 반전되는 것과 관계없이 초과수익을 확실히 달성할 수 있으며, 반면에 주식시장에서 고평가된 주식이 발견되면 그 주식을 매도함과 동시에 주가지수선물을 매입함으로써 시장이 강세로 반전되는 것과 관계없이 초과수익을 확실히 달성할 수 있게 되는 것이다.

① **저평가된 주식 매입**

투자이론에서 널리 쓰이는 자본자산가격결정모형(CAPM)을 사용하면, 시장에서의 균형 관점에서 볼 때 상대적으로 저평가되거나 고평가된 주식을 발견할 수 있다. 다음의 간단한 CAPM 모형을 통해 저평가된 주식을 어떻게 찾을 수 있는지 살펴보기로 한다.

$$E(R_j) = \{R_F + \beta_j[E(R_M)-R_F]\} \quad \text{(식 6-34)}$$

단, $E(R_j)$ = 주식 j의 기대수익률(j = 1, 2, 3,……,N)
R_F = 무위험 이자율(risk-free rate of interest)
β_j = 주식 j의 베타
$E(R_M)$ = 시장 포트폴리오의 기대수익률

(식 6-34)는 시장에서의 수요와 공급이 균형(equilibrium)을 이룰 때 주식j의 기대수익률과 시장기대수익률과의 이론적인 관계를 나타낸다. 이러한 이론적인 기대수익률과 실제 시장에서의 평균수익률이 다를 때, 그 주식은 저평가되어 있거나 고평가되어 있다고 말 할 수 있다. 이론적인 기대수익률과 실제 평균수익률과의 차이는 다음과 같이 표시할 수 있다.

$$\alpha_j = E(R_j) - \{R_F + \beta_j[E(R_M)-R_F\} \quad \text{(식 6-35)}$$

(식 6-35)에 있는 α를 보통 Jensen's α라 하고, 포트폴리오 성과를 측정하는 데 자주 사용한다. CAPM이론의 측면에서 볼 때 α가 0보다 크면 균형선(SML)보다 위에 있으므로 이 주식은 저평가되어 있다고 볼 수 있고, 반면 α가 0보다 작으면 균형선(SML)보다 아래에 있으므로 이 주식은 고평가 되어 있다고 볼 수 있다.

만일 주가가 시점 t^*에 저평가되어 있다면, t^*에 저평가된 주식을 V_{t^*}만큼 매입하고 (식 6-33)에 있는 것처럼 주가지수선물을 $V_{t^*}/F_{t^*,T}$만큼 매도하는 종목선택 전략을 구사해야 한다.

② **고평가된 주식 매도**

(식 6-35)에서 만일 α가 0보다 작으면 균형선(SML)보다 아래에 있으므로 이 주식은 고평가되어 있다고 볼 수 있다. 이러한 고평가된 주식에 대해서는 저평가된 주식과 반대되는 전략을 구사함으로써 초과이익을 얻을 수 있다. 즉, 만일 주가가 시점 t^*에 고평가되어 있다면, t^*에 고평가된 주식을 V_{t^*}만큼 공매(short selling)하고 (식 6-33)에 있는 것처럼 주가지수선

물을 V_{t^*} / $F_{t^*,T}$만큼 매입하는 종목선택 전략을 구사해야 한다.

(3) 프로그램 매매 전략

① 프로그램 매매의 개념

프로그램 매매(program trading)란 투자자들이 자신들의 투자전략을 컴퓨터에 프로그램하여 시장상황 변동 시 컴퓨터가 자동적으로 매입 또는 매도시점을 포착하여 주문을 내는 등의 거래를 하는 고도의 투자기법이다. 특히 미국의 NYSE에서는 프로그램 매매를 '지수차익거래(index arbitrage) 또는 시가총액이 100만불 이상인 주식 혹은 15종목 이상의 주식 매매에 관한 거래'라고 정의하고 있다.

좁은 의미에서의 프로그램매매는 주가지수와 동일한 움직임을 갖는 현물주식의 시장 바스켓(basket)과 이 바스켓을 대상으로 선물계약의 차이가 타당하다고 생각되는 가격(이론가격)보다 상승하거나 하락할 때 선물을 매도하고 동시에 현물시장에서 바스켓을 매입하거나 그 반대의 매매를 해서 차익을 얻는 거래를 말한다.

프로그램 매매가 투자자들의 관심을 끌게 된 직접적인 계기는 미국의 1987년 10월의 주가대폭락(Black Monday)과 1989년 10월의 주가폭락(Mini Crash)일 것이다. 당시의 여론 및 관련기관 보고서에서는 프로그램 매매가 주가폭락을 가속화시켰다는 주장이 있어 이러한 매매방식에 대한 찬반논쟁이 있어 왔다.

② 프로그램 매매의 발전

프로그램 매매의 기원은 1976년 NYSE와 AMEX에서 가동이 시작된 DOT(Designated Order Turnaround)시스템에서 찾을 수 있다. DOT 시스템은 전국 각지의 브로커로부터 들어오는 100주 전후의 다수의 소량 주문들을 하나의 큰 주문으로 모아 직접 거래 포스트로 전달해 주는 시스템으로 이는 거래소의 효율성증대는 물론 대규모 거래의 효율적 집행을 가능하게 하여 시장가주문(market order)과 지정가주문(limit order)의 체결한도가 30,099주와 99,999주로 확대되었다. 이러한 DOT 시스템의 거래용량 증가는 포트폴리오 관리자들이 다수의 주식으로 구성된 포트폴리오를 개별 주식별 매매가 아니라 포트폴리오 전체를 일괄 매매할 수 있게 하였다.

프로그램 매매의 초기 단계에서는 $5,000만 정도의 거래가 상당히 큰 거래로 간주되었으나, 주가지수선물과 옵션 등 주식파생상품의 등장으로 프로그램 매매에 따른 위험을 제거할 수 있게 되어 최근에는 $5억 이상의 거래도 자주 볼 수 있게 되었다.

③ 프로그램 매매의 영향과 문제점

1982년과 1983년 미국 주식시장에 선물 및 옵션이 각각 도입되었을 때 증시관계자들의 주요 관심은 파생상품이 현물시장에 어떤 영향을 미치는가에 있었는데, 특히 현물시장의 가격변동성이 최대 관심사였다. 선물과 옵션이 성공적으로 기능을 수행하기 위해서는 투기거래가 필요 불가결한데, 정보력이 뛰어난 투자자에 의한 투기거래는 현물시장의 가격변동성에 영향을 줄 수 있다. 즉, 주식시장에서 투자자간의 주문흐름이 균형을 이루지 못하고 있을 때, 정보력이 뛰어난 투기거래자가 이에 적절히 대응함으로써 시장의 변동성을 완화시킬 수 있다. 또한, 선물시장은 현물시장에 대하여 새로운 정보를 제공하여 현물시장의 참여자를 증가시키고 그 결과 현물시장의 유동성을 증대시킴으로써 시장의 전체적인 주가 변동성을 감소시킨다.

그러나 반대로 선물, 옵션 시장이 주가 움직임을 불안하게 한다는 주장도 있다. 즉, 잘 정비된 투기시장에서는 주식의 내재가치에 대한 새로운 정보가 신속하고 정확하게 전달되므로 가격변동은 그 만큼 커질 수 있다. 또한 프로그램 매매는 일정 조건을 갖추면 자동으로 실행되는 투기적인 대량주문이라는 성격을 가지고 있어 현물시세를 크게 동요시킬 수 있다는 문제점을 가지고 있다. 프로그램 매매는 계속적으로 시장간 가격차를 모니터 하여 순식간에 각 증권회사에서 유사한 매도 혹은 매입 신호를 발생시키므로 같은 방향의 매도 및 매입 압력을 줌으로써 주가변동을 심화시킬 수 있다.

이러한 문제점들에도 불구하고 1987년 10월 주가대폭락 이후 진행된 브래디 조사에서는 프로그램 매매가 주가폭락의 직접적인 도화선이 되었다는 증거를 발견하지 못했다고 공식적으로 밝힘으로써 프로그램 매매의 부정적 영향에 대해 찬반이 상존하고 있는 실정이다.

④ 프로그램 매매의 규제

1987년 10월과 1989년 10월 두 번의 주가폭락을 경험한 미국은 프로그램 매매에 의한 주가변동의 확대를 방지하고 개인 투자자의 신뢰를 회복하기 위하여 이에 대한 규제를 크게 강화하였다.

우선 NYSE의 Super DOT를 경유하는 개인투자자의 2,099주 이하의 주문을 우선적으로 집행하는 개인투자자주문 우선전달제도(IIEDS: Individual Investor Express Delivery Service)와 S&P500주가지수선물 가격이 전일 대비 12포인트 이상 하락한 경우 Super DOT를 통해 행해지는 프로그램 매매를 별도 파일로 이체하여 5분간 회송을 지연시키는 사이드 카(Side Car) 제도가 도입되었고, 다우지수가 전일 대비 250포인트 이상 등락하는 경우 1시간, 400포인트 이상 등락하는 경우 2시간 동안 거래를 정지할 수 있도록 서킷 브레이커(Circuit Breaker)라는 시장 긴급거래정지제도를 도입하였다.

한편 NYSE는 1990년에 규칙을 일부 개정하여 다우지수가 전일 대비 50포인트 이상 변동할 경우, NYSE에서 거래되는 모든 S&P500지수 구성종목의 지수차익거래는 하락 시 현재가격 또는 그보다 높은 가격으로만 매도(Sell Plus)할 수 있도록 하였다.

이러한 규제는 모든 프로그램 매매에 적용되는 것이 아니라 지수차익거래만을 대상으로 하는데, 이는 지수차익거래의 주문집행을 감소시켜 대규모의 주가급변을 완화하는 데 그 목적이 있다.

5) 국내 주가지수선물

(1) KOSPI200선물

KOSPI200선물은 유가증권시장본부에 상장된 주식 200 종목의 시가총액 기준으로 산출된 코스피200지수(산출기준시점 1990.01.03)를 기초자산으로 하는 상품이다. 이처럼 코스피200선물은 주가지수를 거래대상으로 하고 있어 최종결제방법으로 현금결제를 채택하고 있다. <표6-4>는 2013년 현재 한국거래소(KRX)에서 거래되고 있는 KOSPI200지수선물의 상품명세이다. 지수승수(IM)는 포인트당 50만원이다.

〈표 6-4〉 국내 KOSPI200지수선물 상품명세

기초자산	코스피200지수
거래단위	코스피200선물가격×50만(거래승수)
결제월	3, 6, 9, 12월
상장결제월	1년 이내의 4개 결제월
가격의 표시	코스피200선물 수치(포인트)
호가가격단위	0.05포인트
최소가격변동금액	25,000원 (50만원×0.05)
거래시간	09:00~15:15(최종거래일 09:00~14:50)
최종거래일	각 결제월의 두 번째 목요일(공휴일인 경우 순차적으로 앞당김)
최종결제일	최종거래일의 다음 거래일
결제방법	현금결제
가격제한폭	기준가격 대비 상하±10%
단일가격경쟁거래	개장시(08:00~09:00) 및 거래종료시 (15:05~15:15)
필요적 거래중단(Circuit Breakers)	선물가격/ 현물가격 급변시 선물거래 일시중단

주) 자료: 한국거래소(KRX)

(2) 스타지수선물

스타지수선물은 코스닥시장에 상장된 종목 중에서 시장대표성, 유동성 및 재무건전성이 우량한 30개 종목을 구성종목으로 하는 스타지수(산출기준시점 2003. 1. 2: 1,000포인트)를 거래대상으로 하는 상품이다. KOSPI200지수선물이 한국거래소에 상장되어 있는 주식들을 대상으로 하는 반면, 스타지수선물은 벤처기업 등이 주로 등록되어 있는 코스닥주식들을 대상으로 하고 있다.

스타지수선물은 스타지수를 기초자산으로 하고 있으며, 최종결제방식은 현금결제방식을 채택하고 있다. 〈표 6-5〉는 2013년 현재 한국거래소(KRX)에서 거래되고 있는 스타지수선물의 상품명세이다. 지수승수(혹은 거래승수)는 포인트당 1만원이다.

〈표 6-5〉 국내 스타지수선물 상품명세

기초자산	스타지수
거래단위	스타지수선물가격×1만(거래승수)
결제월	3, 6, 9, 12월
상장결제월	1년 이내의 4개 결제월
가격의 표시	스타지수선물수치(포인트)
호가가격단위	0.05포인트
최소가격변동금액	5,000원 (1만원×0.50)
거래시간	09:00~15:15(최종거래일 09:00~14:50)
최종거래일	각 결제월의 두 번째 목요일(공휴일인 경우 순차적으로 앞당김)
최종결제일	최종거래일의 다음 거래일
결제방법	현금결제
가격제한폭	기준가격 대비 상하±10%
단일가격경쟁거래	개장시(08:00~09:00) 및 거래종료시 (15:05~15:15)
필요적 거래중단(Circuit Breakers)	선물가격/ 현물가격 급변시 선물거래 일시중단

주) 자료: 한국거래소(KRX)

2. 주식선물

1) 주식선물의 개념과 도입배경

주식선물(stock futures)이란 개별주식을 기초자산으로 하는 선물계약이다. 앞서 설명한 주가지수선물이 주식포트폴리오의 리스크를 관리하는 수단으로는 적합하나 개별주식의 가격변동성을 헷지하는 데는 미흡하다는 점이 주식선물이 도입된 배경이다. 또한 개별주식 공매도의 불편함과 규제를 대체할 상품이 필요하다는 점도 주식선물 도입을 촉진하였다.

비교적 최근인 21세기에 들어서 많은 나라들이 주식선물을 도입하기 시작하였고, 우리 나라에서도 2008년 5월 6일 15개 종목의 개별주식을 대상으로 주식선물이 상장되어 거래되기 시작하였다.

주식선물은 기초자산이 주식(stock)이라는 것 말고는 앞에서 배운 다른 선물들과 거래방법, 거래유형, 거래목적이나 가격결정 등에 별 차이가 없다. 따라서 본서에서는 간략하게 가격결정이론과 국내 주식선물을 소개하고자 한다.

2) 주식선물의 가격결정모형

주식선물의 이론적 가격을 구하기 위해 앞서 설명한 보유비용모형을 적용할 수 있다. 주식을 보유하면 자본비용과 배당수익이 발생하며, 따라서 보유비용에는 자본비용과 배당수익을 고려하면 된다. 그 외 보관비용, 외국이자율, 보유편익 등은 발생하지 않는다. 이러한 사실로부터 주식선물의 이론적 가격은 다음 식과 같이 구할 수 있다.

$$F_{t,T} = (S_t - D)e^{r(T-t)} \quad \text{(식 6-36)}$$

단, $F_{t,T}$ = 만기가 T인 주식선물의 t시점에서의 이론가격
S_t = 기초자산인 주식의 t시점에서의 가격
r = t시점부터 만기 T시점까지 일정한 무위험이자율
D = t시점부터 만기 T시점까지 예상되는 배당의 현재가치

3) 국내의 주식선물

2013년 1월 현재 우리나라의 주식선물은 주식시장에 상장되어 있고 유통주식수가 1,000만주 이상, 소액주주 수가 10,000명 이상, 1년간 총거래대금이 5,000억원 이상인 보통주식 중에서 시가총액과 재무상태 등을 감안하여 선정한 25개 기업이 발생한 주식을 기초자산으로 하는 선물이다. 〈표 6-6〉에 한국거래소에서 거래되고 있는 주식선물 상품명세가 요약되어 있다.

〈표 6-6〉 국내 주식선물 상품명세

<table>
<tr><td>기초자산</td><td>• 25개 기업
• KB금융지주, 삼성전자, 이마트, 신한금융지주, SK텔레콤, 우리금융지주, LG전자, 엘지디스플레이, KT, 케이티앤지, 포스코, 하나금융지주, 한국전력공사, 현대중공업, 현대자동차, 기아자동차, 대우증권, 대한항공, 두산인프라코어, 삼성물산, SK하이닉스, 현대제철, GS건설, NHN, SK이노베이션</td></tr>
<tr><td>1계약금액</td><td>주식선물가격×10(거래승수)</td></tr>
<tr><td>결제월</td><td>분기월 4개(3, 6, 9, 12월)</td></tr>
<tr><td>상장결제월</td><td>1년 이내의 4개 결제월</td></tr>
<tr><td>가격의 표시</td><td>주식선물가격(원)</td></tr>
<tr><td>호가가격단위</td><td><table><tr><th>선물가격</th><th>호가단위</th></tr><tr><td>① 10,000원 미만</td><td>5원</td></tr><tr><td>② 10,000원 이상 - 50,000원 미만</td><td>25원</td></tr><tr><td>③ 50,000원 이상 - 100,000원 미만</td><td>50원</td></tr><tr><td>④ 100,000원 이상 - 500,000원 미만</td><td>250원</td></tr><tr><td>⑤ 500,000원 이상</td><td>500원</td></tr></table></td></tr>
<tr><td>거래시간</td><td>09:00~15:15(최종거래일 09:00~14:50)</td></tr>
<tr><td>최종거래일</td><td>각 결제월의 두 번째 목요일(공휴일인 경우 순차적으로 앞당김)</td></tr>
<tr><td>최종결제일</td><td>최종거래일의 다음 거래일</td></tr>
<tr><td>결제방법</td><td>현금결제</td></tr>
<tr><td>가격제한폭</td><td>기준가격 대비 상하±15%</td></tr>
<tr><td>단일가격경쟁거래</td><td>개장시(08:00~09:00) 및 최종거래일 이외의 거래종료시(15:05~15:15)</td></tr>
<tr><td>필요적 거래중단 (Circuit reakers)</td><td>현물가격 급변시 주식선물 거래 일시 중단</td></tr>
</table>

주) 자료: 한국거래소(KRX)

연습문제

01. 다음 중 가치가중지수(value weighted index)가 아닌 것은?

① Value Line ② S&P
③ NYSE Composite ④ NYSE Financial

02. 만일 어떤 주식의 R계수(R coefficient)가 0이라면, 이는 시장전체와의 상관계수가 어떠함을 의미하는가?

① 높음 ② 낮음
③ 없음 ④ 역(negative)의 관계

03. 우선주(preferred stocks)들로 분산투자된 포트폴리오를 가지고 있는 투자자가 포트폴리오를 헷지하기 위해서는 다음 중 어느 것으로 매도포지션을 취해야 하는가?

① S&P500 ② NYSE Composite
③ MMI ④ T-bond

04. $220,000상당의 보통주로 구성된 포트폴리오(베타는 1.60)를 가지고 있는 투자자가 향후 주식시장 하락을 염려하여 S&P500지수선물을 이용하여 헷지하고자 한다. S&P500지수가 현재 109.85라면 다음 중 가장 적절한 헷지포지션은?

① 8계약 매입 ② 11계약 매도
③ 13계약 매도 ④ 15계약 매입

05. 당신의 고객이 S&P500지수가 302.30이고 지수선물이 306.90일 때 매도포지션을 취한 후, 지수가 307.00이고 지수선물이 308.50일 때 포지션을 마감했다면, 지수와 베이시스의 변화에 따른 헷지의 결과는?

① 1.80 이익 혹은 계약 당 $950 이익
② 1.80 손실 혹은 계약 당 $950 손실
③ 4.90 손실 혹은 계약 당 $2,450 손실
④ 3.10 이익 혹은 계약 당 $775 이익

06. 현재 10억원의 주식포트폴리오(베타는 1.80)를 보유하고 있는 한 펀드매니저가 주가상승에 따른 이익을 적극적으로 얻고자 KOSPI200주가지수선물 10계약을 120포인트에 매입하였다면 이는 주식포트폴리오의 베타를 얼마로 변경시키는 효과가 있는가?
(단, 지수승수는 50만원이다)

① 2.40 ② 2.20
③ 2.00 ④ 1.80

07. S&P500선물 매도자가 인도고지서를 송부하였다. 선물매입자가 인도 받는 것은?

① 주식증서 ② 기탁(escrow)영수증
③ 현금 ④ 지수증서(index certificate)

08. 하나의 주식 혹은 주식포트폴리오의 헷징과 관련한 NYSE Composite과 S&P500선물의 베이시스위험은 다음 중 어느 것에 의존하는가?

① 개별주식가격과 개별주식들의 평균과의 관계
② 개별주식가격, 개별주식들의 평균, 그리고 주가지수선물가격과의 관계
③ 개별주식가격과 주가지수와의 관계
④ 주가지수와 주가지수선물가격과의 관계

09. 보통주 포트폴리오를 보유하고 있는 투자자가 주가지수가 108.80이고 지수선물이 113.40일 때 (1포인트 = $500) 매도헷지포지션을 취하였다. 주가지수가 114.10이 되고 선물가격이 114.90이 되었다면 거래비용을 감안하지 않을 경우 이익은?

① 1.50 혹은 $750 ② 3.80 혹은 $1,900
③ 5.30 혹은 $2,650 ④ 5.80 혹은 $2,900

10. 2월에 한 투자자가 ALFA주식 1,500주를 공매(sell short)하고 3월물 S&P500지수선물(현재가격 104.90)을 이용하여 자신의 포지션을 헷지하고자 한다. 그 투자자가 해야 할 일은?

① 3월물 선물을 104.90에 매입
② 3월물 선물을 104.90에 매도
③ 공매포지션을 청산하고, 3월물 선물을 104.90에 매입
④ 3월물 선물을 104.90에 매입하고 지수에 포함되어 있는 주식 인도

11. 주가지수선물계약의 만기 시 정산은 무엇으로 하는가?

① 증권 포트폴리오 ② 현금
③ 특정지수에 포함된 증권 ④ 정산서

12. 뉴욕선물거래소(NYFE)의 주가지수선물을 이용하여 가장 잘 헷지할 수 있는 것은?

① 전기 등 공공사업(utility)관련 주식으로만 구성된 포트폴리오
② 제조업관련 주식 포트폴리오
③ 제조업과 전기관련 주식 포트폴리오
④ 잘 분산된 대규모 보통주 포트폴리오

13. 7월 8일 NYSE Composite지수선물가격이 65.60에 마감되었다. 그날 아침 선물 미결제약정(open interest)이 없는 한 투자자가 65.05에 선물1계약 매입포지션을 취하고(1.00 = $500) $7,000을 증거금으로 예치하였다. 그 날 장 종료 후 증거금계좌의 상태는?

① $7,550와 이전 계좌잔고 ② $6,275와 이전 계좌잔고
③ $7,275와 이전 계좌잔고 ④ $6,950와 이전 계좌잔고

14. 기본적인 경제지표나 통계가 의미하는 것은?

① 시장심리의 계량적 판단자료 ② 약세시장 장세
③ 경제력과 신용수요의 계량적 자료 ④ 가격지지와 저항의 척도

15. MMI지수가 공시되는 단위는?

① 1/32nds ② 1/64ths
③ 10진법 ④ 베이시스 포인트(1bp = 0.01%)

16. 2개월 후에 $100만 상당의 주식을 NYSE에서 매입하고자 하는 투자자가 있다. 현재 대부분의 경제 전문가들은 정보통신 분야의 활황에 힘입어 주식시장이 향후 6개월 이상 계속 상승할 것이라 예측하고 있고 이 투자자도 이러한 예측에 공감하고 있다. 현재 NYSE 지수선물가격이 450이고 매입예정 주식포트폴리오의 베타는 1.50으로 추정된다. NYSE지수선물의 지수승수가 $500일 때, 이 투자자의 최적 헷지전략은?

① NYSE 지수선물 4계약을 매도 ② NYSE 지수선물 4계약을 매입
③ NYSE 지수선물 7계약을 매도 ④ NYSE 지수선물 7계약을 매입

17. S&P500지수선물계약에서 최종 정산가격(final settlement price)으로 이용되는 것은 무엇인가?

① 정산일(settlement day)의 실제 지수　② 정산일 전일(前日)의 실제 지수
③ 정산일의 지수선물가격　④ 정산일 전일(前日)의 지수선물가격

18. 작은 규모의 연금을 운영하고 있는 한 펀드관리자(fund manager)가 현재 시장가치 $510,000로 평가되고 있는 우량주(blue chip)들로 구성된 포트폴리오를 가지고 있다. 향후 약세시장을 예상하고 있는 그 관리자는 MMI지수선물을 418.40에 6계약 매도함으로써 자신이 보유하고 있는 포트폴리오를 헷지하였다(1 포인트 = $250). 예상대로 시장이 약세가 되어 포트폴리오 가치가 $375,000로 하락하였고, 따라서 그 관리자는 보유 주식들을 매각하고 6개의 선물계약도 312.20에 마감하였다. 헷지의 결과는?

① 포트폴리오에서의 손실 $135,000를 완전히 보호하였고, 선물에서 $24,300의 추가이익을 얻었다.
② 포트폴리오에서의 손실 $135,000를 완전히 보호하였고, 선물에서 $26,550의 추가이익을 얻었다.
③ 선물거래에서 $159,300의 이익을 얻었고, 포트폴리오에서의 총 손실 $26,500중 거의 $16,750을 보호하였다.
④ 선물거래에서 $159,300의 이익을 얻었고, 포트폴리오에서의 총 손실 $26,500중 거의 $850을 보호하였다.

19. 보통주(common stocks)들로 구성된 $110,000상당의 포트폴리오를 보유하고 있는 한 투자자가 주식시장에서의 가격하락을 우려하고 있다. 그가 보유하고 있는 포트폴리오의 베타(β)가 1.5라 하면, 108.85의 가격(1포인트 = $500)에 거래되고 있는 지수선물을 이용하여 자신의 포트폴리오를 헷지하고자 한다면, 다음 중 가장 적절한 전략은 무엇인 가?

① 1계약 매입　② 2계약 매도
③ 3계약 매도　④ 4계약 매입

20. 한국에서 거래되고 있는 KOSPI200주가지수선물과 관련한 다음 설명 중 틀린 것은?

① 기초자산은 KOSPI200지수이다.
② 선물이 만기가 되면 기초자산인 200개의 주식을 인도한다.
③ 계약단위는 KOSPI200지수에 500,000원을 곱한 값이다.
④ 가격제한폭은 기준가격의 10%이다.

21. 주가지수선물 가격에 영향을 주는 요인들에 관한 다음 설명 중 틀린 것은?

① 현물 주가지수가 상승하면 이론 선물가격도 상승한다.
② 이자율이 상승하면 이론 선물가격도 상승한다.
③ 잔존 만기일이 길수록 이론 선물가격도 상승한다.
④ 배당 수익률이 상승하면 이론 선물가격도 상승한다.

22. 주가지수선물과 관련한 다음 설명 중 옳지 않은 것은?

① 결제는 현금결제(cash settlement)를 통해 이루어진다.
② 시장위험의 헷지에 유용하다.
③ 포트폴리오의 고유위험을 헷지하는데 유용하다.
④ 미국의 캔사스시티 상품거래소(KCBT: Kansas City Board of Trade)에서 1982년 최초로 거래가 시작되었다.

23. 주가지수선물거래의 기초자산으로 세계 최초로 도입된 지수는?

① VLI(Value Line Composite Index) ② S&P500 Index
③ NYSE Composite Index ④ KOSPI200 Index

24. 세계 증권시장에서 사용되고 있는 다음 지수들 중에서 지수와 지수산출 방법이 잘못 연결되어 있는 것은?

① MMI(Major Market Index) - 가격가중지수(price-weighted average) 방법
② KOSPI200 Index - 동등가중지수(equal-weighted average) 방법
③ DJIA(Dow Jones Industrial Average) - 가격가중지수(price-weighted average) 방법
④ S&P500 Index - 시가총액가중지수(value-weighted average) 방법

25. 세계 증권시장에서 사용되고 있는 다음 지수들 중에서 지수산출을 위한 기준시점, 기준 지수의 연결이 잘못되어 있는 것은?

① S&P500 - 1930년 1월 2일 - 100 ② NYSE Index - 1965년 12월 31일 - 50
③ KOSPI200 - 1990년 1월 3일 - 100 ④ VLI - 1961년 6월 30일 - 100

26. 이자를 연속복리(continuous compounding)로 계산할 경우, 주가지수선물의 이론가격을 구하는 모형으로 적절한 것은?

(단, S = 현물 주가지수, F = 주가지수선물 이론가격, r = 무위험이자율, q = 배당 수익률, e = 자연로그의 밑으로 2.718282..., T = 선물 만기)

① $F_t = S_t \times e^{(q-r)(T-t)}$
② $F_t = S_t \div e^{(r-q)(T-t)}$
③ $F_t = S_t + e^{(q-r)(T-t)}$
④ $F_t = S_t \times e^{(r-q)(T-t)}$

27. 이자를 이산복리(discrete compounding)로 계산할 경우, 주가지수 선물의 이론가격을 구하는 모형으로 가장 적절한 것은?

(단, S = 현물 주가지수, F = 주가지수 선물 이론 가격, r = 무위험이자율, q = 배당 수익률, T-t = 잔존 만기일 수)

① $F_t = S_t \times [1 + (q-r)(T-t)/365]$
② $F_t = S_t \div [1 + (q-r)(T-t)/365]$
③ $F_t = S_t \times [1 + (r-q)(T-t)/365]$
④ $F_t = S_t \times [1 + (r+q)(T-t)/365]$

28. A주식에 6억원, B주식에 4억원을 투자하여 포트폴리오를 구성한 투자자가 있다. A주식의 베타는 2.0이고, B주식의 베타는 1.2이다. 이 포트폴리오를 KOSPI200지수로 헷지하고자 하는데, KOSPI200의 현 지수가 200이고 주가지수선물의 계약단위가 지수에 50만원을 곱한 값이라 하면, 완전헷지를 위해 필요한 매도선물 계약 수는?

① 15계약
② 17계약
③ 19계약
④ 21계약

29. 다음 중 주가지수선물의 경제적 기능이 아닌 것은?

① 주식시장의 거래 활성화
② 주식시장 전체에 대한 투자수단 제공
③ 포트폴리오의 비체계적 위험 헷지수단 제공
④ 주식시장의 장래가격 예측

30. 주가지수선물의 시장가격이 이론가격보다 높게 거래되고 있을 때, 다음 중 적절한 차익거래(아비트라지)전략은?

① 현물 주식 매도, 주가지수선물 매도
② 현물 주식 매입, 주가지수선물 매입
③ 현물 주식 매입, 주가지수선물 매도
④ 현물 주식 매도, 주가지수선물 매입

31. 다음 중 주가지수선물을 이용하는 주요 목적이 아닌 것은?

① 헷지　　② 불리한 가격변동에 대비
③ 포트폴리오 보험　　④ 분산 투자

32. 다음 중 주가지수선물의 장점이 아닌 것은?

① 유동성 증대　　② 낮은 초기 투자비용
③ 낮은 위험률　　④ 포트폴리오 보험효과

33. 주가지수선물의 매매조건에 관한 다음 설명 중 옳지 않은 것은?

① S&P500지수선물의 호가단위는 0.05포인트이다.
② MMI지수선물의 결제월은 3, 6, 9, 12월이다.
③ NYSE 지수선물의 최종거래일은 결제월 제 3목요일이다.
④ VLI 지수선물의 거래시간은 08:30 – 15:15이다.

34. 선물가격이 전일종가 대비 4%이상 변동하여 1분간 지속 시 프로그램매매 호가의 효력을 5분간 정지하되 5분경과 시 자동해제하며, 1일 1회만 발동되는 제도를 무엇이라 하는가?

① Side Car 제도　　② CB(Circuit Breakers) 제도
③ 프로그램매매(Program trade) 제도　　④ 자동개입(automatic interruption) 제도

35. 우리나라 CB(Circuit Breakers)와 관련한 다음 설명 중 옳은 것은?

① 선물가격이 전일종가 대비 5%이상 변동하여 1분간 지속되고 이울러 선물가격과 이론가격간의 괴리율이 3%이상 변동할 때 발동된다.
② 현물주식 시장에서 CB가 발동되면 선물, 옵션시장에서도 CB가 발동되어 20분간 거래가 중단된다.
③ KOSPI 지수가 전일 대비 10%이상 하락하여 1분간 지속되면 현물시장에 CB가 발동된다.
④ 위의 세 가지 모두 맞다.

36. 주가지수선물 거래에 관한 다음 설명 중 옳지 않은 것은?

① 차익거래는 지수선물의 이론가격과 시장가격간에 거래비용 이상의 괴리가 발생할 때 가능하다.
② 프로그램 매매로 지수차익거래가 축소되었다.
③ 보유하고 있는 포트폴리오의 베타가 커질수록 헷지를 위한 선물계약수는 커진다.
④ 주가지수선물 덕택으로 주식시장의 예측기능이 강화되었다.

37. 보유하고 있는 포트폴리오의 시장가치는 200억원이고, 주가하락에 대비하여 KOSPI200 지수선물을 이용하여 헷지하고자 한다. 이 포트폴리오의 베타가 1.15이고 선물지수가 현재 112일 경우, 올바른 헷지전략은? (단, 지수승수는 50만원이다)

① KOSPI200 지수선물 411계약 매입 ② KOSPI200 지수선물 411계약 매도
③ KOSPI200 지수선물 357계약 매입 ④ KOSPI200 지수선물 357계약 매도

38. 다음 중 주가지수선물을 이용한 포트폴리오의 헷지에서 헷지비율(HR: Hedge Ratio)을 올바로 나타낸 것은?
(단, V_P = 헷지 대상 포트폴리오의 가치, V_F = 주가지수선물 1계약의 가치 = 주가지수 × 지수승수, β_P = 헷지대상 포트폴리오의 베타)

① $HR = (V_P / V_F) \times \beta_P$ ② $HR = (V_F / V_P) \times \beta_P$
③ $HR = (V_F / \beta_P) \times V_P$ ④ $HR = (V_P / \beta_P) \times V_F$

39. 포트폴리오의 위험을 관리하는데는 전통적으로 포트폴리오에 포함되어 있는 주식의 종목을 적절히 변경시켜 포트폴리오의 베타(β_P)를 조정하는 방법을 이용한다. 이러한 방법을 이용하면 주가지수선물을 이용한 포트폴리오 위험관리에 비해 몇 가지 문제점이 있다. 다음 중 이러한 문제점에 해당되지 않는 것은?

① 유동성 문제가 있다.
② 목표베타의 달성이 쉽지 않다.
③ 비용이 많이 든다.
④ 보유할 수 있는 계약 수에 제한이 있다.

40. 주가지수선물의 이론가격과 시장가격간에 괴리(gap)가 발생할 경우 차익거래가 행해지고 따라서 괴리는 오래 지속되지 못한다. 그러나, 때로는 그러한 괴리가 존재하고 어느 정도 지속되는 경우가 있는데, 그 이유로 적절하지 않은 것은?

① 거래비용의 존재
② 스프레드거래의 한계
③ 기초자산의 공매(short selling) 불가능
④ 이론가격산정의 오류

41. 한 거래자가 가까운 장래에 S&P500지수가 NYSE종합지수보다 더 강세를 보일 것으로 예측하고 12월물 선물을 이용하여 다음과 같이 시장간 스프레드(inter-market spread)전략을 구사하고자 한다.

	S&P500 12월물	NYSE 12월물
6월	244.60에 매입	140.75에 매도
8월	245.85에 매도	141.45에 매입

S&P500지수선물과 NYSE종합지수선물의 계약단위가 지수포인트당 $500라 할 때, 거래비용을 무시할 경우 위 스프레드전략의 결과 손익은?

42. 한 투자자가 S&P500지수가 168.15일 때 선물을 매입하여 167.65일 때 포지션을 마감하였다면 이 투자자의 이익 혹은 손실은? (단, 계약당 수수료는 $75임)

43. 8월 15일에 한 투기자가 449.40의 가격에 MMI선물 매입포지션 4계약을 체결하였다(1 포인트는 $250). 8월 20일에 449.95에 포지션을 마감하였다면 수수료를 무시할 경우 거래 결과 손익은?

44. 보통주 포트폴리오를 보유하고 있는 한 포트폴리오관리자가 선물시장을 이용하여 자신의 포트폴리오를 헷지하고자 한다. MMI지수선물(1.00 = $250)을 이용하여 헷지하고자 하며, 공시가격은 다음과 같다.

	MMI지수	MMI선물
9월	402.37	399.90
12월	403.11	398.24

만일 헷지가 9월에 이루어졌고 12월에 마감되었다면 헷지 결과 계약 당 손익은?

45. 한 투기자가 399.99의 가격에 MMI지수선물 20계약의 매입포지션을 취하였고, 선물가격이 $403.20일 때 포지션을 마감하였다. 지수 1포인트가 $250에 해당된다면 헷지 결과 손익은?

46. 한 고객이 6월물 Value Line지수선물을 123.65에 매입하였다. 다음날 그 선물가격이 124.80에 마감되었다면 달러로 환산한 손익은?

47. 보통주 포트폴리오를 보유하고 있는 투자자가 주가지수가 105.70이고 지수선물이 111.50일 때 매도헷지(short hedge)포지션을 취하였다(1.00 = $500). 주가지수가 112.40이 되고 선물가격이 112.80이 되었다면 거래비용을 감안하지 않을 경우 손익은?

48. 한 투자자가 KOSPI200 지수를 기초자산으로 하는 선물로서 만기가 1개월 남은 선물을 매입하고자 한다. 지수를 구성하는 주식의 연간 배당률이 5%, 무위험이자율이 8%, 현물지수가 220이라 할 경우, 연속복리로 이자를 계산하는 경우 이 선물의 이론가격을 구하면 얼마인가?

49. 한 투자자가 S&P100지수를 기초자산으로 하는 선물로서 만기가 90일 남은 선물을 매입하고자 한다. 지수를 구성하는 주식의 연간 배당률이 3%, 무위험이자율이 5%, 현물 지수가 450이라 할 경우, 이산복리로 이자를 계산하는 경우 이 선물의 이론가격을 구하면 얼마인가?

※ 다음은 한 투자자가 보유하고 있는 포트폴리오에 포함되어 있는 주식들에 관한 정보이다. 이를 이용하여 다음 물음에 답하여라(50번 – 51번).

주식	베타(β)	시가총액
A	1.5	$50,000
B	0.8	$30,000
C	1.2	$100,000
D	1.8	$40,000
E	1.3	$80,000

50. 이 포트폴리오의 베타를 구하면 얼마인가?

51. 향후 시장이 약세로 전환될 것을 염려하는 이 투자자가 MMI지수선물을 이용하여 자신의 포트폴리오를 헷지하고자 한다. MMI의 현 지수가 200이고 주가지수선물의 계약단위가 지수에 $250를 곱한 값이라 하면, 다음 중 가장 적절한 헷지전략은 무엇인가?

52. 투자자가 지수선물 3계약을 450.20에 매입하고 2주 후에 460.40에 마감하였다. 계약 당 수수료가 $800라면 순이익은 얼마인가? (단, 이 지수선물의 지수승수는 $500이다)

53. 2월 15일 현재, 한 증권회사의 자산을 운영하고 있는 펀드매니저가 운영하고 있는 펀드는 우리나라의 대표적 우량주(블루칩) 30종목으로 구성되어 있고 시가총액은 100억원이다. 상반기 동안 펀드를 운영하고자 하며, 4월 가격의 급격한 하락을 헷지하기 위해 주가지수선물을 이용하려 한다. 현재 KOSPI200 지수는 110이며, 주가지수선물의 가격변동성은 3%, 펀드의 변동성은 5%, 주가지수선물과 펀드간의 상관계수가 0.75이다. KOSPI200 지수선물과 최소분산헷지비율(minimum variance hedge ratio)를 이용하여 펀드를 헷지한다면, 가장 좋은 헷지전략은 무엇인가?

54. 한 펀드매니저가 대형 우량주 20종목으로 구성된 펀드를 운영하고 있다. 3월초 현재 펀드의 시가총액은 10억원이고 펀드의 베타는 1.12이다. 향후 주가하락을 염려한 펀드매니저가 KOSPI200 지수선물을 통해 자신의 펀드를 헷지하고자 9월물 선물을 105.50에 매도 하였다. 6월에 선물을 마감할 당시의 선물가격이 100.50이고 펀드시가가 9억 5천만원으로 감소하였다면, 펀드의 순가치변동은 얼마인가?
(단, KOSPI200 지수선물의 계약단위는 1포인트 당 50만원이며, 선물거래 수수료는 계약 당 5만원이라 하자)

55. 한 투자자가 4월 실시되는 선거영향으로 주식시장이 상승세가 될 것으로 예상하고 KOSPI200지수선물 6월물을 110.25에 10계약 매입하였다. 그러나, 갑작스런 원유가격의 급등으로 원가상승 등에 의해 기업의 수익이 악화될 것으로 예상되어 주식시장이 폭락하자 선물계약들을 107.04에 전매하였다. 계약 당 수수료가 5만원이라 할 경우 총 손익은 얼마인가?
(단, KOSPI200 지수선물의 계약단위는 1포인트 당 50만원이다)

56. 2013년 2월 10일 현재 MMI 지수가 450.25이고 2013년 3월물 MMI지수선물의 이날 종가가 458.00이고 2013년 6월물 MMI지수선물의 이날 종가가 462.00이라 하면 MMI 지수의 베이시스(basis)는 얼마인가?

57. 2013년 2월 10일 현재 S&P500지수가 1,225이고 2013년 3월물 S&P500지수선물의 이날 종가가 1,248이고 2013년 6월물 S&P500지수선물의 이날 종가가 1,262라 하면 S&P500지수선물의 스프레드(spread)는 얼마인가?

58. 한 투자자가 증권시장이 하락할 것으로 예상하고 2013년 2월 20일에 6월물 KOSPI200주가지수 선물을 120.50에 5계약 매도하였다. 예상대로 시장은 하락하였고 6월 10일에 110.25포인트가 되었다. 더 이상 시장이 하락할 것 같지 않아 110.25포인트에 5계약을 환매하였다. 계약 당 선물 거래 수수료가 5만원이라 할 경우, 이 투자자의 손익은?
(단, 지수승수는 50만원이다)

59. KOSPI200 지수는 시가총액식으로 산출된다. KOSPI200에 포함된 주식이 다음과 같이 5개라 가정하고 KOSPI200지수를 계산하면 얼마인가?

(단, 1990년 1월 3일을 기준시점으로 하고 기준시점의 지수는 100이며 기준시점의 시가 총액은 500억이라 한다)

주식	주식 수(數)	현재 주당 가격
가	500만주	20,000원
나	400만주	18,000원
다	300만주	15,000원
라	200만주	12,000원
마	100만주	10,000원

60. 한 투자자가 현재 보유하고 있는 포트폴리오의 베타를 1.5에서 1.0으로 감소시키고자 한다. 이를 위해 매도 혹은 매입해야 할 주가지수선물의 계약수는 얼마인가?
(단, 현재 포트폴리오의 시가는 $800만이고 선물가격은 210.50, 선물의 지수승수는 $500이다.)

연습문제 정답 및 해설

01. ❶

02. ❸

R계수는 주식가격과 시장지수와의 상관관계를 의미한다. 즉, R이 (+)이면 주식가격이 시장지수와 같은 방향으로 움직임을 의미하며, (-)일 때는 서로 반대로 움직임을 의미한다. 만일 R이 0이라면, 이는 주식가격의 움직임이 시장과 전혀 관계가 없음을 의미한다.

03. ❹

우선주(preferred stock)는 채권과 마찬가지로 이자율의 변화에 민감하므로 T-bond 혹은 T-note를 기초자산으로 하는 채권선물을 이용하여 헷지할 수 있다.

04. ❸

지수의 달러가치 = 109.85 × \$250 = \$27,462.50

계약수 = (포트폴리오가치/지수가치) × 베타(β)

= (\$220,000/\$27,462.50) × 1.60 = 12.8175

그러므로 13개의 S&P500매도포지션을 취하면 포트폴리오를 헷지할 수 있다.

05. ❹

현물매입, 선물매도포지션이므로,

현물: 307.00(S) - 302.30(L) = 4.70(이익)

선물: 306.90(S) - 308.50(L) = -1.60(손실)

합계 = 4.70(이익) + 1.60(손실) = 3.10(이익). 이를 달러로 환산하면,

3.10 × \$250 = \$775(이익)

06. ❶

계약 수 = (현물의 시장가치/선물의 계약단위) × 포트폴리오 베타

⇒ 포트폴리오 베타 = 필요 계약 수 ÷ (현물의 시장가치/선물의 계약단위)

= 10 ÷ [10억원/(120 × 500,000원)]

= 0.60

즉, 지수선물 매입은 베타를 0.6만큼 상승시켜, 2.40(즉, 1.80 + 0.60)이 되게 한다.

07. ❸

주가지수는 매매되는 금융자산이 아니므로 주가지수선물은 현금으로 정산된다.

08. ❷

베이시스 = 현물가격(S) - 선물가격(F)이므로,

주식가격(혹은 개별주식의 평균)과 주가 지수선물과의 관계가 베이시스에 영향을 준다.

09. ❷

매도포지션을 취하였는데 선물가격이 상승하였으므로 선물에서는 손실을 입고, 현물가격은 상승하였으므로 이익을 얻게 된다. 즉,

현물: 114.10(S) - 108.80(L) = 5.30(이익)

선물: 114.90(L) - 113.40(S) = -1.50(손실)

합계 = 5.30(이익) + 1.50(손실) = 3.80(이익). 이를 달러로 환산하면,

3.80 × $500 = $1,900(이익)

10. ❶ 11. ❷

12. ❹

NYSE지수는 보통주들로 구성된다.

13. ❸

아침에 선물매입포지션을 취하였는데 선물가격이 상승하였으므로 이익이다. 즉,

선물: 65.60(S) - 65.05(L) = 0.55(이익). 이를 달러로 환산하면, 0.55 × $500 = $275

아침에 증거금계좌에 $7,000를 예치하였으므로, 장 종료 후 계좌=$7,000+$275=$7,275

14. ❸ 15. ❸

16. ❹

먼저, 2개월 후에 포트폴리오를 보유할(즉, 주식포트폴리오를 매입할)예정이므로 지수선물 매입포지션을 취해야 한다.

매입해야 하는 계약 수는 다음과 같다.

필요 계약 수 = (현물의 시장가치/선물의 계약단위) × 포트폴리오 베타

= [$1,000,000/(450 × $500)] × 1.50 = 6.67(즉, 약 7계약)

따라서, NYSE 지수선물 7계약을 매입하면 적절한 헷지가 된다.

17. ❶

MMI지수선물을 제외한 모든 선물의 최종 정산가격은 정산일(settlement day)의 실제 현물 지수를 사용한다.

18. ❶

현물 포트폴리오: $375,000(S) - $510,000(L) = -$135,000(손실)

선물포지션: 매도포지션을 취하였는데 가격이 하락하였으므로 이익이다. 즉,

선물거래 결과 = 418.40 - 312.20 = 106.20포인트(이익)

선물 총이익 = 106.20포인트/계약 × \$250/포인트 × 6계약 = \$159,300

합계 = 현물손익 + 선물손익 = -\$135,000(손실) + \$159,300(이익) = \$24,300(순이익)

따라서, 현물 포트폴리오에서는 손해를 보았으나, 선물에서 더 많은 이익을 얻었으므로 헷지가 성공적이었다. 즉, 선물에서의 이익으로 현물손실을 완전히 보호(cover)하였고, 추가로 \$24,300의 순이익을 얻었음을 알 수 있다.

19. ❸

지수의 계약가치 = 108.85 × \$500 = \$54,425

그러므로, 계약수 = (포트폴리오 가치/지수가치) × 베타(β)

= (\$110,000/\$54,425) × 1.5 = 3.031

따라서 포트폴리오 가격하락에 따른 손실을 보호(cover)하기 위해 3개의 지수선물을 매도해야 한다.

20. ❷

주가지수선물은 기초자산을 실제로 주고받기 곤란하기 때문에 실물결제가 이루어지지 않고 현금결제(cash settlement)가 이루어진다.

21. ❹

배당 수익률은 선물이론가격과 반비례 관계가 있다. 왜냐하면, 배당 수익률이 커지면 현물 주가지수는 하락하는 효과가 있기 때문이다.

22. ❸

23. ❶

주가지수선물은 미국의 캔사스시티상품거래소(KCBT: Kansas City Board of Trade)에서 1982년 최초로 거래가 시작되었는데 거래대상은 VLI였다.

24. ❷

시가총액가중지수(value-weighted average)방법이 세계적으로 가장 많이 사용되는 지수 산출 방법이며, KOSPI200 지수, 일본의 동증지수(TOPIX), 영국의 FT-SE100 지수, S&P500지수, NYSE 종합지수 등이 이에 해당된다.

25. ❶

S&P500지수 산출의 기준은 1941년에서 1943년까지의 평균 시가총액을 10으로 하는 것으로 다른 지수들이 대개 일정 시점을 기준으로 삼는 것과는 대조적이다.

26. ❹　　**27.** ❸

28. ❷

먼저 포트폴리오의 베타를 계산해 보자.

$\beta_P = W_A \times \beta_A + W_B \times \beta_B = (0.6)(2.0) + (0.4)(1.2) = 1.68$

(단, W_A = 주식A에의 투자비중; W_B = 주식B에의 투자비중)

따라서, 최적 선물계약 수 = N = (포트폴리오 시가총액/선물계약당 가격) × 베타

= (S/F) × β_P

= [10억원/(200×50만원)] × 1.68 = 16.8

그러므로, 그 투자자는 KOSPI200 지수선물 약 17계약을 매도함으로써 보유한 포트폴리오의 가치를 최적으로 헷지할 수 있다.

29. ❸

포트폴리오의 비체계적 위험은 포트폴리오에 포함되는 주식 수를 많이 하면 제거할 수 있다. 경험적 연구에 따르면 주식 25개 정도에 분산투자 하면 시장전체의 수익률과 비슷한 수익률을 얻을 수 있다고 알려져 있다. 따라서, 지수선물은 비체계적 위험(unsystematic risk)이 아닌 체계적 위험(systematic risk)에 대한 헷지수단으로 적절하다.

30. ❸

차익거래(아비트라지)전략의 핵심은 '고평가되어 있는 것은 매도, 상대적으로 저평가 되어 있는 것은 매입'하는 것이다. 이를 기억하기 쉽게 쓰면 다음과 같다.

차익거래(아비트라지) = 비싼 것은 팔고(매도), 싼 것은 산다(매입)

좀더 단계적으로 설명하면 다음과 같다.

1단계) 현물주식을 매입할 자금을 은행에서 대출 받는다.

2단계) 대출한 자금으로 주식을 S에 매입한다.

3단계) 지수선물 매도포지션을 취한다.

이상의 3단계에서 투자자의 자금은 전혀 투입되지 않았고(no investment), 매입된 주식이 주가지수 매도포지션으로 헷지되었으므로 위험도 없고(no risk), 과대평가된 선물가격이 하락하여 조정되었을 때 이익(즉, 선물가격 - 주식가격)을 얻을 수 있으므로(positive profit) 이는 아비트라지 거래이다.

* 참조: 아비트라지의 3가지 조건

1) No investment
2) No risk
3) Positive profit

31. ❹

분산투자(portfolio diversification)효과는 여러 주식에 분산투자 하는 것만으로도 얻을 수 있다. 분산투자를 위해 주가지수선물을 이용할 필요는 없다.

32. ❸

33. ❷

MMI지수선물의 결제월은 매월이고, 다른 대부분의 지수선물의 결제월은 3, 6, 9, 12월 이다.

34. ❶ **35.** ❹

36. ❷

프로그램 매매의 발달은 지수차익거래를 더욱 활성화(확대)함으로써 시장을 효율화시키는 데 기여하고 있다. 여기서 말하는 시장의 '효율성'이란 시장에 있는 정보들이 얼마나 빨리, 그리고 정확하게 가격에 반영되는가의 정도를 나타낸다. 보다 많은 시장 참여자들이 매매에 참여하면, 정보획득노력이 강화되어 시장이 효율화되고 결국에는 차익거래 기회가 점차 줄어들게 될 것이다.

37. ❷

먼저, 포트폴리오를 보유하고 있으므로 지수선물 매도포지션을 취해야 한다.

매도해야 하는 계약 수는 다음과 같다.

필요 계약 수 = (현물의 시장가치/선물의 계약단위)×포트폴리오 베타

= [200억원/(112×50만원)]×1.15 = 410.71(즉, 약 411계약)

따라서, 지수선물 411계약을 매도하면 적절한 헷지가 된다.

38. ❶

39. ❹

포트폴리오의 위험을 관리하기 위해 포트폴리오의 베타(β_P)를 조정하는 방법에 대한 문제점을 좀 더 구체적으로 설명하면 다음과 같다.

1) 유동성 문제: 베타를 조정하기 위해 주식 종목을 변경할 때, 원하는 주식들을 원하는 시점에 사지 못할 수가 있다. 수요와 공급의 불균형, 거래량의 한계, 자금동원 능력 등의 문제로 원하는 주식의 거래가 어려울 수 있다.
2) 목표베타의 달성 곤란: 많은 연구결과에 따르면 주식의 베타는 시간에 따라 일정하지 않고 예측하기 어렵게 변동하는 경향이 있다. 이러한 베타의 변동성은 주식의 종목을 변경할 때 과거의 자료를 이용하여 원하는 베타를 찾는 것이 쉽지 않음을 의미한다.
3) 많은 비용: 종목을 변경하기 위해서는 개별 주식의 매매가 빈번히 발생하는데, 이에 따른 거래수수료 및 거래세금 등 많은 비용이 요구된다.
4) 비체계적 위험의 증대: 체계적 위험(즉, 베타)에 초점을 맞춰 주식 종목을 조정하다 보면 비체계적 위험이 증가될 수도 있다.

40. ❹

41. S&P500가 NYSE보다 더 강세를 보일 것으로 예상하므로 S&P500에 매입포지션을 취하고 NYSE에 매도포지션을 취해야 하며, 이익 혹은 손실은 다음과 같다.

S&P500: 245.85(S) − 244.60(L) = 1.25(이익)

NYSE: 140.75(S) - 141.45(L) =-0.70(손실)

합계 = 1.25(이익) - 0.70(손실) = 0.55(이익)

그런데, 지수 1포인트는 $500이므로, 달러로 환산하면, 0.55×$500 = $275(이익)

42. 선물매입포지션을 취한 후 가격이 하락하였으므로 손실을 보게 된다. 즉,

선물: 167.65(S)-168.15(L) = -0.50(손실). 이를 달러로 환산하면,

0.50×$250 = $125(손실)

수수료를 감안 할 경우, 순손실 = $125+$75(수수료) = $200

43. 선물매입포지션을 취하였는데 선물가격이 올랐으므로 이익이다. 즉,

선물: 449.95(S)-449.40(L) = 0.55(이익). 이를 달러로 환산하면, 총 4계약이므로,

0.55 × $250 × 4계약 = $550(이익)

44. 보유하고 있는 주식포트폴리오를 헷지하고자 하므로 선물매도포지션을 취해야 한다. 그런데 현물가격(MMI지수)이 상승하였으므로 현물에서 이익이고, 선물가격이 하락하였으므로 매도포지션인 선물에서도 이익이 된다. 즉,

현물: 403.11(S)-402.37(L) = 0.74(이익)

선물: 399.90(S)-398.24(L) = 1.66(이익)

따라서, 합계 = 0.74(이익)+1.66(이익) = 2.40(이익). 이를 달러로 환산하면,

2.40 × $250 = $600(이익)

45. 매입포지션을 취했는데 선물가격이 상승했으므로 이익이 된다. 즉,

선물: 403.20 - 399.90 = 3.30(이익). 이를 달러로 환산하면, 총20계약이므로,

3.30 × $250 × 20 = $16,500(이익)

46. 매입한 선물가격이 상승했으므로 이익이다. 즉,

선물: 124.80(S) - 123.65(L) = 1.15(이익). 이를 달러로 환산하면,

1.15 × $500 = $575(이익).

47. 현물포지션: 112.40(S) - 105.70(L) = 6.70(이익)

선물포지션: 111.50(S) - 112.80(L) = -1.30(손실)

합계 = 6.70(이익) - 1.30(손실) = +5.40(이익). 이를 달러로 환산하면,

이익 = 5.40포인트 × $500/포인트 = $2,700

48. 연속복리로 이자계산을 할 경우의 이론지수선물가격은 다음과 같다.

$F_t = S_t \times e^{(r-q)(T-t)} = 220 \times e^{(0.08-0.05)(1/12)} = \$220.55$

49. 이산복리로 이자계산을 할 경우의 이론지수선물 가격은 다음과 같다.

$F_t = S_t \times [1 + (r-q)(T-t)/365] = \$452.22$

50. 포트폴리오의 베타를 구하는 공식은 다음과 같다.

$\beta_P = W_A \times \beta_A + W_B \times \beta_B + W_C \times \beta_C + W_D \times \beta_D + W_E \times \beta_E$

$= (50{,}000/300{,}000)(1.5) + (30{,}000/300{,}000)(0.8) + (100{,}000/300{,}000)(1.2)$

$+ (40{,}000/300{,}000)(1.8) + (80{,}000/300{,}000)(1.3)$

$= 1.32$

51. 최적 선물계약 수 = N = (포트폴리오 시가총액/선물계약당 가격) × 베타

= $(S/F) \times \beta_P$

= [$300,000/(200 × $250)] × 1.32 = 7.92

투자자는 약세시장으로의 전환을 염려하므로 MMI지수선물 '8계약을 매도'해야 한다.

52. 매입포지션을 취하였는데 선물가격이 상승하였으므로 이익이다. 즉,

지수 포인트의 변화 = 460.40(S) − 450.20(L) = 10.20

따라서, 총이익 = 지수 포인트의 변화 × (지수승수/포인트) × 계약 수

= 10.20포인트 × $500/포인트 × 3계약 = $15,300

순이익 = 총이익 − 총비용 = $15,300 − (3 × $800) = $12,900

53. 1) 먼저, 최소분산 헷지비율(h*)을 구해야 한다.

$h^* = \sigma_{S,F}/\sigma_F^2$ = (선물과 펀드사이의 공분산)/(선물의 분산)

선물과 펀드사이의 공분산을 구하기 위해 다음의 공식을 이용한다.

상관계수 = 공분산/(선물변동성 × 펀드변동성)

⇒ 공분산 = 상관계수 × (선물변동성 × 펀드변동성)

= 0.75 × (0.03 × 0.05) = 0.001125

따라서, $h^* = \sigma_{S,F}/\sigma_F^2 = 0.001125/0.03^2 = 1.25$

2) 펀드를 보유하고 있으므로 헷지를 위해서는 주가지수 선물에 매도포지션을 취해야 하는데, 필요한 계약 수는 위에서 구한 헷지비율을 이용하여 다음과 같이 계산한다.

주가지수 선물 계약 수 = (S/F) × h*

= (펀드의 시장가치/선물계약단위) × 헷지비율

= [100억원/(110 × 50만원)] × 1.25 = 227.27계약

따라서, 헷지를 위해서는 KOSPI200 지수선물 227계약을 매도해야 한다.

54. 먼저, 헷지를 위해 선물 몇 계약을 매도해야 하는지 계산해 보자.

계약 수 = N = (펀드가치/선물계약단위) × 펀드의 베타

= [10억원/(105.50 × 50만원) × 1.12 = 21.23 (즉, 약 21계약)

선물의 손익 = [105.50포인트(S) − 100.50포인트(L)] × (50만원/포인트)/계약 × 21계약

− (21 × 50,000)(수수료)

= +5,145만원(이익)

현물(펀드)의 가치변동 = 9억 5천만원 − 10억원 = −5천만원(손실)

따라서, 펀드의 순가치변동 = 선물손익 + 현물손익

= +5,145만원(이익) - 5천만원(손실)

= +145만원(이익)

(만일 헷지를 하지 않았다면 현물에서 5천만원의 순손실이 발생하였을텐데, 헷지를 통해 오히려 145만원의 이익을 냈음을 알 수 있다.)

55. 선물을 매입하였는데 가격이 하락하였으므로 손실이다. 즉,

선물손익 = [107.04포인트(S) - 110.25포인트(L)] × (50만원/포인트)/계약 × 10계약

= -1,605만원(손실)

총 수수료 = 계약당 수수료 × 계약 수 = 5만원/계약 × 10계약 = 50만원

따라서, 총손익 = 선물거래 손익 - 총 수수료

= -1,605만원(손실) - 50만원

= -1,655만원(손실)

56. 동일상품에 대해 만기가 다른 여러 개의 선물이 존재할 경우 베이시스는 현물가격과 만기가 가장 짧은 근월물 가격과의 차이를 의미한다. 이 문제의 경우 3월물이 6월물보다 만기가 짧으므로,

베이시스 = 현물가격 - 근월물가격 = 450.25 -458.00 = -7.75포인트

57. 스프레드 = 근월물가격 - 원월물가격 = 1,248 - 1,262 = -14포인트

58. 선물을 매도하였는데 가격이 하락하였으므로 이익이다. 즉,

손익 = 지수의 변화 × 지수승수/계약 × 계약 수

= [120.50(S) - 110.25(L)] × 50만원/계약 × 5계약

= 25,625,000원(이익)

총수수료 = 5 × 5만원 = 25만원

따라서, 순이익 = 이익 - 총수수료 = 25,625,000원 - 250,000원 = 25,375,000원

59. 시가총액식에 따른 지수 = (현재 시가총합/기준시점 시가총합) × 100

현재 시가총합 = (500만주 × 20,000원 + 400만주 × 18,000원 + 300만주 × 15,000원

+ 200만주 × 12,000원 + 100만주 × 10,000원)

= 2,510억원

따라서, 지수 = (2,510억원/500억원) × 100 = 502포인트

60. 베타를 1.5에서 1.0으로 0.5만큼 감소시켜야 하므로 필요한 주가지수선물 계약 수는 다음과 같이 계산할 수 있다.

필요 계약 수 = 베타의 변화 × (포트폴리오의 총 시가/선물계약단위)

= (1.5 - 1.0) × [$800만/(210.50 × $500)]

= 38계약

상품선물

미국 등 선진국에서는 매우 다양한 상품선물들이 헷지, 투기, 스프레드전략을 위해 적극적으로 거래되고 있으나, 우리 나라에서는 도입된 상품선물의 종류도 적고 그 거래량도 금융선물에 비해 매우 적은 편이다. 국내시장에서 금융선물이나 옵션들의 경우 이미 세계적 수준의 거래량을 보이고 있지만 상품선물의 경우 이제 걸음마 단계라 해도 과언이 아니다.

7장에서는 세계적으로 널리 알려진 대표적인 상품선물인 귀금속선물, 에너지선물, 곡물선물과 곡물가공선물 등에 대해 그 거래방법, 상품명세 및 주요 특징 등에 대해 알아보고자 한다. 아울러, 국내시장에서 거래되고 있는 금선물, 돈육선물, 미니금선물에 대해서도 자세히 살펴보고자 한다. 향후 국내시장에서는 시장의 수요를 감안하여 좀 더 다양한 상품선물을 도입하고, 상품선물을 활용한 헷지 및 리스크관리 등에 대해서도 적극적으로 홍보하여 상품선물시장을 활성화할 필요가 있다.

1. 상품선물

상품선물(commodity futures)은 선물거래의 종류 중에서 가장 오래된 상품이다. 상품선물이란 농 · 축산물, 귀금속, 광물 등을 대상으로 하는 것들을 일컫는다. 이번 장에서는 상품선물거래의 특징과 선물가격에 영향을 미치는 현물상품의 특성에 관해 살펴보기로 하자. 또한 보유비용모형(cost of carry model)이 선물가격을 이해하는 중요한 개념이지만, 이 모형의 적용을 어렵게 하는 저장성, 계절적 소비, 계절성 등을 고려해 상품에 대한 가격결정이론을 분석해 보고, 상품간에 이루어 질 수 있는 헷지 등에 대해서도 살펴보고자 한다.

1) 상품선물의 특징

(1) 계약의 표준화

상품선물거래의 표준화는 상품선물거래의 대중화에 있어서 가장 중요한 특징이다. 앞에서도 언급했듯이 선도거래와 선물거래의 큰 차이점은 계약의 표준화에 있다. 금융자산을 기초로 하는 선물거래는 기초상품 자체가 이미 일정한 금액의 단위로 고시되어 거래됨으로써 누구나 어떤 상품이 얼마에 거래되는지, 인도나 인수 시에 어떤 상품을 인도하거나 인수하는지 등을 알 수 있다.

그러나 상품선물의 기초가 되는 '상품'은 현물시장에서의 거래에 있어서 그 품질, 수량 등이 표준화 되어 있지 않기 때문에 현물을 인수함에 있어 기대했던 품질을 얻지 못할 수 있게 된다. 예를 들어 선도거래를 통해 옥수수를 구입하고자 하는 제과업체가 있다면 이 제과업체는 제품의 질을 위해 일정 수준 이상의 품질을 갖는 옥수수를 구입하고자 할 것이며, 품질의 수준이 보장되지 않으면 선도거래를 통한 옥수수 구입을 주저하게 될 것이다. 이런 면에 있어서 선물거래는 일정한 수량, 품질, 규격 등을 표준화시켜 어떠한 품질의 옥수수를 얼마만큼 인수 또는 인도하게 되는지를 미리 알 수 있게 하는 장점을 가지고 있다. 이러한 면을 좀 더 자세히 하기 위해 거래소는 매도자, 매수자, 가격 등을 제외한 거래조건을 거래소 규정으로 통일하여 대상상품의 선택을 용이하게 하고 있다. 즉, 매매단위, 인수도 가능등급, 등급의 차이에 따른 할인 또는 할증가격범위, 결제월, 거래시간, 최소가격 변동폭 등의 계약조건이 모두 거래소의 규정으로 정해지는데, 이들을 계약의 표준화라 한다.

(2) 인수도 상품의 조정

상품선물거래 계약은 원칙적으로 특정등급의 상품(기본등급)을 인수, 인도 하는 것을 기본으로 요구하고 있다. 그러나 필요한 경우에는 매도자에게 계약가격에 할증 또는 할인한 가격으로 다른 상품으로 대체할 수 있게 한다. 이 경우 매수자는 비록 기본등급이 아닌 대체등급이 제공되더라도 이를 거부할 수 없다. 이것은 대체등급의 공급량을 조절할 수 있는 집단이 시장을 지배하기 어렵게 하기 위한 것이다. 즉, 기후 등의 요인으로 특정등급의 공급량이 적어졌을 때, 이 기본등급만이 인수도에 이용될 수 있다면, 당해 등급의 공급량을 조절할 수 있는 능력을 가진 개인이나 집단이 타 등급에 비해 무리하게 높은 가격을 요구할 수 있게 되므로, 이를 방지하기 위하여 거래소는 인수도 상품을 조정할 수 있다.

2) 미국내 주요 상품선물거래소

미국내의 선물거래의 중심지는 시카고상품거래소(CBOT)와 시카고상업거래소(CME)가 위치하는 시카고를 꼽을 수 있다. 이에 이어서 뉴욕상업거래소(NYMEX), 커피설탕코코아거래소(CSCE), 뉴욕면화거래소(NYCE), 뉴욕선물거래소(NYFE) 등을 갖는 뉴욕이 뒤를 따르고 있다. 가장 일찍이 선물거래가 시작된 시카고는 미국내뿐만 아니라 세계 선물거래의 중심지로 인정받고 있는데, CBOT와 CME의 선물거래량이 미국 선물거래량의 3/4 정도의 비중을 차지하고 있으며, 세계 선물거래의 절반 이상이 미국내에서 거래되고 있음을 감안하면 선물거래에 있어서 시카고를 중심지로 꼽는 데 무리가 없을 것이다.

다음 〈표 7-1〉은 미국내 주요 선물거래소와 거래되는 주요 상품을 나타낸 것이다. 이 중 NYMEX, CSCE 그리고 MGE에서는 금융선물이 거래되지 않으나 다른 선물거래소에서는 상품선물과 금융선물이 함께 거래되고 있다.

<표 7-1> 미국의 주요 상품거래소와 거래상품

거래소명	설립년도	주요 거래상품선물
시카고상품거래소 (CBOT)	1848	옥수수, 귀리, 대두, 대두유, 대두박, 소맥, 금, 은
시카고상업거래소 (CME)	1874	사육우, 생우, 생돈, 삼겹살, 원목, 금, GSCI
뉴욕상업거래소 (NYMEX) (COMEX Division)	1872 1833	난방용 오일, 프로판 가스, 천연가스, 휘발유, WTI원유, 백금, 팔라듐(Palladium), 원료용 오일 등, 알루미늄, 금, 은, 동
커피 · 설탕 · 코코아 거래소(CSCE)	1882	커피 'C', 코코아, 국제시장지수, No.11 설탕, No.14 설탕, 백설탕, 우유 등
미드아메리카상품 거래소(MidAm)	1868	옥수수, 귀리, 대두, 대두박, 밀, 쌀, 소, 돼지, 금, 은, 백금
뉴욕면화거래소 (NYCE)	1870	면화, 오렌지 주스 등
뉴욕선물거래소 (NYFE)	1879	CRB 상품가격지수
캔사스시티 상품거래소(KCBT)	1856	No.2 적밀, No.3 사탕수수, 서부천연가스 등
미니애폴리스 곡물거래소(MGE)	1881	소맥, 귀리, White Schrimp 등

주) 1994년 8월 NYMEX는 COMEX를 합병

3) 현물상품의 특성과 선물가격

앞에서 배운 보유비용모형(cost of carry model)은 실물자산이 일정기간 동안 저장이 가능하다는 것을 전제로 하였다. 만약 상품의 저장이 불가능하다면 현물을 보유하는 전략은 불가능하게 된다. 상품의 저장(storage)이 불가능하며 보유비용모형을 적용시킬 수 없는 경우에는 선물가격이 현물가격에 비해 훨씬 높게 형성될 가능성이 있다. 반면에 공매가 제한되는 경우에는 보유비용모형과 대조적으로 현물가격이 높게 형성될 가능성이 있다.

어떤 상품들은 실물을 보유함으로 인해 보유편익(convenience yield)을 얻게 되므로 보유편익이 보관비용보다 크게 되면 현물가격이 선물가격보다 높게 형성된다. 그 실례로 석유파동이 발생하였을 때 석유를 보유하는 것이 석유관련산업의 영속성과 수익성에 중대한 영향을 미치므로 현물이 선물보다 훨씬 높은 가격으로 거래가 되었다. 다시 말해 현물과 선물가격은 거래비용, 상품공급, 저장가능성, 상품의 생산과 소비의 주기(cycle), 공매의 용이성 등에 의해 좌우되며 각각의 요소들은 상호 밀접한 관계를 맺고 있다.

만약 상품의 공급량이 소비량보다 상대적으로 많으면 상품의 품귀현상이 생길 수 있으며, 상품의 보유편익이 낮아져 완전보유시장에서 거래될 것이다. 금이나 은과 같은 귀금속은 소비에 비해 상대적으로 공급이 충분하나 동과 같은 금속은 소비에 비해 매장량이 적어서 공급수준이 낮다. 곡물과 같은 상품은 소비에 비해 공급이 많지만 공급은 수확주기에 따라 변하기 때문에 전체적으로는 귀금속보다 곡물의 재고수준이 덜 안정적이다. 〈표 7-2〉는 선물거래의 기초상품의 공급과 저장성의 특성을 표로 만든 것이다. 만약 상품의 저장성이 높고 소비에 비해 공급이 크다면 완전보유시장이라고 할 수 있다.[1]

대표적인 예로는 금을 들 수 있다.

〈표 7-2〉 상품의 저장성, 재고 및 기대현물가격 특성

저장성	재 고	상 품	기대 현물가격
높음	재고수준이 높음	귀금속	완전보유시장
양호	생산주기가 재고수준의 변동을 결정	곡물류, 유지종자	완전보유시장에 부합
양호	소비주기가 재고수준의 변동을 결정	에너지 상품	완전보유시장과는 차이
낮음	재고수준이 낮음	축산물, 과일류	완전보유시장이 적용되지 않음

상품의 저장성은 매우 높으나 상품의 계절적 수요로 인해 재고가 변할 수도 있다. 예를 들어 석유제품은 강한 계절적 소비를 보여준다. 난방유의 경우에는 겨울에 수요가 급증하는 반면, 가솔린은 여름에 수요가 많게 된다. 이러한 계절적 소비성향은 원유의 저장에 영향을 미치고 완전보유시장에서 형성되는 가격과 차이가 나게 한다. 또한 원유의 생산이 정상적인 생산주기를 이탈한다면 현물가격이 예상외로 변동하므로 선물가격이 완전보유시장 가격과는 차이가 있게 된다. 축산물이나 과일류와 같은 경우 저장성이 매우 낮아 수요에 비해 공급이 상대적으로 용이하지 못하기 때문에 완전보유시장과는 거리가 멀게 된다.

1 완전보유시장(full carry market)이란 보유편익(convenience yield)의 가치가 0인 상품들이 거래되는 시장을 말한다. 즉, 투자목적으로만 거래되는 시장을 말하며, 그 반대는 불완전보유시장(non-full carry market)이라 한다.

2. 귀금속선물

일반적으로 금속시장은 귀금속(precious metal)과 산업용금속(industrial metal)으로 나누어진다. 금, 은, 백금 등이 전자에 속하고 동, 주석, 아연, 알루미늄 등은 후자에 속한다. 금속은 비교적 동질적인 속성을 가지고 있으므로 금속시장은 외환시장이나 T-bill시장처럼 유동성이 매우 높다. 뉴욕상업거래소(NYMEX)에서는 금, 은, 동, 알루미늄, 백금과 팔라듐(Palladium)선물계약을 거래하고, 시카고상품거래소(CBOT)에서는 금과 은선물계약을 거래하고 있다. 〈표 7-3〉, 〈표 7-4〉, 〈표 7-5〉는 각각 NYMEX에서 거래되고 있는 금, 은, 동선물계약의 명세서를 보여주고 있다.

〈표 7-3〉 금선물계약의 명세서

구 분	내 역
기초자산	금
거래소	NYMEX
거래단위	100온스
인도월	현재월과 다음 2개월, 그리고 2월, 4월, 6월, 8월, 10월, 12월
인도명세	1kg짜리 금괴 1개 또는 3개; 순도 99.5%이상; 총량 100온스(5%): 지정된 창고에서 인도하거나 창고증권으로 인도
최소가격변동폭	계약당 $10.00 또는 온스당 $0.10

〈표 7-4〉 은선물계약의 명세서

구 분	내 역
기초자산	은
거래소	NYMEX
거래단위	5,000온스
인도월	현재월과 다음 2개월, 그리고 1월, 3월, 7월, 9월, 12월
인도명세	지정된 오차범위내의 1,000온스 또는 1,100온스짜리 정제된 은괴; 총량 5,000온스(6%)와 순도 99.9% 이상; 지정된 창고에서 인도하거나 창고증권으로 인도
최소가격변동폭	계약당 $5.00 또는 온스당 $0.001

〈표 7-5〉 동선물계약의 명세서

구 분	내 역
기초자산	동
거래소	NYMEX
거래단위	25,000파운드
인도월	연중 매월 그리고 은과 같은 주기
인도명세	2등급의 전기동; 총량 25,000파운드(2%); 다른 등급은 조정후 인도가능; 지정된 창고증권으로 인도
최소가격변동폭	계약당 $12.50 또는 파운드당 $0.0005

각 귀금속계약의 명세서에는 제각기 인도수량, 인도등급, 상품의 인도에 따른 송장가격의 조정방법, 인도기간 등을 명시하고 있다. 앞에서 언급했듯이 금속선물계약의 경우 완전보유시장에 가까워서 아비트라지 기회의 존재가 쉽지 않음을 알 수 있다.

3. 에너지선물

석유와 석유제품은 여러 형태로 거래된다. 원유를 거래하되 생산지역에 따라 계약이 다르고, 원유를 정제해 낸 가솔린, 난방유 등을 별개로 선물계약을 만들어 거래하고 있다. 석유와 석유제품의 선물거래는 1970년 초부터 석유가격의 불안정성이 증가함에 따라 도입되기 시작했다. 뉴욕상업거래소(NYMEX)가 세계에서 가장 중요한 석유선물거래소로 인정받고 있는데, 이곳에서는 원유, 무연휘발유, 난방유, 프로판가스 선물계약을 거래하고 있다. 런던국제석유거래소(IPE)에서도 천연가스와 브렌트 원유선물계약을 거래하고 있다.

1) 원유선물

NYMEX에서는 기준등급인 서부텍사스중질유(WTI: West Texas Intermediate) 이외의 다른 원유를 인도할 수 있도록 하기 위하여 인도조정계수를 발표하고 있다. 원유의 특성 중에서 유황함유량과 비중은 원유의 시장가치와 원유의 인도조정계수에 가장 큰 영향을 미친다. 유황은 오염 물질이기 때문에 유황함유량이 많은 원유는 등급이 낮다. 그러나 원유의 비중은 낮을수록 휘발유나 제트원료와 같은 고가제품을 상대적으로 많이 생산할 수 있다. 원유는 국제적으로 거래되기 때문에, 거래당사자들이 계약에 명시된 것과 다른 장소와 날짜에 인도하기로 합의할 수도 있다.

〈표 7-6〉은 NYMEX에서 거래되고 있는 원유선물계약의 명세서이다.

〈표 7-6〉 원유선물계약의 명세서

구 분	내 역
기초자산	원유
거래소	NYMEX
거래단위	1,000 U.S. 배럴(42,000갤런)
인도월	매월
인도명세	기준등급은 WTI(유황 0.4%, API 비중 40도)이며; 다른 등급은 가격조정 후 인도가능; Oklahoma의 Cushing에 있는 매도자의 시설을 이용하여 지정된 방법으로 인도되며, F.O.B. 가격을 적용함; 대체적인 인도절차는 당사자간의 합의로 가능하며, 합의 내용은 거래소에 통지하여야 함.
최소가격변동폭	배럴당 $0.01 또는 계약당 $10.00

2) 난방유선물

NYMEX에 상장되어 있는 난방유선물계약(heating oil futures contract)의 명세는 다음 〈표 7-7〉과 같다. 난방유선물계약에서도 대체적인 인도절차를 합의하거나 선물·현물교환계약을 체결할 수 있다. 난방유선물계약의 가격결정에서 가장 중요한 문제는 역시 기초자산인 난방유가 투자자산인가 아니면 소비자산인가 하는 점이다.

<표 7-7> 난방유선물계약의 명세서

구 분	내 역
기초자산	난방유
거래소	NYMEX
거래단위	1,000 U.S. 배럴(42,000갤런)
인도월	매월
인도명세	No.2 난방유; 뉴욕항에 있는 매도자의 시설로 인도되며 F.O.B. 가격을 적용함; 대체적인 인도절차는 당사자간의 합의로 가능하며, 합의내용은 거래소에 통지하여야 함.
최소가격변동폭	갤런당 $0.0001 또는 계약당 $4.20

난방유는 주로 계절적 요인에 따라 자산의 특성이 변한다. 즉, 난방유는 생산과 저장의 계절적 패턴에 따라 일년 중에 투자자산이 될 때도 있고 소비자산이 될 때도 있다. 난방유 수요는 겨울에 증가하고 여름에 감소하므로 정유회사는 난방유 수요의 계절적 변동에 따라 생산량을 조절하지만, 대부분 여름과 가을에는 난방유를 생산하여 재고로 비축하고, 겨울에는 생산시설을 완전 가동함과 동시에 재고로 비축한 난방유를 공급한다.

여름부터 가을을 지나 한겨울까지는 난방유의 초과생산으로 난방유재고가 계속 증가하여 난방유재고로부터 보유편익을 얻을 수 없으므로 난방유가 투자자산이 된다. 한겨울 이후에는 난방유의 소비가 생산을 초과하여 난방유재고가 감소하며, 늦겨울에는 난방유의 생산이 소비와 다시 균형을 이루게 되고, 이 때부터 정유회사는 보유편익을 얻기 위하여 난방유를 다시 저장하기 시작한다. 따라서 난방유는 늦겨울과 봄에는 소비자산이 된다. 이와 같이 여름, 가을 및 초겨울에는 난방유가 대체로 투자자산이 되므로 난방유선물시장은 완전보유시장이 되며, 늦겨울과 봄에는 난방유가 대체로 소비자산이 되므로 난방유선물시장은 불완전보유시장이 된다.

3) 무연휘발유선물

NYMEX에 상장되어 있는 무연휘발유선물계약(unleaded gasoline futures contract)의 명세는 다음의 <표 7-8>과 같다.[2] 무연휘발유의 계절적 소비와 생산패턴은 난방유와 정반대가

2 여기서 '무연(無鉛)'이라 함은 연기가 없다는 뜻이 아니고 납(lead)성분이 없다는 의미이다.

된다. 무연휘발유의 최대 성수기는 난방유의 최저 성수기인 여름이다. 늦겨울과 초봄에는 여름에 필요한 무연휘발유를 비축하기 위하여 소비수준보다 많이 생산하고, 한여름이 되면 다가오는 난방시즌에 대비하여 무연휘발유 생산을 감소시키고 난방유 생산을 증가시킨다. 따라서 무연휘발유는 늦겨울부터 초여름까지는 투자자산이 되고 나머지 기간에는 소비자산이 된다.

〈표 7-8〉 무연휘발유선물계약의 명세서

구 분	내 역
기초자산	무연휘발유
거래소	NYMEX
거래단위	1,000 U.S. 배럴(42,000갤런)
인도월	매월
인도명세	무연휘발유; 뉴욕항에 있는 매도자의 시설로 인도되며 F.O.B. 가격을 적용함; 대체적인 인도절차는 당사자간의 합의로 가능하며, 합의한 내용은 거래소에 통지하여야 함.
최소가격변동폭	갤런당 $0.0001 또는 계약당 $4.20

4) 크랙 스프레드

원유 자체는 큰 유용성이 없는 광물에 지나지 않는다. 그러나 이것이 정유공장에서 일련의 정제과정을 거치며 무연휘발유, 난방유, 또는 프로판가스 등으로 정제되어 나온 후에야 그 경제적 가치를 더하게 된다. 이렇게 정제되는 과정을 크랙킹(cracking)이라 하는데, 여기에서 정제품 상호간에 이루어지는 상품간 스프레드(inter-commodity spread)를 크랙 스프레드라 부른다.

상품을 정제하여 부산물을 제조하는 패턴은 계절적 변화에 맞추어지게 된다. 여름철에는 무연휘발유를, 겨울철에는 난방유를 더 많이 정제하게 된다. 그러나 주어진 원유 배럴(barrel)당 생산해 낼 수 있는 정제품의 양은 일정하다. 이렇게 해서 원유와 정제품의 사이에는 가격의 관계를 형성하게 되는데, 이를 이용한 스프레드를 크랙 스프레드(crack spread)라 한다.

크랙 스프레드는 원유와 난방유를 이용할 수도 있고, 원유와 무연휘발유를 이용할 수도 있다. 그 외에 정제품 상호간에도 크랙 스프레드를 할 수 있다. 매입 크랙 스프레드(buying a crack spread)란 정제품 선물계약을 매입하고 원유선물계약을 매도하는 것을 말한다. 매도 크랙 스프레드(selling a crack spread or reverse crack spread)란 정제품 선물계약을 매도하고 원유선물계약을 매입하는 것을 말한다. 가장 일반적인 크랙 스프레드는 원유와 정제품을 1대 1 비율로 스프레드를 실행하는 것이다.

NYMEX에서 거래되는 에너지 선물들은 인도월이 매월 정해져 있다. 상장된 원유선물계약은 18개월간 거래가 되며 난방유와 무연휘발유는 15개월간 거래가 이루어진다. 계약의 단위는 원유의 경우 1,000배럴을 기준으로 하고 난방유와 무연휘발유는 42,000갤런을 기준으로 하나 1배럴이 42갤런이므로 양의 차이는 없다. 크랙 스프레드 거래에 있어서는 두 특정상품간의 스프레드 변화에 따라 손익이 결정되며, 유(油)제품들의 일반적인 값 행태에 따르는 것이 아님을 알아야 한다.

4. 곡물선물과 곡물가공선물

미국에서 활발하게 거래되는 곡물선물계약에는 대두선물계약, 옥수수선물계약, 밀선물계약 등 11가지이며, 이들은 대부분 시카고 상품거래소(CBOT)에서 거래되며, 캔사스시티 상품거래소(KCBT)와 미니아폴리스 곡물거래소(MGE)에서도 다른 곡물선물계약이 거래되고 있다. 다음의 〈표 7-9〉부터 〈표 7-11〉까지는 주요 곡물선물계약인 대두, 옥수수 및 밀선물계약의 명세서이다.

금속선물계약과 마찬가지로, 곡물선물계약도 인도월 중에는 언제든지 인도가 가능하여, 여러 개의 인도등급과 인도장소를 허용하고 있다. 따라서 매도자는 인도일자와 인도등급, 그리고 인도장소를 최종적으로 선택할 수 있는 매도자옵션을 가지며, 기준등급이 아닌 등급의 곡물을 인도할 때는 거래소에서 발표하는 조정계수(AF: adjustment factor)를 사용하여 송장가격을 다음과 같이 조정한다.

송장(送狀)가격(invoice price) = 선물공시가격(F) + 조정계수(AF) (식 7-1)

〈표 7-9〉 대두선물계약의 명세서

구 분	내 역
기초자산	대두
거래소	CBOT
거래단위	5,000 부셸
인도월	1월, 3월, 5월, 7월, 9월, 11월
인도명세	기준등급은 No.2 Yellow이고 대체등급은 거래소에서 지정한 할증 또는 할인료를 적용함; 인도월 중 인도를 원하는 날짜에 창고증권으로 인도함
최소가격변동폭	부셸당 $0.0025 또는 계약당 $12.50

〈표 7-10〉 옥수수선물계약의 명세서

구 분	내 역
기초자산	옥수수
거래소	CBOT
거래단위	5,000 부셸
인도월	3월, 5월, 7월, 9월, 11월
인도명세	기준등급은 No.2 Yellow이고 대체등급은 거래소에서 지정한 할증 또는 할인료를 적용함; 인도월 중 인도를 원하는 날짜에 창고증권으로 인도함
최소가격변동폭	부셸당 $0.0025 또는 계약당 $12.50

〈표 7-11〉 밀선물계약의 명세서

구 분	내 역
기초자산	밀
거래소	CBOT
거래단위	5,000 부셸
인도월	3월, 5월, 7월, 9월, 11월
인도명세	기준등급은 No.2 Soft Red, No.2 Hard Red Winter, No.2 Dark Northern Spring, No.1 Northern Spring이고 대체등급은 거래소에서 지정한 할증 또는 할인료를 적용함; 인도월 중 인도를 원하는 날짜에 창고증권으로 인도함
최소가격변동폭	부셸당 $0.0025 또는 계약당 $12.50

밀선물계약의 경우 다양한 인도등급을 조정하기 위해 CBOT는 조정계수표를 마련하였다. 조정계수표에 따라 할증등급에 속하는 밀을 인도할 때는 기준등급의 밀선물공시가격에 부쉘당 $0.01를 가산하고, 할인등급에 속하는 밀을 인도할 때는 기준등급의 밀선물공시가격에 부쉘당 $0.01를 감하여 송장가격을 계산한다.

1) 곡물의 계절적 공급과 자산의 형태

밀의 경우 수확은 5월말부터 시작하여 11월까지 계속되고 밀소비는 연중 일정하다고 본다. 수확기에는 밀재고가 0에 가까워져 보유편익이 발생하므로 밀은 소비자산으로 변하고, 이 시기에 밀가격이 가장 높게 형성된다. 수확기중에는 밀 재고가 증가하고 보유편익은 급격히 감소하므로 밀가격은 최저수준으로 하락한다. 그리고 수확기 말부터 다음 수확기 초까지는 보유편익이 발생하지 않으므로 밀은 투자자산으로 변하며, 밀가격은 다음 수확기 초까지 계속 상승하는 패턴을 나타낸다. 그러나 다시 수확기가 되면, 밀은 소비자산으로 변하게 된다. 그러나 밀은 기후에 큰 영향을 받는 작물로 기후의 불확실성으로 인하여 제분업자가 연중 일정한 재료를 보유하고자 하게 되면 이것은 순수 투자목적뿐만 아니라 보유편익도 고려하게 되는 것이다.

2) 곡물가공선물

대두를 가공하게 되면 대두유(콩기름)와 대두박(콩깻묵)을 얻게 된다. 선물시장은 이 가공되어진 두 부산물도 상품으로 거래를 한다. 이 두 상품의 선물계약 명세는 다음의 〈표 7-12〉와 〈표 7-13〉과 같다.

대두유는 식용유, 마가린, 기타 식물성 지방식품을 만드는 데 사용되고, 대두박은 가축사료 또는 비식용제품의 성분으로 사용된다.

〈표 7-12〉 대두유선물계약의 명세서

구 분	내 역
기초자산	대두유
거래소	CBOT
거래단위	60,000 파운드
인도월	1월, 3월, 5월, 7월, 8월, 9월, 10월, 12월
인도명세	등록된 창고증권으로 인도함
최소가격변동폭	파운드당 $0.0001 또는 계약당 $6.00

〈표 7-13〉 대두박선물계약의 명세서

구 분	내 역
기초자산	대두박
거래소	CBOT
거래단위	100톤
인도월	1월, 3월, 5월, 7월, 8월, 9월, 10월, 12월
인도명세	최소한 44%의 단백질이 함유되어야 하고, 인가된 선적증명서로 인도함
최소가격변동폭	톤당 $0.10 또는 계약당 $10.00

3) 크러쉬 스프레드

대두를 가공하여 대두유(soyoil)와 대두박(soymeal)을 생산해내는 가공과정을 크러싱(crushing)이라 한다. 대두 1부쉘(60파운드)을 가공하게 되면 48파운드의 대두박과 11파운드의 대두유를 그리고 1파운드의 찌꺼기가 생기게 된다. 이러한 부산물들과 대두와는 가치의 차이가 있게 되는데, 이 가치의 차이를 크러쉬 마진(crush margin)이라 한다. 앞선 세 선물계약의 명세서를 보면 대략 대두 10계약으로 대두박 12계약과 대두유 9계약을 만들 수 있음을 알 수 있다. 즉,

$$\begin{aligned} 10\text{계약} \times 5{,}000\text{부쉘} &= \text{대두박 240만 파운드} + \text{대두유 55만 파운드} \\ &= \text{대두박선물 12계약} + \text{대두유선물 9계약} \end{aligned} \qquad \text{(식 7-2)}$$

일반적으로 대두박과 대두유의 가치를 합한 것이 대두가치보다 더 크게 된다. 그래야만 대두를 경작해서 가공하는 의미가 생기게 된다. 크러쉬 스프레드의 포지션은 대두선물계약을 매입하고 만기가 다른 대두박선물계약과 대두유선물계약을 매도하는 크러쉬 스프레드(crush spread)와 대두선물계약을 매도하고 만기가 다른 대두박선물계약과 대두유선물계약을 매입하는 역크러쉬 스프레드(reverse crush spread)가 있다.

5. 국내 상품선물

우리 나라에서도 종류가 많지는 않지만 몇 가지 상품선물이 거래되고 있다. 간략하게 각 상품선물의 특징과 거래명세에 대해 설명하고자 한다.

1) 금선물

금선물이란 미래의 일정시점에 인수도할 금을 현재 선물시장을 통해 매매하는 계약이다. 금가격의 변동 리스크에 노출된 기업은 금선물을 이용하여 헷지할 수 있고, 투자자는 재테크의 수단으로 금선물을 활용할 수 있다.

〈표 7-14〉는 우리 나라에서 거래되고 있는 금선물의 주요 명세를 요약한 것이다.

〈표 7-14〉 국내 금선물계약의 명세서

거래대상	순도 99.99%의 금괴
거래단위	1 kg
결제월	2, 4, 6, 8, 10, 12월 및 그 밖의 월 중 1개
상장결제월	1년 이내의 7개 결제월
가격의 표시	1g당 원화
호가가격단위	10원
최소가격변동금액	10,000원(1,000g × 10원)
거래시간	09:00~15:15(최종거래일 09:00~11:30)
최종거래일	결제월의 세 번째 수요일
최종결제일	최종거래일로부터 기산하여 3일째 거래일
결제방법	인수도결제
가격제한폭	기준가격대비 상하±9%
단일가격경쟁거래	개장시(08:00~09:00) 및 거래종료시(15:05~15:15)

주) 자료: 한국거래소(KRX)

2) 돈육선물

돈육선물은 돼지가격의 변동 위험을 대비하기 위하여 사전에 약속된 미래의 특정시점에 1계약당 1,000kg에 해당하는 돈육 대표가격을 사거나 팔 것을 약정하는 선물거래이다. 실제 돼지를 사고파는 것이 아닌 돈육의 가격을 거래대상으로 하는 선물거래이다. 즉, 주가지수선물처럼 실제 기초자산을 주고받는 것이 아니고 가격변동폭으로 현금정산한다.

〈표 7-15〉는 우리 나라에서 거래되고 있는 돈육선물의 주요 명세를 요약한 것이다.

<표 7-15> 국내 돈육선물계약의 명세서

거래대상	돈육대표가격(산출기관: 축산물품질평가원)
거래크기	1,000 kg
결제월	분기월 중 2개와 그 밖의 월 중 4개
최장거래기간	6개월
가격의 표시	원/ kg
호가가격단위	5원
최소가격변동금액	5,000원(1,000kg×5원)
거래시간	10:15~15:15(최종거래일: 좌동)
최종거래일	각 결제월의 세 번째 수요일
최종결제일	결제월의 최종거래일로부터 기산하여 3일째 거래일
결제방법	현금결제
가격제한폭	기준가격 대비 상하±21%
단일가격경쟁거래	개장시(09:15~10:15) 및 거래종료시(15:05~15:15)

주) 자료: 한국거래소(KRX)

3) 미니금선물

(1) 기본개념

금(gold)을 기초자산으로 하고 국내에서 거래되는 선물계약에는 1999년 4월에 상장된 금선물과 2010년 9월에 상장된 미니금선물이 있다. 금의 가격변동위험에 노출된 기업은 미니금선물을 활용하여 금가격과 관련한 위험을 헷지할 수 있고, 투자자들은 재테크를 위한 투자수단으로 미니금선물을 활용할 수 있다.

미니금선물은 기존 금선물에 비해 거래단위를 10배로 낮추었으며, 기존 금선물이 실물인수도 방식인 반면, 미니금선물은 현금결제방식으로서 현재의 거래시점에 예측한 금가격과 만기일에 실제로 형성된 금가격과의 차액을 현금으로 계산하여 주고 받는 상품이다. 최근 금가격은 전반적으로 상승 추세이며 최근 등락폭이 커져서 금가격 변동위험을 헷지하기 위하여 금선물을 활용할 필요성이 증가하고 있다.

(2) 세계금가격 추이

다음 〈그림 7-1〉은 최근 세계 금가격추이를 나타낸 것이다. 그림에서 보듯이 2005년부터 2010년사이에 금가격이 약 3배 이상 상승하여 급격한 변동을 보이고 있어 적절한 리스크관리가 필요하다는 것을 알 수 있다.

〈그림 7-1〉 세계 금가격 변동추이

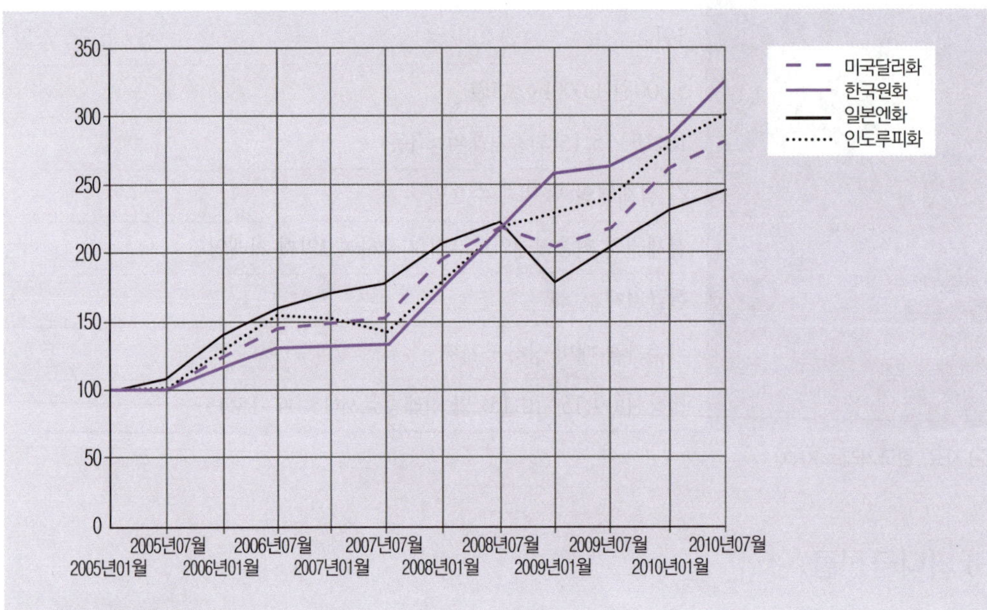

주) 자료: 세계금협회(World Gold Council)
※ 2005년 1월 시세를 100으로 함

(3) 미니금선물의 기능

① 금가격 변동 위험 헷지

금가격은 미국달러나 일본엔화와 마찬가지로 변동성이 매우 크기 때문에 금가격의 변동위험에 노출될 경우 미니금선물을 활용하여 가격변동위험을 회피할 수 있다. 특히, 실물인수도의 번거로움을 없애면서 정밀한 헷지를 원하는 경우 미니금선물을 활용하여 효과적인 헤지를 할 수 있다.

② 새로운 금투자 기회 제공

최근 골드뱅킹, 금관련 펀드 등 금관련 투자상품이 투자자들로부터 각광을 받고 있다. 미니금선물은 증거금만을 가지고 거래(레버리지)할 수 있고 금가격 상승 시 뿐만 아니라 하락시에도 수익(미니금선물 매도 전략)을 낼 수 있는 장점을 가지고 있다.

미니금선물은 기존 금선물에 비해 거래단위를 1/10로 줄이고 최종 결제 시 차액만 결제할 수 있는 현금결제방식을 채택하여 실물인수도의 부담이 없으며 부가가치세, 관세 등을 납부할 필요가 없다. 따라서, 기존 골드뱅킹이나 금관련 펀드 투자자들에게도 적합한 상품이라 할 수 있다.

(4) 관련 금상품과의 비교

금투자 상품으로는 금현물 · 선물 외에도 골드뱅킹, 금ETF, 금펀드 등이 있다. 골드뱅킹, 금ETF, 금펀드는 적은 금액으로 투자자들이 손쉽게 투자할 수 있다는 장점이 있지만, 매매수수료가 높아 금선물 투자에 비해 투자비용이 높다는 단점이 있다. 또한, 골드뱅킹이나 금펀드는 금가격 상승 시에만 수익이 나는 반면, 금선물은 포지션 구축에 따라 금가격 상승 · 하락 시에 모두 수익을 낼 수 있으며, 금선물은 금가격 추이에 확신이 있을 경우 레버리지를 활용하여 높은 수익을 달성할 수도 있다. 〈표 7-16〉은 금관련 투자상품들을 비교, 설명한 것이다.

〈표 7-16〉 금관련 투자상품 비교

특징	미니금선물	금현물	골드뱅킹	금ETF	금펀드
레버리지	약11배	없음			
손익 획득	금가격 상승 · 하락 시 모두 가능	금가격 상승 시 가능			
거래단위	100g	면세금 1kg 수입금 50g	1만원 단위	1주	1만원 (최소납입금)
세금 (소득세 제외)	없음	부가가치세 10%	없음 금현물 인출시 부가기치세부과	없음	없음
기본예탁금	500만원	없음			
수수료	0.01% 수준	약 1%수준	예금 시 1% 만기 해지시 1%	주식거래수수료 0.1%수준	1.5% 수준

(5) 미니금선물 투자전략

① 헷지거래

금의 구매자나 판매자가 가격변동의 위험을 회피하기 위해 미래가격을 고정시키고자 하는 것이 헷지전략이다. 헷지의 형태는 일반적으로 매도헷지(short hedge)과 매수헷지(long hedge)로 나누어 볼 수 있는데, 매도헷지는 현물을 미래시점에 판매하고자 하는 시장 참여자가 현물의 가격하락을 방지할 목적으로 선물계약을 매도하는 것이다. 선물에서 매도 포지션을 취하는 경우 현물 포지션의 가치하락(가치상승)은 선물매도 포지션의 이익(손실)에 의하여 상쇄된다. 반대로 매수헷지는 현물을 매수하고자 하는 시장참여자가 미래 구매시점의 가격상승으로 발생할 수 있는 위험을 회피하기 위하여 선물계약을 매입하는 것이고, 매수헷지는 흔히 원자재 등의 구매비용 상승에 대비하기 위해 이루어진다. 예를 들면, 보석 · 귀금속 업체들이 국내로 수입하는 금의 조달비용을 헷지하고자 하는 경우도 이에 속한다.

② 차익거래

차익거래란 두 종목이나 상품 간의 가격 괴리에서 이익을 추구하는 거래 전략으로서 차익거래를 하고자 하는 두 종목 중 고평가된 종목을 매도하고 저평가된 종목을 매수한 후 두 종목을 반대매매하여 차익을 실현한다. 금선물을 이용한 차익거래에는 금선물과 금현물 간의 현선차익거래, 금선물과 금ETF 간의 차익거래, 국내 금선물과 해외 금선물 간의 차익거래 등이 있다.

③ 스프레드거래

스프레드거래란 동일한 대상물 중 결제월이 다른 종목이나 또는 대상물은 다르지만 가격 움직임이 유사한 선물계약 간의 가격차이가 확대 또는 축소될 것을 예상하고, 유사한 선물계약을 동시에 매매하여 이익을 얻으려 하는 투자전략이다.

따라서 스프레드거래는 개별선물가격의 상승 또는 하락보다 2개의 선물의 가격차이에 대한 투자전략이며 대상이 같고 결제월이 다른 종목을 대상으로 하는 결제월간 스프레드(inter-calendar spread)와 유사한 상품을 대상으로 하는 상품간 스프레드(inter-commodity spread)로 분류할 수 있다. 앞서 차익거래 부분에서 설명한 국내외 금선물간 차익거래는 일종의 상품간 스프레드 거래로 볼 수 있다.

여기서는 결제월간 스프레드 거래전략을 간략히 설명하고자 한다.

결제월간 스프레드 거래전략에는 스프레드매수(원월물매수 + 근월물매도)전략과 스프레드매도(원월물매도 + 근월물매수) 전략이 있다. 스프레드매수는 원월물과 근월물 간의 가격차(스프레드)의 확대가 예상되는 경우 활용하며, 스프레드매도전략은 스프레드의 축소가 예상되는 경우 활용하게 된다.

(6) 미니금선물의 거래명세

미니금선물의 거래명세가 〈표 7-17〉에 자세히 설명되어 있다.

〈표 7-17〉 미니금선물 거래명세

<table>
<tr><th>항 목</th><th>거래제도(안)</th><th>비 고</th></tr>
<tr><td>대상자산</td><td>순도 99.99%의 금괴</td><td>금선물과 동일</td></tr>
<tr><td>계약크기</td><td>100g</td><td></td></tr>
<tr><td>호가가격단위</td><td>10원/g</td><td rowspan="4">금선물과 동일</td></tr>
<tr><td>결제월</td><td>표준금과 동일</td></tr>
<tr><td>최장거래기간</td><td>2, 4, 6, 8, 10, 12 결제월 거래: 1년
그 밖의 결제월 거래: 2개월</td></tr>
<tr><td>최종거래일</td><td>각 결제월의 세 번째 수요일</td></tr>
<tr><td>거래시간</td><td>09:00~15:15(최종거래일: 좌동)</td><td></td></tr>
<tr><td>호가접수시간</td><td>08:00~15:15(최종거래일: 좌동)</td><td></td></tr>
<tr><td>가격표시방법</td><td>원/g</td><td rowspan="2">금선물과 동일</td></tr>
<tr><td>가격제한폭</td><td>기준가격±(기준가격×9%)</td></tr>
<tr><td>결제시한</td><td>최종거래일(T)+2일 16:00시</td><td>돈육선물과 동일</td></tr>
<tr><td>최종결제가격</td><td>최종거래일 'The London Gold Market Fixing Ltd'가 장 마감후 최초로 고시한 London Gold Fixing 가격을 1그램당 가격으로 환산한 수치에 최종거래일 미국달러 기초자산기준가격을 곱하여 산출한 수치</td><td>소수점 셋째
자리에서 반올림</td></tr>
<tr><td>최종결제방법</td><td>현금결제</td><td></td></tr>
</table>

주) 자료: 한국거래소(KRX)

연습문제

01. 한 투자자가 옥수수선물 매입스프레드(long spread) 포지션을 취하고 있다. 스프레드는 날짜별로 다음과 같이 변하였다.

날짜	스프레드
3월 1일	-4.00
3월 15일	+1.00
4월 1일	+2.33
4월 15일	+3.00

투자자에게 당신은 어떤 조언을 해야 하는가?

① 포지션을 당장 마감하도록 한다.
② 더 좋은 스프레드성과를 위해 다른 인도월을 이용할 것을 고려하라고 한다.
③ 공매(sell short)를 권한다.
④ 현재 포지션을 유지하도록 한다.

02. 다음 중 한국거래소(KRX)에서 거래되는 상품선물이 아닌것은?

① 금선물
② 미니금선물
③ 돈육선물
④ 옥수수선물

03. 한 캔디생산업자가 면실유(棉實油: cottonseed oil)의 가격상승을 헷지하기 위해 두유(豆油)선물(soybean oil futures)에 매입포지션을 취하고자 한다. 이러한 투자전략을 무엇이라 하는가?

① 스트래들(straddle)
② 교차헷지(cross hedge)
③ 역 크러쉬(reverse crush)
④ 상품생산물 스프레드(commodity product spread)

04. 정상시장(normal market)에서 근월물(near futures)과 원월물(deferred futures)사이의 차이를 무엇이라 하는가?

① 베이시스(basis)
② 크러쉬(crush)
③ 역 크러쉬(reverse crush)
④ 보유비용(carrying charge)

05. 스프레드포지션에 대한 증거금이 순 투기포지션에 대한 증거금보다 적은 이유는?

① 스프레드 투자자는 실제로 현물자산을 다룰 수 있고, 가격변동위험이 적기 때문에
② 스프레드포지션에 있는 두 선물간의 가격변동이 순 매입 혹은 순 매도 포지션의 가격변동보다 적기 때문에
③ 단지 두 선물간의 순 가격차이만이 증거금 계산 시 고려되기 때문에
④ 법(law)이 그렇게 요구하기 때문에

06. 상품선물 중 실제로 인도되는 3%의 선물이 하는 역할은?

① 상품이 전국으로 쉽게 유통되도록 촉진한다.
② 현물가격과 선물가격사이의 관계를 유지시킨다.
③ 3%인도는 선물계약 약관에 의해 필요한 것이다.
④ 위의 세 가지 모두 맞다.

07. CBOT에서 12월물 옥수수선물 5계약을 매입한 투자자가 그 5개의 12월물을 매도하고 3월물 5계약을 매입하고자 한다. 그 투자자의 증거금이 필요한 계약은?

① 12월물 계약
② 3월물 계약
③ 12월물과 3월물 계약 둘 다
④ 그의 포지션이 마감되었으므로 12월물과 3월물 둘 다 해당되지 않는다.

08. 당신 고객이 금선물 10계약을 온스당 $325.50에 매도주문을 내었다. 이 주문은 얼마나 유효한가?

① 계약기간 동안
② 주문을 낸 날 하루 동안
③ 주문을 낸 한 달 동안
④ 주문을 취소할 때까지

09. 한 거래자가 서로 다른 달(month)의 돼지선물가격 스프레드가 $0.05임을 알게 되었다. 즉, 원월물(distant futures)의 가격이 $0.77이고 근월물(near futures)의 가격이 $0.72이다. 그 거래자는 $0.05의 스프레드가 시장상황에 비추어 지나치게 크다고 믿고 있고, 따라서 앞으로 스프레드가 줄어들 것이라 예상한다. 이러한 상황하에서 이익을 얻기 위해 그 거래자가 취해야 하는 투자전략은?

① 근월물을 매도하고 원월물을 매입함
② 근월물을 매입하고 원월물을 매도함
③ 근월물을 매입함
④ 원월물을 매도함

10. NYMEX에서 거래되는 금선물(gold futures)의 인도월별 가격이 다음과 같을 때, 가장 이익이 큰 강세스프레드(bull spread)전략은 어느 것인가?

인도월	선물가격
4월	$487.50/lb
6월	$494.00/lb
8월	$501.00/lb
10월	$506.00/lb
12월	$503.00/lb
2월(다음해)	$501.00/lb

① 6월물 매도, 12월물 매입
② 4월물 매도, 2월물 매입
③ 8월물 매입, 2월물 매도
④ 4월물 매입, 10월물 매도

11. 시카고 상업거래소(CME)에서 목재선물의 계약단위가 130,000bd. ft.이다. 1,000bd.ft.당 가격이 12¢ (센트)변화할 때, 목재선물의 가치변화는 얼마인가?

① $1,560.00/계약
② $156.00/계약
③ $15.60/계약
④ $1.56/계약

12. 시카고 상품거래소(CBOT)에서 대두선물의 경우 모든 인도월의 마지막 3일 동안에는 제한폭 입찰(limit bid)을 금지시키고 있고, 결과적으로 일일 가격변동폭(daily price limit)이 30¢에서 45¢로 확대되었다. 이러한 경우 증거금은 어떻게 되는가?

① 변동이 없다.
② 증거금도 올라간다.
③ 증거금이 내려간다.
④ 위의 세 가지 모두 아니다.

13. 헷저(hedger)의 '베이시스 매입(long the basis)'포지션에 해당되는 것은 다음 중 어느 것인가?

① 팔리지 않고 남아있는 재고(inventory)에 대해 선물 매도헷지(short hedge) 포지션을 취함
② 상품인도를 위해 현물을 매도함
③ 현물은 매입하였으나, 그것에 대해 아직 매도포지션을 취하지 않음
④ 상품선물 매도포지션을 마감함

14. 한 석유 유통업자가 난방유(heating oil) 840,000갤론(gal.)에 '베이시스 매입(long the basis)' 포지션을 취하였다. 그 포지션이 헷지되는 동안 베이시스가 60포인트 강화 (strengthen)되었다면, 헷지를 통한 유효판매비용(effective sales price)의 증가 혹은 감소는?

① $2,520 감소　② $5,040 감소
③ $2,520 증가　④ $5,040 증가

15. 다음 중 냉동 브로일러(iced broiler)의 인도수단(delivery instrument)을 올바르게 설명한 것은 어느 것인가?

① 인도하지 않음; 현금정산만 함(cash settlement only)
② 청구증명서(demand certificate)
③ 창고 영수증(warehouse receipt)
④ 예치증서(depositary receipt)

16. 고객 계좌에 대해 지나치게 과도한 거래를 수행하는 규칙위반(violation)을 무엇이라 하는가?

① 교란(churning)　② 부정거래(bucketing)
③ 사재기(매점; 買占)(cornering)　④ 한계매매(margining)

17. 한 투기자가 생우(生牛; live cattle)선물 6계약을 파운드(lb.)당 59.50¢에 매입하고, 가격이 파운드당 65.65¢로 상승했을 때 그 포지션을 마감하였다. 생우선물 1계약이 40,000파운드라면 수수료를 무시할 경우 이익은 얼마인가?

① $1,500　② $1,476
③ $7,760　④ $14,760

18. 한 고객이 옥수수선물 1계약을 부쉘(bu.)당 2.53\frac{1}{4}$에 매도하였다. 개시증거금(initial margin)이 부쉘당 $0.12이고 유지증거금(maintenance margin)이 부쉘당 $0.10이라 하면, 그 고객은 선물가격이 부쉘당 얼마일 때 증거금납입요청(margin call)을 받는가?

① 2.63\frac{1}{4}$　② 2.55\frac{1}{4}$
③ 2.51\frac{1}{4}$　④ 2.50\frac{1}{4}$

Exercises

19. 베이시스(basis)의 예측(forecasting)과 관련된 다음 설명 중 옳은 것은?

① 계속 생산되는 상품이 계절에 따라 생산되는 상품보다 베이시스를 예측하기가 더 쉽다.
② 베이시스를 예측하는 것이 선물가격을 예측하는 것 보다 더 쉽다.
③ 베이시스를 예측하는 것이 현물가격을 예측하는 것 보다 더 쉽다.
④ 위의 세 가지 모두 맞다.

20. 한 고객이 생우(生牛; live cattle)선물 2계약을 cwt. 당 $65.85에 매입하였다. 수수료는 계약당 $50이고 선물가격이 cwt.당 150포인트 상승하였을 때 포지션을 마감하였다. 생우선물의 계약단위가 40,000파운드(lb.)라면, 고객의 이익(profit)은 얼마인가?

① $300 ② $400
③ $700 ④ $1,100

21. 한 투자자가 대두유(大豆油: soybean oil)선물을 $27.50/cwt.에 매도포지션을 취하였다. 증거금이 계약당 $800가 필요하고 대두유선물계약단위가 대두유 60,000파운드(lb)를 포함한다면, 증거금은 선물계약가치의 몇 %인가?

22. 뉴욕상품거래소에서 한 고객이 금선물을 2월물은 온스(oz)당 $346.10에, 같은 해 6월물은 온스(oz)당 $348.80에 강세스프레드(bull spread)포지션을 취하였다. 그 고객이 2월물 가격이 $345.70가 되고, 6월물은 $350.30가 되었을 때 스프레드포지션을 마감하였다면 고객의 이익 혹은 손실은?

23. 한 투기자가 CBOT에서 합판(plywood)선물 2계약을 매입하였다(1계약은 76,032 평방피트(sq. ft.). 선물가격이 1,000평방피트당 $14(즉, 1,400포인트)상승하여 2계약을 마감하였다. 계약당 수수료가 $30이라면, 그 고객이 거래로부터 얻은 순이익은?

24. 한 스프레드 투자자가 옥수수선물 4월물을 부쉘당 $1.78에 매도하고 7월물을 $1.82에 매입하였다. 그리고 같은 해에 4월물 가격이 $2.00가 되고, 7월물 가격이 $2.49이 되었을 때 스프레드 포지션을 마감하였다면, 이 스프레드 거래의 결과 부쉘당 손익은?

25. Bull-Bear Spread포지션을 취한 고객이 생우(生牛)선물 3월물 10계약을 파운드당 $0.6800에 매입하고 5월물 생우선물 10계약을 파운드당 $0.6530에 동시에 매도함으로써 스프레드 10개 포지션을 취하였다(생우 1계약 단위는 40,000파운드). 나중에 스프레드가 더 약해지고(widened), 그 스프레드를 마감할 때 3월물은 가격이 $0.6755, 5월물은 $0.6445가 되었다면, 이 스프레드 거래의 결과 손익은?

26. 한 투기자가 옥수수선물을 부쉘당 $3.53½에 매입하였다. 개시증거금이 부쉘당 $0.12이고, 유지증거금이 부쉘당 $0.10이라 하면, 정산가격이 얼마일 때 고객의 증거금이 유지 증거금 수준에 도달하는가?

27. Bear Spread 포지션을 취한 고객이 돼지고기선물(1계약단위는 40,000파운드) 2월물 2계약을 매도하고 5월물 2계약을 매입하는 포지션을 취하였다. 포지션을 취할 당시의 2월물 가격은 5월물에 비해 100포인트 낮았고(under), 포지션을 마감할 당시의 2월물 가격은 5월물에 비해 400포인트 낮았다(under)면, 손익은 몇 포인트인가?

28. 한 제재소(sawmill) 운영업자가 합판(plywood)선물에 '베이시스 매입(long the basis)' 포지션을 취하였다. 만일 헷지를 하고 있는 동안 베이시스가 -300포인트에서 +100포인트로 변화하였다면 베이시스의 변화로 한 계약당 그 업자가 실현하는 이익 혹은 손실은 얼마인가?
(단, 계약당 수수료는 $60이고, 합판 1계약단위는 76,032평방피트(sq.ft.) 임).

29. 주택에 대한 높은 수요 때문에 주택가격이 급격히 상승해 왔다. 당신의 고객은 이러한 주택경기의 활성화는 목재(lumber)선물의 강세를 가져올 것이라 믿고 있다(목재선물 1계약은 130,000평방피트(sq. ft.)임). 현재 목재선물의 3월물은 1,000sq. ft.당 $154.50이고 5월물은 1,000sq. ft.당 $158.90이다. 당신의 고객은 5월물이 3월물에 비해 가격이 너무 비싸다고 생각하고 3월물 10계약을 매입하고, 5월물은 10계약을 매도하는 스프레드 포지션을 취하였다. 3월물 가격이 $168.40가 되고 5월물은 $170.10가 되었을 때 포지션을 모두 마감하였다면, 그 고객의 손실 혹은 이익은?

30. 한 육류포장업자(meat packer)가 돼지선물을 총비용 cwt.당 $30.96에 매입헷지(long hedge) 포지션을 취하였는데 이 때 현물가격은 cwt.당 $30.55였다. 선물가격이 cwt.당 $31.46이 되고 현물가격이 cwt.당 $31.35가 되었을 때 포지션을 마감하고 돼지를 현물가격에 매입하였다면, 그가 돼지구입에 실제로 지불한 순가격(net price)은 cwt.당 얼마인가?

연습문제 정답 및 해설

01. ❹

매입스프레드(long spread)란 강세스프레드(bull spread)를 의미하며, 따라서 스프레드가 커질수록 이익이 된다. 표에서 보는 바와 같이 스프레드가 점점 강화되고 있으므로 현 포지션을 유지하는 것이 바람직하다.

> * 참조: 매도스프레드(short spread)는 약세스프레드(bear spread)를 의미하며, 따라서 스프레드가 작아질수록 이익이 된다.

02. ❹

03. ❷

헷지하고자 하는 자산과 선물의 기초자산이 유형(type), 품질(quality), 등급(grade) 등에서 일치하지 않을 경우, 헷저는 헷지대상 자산과 유사한 기초자산을 가진 선물로 헷지하게 되는데, 이러한 헷지를 '교차헷지(cross hedge)'라 한다.

04. ❹ **05.** ❷ **06.** ❷

07. ❷

동일한 기초자산에 대한 선물을 인도월만 다른 선물로 교체하는 것을 '교체주문(switch order)'이라 하는데, 이러한 주문의 경우 증거금은 새로운 포지션에서 대해서만 납부한다. 즉, 12월물을 마감하고 3월물을 새로 매입하였으므로 3월물에 대해서만 증거금을 납부한다.

08. ❹

09. ❷

원월물의 가격이 근월물의 가격보다 높으므로 정상시장(normal market)이다. 정상시장에서 향후 스프레드가 줄어들 것(즉, narrow 혹은 strengthen)이라 예상하므로 강세스프레드(bull spread)포지션을 취해야 이익을 얻을 수 있다. 따라서, 근월물은 매입하고 원월물은 매도하여야 한다.

10. ❹

인도월간 스프레드(inter-delivery spread)에서는 스프레드가 다음과 같이 정의된다.

인도월간 스프레드 = 근월물 선물가격 - 원월물 선물가격

각 투자전략 별 스프레드를 월단위로 계산하면 다음과 같다.

① 6월물 매도, 12월물 매입(6개월): 스프레드/월 = ($494.00 - $503.00)/6개월 = -$1.5

② 4월물 매도, 2월물 매입(10개월): 스프레드/월 = ($487.50 - $501.00)/10개월
= -$1.35

③ 8월물 매입, 2월물 매도(6개월): 스프레드/월 = ($501.00 - $501.00)/6개월 = $0

④ 4월물 매입, 10월물 매도(6개월): 스프레드/월 = ($487.50 - $506.00)/6개월
= -$3.08

강세스프레드 전략은 근월물을 매입하고 원월물을 매도하는 것이고, 반대로 약세스프레드는 근월물을 매도하고 원월물을 매입하는 것이다. 따라서, 위의 ①과 ②는 약세스프레드전략이고 ③과 ④는 강세스프레드 전략이다. 강세스프레드 전략에서는 스프레드가 큰 ④에서 이익이 가장 크다.

11. ❸

목재선물 1계약당 가치변화 = 가격변화 × 계약단위
= 12₵/1,000피트 × 130,000피트
= 1,560₵ = $15.60

12. ❷

CBOT에서 가격제한폭이 상승하면 증거금도 자동적으로 가격제한폭 상승률만큼 상승하게 된다. 이 문제의 경우 가격제한폭이 30₵에서 45₵로 50%확대되면 자동적으로 증거금도 50%상승하게 된다.

13. ❶

'베이시스 매입(long the basis)'이란 매도헷지(short hedge)를 의미하고, '베이시스 매도(short the basis)'란 매입헷지(long hedge)를 의미한다.

14. ❹

베이시스매입(long the basis) 혹은 매도헷지(short hedge)에서 베이시스의 강화는 이익을 가져다준다. 통상 난방유는 ₵/gal.로 표시되므로 1포인트는 1₵의 1/100인 0.01₵ 혹은 $0.0001을 의미한다. 따라서, 베이시스가 60포인트/gal. 강화되었다는 것은 총 계약액 840,000gal.에 대해서는 $5,040의 이익이 발생함을 의미한다.

즉, 이익 = $0.0060/gal.×840,000gal. = $5,040

15. ❷

저장 및 운송 상에 어려움이 있어 직접 인도가 어려운 상품에 대한 몇 가지 인도방법은 다음과 같다.

- 곡물(grain)의 인도: 창고영수증(warehouse receipt) 이용
- 냉동 브로일러(iced broiler)와 같이 저장이 어려운 상품(perishables): 청구증명서(demand certificate)
- 귀금속(precious stone) 혹은 일부 금융상품(financial instrument): 예치증서(depositary or vault receipt)

16. ❶

선물거래에 있어 브로커 등 선물중개인들의 몇 가지 중요한 불법거래(violation)를 소개하면 다음과 같다.

- 교란(churning): 고객은 고려하지 않고 자신의 수수료수입을 늘리기 위해 과도하게 빈번히 거래하는 행위
- 부정거래(bucketing): 거래소에서 경쟁없이 자신의 계좌 혹은 자신과 이해관계가 있는 계좌로 고객의 포지션과 직접적 혹은 간접적으로 반대포지션(opposite-side position)을 취하여 이익을 취하려는 행위
- 사재기(cornering): 필요이상 과도하게 포지션을 취하여 시장을 조종(market manipulation)하는 행위

17. ❹

선물을 매입하였는데 가격이 상승하였으므로 이익이다. 즉,

이익 = 단위당 가격변화 × 계약단위 × 계약 수

= [65.65(S) - 59.50(L)]₵/lb. × 40,000lb./계약 × 6계약

= 1,476,000₵ = $14,760

18. ❶

고객이 매도포지션을 취하였으므로 가격이 하락하면 이익을 얻고 상승하면 손실을 입는다. 증거금납입요청(margin call)은 손실이 발생하여 증거금 잔액이 유지증거금 이하로 떨어지게 될 때 있게 된다. 개시증거금과 유지증거금 사이의 차이가 $0.02이므로 가격이 부쉘당 $0.02를 초과하여 상승하면 증거금납입요청이 있게 된다. 매도 시 가격이 2.53\frac{1}{4}$이므로 가격이 2.55\frac{1}{4}$을 초과할 때 margin call이 발생한다.

19. ❹

20. ❹

매입포지션을 취하였는데 가격이 상승하였으므로 이익이다.

매입헷지의 순가격(net price) = 현물가격 - 선물거래 이익

총이익 = 단위당 가격변화 × 계약단위 × 계약 수

= $1.50/cwt. × 40,000lb./계약 × 2계약 × 1cwt./100lb. = $1,200

총수수료 = 계약당 수수료 × 계약 수 = $50/계약 × 2계약 = $100

순이익 = 총이익 - 총수수료 = $1,200 - $100 = $1,100

> * 참조: 1cwt.(hundred weight) = 100lb.

21. 1계약의 가치 = 선물가격 × 계약단위 = $27.50/cwt. × 60,000lb. × 1cwt./100lb.

= $16,500

따라서, 증거금/계약가치 = $800/$16,500 = 0.0485 혹은 4.85%

> * 참조: 계약가치를 구할 때 1cwt./100lb.를 곱한 이유는
> 1 cwt.(hundred weight) =100lb.이기 때문이다.

22. 포지션을 취할 당시의 베이시스 = \$346.10 - \$348.80 = -\$2.70
포지션을 마감할 당시의 베이시스 = \$345.70 - \$350.30 = -\$4.60
강세스프레드 포지션을 취하였는데 베이시스가 약화(weaken 혹은 widen)되었으므로 손실이다. 온스(oz.)당 손실액을 계산하면, -\$4.60 - (-\$2.70) = -\$1.90

> * 참조: 다른 방법으로 손실액을 구할 수도 있다.
>
> 2월물: 매입포지션인데 가격이 하락하였으므로 손실이다. 즉, 온스당 손실액은,
> \$345.70(S) - \$346.10(L) = -\$0.40
> 6월물: 매도포지션인데 가격이 상승하였으므로 손실이다. 즉, 온스당 손실액은,
> \$348.80(S) - \$350.30(L) = -\$1.50
> 손실 합계액은, 2월물 손실 + 6월물 손실 = -\$0.40 - \$1.50 = -\$1.90(손실)

23. 매입포지션을 취하였는데 가격이 상승하였으므로 이익이다. 즉,
이익 = \$14/1,000평방피트×76,032평방피트/계약×2계약 = \$2,128.90
그런데, 계약당 수수료가 \$30이므로 2계약에 대한 총 수수료는 \$60이다. 따라서,
순이익 = 이익 - 수수료 = \$2,128.90 - \$60 = \$2,068.90

24. 근월물(즉, 4월물)을 매도하고 원월물(즉, 7월물)을 매입하였으므로 약세스프레드(bear spread)이고, 스프레드가 약화(weaken 혹은 widen)되었으므로 이익이다. 즉,

	4월물	7월물	스프레드
포지션 개시	\$1.78(S)	\$1.82(L)	-\$0.04
포지션 마감	\$2.00(L)	\$2.39(S)	-\$0.39
변화	-\$0.22	+\$0.57	+\$0.35

약세스프레드 거래 결과 부쉘당 \$0.35의 이익이 발생하였다.

25. 스프레드거래의 손익은 다음과 같다.

스프레드	강세스프레드(bull spread)	약세스프레드(bear spread)
강해짐	이익(profit)	손실(loss)
약해짐	손실(loss)	이익(profit)

* 강해짐=narrow(strengthen); 약해짐=widen(weaken)

주어진 문제의 경우 근월물(nearby; 즉, 3월물)을 매입하고 원월물(deferred; 즉, 5월물)을 매도하였으므로 강세스프레드 전략이다. 강세스프레드인데 스프레드가 다음에서 보는 바와 같이 약화되었으므로 손실이 발생한다. 즉, 스프레드 변화는,

	3월물(March)	5월물(May)	스프레드
스프레드 개시	$0.6800(L)	$0.6530(S)	$0.027
스프레드 마감	$0.6755(S)	$0.6445(L)	$0.031
	−$0.0045	+$0.0085	−$0.004(약화)

따라서, 총손실 = $0.004/파운드 × 40,000파운드/계약 × 10계약 = $1,600

26. 개시증거금 - 유지증거금 = $0.12/bu. - $0.10/bu. = $0.02/bu.

고객이 매입포지션을 취하였으므로 가격이 하락해야 증거금이 줄어들게 된다. 즉, 가격이 개시증거금과 유지증거금의 차이인 부쉘당 $0.02만큼 하락하면 고객증거금이 유지증거금 수준으로 떨어지게 된다. 현재가격이 $3.53 $\frac{1}{2}$이므로,

$3.53 $\frac{1}{2}$ - $0.02 = $3.51 $\frac{1}{2}$이하로 떨어지면 유지증거금 수준으로 증거금이 감소한다.

27. 스프레드가 −100에서 −400으로 300포인트 감소(약화; weaken)되었다. 그런데, 고객이 취한 스프레드는 근월물(2월물)을 매도하고 원월물(5월물)을 매입하였으므로 약세스프레드(bear spread)이다. 약세스프레드에서는 스프레드가 약화될 때 이익이 발생하므로 이 투자자는 이익을 얻게 된다. 즉, 1계약당 300포인트 이익이므로 2계약에 대해 총 600포인트의 이익을 얻게 된다.

> ※ 참조: 강세스프레드(bull spread)는 근월물을 매입하고 원월물을 매도하는 것을 의미하며, 스프레드가 증가(강화;strengthen)될 때 이익을 얻게 된다. 강세스프레드는 근월물이 원월물에 비해 상대적으로 더 상승할 것이라는 강세시장을 예상할 때 이용하는 스프레드전략이다.

28. 제재소가 베이시스 매입포지션을 취했으므로, 즉 매도헷지포지션을 취했으므로 베이시스의 증가(widen 혹은 weaken)는 이익이 된다. 베이시스가 −300포인트에서 +100포인트로 변했다면 400포인트 증가(즉, 1,000평방피트당 $4.00 증가)한 것이므로,

이익 = $4/1,000sq.ft.×76,032sq.ft. = $304.13

수수료 = $60

따라서, 실현된 순이익 = 이익 - 수수료 = $304.13 - $60 = $244.13

> * 참조
>
> i) 선물시장에서 목재의 가격은 1,000평방피트(sq.bd.ft 혹은 sq.ft.)로 표시된다.
> 따라서, 특별한 언급이 없는 경우 목재선물의 가격 혹은 목재선물의 베이시스변화는 1,000평방피트당 달러 혹은 포인트로 표시됨을 유의하여야 한다.
>
> ii) 베이시스의 변화를 나타내는 '포인트(point)'는 특별한 언급이 없으면 가격단위의 1/100 혹은 통상 $1의 1/100인 1¢를 의미한다. 즉,
> 1포인트 = 1¢ 혹은
> 100포인트 = 100¢ = $1

29. 원월물(즉, 5월물)의 가격이 근월물(즉, 3월물)의 가격보다 높으므로 정상시장(normal market)이며, 고객이 근월물을 매입하고 원월물을 매도하였으므로 이는 강세스프레드(bull spread)전략이다. 정상시장에서 스프레드의 강화(strengthen 혹은 narrow)는 강세 스프레드 투자자에게 이익이 된다. 이 문제의 경우 다음과 같이 스프레드가 강화되므로 고객은 이익을 보게 된다. 즉,

	3월물	5월물	스프레드
스프레드 개시	$154.50(L)	$158.90(S)	−$4.40
스프레드 마감	$168.40(S)	$170.10(L)	−$1.70
결과	+$13.90	−$11.20	+$2.70

총이익 = $2.70/1,000sq.ft. × 130,000sq.ft./계약 × 10계약 = $3,510

30. 매입헷저의 순가격(net price) = 현물가격 − 선물거래 이익 + 선물거래 손실

$= S_2 - (F_2 - F_1) + 0$

$= \$31.35 - (\$31.46 - \$30.96) = \$30.85$

Chapter 8

통화선물

1944년 7월에 체결된 브레튼 우즈 협정(Bretton Woods Agreement)에 따라 고정환율제를 채택했던 많은 나라들이 1960년대부터 미국의 국제수지적자와 재정적자 확대로 달러가치가 급락하여 고정환율제의 유지가 어려워지자 급기야 1973년부터 변동환율제를 본격적으로 도입하기 시작했다.

변동환율제의 도입은 국가간 거래에서 외환리스크를 증가시켰고, 이를 헷지하기 위한 수단으로 통화선물이 1972년 시카고상업거래소에서 처음 도입되었다. 이제는 통화선물뿐만 아니라 통화옵션, 통화선도상품인 선물환, 통화스왑 등 다양한 통화관련 파생상품이 거래되고 있다.

8장에서는 외환시장과 환율의 개념, 환율결정이론, 그리고 선물환과 통화선물의 개념 및 거래방법, 통화선물의 가치평가모형 등에 대해 살펴보고, 이러한 통화관련 선물의 활용을 통한 외환위험관리 등에 대해서도 검토하고자 한다. 그리고 마지막으로 국내에서 거래되고 있는 통화선물을 소개하고자 한다.

1. 외환시장과 환율

1) 외환시장

국제간에 무역이 활발하지 않고 각 나라에서 생산된 제품과 용역이 그 나라에서만 소비된다면 나라간의 환율과 외환시장이 존재할 필요가 없을 것이다. 그러나 오늘날의 경제에는 세계화의 급속한 진전과 함께 국제간의 상품과 서비스의 교역이 활발하고 금융자산이 국경을 넘어 활발하게 매매되고 있기 때문에 이러한 거래를 촉진하기 위해 외환시장이 필요하게 되었다. 외환시장(foreign exchange market)은 서로 다른 통화(currency)가 국제간에 거래되는 시장을 말한다. 따라서 외환시장은 기본적으로 국가간의 거래를 수행하는데 필요한 환율을 결정하고, 외환위험을 관리할 수 있는 수단을 제공하며, 국제금융기능을 담당한다.

외환위험관리를 위한 통화선물은 1972년 미국의 시카고상업거래소(CME)에 의해 처음 도입되었는데, 그 직접적 동기는 고정환율제가 점차 폐지되고 변동환율제로 이행함에 따라 환율의 변동이 자유롭게 되어 환위험이 크게 증가한 데서 찾을 수 있다. 원래 고정환율제는 1944년 7월에 체결된 브레튼 우즈 협정(Bretton Woods Agreement)에 따라 금 1온스당 $35의 비율로 미국달러의 가치를 고정시킨 데서 비롯되었으나, 1960년대 이후 미국의 국제수지 적자 확대, 재정적자 확대 등 소위 쌍둥이적자(twin deficit)현상으로 인플레이션이 발생하여 달러가치가 계속 하락함에 따라, 1971년 8월 15일에 닉슨 대통령이 달러의 금태환을 금지시켰으며, 같은 해 12월에는 달러의 평가절하와 함께 환율변동범위를 상하 2.25%로 확대시키는 스미소니언 협정(Smithsonian Agreement)이 체결되었다. 그러나 이러한 조치는 달러의 통화안정성을 유지하기에 충분하지 못했고 결국 1973년 2월에 달러는 변동환율제를 채택하기에 이르렀다.

최근에는 세계각국이 약간의 차이는 있으나 대체로 변동환율제와 고정환율제의 혼합된 형태를 사용하고 있다. 미국과 일본, 우리나라 등 대부분의 국가들은 변동환율제를 사용하고 있는 반면, 중국 등 일부 국가는 달러에 자국화폐가치를 고정시키는 고정환율제를 채택하고 있다. 그러나 전세계적으로 볼 때 고정환율제가 점차 변동환율제로 이행되었고 그 결과 환위험이 급속히 증가하게 되어 이를 헷지하기 위한 수단으로 1972년에 통화선물이 도입된 것이다. 따라서 본 장에서는 통화선물의 기초개념과 통화선물이 환위험 헷지를 위해 어떻게 이용될 수 있는지를 배우게 될 것이다.

외환시장은 장외 딜러시장에 속하며, 외환딜러들은 특정한 거래소에서 외환을 거래하는 것이 아니라 세계 각지에서 전화나 컴퓨터 네트워크를 통해 은행간 또는 대고객간의 외환거래를 담당한다. 오늘날 외환시장은 규제완화, 거래기법의 발전, 정보통신기술의 발전 등에 힘입어 하루 24시간 연속적으로 거래되는 범세계적 시장으로 발전하였으며, 경쟁적인 시장으로 성장하였다. 1990년대 중반 이후 일별 거래량은 1조달러를 상회하고 거래의 대부분은 미국 달러와 주요 통화(유로, 일본 엔, 영국 파운드, 스위스 프랑, 캐나다 달러 등)로 이루어진다. 외환시장에서 표준결제기간은 2일이 소요된다.

2) 환 율

(1) 환율의 개념

환율(foreign exchange rate)은 외국통화와 국내통화간의 교환비율을 말한다. 자국통화의 입장에서는 자국통화의 대외가치를 나타내고, 외국통화의 입장에서는 외국통화의 국내가치를 나타낸다.

(2) 환율 고시 방법

① 통화표시방법

환율은 표시방법에 따라 자국통화표시법과 외국통화표시법으로 나눌 수 있다.

i) 자국통화표시법(rate in home currency)

외국통화 1단위와 교환될 수 있는 자국통화의 단위수로 환율을 표시하는 방법으로서 직접고시법(direct quotation) 혹은 미국식(American terms)이라고도 한다.

(예) 한국에서 US$1 = ₩1,100 또는 ₩/$ = 1,200 등으로 표시하는 것

ii) 외국통화표시법(rate in foreign currency)

자국통화 1단위와 교환될 수 있는 외국통화 단위수로 환율을 표시하는 것을 말하며 간접고시법(indirect quotation) 혹은 유럽식(European terms)이라고도 한다.

(예) 한국에서 ₩1 = US$ 0.0008 또는 $/₩ = 0.0008 등으로 표시하는 것

국제외환시장에서는 대부분 유럽식으로 환율이 고시되고 있으나, 영국의 파운드화, 호주 달러화, 그리고 미국의 통화선물시장과 옵션시장에서는 미국식으로 환율을 고시하고 있다.

② 매입환율과 매도환율

외환시장에서는 매입환율과 매도환율을 동시에 고시한다. 이 두 가지 환율은 외환딜러의 입장에서 분류한 것이다.

i) 매입환율(bid or buying rate)

딜러가 고객으로부터 외환을 매입(buy)할 때(혹은 고객이 딜러에게 외환을 매도할 때) 적용되는 환율을 말한다.

ii) 매도환율(asked or offered rate)

딜러가 고객에게 외환을 매도할 때(혹은 고객이 딜러로부터 외환을 매입할 때) 적용되는 환율을 말한다.

딜러입장에서 볼 때 당연히 매도환율이 매입환율보다 커야 이익을 얻을 수 있고 이는 고객의 입장에서 보면 환전수수료라 할 수 있다. 특히 매도환율에서 매입환율을 뺀 것을 호가스프레드(bid-asked spread)라 하며, 스프레드의 크기는 딜러마다 차이가 있는데 거래통화의 유동성, 시장의 불확실성, 거래빈도와 규모, 거래 시간대, 그리고 딜러의 포지션상황 등의 요인에 의해 그 크기가 결정된다.

(3) 평가절상과 평가절하

환율은 양국 통화간의 교환비율을 의미하므로 한 통화의 가치가 상대통화의 가치보다 높아지면 그 통화는 평가절상(appreciation)되었다고 하고, 상대방통화는 평가절하(depreciation)되었다고 말한다. 예컨대, 자국통화표시법에 의해 환율이 U$1 = ₩1,200으로부터 U$1 = ₩1,300으로 변했다면, 한국통화는 평가절하 되었고, 미국통화는 평가절상 된 것이다.

(4) 환율의 호가

환율은 여러 가지 방법으로 고시될 수 있으나 가장 일반적인 방법은 미국달러로 고시하는 것이다. 예컨대 한국 원(₩)의 환율은 '달러당 ₩' (즉, ₩/$)으로 고시된다. 만일 $1로

₩1,200을 살 수 있다면, ₩/$ 환율은 1,200이 된다.

(5) 교차 환율

일반적으로 외국통화는 달러로 고시되는데 이는 과거 대부분의 국제통화거래가 달러로 이루어졌기 때문이다. 그러나 지금은 점차적으로 국제거래가 달러 이외에 다른 통화로도 활발히 이루어지고 있다. 예를 들어 일본 자동차를 구입하고자 하는 프랑스 수입업자는 일본 엔화를 사기 위해 유로로 달러를 먼저 사고, 달러로 엔을 구입하는 것보다는 유로로 직접 엔을 구입하는 것이 쉽고 간편할 것이다. 이 경우 적절한 삼각환율은 유로로 살 수 있는 엔의 수이다. 이때 이용할 수 있는 환율이 바로 교차환율(cross exchange rate)이다. 유로화와 엔화 사이의 교차환율은 다음 식과 같이 계산할 수 있다.

$$\frac{€}{¥} = \frac{€/\$}{¥/\$} \qquad \text{(식 8-1)}$$

만일 (식 8-1)이 성립하지 않으면 차익거래(아비트라지 거래)기회가 존재하게 되므로 균형 하에서는 이 식이 성립해야 한다. 그러나 실제로는 고시된 교차환율과 (식 8-1)로 구한 이론적 교차환율이 약간 차이가 나는 경우가 있는데 이는 달러환율이 주로 Bankers Trust Co.에 의해 고시되는 반면, 교차환율은 주로 Tolerate로부터 고시되기 때문이다. 다른 한편으로는 현물환율과 교차환율이 고시되는 시간이 다르기 때문이기도 하다.

3) 환율 결정 이론

일반 상품과 서비스의 가격이 수요와 공급에 의해 결정되듯이 외환의 수요와 공급이 환율을 결정한다. 개인의 소득수준과 기호(taste)등과 같은 요인들이 상품과 서비스의 수요와 공급에 영향을 미친다. 마찬가지로 통화의 수요와 공급을 결정하는 기본적인 요인들에는 국제대차(國際貸借)와 국제수지, 정부의 정책, 미래에 대한 투자자들의 기대심리 등이 있다. 또한 국제경제가 완전경쟁상태에 있다고 가정할 때, 국제간의 물가수준과 이자율에 의해 미래 현물환율과 선물환 가격이 결정된다는 외환평가이론으로 기본적인 환율결정을 설명할 수 있다.

(1) 국제대차와 국제수지

환율결정이론에 관한 최초의 학설은 1861년에 Goschen이 제창한 국제대차설(theory of

balance of international indebtedness)이다. 이는 외환을 일종의 상품으로 보고 환율은 한 나라의 국제채권과 국제채무에 의해 결정된다는 학설이다. 즉, 대외채권이 대외채무보다 많으면 외환의 공급이 수요보다 많기 때문에 환율이 하락(즉, 평가절상)하고, 반대로 대외채무가 대외채권보다 많으면 외환의 수요가 공급보다 많기 때문에 환율이 상승(즉, 평가절하)하게 된다는 이론이다.

그러나, 국제거래가 단순한 채권과 채무관계뿐만 아니라 재화와 상품의 수출입, 외국의 자본투자, 국민들의 해외투자, 정부간 거래 등을 포괄하는 오늘날의 국제경제환경을 감안할 때 국제대차이론 보다는 국제수지이론이 더 적합하다고 할 수 있다. 따라서 이러한 모든 국제거래를 포함한 국제수지(BOP: balance of payments)가 흑자일 때는 통화가치가 강세가 되고, 반대로 적자일 때는 통화가치가 약세가 된다.

(2) 정부의 정책

정부는 중앙은행의 통화정책을 통해 외환시장에 개입할 수 있다. 환율이 과대평가되어 있거나 과소평가되어 있다고 판단될 때는 중앙은행이 보유하고 있는 외화를 적절히 활용함으로써 통화가치에 영향을 줄 수 있다. 예컨대 환율이 지나치게 높다고 판단되면 보유하고 있는 외화를 시장에 매각함으로써 환율을 하락시키고, 반면에 환율이 지나치게 낮다고 판단되면 시장에 있는 외화를 매입함으로써 환율을 상승시킬 수 있다. 그러나 이러한 정부의 인위적 개입(intervention)은 단기적으로는 환율을 안정시킬 수는 있을지 모르나 장기적으로 볼 때 외환보유고의 고갈로 외환위기를 초래할 수 있을 뿐만 아니라, 국제외환시장 규모의 급격한 확대 등에 비추어 볼 때 실효성이 의문시된다는 비판적 견해도 있음을 유의해야 한다.

(3) 투자자의 기대심리

통화가치에 대한 투자자의 기대심리이론(psychological theory of exchange)는 1927년 Aftalion에 의해 처음 제기된 학설로서 환율이 외환에 대한 기대심리에 의해 결정된다는 이론이다. 특정통화의 가치가 미래에 변동할 것이라는 기대는 단기자금의 대량 유입 또는 유출을 발생시켜 환율에 영향을 주게 된다.

다른 관점에서 투자자의 기대심리는 자산가격결정이론(asset pricing theory)으로도 설명할 수 있다. 많은 경제학자들은 국제수지이론이 환율결정을 설명하는 이론으로서 적절하지 못하다고 생각한다. 왜냐하면 외환도 효율적인 금융시장에서 거래되는 금융자산의 하나이기 때문에 환율도 다른 금융자산들처럼 현재 혹은 과거의 정보(국제수지와 같이)에 의해 결정되는 것이 아니라 미래에 대한 두 통화의 기대치로부터 결정되어야 한다고 믿기 때문이다. 이는 어느 기업의 주식가격은 그 기업의 과거 혹은 현재의 재무상태에 의해 결정되는 것이 아니라 그 기업의 미래 현금흐름의 기대치에 의해 결정되는 원리와 같다. 즉, 환율은 투자자의 미래에 대한 기대를 반영한다는 것이 이 이론의 핵심이다.

(4) 국제평가이론

국제평가이론(international parity theory)은 국제금융시장에서 아무런 제약이 주어지지 않을 경우에 성립하는 이자율, 물가, 현물환율 및 선물환율들 사이의 균형관계(equilibrium relation)를 설명하는 이론이다. 이들 관계는 다음과 같은 네 가지의 가정을 전제로 한다.

i) 완전한 금융시장(perfect financial market)

ii) 완전한 상품시장(perfect goods market)

iii) 단일 동질의 소비재 존재(existence of single-homogeneous consumption goods)

iv) 완전한 확실성(perfect certainty)

이러한 가정하에 대표적인 네 가지 외환평가이론(外換平價理論)에 대해 간략히 살펴보기로 한다.

① 구매력평가이론(PPP: purchasing power parity theory)

구매력평가이론(購買力平價理論)은 두 나라의 물가수준차이가 정확히 환율을 결정한다는 이론으로서 절대적 구매력평가이론(absolute PPP)과 상대적 구매력평가이론(relative PPP)으로 구분할 수 있다.

(i) 절대적 구매력평가이론(absolute PPP)

절대적 구매력평가이론(絕對的 購買力平價理論)은 국내물가와 외국물가 수준의 비율이 양국간의 균형환율을 결정한다는 이론으로서, 일물일가의 법칙(the law of one price)에 의해 양국간의 환율이 다음 식에 의해 결정된다.

$$S = \frac{P_d}{P_f} \qquad \text{(식 8-2)}$$

단, S =현물 환율(spot exchange rate)

P_d = 국내시장에서의 평균가격수준(average price level in domestic market)
P_f = 외국시장에서의 평균가격수준(average price level in foreign market)

(식 8-2)에서 평균가격수준은 통상 GNP 디플레이터(GNP deflator) 혹은 소비자물가지수(CPI: consumer price index)를 이용하여 측정한다. 이 식에서는 평균 가격수준 혹은 대표적인 재화배스켓(goods basket) 개념으로 확장된 일물일가의 법칙으로 볼 수 있다. 그러나, 이 방법은 나라마다 대표적 재화가 다르며, 비록 대표재화가 비슷하다 하더라도 재화배스켓에 있는 각 재화에 할당된 가중치가 상이하다는 점을 무시하고 있다는 단점이 있다.

(ii) 상대적 구매력평가이론(relative PPP)

상대적 구매력평가이론(相對的 購買力平價理論)은 양국간의 상대적인 물가의 변동률이 환율의 변동률과 동일하다는 이론이다. 이를 식으로 표시하면 다음과 같다.

$$\frac{S_{t2}}{S_{t1}} = \frac{1+I_d}{1+I_f} = \frac{P_{dt2}+P_{dt1}}{P_{ft2}+P_{ft1}} \qquad \text{(식 8-3)}$$

단, S_{t1} = 시점 t1에서의 현물 환율(spot rate at time t1)
S_{t2} = 시점 t2에서의 현물 환율(spot rate at time t2)
I_d = t1부터 t2사이의 국내 물가상승률(domestic inflation)
I_f = t1부터 t2사이의 외국 물가상승률(foreign inflation)
P_{dtj} = 시점 tj에서의 국내 물가 수준(j=1, 2)
P_{ftj} = 시점 tj에서의 외국 물가 수준(j=1, 2)

(식 8-3)으로부터 국내 물가상승률(I_d)이 외국 물가상승률(I_f) 보다 높을 경우에는 환율의 상승(즉, 국내통화의 평가절하), 반대로 국내 물가상승률(I_d)이 외국 물가상승률(I_f) 보다 낮을 경우에는 환율의 하락(즉, 국내통화의 평가절상)을 가져온다. 예컨대 국내물가가 최근 8월(t1)부터 9월(t2) 1개월 사이에 10% 올랐고 같은 기간에 상대국 물가가 5%올랐다면 환율은 S_{t2}/S_{t1} = (1+10%)/(1+5%) = 1.0476 혹은 4.76% 상승(즉, 국내통화의 평가절하)한다.

② 국제 피셔효과(IFE: international Fisher effect)

피셔효과(Fisher effect)란 다음과 같이 명목이자율, 실질이자율, 그리고 기대 물가상승률 간의 관계를 말한다.

$$1+R = (1+r)(1+E(I)) \qquad \text{(식 8-4)}$$

단, R = 명목이자율(nominal interest rate)
r = 실질이자율(real interest rate)
E(I) = 기대 물가상승률

(식 8-4)를 좀 더 간단히 하면,

$$1 + R = 1 + r + E(I) + r \times E(I)$$
$$\Rightarrow R = r + E(I) + r \times E(I)$$
$$\Rightarrow R \fallingdotseq r + E(I) \text{ (왜냐하면 } r \times E(I) \rightarrow 0)$$

따라서 통상 피셔방정식이라 함은 $R = r + E(I)$를 말한다. (식 8-4)를 국내와 외국의 두 나라에 대해 각각 적용하면 다음과 같은 식을 얻는다.

$$1+R_d = (1 + r_d)[1 + E(I_d)]$$
$$1+R_f = (1 + r_f)[1 + E(I_f)]$$

그런데 실질이자율은 세계 어느 곳에서나 거의 일정하므로(즉, $r_d = r_f$) 위의 두 식으로부터 다음과 같은 국제 피셔방정식(international Fisher equation)을 얻는다.

$$\frac{1+R_d}{1+R_f} = \frac{1+E(I_d)}{1+E(I_f)} \quad \text{(식 8-5)}$$

이를 단순화하면 $R_d - R_f = E(I_d) - E(I_f)$가 되어 두 나라의 명목이자율의 차이는 양국의 기대 물가상승률의 차이와 같게 된다. 따라서, (식 8-3)에 있는 구매력평가이론(PPP)과 (식 8-5)에 있는 국제 피셔방정식을 결합하여 간단히 하면, 다음의 환율결정식을 얻게 된다.

$$\frac{1+R_d}{1+R_f} = \frac{E(S_{t2})}{S_{t1}} \quad \text{(식 8-6)}$$

③ **금리평가이론**(IRP: interest rate parity theory)

금리평가이론(金利平價理論)은 두 나라간의 금리차이는 선물환율의 할인(discount) 혹은 할증(premium)과 같아야 함을 말한다. 이를 식으로 표시하면 다음과 같다.

$$\frac{F_{t,T}}{S_t} = \frac{1+R_d}{1+R_f} \quad \text{(식 8-7)}$$

금리평가이론은 경제이론이 아니라 무위험차익거래를 배제하기 위한 조건으로부터 유도되는 식이다. 다시 말해 (식 8-7)이 성립되지 않으면 무위험차익거래 기회가 발생하며 이 경우 두 나라간의 환율은 균형(equilibrium)이 아닌 상태에 있음을 의미한다. (식 8-7)을 선물환 할인 혹은 할증에 대해 근사식으로 변환하면 다음 식을 얻을 수 있다.

$$\Delta F = \frac{F_{t,T}-S_t}{S_t} = \frac{R_d-R_f}{1+R_f} \cong R_d-R_f \quad \text{(식 8-8)}$$

(식 8-8)은 선물환의 할인 또는 할증(ΔF)이 근사적으로 두 나라 사이의 금리차이로 설명될 수 있음을 의미한다. 만일 국내이자율이 상대국 이자율보다 높으면 선물환율은 할증되어 거래되고, 반대로 외국이자율이 국내이자율보다 높으면 할인되어 거래된다.

④ **선물환평가이론**(FP: forward parity theory)

선물환평가이론(先物換平價理論)은 선물환 할증 또는 할인은 현물환율의 기대변동율과 동일하며, 선물환율은 미래 현물환율의 불편추정치(unbiased estimate)가 될 수 있다는 것이다(즉, $F_{t,T} = E(S_T)$). 이를 식으로 표시하면 다음과 같다.

$$\frac{E(S_T)-S_t}{S_t} = \frac{F_{t,T}-S_t}{S_t} \quad \text{(식 8-9)}$$

선물환평가이론은 금융시장의 완전성, 시장의 정보 효율성, 미래의 확실성 등 매우 비현실적인 가정 하에서 도출되는 이론으로서 현실적으로는 성립하기 매우 어려운 관계식이다. 그러나, (식 8-9)는 선물환을 이용한 환위험 헷지에 대해 의미 있는 시사점을 제공한다. (식 8-9)를 변동률로 다시 쓰면 다음과 같다.

$$\Delta F = E(\Delta S) \quad \text{(식 8-10)}$$

이 식은 선물환율의 할인 혹은 할증이 현물환율의 변동률의 기대치와 같음을 보여주고 있다. 이는 평균적으로 외환보유로 생기는 위험부담에 대해 어떤 보상(reward)도 없음을 의미한다. 즉, 기대수익률의 관점에서 볼 때 선물을 이용한 헷지는 수수료 이외에 어떤 비용도 필요치 않음을 보여준다.

2. 선물환과 통화선물

1) 선물환시장과 통화선물시장

(1) 선물환 시장

선물환시장(forward exchange market)은 선물환을 거래하는 시장을 말하며, 선도환시장이라고도 한다. 뒤에서 설명할 통화선물시장은 1972년에 도입되어 역사가 짧은데 비해 선물환시장은 오랜 역사를 가지고 있다. 선물환시장과 통화선물시장은 상호 보완적인 관계를 이루고 있을 뿐만 아니라 무위험 차익거래를 통해 밀접하게 연결되어 있기 때문에 선물환율과 통화선물환율은 아주 유사하게 변동한다.

선물환시장은 통화선물시장과 유사한 점이 많으나 다음과 같은 몇 가지 차이점을 가지고 있다.

첫째, 선물환시장은 특정한 거래장소가 없이 세계적인 딜러시장의 형태를 취하고 있으나 통화선물시장은 시카고상업거래소(CME)의 국제금융시장(IMM)이나 런던선물거래소(LIFFE)와 같은 거래소시장의 형태를 갖는다.

둘째, 통화선물시장에서는 일부 선진국의 주요 통화(예컨대 영국 파운드, 일본 엔, 스위스 프랑, 캐나다 달러, 호주 달러, 미국 달러, 유로)들에 대한 선물만 거래되고 있으나, 선물환시장에서는 일부 저개발국을 제외한 전세계 국가들의 통화에 대한 선물이 널리 거래되고 있어 헷지등에 이용하기에 편리하다.

셋째, 선물환의 만기는 당사간의 합의에 따라 자유롭게 조정될 수 있으나, 통화선물의 만기는 거래소의 규칙에 따라 3, 6, 9, 12월의 셋째 수요일 등으로 표준화되어 있다.

넷째, 통화선물의 거래단위는 거래소 규칙에 따라 고정되어 있으나, 선물환의 거래단위는 당사간의 합의에 따라 융통성 있게 조정할 수 있다. 따라서 통화선물시장은 소규모의 무역회사와 투기자에 의해 이용되는 반면, 선물환시장은 대규모의 무역회사와 기관투자가들이 주로 이용하기 때문에 거래규모가 통화선물시장보다 훨씬 크다.

다섯째, 선물환과 통화선물은 계약을 체결하고 청산하는 절차가 서로 다르다. 통화선물시장에서는 신용위험(credit risk)을 최소화하기 위해 청산소(clearing house)와 증거금제도를 채택하고 있으나, 선물환시장에는 그와 같은 제도가 없기 때문에 딜러들이 투자자의 신용도를 직접 점검해야 한다. 이러한 이유 때문에 선물환의 경우 계약불이행위험(default risk)이 통화선물시장보다 더 크다고 볼 수 있다.

여섯째, 통화선물은 만기이전에 매일 일일정산(daily settlement)을 실시하는 반면, 선물환은 만기 전에 청산이 어렵기 때문에 만기까지 계약을 유지하려는 사람에게는 선물환이 더 유리하다. 선물환을 만기 전에 청산하기 위해서는 반대포지션을 보유하고 있는 딜러로부터 동의를 얻어 자신의 포지션을 상쇄시키거나 혹은 다른 딜러와 반대포지션을 취하여 만기까지 보유하는 방법이 있으나 두 가지 방법 모두 쉽지 않기 때문에 선물환의 경우 90%이상이 만기일에 실제 인도된다. 반면에 통화선물은 대부분 만기 전에 청산되기 때문에 만기에 인도되는 비율은 1%이하이다.

이상에서 설명한 선물환과 통화선물로부터 우리는 두 가지 선물이 각각 장점과 단점을 가지고 있음을 알 수 있다. 따라서 통화선물시장과 선물환시장은 서로 보완적인 역할을 하며 발전해 왔다. 결론적으로 선물환은 선도로, 통화선물은 선물로 이해하면 된다. 통화선물의 가격결정방법이나 헷지 등은 선물환시장에도 동일하게 적용할 수 있으므로 이 장의 나머지 부분에서는 통화선물을 주로 다루게 된다.

(2) 통화선물시장

① 통화선물시장의 발달

오랜 역사를 가진 선물환시장의 성공적 운영으로 통화선물시장은 1972년 5월 16일 뒤늦게 도입되었지만 지금은 상호 보완적인 관계를 가지며 발전하고 있다. 선물환시장이 이미 존재하고 있음에도 불구하고 통화선물시장이 별도로 도입된 두 가지 이유는 다음과 같다. 첫째, 1944년 체결된 브레튼 우즈 협정이 1971년 붕괴됨으로써 주요국들은 금본위제를 기초로 한 고정환율제도에서 변동환율제도로 이행함에 따라 외환시장에서 환위험이 크게 증가하여 이를 헷지하기 위해 통화선물이 도입되었다. 둘째, 기존의 선물환도 환위험헷지를 위해 사용될 수 있으나 보통 선물환의 거래단위가 크고 거래비용도 비싸 일반 개인투자가나 소규모 기관투자가가 이용하기에 어려움이 있어 이를 보완하기 위해 통화선물이 도입되었다.

현재 시카고상업거래소(CME)에서는 통화선물가격을 외국통화 1단위당 달러단위수(즉, 미국식 고시방법)로 고시하고 있다. 미국이 통화선물도입과 거래에서 성공한 이후 영국의 LIFFE(1982년), 호주의 SFE(1983년), 싱가포르의 SIMEX(1984년), 그리고 일본의 TIFFE(1989년)가 통화선물을 도입하였고 이들은 미국의 CME와 달리 환율을 미국 1달러당 외국통화단위(즉, 유럽식 고시방법)로 고시하고 있다. 이 중 싱가포르의 SIMEX가 미국 이외의 지역에서는 가장 성공적인 통화선물거래소로 평가 받고 있다.

현재 CME에서는 호주달러(AUD)/미국달러(USD), 호주달러/캐나다달러(CAD), 호주달러/일본엔(JPY), 호주달러/뉴질랜드달러(NZD), 캐나다달러/미국달러, 캐나다달러/일본엔, 스위스프랑(CHF)/미국달러, 유로(EUR)/미국달러, 유로/영국파운드(GPB), 유로/캐나다달러, 유로/스위스프랑, 유로/노르웨이크로네(NOK), 유로/스웨덴크로네(SEK), 영국파운드/미국달러, 영국파운드/일본엔, 일본엔/미국달러, 노르웨이크로네/미국달러, 뉴질랜드달러/미국달러, 스웨덴크로네/미국달러 등이 거래되고 있는데, 이 중 가장 많이 거래되고 있는 것은 유로/미국달러이다.

② 통화선물 거래명세표

〈표 8-1〉은 CME에서 거래되고 있는 유로/미국달러통화선물 거래명세서이다.[1]

1 CME에서 거래되고 있는 통화선물상품거래명세는 CME홈페이지인 http://www.cmegroup.com/ 을 참조바람.

〈표 8-1〉 통화선물 거래명세서

EUR/USD Futures

Contract Size	125,000 euro	
Contract Month Listings	Six months in the March quarlerly cycle (Mar, Jun, Sep, Dec)	
Settlement Procedure	Physical Delivery Daily FX Settlement Procedures (PDF) Final FX Settlement Procedures (PDF)	
Position Accountability	10,000 contracts	
Ticker Symbol	CME Globex Electronic Markets: 6E Open Outcry (All-or-None only): EC AON Code: UG View product and vendor codes	
Minimum Price Increment	$.0001 per euro increments ($12.50/contract). $.00005 per euro increments ($6.25/contract) for EUR/USD futures intra-currency spreads executed on the trading floor and electronically, and for AON transactions.	
Trading Hours	OPEN OUTCRY(RTH)	7:20 a.m.-2:00 p.m.
	GLOBEX (ETH)	Sundays: 5:00 p.m.-4:00 p.m. Central Time(CT) next dya. Monday-Friday: 5:00 p.m.-4:00 p.m. CT the next day, except on Friday-closes at 4:00 p.m. and recpens Sunday at 5:00 p.m. CT.
	CME ClearPort	Sunday-Friday 6:00 p.m.-5:15 p.m. (5:00 p.m.-4:15 p.m. Chicago Time/CT) with a 45-minute break each day beginning at 5:15 p.m. (4:15 p.m. CT)
Last Trade Date / Time View calendar	9:16 a.m. Central Time (CT) on the second business day immediately preceding the third Wednesday of the contract month (usually Monday).	
Exchange Rule	These contracts are listed with, and subject to, the rules and regulations of CME. Yes. View more on Block Trade eligible contracts.	
Block Trade Eligibility	Yes. View more on Block Trade eligible contracts.	
Block Trade Minimum	150 Contracts	
EFP Eligibility	Yes. View more on EFPs.	

주) 자료: 시카고상업거래소(CME)

표에서 보는 바와 같이 1계약단위는 125,000유로이고, 결제월은 3, 6, 9, 12월이며, 호가단위는 US$0.0001/유로이다.

참고로, CME의 통화선물시세표에는 일반적으로 통화별로 인도월, 당일의 시가(始價: Open), 최고가(High), 최저가(Low), 그리고 일일정산을 위한 정산가격(Settle) 등이 공시된다. 또한 전일 대비 정산가격의 변동폭(Change), 해당 선물이 상장된 이후 당일까지의 선물가격 중 최고가(Lifetime High)와 최저가(Lifetime Low), 그리고 각 계약별 미결제약정수(Open Interest) 등도 공시된다. 그리고 미국의 외환시장과 통화선물시장에서는 모두 2일의 결제기간이 필요하다. CME의 통화선물의 경우 최종거래일은 인도월의 마지막 수요일로부터 2일전 영업일이지만 실제적인 인도는 수요일에 이루어진다.

2) 통화선물의 가격결정

앞에서 설명한 바와 같이 일반적으로 선물가격은 보유비용(cost of carry)을 이용하여 차익거래(아비트라지)기회가 없다는 조건하에서 구할 수 있다. 통화선물의 경우 보유비용은 통상 이자비용을 말하는데, 이자비용이란 두 통화간의 금리차이에 의해 결정된다. 따라서 통화선물시장에서는 현물환율과 두 통화간의 금리차이를 이용하여 균형관계를 유도할 수 있다. 여기서는 이자비용이 연속복리로 계산되는 경우와 이산복리로 계산되는 경우로 나누어 살펴보기로 한다.

(1) 연속복리(continuous compounding)의 경우

외국통화는 통화소유자가 그 외국에서 적용되는 무위험이자율로 이자소득을 얻을 수 있는 속성을 갖고 있다. 예를 들면 외국통화 소유자는 그 외국통화를 동일 외국통화표시 채권에 투자함으로써 이자소득을 얻을 수 있다. 이제 국내통화에서 얻는 이자소득과 외국통화에서 얻는 이자소득이 모두 연속복리로 계산된다고 할 때 균형 통화선물 가격을 어떻게 구할 수 있는지 살펴보기로 한다.

다음과 같은 투자전략으로부터 균형 선물가격을 계산해 보기로 하자.

[투자전략: 외국통화 e^{-R_fT} 단위를 현물매입하고, 외국통화 1단위에 대한 선물 매도]

이 투자전략에서 현물로 매입한 외국통화는 T기간 후에 이자가 가산되어 1단위가 된다. 왜냐하면 연속복리로 이자계산을 할 경우 $e^{-RfT} \times e^{RfT} = 1$이기 때문이다. 그리고 T시점까지 선물을 보유한 후 T시점에서 계약을 이행할 경우 외국통화 1단위를 인도하고 선물가격($F_{t,T}$)만큼의 금액을 받는다. 이 전략의 초기(t시점) 현금유출액은 국내통화로 환산할 경우 S_t e^{-RfT} 가 되고 만기에 기초자산을 인도하고 받는 현금유입액($F_{t,T}$)의 현재가치는 국내이자율로 계산되므로 $F_{t,T}$ e^{-RT}가 되다. 그런데 현금유출액의 현재가치는 현금유입액의 현재가치와 같아야 하는데 그렇지 않으면 무위험 차익거래기회가 발생하기 때문이다. 따라서, 다음 식이 성립해야 한다.

$$S_t e^{-RfT} = F_{t,T} e^{-RT} \qquad \text{(식 8-11)}$$

단, S_t = 현재(t시점) 현물 환율($/외국통화)
$F_{t,T}$ = t시점에서 만기가 T인 선물환율
R = 국내 무위험 이자율(연속복리 기준)
R_f = 외국 무위험 이자율(연속복리 기준)

(식 8-11)을 다시 쓰면 다음과 같은 통화선물 균형가격을 구할 수 있다.

$$F_{t,T} = S_t e^{(R-Rf)T} \qquad \text{(식 8-12)}$$

(2) 이산복리(discrete compounding)의 경우

이자소득이 이산복리로 계산될 경우에는 원리는 같으나 식이 다소 더 복잡해진다. 이 경우 투자전략은 다음과 같이 조정된다.

[투자전략: 외국통화 $\frac{1}{(1+R_f)^{\frac{T-t}{365}}}$ 단위를 현물매입하고, 외국통화 1단위에 대한 선물 매도]

연속복리에서와 같은 방법으로 무위험 차익거래기회가 존재하지 않는다면 현금유출액의 현가와 현금유입액의 현가는 같아야 하므로 다음 식이 성립되어야 한다.

$$\frac{S_t}{(1+R_f)^{\frac{T-t}{365}}} = \frac{F_{t,T}}{(1+R)^{\frac{T-t}{365}}} \qquad \text{(식 8-13)}$$

(식 8-13)을 다시 쓰면 다음과 같은 통화선물 균형가격을 구할 수 있다.

$$F_{t,T} = S_t \frac{(1+R)^{\frac{T-t}{365}}}{(1+R_f)^{\frac{T-t}{365}}} \qquad \text{(식 8-14)}$$

3) 커버드금리평가(CIRP: covered interest rate parity)

앞에서 유도한 (식 8-14)를 커버드금리평가(金利平價) 혹은 보호된 금리아비트라지(covered interest arbitrage)거래라 한다. 이 식은 네 가지 상호 관련된 시장(국내화폐시장, 외국화폐시장, 외환시장 및 통화선물시장)간의 균형관계를 설명한다. '커버드(covered)'란 무위험 차익거래(아비트라지거래) 전략에 있어 외국통화자산의 투자수익률이 무위험수익률로 고정되어 있음을 의미한다. 금리평가이론(IRR)에 의한 균형조건이 모든 통화에 대해 만족한다면 모든 외국통화투자로부터 기대할 수 있는 수익은 그 통화에 대한 무위험이자율이다.

만일 (식 8-14)의 균형관계가 성립하지 않는다면 네 시장간에 차익거래 기회가 발생한다. 예를 들어 한국금리가 미국금리보다 저평가되어 있으면 한국은행에서 예금을 인출하여 미국은행에 예금할 것이고, 이 과정에서 미국달러를 매입하고 달러선물을 매도하는 현물매입차익거래가 발생하며, 그 결과 달러현물 환율은 상승하고 달러선물 환율은 하락한다. 이러한 현물매입차익거래는 한국과 미국의 금리차이가 달러현물환율과 달러선물간의 환율차이에 의해 정확히 조정되어 (식 8-14)의 균형관계가 회복될 때까지 계속된다.

Tip 주요 용어

국내 선물환 포지션한도
–외국계 은행: 자기 자본의 150%
–국내 은행: 자기 자본의 30%
(2013년 1월 현재)

3. 통화선물을 이용한 외환위험 관리

1) 통화선물 헷지

오늘날 무역회사, 원자재를 수입하여 가공하는 제조회사, 외환을 취급하는 금융기관, 완성품을 수출하는 무역회사, 장기간 해외 여행자 등 많은 경제참여자들이 미래의 예기치 못한 환율변동에 의한 환위험에 노출되어 있다. 예컨대 무역회사는 미래의 시점에 수입 또는 수출대금을 외화로 결제하게 되고, 다국적기업(multinational company)은 미래의 시점에 해외 자회사로부터 외화를 송금받으므로 이들은 모두 미래의 예기치 못한 환위험에 노출되어 있다.

외환시장에서 환위험노출(exchange exposure)이란 기업 혹은 투자자가 환율변동에 의해 영향을 받는 정도를 의미한다. 환위험노출은 크게 전략적 노출(strategic exposure)과 전술적 노출(tactical exposure)로 구분되며, 전략적 노출은 다시 경제적 노출(economic exposure)와 경쟁적 노출(competitive exposure)로, 전술적 노출은 거래적 노출(transaction exposure)과 회계적 노출(accounting exposure)로 구분된다. 이를 도시하면 〈그림 8-1〉과 같다.

여기서 전략적 노출에 속하는 경제적 노출이란 예기치 못한 환율변동으로 인해 미래의 예상현금흐름(expected cash flow)의 순현재가치(NPV)가 변동할 위험을 말하고, 경쟁적 노출은 예기치 못한 환율변동으로 인해 수익성과 시장점유율이 감소하여 궁극적으로 기업의 경쟁력이 약화될 위험을 말한다. 한편 전술적 노출에 속하는 거래적 노출은 일국의 통화를 다른 나라의 통화로 실제로 교환하고자 할 때 발생하는 환위험을 말하고, 회계적 노출이란 주로 다국적기업이 외화표시 자산이나 부채의 가치를 자국통화로 환산할 때 발생하는 환위험을 말한다. 이러한 다양한 환위험노출에 대비하여 통화선물을 이용, 헷지할 수 있다.

〈그림 8-1〉 환위험 노출의 분류

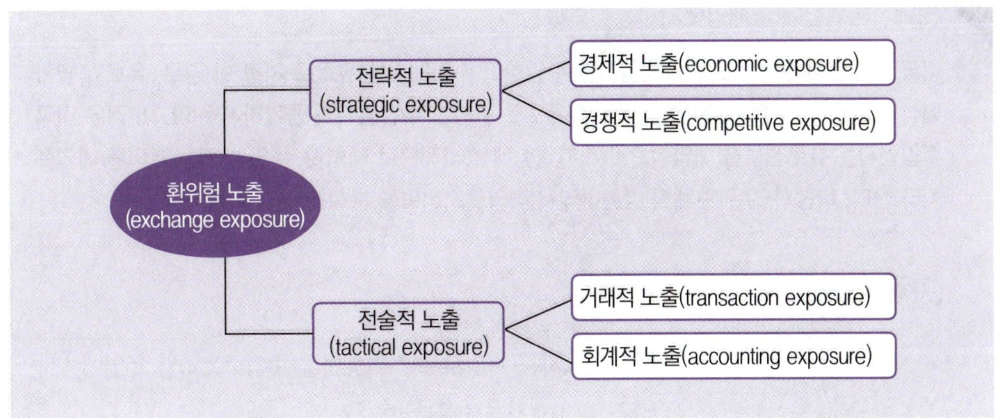

2) 전략적 노출의 헷지

대부분의 기업들과 투자자들이 전술적 노출에 대한 헷지에 주로 관심을 가지고 있으나 점차 일부 다국적기업들을 중심으로 전략적 노출도 중요시하기 시작하였다. 환율이 변동하면 가격변동 그 자체뿐만 아니라 그로 인해 수출물량 혹은 수입물량이 변동하므로 기업의 수출수익 혹은 수입원가가 변동하기 때문에 기업의 순이익이나 현금흐름, 나아가 시장점유율에도 영향을 미치게 된다.

앞서 설명한 바와 같이 1970년대 이후 변동환율이 도입된 이래 환율의 변동이 증가하여 대부분의 기업들은 환위험에 노출되었으며 여기에 적절히 대응하지 못한 기업들은 재무적으로 어려움을 처하기도 하고 때로는 부도 위기에 처하기도 하였다. 따라서 세계화의 진전과 더불어 다국적기업들은 단순히 투자측면에서 뿐만 아니라 기업의 생존차원에서 환위험에 대처해야 하며 특히 전략적 노출에 대한 적절한 대응전략을 모색해야 할 것이다.

3) 전술적 노출의 헷지

(1) 거래적 노출의 헷지

① 매입헷지

매입헷지(long hedge)는 가격상승위험을 회피하기 위한 방법이다. 즉, 미래 어느 시점에 외국통화를 매입하고자 할 때 그 가격을 현재가격으로 고정시키기 위해 이용하는 헷지이다. 다음과 같은 사례를 통해 환위험에 대비한 매입헷지 방법을 살펴보기로 하자.

〈8–1〉 환위험대비 매입헷지

미국 수입업자가 독일로부터 자동차를 수입하고 수입대금을 유로로 지불 할 경우, 유로가 평가절상되고 달러가 평가절하되면 달러를 유로로 환산한 수입원가가 증가하게 된다. 이 경우 미국 수입업자는 유로선물을 매입함으로써 환위험에 효과적으로 대처할 수 있게 되는데 이를 매입헷지라 한다. 다음과 같은 구체적 상황하에서 매입헷지전략을 분석해 보기로 하자.

사례 분석

상황	1월 15일	미국수입업자는 독일로부터 자동차를 수입하고 6월 15일에 대금 EUR250,000를 지불하기로 함. - 현재 환율은 1.5000($/EUR) - 6월만기 선물환율은 1.5500($/EUR)
헷지 전략	1월 15일	6월만기 EUR선물 2계약 매입 (왜냐하면 1계약은 EUR125,000)
	6월 15일	EUR선물 매입포지션 마감
결과	6월15일 현물환율이 1.6000이 됨	헷지로 인한 비용 절감: 현재 시장에서는 1EUR당 $1.6000이기 때문에 EUR250,000를 매입하기 위해 $400,000가 필요하지만, 선물가격을 적용할 경우 $387,500 (EUR250,000×1.5500$/EUR)만 소요되므로, $400,000 - $387,500 = $12,500 절감.

② 매도헷지

매도헷지(short hedge)는 헷저가 이미 자산을 소유하고 있으며 미래 시점에서 이 자산을 매도하길 원할 때 이용하는 헷지로서 보유자산의 가격하락 위험을 회피하기 위한 헷지이다. 다음과 같은 사례를 통해 환위험에 대비한 매도헷지 방법을 살펴보기로 하자.

〈8-2〉 환위험대비 매도헷지

미국 수출업자가 일본에 컴퓨터를 수출하고 수출대금을 일본엔으로 받을 경우, 엔이 평가절하되고 달러가 평가절상되면 엔을 달러로 환산한 매출이익이 감소하게 된다. 이 경우에 미국 수출업자는 엔선물을 매도함으로써 환위험에 효과적으로 대처할 수 있다. 다음과 같은 구체적인 사례로 이를 분석해 보기로 하자.

사례 분석

상황	1월 15일	미국 수출업자는 일본에 컴퓨터를 수출하고 대금 ￥25,000,000을 6월15일에 받을 예정임. - 현재 환율은 0.009060($/￥) - 6월만기 선물환율은 0.009050($/￥)
헷지 전략	1월 15일	6월만기 ￥선물 2계약 매도 (왜냐하면 1계약은 ￥12,500,000)
	6월 15일	￥선물 매도포지션 마감
결과	6월15일 현물환율이 0.009020이 됨	헷지로 인한 이익 증가: 현재 시장에서는 1￥당 $0.009020이기 때문에 ￥25,000,000을 매도하면 $225,500를 받지만, 선물가격을 적용할 경우 $226,250(￥25,000,000×0.009050$/￥)을 받을 수 있으므로, 매도헷지를 통한 이익증가는 $226,250－$225,500＝$750.

(2) 회계적 노출의 헷지

다국적기업은 본국 이외의 지역에서 국경을 초월하여 생산과 영업활동을 수행하고 외국 자본시장에서 다양한 방법으로 자금을 조달하는 기업을 말한다. 시장이 전세계로 확장되어 가고 있는 오늘날은 다국적기업의 환율을 수반하는 경제활동이 급격히 증가하고 있으며, 이에 따라 거래적 노출뿐만 아니라 회계적 노출도 증가하고 있다.

예를 들어 미국 모회사(母會社)의 경우 외국에 있는 자회사(子會社)의 재무제표를 달러화로 환산하며 이때 자회사가 영업하고 있는 외국의 통화와 달러화의 환율변동에 따른 환위험에 직면하게 된다. 만일 자회사 소재국의 통화가 평가절하되면 회계적 노출에 직면하게 되는데 이때 미국 모회사는 자회사 소재국 통화의 평가절하위험을 헷지하기 위해 그 나라 통화선물을 매도하면 된다.

4) 합성통화선물을 이용한 헷지

지금까지는 미국달러와 관련된 통화선물만을 다루어 왔는데 이러한 달러표시 통화선물(U.S. dollar denominated currency futures)은 미국과의 무역거래나 자본거래에서는 이를 이용하여 환위험을 효율적으로 헷지할 수 있다. 그러나 미국이외의 국가간에 달러이외의 통화를 사용하여 거래를 할 때는 달러표시 통화선물을 이용하기 어렵다. 예를 들어 일본과 스위스간의 무역거래에서는 엔과 스위스프랑간의 환율변동으로 인해 환위험이 발생하기 때문에 달러표시 엔선물이나 달러표시 스위스프랑선물을 사용하여 파운드와 프랑간의 환위험을 헷지하기 어렵다.

이런 경우에는 두 가지의 달러표시 통화선물을 결합하여 합성통화선물(synthetic currency futures)을 창출한 다음 이를 환위험헷지에 사용할 수 있다. 또한 하나의 통화선물을 매입하고 동시에 다른 통화선물을 매도함으로써 미국달러 이외의 다른 통화로 표시된 동일한 가치의 통화선물 계약을 만들 수 있으며 이를 교차통화선물 스프레드(cross-currency futures spread)라 한다.

4. 국내 통화선물

1) 미국달러선물

미국달러선물은 미래의 일정시점에 인수도할 미국 달러화를 현재시점에서 미리 매수하거나 매도하는 계약이다.

(1) 계약명세

미국달러선물의 주요 거래명세는 다음 〈표 8-2〉와 같다.

〈표 8-2〉 국내 미국달러선물 거래명세

거래대상	미국달러화(USD)
거래단위	US $10,000
결제월	분기월 중 4개와 그 밖의 월 중 4개
상장결제월	1년 이내의 8개 결제월
가격의 표시	US$1당 원화
최소가격변동폭	0.10원
최소가격변동금액	1,000원 (US $10,000×0.10원)
거래시간	09:00~15:15(최종거래일 09:00~11:30)
최종거래일	결제월의 세 번째 월요일(공휴일인 경우 순차적으로 앞당김)
최종결제일	최종거래일로부터 기산하여 3일째 거래일
결제방법	인수도결제
가격제한폭	기준가격 대비 상하±4.5%
단일가격경쟁거래	개장시(08:00~09:00) 및 거래종료시(15:05~15:15)

주) 자료: 한국거래소(KRX)

(2) 인수도 결제절차

미국달러선물의 인수도절차를 요약하면 다음 〈표8-3〉과 같다.

〈표 8-3〉 국내 미국달러선물 인수도 절차

<table>
<tr><td rowspan="2">T일
(최종거래일)</td><td>11:30 이후</td><td colspan="3">통화선물 거래종료, 최종결제가격 확정 및 통지(거래소→결제회원)</td></tr>
<tr><td>16:30이후</td><td colspan="3">계좌별 인수도결제내역 산출 및 통지(거래소→결제회원)</td></tr>
<tr><td rowspan="4">T+2</td><td colspan="2">〈매수자〉</td><td colspan="2">〈매도자〉</td></tr>
<tr><td>12:00 이전</td><td>결제회원이 지정한 시간내에 인수도대금 입금 (위탁자 → 결제회원)</td><td>12:00 이전</td><td>결제회원이 지정한 시간내에 외화 입금 (위탁자→결제회원)</td></tr>
<tr><td>12:00 까지</td><td>인수도대금 입금 (결제회원 → 거래소)</td><td>12:00 까지</td><td>외화 입금 (결제회원→거래소)</td></tr>
<tr><td>12:00 이후</td><td>외화 수취 (거래소→결제회원→위탁자)</td><td>12:00 이후</td><td>인수도대금 수취 (거래소→결제회원→위탁자)</td></tr>
</table>

주) 자료: 한국거래소(KRX)

2) 엔 · 유로선물

(1) 엔 · 유로선물 개념

엔선물이란 엔/원환율 변동위험을 회피하기 위하여 사전에 약속된 미래의 특정시점에 엔화(1계약당 1백만엔)를 사거나 팔 것을 약정하는 선물거래로, 일본엔화를 거래대상으로 하는 선물거래이다. 또한, 유로선물이란 엔선물과 마찬가지로 유로/원 환율변동위험을 관리할 수 있도록 유로화(1계약당 1만유로)를 거래대상으로 하는 선물거래이다.

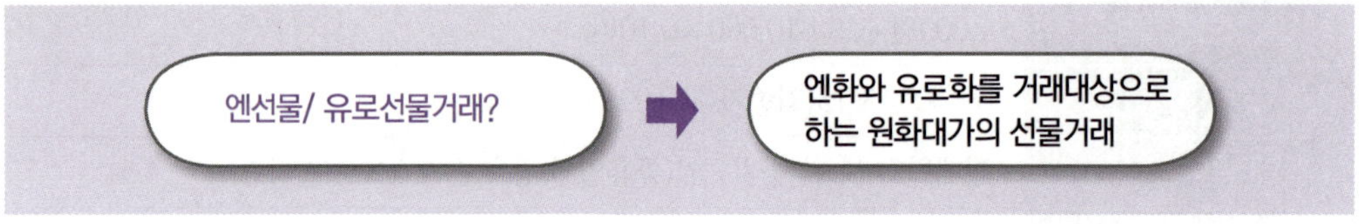

(2) 엔 · 유로선물 특징

① 엔/원과 유로/원의 헷지수요 충족

엔화와 유로화로 대출을 받았거나 결제대금을 지불할 계획이 있는 투자자에게 환헷지할 수 있는 선물상품을 제공할 수 있게 된다. 엔/원 및 유로/원의 환위험에 노출된 투자자에게 엔화와 유로화의 환위험을 헷지할 수 있는 선물상품의 제공으로, 미국달러 뿐만 아니라 엔화와 유로화까지 다양한 환헷지 및 투자 수요를 충족시킬 수 있게 된다. 특히 신용도가 낮아 환위험관리를 위한 금융상품 이용에 어려움을 겪고 있는 중소기업 등에게는 매우 유용한 환헷지 금융상품이 될 것이다.

② 결제통화의 다양화

그 동안 마땅한 헷지수단이 없어 무역거래에 따른 결제통화가 미국달러로 집중되었으나, 엔화와 유로화에 대한 헷지상품 제공으로 수출입거래에 종사하는 기업체 등이 미국 달러 이외에 엔화와 유로화까지 결제통화로 사용할 수 있는 기회를 제공할 수 있게 된다.

③ 거래비용 인하 및 투자편의성 증진

엔선물과 유로선물은 원화 표시의 직거래 상품이므로 해외선물거래를 이용한 헷지거래에 비해 낮은 비용으로 거래할 수 있으며, 장외거래나 해외선물거래에 비해 시장접근성 및 시장투명성이 높아 투자편의성 및 시장효율성도 크게 증진할 수 있게 된다.

④ 외환시장의 효율성 제고

실거래에 기초한 원화표시 엔화 및 유로화의 직거래 환율이 실시간으로 일반인에게 공시됨에 따라 엔/원 및 유로/원 현물환율에 대한 지표(가격발견기능)를 제공할 수 있게 되며, 선물시장과 현물시장간 연계거래의 촉진으로 그 동안 거래가 부진한 엔/원 및 유로/원의 직거래 현물거래도 촉진시킬 수 있을 것으로 기대된다.

⑤ 원화의 국제화 및 동북아금융허브 달성에 기여

세계 3대 통화(달러, 유로, 엔)에 대한 통화선물상품의 상장으로 명실공히 동북아 최고의 통화선물 시장으로서의 위상제고를 기대할 수 있으며, 원화의 국제화에 필요한 인프라를 제공하게 되어 원화에 기초한 국제 거래의 촉진과 국내 금융시장의 동북아허브 구축, 나아가 경제규모에 걸 맞는 국제적 위상 확보 및 국가경쟁력 제고에도 크게 기여할 수 있다.

(3) 엔 · 유로선물 거래명세

〈표 8-4〉 국내 엔·유로선물 거래명세

항 목	엔선물	유로선물	비고
거래대상	일본엔貨	유로貨	-
거래단위	1,000,000엔	10,000유로	-
가격표시방법	100엔당 원화 (엔/원)	1유로당 원화 (유로/원)	-
최소가격변동폭	0.1원	좌동	미국달러선물과 동일
최소가격변동금액	1,000원 (=0.1×1,000,000/100)	1,000원 (= 0.1×10,000)	"
상장결제월	분기월 중 4개와 그 밖의 월 중 4개 총 1년 이내의 8개 결제월	좌동	"
최종결제방법	인수도결제	좌동	"
최종결제일	최종거래일로부터 기산하여 3일째 거래일 (일반적으로 결제월의 세 번째 수요일)	좌동	"
최종거래일	결제월의 세 번째 월요일	좌동	"
거래시간	09:00 ~ 15:15 (최종거래일 도래종목 09:00 ~ 11:30)	좌동	"
가격제한폭	기준가격 ± (기준가격 * 5.25%)	좌동	"

주) 자료: 한국거래소(KRX)

(4) 엔 · 유로선물 거래제도

〈표 8-5〉 국내 엔·유로선물 거래제도

항 목	제도(안)
거래계좌 및 전산시스템	- 미국달러선물과 동일한 위탁계좌 및 전산시스템 이용
주문유형 및 주문조건	- 유형: 지정가, 시장가, 조건부지정가, 최유리 지정가 - 조건: 일부충족, 전량충족(조건부 지정가 불가)
스프레드 거래	- 최근월종목과 각 원월종목 간 7개
주문한도수량	- 1회 주문한도수량: 5,000계약
거래체결방법	- 복수가격 경쟁거래: 9:00 ~ 15:05 - 단일가격 경쟁거래: 8:00 ~ 9:00, 15:05 ~ 15:15 - 협의대량거래: 9:10 ~ 14:50 • 수량: 1,000 ~ 15,000계약 • 가격: 기준종목의 직전약정가 ± (기준종목의 직전약정가×0.5%)
증거금예탁	- 예탁시한: 다음거래일 12시 - 예탁수단: 대용증권 및 현금
정산가격	- 정산가격 • 당일종가 - 결제방법: 기존 선물 · 옵션과 차감결제 수행
인수도결제방법	- 외화: 외국통화별로 결제 - 인수도금액: 엔선물, 유로선물, 미국달러선물의 인수도금액간 차감결제 - 결제시한: 최종결제일 12시

주) 자료: 한국거래소(KRX)

(5) 엔 · 유로선물 거래절차

국내에서 엔 · 유로선물을 이용하고자 할 경우 〈표 8-6〉과 같은 절차를 따르면 된다. 즉, 엔 · 유로선물거래를 원할 경우, 먼저 계좌를 개설하고, 증거금을 납부한 후, 주문을 하면 된다. 일반적인 선물과 마찬가지로 일일정산이 필요하고, 최종적으로 결제를 하면 계약이 종료된다.

<표 8-6> 국내 엔·유로선물 거래절차

단계	절차	내용
01	계좌개설	선물회사와 선물옵션계좌설정계약 체결
02	증거금 납부	계약당 주문증거금 납부(예탁금)
03	주문	HTS, 전화, 선물회사 내방 등
04	거래체결	거래소에 의한 거래체결
05	체결내용 확인	HTS, 전화 등으로 확인
06	일일정산(결제)	일일정산 결과에 따라 익일 결제
07	최종결제	반대거래를 통해 포지션을 종료하거나, 최종거래일까지 보유시 인수도결제 실시

주) 자료: 한국거래소(KRX)

(6) 엔 · 유로선물 세부 거래절차

① 계좌개설

엔 · 유로선물 거래를 원하는 자는 먼저 선물회사에서 선물거래를 위한 선물계좌를 개설해야 하며, 이미 선물회사에 미국달러선물이나 국채선물 거래를 위한 거래계좌를 가지고 있는 경우에는 기존의 계좌를 이용할 수 있다.

② 증거금 납부

투자자는 계좌개설 이후 엔선물과 유로선물거래에 참여하기 위하여 위탁증거금을 납부해야 합니다. 엔선물의 계약당 주문에 필요한 증거금은 다음과 같다.

〈표 8-7〉 국내 엔선물 계약당 증거금

엔선물의 계약당 주문증거금

현물가격(증거금기준가격×100)	계약당 주문증거금
550.00 이상 ~ 650.00 미만	115만원
650.00 이상 ~ 750.00 미만	135만원
750.00 이상 ~ 850.00 미만	150만원
850.00 이상 ~ 950.00 미만	170만원
950.00 이상 ~ 1,050.00 미만	185만원
1,050.00 이상 ~ 1,150.00 미만	205만원
1,150.00 이상 ~ 1,250.00 미만	220만원

단, 전일 현물가격(증거금기준가격×100)이 550.00 미만인 경우 계약당 주문증거금은 매 100.00원 간격으로 115만원에서 15만원씩 차감하여 산출되는 금액으로 하며, 1,250.00 이상인 경우 계약당 주문증거금은 매 100.00원 간격으로 220만원에서 20만원씩 가산하여 산출되는 금액으로 한다.

한편, 유로선물계약에 필요한 증거금은 〈표 8-8〉과 같다.

〈표 8-8〉 국내 유로선물 계약당 증거금

유로선물의 계약당 주문증거금

현물가격(증거금기준가격)	계약당 주문증거금
850.00 이상 ~ 950.00 미만	170만원
950.00 이상 ~ 1,050.00 미만	185만원
1,050.00 이상 ~ 1,150.00 미만	205만원
1,150.00 이상 ~ 1,250.00 미만	220만원
1,250.00 이상 ~ 1,350.00 미만	240만원
1,350.00 이상 ~ 1,450.00 미만	255만원
1,450.00 이상 ~ 1,550.00 미만	275만원

단, 전일 현물가격(증거금기준가격)이 850.00 미만인 경우 계약당 주문증거금은 매 100.00원 간격으로 170만원에서 15만원씩 차감하여 산출되는 금액으로 하며, 1,550.00 이상인 경우 계약당 주문 증거금은 매 100.00원 간격으로 275만원에서 20만원씩 가산하여 산출되는 금액으로 한다.

③ 주문입력

투자자는 위탁계좌를 개설한 선물회사에 직접 방문하거나 전화 또는 온라인 등을 이용하여 주문을 제출할 수 있다.

④ 거래체결

선물회사에 제출된 주문은 증권선물거래소 전산시스템에 전달되고 해당 주문은 가격-시간 우선 원칙에 의거하여 거래소의 중개 하에 체결되며, 당해 체결내역은 선물회사로 통보되어 투자자는 HTS나 전화 등을 통해 거래체결내역을 확인할 수 있다.

⑤ 일일정산

당일의 종가(정산가격)에 의거하여 일일정산을 실시하며, 일일정산 결과에 따른 손익은 결제시한 (다음거래일 12시) 이후에 투자자의 예탁금에 반영된다.

⑥ 최종결제

최종거래일의 장 종료 시까지 보유 중인 엔선물과 유로선물의 미결제약정에 대해 매수자와 매도자는 인수도결제방법에 따라 인수도금액(원화)와 인도물품(엔화/유로화)를 수수하여 선물거래를 종결하게 된다. 이 경우 결제시한은 최종결제일 12시이다.

(7) 엔 · 유로선물 투자전략

① 헷지거래

현물시장에서의 포지션과 반대방향의 포지션을 선물시장에서 동시에 취함으로써 선물포지션의 청산에 따른 이익(또는 손실)으로 현물포지션의 손실(또는 이익)을 상쇄시켜, 가격변동에 따른 위험을 제거하는 투자전략이다.

② 투기거래

현물포지션과 관계없이 단순히 미래의 환율방향을 예측하여 선물거래만을 행함으로써 선물거래의 이익을 추구하는 투자전략이다.

③ 차익거래

선물가격과 현물가격간의 일시적인 가격불균형 현상이 발생한 때에 상대적으로 가격이 낮은 시장에서 매수포지션을 취하고 높은 시장에서 매도포지션을 취한 후, 두 시장가격이 균형 상태로 되돌아오면 양시장에서의 포지션을 처분하여 이익을 얻고자 하는 투자 전략이다.

④ 스프레드거래

결제월이 상이한 두 개 이상의 선물종목(결제월간스프레드)이나 품목이 다른 선물종목(상품간스프레드거래)의 가격간에 일시적인 불균형상태가 발생한 경우 두 종목의 거래를 동시에 반대방향으로 행하므로써 선물가격의 불균형에 따른 차익을 얻고자 행하는 투자 전략이다.

연습문제

01. 투자자가 통화선물 거래를 위해 FCM에 증거금으로 예치할 수 없는 것은?

① 외국통화 ② 미국 달러
③ 유동성증권 ④ 미국정부발행 증권

02. 다음 중 한국거래소에서 거래되는 통화가 아닌 것은?

① 영국 파운드화 ② 미국 달러
③ 일본 엔화 ④ 유럽연합 유로화

03. 한 프랑스 소매업자가 미국 자전거제조회사에 자전거 1,000대를 주문하였다. 자전거는 3개월 안에 인도될 예정이고 인도 시 환율은 달러당 0.7000유로이다. 환율변동에 따른 위험을 헷지하기 위해 미국 자전거제조회사가 해야 할 조치는?

① 유로선물의 매입 ② 유로선물의 매도
③ 달러선물의 매도 ④ 달러선물의 매입

04. 당신의 고객이 달러선물에 매입포지션을 취하는 것이 좋겠다는 당신의견에 동의를 표시하였다. 그가 당신에게 말하기를 "당신이 최선이라고 생각하는 조치를 취해 주시오."라고 했다면 당신이 해야 할 일은?

① 주문을 내는 일
② 주문을 내지 않는 일
③ 주문을 내기 전 고객으로부터 확실한 설명을 듣는 일
④ 주문을 하기 전 상급자의 허락을 얻는 일

05. 독일의 코시카 카메라회사가 미국의 코닥으로부터 3차원 필름현상기술을 수입하고 달러로 지급하기로 하였다. 현재까지 미국달러가치가 유로에 비해 가치가 증가해 왔다고 할 때 환위험을 헷지하기 위해 코시카가 취해야 하는 조치는?

① 미국달러선물 매입 ② 미국달러선물 매도
③ 유로선물 매입 ④ 유로선물 매도

06. 스위스산 시계판매가 한창이던 지난 수개월 동안 스위스의 인플레이션은 현저히 감소하였고, 북해의 영국석유매장량은 급속히 줄어들고 있다는 정보를 감안해 볼 때 다음 중 어느 스프레드전략이 최고의 이익을 가져오는가?

① 스위스프랑을 현물시장에서 매도하고 스위스프랑을 선물시장에서 매입
② 스위스프랑을 선물시장에서 매입하고 영국파운드를 선물시장에서 매도
③ 스위스프랑을 선물시장에서 매도하고 영국파운드를 선물시장에서 매입
④ 스위스프랑과 영국파운드를 선물시장에서 매입하고 현물시장에서 영국파운드를 인도

07. 한 미국 제조업체가 스위스의 여러 회사에게 중장비를 수출하고 6개월 이내에 5,000,000 스위스프랑(CHF)을 받을 예정이다. 그 미국제조업체가 앞으로 6개월 동안 CHF 가치가 하락할 것으로 예상하고 있다면 어떤 포지션을 취해야 하는가?

① CHF선물 매도포지션
② CHF선물 매입포지션
③ CHF선물 매입포지션 및 상품인도
④ CHF선물 매입포지션 및 상품인도

08. 다음 중 시카고상업거래소(CME)의 국제금융시장(IMM)에서 거래되는 통화선물이 아닌 것은?

① 덴마크크론(DC)
② 영국파운드(£)
③ 일본엔(¥)
④ 스위스프랑(SF)

09. 한 미국 레저회사가 독일 제조업체로부터 스키장비들을 구입하고 9개월 안에 EUR 200,000,000를 지불하기로 하였다. 다음 중 미국레저회사의 적절한 헷지전략은?

① EUR선물 매도
② EUR선물 매도 및 장비인도
③ EUR선물 매입
④ EUR선물 매입 및 장비인도

10. 영국은 새로운 유전을 발견했고, 일본은 노동시장의 불안을 경험하고 있다. 다음 중 어느 스프레드전략이 적절한가?

① 파운드선물을 매입하고 엔선물을 매입
② 파운드선물을 매도하고 엔선물을 매도
③ 파운드선물을 매입하고 엔선물을 매도
④ 파운드선물을 매도하고 엔선물을 매입

11. 미국에 있는 한 의류제조업체가 일본의 수입업체로부터 물건주문을 받았다. 미국의류업체가 자신의 포지션을 헷지하기 위해 해야 할 일은 다음 중 어느 것인가?

① 면화선물(cotton futures) 매입 ② 면화선물(cotton futures) 매도
③ 일본 엔화선물 매입 ④ 일본 엔화선물 매도

12. 한 미국 회사가 독일로부터 상품을 수입할 계획을 가지고 있고 상품가격상승위험을 헷지하기 위해 유로선물을 매입하였다. 매입초기에는 베이시스가 -120이었고 지금은 -180이다. 미국회사의 이익 혹은 손실은?

① 300포인트 이익 ② 60포인트 손실
③ 60포인트 이익 ④ 180포인트 이익

13. 다음 금융선물 중 가장 먼저 거래가 시작된 것은?

① 주가지수선물 ② 통화선물
③ 유로달러선물 ④ T-bond선물

14. 현재 외환시장에서 스위스프랑(SF)선물 가격이 이론가격보다 높게 거래되고 있다면 다음 중 어떤 투자전략이 가장 적절한가?

① 은행에서 자금을 차입하여 SF현물을 매입함과 동시에 SF선물을 매도한다.
② SF를 차입하여 은행에 예치하고 동시에 SF선물을 매도한다.
③ 은행에서 자금을 차입하여 SF현물을 매입함과 동시에 SF선물을 매입한다.
④ SF를 차입하여 은행에 예치하고 동시에 SF선물을 매입한다.

15. 장래에 일본에 의류를 수출하려는 미국 회사가 환율변동위험을 헷지하기 위해서는 다음 중 어떤 포지션을 취하여야 하는가?

① 미국달러($)선물 매도 ② 미국달러($)선물 매입
③ 일본엔(¥)선물 매도 ④ 일본엔(¥)선물 매입

16. 미국의 수출회사가 호주달러(AUD)화로 자금을 조달할 계획을 가지고 있다. 이 회사가 환율변동위험을 헷지하기 위해 다음 중 어떤 거래를 해야 하는가?

① 미국 T-bill선물 매입 ② 미국 T-bill선물 매도
③ 호주달러(AUD)선물 매입 ④ 호주달러(AUD)선물 매도

17. 통화선물시세와 선물환율을 비교할 때 옳지 않은 것은?

① 통화선물시세는 체결가격인데 반해 선물환율은 매입율과 매도율이 동시에 고시된다.
② 통화선물시세는 증거금에 대한 이자비용만큼 선물환율보다 높게 결정된다.
③ 통화선물의 만기일은 3, 6, 9, 12월의 셋째 수요일로 고정되어 있다.
④ 선물환율은 딜러(dealer)마다 다르게 고시된다.

18. 11월말에 캐나다달러(CAD)차관 원리금 100만CAD를 상환해야 하는 기업이 환위험을 헷지하기 위해 할 수 있는 거래는? (단, CAD선물의 1계약단위는 CAD100,000)

① 12월물 CAD선물 10계약 매입
② 12월물 CAD선물 100계약 매도
③ 3월물 CAD선물 10계약 매입
④ 3월물 CAD선물 100계약 매도

19. 한 투자자가 3월 엔(¥)선물 10계약을 0.8678에 매입하였다. 만일 선물 만기 전에 선물가격이 0.8698로 상승하였다면 투자자의 손익은?

① 선물거래에서 이익이 발생
② 선물거래에서 손실이 발생
③ 아직 만기가 도래하지 않았으므로 손익을 알 수 없음
④ 위의 세 가지 모두 아니다.

20. 한 미국 무역업자가 일본에서 의약품원료를 수입하여 의약품을 제조한 후, 캐나다에 수출하고 있다. 이 무역업자는 수입할 때는 자국통화로, 수출에서는 수출국 통화로 결제한다고 할 때, 이 무역업자가 환위험을 헷지하기 위해 해야 하는 거래는?

① 캐나다달러(CAD)선물 매입
② 캐나다달러(CAD)선물 매도
③ 일본엔선물 매입
④ 일본엔선물 매도

21. 시카고상업거래소(CME)에서 통화선물을 인도하는 방법으로 올바른 것은?

① 인도에 따른 대금결제는 언제나 외국에서 한다.
② 거래소가 매입포지션을 취한 자에게 인도한다.
③ 만기에 현물통화가 통화 발행국의 지정된 은행계좌를 통해 인도된다.
④ 매도포지션을 취한 자가 인도장소를 결정할 수 있다.

22. 한국의 한 건설회사는 리비아의 공사입찰을 따내는 데 성공하였다. 공사자재는 미국회사로부터 들여오기로 하고 달러표시 신용장(L/C)을 개설하였다. 이 회사가 공사자재에 대한 환율변동에 대해 헷지하기 위해 한국거래소에서 취하는 포지션으로 적당한 것은?

① 금리선물 매입
② 상품선물 매입
③ 달러선물 매입
④ 달러선물 매도

23. 이자를 이산복리(discrete compounding) 혹은 연속복리(continuous compounding)로 계산한다고 할 때, 다음 중 통화선물의 이론가격을 구하는 공식으로 옳지 않은 것은?
(단, F_t = 선물의 현재 이론가격, S_t = 현물 통화환율, R = 국내 이자율, R* = 외국(상대국) 이자율, T = 선물의 만기, t = 현재 시점, e = 자연로그(natural log)의 밑(base)으로서 2.7183......)

① $F_t = S_t[1 + (R-R^*)]^{(T-t)}$
② $F_t = S_t[1 + (R-R^*)(T-t)]$
③ $F_t = S_t e^{(R-R^*)(T-t)}$
④ $F_t = S_t[(1+R)/(1+R^*)]^{(T-t)}$

24. 선물거래와 관련한 다음 설명 중 옳지 않은 것은?

① 최초의 주가지수선물 거래는 1982년 캔사스시티상품거래소(KCBT: Kansas City Board of Trade)에서 VLI를 기초자산으로 시작되었다.
② 미국 거래소에서 거래되는 통화선물에는 일본엔, 미국달러, 영국파운드 등이 있다.
③ S&P500지수는 미국 시카고상업거래소(CME)에서 거래되고 있다.
④ 싱가포르의 SIMEX에서는 Nikkei225가 상장되어 거래되고 있다.

25. 다음 중 통화선물을 이용한 헷지전략으로 적절하지 않은 것은?

① 보유하고 있는 외화의 가치하락에 대비
② 수출업자의 수출대금 결제 시 결제통화의 가치하락 대비
③ 외화로 표시된 자산의 가치하락 대비
④ 수입업자가 지급할 대금의 가치하락 대비

26. 다음 중 통화선물시장과 선도환시장에 대한 설명으로 올바른 것은?

① 통화선물시장에서는 대부분 수도결제가 이루어지지 않는다.
② 선도환시장에는 신용위험에 대처하기 위한 청산소가 존재한다.
③ 선도환시장에서는 거래에 대해 일일정산(daily settlement)을 한다.
④ 통화선물시장은 지정된 거래소가 아닌 거래쌍방이 편리한 곳에서 거래를 체결한다.

27. 한 제조회사가 프랑스에 기계류를 수출하는데 결제조건은 영국파운드(£)화이다. 통화 가치의 변동에 대해 헷지하고자 한다면 그 회사가 취해야 하는 거래전략은?

① 유로선물을 매입 ② 유로선물을 매도
③ 영국파운드(£)선물을 매입 ④ 영국파운드(£)선물을 매도

28. 다음 통화선물에 관한 설명 중 틀린 것은?

① 특정 통화에 대한 현재의 선물환율이 균형 이론가격보다 높다면, 그 통화선물을 매입하고 현물환율에 매도포지션을 취함으로써 차익을 얻을 수 있다.
② 통화선물은 거래대상 자산인 외국통화 선물거래를 말한다.
③ 향후 외국화폐를 수출대금으로 받을 투자자는 해당 통화선물을 매도함으로써 헷지할 수 있다.
④ 통화선물은 금융선물 중에서 가장 먼저 거래가 시작되었다.

29. 다음 중 두 나라 사이의 기대 물가 상승률 차이가 환율의 기대변동 환율과 같다는 이론은 어느 것인가?

① 피셔효과(Fisher effect)
② 상대적 구매력 평가이론(Relative PPP)
③ 절대적 구매력 평가이론(Absolute PPP)
④ 국제 피셔효과(International Fisher effect)

30. 실질이자율(real interest rate)이 시간이 따라 변하지 않는다면, 명목이자율(nominal interest rate)이 실질이자율과 기대인플레이션의 합과 같다는 이론은 어느 것인가?

① 피셔효과(Fisher effect)
② 일물일가의 법칙(Law of one price)
③ 절대적 구매력 평가이론(Absolute PPP)
④ 국제 피셔효과(International Fisher effect)

31. 투자자가 위험중립(risk neutral)인 경우, 환율의 기대 변동률이 두 나라간의 명목이자율의 차이와 동일하다는 이론은 무엇인가?

① 일물일가의 법칙(Law of one price)
② 구매력 평가이론(PPP: Purchasing Power Parity)
③ 절대적 구매력 평가이론(Absolute PPP)
④ 국제 피셔효과(International Fisher effect)

32. 선물환율의 할인률 내지 할증률이 두 나라간의 금리차이와 동일하다는 이론은 무엇인가?

① 피셔효과(Fisher effect)
② 금리 평가이론(IRP)
③ 절대적 구매력 평가이론(Absolute PPP)
④ 국제 피셔효과(International Fisher effect)

33. 선물환할인 혹은 할증이 현물환율의 기대 변동률과 동일하다는 이론은 무엇인가?

① 피셔효과(Fisher effect)
② 일물일가의 법칙(Law of one price)
③ 절대적 구매력 평가이론(Absolute PPP)
④ 선물환 평가이론(FP: Forward Parity)

34. 선물환 할인 혹은 할증이 두 나라간의 기대 인플레이션의 차이와 동일하다는 이론은 무엇인가?

① 선물환 구매력 평가이론(FPPP)
② 금리 평가이론(IRP)
③ 절대적 구매력 평가이론(Absolute PPP)
④ 선물환 평가이론(FP: Forward Parity)

35. 통화선물거래에 관한 다음 설명 중 옳지 않은 것은?

① 적은 증거금으로 높은 레버리지(leverage)효과를 낼 수 있다.
② 거래소 내에 상장된 상품만을 대상으로 하지는 않는다.
③ 선물인수도가 아닌 차금결제 방식으로 거래된다.
④ 청산소가 존재하므로 거래불이행 위험이 없다.

36. 통화선물에 관한 다음 설명 중 틀린 것은?

① 보유비용은 통상 자금조달비용을 의미한다.
② 보유수익은 통상 이자수익을 의미한다.
③ 통화선물가격은 일반적으로 [현물가격 + (보유비용 − 보유수익)]이 된다.
④ 통화선물은 상품선물이 아니므로 보유비용모형으로 가격을 계산할 수 없다.

37. 완전경쟁시장하에서 미국달러($)와 원화 사이에 현물환율이 1,150원/$이고, 한국에서의 햄버거 값이 1,300원이라 할 때, 일물일가의 법칙이 성립한다면 동일한 햄버거 값이 미국에서는 얼마에 판매되어야 하는가?

① $0.88　　② $1.13
③ $2.55　　④ $3.27

38. 스위스프랑(SF)은 현물시장에서 $0.21이다. $0.22인 SF선물은 1년 만기이다. 이 시기의 미국 이자율이 10%이면, 스위스의 이자율은 얼마인가?

① 10%　　② 8%
③ 5%　　④ 3%

39. 한 캐나다의 투자자가 미국의 물가가 점차 상승할 것이고, 미국 정부는 통화공급을 빠른 속도로 팽창시키고 있다는 정보를 가지고 있다. 반면, 캐나다 정부는 긴축정책을 펴고 있다. 이 투자자가 이러한 상황을 이용하여 이익을 극대화 할 수 있는 투자전략 중 가장 적절한 것은 다음 중 어느 것인가?

① 캐나다달러(CAD) 매도　　② 캐나다달러(CAD) 매입
③ 유로달러 매입　　④ 유로달러 매도

40. 현재시점은 5월 10일이고, 현물환율은 0.6161($/CAD), 6월 선물환율은 0.6325($/CAD), 캐나다의 연 이자율이 8.50%, 만기까지의 기간(5월 11일부터 6월 17일까지)은 38일이다. 이러한 상황하에서, CAD투자에 대한 내재 환매조건부수익률(IRR; implied repo rate)은 얼마인가?

① 8.50%　　② 6.40%
③ 4.50%　　④ 2.56%

41. 어떤 거래자가 9월 유로선물을 $0.5622에 매입하고 동시에 12월 유로선물을 $0.5517에 매도하였다. 그리고 그의 스프레드포지션을 9월 유로선물이 $0.5674이고 12월 유로선물이 $0.5512일 때 마감하였다. 모든 거래가 동일한 연도에 이루어졌다고 할 때 유로당 이러한 스프레드의 손익은?

42. 한 미국 수입업자가 가격이 25,000,000엔인 일제 카메라를 3개월 이내에 인도받는 조건으로 구입하기로 하였고 환위험을 헷지하기를 원한다. 일본환선물의 계약단위는 12,500,000엔이고 구입 당시의 엔화현물가격은 0.004075($/엔)이고 9월 선물은 0.004225였다. 인도 시 현물환은 0.004250이고 선물환은 0.004395이다. 수입업자가 지불하는 유효가격(effective price)은?

43. 미국회사가 일본 자동차부품회사로부터 2억5천만엔어치 부품을 수입하기로 하고 3개월 내에 대금을 지급하기로 하였다. 엔화가치가 향후 오를 것을 염려한 미국회사가 20개의 선물계약을 통해 그 위험을 헷지하고자 한다(엔선물 1계약단위는 12,500,000임). 현재 엔화 현물은 달러당 0.004176이고 선물가격은 0.004228이다. 3개월 후 현물환율은 0.004470이고 선물환율은 0.004518이라 할 때, 헷지를 하지 않았다면 미국회사가 부담해야 하는 추가비용은 얼마인가?

44. 한 투기자가 캐나다달러(CD)선물의 매도포지션을 $0.7830에 3계약 취하고(계약단위는 CD100,000) 그 포지션을 0.8075에 마감했다면 총 손실은?

45. 한 투기자가 스위스프랑(SF)선물 4계약을 6월에 $0.7356(계약단위는 SF125,000)에 매입하고, 8월에 그 4계약을 $0.7482에 매도하였다. 수수료를 무시한다면 총 이익은?

46. 한 미국 회사가 독일로부터 상품을 수입할 계획을 가지고 있고 상품가격상승위험을 헷지하기 위해 유로선물을 매입하였다. 매입초기에는 베이시스가 -120이었고 지금은 -170이다. 미국회사의 이익 혹은 손실은?

47. 한 헷저가 캐나다달러(CAD)화에 대해 현물환율이 CAD당 $0.5823이고 선물환율이 $0.5900일 때 매입포지션을 취하고, 현물환율이 CAD당 $0.6339이고 선물환율이 $0.6424일 때 포지션을 마감하였다면 헷지포지션을 통한 실제 적용환율은?

48. 한 미국 수입업자가 캐나다회사로부터 기계류를 주문하였고 물건을 인도받을 때 대금 CAD3,500,000를 지불해야 한다. 현재 선물환율은 CAD당 $0.3445이고 현물환율은 $0.3285이다. 수입업자가 물품을 인수할 때 현물환율은 $0.3765였고 선물환율이 $0.3845일 때 선물을 마감하였다면 CAD의 총 유효비용(total effective costs)은?

49. 한 미국 자동차회사가 캐나다 석유회사에 대형트럭을 수출하고 그 대금으로 20,000,000 캐나다 달러(CD)를 6개월 안에 받기로 하였다. 그 수출업자는 6개월 동안 CD의 가치하락을 염려하여 현물환율이 CD당 $0.8300, 선물환율이 $0.8230일 때 헷지포지션을 취하고, 6개월 후 현물환율이 $0.8275이고 선물환율이 $0.8235일 때 포지션을 마감했다면 수출업자의 이익 혹은 손실은?

50. 10월 12일 한 고객이 3월물 일본엔선물 8계약을 $0.004379에 매입하고 11월 1일에 계약당 60 포인트 이익을 보고 마감하였다. 수수료가 계약당 $65이라면 고객의 순이익은? (단, 엔선물 1계약단위=12,500,000엔, 엔선물 호가1포인트=$0.000001/엔)

51. 한 외환투기자는 미국 달러가격이 유럽의 통화들에 비교해서 최고 수준에 도달했다고 믿고 있다. 따라서, 미국의 인플레이션이 다시 시작될 경우 달러가치가 하락할 것으로 생각하고 있고, 3월물 스위스프랑(SF)선물 3개를 $0.6560/SF에 매입하였다(스위스프랑 선물 1계약은 125,000SF). 투기자가 예상한대로 달러가치가 약화되었고, 2월초에는 달러가치 의 조정이 시작되어 매입한 선물포지션을 $0.6625/SF에 마감하였다. 이 투기자의 거래결과 손익은?

52. 10월 12일에 어떤 고객이 3월물 일본엔(￥)선물 4계약을 0.004379에 매입하고, 11월 1일에 계약당 50포인트의 이익을 얻고 계약을 마감하였다. 계약당 수수료가 $65이라면 그의 순이익(net profit)은 얼마인가?

53. 현재 환율이 $1당 1,150원이고 우리 나라의 연간 이자율이 10%, 미국의 연간 이자율이 5%라 하면, 만기가 60일 남은 달러통화선물의 이론가격은 얼마인가?
(단, 이자계산은 이산복리(discrete compounding)로 한다고 가정한다.)

54. 현재 환율이 $1당 1,000원이고 우리 나라의 연간 이자율이 8%, 미국의 연간 이자율이 4%라 하면, 만기가 30일 남은 달러통화선물의 이론가격은 얼마인가?
(단, 이자계산은 연속복리(continuous compounding)로 한다고 가정한다.)

55. 한국의 무역회사가 미국에 컴퓨터부품을 수출하고 1개월 후에 1000만 달러를 받을 예정에 있다. 현재 환율은 1,110원/$이고 선물가격은 1,125원/$이다. 달러가치 변동에 대비해 헷지포지션을 취하였고 포지션을 1개월 후 마감하였을 때 선물가격이 1,135원/$이 되었다면 선물거래에서의 손익은?
(단, 한국거래소(KRX)에서 미국달러선물 1계약단위는 $10,000이다)

56. 한 투자자가 1억원의 여유자금을 한국거래소(KRX)에서 미국 달러선물에 투자하고자 한다. 현재 달러환율이 1,200원/$이고 선물가격이 1,250원/$인데 향후 달러가 원화에 대해 강세가 될 것으로 예상하고 1억원 모두를 달러선물 매입에 투자하였다(달러선물의 계약단위는 $10,000이고 증거금율은 10%이다). 1개월 후 예상대로 달러가 강세가 되어 선물가격이 10% 상승하였다면, 수수료를 무시할 경우 투자액 대비 수익률은 얼마인가?

57. 당신은 라디오에서 달러가치가 원화에 비해 20% 상승했다는 뉴스를 들었다. 즉, 환율이 1,000원/$에서 1,200원/$으로 변동하였다면, 원화는 달러화에 비해 몇% 가치가 하락한 것인가?

58. 현재 스위스프랑(SF)과 미국달러($)사이의 현물환율이 2.00(SF/$)이다. 향후 1년간 스위스에서의 기대물가상승률이 2%, 미국에서의 기대물가상승률이 5%로 예상되고 있다. 구매력 평가이론(PPP)에 따르면, 1년 후 환율수준은 어느 정도로 기대되는가?

59. SF와 $사이의 환율이 5.350SF/$로 공시되어 있고, $와 CAD사이의 환율이 0.500$/CAD로 공시되어 있는 경우, SF와 CAD사이의 교차환율(cross exchange rate: SF/CAD)은?

60. 스위스프랑(SF)에 대해 매입헷지(short hedge)거래를 하고자 하는 한 투자자가 현물환율이 $0.6789이고 선물환율이 $0.6887일 때 12계약을 매입하였다. 현물환율이 $0.7112이고 선물환율이 $0.7235일 때, 헷지거래를 마감하였다면 유효환율(effective exchange rate)은 얼마인가?

연습문제 정답 및 해설

01. ❶ **02.** ❶

03. ❷

미국회사는 3개월후에 유로를 받게 되므로 유로의 가치하락을 헷지하기 위해 유로선물매도 전략을 구사해야 한다.

04. ❸

05. ❹

유로를 달러화로 교환하기 위해서는 유로선물매도포지션 혹은 달러선물매입포지션을 취해야 하나 달러선물(USD/EUR)은 선물시장에서 거래되지 않으므로 유로선물(EUR/USD)매도포지션을 취해야 한다.

06. ❷

스위스 인플레이션의 감소와 시계수출의 증가는 스위스프랑의 강세를 가져오고, 북해영국석유매장량의 감소는 영국경제에 악영향을 끼쳐 영국파운드의 약세를 가져올 것이므로, 스위스프랑에 대해 매입포지션을 취하고, 영국파운드에 대해 매도포지션을 취해야 이익을 극대화 할 수 있다.

07. ❶ **08.** ❶ **09.** ❸

10. ❸

영국의 파운드화는 유전의 발견으로 강세가 예상되고, 엔화는 노동시장의 불안으로 약세가 예상되므로 파운드화에는 매입포지션을, 엔화에는 매도포지션을 취하면 이익을 얻을 수 있다.

11. ❹

미국 제조업체는 일본 수입업자에게 물건을 팔고 일본 엔화로 결제할 것이므로 엔화가치 하락에 대비한 엔화선물 매도헷지(short hedge)포지션을 취해야 한다.

12. ❸

매입헷지에서 베이시스가 감소하면 유효가격이 감소하게 되어 이익이 되고, 매도포지션에서는 베이시스가 증가해야 이익이 된다. 이 문제에서는 베이시스가 -120에서 -180으로 60포인트만큼 감소하였으므로 이익이 된다.

* 참조: 60포인트는 0.0060($/유로)이므로 이를 $로 환산하면 다음과 같다.
0.0060($/유로) × EUR125,000 = $750(이익)

13. ❷

통화선물은 1972년 시카고상업거래소(CME: Chicago Mercantile Exchange)의 국제통화 시장(IMM: International Monetary Market)에 도입된 최초의 금융선물계약이다. 통화선물은 금리선물보다 3년 정도 먼저 도입되었다. 통화선물 발달의 주요한 원동력은 고정환율제도의 폐지와 변동환율제의 광범위한 사용으로 인한 환위험(exchange risk)의 증가이다.

14. ❶

차익거래(아비트라지)의 기본 원리는 상대적으로 저평가되어 있는 자산은 매입하고, 동시에 상대적으로 고평가되어 있는 자산은 매도함으로써 그 차액을 실현하는 것이다. 이 문제의 경우 선물의 시장가격이 이론가격보다 높으므로 시장이 효율적이라면 앞으로 시장가격이 이론가격과 같아지는 방향으로 조정될 것이다. 즉, 상대적으로 과대평가 되어 있는 시장가격이 향후 이론가격 수준으로 하락할 것이므로 선물을 매도하고 현물을 매입 하는 차익거래전략을 구사함으로써 이익을 극대화할 수 있다.

15. ❸

일본에 의류를 수출하는 미국기업은 대금결제 시 받을 일본엔화의 가치하락을 염려할 것이므로 일본엔화선물 매도포지션을 취해야 한다. 원리상으로 볼 때 미국달러선물을 매입하는 것도 대안이 될 수 있으나, 미국 시장에서는 달러선물이 거래되지 않으므로 가능하지 않다.

16. ❸

장차 호주달러(AUD)를 매입할 예정이므로 호주달러(AUD)화의 가치상승에 대비한 호주달러(AUD) 선물 매입헷지(long hedge) 포지션을 취해야 한다.

17. ❷

통화선물시세는 시장에서 수요와 공급에 의해 결정되는 현재의 체결가격인데 반해, 선물 환율이란 딜러마다 미래의 환율변화를 다르게 예상하므로 서로 다르게 고시하는 예측환율이라 할 수 있다.

18. ❶

CAD차관을 상환하기 위해서는 CAD가 필요한데, 11월 상환 전에 CAD가치의 상승이 염려되므로 CAD선물 매입포지션을 취해야 한다. CAD선물의 계약단위가 100,000CAD이므로 100만 CAD를 헷지하기 위해서는 10계약(즉, 1,000,000CAD/100,000CAD)이 필요하다. 그리고, 11월말에 필요하므로 11월과 가장 가까운 12월물을 이용하면 된다.

19. ❶

선물매입 포지션을 취하였는데 선물가격이 상승하였으므로 선물거래에서 이익이 발생하였다. 투자자는 만기 전에 언제라도 반대포지션을 취하여 선물거래를 마감할 수 있으므로 만기전이라도 이익을 언제나 실현할 수 있다. 따라서, 만기 전이라도 이익 혹은 손실을 알 수 있다.

20. ❷

캐나다에 수출하고 받을 캐나다달러의 가치하락에 대비한 CAD선물 매도포지션을 취해야 한다. 일본에서 원료를 수입할 때는 자국화폐로 결제하므로 수입에 대해 DM선물로 헷지할 필요가 없다.

21. ❸

통화선물의 인도는 전신(wire transfer)을 이용하되, 거래소가 지정한 해당 통화 발행국에 소재한 은행 등의 예금기관에 해당 통화로 입금시키면 된다.

22. ❸

한국거래소에서 미국달러선물이 거래되고 있으므로 달러선물에 매입포지션을 취하면 미국으로부터 들여오는 자재비용의 환위험을 헷지할 수 있다.

23. ❷

이산복리로 이자를 계산할 경우의 통화선물 이론가격이 첫 번째와 네 번째 식이고, 세 번째 식은 연속복리로 계산할 때의 이론가격이다. 두 번째 식은 복리가 아닌 단리(simple interest)로 계산할 때의 이론 가격이나, 문제의 조건에 복리로 이자를 계산한다고 하였으므로 답이 될 수 없다.

24. ❷

미국 선물거래소에서는 미국달러선물이 거래되지 않는다.

25. ❹

통상 수입업자는 자국 통화로 대금을 결제하므로 자국통화에 대해서는 헷지할 필요가 없다.

26. ❶

선도환시장에는 공식적인 청산소가 없으며 일일정산을 하지 않는다. 통화선물은 공식적인 거래소에서 거래가 이루어진다.

27. ❹

프랑스에 기계류를 수출하고 대금은 영국파운드(£)화로 결제하므로 영국파운드(£)선물로 헷지해야 하는데, 영국파운드(£)화를 받고 가치하락을 대비하므로 매도포지션을 취해야 한다.

28. ❶

특정 통화에 대한 현재의 선물환율이 균형 이론가격보다 높다면, 선물가격이 과대평가된 것이고 앞으로 조정을 거쳐(즉, 선물가격이 하락되어) 이론가격과 균형을 이룰 것이다. 따라서, 선물가격 하락 시 이익이 되도록 그 통화선물을 매도하고 현물환율에 매입포지션을 취함으로써 차익(아비트라지)을 얻을 수 있다.

29. ❷ **30.** ❶ **31.** ❹

32. ❷ **33.** ❹ **34.** ❶

35. ❷

통화선물은 선물환거래와는 달리 거래소에 상장된 통화만을 거래대상으로 한다.

36. ❹

통화선물에서 보유비용(cost of carry)이란 통상 자금조달비용을 의미하며, 따라서 상품선물은 아니지만 보유비용모형에 의해 가격을 결정할 수 있다.

37. ❷

거래비용과 수송비 등 마찰비용이 없는 완전경쟁시장에서 일물일가(一物一價)의 법칙(the law of one price)이 성립한다면, 다음이 만족되어야 한다.

$S = P/P^*$

$\Rightarrow P^* = P/S = 1{,}300원/1{,}150(원/\$) = \$1{,}300/1{,}150 = \$1.13$

(단, S = 환율; P = 제품의 국내가격; P* = 제품의 외국가격)

38. ❸

금리평가이론(IRP: interest rate parity)에 따르면,

$F = S(1+R^*)/(1+R)$

$\Rightarrow 0.22\$/SF = 0.21\$/SF \times (1+0.1)/(1+R) \Rightarrow R = 0.05$ 혹은 5%

(단, F = 선도환율; S = 현물환율; R* = 외국이자율; R = 국내이자율)

39. ❷

미국의 인플레이션이 상승하고 있고 미국정부가 통화팽창정책(즉, 금리의 하락)을 펴고 있다는 사실은 상대적 구매력 등가이론(Relative PPP)과 금리등가이론(IRP)에 의해 미국 달러가치가 외국통화 가치에 비해 상대적으로 하락하고 있다는 것을 의미한다. 더욱이, 캐나다 정부가 긴축정책을 펴고 있다면 캐나다의 금리는 상승할 것이므로 미국달러에 비해 캐나다달러(CAD)의 가치가 상승할 것이고, 따라서 CAD매입 전략이 가장 적절하다.

40. ❹

환매조건부수익률(IRR)을 구하는 공식은 다음과 같으며, 이는 이론선물가격을 구하는 공식에서 유도할 수 있다.

$IRR = [F/S \times (1+R^*)^{(T-t)}]^{1/(T-t)} - 1$

$= [0.6125/0.6161 \times (1+0.085)^{38/365}]^{365/38} - 1$

$= 0.0256$ 혹은 2.56%

* 참조: 국내의 이자율을 R이라 할 때, R ≠ 2.56%이면 다음과 같이 차익거래 (arbitrage)기회가 존재한다.

1) R > 2.56%인 경우;
 i) 38일동안 CAD를 8.5%에 차입한 후,
 ii) CAD를 현물환율을 이용하여 달러로 전환하고,
 iii) 전환한 $를 R%의 이자율로 미국증권에 투자

2) R < 2.56%인 경우;
 i) 38일 동안 $를 R%에 차입한 후,
 ii) $를 현물환율을 이용하여 CAD로 전환하고,
 iii) 전환한 CAD를 8.5%의 이자율로 캐나다증권에 투자

41. 근월물을 매입하고 원월물을 매도하였으므로 매입스프레드(혹은 강세스프레드)로서, 9월물 선물가격이 상승하고 12월물 선물가격이 하락하였으므로 모두 이익을 얻게 된다. 즉,
9월물: 0.5674(S) - 0.5622(L) = $0.0052(이익)
12월물: 0.5517(S) - 0.5512(L) = $0.0005(이익)
합계 = $0.0052(이익) + $0.0005(이익) = $0.0057(이익)

42. 유효가격 = $S_2 + F_1 - F_2$ = 0.004250 + 0.004225 - 0.004395 = 0.004080
이는 환율이므로 계약당 달러가격으로 환산하면,
0.004080($/¥)×¥25,000,000 = $102,000

43. 헷지를 하지 않았다면 현물환율변동에 그대로 노출된다. 즉,
현물환율변동: 0.004176($/¥)-0.004470($/¥) = 0.000294($/¥)(손실)
따라서, 이를 달러로 환산하면, 0.000294($/¥) × ¥250,000,000 = $73,500(손실)

44. 매도포지션을 취했는데 선물가격이 상승하였으므로 투자자는 손실을 입게 된다. 즉,
선물: 0.7830($/CD)(S) - 0.8075($/CD)(L) = -0.0245($/CD)(손실). 이를 달러로 환산하면,
0.0245($/CD) × CD100,000 × 3계약 = $7,350(손실)

45. 선물이익: 0.7482($/SF)(S) - 0.7356($/SF)(L) = 0.0126($/SF)(이익).
이를 달러로 환산하면,
0.0126($/SF) × SF125,000 × 4계약 = $6,300(이익)

46. 매입헷지에서 베이시스가 감소하면 유효가격이 감소하게 되어 이익이 되고, 매도포지션에서는 베이시스가 증가해야 이익이 된다. 이 문제에서는 베이시스가 -120에서 -170으로 50만큼 감소하였으므로 이익이 된다(50은 0.0050($/유로)). 즉,
0.0050($/유로) × EUR125,000 = $625(이익)

47. 유효가격(환율) = $S_2 + F_1 - F_2$ = 0.6339 + 0.5900 - 0.6424 = 0.5815($/CAD)

48. 유효비용 = $S_2 + F_1 - F_2$ = 0.3765 + 0.3445 - 0.3845 = 0.3365($/CAD) 이를 달러로 환산하면,
0.3365($/CAD) × CAD3,500,000 = $1,177,750

49. 미국회사는 CAD의 가격하락에 대비하여 CAD선물매도포지션을 취할 것이고, 선물가격이 상승하였으므로 선물에서는 손실을 입게 되고 현물에서도 가격하락으로 손실을 입게 된다. 즉,
현물: 0.8275(S) - 0.8300(L) = -0.0025(손실)
선물: 0.8230(S) - 0.8235(L) = -0.0005(손실)
합계 = 0.0025(손실) + 0.0005(손실) = 0.0030(손실). 이를 달러로 환산하면,
0.0030($/CAD) × CD20,000,000 = $60,000(손실)

50. 1포인트 = 0.000001 × 12,500,000 = $12.50

따라서 60포인트 = $12.50 × 60 = $750(계약당 이익)
계약당 수수료가 $65이라면, 계약당 순이익 = $750 - $65 = $685
총 순이익 = $685 × 8계약 = $5,480

51. 달러의 약화, 즉 스위스프랑(SF)의 강세를 예상하고 SF매입 포지션을 취하였는데, 예상대로 SF의 가치가 상승하였으므로 이익이다. 즉,
SF당 이익 = $0.6625(S) - $0.6560(L) = $0.0065
총이익 = SF당 이익 × 계약단위 × 계약 수
= $0.0065/SF × 125,000SF/계약 × 3계약 = $2,437.50

52. 엔선물의 호가단위(tick size 혹은 포인트)는,
$0.000001/¥ × 12,500,000¥ = $12.50
총이익 = 50포인트/계약 × $12.50/포인트 × 4계약 = $2,500
순이익 = 총이익 - 수수료 = $2,500 - ($65 × 4) = $2,240

53. 이산복리로 이자를 계산할 경우 이론선물가격을 계산하는 식은 다음과 같다.
$F_t = S_t[1 + (R-R^*)]^{(T-t)}$
$= 1150[1 + (0.10 - 0.05)]^{(60/365)} = 1{,}159.26$원/$

* 참조: 여기서 한 가지 주의해야 할 사항은 이자율이 '연간(yearly)'으로 표시되어 있으므로, 잔존만기를 의미하는 (T-t)에 들어가는 값은 연간단위로 환산해야 한다는 점이다. 즉, 이 문제의 경우 T-t=60(일)으로 쓰면 안되고, T-t=60/365(년)으로 써야 한다는 사실이다. 만일 이자율이 '월간(monthly)'으로 주어졌다면, 이자율을 12로 나눠 연간으로 만들고 (T-t)도 연간으로 하든지, 이자율은 월간으로 놔두고 (T-t)를 월간으로(즉, 60/30=2)으로 해도 된다. 다만, 이자율계산 기간과 잔존 만기 기간의 단위가 항상 일치해야 한다는 사실을 명심해야 한다. 이는 이자계산과 관련된 모든 문제에 적용되는 매우 중요한 원칙이다.

54. 연속복리로 이자를 계산할 경우 이론선물가격을 계산하는 식은 다음과 같다.
$F_t = S_t \times e^{(R-R^*)(T-t)} = 1{,}000 \times e^{(0.80-0.40)(30/365)} = 1003.29$원/$

55. 회사가 1개월 후 미국으로부터 1,000만 달러를 받을 예정이므로 달러선물 매도포지션을 취하여 헷지할 수 있다. 계약단위가 $10,000이므로 1,000계약을 매도하여야 하고 선물가격이 상승하였으므로 손실이 발생한다.
선물거래 손익 = 1,125원/$(S) - 1,135원/$(L) = -10원/$ (손실)
따라서, 총손익 = -10원/$ × $10,000/계약 × 1,000계약 = -1억원 (손실)

56. 선물을 매입하였는데 선물가격이 상승하였으므로 이익이다. 10%의 가격상승은 125원/ $를 의미하므로 거래마감 시 선물가격은 1,250원/$ + 125원/$ = 1,375원/$,
따라서, 거래결과 손익 = 1,375원/$(S) - 1,250원/$(L) = +125원/$ (이익)
한편, 증거금률이 10%이므로 1계약을 매입하기 위해 지불해야 하는 금액은,

$10,000 × 1,250원/$ × 10% = 125만원이다.

따라서, 1억원으로 매입할 수 있는 계약 수 = 100,000,000원/1,250,000원 = 80계약이다.

그러므로, 총손익 = 125원/$ × $10,000/계약 × 80계약 = 100,000,000원(이익).

따라서, 투자 수익률 = 이익액/투자액 = 1억원/1억원 = 1.00 혹은 100%

57. 원/$ = 1,000 ⇒ $/원 = 1/1,000 = 0.001

원/$ = 1,200 ⇒ $/원 = 1/1,200 = 0.000833

따라서, 원화의 가치 변화 = (0.000833 - 0.001)/0.001 × 100 = -16.67%

58. PPP에 따르면,

$E(S_1) = S_0(1+I^*)/(1+I) = 2(1+0.02)/(1+0.05) = 1.9429SF/\$$

(단, $E(S_1)$ = 1년 후 기대 환율; S_0 = 현재 환율; I^* = 외국 예상 물가상승률;

I = 국내 예상 물가상승률)

59. 교차환율(cross exchange rate)은 다음과 같이 계산할 수 있다.

SF/CAD = (SF/$)/(CAD/$)

그런데, SF/$ = 5.350, CAD/$ = 1/($/CAD) = 1/0.500 = 2.000

따라서, SF/CAD = (SF/$)/(CAD/$) = 5.350/2.000 = 2.675

60. 유효환율(effective exchange rate) = $S_2 + (F_1 - F_2)$

= $0.7112 + ($0.6887 - $0.7235)

= $0.6764/SF

(단, S_2 = 마감 시 현물환율; F_1 = 매입 시 선물환율; F_2 = 마감 시 선물환율)

옵 션

Chapter 9

옵션의 개요

1장부터 8장까지는 선물과 선도에 대해 살펴보았고, 이제 9장부터 17장까지는 두 번째 파생상품인 옵션에 대해 소개하고자 한다. 선물과 옵션은 주식이나 채권과 같은 기본자산에서 파생된 상품이라는 공통점이 있으나, 몇 가지 점에서 서로 다른 특징을 가지고 있다. 예를 들어, 선물매입자와 매도자는 모두 의무(obligation)만 가지고 있는 반면, 옵션매입자는 권리(right)를 가진다는 점, 선물과 달리 옵션에서는 손실을 일정하게 한정시킬 수 있다는 점, 그리고 선물에 비해 옵션의 유동성이 낮다는 점 등의 차이가 있다.

우선 9장에서는 옵션의 기본개념과 종류, 옵션의 거래제도, 그리고 옵션의 기본성질 등에 대해 살펴보고자 한다.

1. 옵션의 기본개념

1) 옵션의 개념

옵션(option)이란 미리 정해진 가격으로 정해진 기간 동안에 특정증권을 살 수 있는(혹은 팔 수 있는) 권리(right), 즉 선택권이 부여된 증권을 말한다. 옵션계약에서 정하는 기초자산(underlying asset)을 팔거나 사거나 할 수 있는 권리는 옵션발행자(option writer 혹은 option seller)가 이를 매수하는 자에게 프리미엄을 받고 부여하고, 옵션소유자(option holder 혹은 option buyer)는 일정한 기간 동안 옵션계약에 명시된 사항을 옵션발행자에게 이행하도록 요구할 수 있는 권리를 갖는 계약이 옵션계약이다.

선물(혹은 선도)과 옵션은 둘 다 기초자산에 의존하는 파생상품(derivatives)이라는 공통점도 있으나, 기본적으로 다음과 같은 차이점을 가지고 있다.

- 선물이나 선도는 계약 당사자 양쪽이 모두 계약을 이행해야 할 '의무(obligation)'를 가지나, 옵션의 경우 발행자(매도자)만 의무를 가지며 보유자(매입자)는 '권리 (right)'를 가진다. 즉, 옵션매입자는 만기일에 기초자산의 가격과 행사가격을 비교하여 자신에게 유리하면 권리를 행사하지만 자신에게 불리하면 권리를 행사할 필요가 없다. 따라서, 옵션계약에서는 의무를 가지는 발행자(매도자)만 선물계약처럼 증거금(margin)을 납부해야 하고, 권리를 가지는 보유자(매입자)는 증거금을 납부할 필요가 없다.
- 선물이나 선도계약에서는 포지션을 취하는데 실질적인 비용이 들지 않으나, 옵션에서는 포지션을 갖기 위해 프리미엄을 지불하므로 초기비용이 발생한다.
- 선물이나 선도는 옵션보다 상대적으로 유동성이 더 풍부하다. 초기비용이 드는 옵션보다는 초기비용이 없는 선물의 거래량이 더 많은 것은 당연하다고 하겠다.
- 선물이나 선도는 위험을 일정수준으로 한정시키는 것이 불가능하나, 옵션의 경우 위험을 일정수준(즉, 옵션 프리미엄)으로 한정시키는 것이 가능하다. 즉, 옵션의 경우 상품자체적으로 보험효과(insurance effect)를 가지고 있어 상대적으로 더 안전하다고 할 수 있다.

선물(선도)과 옵션의 차이를 요약하면 다음 〈표 9-1〉과 같다.

<표 9-1> 선물(선도)과 옵션의 차이

구 분	선물(선도)	옵션
위험의 한정	불가능	가능
유동성	풍부	보통
만기 경과 시	의무 이행	권리 소멸
매입자의 의무 및 권리	증거금 납부 의무 자산 인수 의무	프리미엄 납부 의무 권리 행사
매도자의 의무 및 권리	증거금 납부 의무 자산 인도 의무	증거금 납부 의무 자산 인수도 의무 프리미엄 취득

2) 옵션관련 주요 용어

(1) 기초자산(S)

기초자산(underlying asset)은 옵션거래의 대상이 되는 자산을 말하며, 크게 곡물, 금, 은 등과 같은 상품(commodity)과 주식, 채권, 주가지수, 통화, 선물 등과 같은 금융자산(financial assets)으로 구분할 수 있다. 통상 기초자산의 시장가격은 S로 표시한다.

(2) 만기일(T)

옵션은 일정한 기한 이내에 그 권리를 행사할 수 있는 계약증권이며, 이러한 권리를 행사할 수 있는 마지막 날을 만기일(expiration date 혹은 exercise date)이라 한다. 만기일은 각 옵션계약의 성격과 거래소에 따라 다소 차이가 있으나 보통 옵션의 만기가 되는 달(month)의 셋째 주 금요일이 된다. 시카고상품거래소(CBOT)의 경우 선물옵션의 만기는 선물인도월 이전달이 만기월이 되며, 셋째 주 금요일이 만기일이 된다. 시카고상업거래소(CME)의 경우 옵션만기일과 기초자산의 최종거래일과 동일한 날이 만기일이 된다. 일반적으로 현재 시점은 t로, 만기일은 T로 표시한다.

미국 주식옵션의 경우 다음과 같이 세 가지 순환주기(cycle)를 가지고 있다.
- 1월 주기: 1월, 4월, 7월, 10월의 만기
- 2월 주기: 2월, 5월, 8월, 11월의 만기

- 3월 주기: 3월, 6월, 9월, 12월의 만기

이러한 세 가지 주기를 갖도록 한 이유는 주식 발행이 어느 달에 이루어지든 상관없이 해당 주식옵션을 상장할 수 있도록 배려한 것이다. 따라서, 주식옵션의 경우 1년 내내 만기를 가짐으로써 거래가 매우 편리하며, 유동성이 높아지는 장점을 가지고 있다.

(3) 행사가격(K, X)

행사가격(exercise price 혹은 strike price)이란 옵션매수자가 미래에 기초자산을 사거나(콜옵션의 경우) 팔 수 있는(풋옵션의 경우) 가격을 말한다. 예를 들어, 행사가격이 $50라는 것은 만기일에 기초자산가격이 어떻게 변하든 상관없이 기초자산을 $50에 사거나 팔 수 있다는 것을 의미한다. 행사가격은 기초자산의 시장가격을 기준으로 정하되, 하나의 행사가격은 기초자산 가격보다 낮고, 다른 행사가격은 기초자산가격보다 높게 2~3개의 행사가격을 정하며, 통상 5개 이내의 행사가격으로 제한된다. 행사가격은 보통 K 혹은 X로 표시한다.

미국의 주식옵션의 경우, 행사가격의 간격을 정하는 데 일정한 규칙이 있는데 이를 '간격(spacing)'이라 하며 다음과 같다.

- $5 ≤ 주식가격 ≤ $25인 경우: 행사가격은 $2.50간격으로 배치
- $25 < 주식가격 ≤ $200인 경우: 행사가격은 $5간격으로 배치
- 주식가격 > $200인 경우: 행사가격은 $10간격으로 배치

(예) 주식가격이 현재 $50인 경우: **행사가격결정 예는 $40, $45, $50, $55, $60**

(4) 옵션프리미엄

옵션프리미엄(option premium 혹은 option price)은 옵션매입자가 옵션매도자에게 지불하는 옵션가격을 말한다. 즉, 옵션거래에서의 프리미엄이란 옵션매매 시 적용되는 옵션가격을 칭한다. 옵션프리미엄은 옵션의 수요와 공급상황, 경제적 요인 및 시장상황에 따라 수시로 변화한다.

옵션가격단위는 기초자산에 따라 다르다. 예를 들어, 곡물의 경우 선물가격단위는 Bushel당 $\frac{1}{4}$센트인 반면 옵션거래가격 단위는 $\frac{1}{8}$센트이다. T-bond나 T-bond선물의 거래단위는 1/32포인트인 반면 T-bond 옵션가격 단위는 1/64포인트로 $15.63($1,000/64)이다.

(5) 옵션발행자와 옵션매입자

옵션발행자(option writer)는 옵션매도자(option seller)라고도 하는데 이는 옵션을 발행하는 자로서 옵션매입자로부터 옵션프리미엄을 받고 옵션을 매도하며, 옵션매입자가 권리를 행사하고자 할 때 반드시 응해야 하는 의무를 가지고 있다. 이러한 의무 때문에 거래증거금은 발행자에게만 부과된다.

옵션매입자(option buyer)는 옵션보유자(option holder)라고도 하며 옵션발행자에게 옵션프리미엄을 지불하고 옵션을 행사할 수 있는 권리를 받는 자를 말한다. 옵션행사는 의무가 아니라 권리이기 때문에 그 권리의 행사여부는 옵션매입자의 자유이다. 따라서, 옵션매입자에게는 의무가 없으므로 신용위험(credit risk)이 없으며 증거금이 필요 없다.

〈표 9-2〉는 옵션발행자와 옵션매입자의 관계를 잘 설명해 주고 있다.

〈표 9-2〉 옵션발행자와 매입자

구 분	옵션발행자	옵션매입자
거래 관계	권리를 부여해줌	권리를 받음
프리미엄	받음	지불함
권리와 의무	계약이행의 의무를 가짐	옵션을 행사할 권리를 가짐
이익	프리미엄에 한정됨	한정 없음
손실	한정 없음	프리미엄에 한정됨
거래 증거금	필요	필요 없음

(6) moneyness: 내가격, 외가격, 등가격

옵션의 이득은 기초자산의 가격과 행사가격의 차이로 결정된다. 행사가격은 옵션계약시 고정되어 있으므로 옵션의 이득은 기초자산의 가격에 따라 변동된다. 기초자산의 가격이 옵션의 양(+)의 이득을 발생시키는 범위에 있을 때를 내가격(ITM: in-the-money)상태라 한다. 옵션의 이득이 영(0)인 상태, 즉 기초자산가격과 행사가격이 일치할 때를 등가격(ATM: at-the-money)상태라 한다. 그리고 옵션의 이득이 음(-)인 상태, 즉 옵션을 행사하면 옵션프리미엄을 제외하더라도 손실이 발생하는 기초자산의 가격범위를 외가격(OTM: out-of-the-money)상태라 한다. 내가격, 등가격, 외가격을 통칭하여 'moneyness'라 한다.

기초자산의 가격이 옵션의 이득을 아주 크게 발생시키는 상태에 있을 때 이를 '깊은' 내가격(deep in-the-money)상태라 하고, 반대로 옵션의 손실을 아주 크게 발생시키는 상태에 있을 때 이를 '깊은' 외가격(deep out-of-the-money)상태라 한다.

예를 들어, 콜옵션(call option)의 경우, 기초자산의 시장가격이 S이고 행사가격이 X라 할 때, 내가격, 등가격, 외가격은 다음과 같이 수식으로 정의할 수 있다.

$$\text{콜옵션 상태} = \begin{cases} \text{내가격(in-the-money)}, & S>X \text{ 일 때} \\ \text{등가격(at-the-money)}, & S=X \text{ 일 때} \\ \text{외가격(out-of-the-money)}, & S<X \text{ 일 때} \end{cases} \qquad \text{(식 9-1)}$$

Tip 주요 용어

이득과 이익의 차이

옵션이론을 설명할 때, 이득(payoff)과 이익(profit)의 개념을 구별해야 한다. 이득은 옵션가격과 기초자산가격으로만 정해지는 매출액(revenue 혹은 sales)과 유사한 개념이며, 이익은 이득에서 비용을 공제한 순이익(net income)과 유사한 개념이다. 예를 들어, 유러피안 콜옵션 매입자 입장에서 볼 때, 행사가격을 X라하고 만기 시 기초자산의 가격을 S_T라 하면, 이득은 $\max(S_T - X, 0)$이고 이익은 $[\max(S_T - X, 0) - c]$가 된다. (단, c는 옵션 프리미엄이다)

– 이득(payoff) = 기초자산과 행사가격의 차이
– 이익(profit) = 이득 – 옵션 프리미엄
(이익이 (–)이면 손실(loss)을 의미)

(7) 내재가치와 외재가치

내재가치(IV: intrinsic value)는 옵션이 갖고 있는 행사가격(X)과 기초자산의 시장가격(S)과의 차이를 나타낸다. 콜옵션과 풋옵션의 내재가치는 매입자의 입장에서 볼 때 다음과 같이 정의된다.[1]

1 Max(a, b)는 a와 b중에서 큰 값을 갖는 것을 선택하는 함수이다. 즉, a > b이면 Max(a, b) = a, a < b이면 Max(a, b) = b, a=b이면 Max(a, b) = a 혹은 b가 된다.

콜옵션의 내재가치 = max(S-X, 0) (식 9-2)

풋옵션의 내재가치 = max(X-S, 0) (식 9-3)

(식 9-2)와 (식 9-3)에서 볼 수 있는 바와 같이, 옵션은 영(0)이상의 내재가치를 갖게 된다.

외재가치(EV: extrinsic value)는 시간가치(TV: time value)라고도 하는데 앞으로 기초자산의 시장가격이 옵션의 가치를 높여주는 방향으로 변할 가능성에 대한 기대 때문에 생기는 옵션의 가치이다. 다시 말해, 일반적으로 옵션은 내재가치보다 높은 가격수준에서 거래되는데 이러한 초과부분이 바로 외재가치이다. 예를 들어, 기초자산의 시장가격이 행사가격보다 낮은 콜옵션의 경우 외가격상태에 있기 때문에 내재가치가 영(0)이어서 옵션가격(프리미엄)이 영(0)이어야 할 것 같지만, 실제로 시장에서는 영(0)보다 큰 가격에 거래되는데, 이는 투자자들이 그 옵션의 외재가치(시간가치)를 영(0)보다 크게 보기 때문이다. 즉, 지금은 외가격상태에 있지만 앞으로 만기 전에 기초자산의 가격이 행사가격보다 커질 것이라 기대하기 때문에 그 옵션에 대한 수요가 생기고, 그 수요는 영(0)보다 큰 옵션가격(프리미엄)을 만들어 내는 것이다.

외재가치(시간가치)는 만기일에 가까이 갈수록 〈그림 9-1〉의 왼쪽과 같이 기하학적으로 감소하는 시간감소형태(time decay pattern)를 갖는다. 기초자산가격이 외재가치에 미치는 영향은 〈그림 9-1〉의 오른쪽과 같이 행사가격을 중심으로 대칭의 관계를 갖는다. 내재가치와 외재가치로부터 옵션가격은 다음과 같이 정의된다.

옵션가격(프리미엄) = 내재가치(IV) + 외재가치(EV) (식 9-4)

〈그림 9-1〉 외재가치(시간가치)의 시간 및 기초자산과의 관계

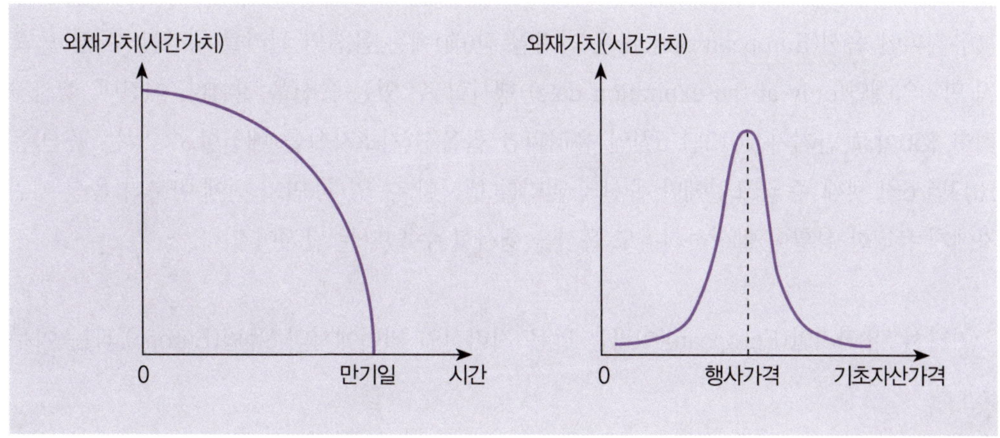

(8) 미청산계약수

미청산계약수(open interest)는 어느 일정시점에 현존하는 옵션계약의 잔고수로서, 이미 발행된 옵션 중 보유잔고가 정리되지 않았거나 만기일이 도래하지 않은 총 계약건수를 말한다. 옵션매매가 늘어나면 미청산계약수가 늘어나고, 반대매매나 권리행사를 통해 옵션이 청산되면 미청산계약수는 줄어든다.

(9) 옵션클래스와 옵션시리즈

옵션클래스(option class)는 기초자산이 같은 모든 콜옵션과 풋옵션을 말한다.

(예) IBM calls: IBM주식을 기초자산으로 하고 다양한 행사가격과 만기일을 가지고 있는 옵션클래스
GM puts: GM주식을 기초자산으로 하고 다양한 행사가격과 만기일을 가지고 있는 옵션클래스

옵션시리즈(option series)는 같은 옵션클래스 중에서 행사가격과 만기일이 동일한 옵션을 말한다. 즉, 옵션클래스 중에서 시장에서 거래되는 어느 특별한 하나의 옵션계약을 의미한다.

(예) IBM calls 중에서 IBM 110 January calls(즉, 행사가격이 110이고 만기가 1월인 모든 IBM call들)는 하나의 옵션시리즈이다. 콜옵션과 풋옵션은 같은 클래스에 있고 만기와 행사가격이 같더라도 서로 다른 시리즈로 간주된다.

3) 옵션의 종류

옵션은 권리행사 기간, 권리의 형태(매입권리 혹은 매도권리), 기초자산 등에 따라 다음과 같이 여러 종류로 구분된다.

(1) 권리행사 기간에 따른 분류

① 유러피안 옵션

유러피안 옵션(European option)은 만기일 전(前)에는 옵션의 권리를 행사할 수 없고, 오직 만기일에만(only at the expiration date) 행사할 수 있는 옵션을 말한다. 예컨대, 행사가격이 $50이고 만기가 2013년 6월인 유러피안 콜옵션(기초자산을 매입할 수 있는 옵션)은 2013년 6월 셋째 주 금요일에만 옵션의 권리를 행사할 수 있다. 만기 전에 아무리 옵션 매입자에게 유리한 상황이 발생하더라도 옵션을 행사할 수 없다는 단점이 있다.

여기서 '유러피안(European)'이라는 말은 지리적인 의미에서의 '유럽(Europe)'과는 아무

런 상관이 없다는 사실에 유의해야 한다. 유러피안 옵션은 유럽에서만 판매된다거나 유럽에서만 거래되는 옵션이라고 오해해서는 안 된다. 만기일에만 권리를 행사할 수 있는 옵션은 미국에서 거래되든 아시아에서 거래되든 유럽에서 거래되든 상관없이 단순히 '유러피안' 형이라고 부를 뿐이다. 이러한 사실은 다음에 설명할 '어메리칸' 옵션의 명칭에도 동일하게 적용된다.

② 어메리칸 옵션

어메리칸 옵션(American option)은 옵션매입자가 만기일 혹은 만기일 전 아무 때나(anytime before or on the expiration date) 권리를 행사할 수 있는 모든 옵션을 말한다. 예를 들어, GM주식의 콜옵션 만기가 2013년 9월이라면, 어메리칸 옵션 매입자는 옵션을 매입한 시점부터 2013년 9월 셋째 주 금요일까지 아무 때나 자신이 원하는 시점에 권리를 행사할 수 있다.

어메리칸 옵션은 권리행사 시점을 자유롭게 선택할 수 있는 장점이 있기 때문에 유러피안 옵션보다 비싸게 팔리는 것은 당연하다고 하겠다. 다만, 미래 어느 시점에서 권리를 행사하는 것이 이득을 최대화할 수 있는 최적시점인지 결정하는 것이 매우 어렵기 때문에 이론적으로 정확하게 옵션가격을 구하는 것이 유러피안 옵션보다 훨씬 더 어렵다는 문제점이 있다.

(2) 권리형태에 따른 분류

① 콜옵션

기초자산을 약정된 행사가격으로 매입할 수 있는 권리를 갖는 옵션을 콜옵션(call option)이라 한다. 예를 들어 투자자가 IBM주식 100주를 매입할 수 있는 콜옵션 1계약을 매입할 경우, 행사가격이 $100이고 현재주가는 $98이며 주식 1개를 살 수 있는 옵션 1개의 가격이 $5라 하면, 초기 투자액은 $500($5/주 × 1계약 × 100주/계약)이다. 만일 이 옵션을 행사할 때 기초자산인 주식가격이 $115가 되었다고 가정하면 옵션을 행사하여 얻는 이득(payoff)과 이익(profit)은 다음과 같다.

$$
\begin{aligned}
\text{총이득} &= \max(S-X, 0) \times 100 \\
&= \max(115-100, 0) \times 100 = \max(15, 0) \times 100 = \$1{,}500
\end{aligned}
$$

$$
\begin{aligned}
\text{총이익} &= \text{총이득} - \text{총투자비용} \\
&= \$1{,}500 - \$500 = \$1{,}000
\end{aligned}
$$

콜옵션이 만기에만 권리를 행사할 수 있는 유러피언형이라면, 만기 시 주가에 대한 콜옵션 1개당 이득과 이익을 그래프로 도시하면 각각 〈그림 9-2〉의 (a)와 (b)와 같다.

〈그림 9-2〉 유러피안 콜옵션의 이득과 이익

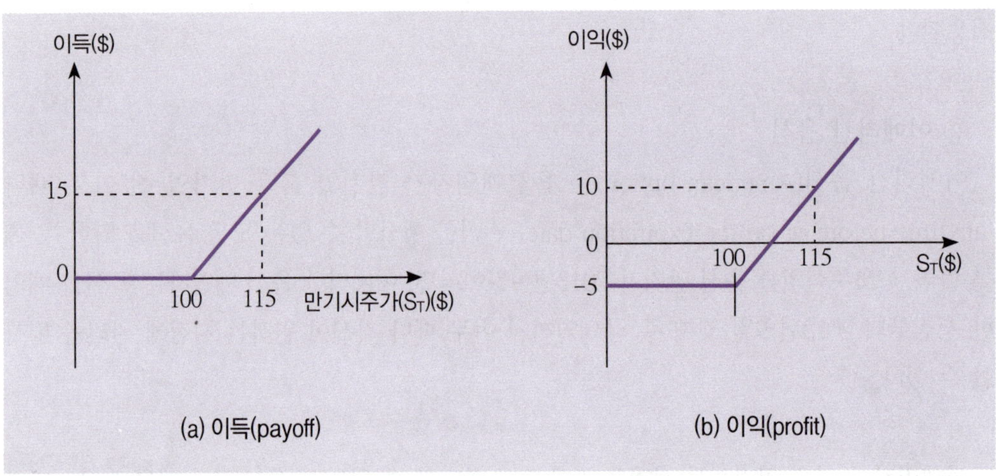

② 풋옵션

풋옵션(put option)은 기초자산을 약정된 행사가격으로 매도할 수 있는 권리를 갖는 옵션을 말한다. 예를 들어 투자자가 GM주식 100주를 매도할 수 있는 풋옵션 1계약을 매입할 경우, 행사가격이 $100이고 현재주가는 $98이며 주식 1개를 살 수 있는 옵션 1개의 가격이 $5라 하면, 초기 투자액은 $500($5/주×1계약×100주/계약)이다. 만일 이 옵션을 행사할 때 기초자산인 주식가격이 $85가 되었다고 가정하면 옵션을 행사하여 얻는 이득(payoff)과 이익(profit)은 다음과 같다.

총이득 = max(X−S, 0)×100
= max(100−85, 0)×100 = max(15, 0)×100 = $1,500

총이익 = 총이득 − 총투자비용
= $1,500 − $500 = $1,000

위에서 설명한 풋옵션이 만기에만 권리를 행사할 수 있는 유러피언형이라면, 만기시 주가에 대한 풋옵션 1개당 이득과 이익을 그래프로 도시하면 각각 〈그림 9-3〉의 (a)와 (b)와 같다.

〈그림 9-3〉 유러피안 풋옵션의 이득과 이익

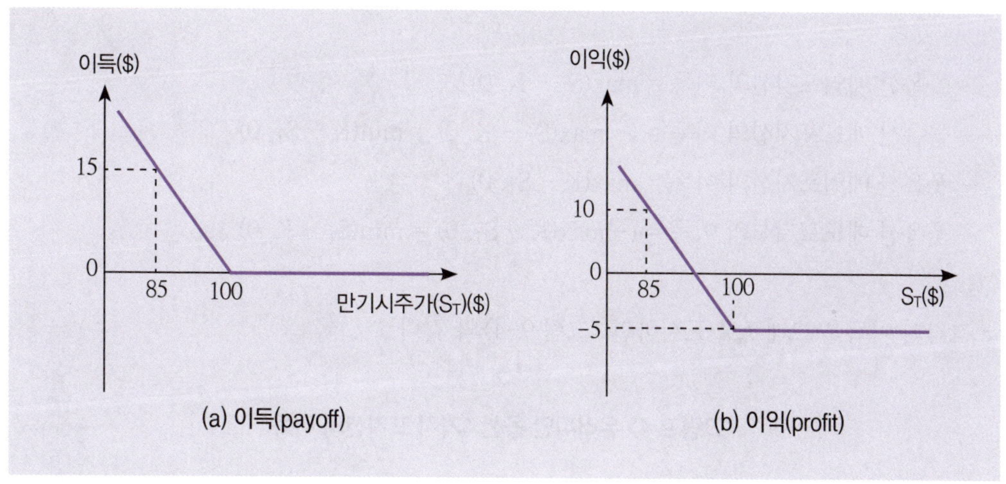

※ 콜옵션과 풋옵션의 포지션

콜옵션과 풋옵션을 이용해서 취할 수 있는 포지션은 다음과 같이 4가지 종류가 있다.

- 콜옵션 매입포지션(a long position in a call option)
- 콜옵션 매도포지션(a short position in a call option)
- 풋옵션 매입포지션(a long position in a put option)
- 풋옵션 매도포지션(a short position in a put option)

각각의 포지션에 대한 이득(payoff)을 유러피안 옵션에 대하여 어떻게 구할 수 있는지 살펴보기로 한다. 먼저, 중요한 원칙 하나를 알 필요가 있다. 선물과 옵션에는 하나의 계약에 대해 두 당사자가 존재한다. 즉, 선물의 경우 매입자(long position)가 있으면 매도자(short position)가 있어야 하고, 두 당사자의 이득의 합은 영(0)이어야 하는데, 이를 제로섬게임(zero-sum game)이라 한다. 선물가격이 올라 매입자가 이득을 얻는 만큼의 손해를 매도자는 보게 된다. 옵션의 경우도 동일하게 적용된다. 콜옵션에 대해 계약이 성립하기 위해서는 콜옵션매도자(short position)와 콜옵션매입자(long position) 둘 다 존재해야 한다. 어느 한 쪽이 존재하지 않으면 계약자체가 성립될 수 없다. 풋옵션도 마찬가지이다. 선물과 마찬가지로 옵션에서도 제로섬게임(zero-sum game)의 원칙이 적용된다. 매도자가 이득을 얻으면 매입자는 동일한 분량만큼의 손실을 보게 된다. 이러한 원칙은 매도자와 매입자의 이득 그래프가 서로 대칭이어야 함을 의미한다. 이제, 이러한 원칙을 이용하여 위의 4가지 포지션에

대해 유러피안 옵션의 이득을 구하면 다음과 같다.[2]

- 콜옵션 매입포지션의 이득 = max(S_T - K, 0)
- 콜옵션 매도포지션의 이득 = (-)max(S_T - K, 0) = min(K - S_T, 0)
- 풋옵션 매입포지션의 이득 = max(K - S_T, 0)
- 풋옵션 매도포지션의 이득 = (-)max(K - S_T, 0) = min(S_T - K, 0)

각각의 이득을 그래프로 표시하면 〈그림 9-4〉와 같다.

〈그림 9-4〉 유러피안 옵션 4가지 포지션의 이득

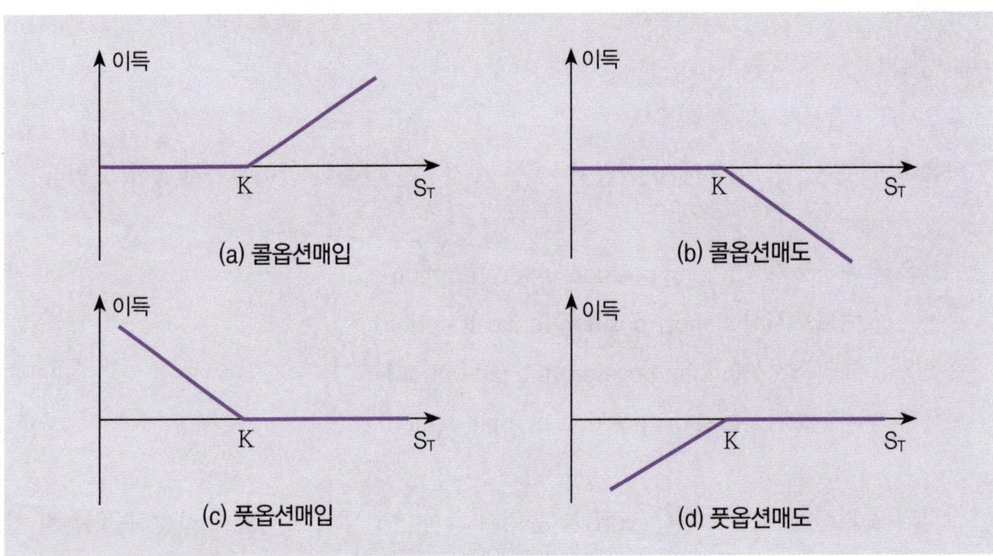

(a) 콜옵션매입 (b) 콜옵션매도 (c) 풋옵션매입 (d) 풋옵션매도

(3) 기초자산에 따른 분류

① 상품옵션과 금융옵션

상품옵션(commodity option)은 기초자산이 상품인 옵션을 말하는데, 여기에 해당되는 상품에는 농산물(밀, 옥수수, 대두, 커피, 면화, 설탕 등), 광산물(금, 은, 원유, 알루미늄 등), 그리고 축산물(생우, 생돈 등) 등이 있다.

금융옵션(financial option)은 기초자산이 금융상품인 옵션을 말하는데, 이에는 주식, 주

2 Max함수를 Min함수로 변환하는 법: Max(a, b) = −Min(−a, −b).

가지수(KOSPI200, S&P500, S&P100, Nikkei 225 등), 채권 혹은 금리(국고채, T-bond, T-note, Municipals, Eurodollar 등), 통화(유럽 유로, 영국 파운드, 일본 엔, 캐나다달러 등) 등이 있다.

② 현물옵션과 선물옵션

현물옵션(spot option 혹은 option on spot)은 기초자산이 현물(상품과 금융자산)인 모든 옵션을 의미한다. 따라서 위에서 이미 언급한 상품옵션과 금융옵션은 대부분 현물옵션에 속한다고 할 수 있다.

선물옵션(futures option 혹은 option on futures)은 기초자산이 선물인 옵션을 말하는 것으로, 옵션을 행사하면 선물계약을 갖게 된다. 예컨대, 선물콜옵션 보유자가 권리를 행사하면 선물의 매입포지션을 갖게 되고, 선물풋옵션 보유자가 권리를 행사하면 선물의 매도포지션을 갖게 된다. 대부분의 선물옵션은 어메리칸 옵션이다.

4) 옵션의 기능

옵션이 투자자에게 주는 혜택은 여러 가지가 있다. 예를 들어, 투자자는 자신의 장기적 투자목표와 이를 달성하기 위한 여러 가지 투자대안들에 대하여 주의 깊고 현명한 의사결정을 하려고 노력한다. 옵션은 주식과 채권을 통해 얻을 수 없는 많은 것을 제공해 준다. 그러나 이러한 옵션의 기능은 어떤 특정한 상황에서만 존재하므로 주의하여야 한다.

(1) 레버리지 기능

재무이론에서 레버리지(leverage)란 통상 차입금 등 타인자본을 지렛대로 삼아 자기자본의 이익률이나 가치를 높이는 것을 말한다. 예를 들어 10억원의 자기자본을 투자하여 1억원의 이익을 보았을 때 자기자본이익률은 10%이지만, 5억원의 자기자본과 5억원의 타인자본(차입금)으로 1억원의 이익을 얻으면 자기자본 이익률은 20%가 된다. 손해의 경우도 마찬가지이다. 다시 말하면, 레버리지는 적은 비용으로 손익을 확대하는 것을 말한다.

선물이나 옵션과 같은 파생금융상품들은 레버리지의 가장 대표적인 예라고 할 수 있다. 즉, 옵션은 기초자산 크기에 비해 적은 금액을 투자하여 큰 손익확대효과를 얻는다. 선물과 달리 옵션은 손실이 옵션프리미엄으로 한정되어 있는 반면, 이익은 한정이 없기 때문에 상대적으로 적은 위험으로 레버리지효과를 극대화할 수 있다. 다음의 사례는 옵션의 레버리지 기능을 잘 설명해 주고 있다.

사례

〈9-1〉 옵션의 레버리지 효과

현재 IBM 주식의 가격이 $100, IBM 주식의 유러피안 콜옵션가격이 $5, 투자자가 투자할 수 있는 투자자금이 10만 달러라 하자. 이 경우 다음과 같은 두 가지 투자전략의 성과를 비교해 보자.(단, 옵션행사가격은 $100)

(전략 1) IBM 주식을 $100에 1,000주 매입

(전략 2) IBM주식에 대한 유러피안 콜옵션 2만개 매입

사례 분석 다음 표에서 보는 바와 같이 옵션 만기 때 가능한 여러 가지 주가상황에 대해 두 가지 투자전략의 성과를 비교해 보자.

전략	구분	IBM 주식의 옵션만기 시 가격				
		$60	$80	$100	$120	$140
전략1 (주식)	만기 시 가치	$60,000	$80,000	$100,000	$120,000	$140,000
	투자수익률*	-40%	-20%	0%	20%	40%
전략2 (옵션)	만기 시 가치	$0	$0	$0	$400,000	$800,000
	투자수익률*	-100%	-100%	-100%	300%	700%

주) 투자수익률(%) = [(만기 시 가치-10만 달러)/10만 달러] × 100

위의 표에서 볼 수 있는 바와 같이 옵션투자의 경우 기초자산인 주식의 가격변화에 따라 큰 손익확대효과, 즉 레버리지 효과가 극대화되는 것을 알 수 있다. 즉, 주식에 투자할 경우 수익률은 -40%에서 +40%까지 변동하지만, 옵션에 투자할 경우 -100%에서 +700%까지 변동폭이 훨씬 크다. 다시 말하면, 기초자산 가격이 하락할 경우에는 옵션투자전략이 주식투자전략에 비해 손실이 더 크고, 주식가격이 상승할 경우에는 옵션투자전략의 이익이 주식투자전략에 비해 훨씬 커짐을 알 수 있다.

(2) 위험의 제한 및 헷지기능

투자자는 옵션을 이용하여 기초자산의 위험을 제한하거나 헷지할 수 있다. 주가가 상승할 경우에는 주식에 직접 투자하는 것도 큰 이익을 낼 수 있겠지만, 주가가 하락할 경우에는 풋옵션에 투자하여 수익을 올릴 수 있다. 그리고, 콜옵션과 풋옵션을 결합하거나, 옵션과 주식을 적절히 결합하여 포트폴리오 보험(portfolio insurance)효과를 창출함으로써 위험을 제한할 수도 있다.

(3) 다양한 투자기회의 제공 기능

투자자는 옵션간의 결합, 기초자산과 옵션의 결합을 통해 다양한 투자성과를 가져다 주는 새로운 금융상품을 만들어 낼 수 있다. 이렇게 기존의 금융시장에 존재하지 않는 새로운 현금흐름을 가져다 주는 신금융상품의 설계(design)를 연구하는 분야를 금융공학(financial engineering)이라 한다. 이러한 금융공학의 발전은 종전에는 없던 투자기회를 제공함으로써 자본시장의 발달을 촉진시키고 있다.

(4) 유동성 제고 및 균형가격 발견 기능

옵션시장의 존재는 옵션과 기초자산 간의 거래, 옵션시장내의 거래 등을 통해 시장의 유동성을 제고시키며, 아울러 차익거래(arbitrage)과정을 통해 시장균형가격(equilibrium price) 발견기능을 수행하고 있다.

(5) 미래시장상황에 대한 정보제공 기능

선물가격이 미래 기초자산가격에 대한 나침반 역할을 하듯이 옵션가격도 기초자산의 미래 수요, 공급에 대한 투자자들의 예상을 반영해 줌으로써 미래 시장상황에 대한 정보를 제공한다. 예컨대, 어떤 기초자산에 대해 콜옵션의 거래량이 풋옵션의 거래량보다 많다면, 시장 참여자들은 향후 그 기초자산의 가격이 상승할 것으로 예상한다고 볼 수 있다. 마찬가지로 시장 전체를 잘 대표하는 어떤 주가지수에 대한 옵션거래량은 시장 전체에 대한 미래 가격정보를 담고 있다.

2. 옵션의 거래 및 제도

1) 옵션시장

옵션거래는 1세기 이상에 걸쳐서 행해져 왔지만 오랜 기간 동안 명확하고 중요한 금융수단으로 생각되지 않았다. 그러나 1973년 시카고옵션거래소(CBOE)의 창설과 함께 상황은 급변하였다. CBOE는 옵션거래를 목적으로 한 최초의 공인 거래소이며, 16종목의 주식에 대한 콜옵션으로 시작하여 단기간에 큰 성공을 거두었다. 이에 따라 옵션거래의 혁신이 잇따라 이루어졌는데, 1975년과 1976년에는 어메리칸 증권거래소(AMEX), 필라델피아 증권거래소(PHLX), 태평양 증권거래소(PSE)가 주식에 대한 콜옵션 거래를 시작하게 되었다. 1977년에는 위에서 언급한 모든 거래소들이 풋옵션을 거래하기 시작했다. 현재 옵션이 거래되고 있는 미국의 주요 거래소는 〈표 9-3〉과 같다.

〈표 9-3〉 옵션이 거래되는 주요 거래소

거래소 이름	영문 이름	위 치
시카고옵션거래소 (CBOE)	Chicago Board Options Exchange	400 South LaSalle Street, Chicago, IL 60605, (Tel) 312-786-7465
필라델피아증권거래소 (PHLX)	Philadelphia Stock Exchange	1900 Market Street, Philadelphia, PA 19103, (Tel) 215-496-5000
뉴욕증권거래소 (NYSE)	New York Stock Exchange	11 Wall Street, New York, NY 10005 (Tel) 212-656-3000
어메리칸증권거래소 (AMEX)	American Stock Exchange	86 Trinity Place, New York, NY 10006 (Tel) 212-306-1000
태평양증권거래소 (PSE)	Pacific Stock Exchange	301 Pine Street, San Francisco, CA 94104, (Tel) 415-393-4000

옵션거래소가 설립된 지 10년도 되지 않아 상장주식에 대한 옵션거래량은 뉴욕 증권거래소(NYSE)의 거래량을 빈번히 상회하게 되었고, 상장옵션을 가진 주식수도 당초의 16종목에서 2010년대 들어 3,000 종목 이상으로 증가하였다(미국의 상장주식수는 약 6,000개임). 1980년대 초반에는 상장옵션의 거래대상이 주식 이외의 금융자산, 예컨대 주가지수, 통화, 국채(재무성 증권), 선물(주가지수선물, 상품선물, 금리선물 등) 등에 까지 확대되었다.

옵션시장의 일반적인 구조를 살펴보기 위해 옵션시장에서 중요한 위치를 차지하고 있는 CBOE의 경우를 보면, 옵션거래소, 250여명의 장내브로커(floor broker), 40여명의 주문관리인(OBO:Order Book Official), 600여명의 시장조성자(MM: Market Maker)로 구성되는 중개업자, 그리고 청산회사 등으로 조직되어 있다.

장내브로커는 OBO, MM, 그리고 다른 장내브로커들의 매매주문을 성사시킨다. OBO는 자기자신의 계정을 위해서가 아니라 일반 고객들의 편에서 매매주문을 중개해 준다. MM은 옵션거래소의 회원으로 자기자신의 계정을 위해 매매를 한다. 옵션청산소(option clearing corporation)는 매매주문의 결과를 거래소로부터 통보 받아 옵션거래가 성립된 다음 날 미국 중부시간(central time)의 오전 10시에 옵션을 발행한다. 옵션거래는 대체로 주식거래 절차와 유사하나 특이한 점은, 주식의 경우 거래가 체결된 후 5번째 영업일에 모든 거래가 종결되는데 반해 옵션거래는 거래당일에 모든 거래가 종결된다. 청산소가 거래체결의 보고를 받아 MM이나 청산소회원들에게 이를 통보해 주면 회원들은 거래의 체결사항을 자기 고객에게 서면으로 통보한다.

2) 옵션 시세표

많은 옵션상품이 있지만 옵션가격을 게재하는 방법은 기초자산이 다르다는 것 이외에는 비슷하므로 여기서는 대표적 옵션상품인 주식옵션을 중심으로 시세표 읽는 법에 대해 간략히 설명하고자 한다. 다음은 월 스트리트 저널에 게재된 옵션시세표의 일부이다.

		-Call-		-Put-	
Option/Strike	Exp.	Vol.	Last	Vol.	Last
AT&T 45	Oct.	143	$6^3/_4$	293	$^3/_{16}$
Aames 45	Oct.	363	$4^7/_8$	41	$^{13}/_{16}$

첫째 열의 'option'은 옵션의 기초상품인 주식의 기업명과 주식의 종가가 나타나 있다. 두 번째 열의 'Strike'은 행사가격(strike price)을 표시하고 세 번째 열의 'Exp.'는 행사 만기월(expiration month)을 나타낸다. '-Call-'은 콜옵션을 의미하며 그 아래에 있는 네 번째 열과 다섯 번째 열의 'Vol.'과 'Last'는 각각 AT&T를 기초자산으로 하는 콜옵션의 거래량(Volume)과 종가(settlement price)를 표시한다. 마지막 두 열에 있는 '-Put-'은 풋옵션을

의미하고 그 아래 'Vol.'과 'Last'는 콜옵션과 같은 의미를 갖는다. 게재된 가격은 주식 1주를 사거나(콜옵션의 경우) 팔(풋옵션의 경우) 수 있는 옵션 1개의 가격이고, 옵션 1계약은 통상 주식 100주를 살 수 있는 거래를 말한다. 따라서 1계약의 가치는 시세표에 있는 가격의 100배이다. 시세표에서 보는 바와 같이 대부분의 옵션이 $10이하로 거래되고 있으며, 일부 옵션은 $1이하로도 거래되므로 적은 금액으로도 옵션에 투자할 수 있음을 알 수 있으며, 옵션이 왜 레버리지 기능을 가지고 있는지 쉽게 짐작할 수 있다.

3) 옵션 거래

옵션거래는 선물거래제도와 유사하다. 거래소에는 거래소에 등록한 회원(개인 또는 회사)들이 있는데, 회원(member)은 거래소에서 거래할 수 있는 권리를 갖는다. 개인회원은 일반고객의 위탁을 받아 영업할 수 없고 자기매매나 다른 회원의 위탁을 받아 매매를 대행해 준다. 반면에 회사 혹은 기관회원은 일반 고객의 주문 및 자기매매를 거래소에서 집행할 수 있다. 회원권(membership)은 대부분의 일정한 자격요건을 갖춘 자가 거래소의 승인을 얻어서 취득하며 거래소를 통해 양도도 가능하다. 〈그림 9-5〉는 일반적인 옵션거래절차를 잘 보여주고 있다.

(1) 시장 참여자

① 시장조성자

CBOE를 포함한 대부분의 옵션거래소는 거래를 활발히 하기 위하여 시장조성자(MM: market maker)제도를 이용한다. 특정옵션을 취급하는 시장조성자는 매입호가(bid price)와 매도호가(ask price)를 결정하는 개인을 말하며, 여기서 매입호가는 시장조성자가 매입하는 가격(혹은 투자자가 매도하는 가격)이고 매도호가는 시장조성자가 매도하는 가격(혹은 투자자가 매입하는 가격)이다. 매도호가는 당연히 매입호가보다 높으며 그 차이를 매매호가차이(bid-ask spread)라 하고, 이는 투자자의 입장에서는 거래수수료의 성격을 가지며 시장조성자의 입장에서는 주요한 수익원이 된다. 거래소는 매매호가차이의 상한선을 명시함으로써 거래비용이 지나치게 높지 않도록 규제한다. 시장조성자의 역할로 인해 매입과 매도주문은 지체 없이 이루어지며 이는 시장유동성(liquidity)을 높이는 역할을 한다.

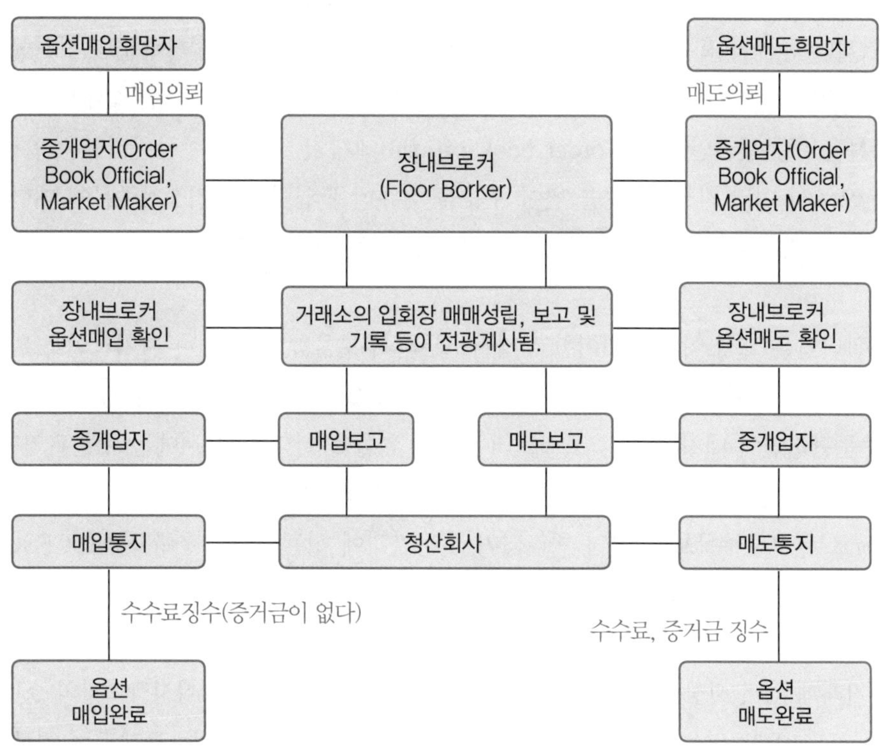

〈그림 9-5〉 옵션거래 절차

② 장내브로커

장내브로커(FB: floor broker)는 일반 투자자의 거래를 집행한다. 투자자가 자신의 브로커에게 옵션을 매입할 또는 매도할 의사를 전달하면 브로커는 옵션거래소에 있는 회사의 장내브로커에게 이 의사를 전달한다. 장내브로커가 없는 중개회사(brokerage house)는 독립적으로 활동하는 장내브로커 또는 다른 중개회사의 장내브로커와 업무계약을 체결함으로써 거래를 집행한다.

장내브로커는 다른 장내브로커 또는 시장조성자와 거래한다. 장내브로커는 그가 속해 있는 또는 업무계약이 체결되어 있는 중개회사로부터 거래량에 따른 수수료(commission)를 받거나 또는 일정급여(salary)를 받기도 한다.

③ 주문관리인

장내브로커에게 전달되는 많은 주문이 지정가주문(limit order)(즉, 거래가 이루어 질 수 있는 가격의 한계치 혹은 주문을 수행할 가장 불리한 가격)인데 지정가주문의 성격상 주문이 즉시 성립하지 않는 경우가 많다. 따라서 주문이 즉시 시행되지 않으면 장내브로커는 지정가주문을 주문관리인(OBO: order book official)에게 전달한다. 주문관리인은 옵션거래소 직원으로서 여러 지정가주문을 받아 주문을 컴퓨터에 입력하며 지정가주문에 대한 모든 정보는 모든 거래자에게 제공된다. 입력 후에 지정가주문이 성립되면 즉시 주문을 시행한다.

주문관리인은 고객 이외의 어떠한 투자자로부터 주문을 받는 일이나 자기자신을 위한 거래를 하는 일이 허용되지 않는다. 몇 개의 특정 클래스의 옵션이 거래되는 각 포스트(post)마다 주문관리인이 배치되어 각 포스트의 장(長) 역할을 한다. 주문서에는 주문관리인에게 맡겨진 모든 주문이 기록되어 있고 콜과 풋은 따로 관리된다. 주문서에 기재되어 있는 주문은 floor로부터의 주문보다 먼저 처리되며 주문가격에 상관없이 선착순원칙(FCFS: First Come, First Served)에 의해 집행된다.

옵션거래에 있어 시장조성자(MM)와 주문관리인(OBO) 제도는 주식시장에서의 스페셜리스트(specialist)제도와는 구별된다. 주식거래에서 보편적인 스페셜리스트제도는 일부 옵션거래소(AMEX와 PHLX)에 채택하고 있다. 스페셜리스트는 시장조성자(MM)의 의무와 주문관리인(OBO)의 역할을 동시에 수행하지만, 주문관리인과는 달리 지정가주문에 관한 정보를 다른 거래자에게 제공하지 않는다.

(2) 옵션의 행사

어메리칸 옵션의 경우 옵션보유자(option holder)는 만기일 이전 언제든지 옵션을 행사할 수 있는 권리를 가지고 있다. 행사를 원하는 옵션소유자는 브로커에게 행사를 요구하고 브로커는 청산회사(OCC: option clearing corporation)에 권리행사통지서를 제출한다. 특정한 날에 행사하기를 원하면 중개회사가 정한 행사접수 마감시간까지 행사통지를 해야 한다. 통상 거래소는 접수마감일을 옵션만기일 직전일로 정하고 있으며 마감시간은 거래소에 따라 약간의 차이가 있다(CBOE는 중부시간(CT) 기준 오후 4시 30분, PSE는 태평양시간(PT) 기준 오후 2시 30분). 중개회사는 거래소 마감시간 이전을 마감시간으로 정할 수 있으며, 옵션청산회사에 오후 7시까지는 행사를 통지해야 한다. 만기가 도래한 옵션의 행사는 만기월의 셋째 금요일 다음날인 토요일 오후 10시 59분에 이루어진다.

(3) 반대주문제도

옵션매입자(option buyer)는 동일한 옵션을 매도하는 반대주문(offsetting order)을 하여 자신의 포지션을 마감할 수 있고, 반면에 옵션발행자(option writer)는 동일한 옵션을 매입하는 반대주문으로 자신의 포지션을 마감할 수 있다.

옵션 1계약이 거래되고 매입자와 매도자가 자신의 포지션을 마감하지 않으면 미결제약정수(open interest)는 1계약 증가한다. 그러나, 한 투자자가 자신의 포지션을 마감하고 다른 투자자가 자신의 포지션을 마감하지 않으면 미결제약정수는 변하지 않는다. 만일 두 거래자가 동시에 자신의 포지션을 마감하면 미결제약정수는 1계약 감소한다.

(4) 수수료제도

수수료(commission)는 브로커에 따라 차이가 있으나 보통 고정금액에 거래금액의 일정비율을 합산하여 계산한다. 〈표 9-4〉는 할인브로커(discount broker)가 요구하는 수수료표의 한 예이다.

〈표 9-4〉 할인브로커가 요구하는 수수료

거래 금액	수수료
\$2,500 미만	\$20 + 거래금액의 2%
\$2,500 - \$10,000	\$45 + 거래금액의 1%
\$10,000 초과	\$120 + 거래금액의 0.25%

수수료의 상한선은 처음 5계약에 한해 계약당 \$30이고, 5계약을 초과할 경우 계약당 \$20이다. 하한선은 첫 계약에 한해 \$30이고, 이후 계약에 대해서는 계약당 \$2이다.

옵션포지션을 반대매매에 의해 마감할 경우에는 다시 수수료를 지불해야 한다. 옵션을 행사하면 기초주식을 사고 팔 때 지불하는 수수료와 동일한 금액을 지불해야 한다. 수수료를 계산하는 방법을 예시하면 다음 사례와 같다.

사례

〈9-2〉 옵션거래 수수료 산정

어떤 투자자가 IBM 주식에 대해 주가가 $30이고 행사가격이 $35인 어메리칸 콜옵션 1계약(1계약은 주식 100주를 살 수 있음)을 매입했다고 하자. 옵션 1개당 가격이 $4라 하면 옵션매입비용은 $400($4 x 100)이다. 이러한 상황하에서, 옵션거래수수료를 계산해 보자.

사례 분석

i) 옵션매입수수료:

〈표 9-4〉에 따르면 옵션매입 수수료는 $30이다(왜냐하면, 첫 번째 계약 수수료의 상한선과 하한선은 $30이므로).

ii) 옵션행사수수료:

주가가 $50로 상승하여 옵션을 행사한다고 할 때, 주식거래 수수료가 1%라면 옵션을 행사하고 지불하는 수수료는 $50(1%×$50×100주)이다.

iii) 총 수수료 = 옵션매입수수료 + 옵션행사수수료
= $30 + $50 = $80.

iv) 총 이익 = 총수익 – 총비용 = ($50–$35)×100 – ($400 + $80) = $1,020.

위의 사례에서 만일 옵션을 행사하는 대신 $10에 옵션을 매도한다면 투자자는 $20를 절약할 수 있다. 왜냐하면, 행사수수료는 $50이고 매도수수료는 $30이기 때문이다. 이러한 수수료 절감효과는 개인 투자자들로 하여금 옵션을 행사하는 대신 매도하도록 하는 경향이 있다.

옵션거래에서 수수료 이외에도 매매호가차이(bid-ask spread)와 같은 눈에 보이지 않는 숨은 비용(hidden cost)도 있다. 만일 매도호가 차이가 옵션 1개당 $0.50라면 위의 〈사례 9-2〉의 경우 $50($0.50×100)의 숨은 비용이 있다고 생각할 수 있다.

(5) 증거금제도

옵션거래에서도 선물거래와 마찬가지로 거래가 성립한 후 기초자산이 인도될 때까지 기간이 있기 때문에 인도를 보장하기 위해 일정한 증거금(margin)이 부과된다. 그러나 옵션거

래에서의 증거금제도는 선물과는 차이가 있다. 선물의 경우 거래당사자 양측 모두 기초자산을 인도하고 인수할 의무가 있어 양측 모두 신용위험(credit risk)에 노출되어 있으며, 따라서 양측 모두 증거금을 납부해야 한다. 반면에 옵션의 경우 옵션매도자는 매입자가 요구하면 기초자산을 인도 할 의무가 있으나, 옵션매입자는 옵션가격 지불로 더 이상의 의무가 없으므로 증거금을 납부할 의무가 없다. 즉, 옵션거래에 있어서는 옵션을 발행한 투자자에게만 증거금이 부과된다.

투자자가 옵션을 발행하면 증거금계좌(margin account)에 일정자금을 유지해야 한다. 증거금을 유지함으로써 옵션발행자의 브로커와 거래소는 옵션이 행사될 때 옵션발행자가 채무를 이행할 것이라는 확신을 갖게 된다. 요구되는 증거금의 규모는 옵션발행자의 투자상황에 따라 다르다.

① 노출된 옵션을 발행하는 경우

노출된 옵션(naked option)이란 기초자산을 소유하고 있지 않은 투자자가 발행하는 옵션을 말한다. 다시 말해, 옵션발행자가 기초자산 없이 옵션만 발행한 상태를 말한다. 이는 옵션발행자가 기초자산을 가지고 있지 않으므로 위험에 노출되어 있는 상태이다. 이러한 경우 옵션발행자에게 부과되는 개시증거금(initial margin)은 다음과 같이 구한다.

$$\text{개시증거금} = \max(A, B) \qquad \text{(식 9-5)}$$

단, A = 옵션발행수입의 100% + 기초자산가격의 20% - 외가격(OTM)금액
= $N(c + 0.2S - OTM)$
B = 옵션발행수입의 100% + 기초자산가격의 10%
= $N(c + 0.1S)$
N = 발행옵션 수(옵션 1계약의 경우 100개)

유지증거금(maintenance margin)은 같은 방법으로 계산하나 위의 식에서 옵션발행수입 대신에 현재 옵션가격을 이용한다는 차이점이 있다. 또한 지수옵션(index option)의 경우에는 위의 식에서 20%대신 15%를 사용한다.

사례

〈9-3〉 옵션거래 증거금 산정

어떤 투자자가 노출된 콜옵션 3계약을 발행한다고 하자. 옵션의 가격은 $4, 행사가격은 $50, 주가는 $47라고 할 때, 개시증거금을 구해 보자. 참고로 주식옵션 1계약크기는 주식 100개에 해당된다.

사례 분석

(i) 옵션이 $3만큼 외가격에 있으므로 (식9-5)에 의하면,

A = 옵션발행수입의 100% + 기초주식가격의 20% - 외가격금액

= (300개×$4/옵션1개) + (300주×20%×$47/주) - (300주×$3/주) = $3,120

(ii) 한편, 두 번째 공식에 의하면,

B = (옵션발행수입의 100%) + (기초주식가격의 10%)

= (300×$4) + (30×10%×$47) = $2,610

두 가지 중에서 큰 값이 개시증거금이므로 개시증거금은 $3,120이다.

만일 위의 사례에서 옵션이 풋옵션이었다면 내가격(ITM)상태에 있으므로 외가격은 영(0)이 되어 개시증거금은 $4,020(즉, $3,120 + $900)로 늘어나는데, 이는 내가격상태에 있는 옵션의 경우 발행자가 현재 손실상태에 있으므로 이익상태에 있는 외가격에 비해 발행자의 신용위험이 커지므로 더 많은 증거금이 필요하기 때문이다. 옵션매도자는 콜옵션이든 풋옵션이든 옵션발행수입을 증거금의 일부로 사용할 수 있다.

② 보호된 옵션을 발행하는 경우

보호된 옵션(covered option)이란 기초자산을 소유하고 있는 투자자가 발행하는 옵션을 말한다. 보호된 옵션의 경우 위에서 설명한 노출된 옵션보다 위험이 더 적다. 왜냐하면, 깊은 내가격(deep in-the-money)에 있는 옵션이 행사 될 경우, 보유하고 있는 기초자산을 인도하면 되므로, 발행자의 입장에서 보면 기초자산의 불리한 가격변동을 헷지하고 있는 상태이다. 따라서 보호된 옵션의 발행자에게는 옵션이 내가격에 있든 외가격에 있든 증거금이 부과되지 않는다.

(6) 옵션청산회사

옵션청산회사(OCC: option clearing corporation)는 1972년 CBOE가 100% 출자하여 자회사인 CBOECC(CBOE Clearing Corporation)를 설립하였으나, 1975년 증권거래위원회(SEC)지침에 따라 옵션거래소 전체의 공동출자회사로 전환되었다. 현재 OCC의 청산에 참여하고 있는 거래소는 CBOE, PSE, NYSE, PHLX, AMEX, NASD등이 있다.

옵션청산회사는 옵션발행자가 옵션의 계약에 따라 의무를 충실히 수행할 것을 보장하고, 또한 매입포지션과 매도포지션에 관한 모든 기록을 유지한다. 옵션청산회사는 거래회원을 가지고 있으며, 모든 거래는 반드시 회원을 통하여 이루어진다. 회원은 일정액의 최소한의 자금을 유지할 의무가 있으며 특별기금을 회비로 납부해야 한다. 이 기금은 회원이 의무를 수행하지 못할 때 사용된다.

옵션매입자는 다음 영업일의 오전까지 옵션매입비용 전액을 지불해야 하며 이 자금은 옵션청산회사에 입금된다. 옵션매도자는 앞에서 설명한 대로 브로커와 증거금을 유지해야 하며, 브로커는 청산회사회원과 증거금계좌를 유지해야 하고, 청산회사회원은 청산회사와 증거금계좌를 유지한다. 앞에서 설명한 증거금제도는 청산회사와 회원간에 적용되는 증거금이다. 브로커는 투자자에게 앞에서 설명한 증거금이상을 요구하고 있으나 기준이하의 증거금을 요구해서는 안 된다.

(7) 배당과 주식분할

주식옵션의 경우 기초자산인 주식에 대해 배당(dividend)이 지급되거나 주식분할(stock split)이 이루어지면 주식가격은 하락하게 된다. 시장이 효율적이라면 배당 지급 시 배당금액만큼 주가가 하락한다. 주가가 하락하면 옵션가치에 영향을 미치게 되므로 결국 배당지급이나 주식분할이 되면 옵션투자자의 손익에도 영향을 미치게 된다. 따라서 옵션거래소에서는 배당과 주식분할이 이루어지면 이에 대해 옵션투자자를 보호하기 위한 제도를 운영하고 있다.

배당지급이나 주식분할 시 몇 가지 옵션투자자 보호제도를 요약하면 다음과 같다.

① 현금배당의 경우

현금배당(cash dividend)을 지급하는 경우에는 원칙적으로 옵션투자자 보호제도가 없다.

즉, 현금배당의 경우 옵션투자자가 보호되지 않는다(not protected).

다만 현금배당이 주가의 10%가 넘는 경우에는 옵션의 행사가격을 배당률만큼 낮추는 경우가 있다. 예를 들어, 2003년 5월 28일 프랑스의 명품제조기업인 구찌(Gucci)가 주당 16%의 높은 현금배당을 지급하였는데, 옵션투자자를 보호하기 위해 옵션거래소는 해당옵션의 행사가격을 16% 낮추는 조치를 단행한 바 있다.

② 주식분할의 경우

주식분할(stock split)이란 주식가격이 너무 상승하는 경우 주식유동성을 높여주기 위해 인위적으로 주식을 분할하여 주식수를 늘리고 주가를 하락시키는 것을 말한다. 현재 주가가 S, 현재 총 주식수가 m이라 할 때, m개의 주식을 n개로 분할하면(단, n > m), 이를 'n-for-m 주식분할'이라 부른다. 이 경우, 시장이 효율적이라면 주식분할 후 주가는 $S \cdot \left(\frac{m}{n}\right)$으로 하락하고, 총 주식수는 $\left(\frac{n}{m}\right)$비율로 증가한다.

n-for-m 주식분할이 이루어지면 거래소는 다음과 같은 방법으로 옵션투자자를 보호한다.

(i) **행사가격의 조정**: 주식분할 이전의 행사가격이 K였다면, 새로운 행사가격(K^*)은 다음과 같이 조정된다.

$$K^* = K\left(\frac{m}{n}\right) \quad \text{(식 9-6)}$$

(ii) **옵션의 수 조정**: 주식분할 이전의 옵션개수가 N이었다면, 새로운 옵션개수(N^*)은 다음과 같이 조정된다.

$$N^* = N\left(\frac{n}{m}\right) \quad \text{(식 9-7)}$$

③ 주식배당의 경우

주식배당(stock dividend)이란 현금대신 주식으로 배당을 지급하는 것을 말하는데, 이 경우는 위에서 설명한 주식분할과 동일한 방법으로 행사가격을 조정한다.

사례

〈9-4〉 주식배당과 주식분할

어떤 콜옵션의 행사가격이 $20, 콜옵션 1계약으로 매입할 수 있는 주식수는 100개라 한다. 다음과 같은 상황이 발생할 경우 콜옵션계약이 어떻게 조정되는지 설명하라.

A) 3%의 현금배당

B) 2-for-1주식분할

C) 5% 주식배당

사례 분석

A) 현금배당의 경우 옵션투자자가 보호되지 않으므로 조정은 없다.

B) 2-for-1주식분할의 경우: (식9-6)과 (식9-7) 적용(단, m=1, n=2, N=100)

i) 행사가격 조정: $K^* = K(\frac{m}{n}) = \$20(\frac{1}{2})=\$10$ (하락)

ii) 옵션의 수 조정: $N^* = N(\frac{n}{m}) = 100(\frac{2}{1})=200$개 (증가)

C) 5% 주식배당의 경우: 5% 주식배당은 주식수가 5% 증가하는 효과가 있으므로, '105-for-100주식분할'(즉, n=105, m=100)과 동일하게 조정하면 된다.

i) 행사가격 조정: $K^* = K(\frac{m}{n}) = \$20(\frac{100}{105}) = \$19.05$ (하락)

ii) 옵션의 수 조정: $N^* = N(\frac{n}{m}) = 100(\frac{105}{100}) = 105$개 (증가)

(8) 규제

선물시장과 마찬가지로 옵션시장도 여러 측면에서 규제된다. 옵션거래소와 청산회사는 거래자의 행동을 통제할 수 있는 규정을 가지고 있다. 또한 미국의 경우 연방정부와 주정부도 각종 규제권을 가지고 있다. 현재까지 옵션청산회사 회원의 파산이 없다는 사실은 옵션시장이 높은 신뢰도를 가지고 운영되고 있다는 반증이다.

미국 증권거래위원회(SEC: Securities and Exchange Commission)는 주식, 주가지수, 통화, 그리고 채권 옵션에 대한 연방차원의 규제를 하며, 상품선물거래위원회(CFTC: Commodity Futures Trading Commission)는 선물옵션시장을 규제하고 있다. 주요 거래소가 위치해 있는 뉴욕이나 시카고가 있는 일리노이주에서도 불공정행위를 막는 주정부 차원의 규제를 하고 있다.

3. 옵션의 기본 성질

1) 옵션가격에 영향을 주는 요인

현대 투자이론의 핵심분야 중의 하나가 자산가격결정이론(asset pricing theory)이다. 이 이론에 의하면 자산의 현재가치란 그 자산이 미래에 산출하는 현금흐름을 적절한 할인율(예를 들어, 무위험이자율)로 할인한 값이다. 다시 말해, 자산의 현재가치는 그 자산의 미래 수익력에 의해 결정된다. 옵션도 금융자산으로서 이와 같은 자산가치평가이론의 적용을 받는 것은 당연하다. 따라서, 옵션가격에 영향을 미치는 요인들을 찾기 위해서는 옵션의 미래 현금흐름을 이해해야 한다.

옵션의 정의에 따르면 옵션의 현금흐름은 옵션에서 정해진 가격, 즉 행사가격과 기초자산가격에 의해 결정된다. 따라서 옵션의 첫 번째 가격결정요소로서 행사가격과 기초자산가격을 들 수 있다. 또한 정해진 기간, 즉 행사기간도 옵션의 현금흐름에 영향을 준다. 미래현금흐름을 현재시점으로 할인 할 때, 시간의 길이가 반영되기 때문이다. 또한 할인률로 이용되는 이자율, 기초자산의 변동성(혹은 위험), 그리고 기초자산의 배당여부 등이 옵션현금흐름에 영향을 주므로 옵션가격을 결정하는 주요한 요인이라 할 수 있다. 이상의 옵션가격에 미치는 요인들을 요약하면 다음과 같이 6가지이다.

① 현재 기초자산 가격(S)
② 옵션 행사가격(K)
③ 옵션의 만기(T)
④ 기초자산의 변동성(σ_S)(즉, 기초자산수익률의 표준편차)
⑤ 무위험이자율(r)
⑥ 만기일까지 예상되는 배당금의 현재가치(D)

위에서 설명한 6가지 요인과 옵션가격의 관계가 〈표 9-5〉에 표시되어 있다.

<표 9-5> 옵션가격과 요인들과의 관계

요 인	콜옵션 가격	풋옵션 가격
기초자산 가격(S)	+	−
행사가격(X)	−	+
만기(T)	?(유러피안)/+(어메리칸)	?(유러피안)/+(어메리칸)
변동성(σ_S)	+	+
무위험이자율(r)	+	−
배당금(D)	−	+

주) (+)는 요인과 옵션가격이 같은 방향으로 움직임을, (−)는 반대방향으로 움직임을 의미함.

<표 9-5>에서 볼 수 있는 바와 같이 만기를 제외하고 다른 요인들과 옵션가격과의 관계는 유러피안 옵션이든 어메리칸 옵션이든 동일하다. 다만, 만기가 옵션가격에 미치는 영향은 유러피안 옵션의 경우 불확실(?)하며, 어메리칸 옵션의 경우 비례(+)관계를 갖는다. 왜냐하면, 유러피안 옵션의 경우 만기에만 행사할 수 있으므로 만기 시 기초자산가격이 절대적으로 중요한데, 만기가 길다고 만기 시 기초자산가격이 항상 높다는 보장이 없기 때문이다.

기초자산가격과 행사가격은 콜옵션과 풋옵션에 반대방향으로 영향을 미친다. 이는 앞에서 설명한 이득(payoff)함수를 보면 쉽게 이해할 수 있다. 만기가 길수록 어메리칸 옵션의 경우 미래에 유리한 입장에 설 가능성이 크므로 (+)관계를 갖게 된다. 변동성 역시 콜옵션과 풋옵션 모두 (+)관계를 갖는데, 이는 기초자산가격의 변동성이 클수록 미래에 기초자산가격이 큰 폭으로 변동할 가능성이 큼을 의미하며 따라서 깊은 내가격(deep in-the-money)에 이를 확률이 크므로 기대 옵션이득이 커져 (+)의 관계를 갖게 되는 것이다. 또한 옵션의 경우 수익구조가 비대칭적(asymmetric)이라는 것도 영향을 준다. 즉, 변동성이 크면 기초자산가격이 크게 상승하거나 하락한다는 것을 의미하는데, 상승할 때는 무한대의 이익이 가능하지만 하락할 때의 최대손실은 옵션가격으로 한정(limit)되므로 변동성이 클수록 옵션의 가치는 커지게 된다.

무위험이자율(r)이 옵션의 가치에 미치는 영향은 다른 요인들에 비해 그리 명료치 않다. 이자율은 다음과 같이 두가지 서로 대립되는 방향으로 주가에 영향을 미친다.

첫째, 이자율이 증가함에 따라 기초자산의 기대 성장률도 같이 증가하는 경향이 있다. 즉, 미래 기초자산 가격이 이자율과 함께 증가하는 경향이 있는데 이는 콜옵션가격에는 (+)효과를, 풋옵션가격에는 (−)효과를 갖는다. 이를 요약하면 다음과 같다.

$$\uparrow r \Rightarrow \uparrow E(R_S)=r+\beta[E(R_M)-r] \Rightarrow \uparrow E(S_T)= Se^{E(R_S)T} \Rightarrow \uparrow call, \downarrow put$$

둘째, 이자율이 증가한다는 것은 미래 현금흐름을 할인할 때 사용하는 할인율이 증가하므로 행사가격의 현재가격은 작아지게 되어 콜옵션가격에는 (+)효과를, 풋옵션가격에는 (-)효과를 갖는다. 이를 요약하면 다음과 같다.

$$\uparrow r \Rightarrow \downarrow Ke^{-rT} \Rightarrow \uparrow max(S- Ke^{-rT}), \downarrow max(Ke^{-rT}-S) \Rightarrow \uparrow call, \downarrow put$$

이러한 두 가지 효과를 고려해 보면, 무위험이자율은 풋옵션 가격과는 음(-)의 관계를, 콜옵션 가격과는 양(+)의 관계를 갖는다는 것을 이해할 수 있다.

마지막으로, 배당은 기초자산인 주식의 가격을 떨어뜨리는 효과를 가지고 있으므로, 옵션이득함수로부터 콜옵션가 가격에는 (-)의 영향을 주고, 풋옵션 가격에는 (+)의 영향을 주게 된다.

2) 옵션가격의 상한선과 하한선

옵션가격의 기본적인 성질들을 설명하기 위해 이하에서는 다음과 같은 기호(notation)를 사용하고자 한다.

C = 어메리칸 콜옵션 가격
c = 유러피안 콜옵션 가격
P = 어메리칸 풋옵션 가격
p = 유러피안 풋옵션 가격
S_0 = 현재 기초자산(주식) 가격
S_T = 만기 시 기초자산(주식) 가격
K = 행사가격
D = 만기까지 지급되는 모든 배당의 현재가치
T = 옵션의 만기
r = 옵션의 만기까지 변동되지 않는 무위험이자율
σ = 기초자산의 변동성

그리고 옵션의 기초자산은 편의상 주식이라고 가정한다. 또한, 증명을 용이하게 하기 위해 거래비용(transaction cost)은 없으며, 모든 거래이익에는 동일한 세금이 부과되고, 옵션 만기까지 배당은 없으며, 무위험이자율로 차입과 대출이 가능하다고 가정한다.

(1) 유러피안 옵션가격과 어메리칸 옵션가격의 관계

시장에 차익거래기회가 없다면 유러피안 옵션가격과 어메리칸 옵션가격은 다음을 만족해야 한다. 단, 어메리칸 옵션과 유러피안 옵션의 행사가격(K), 만기(T), 기초자산(S)은 모두 동일하다고 가정한다.

$$C \geq c \qquad \text{(식 9-8)}$$

$$P \geq p \qquad \text{(식 9-9)}$$

심화 학습 9-1 유러피안 옵션가격과 어메리칸 옵션가격의 관계 증명

(식 9-8)에 대해서만 증명해 보자. (식 9-9)도 동일한 방법으로 증명할 수 있다.

증명

다음과 같이 (식 9-8)의 대우명제로 증명해 보자.[3]

[대우명제] $C < c \Rightarrow$ 차익거래가 존재

A) +C-c : 유러피안 콜옵션(c) 매도 + 그 중 일부(c > C)로 어메리칸 콜옵션(C) 매입.

B) 유러피안 콜옵션 매도포지션이 상대방에 의해 행사되면 $K를 받고, 어메리칸 콜옵션을 이용하여 기초자산(S)를 $K에 매입하여 기초자산(S)을 인도.

C) 순이익 = c - C 〉0

따라서 무위험 차익거래기회가 존재하므로 대우명제는 참이고, 명제도 참이다.

따라서, 차익거래기회가 없다면, $C \geq c$.

Q.E.D.

위에서는 (식 9-8)과 (식 9-9)를 차익거래를 이용하여 증명하였지만, 이 두 개의 부등식을 직관적으로(intuitively)도 쉽게 이해 할 수 있다. 즉, 어메리칸 옵션은 유러피안 옵션에 비해 투자자에게 훨씬 큰 융통성을 부여한다. 왜냐하면, 유러피안 옵션은 만기시점에만 옵션을 행

3 투자전략을 표시할 때, (+) = 매입포지션, (−) = 매도(혹은 공매)포지션을 의미한다.

사할 수 있지만, 어메리칸 옵션은 만기 이전에 원하는 시점(즉, 투자자에게 유리한 시점)에 언제든지 옵션을 행사할 수 있기 때문이다. 따라서, 어메리칸 옵션의 가격이 유러피안 옵션의 가격보다 더 커야 함은 너무나 당연하다고 하겠다.

(2) 콜옵션 가격의 상한선과 하한선(배당이 없는 경우)

시장에 차익거래기회가 없다면 콜옵션은 다음과 같은 상한선(upper bound)과 하한선(lower bound)을 만족해야 한다. 만일 이러한 상한선과 하한선이 시장에서 충족되지 않는다면 투자자는 차익거래를 통해 무위험 이익을 얻을 수 있다.

$$S_0 - Ke^{-rT} \leq c \leq S_0 \quad \text{(식 9-10)}$$

$$S_0 - Ke^{-rT} \leq C \leq S_0 \quad \text{(식 9-11)}$$

심화 학습 9-2 콜옵션 가격의 상한선과 하한선 증명

(식 9-10)은 유러피안 콜옵션에 대한 것이고, (식 9-11)은 어메리칸 콜옵션에 대한 것인데, 두 식에서 보는 바와 같이 상한선과 하한선이 모두 같으므로 (식 9-10)에 대해서만 증명하기로 한다. 유러피안 콜옵션과 어메리칸 콜옵션의 상한선과 하한선이 모두 같은 이유는 배당이 없는 경우에는 어메리칸 콜옵션은 만기 전에 행사하는 것이 바람직하지 않기 때문이다. 즉, 배당이 없는 경우에는 어메리칸 콜옵션은 만기까지 보유하는 것이 최적(optimal)이므로 유러피안 콜옵션과 같게 된다. 배당이 없는 어메리칸 콜옵션이 만기 전에 행사하는 것이 바람직하지 않은 이유에 대해서는 뒤에서 자세히 다루게 된다.

증명

i) 상한선(upper bound): $c \leq S_0$

[대우명제] $c > S_0 \Rightarrow$ 차익거래가 존재

A) +S−c : 유러피안 콜옵션(c)을 매도 + 그 중 일부($c > S_0$)로 기초자산(S)을 매입

B) 옵션이 행사되면, 매입한 기초자산 인도

C) 무위험 순이익 = $c - S_0 > 0$

차익거래기회가 존재하므로 대우명제는 참이고, 명제도 참이다.

따라서, 차익거래기회가 없다면, $c \leq S_0$.

ii) 하한선(lower bound): $S_0 - Ke^{-rT} \leq c$

다음과 같은 두 가지 투자전략을 이용하여 증명해 보자.

투자전략 A: $+c + Ke^{-rT}$ = 유러피안 콜옵션 1개 매입+ \$K를 연속복리 r로 예금

투자전략 B: +S = 기초자산(주식) 1개 매입

두 개의 투자전략을 t=0시점(현재)에 시행한 후, 옵션 만기 시(t=T) 현금흐름을 분석하면 다음 〈표 9-6〉과 같다.

〈표 9-6〉 콜옵션 가격의 하한선 증명

투자전략 (t=0)	현금흐름(t=T)	
	$S_T < K$	$S_T \geq K$
투자전략 A: $+c + Ke^{-rT}$	0 + K	$(S_T - K)+K = S_T$
투자전략 B: +S	S_T	S_T
투자전략의 가치 비교	A > B	A = B

〈표 9-6〉에서 보는 바와 같이 옵션 만기 시(t=T) 주식가격이 어떻게 되든 상관없이 항상 투자전략A의 가치는 투자전략B의 가치보다 크거나 같다. 따라서 시장에 차익거래 기회가 없으려면 t=0시점에서도 투자전략A의 가치가 투자전략B의 가치보다 크거나 같아야 한다. 즉, $+c + Ke^{-rT} \geq S_0 \Rightarrow S_0 - Ke^{-rT} \leq c$

Q.E.D.

(식 9-10)과 (식 9-11)에 있는 콜옵션의 상한선과 하한선을 그림으로 표시하면 다음 〈그림 9-6〉과 같다.

〈그림 9-6〉 콜옵션의 상한선과 하한선

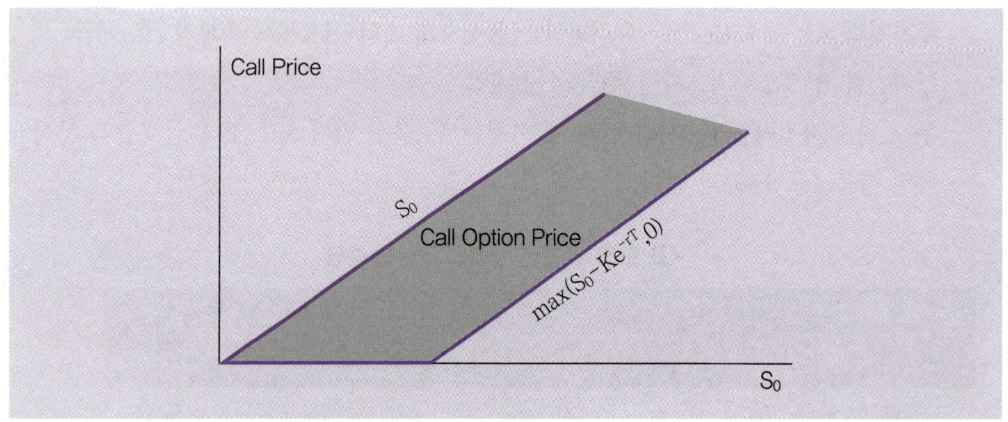

사례

〈9–5〉 콜옵션 가격의 상한선과 하한선

어떤 콜옵션의 행사가격이 $50, 만기는 6개월이다. 현재 기초자산인 주식의 가격은 $51이고 무위험이자율은 연간 12%이다. 옵션 만기까지 주식에 배당이 없다고 가정하고, 다음을 계산하라.

A) 현재 유러피안 콜옵션 가격의 상한선과 하한선

B) 현재 어메리칸 콜옵션 가격의 상한선과 하한선

사례 분석

A) 먼저, 상한선은 현재 기초자산가격이므로, 상한선 = S_0 = $51.

하한선 = $S_0 - Ke^{-rT} = 51 - 50e^{-0.12(0.5)} = \$3.91$

즉, $\$3.91 \le c \le \$51$

B) 배당이 없으므로 유러피안 콜옵션과 어메리칸 콜옵션의 상한선과 하한선은 동일하다. 따라서 A)의 결과와 동일해야 한다.

즉, $\$3.91 \le C \le \$51$

(3) 풋옵션 가격의 상한선과 하한선(배당이 없는 경우)

시장에 차익거래기회가 없다면 풋옵션 가격은 다음과 같은 상한선(upper bound)과 하한선(lower bound)을 만족해야 한다. 만일 이러한 상한선과 하한선이 시장에서 충족되지 않는다면 투자자는 차익거래를 통해 무위험 이익을 얻을 수 있다. 콜옵션과 달리 풋옵션의 경우에는 유러피안 풋옵션 가격의 상한선과 어메리칸 풋옵션가격의 상한선이 다른데 그 이유는 배당이 없더라도 어메리칸 풋옵션은 만기 전에 행사하는 것이 최적(optimal)일 수 있기 때문이다. 그 이유에 대해서는 뒤에서 자세히 설명한다.

$$Ke^{-rT} - S_0 \leq p \leq Ke^{-rT} \tag{식 9-12}$$

$$K - S_0 \leq P \leq K \tag{식 9-13}$$

(식 9-12)는 유러피안 풋옵션 가격이 만족해야 하는 범위이고, (식 9-13)은 어메리칸 풋옵션 가격이 만족해야 하는 범위이다. 각각에 대한 증명은 〈심화학습 9-3〉과 〈심화학습 9-4〉를 각각 참조하기 바란다.

심화 학습 9-3 유러피안 풋옵션 가격의 상한선과 하한선 증명

(식 9-12)에 있는 유러피안 풋옵션 가격의 상한선과 하한선을 증명해 보자.

i) 상한선(upper bound): $p \leq Ke^{-rT}$

[대우명제] $p > Ke^{-rT} \Rightarrow$ 차익거래가 존재

A) $+Ke^{-rT} - p$: 유러피안 풋옵션(p)을 매도 + 그 중 $\$Ke^{-rT}$를 연속복리 r로 예금

B) 만기 시(T) 옵션이 행사되면, \$K(예금)로 기초자산 매입하여 인도

C) 무위험 순이익 = $p - Ke^{-rT} > 0$

차익거래기회가 존재하므로 대우명제는 참이고, 명제도 참이다.

따라서, 차익거래기회가 없다면, $p \leq Ke^{-rT}$.

ii) 하한선(lower bound): $Ke^{-rT} - S_0 \leq p$

다음과 같은 두 가지 투자전략을 이용하여 증명해 보자.

투자전략 C: $+p + S$ = 유러피안 풋옵션 1개 매입 + 기초자산(S) 1개 매입

투자전략 D: $+Ke^{-rT} = \$Ke^{-rT}$를 연속복리 r로 예금

두 개의 투자전략을 t=0시점(현재)에 시행한 후, 옵션 만기 시(t=T) 현금흐름을 분석하면 다음 〈표 9-7〉과 같다.

<표 9-7> 유러피안 풋옵션 가격의 하한선 증명

투자전략(t=0)	현금흐름(t=T)	
	$S_T < K$	$S_T \geq K$
투자전략 C: +p + S	$(K - S_T) + S_T = K$	$0 + S_T = S_T$
투자전략 D: $+Ke^{-rT}$	K	K
투자전략의 가치 비교	C = D	C ≥ D

<표 9-7>에서 보는 바와 같이 옵션 만기 시(t=T) 주식가격이 어떻게 되든 상관없이 항상 투자전략C의 가치는 투자전략D의 가치보다 크거나 같다. 따라서 시장에 차익거래 기회가 없으려면 t=0시점에서도 투자전략 C의 가치가 투자전략 D의 가치보다 크거나 같아야 한다. 즉, $Ke^{-rT} \leq p + S_0 \Rightarrow Ke^{-rT} - S_0 \leq p$

Q.E.D.

<그림 9-7> 유러피안 풋옵션 가격의 상한선과 하한선

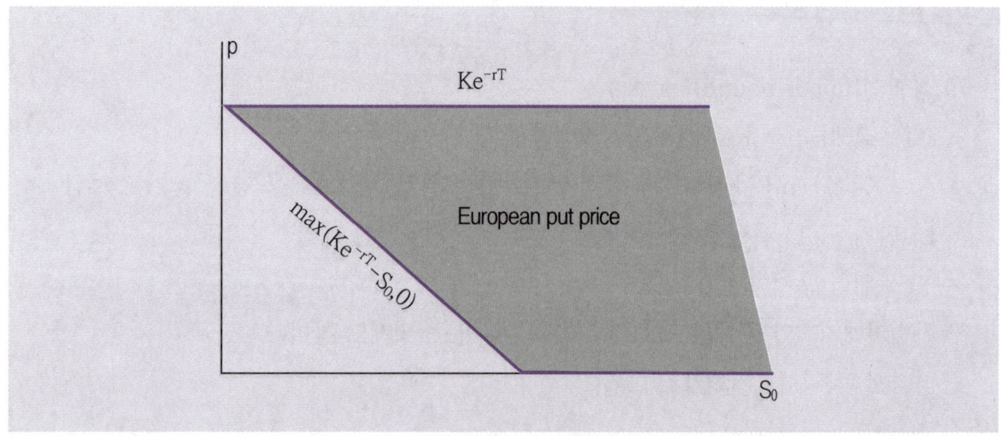

심화 학습 9-4 **어메리칸 풋옵션 가격의 상한선과 하한선 증명**

(식 9-13)에 있는 어메리칸 풋옵션 가격의 상한선과 하한선을 증명해 보자.

i) 상한선(upper bound): $P \leq K$

[대우명제] $P > K \Rightarrow$ 차익거래가 존재

A) +K-P : 어메리칸 콜옵션(P)을 매도 + 그 중 일부(P > K)인 $K를 연속복리 r로 예금

B) 만기 이전 옵션이 행사되면(어메리칸 옵션이므로), 예금한 돈으로 기초자산을 구입하여 인도

C) 무위험 순이익 = P - K > 0

차익거래기회가 존재하므로 대우명제는 참이고, 명제도 참이다.

따라서, 차익거래기회가 없다면, $P \le K$.

ii) 하한선(lower bound): $K - S_0 \le P$

다음과 같은 두 가지 투자전략을 이용하여 증명해 보자.

투자전략 E : +P + S = 어메리칸 풋옵션 1개 매입+ 기초자산(S) 1개 매입

투자전략 F : +K = $K를 현금으로 보관

두 개의 투자전략을 t=0시점(현재)에 시행한 후, 옵션 행사 시($0 \le t \le T$) 현금흐름을 분석하면 다음 〈표 9-8〉과 같다.

〈표 9-8〉 어메리칸 풋옵션 가격의 하한선 증명

투자전략(t=0)	현금흐름(t) ($0 \le t \le T$)	
	$S_t < K$	$S_t \ge K$
투자전략 E: +P + S	$(K - S_t) + S_t = K$	$0 + S_t = S_t$
투자전략 F: +K(현금)	+K	+K
투자전략의 가치 비교	E = F	E ≥ F

〈표 9-8〉에서 보는 바와 같이 옵션 행사 시(t) 주식가격이 어떻게 되든 상관없이 항상 투자전략E의 가치는 투자전략F의 가치보다 크거나 같다. 따라서 시장에 차익거래기회가 없으려면 t=0시점에서도 투자전략E의 가치가 투자전략F의 가치보다 크거나 같아야 한다. 즉, $K \le P + S_0 \Rightarrow K - S_0 \le P$

Q.E.D.

〈그림 9-8〉 어메리칸 풋옵션 가격의 상한선과 하한선

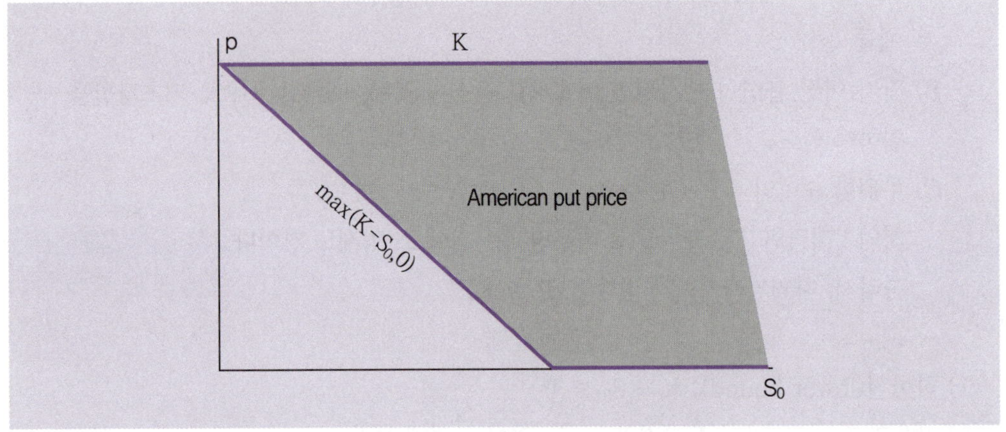

풋옵션의 경우에는 유러피안 옵션과 어메리칸 옵션의 상한선과 하한선이 다른데, 가장 큰 이유는 어메리칸 옵션의 경우 만기 이전에 언제든지 행사가 가능하기 때문이다. 따라서 어메리칸 풋옵션을 매도한 사람은 매입자가 옵션을 행사할 것을 대비하여 매도시점부터 즉시 기초자산을 인도할 준비가 되어 있어야 한다. 따라서 매도시점에 \$K의 현금을 보유하고 있어야 한다. 그러나, 유러피안 풋옵션의 경우 만기 전에 옵션행사가 불가능하고 따라서 매도시점에 $\$Ke^{-rT}$만큼의 현금만 있으면 되고, 이를 무위험이자율 r로 은행에 예금하면 만기 시 \$K가 되므로 옵션행사에 대비할 수 있는 것이다.

사례

〈9–6〉 풋옵션 가격의 상한선과 하한선

어떤 풋옵션의 행사가격이 \$40, 만기는 3개월이다. 현재 기초자산인 주식의 가격은 \$38이고 무위험이자율은 연간 10%이다. 옵션 만기까지 주식에 배당이 없다고 가정하고, 다음을 계산하라.

A) 현재 유러피안 풋옵션 가격의 상한선과 하한선

B) 현재 어메리칸 풋옵션 가격의 상한선과 하한선

사례 분석

A) 먼저, 상한선은 Ke^{-rT} 이므로, 상한선 = $\$40e^{-0.10(3/12)} = \$39.01$

하한선 = $Ke^{-rT} - S_0 = 39.01 - 38 = \$1.01$

즉, $\$1.01 \le p \le \$39.01$

B) 먼저, 상한선은 K이므로, 상한선 = \$40

하한선 = K - S_0 = 40 - 38 = \$2

즉, \$2 ≤ P ≤ \$40

(4) 배당이 있는 경우의 상한선과 하한선

앞에서는 배당이 없다고 가정하고 콜옵션과 풋옵션의 상한선과 하한선을 도출하였다. 그런데 옵션거래소에서 거래되는 옵션의 만기는 일반적으로 1년 미만이고 따라서 옵션의 잔존기간 동안 지급되는 배당은 비교적 정확히 예측할 수 있다. 만일 옵션의 만기 이전에 배당이 지급되면, 주식가격도 하락될 것이므로 조정이 필요하다.

① 콜옵션의 경우

옵션 만기이전에 지급되는 배당의 현재가치를 D라 하자. 〈심화학습 9-2〉의 하한선을 증명하는 투자전략A를 [+c + Ke^{-rT}+ D]로 조정하면, 콜옵션에 대한 다음과 같은 새로운 하한선을 얻을 수 있다.

$$S_0 - D - Ke^{-rT} \leq c \leq S_0 \qquad \text{(식 9-10)}$$

$$S_0 - D - Ke^{-rT} \leq C \leq S_0 \qquad \text{(식 9-11)}$$

② 풋옵션의 경우

콜옵션과 동일한 논리로 새로운 하한선을 구할 수 있다. 즉, 〈심화학습 9-3〉의 하한선을 증명하는 투자전략D를 [+Ke^{-rT} + D]로 조정하면, 풋옵션에 대한 다음과 같은 새로운 하한선을 얻을 수 있다.

$$D + Ke^{-rT} - S_0 \leq p \leq Ke^{-rT} \qquad \text{(식 9-12)}$$

$$D + K - S_0 \leq P \leq K \qquad \text{(식 9-13)}$$

3) 풋-콜 패리티

(1) 유러피안 풋-콜 패리티

유러피안 풋-콜 패리티(European put-call parity)란 동일한 기초자산에 대해 동일한 행사가격과 만기를 가지고 있는 유러피안 풋옵션과 유러피안 콜옵션 사이의 균형관계를 말한다. 이를 설명하기 위해 다음과 같은 두 가지 투자 포트폴리오 전략을 비교해 보자.

- 전략 G : 유러피안 콜옵션 1개 매입 + 액면가 K의 무이표채권 매입(현재가격은 Ke^{-rT})
  (참조 : 무이표채권 대신 이자율 r의 예금으로 생각해도 무방)
- 전략 H : 유러피안 풋옵션 1개 매입 + 보통주 1개 매입

현재 콜옵션의 가격이 c, 풋옵션의 가격이 p, 만기가 T, 행사가격이 K, 그리고 기초자산인 보통주 1개의 가격이 S라 할 때, 두 전략의 가치를 비교한 것이 다음 〈표 9-9〉이다. 단, 이자는 연속복리(이자율 r)로 계산한다고 하자.

〈표 9-9〉 유러피안 풋-콜 패리티(배당이 없을 때)

구 분	현재가치	만기 시 가치	
	투자전략	$S_T \le K$	$S_T > K$
전략G	$+c + Ke^{-rT}$	$0 + (Ke^{-rT})e^{rT} = K$	$(S_T - K) + K = S_T$
전략H	$+p + S$	$(K - S_T) + S_T = K$	$0 + S_T = S_T$

표에서 볼 수 있는 바와 같이 만기시의 두 전략의 가치는 만기 시 기초자산가격에 상관없이 항상 같음을 알 수 있다. 즉, $S_T \le K$ 일 때는 두 전략의 가치가 K로 동일하며, $S_T > X$ 일 때는 두 전략의 가치가 S_T로 똑같다. 자산가격결정이론에 따르면 자산 혹은 포트폴리오의 현재 가치는 미래 현금흐름을 현재시점으로 할인한 값이다. 이 이론에 따르면 만기 시 동일한 현금흐름을 발생시키는 위의 전략 G와 H는 동일한 현재가치를 가져야 한다. 두 전략의 현재가치는 표에서 보는 바와 같이 각각 $(c+Xe^{-rT})$와 $(p+S)$이므로 다음 식이 성립한다.

전략G의 만기 시 가치 = 전략H의 만기 시 가치
⇒ 전략G의 현재 가치 = 전략H의 현재 가치 (만일 차익거래기회가 없다면)
⇒ $c + Ke^{-rT} = p + S$ (식 9-14)

(식 9-14)를 '유러피안 풋-콜 패리티'라 한다. 만일 이 식이 성립하지 않으면 차익거래(arbitrage) 기회가 발생하게 되는데, 다음과 같이 두 가지 경우로 설명해 보자.

첫째, $c+Ke^{-rT} > p+S$일 경우:
자금을 이자율 r로 (p+S)만큼 차입하여 풋옵션과 주식을 매입하고, 동시에 콜옵션을 매도하고 Ke^{-rT}의 가격으로 만기 시 액면가가 K인 무이표채권(수익률 r)을 공매하면, $[(c+Ke^{-rT}) - (p+S)]$만큼의 차익을 얻을 수 있다.

둘째, $c+Ke^{-rT} < p+S$일 경우:
자금을 이자율 r로 $(c+Ke^{-rT})$만큼 차입하여 콜옵션을 매입하고, Ke^{-rT}의 가격으로 만기 시 액면가가 K인 무이표채권(수익률 r)을 매입하며, 동시에 풋옵션을 매도하고 주식을 1개 공매함으로써 $[(p+S)-(c+Ke^{-rT})]$만큼의 차익을 얻을 수 있다.

이상으로부터, 시장이 효율적이라면 차익거래기회가 존재하지 않으므로 (식 9-14)가 성립해야 하는 것이다.

마지막으로 강조해야 할 사항이 세 가지가 있다.
첫째, 유러피안 풋-콜 패리티는 유러피안 옵션에 대해서만 성립한다는 것이다.
어메리칸 옵션에 대해서는 위의 관계가 성립하지 않는데, 왜냐하면 최적 행사시점이 콜옵션과 풋옵션이 일치하지 않기 때문이다. 또한 어메리칸 옵션은 언제 행사될 지 정확히 예측하기 어려우므로 어메리칸 풋-콜 패리티는 방정식을 유도하기 어렵고 부등식으로 표시할 수 있다(뒤에서 자세히 다룬다).

둘째, 만일 배당이 있는 경우 유러피안 풋-콜 패리티는 다음과 같이 수정된다.

$$c + Ke^{-rT} + D = p + S \qquad \text{(식 9-15)}$$

단, D = 만기일까지 지급되는 총 배당의 현재가치

(식 9-15)는 (식 9-14)와 동일한 방법으로 증명할 수 있다. 즉, 전략G를 '유러피안 콜옵션 1개 매입과 $(D+Ke^{-rT})$가격의 무이표채권(수익률 = r) 매입'으로 변경하고, 위와 동일한 전략 H를 비교함으로써 (식 9-15)를 유도할 수 있다. 즉, $S_T \le K$ 일 때는 두 전략의 가치가

$(K + De^{rT})$로 동일하며, $S_T > K$ 일 때는 두 전략의 가치가 $(S_T + De^{rT})$로 똑같다. 따라서, 차익거래기회가 존재하지 않는 균형상태에서는 두 전략의 현재가치인 $(c + Ke^{-rT} + D)$와 $(p + S)$는 같아야 한다.

셋째, 유러피안 풋–콜 패리티는 다음과 같은 두 가지 용도로 사용할 수 있다.

i) 유러피안 콜옵션가격을 알면 유러피안 풋옵션가격은 (식 9–14)를 이용하여 쉽게 구할 수 있으며, 그 반대도 마찬가지이다.

ii) (식 9–14)를 이용하여 다양한 투자전략을 창출할 수 있다. 즉,

$+p = c + Ke^{-rT} - S$ (풋옵션 매입 = 콜옵션매입+무이표채권매입+기초자산 매도)

$+c = +p - Ke^{-rT} + S$ (콜옵션 매입 = 풋옵션매입+무이표채권공매+기초자산 매입)

$+Ke^{-rT} = +p - c + S$ (무이표채권 매입 = 풋옵션 매입+콜옵션매도+기초자산 매입)

그 외 다양한 투자전략 구성이 가능

사례

〈9–7〉 유러피안 풋–콜 패리티

어떤 유러피안 풋옵션과 콜옵션이 있는데 이 둘의 만기와 기초자산, 행사가격이 동일하다고 한다. 이들 옵션의 행사가격이 \$30, 만기는 3개월이다. 현재 기초자산인 주식의 가격은 \$31이고 무위험이자율은 연간 10%이다. 이러한 조건을 만족하는 유러피안 콜옵션의 현재가격은 \$3이다. 옵션 만기까지 주식에 배당이 없다고 가정하고, 다음을 분석하라.

A) 현재 유러피안 풋옵션의 균형가격을 구하라.

B) 현재 유러피안 풋옵션 가격이 \$2.25라면, 차익거래기회가 있는가? 있다면, 어떻게 차익을 실현할 수 있는지 설명하라.(단, 수수료와 세금은 없다고 가정)

사례 분석

A) 유러피안 풋옵션의 균형가격은 유러피안 풋–콜 패리티로 구할 수 있다.

즉, $p = c + Ke^{-rT} - S = 3 + 30e^{-0.10(0.25)} - 31 = \$1.26$

B) A)에서 구한 바와 같이 시장에 차익거래기회가 없다면, 유러피안 풋옵션의 균형가격은 \$1.26이다. 그런데 현재 시장에서 풋옵션 가격이 \$2.25로 형성되어 있다면 차익거래기회가 존재한다고 볼 수 있다. 즉,

$(p + S = 2.25 + 31 = \$33.25) > (c + Ke^{-rT} = 3 + 30e^{-0.10(0.25)} = \$32.26)$

그러므로, 차익거래를 얻기 위해 다음과 같은 투자전략을 구사할 수 있다.

〈차익거래전략〉:

i) 유러피안 풋옵션을 매도하고, 기초자산 공매

ii) i)에서 확보한 자금으로 동시에 유러피안 콜옵션을 매입하고, $\$Ke^{-rT}$ 를 이자율 r로 예금

iii) 만일 $S_T > K$이면, 옵션 만기에 콜옵션과 $K를 이용하여 주식을 매입하여 공매포지션을 마감하고, 풋옵션가치는 0이므로 행사되지 않고 소멸한다.

만일, $S_T \leq K$이면, 콜옵션은 소멸하고, $K에 풋옵션 매입자로부터 주식을 매입하여 풋옵션 매도포지션과 공매포지션을 마감한다.

iv) 이러한 차익거래에서 얻는 이익 = $(p + S) - (c + Ke^{-rT}) = \$0.99$

(2) 어메리칸 풋-콜 패리티

앞에서 이미 설명한 바와 같이 어메리칸 옵션의 경우 최적 행사시점이 콜옵션과 풋옵션이 일치하지 않고, 언제 행사될지 정확히 예측하기 어려우므로 유러피안 풋-콜 패리티와 같은 정확한 방정식을 유도하기 어렵고 단지 부등식으로 표시할 수 있을 뿐이다. 배당이 없는 경우 어메리칸 풋-콜 패리티(American put-call parity) 공식은 다음과 같다.

$$S - K \leq C - P \leq S - Ke^{-rT} \quad \text{(식 9-16)}$$

심화 학습 9-4 어메리칸 풋-콜 패리티 증명

(식 9-16)에 있는 '어메리칸 풋-콜 패리티'를 증명해 보자.

① 부등식의 우편(RHS: Right Hand Side): $C - P \leq S - Ke^{-rT}$

배당이 없는 경우의 유러피안 풋-콜 패리티로부터, $c + Ke^{-rT} = p + S$이므로,

$$p = c + Ke^{-rT} - S$$

그런데, 배당이 없으면 유러피안 콜(c)가격은 어메리칸 콜(C)가격과 같아야 하므로,

$$p = C + Ke^{-rT} - S.$$

한편, (식 9-9)로부터, $P \geq p$이므로,

$$P \geq p = C + Ke^{-rT} - S \Rightarrow C - P \leq S - Ke^{-rT}$$

② 부등식의 좌편(LHS: Left Hand Side): S - K ≤ C - P

부등식의 좌편을 증명하기 위해 다음과 같은 두 가지 투자전략을 이용한다.

- 투자전략 I: +c + K = 유러피안 콜옵션(c) 1개 매입 + 현금$K를 무위험이자율 r로 예금
- 투자전략 J: +P + S = 어메리칸 풋옵션(P) 1개 매입 + 기초자산(S) 1개 매입

i) 어메리칸 풋옵션이 만기 전에 행사되지 않는 경우

투자전략I의 만기 시 가치 = $\max(S_T-K,0) + Ke^{rT} = \max(S_T,K) - K + Ke^{rT}$

투자전략 J의 만기 시 가치 = $\max(K-S_T,0) + S_T = \max(S_T,K)$

그런데, $Ke^{rT} - K \geq 0$ ⇒ 투자전략I의 만기 시 가치 ≥ 투자전략J의 만기 시 가치.

따라서, 시장에 차익거래기회가 없다면, +c + K ≥ P + S ⇒ +C + K ≥ P + S.

그러므로, S - K ≤ C - P.

ii) 어메리칸 풋옵션이 만기 전에 행사되는 경우

어메리칸 풋옵션이 행사되는 시점을 t라 하자(t < T).

그러면, 행사시점(t)에서의 두 가지 투자전략의 가치는 다음과 같다.

투자전략I의 가치(t) = $0 + Ke^{rt}$

(왜냐하면, t시점에 어메리칸 풋옵션이 행사되었다는 것은 K가 S_t보다 훨씬 크다는 것, 즉 풋옵션이 깊은 내가격(deep ITM)에 있는 것이므로 역으로 콜옵션은 깊은 외가격(deep OTM)상태에 있는 것이므로 콜옵션의 가치는 0에 가깝다고 볼 수 있다)

투자전략 J의 가치(t) = $(K-S_t) + S_t = K$

그런데, $Ke^{rt} \geq K$ ⇒ 투자전략I의 가치(t) ≥ 투자전략J의 가치(t).

따라서, 시장에 차익거래기회가 없다면, +c + K ≥ P + S ⇒ +C + K ≥ P + S.

그러므로, S - K ≤ C - P.

i)과 ii)로부터, 투자전략J에 포함되어 있는 어메리칸 풋옵션(P)이 언제 행사되는지 상관없이 항상 S - K ≤ C - P의 관계가 성립한다.

고로, ①과 ②로부터, 배당이 없는 경우 '어메리칸 풋-콜 패리티'가 성립된다.

Q.E.D.

만일 어메리칸 옵션의 기초자산이 배당을 지급하는 경우에는 '어메리칸 풋-콜 패리티'가 다음과 같이 조정된다.

$$S - D - K \leq C - P \leq S - Ke^{-rT} \qquad \text{(식 9-17)}$$

(식 9-17)의 증명은 (식 9-16)과 유사하며, 앞의 투자전략I에서 K를 (D+K)로 대체하면 된다. 증명은 연습문제 48번을 참조하기 바란다.

사례

〈9-8〉 어메리칸 풋-콜 패리티

어떤 어메리칸 풋옵션과 콜옵션이 있는데 이 둘의 만기와 기초자산, 행사가격이 동일하다고 한다. 이들 옵션의 행사가격이 $20, 만기는 5개월이다. 현재 기초자산인 주식의 가격은 $19이고 무위험이자율은 연간 10%이다. 이러한 조건을 만족하는 어메리칸 콜옵션의 현재가격은 $1.50이다. 옵션 만기까지 주식에 배당이 없다고 가정하고, 다음을 분석하라.

A) 시장에 차익거래기회가 없다고 가정하면, 어메리칸 풋옵션 가격과 콜옵션 가격 차이의 최대값과 최소값은 얼마인가?

B) 시장에 차익거래기회가 없다고 가정하면, 어메리칸 풋옵션 가격의 최대값과 최소값은 얼마인가?

사례 분석

A) 어메리칸 풋-콜 패리티로부터,

$S - K \leq C - P \leq S - Ke^{-rT}$

$\Rightarrow 19 - 20 \leq C - P \leq 19 - 20e^{-0.10(5/12)}$

$\Rightarrow -1 \leq C - P \leq -0.18$

$\Rightarrow \$0.18 \leq P-C \leq \$1$ (가격은 음수가 될 수 없으므로)

따라서, 어메리칸 풋옵션 가격과 콜옵션 가격 차이의 최대값=$1, 최소값=$0.18이다.

B) A)에서 구한 바와 같이 시장에 차익거래기회가 없다면, 어메리칸 풋-콜 패리티로부터,

$\$0.18 \leq P-C \leq \$1$

그런데 현재 어메리칸 콜옵션 가격이 $1.50이므로,

$\$0.18 \leq P-1.50 \leq \$1 \Rightarrow \$1.68 \leq P \leq \$2.50$.

따라서, 어메리칸 풋옵션 가격의 최대값=$2.50, 최소값=$1.68이다.

4) 어메리칸 옵션의 조기 행사

어메리칸 옵션은 당연히 만기 이전 언제든지 행사가 가능하다. 그런데 옵션행사의 궁극적인 목적은 이익극대화이므로 어제 행사할 때 이익이 극대화되는지 잘 판단하여 행사하여야 할 것이다. 여기서는 만기 전에 옵션을 조기에 행사(early exercise)하는 것이 최적인지에 대해 살펴보기로 한다.

(1) 콜옵션의 경우

결론부터 요약하면 최적 행사전략은 다음과 같다.

- 배당이 없는 경우: 어메리칸 콜옵션을 만기까지 행사하지 않는다.
- 배당이 있는 경우: 어메리칸 콜옵션을 만기 이전에 행사할 수 있다.

① 배당이 없는 경우

배당이 없는 경우, 어메리칸 콜옵션의 최적 행사전략은 만기까지 옵션을 행사하지 않는 것이다. 따라서, 배당이 없는 경우에는 어메리칸 콜옵션은 유러피안 콜옵션과 같다고 할 수 있다. 왜 그런지 그 이유에 대해 살펴보자.

i) 만기(T)까지 기초자산인 주식을 보유해야 하는 경우

만일 만기 전 t시점($t < T$)에 옵션을 행사한다면,

- 옵션행사로 주식을 $K에 매입해야 하므로, 만기까지 $Ke^{r(T-t)}$ 만큼 기회비용이 발생
- 옵션행사로 주식을 매입하여 만기까지 보유하였는데 주가가 하락하면 손실이 발생

그러나, 반대로 만기까지 옵션을 행사하지 않는다면,

- 주식을 도중에 매입하지 않아도 되므로, 만기까지 $Ke^{r(T-t)}$ 만큼 기회비용을 절감
- 만기 시 주가가 하락하면 옵션을 행사하지 않고 현물시장에서 주식을 매입하면 되므로 주가 하락으로 인한 손실예방(보험효과: insurance effect)

따라서, 만기까지 주식을 보유해야 하는 경우에는 옵션을 만기 전에 행사하는 것보다는 만기까지 옵션을 행사하지 않고 보유하는 것이 더 이익이다.

ii) 만기(T)까지 기초자산인 주식을 보유할 필요가 없는 경우

만일 만기 전 t시점($t < T$)에 주가가 매우 상승하여 옵션을 행사한다면,

- 행사를 통해 실현할 수 있는 이익 = $S_t - K$.

그러나, 반대로 t시점에 주가가 매우 상승했음에도 옵션을 행사하지 않는 대신 옵션자체를 매도하면,

- 매도로 인한 이익 = t시점의 옵션가치 = $S_t - Ke^{-r(T-t)}$ + 외재가치(EV)

그런데, $S_t - Ke^{-r(T-t)}$ + 외재가치(EV) > $S_t - K$.

즉, 매도로 인한 이익 > 행사를 통해 실현할 수 있는 이익.

그러므로 이 경우에도 옵션을 만기 전에 행사하지 않는 것이 더 이익이다.

i)과 ii)로부터 배당이 없는 경우, 어메리칸 콜옵션의 최적 행사전략은 만기까지 행사하지 않는 것이다.

② 배당이 있는 경우

배당이 있는 경우, 어메리칸 콜옵션의 최적 행사전략은 배당락을 감안하여 옵션의 행사전략을 정하는 것이다. 즉, 현금배당의 경우 보호되지 않으므로 콜옵션 가격에 부정적인 영향을 미치므로 만기 이전에 옵션을 행사하는 것이 더 바람직할 수 있다. 따라서, 배당이 지급되는 경우에는 만기 이전 어느 때나 옵션이 행사될 가능성이 있는 것이다.

다음 〈그림 9-9〉는 콜옵션 가격과 주가와의 관계를 보여주고 있다. 콜옵션의 가치는 점선으로 표시된 내재가치인 max(S-K, 0)보다는 항상 크다. 그리고 무위험이자율이 상승할수록, 기초자산의 변동성이 커질수록 콜옵션의 가치는 더 커진다. 그림에서 화살표로 표시된 방향이 콜옵션의 가치가 커지는 방향이다. 또한 위에서 증명한 바와 같이 배당이 없는 경우 어메리칸 콜옵션은 유러피안 콜옵션과 같으므로 〈그림 9-9〉는 유러피안 콜옵션과 어메리칸 콜옵션 둘 다에 적용될 수 있다.

〈그림 9-9〉 콜옵션 가격과 기초자산 가격

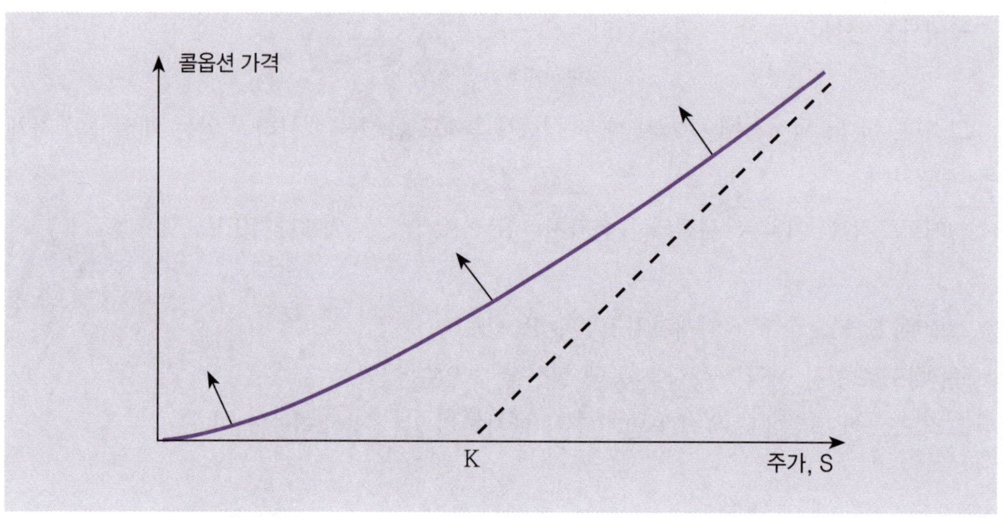

(2) 풋옵션의 경우

어메리칸 풋옵션의 최적 행사전략은 결론부터 말한다면, 만기 이전 언제든 행사가 가능하다는 것이다. 유러피안 콜옵션과 달리 배당을 지급하지 않는 경우에도 만기 전에 옵션을 행사하는 것이 최적일 수 있다. 즉, 만기 전 어떤 시점에 풋옵션이 충분히 깊은 내가격(deep ITM)에 있으면 풋옵션을 행사하는 것이 유리하다.

이해를 돕기 위해 아주 극단적인 경우를 생각해 보자. 만기 전 어느 시점에 옵션의 행사가격은 $10인데 주가는 거의 $0에 가깝도록 하락했다고 할 때, 당장 옵션을 행사하면 약 $10의 이득을 얻게 된다. 옵션보유자가 옵션을 행사하지 않고 만기일까지 기다린다고 해도 주가는 $0보다 더 하락할 수는 없으므로 옵션행사에서 얻는 이득이 $10보다 더 커질 수는 없다. 더욱이 돈의 시간적 가치(time value of money)를 감안해 보아도 지금 당장 $10이득이 만기 시점의 $10보다 더 크기 때문에 만기까지 기다릴 필요가 없는 것이다.

배당을 지급하는 경우 배당락으로 인해 주가가 하락하는 것은 당연하고 따라서 배당으로 인해 주가가 충분히 하락하였고, 만기까지 추가적인 주가하락이 어려울 것으로 예상되면 배당락 직후 풋옵션을 행사하는 것이 최적일 것이다.

따라서, 배당유무와 관계없이 어메리칸 풋옵션의 최적 행사전략은 만기 이전 언제든지 행사가 가능하다는 것이다.

〈그림 9-10〉은 어메리칸 풋옵션 가격과 주가(기초자산 가격)와의 관계를 보여주고 있다. 위에서 설명한 바와 같이 임의의 t시점(t≤T)에 주가가 0에 근접하면 어메리칸 풋옵션의 가격은 내재가치인 $Ke^{-r(T-t)}$-S와 거의 같아지게 된다(점 A). 더 이상 주가하락이 없을 것이라 예상되면 즉시 행사하면 된다. 따라서, 그림에서 보듯이 주가가 점A보다 더 하락하면 어메리칸 풋옵션 가격은 그 시점에서의 내재가치와 겹치게 된다. 또한 어메리칸 풋옵션 가격은 무위험이자율이 작아질수록, 주가의 변동성이 커질수록 더 커지게 되는데 그림에서 화살표 방향이 어메리칸 풋옵션 가격이 커지는 방향이다.

〈그림 9-10〉 어메리칸 풋옵션 가격과 기초자산 가격

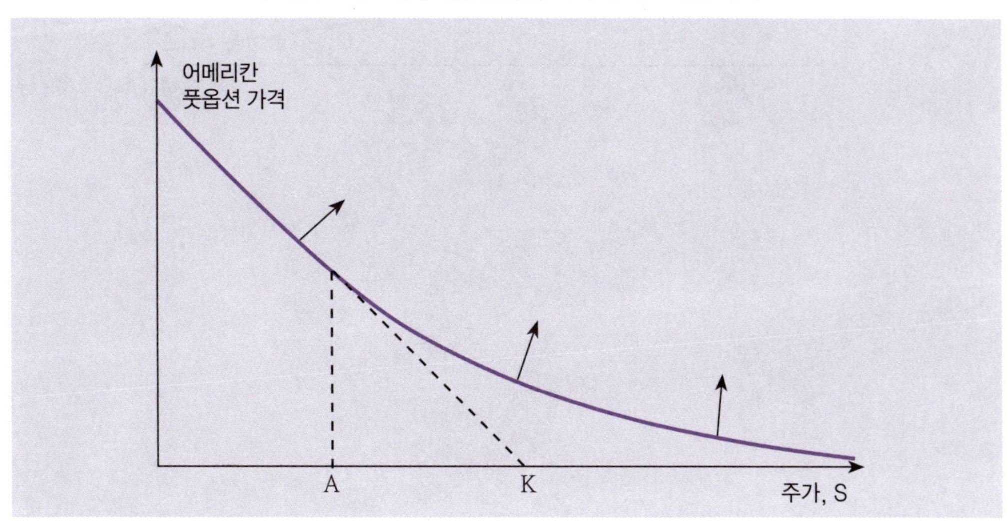

한편, 〈그림 9-11〉은 유러피안 풋옵션의 가격과 주가(기초자산)와의 관계를 보여주고 있다. 앞에서 설명한 바와 같이 기초자산, 만기, 행사가격이 동일하다면, 어메리칸 풋옵션의 가치는 유러피안 풋옵션의 가치보다 항상 크거나 같으므로(즉, P≥p), 〈그림 9-10〉의 그래프를 〈그림 9-11〉과 비교해보면 유러피안 풋옵션의 가격은 내재가치보다도 작을 수 있다(〈그림 9-10〉의 점A 참조). 따라서, 〈그림 9-11〉의 점B는 〈그림 9-10〉에서의 점A보다 더 높아야 한다. 그리고 〈그림 9-11〉의 점E는 주가가 0이 될 때의 유러피안 풋옵션의 가격인데, 주가가 0이 되면 더 이상 주가는 하락할 수 없으므로 미래 외재가치(시간가치)는 0이 되며, 따라서 임의의 t시점(t≤T)에서 점E는 내재가치인 max($Ke^{-r(T-t)}$-S, 0)인데, S가 0이므로 점E는 $Ke^{-r(T-t)}$가 된다.

〈그림 9-11〉 유러피안 풋옵션 가격과 기초자산 가격

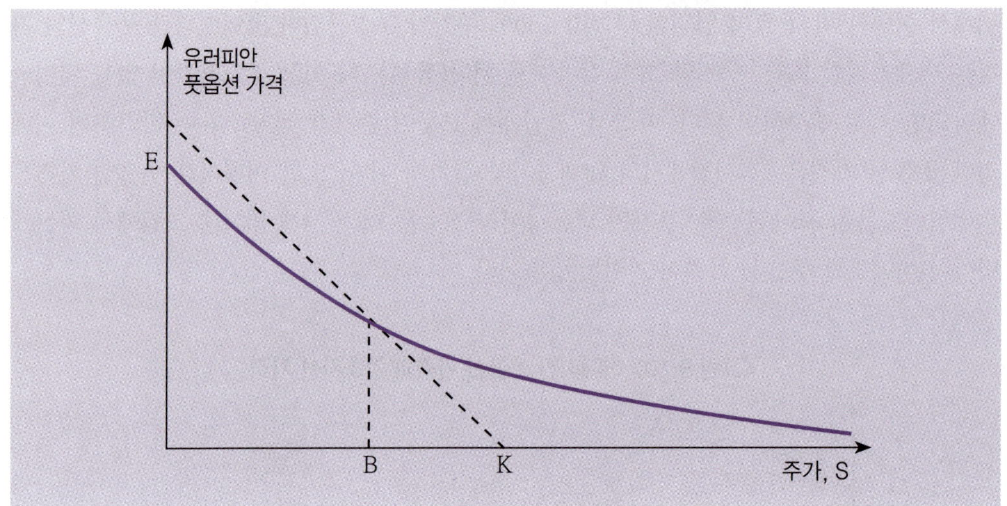

연습문제

01. CBOT와 CME의 거래규정에 의하면 옵션매입자는 언제 대금을 지불하는가?

① 거래당일 ② 거래 다음날까지
③ 3영업일 이내 ④ 5영업일 이내

02. 다음 중 '내가격(in-the-money)' 상태에 있는 선물옵션은?

Ⅰ. 행사가격이 35이고 선물가격이 32인 풋옵션
Ⅱ. 행사가격이 35이고 선물가격이 32인 콜옵션
Ⅲ. 행사가격이 15이고 선물가격이 15인 콜옵션
Ⅳ. 행사가격이 15이고 선물가격이 18인 콜옵션

① Ⅰ과 Ⅱ ② Ⅰ과 Ⅳ
③ Ⅱ와 Ⅲ ④ Ⅲ과 Ⅳ

03. 다음 중 선물매도자와 비교할 때 옵션매도자의 장점에 해당되는 것들은?

Ⅰ. 제한적 위험
Ⅱ. 권리가 아닌 의무를 가짐
Ⅲ. 증거금이 없음
Ⅳ. 유동성이 더 풍부

① Ⅰ과 Ⅱ ② Ⅰ, Ⅱ와 Ⅲ
③ Ⅰ, Ⅱ와 Ⅳ ④ Ⅰ, Ⅱ, Ⅲ과 Ⅳ

04. 고객이 옵션을 사거나 팔고자 할 때, 그는 증거금을 내거나 마진콜(margin call)을 받을 필요가 없다.

① 맞다.
② 틀리다.

05. 옵션의 행사가격과 기초자산 가격과의 차이를 무엇이라 하는가?

① 시간가치 ② 내재가치
③ 등가격 ④ 내가격

06. 다음 중 어느 투자자가 옵션이 만기가 될 때 기초자산을 구입해야 하는가?

Ⅰ. 콜옵션 매입자
Ⅱ. 풋옵션 매입자
Ⅲ. 콜옵션 매도자
Ⅳ. 풋옵션 매도자

① Ⅰ과 Ⅱ ② Ⅱ와 Ⅲ
③ Ⅰ과 Ⅳ ④ Ⅲ과 Ⅳ

07. 만기 시 풋옵션을 매입한 투자자의 손익분기점이 되는 기초자산의 가격은 풋옵션의 행사가격에서 옵션의 프리미엄을 차감한 것이다.

① 맞다.
② 틀리다.

08. 다음 중 배당(dividend)이 없을 경우의 '유러피안 풋-콜 패리티'를 올바로 나타낸 것은?

① $p - c = Ke^{-rT} - S$ ② $p - S = c - Ke^{-rT}$
③ $p + c = -S + Ke^{-rT}$ ④ $p - c = S - Ke^{-rT}$

09. 옵션의 가격과 관련된 다음 설명 중 맞는 것은?

① 옵션의 이론적 가격은 0보다 작을 수 있다.
② 모든 조건이 일정하게 유지된다면 어메리칸 콜옵션 보유자는 만기전에 옵션을 행사하는 것이 최적 의사결정이다.
③ 모든 조건이 동일하다면 어메리칸 옵션의 가치가 유러피안 옵션의 가치보다 항상 크거나 같다.
④ 위의 세 가지 모두 맞다.

10. 다음 중 옵션의 가격결정에 직접적으로 영향을 미치는 변수가 아닌 것은?

① 무위험이자율(risk-free rate) ② 행사가격
③ 기초자산 가격 ④ 물가상승률

11. 한 투자자가 만기가 10월인 설탕 콜옵션을 행사가격 8.25￠에 10개를 매입하였는데, 콜 옵션 1개당 가격은 1.25￠이다. 설탕가격이 '커피, 설탕, 코코아거래소(CSCE: Coffee, Sugar, and Cocoa Exchange)'에서 10.55￠에 거래되고 있다면, 이 콜옵션은?

① 2.30￠만큼 내가격(ITM; in-the-money)에 있다.
② 4.40￠만큼 내가격(ITM; in-the-money)에 있다.
③ 2.10￠만큼 외가격(OTM; out-of-the-money)에 있다.
④ 2.30￠만큼 외가격(OTM; out-of-the-money)에 있다.

12. 다음은 옵션에서 투자자가 취할 수 있는 4가지 포지션을 설명하고 있다.

Ⅰ. 콜옵션 매입자(buyer of a call)
Ⅱ. 콜옵션 매도자(writer of a call)
Ⅲ. 풋옵션 매입자(buyer of a put)
Ⅳ. 풋옵션 매도자(writer of a put)

위의 투자자들 중에서 약세시장(bear market)을 예상하고 포지션을 취한 사람들을 올바로 나열한 것은 다음 중 어느 것인가?

① Ⅰ과 Ⅱ ② Ⅰ과 Ⅳ
③ Ⅱ와 Ⅲ ④ Ⅲ과 Ⅳ

13. 시카고상품거래소(CBOT)에서 은(silver), 밀(wheat), 금(gold)선물을 기초자산으로 하는 옵션들은 언제 행사될 수 있는가?

① 선물 인도월 마지막 날에
② 옵션 만기 5일 전에
③ 옵션 만기 이전 아무 때나
④ 세 번째 목요일 다음 영업일(혹은 거래일)

14. 밀선물 매입포지션과 같은 의미를 갖는 옵션포지션은 다음 중 어느 것인가?

① 풋옵션 매입(long a put) ② 콜옵션 매입(long a call)
③ 풋옵션 매도(short a put) ④ 콜옵션 매도(short a call)

15. 어떤 회사가 가까운 장래에 채권을 발행하여 부채를 빌리고자 한다. 그 회사의 재무담당자로서 당신은 앞으로 발생하는 채무에 대해 헷지하고자 하는데, 다음 중 가장 적절한 전략은?

① 콜옵션 매입 ② 콜옵션과 선물 매입
③ 풋옵션 매입 ④ 풋옵션과 매입과 선물 매도

16. 어떤 투자자가 금(gold)을 보유하고 있다. 만일 그 투자자가 가까운 장래에 금가격이 하락할 것으로 예상하고 있다면 그가 취해야 하는 전략은?

① 풋옵션 매입 ② 콜옵션 매입
③ 풋옵션매입 및 금선물 매도 ④ 콜옵션매입 및 금선물 매도

17. 다음 중 주식 콜옵션을 매입하는 이유로 적당하지 않은 것은?

① 대주 혹은 공매한 주식을 헷지하기 위해서
② 주가상승을 예상하고 이익을 얻기 위해
③ 매입한 주식에서의 미실현 이익을 보호하기 위해
④ 향후의 주식 매입가격을 고정시키기 위해

18. 옵션의 발행자(writer)는 매입자(buyer)에 비해 항상 불리한 위치에 있다.

① 맞다.
② 틀리다.

19. 콜옵션과 관련된 다음 설명 중 옳지 않은 것은?

① 콜옵션의 발행자(writer 혹은 seller)는 선물거래처럼 증거금을 납부해야 한다.
② 콜옵션 발행자의 이익은 콜옵션 가격(즉, 프리미엄)에 한정된다.
③ 콜옵션 발행자의 손실도 콜옵션 가격(즉, 프리미엄)에 한정된다.
④ 콜옵션 매입자(buyer)는 증거금을 납부할 필요가 없다.

20. 옵션가격에 영향을 주는 요인들과 옵션가격과의 관계를 나타내는 다음 내용 중 옳지 않은 것은? (단, (+) = 정(正)의 관계; (-) = 반(反)의 관계를 나타냄)

	콜옵션 가격	풋옵션 가격
① 기초자산의 가격(S)	+	−
② 행사가격(X)	−	+
③ 이자율(r)	+	−
④ 기초자산변동성(σ)	−	−

21. 다음은 옵션에서 투자자가 취할 수 있는 4가지 포지션을 설명하고 있다.

Ⅰ. 콜옵션 매입자(buyer of a call)
Ⅱ. 콜옵션 매도자(writer of a call)
Ⅲ. 풋옵션 매입자(buyer of a put)
Ⅳ. 풋옵션 매도자(writer of a put)

위의 투자자들 중에서 강세시장을 예상하고 포지션을 취한 사람들을 올바로 나열한 것은 다음 중 어느 것인가?

① Ⅰ과 Ⅱ ② Ⅰ과 Ⅳ
③ Ⅱ와 Ⅲ ④ Ⅲ과 Ⅳ

22. 옵션발행자와 매입자의 관계를 설명한 다음 내용 중 옳지 않은 것은?

	발행자	매입자
① 권리와 의무	의무	권리
② 프리미엄	수취	지불
③ 증거금	납부의무	납부의무
④ 이익	프리미엄에 한정	무제한

23. 옵션의 일일정산(daily settlement) 및 청산 시 손익은 다음 중 어떤 것의 변화값으로 계산하는가?

① 기초자산가격 ② 기초자산가격과 옵션 프리미엄
③ 옵션의 내재가치(intrinsic value) ④ 옵션의 시간가치(time value)

24. 다음 중 옵션이 행사될 가능성이 가장 큰 것은?

① 깊은 내가격(Deep ITM) ② 내가격(ITM)
③ 깊은 외가격(Deep OTM) ④ 외가격(OTM)

25. 옵션청산소(OCC: Option Clearing House)와 관련한 다음 설명 중 틀린 것은?

① 옵션매입자가 옵션을 행사하려면 청산소를 상대로 계약이행을 요구한다.
② 옵션발행자의 계약이행을 보증한다.
③ 옵션발행자는 청산소에 대해 의무이행의 책임을 진다.
④ 옵션거래의 중개역할을 한다.

26. 옵션 만기 동안에 이자율이 변동하지 않고 배당도 지급하지 않는다고 가정하는 경우, 다음 중 '무위험포지션'을 창출하는 투자전략은?
(단, S = 주식가격, c = 유러피안 콜옵션 가격, p = 유러피안 풋옵션 가격, (+) = 매입, (-) = 매도 혹은 공매)

① −S + c − p
② −S − c + P
③ +S + p + c
④ +S − p + c

27. 옵션에 관한 다음 설명 중 옳은 것은?

① 만기가 길수록 시간가치는 커진다.
② 내재가치와 시간가치는 비례한다.
③ 옵션의 내재가치와 시간가치의 차이가 옵션의 프리미엄이다.
④ 내재가치는 외가격(OTM)상태에서 최대가 된다.

28. 다음 중 노출된 콜옵션(naked call option)을 가장 잘 표현하고 있는 것은?
(단, C=콜옵션, P=풋옵션, S=기초자산, (+)=매입, (-)=매도를 각각 표시함)

① +C − S
② +C + P
③ −C
④ −P

29. 다음 중 옵션의 기능을 설명한 것으로 적절치 않은 것은?

① 레버리지(leverage)
② 포트폴리오 보험효과
③ 유동성제고 및 균형가격발견
④ 이익의 제한 및 무제한 손실가능성

30. 옵션에 관한 다음 설명 중 옳지 않은 것은?

① 옵션의 내재가치는 0보다 작을 수 없다.
② 옵션의 시간가치는 시간이 경과함에 따라 비선형으로 작아진다.
③ 옵션이 현재 외가격상태에 있다면 외재가치는 0이다.
④ 옵션의 외재가치는 옵션이 등가격상태에 있을 때 가장 크다.

31. 무배당 유러피안 풋-콜 패리티로 만들 수 있는 투자전략이 아닌 것은?

① $p - c = Ke^{-rT} - S$ ② $c = p + Ke^{-rT} + S$
③ $S = c + Ke^{-rT} - p$ ④ $Ke^{-rT} = p + S - c$

32. 다음 함수 중 잘못 표시된 것은?

① $\max(A-B, 0) = \min(B-A, 0)$ ② $\min(A, B) = -\max(-A, -B)$
③ $\max(A, B) = -\min(B-A, 0) + B$ ④ $\min(A, B) = -\max(0, A-B) + A$

33. 거래소에서 거래되는 주식옵션의 주식가격이 $26일 때, 가능한 행사가격으로 적절한 것은?

① $20, $22.5, $25, $27.5 ② $20, $25, $35, $40
③ $21, $23.5, $26, $28.5 ④ $21, $26, $31, $36

34. 옵션가격의 성질에 관한 다음 설명 중 옳지 않은 것은?
(단, c=유러피안 콜옵션 가격, C=어메리칸 콜옵션 가격, p=유러피안 풋옵션 가격, P=어메리칸 풋옵션 가격, S=기초자산가격, K=행사가격, r=무위험이자율)

① $C \geq c$ ② $c \geq S - Ke^{-rT}$
③ $p \geq Ke^{-rT} - S$ ④ $p \leq K$

35. 대두유(大豆油; soybean oil)가 현재 26¾에 거래되고 있다. 만기가 7월이고 행사가격이 26인 대두유 콜옵션이 프리미엄 2에 거래되고 있다면, 이 콜옵션의 시간가치(time value)는 얼마인가?

36. 만기가 7월이고 행사가격이 725¢인 대두선물의 풋옵션 가격이 부쉘당 27½¢이다. 7월물 대두선물이 거래소에서 부쉘당 $7.22¼에 거래되고 있다면 이 옵션의 시간가치(time value)는 부쉘당 얼마인가?

Exercises

37. 현물 대두(soybean)가격이 현재 $8.00/bu.이고, 한 농부가 이 수준의 가격에서 그의 대두가격을 헷지하고자 행사가격이 $8.75인 3월 만기 풋옵션을 프리미엄 $0.20인 등가격 (ATM: at-the-money)에 매입하였다. 대두현물 가격이 $7.50으로 하락하였을 때 가지고 있던 대두를 매도하고 동시에 매입한 풋옵션은 프리미엄 $0.80에 매도하였다. 계약 단위는 5,000bu.이다. 농부가 받게 되는 순가격(net price)은 부쉘당 얼마인가?

38. 3월 현재 어떤 주식가격이 $800, 이 주식을 기초자산으로 하는 풋옵션의 행사가격이 $700, 만기는 5월이고 프리미엄이 $15라면, 이 옵션의 시간가치와 내재가치는?

39. 생우(live cattle)의 현물가격이 60¢/lb.일 때, 가축업자가 보유하고 있는 40,000lb.의 생우를 헷지하기 위해 '3월 60 생우 풋옵션' 1계약을 1.10¢/lb.의 프리미엄에 매입하였다(1계약 단위는 40,000lb.). 나중에 현물가격이 56¢/lb.일 때 생우를 매각하고 옵션은 2.90¢/lb.의 프리미엄에 매도하였다면, 헷징 결과 손익은?

40. 현재의 주가가 $500이고 이 주식을 기초자산으로 하는 유럽형 풋옵션의 현재 프리미엄이 $15이다. 이 옵션의 행사가격이 $500이고 이 행사가격을 현재가치로 환산하면 $470이다. 이 주식이 배당을 하지 않을 경우, 만기와 행사가격이 동일한 이 주식의 콜옵션 가격을 구하면 얼마인가?

41. 한 투자자가 노출된(naked) 콜옵션 4계약을 발행하였다. 현재 옵션가격은 $5, 행사가격은 $40, 기초자산인 주가는 $38이다. 이 옵션발행자에게 부과되는 개시증거금은 얼마인가?

42. 주식1개를 $15에 팔 수 있는 풋옵션이 있다. 옵션 1계약 단위는 100주이며, 주식을 발행한 기업이 25%의 주식배당을 결정하였다. 풋옵션 계약은 어떻게 조정되는가?

43. 만기가 4개월, 현재주가는 $28, 행사가격은 $25, 무위험이자율은 연간 8% 일 때, 이 주식을 기초자산으로 하는 무배당주식 콜옵션의 하한선은 얼마인가?

44. 만기가 1개월, 현재주가는 $12, 행사가격은 $15, 무위험이자율은 연간 6% 일 때, 이 주식을 기초자산으로 하는 무배당주식 유러피안 풋옵션의 하한선은 얼마인가?

45. 배당을 지급하지 않는 주식의 가격이 $19이고, 이 주식을 기초자산으로 하고 만기가 3개월, 행사가격이 $20인 유러피안 콜옵션의 가격이 $1이다. 무위험이자율이 연 4%라면, 콜옵션과 동일한 주식을 기초자산으로 하고 만기가 3개월, 행사가격이 $20인 유러피안 풋옵션의 가격은 얼마이어야 하는가?(단. 시장에 차익거래기회가 없고 모든 이자계산은 연속복리로 한다고 가정한다.)

46. 현재 주식의 가격이 $29이고, 이 주식을 기초자산으로 하고 만기가 6개월, 행사가격이 $30인 유러피안 풋옵션의 가격이 $2이다. 이 주식은 2개월과 5개월 후에 각각 주당 $0.50의 배당금지급이 예정되어 있다. 무위험이자율이 연 10%이고 수익률곡선이 수평이라면, 이 풋옵션과 동일한 주식을 기초자산으로 하고 만기가 6개월, 행사가격이 $30인 유러피안 콜옵션의 가격은 얼마이어야 하는가?(단. 시장에 차익거래기회가 없고 모든 이자계산은 연속복리로 한다고 가정한다.)

47. 무배당주식에 대한 어메리칸 콜옵션 가격은 $4이다. 현재 주가는 $31, 행사가격은 $30, 만기는 3개월, 무위험이자율은 연간 8%이다. 기초자산, 만기, 행사사격이 동일한 어메리칸 풋옵션 가격의 상한선과 하한선은 각각 얼마인가?(단, 시장에 차익거래기회가 없고 모든 이자계산은 연속복리로 한다고 가정한다.)

48. 배당이 있는 경우 어메리칸 풋-콜 패리티는 다음과 같이 조정된다. 이를 증명하라.((식 9-17)참조)

$$S - D - K \leq C - P \leq S - Ke^{-rT}$$

49. 임의의 t시점($0 \leq t \leq T$)에 어떤 기업의 자산(A_t)은 자기자본(E_t)과 부채(L)인 무이표채권으로 구성되어 있다. 무이표채권은 만기 시 액면가(원금)는 K이고, 이 채권의 만기는 T이다. 만기까지 적용되는 무위험이자율은 r이고, 현재시점은 t=0라 하며, 모든 이자계산은 연속복리로 한다고 할 때, 다음 물음에 답하라.

(1) 만기 시 자기자본의 가치(E_T)를 옵션을 이용하여 표시하라.

(2) 만기 시 부채의 가치(L_T)를 옵션을 이용하여 표시하라.

(3) (1)과 (2)로부터 기업의 자산(A)에 대해 유러피안 풋-콜 패리티가 성립함을 증명하라.

Exercises

50. 최근 을(乙)이라는 사람이 갑(甲)이라는 은행에 대출을 신청하였다. 은행 갑은 만기 시 대출원리금의 상환을 보장받기 위해 고객 을의 아파트를 담보로 설정하고 대출을 해주려고 한다. 대출금의 만기(T) 시 상환액(= 원리금 합계)이 D이고, 고객이 담보물로 제공한 아파트의 현재(t=0) 가치는 A_0이며, 만기 시 아파트의 가치는 A_T라 한다. 그리고 시장에서 적용되는 무위험이자율은 r이라 한다. 만기 전에 대출을 미리 되갚는 옵션이 없다고 가정하고, 이러한 담보부대출에 관한 다음 질문들에 답하라.

(1) 만기 시 이 담보부대출의 가치를 A_T와 D를 이용하여 수식으로 표시하고, x축을 만기 시 담보물의 가치, y축을 담보부대출의 가치로 하여 2차 평면에 그래프로 표시하라.

(2) 차입자 을의 입장에서 담보부대출의 현재가치를 담보물과 콜옵션(call option)의 포트폴리오(portfolio)로 표현할 수 있음을 수식을 이용하여 설명하라.

(3) 채권자 갑의 입장에서 담보부대출의 현재가치를 대출과 풋옵션(put option)의 포트폴리오로 표현할 수 있음을 수식을 이용하여 설명하라.

(4) (2)와 (3)의 결과를 풋-콜 패리티(Put-Call Parity)의 관점에서 설명하고, 담보부대출의 현재가치의 경제적 의미를 설명하라.

연습문제 정답 및 해설

01. ❶　　02. ❷　　03. ❶

04. ❷

계약자체가 의무적 이행을 포함하는 선물계약에서는 매입자나 매도자 모두에게 증거금이 부과되고 필요 시 마진콜이 있다. 그러나, 옵션의 경우 매입자는 옵션을 행사 할 권리를 갖는 반면, 매도자는 행사된 옵션에 대해 매도해야 할 의무를 가진다. 따라서, 옵션의 경우 매도자(발행자)에게는 증거금이 부과되지만, 매입자에게는 부과되지 않는다.

05. ❷　　06. ❸

07. ❶

손익분기점(즉, 이익이 0이 되는 점)이 되는 기초자산가격을 구해 보자.

- 콜옵션 매입자의 경우:

  이익 = 내재가치 − 프리미엄 = (S − K) − C = 0

  ⇒ S = K + C

- 풋옵션매입자의 경우:

  이익 = 내재가치 − 프리미엄 = (K − S) − P = 0

  ⇒ S = K − P

  (단, S = 기초자산가격, K = 행사가격, C = 콜옵션 프리미엄, P = 풋옵션 프리미엄)

08. ❶

09. ❸

옵션의 이론적 가격은 0보다 작을 수 없으며, 배당이 없는 경우에는 어메리칸 콜옵션 소유자는 만기까지 행사하지 않는 것이 유리하다.

10. ❹

11. ❶

기초자산가격(S)이 행사가격(K)보다 크므로 내가격상태(ITM; in-the-money)에 있다. 즉, 콜옵션의

내재가치(intrinsic value) = max(S-K, 0)

= max(10.55₵ − 8.25₵, 0)

= max(2.30₵, 0) = 2.30₵

따라서, 주어진 옵션은 2.30₵만큼 내가격(ITM)상태에 있다.

12. ❹

13. ❸

CBOT에서 거래되는 은, 밀, 금선물의 옵션들은 어메리칸형(Ameican style)옵션이므로 만기 이전에 아무 때나 행사될 수 있다.

14. ❷

가격이 상승할 것을 기대하고 취하는 포지션은 선물매입포지션과 콜옵션 매입포지션을 들 수 있다. 따라서, 두 포지션은 서로 '평행(parallel)'하다고 말한다.

* 참조: 풋옵션 매도포지션도 가격상승 시 유리하지만 일정이상의 이익을 얻을 수 없으므로 가격이 상승할 수록 계속 이익이 증가하는 선물매입포지션과 parallel하다고 말하기 곤란하다.

15. ❸

채권을 발행할 예정이므로 금리상승 즉, 채권가격의 하락에 대비한 헷지전략을 구사해야 한다. 채권가격의 하락에 대비해야 하므로 풋옵션을 매입하면 된다.

16. ❶

17. ❸

매입한 주식의 가격이 상승하여 미실현 이익 혹은 평가이익이 발생할 경우, 평가이익을 고정시켜 앞으로 주식을 매도 시 이익을 보려면 '풋옵션'을 매입해야 한다.

그리고, 공매한 주식의 경우에는 앞으로 주식을 되사서 갚아야 하므로 콜옵션 매입은 공 매도의 헷지로서 적절한 전략이라 할 수 있다.

18. ❷

19. ❸

콜옵션 발행자의 이익(profit) = 프리미엄 - 이득(payoff) = C - max(S-K, 0)

즉, 이익의 최대값은 프리미엄(C)에 한정되지만, 손실은 주식가격(S)이 커지면 커질수록 커지게 되므로 제한이 없다. 따라서, 손실은 한정되고 이익은 제한이 없는 매입자에 비해 더 공격적인 포지션임을 알 수 있다.

20. ❹

기초자산의 변동성이 크면 클수록 미래에 기초자산가격이 아주 커지거나 아주 작아질 확률이 크므로 이익이 확대될 가능성이 커지며, 옵션의 가치도 커지게 된다. 따라서, 변동성은 콜옵션이든 풋옵션이든 모두 (+)의 영향을 준다.

21. ❷

22. ❸

옵션거래의 경우 발행자는 거래이행 의무를 가지므로 증거금을 납부할 의무가 있으나, 매입자의 경우 옵션행사 권리를 가지므로 납부할 의무가 없다.

23. ❷

선물의 경우 프리미엄이 없으므로 가격변동에 따라 일일정산을 하지만, 옵션의 경우 프리미엄과 기초자산가격의 변화 모두 일일정산에 영향을 준다.

24. ❶

옵션은 이득(payoff)이 0보다 클 때 행사되는데, 이득이 크면 클수록(즉, deep ITM) 행사될 가능성이 높다.

25. ❶

26. ❶

배당이 없는 경우의 '유러피안 풋-콜 패리티(put-call parity)'공식을 이용하여 설명할 수 있다. 즉,

p + S = c + PV(K)

이 공식에서 시간의 경과에 따라 예측이 가능한 것은 PV(K)밖에 없다. 왜냐하면, PV(K)를 구할 때 필요한 것은 이자율과 만기까지의 시간인데, 이자율이 옵션 만기 동안 일정하다고 하였고 만기까지의 기간은 아는 변수이기 때문이다.

위의 공식을 변형시키면,

PV(K) = +p + S - c 혹은 -PV(K) = -p - S + c

즉, (풋옵션 매입 + 주식 매입 + 콜옵션 매도)전략 혹은 (풋옵션 매도 + 주식 매도 + 콜옵션 매입)전략 중 하나를 취하면 PV(K) 혹은 -PV(K)의 거래결과를 갖게 되고, 그 액수를 알고 있으므로 위험이 없다.

27. ❶

28. ❸

노출된 옵션이란 헷지되지 않고 옵션만 발행된 경우를 말한다.

29. ❹

옵션은 선물과 달리 손실은 옵션가격으로 제한되고, 이익은 무제한 가능하다.

30. ❸

옵션이 외가격상태에 있다고 외재가치(시간가치)가 0인 것은 아니다. 외재가치는 만기까지 기초자산가격이 투자자에게 유리하게 변할 수 있다는 기대에 의해 형성되기 때문에 지금 비록 외가격이라 해도 외재가치는 0보다 크다. 그렇기 때문에 외가격상태에 있는 옵션가격이 0보다 크게 거래될 수 있는 것이다.

31. ❷

32. ❶

①을 올바르게 표시하면 다음과 같다.

max(A−B, 0) = −min(B−A, 0)

> * 참조: max함수와 min함수
> * max(A, B) = −min(−A, −B)
> * max(A, B) = −min(−A, −B) = −min[(−A+A, −B+A)−A] = −min(0, A−B) + A

33. ❹

거래소에서 거래되고 있는 옵션의 경우, 행사가격의 간격(spacing)은 다음과 같은 일정한 규칙을 가지고 있다.

- $5 ≤ S ≤ $25 ⇒ 간격 = $2.5
- $25 < S ≤ $200 ⇒ 간격 = $5
- S > $200 ⇒ 간격 = $10

34. ❹

$p \le Ke^{-rT}$이어야 한다.

35. 옵션의 프리미엄 = 내재가치(intrinsic value) + 시간가치(time value)

⇒ 시간가치(time value) = 프리미엄 − 내재가치(intrinsic value)

$= 2 - \max(26\frac{3}{4} - 26, 0) = 2 - \frac{3}{4} = 1\frac{1}{4}$

36. 옵션의 프리미엄 = 내재가치(intrinsic value) + 시간가치(time value)

⇒ 시간가치(time value) = 프리미엄 − 내재가치(intrinsic value)

= $27\frac{1}{2}$¢ − max(X − S, 0)

= 27.50¢ − max(725¢ − 7.22\frac{1}{4}$, 0)

= 27.50¢ − 2.75¢ = 24.75¢/bu. = 24$\frac{3}{4}$¢/bu.

37. 순가격(net price) = 현물매도가격 + 옵션거래 손익(즉, 풋옵션 매도가격 − 매입가격)

= $7.50 + ($0.80 − $0.20)

= $8.10

38. 먼저, 풋옵션의 내재가치(intrinsic value) = max(K−S, 0) = max($700−$800, 0) = 0

그런데, 옵션의 프리미엄 = 내재가치(intrinsic value) + 시간가치(time value)이므로,

시간가치(time value) = 옵션의 프리미엄 − 내재가치(intrinsic value)

= $15 − $0 = $15

즉, 시간가치는 $15이고, 내재가치는 $0이다.

39. 현물가격은 떨어졌으므로 손해이고, 옵션가격은 올랐으므로 이익이다. 즉,
현물포지션: 56₵/lb.(S) - 60₵/lb.(L) = -4₵/lb.(손실)
옵션포지션: 2.90₵/lb.(S) - 1.10₵/lb. = +1.70₵/lb.(이익)
거래결과 합계 = -4₵/lb.(손실) +1.70₵/lb.(이익) = -2.30₵/lb.(손실)
따라서, 총손익 = -2.30₵/lb.(손실) × 40,000lb./계약 × 1계약 = -$920(손실)

40. 배당이 없는 경우의 '유러피안 풋-콜 패리티(put-call parity)'공식을 이용하여 계산할 수 있다. 즉,
p + S = c + PV(K)
(단, PV(K) = 행사가격의 현재가치(PV: present value)
따라서, c = p + S - PV(X) = $15 + $500 - $470 = $45

> * 참조: 배당을 지급하는 주식의 경우 '풋-콜 패리티(put-call parity)'공식은 다음과 같다.
> p + S - D = c + PV(K)
> (단, D = 옵션만기일까지 지급되는 총 배당액의 현재가치)

41. 콜옵션 개시증거금 = max(C1, C2)
C1 = N(c + 0.2S - OTM) = 400개($5 × 0.2 + $38 - $2) = $4,240
C2 = N(c + 0.1S) = 400개($5 + 0.1× $38) = $3,520
따라서, 개시증거금 = max($4,240, $3,520) = $4,240

> * 참조: 콜옵션과 풋옵션 발행자의 개시증거금: (식9-5)
> 개시증거금 = max(A, B)
>
> 단, A = 옵션발행수입의 100% + 기초자산가격의 20% - 외가격(OTM)금액
> = N(c + 0.2S - OTM)
> B = 옵션발행수입의 100% + 기초자산가격의 10%
> = N(c + 0.1S)
> N = 발행옵션 수(옵션 1계약의 경우 100개)

42. 주어진 문제에서 K=$15, 1계약단위 = N = 100주이다.
25% 주식배당은 125-for-100 주식분할과 동일하다. 즉, n=125, m=100. 따라서,
새로운 행사가격, K* = K(m/n) = $15(100/125) = $12
새로운 계약단위, N* = N(n/m) = 100주(125/100) = 125주
결과적으로, 25%주식배당 때문에 콜옵션의 계약조건은 주식 125주를 주당 $12로 매도할 수 있는 조건으로 조정된다.

43. 무배당주식 콜옵션의 하한선(lower bound)
$= S_0 - Ke^{-rT} = \$28 - \$25e^{-0.08(4/12)} = \$3.66$

44. 무배당주식 유러피안 풋옵션의 하한선(lower bound)

$= Ke^{-rT} - S_0 = \$15e^{-0.06(1/12)} - \$12 = \$2.93$

45. 주어진 문제에서, c=\$1, T=3개월 =(3/12)년 = 0.25년, K=\$20, S_0 =\$19, r=0.04/년이다.
시장에 차익거래기회가 없다면, 무배당 유러피안 풋-콜 패리티가 성립해야 하므로,
$p = c + Ke^{-rT} - S_0 = 1 + 20e^{-0.04(0.25)} - 19 = \$1.80.$

46. 주어진 문제에서, p=\$2, T=6개월 =(6/12)년 = 0.5년, K=\$30, S_0 =\$29, r=0.10/년이다.
시장에 차익거래기회가 없다면, 유배당 유러피안 풋-콜 패리티가 성립해야 하며, 수익률곡선이 수평하므로 2개월 후나 5개월 후나 적용되는 무위험이자율은 10%로 동일하다.
먼저, 배당의 현재가치를 연속복리로 구하면 다음과 같다.
배당의 현재가치 = $D = \$0.5e^{-0.1(2/12)} + \$0.5e^{-0.1(5/12)} = \$0.9$. 따라서,
$c = p + S_0 - Ke^{-rT} - D = 2 + 29 - 30e^{-0.1(0.5)} - 0.97 = \$1.49.$

47. (식 9-16)에 있는 다음과 같은 어메리칸 풋-콜 패리티를 이용하면 된다.
주어진 문제에서, C=\$4, K=\$30, S=\$31, T=3개월=(3/12)년 = 0.25년, r=8%/년. 따라서,
$S - K \le C - P \le S - Ke^{-rT}$
$\Rightarrow 31 - 30 \le 4 - P \le 31 - 30e^{-0.08(0.25)}$
$\Rightarrow 1 \le 4 - P \le 1.59$
$\Rightarrow -3.00 \le -P \le -2.41$
$\Rightarrow \$2.41 \le P \le \$3.00$
즉, 상한선=\$3.00, 하한선=\$2.41이다.

48. 본문 (식 9-17)에 있는 유배당 어메리칸 풋-콜 패리티는 다음과 같다.
$S - D - K \le C - P \le S - Ke^{-rT}$
이를 증명해 보자.

(증명)

① 부등식의 우편(RHS: Right Hand Side): $C - P \le S - Ke^{-rT}$
배당이 없는 경우 어메리칸 풋-콜 패리티에서 이미 다음 부등식을 증명한 바 있다. (식 9-16)과 증명 참조.
$C - P \le S - Ke^{-rT}$
그런데 배당이 지급되면, 동일한 비율로 C는 가격이 하락하고, P는 가격이 상승한다. 즉,
배당지급
$\Rightarrow \uparrow P, \downarrow C$
$\Rightarrow (C + \Delta C) - (P + \Delta P) = (C - P) - (\Delta C - \Delta P) = C - P$ (왜냐하면, $\Delta C = \Delta P$)
따라서, 배당이 지급되어도 배당으로 변화되는 ΔC와 ΔP가 서로 상쇄되므로,
부등식에는 아무런 영향을 주지 않는다. 그러므로, 부등식의 우편은 동일하다.

② 부등식의 좌편(LHS: Left Hand Side): S - D - K ≤ C - P

부등식의 좌편을 증명하기 위해 다음과 같은 두 가지 투자전략을 이용한다.

- 투자전략 I: +c + D + K = 유러피안 콜옵션(c) 1개 매입 + 현금$(D+K)를 무위험이자율 r로 예금
- 투자전략 J: +P + S = 어메리칸 풋옵션(P) 1개 매입 + 기초자산(S) 1개 매입

i) 어메리칸 풋옵션이 만기 전에 행사되지 않는 경우

투자전략 I의 만기 시 가치 = $\max(S_T-K,0) + (D+K)e^{rT} = \max(S_T,K) - K + Ke^{rT} + De^{rT}$

투자전략 J의 만기 시 가치 = $\max(K-S_T,0) + S_T + De^{rT} = \max(S_T,K) + De^{rT}$

그런데, $Ke^{rT} - K \geq 0$ ⇒ 투자전략 I의 만기 시 가치 ≥ 투자전략 J의 만기 시 가치.

따라서, 시장에 차익거래기회가 없다면, +c + D + K ≥ P + S ⇒ +C + D + K ≥ P + S.

그러므로, S - D - K ≤ C - P.

ii) 어메리칸 풋옵션이 만기 전에 행사되는 경우

어메리칸 풋옵션이 행사되는 시점을 t라 하자(t < T).

그러면, 행사시점(t)에서의 두 가지 투자전략의 가치는 다음과 같다.

투자전략I의 가치(t) = $0 + (D + K)e^{rt} = De^{rt} + Ke^{rt}$

(왜냐하면, t시점에 어메리칸 풋옵션이 행사되었다는 것은 K가 S_t보다 훨씬 크다는 것, 즉 풋옵션이 깊은 내가격(deep ITM)에 있는 것이므로 역으로 콜옵션은 깊은 외가격(deep OTM)상태에 있는 것이므로 콜옵션의 가치는 0에 가깝다고 볼 수 있다)

투자전략J의 가치(t) = $(K-S_t) + S_t + De^{rt} = De^{rt} + K$

그런데, $Ke^{rt} \geq K$ ⇒ 투자전략 I의 가치(t) ≥ 투자전략 J의 가치(t).

따라서, 시장에 차익거래기회가 없다면, +c + D + K ≥ P + S ⇒ +C + D + K ≥ P + S.

그러므로, S - D - K ≤ C - P.

i)과 ii)로부터, 투자전략J에 포함되어 있는 어메리칸 풋옵션(P)이 언제 행사되는지 상관없이 항상 S - D - K ≤ C - P의 관계가 성립한다.

고로, ①과 ②로부터, 배당이 있는 경우 '어메리칸 풋-콜 패리티'가 성립된다.

Q.E.D.

49. 만기 시의 자산의 가치= A_T, 자기자본의 가치= E_T, 부채의 가치= L_T라 하자.

그러면, 회계항등식(Accounting identity)으로부터, 자산 = 자기자본 + 부채이므로,

$A_T = E_T + L_T$ (a)

(1) 만기 시 자기자본의 가치(E_T)

$E_T = A_T - L_T$ (b)

그런데, 자기자본의 가치(즉, 주식의 가치)는 유한책임(limited liability)의 원칙에 의해 음(-)이 될 수 없으므로, 식(b)는 0보다 크거나 같아야 한다. 즉,

$E_T = A_T - L_T \geq 0$

$\Rightarrow E_T = A_T - L_T = \max(A_T - L_T, 0) = \max(A_T - K, 0)$ (왜냐하면, 만기 시 부채가치=K)

$\Rightarrow E_T = \max(A_T - K, 0) = c_T$ (c)

즉, 식(c)에서 c_T는 행사가격이 K이고 기초자산이 A인 콜옵션의 T시점 가격이다.

(2) 만기 시 부채의 가치(L_T)

만기 시 채권자는 기업으로부터 원금(K)을 돌려받아야 하는데, 기업이 가지고 있는 자산이 원금보다는 커야 원금을 받을 수 있다. 따라서, 만기 시 부채의 가치는 다음과 같다.

$L_T = \min(A_T, K)$

$\Rightarrow L_T = \min(A_T, K) = -\max(-A_T, -K) = -[\max(+K-A_T, +K-K) - K] = K - \max(K-A_T, 0)$

$\Rightarrow L_T = K - \max(K-A_T, 0) = K - p_T$ (d)

즉, 식(d)에서 p_T는 행사가격이 K이고 기초자산이 A인 풋옵션의 T시점 가격이다.

(3) 만기 시 자산의 가치를 표시하는 식(a)로부터,

$A_T = E_T + L_T$

$\Rightarrow A_T = c_T + K - p_T$ (e)

만일 시장에 차익거래기회가 없다면, 식(e)는 현재(t=0)시점에도 성립된다. 즉, 식(e)를 현재시점으로 할인하면 다음 식을 얻는다.

$A_0 = c_0 + Ke^{-rT} - p_0$

$\Rightarrow p_0 + A_0 = c_0 + Ke^{-rT}$: 무배당 유러피안 풋-콜 패리티.

Q.E.D.

* 참조: 가치평가와 옵션이론

이 문제는 기업의 가치 혹은 주식의 가치를 평가하는데 매우 중요한 시사점을 제시하고 있다. 과거에는 기업이나 주식의 가치를 평가할 때 주로 미래배당의 현금할인법(DCF: Discounted Cash Flow)이나, 유사 동종기업의 가치를 활용하는 상대평가법(relative valuation)등이 주로 사용되었으나, 최근에는 옵션가격결정모형(OPM: Option Pricing Model)을 이용하여 평가하고 있다. 본 문제에서 보듯이 결국 자본을 출자한 주주들의 입장에서 보면 기업의 가치는 모든 채권을 변제한 이후 남는 자산의 잔여가치(residual claim)로 볼 수 있다. 즉,

자기자본의 가치 = 주식의 가치 = 콜옵션가치(행사가격=총부채, 기초자산=기업자산)

50. (1) 만기 시 담보물대출의 가치(V_T)

$V_T = \min(A_T, D) = A_T - \max(0, A_T - D)$

왜냐하면,

$A_T > D$이면, 채무가 이행되어 대출의 가치는 D가 되며,

$A_T < D$이면, 채무가 이행되지 않아 대출의 가치는 A_T가 되기 때문이다.

2차 평면에 표시하는 것은 옵션(option)이론에서 통상 사용하는 1사분면 공간에 $\min(A_T, D)$를 꺾인 직선으로 표시하면 된다.

즉, D를 행사가격으로 보고 $A_T < D$인 구간에서는 기울기 45도의 1차 직선의 모양을, $A_T > D$인 구

간에서는 D로 일정한 수평선을 그리면 된다.

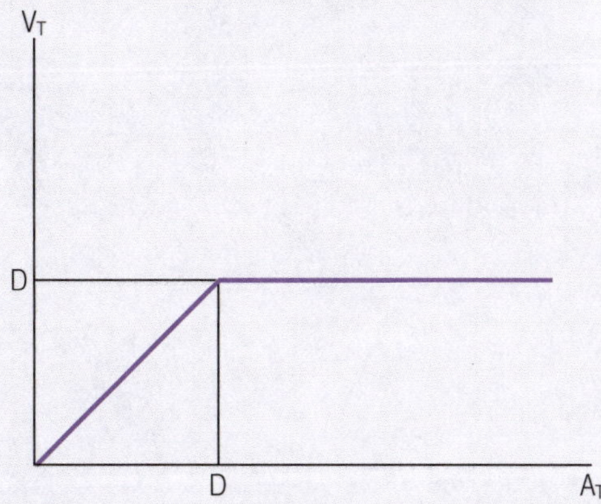

(2) 차입자의 입장에서는 담보물을 지금 은행 갑에게 양도(매도)하고, 갑으로부터 콜옵션을 취득한 것으로 볼 수 있다. 즉, 을이 담보부대출을 받는다는 것은 대출원금을 지금 받고 담보물을 채권자 갑에게 양도하는 동시에 만기일에 D의 행사가격을 지불하고 담보물을 되사는 콜옵션을 취득(매입) 한 것으로 해석할 수 있다.

따라서, 차입자의 입장에서는 담보물매도와 콜옵션매입의 포트폴리오를 가진 것으로 해석할 수 있으며 이는 다음과 같이 수식으로 표현할 수 있다.

차입자 입장에서의 담보부대출 포트폴리오 = $-A_0 + C_0$

(단, C_0 = 콜옵션의 현재가치)

(3) 채권자 갑의 입장에서는 무위험대출을 해줌과 동시에 만기 시 담보물을 을에게 매도할 수 있는 풋옵션을 취득한 것으로 볼 수 있다. 즉, 담보부대출은 채권자가 D만큼 확실하게 회수되는 무위험대출을 해줌과 동시에 만기일에 D의 행사가격으로 담보물을 을에게 매도할 수 있는 풋옵션을 취득한 것으로 볼 수 있다.

따라서, 채권자의 입장에서는 대출과 풋옵션매입의 포트폴리오를 가진 것으로 해석할 수 있으며 이는 다음과 같이 수식으로 표현할 수 있다.

채권자 입장에서의 담보부대출의 포트폴리오 = $-D/(1+r)^T + P_0$

(단, $D/(1+r)^T$ = 대출원리금의 현재가치, P_0 =풋옵션의 현재가치)

(4) 위의 (2)와 (3)은 관점의 차이일 뿐 동일한 것이다.

즉, 차입자 을이 보는 대출의 가치가 (2)라면, 채권자 갑이 보는 대출의 가치가 (3)이다.

따라서, 두 개의 가치가 같을 때 다음과 같이 대출의 규모가 결정된다.

$+A_0 - C_0 = D/(1+r)^T - P_0$

이는 중간에 배당이나 이자소득이 없는 경우의 유러피안 풋-콜 패리티와 동일하다.

한편, 위의 식 좌변이나 우변에 있는 담보부대출의 현재가치는 결국 차입자(자금수요자)와 채권자(자금공급자) 사이의 대출시장에서의 균형관계를 표시한다.

따라서, 대출의 현재가치는 경제적 분석의 관점에서 볼 때 차입자와 채권자 사이의 균형 대출규모를 의미한다고 볼 수 있다.

Chapter 10

옵션가격결정모형(1) : 이항분포모형

옵션가격결정이론(OPT: option pricing theory)은 이론적으로 옵션의 가치를 구하는 이론을 통칭하여 말하며, 구체적으로 옵션가격을 구할 때는 이론을 구축하는 과정에서 적용하는 가정에 따라 다양한 모형(model)들이 존재한다.

옵션가격결정모형은 옵션 기초자산의 확률분포를 어떻게 가정하느냐에 따라 크게 둘로 분류할 수 있다. 하나는 이산확률분포(discrete probability distribution)를 가정하는 이산확률옵션가격결정모형이고, 다른 하나는 연속확률분포(continuous probability distribution)를 가정하는 연속확률옵션가격결정모형이다. 전자에 속하는 대표적인 것이 이항분포모형(binomial distribution model)이고 후자에 속하는 대표적인 것이 블랙-숄즈-머튼모형(Black-Scholes-Merton model)이다. 이항분포모형은 기초자산의 가격이 이항분포를 따른다고 가정하며, 블랙-숄즈-머튼모형은 대수정규분포를 가정한다. 참고로, 이산확률분포는 확률변수가 정수값(integer value)만 가질 수 있으며, 반면 연속확률분포는 확률변수가 실수값(real value)을 가질 수 있다.

본 장에서는 이항분포모형에 대해 살펴보게 되는데, 이 모형은 1979년 Cox, Ross와 Rubinstein에 의해 개발된 방법이다.[1] 블랙-숄즈-머튼모형이 어려운 수학적 기법을 많이 요구하며 만기일에만 권리행사가 가능한 유러피안 옵션에만 적용되는 단점이 있으나, 이항분포모형은 어려운 수학적 접근은 가급적 배제하고 미래 주가의 변화 가능성을 이항분포를 이용하여 통계적으로 추측하여 어메리칸 옵션의 가치를 계산하는데도 이용할 수 있는 장점이 있다.

---

1 Cox, J.C., S.A. Ross, M. Rubinstein, "Option Pricing: A Simplified Approach", *Journal of Financial Economics 7*, (October, 1979), pp.229-264.

1. 베르누이분포와 이항분포

이항분포모형을 이해하기 위해서는 먼저 이항분포를 이해할 필요가 있으며, 이항분포를 이해하기 위해서는 먼저 베르누이분포를 이해할 필요가 있다. 왜냐하면, 이항분포는 베르누이분포의 확장이기 때문이다.

1) 베르누이분포

베르누이분포(Bernoulli distribution)는 오직 2가지 결과만을 갖는 확률변수가 갖는 확률분포를 말한다.[2] 예를 들어, 홀수와 짝수, 남자와 여자, 동전의 앞면(head)과 뒷면(tail), 산성과 알칼리성, 키 170cm이상과 미만, 대졸이상과 대졸미만 등 우리 주변에서 흔히 볼 수 있는 현상들이다. 가장 대표적으로 많이 사용되는 동전던지기(tossing coin)실험을 이용하여 자세히 살펴보도록 하자.

만일 확률변수 X가 동전던지기 실험에서 나오는 결과를 표시한다고 하자. 즉, 동전의 앞면이 나오면 H(Head), 뒷면이 나오면 T(Tail)로 표시하고, H가 나올 확률은 p, T가 나올 확률은 (1-p)라고 하고, 편의상 H가 나오면 1, T가 나오면 0이라는 숫자를 부여한다고 하면, 확률변수 X의 확률분포, p(x)는 다음과 같이 표시할 수 있다.[3]

$$p(x=1) = Pr(X = H) = p, \ p(x=0) = Pr(X = T) = 1-p \qquad \text{(식 10-1)}$$

그러면, 베르누이분포를 따르는 확률변수 X의 기대치(expected value)와 분산(variance)은 다음과 같이 구할 수 있다.[4]

$$\text{기대치} = E(X) = p \qquad \text{(식 10-2)}$$

2 요한 베르누이(Johann Bernoulli, 1667년 8월 6일~1748년 1월 1일)는 스위스의 수학자이다. 17세기~18세기에 걸쳐 여러 명의 수학자와 과학자를 배출한 베르누이 가문 출신이다.

3 여기서는 편의상 H가 나오면 1, T가 나오면 0이라고 정의하였으나, 반대로 해도 무방하다. 즉, H가 나오면 0, T가 나오면 1이라고 할 수는 있으나, 결과에 대한 해석이 달라지고, 평균과 분산도 달라질 것이다. 마찬가지로, H가 나올 확률은 (1−p), T가 나올 확률을 p라 해도 무방하나 평균과 분산이 달라지고 해석도 다르게 해야 함을 유의해야 한다.

4 $E(X) = \sum_{x=0}^{1} xp(x) = 0(1-p) + 1(p) = p$

$V(X) = E(X^2)-[E(X)]^2 = \sum_{x=0}^{1} x^2p(x) - p^2 = [0^2(1-p) + 1^2(p)] - p^2 = p - p^2 = p(1-p)$

$$분산 = V(X) = p(1-p) \quad \text{(식 10-3)}$$

확률변수 X가 베르누이분포를 따르고 발생확률이 p인 경우 보통 X~B(p)로 표시한다.

2) 이항분포

이항분포(binomial distribution)는 베르누이분포의 확장이라 할 수 있다. 즉, 베르누이분포가 단 1회의 실험에 대한 결과를 분포로 표시한 것이라면, 이항분포는 베르누이 실험을 n번(n≥2) 시행한 결과를 분포로 표시한 것이다. 다만 n번의 실험을 다음과 같은 두 가지 조건을 충족하면서 시행할 때 이항분포라 말할 수 있다.

(조건1) 동일확률: 앞면(H)이 나올 확률(p)이 n번의 실험 중 변하지 않고 항상 같다.
(조건2) 독립확률: 한 실험이 다른 실험에 전혀 영향을 주지 않는다.

(조건1)을 동일확률(identical probability)의 원칙이라 하고, (조건2)를 독립확률(independent probability)의 원칙이라 한다. 이 두 가지 조건을 동시에 만족하는 분포를 '독립동일분포(i.i.d.: independent and identically distributed)'라고 부른다. 그러므로 이항분포는 베르누이 실험을 i.i.d. 조건하에서 n번 반복할 때 나오는 결과를 확률분포로 표시한 것이다.

이항분포를 따르는 확률변수 Y의 확률질량함수(p.m.f)는 다음과 같다.[5]

$$p(y) = {}_nC_y \cdot p^y \cdot (1-p)^{n-y},\ y = 0,1,2,\cdots\cdots,\ n \quad \text{(식 10-4)}$$

단, ${}_nC_y$ = n개 중에서 y개를 선택하는 조합(combination)

또한, 이항분포를 따르는 확률변수 Y의 기대치와 분산은 다음과 같다.[6]

$$기대치 = E(Y) = np \quad \text{(식 10-5)}$$

$$분산 = V(Y) = np(1-p) \quad \text{(식 10-6)}$$

5 이산확률변수에 대한 확률분포함수를 확률질량함수(p.m.f.: probability mass function)이라 부르고 보통 p(x)로 표시하며, 연속확률변수에 대한 확률분포함수를 확률밀도함수(p.d.f.: probability density function)이라 부르고 보통 f(x)로 표시한다.

6 증명방법은 베르누이분포와 동일하며, 통계학 관련 어느 책에서나 쉽게 확인할 수 있다.

확률변수 Y가 이항분포를 따르고 실험횟수가 n, 발생확률이 p인 경우 보통 Y~b(n, p)로 표시한다.

사례

〈10-1〉 베르누이분포와 이항분포 계산

동전던지기 실험에서 앞면(H)이 나올 확률, p=1/2이고 이 확률은 실험을 반복해도 변하지 않고 일정하고 하나의 실험이 다른 실험에 전혀 영향을 미치지 않는다고 한다. 이 동전던지기 실험을 n번 반복한다고 할 때, 다음 질문에 답하라. 단, 앞면(H)이 나오면 1을, 뒷면(T) 이 나오면 0이라는 숫자를 부여한다고 하고, 앞면이 나온 횟수를 확률변수 X라 한다.

(1) n=1인 경우, x=0일 확률, X의 기대치, 그리고 표준편차를 구하라.

(2) n=4일 때, x=3일 확률, X의 기대치, 그리고 표준편차를 구하라.

사례 분석

(1) n=1인 경우는 베르누이분포를 의미한다. 따라서 (식 10-1)부터 (식 10-3)까지를 적용하면 된다.

$Pr(X=0) = Pr(X=T) = p(0) = 1-p = 1-(1/2) = 1/2$

$E(X) = p = 1/2$

$V(X) = p(1-p) = (1/2)(1/2) = 1/4 \Rightarrow$ 표준편차 = $\sqrt{\text{분산}}$ = $\sqrt{(1/4)}$ =1/2

(2) n>1이고 i.i.d.조건이 충족되면 이항분포를 따르므로 (식 10-4)부터 (식 10-6)을 적용하면 된다. 문제에서 n=4, x=3이다.

$p(x=3) = nCx(p^x)(1-p)^{n-x} = {}_4C_3(\frac{1}{2})^3(\frac{1}{2})^1 = 4(\frac{1}{8})(\frac{1}{2}) = \frac{1}{4}$

$E(X) = np = 4(1/2) = 2$

$V(X) = np(1-p) = 4(1/2)(1/2) = 1 \Rightarrow$ 표준편차 = $\sqrt{\text{분산}} = \sqrt{1} = 1$

참고로, 만일 n이 충분히 커지면 중심극한정리(CLT: central limit theorem)에 의해 이산확률분포인 이항분포는 연속확률분포인 정규분포로 수렴한다. 즉, 이항분포와 정규분포 사이에 다음과 같은 관계가 성립한다.

$$Z = \frac{Y-np}{\sqrt{np(1-p)}} \sim N(0,1) \qquad \text{(식 10-7)}$$

단, $Z \sim N(0, 1)$: 표준정규분포
$Y \sim b(n, p)$: 이항분포
$N(\mu, \sigma^2)$: 평균이 μ이고,분산이 σ^2인 정규분포

(식 10-7)로부터 이항분포모형은 n이 클 경우 블랙-숄즈-머튼모형으로 수렴될 수 있음을 알 수 있다.

2. 1기간 모형과 유러피안 옵션

이항분포모형으로 옵션의 가치를 평가하는데는 크게 두 가지 방법이 있다. 하나는 시장에 차익거래기회가 없다고 가정하는 차익거래모형이고, 다른 하나는 투자자의 위험선호(risk preference)가 위험중립적이라 가정하는 위험중립모형이다. 두 가지 방법이 각각 사용하는 이론적 근거는 다르지만 결과는 동일하다. 따라서, 어떤 방법을 사용해도 무방하다. 뒤에서 살펴 블랙-숄즈-머튼모형의 결과도 차익거래와 위험중립 두 가지 모두로 설명할 수 있음은 물론이다. 먼저, 유러피안 옵션에 대한 1기간모형부터 살펴보기로 하자.

1) 차익거래모형

차익거래모형(arbitrage model)은 시장에 차익거래기회가 없다는 '무차익논리(no arbitrage argument)'로 옵션가치를 평가하는 모형이다. 차익거래모형을 이해하기 위해서는 먼저 무위험포트폴리오를 이해해야 한다. '위험(risk)'이란 미래의 불확실성(uncertainty)에 노출되는 것을 말한다. 즉, 미래에 불확실성이 없다면 위험은 없을 것이다. 따라서, 여기서 말하는 무위험포트폴리오(riskless portfolio)란 미래 기초자산의 변동과 상관없이 미래 포트폴리오의 가치가 일정한 포트폴리오를 말한다. 여기서는 기초자산을 이용하여 옵션의 가치를 평가하는 것이므로 포트폴리오는 기초자산과 옵션을 결합하여 만들면 된다.

(1) 1기간 차익거래모형: 예제

무위험포트폴리오 생성방법을 이해하기 위해 간단한 예제를 이용해보자.

현재 기초자산인 주식의 가격은 \$20이고, 이 주식을 기초자산으로 하는 유러피안 콜옵션의 행사가격은 \$21이며, 옵션만기는 3개월이라 한다. 현재 무위험이자율(r)은 연간 12%라

한다. 3개월 후 주식가격은 $22로 상승하든가, $18로 하락하는 두 가지 가능성만 있다고 가정하면 이러한 1기간 모형은 베르누이 확률분포 혹은 n=1인 이항분포를 따른다고 할 수 있다. 이러한 상황은 다음 〈그림 10-1〉과 같이 설명할 수 있다.

〈그림 10-1〉 1기간 차익거래모형 예제

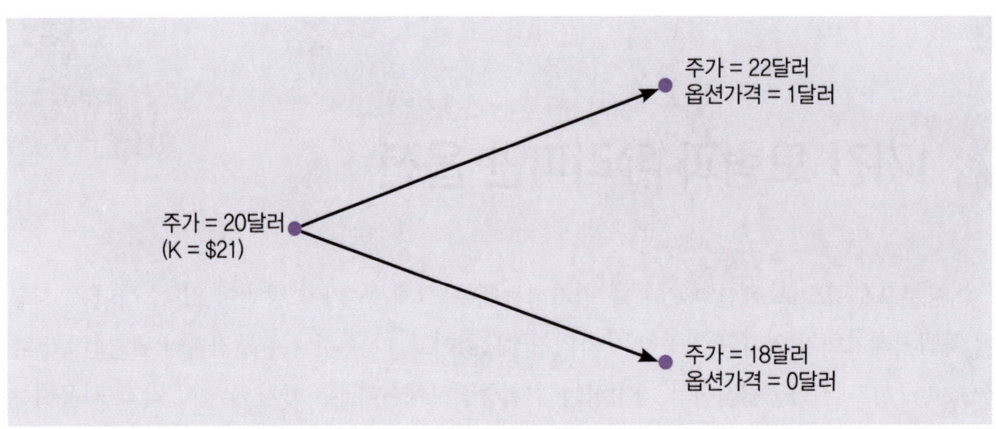

이제 기초자산(S)과 유러피안 콜옵션(c)을 이용하여 무위험포트폴리오를 생성해 보자.

콜옵션을 매도한 투자자의 경우 시장에서 기초자산인 주가가 상승할 경우 손실을 볼 수 있으므로 콜옵션매도포지션을 완전헷지하면 기초자산가격의 변동에 상관없이 일정한 손익을 기대할 수 있다. 즉, 콜옵션을 매도하고 동시에 기초자산을 매입하면 콜옵션의 손익과 주가의 손익이 정확히 반대로 움직이므로 완전헷지가 가능하고 이를 통해 무위험포트폴리오가 생성된다. 만일 콜옵션 1개 매도포지션을 완전헷지하는 주식의 개수를 델타(Δ)라 하고, 무위험포트폴리오를 P라 하면 이는 다음과 같이 표시할 수 있다.

$$P = S\Delta - c \quad \text{(식 10-8)}$$

〈그림 10-1〉에서 보는 바와 같이 만기 시(즉, 3개월후) 주가가 $22로 상승하면 행사가격이 $21이므로 이 때의 콜옵션가치는 $1가 되고, $18로 하락하면 콜옵션가치는 $0가 된다. 즉, (식 10-8)로부터

주가 상승 시 포트폴리오 가치, P(상승) = $22Δ - $1 = 22Δ - 1
주가 하락 시 포트폴리오 가치, P(하락) = $18Δ - $0 = 18Δ

그런데, 포트폴리오 P가 무위험(riskless)이 되려면 주가의 변동에 관계없이 P의 가치가 상수가 되어야 하므로 P(상승) = P(하락)이어야 한다. 따라서, 다음 결과를 얻을 수 있다.

$$22\Delta - 1 = 18\Delta \Rightarrow \Delta = 1/4 = 0.25 \quad \text{(식 10-9)}$$

(식 10-9)를 (식 10-8)에 대입하면, 무위험포트폴리오는 다음과 같다.

$$P = S\Delta - c = 0.25S - c \quad \text{(식 10-10)}$$

즉, 주어진 시장상황에서 무위험포트폴리오(P)란 콜옵션매도 1개당 주식 0.25개를 매입하는 것이다. 주식 0.25개를 시장에서 매입할 수 없으므로 이를 달리 표현하면, 콜옵션매도 4개당 주식 1개를 동시에 매입하는 포지션을 취하면 완전헷지가 되어 무위험포트폴리오를 생성할 수 있다는 것이다.

이제 (식 10-10)의 무위험포트폴리오를 이용하여 현재의 콜옵션가치를 구해보자.
만기(T) 시 무위험포트폴리오의 가치는 다음과 같다.

$$P_T = 0.25S_T - c_T = 0.25(22) - 1 = 0.25(18) - 0 = \$4.50$$

만일 시장에 차익거래기회가 없다면(no arbitrage), 포트폴리오의 현재가치는 미래 현금흐름을 현재시점(t=0)으로 할인한 값과 같아야 한다. 이러한 조건 때문에 이렇게 옵션가치를 구하는 것을 '차익거래모형'이라 부른다. 그런데 이 포트폴리오는 무위험포트폴리오이므로 할인율은 무위험이자율(r=12%)이 되어야 한다. 이러한 원리를 이용하여 무위험포트폴리오의 현재가치를 연속복리로 구하면 다음과 같다.

$$P_0 = P_T e^{-rT} = \$4.50e^{-0.12\times(3/12)} = \$4.3670$$

그런데 (식 10-10)으로부터,

$$P_0 = 0.25S_0 - c_0 \;\Rightarrow\; c_0 = 0.25S_0 - P_0 = 0.25(\$20) - \$4.3670 = \$0.633.$$

따라서, 차익거래모형을 통해 시장에 차익거래기회가 없다면 현재 유러피안 콜옵션의 이론적인 가치인 $0.633를 구할 수 있다.

심화 학습 10-1 합성옵션과 차익거래모형

위에서 설명한 차익거래모형은 주식과 무위험포트폴리오를 이용하여 '옵션'을 창출할 수 있음을 보여주는데, 이렇게 다른 자산들로부터 생성된 옵션을 합성옵션(synthetic option)이라 부른다. 이를 좀 더 자세히 설명하면 다음과 같다.

무위험포트폴리오를 설명하는 (식 10-10)으로부터, 콜옵션(c)은 주식(S)과 무위험포트폴리오(P)를 결합하여 다음과 같이 생성할 수 있다.

$$P = S\Delta - c \Rightarrow c = S\Delta - P \qquad \text{(a)}$$

그런데, 식(a)에서 무위험포트폴리오(P)는 무위험채권으로 생각해도 무방하므로 식(a)는 다음과 같이 식(b)로 표시된다. 단, B = 무위험채권가격.

$$c = S\Delta - B \qquad \text{(b)}$$

식(b)를 임의의 시점(t)에서의 가치로 표시하면 다음과 같다.

$$c_t = S_t\Delta - B_t \qquad \text{(c)}$$

식(c)를 행렬(matrix)로 표시하면 다음과 같다.

$$\begin{bmatrix} c(\text{상승}) \\ c(\text{하락}) \end{bmatrix} = \begin{bmatrix} S(\text{상승}) \\ S(\text{하락}) \end{bmatrix}\Delta + \begin{bmatrix} B(\text{상승}) \\ B(\text{하락}) \end{bmatrix}$$

$$\Rightarrow \begin{bmatrix} \$1 \\ \$0 \end{bmatrix} = \begin{bmatrix} \$22 \\ \$18 \end{bmatrix}\Delta + \begin{bmatrix} B1 \\ B2 \end{bmatrix}$$

$$\Rightarrow \text{연립방정식: } \left[\begin{array}{l} 1 = 22\Delta + B1 \\ 0 = 18\Delta + B2 \end{array} \right.$$

그런데 채권 B는 무위험이므로 B1=B2이어야 한다. 따라서, 연립방정식은 다음과 같다.

$$\Rightarrow \text{연립방정식: } \begin{cases} 1 = 22\Delta + B1 \\ 0 = 18\Delta + B1 \end{cases} \quad \text{(d)}$$

연립방정식(d)를 풀면, $\Delta = 1/4 = 0.25$로서 앞에서 구한 것과 동일하다.

(2) 1기간 차익거래모형의 일반화(유러피안 옵션)

앞에서 예제를 통해 설명한 유러피안 옵션에 대한 1기간 차익거래모형의 일반화(generalization)된 공식을 도출해 보자.

공식도출을 위해 다음 〈그림 10-2〉를 사용한다. 그림에서 보듯이 현재주가는 S_0, 주식옵션의 만기는 T, 주가는 만기 시 u배(u > 1)만큼 상승하거나 d배(0 < d < 1)만큼 하락한다. 즉, 만기 시 주가는 S_0u로 상승하거나, S_0d로 하락한다. 주가가 상승할 때의 옵션의 가치를 f_u라 하고, 주가가 하락할 때의 옵션의 가치를 f_d라 하자. 그리고 만기까지 적용되는 무위험이자율을 연간 r이라 하고 이자계산은 연속복리로 한다고 하자. 구하고자 하는 현재 유러피안 옵션의 가치를 f라 하자.

〈그림 10-2〉 1기간 차익거래모형의 일반화

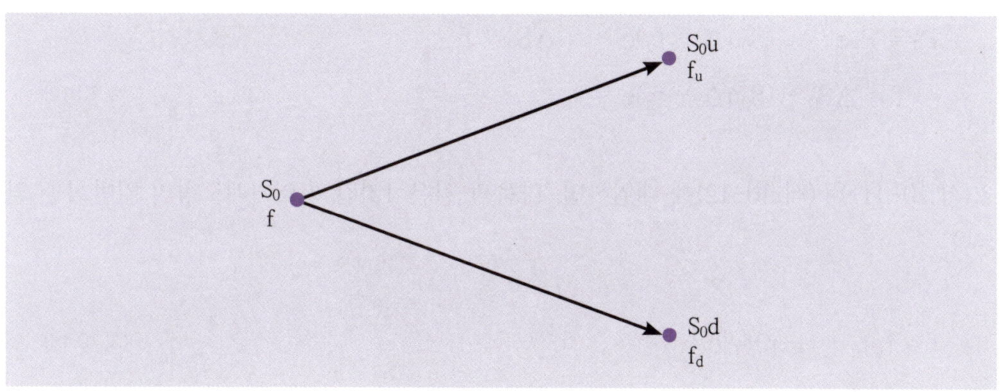

〈그림 10-2〉를 참조하여 차익거래모형으로 1기간 유러피안 옵션가치를 산출하여 일반화된 식을 구해보자.

먼저, 무위험포트폴리오를 구성하면 다음과 같다.

$$P = S\Delta - c$$

만기(T) 시 포트폴리오의 가치는 다음과 같게 된다.

주가상승 시: $P(\text{상승}) = S_0u\Delta - f_u$

주가하락 시: $P(\text{하락}) = S_0d\Delta - f_d$

포트폴리오가 무위험이 되려면, 상승 시 P와 하락 시 P가 같아야 하므로,

$$S_0u\Delta - f_u = S_0d\Delta - f_d$$

$$\Rightarrow \Delta = \frac{f_u - f_d}{S_0u - S_0d} \qquad \text{(식 10-11)}$$

이제 만기(T) 시 무위험포트폴리오의 가치는

$$P_T = \Delta S_T - f_T = S_0u\Delta - f_u = S_0d\Delta - f_d$$

만일 시장에 차익거래기회가 없다면 현재시점(t=0)에서의 포트폴리오가치는

$$P_0 = P_Te^{-rT} = (S_0u\Delta - f_u)e^{-rT} = \Delta S_0 - f$$

$$\Rightarrow f = \Delta S_0 - (S_0u\Delta - f_u)e^{-rT} \qquad \text{(식 10-12)}$$

(식 10-11)을 (식 10-12)에 대입하면, 다음과 같은 1기간 차익거래모형의 일반식을 얻는다.

$$f = [pf_u + (1-p)f_d]e^{-rT} \qquad \text{(식 10-13)}$$

단, $p = \frac{e^{rt} - d}{u - d}$

(식 10-13)은 몇 가지 중요한 의미를 갖는다.

첫째, 계산식을 단순화하기 위해 인위적으로 도입한 p는 정확하게 '확률(probability)'로 정의할 수는 없지만, 마치 확률 같이 해석할 수 있다. 즉 (식 10-13)에서 p를 만일 주가가 상승할 확률로, (1-p)를 주가가 하락할 확률로 해석한다면, 식을 다음과 같이 표현할 수 있다.

$$f = [pf_u + (1-p)f_d]e^{-rT} = E(f_T)e^{-rT} \qquad \text{(식 10-14)}$$

(식 10-14)는 우리가 이미 잘 알고 있는 것으로서, 현재 자산의 가치(f)는 미래 기대현금흐름($E(f_T)$)의 현재가치라는 할인현금흐름(DCF: discounted cash flow)방법의 기본원리이다. 그러나, 다시 한번 강조하거니와 여기서 '임의로' 편의상 정의한 p는 정확한 의미에서 실제로 주가가 상승할 확률은 아니다. 이와 관련해서는 뒤에서 좀 더 설명하기로 한다.

둘째, 주식기대수익률이 공식에 포함되어 있지 않다. 즉, (식 10-13)에서 주가가 상승하거나 하락할 확률은 포함되어 있지 않다. 이는 뒤에서 설명할 위험중립모형의 이론적 근거가 되므로 매우 중요하므로 뒤에서 그 이유에 대해 자세히 설명하고자 한다.

셋째, (식 10-14)는 u와 d만 정확히 알면 어렵지 않게 옵션의 가치를 산출 할 수 있음을 보여준다. 즉, u와 d를 통해 p를 구하고, 이 p를 이용하여 만기 시 기대옵션가치를 구한 다음, 이 기대가치를 무위험이자율로 할인하면 현재옵션가치를 구할 수 있다는 것이다. 그러면 어떻게 u와 d를 구할 것인가가 중요한 이슈인데 이에 대해서는 뒤에서 좀 더 설명하기로 한다.

(3) 차익거래모형 요약

지금까지 설명한 차익거래모형으로 1기간 유러피안 옵션가치를 산출하는 절차 3단계를 간략히 요약하면 다음과 같다.

〈차익거래모형〉

(1단계) **무위험포트폴리오 구성**: $P = S\Delta - c$

(2단계) **무차익거래조건(no arbitrage condition) 적용**: $P_0 = P_T e^{-rT}$

(3단계) **현재 옵션가치 산출**: $P_0 = P_T e^{-rT} = \Delta S_0 - f \Rightarrow f = \Delta S_0 - P_T e^{-rT}$

2) 위험중립모형

(1) 위험선호도와 위험중립모형

이제 1기간 이항분포모형의 두 번째 방법인 위험중립모형(risk-neutral valuation model)에 대해 살펴보기로 하자.

투자이론에서 투자자의 위험선호도(risk preference)는 〈그림 10-3〉에서 보는 바와 같이 위험회피형(risk averse), 위험중립형(risk neutral), 그리고 위험추구형(risk loving) 등 3가지로 분류된다.

첫째, 위험회피형(그림(a))이란 위험을 싫어하는 투자자로서 다른 조건이 일정하다면 가급적 적은 위험을 부담하려는 자이다. 따라서 이러한 투자자들은 위험에 대한 보상, 즉 리스크 프리미엄(RP: risk premium)이 적절한 정도로 주어질 때에만 위험을 부담하려고 한다. 그림에서 (a)에서 보듯이 이러한 투자자들의 효용(U: utility)함수는 부(wealth)의 증가에 따라 효용이 증가하면서 한계효용이 체감하는 형태를 갖는다. 대부분의 투자자들은 이러한 위험 선호도를 가진다.

둘째, 위험추구형(그림(c))이란 더 큰 위험을 선호하는 투자자들이다. 이들의 효용함수는 그림(c)에서 보듯이 부의 증가에 따라 효용이 증가하지만 한계효용이 체증하는 형태를 갖는다. 이들은 위험을 즐기는 투자자들이어서 위험에 대한 보상이 없어도 더 큰 이익이나 부가 생긴다면 투자하는 사람들이다.

셋째, 위험중립형(그림(b))이란 위험의 크기에 관계없이 기대부(expected wealth)에 의해서만 투자의사결정을 하는 사람들이다. 즉, 위험에 대해 무관심한(indifferent) 사람들이다. 따라서 위험에 대한 보상인 리스크프리미엄에 대해서도 관심이 없는 사람들이다. 리스크프리미엄에 대해 관심이 없다면, 기대수익률에도 관심이 없는 것은 당연하다. 왜냐하면, 자본자산가격결정모형(CAPM)에서 보듯이 기대수익률(E(R))이란 무위험이자율(r)에 리스크프리미엄($RP = \beta(ER_M - r)$)을 더한 값이기 때문이다. 그림(b)에서 보듯이 이러한 투자자들의 효용함수는 부가 증가하면 효용도 증가하지만 한계효용은 부의 크기에 관계없이 일정하며 효용함수가 직선으로 표시된다.

<그림 10-3> 투자자의 위험선호도

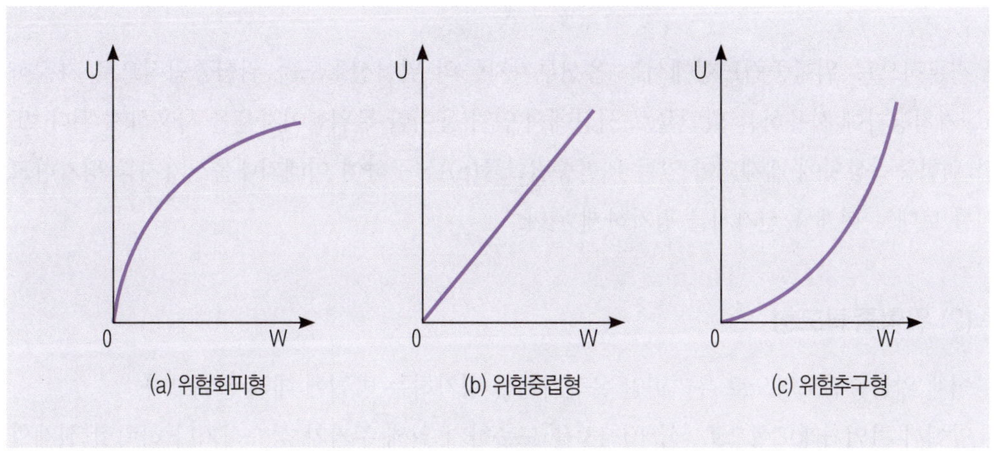

옵션가격결정을 위한 이항분포모형에서 위험중립모형이란 결국 옵션투자자들의 위험선호도를 '위험중립적'이라고 가정하고 옵션가치를 평가하는 이론이다. 즉, 옵션투자자들이 위험중립적이라면 그들은 옵션매매를 위한 의사결정 시 위험에는 관심이 없고 수익(기대부)에만 관심이 있다는 것을 의미한다. 이것이 사실이라면 옵션가치를 평가할 때, 옵션투자자들을 위험중립적이라 가정하고, 이러한 투자자들은 위험에 관심이 없으므로 위험에 대한 보상에도 관심이 없는 것이고 따라서 리스크프리미엄(RP)이 반영되어 있는 기대수익률에도 관심이 없다. 이는 할인율로서 무위험이자율을 써도 무방함을 시사한다.

왜 옵션투자자들이 위험중립적이라고 가정하는 것이 현실적으로 합리적일까?

그 이유는 주식기대수익률이 옵션가치평가공식에 포함되어 있지 않기 때문이다. 즉, (식 10-13)에서 주가가 상승하거나 하락할 실제확률은 포함되어 있지 않다. 예를 들어, 주가가 상승할 확률이 0.6인 경우나 0.8인 경우나 옵션의 가격은 같다. 이 결과는 다소 의외이고, 상식적으로 이해하기 힘들 수도 있다. 주가가 상승할 확률이 증가함에 따라 콜옵션의 가치는 증가하고 풋옵션의 가치는 감소한다고 생각하기 쉬우나 이 논리는 차익거래모형에서 옳지 않다. 그러면, 왜 주식기대수익률이 옵션가치에 영향을 주지 않는 것일까? 그 주된 이유는 바로 옵션가치를 절대적으로 평가하지 않고 상대적으로 평가하기 때문이다. 만일 옵션의 가치를 절대적으로 평가한다면, 먼저 옵션가격이 상승할 확률이나 하락할 확률을 구하고 이 확률을 기초로 미래옵션가치를 구하여 현재옵션가치를 평가하게 될 것이다. 그러나 옵션의 가치가 상승할 확률을 정확하게 추정한다는 것은 대단히 어려운 일이다. 그래서 우리는 절대적으로 구하는 방법보다는 주식의 가치를 기초로 상대적으로 옵션의 가치를 평가하는 방식을 택한 것이다. 따라서 주가가 상승하거나 하락할 확률은 이미 주식가격에 반영되어 있으므로 따로 확률을 고려해 줄 필요가 없는 것이다.

결론적으로 위험중립모형에서는 옵션투자자들의 위험선호도를 위험중립적으로 가정하고, 가치평가에 사용하는 할인율로 시장에서 얻기 용이한 무위험이자율을 사용하게 된다. 또한 위험중립상황에 내재되어 있는 위험중립확률(p)를 구하여 미래기대옵션가치를 평가하고 이를 토대로 현재 옵션가치를 평가하게 된다.

(2) 위험중립모형

이제 위험중립모형으로 유러피안 옵션가치를 평가하는 방법에 대해 살펴보자.

앞에서 차익거래모형으로 (식 10-13)을 도출하기 위해 주가가 상승하거나 하락할 실제확률에 대해 어떤 가정도 하지 않았다. 그런데 (식 10-13)에서 식을 간단하게 하기 위해 편의상, 인위적으로 도입한 p를 주가가 상승할 확률이라고 가정하면, 이것이 바로 앞에서 설명한 대로 '위험중립확률'이다. 왜냐하면, (식 10-13)에 주가기대수익률이나 실제확률이 포함되어 있지 않기 때문이다.

따라서, 위험중립모형에서 옵션가치를 평가하기 위해 해야 할 첫 번째 작업은 주식가격에 내재해 있는(implied) 위험중립확률을 구하는 것이다. 즉, 다음의 식에서 p를 구하면 된다.

$$E(S_T) = pS_0u + (1-p)S_0d \qquad \text{(식 10-15)}$$

(식10-13)에 있는 p를 (식10-15)에 대입하면,

$$E(S_T) = S_0e^{rT} \qquad \text{(식 10-16)}$$

(식 10-16)은 주식가격이 평균적으로 무위험이자율로 성장함을 말한다. 따라서, 주가가 상승할 확률을 p로 가정하는 것은 주식의 수익률을 무위험이자율로 가정하는 것과 동일하다. 즉, 위험중립세계(risk-neutral world)에서는 투자자들이 위험에 대해 보상을 요구하지 않으므로 모든 증권의 기대수익률은 무위험이자율과 같다.

(식 10-15)와 (식 10-16)을 결합하면,

$E(S_T) = pS_0u + (1-p)S_0d = S_0e^{rT}$
$\Rightarrow p^*$(위험중립확률)을 구함

다음은, 위에서 구한 p^*를 이용하여 다음과 같이 미래 기대옵션가치를 구한다.

$$E(f_T) = p^*f_u + (1-p^*)f_d \quad \text{(식 10-17)}$$

마지막으로, 위험중립세계에서는 모든 증권의 기대수익률로 무위험이자율을 사용할 수 있으므로 현재의 옵션가치는 (식 10-17)에 있는 미래 기대옵션가치를 무위험이자율로 할인하면 된다. 즉,

$$f = [p^*f_u + (1-p^*)f_d]e^{-rT} \quad \text{(식 10-18)}$$

(식10-13)의 차익거래모형과 (식 10-18)의 위험중립모형은 동일한 옵션가치를 산출한다.

(3) 위험중립모형 요약

지금까지 설명한 위험중립모형으로 1기간 유러피안 옵션가치를 산출하는 절차 3단계를 간략히 요약하면 다음과 같다.

〈위험중립모형〉

(1단계) **위험중립확률 산출:** $E(S_T) = pS_0u + (1-p)S_0d = S_0e^{rT} \Rightarrow p^*$
(2단계) **미래 옵션기대가치 산출:** $p^* \Rightarrow E(f_T) = p^*f_u + (1-p^*)f_d$
(3단계) **현재 옵션가치 산출:** $f = E(f_T)e^{-rT}$

〈사례 10-2〉는 차익거래모형으로 구한 옵션가치와 위험중립모형으로 구한 옵션가치가 정확히 일치함을 증명하고 있다. 따라서, 실제 옵션가치를 구할 때는 두 가지 방법 중 어느 것을 사용해도 무방하다.

사례

〈10-2〉 위험중립모형 옵션가치평가

차익거래모형으로 구한 옵션가치를 동일한 상황하에서 위험중립모형으로 구하여 두 가지 결과를 비교해보자. 〈그림 10-1〉로부터, 현재 기초자산인 주식의 가격은 \$20, 이 주식을 기초자산으로 하는 유러피안 콜옵션의 행사가격은 \$21, 옵션만기는 3개월, 현재 무위험이자율(r)은 연간 12%이다. 3개월 후 주식가격은 \$22로 상승하든가, \$18로 하락하는 두 가지 가능성만 있다고 가정한다. 위험중립모형으로 현재의 이론적인 옵션가치를 구하라.

사례 분석

다음과 같이 3단계로 구해보자.

i) 주식가격에 내재된 위험중립확률 산출: p^*

$E(S_T) = pS_0u+(1-p)S_0d=S_0e^{rT}$

$\Rightarrow p(\$22) + (1-p)(\$18) = \$20e^{0.12(3/12)}$

$\Rightarrow 4p = 20.61 - 18 = 2.61$

$\Rightarrow p^* = 0.6523$

ii) 미래 옵션기대가치 산출: $p^* \Rightarrow E(f_T)$

$E(f_T) = p^*f_u + (1-p^*)f_d = 0.6523(\$1) + (1-0.6523)(\$0) = \$0.6523$

iii) 현재 옵션가치 산출: $E(f_T) \Rightarrow f=?$

현재 옵션가치 = $f= E(f_T)e^{-rT} = 0.6523e^{-0.12(3/12)} = \$0.633$

이상의 결과로부터, 차익거래모형으로 구한 p = 0.6523 ((식 10-13)참조)과 현재 옵션가치 c_0 = \$0.633은 위험중립모형으로 구한 p^*= 0.6523과 현재 옵션가치 f=\$0.633은 정확히 일치함을 확인할 수 있다.

심화 학습 10-2 위험중립세계(Q-측도)와 실제세계(P-측도)

위험중립모형은 가상의 위험중립세계(risk-neutral world)를 가정하여 옵션의 가치를 평가해도 차익거래와 동일한 결과를 얻을 수 있음을 이론적으로 증명하고 있다. 그런데 위험중립세계에서 도출한 내재 위험중립확률(p^*)은 실제로 주가가 상승할 확률이 아니다. 실제 시장상황에서 얻어지는 주식가격의 상승확률을 p라 하면 이는 실제세계(real world)에 존재하는 확률이 된다. 수학에 측도(測度, measure)라는 개념이 있는데 이는 어떤 집합의 부분집합에 숫자(number)를 부여하는 방법이다.[7] 이런 의미에서 확률(probability)은 대표적인 측도 중의 하나다.

그런데 실제세계에서 측정한 확률은 일반적으로 P-측도(P-measure)라 하고, 가상의 위험중립세계에서 측정한 확률은 Q-측도(Q-measure)라 부른다. 따라서, 이항분포모형에서 실제 주가상승확률인 p는 P-측도이고, 위험중립을 가정하고 도출한 p^*는 Q-측도라 할 수 있다. 실제세계를 가상의 위험중립세계로 전환하는 것을 '측도의 전환(changing the measure)'이라 한다. 따라서 위험중립모형은 측도의 전환을 통해 옵션가치를 평가하는 방법이라 할 수 있다. 실제세계에서 위험중립세계로 전환하면 주식의 기대수익률은 변하나, 주식의 변동성은 변하지 않는데 이를 일반화하여 증명한 이론이 거사노브 이론(Girsanov theorem)이다. 이항분포모형에서 보듯이 주식의 수익률은 실제수익률이 무위험이자율로 전환됨을 이미 설명한 바 있다. 거사노브 이론에 따라 우리는 실제세계에서 변동성을 구하고, 이를 이용하여 주가상승배율(u)이나 하락배율(d)를 구하여 위험중립모형을 구축하면 할인율로 무위험이자율을 활용할 수 있으므로 옵션가치평가가 훨씬 쉬워진다. 왜냐하면, 실제세계에서 주식의 기대수익률을 정확하게 구하는 것이 매우 어렵기 때문이다.[8]

---

7 측도란 수학에서 구간이나 직4각형으로 이루어져 있지 않은 임의의 집합에서 길이와 면적, 부피의 일반화된 개념이다. 이론적으로 측도는 한 집합에 음(陰)이 아니고 가법적(加法的)으로 수를 결부시키는 어떤 규칙이다. 즉 교집합이 공집합인 두 집합의 합집합에 대한 측도는 각 집합의 측도를 합한 것과 같다.(In mathematical analysis, a measure on a set is a systematic way to assign a number to each suitable subset of that set, intuitively interpreted as its size. In this sense, a measure is a generalization of the concepts of length, area, and volume).

8 주식의 기대수익률(ER)을 구하는 대표적인 방법으로 자본자산가격결정모형(CAPM)이 있지만, CAPM에서 진정한 의미의 시장수익률($E(R_M)$)을 구하는 것은 매우 어렵다. 이에 대해 자세한 설명은 다음 논문을 참조바람. Richard Roll, "A Critique of the Asset Pricing Theory's Test: Part 1: On Past and Potential Testability of the Theory", *Journal of Financial Economics*, 1977.

P-측도와 Q-측도를 앞에서 다룬 예제를 이용하여 살펴보자.

i) 위험중립세계

〈사례 10-2〉에서 위험중립세계를 가정할 경우 위험중립확률(p^*)은 다음과 같이 도출하였다. 여기서 $E^Q(S_T)$라 표시한 것은 Q-측도를 설명하기 위함이다.

$E^Q(S_T) = pS_0u + (1-p)S_0d = S_0e^{rT}$

$\Rightarrow p(\$22) + (1-p)(\$18) = \$20e^{0.12(3/12)}$

$\Rightarrow p^* = 0.6523$

ii) 실제세계

자본자산가격결정모형(CAPM)으로 실제 주식수익률(k)을 구했더니 16%였다고 가정하자. 그러면 실제세계에서는 현재가치를 구할 때 할인율로 k를 사용해야 한다. 만일 실제세계의 P-측도를 사용하여 기대치를 $E^P(S_T)$라 표시하면 다음과 같이 실제 주가상승확률(p)를 구할 수 있다.

$E^P(S_T) = pS_0u + (1-p)S_0d = S_0e^{kT}$

$\Rightarrow p(\$22) + (1-p)(\$18) = \$20e^{0.16(3/12)}$

$\Rightarrow 22p + 18(1-p) = 2.8162$

$\Rightarrow p = 0.7041$

이상의 결과를 요약한 것이 다음 〈그림 10-4〉이다. 그림에서 (a)는 위험중립세계를, (b)는 실제세계를 표현하고 있다.

〈그림 10-4〉 위험중립세계(a)와 실제세계(b)

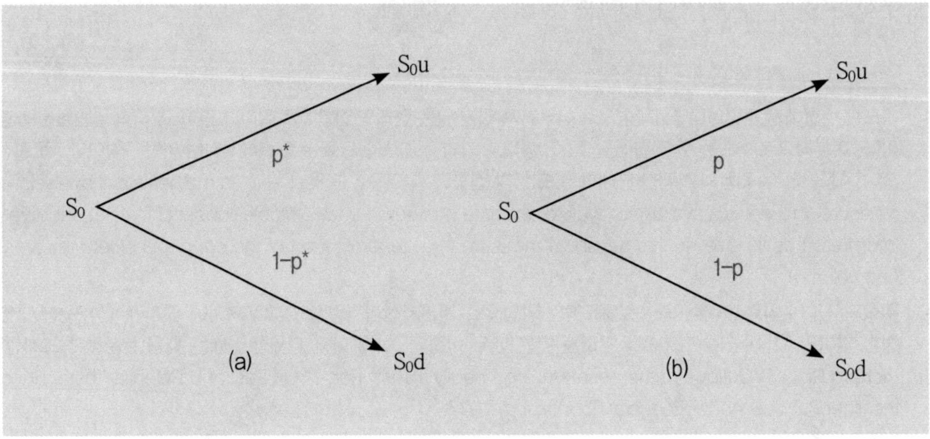

i)과 ii)로부터 가상 위험중립세계에서의 주가상승확률(p^*)과 실제세계에서의 주가상승확률(p)은 다르다는 것을 알 수 있다. 그런데, 실제세계에서 주가상승확률을 구하려면 실제수익률(k)를 구해서 할인율로 사용해야 하지만, 위험중립세계에서는 시장에서 쉽게 얻은 무위험이자율(r)을 할인율로 사용할 수 있으므로 위험중립세계가 훨씬 간편하고 정확하다고 할 수 있다.

3. 다기간 모형과 어메리칸 옵션

지금까지는 1기간 이항분포모형과 유러피안 옵션에 대해서만 살펴보았다. 이제 좀 더 다양한 옵션들에 대해 이항분포모형을 확장하고자 한다. 먼저, 앞에서는 상황을 단순하게 하기 위해 1기간모형에 집중하였으나 이제 이를 2기간 이상의 다기간 유러피안 옵션가치 평가로 어떻게 확장가능한지, 그리고 앞에서 이미 설명한 바와 같이 이항분포모형의 가장 큰 장점 중의 하나가 어메리칸 옵션의 가치평가도 가능하다는 것이므로 어메리칸 옵션의 경우 이항분포모형은 어떻게 조정되는지에 대해 심도있게 살펴보고자 한다. 따라서, 이러한 다기간 모형과 어메리칸 옵션에 대해 가치를 평가할 수 있다면 거의 모든 종류의 옵션에 대해 이항분포모형으로 가치평가가 가능하다. 다만, 아직까지도 상황을 좀 더 단순화하기 위해 배당이 없는 기초자산의 옵션에 대해 먼저 다루고, 뒤에서 배당이 있는 경우는 별도로 다루기로 한다.

1) 다기간 이항분포 모형

(1) 2기간 모형

2기간 모형은 1기간 모형과 달리 기초자산가격(이하 주식가격이라 하자)이 만기 전에 두 번 변동한다고 가정하는 모형이다. 1기간 모형에서는 주식가격이 만기(T)에 딱 한 번 상승하거나 하락한다고 가정하였기에 실제 주식가격의 확률분포는 베르누이분포(혹은 n=1인 이항분포)를 가정하였다면, 2기간 모형에서는 n=2인 이항분포모형, 즉 b(2, p)를 가정한다고 할 수 있다.

이러한 2기간 모형은 1기간모형을 응용하여 옵션가치를 구할 수 있다. 그런데 일반적으로 다기간모형을 구성하는 방법에는 크게 두 가지가 있는데, 하나는 재결합모형(recombined model)이고, 다른 하나는 비재결합모형(non-recombined model)이 있다. 〈그림 10-5〉에서 왼편그림이 재결합모형이고 오른편그림이 비재결합모형이다. 그림에서 보듯이 재결합모형에서는 기초자산가격의 상승배율(u)과 하락배율(d)이 각 단계별로 변하지 않고 일정하다. 따라서, (상승)×(하락) = (하락)×(상승)이 점A에서 재결합하게 된다. 즉, $S_0ud = S_0du$가 성립한다. 그러나, 비재결합모형에서는 상승배율(ut)과 하락배율(dt)이 각 단계별로 변하게 되므로 일정하지 않다. 따라서, (상승)×(하락)은 점A이지만, (하락)×(상승)은 점B가 되어 재결합되지 않는다. 즉, $S_0u1d2 \neq S_0d1u3$.

〈그림 10-5〉 재결합모형과 비재결합모형

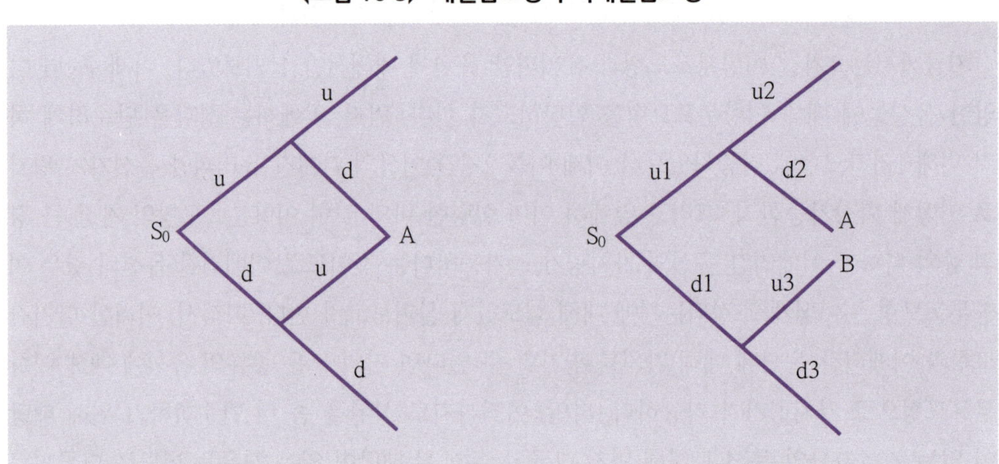

대부분의 이항분포모형에서는 재결합모형을 사용하고 있다. 가장 큰 이유는 기간수가 늘어남에 따라 중심극한정리에 의해 이항분포는 정규분포화 할 수 있으므로 기간수가 커지면(즉, 주가변동기간을 매우 짧게 하면) 재결합모형과 비재결합모형 사이에 큰 차이가 없으며, 비재결합모형의 경우 각 기간별 노드(node)의 수가 급격히 늘어나 많은 시간과 비용이 소요되기 때문이다.[9] 따라서, 본서에서는 일반적으로 많이 사용하고 있는 재결합모형을 사용하고자 한다.

이제 1기간모형에서 사용한 자료를 이용하여 2기간모형에서 옵션가치를 구하는 방법을 살펴보자. 현재주가는 $20, 이 주식을 기초자산으로 하는 유러피안 콜옵션의 행사가격은

9 재결합모형의 각 기간(t=0,1,2,3…,n) 별 노드(node) 수 = 1, 2, 3, 4, . . . ,n
비재결합모형의 각 기간(t=0,1,2,3…,n) 별 노드(node) 수 = 2^0, 2^1, 2^2, 2^3,, . . .2^n

$21, 만기는 6개월, 무위험이자율은 연간 12%이다. 주가는 3개월(Δt)에 한 번 10%씩 상승하거나(u=1.10), 10%씩 하락(d=0.90)한다. 만기가 6개월이어서 만기까지 2회 가격변동이 생기므로 2기간모형으로 부른다. 다기간모형에서 현재의 옵션가치를 구하기 위해서는 만기부터 역으로 옵션가치를 계산해야 한다. 이는 경영과학에서 전통적으로 많이 사용하는 수리계획법(mathematical programming) 중 동적계획법(dynamic programming)과 아주 유사하다.

앞에서 이미 구한 대로 p=0.6523, f_{uu}=$3.2, f_{ud}=0, f_{dd}=0.

〈그림 10-6〉에서와 같이 A시점에서의 옵션가치를 구하기 위해서는 먼저 B와 C시점에서의 옵션가치를 먼저 구하고, 1기간모형을 이용하여 A시점에서의 옵션가치를 구하면 된다. 즉, 다기간모형은 매 기간별로 모형을 적용하되 만기시점부터 역으로 현재시점으로 계산해 나가면 된다. 그림에서와 같이 BDE와 CEF 2개의 1기간모형에서 먼저 B, C시점에서의 옵션가치를 각각 구한 후, 이를 ABC 1기간모형에 적용하여 A시점에서의 현재 옵션가치를 구하게 된다.

〈그림 10-6〉 2기간 이항분포 모형 예제

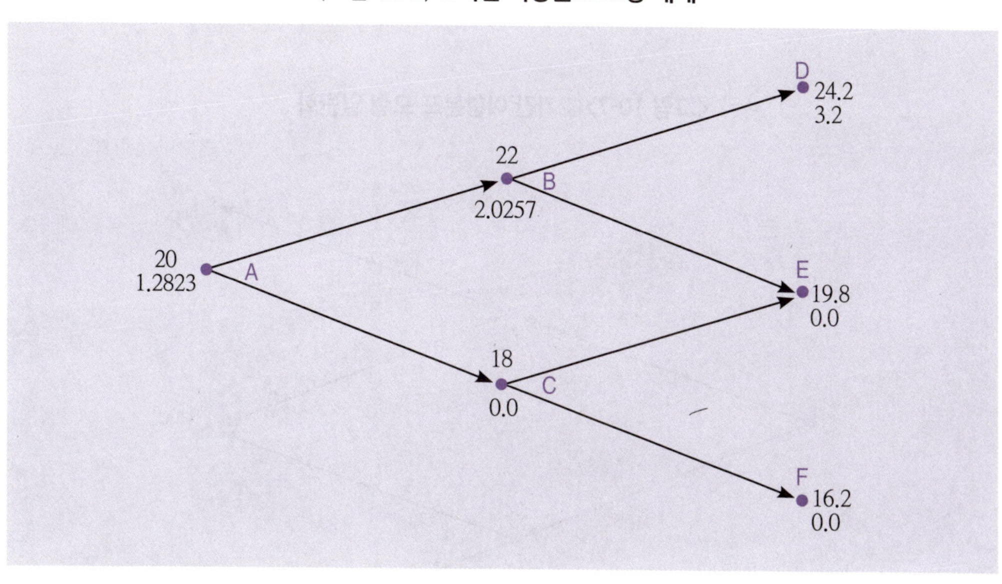

$$\text{B시점 옵션가치} = f_u = e^{-r\Delta t}[pf_{uu} + (1-p)f_{ud}] = \$2.0257 \quad \text{(식 10-19)}$$

$$\text{C시점 옵션가치} = f_d = e^{-r\Delta t}[pf_{ud} + (1-p)f_{dd}] = \$0 \quad \text{(식 10-20)}$$

A시점에서의 현재 옵션가치를 구하기 위해 (식 10-19)와 (식 10-20)에서 각각 구한 옵션가치, f_u와 f_d를 다음과 같이 이용하면 된다.

$$A\text{시점 옵션가치} = f_0 = e^{-r\Delta t}[pf_u + (1-p)f_d] = \$1.2823 \qquad \text{(식 10-21)}$$

그런데, (식 10-19)와 (식 10-20)을 (식 10-21)에 대입하면 다음과 같은 일반식을 얻는다.

$$\begin{aligned} f_0 &= e^{-r\Delta t}[pf_u + (1-p)f_d] \\ &= e^{-r\Delta t}\{pe^{-r\Delta t}[pf_{uu} + (1-p)f_{ud}] + (1-p)e^{-r\Delta t}[pf_{ud} + (1-p)f_{dd}]\} \\ &= e^{-rT}[p^2 f_{uu} + 2p(1-p)f_{ud} + (1-p)^2 f_{dd}] \qquad \text{(식 10-22)} \end{aligned}$$

(식 10-22)에서 $\Delta t + \Delta t = 2\Delta t = T$이고, 재결합모형이므로 $f_{ud} = f_{du}$이다. 그리고 괄호 안에 있는 식은 완전제곱꼴과 유사한데, 이는 뒤에서 다기간모형의 일반식을 도출할 때 매우 유용하다. (식 10-22)에 있는 2기간 이항분포모형의 일반식을 설명한 것이 다음 〈그림 10-7〉이다.

〈그림 10-7〉 2기간 이항분포 모형 일반화

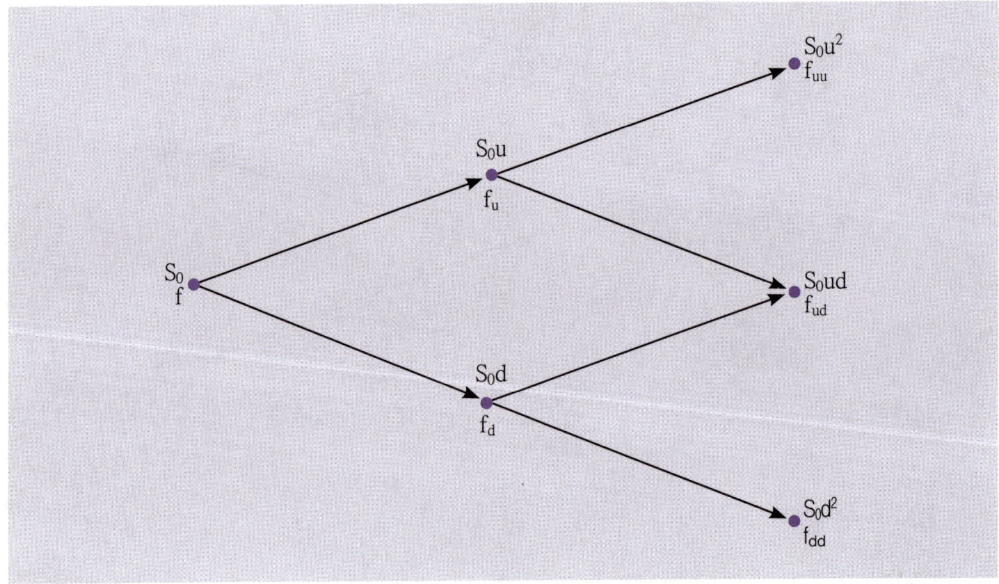

〈10-3〉 유러피안 풋옵션 가치평가

지금까지는 유러피안 콜옵션을 중심으로 이항분포모형을 설명하였다. 그러나 풋옵션의 경우도 같은 방법으로 구할 수 있다. 다음과 같은 조건을 가진 유러피안 풋옵션의 현재 이론적인 가치를 2기간 이항분포모형으로 구하라.

기초자산인 주식의 현재가격은 \$50, 행사가격은 \$52, 만기는 2년, 각 기간 주가는 20%상승하거나 20%하락한다. 시장에서 무위험이자율은 연 5%라 한다. 배당은 없다고 가정하자.

사례 분석

주어진 자료로부터, u=1.2, d=0.8, Δt=1년, T=2년, r=5%=0.05이다. 따라서,

위험중립확률 $= p = \frac{e^{r\Delta t}-d}{u-d} = \frac{e^{0.05(1)}-0.8}{1.2-0.8} = 0.6282$

$f_{uu} = \max(K-Suu,\ 0) = \max(52-50\times1.2\times1.2,\ 0) = \$0$

$f_{ud} = \max(K-Sud,\ 0) = \max(52-50\times1.2\times0.8,\ 0) = \$4$

$f_{dd} = \max(K-Sdd,\ 0) = \max(52-50\times0.8\times0.8,\ 0) = \$20$

이러한 결과를 (식10-22)에 대입하면,

$f_0 = e^{-rT}[p^2 f_{uu} + 2p(1-p)f_{ud} + (1-p)^2 f_{dd}]$

$= e^{-0.05(2)}[0.6282^2(0) + 2(0.6282)(1-0.6282)(4) + (1-0.6282)^2(20)] = \$4.1923$

이상의 결과를 그림으로 표시하면 다음 〈그림 10-8〉과 같다.

〈그림 10-8〉 2기간 이항분포 모형: 풋옵션 사례

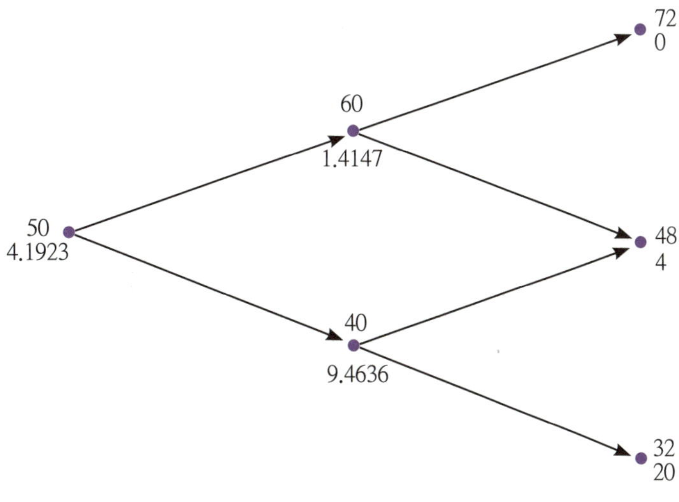

(2) 다기간 모형

앞에서 설명한 2기간 이항분포모형은 총 기간수가 n인 다기간 이항분포모형으로 확장될 수 있다. 이 경우 만기(T)를 n개의 기간으로 나누고, 각 기간의 시간길이를 Δt라 하면, $\Delta t + \Delta t + ... + \Delta t = n\Delta t = T$가 된다. 따라서 n이 커질수록 보다 정밀한 모형이 되며 기초자산이 주식인 경우 주가는 거의 실시간(real time)으로 변동하므로, Δt를 작게 하면 할수록 보다 현실적인 모형이 되는 것이다. n기간 모형은 기초자산의 가격이 이항분포 b(n, p)를 따른다고 가정하는 것과 같다.

다기간모형을 이용하여 현재의 유러피안 옵션가치를 이론적으로 평가하는 것은 2기간모형과 동일하다. 먼저, 맨 마지막 기간(즉, 만기)에서의 옵션가치를 내재가치공식으로 구하고, 현재시점을 향해 역으로 옵션가치를 1기간모형으로 계속 구해나가면 현재시점의 옵션가치, f_0를 구할 수 있다. 이러한 방법으로 (식 10-22)의 2기간모형을 확장하면 다음과 같은 n기간 이항분포모형의 일반식을 얻을 수 있다.

$$f_0 = e^{-r(n\Delta t)}[{}_nC_n p^n(1-p)^0 f_{uuu\cdots u} + {}_nC_{n-1}p^{n-1}(1-p)^1 f_{uuu\cdots ud} + \cdots + {}_nC_0 p^0(1-p)^n f_{ddd\cdots d}]$$

$$= e^{-rT}\sum_{j=0}^{n} nC_j p^{n-j}(1-p)^j f_{u^{n-j}d^j} \qquad \text{(식 10-23)}$$

단, ${}_nC_j$ = n번의 주가변동 중 (n-j)는 상승, j번은 하락하는 경우의 조합

p = 주가가 상승할 위험중립확률

1-p = 주가가 하락할 위험중립확률

$f_{u^{n-j}d^j}$ = 주가가 (n-j)번은 상승, j번은 하락 한 후 옵션의 가치

이러한 다기간모형을 그림으로 표시하면 다음 〈그림 10-9〉와 같다.

〈그림 10-9〉 다기간모형

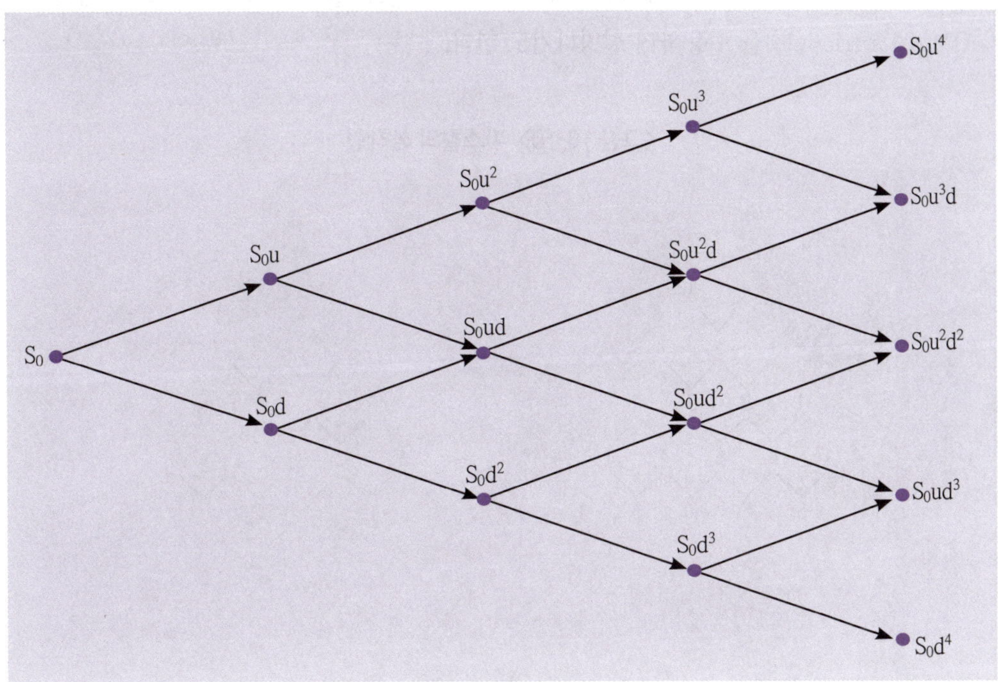

심화 학습 10-3 이항정리와 파스칼의 삼각형

(식 10-23)에 있는 다기간 이항분포모형 공식은 수학에서 잘 알려진 파스칼의 삼각형이나 이항공식(binomial equation)을 이해하면 쉽게 도출할 수 있다.

먼저, 이항공식이란 다음 식을 말한다.

$$(a+b)^n = \sum_{j=0}^{n} {}_nC_j\, a^{n-j} b^j$$

예를 들어,

$n=0$: $(a+b)^0 = 1$

$n=1$: $(a+b)^1 = a+b$

$n=2$: $(a+b)^2 = a^2+2ab+b^2 = {}_2C_0a^{2-0}b^0+{}_2C_1a^{2-1}b^1+{}_2C_2a^{2-2}b^2$

$n=3$: $(a+b)^3 = a^3+3a^2b+3ab^2+b^3={}_3C_0a^{3-0}b^0+{}_3C_1a^{3-1}b^1+{}_3C_2a^{3-2}b^2+{}_3C_3a^{3-3}b^3$

………

그런데, 이항공식에서 각 항의 계수는 다음 〈그림 10-10〉과 같은 파스칼의 삼각형(Pascal's triangle)을 이용하여 설명하기도 한다.

〈그림 10-10〉 파스칼의 삼각형

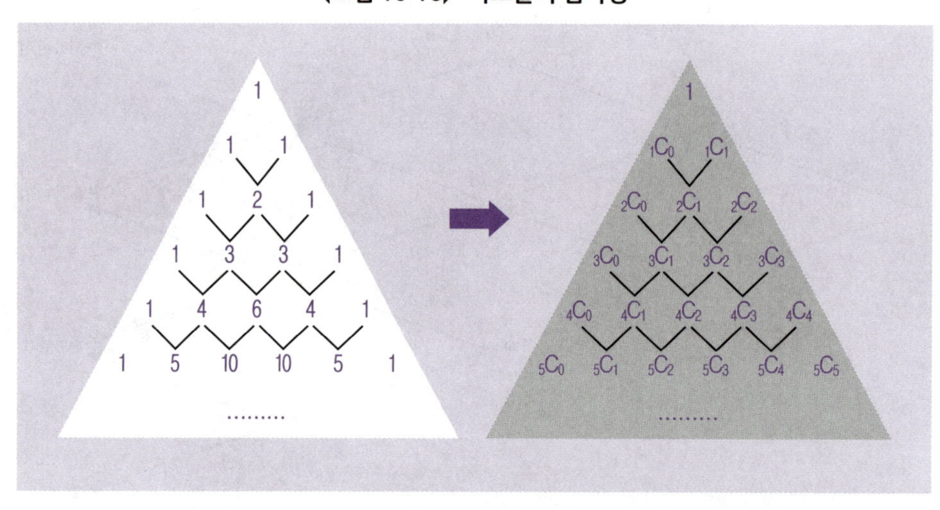

2) 어메리칸 옵션 평가방법

이항분포모형을 설명하면서 지금까지는 유러피안 옵션에 대해서만 살펴보았다. 유러피안 옵션의 경우 만기 전에는 행사될 수 없으므로 만기 전에 행사되는 상황은 고려할 필요가 없고 따라서 현재의 옵션가치는 만기 시 옵션가치를 할인하여 계산할 수 있었다. 그러나, 어메리칸 옵션의 경우에는 만기 이전에 언제든 옵션이 행사될 수 있으므로 만기 시 옵션가치를 현재가치로 단순히 할인하여 계산 할 수 없다. 즉, 각 기간에 각 노드(node)별로 매번 옵션행사여부에 대한 의사결정을 해야 하며, 옵션을 조기에 행사하는 것이 좋은지 아니면 다음 기간까지 행사하지 않고 보유하는 것이 좋은지 고려해야 한다.

따라서, 어메리칸 옵션의 경우 각 노드에서는 옵션을 행사할 때의 행사가치(EV: exercising value)와 다음 기까지 보유하기로 결정했을 때의 보유가치(HV: holding value)의 두 가지 가치가 경합하며, 그 중 큰 값을 가지는 방향으로 옵션행사에 대한 의사결정을 행하여야 한다. 임의의 t시점($0 \leq t \leq T$)에서의 어메리칸 옵션의 가치를 f_t라 하고, 그 시점의 내재가치를 IV_t라 하면, 각 기간 각 노드에서의 옵션의 가치는 다음과 같이 두 가지가 있다.

- 옵션의 행사가치(EV_t) = 옵션을 t시점에 행사할 때의 가치 = IV_t
- 옵션의 보유가치(HV_t) = 옵션을 다음 기(t+1)까지 보유할 때의 가치

$$= e^{-r\Delta t}E(f_{t+1}) = e^{-r\Delta t}[pf_{t+1}(상승) + (1-p)f_{t+1}(하락)]$$

따라서, 임의의 t시점에서의 옵션가치는

$$f_t = \max(EV_t, HV_t) \quad \text{(식 10-24)}$$

즉, $EV_t > HV_t$이면, 그 노드에서 옵션을 행사해야 하며, $EV_t < HV_t$이면, 그 노드에서 옵션을 행사하지 말고 다음 기간까지 보유해야 한다. 따라서, 어메리칸 옵션의 경우 매 기간 각 노드별로 행사가치와 보유가치를 구해 옵션행사여부에 대한 의사결정을 해야 한다.

뒤에서 배우게 될 블랙-숄즈-머튼모형은 유러피안 옵션에 대해서만 적용가능하기 때문에 어메리칸 옵션의 가치평가를 위해서는 이항분포모형을 사용해야 하고, 이 점만으로도 이항분포모형이 얼마나 중요한지 알 수 있다.

사례

〈10-4〉 어메리칸 풋옵션 가치평가

다음과 같은 조건을 가진 어메리칸 풋옵션의 현재 이론적인 가치를 2기간 이항분포모형으로 구하라.

기초자산인 주식의 현재가격은 \$50, 행사가격은 \$52, 만기는 2년, 각 기간 주가는 20%상승하거나 20%하락한다. 시장에서 무위험이자율은 연 5%라 한다. 배당은 없다고 가정하자.

사례 분석

〈그림10-11〉에서 보는 바와 같이, 이 옵션은 어메리칸 옵션이므로 노드A, B, C에서 행사가 가능하다. 각 노드별로 행사가치와 보유가치를 구해 옵션행사 여부를 결정하면 된다. 옵션행사여부는 뒤에서부터 앞으로 역으로 계산한다.

i) 노드B

- 행사가치 = $\max(K-S_t, 0) = \max(52-60, 0) = \$0$
- 보유가치 = $e^{-r\Delta t}[pf_{t+1}(상승)+ (1-p)f_{t+1}(하락)]$

$$= e^{-0.05(1)}[0.6282 \times \$0 + (1-0.6282) \times \$4] = \$1.4147$$

따라서, 노드B에서의 옵션가치 = max(EV_t, HV_t) = max($0, $1.4147) = $1.4147.

(참조 : EV < HV이므로, 노드B에서는 옵션을 행사하지 말고 다음 기간까지 보유해야 한다.)

ii) 노드C

- 행사가치 = max($K-S_t$, 0) = max(52−40, 0) = $12
- 보유가치 = $e^{-r\Delta t}[pf_{t+1}(상승) + (1-p)f_{t+1}(하락)]$

$= e^{-0.05(1)}[0.6282 \times \$4 + (1-0.6282) \times \$20] = \$9.4636$

따라서, 노드C에서의 옵션가치 = max(EV_t, HV_t) = max($12, $9.4636) = $12.

(참조 : EV > HV이므로, 노드C에서는 옵션을 행사해야 한다.)

iii) 노드A(현재시점)

- 행사가치 = max($K-S_t$, 0) = max(52−50, 0) = $2
- 보유가치 = $e^{-r\Delta t}[pf_{t+1}(상승) + (1-p)f_{t+1}(하락)]$

$= e^{-0.05(1)}[0.6282 \times \$1.4147 + (1-0.6282) \times \$12] = \$5.0894$

따라서, 노드A에서의 옵션가치 = max(EV_t, HV_t) = max($2, $5.0894) = $5.0894.

(참조: EV < HV이므로, 노드A에서는 옵션을 행사하지 말고 다음 기간까지 보유해야 한다.)

이상의 결과를 요약하면 다음과 같다.

- 현재시점(노드A)에서의 옵션의 이론적 가치는 $5.0894이다.
- 옵션의 행사전략은 현재(A)는 행사하지 말아야 하며, 다음 기에서는 주식가격이 노드B로 상승하면 옵션을 행사하지 말고 만기까지 보유해야 한다. 그러나 주식가격이 하락하여 노드C에 도달하면 옵션을 만기까지 보유하지 말고 바로 행사해야 한다.

〈그림 10-11〉 어메리칸 풋옵션가치 평가사례

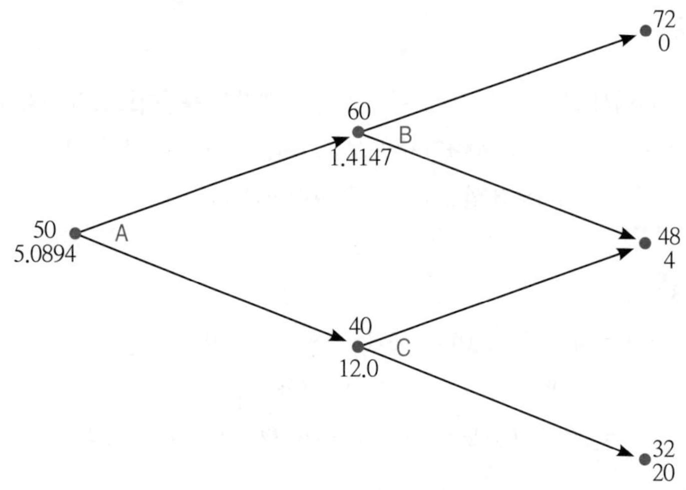

4. 델타, u와 d의 선택, 다양한 위험중립확률

1) 델타와 델타헷지

(1) 델타의 개념

옵션가격결정에서 중요한 역할을 하는 모수(parameter)로서 델타(Δ)가 있다. 델타(delta)란 기초자산가격변동에 대한 옵션가격의 변동을 말한다. 따라서 지금까지 설명한 이항분포모형에서 델타는 무위험포트폴리오를 구성할 때 매도한 옵션 1개당 매입한 주식수와 동일하다. 델타는 미분을 이용하여 다음 (식 10-25)와 같이 정의할 수 있다.

$$\Delta = \frac{\text{옵션가격의 변동}}{\text{기초자산가격의 변동}} = \frac{df}{dS} \qquad \text{(식 10-25)}$$

(식 10-25)는 델타가 곧 기초자산가격변동에 대한 옵션가격변동의 민감도(sensitivity)임을 보여준다. 주식옵션의 경우, 주식가격과 콜옵션가격은 양(+)의 관계를 가지므로 콜옵션의 델타는 양수(+)이고, 반대로 풋옵션의 델타는 음수(-)가 된다. 또한 옵션은 내가격상태(in-the-money)에 있을 때 행사 될 확률이 가장 크므로 델타는 옵션이 내가격상태에 있을 때 가장 큰 값을 갖는다. 델타는 옵션이 행사될 확률로도 해석될 수 있다.

(2) 델타헷지

위에서 설명한 델타를 이용하여 옵션에 대해 무위험헷지를 하는 것을 델타헷지(delta hedge)라 한다. 그런데 기초자산가격의 변동폭과 옵션가격의 변동폭이 매 기간 일정하지 않으므로 델타는 매 기간 변하게 된다. 따라서 기초자산과 옵션을 결합하여 만든 무위험헷지를 유지하기 위해서는 소유할 기초자산수를 지속적으로 조정해야 하는데 이를 동적헷지(dynamic hedge)라 한다. 동적헷지를 통해 이론적으로는 무위험포트폴리오를 유지할 수 있으나, 시장에서 델타가 변할 때 기초자산을 즉시 매입하거나 매도하는 것이 유동성과 수수료와 세금 등의 비용 문제로 쉽지 않은 것이 현실이다. 델타헷지를 통해 포트폴리오의 위험이 제거될 때 이러한 상태를 '델타중립(delta neutral)'이라 한다.

사례

〈10–5〉 델타헷지

시장에서 현재 주가가 $100, 이 주식을 기초자산으로 하는 콜옵션의 가격이 $10, 이 주식과 콜옵션사이의 델타가 0.6이라 한다. 한 투자자가 이러한 콜옵션 20계약을 매도하였다고 한다. 주가가 $90로 하락할 경우와 $110로 상승할 경우, 무위험포트폴리오를 이용한 이 투자자의 델타헷지전략에 대해 설명하라.

사례 분석

무위험포트폴리오를 이용한 델타헷지전략은 P=ΔS−c이다. 즉, 콜옵션 1계약은 주식 100개를 매도할 수 있으므로 20계약은 주식 2,000개를 매도할 수 있는 계약이다. 따라서, 델타가 0.6이므로 델타헷지를 위해 매입해야 하는 주식수는 1,200주(=2,000주×0.6)가 된다. 또한 델타가 0.6이라는 것은 주가가 $1변동하면, 옵션가격은 $0.6변동한다는 것을 의미한다.

i) 주가가 $90로 하락하는 경우($10하락): 옵션가격은 $6변동

- 매입한 주식손실 = ($100−$90)/주×1,200주 = $12,000
- 매도한 콜옵션 이익 = $6/주×2,000주 = $12,000

따라서, 주가가 $10만큼 하락하면, 매입주식에서는 $12,000손실을, 매도콜옵션에서는 $12,000이익을 얻게 되므로 손실과 이익이 정확히 상쇄되어, 델타헷지전략은 무위험포트폴리오가 된다.

ii) 주가가 $110로 상승하는 경우($10상승): 옵션가격은 $6변동

- 매입한 주식이익 = ($110−$100)/주×1,200주 = $12,000
- 매도한 콜옵션 손실 = $6/주×2,000주 = $12,000

따라서, 주가가 $10만큼 상승하면, 매입주식에서는 $12,000이익을, 매도콜옵션에서는 $12,000손실을 얻게 되므로 이익과 손실이 정확히 상쇄되어, 델타헷지전략은 무위험포트폴리오가 된다.

i)과 ii)로부터, 델타가 0.6으로 유지만 된다면 이러한 델타헷지전략은 주가가 어떻게 변하든 상관없이 완전헷지가 되고, 이러한 포트폴리오는 무위험포트폴리오가 된다.

2) u와 d의 선택

이항분포모형으로 옵션가치를 평가하기 위해 필요한 가장 중요한 요소 중에 기초자산가격의 상승배율(u)과 하락배율(d)이 있다. 지금까지는 u와 d를 안다고 가정하였지만 실제로는 시장 어디에서도 이에 대한 정보를 얻을 수 없다. 이는 곧 이항분포모형 사용자가 어떤 식으로든 u와 d를 결정해야 함을 의미한다.

u와 d를 결정하는 많은 연구들이 있지만, 이항분포모형을 개발한 Cox, Ross, Rubinstein(1979) 모형이 많이 사용되고 있어 이를 간략히 소개하고자 한다. 이들은 u와 d가 결국은 주식의 변동성과 비례해야 함에 주목하였다. 예컨대, 주식가격의 변동성이 크다는 것은 주가의 상승폭과 하락폭이 크다는 것을 의미하므로 u와 d가 커야 함을 의미하며, 반대로 주가의 변동성이 작으면 주가의 상승폭과 하락폭도 작을 것이므로 u와 d를 작게 선택하여야 할 것이다. Cox, Ross, Rubinstein(1979)은 다음과 같이 u와 d를 기초자산의 변동성에 일치(matching)시켜 선택할 것을 제안하고 있다(자세한 도출과정은 그들의 논문을 참조바람).[10] 단, σ = 기초자산가격의 변동성.

$$u = e^{\sigma \cdot \sqrt{\Delta t}}$$

$$d = \frac{1}{u} = e^{-\sigma\sqrt{\Delta t}} \qquad \text{(식 10-25)}$$

3) 다양한 기초자산과 위험중립확률

지금까지는 배당이 없는 경우 기초자산가격이 상승할 위험중립확률(p)을 이용하였으나, 기초자산에 따라 다양한 배당이 지급될 경우의 위험중립확률에 대해 살펴보자. 기초자산가격이 상승할 위험중립확률의 일반식은 다음과 같이 표현하며, 다양한 기초자산의 형태에 따라 (식 10-26)에 있는 a가 어떻게 표현되는지 살펴보자.

$$p = \frac{a-d}{u-d} \qquad \text{(식 10-26)}$$

10 Cox, J.C., S.A. Ross, M. Rubinstein, "Option Pricing: A Simplified Approach", *Journal of Financial Economics* 7, (October, 1979), pp.229-264.

(1) 배당이 없는 기초자산의 경우

앞에서 이미 설명한 바 있다.

$$a = e^{r\Delta t}$$

(2) 주가지수와 같이 연속배당률 q를 지급하는 기초자산의 경우

연속배당률 q를 지급하는 경우, 미래 기대주가는 다음과 같이 표시된다.

$$E(S_T) = pS_0u + (1-p)S_0d = S_0e^{(r-q)\Delta t}$$

$$\Rightarrow p = \frac{e^{(r-q)\Delta t} - d}{u-d} \quad \Rightarrow a = e^{(r-q)\Delta t}$$

(3) 무위험이자율 r_f를 지급하는 외국통화가 기초자산인 경우

외국통화를 기초자산으로 하는 경우에는 외국통화가 무위험이자율 r_f를 지급하므로 (2)에서 구한 연속배당률과 동일한 방법으로 a를 구할 수 있다.

$$E(S_T) = pS_0u + (1-p)S_0d = S_0e^{(r-r_f)\Delta t}$$

$$\Rightarrow p = \frac{e^{(r-r_f)\Delta t} - d}{u-d} \quad \Rightarrow \quad a = e^{(r-r_f)\Delta t}$$

(4) 선물을 기초자산으로 하는 경우

선물을 기초자산으로 하는 경우 다음과 같은 식으로부터 a를 구할 수 있다.

$$E(F_T) = pF_0u + (1-p)F_0d = F_0 = E(S_T)$$ (선물과 현물의 수렴원리에 의해 $F_T = S_T$)

$$\Rightarrow p = \frac{1-d}{u-d} \Rightarrow \quad a = 1$$

이상의 결과를 종합하면 다음 〈표 10-1〉과 같이 배당의 형태에 따라 다양한 위험중립확률(p)을 구할 수 있다.

〈표 10-1〉 기초자산별 위험중립확률(p)

기초자산	위험중립확률: $p = \frac{a-d}{u-d}$
무배당 주식	$a = e^{r\Delta t}$
연속배당률(q)을 지급하는 주가지수	$a = e^{(r-q)\Delta t}$
무위험이자율 r_f를 지급하는 외국통화	$a = e^{(r-r_f)\Delta t}$
선물(futures)	$a = 1$

5. 배당과 이항분포모형

지금까지 설명한 이항분포모형에서는 모형을 단순화하기 위해 옵션의 기초자산들이 배당을 지급하지 않는다고 가정하였다. 그러나 현실적으로는 많은 기초자산들이 배당이나 이자를 지급한다. 이렇게 배당이 있는 경우에는 앞에서 설명한 이항분포모형들을 일부 조정해야 하는데, 다음과 같이 배당이 지급되지만 배당률을 아는 경우와 현금배당으로 지급되는 경우의 두 가지로 나누어 살펴보기로 한다. 배당을 조정하는 것 이외에는 앞에서 설명한 이항분포모형의 이론들을 그대로 적용할 수 있으므로 간략히 원리만 설명하기로 한다.

1) 배당수익률을 아는 경우

배당이 지급되지만 이를 배당률 δ(예컨대, 배당수익률= 배당액/주가, 백분율)를 미리 알고 있다고 가정하면 배당락일(ex-dividend date) 이후 주가는 배당수익률만큼 하락할 것이다. 그러므로 〈그림 10-12〉에서 보는 바와 같이 배당락일 이후의 모든 노드에서는 주가가 하락하게 된다. 그런데, 배당률을 아는 경우 재결합(recombine)가정에는 변화가 없다.

〈그림 10-12〉 배당률로 배당이 지급되는 경우

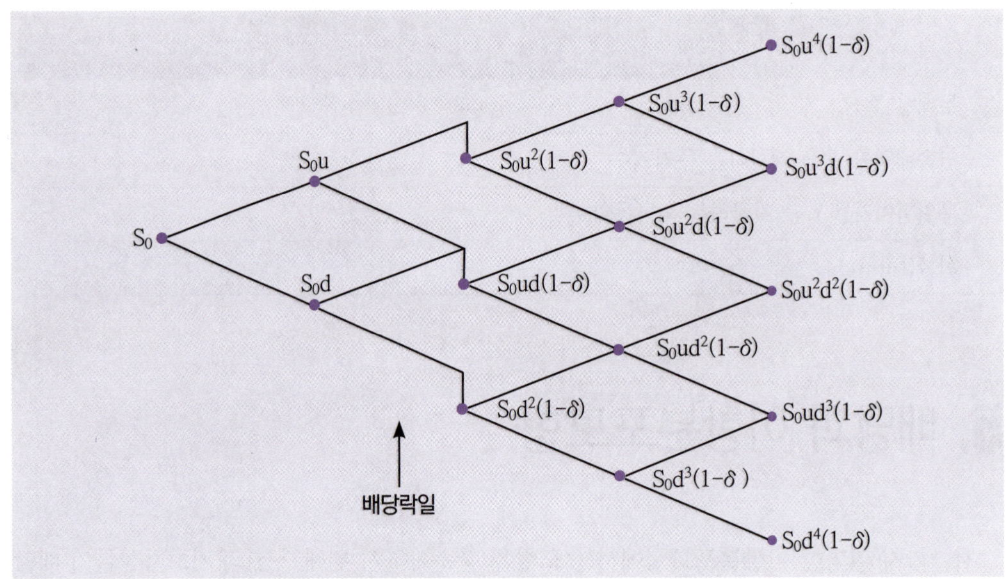

2) 현금배당으로 지급되는 경우

배당률이 아닌 현금배당으로 지급되는 경우는 보다 복잡해진다. 〈그림 10-13〉에서 보는 바와 같이 현금배당으로 지급되는 경우 일반적으로 재결합가정이 성립되지 않아 옵션가치 평가가 훨씬 복잡해진다.

〈그림 10-13〉 배당금으로 배당이 지급되는 경우

S_0u^2-D
S_0u
S_0
S_0ud-D
S_0d
S_0d^2-D
배당락일

연습문제

01. 델타(delta)의 정의로 적절한 것은?

① 기초선물가격변화에 대한 옵션가격의 변화율
② 주식포트폴리오와 시장간의 상대적 변동성의 척도
③ 주식 혹은 포트폴리오와 시장간의 헷지비율
④ 과거 가격변화의 통계적 측정치

02. 다음 옵션 중 델타(delta)가 가장 큰 것은?

① 외가격 옵션 ② 내가격 옵션
③ 등가격 옵션 ④ 만기 근처(near-expiration) 옵션

03. 다음 중 이항분포모형으로 옵션의 가치를 결정할 때 고려해야 하는 것은?

① 알파(alpha) ② 베타(beta)
③ 델타(delta) ④ 오메가(omega)

04. 기초자산가격 변화에 대한 옵션프리미엄의 변화를 의미하는 것은?

① 적합성(suitability) ② 베타(beta)
③ 스프레드 수준(spread level) ④ 델타(delta)

05. 옵션델타에 관한 다음 설명 중 틀린 것은?

① 내가격(ITM)에서 값이 제일 크다.
② 옵션델타가 0.5일 경우 무위험헷지를 위해 5계약을 매입한다.
③ 콜옵션의 델타는 항상 0보다 크다.
④ 옵션델타란 옵션이 내재가치를 가질 확률을 나타낸다.

06. 투자자가 콜옵션 10계약을 매도하였다(옵션 1계약은 주식 100주를 살 수 있는 권리를 의미함). 현재 옵션가격은 $10, 주식가격은 $100, 옵션델타는 0.2이다. 투자자가 델타헷지 (delta hedge) 전략을 구사한다면 다음 중 적절한 것은?

① 주식 200주 매도 ② 주식 200주 매입
③ 풋옵션 10계약 매입 ④ 풋옵션 10계약 매도

Exercises

07. 확률분포에 관한 다음 설명 중 옳지 않은 것은?

① 베르누이 시행을 n번 i.i.d.로 시행하면 이항분포가 된다.
② 베르누이분포 B(p)를 따르는 확률변수의 평균은 p이다.
③ 이항분포 b(n, p)를 따르는 확률변수의 표준편차는 np(1-p)이다.
④ 이항분포 b(n, p)를 따르는 확률변수의 경우 n이 커지면 정규분포로 수렴한다.

08. 이항분포모형에 관한 다음 설명 중 옳은 것은?

① 위험중립세계에서 구한 주가상승확률(p)은 실제상승확률과 동일해야 한다.
② 거사노브정리(Girsanov Theorem)는 수익률은 일정하게 유지하면서 변동성을 변동시키는 데 유용한 방법이다.
③ 통상 실제세계에서의 측도를 Q-측도, 위험중립세계의 측도를 P-측도라 부른다.
④ 주식기대수익률은 차익거래모형공식에서 나타나지 않는다.

09. 기초자산별로 위험중립확률($p = \frac{a-d}{u-d}$)을 구하는 다음 공식 중 연결이 잘못된 것은?

① 무위험이자율 r_f를 지급하는 외국통화 —— $a = e^{(r-r_f)\Delta t}$
② 선물(futures) —— a = K(인도가격)
③ 무배당 주식 —— $a = e^{r\Delta t}$
④ 연속배당률(q)을 지급하는 주가지수 —— $a = e^{(r-q)\Delta t}$

10. 변동성으로 기초자산의 상승폭(u)과 하락폭(d)을 일치(match)시키는 모형으로 가장 적절한 것은? (단, r=무위험이자율, σ=기초자산의 변동성)

① $u = e^{r\sqrt{\Delta t}}$
② $d = e^{-\sigma \Delta t}$
③ $u = e^{\sigma \sqrt{\Delta t}}$
④ $d = e^{-r\sqrt{\Delta t}}$

11. 현재 주가는 $50, 6개월 후 주가는 $55 또는 $45가 되고, 무위험이자율은 연속복리기준 연간 10%이다. 만기가 6개월이고 행사가격이 $50인 유러피안 풋옵션의 가치를 위험중립모형으로 구하라.

12. 현재 주가는 $40이다. 1개월 후에는 주가가 $38 또는 $42가 된다고 예상된다. 무위험이자율은 연속복리 기준으로 연간 8%이다. 만기가 1개월이고 행사가격이 $39인 유러피안 콜옵션의 가격을 무차익거래모형으로 구하라.

13. 주식가격이 현재 6,000원, 주식의 연간 상승률과 하락률은 모두 30%, 무위험 이자율은 10%, 이 주식의 유럽형 콜옵션의 만기는 1년, 행사가격이 6,000원인 경우, 이 콜옵션의 이론가격을 이항모형(binomial model)으로 구하면 얼마인가?
(단, 이자계산은 이산복리(discrete compounding)로 한다)

14. 주식가격이 현재 6,000원, 주식의 연간 상승률과 하락률은 모두 30%, 무위험 이자율은 10%, 이 주식의 유럽형 콜옵션의 만기는 1년, 행사가격이 6,000원인 경우, 이 콜옵션의 이론가격을 이항모형(binomial model)으로 구하면 얼마인가?
(단, 이자계산은 연속복리(continuous compounding)로 한다)

15. 현재 어떤 주식의 가격이 10,000원이고, 1년 후에는 5,000원 혹은 15,000원이 된다고 한다. 현재 그 주식의 콜옵션이 등가격(ATM: at-the-money)상태에 있고 시장의 무위험이 자율이 10%라 할 경우, 무위험 헷지포트폴리오를 이용하여 그 주식의 콜옵션가격을 구하면 얼마인가?

16. 현재 어떤 주식의 가격이 10,000원이고, 1년 후에는 5,000원 혹은 15,000원이 된다고 할 경우 무위험 헷지포트폴리오를 구성하기 위해 그 주식 1주당 매도하여야 할 이 주식의 유러피안 콜옵션의 계약 수는 얼마인가?
(단, 현재 옵션은 등가격(ATM: at-the-money)상태에 있다)

17. 어떤 회사의 주식 가격이 현재 $20, 주식이 오를 경우 $22가 되고 내릴 경우 $18가 된다면 이 주식을 기초자산으로 하는 콜옵션의 가격을 이항분포모형으로 계산하면 얼마인가?
(단, 행사가격 = $21; 무위험이자율 = 12%라 한다)

18. 만일 당신의 고객이 델타(delta)가 0.3인 콜옵션 60개를 매도하였다면 기초자산인 선물 몇 개를 거래해야 델타중립(delta-neutral)을 이룰 수 있는가?

19. 주가지수가 현재 810이고 변동성은 20%이며 배당수익률은 연간 2%이다. 무위험이자율이 연간 연속복리기준으로 5%라 할 때, 행사가격이 800이고 만기가 6개월인 이 주가지수를 기초자산으로 하는 유러피안 콜옵션의 가치를 2기간모형으로 구하라. 단, 지수상승폭(u)과 하락폭(d)은 변동성에 일치시키는 방법으로 구하라.

20. 현재 1호주달러는 0.6100미국달러의 가치를 가지며, 호주달러와 미국달러 사이의 변동성은 연간 12%이다. 호주의 무위험이자율은 연속복리기준으로 연간 7%, 미국의 무위험이자율은 연속복리기준으로 연간 5%이다. 만일 호주달러와 미국달러 사이의 환율을 기초자산으로 하는 어메리칸 콜옵션의 행사가격이 0.6000(US$/AUS$)이라면, 만기가 3개월인 이 어메리칸 콜옵션의 가치를 3기간 모형으로 구하라. 단, 환율상승폭(u)과 하락폭(d)은 변동성에 일치시키는 방법으로 구하라.

연습문제 정답 및 해설

01. ❶

02. ❷

델타(δ)는 다음과 같이 두 가지 측면에서 정의될 수 있다.

델타(δ) = dC/dS = 기초선물가격변화에 대한 옵션가격의 변화율

= 옵션이 행사될 확률

그런데, 옵션은 내가격상태(in-the-money)에 있을 때 행사될 확률이 가장 크므로 델타는 옵션이 내가격상태에 있을 때 가장 큰 값을 갖는다.

03. ❸ **04.** ❹

05. ❷

델타가 0.5이면 무위험헷지를 위해 2계약 매입해야 한다.

06. ❷

델타중립(delta neutral)을 통해 무위험헷지를 하기 위해서는 델타중립의 의미를 먼저 이해해야 한다.

델타는 다음과 같이 정의된다.

delta(δ) = dV/dS = 옵션가치의 변화/주식가격의 변화

⇒ dV = dS × Δ

⇒ +dV − dS × Δ = 0; 매입옵션 가치변화 + 매도주식 가치변화×델타 = 0

⇒ −dV + dS × Δ = 0; 매도옵션 가치변화 + 매입주식 가치변화×델타 = 0

이러한 원리를 이용하여 델타헷지전략을 다음과 같이 단계별로 설계해 보자.

i) 투자자가 옵션을 매도하였으므로 주식은 옵션 1개당 Δ개를 매입해야 헷지된다.

ii) 매입 주식 수 = (옵션 계약 수×계약 단위)×Δ

= (10계약×100주/계약)×0.2 = 200주

즉, '주식 200주를 매입'하는 것이 델타중립 무위험헷지가 된다.

왜 무위험인지 예를 들어 설명해 보기로 한다.

- 주식가격이 $1 상승할 경우(옵션가격은 $0.20만큼 상승)

⇒ 매입한 주식 200주로부터 $200의 이익, 매도한 옵션에서 $0.20×1,000 = $200의 손실, 따라서 포트폴리오의 손실은 0(즉, 무위험!)이다.

- 주식가격이 $1 하락할 경우(옵션가격은 $0.20만큼 하락)

⇒ 매입한 주식 200주로부터 $200의 손실, 매도한 옵션에서 $0.20×1,000 = $200의 이익, 따라서 포

트폴리오의 손실은 0(즉, 무위험!)이다.

07. ❸

이항분포 b(n, p)의 분산 = V(X) = np(1-p) ⇒ 표준편차 = $\sqrt{분산}$ = $\sqrt{np(1-p)}$

08. ❹

① 위험중립세계에서 구한 주가상승확률(p)은 실제상승확률과 항상 동일하지는 않다.

② 거사노브정리(Girsanov Theorem)는 변동성은 일정하게 유지하면서 수익률을 변동시키는데 유용한 방법이다.

③ 통상 실제세계에서의 측도를 P-측도, 위험중립세계의 측도를 Q-측도라 부른다.

09. ❷

다음 표를 참조하기 바람.

기초자산별 위험중립확률(p)

기초자산	위험중립확률: $p = \frac{(a-d)}{(u-d)}$
무배당 주식	$a = e^{r\Delta t}$
연속배당률(q)을 지급하는 주가지수	$a = e^{(r-q)\Delta t}$
무위험이자율 r_f를 지급하는 외국통화	$a = e^{(r-r_f)\Delta t}$
선물(futures)	a = 1

10. ❸

$u = e^{\sigma\sqrt{\Delta t}}$

$d = 1/u = e^{-\sigma\sqrt{\Delta t}}$

11. i) $E(S_T) = pS_0u + (1-p)S_0d = S_0e^{rT} \Rightarrow p^* = 0.7564$

ii) $E(f_T) = p^*f_u + (1-p^*)f_d = 0.7564(0) + (1-0.7564)(5) = \$1.218$

iii) $f_0 = E(f_T)e^{-rT} = \$1.218e^{-0.10(6/12)} = \$1.16$

12. i) 무위험포트폴리오, $P = \Delta S - c \Rightarrow \Delta = 0.75$

ii) 무차익거래조건: $P_0 = P_Te^{-rT} = (42 \times 0.75-3)\ e^{-0.08(1/12)} = 28.31$

iii) $P_0 = 28.31 = \Delta S - c = 0.75 \times 40 - c \Rightarrow c=\$1.69$

13. 이산복리의 경우 콜옵션의 현재가치를 구하는 공식이 다음과 같이 변형되어야 한다.

$C = [pC_u + (1-p)C_d]/[(1+r)^T]$

(단, p = 주가가 상승할 확률 = $[(1+r)^T - d]/(u-d)$

= [1.10 - 0.70]/(1.30 - 0.70) = 0.6667

따라서, $C = [pC_u + (1-p)C_d]/[(1+r)^T]$

= [0.6667 × 1,800 + 0.3333 × 0]/(1+0.10) = 1,090.91원

14. 연속복리로 이자계산을 할 경우 1기간 이항모형에서의 콜옵션가격(C)은 다음과 같다.

$C = e^{-rT}[pC_u + (1-p)C_d]$

(단, p = 주가가 상승할 확률 = $(e^{rT} - d)/(u - d) = (e^{0.10\times1} - 0.70)/(1.30 - 0.70)$

= 0.6752 ;

u = 1.30, d = 0.70, r = 10% = 0.10, T = 연간으로 환산한 만기

C_u = 주가 상승 시 옵션가치 = max(6,000 × 1.3 - 6,000, 0) = 1,800

C_d = 주가 하락 시 옵션가치 = max(6,000 × 0.7 - 6,000, 0) = 0

따라서, $C = e^{-rT}[pC_u + (1-p)C_d] = e^{-0.10\times1}[0.6752 \times 1{,}800 + 0.3248 \times 0] = 1{,}099.84$원.

15. t=0에서의 콜옵션의 이론가격을 C라 하자. 무위험이 되기 위해서는 N=2이어야 한다.

t=0: 포트폴리오의 가치 = V_0 = S-N × C = S-2C = 10,000-2C

t=1: 포트폴리오의 가치 = V_1 = S-N × C = S-2C = 15,000-2 × 5,000 = 5,000

이 포트폴리오는 위험이 없으므로 수익률은 무위험수익률(10%)과 같아야 한다. 즉,

$V_1 = V_0 \times (1+10\%) \Rightarrow 5{,}000 = (10{,}000 - 2C) \times (1+10\%)$

⇒ C = 2,727원

16. 현재 옵션이 등가격(ATM)상태에 있다는 것은 K - S = 0, 즉, 행사가격과 현재 주가가 같다는 것이므로 행사가격은 10,000원임을 알 수 있다. 따라서, 주가의 변동에 따른 콜옵션의 가치는 다음과 같이 계산할 수 있다.

t=0(현재)	t=1(1년 후)	옵션가치(t=1)
주식가격 10,000원	5,000원(하락 시)	0원
	15,000원(상승 시)	5,000원

포트폴리오의 가치 = +주식 1개(매입) - 콜옵션 N개(매도) = S-N × C

⇒주가상승 시 포트폴리오의 가치 = 15,000 - 5,000N

⇒주가하락 시 포트폴리오의 가치 = 5,000 - 0N = 5,000

포트폴리오가 위험이 없다는 것은 만기 시(t=1)에 주가가 상승하든 하락하든 포트폴리오의 가치는 일정해야 함을 의미한다.

따라서, 15,000 - 5,000N(상승 시) = 5,000(하락 시) ⇒ N = 2(계약)

17. 주어진 상황을 그림으로 묘사하면 다음과 같다.

t=0(현재)

t=1(1년후)

S_0 = \$20 ⇒ - 오를 때: S_1 = \$22 (콜옵션가격 = S - K = \$1)

(K = \$21) - 내릴 때: S_1 = \$18 (콜옵션가격 = \$0)

콜옵션 1개를 매도하고 주식 N개를 매입하여 위험이 없는 포트폴리오를 구성하는 전략을 생각해 보자.

주가가 \$22로 상승 할 경우: 포트폴리오의 가치 = 22N - 1

주가가 \$18로 하락 할 경우: 포트폴리오 가치 = 18

두 경우 포트폴리오의 가치가 같다면, 주가가 미래에 어떻게 변하든 포트폴리오의 가치는 같으므로 위험이 없다고 할 수 있다. 따라서,

22N - 1 = 18N ⇒ N = 0.25. 즉, 무위험포트폴리오는 주식을 0.25주 매입하고 콜옵션을 1주 매도하면 된다.

그런데 차익거래기회(arbitrage opportunity)가 존재하지 않는다면, 무위험포트폴리오의 수익률은 무위험자산의 수익률(R_F)과 같아야 한다. 따라서, t=1시점에서의 포트폴리오 가치는 22 × 0.25 - 1 = 18 × 0.25 = \$4.5이고, 이것의 현재가치는 \$4.5/(1 + 0.12) = \$4.0179.

현재의 콜옵션가격을 c라 하면,

포트폴리오의 현재가치 = 0.25 × \$20 - c = 5 - c = \$4.0179 ⇒ c = \$0.9821

18. 델타중립을 이루기 위한 선물의 수는, 델타에 옵션계약수를 곱하면 된다. 즉,

선물계약수 = 옵션계약수 × 델타 = 60 × 0.3 = 18계약.

그런데 헷지가 되기 위해서는 반대방향으로 포지션을 취해야 한다. 옵션에 매도포지션을 취했으므로 선물에는 매입포지션을 취해야 한다.

19. 주어진 자료로부터,

S=810, K=800, r=5%, Δt = 3개월=3/12 = 0.25년, σ=0.2, T=6개월=0.5년,

q=배당수익률(연간) = 2%.

$\Rightarrow u = e^{\sigma\sqrt{\Delta t}} = 1.1052,\ d = 1/u = 0.9048$

$\Rightarrow p = \dfrac{e^{(r-q)\Delta t} - d}{u - d} = 0.5126$

따라서 2기간모형의 공식을 적용하면, c = 53.39.

20. 주어진 자료로부터,

K=0.6000, S=0.6100, Δt = 1개월=1/12 = 0.08333년, σ=0.12, r=5%, r_f=7%

$\Rightarrow u = e^{\sigma\sqrt{\Delta t}} = 1.0352,\ d = 1/u = 0.9660$

$\Rightarrow p = \dfrac{e^{(r-r_f)\Delta t} - d}{u - d} = 0.4673$

이상의 결과를 3기간 모형으로 구하면 다음 그림과 같다. 단, 그림에서 위의 숫자는 기초자산가격이고 아래숫자는 옵션가치이다.

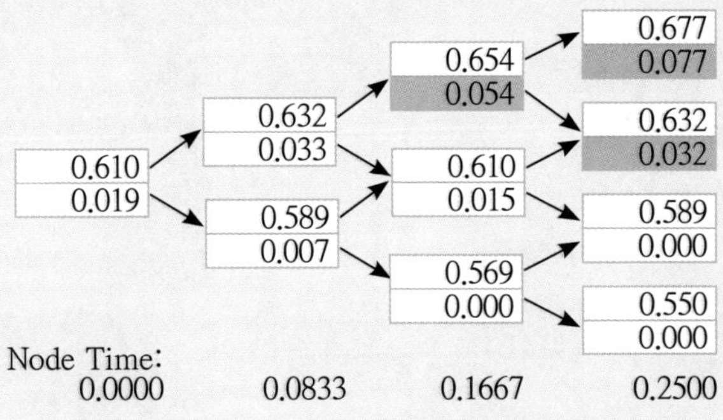

따라서, 이 어메리칸 콜옵션의 현재가치는 \$0.019이다.

Chapter 11

확률과정과 이토정리

앞에서 살펴본 이항분포모형은 이산확률변수(discrete random variable)를 가정하였을 때의 옵션가치평가모형인데, 만일 연속확률변수(continuous random variable)를 가정하면 다른 옵션가치평가모형을 도출할 수 있다.

11장에서는 확률과정(stochastic process)의 개념과 종류, 그리고 대표적인 확률과정으로서 마코브과정, 위너과정, 이토과정을 소개하고, 이들의 확률분포상 특징과 상호관계 등을 살펴보고자 한다. 특히 이토정리를 통해 확률과정의 함수로 주어지는 복잡한 확률과정을 어떻게 단순화하여 활용할 수 있는지에 대해서도 자세히 검토하고자 한다. 확률과정은 미분방정식을 포함하는 등 다소 어려워 보이기도 하지만, 기호와 정의, 개념을 잘 파악하면 그리 어렵지 않게 이해할 수 있다. 또한 확률과정은 다음 장에서 배울 블랙-숄즈-머튼모형을 이해하는 데도 매우 중요한 개념이므로 철저한 학습이 필요하다.

1. 확률과정

1) 확률과정의 개념

확률과정(SP: stochastic process)이란 확률변수의 집합을 말한다(a collection of random variables). 예를 들어, t시점의 주식가격을 표시하는 확률변수를 S(t)라 표시하면, S(t)는 시간이 경과함에 따라 불확실하게 변동하게 되는데 이러한 주식가격의 집합을 확률과정이라 한다. 여기서 불확실성은 통상 확률분포로 표시되기에 확률과정이라 부른다.

확률과정은 수학적으로 표시할 때 다음 (식 11-1)과 같이 집합으로 표시한다. 만일 시간이 경과함에 따라 불확실하게 변동하는 확률변수를 X(t)라 하고 이러한 확률변수들의 집합으로 표시되는 확률과정을 X라 하면 X는 다음과 같이 표시한다.

$$X = \{X(t),\ t \in T\} \qquad \text{(식 11-1)}$$

(식 11-1)에서 t는 시간을 표시하며, T는 확률변수 X(t)가 측정되는 시간집합이다. 만일 확률변수가 시간(t)이외에 여러 개의 요인의 영향을 받을 때도 확률과정의 정의가 가능하며 다음 〈그림 11-1〉은 두 개의 요인의 영향을 받는 확률과정 f(x, w)를 보여주고 있다.

〈그림 11-1〉 확률과정(SP)

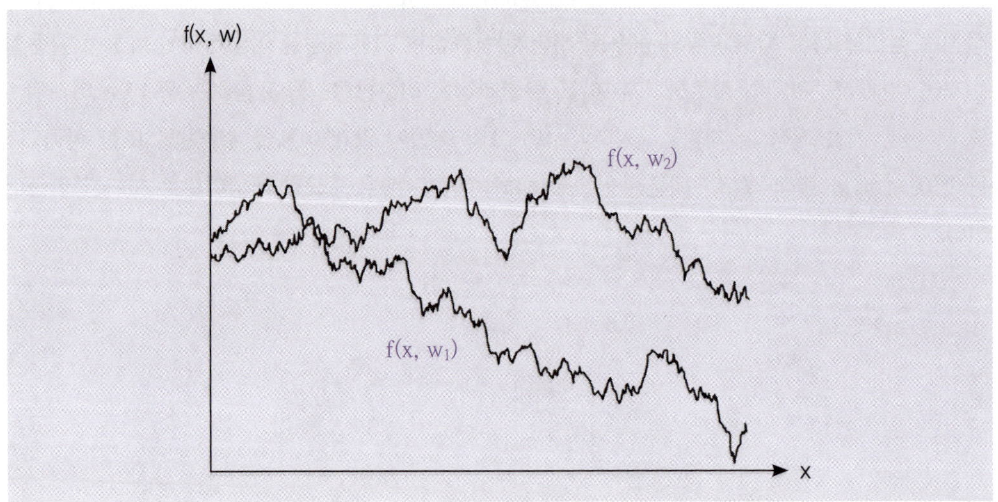

주식가격, 이자율, 소득수준 등은 모두 시간에 따라 불확실하게 변동하므로 특정 확률과정을 따른다고 볼 수 있고, 확률과정을 어떻게 정의하느냐에 따라 가치평가모형이 달라 질 수 있다. 예를 들어, 기초자산이 주식인 경우 이항분포를 가정하면 이항분포모형이 되고, 대수정규분포를 가정하면 블랙-숄즈-머튼모형이 되는 것이다.

2) 확률과정의 분류

(식 11-1)에서 시간집합인 T를 어떻게 정의하느냐에 따라서 확률과정은 이산시간과정(discrete time process)과 연속시간과정(continuous time process)으로 구분되고, 확률변수 X(t)가 어떤 값을 갖느냐에 따라 이산변수과정(discrete variable process)과 연속변수과정(discrete variable process)으로 구분된다. 두 가지 분류에 대해 좀 더 자세히 살펴보자.

(1) 시간과정(time process)

확률과정이 측정되는 시간집합이 정수값(integer value)만 포함한다면 이러한 확률과정은 이산시간과정이라 부른다. 즉, 확률변수 X(t)가 관찰되는 시간이 일(day), 월(month), 연(year) 등으로 고정적 간격으로 제한된다면 이는 이산확률과정이다. 예를 들어, 매년 12월 31일자로 발표하는 기업의 순이익규모, 매 5년마다 발표하는 총 인구수, 고정된 시간에 특정역을 통과하는 기차에 탑승한 사람 수 등은 이산시간과정으로 볼 수 있다. 반면, 실시간 연속적으로 관찰되어 시간집합이 실수값(real value)을 갖는 대부분의 금융관련 변수들의 측정치들은 연속시간과정이라 할 수 있다. 주식이나 채권 등 대부분의 옵션 기초자산들은 연속시간과정이므로 옵션가치를 평가하기 위한 확률과정으로 연속시간과정이 주로 사용된다.

(2) 변수과정(variable process)

확률변수 X(t) 자체가 정수값만 가지면 이산변수과정이고 실수값을 가질 수 있으면 연속변수과정이다. 예를 들어, 임의의 시간에 특정버스에 승차한 사람의 수, 교실에서 수업을 듣고 있는 학생의 수, 부채비율이 200%가 넘는 기업의 수 등은 정수값만 가질 수 있으므로 이산변수과정이고, 특정시간의 주식가격(예: $25.35), 채권가격(예: 105$\frac{7}{8}$), 주식의 변동성(예: 0.35) 등은 실수값을 가질 수 있으므로 연속변수과정이다. 대부분의 옵션 기초자산들은 실수값을 가질 수 있어 옵션가치평가에는 주로 연속변수과정이 사용된다.

다음 〈표 11-1〉은 이상에서 설명한 확률과정의 분류를 요약한 것이다.

〈표 11-1〉 확률과정 분류

확률변수(X) \ 시간(t)		시간과정	
		이산(D)	연속(C)
변수과정	이산(D)	DD	DC
	연속(C)	CD	CC

〈표 11-1〉에서 보는 바와 같이 확률과정은 시간과 확률변수가 가질 수 있는 값에 따라 총 4개(DD, DC, CD, CC)로 분류되는데, 옵션의 가치평가에 주로 사용되는 확률과정은 연속시간과정, 연속변수과정에 해당되는 CC 이다. 따라서, 여기서는 CC에 해당되는 중요한 확률과정들 중심으로 소개하고자 한다.

2. 마코브과정, 위너과정, 이토과정

1) 마코브과정

(1) 마코브과정의 정의

마코브과정(Markov process)이란 확률변수의 미래상태는 현재상태에만 의존하고, 현재상태까지 오게 된 과정이나 특정 경로에는 영향을 받지 않는 확률과정이다. 따라서 마코브과정은 특정시점의 확률분포가 과거 확률분포와는 독립적임을 의미한다. 예를 들어, 주식가격이 마코브과정을 따른다면, 미래의 주가는 현재주가에만 영향을 받을 뿐이고, 1주일 전, 1개월 전, 또는 1년 전 주가와는 완전히 무관하다. 따라서, 어떤 확률변수가 마코브과정을 따른다면, 겹치는 부분(overlap)이 없는 서로 다른 구간의 확률변수는 서로 독립적이라 할 수 있다.

만일 확률변수 S_t가 마코브과정을 따른다면 다음과 같은 수식으로 표현할 수 있다.

$$E(S_{t+1} \mid S_t, S_{t-1}, S_{t-2}, \cdots\cdots, S_0) = f(S_t) \qquad \text{(식 11-2)}$$

(식 11-2)는 현재시점이 t라 할 때, 미래(t+1)의 S_{t+1}의 가치는 과거자료들(S_{t-1}, S_{t-2},……, S_0)과는 아무런 관계가 없고 오직 현재가치(S_t)만의 함수임을 표시하고 있다.

(2) 마코브과정과 약형 시장효율성

마코브과정의 특징은 '약형 효율적시장가설(weak-form efficient market hypothesis)'에 잘 부합된다. 약형 효율적시장가설에 따르면 시장에 형성되어 있는 자산들의 현재 가격은 과거 정보를 이미 충분히 반영하고 있어, 과거정보나 역사에 근거한 어떤 투자기법도 지속적으로 초과수익(superior return)을 만들어 낼 수 없다는 이론이다. 따라서 이 이론에 의하면 과거 정보나 자료에 근거한 어떤 기술분석(technical analysis)도 초과성과를 만들어 낼 수 없다.

주식가격은 마코브과정을 따른다고 알려져 있다. 수많은 주식투자자들이 열심히 자료와 정보를 수집하고, 이에 근거하여 주식거래를 하기 때문에 주식시장은 최소한 약형 효율적시장가설을 따른다고 가정해도 무방할 것이다. 따라서 지금부터는 주식가격이 마코브과정을 따른다고 가정한다.

Tip 주요 용어

※ 정규분포의 선형성(linearity of normal distribution)

확률변수 X_1, X_2,……,X_n은 모두 정규분포를 따르고 각각의 평균과 분산은 μ_j와 σ_j^2이라 하자. 즉, $X_j \sim n(\mu_j, \sigma_j^2)$.[1] 그리고 이들 n개의 확률변수들은 서로 독립이라 하면, 다음과 같이 X_j들의 선형결합(linear combination)도 정규분포를 따라야 한다.

선형결합: $Y = a_1X_1 + a_2X_2 + \cdots\cdots + a_nX_n = \sum_{j=1}^{n} a_jX_j$ (단, $a_1, a_2, \cdots\cdots, a_n$은 모두 상수)

$\Rightarrow$ 선형결합 $Y \sim n(\mu_Y, \sigma_Y^2)$. (단, $\mu_Y = \sum_{j=1}^{n} a_j\mu_j$, $\sigma_j^2 = \sum_{j=1}^{n} a_j^2\sigma_j^2$)

1 본서에서는 N(0,1)은 평균이 0이고 분산이 1인 표준정규분포를, $n(\mu, \sigma^2)$은 평균이 μ이고 분산이 σ^2인 정규분포를 각각 표시한다.

사례

〈11-1〉 마코브과정

어떤 확률변수가 마코브과정을 따라 움직인다고 가정하자. 이 변수의 현재값이 40이고, 확률과정은 안정적(stationary)이라 가정한다.[2] 1년말 이 변수는 평균이 40이고 표준편차가 10인 정규분포를 따른다고 할 때, 다음 질문들을 분석하라.

i) 2년말 이 변수는 어떤 분포를 따르게 되는가?

ii) 반년(6개월)말 이 변수는 어떤 분포를 따르게 되는가?

iii) 1/4년(3개월)말 이 변수는 어떤 분포를 따르게 되는가?

iv) Δt년말 이 변수는 어떤 분포를 따르게 되는가?

사례 분석

우선, 이 변수는 마코브과정을 따른다고 가정했으므로, 겹치지 않는 구간들은 상호 독립적이다. 또한 1년말 이 변수는 정규분포를 따른다고 했으므로 정규분포의 선형성(linearity)을 활용할 수 있다.

i) 2년말 분포

처음 1년간의 확률변수를 X1, 1년말부터 2년초까지의 확률변수를 X2라 하면, 2년말 즉 향후 2년간의 확률변수는 (X1+X2)로 표시할 수 있고, X1과 X2는 각각 평균이 40이고 표준편차가 10인 독립적인 확률변수라 할 수 있다. 왜냐하면, 처음 1년기간과 그 다음 1년 기간은 서로 겹치지 않으므로 마코브과정의 성질에 의해 서로 독립이며, 정규분포의 선형성에 의해 (X1+X2) 또한 정규분포를 따라야 한다. 따라서, 2년말 이 변수는 평균=40+40 = 80, 분산 = 100+100 = 200인 정규분포를 따라야 한다.

즉, 2년말 분포 = (X1+X2)의 분포 ~ n(80, 200).

ii) 반년말 분포

앞의 i)에서 설명한 논리를 이용하면, 반년말 분포 = X/2의 분포 ~ n(20, 50)

iii) 1/4년말 분포

앞의 i)에서 설명한 논리를 이용하면, 1/4년말 분포 = X/4의 분포 ~ n(10, 25)

iv) Δt년말 분포

앞의 i)에서 설명한 논리를 이용하면, Δt년말 분포 = X/4의 분포 ~ n(40Δt, 100Δt)

---

2 확률과정이 안정적이라 함은 확률과정의 모수들(예: 평균, 분산 등)이 시간이 경과함에도 변하지 않고 일정함을 의미한다.

〈사례 11-1〉로부터 다음과 같은 중요한 성질을 얻게 된다. 즉, 만일 어떤 확률변수가 마코브 과정을 따른다면, 겹치지 않는(non-overlapping) 연속적인 구간(successive periods)에서의 가치변화는 다음과 같은 성질을 갖는다.

i) 겹치지 않는 구간 사이의 가치변화는 서로 독립적(independent)이다.

ii) 서로 겹치지 않는 구간들의 가치변화에 대해 평균과 분산은 합산된다(additive).

그러나, 주의해야 할 것은 분산은 합산이 되지만 표준편차는 합산되지 않는다는 것이다.

(X1+X2)의 분산 = X1의 분산 + X2의 분산

(X1+X2)의 표준편차 ≠ X1의 표준편차 + X2의 표준편차 (식 11-3)

또한, Δt기간의 분산 = (1년분산)Δt.

Δt기간의 표준편차 = (1년표준편차)$\sqrt{\Delta t}$ (식 11-4)

(식 11-4)를 '시간 제곱근 조정(square-root-of-time adjustment)'이라 부르기도 한다. 한 가지 명심해야 하는 것은 이러한 법칙이 성립되려면 확률과정이 독립적(independent)이고 안정적(stationary)이어야 한다는 것, 즉, 독립동일분포(i.i.d.)가정이 충족되어야 한다는 점이다.

2) 위너과정

(1) 위너과정의 정의

마코브과정의 특별한 형태로서 위너과정이 있다. 위너과정(WP: Wiener process)이란 다음의 두 가지 조건을 충족하는 확률과정이다.

3 확률론에서 두 확률변수의 독립을 표시할 때, '⊥'부호가 사용된다.

(조건1) 짧은 Δt기간 동안 확률변수(W)의 변화 ΔW는 다음과 같다:

$$\Delta W = Z\sqrt{\Delta t} \quad (\text{단, } Z \sim N(0,1)\text{: 표준정규분포}) \qquad \text{(식 11-5)}$$

(조건2) 겹치지 않는(non-overlapping) 두 기간 $\Delta t1$과 $\Delta t2$ 동안의 변화 $\Delta W1$과 $\Delta W2$는 서로 확률적으로 독립(independent)이다[3]:

$$\Delta W1 \perp \Delta W2 \qquad \text{(식 11-6)}$$

(조건1)은 ΔW자체가 정규분포를 따름을 의미한다. 왜냐하면 앞에서 설명한 바와 같이 정규분포의 선형성으로 인해 표준정규분포(Z)에 상수($\sqrt{\Delta t}$)를 곱한 것도 정규분포를 따라야 하기 때문이다. 즉, ΔW는 다음과 같이 정규분포를 따른다.

- ΔW의 평균: $E(\Delta W) = E(Z\sqrt{\Delta t}) = \sqrt{\Delta t}\, E(Z) = 0$ (왜냐하면, Z의 평균 = 0)
- ΔW의 분산: $V(\Delta W) = V(Z\sqrt{\Delta t}) = \Delta t * V(Z) = \Delta t$ (왜냐하면, Z의 분산 = 1)

  $\Rightarrow$ ΔW의 표준편차 = $\sqrt{\Delta t}$
- 위의 두 가지 결과로부터, $\Delta W \sim n(0, \Delta t)$. (식 11-7)

(조건2)는 확률변수 W가 마코브과정을 따른다는 것을 의미한다. 즉, 위너과정(WP)은 마코브과정의 한 형태임을 알 수 있다.

이제 다소 긴 T기간 동안 W가 변화하는 경우를 고려해 보자. 즉, $\Delta t=T/N$ 또는 $N=T/\Delta t$.

$$W(T) - W(0) = \sum_{j=1}^{N} Z_j\sqrt{\Delta t} \qquad \text{(식 11-8)}$$

(식 11-8)에서 Z_j(j=1,2,⋯,N)는 모두 표준정규분포 N(0,1)을 따르며, 위너과정의 (조건2)로부터 Z_j들은 상호 독립적이다. 따라서, (식 11-9)에 있는 [W(T)-W(0)]도 다음과 같이 정규분포를 따른다.

- [W(T) - W(0)]의 평균 : $E[W(T) - W(0)] = E[\sum_{j=1}^{N} Z_j\sqrt{\Delta t}] = \sqrt{\Delta t}\sum_{j=1}^{N} E(Z_j) = 0$
- [W(T) - W(0)]의 평균 : $V[W(T) - W(0)] = V[\sum_{j=1}^{N} Z_j\sqrt{\Delta t}] = \Delta t\sum_{j=1}^{N} V(Z_j)$

  $= N\Delta t = T$

$\Rightarrow$ [W(T) - W(0)]의 표준편차 = $\sqrt{T}$

- 위의 두 가지 결과로부터, $[W(T)-W(0)] \sim n(0, T)$ (식 11-9)

(식 11-9)로부터 위너과정은 아주 짧은 Δt시간 동안의 변수의 변화에 대해 정의되지만, 다소 긴 T시간에 대해서도 성립함이 증명되었다. 만일 Δt를 아주 작은 값으로 정의하면 미분에서 말하는 극한값이 되어 $\Delta t \rightarrow dt$로 전환된다. 불확실성이 개입되지 않는 일반미적분(calculus)에서 사용되는 기호들이 확률이 개입되는 확률미적분(stochastic calculus)에서도 유사하게 사용된다. 즉, $\Delta t \rightarrow dt$로 전환되면, $\Delta W \rightarrow dW$로 전환되어 극한에서의 위너과정이 정의된다. 즉, $\Delta t \rightarrow dt$가 될 때 극한의 위너과정은 다음과 같이 정의된다.

$$dW = Z\sqrt{dt} \quad \text{(식 11-10)}$$

〈그림 11-2〉는 다양한 변동기간에 대한 위너과정을 그림으로 묘사한 것이다.

(2) 일반화된 위너과정

① 평균율과 분산율

평균율(drift rate)이란 확률과정에서 기준시간당 평균변화를 의미한다. 이는 확률변수가 시간의 경과에 따라 갖게 되는 추세(평균증가율)를 보여준다. 한편, 분산율(variance rate)이란 확률과정에서 기준시간당 분산을 의미한다.

i) 평균율

평균율의 의미를 알기 쉽게 설명하기 위해 확률변수 X(t)가 평균율 a를 가지고 있고 불확실성은 없는 경우를 살펴보도록 하자. 상수(constant)인 평균율을 갖는 확률과정 X는 다음과 같이 간단하게 표시할 수 있다.

$$dX = a \cdot dt \quad \text{(식 11-11)}$$

그런데 (식 11-11)은 가장 간단한 형태의 미분방정식(differential equation)이다. 미분방정식에는 크게 상미분방정식(ODE: ordinary differential equation)과 편미분방정식(PDE: partial differential equation)의 두 가지가 있는데, 전자는 독립변수가 1개인 경우여서 전미분(total differential)을 이용하는 것이고, 후자는 독립변수가 2개 이상이어서 편미분(partial differential)을 이용하는 것이다.

〈그림 11-2〉 다양한 변동기간에 대한 위너과정: W(t)

(a) 기간이 비교적 긴 경우(Δt→T)

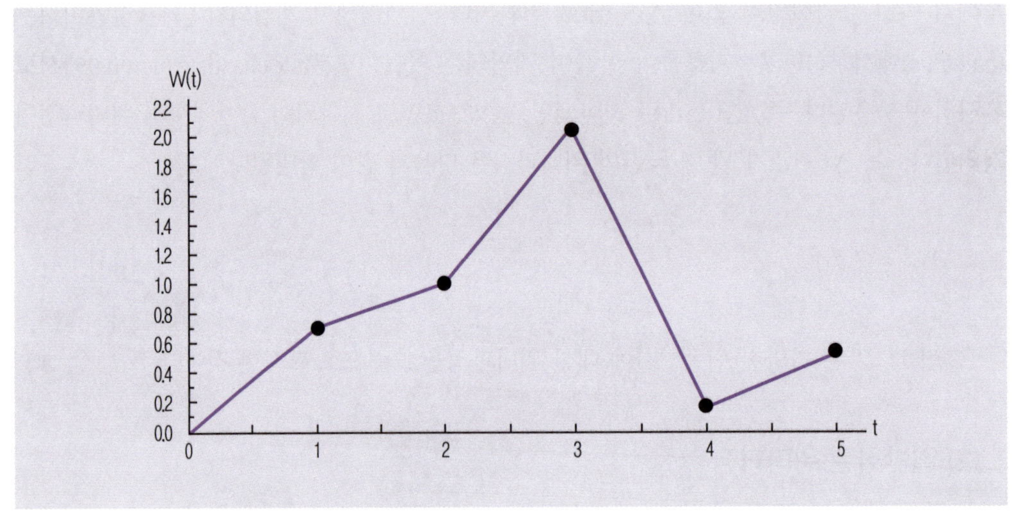

(b) 기간이 비교적 짧은 경우(dt <Δt < T)

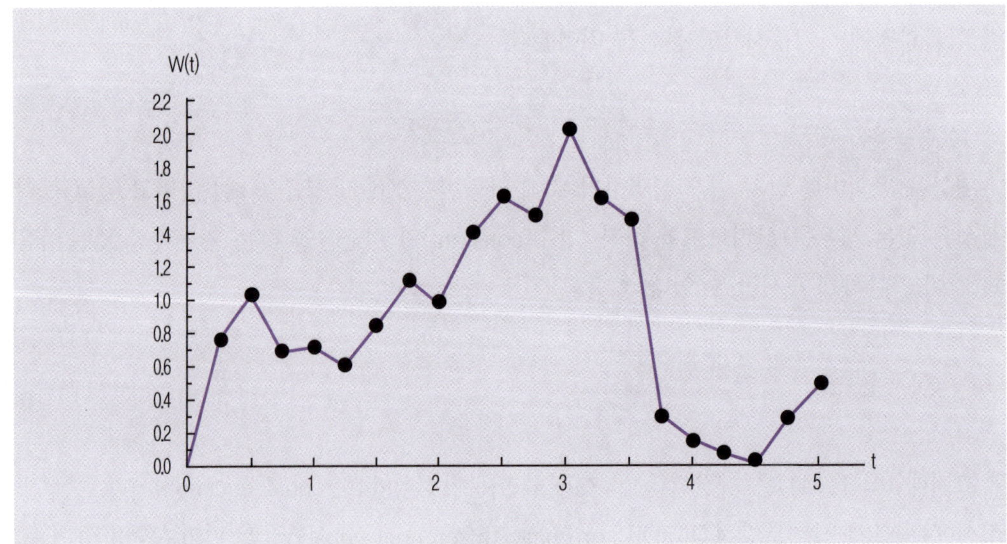

(c) 기간이 극히 짧은 경우($\Delta t \rightarrow dt$)

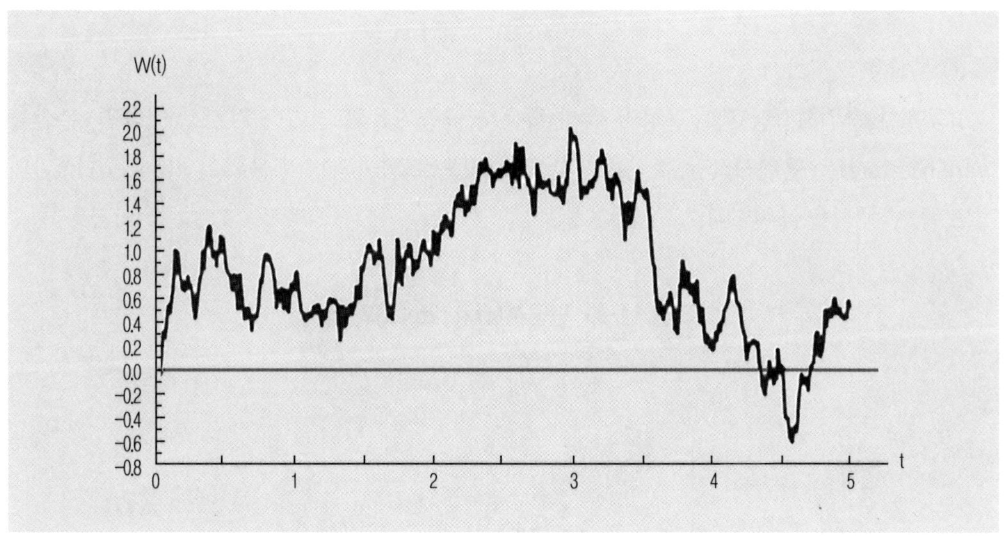

(식 11-11)과 같은 상미분방정식을 푸는 일반적인 방법은 양변에 모두 적분을 취하는 것이다. 따라서, (식 11-11)의 양변을 dt로 나누고 시간t에 대해 양변 모두 적분을 취하면 다음과 같은 적분형태로 전환할 수 있다.[4]

$$\int \frac{dX}{dt} \cdot dt = \int a dt$$
$$\Rightarrow \int dX = \int a dt = at + C$$
$$\Rightarrow X = at + C \qquad \text{(식 11-12)}$$

(식 11-12)는 (식 11-11)에 있는 상미분방정식의 해(solution)이다. 적분상수 C를 정확히 구하기 위해서는 X에 관한 경계조건(boundary condition)이 주어져야 한다. 예컨대, t=0일 때의 X값이 C_0라면, $C=C_0$가 된다.

(식 11-12)에 있는 X는 우리가 잘 알고 있듯이 t를 독립변수로 하는 1차함수, 즉, 직선의 방정식이다. 이러한 직선의 방정식에서 a는 직선의 기울기(slope)에 다름 아니다. 따라서, 평균율은 확률과정에서 추세선의 기울기로서 주어진 기간 동안의 증가율을 의미한다. 다음 〈그림 11-3〉은 (식 11-12)를 그래프로 표시한 것으로 평균율(a)의 의미를 잘 보여주고 있다.

4 적분(integral)에는 적분구간이 명시되어 있어 정확한 적분값을 구할 수 있는 정적분(definite integral)과 적분구간이 정해져 있지 않아 정확한 적분값을 구하지 못하고 미지의 적분상수(C)를 포함하는 부정적분(indefinite integral)이 있다.

그래프에서는 X가 t의 함수임을 강조하기 위해 X(t)로 표시하였다.

ii) 분산율

평균율이 단위시간당 확률과정의 추세 혹은 평균증가율의 의미를 가지고 있다면, 분산율(variance rate)은 단위시간당 분산을 의미하는 것으로 확률과정의 불확실성(uncertainty)의 정도 즉, 변동성을 표현한다.

〈그림 11-3〉 평균율(drift rate: a)의 의미

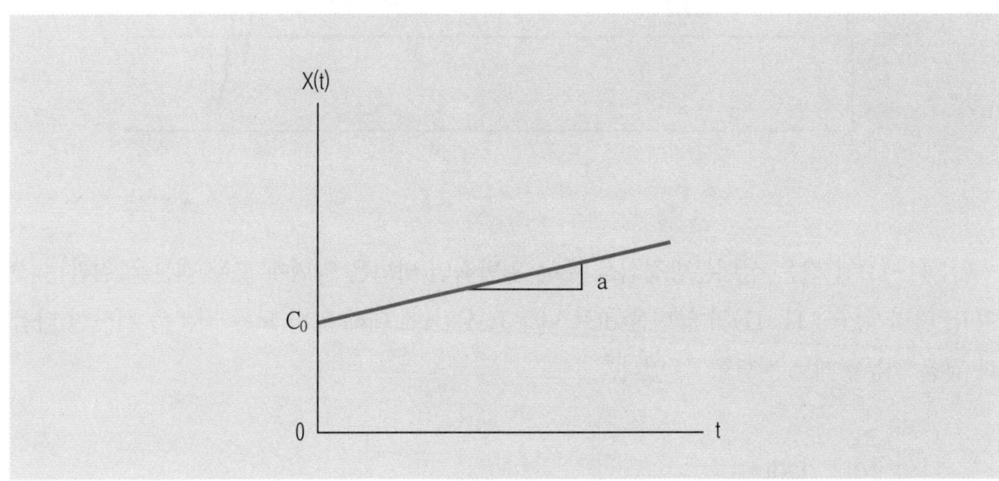

분산율은 위너과정(dW)과 결합하여 다음 (식 11-13)과 같이 표시한다. 식에서 b는 분산율로서 변동성(표준편차)을 의미하며 통상 σ로 표시되기도 한다. 따라서 평균율 a가 0이고 분산율이 상수 b인 확률과정 X는 다음과 같다.

$$dX = b \cdot dW \quad \text{(식 11-13)}$$

② 위너과정의 일반화

앞에서 정의한 평균율(a)과 분산율(b)을 동시에 고려하면 다음과 같은 '일반화된 위너과정(GWP: generalized Wiener process)'을 정의 할 수 있다. 여기서는 편의상 변화시간이 매우 짧다고 가정하고 Δt대신 dt, ΔX대신 dX, ΔZ대신 dZ을 사용하기로 한다.

$$dX = a \cdot dt + b \cdot dW \quad \text{(식 11-14)}$$

(식 11-14)에 있는 일반화된 위너과정은 다음과 같은 특성을 갖는다.

- 단위시간당 X의 평균변화(mean change in X per unit time) = a

  (증명) $E(dX) = E(a \cdot dt + b \cdot dW) = adt + bE(dW) = adt + 0 = adt$

  $\Rightarrow$ E(dX)/dt = 단위시간당 X의 평균변화 = 평균율 = a

- 단위시간당 X변화의 분산(variance of change in X per unit time) = b^2

  (증명) $V(dX) = V(a \cdot dt + b \cdot dZ) = 0 + b^2V(dW) = b^2V(Z\sqrt{dt}) = b^2dt$

  $\Rightarrow$ V(dX)/dt = 단위시간당 X변화의 분산 = 분산율 = b^2

위의 두 가지 특성으로부터 일반화된 위너과정은 다음과 같이 정규분포를 따름을 알 수 있다.

일반화된 위너과정 $dX \sim n(adt, b^2dt)$ (식 11-15)

일반화된 위너과정을 그림으로 표시한 것이 〈그림 11-4〉이다. 그림에서 보듯이 일반화된 위너과정(GWP)은 평균율(adt)과 위너과정(dW)을 합한 것이다.

〈그림 11-4〉 일반화된 위너과정(GWP)

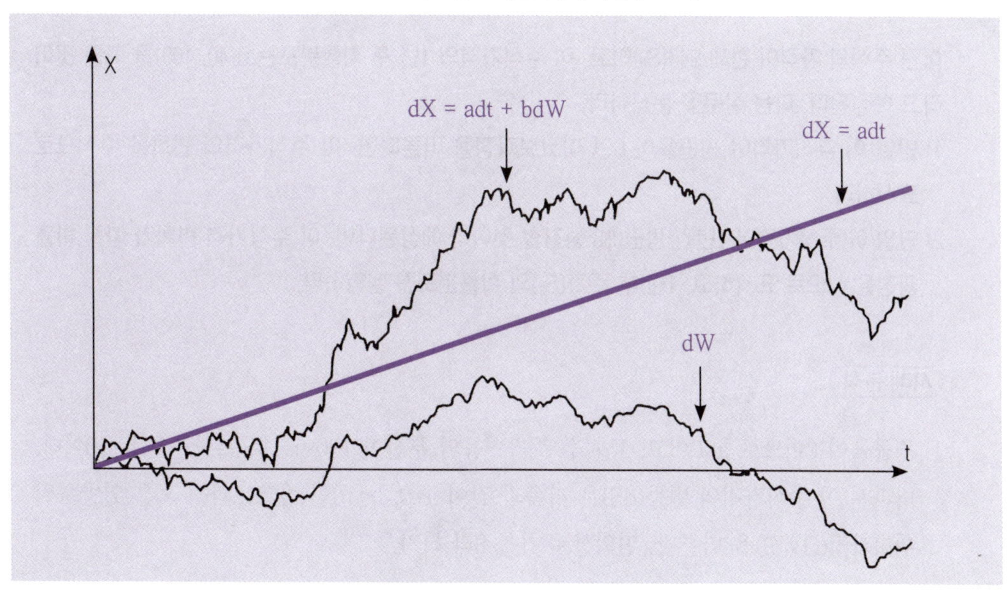

심화 학습 11-1 분산의 성질

분산(variance)은 재무금융분야에서 매우 중요한 의미를 갖는다. 특히 파생상품이론이나 금융리스크관리에서 분산은 리스크(risk)를 측정하는 매우 중요한 요소이다. 따라서 분산을 구하는 방법에 대해 잘 이해하고 있어야 하며, 특히 다음과 같은 분산의 성질을 숙지할 필요가 있다. X와 Y와 같이 대문자로 표시된 것은 확률변수(r.v.: random variable)이고 a, b와 같은 소문자들은 상수를 표시한다. 그리고 V(•)는 분산을, Cov(X,Y)는 X와 Y 사이의 공분산(covariance)을 의미한다. 각각의 성질에 대한 증명은 분산의 정의를 이용하면 된다.

(성질1) $V(aX) = a^2V(X)$

(성질2) $V(aX \pm bY) = a^2V(X) \pm 2abCov(X,Y) + b^2V(Y)$

(만일 $X \perp Y$이면, $Cov(X,Y)=0$이므로, $V(aX \pm bY) = a^2V(X) \pm b^2V(Y)$)

(성질3) $$V(a_1X_1 + a_2X_2 + \cdots + a_nX_n) = V(\sum_{j=1}^{N} a_jX_j) = \sum_{j=1}^{N} a_j^2 V(X_j) + 2\sum_{i=1}^{N}\sum_{\substack{j=1 \\ j>i}}^{N} a_i a_j Cov(X_i,X_j)$$

사례 〈11-2〉 일반화된 위너과정(GWP)

어떤 주식의 가격이 현재 \$40(S_0)이고, 이 주식가격의 1년 후 확률분포는 n(40, 100)을 따를 것이라고 예상된다. 다음 질문을 분석하라.

1) 만일 이 주식가격이 평균율이 0인 마코브과정을 따른다면, 이 주식가격의 변화를 수식으로 표시하라.
2) 만일 이 주식가격이 1년간 평균 \$8 성장할 것이라 예상된다면, 이 주식가격 변화가 따를 확률과정을 식으로 표시하고, 1년 후 주가(S_1)의 확률분포를 설명하라.

사례 분석

1) 평균율이 0이므로 a=0이고, 1년 후 주가변동의 분산이 100이므로 분산율은 b=10이다. 따라서 이 주식가격의 변동(dS)은 다음과 같이 a=0, b=10인 마코브과정 혹은 일반화된 위너과정(GWP)을 따른다. 편의상 주가를 S라 하자.

$dS = adt + bdW = 0dt + 10dW = 10dW$

2) 평균성장율 = 평균율 = a = \$8, 분산율 = b = \$10인 GWP를 따르게 되므로 주가의 변동(dS)은 다음과 같은 확률과정을 따르게 된다.

$dS = adt + bdW = 8dt + 10dW$

$\Rightarrow S_1 - S_0 = 8dt + 10dW$

$\Rightarrow S_1 = S_0 + 8dt + 10dW = (40 + 8dt) + 10dW$ 식(i)

$\Rightarrow E(S_1) = 40 + 8dt = 40 + 8(1\text{년}) = 48$ 식(ii)

$V(S_1) = 0 + V(10dW) = 100dt = 100(1\text{년}) = 100$ 식(iii)

⇒ 따라서, 식(i), (ii), (iii)으로부터, $S_1 \sim n(48, 100)$.

③ 일반화된 위너과정(GWP)과 주식가격

일반화된 위너과정은 매우 유용한 확률모형이기는 하지만, 주식을 기초자산으로 하는 주식옵션의 가치평가에는 적절하지 않다. 즉, 주식가격의 변화를 모형화하는 데는 일반화된 위너과정이 적절치 않아서 블랙-숄즈-머튼모형과 같은 주식옵션평가모형에서는 다른 확률모형(예를 들어, 뒤에서 설명하는 이토과정)을 사용해야 한다.

그렇다면, GWP는 왜 주식가격의 확률모형으로 적절하지 않은가?
그 이유는 다음과 같이 두 가지로 설명할 수 있다.

첫째, 기대수익에 관한 가정 때문이다.
GWP에 의하면, 투자자에 의해 요구되는 기대수익률은 주가와는 독립적이다. 즉, GWP공식으로부터 기대수익은 $E(dS) = adt$인데, 이는 주식의 경우 비현실적이다. 주가가 \$10이든 \$50이든 기대수익이 똑같이 \$10라 한다면, 누가 \$50짜리 주식을 사겠는가? 따라서, 주식의 경우 주가와 관계없이 기대수익이 같다고 가정하는 것보다는 기대수익률이 같다고 가정하는 것이 훨씬 현실적이다. 즉, 주식의 경우 기대수익은 다음과 같은 형태라야 현실적이다.

$$E(dS/S_0) = adt \Rightarrow E(dS) = S_0adt$$

뒤에서 설명하겠지만 이와 같이 기대수익률이 일정하다고 가정하는 모형을 기하브라운모형(GBM)이라 한다.

둘째, 변동성에 관한 가정 때문이다.

GWP에서는 확률변수 변화의 변동성이 일정하다고 가정하지만, 이는 주식의 경우 비현실적이다. 즉, GWP로부터 가격변화(dS)의 변동성은 표준편차(dS) = $b\sqrt{dt}$인데, 이는 곧 주식가격의 수준에 관계없이 변동성이 같다는 것을 의미한다. 예를 들어, 현재가격이 $10인 주식과 $100인 주식가격변화의 변동성이 같다고 하는 것은 비현실적이다. 당연히 주식가격이 크면 가격변화는 클 수밖에 없다. 따라서, 다음과 같이 주가변화의 변동성에 대한 가정을 바꾸어야 보다 현실적이라 할 수 있다.

$$V(dS/S_0) = b^2dt \Rightarrow V(dS) = S_0^2b^2dt \Rightarrow \text{변동성} = \text{표준편차}(dS) = S_0b\sqrt{dt}$$

이상의 두 가지 이유 때문에 주식옵션의 가치평가를 위해서는 주가에 대한 확률모형으로 GWP대신 기하브라운운동(GBM)을 흔히 사용한다.

3) 이토과정

일반화된 위너과정(GWP)에서는 평균율(a)과 분산율(b)이 모두 상수라고 가정했지만, 이를 좀 더 확장하면 평균율과 분산율도 시간에 따라 변하는 시간의 함수로 표시할 수 있다. 이는 평균율과 분산율이 시간의 경과에 관계없이 일정한 것이 아니라 변동할 수 있음을 의미하며 보다 일반화된 모형이라 할 수 있다. 이렇게 평균율과 분산율을 시간의 함수로 표현한 것을 이토과정(Ito process)이라 한다.[5]

(1) 이토과정의 일반식

평균율과 분산율이 상수가 아니고 시간과 확률변수의 함수인 이토과정의 일반식은 다음과 같다. 이 경우 평균율은 a(X,t)로, 분산율은 b(X,t)로 표시된다.

$$dX = a(X, t)dt + b(X,t)dW \qquad \text{(식 11-16)}$$

만일 (식 11-16)에서 시간의 변동이 조금 더 긴 경우 다음과 같이 이산형으로 표시한다.

$$\Delta X = a(X, t)\Delta t + b(X,t)\Delta W \qquad \text{(식 11-17)}$$

5 여기서 Ito는 일본의 저명한 응용수학자 이름이다.

(식 11-16)과 (식 11-17)에 있는 이토과정은 a(X,t)와 b(X,t)를 어떻게 가정하느냐에 따라 다양한 확률과정을 정의할 수 있다. 통상 a(X,t)dt는 '평균항(drift term)', b(X,t)dt는 '확산항(diffusion term)'이라 부른다.

(2) 주식가격과 브라운운동

① 기하브라운운동

앞에서 이미 지적한 대로 주식가격에 대한 확률과정으로 일반화된 위너과정(GWP)은 적절하지 않고 오히려 기하브라운과정이 더 현실적이다. 기하브라운운동(GBM: geometric Brownian motion)은 이토과정의 하나로서 다음과 같이 정의된다. 주식가격을 S라 하면 주식가격변화(dS)를 위한 GBM은 다음과 같이 정의된다.

$$dS = \mu S dt + \sigma S dW \qquad \text{(식 11-18)}$$

단, μ = 주식의 기대수익률(평균율)
σ= 주식수익률의 변동성
S = 현재 주가
dW = 위너과정(WP)

어떤 확률변수가 GBM을 따른다면 이는 곧 '대수정규분포(log-normal distribution)'를 따른다는 것과 동일한 말이다. 뒤에서 배울 블랙-숄즈-머튼모형은 기초자산인 주가가 대수정규분포를 따른다고 가정하고 유도한 옵션가격결정모형이다. 대수정규분포와 GBM의 동일성은 뒤에서 상세하게 설명할 것이다.

기하브라운운동을 도형으로 표시한 것이 다음 〈그림 11-5〉이다. 그림에서 보듯이 GBM 확률과정을 따를 경우 그 확률변수값(X)은 0보다 작은 값을 가질 수 없다. 따라서 유한책임회사(limited liability company)인 대부분의 회사의 주식가격은 0보다 작을 수 없으므로 주식가격의 확률모형으로 GBM은 아주 적절하다고 할 수 있다.

〈그림 11-5〉 기하브라운운동(GBM)

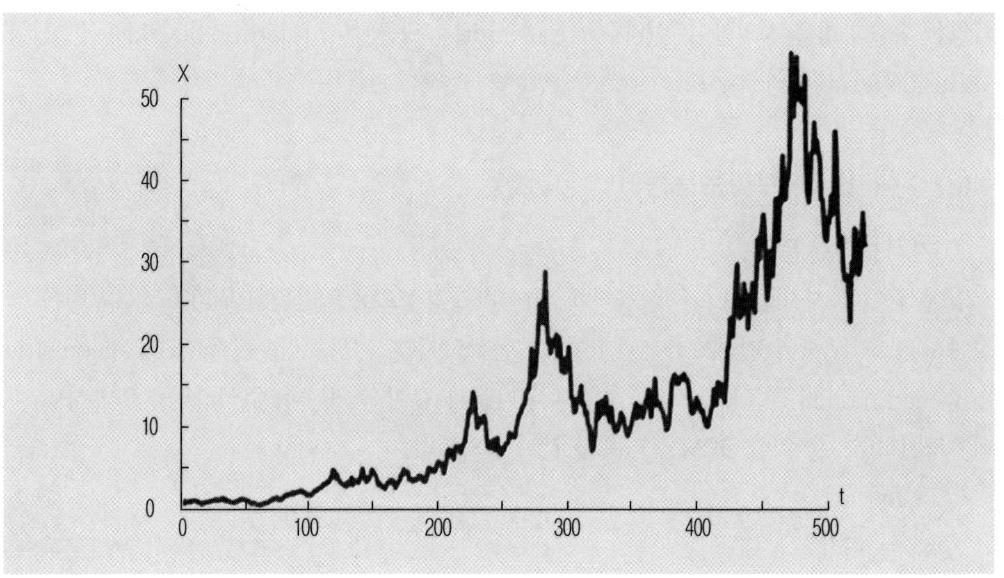

② 산술브라운운동

(식 11-18)이 있는 GBM은 주가의 변화(dS)에 관한 확률모형이다. 그런데 이러한 GBM모형의 양변을 현재주가(S)로 나누면, 주식수익률(dS/S)에 대한 모형을 얻을 수 있다. 이렇게 얻어지는 다음과 같은 모형을 산술브라운운동(ABM: arithmetic Brownian motion)으로 부르며 이는 일반화된 위너과정(GWP)과 동일한 형태의 확률과정이므로 정규분포를 따른다. 주가에 대한 ABM모형은 다음 식과 같다.

$$dS/S = \mu dt + \sigma dW \qquad \text{(식 11-19)}$$

산술브라운운동을 도표로 표시한 것이 다음 〈그림 11-6〉이다. 그림에서 보듯이 ABM을 따르는 확률변수(X)는 0보다 작은 값을 가질 수 있으며, 정규분포를 따르므로 주식수익률을 모형화하는 확률과정으로 적합하다.

〈그림 11-6〉 산술브라운운동(ABM)

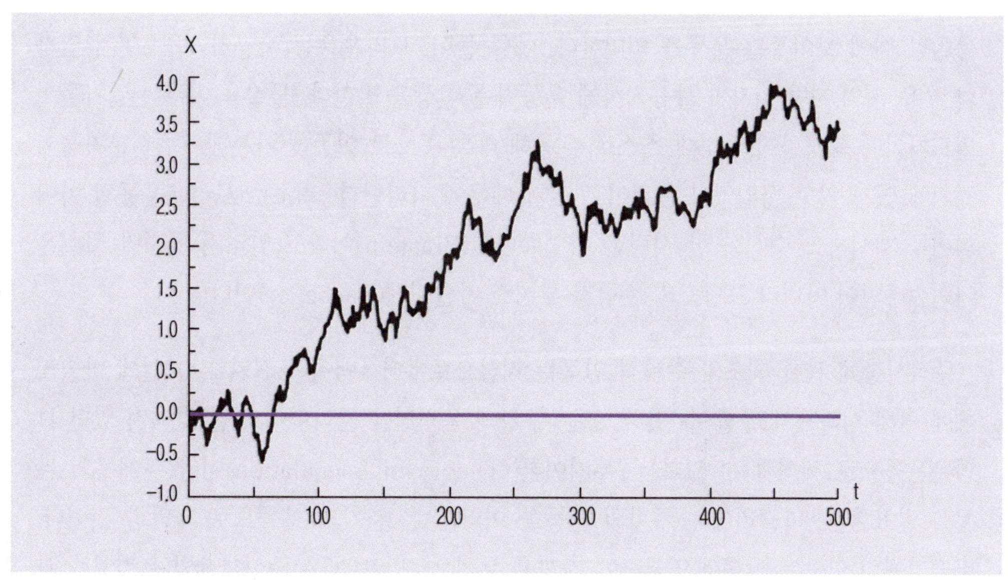

①과 ②의 결과를 요약하면, 다음과 같은 매우 중요한 결과를 얻을 수 있다.

- 주식가격의 변화(dS) ~ 기하브라운운동(GBM) ~ 대수정규분포
- 주식수익률(dS/S) ~ 산술브라운운동(ABM) ~ 정규분포

브라운운동은 〈심화학습 11-2〉에서 보는 바와 같이 재무금융분야에서 매우 중요한 확률과정이다. 따라서 이에 대한 충분한 이해는 뒤에서 중요한 옵션가격결정모형인 블랙-숄즈-머튼모형을 이해하는데 매우 중요하므로 다음 장에서 좀 더 자세하게 다루게 된다.

심화 학습 11-2 브라운운동과 금융수학

브라운운동(Brownian motion)은 생물학자 브라운(Brown)이 찾아낸 운동이다. 현미경이 생긴 지 얼마 되지 않아, 많은 사람들이 현미경으로 무언가를 관찰하는 것이 가능해지자 브라운은 꽃가루가 생명인지 아닌지 판단하기 위해 물방울에 꽃가루를 떨어뜨리고 현미경으로 관찰하였다. 꽃가루들이 매우 불규칙적으로 움직이는 것을 보고 꽃가루가 생명이라는 판단을 내리고 싶었다. 그는 비교군(群)이 필요했기 때문에, 확실히 생명이 아닌 담뱃재를 물방울에 떨어뜨리고 또 현미경으로 관찰했는데, 거의 똑같은 움직임을 물에 떨어진 담뱃재가 보여주었다.

이 브라운운동은 어떤 물체가 그 주위에 끊임없이 불규칙적으로 움직이는 분자들과 충돌할 때에 보여주는 운동을 의미한다. 예를 들어, 브라운운동은 공기 속의 연기 입자나 우유 속의 지방 입자가 불규칙하게 운동하는 현상을 말한다. 물질을 이루는 입자들이 밀도차이나 농도차이에 의해 스스로 운동해 다른 곳으로 이동해 가는데, 이는 분자들이 정지해 있지 않고 끊임없이 움직이고 있기 때문에 나타난다. 최초로 브라운운동의 아이디어를 제시하고 수식화 한 사람은 아인슈타인(Einstein)이라고 알려져 있지만 사실은 아인슈타인이 아니라 프랑스의 수학자 루이스 바슐리에(Bachelier)이다.

주식시장에 관한 최초의 수학적 연구는 지금으로부터 1백여년 전인 1900년에 바슐리에에 의해 시작됐다고 할 수 있다. 그는 주가의 움직임을 물리학에서 잘 알려져 있던 브라운운동으로 해석할 수 있다는 '투기이론'(Theory of Speculation)이라는 제목의 논문을 발표했다. 바슐리에는 주가의 변동을 이와 같은 분자의 운동으로 파악한 것이다. 바슐리에의 연구는 이제껏 연금술에 가까운 분석으로만 보아온 주식시장의 움직임을 과학적인 시각에서 관찰하고 분석할 수 있게 했다. 또한 이후 주식가격은 물론 이자율, 외환 등 금융시장의 모형에 수학적 확률론이 응용될 수 있는 기초를 제공했다. 이러한 바슐리에의 공적을 인정하여 2년마다 열리는 세계적인 금융수학회의 이름도 '바슐리에 금융학회(BFS: Bachelier Finance Society)'라 불린다.

그렇다면 왜 이런 브라운운동이 주식에 쓰이게 되었을까? 이는 블랙-숄즈-머튼모형이 옵션가격 예측에 도입되면서부터이다. 블랙-숄즈-머튼은 옵션의 정확한 가격을 측정하기 위한 모델을 찾고 있었다. 그들의 아이디어는, 주식이 있으면 그 주위의 매수자 매도자들이 마치 꽃가루 주위의 물분자들이 충돌하듯, 끊임없이 불규칙적으로 매도를 하고 매수를 하며 그 결과 꽃가루가 그 충돌의 결과로 끊임없이 흔들리듯이, 주식의 가격도 끊임없이 변하므로 이 브라운운동이 주식의 가격을 예측하고 설명하는 데에 가장 적합한 모델이고, 이를 응용하여 확률미분방정식(SDE: stochastic differential equation)을 만들고 그것을 풀면, 정확한 옵션의 가격을 예측할 수 있다는 것이었다. 이들은 그 방정식을 만들고 동료 물리학자에게 보여주었는데, 그 방정식이 물리학에 나오는 열방정식(heat equation)과 매우 유사한 형태를 띠고 있다는 것에서 아이디어를 얻고, 그것을 응용하여 방정식을 푼다. 현재 옵션의 가격은 기본적으로 블랙-숄즈-머튼 방정식을 이용하여 측정된다.

또한 이러한 브라운운동이 적분변수의 자리를 대신할 때, 적분값을 구하는 방법을 원하게 되었는데, 이것을 만든 것이 일본의 응용수학자 Ito이다. 그는 이 공로로 최고의 응용수학자에게 주는 Gauss 상을 받았다. 그 결과, 현재 많은 확률론 전공 수학자들은 Ito 적분과 브라운운동을 연구하고 있으며 새로운 수학이 개척되었다. 하지만 이러한 노력에도 불구하고, 여전히 주식의 정확한 예측은 매우 어려운 과제로 남아있다. 주식가격에 영향을 미치는 요인이 너무 많고, 투자자들도 반드시 합리적으로만 투자하지는 않기 때문일 것이다.

(3) 평균회귀과정(MRP)

이토과정의 한 형태로서 이자율이나 환율, 물가상승률 등을 모형화하는데 많이 사용되는 확률과정이 있는데 바로 '평균회귀과정(MRP: mean reverting process)'이다. MRP는 장기적인 평균을 중심으로 상승하거나 하락하는 변수를 모형화하는데 적합하다. 예를 들어, 금리의 경우 시장에서 금리가 너무 상승하면 신용이 경색되어 경제가 악화될 수 있으므로 국가는 금리를 하락시키기 위해 통화팽창정책(즉, 화폐공급확대)을 통해 금리를 하락시키고자 하며, 반대로 금리가 너무 낮아지면 신용이 너무 완화되어 경제가 과열될 수 있으므로 금리를 상승시키기 위해 통화축소정책(즉, 화폐공급축소)을 통해 시장에 과잉공급된 통화를 회수하여 금리를 상승시키고자 할 것이다. 이러한 일련의 통화정책(monetary poicy)은 금리가 적정 평균수준을 중심으로 사인곡선(sine wave)처럼 변동하도록 만들게 되는데, 이러한 확률변수에 적합한 확률과정이 바로 MRP이다. 환율도 비슷한 성격을 가지고 있다. MRP의 일반적인 모형은 다음과 같다.

$$dX = k(\mu - X)dt + \sigma X^{\beta} dW \qquad \text{(식 11-20)}$$

(식 11-20)에서 k는 조정속도 모수(speed-of-adjustment parameter)로서 변수 X가 얼마나 빨리 평균으로 회귀하는지를 결정하는 모수(단, $k \geq 0$), μ는 변수 X의 장기평균(long-run average), σ는 변수 X의 변동성, β는 임의의 상수로서 확률모형의 성격을 규정한다. 예를 들어, β=1인 MRP를 'Ornstein-Uhlenbeck과정'이라 부른다.

MRP모형을 도형으로 표시한 것이 〈그림 11-7〉인데 이 그림은 조정속도(k)가 0.10, 장기평균(mean=μ) 이 2.0, 변동성(σ)이 10%, β=1/2인 경우이다. 그림에서 보듯이 MRP는 장기평균을 중심으로 상승과 하락을 반복하고, 0보다 큰 값을 갖는 확률변수에 적합한 확률과정이다.

〈그림 11-7〉 평균회귀과정(MRP)

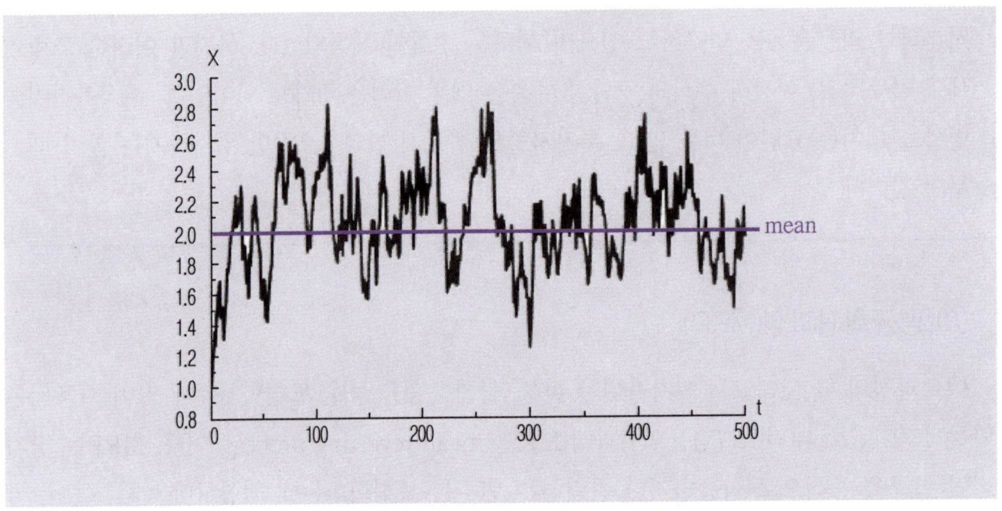

〈심화학습 11-3〉은 주식가격이 GBM을 따를 경우 시뮬레이션을 통해 미래 주가를 예측하는 방법과 적용사례를 소개하고 있다.

심화 학습 11-3 몬테 카를로 시뮬레이션

가. 몬테 카를로 시뮬레이션 방법

모수 시뮬레이션(parametric simulation)의 대표적인 방법으로 몬테 카를로 시뮬레이션(Monte Carlo simulation)이 있다. 모수 시뮬레이션이므로 분포를 가정하게 되는데, 일반적으로 정규분포가 많이 사용된다. 몬테 카를로 시뮬레이션의 구체적이고 일반적인 적용방법 및 절차를 설명하면 다음과 같다.

- Step 1 : 사용할 분포를 결정한다(Specify distribution).
  (예) 정규분포(normal distribution)
- Step 2 : 분포로부터 확률변수 값을 생성한다(Generate values of a random variable).
  (예) 누적확률분포를 활용한다(Use c.d.f. to generate X).[6]

6 누적확률분포(c.d.f.: cumulative distribution function): −∞부터 어떤 특정한 값까지의 모든 확률을 누적한 것으로서 다음과 같이 표시한다: $F(x)=Pr(X \leq x)$

- Step 3 : 시뮬레이션을 통해 값을 구한다(Compute the values of simulated variables).
  그리고 반복한다(Repeat).
  (예) 주식가격의 도출

나. 몬테 카를로 시뮬레이션 적용 사례

몬테 카를로 시뮬레이션을 이용하여 미래 주식가격을 예측하는 사례를 통해 실제 적용방법을 알아보자.

- Step 1: 사용할 분포를 결정한다.

  주식의 미래 가격을 예측하기 위해 주식가격이 대수정규분포를 따른다고 가정하자. 대수정규분포는 기하브라운운동(GBM: Geometric Brownian Motion)을 말한다. 이는 주식수익률이 정규분포를 따른다는 가정과 동일하다. 앞에서 설명한 바와 같이 주식가격이 대수정규분포를 따르면 다음과 같은 식을 만족해야 한다. (식11-18)참조.

$$dS_t = \mu S_t dt + \sigma S_t dW$$

- Step 2: 분포로부터 확률값을 생성한다.

  먼저, 0과 1사이의 임의의 수를 난수생성기(random number generator)를 이용하여 생성한다.[7] 그런 다음 누적확률분포를 이용하면 변수값 하나를 만들어 낼 수 있다. 즉, 위의 GBM에서 dW가 평균이 0이고 분산이 dt인 정규분포인데, 표준정규분포의 확률변수를 편의상 Z라 하면 위에서 구한 난수(표준정규분포누적확률)에 대응하는 z값을 구할 수 있다.[8] 누적확률분포는 일대일 함수이므로 역함수가 존재하고 누적확률값(난수)을 알면 표준정규분포표로부터 확률변수값을 구할 수 있는 것이다. 따라서 두 번째 단계에서는 난수를 통해 확률변수값을 생성하는 것이다.

- Step 3: 시뮬레이션으로 값을 구한다.

  위의 문제를 조금 단순화하기 위해 평균과 표준편차는 시간에 관계없이 일정하다고 가정하자. 그리고 평균은 제로(즉, μ=0)라 하고, 표준편차는 전체구간에서 10%(즉, σ

7 EXCEL에도 이 기능이 있는데, 예를 들어 아무 셀에 들어가 '=RAND( )'를 입력하고 엔터 키를 쳐보면 임의의 난수 하나가 생성된다. 필요한 수만큼 복사해서 난수를 생성할 수 있다.

8 z값은 표준정규분포에서 다음과 같이 구한다: $Pr(Z \leq z)$ = 난수값

=0.10)라 가정하자. 그리고 현재 주가는 $100, 그리고 관심 있는 구간을 100(=n)개로 나눈다고 하자. 그러면, 단위구간은 dt = T/100이 되며(T=전체 기간), GBM으로부터 다음 기간 새로운 주가는 다음과 같다.[9]

$$dS = S_{t+1} - S_t = S_t(\mu dt + \sigma Z\sqrt{dt}\ )$$

$$\Rightarrow S_{t+1} = S_t(1 + 0.01Z)$$

위의 식을 이용하여 시뮬레이션을 시행한 예가 다음 〈표 11-2〉에 나타나 있다.

〈표 11-2〉 몬테 카를로 시뮬레이션: 주식가격 예측

시행과정 (n)	현재 가격 (S_t)	확률변수값 (z_t)	주가변동 (dS)	미래 주가 ($S_{t+1}=S_t+dS$)
1	100.00	0.199	0.00199	100.20
2	100.20	1.665	0.01665	101.87
3	101.87	-0.445	-0.00446	101.41
4	101.41	-0.667	-0.00668	100.74
.	.	.	.	.
.	.	.	.	.
.	.	.	.	.
100	92.47	1.153	-0.0153	91.06

주) 여기서 확률분포의 평균은 0, 표준편차는 10%이며, dt=T/100일 임.

〈표 11-2〉와 같은 100개의 과정을 거쳐 T기간 후의 주가 하나가 생성되었는데 이와 같은 표 하나를 통해 주가생성 경로(path #1)가 하나 생성된 것이다. 이런 과정을 반복하면 여러 개의 경로를 생성할 수 있고, 이런 여러 개의 생성 주가는 미래주가에 대한 분포를 형성하게 되는데 이를 그림으로 표시한 것이 다음 〈그림 11-8〉이다. 참고로 '95% Upper Limit'과 '95% Lower Limit'은 미래 주가 분포로부터 산출한 95% 신뢰구간(CI: Confidence Interval)이다.

9 단위구간 표준편차는 $\sigma\sqrt{dt} = 0.10\sqrt{\frac{1}{100}} = 0.01$ 이 된다.

〈그림 11-8〉 몬테 카를로 시뮬레이션: 주식가격 생성 경로

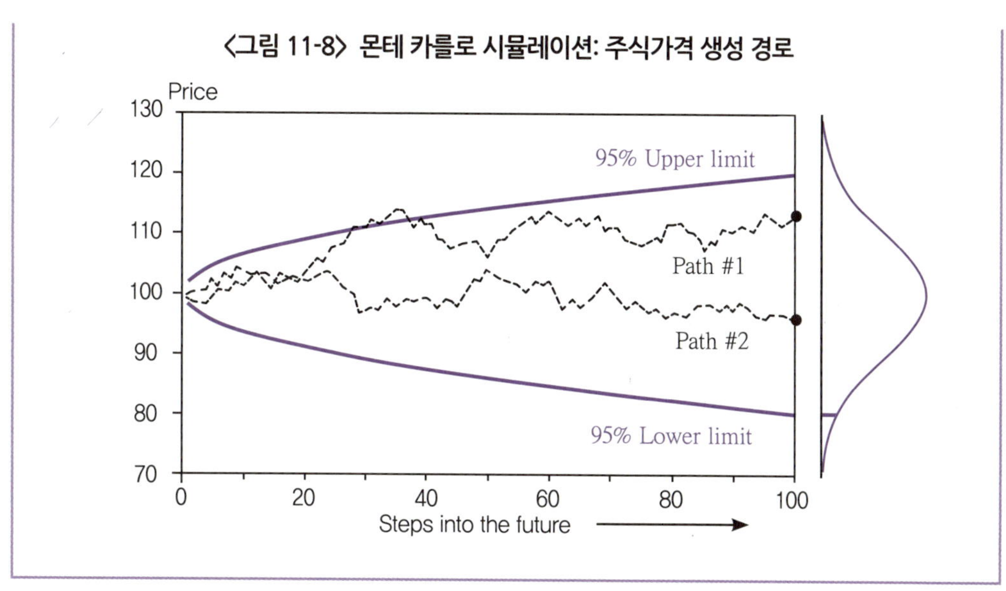

3. 이토정리

일본의 응용수학자 이토(Ito)는 어떤 확률변수가 특정 확률과정을 따른다면, 이 확률변수의 함수는 어떤 확률과정을 따르게 되는지를 이론적으로 연구하여 1951년 저명한 수학 학술지에 발표하였는데 이를 이토정리(Ito's Lemma)라 한다.[10] 즉, 확률변수 X가 어떤 확률분포를 따른다면, X의 함수인 f(X)는 어떤 확률분포를 따르는지 도출하는 이론이 바로 이토정리이다.

〈이토정리(Ito's Lemma)〉

임의의 확률변수 X가 앞에서 정의한 (식11-17)과 같은 이토과정을 따른다고 하자.

$$dX = a(X, t)dt + b(X,t)dW$$

만일 확률변수 X와 t에 의존하는 함수를 G(X,t)라 하면, G(X, t)는 다음과 같은 확률과정을 따라야 한다.[11]

$$dG = \left(\frac{\partial G}{\partial X} a + \frac{\partial G}{\partial t} + \frac{1}{2}\frac{\partial^2 G}{\partial X^2} b^2\right)dt + \frac{\partial G}{\partial X} bdW \quad \text{(식 11-21)}$$

---

10 Kiyosi Ito, "On Stochastic Differential Equations", *Memoirs of the American Mathematical Society*, 4,(1951): 1–51.

11 $\frac{\partial G}{\partial X}$, $\frac{\partial G}{\partial t}$ 는 각각 G(X, t)를 X와 t에 대해 편미분(partial differential) 한 것이다.

(식 11-21)에 있는 이토정리로부터 dG는 다음과 같은 특성을 갖는 이토과정의 하나이다.

- $E(dG) = (\frac{\partial G}{\partial X} a + \frac{\partial G}{\partial t} + \frac{1}{2}\frac{\partial^2 G}{\partial X^2} b^2)dt$
- $V(dG) = (\frac{\partial G}{\partial X} b)^2 dt$

심화 학습 11-4 이토정리 증명

이토정리는 다음과 같은 Taylor series를 응용하여 증명할 수 있다.

i) 독립변수가 1개(x)인 경우 Taylor series

$$\Delta f(x) = f(x_1) - f(x_0) = f^{(1)}(x_0)\Delta x^1 + \frac{1}{2!} f^{(2)}(x_0)\Delta x^2 + \frac{1}{3!} f^{(3)}(x_0)\Delta x^3 + \cdots$$

$$= \sum_{n=1}^{\infty} \frac{1}{n!} f^{(n)}(x_0)\Delta x^n \quad \text{(식 11-22)}$$

단, $\Delta x = x_1 - x_0$ (x의 작은 변화), $f^{(n)}(x_0) = \frac{d^n f(x)}{dx^n}$ = x에 대한 f(x)의 n차 미분, n!(n factorial)=n(n−1)(n−2)⋯3 · 2 · 1.

ii) 독립변수가 2개(x, t)인 경우 Taylor series

$$\Delta f(x,t) = f(x_1, t_1) - f(x_0, t_0)$$
$$= \frac{\partial f}{\partial x}\Delta x^1 + \frac{\partial f}{\partial t}\Delta t^1 + \frac{1}{2!}\frac{\partial^2 f}{\partial t^2}\Delta t^2 + \frac{1}{2!}\frac{\partial^2 f}{\partial x^2}\Delta x^2 + 2\frac{1}{2!}\frac{\partial^2 f}{\partial x \partial t}\Delta x \Delta t + \cdots$$
$$= \sum_{n=1}^{\infty}\frac{1}{n!}(\frac{\partial}{\partial x}\Delta x + \frac{\partial}{\partial t}\Delta t)^n f(x_0) \quad \text{(식 11-23)}$$

이제 (식 11-23)에 있는 독립변수가 2개인 Taylor Series를 적용하여 Ito정리를 증명해보자. 편의상 ΔG대신 dG를 사용하자.

$$dG = \frac{\partial G}{\partial x} dX^1 + \frac{\partial G}{\partial x} dt^1 + \frac{1}{2!}\frac{\partial^2 G}{\partial x^2} dX^2 + \frac{1}{2!}\frac{\partial^2 G}{\partial t^2} dt^2 + 2\frac{1}{2!}\frac{\partial^2 G}{\partial x \partial t} dXdt + \cdots \quad \text{(식 11-24)}$$

그런데 일반해석학(ordinary calculus)에서는 dx는 매우 작은 수로 간주되기 때문에 dx^2, dx^3,⋯⋯, dx^n⋯⋯ 등은 모두 더 작은 값이 되므로 근사적으로 0으로 간주한다. 그러나, 확률해석학(stochastic calculus)에서는 dx^2은 0이라 간주할 수 없다. 왜냐하면,

확률과정 dx는 모두 위너과정인 $dW=Z\sqrt{dt}$ 항을 포함하고 있어 dx^2은 $dW^2=Z^2dt$가 되어 0이 아니다. 따라서 일반해석학에서는 dx^2, dx^3,……, dx^n…… 등을 모두 0으로 간주하지만, 확률해석학에서는 dx^2은 제외하고, dx^3,……, dx^n…… 등만 0으로 간주한다. 다만 dt는 확률과정이 아니므로 당연히 dt^2은 0으로 간주한다. 이러한 원리를 (식 11-24)에 적용하면 다음과 같은 식을 얻는다.

$$dG = \frac{\partial G}{\partial x}dx + \frac{\partial G}{\partial t}dt + \frac{1}{2!}\frac{\partial^2 G}{\partial x^2}dx^2 \qquad \text{(식 11-25)}$$

이제 (식 11-17)의 dX를 (식11-25)에 대입하여 정리하면 다음과 같은 Ito정리를 얻는다.

$$dG = \left(\frac{\partial G}{\partial X}a + \frac{\partial G}{\partial t} + \frac{1}{2!}\frac{\partial^2 G}{\partial X^2}b^2 \right)dt + \frac{\partial G}{\partial X}bdW$$

Q.E.D.

다양한 함수에 대해 이토정리를 적용하면 다음과 같은 몇 가지 유용한 공식을 얻을 수 있다. 여기서 dX, dY는 이토과정이라 하자.

- 확률변수 X만의 함수인 G(X)의 경우 :

$$dG = \frac{\partial G}{\partial X}dX + \frac{1}{2!}\frac{\partial^2 G}{\partial X^2}dX^2 \qquad \text{(식 11-26)}$$

- 확률변수 X와 t의 함수인 G(X,t)의 경우:

$$dG = \frac{\partial G}{\partial X}dX + \frac{\partial G}{\partial t}dt + \frac{1}{2!}\frac{\partial^2 G}{\partial X^2}dX^2 \qquad \text{(식 11-27)}$$

- 확률변수 X,Y t의 함수인 G(X,Y,t)의 경우:

$$dG = \frac{\partial G}{\partial X}dX + \frac{\partial G}{\partial Y}dY + \frac{\partial G}{\partial t}dt + \frac{1}{2!}\left(\frac{\partial^2 G}{\partial X^2}dX^2 + 2\frac{\partial^2 G}{\partial X\partial Y}dXdY + \frac{\partial^2 G}{\partial Y^2}dY^2\right) \qquad \text{(식 11-28)}$$

심화 학습 11-5 위너과정의 곱셈법칙(multiplication rule)

$dV=Z_1\sqrt{dt}$와 $dW=Z_2\sqrt{dt}$는 서로 다른 두 개의 위너과정이고, dV와 dW사이의 상관계수는 ρ라 하자(즉, Z_1과 Z_2 사이의 상관계수=ρ). 그리고 dt는 작은 시간간격을 의미하는 상수이다. 그러면 다음과 같은 위너과정들 사이의 곱셈법칙이 성립함을 증명해 보자.

〈표 11-3〉 위너과정의 곱셈법칙

곱셈(x)	dV	dW	dt
dV	dt	ρdt	0
dW	ρdt	dt	0
dt	0	0	0

증명

곱셈법칙을 증명하는데 매우 유용한 다음과 같은 상수분산법칙을 먼저 살펴보기로 하자.

> 상수분산법칙: 만일 V(X) = 0이면, E(X) = X이다.

즉, 어떤 확률변수의 분산이 0이라는 것은 변수의 값이 평균을 중심으로 변동하지 않는 상수(constant)임을 의미한다. 즉, 상수의 평균은 상수이므로 E(X)=X이다.

이러한 법칙을 이용하여 〈표 11-3〉에 있는 곱셈법칙을 증명해 보자.

(곱셈법칙1) $(dt)(dt) = dt^2 = 0$

이미 앞에서 설명한 바와 같이 dt는 확률변수가 아니고 단순히 아주 작은 시간을 의미하므로, 일반해석학을 적용하면 되며, 아주 작은 것의 제곱은 더 작아지므로 당연히 $dt^2=0$이어야 한다.

(곱셈법칙2) $dV^2 = dt$, $dW^2 = dt$

dV와 dW 둘 다 위너과정(WP)이므로 증명은 동일하다.

분산의 정의에 의하면, 분산(X) = $V(X) = E(X^2) - [E(X)]^2$. 따라서,

$$V(dV^2) = E(dV^4) - [E(dV^2)]^2 \quad \text{(a)}$$

한편, 정규분포의 첨도(kurtosis) = 3이고, 확률변수 X의 평균이 μ이고 분산이 σ^2인 경우 첨도는 다음과 같이 정의된다.

첨도(X) = $\frac{E[(X-\mu)^4]}{\sigma^4}$

그런데 dV의 평균은 0, 분산은 dt이고 위너과정 dV도 정규분포이므로 첨도는 3이다. 즉,

첨도(dV) = $\frac{E[(dV-\mu)^4]}{\sigma^4} = \frac{E[dV^4]}{dt^2} = 3 \Rightarrow E[dV^4] = 3dt^2$ (b)

또한, $V(dV) = E(dV^2) - [E(dV)]^2 = dt \Rightarrow E(dV^2) = dt$ (c)

따라서, (b)와 (c)를 (a)에 대입하면,

$V(dV^2) = E(dV^4) - [E(dV^2)]^2 = 3dt^2 - [dt]^2 = 2dt^2$

따라서, (곱셈법칙1)로부터, $V(dV^2) = 2dt^2 = 0$ (d)

상수분산법칙과 (d)로부터, $E(dV^2) = dV^2$ 이어야 하고, (c)로부터 $E(dV^2) = dt$이므로,

$E(dV^2) = dV^2 = dt$.

(곱셈법칙3) dVdW=ρdt

$V(dVdW) = E(dV^2dW^2) - [E(dVdW)]^2$ (e)

그런데, (곱셈법칙2)로부터, $dV^2 = dW^2 = dt$. 따라서,

$E(dV^2dW^2) = E(dtdt) = E(dt^2) = dt^2 = 0$ (f)

한편, 임의의 확률변수 X와 Y사이의 공분산(covariance)은 다음과 같이 정의된다.

Cov(X, Y) = E(XY) − E(X)E(Y). 따라서, dV와 dW의 공분산은,

Cov(dV, dW) = E(dVdW) − E(dV)E(dW) = E(dVdW) (g)

그리고, 임의의 확률변수 X와 Y사이의 상관계수(correlation)는 다음과 같이 정의된다.

$\rho = \frac{Cov(X,Y)}{\sigma_X\sigma_Y} \Rightarrow Cov(X,Y) = \rho\sigma_X\sigma_Y$. **따라서, dV와 dW사이의 공분산은,**

Cov(dV,dW) = ρ(dV의 표준편차)(dW의 표준편차) = $\rho(\sqrt{dt})(\sqrt{dt}) = \rho dt$ (h)

(g)와 (h)로부터, $E(dVdW) = \rho dt$ (i)

따라서, (f)와 (i)를 (e)에 대입하면,

$V(dVdW) = E(dV^2dW^2) - [E(dVdW)]^2 = 0 - (\rho dt)^2 = 0$.

dVdW의 분산이 0이므로 상수분산법칙으로부터, E(dVdW) = dVdW.

그런데 (i)로부터, $E(dVdW) = dVdW = \rho dt$.

(곱셈법칙4) dVdt=0, dWdt=0

둘 다 증명방법은 동일하므로, dVdt=0만 증명해 보자.

$V(dVdt) = dt^2V(dV) = 0$

dVdt의 분산이 0이므로 상수분산법칙으로부터, $E(dVdt) = dVdt$.

그런데, $E(dVdt) = dtE(dV) = 0$ (위너과정의 평균은 0이므로)

따라서, $E(dVdt) = dVdt = 0$.

Q.E.D.

위에서 설명한 곱셈법칙들은 이토정리를 이용하여 확률과정의 함수의 확률모형을 구하는데 매우 유용한 것이므로 잘 숙지할 필요가 있다.

사례

〈11-3〉 이토정리 활용

주식가격 S가 다음과 같이 기하브라운운동(GBM)을 따른다고 가정하고 질문에 답하라.

$dS = \mu Sdt + \sigma SdW$

(i) S와 t의 함수인 G(S, t)는 어떤 확률과정을 따르는가?

(ii) 함수 $G(S,t)=Se^{r(T-t)}$로 주어진 선물가격은 어떤 확률과정을 따르는가?

(iii) 함수 G(S)=lnS는 어떤 분포를 따르는가?

사례 분석

(i) G(S, t)

G(S,t)는 확률변수 S와 시간 t의 함수이므로 (식11-27)의 이토정리를 적용하면,

$$dG = \frac{\partial G}{\partial s}dS + \frac{\partial G}{\partial t}dt + \frac{1}{2}\frac{\partial^2 G}{\partial S^2}dS^2 \qquad (a)$$

그런데, $dS^2 = (\mu Sdt + \sigma SdW)^2 = \mu^2S^2dt^2 + 2\mu S\,\sigma S(dtdW) + \sigma^2S^2dW^2$ (b)

(b)에서 $dt^2=0$(곱셈법칙1), $dtdW=0$(곱셈법칙4), $dW^2 = dt$(곱셈법칙2) (c)

(c)를 (b)에 대입하면, $dS^2 = \sigma^2S^2dt$ (d)

이제 dS와 (d)를 (a)에 대입하면,

$$dG = \frac{\partial G}{\partial S}dS + \frac{\partial G}{\partial t}dt + \frac{1}{2}\frac{\partial^2 G}{\partial S^2}dS^2 = \frac{\partial G}{\partial S}(\mu Sdt + \sigma SdW) + \frac{\partial G}{\partial t}dt + \frac{1}{2}\frac{\partial^2 G}{\partial S^2}\sigma^2 S^2 dt$$

$$= (\mu S\frac{\partial G}{\partial S} + \frac{\partial G}{\partial t} + \frac{1}{2}\sigma^2 S^2\frac{\partial^2 G}{\partial S^2})dt + \sigma S\frac{\partial G}{\partial S}dW \quad \text{(e)}$$

식(e)로부터, 함수 G(S,t)는 다음과 같은 속성을 가진 이토과정이다.

평균율 = $(\mu S\frac{\partial G}{\partial S} + \frac{\partial G}{\partial t} + \frac{1}{2}\sigma^2 S^2\frac{\partial^2 G}{\partial S^2})$

분산율 = $(\sigma S\frac{\partial G}{\partial S})$

(ii) $G(S,t)=Se^{r(T-t)}$

G(S,t)는 확률변수 S와 시간 t의 함수이므로 (i)에서 구한 dG를 활용해보자.

그런데, $\frac{\partial G}{\partial S} = e^{r(T-t)}$, $\frac{\partial G}{\partial t} = Se^{r(T-t)}(-r)$, $\frac{\partial^2 G}{\partial s^2} = 0$ (f)

(f)를 (e)에 대입하면,

$$dG = (\mu S\frac{\partial G}{\partial S} + \frac{\partial G}{\partial t} + \frac{1}{2}\sigma^2 S^2\frac{\partial^2 G}{\partial S^2})dt + (\sigma S\frac{\partial G}{\partial S})dW$$

$$= (\mu Se^{r(T-t)} + Se^{r(T-t)}(-r)dt + (\sigma Se^{r(T-t)})dW$$

$$= Se^{r(T-t)}(\mu-r)dt + \sigma Se^{r(T-t)}dW$$

$$= (\mu-r)Gdt + \sigma GdW$$

따라서, G(S,t)는 평균율= $(\mu-r)G$, 분산율 = σG인 기하브라운운동(GBM)을 따른다. 즉, GBM을 따르는 기초자산(S)을 갖는 선물(선도)가격 G(S,t)도 GBM을 따르며, 선물의 기대수익률(성장률)은 $(\mu-r)$이다. μ가 기초자산 S의 기대수익률이므로 선물의 기대수익률은 기초자산(S)의 초과수익률(=기대수익률-무위험이자율)과 같다. 다시 말하면, 선물의 기대수익률 = 기초자산의 기대수익률 - 보유비용 = $\mu-r$.

(iii) $G(S)=\ln S$

함수 G(S)가 기초자산(S)만의 함수이므로 (식 11-26)의 이토정리를 활용하면 된다.

$$dG = \frac{\partial G}{\partial S}dS + \frac{1}{2}\frac{\partial^2 G}{\partial S^2}dS^2 \quad \text{(g)}$$

그런데, $\frac{\partial G}{\partial S} = \frac{1}{S}$, $\frac{\partial^2 G}{\partial S^2} = (-)\frac{1}{S^2}$ (h)

(h)를 (g)에 대입하면,

$$dG = \frac{\partial G}{\partial S}dS + \frac{1}{2}\frac{\partial^2 G}{\partial S^2}dS^2 = \frac{1}{S}(\mu Sdt + \sigma SdW) + \frac{1}{2}\frac{(-1)}{S^2}\sigma^2 S^2 dt$$

$$= (\mu - \frac{\sigma^2}{2})dt + \sigma dW$$

따라서, G(S)는 평균율 = $(\mu - \frac{\sigma^2}{2})$, 분산율 = σ인 산술브라운운동(ABM)을 따른다. 즉 정규분포를 따른다. 이는 S가 GBM을 따르면, G=lnS는 ABM을 따르며, 역으로 G가 ABM을 따르면, $S=e^G$는 GBM을 따름을 의미한다.

Tip 주요 용어

변수(X)의 확률분포 vs. 변수의 변화(dX)의 확률분포

i) 변수의 초기값이 같을 경우

변수(X)의 확률분포 = 변수의 변화(dX)의 확률분포

ii) 변수의 초기값이 다를 경우

변수(X)의 확률분포 ≠ 변수의 변화(dX)의 확률분포

(이유)

변수의 초기값 = X0, 변수의 기말값 = X1, 변수의 변화 = dX = X1−X0라 하고, 변화의 확률과정이 다음과 같다고 하자.

$dx = adt + \sigma dw$

이 경우 변수의 변화(dX)의 확률분포 ~ $n(adt, b^2dt)$이다.

그러나, 기말 변수의 확률분포는 다음과 같다.

$dX = X1 - X0 = adt + bdW \Rightarrow X1 = (X0 + adt) + bdW$

따라서, 기말 확률변수(X1)의 분포 ~ $n(X0 + adt, b^2dt)$.

즉, X0=0이면, dX의 분포와 X1의 분포가 동일하지만, X0≠0이면, dX의 분포와 X1의 분포가 동일하지 않다.

연습문제

01. 확률과정에 관한 다음 설명 중 옳지 않은 것은?

① 확률과정은 확률변수들의 집합으로 표시된다.
② 시간과정은 이산과정과 연속과정으로 분류된다.
③ 마코브과정은 준강형 효율적 시장가설과 일치한다.
④ 금융분야에서 가장 많이 사용되는 확률과정은 연속시간과정, 연속변수과정이다.

02. 다음 중 위너과정(WP)에 대한 설명으로 옳은 것은?

① 정규분포를 따른다.
② 변수의 변화기간이 서로 다르면 독립적이지 않다.
③ 겹치는 기간에 대해 변수의 변화가 상호 독립적이다.
④ 위너과정을 따른다면 평균은 0이고 분산은 1이다.

03. 일반화된 위너과정(GWP)에 대한 설명으로 옳지 않은 것은?

① 평균율은 성장률로 해석할 수 있다.
② 분산율이란 단위시간당 변동성이다.
③ 평균율이 3이면, GWP의 평균은 3dt이다.
④ 변화기간이 긴 경우에는 적용할 수 없다는 단점이 있다.

04. 다음 중 일반화된 위너과정으로 보기 어려운 것은? (단, dW = 위너과정)

① $dS = 2dt + 0.2dW$ ② $dS = 3Sdt + 0.5SdW$
③ $dS = 5dt + 0.7dW$ ④ $dS = dt + dW$

05. 주식가격을 모형화하는 데 가장 적절한 확률과정은?

① 산술브라운과정(ABM) ② 기하브라운과정(GBM)
③ 일반화된 위너과정(GWP) ④ 평균회귀과정(MRP)

Exercises

06. 다음 중 평균회귀과정(MRP)을 적용하기에 가장 무난한 확률변수는?

① 주식가격 ② 주식수익률
③ 부동산가격 ④ 환율

07. 다음 중 'Ornstein-Uhlenbeck과정'을 표시하고 있는 확률과정은?

① $dX = k(\mu + X)dt + \sigma X^3 dW$ ② $dX = k(\mu - X)dt + \sigma X dW$
③ $dX = k(\mu + X)dt + \sigma X^2 dW$ ④ $dX = k(\mu - X)dt + \sigma \sqrt{X} dW$

08. 몬테카를로 시뮬레이션에 관한 다음 설명 중 옳지 않은 것은?

① 모수 시뮬레이션이다.
② 미래 가격도 예측가능하게 한다.
③ 분포를 가정하지 않고 과거자료를 이용한다.
④ 난수(random number)를 이용한다.

09. 이토정리에 관한 다음 설명 중 옳지 않은 것은?

① 테일러시리즈를 이용하여 도출할 수 있다.
② 확률변수의 함수의 확률과정을 도출하는데 유용하다.
③ 확률변수의 수가 2개이사이어도 적용가능하다.
④ 지수함수, 로그함수 등 복잡한 함수에는 적용할 수 없다.

10. 확률과정에 관한 다음 설명 중 옳지 않은 것은?

① 기하브라운운동을 따르는 주식을 기초자산으로 하는 선물의 가격은 산술브라운운동을 따른다.
② 기하브라운운동을 따르는 주식에 자연로그를 취한 함수는 정규분포를 따른다.
③ 확률변수(S)의 분포와 확률변수 변화(dS)의 분포는 다를 수 있다.
④ 주식가격이 대수정규분포를 따르면, 주식수익률은 정규분포를 따른다.

11. 확률변수 X가 마코브과정을 따른다고 한다. 변수의 현재값이 10이고 1년동안의 가치변화는 표준정규분포를 따른다. 2년간 변수변화(dX)는 어떤 분포를 따르는가?

12. 서강기업의 현금보유량(단위: 억원)은 연간 20의 평균율(a)과 30의 분산율(b)을 갖는 일반화된 위너과정(GWP)을 따른다. 현재 서강기업의 현금보유량(C0)은 50이다. 다음 질문에 답하라.

(1) 6개월 후의 현금보유량은 어떤 확률분포를 따르는가?
(2) 현금보유량(C)이 음(-)의 값을 가진다면, 이것의 의미는?

13. 세종기업의 무배당주식이 연속복리기준으로 연간 15%의 기대수익률을 가지며, 연간변동성은 30%이다. S를 현재시점의 세종주식의 가격이라 할 때, 1주일동안의 이 주식가격의 변동(ΔS)을 기하브라운운동(GBM)모형으로 표시하라.

14. ㈜고려의 현금보유량(단위:억원)이 분기당 0.5의 평균율(a)과 2.0의 분산율(b)을 갖는 일반화된 위너과정(GWP)을 따른다. 이 회사의 1년 후 현금보유량이 음(-)을 가질 확률이 5%보다 작기 위해서 이 회사는 현재 얼마의 현금을 보유해야 하는가? 단, 필요 시 표준정규분포표를 활용하기 바람.

15. 확률변수 S가 다음과 같은 확률과정을 따른다고 하자.

$dS = adt + bdZ$

처음 4년간 a=2, b=3이고, 그 다음 4년간은 a=3, b=4이다. 만일 변수의 초기값이 10이라면, 8년도 말 변수(X)의 확률분포는 무엇인가?

16. G는 주가S와 시간t의 함수이고, b_G와 b_S는 G와 S의 변동성이라 하자. 만일 S의 기대수익률이 kb_S 만큼 증가하면, G의 성장률은 얼마만큼 증가하는가? 단, k=상수, S는 기하브라운운동(GBM)을 따른다고 가정한다.

17. 주가가 다음과 같이 기하브라운운동(GBM)을 따른다고 한다.

$dS = \mu Sdt + \sigma SdW$

(1) 변수 S^n은 어떤 확률과정을 따르는가?
(2) $E(S_T)$를 구하라.
(3) $E(S_T^n)$을 구하라.
(단, n=상수, 현재주가 =S_0, 이자계산은 연속복리를 적용한다)

E x e r c i s e s

18. R은 만기(T)시점에 액면가 $1를 지급하는 무이표채(zero coupon bond)의 연속복리로측정된 만기수익률(YTM: yield to maturity)이다. R은 다음과 같은 평균회귀과정(MRP)을 따른다고 한다.

$$dR = k(\mu - R)dt + \sigma R dW$$

이 무이표채권의 현재(t) 가격을 B라 할 때, B는 어떤 확률과정을 따르는가?
(단, k, μ, σ는 모두 양(+)의 상수이고, dW는 위너과정(WP)이다)

19. 확률변수 X와 Y가 다음과 같이 기하브라운운동(GBM)을 따른다.

$$dX = aXdt + sXdW_X$$
$$dY = bYdt + vYdW_Y$$

두 위너과정(WP) dW_X와 dW_Y 사이의 상관계수가 ρ라 할 때, 다음 질문에 답하라.
(1) $V = XY$ 라 하면, V는 어떤 확률과정을 따르는가?
(2) $G = \frac{X}{Y}$ 라 하면, G는 어떤 확률과정을 따르는가?

20. 주식X와 주식Y는 둘 다 기하브라운운동(GBM)을 따른다. 어떤 짧은 기간의 주가변화(dX, dY)에 대해서도 두 주식은 상호 독립적이라 한다. X주식 1개와 Y주식 1개로 구성된 포트폴리오의 가치(V)도 GBM을 따르는지 설명하라. 두 주식가격은 다음과 같은 GBM을 따른다고 하자.

$$dX = aXdt + sXdW_X$$
$$dY = bYdt + vYdW_Y$$

연습문제 정답 및 해설

01. ❸

마코브과정은 약형 효율적 시장가설과 일치한다.

02. ❶

②, ③, ④는 다음과 같이 수정되어야 한다.

② 변수의 변화기간이 서로 다르면 독립적이다.

③ 겹치지 않는 기간에 대해 변수의 변화가 상호 독립적이다.

④ 위너과정을 따른다면 평균은 0이고 분산은 dt이다.

03. ❹

변화기간이 긴 경우에도 적용할 수 있다. 긴 기간을 여러 개의 겹치지 않는 작은 구간들의 합으로 표시하면, 마코브과정의 성질에 의해 독립적인 구간들의 합으로 만들 수 있고, 이를 이용하여 긴 기간 동안에도 적용 가능하다.

04. ❷

②는 GWP가 아니고 이토과정 중 GBM이다.

05. ❷

06. ❹

평균회귀과정(MRP)을 적용하기에 가장 무난한 확률변수들은 이자율(금리), 물가상승률(인플레이션), 환율 등 어떤 목표치(장기 평균)를 중심으로 국가 경제정책으로 상승과 하락을 반복하는 경제변수들이다.

07. ❷

다음과 같은 평균회귀과정(MRP) 중에서, $\beta=1$인 확률과정을 'Ornstein-Uhlenbeck과정'이라 한다.

MRP: $dX = k(\mu - X)dt + \sigma X^{\beta} dW$

08. ❸

분포를 가정하여야 하며, 그래서 모수 시뮬레이션이라 부른다.

09. ❹

이토정리는 지수함수, 로그함수 등 복잡한 함수에도 적용할 수 있다. 즉, 함수가 미분가능하기만 하면 적용가능하다. 그런데 지수함수, 로그함수는 미분가능하므로 적용가능하다.

10. ❶

기하브라운운동을 따르는 주식을 기초자산으로 하는 선물의 가격도 기하브라운운동을 따른다.

11. X가 마코브과정을 따르므로 2년간의 변수변화는 두 개의 독립적인 1년변화의 합이다. 따라서, 2년간의 변수변화는 정규분포의 선형성에 의해 N(0,1) + N(0,1) = N(0,2)의 분포를 따른다. 즉, 2년간의 변수변화는 평균이 0, 분산이 2인 정규분포를 따른다.

12. (1) 연간 평균율이 20(억원), 분산율이 30(억원), C0=50, Δt=0.5년이므로 GWP는 다음과 같이 표시된다.

$\Delta C = C1 - C0 = a\Delta t + b\Delta W = 20\Delta t + 30\Delta W$ (단,C0=현재현금보유량, C1=6개월후 현금보유량)

$\Rightarrow C1 = C0 + 20\Delta t + 30\Delta W = (50+20\Delta t) + 30\Delta W$

$\Rightarrow E(C1) = 50 + 20(0.5) = 60,\ V(C1) = 30^2(0.5) = 450$

$\Rightarrow$ 6개월 후 현금보유량(C1)은 평균이 60억원, 표준편차 = $\sqrt{450} = 21.21$억원인 정규분포를 따른다.

(2) GWP는 정규분포를 따르므로 음(-)의 값이 가능하며, 따라서 서강기업의 현금보유량도 음(-)의 값이 가능하다. 음(-)의 현금보유량은 '자금을 차입하는 상황'으로 해석이 가능하다.

13. 평균율이 연간 15%, 분산율이 연간 30%인 기하브라운운동(GBM)으로 ΔS를 표현하면 다음과 같다.

$\Delta S/ S = 0.15\Delta t + 0.30\Delta W$

$\Rightarrow \Delta S = 0.15S\Delta t + 0.30SZ\sqrt{\Delta t}$

$\Rightarrow \Delta t$=1주일=(1/52)년 = 0.0192이므로, $\Delta S = 0.15(0.0192)S + 0.30SZ\sqrt{0.0192}$

$\Rightarrow \Delta S = 0.00288S + 0.0416SZ$

(단, S=현재주가, $Z \sim N(0,1)$)

14. 문제에서 주어진 자료는 분기자료이므로, 연간자료로 전환하면 다음과 같은 GWP를 얻는다. 즉, 1년간 변화는 평균=4(0.5)=2, 분산율=$b\sqrt{\Delta t} = 2\sqrt{4} = 4$. 따라서, Δt=1년, 현재 현금보유량을 C, 1년 후 현금보유량을 C1, 1년간 현금변화를 ΔC라 하면 연간 GWP는 다음과 같다.

$\Delta C = 2\Delta t + 4dW$

그런데, $\Delta C = C1 - C$이므로, $\Delta C = C1 - C = 2\Delta t + 4dW$

따라서, $C1 = (C+2) + 4dW$. 즉, 1년 후 현금보유량 $\sim n(C+2, 4^2)$.

㈜고려의 1년후 현금보유량이 음(-)이 될 확률은,

$Pr(C1<0) = Pr\left(\frac{C1-(C+2)}{4} < \frac{0-(C+2)}{4}\right) = Pr\ (Z < \frac{-(C+2)}{4} = N\left[\frac{-(C+2)}{4}\right].$

따라서, 1년후 현금보유량이 음(-)이 될 확률이 5%(=0.05)보다 작기 위해서는,

$N[\frac{-(C+2)}{4}] = N(-z) < 0.05$이어야 한다.

표준정규분포표에서 이를 만족하는 z값을 찾으면, z=1.6449.

그러므로, $\frac{(C+2)}{4} = 1.6449 \Rightarrow C = 4.5796$(억원).

15. - 처음 4년간의 S변화의 분포: 평균=2*4=8, 표준편차=$3*\sqrt{4}$ =6인 정규분포

- 그 다음 4년간의 S변화의 분포: 평균=3*4=12, 표준편차=$4*\sqrt{4}$ =8인 정규분포

⇒ 두 기간의 합의 분포: 평균=8+12=20, 표준편차 =$\sqrt{6^2+8^2}$ =10인 정규분포

따라서 초기값이 10이라면, 8년 후 변수값의 분포는 다음과 같다.

평균 = 10 + 20 = 30, 표준편차는 10인 정규분포, 즉, $n(30, 10^2)$.

16. S가 GBM을 따르므로 다음과 같이 표시할 수 있다.

$dS = \mu Sdt + bSdW$

〈사례11-3〉으로부터 G(S, t)는 다음과 같은 확률과정을 따른다.

$$dG = (\mu S\frac{\partial G}{\partial S} + \frac{\partial G}{\partial t} + \frac{1}{2}b^2S^2\frac{\partial^2 G}{\partial S^2}dt + (bS\frac{\partial G}{\partial S})dW$$

즉, 함수 G(S,t)의 성장률(평균율)은 다음과 같다.

$$G\text{의 평균율} = \left(\mu S\frac{\partial G}{\partial S} + \frac{\partial G}{\partial t} + \frac{1}{2}b^2S^2\frac{\partial^2 G}{\partial S^2}\right) \quad \text{(a)}$$

여기서 μ는 주식(S)의 기대수익률이다. 만일 S의 기대수익률이 kb_S만큼 증가한다면,

$$S\text{의 새로운 기대수익률} = \mu + kb_S \quad \text{(b)}$$

(b)를 (a)에 대입하면,

$$G\text{의 새로운 평균율} = (\mu + kb_S)S\frac{\partial G}{\partial S} + \frac{\partial G}{\partial t} + \frac{1}{2}b^2S^2\frac{\partial^2 G}{\partial S^2}$$

$$= (\mu S\frac{\partial G}{\partial S} + \frac{\partial G}{\partial t} + \frac{1}{2}b^2S^2\frac{\partial^2 G}{\partial S^2}) + kb_SS\frac{\partial G}{\partial S}$$

즉, G는 $kb_SS\frac{\partial G}{\partial S}$ 만큼씩 증가한다.

17. (1) 함수 $G(S)=S^n$의 분포

함수 $G(S)=S^n$이 기초자산(S)만의 함수이므로 (식 11-26)의 이토정리를 활용하면 된다.

$$dG = \frac{\partial G}{\partial S}dS + \frac{1}{2}\frac{\partial^2 G}{\partial S^2}dS^2 \quad \text{(a)}$$

그런데, $\frac{\partial G}{\partial S} = nS^{n-1}$, $\frac{\partial^2 G}{\partial S^2} = n(n-1)S^{n-2}$ (b)

(b)를 (a)에 대입하면,

$$dG = \frac{\partial G}{\partial S}dS + \frac{1}{2}\frac{\partial^2 G}{\partial S^2}dS^2 = nS^{n-1}(\mu Sdt+\sigma SdW) + \frac{1}{2}n(n-1)S^{n-2}\sigma^2S^2dt$$

$$= [n\mu S^n + \frac{1}{2}n(n-1)S^n\sigma^2]dt+n\sigma S^n dW$$

$$= [n\mu + \frac{1}{2}n(n-1)\sigma^2]S^n dt+n\sigma S^n dW$$

$$= [n\mu + \frac{1}{2}n(n-1)\sigma^2]Gdt+n\sigma GdW \ (G=S^n\text{이므로}) \quad \text{(c)}$$

식(c)로부터, $G(S)=S^n$ 은 다음과 같은 속성을 갖는 GBM을 따른다.
평균율=기대수익률 = $n\mu + \frac{1}{2}n(n-1)\sigma^2$
분산율(변동성) = $n\sigma$

(2) $E(S_T)$
S가 GBM을 따르므로 기대수익률 = μ.
따라서, $E(S_T)= S_0e^{\mu T}$

(3) $E(S_T^n)= E(G_T)$
함수 G(S,t)의 기대수익률 = 평균율 = 성장률 = $n\mu + \frac{1}{2}n(n-1)\sigma^2$
따라서, $E(S_T^n) = E(G_T) = G_0e^{(\text{평균율})T} = S_0^n\, e^{[n\mu+\frac{1}{2}n(n-1)\sigma^2]T}$

18. 무이표채권의 만기수익률이 R이고 만기가 T이므로, 연속복리로 현재(t) 가치를 구하면,

$$B = e^{-R(T-t)} \quad \text{(a)}$$

식(a)로부터, 채권가격 B는 수익률(R)과 시간 t의 함수이다. 즉 B(R,t).
따라서, 이토정리부터 B(R, t)는 다음과 같은 확률과정을 따른다.

$$dB = [(k(\mu-R)\frac{\partial B}{\partial R} + \frac{\partial B}{\partial t} + \frac{1}{2}\sigma^2R^2\frac{\partial^2 B}{\partial R^2}]dt + \sigma R\frac{\partial B}{\partial R}dW \quad \text{(b)}$$

그런데, 식(a)로부터,

$$\frac{\partial B}{\partial t} = Re^{-R(T-t)} = RB,\ \frac{\partial B}{\partial R} = -(T-t)e^{-R(T-t)} = -(T-t)B,\ \frac{\partial^2 B}{\partial R^2} = (T-t)^2B \quad \text{(c)}$$

(c)를 (b)에 대입하면, 다음과 같이 B에 관한 확률과정을 얻는다.

$$dB = [(-k(\mu-R)(T-t) + R + \frac{1}{2}\sigma^2R^2(T-t)^2)]Bdt-\sigma R(T-t)BdW \quad \text{(d)}$$

따라서, B는 다음과 같은 속성을 갖는 기하브라운운동(GBM)을 따른다.
- 평균율= 기대수익률 = $-k(\mu-R)(T-t)+R+\frac{1}{2}\sigma^2R^2(T-t)^2$
- 분산율 = 변동성 = $-\sigma R(T-t)$.

19. $dX = aXdt + sXdW_X$
$dY = bYdt + vYdW_Y$

(1) V = XY = V(X,Y)
확률변수 X,Y의 함수인 V(X,Y)에 대한 이토정리((식11-28)참조)를 활용하면,

$$dV = \frac{\partial V}{\partial X}dX + \frac{\partial V}{\partial Y}dY + \frac{1}{2}(\frac{\partial^2 V}{\partial X^2}dX^2 + 2\frac{\partial^2 V}{\partial X\partial Y}dXdY + \frac{\partial^2 V}{\partial X^2}dY^2) \quad \text{(a)}$$

그런데, $\frac{\partial V}{\partial X} = Y,\ \frac{\partial^2 V}{\partial X^2}=0,\ \frac{\partial V}{\partial Y} = X,\ \frac{\partial^2 V}{\partial X^2}=0,\ \frac{\partial^2 V}{\partial X\partial Y}=1$ (b)

그리고, $dX^2 = s^2X^2dt,\ dY^2 = v^2Y^2dt,\ dXdY=svXY\rho dt$ (c)

따라서, (b)와 (c)를 (a)에 대입하면,

$$dV = Y(aXdt + sXdW_X)+X(bYdt + vYdW_Y) + \frac{1}{2}(2svXY\rho dt)$$
$$= (a+b+sv\rho)XYdt+sXYdW_X+vXYdW_Y$$
$$= (a+b+sv\rho)Vdt+V(sdW_X+vdW_Y) \quad \text{(d)}$$

식(d)를 다음과 같이 GBM모형으로 간략하게 표시해 보자.

$$dV = \beta Vdt + \sigma VdW_V \quad \text{(e)}$$

그러면 식(d)와 (e)로부터,

$\beta = a+b+sv\rho,\ dW_V = \frac{(s)dW_X+(v)dW_Y}{\sigma}.$

따라서, V는 평균율 = β, 분산율 = σ를 갖는 GBM을 따른다.

> ※ 참조: 위에서σ 구하는 방법:
> V=XY ⇒ 양변에 자연로그를 취하면, $\ln V = \ln X + \ln Y$
> 그런데, X와 Y는 GBM(대수정규분포)을 따르므로, 〈사례11-3〉의 (iii)의 결과에 의해, lnX, lnY는 모두 정규분포를 따른다. 따라서,
> $V(\ln V) = V(\ln X + \ln Y) \Rightarrow \sigma^2 = s^2 + 2\rho sv + v^2.$

(2) G= X/Y = G(X,Y)

위의 (1)번과 같은 방법으로 풀 수 있다.

$$dG = \frac{\partial G}{\partial X}dX+\frac{\partial G}{\partial Y}dY+\frac{1}{2}(\frac{\partial^2 G}{\partial X^2}dX^2+2\frac{\partial^2 V}{\partial X\partial Y}dXdY+\frac{\partial^2 G}{\partial Y^2}dY^2) \quad \text{(f)}$$

그런데, $\frac{\partial G}{\partial X} = \frac{1}{Y},\ \frac{\partial^2 G}{\partial X^2} = 0,\ \frac{\partial G}{\partial Y} = \frac{-X}{Y^2},\ \frac{\partial^2 G}{\partial Y^2} = \frac{2}{Y^3},\ \frac{\partial^2 G}{\partial X\partial Y} = \frac{-1}{Y^2}$ (g)

그리고, $dX^2 = s^2X^2dt,\ dY^2 = v^2Y^2dt,\ dXdY=svXY\rho dt$ (h)

따라서, (g)와 (h)를 (f)에 대입하면,

$$dG = \frac{1}{Y}(aXdt + sXdW_X) + \frac{-X}{Y^2}(bYdt + vYdW_Y) + \frac{1}{2}(2\frac{-X}{Y^2}svXY\rho dt + \frac{2X}{Y^3}v^2Y^2dt)$$
$$= (a-b-sv\rho +v^2)\frac{X}{Y}dt + s\frac{X}{Y}dW_X-v\frac{X}{Y}dW_Y)$$
$$= (a-b-sv\rho +v^2)Gdt+G(sdW_X-vdW_Y) \quad \text{(i)}$$

식(i)에 있는 dG를 다음과 간략히 표시해보자.

$$dG = \Theta Gdt + \lambda GdW_G \quad \text{(j)}$$

식(i)와 (j)로부터,

$\Theta=a-b-sv\rho+v^2,\ dW_G = \frac{(s)dW_X+(v)dW_Y}{\lambda}$

따라서, V는 평균율= Θ, 분산율= λ를 갖는 GBM을 따른다.

> ※참조 : 위에서 λ 구하는 방법:
> V=XY ⇒ 양변에 자연로그를 취하면, $\ln V = \ln X - \ln Y$
> 그런데, X와 Y는 GBM(대수정규분포)을 따르므로, 〈사례 11-3〉의 (iii)의 결과에 의해, lnX, lnY는 모두 정규분포를 따른다. 따라서,
> $V(\ln V) = V(\ln X - \ln Y) \Rightarrow \lambda^2 = s^2 - 2\rho sv + v^2.$

20. $dX = aXdt + sXdW_X$, $dW_X = Z_X\sqrt{dt}$

$dY = bYdt + vYdW_Y$, $dW_Y = Z_Y\sqrt{dt}$

포트폴리오의 가치, $V = X + Y$ 이므로,

$$\begin{aligned} dV = dX + dY &= (aXdt + sXdW_X) + (bYdt + vYdW_Y) \\ &= (aX+bY)dt + (sXZ_X\sqrt{dt} + vYZ_Y\sqrt{dt}) \\ &= (aX+bY)dt + (sXZ_X + vYZ_Y)\sqrt{dt} \qquad \text{(a)} \end{aligned}$$

그런데, 식(a)는 다음과 같이 V에 관한 GBM형태로 표시할 수 없다.

$dV = \mu Vdt + \sigma VdW_V$

따라서, 포트폴리오 가치 V는 기하브라운운동(GBM)을 따르지 않는다.

Chapter 12

옵션가격결정모형(2): 블랙-숄즈-머튼모형

기초자산의 확률분포를 어떻게 가정하는가에 따라 옵션가격결정모형에는 크게 두 가지가 있다. 하나는 이산확률을 가정하는 경우로 대표적으로 이항분포모형이고, 다른 하나는 연속확률을 가정하는 것으로 본장에서 다룰 블랙-숄즈-머튼 모형이다. 어떤 책에서는 블랙-숄즈모형이라고도 하는데, 블랙(Black)과 숄즈(Scholes), 그리고 머튼(Merton)이 1973년도에 동시에 유사한 논문을 발표하였기에 본서에서는 다른 많은 책에서와 마찬가지로 블랙-숄즈-머튼모형이라 부르기로 한다.[1] 이 모형이 논문으로 발표된 이후 옵션거래량이 전세계적으로 폭증하였고, 파생상품시장의 확대와 경제학에 미친 영향 등은 상상을 초월할 정도이다. 따라서, 이 모형의 중요성은 아무리 강조해도 지나치지 않을 것이다.

본장에서는 블랙-숄즈-머튼모형에서 사용하는 정규분포와 대수정규분포에 대해 먼저 소개하고, 이항분포모형과 마찬가지로 차익거래모형과 위험중립모형으로 블랙-숄즈-머튼모형을 각각 도출하고자 한다. 물론 두 가지 방법으로 도출한 모형은 동일하다. 그 외 기대수익률과 변동성과 관련된 이슈들에 대해서도 살펴볼 것이다.

---

1 다음 2개의 논문이 블랙-숄즈-머튼모형에 대해 1973년 처음으로 다룬 논문들이다. 1) F. Black and M. Scholes, "The Theory of Options and Corporate Liabilities", *Journal of Political Economy*, 81(May-June 1973):637-659. 2) R. C. Merton, "Theory of Rational Option Pricing", *Bell Journal of Economics and Management Science*, 4(Spring 1973): 141-183. 이러한 공로를 인정받아 숄즈와 머튼은 1997년에 노벨경제학상을 수상하였지만, 블랙은 안타깝게도 1995년 세상을 떠나 노벨상을 수상하지 못하였다.(노벨상은 생존자에게만 수여한다는 원칙이 있음)

1. 정규분포와 대수정규분포

1) 정규분포와 표준정규분포

(1) 정규분포

정규분포(normal distribution)는 재무이론에서 가장 많이 이용되는 분포이다. 블랙-숄즈-머튼의 옵션평가모형에서 뿐만 아니라, 최근 리스크 측정에서 많이 사용되는 VaR모형(Value at Risk model)에서도 이용된다. 따라서 재무, 금융분야에서의 정규분포의 중요성은 아무리 강조해도 지나치지 않을 것이다.

정규분포는 시장 리스크를 모형화할 때 유용한 몇 가지 특징을 가지고 있다. 즉, 평균에서 정점분포(peak distribution)를 가지며, 양극단에서 꼬리분포(tail distribution)를 갖는다는 점이다. 즉, 평균(μ)과 표준편차(σ)만 알면 분포의 모양을 완전히 결정할 수 있어 매우 단순하고 실용적이다. 또한 평균을 중심으로 좌우 대칭이라는 점은 표준편차 하나만으로도 확률변수의 변동성을 측정할 수 있다는 장점이 있다.

정규분포는 칼 가우스(Karl F. Gauss)가 물리학을 연구하면서 도입한 분포이기에 때로는 가우스 분포(Gauss distribution)라고도 하며, 평균을 중심으로 좌우 대칭인 모습이 종(bell)과 비슷하다고 하여 종모양 분포(bell-shaped distribution)라고도 한다. 현대에 와서는 많은 사회적, 자연적 현상들이 정규분포와 근사한 확률분포를 가지는 것으로 나타나 그 용도는 폭발적으로 증가하였다. 정규분포의 모양은 〈그림 12-1〉과 같다.

〈그림 12-1〉 정규분포의 모양

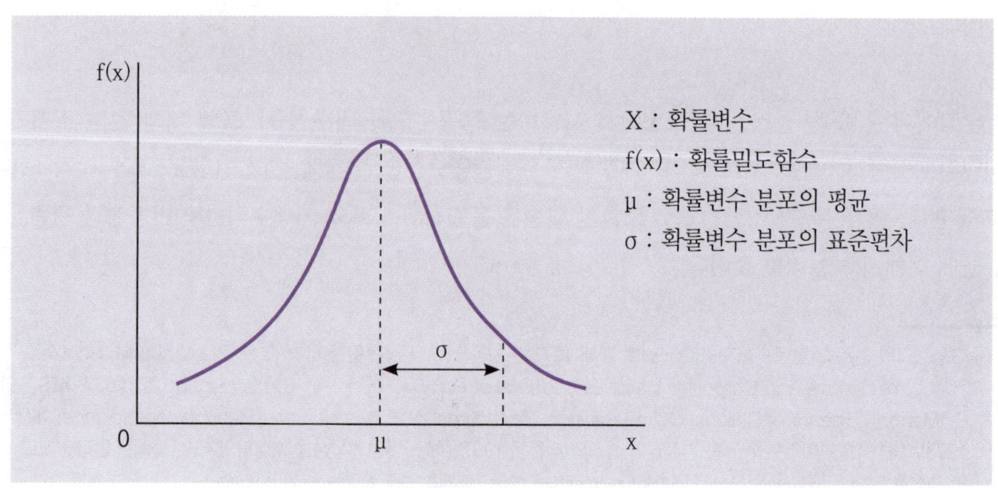

이상을 정리해 보면 정규분포는 다음과 같은 중요한 특성을 갖는다.

- 정규분포의 형태는 평균(μ)과 표준편차(σ) 두 개에 의해 결정된다.
- 정규분포의 확률밀도함수는 평균을 중심으로 좌우 대칭이다.
- 정규분포 확률변수는 연속확률변수로서 −∞부터 +∞까지의 실수값을 갖는다.
- 정규분포 좌우대칭이므로 왜도(skewness)는 0이고, 첨도(kurtosis)는 3이다.

정규분포의 확률밀도함수는 다음과 같다.

$$f(x) = \frac{1}{\sigma\sqrt{2\pi}} e^{\frac{-(x-\mu)^2}{2\sigma^2}}, \quad -\infty < x < +\infty \qquad \text{(식 12-1)}$$

단, $f(x)$ = 확률변수 X의 확률밀도함수
π = 3.14⋯, e = 자연로그의 밑(base) = 2.718⋯⋯
μ = 확률변수 X의 평균, σ = 확률변수 X의 표준편차

(식 12-1)에 있는 확률밀도함수를 이용하여 발생확률을 표시하면 〈그림 12-2〉와 같다. 확률변수 X가 평균이 μ, 분산이 σ^2인 정규분포를 따를 때 $X \sim n(\mu, \sigma^2)$라 표기한다.

〈그림 12-2〉 정규분포의 발생확률

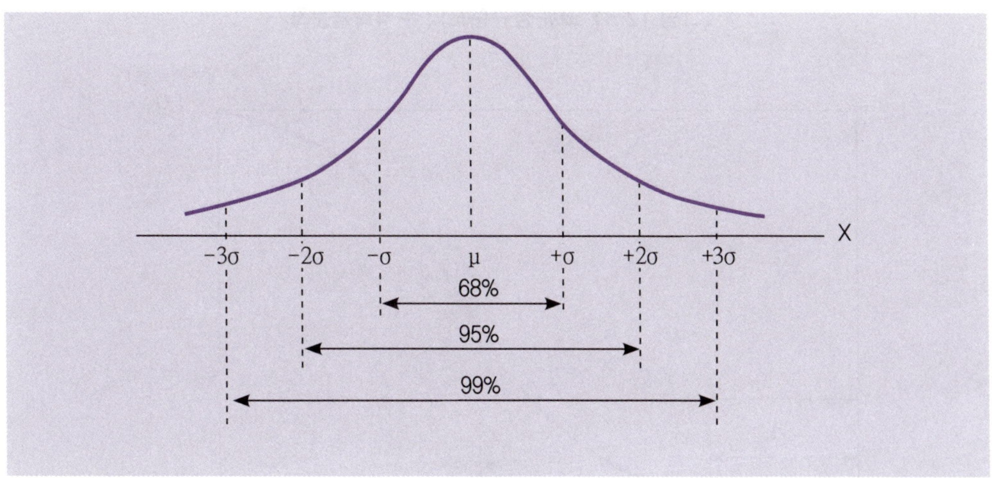

(2) 표준정규분포

앞서 설명한 정규분포에서는 평균과 표준편차에 의해 확률분포의 위치와 모양이 결정된다. 그런데 수 많은 정규분포에서 그것의 평균과 표준편차를 사용하여 확률을 측정한다는

것은 매우 번거롭고 불편한 일이다.

표준정규분포(standard normal distribution)는 정규분포의 성질을 이용하여 모든 종류의 정규분포를 하나의 표준화된 정규분포로 나타낸다. 정규분포(X)를 표준정규분포(Z)로 전환하는 공식은 다음과 같다.

$$Z = \frac{X-\mu}{\sigma} \qquad \text{(식 12-2)}$$

단, $X \sim n(\mu, \sigma^2)$

(식 12-2)를 이용하면 모든 정규분포 확률변수를 표준정규분포 확률변수로 변환시킬 수 있다. 즉, 정규분포 확률변수 X에서 X의 평균을 빼주고 X의 표준편차로 나눈 값은 표준정규분포를 따라야 한다는 것이다. 표준정규분포의 평균은 항상 0이 되며 표준편차는 1이 된다. 확률변수 Z가 표준정규분포를 따른다고 할 때 Z~N(0, 1)이라 표기한다.

한편, -∞부터 임의 점 d까지의 확률을 누적해서 더해 준 확률이 누적확률이고 F(d)로 표시한다. 다양한 d에 대한 확률분포를 누적확률분포(c.d.f.: cumulative distribution function)라 하는데, 다음 〈그림 12-3〉은 표준정규분포의 누적확률분포의 모양을 보여주고 있다.

〈그림 12-3〉 표준정규분포의 누적확률분포

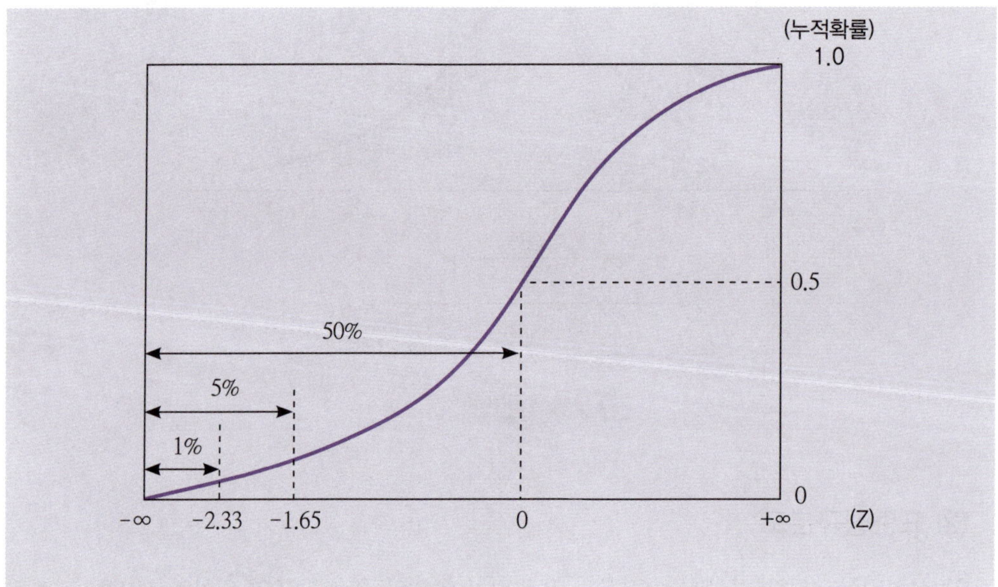

표준정규분포의 확률밀도함수(pdf)는 평균이 0이고 표준편차가 1이므로 다음과 같다

$$f(z) = \frac{1}{\sqrt{2\pi}} e^{\frac{-z^2}{2}}, \ -\infty < z < +\infty$$ (식 12-3)

재무금융분야에서는 표준편차의 확률밀도함수값인 f(d)보다는 누적확률값인 N(d)를 더 자주 사용하는데 임의의 값 d까지의 누적확률값은 다음 (식 12-4)와 같이 계산한다.

$$N(d) = \int_{-\infty}^{d} \frac{1}{\sqrt{2\pi}} e^{\frac{-z^2}{2}} dz$$ (식 12-4)

그런데 적분값을 구하는 것이 대단히 힘들어 표로 만들어 사용하고 있는데 본서 [부록 4]에 있는 표준정규분포의 누적확률값을 참고하기 바란다.[2] 〈그림 12-4〉는 누적확률값 N(d)를 그래프로 표시한 것이다.

〈그림 12-4〉 표준정규분포의 누적확률값

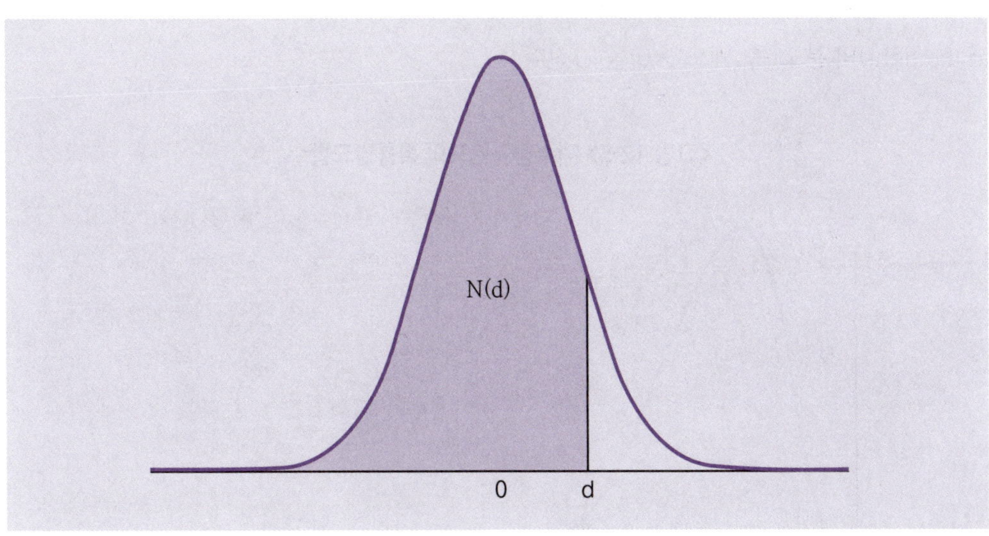

2) 대수정규분포

(1) 대수정규분포의 정의

대수정규분포(log normal distribution)란 정규분포를 따르는 확률변수를 지수를 이용하

2 표준편차의 누적확률값을 이용하는 대표적인 경우가 Black-Scholes-Merton의 유럽형 옵션가치평가모형이다.

여 0보다 항상 큰 확률변수로 변환했을 때의 분포를 말한다. 즉, X가 정규분포를 따를 때 Y = e^X는 대수정규분포를 따른다. 따라서, 대수정규분포를 따르는 확률변수(Y)는 항상 0보다 큰 값을 가지며, 정규분포함수와 유사한 분포함수를 가지고 있어서 주식가격의 확률분포를 모형화하는 데 많이 사용된다.

앞의 확률과정에서 설명한 바와 같이, 대수정규분포를 따른다는 것은 곧 기하브라운운동(GBM)을 따른다는 것과 동일하므로, 주가가 대수정규분포를 따른다고 가정하는 것은 곧 주가가 GBM을 따른다는 것을 의미한다. 블랙-숄즈-머튼 모형은 주식옵션의 가치를 평가하기 위해 주식가격이 GBM을 따른다고 가정하고 있다. 만일 확률변수 Y가 대수정규분포를 따른 다면 그 확률밀도함수 g(y)는 다음과 같이 정의된다.

$$g(y) = \frac{1}{\sqrt{2\pi}\sigma y} e^{\frac{-(\ln y-\mu)^2}{2\sigma^2}}, \quad y>0 \qquad \text{(식 12-5)}$$

〈그림 12-5〉는 (식 12-5)에 있는 대수정규분포의 확률밀도함수 g(y)를 표시하고 있다. 그림에서 보는 바와 같이 대수정규분포를 따르는 확률변수의 확률밀도함수는 우편향(skewed to the right)의 분포(즉, 왜도 > 0)를 가진다.

〈그림 12-5〉 대수정규분포의 확률밀도함수

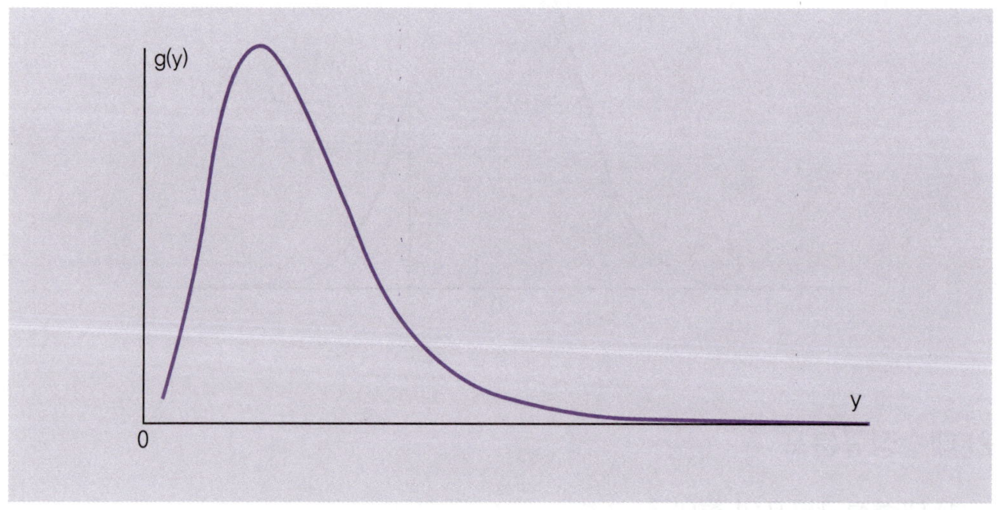

다음 〈심화학습 12-1〉은 대수정규분포와 기하브라운운동(GBM)의 동등성(equivalence)을 증명하는 것이다. 동일한 논리로 정규분포는 산술브라운운동(ABM)과 동등함을 증명할 수 있는데, 여기서는 전자만 증명해 보기로 하자.

심화 학습 12-1 대수정규분포 = 기하브라운운동(GBM)

대수정규분포와 기하브라운운동(GBM)의 동등성(equivalence)을 간략하게 증명해 보자.

증명

(i) ABM과 GBM

임의의 확률변수 X가 다음과 같이 산술브라운운동(ABM)을 따른다고 하자.

$$dX = adt + bdW \quad \text{(a)}$$

$Y=e^X$ 라 하고, Y를 X에 대해 미분하면,

$$dY = e^X dX = e^X(adt + bdW) = aYdt + bYdW \quad \text{(b)}$$

식(b)는 다름 아닌 기하브라운운동(GBM)을 따르는 확률과정이다.

고로, $X \sim ABM \Rightarrow Y=e^X \sim GBM$.

(ii) 정규분포와 대수정규분포

임의의 확률변수 X가 정규분포를 따르면, $Y=e^X$는 대수정규분포를 따른다.

이를 증명하려면 수리통계학(mathematical statistics)에서 다루는 자코비안 변환(Jacobian transformation)방법을 적용하여, 확률변수의 함수의 분포를 구하면 된다.[3]

$$Y는\ X의\ 함수이다.\ 즉,\ Y = e^X = h(X) \quad \text{(c)}$$

만일 함수 h(X)가 X의 일대일 함수이고 X의 역함수(inverse function)를 h^{-1} 라 하면, 확률변수 X의 확률분포 f(x)로부터 함수 Y의 확률분포 g(y)를 구하는 자코비안 변환방법은 다음과 같다.[4]

$$g(y) = f[x = h^{-1}(y)]\left|\frac{dh^{-1}(y)}{dy}\right| \quad \text{(d)}$$

3 수리통계학과 확률론 관련 참고자료: 1) Hogg, R. V., Joseph W. McKean, and Allen Craig, *Introduction to Mathematical Statistics*, 7th Edition, Pearson Custom Publishing, 2) S.M. Ross, *Probability Models*, Academic Press

4 식(d)에 있는 $\left|\frac{dh^{-1}(y)}{dy}\right|$은 변수가 1개일 때의 Jacobian matrix이다. 변수가 n개인 경우에는 (nxn) 자코비안행렬식(Jacobian determinant)이 된다.

$$y = e^x \Rightarrow x = \ln y = h^{-1}(y),\ \frac{dh^{-1}(y)}{dy} = \frac{1}{y} \qquad \text{(e)}$$

한편, (식 12-1)로부터 정규분포의 확률밀도함수는,

$$f(x) = \frac{1}{\sqrt{2\pi}}\, e^{\frac{-(x-\mu)^2}{2\sigma^2}},\ -\infty < x < +\infty \qquad \text{(f)}$$

식(e)와 (f)를 (d)에 대입하면,

$$g(y) = \frac{1}{\sqrt{2\pi}\sigma}\ e^{\frac{-(\ln y-\mu)^2}{2\sigma^2}}\left|\frac{1}{y}\right| = \frac{1}{\sqrt{2\pi}\sigma y} e^{\frac{-(\ln y-\mu)^2}{2\sigma^2}},\ y > 0 \qquad \text{(g)}$$

따라서, 식(g)는 (식 12-5)에 있는 대수정규분포와 일치한다.

고로, X ~ 정규분포 ⇒ Y= e^X ~ 대수정규분포

이상의 (i)과 (ii)의 결과를 정리하면,

X ~ ABM ⇒ Y=e^X ~ GBM

X ~ 정규분포 ⇒ Y= e^X ~ 대수정규분포

그런데, X ~ ABM = 정규분포이므로, Y = e^X ~ GBM = 대수정규분포.

Q.E.D.

(2) 대수정규분포의 성질

대수정규분포의 중요한 성질들을 요약하면 다음과 같다.

〈대수정규분포의 성질〉

X가 정규분포 $n(\mu, \sigma^2)$를 따르며, Y= e^X 라 하자.

(성질1) X가 정규분포를 따르면, Y는 대수정규분포를 따른다.
역으로, Y가 대수정규분포를 따르면, X=lnY는 정규분포를 따른다.[5]

(성질2) 대수정규분포를 따르는 확률변수는 항상 0보다 크다. 즉, y>0.

(성질3) $E(Y) = e^{\mu+\frac{\sigma^2}{2}}$, $V(Y) = \text{분산}(Y) = e^{2\mu+\sigma^2}(e^{\sigma^2}-1)$ (식 12-6)

(성질1)과 (성질2)는 〈심화학습 12-1〉에서 이미 증명하였고, (성질3)에 대한 증명은 다음 〈심화학습 12-2〉를 참고하기 바란다.

5 자연로그 ln은 log natural의 약자로서 밑이 e(=2.718…)인 로그이다. 즉 $\ln x = \log_e x$를 뜻한다.

심화 학습 12-2 MGF와 대수정규분포의 평균 및 분산

X가 정규분포 $n(\mu, \sigma^2)$를 따르며, $Y = e^X$ 라 하자.

(성질3)을 증명하는 데는 '적률생성함수(MGF: moment generating function)'의 개념이 아주 유용하다. 그래서 먼저 적률과 MGF를 잠깐 소개하고자 한다.[6]

(i) 적률(moment)

통계학에서 확률변수 X의 적률은 다음과 같이 정의된다.

- μ를 중심으로 한 n차 적률(nth moment) = $E[(X-\mu)^n]$ (식 12-7)
- 0을 중심으로 한 n차 적률(nth moment) = $E(X^n)$

0을 중심으로 한 n차 적률에서, 1차 적률 = E(X) = 평균=μ.

μ를 중심으로 한 2차 적률(nth moment) = $E[(X-\mu)^2]$ = 분산 = σ^2.

μ를 중심으로 한 3차 적률(nth moment) = $E[(X-\mu)^3] \Rightarrow \dfrac{E[(X-\mu)^3]}{\sigma^3}$ = 왜도(skewness).

μ를 중심으로 한 4차 적률(nth moment) = $E[(X-\mu)^4] \Rightarrow \dfrac{E[(X-\mu)^4]}{\sigma^4}$ = 첨도(kurtosis).

평균, 분산, 왜도, 첨도 등은 확률분포의 모양과 특성을 결정짓는 매우 중요한 모수(parameter)들로서 재무금융분야에서 매우 중요하다. 정규분포의 경우 확률분포의 모양이 평균을 중심으로 좌우대칭이므로 평균과 분산만 있으면 충분하지만, 대수정규분포의 경우 오른쪽으로 치우친 우편향(skewed to the right)분포이므로 평균, 분산뿐만 아니라 왜도와 첨도 등을 알아야 정확한 분석이 가능하다. 그러므로 n차 적률은 매우 중요한 역할을 한다고 할 수 있다.

(ii) 적률생성함수(MGF)

위에서 설명한 n차 적률을 효율적으로 구하는 방법 중의 하나가 MGF이다. 물론 기대치의 정의를 이용하면 적률들을 구할 수 있으나 확률분포함수가 복잡한 경우 적률들을 매번 구하려면 많은 시간이 소요될 수 있지만, MGF만 알면 모든 적률들을 아주 빠르고 간단하게 구할 수 있다. 이는 적률함수의 유일성(uniqueness) 때문이다. 즉, 모든 분포는 단 한 개의 MGF를 가지며, 따라서 분포를 알면 MGF를 알 수 있고, 역으로 MGF를

6 참고자료: Hogg, R.V., Joseph W. McKean, and Allen Craig, *Introduction to Mathematical Statistics*, 7th Edition, Pearson Custom Publishing.

알면 분포를 알 수 있다.

MGF는 다음과 같이 정의된다.

확률변수 X의 MGF: $M_X(t) = E(e^{tX})$ (식 12-8)

그러면 왜 (식 12-8)이 적률생성함수(MGF)라 불리는 걸까?

그 이유는 (식 12-8)을 이용하면 적률을 쉽게 구할 수 있기 때문이다. 즉,

$$\frac{d^n M_X(t)}{dt^n}(t=0)=E(X^n) \quad \text{(식 12-9)}$$

(식 12-9)는 MGF인 $M_X(t)$를 t에 대해 n차 미분한 후, t=0를 대입하면 0에 관한 n차 적률인 $E(X^n)$을 생성할 수 있음을 의미한다. 예를 들어,

$$\frac{dM_X(t)}{dt} = \frac{dE(e^{tX})}{dt} = E(Xe^{tX}) = E(X) \quad (\text{if } t = 0)$$

$$\frac{d^2M_X(t)}{dt^2} = \frac{d^2E(Xe^{tX})}{dt^2} = E(X^2 e^{tX}) = E(X^2) \ (\text{if } t = 0)$$

....

$$\frac{d^nM_X(t)}{dt^n} = \frac{d^nE(X^{n-1}e^{tX})}{dt^n} = E(X^n e^{tX}) = E(X^n) \ (\text{if } t = 0)$$

따라서, 이러한 MGF의 성질 때문에 어떤 확률분포라도 MGF만 구할 수 있다면 손쉽게 n차적률을 구할 수 있으므로 MGF를 적률생성함수라 하는 것이다.

(iii) (성질3)의 증명 : $E(Y) = e^{\mu+\frac{\sigma^2}{2}}$, $V(Y) = 분산(Y) = e^{2\mu+\sigma^2}(e^{\sigma^2}-1)$

MGF의 성질을 이용하면 대수정규분포의 적률도 어렵지 않게 구할 수 있다.

먼저, 정규분포를 따르는 확률변수 X의 MGF를 구하고, $Y=e^X$을 활용하면 대수정규분포 Y의 평균(1차적률)과 분산(2차적률)을 쉽게 구할 수 있다.

정규분포 $n(\mu, \sigma^2)$를 따르는 X의 MGF는 다음과 같이 구할 수 있다.

$$M_X(t) = E(e^{tX}) = \int_{-\infty}^{+\infty} e^{tx} \frac{1}{\sqrt{2\pi}\sigma} e^{\frac{-(x-\mu)^2}{2}} dx$$

$$= \int_{-\infty}^{+\infty} \frac{1}{\sqrt{2\pi}\sigma} e^{tx + \frac{-(x-\mu)^2}{2\sigma^2}} dx$$

$$= \int_{-\infty}^{+\infty} \frac{1}{\sqrt{2\pi}\sigma} e^{\frac{-[x-(\mu+\sigma^2 t)]^2}{2\sigma^2} + (\mu t + \frac{\sigma^2 t^2}{2})} dx$$

$$= e^{\mu t + \frac{\sigma^2 t^2}{2}} \int_{-\infty}^{+\infty} \frac{1}{\sqrt{2\pi}\sigma} e^{\frac{-[x-(\mu+\sigma^2 t)]^2}{2\sigma^2}} dx = e^{\mu t + \frac{\sigma^2 t^2}{2}} \qquad \text{(식 12-10)}$$

(식 12-10)으로부터,

t=1인 경우: $M_X(t=1) = E(e^X) = E(Y) = e^{\mu t + \frac{\sigma^2 t^2}{2}} (t=1) = e^{\mu + \frac{\sigma^2}{2}}$ (a)

t=2인 경우: $M_X(t=2) = E(e^{2X}) = E(Y^2) = e^{\mu t + \frac{\sigma^2 t^2}{2}} (t=2) = e^{2\mu + 2\sigma^2}$ (b)

그런데, 분산(Y) = $V(Y) = E(Y^2) - [E(Y)]^2$ (c)

따라서, (a)와 (b)를 (c)에 대입하면,

$V(Y) = e^{2\mu+2\sigma^2} - \left(e^{\mu + \frac{\sigma^2}{2}}\right)^2 = e^{2\mu+2\sigma^2} - 2^{2\mu+\sigma^2} = e^{2\mu+\sigma^2}(e^{\sigma^2} - 1)$

Q.E.D.

(3) 주식가격과 대수정규분포

제11장에 있는 〈사례 11-3〉의 (iii)에서, 우리는 주식가격 S가 대수정규분포(GBM)를 따를 때, 함수 G(S)=lnS는 다음과 같이 정규분포(ABM)를 따름을 증명한 바 있다.

$$dG = \left(\mu - \frac{\sigma^2}{2}\right)dt + \sigma dW$$

즉, G(S)는 평균 = $(\mu - \frac{\sigma^2}{2})dt$, 분산 = $\sigma^2 dt$인 정규분포를 따른다. 이는 S가 GBM을 따르면, lnS는 ABM을 따르며, 역으로 G가 ABM을 따르면, $S = e^G$는 GBM을 따름을 의미한다.

만일 dt=T라 정의하면, dG = dlnS = $(\ln S_T - \ln S_0)$의 확률과정은 다음과 같다.

$$\ln S_T - \ln S_0 = \left(\mu - \frac{\sigma^2}{2}\right) T + \sigma dW \qquad \text{(식 12-11)}$$

(식 12-11)로부터 $(\ln S_T - \ln S_0)$는 정규분포를 따르며, 확률분포는 다음과 같이 표시할 수 있다.

$$\ln S_T - \ln S_0 \sim n[(\mu - \frac{\sigma^2}{2})T,\ \sigma^2 T]$$

$$\Rightarrow \ln S_T \sim n[\ln S_0 + (\mu - \frac{\sigma^2}{2})T,\ \sigma^2 T] \qquad (식\ 12\text{-}12)$$

따라서, $G = \ln S_T$의 평균 $= \ln S_0 + (\mu - \frac{\sigma^2}{2})T$, 분산 $= \sigma^2 T$이다.

그런데, 앞에서 설명한 바와 같이 G가 정규분포이므로 $S_T = e^G$는 대수정규분포를 따라야 한다. 이제, (식 12-12)와 (식 12-10)에 있는 정규분포의 MGF를 이용하여 S_T의 평균과 분산을 구해보자. 편의상 G의 평균=a, 분산=b^2이라 하면,

$$확률변수\ G의\ MGF:\ M_G(t) = E(e^{tG})$$

$$= e^{at + \frac{b^2 t^2}{2}} = e^{[(\ln S_0 + (\mu - \frac{\sigma^2}{2})T]t + \frac{\sigma^2 \cdot T}{2} t^2} \qquad (식\ 12\text{-}13)$$

(식 12-13)으로부터,

$$t=1인\ 경우:\ M_G(t=1) = E(e^G) = E(S_T) = S_0 e^{\mu T} \qquad (식\ 12\text{-}14)$$

$$t=2인\ 경우:\ M_G(t=2) = E(e^{2G}) = E(S_T^2) = (S_0 e^{\mu T})^2 e^{\sigma^2 T} \qquad (식\ 12\text{-}15)$$

(식 12-14)와 (식 12-15)로부터,

$$분산(S_T) = V(S_T) = E(S_T^2) - [E(S_T)]^2 = (S_0 e^{\mu T})^2\ e^{\sigma^2 T} - (S_0 e^{\mu T})^2$$

$$= S_0^2 e^{2\mu T}(e^{\sigma^2 T} - 1) \qquad (식\ 12\text{-}16)$$

즉, T기간 후 주가 S_T는 평균 $= S_0 e^{\mu T}$, 분산 $= S_0^2 e^{2\mu T}(e^{\sigma^2 T} - 1)$인 대수정규분포를 따른다. 그러나, $\ln S_T$는 평균 $= \ln S_0 + (\mu - \frac{\sigma^2}{2})T$, 분산 $= \sigma^2 T$인 정규분포를 따른다. 이는 주가를 사용할 때 중요한 시사점을 준다. 만일 시장에 있는 주가자료를 그냥 사용하면 이는 사용자료에 대해 '대수정규분포'를 가정하는 것이지만, 주가에 자연로그를 취하여 ln(주가)를 사용하면 이는 사용자료에 대해 '정규분포'를 가정하는 것이다.

2. 기대수익률과 변동성

1) 대수정규분포와 연속복리

앞에서 우리는 T기간 후의 주가 S_T가 대수정규분포(GBM)를 따른다고 가정하였다. 이러한 가정과 연속복리와는 어떤 관련이 있는지 알아보자.

만일 주식이 T기간 동안 연간 R이라는 수익률을 실현하며, 복리계산은 연속적으로 한다고 가정하자. 그러면, 현재 주가를 S_0, T기간 후 주가를 S_T라 할 때 다음 식이 만족되어야 한다.

$$S_T = S_0 e^{RT}$$
$$\Rightarrow R = \frac{1}{T}\ln(\frac{S_T}{S_0}) \qquad \text{(식 12-17)}$$

그런데 (식 12-11)로부터 $\ln(S_T/S_0) = \ln S_T - \ln S_0$는 평균 = $(\mu - \frac{\sigma^2}{2})T$, 분산 = $\sigma^2 T$인 정규분포를 따르므로 (식 12-17)에 있는 R은 평균 = $(\mu - \frac{\sigma^2}{2})$, 분산 = $\frac{\sigma^2}{T}$ 인 정규분포를 따른다. 즉,

$$R = \frac{1}{T}\ln(\frac{S_T}{S_0}) \sim n(\mu - \frac{\sigma^2}{2}, \frac{\sigma^2}{T}) \qquad \text{(식 12-18)}$$

(식 12-18)에서 보는 바와 같이 주식수익률(R)의 분산은 시간의 길이(T)에 반비례한다. 즉, 수익률을 평가하는 기간이 길수록 변동성(불확실성)이 줄어든다는 것은, 예컨대, 1년간 수익률 보다 10년간의 수익률의 변동성이 더 작으므로 10년간 평균수익률의 불확실성이 1년간 평균수익률의 불확실성보다 더 작다고 할 수 있다. 따라서 10년간의 평균수익률이 1년간의 수익률보다 더 신뢰할 만하다.

사례

〈12-1〉 복리방법과 수익률의 합산

이자계산을 이산복리로 할 것인가 혹은 연속복리로 할 것인가는 연간 복리지급횟수나 복리기간에 따라 신중하게 결정해야 할 문제이나, 여러 기간의 수익률을 합산해야 하는 경우에는 연속복리가 이산복리보다 더 정확하다.

다음과 같은 사례를 통해 살펴 보자.
t시점의 가격 = St, t1시점부터 t2시점까지의 수익률=R(t1, t2)라 하자.
이산복리와 연속복리의 경우 두 기간의 수익률의 합이 전체기간의 수익률과 같은지 분석하라.

사례 분석

i) 이산복리의 경우

$$S1 = S0[1+R(0,1)] \Rightarrow R(0,1) = (S1/S0) - 1 = \frac{S1-S0}{S0}$$

$$S2 = S1[1+R(1,2)] \Rightarrow R(1,2) = (S2/S1) - 1 = \frac{S2-S1}{S1}$$

$$R(0,2) = \frac{S2-S0}{S0} = \frac{S2-S1+S1-S0}{S0} = \frac{S2-S1}{S0} + \frac{S1-S0}{S0} = \frac{S2-S1}{S1}\left(\frac{S1}{S0}\right) + \frac{S1-S0}{S0}$$
$$= R(0,1) + R(1,2)\left(\frac{S1}{S0}\right)$$

따라서, 일반적으로 이산복리의 경우, $R(0,2) \neq R(0,1) + R(1,2)$

즉, 서로 다른 두 기간, (0,1)과 (1,2) 사이의 수익률의 합은 두 기간을 합산한 (0,2)기간의 수익률과 일치하지 않는다. 예를 들어,

2012년 수익률(1년간) + 2013년 수익률(1년간) ≠ (2012년~2013년)수익률(2년간)

따라서, 이산복리로 수익률을 측정할 경우 기간이 다른 수익률을 합산해서 전체기간 수익률로 말하는 것은 잘못된 것이다.

ii) 연속복리의 경우

$$S1 = S0e^{R(0,1)} \Rightarrow R(0,1) = \ln\left(\frac{S1}{S0}\right)$$

$$S2 = S1e^{R(1,2)} \Rightarrow R(1,2) = \ln\left(\frac{S2}{S1}\right)$$

$$R(0,2) = \ln\left(\frac{S2}{S0}\right) = \ln\left[\left(\frac{S2}{S1}\right)\left(\frac{S1}{S0}\right)\right] = \ln\left(\frac{S1}{S0}\right) + \ln\left(\frac{S2}{S1}\right) = R(0,1) + R(1,2)$$

즉, 서로 다른 두 기간, (0,1)과 (1,2) 사이의 수익률의 합은 두 기간을 합산한 (0,2)기간의 수익률과 일치한다. 따라서, 연속복리로 수익률을 측정할 경우 기간이 다른 수익률을 합산해서 전체기간 수익률로 말하는 것은 타당하다.

2) 주식의 기대값과 기대수익률

지금까지 주식가격과 주식수익률에 관한 확률과정들을 살펴보았다. 주식가격은 대수정규분포(기하브라운운동)를 가정하였고, 주식수익률에 대해서는 정규분포(산술브라운운동)를 가정하였다. 여기서 한 가지 혼동할 수 있는 것이 있는데 다름아닌 기대값 μ와 기대값 $(\mu - \frac{\sigma^2}{2})$이다. 이에 대해 간략히 살펴보기로 하자.

앞의 (식 12-14)로부터, 대수정규분포를 따르는 S_T의 기대값은 다음과 같다.

$$E(S_T) = S_0 e^{\mu T}$$

위의 식을 다시 μ에 대해 정리하면 다음과 같다.

$$\mu = \frac{1}{T} \ln E\left(\frac{S_T}{S_0}\right) \qquad \text{(식 12-19)}$$

한편, (식 12-11)로부터, 함수 G(S)=lnS는 다음과 같이 정규분포(ABM)를 따른다.

$$\ln S_T - \ln S_0 = \left(\mu - \frac{\sigma^2}{2}\right)T + \sigma dW$$

위의 식에서 $E(\ln S_T - \ln S_0) = E\left[\ln\left(\frac{S_T}{S_0}\right)\right] = \left(\mu - \frac{\sigma^2}{2}\right)T$이므로,

$$\mu - \frac{\sigma^2}{2} = \frac{1}{T} E\left[\ln\left(\frac{S_T}{S_0}\right)\right] \qquad \text{(식 12-20)}$$

(식 12-19)와 (식 12-20)은 비슷하지만 다음과 같은 차이가 있다.

- 자연로그함수인 ln(X)는 비선형(non-linear)이므로, $\ln[E(X)] \neq E[\ln(X)]$.
  일반적으로, 함수 G(X)가 위로 볼록한 함수(concave function)이면,

$$G[E(X)] > E[G(X)] \qquad \text{(식 12-21)}$$

(식 12-21)을 '젠센의 부등식(Jensen's inequality)'이라 한다.

- (식 12-19)의 μ는 원래 다음과 같은 매우 짧은 기간(dt) 동안의 기대수익률이다.
  $dS = \mu S dt + \sigma S dW$

따라서, μ = 매우 짧은 기간 동안의 기대수익률.

이런 방법으로 구한 기대수익률은 수익률의 '산술평균(AA: arithmetic average)'이라 할 수 있다.

- (식 12-20)의 $(\mu-\frac{\sigma^2}{2})$은 긴 기간(T) 동안의 기대수익률이다.
  이런 방법으로 구한 기대수익률은 수익률의 '기하평균(GA: geometric average)'이라 할 수 있다. 주지하는 바와 같이 산술평균 ≥ 기하평균.

이상으로부터 두 개의 기대수익률인 μ와 $(\mu-\frac{\sigma^2}{2})$를 비교 요약하면 〈표 12-1〉과 같다.

〈표 12-1〉 주식의 μ와 $(\mu-\frac{\sigma^2}{2})$

기대수익률	계산식	의미	평균의 종류
μ	$\mu=\frac{1}{T}\ln E(\frac{S_T}{S_0})$	매우 짧은 기간(dt) 동안의 기대수익률	산술평균 (AA)
$\mu-\frac{\sigma^2}{2}$	$\mu-\frac{\sigma^2}{2}=\frac{1}{T}E[\ln(\frac{S_T}{S_0})]$	긴 기간(T) 동안의 기대수익률	기하평균 (GA)

사례

〈12-2〉 투자수익률의 산술평균과 기하평균

최근 5년간 주식포트폴리오 펀드매니저가 실현한 수익률(R_t)이 매년 다음과 같다고 하자.

15%, 20%, 30%, -20%, 25%

이 매니저의 평균수익률(기대수익률)을 산술평균과 기대평균으로 분석하라.

(단, 이자계산은 연간복리로 한다고 하자)

사례 분석

i) 산술평균(AA): μ

$$산술평균(AA)=\frac{\sum_{t=1}^{T}R_t}{T}=\frac{15+20+30-20+25}{5}=14\%$$

따라서, 만일 이 매니저가 자신의 실적을 설명하면서 매년 연평균 14%의 수익률을 기록했다고 투자자들에게 보고한다면 이는 명백한 과대평가라 할 수 있다.

왜냐하면, 총투자금이 \$10,000라 가정하면, 실제 5년후 투자원리금은 다음과 같다.

$10,000(1+0.15)(1+0.20)(1+0.30)(1-0.20)(1+0.25) = $17,940 (실제 투자원리금)

그러나, 산술평균인 연간 14%의 수익률을 실현했다면 다음과 같이 투자원리금이 과대 평가된다.

$10,000(1+0.14)^5 = \$19,254$

ii) 기하평균(GA): $\mu - \frac{\sigma^2}{2}$

$$\text{기하평균(GA)} = \sqrt[T]{\prod_{t=1}^{T}(1+R_t)} - 1 = \sqrt[5]{(1.15)(1.20)(1.30)(0.80)(1.25)} - 1 = 12.40\%$$

이는 다음과 같이 연평균수익률 12.40%로 투자원리금을 구한 결과와 동일하다.

즉, $10,000(1+0.1240)^5 = \$17,940$

i)과 ii)로부터, 투자자들에게 오해 없이 정확한 투자성과를 보고하기 위해서는 '지난 5년간 투자성과는 연평균 12.4%다'라고 해야 한다. 즉, 장기간의 평균수익률을 계산 할 때는 기하평균(GA) 혹은 ($\mu - \frac{\sigma^2}{2}$)을 사용해야 정확하다. 반면, μ는 아주 짧은 기간 동안의 투자수익률의 평균을 구할 때 적합하다. 그래서 실제로 미국의 경우 이러한 정확한 투자성과보고를 법적으로 의무화(규제)하는 곳도 있다.

3) 변동성

지금까지 ABM, GBM 등의 확률과정에서 사용된 변동성(σ)이란 주식수익률의 불확실성을 측정하는 것이었다. 앞에서 이미 설명한 바와 같이 주식가격의 변동(dS)은 대수정규분포(GBM)를, 주식수익률(R=dS/S)은 정규분포(ABM)를 따른다고 가정하였고, 그러한 가정이 현실적으로 잘 부합한 이유도 이미 살펴보았다. 따라서, 반드시 기억해야 할 것은 우리가 옵션가격결정모형모형에서 말하는 변동성이란 '주식수익률의 변동성'이지 주가 자체의 변동성이 아니라는 것이다.

Tip 주요 용어

변동성(volatility)

옵션이론에서 말하는 변동성 = 수익률(R=dS/S)의 변동성 ≠ 가격(S)의 변동성

그렇다면 실제 옵션가격결정모형을 적용함에 있어 변동성은 어떻게 구할 수 있는가?

변동성을 구하는 방법에는 크게 두 가지가 있는데, 하나는 과거 주식수익률자료로부터 표준편차를 구하여 이를 변동성으로 하는 방법인데 이를 '역사적 변동성(historical volatility)'이라 하고, 다른 하나는 옵션가격결정이론에서 구한 옵션가격이 시장에서 수요와 공급에 의해 형성된 옵션가격과 같다고 가정하고 옵션결정모형으로부터 역으로 변동성을 추정하는 방법인데, 이는 '내재변동성(implied volatility)'이라 한다. 내재변동성은 블랙-숄즈-머튼모형을 알아야 이해 할 수 있기 때문에 뒤에서 설명하기로 하고 여기서는 역사적 변동성을 구하는 방법을 간략하게 소개하고자 한다.

(1) 역사적 변동성

앞에서 설명한 (식 12-11)로부터, $\ln(\frac{S_T}{S_0})$의 확률과정은 다음과 같다.

$$\ln S_T - \ln S_0 = \ln\left(\frac{S_T}{S_0}\right) = (\mu - \frac{\sigma^2}{2})T + \sigma dW$$

즉, $\ln(\frac{S_T}{S_0})$는 산술브라운운동(ABM)을 따르므로 평균이 $(\mu - \frac{\sigma^2}{2})T$이고 표준편차가 $\sigma\sqrt{T}$인 정규분포를 따른다. 측정에서 사용할 몇 가지 기호를 소개하면 다음과 같다.

$N+1$ = 측정에 사용할 과거 주식가격(S_j) 자료 수 ($j=1,2,3,\cdots\cdots,N+1$)

N = 주식수익률 자료 수(처음에 주식가격 2개가 있어야 수익률 1개가 계산되므로)

$R_j = \ln(\frac{S_{j+1}}{S_j})$ = j번째 수익률 ($j=1,2,3,\cdots\cdots, N$)

$\overline{R} = (\frac{\sum_{j=1}^{N} R_j}{N})$ = 주가수익률 N개의 산술평균

S = 주가수익률(R_j)의 표준편차 추정치로서, 다음과 같이 구한다.

$$S = \sqrt{\frac{1}{N-1}\sum_{j=1}^{N}(R_j - \overline{R})^2} \quad \text{(식 12-22)}$$

그런데, $\ln(\frac{S_T}{S_0})$의 표준편차가 $\sigma\sqrt{T}$이므로, (식 12-22)와 비교하면, 역사적 변동성의 추정치 σ^*는 다음과 같다.

$$\sigma^*\sqrt{T} = S \Rightarrow \sigma^* = \frac{S}{\sqrt{T}} \quad \text{(식 12-23)}$$

이상을 요약하면, 역사적 변동성은 실무에서 다음과 같은 절차로 측정하게 된다.

〈역사적 변동성 측정〉

(1단계) (N+1)개의 과거 주식가격자료를 수집: S_j(j=1,2,3,……, N+1)

(2단계) N개의 주식수익률 계산: $R_j = \ln(\frac{S_{j+1}}{S_j})$ (j=1,2,3,……, N)

(3단계) N개의 Rj로부터 평균($\bar{R}$)과 표준편차(S) 계산

(4단계) 변동성의 추정치 계산: $\sigma^* = \frac{S}{\sqrt{T}}$

(2) 변동성의 특징

변동성의 추정치(σ^*)를 정확하게 구하기 위해 몇 개의 과거자료(N+1)가 필요한 지에 대해 이론적으로 정확히 말하기는 어려운 일이지만, 실무적으로는 대략 옵션의 만기와 일치시킨다. 즉, 옵션의 만기가 1년이면 1년치 주식가격 자료를 이용한다.

또한, 많은 연구결과에 의하면 변동성은 주가의 변동 때문에 생기고, 주가의 변동은 주식의 거래가 이루어져야 발생한다. 이런 이유 때문에 1년 중 실제 주식이 거래되는 거래일(trading day)수와 달력일(calendar day)수는 다르다. 달력일수는 1년에 365일이지만, 미국과 같이 공휴일이 고정되어 있는 경우(즉, 공휴일이 일요일과 겹치지 않도록 조정됨)에는 1년 주식거래일이 252일이다. 따라서, 옵션의 만기가 1년인 경우 변동성을 추정하기 위해 사용되는 주가자료수는 252개이다.

Tip 주요 용어

주가변동성 측정에 사용되는 자료수 = 거래일수(≠달력일수)

3. 블랙-숄즈-머튼모형: 차익거래모형

1) 가정

(1) 블랙-숄즈-머튼모형에 사용되는 가정[7]

(가정1) 주가는 기하브라운운동(대수정규분포)을 따른다.
(가정2) 증권의 공매가 허용되며, 공매대금은 전액 사용 가능하다.
(가정3) 거래비용과 세금이 없다.
(가정4) 파생상품 만기까지 기초자산에 배당이 없다.
(가정5) 증권의 거래는 연속적으로 이루어진다.
(가정6) 무위험이자율(r)은 변하지 않으며, 모든 만기에 대해 일정하다.
(가정7) 증권은 완전히 분할될(perfectly divisible) 수 있다.
(가정8) 시장에 차익거래기회가 존재하지 않는다(no arbitrage opportunity).

이러한 가정들은 추후 많은 연구를 통해 보다 현실에 적합하도록 보완되어 왔다. 예를 들어, 뒤에서 설명하겠지만, (가정4)를 완화하여 배당이 있는 경우의 모형으로 확장할 수 있고, (가정6)을 완화하여 무위험이자율이 시간이 지남에 따라 변하는 경우로 확장가능하며, 심지어 (가정1)을 완화하여 주가의 점프(jump)가 있는 점프-확산모형(jump-diffusion model)으로 확장할 수 있다. 이렇게 가정들을 완화하여 보다 현실적인 모형을 만드는 것은 본서의 범위를 넘으므로 여기서는 다루지 않는다. 자세한 유도와 설명은 참고문헌에 있는 관련 자료들을 참고하기 바란다.

2) 미분방정식유도

(1) 기본 원리

블랙-숄즈-머튼모형의 미분방정식은 배당을 지급하지 않는 주식을 기초로 하는 모든 파

7 블랙-숄즈-머튼모형과 관련한 내용들은 다음 2개의 논문을 참조바람: 1) F. Black and M. Scholes, "The Theory of Options and Corporate Liabilities", *Journal of Political Economy*, 81(May-June 1973):637-659. 2) R.C. Merton, "Theory of Rational Option Pricing", *Bell Journal of Economics and Management Science*, 4(Spring 1973): 141-183.

생상품 가격이 만족해야 하는 방정식이다. 이러한 미분방정식을 도출하기 위한 기본 원리는 이항분포모형의 차익거래모형과 유사하다. 즉, 주식가격과 주식옵션가격이 동일한 불확실성(즉, 주식의 변동성)에 의존하므로 주식가격과 주식옵션가격 사이에 완전한 상관계수(perfect correlation)가 존재한다. 즉, 주식과 옵션을 잘 결합하면 무위험포트폴리오(riskless portfolio)를 구성할 수 있으며, 무위험포트폴리오는 수익률이 무위험이자율(r)이어야 하므로 r을 할인율로 하여 현재 포트폴리오의 가치와 현재 옵션가치를 구할 수 있다.

예를 들어, 짧은 기간(Δt) 동안의 주식가격의 변화(ΔS)와 유러피안 콜옵션가격의 변화(Δc) 사이에 다음과 같은 관계가 성립한다고 하자.

$$\Delta c = 0.5\Delta S \quad \text{(식 12-24)}$$

이 경우, 이항분포모형에서와 마찬가지로, 콜옵션 1개를 매도하고 주식 0.5주를 매입하면 다음과 같이 포트폴리오 P를 구성할 수 있다.

$$P = 0.5S - c \quad \text{(식 12-25)}$$

(식 12-25)에서 주가가 조금 변동하면(ΔS) 콜옵션과 포트폴리오 모두 Δc, ΔP만큼 변하므로 다음과 같은 결과를 얻게 된다.

$$\Delta P = 0.5\Delta S - \Delta c \quad \text{(식 12-26)}$$

(식 12-24)를 (식 12-26)에 대입하면,

$$\Delta P = 0.5\Delta S - \Delta c = 0.5\Delta S - 0.5\Delta S = 0$$

즉, (식 12-25)에 있는 포트폴리오 $P = 0.5S - c$는 무위험포트폴리오가 된다. 즉, 주가가 상승하면 주식에서 이익을 얻고 콜옵션매도에서는 손실을 입게 되며, 반대로 주가가 하락하면, 주식에서 손실을 입고 콜옵션매도에서는 이익을 얻게 된다. 여기서 이익과 손실이 정확히 상쇄되므로 완전한 헷지가 되는 무위험포트폴리오가 되는 것이다.

따라서, 블랙-숄즈-머튼모형에서 미분방정식을 유도하는 기존 원리는 기초자산과 파생상품사이에 존재하는 동일한 변동성(불확실성)을 서로 상쇄시켜 제거함으로써 무위험포트폴리오를 생성하고, 무차익거래논리(no arbitrage argument)를 적용하여 방정식을 유도하는 것이다.

(2) 미분방정식

(가정1)로부터 짧은 기간(Δt) 동안 기초자산인 주식의 가격변화(ΔS)는 다음과 같이 기하브라운운동(GBM)을 따른다.

$$\Delta S = \mu S \Delta t + \sigma S \Delta W \qquad \text{(식 12-27)}$$

만일 위의 주식을 기초자산으로 하는 파생상품가격을 f라 하면 이는 기초자산가격S와 시간 t의 함수가 된다. 즉, f=f(S, t). 이러한 f(S,t)를 11장의 (식11-28)에 있는 이토정리에 적용하면 짧은 기간(Δt) 동안 f(S,t)의 변화(Δf)에 관해 다음과 같은 확률과정을 얻을 수 있다.

$$\Delta f = \left(\frac{\partial f}{\partial S}\mu S + \frac{\partial f}{\partial t} + \frac{1}{2}\frac{\partial^2 f}{\partial S^2}\sigma^2 S^2\right)\Delta t + \frac{\partial f}{\partial S}\sigma S \Delta W \qquad \text{(식 12-28)}$$

(식 12-27)과 (식 12-28)로부터 ΔS와 Δf의 확률과정은 공통된 불확실성(ΔW)에 노출되어 있다. 따라서, 이러한 공통된 불확실성을 제거하면 무위험포트폴리오(P)를 생성할 수 있다.

즉, 무위험포트폴리오 P는 다음과 같다. 여기서 한 가지 아주 중요한 사실은 이러한 무위험상태가 현재부터 만기까지 지속되는 것은 아니고, 단지 Δt동안만 유지된다는 것이다. 따라서, 무위험상태를 계속 유지하기 위해서는 시시각각 변하는 주시가격 변동에 대한 옵션가격의 민감도(즉, $\frac{\partial f}{\partial S}$)를 계속적으로 재산출하여 다음 식에 적용해야 한다.

$$P = \frac{\partial f}{\partial S}S - f = \text{무위험포트폴리오} \qquad \text{(식 12-29)}$$

따라서, 무위험포트폴리오의 변화(ΔP)를 산출하기 위해 (식 12-27)과 (식 12-28)을 연립방정식으로 놓고, [(식 12-27) $\times \frac{\partial f}{\partial S}$ − (식 12-28)]을 풀면, 다음과 같이 불확실성(ΔW)을 없앨 수 있다.

$$\frac{\partial f}{\partial S}\Delta S = \frac{\partial f}{\partial S}(\mu S\Delta t + \sigma S\Delta W)$$

$$-\ \Delta f = -(\frac{\partial f}{\partial S}\mu S + \frac{\partial f}{\partial t} + \frac{1}{2}\frac{\partial^2 f}{\partial S^2}\sigma^2 S^2)\Delta t - \frac{\partial f}{\partial S}\sigma S\Delta W$$

$$\Delta P = \frac{\partial f}{\partial S}\Delta S - \Delta f = -(\frac{\partial f}{\partial t} + \frac{1}{2}\frac{\partial^2 f}{\partial S^2}\sigma^2 S^2)\Delta t \quad \text{(식 12-30)}$$

(식 12-30)에서 보듯이 ($\frac{\partial f}{\partial S}\Delta S-\Delta f$)의 확률과정에는 불확실성($\Delta W$)항목이 포함되어 있지 않다. 다시 말해 불확실성이 사라진 것이므로, P=($\frac{\partial f}{\partial S}S-f$)는 무위험포트폴리오가 되는 것이다.

한편, 연간 무위험이자율이 r이라 하면, 짧은 기간(Δt) 동안 무위험포트폴리오 P의 수익률은 무위험이자율이어야 하므로 다음을 만족해야 한다.

$$\Delta P = rP\Delta t = r(\frac{\partial f}{\partial S}S-f)\Delta t \quad \text{(식 12-31)}$$

(식 12-31)에 대한 자세한 설명은 〈심화학습 12-3〉을 참조하기 바란다.
따라서, (식 12-30)과 (식 12-31)은 서로 같으므로 다음 식을 얻는다.

$$\Delta P = r(\frac{\partial f}{\partial S}S-f)\Delta t = -(\frac{\partial f}{\partial t} + \frac{1}{2}\frac{\partial^2 f}{\partial S^2}\sigma^2 S^2)\Delta t$$

$$\Rightarrow \frac{\partial f}{\partial t} + rS\frac{\partial f}{\partial S} + \frac{1}{2}\sigma^2 S^2\frac{\partial^2 f}{\partial S^2} = rf \quad \text{(식 12-32)}$$

(식 12-32)를 '블랙-숄즈-머튼의 편미분방정식(PDE: partial differential equa-tion)'이라 부른다. 어떤 책에서는 S에 관한 함수 f의 편미분을 $f_S(=\frac{\partial f}{\partial S})$라 표현하기도 하는데, 이 경우 (식 12-32)는 다음과 같이 표시되기도 한다.

$$f_t + rSf_S + \frac{1}{2}\sigma^2 S^2 f_{SS} = rf$$

심화 학습 12-3 (식 12-31)의 증명

$$\Delta P = rP\Delta t \qquad \text{(a)}$$

증명

Δt기간 동안 P가 P에서 P^*로 변동했다고 하면,

$\Delta P = P^* - P$

i) 이산복리(discrete compounding)로 이자를 계산할 경우

P는 무위험포트폴리오이므로 Δt기간 후 P는 다음과 같이 무위험이자율만큼 성장한다.

$P^* = P(1+r\Delta t) = P + rP\Delta t$. 즉,

$P^* - P = \Delta P = rP\Delta t =$ 식(a)

ii) 연속복리(continuous compounding)로 이자를 계산할 경우

i)과 동일한 논리를 적용하되 이자계산을 연속복리로 하면,

$$P^* = Pe^{r\Delta t} \qquad \text{(b)}$$

그런데, Taylor series를 적용하면,

$$e^{r\Delta t} = 1 + r\Delta t + \frac{1}{2!}(r\Delta t)^2 + \frac{1}{3!}(r\Delta t)^3 + \cdots \qquad \text{(c)}$$

그런데, Δt는 매우 작으므로,

$$\Delta t^2 \to 0,\ \Delta t^3 \to 0,\ \cdots \Delta t^n \to 0 \cdots\cdots (n \geq 2) \qquad \text{(d)}$$

(d)를 (c)에 대입하면,

$$e^{r\Delta t} \approx 1 + r\Delta t \qquad \text{(e)}$$

이제 (e)를 (b)에 대입하면,

$P^* = Pe^{r\Delta t} \approx P(1+r\Delta t)$. 따라서,

$P^* - P = \Delta P \approx rP\Delta t =$ 식(a)

Q.E.D.

결론

- Δt가 매우 작으면, 이산복리든 연속복리든 식(a) (즉, (식 12-31)) 성립
- Δt가 작지 않으면, 연속복리의 ΔP > 이산복리의 ΔP (즉, (식 12-31)에 약간의 오차)

3) 블랙-숄즈-머튼 공식: 유러피안 옵션가격

(1) 블랙-숄즈-머튼 공식

(식 12-32)에 있는 편미분방정식(PDE)은 앞에서 주어진 가정들 하에서 GBM을 따르는 기초자산을 갖는 모든 파생상품에 대해 성립한다. 따라서, 편미분방성식을 만족하는 수많은 파생상품 중에서 특정 상품의 가격을 구하기 위해서는 위의 PDE를 풀기 위해 특정상품에 대한 경계조건(boundary condition)이 주어져야 한다. 경계조건 중에는 만기(T) 시 파생상품가치 등이 있다.

따라서, (식 12-32)에 있는 편미분방정식(PDE)으로부터 옵션의 가치를 구하려면 옵션을 행사할 때의 옵션가치를 경계조건으로부터 추정해야 하는데, 어메리칸 옵션에 대해서는 행사시점의 옵션가치 예측이 불가능하고 유러피안에 대해서만 가능하다. 고로, 블랙-숄즈-머튼모형은 어메리칸 옵션에는 적용이 불가능하고, 유러피안 옵션에 대해서만 적용할 수 있는 것이다.

유러피안 옵션에 대한 블랙-숄즈-머튼공식을 유도하기 위한 PDE의 경계조건은 다음과 같다.

콜옵션의 경우: $f=\max(S_T-K,\ 0)$ (식 12-33)

풋옵션의 경우: $f=\max(K-S_T,\ 0)$

(식 12-32)에 있는 편미분방정식(PDE)을 (식 12-33)에 있는 경계조건을 이용하여 풀면, 다음과 같은 유러피안 콜옵션과 풋옵션의 현재가치를 구하는 블랙-숄즈-머튼 공식을 유도할 수 있다. 식에서, S=현재 주가, K=행사가격, σ = 주식의 변동성, T=옵션만기이다.

$$c = SN(d_1) - Ke^{-rT}N(d_2) \quad \text{(식 12-34)}$$

$$p = Ke^{-rT}N(-d_2) - SN(-d_1) \quad \text{(식 12-35)}$$

단 $d_1 = \dfrac{\ln(\frac{S}{K}) + (r + \frac{\sigma^2}{2})T}{\sigma\sqrt{T}}$

$d_2 = \dfrac{\ln(\frac{S}{K}) + (r - \frac{\sigma^2}{2})T}{\sigma\sqrt{T}} = d_1 - \sigma\sqrt{T}$

$N(d) = Pr(Z \leq d)$ = $-\infty$부터 d까지의 표준정규분포의 누적확률((그림12-4))

심화 학습 12-4 열전도방정식과 블랙-숄즈-머튼의 미분방정식

파생상품의 위험분석과 가격결정에 획기적인 기여를 한 업적은 1973년 블랙-숄즈-머튼의 '옵션가격결정이론'이다. 이들은 바슐리에와 같이 주식가격이 브라운 운동을 한다는 모형을 설정하고, 시장에 무위험 차익거래기회가 없다는 가정 아래 옵션의 가격이 만족하는 미분방정식을 유도했다.

그런데 이 방정식이 놀랍게도 도체에서의 열전달을 기술하는 물리학의 열전도방정식(heat equation)과 형태가 유사했다. 금융 속에서 다시 한번 물리학의 법칙이 발견된 것이다.

이 방정식의 해는 물리학자들이 이미 1백여년 전에 풀어놓았다. 그러나 블랙과 숄즈는 이 사실을 몰랐기 때문에 한동안 그 해를 구하려고 무던히 애를 썼다고 한다. 이 방정식을 푼 결과가 현재 옵션가격분석의 세계적인 표준이 된 '블랙-숄즈-머튼 옵션가격결정모형'이다. 금융분야에서 이 이론은 물리학에서 뉴턴이나 아인슈타인의 업적에 견줄 수 있을 정도로 혁명적이다. 이후의 금융산업 전체를 확 바꿔놓는 기술상의 변화를 가져왔다고 해도 과언이 아니다.

(2) 모형의 특징

(식 12-34)와 (식 12-35)에 있는 블랙-숄즈-머튼 공식은 다음과 같은 몇 가지 중요한 특징을 가지고 있다.

① 풋-콜 패리티

블랙-숄즈-머튼 공식은 유러피안 옵션들의 가치에 관한 것이므로 앞에서 배운 '풋-콜 패리티'를 만족한다. 즉, (식 12-34)와 (식 12-35)에 있는 옵션가치들은 배당이 없는 경우이므로 다음의 풋-콜 패리티를 만족해야 한다.

$$p + S = c + Ke^{-rT}$$

② S가 매우 클 경우 옵션가치

시장에서 현재 주가가 매우 커진다면, d_1, d_2값은 매우 커질 것이고, 이 경우 $N(d_1)$과 $N(d_2)$는 1에 가까워진다. 따라서, (식 12-34)에 $N(d_1) = N(d_2) = 1$을 대입하면, 다음 식을 얻는다.

$$c = SN(d_1) - Ke^{-rT}N(d_2) = S - Ke^{-rT}$$

즉, S값이 매우 커지면, 콜옵션은 깊은 내가격(deep ITM)이 되므로 현재옵션의 가치는 현재 내재가치와 같게 된다.

한편, d_1, d_2값이 매우 커져서 $N(d_1)$과 $N(d_2)$가 1에 가까워 지면, $N(-d_1)$과 $N(-d_2)$는 모두 0에 가까워 진다. 이는 다음과 같은 정규분포의 성질 때문이다.

$$N(d) = Pr(Z \leq d) = 1 - N(-d) \qquad \text{(식 12-36)}$$

따라서, (식 12-35)에 $N(-d_1) = N(-d_2) = 0$을 대입하면, 다음 식을 얻는다.

$$p = Ke^{-rT}N(-d_2) - SN(-d_1) = 0$$

즉, S값이 매우 커지면, 풋옵션은 깊은 외가격(deep OTM)이 되므로 현재옵션의 가치는 거의 없다고 볼 수 있다.

③ S가 매우 작을 경우 옵션가치

위에서 설명한 ②와 반대로 생각하면 되며, 다음과 같은 결과를 얻는다.

$$(S \rightarrow 0) \Rightarrow (c \rightarrow 0) \text{ and } p = Ke^{-rT} - S$$

④ σ가 매우 작을 경우의 옵션가치

σ가 매우 작아지면, 주식가격은 거의 변동하지 않으므로 무위험자산에 근접한다. 즉, 주식의 수익률은 무위험이자율(r)이라 간주할 수 있고, 따라서 만기 시 주가는 Se^{rT}가 되어야 한

다. 이 경우 콜옵션의 만기 시 가치는 다음과 같다.

$$c_T = \max(S_T - K, 0) \Rightarrow c = e^{-rT}\max(Se^{rT} - K, 0) = \max(S - Ke^{-rT}, 0) \quad \text{(식 12-37)}$$

(식 12-37)을 다음과 같이 두 가지 경우로 나누어 분석해 보자.

i) $S > Ke^{-rT}$ 인 경우

$S > Ke^{-rT} \Rightarrow S/K > e^{-rT} \Rightarrow \ln(S/K) > -rT \Rightarrow \ln(S/K) + rT > 0.$

그런데, (식 12-34)에서 $d_1 = \dfrac{\ln(\frac{S}{K})+rT}{\sigma\sqrt{T}} + \dfrac{1}{2}\sigma\sqrt{T}$ 이므로,

$(\sigma \to 0) \Rightarrow (d_1 \to \infty)$ and $(d_2 \to \infty) \Rightarrow N(d_1) = N(d_2) = 1 \Rightarrow c = S - Ke^{-rT}$ and $p=0$.

ii) $S < Ke^{-rT}$인 경우

$S < Ke^{-rT} \Rightarrow S/K < e^{-rT} \Rightarrow \ln(S/K) < -rT \Rightarrow \ln(S/K) + rT < 0.$

그런데, (식 12-34)에서 $d_1 = \dfrac{\ln(\frac{S}{K})+rT}{\sigma\sqrt{T}} + \dfrac{1}{2}\sigma\sqrt{T}$ 이므로,

$(\sigma \to 0) \Rightarrow (d_1 \to -\infty)$ and $(d_2 \to -\infty) \Rightarrow N(d_1) = N(d_2) = 0 \Rightarrow p = Ke^{-rT} - S$ and $c=0$.

i)과 ii)로부터, σ가 매우 작을 경우의 콜옵션가치 = $\max(S - Ke^{-rT}, 0)$이고, 마찬가지 논리로 σ가 매우 작을 경우의 풋옵션가치 = $\max(Ke^{-rT} - S, 0)$이다.

⑤ $N(d_1)$과 $N(d_2)$

(식 12-34)와 (식 12-35)에 있는 블랙-숄즈-머튼공식을 다시 쓰면 다음과 같다.

$$c = SN(d_1) - Ke^{-rT}N(d_2)$$
$$p = Ke^{-rT}N(-d_2) - SN(-d_1)$$

i) $N(d_1)$

콜옵션가격 c와 풋옵션가격 p를 기초자산가격 S로 편미분하면 다음과 같다.[8]

$$\frac{\partial c}{\partial S} = N(d_1), \quad \frac{\partial p}{\partial S} = -N(-d_1) = -[1 - N(d_1)] = N(d_1) - 1 \quad \text{(식 12-38)}$$

8 델타공식에 대한 자세한 설명은 뒤에서 배우는 옵션가격의 민감도(그릭 문자)를 참조 바람.

즉, $N(d_1)$은 델타(delta)와 밀접한 관련이 있다. 콜옵션의 경우 $N(d_1)$자체가 델타로서 무위험포트폴리오(P)를 구성할 때 매도한 콜옵션 1개당 매입해야 하는 주식의 수를 말한다. 풋옵션의 경우에는 델타가 $[N(d_1)-1]$이며, 이 또한 의미가 콜옵션과 동일하다.

ii) $N(d_2)$

결론부터 말하면, 유러피안 콜옵션에 대해 $N(d_2)$는 다음과 같은 의미를 가진다.

$$N(d_2) = Pr(S_T > K) = Pr(\text{만기 시 ITM}) = Pr(\text{옵션행사}) \quad \text{(식 12-39)}$$

왜 유러피안 콜옵션에서 $N(d_2)$가 만기(T) 시 옵션이 행사될 확률(즉, 콜옵션이 내가격(ITM)이 될 확률)인지는 Cox and Ross(1976)의 연구결과에 근거한다. 이에 대한 자세한 설명은 〈심화학습 12-5〉를 참조하기 바란다.

마찬가지 논리로, 유러피안 풋옵션에서는 만기 시 옵션이 행사될 확률이 다음과 같다.

$$Pr(S_T < K) = Pr(\text{만기 시 ITM}) = Pr(\text{옵션행사}) = N(-d_2) = 1 - N(d_2) \quad \text{(식 12-40)}$$

심화 학습 12-5 콜옵션의 $N(d_2) = Pr(S_T > K)$

Cox and Ross(1976)는 복잡한 수학을 이용하지 않고 비교적 쉬운 방식으로 (식 12-34)와 (식 12-35)에 있는 블랙-숄즈-머튼모형과 동일한 공식을 유도하였다.[9] 이에 대해 간략히 소개하고자 한다.

만기(T) 시 유러피안 콜옵션의 기대가치는 다음과 같다.

$$\begin{aligned} E(c_T) &= p(\text{기대 내재가치}) + (1-p)(\text{기대 외재가치}) \\ &= pE[(S_T \mid S_T > K) - K] + (1-p)\times 0 \\ &= pE[(S_T \mid S_T > K) - K] \end{aligned} \quad \text{(식 12-41)}$$

단, $p = Pr(S_T > K)$ = 만기 시 콜옵션이 내가격(ITM)이 될 확률

9 Cox, J.C. and S.A. Ross, "The Valuation of Options for Alternative Stochastic Processes", *Journal of Financial Economics* 3, 1976, 145–166.

(식 12-41)에서 기대외재가치가 0인 이유는 만기(T) 시 외재가치는 0이어야 하기 때문이다. Cox and Ross(1976)는 주가가 기하브라운운동(GBM)을 따른다는 가정으로부터, 다음과 같은 중요한 두 가지 식을 유도하였다.

$$p = Pr(S_T > K) = N(d_2) \quad \text{(식 12-42)}$$

$$E(S_T \mid S_T > K) = Se^{rT}\frac{N(d_1)}{N(d_2)} \quad \text{(식 12-43)}$$

단, d_1과 d_2는 블랙-숄즈-머튼 공식에 있는 것과 동일함

(식 12-41), (식 12-42), 그리고 (식 12-43)을 이용하면, 앞에서 구한 블랙-숄즈-머튼 공식과 동일한 다음과 같은 결과를 얻는다.

$$\begin{aligned} c = E(c_T)e^{-rT} &= pE(S_T \mid S_T > K) - K]e^{-rT} \\ &= N(d_2)[Se^{rT}\frac{N(d_1)}{N(d_2)} - K]e^{-rT} \\ &= SN(d_1) - Ke^{-rT}N(d_2) \end{aligned}$$

⑥ 배당금을 지급하는 기초자산

지금까지는 배당금을 지급하지 않는다는 가정 아래에서 블랙-숄즈-머튼모형을 유도하였다. 만일 기초자산이 배당금을 지급하는 경우에는 다음과 같이 두 가지로 나누어 블랙-숄즈-머튼모형을 조정하면 된다.

i) 옵션 만기 이전에 현금배당을 지급하는 경우

만기 이전에 지급되는 배당을 예측할 수 있고, 이 배당의 총 현재가치가 D라 하면, 배당락 때문에 기초자산가격이 하락하므로, 이 경우 기존의 블랙-숄즈-머튼모형에서 기초자산가격을 다음과 같이 조정하면 된다.

즉, $S \Rightarrow (S-D)$. 따라서, 조정된 모형은 다음과 같다.

$$c = (S-D)N(d_1) - Ke^{-rT}N(d_2) \quad \text{(식 12-44)}$$

$$p = Ke^{-rT}N(-d_2) - (S-D)N(-d_1) \quad \text{(식 12-45)}$$

$$단\ d_1 = \frac{\ln(\frac{S-D}{K}) + (r + \frac{\sigma^2}{2})T}{\sigma\sqrt{T}}$$

$$d_2 = \frac{\ln(\frac{S-D}{K}) + (r - \frac{\sigma^2}{2})T}{\sigma\sqrt{T}} = d_1 - \sigma\sqrt{T}$$

ii) 옵션 만기까지 일정한 배당률로 배당을 지급하는 경우

만일 배당을 만기 전에 몇 회 현금으로 지급하지 않고 주가지수처럼 만기까지 일정한 배당률(q)로 연속적으로 지급하는 경우에는 기초자산가격의 배당락이 연속적으로 발생한다고 할 수 있다. 따라서, 이 경우 기존의 블랙-숄즈-머튼모형에서 기초자산가격을 다음과 같이 조정하면 된다.

즉, $S \Rightarrow Se^{-qT}$. 따라서, 조정된 모형은 다음과 같다.

$$c = Se^{-qT}N(d_1) - Ke^{-rT}N(d_2) \quad \text{(식 12-46)}$$

$$p = Ke^{-rT}N(-d_2) - Se^{-qT}N(-d_1) \quad \text{(식 12-47)}$$

$$단\ d_1 = \frac{\ln\left(\frac{Se^{-qT}}{K}\right) + \left(r + \frac{\sigma^2}{2}\right)T}{\sigma\sqrt{T}} = \frac{\ln\left(\frac{S}{K}\right) + \left(r - q + \frac{\sigma^2}{2}\right)T}{\sigma\sqrt{T}}$$

$$d_2 = \frac{\ln\left(\frac{Se^{-qT}}{K}\right) + \left(r - \frac{\sigma^2}{2}\right)T}{\sigma\sqrt{T}} = \frac{\ln\left(\frac{S}{K}\right) + \left(r - q - \frac{\sigma^2}{2}\right)T}{\sigma\sqrt{T}} = d_1 - \sigma\sqrt{T}$$

⑦ 내재변동성

앞에서 변동성 측정에 관해 설명할 때 역사적 변동성과 내재변동성을 설명한 바 있다. 역사적 변동성은 이미 자세히 설명한 바 있으므로 여기서는 내재변동성에 대해 설명하고자 한다.

내재변동성(implied volatility)이란 시장에서 옵션수요와 공급에 의해 형성되는 옵션가격에 내재해 있는 변동성을 말한다. 옵션가격에 영향을 미치는 6가지 주요 변수(S, K, r, σ, T, D) 중 시장에서 직접 자료로 구할 수 없는 변수는 변동성(σ)뿐이다. 따라서 이 변동성을 추정하고자 과거자료를 이용한 역사적 변동성을 사용하기도 하지만, 역사적 변동성의 한계(즉, 과거와 현재는 다를 수 있음)때문에 실제 시장에서 옵션을 거래하는 거래자들은 내재변동성을 기준으로 거래하고 있다.

(식 12-34)에 있는 블랙-숄즈-머튼의 콜옵션가격을 예로 들어 살펴보자.

지금까지 우리는 옵션가격에 영향을 미치는 6가지 주요 변수(S, K, r, σ, T, D)들의 값을 안다고 가정하고, 이론적인 콜옵션가격을 구하였다. 그런데, 이제는 역으로 시장에서 옵션수요와 공급에 의해 형성된 콜옵션가격이 공정한 가격(fair price: 차익거래기회가 없는 균형가격)이라 가정하고, 변동성(σ)을 구할 수 있다. 즉, 이제는 콜옵션가격과 5가지 주요 변수(S, K, r, T, D)들의 값을 이용하여, 나머지 변수인 변동성(σ)을 구하면 이것이 바로 내재변동성인 것이다.

예를 들어, (식 12-34)에 있는 블랙-숄즈-머튼모형에서, S=$30, K=$25, r=5%, T=0.5년, D(배당의 현재가치)=0, 현재 옵션가격=$3라 하자. 그러면, 이 옵션의 시장가격이 공정한 균형가격이라면, 이 옵션은 다음과 같이 블랙-숄즈-머튼공식을 만족해야 한다.

$$\$3 = \$30N(d_1) - \$25e^{-0.05(0.5)}N(d_2)$$

$$\text{단} \quad d_1 = \frac{\ln\left(\frac{\$30}{\$25}\right) + \left(0.05 + \frac{\sigma^2}{2}\right)(0.5)}{\sigma\sqrt{0.5}}$$

$$d_2 = \frac{\ln\left(\frac{\$30}{\$25}\right) + \left(0.05 - \frac{\sigma^2}{2}\right)(0.5)}{\sigma\sqrt{0.5}} = d_1 - \sigma\sqrt{0.5}$$

따라서, 위의 식에서 미지수는 1개(즉, 변동성, σ), 방정식도 1개이므로 방정식의 해(solution)는 단 1개 존재하게 된다. 다만, 위의 방정식은 단순한 함수가 아니라 N(d)속에 적분을 포함하는 등 매우 복잡한 함수이므로 변동성(σ)에 대해 식으로 표현할 수는 없다. 따라서, 변동성(σ)은 0보다 작을 수 없으므로, 아주 작은 수(예컨대, σ=0.01)부터 시작하여, 조금씩 σ의 크기를 늘려나가 위의 방정식의 등식이 성립할 때까지 실험을 반복하는 반복탐색법(iterative search method)이나, σ는 옵션가치에 정(+)의 영향을 주므로 임의의 σ를 대입하여 공식의 우변 > $3이면 σ를 조금 줄이고, 우변 < $3이면 σ를 조금 늘리는 실험을 반복하는 시행착오법(trial and error method)을 통해 내재변동성(σ)을 구할 수 있다.

4. 블랙-숄즈-머튼모형: 위험중립모형

앞에서 이미 설명한 바와 같이 이항분포모형에서 위험선호도(risk preference)와 관련된 어떤 변수도 모형에 포함되어 있지 않다. 즉, 주가상승확률(p)은 미래 옵션가격의 불확실성에 영향을 주고 이러한 불확실성은 투자자에게 위험(risk)요인이 된다. 그러나 다행스럽게도 이러한 불확실성이 모형에 포함되지 않으므로 이항분포모형으로 옵션가격을 구할 때 투자자의 위험선호도를 고려할 필요가 없고, 따라서 위험중립세계(risk neutral world)를 가정하고 옵션가격을 구할 수 있었다.

위험중립세계에서는 투자자들이 위험에 대한 보상을 요구하지 않으므로 증권에 대한 수익률로 무위험이자율을 사용할 수 있고, 무위험이자율은 시장에서 쉽게 구할 수 있으므로 할인율을 별도로 구하는 번거로움을 피할 수 있다는 큰 장점이 있다.

이와 같은 위험중립가정을 블랙-숄즈-머튼모형에도 그대로 적용가능하다. 즉, (식 12-32)에 있는 블랙-숄즈-머튼의 편미분방정식(PDE)에서 보듯이 주식의 기대수익률인 μ가 미분방정식에 포함되어 있지 않다. μ는 투자자의 위험선호도와 직접적인 관련이 있는데 이것이 미분방정식에 포함되어 있지 않다는 것은 블랙-숄즈-머튼모형을 위험중립모형으로도 도출할 수 있음을 의미한다.

위험중립모형으로 블랙-숄즈-머튼공식을 유도하는 것은 이항분포모형과 유사하다. 일반적으로 다음과 같이 3단계로 구할 수 있다.

(1단계) 기초자산의 기대수익률이 무위험이자율(r)이라 가정한다(즉, $\mu=r$).
(2단계) 옵션의 만기(T) 시 기대가치(expected value)를 구한다.
(3단계) 위에서 구한 기대가치를 무위험이자율로 할인하여 현재 옵션가치를 구한다.

이러한 3단계를 거쳐 구한 옵션가격결정공식은 앞에서 차익거래모형으로 구한 블랙-숄즈-머튼공식((식 12-34))과 정확히 일치한다. 위험중립모형에 대한 자세한 산출절차는 〈심화학습 12-6〉을 참고하기 바란다.

심화 학습 12-6 블랙-숄즈-머튼의 위험중립모형

위에서 설명한 위험중립모형으로 블랙-숄즈-머튼공식을 유도해 보자.
(여기서는 유러피안 콜옵션가격에 대해 설명한다. 풋옵션가격도 동일한 논리로 구할 수 있다)

(1단계) 기초자산의 기대수익률이 무위험이자율(r)이라 가정한다(즉, μ=r).
(2단계) 콜옵션의 만기(T) 시 기대가치(expected value: $E(c_T)$)를 구한다.
먼저, 주가의 변화가 GBM을 따른다고 가정하면, 주가(S_T)는 대수정규분포를 따르고, 만기 시 로그주가($\ln S_T$)의 분포는 (식 12-12)에있는 것처럼 다음과 같은 정규분포를 따른다.

$$\ln S_T \sim n\left[\ln S+(\mu-\frac{\sigma^2}{2})T,\ \sigma^2 T\right] = n[\ln S+(r-\frac{\sigma^2}{2})T,\ \sigma^2 T]\ (\mu = r\text{이므로}) \quad (a)$$

편의상 $\ln S_T$의 평균을 $m = \ln S + (r - \frac{\sigma^2}{2})T$, 분산을 $v^2 = \sigma^2 T$ 라 하자. 이러한 정규분포는 (식 12-2)를 이용하여 다음과 같이 표준정규분포(Z)로 변환할 수 있다.

$$Z = \frac{\ln S_T - m}{v} \sim N(0,\ 1) \quad (b)$$

이 표준정규분포의 확률밀도함수(pdf)를 f(z)라 하자.

이제 만기 시 콜옵션의 기대가치를 구해보자.

$$E(c_T) = E[\max(S_T - K, 0)\ ] = \int_K^{\infty} (S_T - K)\ g(S_T)dS_T \quad (c)$$

식(c)에 있는 $g(S_T)$는 대수정규분포의 확률밀도함수여서 다루기가 복잡하므로, 식(b)를 이용하여 표준정규분포로 전환해보자. 식(b)로부터, $S_T = e^{vZ+m}$이다. 이제, 식(c)를 표준정규분포의 함수로 전환하면 다음과 같다.

$$E(c_T) = \int_K^{\infty} (S_T - K)\ g(S_T)dS_T = \int_{\frac{\ln K - m}{v}}^{\infty} (e^{vz+m} - K)\ f(z)dZ$$
$$= \int_{\frac{\ln K - m}{v}}^{\infty} e^{vz+m} f(z)dZ - K\int_{\frac{\ln K - m}{v}}^{\infty} f(z)dZ \quad (d)$$

그런데, f(z)는 표준정규분포의 확률밀도함수이므로,

$$e^{vz+m} f(z) = e^{vz+m}\frac{1}{\sqrt{2\pi}} e^{\frac{-z^2}{2}} = \frac{1}{\sqrt{2\pi}} e^{\frac{-z^2+2vz+2m}{2}}$$

$$= \frac{1}{\sqrt{2\pi}} e^{\frac{-[(z-v)^2+2m+v^2]}{2}}$$

$$= \frac{e^{m+v^2/2}}{\sqrt{2\pi}} e^{\frac{-[(z-v)^2]}{2}} = e^{m+\frac{v^2}{2}} f(z-v) \qquad \text{(e)}$$

식(e)에서, f(z−v)도 표준정규분포의 확률밀도함수이다. 이제 식(e)를 (d)에 대입하면,

$$E(c_T) = e^{m+\frac{v^2}{2}} \int_{\frac{\ln K-m}{v}}^{\infty} f(z-v)\,dZ - K\int_{\frac{\ln K-m}{v}}^{\infty} f(z)dZ. \qquad \text{(f)}$$

식(f)에서, 첫 번째 적분을 표준정규분포의 누적확률함수인 N(d)를 사용하여 표현하면,

$$\int_{\frac{\ln K-m}{v}}^{\infty} f(z-v)dZ = 1-N\left[\frac{(\ln K-m)}{v} - v\right] = N\left[\frac{-(\ln K-m)}{v} + v\right]. \qquad \text{(g)}$$

(참조 : $z = k \Rightarrow z-v = k-v : k = \frac{(\ln K-m)}{v}$)

$m=\ln S+(r-\frac{\sigma^2}{2})T$와 $v^2 = \sigma^2_T$를 식(g)에 대입하면,

$$\int_{\frac{\ln K-m}{v}}^{\infty} f(z-v)\,dZ - N\left[\frac{-[\ln K-\ln S-(r-\frac{\sigma^2}{2})T]}{v} + v\right] = N\left[\frac{\ln(\frac{S}{K})+(r-\frac{\sigma^2}{2})T}{v}\right]$$

$$= N(d_1). \qquad \text{(h)}$$

마찬가지로, 식(f)에서, 두 번째 적분을 표준정규분포의 누적확률함수인 N(d)를 사용하여 표현하면,

$$\int_{\frac{\ln K-m}{v}}^{\infty} f(v)\,dZ = 1-N\left[\frac{(\ln K-m)}{v}\right] = N\left[\frac{-(\ln K-m)}{v}\right] = N\left[\frac{\ln(\frac{S}{K})+(r-\frac{\sigma^2}{2})T}{v}\right]$$

$$= N(d_2). \qquad \text{(i)}$$

식(h)와 (i)를 (f)에 대입하면,

$$E(c_T) = e^{m+\frac{v^2}{2}} \int_{\frac{\ln K - m}{v}}^{\infty} f(z-v)\,dZ - K \int_{\frac{\ln K - m}{v}}^{\infty} f(z)\,dZ =$$

$$= e^{m+\frac{v^2}{2}} N(d_1) - KN(d_2) \qquad (j)$$

$m = \ln S + (r - \frac{\sigma^2}{2})T$와 $v^2 = \sigma^2 T$를 식(j)에 대입하면,

$$E(c_T) = e^{\ln S + rT} N(d_1) - KN(d_2) = Se^{rT}N(d_1) - KN(d_2). \qquad (k)$$

(3단계) 콜옵션의 만기 시 기대가치를 무위험이자율로 할인하여 현재 옵션가치를 구한다. 식(k)로부터 현재 옵션가치를 구하면 다음과 같다.

$$c = E(c_T)e^{-rT} = [Se^{rT}N(d_1) - KN(d_2)]e^{-rT} = SN(d_1) - Ke^{-rT}N(d_2).$$

$$d_1 = \frac{\ln(\frac{S}{K}) + (r + \frac{\sigma^2}{2})T}{\sigma\sqrt{T}}$$

$$d_2 = \frac{\ln(\frac{S}{K}) + (r - \frac{\sigma^2}{2})T}{\sigma\sqrt{T}} = d_1 - \sigma\sqrt{T}$$

이는 차익거래모형으로 구한 (식 12-34)의 블랙-숄즈-머튼모형과 정확히 일치한다.

연습문제

01. 블랙-숄즈-머튼의 유러피안 콜옵션모형에서 "σ(sigma)"가 의미하는 것은?

① 옵션가격의 변동성(volatility) ② 기초자산의 변동성
③ 행사가격의 변동성 ④ 이자율의 변동성

02. 다음 중 블랙-숄즈-머튼모형의 가정으로 사용되지 않은 것은?

① 기초자산의 미래 어느 시점에서의 가격은 대수정규분포를 따른다.
② 무위험 차익거래의 기회가 존재하지 않는다.
③ 기초자산의 변동성은 정규분포를 따른다.
④ 단기 무위험이자율은 일정하다.

03. 정규분포에 관한 다음 설명 중 옳지 않은 것은?

① X ~ N(1, 4)일 경우, Y=(X−1)/2 ~ n(0, 1)이 성립한다.
② 주식의 수익률을 모형화 할 때 많이 이용된다.
③ X가 정규분포를 따르면, lnX는 대수정규분포를 따른다.
④ 정규분포를 갖는 확률변수는 임의의 실수값을 가질 수 있다.

04. 위험중립가치평가에 관한 다음 설명 중 옳지 않은 것은?

① 할인율로 무위험이자율을 사용한다.
② 투자자들을 위험중립적이라 간주하고 옵션가치를 구한다.
③ 실제로 기초자산의 수익률을 사용하여 옵션가치를 구한다.
④ 기초자산의 기대수익률은 무위험이자율이라 간주한다.

05. 확률분포에 관한 다음 설명 중 옳은 것은?

① 산술브라운운동은 대수정규분포를 따른다.
② 기하브라운운동은 정규분포를 따른다.
③ 정규분포와 대수정규분포는 좌우 대칭이므로 왜도(skewness)가 0이다.
④ 대수정규분포는 주식가격을 모형화하는데 적절하다.

06. 다음 중 블랙-숄즈-머튼의 유러피안 콜옵션에 대한 특징으로 옳지 않은 것은?

① $N(d_2)$는 콜옵션이 만기에 외가격(OTM)이 될 확률이다.
② $N(d_1)$은 옵션의 델타(민감도)와 같다.
③ 기초자산가격(S)이 아주 커지면, $N(d_2)$는 1에 접근한다.
④ 기초자산의 변동성(σ)이 매우 작아지면, 옵션의 가치는 항상 $\max(S-Ke^{-rT}, 0)$이다.

07. 정규분포(normal distribution)에 관한 다음 설명 중 옳은 것은?

① 왜도(skewness)가 −5이다.
② 첨도(kurtosis)가 3이다.
③ 평균을 중심으로 좌우 1σ 안에 속할 확률은 약 95%이다.
④ (정규분포 확률변수)×(정규분포 확률변수)도 정규분포를 따른다.

08. 주가(S)가 평균 μ, 표준편차 σ인 기하브라운운동(GBM)을 따른다고 할 때, 다음 설명 중 옳지 않은 것은? 단, 현재주가는 S, r = 무위험이자율, V(S)는 S의 분산임.

① $E(\ln S_T) = \ln S + (\mu - \frac{\sigma^2}{2})T$
② $E(S_T) = Se^{rT}$
③ $V(\ln S_T) = \sigma^2 T$
④ $\ln[E(S_T)] = \ln S + \mu T$

09. 대수정규분포를 따르는 주식의 기대수익률에 관한 다음 설명 중 옳지 않은 것은?

① $\mu = \frac{1}{T}\ln E(\frac{S_T}{S_0})$
② $(\mu - \frac{\sigma^2}{2})$은 수익률의 산술평균(AA)과 같은 개념이다.
③ μ는 매우 짧은 기간(dt) 동안의 기대수익률이다.
④ $(\mu - \frac{\sigma^2}{2})$은 긴 기간(T) 동안의 기대수익률이다.

10. 정규분포와 대수정규분포에 관한 다음 설명 중 옳지 않은 것은?

① Y가 대수정규분포를 따르면, $X = e^Y$는 정규분포를 따른다.
② X가 대수정규분포를 따르면 X값은 항상 0보다 크다.
③ 대수정규분포는 우편향(skewed to the right)분포를 갖는다.
④ 대수정규분포는 GBM(기하브라운모션)과 동일한 확률모형이다.

11. 어떤 기업 주식의 수익률은 일일평균이 0.1%이고, 표준편차가 2%인 정규분포를 따른다고 한다. 이 주식의 하위 5%에 해당하는 수익률은 얼마인가?

12. 어떤 주식 수익률의 18개월 표준편차가 35%이다. 만일 이 주식의 월간수익률이 정규분포를 따르며 각각의 1개월 수익률은 독립이라 하면, 12개월 표준편차는 얼마인가?

13. 어떤 주식의 가격이 대수정규분포를 따른다고 한다. 이 주식의 기대수익률이 연간 17%이고, 주가의 변동성은 연간 20%이다. 이 주식이 3년동안 실현한 수익률(연속복리기준)의 95%신뢰구간(CI: confidence interval)을 구하라.

14. 현재 주가가 $40이고 대수정규분포를 따르는 어떤 주식의 기대수익률이 연간 16%이고 변동성은 연간 20%이다. 95% 신뢰수준 아래에서 T=6개월 후 이 주식가격(S_T)의 변동범위를 구하라.

15. 현재 주가가 $20, 기대수익률이 연 20%, 변동성이 연 40%인 주식의 1년 후 기대되는 주가는 얼마인가?

16. 배당이 없는 주식을 기초자산으로 하는 주식선도의 t시점의 가치가 블랙-숄즈-머튼의 편미분방정식을 만족함을 증명하라. 단, 이 선도의 인도가격은 K, 만기는 T, 무위험이자율은 r이다.

17. 확률변수 X가 대수정규분포(lognormal distribution)를 따르면, Y = lnX는 평균이 0이고 표준편차가 0.2인 정규분포를 따른다고 한다. 이 때 X의 기대값, E(X)를 구하면 얼마인가?

18. 다음과 같은 자료를 갖는 유러피안 콜옵션과 풋옵션의 현재가치를 블랙-숄즈-머튼모형으로 구하라.
S=$42, K=$40, r=10%(연간), 변동성(연간)=20%, T=6개월, 배당=0.

19. 무배당주식에 대한 유러피안 콜옵션의 시장가격이 $2.5, 현재주가는 $15, 행사가격은 $13, 만기는 3개월, 무위험이자율은 연간 5%이다. 시장에서 현재 차익거래기회가 없다고 가정하고 내재변동성(implied volatility)을 구하라.

20. 다음과 같은 자료를 갖는 유러피안 콜옵션이 있다.

S=\$40, K=\$40, r=9%(연간), 변동성(연간)=30%, T=6개월.

만일 기초자산에 대해 2개월, 5개월 후 2회의 현금배당이 각각 \$0.50지급되는 경우, 이 콜옵션의 현재가치를 블랙-숄즈-머튼모형으로 구하라.

연습문제 정답 및 해설

01. ❷

02. ❸

블랙-숄즈-머튼모형에서는 기초자산의 변동성이 일정하다고 가정하고 있다. 그 외에 사용된 가정은 다음과 같다.

(가정1) 주가는 기하브라운운동(대수정규분포)을 따른다.

(가정2) 증권의 공매가 허용되며, 공매대금은 전액 사용 가능하다.

(가정3) 거래비용과 세금이 없다.

(가정4) 파생상품 만기까지 기초자산에 배당이 없다.

(가정5) 증권의 거래는 연속적으로 이루어진다.

(가정6) 무위험이자율(r)은 변하지 않으며, 모든 만기에 대해 일정하다.

(가정7) 증권은 완전히 분할될(perfectly divisible) 수 있다.

(가정8) 시장에 차익거래기회가 존재하지 않는다(no arbitrage opportunity).

03. ❸

X가 정규분포를 따를 때 $Y=e^x$는 대수정규분포를 따른다.

04. ❸

위험중립가치평가에서는 실제 주가가 상승할 확률이나 실제 주가의 수익률은 사용되지 않는다. 그 이유는 옵션가치를 산출하는 이항모형공식이나 편미분방정식에 실제 확률이나 수익률이 포함되지 않기 때문이다.

05. ❹

유한책임회사의 주식가격은 0보다 작을 수 없으므로 주식가격을 모형화하는 데는 대수정규분포가 주로 사용된다. 나머지 부분은 다음과 같이 수정되어야 한다.

① 산술브라운운동은 정규분포를 따른다.

② 기하브라운운동은 대수정규분포를 따른다.

③ 정규분포는 좌우 대칭이므로 왜도(skewness)가 0이다.

06. ❶

$N(d_2)$는 콜옵션이 만기에 내가격(ITM)이 될 확률, 즉, 콜옵션이 행사될 확률이다.

07. ❷

정규분포의 왜도는 0이고, 첨도는 3이다. 그리고 정규분포의 합은 정규분포이지만, 정규분포의 곱은 정규분포가 아니다.

08. ❷

$E(S_T) = Se^{\mu T}$

09. ❷

$(\mu - \frac{\sigma^2}{2})$은 수익률의 기하평균(GA)과 같은 개념이다.

〈표 12-1〉에 있는 다음과 같은 기대수익률 비교를 참조하기 바란다.

기대수익률	계산식	의미	평균의 종류
μ	$\mu = \frac{1}{T}\ln E\left(\frac{S_T}{S_0}\right)$	매우 짧은 기간(dt) 동안의 기대수익률	산술평균 (AA)
$\mu - \frac{\sigma^2}{2}$	$\mu - \frac{\sigma^2}{2} = \frac{1}{T}E\left[\ln\left(\frac{S_T}{S_0}\right)\right]$	긴 기간(T) 동안의 기대수익률	기하평균 (GA)

10. ❶

Y가 대수정규분포를 따르면, X=lnY가 정규분포를 따르게 된다.

즉, X가 정규분포를 따르면, $Y=e^X$는 대수정규분포를 따르게 된다.

11. 표준정규분포에서 하위 5%에 해당하는 값은 −1.65이다. 즉,

$-z = -1.65 = \frac{x-\mu}{\sigma} = \frac{x-0.1}{2}$

$\Rightarrow x = 0.1 - 1.65 \times 2 = -3.2\%$

12. 정규분포의 '선형성'에 의해, (정규분포+정규분포) = 정규분포 이다.

따라서, 월간수익률이 정규분포이면 12개월 수익률은 12개 정규분포의 합이며,

12개월 분산 = 12 × 월간분산

그런데, 18개월분산 = 0.352 = 18 × 월간분산 ⇒ 월간분산 = 0.352/18 = 0.0068

따라서, 12개월 분산 = 12 × 월간분산 = 12 × 0.0068 = 0.0816이고,

12개월 표준편차 $= \sqrt{0.0816} = 0.2856$.

13. 현재주가=S, T기간 후 주가= S_T, T기간 동안 실현한 연속복리수익률을 R이라 하면, (식 12-18)로부터, R은 다음과 같은 분포를 따른다.

$R = \frac{1}{T}\ln\left(\frac{S_T}{S_0}\right) \sim n\left(\mu - \frac{\sigma^2}{2}, \frac{\sigma^2}{T}\right)$ (1)

주어진 자료에서, $\mu=0.17$, $\sigma=0.20$, T=3년 (2)

식(2)를 (1)에 대입하면,

$$R \sim n\left(\mu - \frac{\sigma^2}{2}, \frac{\sigma^2}{T}\right) = n\left(0.17 - \frac{0.2^2}{2}, \frac{0.2^2}{3}\right) = n\left(0.17 - \frac{0.2^2}{2}, \frac{0.2^2}{3}\right) = n(0.15, 0.1155^2)$$

즉, 3년동안 실현될 연속복리 R은 평균이 15%, 표준편차 11.55%인 정규분포를 따른다.

그런데 평균이 μ, 표준편차가 σ인 정규분포를 따르는 확률변수 R의 95%신뢰구간은 다음과 같다.

$\mu - 1.96\sigma < R < \mu - 1.96\sigma$

$\Rightarrow 15 - 1.96(11.55) < R < 15 + 1.96(11.55)$

$\Rightarrow -7.6\% < R < 37.6\%$

14. 주가가 대수정규분포를 따르므로, $\ln S_T$는 다음과 같이 정규분포를 따른다.

$\ln S_T \sim n[\ln S + (\mu - \frac{\sigma^2}{2})T, \sigma^2 T]$ (1)

그런데, μ=0.16, σ=0.20, T=0.5년, S=$40 (2)

식(2)를 (1)에 대입하면,

$\ln S_T \sim n(3.759, 0.02)$

그런데 평균이 μ, 표준편차 σ를 따르는 정규분포를 따르는 확률변수 $\ln S_T$의 95%신뢰구간은 다음과 같다.

$\mu - 1.96\sigma < \ln S_T < \mu - 1.96\sigma$

$\Rightarrow 3.759 - 1.96\sqrt{0.02} < \ln S_T < 3.759 + 1.96\sqrt{0.02}$

$\Rightarrow 3.4826\% < \ln S_T < 4.0354\%$

$\Rightarrow e^{3.4826\%} < S_T < e^{4.0354\%} \Rightarrow \$32.55 < S_T < \$56.56$

(즉, 6개월 주가(S_T)가 $32.55와 $56.56 사이에 포함될 확률은 95%이다.)

15. 1년후 기대주가, $E(S_T) = Se^{\mu T} = \$20e^{0.2(1)} = \$24.43$

16. t시점의 선도계약의 가치 $= f = S - Ke^{-r(T-t)}$ (1)

(식 12-32)로부터, 편미분방정식: $\frac{\partial f}{\partial t} + rS\frac{\partial f}{\partial S} + \frac{1}{2}\sigma^2 S^2 \frac{\partial^2 f}{\partial S^2} = rf$ (2)

식(1)로부터, $\frac{\partial f}{\partial t} = -rKe^{-r(T-t)}$, $\frac{\partial f}{\partial S} = 1$, $\frac{\partial^2 f}{\partial S^2} = 0$ (3)

식(3)을 (2)에 대입하면,

좌변 $= -rKe^{-r(T-t)} + rS(1) + \frac{1}{2}\sigma^2 S^2(0) = r[S - rKe^{-r(T-t)}] = rf =$ 우변.

따라서 선도계약의 가치는 블랙-숄즈-머튼의 편미분방정식을 만족한다.

17. $Y = \ln X \sim N(0, 0.2^2)$ 이므로, $X = e^Y$는 대수정규분포를 따른다.

따라서, $E(X = e^Y) = e^{\mu + \frac{\sigma^2}{2}} = e^{\mu + \frac{0.2^2}{2}} = 1.02$

> * 참조 : $Y \sim N(\mu, \sigma^2)$이면, $E(X = e^Y) = e^{\mu + \frac{\sigma^2}{2}}$

18. 주어진 자료로부터,

$d_1 = 0.7693$, $d_2 = 0.6278$

그리고 표준정규분포표로부터,

$N(0.7693) = 0.7791$, $N(-0.7693) = 1 - N(0.7693) = 0.2209$

$N(0.6278) = 0.7349$, $N(-0.6278) = 1 - N(0.6278) = 0.2651$

따라서,

$c = SN(d_1) - Ke^{-rT}N(d_2) = 42(0.7791) - 40e^{-0.1(0.5)}(0.7349) = \$4.76$,

$p = Ke^{-rT}N(-d_2) - SN(-d_1) = 40e^{-0.1(0.5)}(0.2651) - 42(0.2209) = \$0.81$

19. 내재변동성을 구하기 위해서는 반복탐색법이나 시행착오법을 사용해야 한다. 다음과 같이 시행착오법을 이용해보자.

우선, 변동성의 초기값으로 20%부터 시작해 보자.

$\sigma = 0.2 \Rightarrow c = \$2.20 <$ 시장옵션가격 = \$2.5. 따라서 변동성을 증가시켜야 한다.

$\sigma = 0.3 \Rightarrow c = \$2.32 <$ 시장옵션가격 = \$2.5. 따라서 변동성을 증가시켜야 한다.

$\sigma = 0.4 \Rightarrow c = \$2.507 >$ 시장옵션가격 = \$2.5. 따라서 변동성을 감소시켜야 한다.

$\sigma = 0.39 \Rightarrow c = \$2.487 <$ 시장옵션가격 = \$2.5.

따라서, 0.39 < 내재변동성 < 0.40.

보간법(interpolation)으로 내재변동성을 구하면,

$(\$2.507 - \$2.487) : (\$2.5 - \$2.487) = (0.4 - 0.39) : (x - 0.39) \Rightarrow x = 0.3965$

즉, 내재변동성 ≈ 39.65%(연간).

20. S=\$40, K=\$40, r=9%(연간), 변동성(연간)=30%, T=6개월.

2개월 후, 5개월 후 받을 각 배당 \$0.50를 현재가치로 구하면,

$D = \$0.50e^{-0.09(2/12)} + \$0.50e^{-0.09(5/12)} = \$0.9741$

이제 (식 12-44)에 있는 다음 공식을 사용하면 된다.

$$d_1 = \frac{\ln\left(\frac{S-D}{K}\right) + \left(r + \frac{\sigma^2}{2}\right)T}{\sigma\sqrt{T}} = \frac{\ln\left(\frac{40-0.9741}{40}\right) + \left(0.09 + \frac{0.3^2}{2}\right)(0.5)}{\sigma\sqrt{T}} = 0.2017$$

$d_2 = d_1 - \sigma\sqrt{T} = 0.2017 - 0.3\sqrt{0.5} = -0.0104$

$N(d_1) = N(0.2017) = 0.5800$

$N(d_2) = N(-0.0104) = 1 - N(0.0104) = 0.4959$

따라서, 현재 콜옵션의 가치는,

$c = (S-D)N(d_1) - Ke^{-rT}N(d_2)$

$= (40-0.9741)(0.5800) - 40e^{-0.09(0.5)}(0.4959) = \$3.67$

Chapter 13

주요 옵션

세계 파생상품시장에서 거래되는 옵션의 종류는 대단히 많기 때문에 제한된 지면으로 이를 다 소개하기는 거의 불가능하다. 시장에 발행되고 나서 지속적으로 거래되는 옵션도 많지만, 도입되고 나서 얼마 지나지 않아 투자자의 외면을 받고 사라지는 옵션들도 부지기수이다. 지금도 전세계 곳곳에서 많은 금융공학자(financial engineer)들과 투자전문가들이 고객의 수요에 부응하기 위해 수많은 옵션들을 만들어 내고 있지만 시장에서 꾸준하게, 널리 거래되는 상품은 제한적이다.

13장에서는 거래소시장에서 지속적으로 거래되고 있는 대표적인 옵션들을 주로 소개하고자 한다. 즉, 개별 주식옵션, 주가지수옵션, 금리옵션, 통화옵션, 선물옵션, 그리고 국내에서 거래되는 옵션들에 대해 옵션의 거래명세, 거래방법, 종류, 옵션가치평가, 그리고 이들 옵션을 이용한 투자전략 등에 대해 자세히 살펴보고자 한다.

1. 주식옵션

1) 주식옵션 개요

주식옵션(stock option)은 개별주식을 기초자산으로 하는 옵션을 말하며 금융옵션 중에서 가장 오래된 상품이며 가장 활발히 거래되는 옵션이다. 미국의 경우 CBOE, AMEX, PHLX 등이 가장 큰 주식옵션 거래소이다. 현재 미국에서는 500여개 이상의 주식에 대한 옵션이 거래되고 있으며, IBM, Kodak, GM(General Motors) 주식에 대한 옵션이 가장 활발히 거래되는 주식옵션들이다. 우리 나라에서 거래되고 있는 개별주식옵션에 대해서는 뒤에서 자세히 설명한다.

거래소가 일정한 요건을 갖춘 주식에 대하여 행사가격과 인도월(혹은 만기월)을 정하여 상장을 하면 투자자가 옵션거래 대상으로 주식에 대하여 콜이나 풋을 발행함으로써 옵션거래가 이루어진다. 이와 같이 옵션거래의 대상이 되는 개별주식을 기초주식(underlying stock) 또는 기본주식이라 한다.

2) 거래 방법

주식옵션의 계약단위(contract size)는 나라마다 다소 차이가 있다. 미국을 비롯한 대부분의 나라의 경우 주식옵션 1계약단위는 주식 100주인 반면, 영국 및 호주에서는 1,000주가 1계약단위이다. 옵션이 발행된 후 계약단위당 주식 수는 주식배당, 주식분할 등에 의해 조정된다. 예를 들어 장외시장(OTC: over-the-counter)옵션들은 배당에 대해 보호를 받는데, 기업이 현금배당을 공시하면 그 주식에 대한 옵션의 행사가격은 배당락일에 배당금액만큼 하향 조정된다. 그러나 거래소 옵션의 경우 앞에서 이미 설명한 바와같이 현금배당에 대해서는 일반적으로 조정을 하지 않으며, 주식분할(stock splits)과 주식배당(stock dividends)에 대해서는 조정을 한다. 다만 현금배당의 경우에도 주당 배당금액이 클 경우 조정하는 경우도 있다. 기타 자회사의 주식을 모회사 주주에게 분배하는 경우나 기업합병, 기업결합 등의 경우에도 행사가격, 계약단위 등을 조정한다.

주식옵션의 행사가격은 1주당 달러로 표시되며 주식옵션의 프리미엄도 1주당 달러로 표시된다. 주식을 보유하고 그 보유분만큼의 옵션을 발행한 보호된 옵션(covered option)의 발행자는 당해 옵션의 행사 전에 보유주식에서 발생한 현금배당을 받는다. 그러나, 콜옵션매입자가 주식의 배당락 전에 옵션을 행사하면 옵션발행자가 배당락 이후 일정기간 동안 배정통지를 받지 못하더라도 배당금은 옵션매입자가 받게 된다.

거래소는 옵션이 거래되는 주식별로 포지션한도(position limit)를 명시한다. 포지션한도란 동일방향(the same side of the market)의 포지션에서 투자자가 소유할 수 있는 최대한의 옵션계약수를 말한다. 예를 들어, 콜옵션 매입포지션과 풋옵션 매도포지션은 둘 다 주식을 매입해야 하므로 동일방향의 포지션으로 간주된다. 권리행사한도(exercise limit)도 포지션한도와 동일한 개념이며, 연속 5거래일 동안 권리를 행사할 수 있는 최대 계약수를 말한다. 포지션한도 또는 권리행사한도는 보통 소기업 주식의 경우 3,000 혹은 5,500계약이며, 활발히 거래되는 대기업 주식의 경우 8,000계약이다. 이러한 한도는 개인 또는 한 기관이 시장에서 지나친 영향력을 행사하는 것을 방지하는데 목적이 있으나, 그러한 제한이 자유 경쟁시장에서 꼭 필요한 제도인가에 대해 논란의 여지가 있다.

3) 특별한 주식옵션: 임직원스톡옵션

주식옵션의 특별한 형태로서 임직원 스톡옵션(employee stock option)이 있다. 이는 기업의 임직원에게 보상(remuneration)의 일환으로 지급하는 자사주식을 기초자산으로 하는 콜옵션으로서, 자신이 속한 기업의 주가를 상승시키는 방향으로 경영의사결정을 하도록 유도하는 인센티브의 일환으로 도입되었다. 즉, 스톡옵션으로 콜옵션을 받은 임직원은 회사의 주가가 상승하여야 보상이 커지므로 주가가 상승하도록 경영을 할 것이다. 이를 통해 회사의 가치는 높아지고 스톡옵션을 받은 임직원들의 보상은 커질 것이므로 이론적으로 보면 윈윈전략이라 할 수 있다. 원래는 벤처기업과 중소기업들이 우수한 전문인력을 채용하기가 힘들자, 회사가 성장하면 큰 보상이 임직원들에게 돌아가도록 하여 우수인력을 유치하기 위한 제도로 도입되었으나, 점차 대기업이나 금융기관들이 회사의 주가를 끌어올리려는 동기부여 제도로 널리 활용하게 되었다.

임직원 스톡옵션은 통상 등가격(ATM: at the money)으로 발행되며, 2~5년 정도는 행사를 못하도록 하고, 그 이후에는 자유롭게 행사할 수 있게 설계된다. 그리고 스톡옵션 소유자가 옵션을 행사하면 회사는 새로운 주식을 발행하여 옵션소유자에게 인도하게 된다. 따라서 주식의 신규발행 때문에 기존 주가가 하락하는 주가의 희석효과(dilution effect)가 발생할 수 있다. 이는 뒤에서 설명할 워런트(warrant)도 마찬가지이다. 일반적인 주식콜옵션의 경우에는 옵션이 행사되면 신주를 발행하는 것이 아니고 시장에 있는 기존 주식을 매입하여 인도하기 때문에 옵션행사로 인한 희석효과는 없다. 희석효과는 결국 기존주주(existing shareholder)들에게 피해가 가기 때문에 일반적으로 임직원 스톡옵션제도나 워런트가 도입되기 전에 기존 주주들의 의견을 듣고 반영하도록 제도화 되어 있다. 일반적으로 스톡옵션은 기업의 손익계산서(income statement)상에 비용으로 처리된다.

임직원 스톡옵션제도는 2000년대 이후 이용기업이 급격히 줄어들고 있는데, 가장 대표적인 이유로서 성과평가제도의 문제점이 지적되고 있다. 즉, 기업의 주가가 상승하면 과연 그 상승의 원인이 스톡옵션을 받은 임직원들의 노력 덕분인지, 아니면 시장상황이 회사에 우호적이었기 때문인지 구분하기가 결코 쉽지 않다는 것이다. 이러한 문제점을 해결하기 위해 기업들은 임직원들의 성과를 정확히 평가하기 위한 보상위원회나 성과평가위원회를 운영하기도 하지만 정확한 성과평가가 대단히 어렵다는 현실적인 문제가 있다. 또한 주가를 높이려는 것이 목표라면 임직원들에게 회사주식을 매입하게 하는 자사주제도도 있기에 굳이 스톡옵션을 일부의 임직원에게만 무상으로 부여하여 임직원들 사이에 위화감을 조성할 필요도 없어 보인다. 그리고 스톡옵션을 부여할 경우 주가는 일반적으로 상승하는 경향이 있지만, 다른 한 편으로 부작용도 보고되고 있다. 즉, 콜옵션이득의 비대칭성(즉, 주가가 오르면 막대한 이득이 가능하지만, 주가가 하락해도 손실은 옵션가격으로 제한되는 성질)때문에 스톡옵션을 부여받은 임직원들이 과도한 위험추구성향을 보이기도 하고, 주가하락을 막기 위해 배당을 줄이기도 하는 등 채권자와 기존 주주들의 비용으로 자신들의 이익을 추구하는 도덕적 해이(moral hazard) 현상도 보고되면서 사회적인 지탄의 대상이 되기도 하였다.[1] 심지어 우리 나라의 경우 일부 금융기관들의 경우 부실화되어 국민의 세금으로 공적자금이 투입되었음에도 경영진에게 막대한 스톡옵션 차익을 안겨주는 등의 문제가 발생하여 스톡옵션 폐지 여론이 조성되기도 하였다. 이러한 문제점들로 인해 임직원 스톡옵션제도는 최근 급격히 쇠퇴하고 있다.

4) 주식옵션 가치평가

주식옵션의 가치평가에 대해서는 이미 충분 설명한 바 있다. 이항분포모형과 블랙-숄즈-

1 이에 대한 저자의 다음 논문들을 참조 바람: 1) 원재환, "스톡옵션제도의 도입이 배당정책에 미치는 영향", *경영학연구*, 제33권 (제4호), 2004, pp. 1073-1096. 2) 원재환 · 김재필, "스톡옵션도입의 재무적 효과", *대한경영학회지*, 제16권 (제7호), 2003, pp. 2295-2317. 3) 원재환, "스톡옵션제도의 공시효과와 위험에 관한 연구", *증권학회지*, 제28집, 2001, pp. 579-623. 4) 원재환, "주식과 연계된 보상정책이 배당에 미치는 영향: Marsh and Merton모형을 이용한 은행과 일반기업의 비교연구", *금융안정연구*, 제3권 (제1호), 2002, pp.105-127.

머튼모형을 참고하기 바란다.

2. 주가지수옵션

1) 주가지수옵션 개요

(1) 주가지수옵션의 개념

주가지수옵션(stock index option)이란 주가지수(stock index)를 기초자산으로 하는 옵션을 말한다. 주가지수옵션의 대상 상품은 현물지수와 지수선물 모두 가능하며, 현물지수옵션은 옵션의 매입자에게 특정주가지수를 특정가격에 매입 혹은 매도할 수 있는 권리를 부여한다. 주가지수는 현물이 아니어서 실물을 주고받을 수 없으므로 옵션의 행사에 따른 손익계산은 '현금결제(cash settlement)'를 통해 이루어진다. 즉, 행사일의 최종 지수와 행사가격의 차이에 미리 정해진 지수승수(index multiplier)(예컨대, S&P500옵션의 경우 지수승수는 포인트당 $250, 우리 나라의 KOSPI200옵션의 경우 포인트당 50만원)를 곱한 금액을 현금으로 결제한다.[2]

(2) 주가지수옵션의 특징과 주요 주가지수옵션

주가지수옵션은 일반옵션과 마찬가지로 다음과 같은 특징을 갖는다.

- 계약성: 계약기간(만기)내에만 권리행사가 가능하다.
- 손익의 비대칭성: 옵션투자이익은 무한대이고, 손실은 프리미엄에 한정된다.
- 시간가치의 체감성: 시간이 경과할수록 옵션의 시간가치는 기하학적으로 줄어든다.

세계적으로 잘 알려진 대표적인 주가지수옵션에는 시카고옵션거래소(CBOE)에서 거래되는 S&P100어메리칸 옵션(OEX)과 유러피안 옵션(XEO), S&P500유러피안 옵션(SPX), 다우존스산업평균(DJIA)유러피안 옵션(DJX), 나스닥100유러피안 옵션(NDX) 등이 있다.

2 우리 나라 한국거래소(KRX)에서는 지수승수를 '거래승수'라 한다.

2) 거래 방법

(1) 계약 단위

주식옵션의 1계약단위가 주식 100주인 반면, 지수옵션의 계약단위는 주가지수에 지수승수(거래승수)를 곱하면 된다. 지수승수는 지수에 따라 다른데 S&P100 지수의 경우 $100이고, S&P500 지수는 $250 이며, KOSPI200 지수옵션은 50만원이다.

1계약의 주가지수옵션 총 행사가격은 행사가격에 지수승수를 곱하면 된다. 거래소시장에서 거래되고 있는 주가지수옵션에 대한 프리미엄은 포인트(point) 혹은 포인트의 분수로 표시되며, 호가의 최소단위는 1/16포인트이다.

(예) 투자자가 S&P500 지수옵션을 $2⅝의 프리미엄으로 매입했다면 1계약의 프리미엄 합계 = $2⅝ × $250 = $656.25

(2) 지수옵션거래 현황

현재 미국에서는 다양한 지수옵션이 거래되고 있다. 미결제약정수(open interest)가 가장 많은 옵션은 CBOE에서 거래되는 S&P500지수옵션(유러피안 옵션)과 S&P100지수옵션(어메리칸 옵션)이다.

한국에서 거래되는 지수옵션은 KOSPI200 지수옵션 하나이며, 이 옵션의 거래방법과 명세에 대해서는 뒤에서 자세히 설명한다.

3) 주가지수옵션과 주가지수선물과의 차이

(1) 결제방법

주가지수옵션에는 반대매매와 권리행사 등 두 가지 결제방법이 있으나, 주가지수선물은 반대매매로만 결제할 수 있다.

(2) 차금결제 정산시기

주가지수옵션의 경우 반대매매나 만기 전에 차금결제가 이루어지지 않지만, 주가지수 선물은 차금결제한다. 여기서 차금결제(making up difference)란 선물거래의 결제방법으로 실물을 주고받지 않고 주로 반대매매에 의해 매수나 매도대금의 차액만을 결제하는 것을 말한다. 선물시장에서는 장래의 일정시점에 특정자산을 주고받는 것을 전제로 거래가 이루어지지만 매매약정 후 시세변동에 따라 결제기일 이전이라도 언제든지 반대매매를 하고 그 차액만을 결제할 수 있다.

(3) 증거금제도

주가지수 옵션발행자는 증거금을 납부하나, 옵션매입자는 증거금 없이 프리미엄만 지불한다. 그러나, 주가지수 선물의 경우, 매입자, 매도자 모두 증거금을 납부한다.

4) 주가지수옵션 가치평가

유러피안 주가지수옵션의 가치평가는 앞에서 배운 블랙-숄즈-머튼모형을 조정하면 되는데, 주가지수는 수 많은 주식들로 구성되므로 연속적으로 배당을 지급하는 '배당률'모형을 적용하면 된다. 즉, 블랙-숄즈-머튼모형에서 현재주가를 다음과 같이 조정한다.

$S \Rightarrow Se^{-qT}$ (단, q = 주가지수의 연속배당률)

따라서, 주가지수옵션의 가치평가를 위한 조정된 모형은 다음과 같다.

$$c = Se^{-qT}N(d_1) - Ke^{-rT}N(d_2) \quad \text{(식 13-1)}$$

$$p = Ke^{-rT}N(-d_2) - Se^{-qT}N(-d_1) \quad \text{(식 13-2)}$$

$$\text{단, } d_1 = \frac{\ln(\frac{Se^{-qT}}{K}) + (r + \frac{\sigma^2}{2})T}{\sigma\sqrt{T}} = \frac{\ln(\frac{S}{K}) + (r - q + \frac{\sigma^2}{2})T}{\sigma\sqrt{T}}$$

$$d_2 = \frac{\ln(\frac{Se^{-qT}}{K}) + (r - \frac{\sigma^2}{2})T}{\sigma\sqrt{T}} = \frac{\ln(\frac{S}{K}) + (r - q - \frac{\sigma^2}{2})T}{\sigma\sqrt{T}} = d_1 - \sigma\sqrt{T}$$

3. 금리옵션

1) 금리옵션 개요

금리옵션(interest rate option)은 이자율을 기초자산으로 하는 옵션으로서 통상 채권옵션(bond option), 채권선물옵션(bond futures option), 금리스왑옵션(interest rate swap option) 등을 포함한다. 거래소에서 거래되는 금리옵션 중에서 가장 거래가 활발한 것은 T-bond선물옵션과 T-note선물옵션 등의 장기금리옵션, 그리고 T-bill옵션과 유로달러선물옵션 등의 단기금리옵션 등이 있다.

채권의 가격이 상승하면(즉, 금리가 하락하면) 금리선물의 가격은 상승하고, 채권의 가격이 하락하면(즉, 금리가 상승하면) 금리선물의 가격은 하락한다. 따라서 단기금리가 상승할 것으로 예상하는 투자자는 유로달러선물 풋옵션을 매입하여 투기포지션을 취할 수 있고, 단기금리가 하락할 것으로 예상하는 투자자는 유로달러선물 콜옵션을 매입하여 투기포지션을 취할 수 있다. 반면에, 장기금리가 상승할 것으로 예상하는 투자자는 T-bond 또는 T-note에 대한 선물 풋옵션을 매입할 수 있고, 장기금리가 하락할 것으로 예상하는 투자자는 T-bond 또는 T-note에 대한 선물 콜옵션을 매입할 수 있다.

2) 거래소에서 거래되는 채권옵션

(1) 단기금리옵션

① T-bill옵션

T-bill옵션은 만기가 13주인 것으로 계약단위는 액면금액 $1,000,000이다. T-bill옵션이 행사되었을 때 결제되는 기초자산은 미리 만기일이 정해진 특정 T-bill이 아니고 권리행사에 의하여 결제가 이루어진 시점에서 만기가 13주인 T-bill이다. T-bill의 행사가격은 동 증권이 매매되는 연간 할인율을 기준으로 하되 (100 - 연간 할인율)로 표시하는데, 이는 옵션의 행사가격을 유통시장에서 T-bill의 호가와 연관시키기 위해서다.

(예) 행사가격이 90인 콜옵션 보유자는 연간 할인율 10%로 T-bill을 매수할 수 있는 권리를 가지고 있다.

T-bill옵션의 프리미엄 매입, 매도 호가는 1%의 1/100인 베이시스 포인트(bp: basis point)로 표시한다. 이를 달러금액으로 전환하기 위해서는 실제만료기간 13주로 조정하여 계산한다.

(예) 프리미엄 호가가 1.50(혹은 150 basis point)이라면 달러금액은 $3,750(1.50% x $1,000,000 x 13주/52주)가 된다.

② Eurodollar선물옵션

1계약은 액면가 $100만의 선물계약의 인도를 의미하며, 다른 조건들은 T-bill옵션과 유사하다.

(2) 장기금리옵션

장기금리옵션이란 T-bond선물옵션과 T-note선물옵션을 말하며, 가격은 1%의 1/64단위로 표시되며, 1계약은 액면가 $10만의 선물계약의 인도를 의미한다.

〈13-1〉 T-bond와 T-note선물과 옵션의 공시

T-bond와 T-note의 선물은 1%의 1/32단위로 표시하지만, 옵션은 1/64로 표시한다.
다음과 같은 사례를 살펴보자.

사례 분석

i) CME에서 행사가격이 96.25이고 9월이 만기인 유로달러선물 콜옵션의 가격이 0.42라면, 이는 액면가의 0.42%임을 의미하므로 1계약의 비용은 $4,200이다.
왜냐하면, 0.42%×$100만 = 0.0042×$1,000,000 = $4,200

ii) CBOT에서 만기가 9월이고 행사가격이 112일 때 T-bond선물 콜옵션의 프리미엄이 4-17이라면, 이는 옵션가격이 원금의 4.26563%(왜냐하면 4-17 = 4 + 17/64 = 4.26563)이므로 1계약의 비용은 $4,265.63이다.
왜냐하면, 4.26563%×$10만 = 0.0426563×$100,000 = $4,265.63

3) 금리옵션 투자전략

이자율과 채권가격은 반비례하므로,
- 단기금리의 상승이 예상될 경우: 유로달러선물 풋옵션 매입
- 단기금리의 하락이 예상될 경우: 유로달러선물 콜옵션 매입
- 장기금리의 상승이 예상될 경우: T-bond or T-note선물 풋옵션 매입
- 장기금리의 하락이 예상될 경우: T-bond or T-note선물 콜옵션 매입

4) 옵션이 부가된 채권

다음과 같이 일부 채권은 콜옵션과 풋옵션의 성격을 포함한다. 비록 시장에서 명시적으로 옵션으로 거래되지는 않지만 옵션의 성격을 내재하고 있다는 점에서 옵션이 부가된(첨가된)

채권이라 할 수 있다.

(1) 수의상환채권

수의상환채권(callable bond)이란 채권 발행회사가 미래 어느 시점에서 미리 약정된 가격에 채권을 되살 수 있는 권리를 갖는 채권을 말한다. 수의상환채권의 소유자는 발행회사에 '콜옵션을 매도'한 효과가 있다. 콜옵션의 가치는 수의상환채권의 수익률에 반영된다. 즉, 채권투자자가 채권발행회사에 권리를 부여했으므로 채권자에게 더 많은 수익을 보장해야 투자할 것이다. 따라서, 수의상환채권의 수익률은 비수의상환채권(non-callable bond)의 수익률보다 높다.

(2) 상환요구채권

상환요구채권(puttable bond)이란 채권소유자가 미래의 어느 시점에 미리 약정된 가격에 채권상환을 요구할 수 있는 권리를 갖는 채권을 말한다. 채권의 소유자는 채권과 함께 '풋옵션을 매입'한 효과가 있다. 풋옵션의 가치는 상환요구채권의 수익률에 반영된다. 즉, 채권투자자가 채권발행회사로부터 권리를 부여받았으므로 채권자는 회사에 수익의 일부를 보상해야 한다. 따라서, 상환요구채권의 수익률은 비상환요구채권(non-puttable bond)의 수익률보다 낮다.

5) 기타 채권관련 옵션

(1) 주택저당증권

① 개념

주택저당증권(MBS: mortgage backed securities)이란 주택자금 수요자가 주택자금 대출기관(은행 등 금융기관)에 주택에 대한 저당권을 설정해 주고 그 대가로 융자를 받아 주택을 구입하고, 주택자금 대출기관은 저당권을 담보로 대출금을 회수할 권리 즉, 대출채권을 가지게 되는데(이를 주택저당채권이라 함), 이 주택저당채권을 담보로 하여 발행하는 증권을 말한다.

② 운영

우리 나라에서 주택저당증권이 운영되는 방법에 대해 살펴보자.

주택자금 수요자에게 주택을 담보로 주택구입자금을 대출해준 은행, 보험회사 등 금융 회사들은 주택저당채권(mortgage loan)을 한국주택금융공사에 양도하며, 한국주택금융공사는 금융회사로부터 양도 받은 주택저당채권의 유동화 계획, 양도, 신탁을 금융감독위원회에 등록하고 이를 기초자산으로 하여 주택저당증권이나 주택저당담보부채권(MBB: mortgage backed bond)을 발행, 자본시장에서 투자자에게 판매한다. 주택저당채권을 양도한 금융회사는 한국주택금융공사로부터 지급 받은 MBS나 MBB의 판매대금으로 자금을 마련하게 되어 새로운 주택구입자들에게 주택자금을 대출할 수 있는 기금을 조성하게 된다.

③ MBS의 효과와 내재 금리옵션

i) 주택 구입수요자

주택금융이 확대 공급됨으로써 주택건설이 촉진되며, 주택건설이 촉진되면 국민들의 주택수요를 충족시켜 주거안정을 꾀할 수 있고, 자본시장과 주택금융시장의 연계를 통하여 비주택부문의 여유자금을 주택금융시장으로 유도하여 활용할 수 있게 된다.

ii) 대출금융회사

주택저당증권 유동화 제도를 통하여 주택자금 대출기관은 장기간 묶여있는 자산을 단기간에 유동화(liquidation)시켜 자본시장으로부터 자금을 확보하여 대출여력을 확대 할 수 있는 기금을 추가로 마련하게 된다. 이러한 기금을 구성하는 담보는 보험에 들어있어 투자자는 채무불이행위험으로부터 보호된다. 주택구입수요자가 추후 주택담보융자의 원리금을 상환하게 되면, 주택담보는 소멸되므로 주택저당증권 또한 기초자산이 없어지므로 투자자로부터 약속된 수익을 보상하고 환매된다. 그러므로 대출금융회사 입장에서 보면 시장금리의 변동에 따라 주택구입자가 융자금을 상환하면, 투자자에게 매도한 MBS를 되살 수 있는 금리옵션을 가졌다고 볼 수 있고, 이러한 옵션가치는 MBS의 수익률에 반영된다.

iii) 투자자

경제정책의 측면에서 보면 투자자들은 비교적 안전한 주택저당증권 이라는 새로운 금융상품에 투자할 수 있는 기회를 얻게 되어 투자상품의 다양화가 가능하게 되어 자본시장이 보다 발전할 수 있는 계기가 된다. 결국 이러한 투자자(주택저당증권의 소유자)들은 자금의 차입자(대출금융회사)에게 일련의 내재 금리옵션을 부여한 것과 같다.

(2) 스왑옵션(스왑션)

스왑옵션(swap option) 혹은 스왑션(swaption)은 금리스왑(interest rate swap)에 대한 옵션으로 금리옵션의 한 형태이다. 스왑옵션의 소유자는 미래의 어느 시점에서 특정의 금리스왑에 참여할 수 있는 권리를 갖는다. 스왑에 대해서는 뒤에서 자세히 설명하겠지만, 간략히 설명하면, 스왑(swap)이란 미리 약정한 대로 미래에 현금흐름을 교환하는 두 거래자간의 사적인 계약이다. 대표적으로 금리스왑과 통화스왑이 있다.

(3) 금리캡

금리캡(interest rate cap)이란, 이자율이 정해진 수준보다 높으면 이득이 발생하는 옵션으로 여기서 이자율은 정기적으로 조정되는 변동금리이다. 미래 어느 시점에서 대출에 적용할 이자율의 상한을 캡(cap)금리라 한다. 캡금리는 금리가 어느 수준이상으로 올라가는 것에 대해 보험기능을 수행하므로 캡금리는 행사가격의 역할을 한다.

(예) 캡금리 10%로 자금을 대출 받을 경우, 이자를 갚을 때 시장이자율이 12%라면, 대출자는 10%만 갚고 나머지 2%는 대출해준 금융기관이 대신 지불해야 한다. 시장이자율이 높아질수록 차입자에게 유리하므로 차입자는 금리콜옵션을 가진 것과 동일하다. 금리캡은 자금대출자가 발행한다.

(4) 금리플로어

금리플로어(interest rate floor)는 이자율이 정해진 수준보다 낮으면 이득이 발생하는 옵션으로, 이자율은 정기적으로 조정되는 변동금리이다. 금리플로어는 금리캡과 반대의 개념으로 금리의 하한선을 규정하는 것이다. 시장이자율이 낮아질수록 대출자에게 유리하므로 대출자는 금리풋옵션을 가진 것과 동일하다. 금리플로어는 자금차입자가 발행한다.

(5) 금리칼러

금리칼러(interest rate collar)는 금리캡과 금리플로어가 결합된 옵션으로 금리의 상한선과 하한선을 모두 규정하는 것이다. 일반적으로 캡의 가격과 플로어의 가격이 일치하도록 구성한다. 따라서, 순비용(net cost)은 0이다.

6) 금리옵션의 가치평가

(1) 기초자산이 채권인 경우

채권이 기초자산인 경우 채권옵션의 형태로 가치를 구하는 것으로, 블랙-숄즈-머튼모형을 이용하면 다음과 같은 유러피안 채권콜옵션과 채권풋옵션의 가격공식을 유도할 수 있다.

$$c = BN(d_1) - Ke^{-rT}N(d_2) \quad \text{(식 13-3)}$$

$$p = Ke^{-rT}N(-d_2) - BN(-d_1) \quad \text{(식 13-4)}$$

단, $d_1 = \frac{\ln(\frac{B}{K}) + (r + \frac{\sigma^2}{2})T}{\sigma\sqrt{T}}$

$d_2 = \frac{\ln(\frac{B}{K}) + (r - \frac{\sigma^2}{2})T}{\sigma\sqrt{T}} = d_1 - \sigma\sqrt{T}$

c = 유러피안 채권콜옵션의 가격

p = 유러피안 채권풋옵션의 가격

B = 현재 채권가격

(2) 기초자산이 채권선도인 경우

위의 (1)에서는 기초자산으로 채권자체를 이용했지만, 만일 채권시장의 유동성이 낮아 채권시가가 형성되기 어렵거나 채권가격산출이 어려울 때는 채권대신 채권선도(선물)를 기초자산으로 활용할 수 있다. 그런데 채권선도가격은 $F = Be^{rT}$이므로, $B = Fe^{-rT}$이다. 이렇게 구한 B값을 (식 13-3)과 식(13-4)에 대입하면 다음과 같이 블랙-숄즈-머튼모형을 이용한 유러피안 채권선도 콜옵션과 채권선도 풋옵션의 가격공식을 도출할 수 있다.

$$c = e^{-rT}[FN(d_1) - KN(d_2)]$$

$$p = e^{-rT}[KN(-d_2) - FN(-d_1)]$$

단, $d_1 = \frac{\ln(\frac{F}{K}) + \frac{\sigma^2}{2}T}{\sigma\sqrt{T}}$

$d_2 = \frac{\ln(\frac{F}{K}) - \frac{\sigma^2}{2}T}{\sigma\sqrt{T}} = d_1 - \sigma\sqrt{T}$

c = 유러피안 채권선도 콜옵션의 가격

p = 유러피안 채권선도 풋옵션의 가격

F = 현재 채권선도가격

4. 통화옵션

1) 통화옵션 개요

두 나라간의 환율을 기초자산으로 하는 옵션을 통화옵션(currency option)이라 한다. 즉, 통화옵션은 특정통화 일정액을 미리 일정기간 내 또는 특정일에 정해진 환율에 의해 다른 통화로 매입 또는 매도할 수 있는 권리이다. 통화옵션은 옵션시장을 개설하고 있는 나라의 통화와 세계 주요 통화간의 환율을 기초자산으로 한다.

필라델피아거래소(PHLX)가 1982년에 최초로 통화옵션을 거래하기 시작한 이래 통화옵션의 규모는 급속히 성장하였다. 거래대상 통화로는 캐나다 달러(C$), 스위스 프랑(SF), 호주 달러(A$), 영국 파운드(£), 일본 엔(¥) 등이 있다. 통화옵션의 상당량이 거래소 밖(즉, 장외시장)에서 거래되며, 많은 은행과 금융기관들이 통화옵션을 매입 또는 매도하는데 이 경우 행사가격과 만기 등은 고객의 필요에 따라 조정된다.

통화옵션의 가치는 자국화폐에 대하여 외화의 가치가 상승하면 콜프리미엄은 상승하고 풋프리미엄은 하락한다.

2) 거래 방법

통화옵션의 계약단위는 옵션이 거래되는 거래소규정과 통화에 따라 다르다. 미국 최대의 통화옵션시장인 PHLX에서의 계약단위는 영국 파운드의 경우 £12,500, 캐나다 달러는 $50,000, 스위스 프랑은 SF62,500, 일본 엔은 ¥6,250,000이다. 통화옵션의 행사가격은 옵션을 행사함으로써 당해 외환을 매입하거나 매도할 수 있는 통화단위당 가격이며 센트(₵)로 표시한다. 또한 통화옵션의 프리미엄은 일본 엔화의 경우 1/100센트로 표시하고, 다른 통화에 대해서는 모두 센트로 표시한다.

특정 통화가 기존 통화를 교체하거나, 환율의 변경, 또는 새로운 화폐를 발행할 경우 옵션청산회사(OCC)는 관련 통화의 옵션조건을 조정할 수 있다. 그러나, 환율의 절상 혹은 절하에 따른 통화옵션의 조건은 조정되지 않는다.

3) 통화옵션 가치평가

(1) 통화를 기초자산으로 할 경우

통화자체를 기초자산으로 하는 경우 현재의 환율을 가격처럼 간주해 다음과 같이 블랙-숄즈-머튼모형을 응용하여 유러피안 통화옵션가격 결정 모형을 도출할 수 있다.

$$c = Se^{-r_f T}N(d_1) - Ke^{-rT}N(d_2) \quad \text{(식 13-5)}$$

$$p = Ke^{-rT}N(-d_2) - Se^{-r_f T}N(-d_1) \quad \text{(식 13-6)}$$

단, $d_1 = \dfrac{\ln(\frac{S}{K}) + (r - r_f + \frac{\sigma^2}{2})T}{\sigma\sqrt{T}}$

$d_2 = \dfrac{\ln(\frac{S}{K}) + (r - r_f - \frac{\sigma^2}{2})T}{\sigma\sqrt{T}} = d_1 - \sigma\sqrt{T}$

c = 유러피안 통화 콜옵션의 가격

p = 유러피안 통화 풋옵션의 가격

S = 현재 환율, r_f = 외국무위험이자율.

(2) 선도환율을 기초자산으로 할 경우

만일 기초자산이 통화자체가 아니고 선도환율인 경우 다음과 같이 블랙-숄즈-머튼모형을 응용한 유러피안형 통화옵션가격 결정모형을 유도할 수 있다. 선도가격결정이론으로부터 환율선도가격은 $F = Se^{(r-r_f)T}$이므로, $S = Fe^{(r_f-r)T}$를 (식 13-5)와 (식 13-6)에 대입하면 된다.

$$c = e^{-rT}[FN(d_1) - KN(d_2)] \quad \text{(식 13-7)}$$

$$p = e^{-rT}[KN(-d_2) - FN(-d_1)] \quad \text{(식 13-8)}$$

단, $d_1 = \dfrac{\ln(\frac{F}{K}) + \frac{\sigma^2}{2}T}{\sigma\sqrt{T}}$

$d_2 = \dfrac{\ln(\frac{F}{K}) - \frac{\sigma^2}{2}T}{\sigma\sqrt{T}} = d_1 - \sigma\sqrt{T}$

c = 유러피안 통화선도 콜옵션의 가격

p = 유러피안 통화선도 풋옵션의 가격

F = 현재 선도환율

주식옵션의 가치를 계산하는 모형을 통화옵션의 가치를 계산할 수 있도록 변형한 모형을 보통 가먼-콜하겐(Garman-Kohlhagen)옵션가격결정모형이라 하는데, 자세한 내용은 그들의 논문을 참조하기 바란다.[3]

5. 선물옵션

1) 선물옵션 개요

선물옵션(option on futures 혹은 futures option)이란 선물을 기초자산으로 하는 옵션으로서 옵션을 행사하면 옵션소유자가 약정된 가격으로 미래시점에서 자산을 사거나 팔 수 있는 권리를 갖는다. 다시 말해 현물옵션의 경우 옵션의 행사는 즉시 현물인 기초자산의 인도 혹은 인수를 유발하나, 선물옵션의 행사는 현물이 아닌 선물을 매입(long futures)하거나 매도(short futures)하는 포지션을 취하게 되므로 옵션행사 이후 미래 선물 만기에 실제로 기초자산을 거래하게 된다.

상품선물거래위원회(CFTC: Commodity Futures Trading Commission)는 1982년에 시험적으로 선물옵션의 거래를 승인했으며 본격적인 선물옵션거래는 1987년에 승인되었고 그 이후 빠른 속도로 인기를 얻고 있다.

2) 거래 방법

선물 콜옵션(call option on futures)은 행사가격으로 선물계약에 매입포지션을 취할 수 있는 권리이고, 선물 풋옵션(put option on futures)은 행사가격으로 선물계약에 매도포지션을 취할 수 있는 권리이다. 그리고 대부분의 선물옵션은 어메리칸형이다.

3 Garman, Mark B. and Steven W. Kohlhagen, "Foreign Currency Option Values", *Journal of International Money and Finance*, 2(December 1983), 231-237.

사례

〈13-2〉 금선물 콜옵션 매입

선물 콜옵션을 예로 거래방법을 자세히 살펴 보기로 한다. 어떤 투자자가 행사가격이 금 1온스(oz)당 $600인 7월만기 금선물 콜옵션에 매입포지션을 취했다고 하자. 통상 금선물 콜옵션의 1계약의 기초자산은 금 100온스이다. 다른 옵션계약처럼 투자자는 금선물옵션계약을 체결할 때 옵션매입비용을 지불해야 한다. 만일 금선물 콜옵션을 행사하면 투자자는 선물계약 매입(long)포지션을 갖게 되고, 행사가격과 투자자의 포지션을 비교하여 현금정산을 하게 된다. 금선물 콜옵션이 행사될 때 금의 가격이 $645이고, 최근 금선물의 정산가격(settlement price)이 $650라 할 때, 이러한 매입포지션에 대한 이득을 분석하라.

사례 분석

매입포지션을 취했으므로 옵션매입자가 취하는 이득은 다음과 같다.

콜옵션매입자 총이득(payoff) = max(F-K, 0)×100온스
= max($650-$600, 0)×100
= $50×100 = $5,000

따라서 $5,000이 투자자의 선물증거금 계좌에 입금된다. 물론 총이익(profit)은 위에서 구한 총이득에서 옵션매입비용을 차감하면 된다. 만일 위에서 옵션이 풋옵션이었다면 선물매도포지션이므로 이득은 없고 옵션매입비용만큼의 손실을 입게 된다.

만일 위의 〈사례 13-2〉에서 옵션행사 직후 7월만기 금선물계약을 반대매매로 마감하면, 선물계약으로부터의 이득은 $500(즉, (F-S)×100 = ($650 - $645)×100)이다. 따라서 이 경우 금선물옵션을 행사하고 얻은 총이득은 $5,500(즉, 옵션행사이득 + 선물마감이득 = $5,000 + $500)이 된다. 선물 풋옵션도 콜옵션과 마찬가지 방법으로 거래된다.

3) 현물옵션과 선물옵션의 비교

현물옵션이 많이 있음에도 굳이 선물옵션이 거래되는 이유는 무엇일까?

가장 중요한 이유는 선물계약이 기초자산인 현물보다 대체로 유동성이 높고 거래하기가 쉽기 때문이다. 또한 때로는 일부 채권가격처럼 기초자산가격을 시장에서 즉시 얻기 어려운

경우에도 선물가격은 선물거래소에서 즉시 얻을 수 있기 때문이기도 하다. 실제로 미국에서 T-bond보다도 T-bond선물의 거래가 훨씬 활발하며, T-bond선물가격은 선물거래소에서 즉시 확인할 수 있지만, T-bond가격은 딜러와 접촉하여 확인해야 가능하다.

현물옵션과 비교할 때 선물옵션이 갖는 중요한 장점들을 소개하면 다음과 같다.

첫째, 선물옵션의 행사는 대체로 기초자산의 인도로 이어지지 않는다. 그 이유는 대부분의 경우 기초선물계약을 인도 전에 마감하기 때문이다. 따라서 선물옵션은 보통 최종적으로는 현금으로 정산되므로 거래가 편리하다. 기초자산의 직접적인 인수도가 필요 없다는 사실은 초기 인수자금의 준비가 어려운 투자자에게 매력적일 수밖에 없다.

둘째, 선물과 선물옵션의 거래가 동일한 거래소의 거래피트(trading pit)에서 이루어지기 때문에 선물옵션을 이용한 헷지, 차익거래, 투기거래가 용이하며 이는 시장을 좀 더 효율적으로 만들 수 있다.

셋째, 대부분의 경우 선물옵션은 현물옵션에 비해 거래비용이 저렴하다.

4) 선물옵션의 가치평가

(1) 유러피안 선물옵션의 가치평가

① 현물옵션과 선물옵션의 이득

만기가 T, 만기 시 현물가격이 S_T, 현물옵션의 행사가격이 K인 유러피안 현물 콜옵션의 이득은 다음과 같다.

$$\max(S_T - K, 0) \tag{식 13-9}$$

또한, 만기 시 선물가격이 F_T, 행사가격이 K, 만기가 T인 유러피안 선물 콜옵션의 이득은 다음과 같다.

$$\max(F_T - K, 0) \tag{식 13-10}$$

그런데, 만일 유러피안 선물 콜옵션의 만기와 기초자산인 선물의 만기가 T로 동일하다면, 선물가격과 현물가격의 수렴원리로부터 $F_T = S_T$가 된다. 이를 (식 13-9)와 (식 13-10)에 대입하면 다음과 같이 현물옵션이득 = 선물옵션이득이 되므로 가치도 같게 된다.

유러피안 현물 콜옵션의 이득 = $\max(S_T - K, 0)$
= $\max(F_T - K, 0)$ = 유러피안 선물 콜옵션의 이득

② 선물옵션의 풋-콜 패리티

선물옵션에 대한 풋-콜 패리티는 (무배당)현물옵션의 풋-콜 패리티로부터 쉽게 유도할 수 있다. 즉,

현물옵션의 풋-콜 패리티: $p + S = c + Ke^{-rT}$

위의 현물옵션의 풋-콜 패리티 공식에 선물가격공식인 $F = Se^{rT}$ (즉, $S = Fe^{-rT}$)을 대입하면 다음과 같은 선물옵션의 풋-콜 패리티 공식을 도출할 수 있다.

선물옵션의 풋-콜 패리티: $p + Fe^{-rT} = c + Ke^{-rT}$ (식 13-11)

③ 블랙-숄즈-머튼 모형의 적용

선물가격공식인 $F = Se^{rT}$ (즉, $S= Fe^{-rT}$)를 이용하면 다음과 같이 유러피안 선물옵션에 대한 블랙-숄즈-머튼 모형을 유도할 수 있다.

$$c = e^{-rT}[FN(d_1) - KN(d_2)]$$ (식 13-12)

$$p = e^{-rT}[KN(-d_2) - FN(-d_1)]$$ (식 13-13)

단, $d_1 = \dfrac{\ln(\frac{F}{K}) + \frac{\sigma^2}{2}T}{\sigma\sqrt{T}}$

$d_2 = \dfrac{\ln(\frac{F}{K}) - \frac{\sigma^2}{2}T}{\sigma\sqrt{T}} = d_1 - \sigma\sqrt{T}$

c = 유러피안 콜선물옵션의 가격

p = 유러피안 풋선물옵션의 가격

F = 현재 선물가격

(2) 어메리칸 선물옵션의 가치평가

이미 언급한 바와 같이 대부분의 선물옵션은 어메리칸 옵션이다. 따라서, 앞에서 배운 이항분포모형이 어메리칸 선물옵션의 가치를 평가하는 데 매우 유용하다. 다만 이항분포모형에서도 이미 설명한 바와 같이 선물옵션의 경우 기초자산인 선물가격의 위험중립 상승확률 (p)은 $p = \frac{1-d}{u-d}$ 로 표현되므로 이항분포모형 적용 시 이 부분에 주의해야 한다.

6. 국내 옵션

1) 개별주식옵션

한국거래소(KRX)에서 거래되고 있는 개별주식옵션들은 유가증권본부에 상장되어 있고 유통주식수가 1,000만주 이상, 소액주주수가 10,000명 이상, 1년간 총거래대금이 5,000억원 이상인 보통주식 중에서 시가총액과 재무상태 등을 감안하여 선정한 33개 기업이 발행한 주식을 거래대상으로 하는 파생상품이다(2013년 1월 현재). 국내에서 거래되는 개별주식옵션에 대한 상품명세가 〈표 13-1〉에 자세히 설명되어 있다. 그리고 〈표 13-2〉는 개별주식옵션의 행사가격 간격을 구성하는(spacing) 방법을 소개하고 있다.

〈표 13-1〉 개별주식옵션 상품명세

기초자산	• 33개 기업 • 강원랜드, KB금융지주, 기아자동차, 대한항공, 삼성물산, 삼성전기, 삼성전자, 삼성증권, 삼성화재해상보험, 삼성 SDI, 신한금융지주, 케이티, 게이티앤지, 포스코, 하나금융지주, 한국가스공사, 한국전력공사, 한국타이어, 한진해운, 현대모비스, 현대자동차, 현대중공업, CJ, GS홀딩스, 현대제철, LG, LG전자, LG화학, SK이노베이션, SK텔레콤, 엘지디스플레이, 우리금융지주, 이마트
거래단위	개별주식옵션가격×10(거래승수)
결제월	매월
상장결제월	분기월 2개와 그밖의 월중 2개
가격의 표시	프리미엄(원화)
호가가격단위	옵션가격(프리미엄) 수준에 따라 상이함. 옵션가격 / 호가가격단위 ① 1,000원 미만 / 10원 ② 1,000원 이상 ~ 2,000원 미만 / 20원 ③ 2,000원 이상 ~ 5,000원 미만 / 50원 ④ 5,000원 이상 ~ 10,000원 미만 / 100원 ⑤ 10,000원 이상 / 200원
거래시간	09:00~15:15(최종거래일 09:00~14:50)
최종거래일	각 결제월의 두 번째 목요일(공휴일인 경우 순차적으로 앞당김)
최종결제일	최종거래일의 다음 거래일
권리행사	최종거래일에만 가능(European 형)
결제방법	현금결제
가격제한폭	기초자산 기준가격 대비 ±18%에 해당하는 옵션 이론가격
단일가격경쟁거래	개장시(08:00~09:00) 및 최종거래일 이외의 거래종료시(15:05~15:15)
필요적 거래중단 (Circuit Breakers)	현물가격 급변시 주식옵션 거래 일시 중단

옵션가격	호가가격단위
① 1,000원 미만	10원
② 1,000원 이상 ~ 2,000원 미만	20원
③ 2,000원 이상 ~ 5,000원 미만	50원
④ 5,000원 이상 ~ 10,000원 미만	100원
⑤ 10,000원 이상	200원

주) 자료 : 한국거래소(KRX)

〈표 13-2〉 개별주식옵션 행사가격 설정

- 행사가격의 수 : 9개
- 행사가격의 간격 : 대상주가 수준에 따라 달리 적용
- 권리행사간격의 간격폭 :

권리행사간격의 수준	행사가격 설정간격
① 5,000원 미만	100원
② 5,000원 이상 - 10,000원 미만	200원
③ 10,000원 이상 - 20,000원 미만	500원
④ 20,000원 이상 - 50,000원 미만	1,000원
⑤ 50,000원 이상 - 100,000원 미만	2,000원
⑥ 100,000원 이상 - 200,000원 미만	5,000원
⑦ 200,000원 이상 - 500,000원 미만	10,000원
⑧ 500,000원 이상 - 1,000,000원 미만	20,000원
⑨ 1,000,000원 이상	50,000원

주) 자료: 한국거래소(KRX)

2) 주가지수옵션: KOSPI200옵션

우리 나라에서 유일하게 거래되는 주가지수옵션인 코스피200옵션은 유가증권시장본부에 상장된 주권 200종목의 시가총액 기준으로 산출된 코스피200지수(산출기준시점 1990.01.03)를 기초자산으로 하는 상품이다.

KOSPI200옵션은 주가지수를 거래대상으로 하고 있어 최종결제방법으로 현금결제를 채택하고 있다. 〈표13-3〉은 KOSPI200옵션에 대한 상세한 상품명세서이다. 표에서 보는 바와 같이 가격은 포인트(point)로 표시하며, 지수승수(거래승수)는 포인트당 50만원이다. 정산은 현금결제로 하며, 가격급등락을 대비하기 위한 써킷 브레이커(circuit breaker)제도가 도입되어 있다.

<표 13-3> KOSPI200옵션 상품명세

기초자산	코스피200지수
거래단위	코스피200옵션가격×50만(거래승수)
결제월	최근 연속 3개월 및 3, 6, 9, 12월
상장결제월	6월 이내의 4개 결제월
행사가격의 설정	• 각 결제월의 최초 상장시 행사가격 설정방법 ① 최근 3개월 : 2.5포인트 간격으로 ATM 1개, ITM 6개, OTM 6개 ② 최원월(분기물) : 5포인트 간격으로 ATM 1개, ITM 3개, OTM 3개 • 지수 변동에 따라 항상 ATM 기준으로 상하 6개(최원월 분기물은 3개)가 되도록 추가 설정 • 최원월의 분기물이 최근 3개월 연속월에 해당하는 경우에는 2.5포인트 간격의 행사가격 추가설정
가격의 표시	프리미엄(포인트)
호가가격단위	프리미엄 3이상 : 0.05 포인트 프리미엄 3미만 : 0.01 포인트
최소가격변동금액	프리미엄 3이상 : 25,000원(50만원×0.05) 프리미엄 3미만 : 5,000원(50만원×0.01)
거래시간	09:00~15:15(최종거래일 09:00~14:50)
최종거래일	각 결제월의 두 번째 목요일(공휴일인 경우 순차적으로 앞당김)
최종결제일	최종거래일의 다음 거래일
권리행사	최종거래일에만 가능(European 형)
결제방법	현금결제
가격제한폭	기초자산 기준가격 대비±15%에 해당하는 옵션이론가격
단일가격경쟁거래	개장시(08:00~09:00) 및 거래종료시(15:05~15:15)
필요적 거래중단 (Circuit Breakers)	선물가격/현물가격 급변시 선물거래 일시중단

주) 자료: 한국거래소(KRX)

3) 통화옵션: 미국달러옵션

우리 나라에서 유일하게 거래되는 통화옵션인 미국달러옵션은 미리 정한 환율로 최종 거래일에 달러화를 매수 또는 매도할 수 있는 권리를 매매하는 파생상품이다.

〈표 13-4〉 미국달러옵션 거래명세

거래대상	미국달러화(USD)
거래단위	US $10,000
결제월	분기월 중 2개와 그 밖의 월 중 2개
상장결제월	6개월 이내의 4개 결제월
행사가격의 설정	ATM을 기준으로 10원 간격으로 상하 각 3개(총 7개)
가격의 표시	프리미엄(원화)
호가가격단위	0.10원
최소가격변동금액	1,000원(US $10,000×0.10)
거래시간	09:00~15:15(최종거래일 09:00~11:30)
최종거래일	결제월의 세 번째 월요일(공휴일인 경우 순차적으로 앞당김)
최종결제일	최종거래일로부터 기산하여 3일째 거래일
권리행사	최종거래일에만 행사가능(European 형)
결제방법	인수도결제
가격제한폭	기준가격 대비 상하 ±4.5%
단일가격경쟁거래	개장시(08:00~09:00) 및 거래종료시(15:05~15:15)

주) 자료: 한국거래소(KRX)

〈표 13-4〉에서 보는 바와 같이 미국달러옵션의 계약단위는 US$10,000이며, 가격은 원화로 표시하고, 최소가격변동폭은 1,000원이다. 결제는 실물(달러)인수도이고 유러피안 옵션이다.

참고로, 한국거래소(KRX)에서 거래되는 모든 옵션은 유러피안 옵션들이다. 2013년 1월 현재 우리 나라에서는 어메리칸 옵션이 거래되지 않고 있다.

연습문제

01. 한 투자자가 행사가격이 86인 5월만기 식용 생우 풋선물옵션을 3.56에 매도하였다. 선물 가격이 84.27이라면 이 풋선물옵션의

① 내재가치는 없다.
② 시간가치는 없다.
③ 내재가치는 1.73이다.
④ 내재가치는 2.29이다.

02. 다음 중 선물옵션에서 "할당(assignment)"의 의미를 가장 잘 설명하고 있는 것은?

① 옵션매입자가 옵션을 행사하면 매입자는 기초선물에 상응하는 포지션을 가져야 한다.
② 옵션매도자가 옵션을 행사하면 매도자는 기초선물에 매입 혹은 매도포지션을 가져야 한다.
③ 옵션매입자가 옵션을 행사하면 매도자는 기초선물에 한 포지션을 가져야 한다.
④ 위의 세 가지 어느 것도 아니다.

03. 선물 콜옵션매입자가 옵션을 행사할 때, 그 결과는?

① 콜옵션판매자는 기초선물계약의 매입포지션에 할당(assigned)된다.
② 콜옵션판매자는 기초선물계약의 매도포지션에 할당된다.
③ 콜옵션보유자는 기초선물계약의 매도포지션에 할당된다.
④ 위의 세 가지 어느것도 아니다.

04. 한 투자자가 COMEX에서 금선물 콜옵션을 매입하고 옵션을 행사하기로 결정하였다. 그 옵션매도자에게 할당되는 일은?

① 행사가격으로 금괴를 구입
② 행사가격으로 금괴를 매도
③ 기초자산에 대한 매도포지션
④ 기초자산에 대한 매입포지션

05. Hugh Heifer 회사는 현재 금화를 다소 보유하고 있고 COMEX에서 거래되는 금선물옵션을 통해 금값의 하락을 헷지하고자 한다. 가장 적절한 투자전략은?

① 내가격상태에 있는 콜옵션 매도
② 내가격상태에 있는 풋옵션 매입
③ 외가격상태에 있는 풋옵션 매도
④ 외가격상태에 있는 콜옵션 매입

Exercises

06. 선물옵션(option on futures 혹은 futures option)에 관한 설명 중 옳은 것은?

① 선물옵션은 옵션을 매매하는 선물거래를 말한다.
② 선물옵션을 행사하면 선물계약이 생긴다.
③ 선물옵션 발행자는 선물포지션을 취할 권리가 있다.
④ 선물옵션 매입자는 선물포지션을 취할 의무가 있다.

07. 어떤 기금관리자가 $2,500,000상당의 주식포트폴리오를 운영하고 있으며 포트폴리오의 베타(β)는 1.10이다. S&P500지수가 현재 280포인트(1포인트는 $250와 같음)라 할 때 다음 중 가장 적절한 헷징전략은?

① 20개의 S&P500 콜옵션 매도
② 20개의 S&P500 선물 매도 및 20개의 S&P500 풋옵션 매도
③ 40개의 S&P500 풋옵션 매입
④ 40개의 S&P500 선물 매도

08. 한국거래소(KRX)에서 거래되고 있는 주가지수옵션과 관련한 다음 설명 중 틀린 것은?

① 만기월에는 최근 연속 3개월 및 3, 6, 9, 12월 등이 있다.
② 1계약의 크기는 KOSPI200지수에 500,000원을 곱한 값이다.
③ 행사가격 간격은 최근 3개월은 2.5포인트, 최원월은 5포인트이다.
④ 유러피안형(Eupean style)과 어메리칸형(American style) 둘 다 상장되어 있다.

09. 연속배당율(continuous dividend yield) q를 지급하는 주가지수를 기초자산으로 하는 유러피안 콜옵션과 풋옵션 사이의 '풋-콜 패리티(put-call parity)'를 정확히 표현한 식은 다음 중 어느 것인가?
(단, c = 유러피안 콜옵션 가격, p = 유러피안 풋옵션 가격, K = 옵션의 행사가격,
S = 현재 주가지수, 이자는 연속복리(continuous compounding)로 계산함)

① $c - Ke^{-rT} = p - Se^{-qT}$　　② $p + Ke^{-rT} = c + Se^{-qT}$
③ $c + Ke^{-rT} = p + Se^{-qT}$　　④ $c + p = Ke^{-rT} - Se^{-qT}$

10. 포트폴리오의 베타(β)가 1.00이고 현재 가치는 1,000만 달러이다. S&P100의 현재 지수는 250포인트다. 포트폴리오 보험전략을 구사하기 위해서 행사가격이 240인 주가지수 풋옵션을 이용할 경우 다음 중 가장 적절한 투자전략은?
(단, 포트폴리오의 배당수익률과 지수의 배당수익률이 같다고 가정한다)

① 풋옵션 400계약 매입　　② 풋옵션 400계약 매도
③ 콜옵션 200계약 매입　　④ 콜옵션 200계약 매도

11. NYSE에서 거래가 가장 활발한 주식 50개를 포트폴리오로 보유하고 있는 한 투자자가 주가하락에 대비하여 S&P500지수옵션을 이용하여 헷지하고자 한다. 2월 15일 현재 S&P500지수가 1,325포인트이고, 포트폴리오의 시가는 3백만 달러이며, 포트폴리오의 베타는 1.54이다. 이 투자자가 보유하고 있는 포트폴리오를 보호하기 위해 가장 적절한 헷지전략은?
(단, S&P500지수옵션의 계약단위는 포인트 당 $250이다)

① S&P500지수 콜옵션 7계약 매도
② S&P500지수 콜옵션 14계약 매입
③ S&P500지수 풋옵션 14계약 매입
④ S&P500지수 풋옵션 7계약 매도

12. 한 투기자가 행사가격이 92인 12월 만기 T-bond선물콜옵션을 1-14에 매도하였다. 만기 시에 이익과 손실이 없는 손익분기점(break-even point)의 T-bond선물가격은?

① 90-07 ② 90-18
③ 93-07 ④ 93-14

13. 행사가격이 94.50이고 만기가 9월인 유로달러 콜선물옵션이 프리미엄 0.24에 거래되고 있다. 기초자산인 9월물 유로달러선물 가격은 94.57이며 계약 당 매매호가단위(tick)는 $25이라고 할 때 이 옵션의 시간가치(time value)는?

① $850 ② $425
③ $285 ④ $652.25

14. 한 회사의 재무담당자(treasurer)로서 당신은 회사의 부채와 투자를 관리해야 한다. 당신의 회사는 2개월 안에 $6,000,000어치의 채권을 발행할 예정인데 중간에 금리가 불리하게(adversely) 변동할 것을 염려하고 있다. 따라서, T-bond선물옵션을 이용하여 헷지하고자 한다(액면가는 $100,000). 이러한 전략은 교차헷지(cross hedge)이기 때문에 당신은 회사채권과 정부증권(즉, 재무성 채권)의 변동성이 다르다는 사실을 고려해야 한다. 통계분석 결과 두 증권 사이에 회귀계수(regression coefficient) 혹은 가중요인(weighting factor)이 0.9569였다면, 다음 중 가장 적절한 헷지전략은?

① T-bond선물 풋옵션 57개 매입 ② T-bond선물 풋옵션 58개 매도
③ T-bond선물 콜옵션 57개 매입 ④ T-bond선물 콜옵션 58개 매도

15. T-bill콜옵션은 콜옵션가격이 어떤 상태에 있을 때 행사될 가능성이 가장 큰가?

① 내가격(ITM; in-the-money)
② 외가격(OTM: out-of-the-money)
③ 깊은 내가격(deep ITM; deep-in-the-money)
④ 깊은 외가격(deep OTM: deep-out-of-the-money)

16. 어떤 기업이 3개월 후에 LIBOR + 0.05%이 금리로 변동금리채권을 발행하고자 하는데, LIBOR가 상승할 조짐이 있다. 다음 중 가장 적당한 헷지전략은 무엇인가?

① 유로달러 콜옵션 매입 ② 유로달러 콜옵션 매도
③ 유로달러 풋옵션 매입 ④ 유로달러 풋옵션 매도

17. 어떤 미국 수출업자가 상품을 독일에 수출한 대가로 2개월 내에 2,000,000유로를 받을 예정이다. 그는 유로(EUR))화에 대해 헷지하고자 한다. 유로선물의 계약단위가 125,000유로라 하면 헷지를 위해 그가 해야 할 것은?

① 유로선물 매입 ② 유로콜옵션 매입
③ 유로풋옵션 매도 ④ 유로풋옵션 매입

18. 주식옵션의 가치를 계산하는 모형을 통화옵션의 가치를 계산할 수 있도록 변형한 모형을 무엇이라 하는가?

① 블랙-숄즈 옵션가격 결정모형
② CRR(Cox-Ross-Rubinstein) 옵션가격 결정모형
③ 가먼-콜하겐(Garman-Kohlhagen) 옵션가격 결정모형
④ 머튼(Merton) 옵션가격 결정모형

19. 다음 통화옵션에 관한 설명 중 옳지 않은 것은?

① 미국에서 옵션가격은 외국통화를 1단위 매입 혹은 매도하는데 필요한 미국달러로 표시된다.
② 한국에는 2013년 현재 통화선물은 거래되고 있으나 통화옵션은 상장되어 있지 않다.
③ 미국에서 일본엔화 옵션가격은 100분의 1센트로 표시된다.
④ 미국에서 일본엔화를 제외한 다른 통화들은 옵션가격을 1센트단위로 표시한다.

20. 향후 스위스프랑(SF)차관 상환예정 기업에서 SF콜옵션을 매입하면 그 효과는?

① SF차관 최고 상환단가 고정효과 ② SF차관 상환단가 고정효과
③ SF차관 최저 상환단가 고정효과 ④ SF환차손 고정효과

21. 한 투자자가 행사가격이 160인 6월물 S&P500선물 풋옵션을 1.15가격에 매입하였는데 이 때 기초선물가격은 152.50포인트였다(선물1포인트 = $250). 옵션만기직전 선물가격이 158.50에 거래되고 있다면 투자자의 이익은? (단, 수수료는 $50임)

22. 다음은 월 스트리트 저널(WSJ)에 게재된 S&P100지수옵션 공시가격의 일부이다.

Exp.	Strike	Vol.	Price
Oct.	635c	4	36
Oct.	635p	2,347	2⅞
Nov.	635p	17	$6\frac{1}{2}$
Dec.	635p	65	$10\frac{1}{4}$

만기가 10월이고 행사가격이 635인 콜옵션 1계약을 매입한 투자자가 S&P100지수가 660.35일 때 옵션을 행사하였다면, 투자 수익률은 얼마인가?

23. 2월 25일 현재 S&P100지수가 225포인트이고, 거래소에서 행사가격이 250포인트, 만기가 5월인 S&P100지수 풋옵션이 프리미엄 22.45로 거래되고 있다. 이 지수옵션을 매입하고 난 후 주가지수가 235포인트로 상승하였다면 옵션매입자의 손익은 얼마인가?

24. 한 투기자가 행사가격이 90인 12월 만기 T-bond선물 풋옵션을 3-08에 5계약을 매입하였다. T-bond 선물가격이 87-16 일 때 내재가치로 포지션을 마감하였다. 수수료를 무시할 경우 이익 혹은 손실은 얼마인가?

25. 어떤 투자자가 행사가격이 92이고 만기가 3월인 T-bond선물 콜옵션을 프리미엄 0-42/64에 3개 매입하였다(액면가격은 $100,000). 만일 T-bond선물 가격이 96-00/32 로 상승하여 옵션을 행사하였다면 그의 이익은?

26. 시카고상품거래소(CBOT)에서 T-bond선물옵션의 매도포지션에 요구하는 최소 증거금요구액(minimum margin requirement)은 다음의 A와 B 중 큰 것으로 결정한다.

A = 옵션프리미엄 + 선물개시증거금 − 0.5×외가격(OTM)금액
B = 옵션프리미엄 + 0.5×선물개시증거금

만일 어떤 고객이 행사가격이 72이고 만기가 3월인 T-bond선물 콜옵션을 3-40에 발행(write)하였는데, 이 때의 T-bond선물가격이 75-20이고, T-bond선물의 개시증거금은 $3,000이고 유지증거금은 $2,000이라면, 콜옵션을 발행한 이 고객에게 부과되는 증거금은 얼마인가?

27. 현재는 2월이고 6월 만기 유로달러 선물가격이 93.82이다. 행사가격이 94.00인 유로 달러선물 콜옵션의 가격은 0.20으로 공시되어 있다. 단기 이자율이 100bp(베이시스 포인트) 하락하고 투자자는 유로달러 선물가격이 94.78일 때 옵션을 행사하였다고 하면 투자자의 손익은 얼마인가?

28. 계약단위가 125,000SF(스위스프랑)이고 행사가격이 76¢인 콜옵션 4계약을 옵션당 1.29¢에 매도한 투자자는 옵션 만기 때 기초자산인 SF선물가격이 76¢가 되었다면 이익 혹은 손실은 얼마인가?

29. 원유에 대한 유러피안 선물 풋옵션의 만기는 4개월, 현재 원유선물가격은 $20, 행사가격도 $20, 무위험이자율은 연간 9%, 그리고 선물가격의 변동성은 연간 25%이다. 시장에 차익거래기회가 없다고 가정하고 이 선물 풋옵션의 이론적인 가격을 구하라.

30. 만기가 2개월 남은 S&P500지수에 대한 유러피안 콜옵션의 행사가격은 900, 현재 주가지수는 930, 무위험이자율은 연간 8%, 지수의 변동성은 연간 20%이다. 처음 1개월 동안의 배당수익률은 0.2%, 그 다음 1개월 동안의 배당수익률은 0.3%로 기대된다. 시장에 차익거래기회가 없다고 가정하고 이 주가지수 콜옵션의 이론적인 가격을 구하라.

연습문제 정답 및 해설

01. ❸

풋옵션의 내재가치 = K − S = \$86 − \$84.27 = \$1.73
(단, K =행사가격; S = 기초자산가격)

02. ❸ **03.** ❷ **04.** ❸

05. ❷

보유하고 있는 자산의 가격하락을 헷지하기 위해서는 풋옵션 매입포지션을 취해야 한다.

06. ❷

선물옵션은 선물을 기초자산으로 하는 옵션으로서 옵션이 행사되면 선물계약이 생기게 된다. 선물옵션의 매입자는 옵션을 행사할 권리가 있으므로 선물포지션을 취할 권리가 있는 것이며, 발행자는 옵션이 행사될 경우 기초자산, 즉 선물포지션을 취할 의무가 있다.
선물콜옵션 매입자가 옵션을 행사하면 선물매입포지션을 갖게 되고, 선물풋옵션 매입자가 옵션을 행사하면 선물매도포지션을 갖게 된다. 물론 매도자는 반대의 포지션을 갖게 된다.

07. ❸

S&P500의 계약가치 = 280×\$250 = \$70,000
그러므로 계약수 = (포트폴리오 가치/지수가치)×베타(β)
= (\$2,500,000/\$70,000)×1.1 = 39.29
따라서, 포트폴리오 가격하락에 따른 손실을 보호(cover)하기 위해 40개의 풋옵션매입 계약을 체결해야 한다.

08. ❹

한국에서 거래되고 있는 주가지수옵션에는 유럽형만 있으며, 콜옵션과 풋옵션 모두 상장되어 있다. 미국형은 아직 상장되어 있지 않다. 기초자산은 주가지수선물과 마찬가지로 KOSPI200 지수이다.

09. ❸

현물옵션의 풋-콜 패리티: $p + S = c + Ke^{-rT}$
위의 현물옵션의 풋-콜 패리티 공식에 배당률이 q인 주가지수를 고려하면, S대신 Se^{-qT}를 대입하면 다음과 같은 주가지수옵션의 풋-콜 패리티 공식을 도출할 수 있다. (식 13-11) 참조.
주가지수옵션의 풋-콜 패리티: $p + Se^{-qT} = c + Ke^{-rT}$

10. ❶

행사가격이 240포인트인 풋옵션을 매입하면, 주가지수가 240포인트 이하로 떨어지면 이익이 발생한다. 따라서, 주가지수하락에 따른 포트폴리오 가치하락으로 발생하는 손실을 일정부분으로 제한할 수 있다. 즉, 지수가 250에서 240으로 하락하면, 포트폴리오의 가치는 960만 달러로 하락한다(왜냐하면, 1,000만 달러×240/250 = 960만 달러).

따라서, 지수가 240 이하로 떨어지는 경우 풋옵션에서의 이익이 포트폴리오의 가치하락을 상쇄하므로 포트폴리오의 가치는 960만 달러 이하로 떨어지지 않는다.

다음에, 풋옵션을 몇 계약 매입해야 하는지 계산해 보자.

매입 계약 수 = 포트폴리오의 가치/(주가지수×100)

= $10,000,000/(250×100) = 400계약.

11. ❸

먼저, 헷지를 위해 필요한 계약 수를 계산해 보자.

계약 수 = N = (펀드가치/옵션계약단위) × 펀드의 베타

= [$300만/(1,325 × $250) × 1.54 = 13.94 (즉, 약 14계약)

포트폴리오의 가치하락을 헷지하고자 하므로 주가지수 풋옵션에 '매입포지션'을 취해야 한다.

따라서, 가장 적절한 헷지전략은 S&P500지수 풋옵션 14계약을 매입하는 것이다.

12. ❸

콜옵션의 손익분기점은 '0 = 내재가치 - 콜프리미엄'일 때 성립하므로,

내재가치 = S - K = 프리미엄

⇒ S = K+프리미엄

= 92+(1-14) = 93+14/64 = 93+7/32 = 93-07.

13. ❷

콜옵션의 내재가치 = S - K = 94.57 - 94.50 = 0.07(포인트)

콜옵션프리미엄 = 0.24포인트

그런데, (옵션프리미엄 = 내재가치 + 시간가치)이므로,

시간가치 = 옵션프리미엄 - 내재가치 = 0.24 - 0.07 = 0.17포인트 = 17틱.

1틱(0.01)은 $25이므로 시간가치를 달러로 환산하면, 17 × $25 = $425.

14. ❶

회사가 $600만의 회사채를 발행할 예정이므로, 금리상승에 따른 채권가격의 하락을 헷지하여야 한다. 따라서 채권가격이 하락할 때 이익이 되는 풋옵션을 매입하는 것이 적절한 헷지전략이다.

T-bond선물옵션을 이용해 헷지하고자 하는데, T-bond의 액면가가 $100,000이므로,

총 계약수 = (채권발행예정액/액면가격) × (사채와 T-bond 사이의 상관계수(ρ))

= ($6,000,000/$100,000) × 0.9569 = 57.414계약

따라서, 발행예정인 회사채($600만)를 적절히 헷지하기 위해서는 57개의 T-bond선물 풋옵션을 매입해야 한다.

15. ❸

일반적으로 옵션은 '깊은 내가격(deep ITM)'상태에 있을 때 이익이 가장 커지므로 이때 행사될 확률이 가장 높다.

16. ❸

LIBOR가 상승하면 LIBOR금리에 연계하여 발행하고자 하는 채권가격이 하락하게 된다. 따라서, 매도할 채권의 가격하락에 대비한 헷지전략을 사용해야 하며, 콜옵션보다는 풋옵션이 적절하다. 채권가격이 하락할 때 이득이 되는 것은 매입포지션이므로, 결과적으로 '유로달러 풋옵션 매입' 전략이 가장 적절한 헷징방법임을 알 수 있다.

17. ❹

2개월후 유로(EUR)를 보유하게 되면 유로의 가치하락을 헷지해야 하므로 유로선물을 매도하거나 유로풋옵션을 매입해야 한다.

18. ❸

가먼-콜하겐(Garman-Kohlhagen) 옵션가격 결정모형은 주식옵션의 가치를 계산하는 모형을 통화옵션의 가치를 계산할 수 있도록 변형한 모형으로서, 자세한 내용은 다음의 논문을 참조하면 된다.
Garman, Mark B. and Steven W. Kohlhagen, "Foreign Currency Option Values", *Journal of International Money and Finance*, 2(December 1983), 231-237.

19. ❷

한국거래소(KRX)에는 1999년 4월 23일 개장 때부터 미국달러옵션이 거래되고 있다.

20. ❶

콜옵션을 매입하면 행사가격이상의 환율은 걱정할 필요가 없다.
즉, 행사가격(즉, 행사환율)이 최대 상환단가가 된다.

21. 풋옵션의 내재가치 = max(K-S, 0) = max(160-158.50, 0) = 1.50포인트
풋옵션의 이익 = 내재가치 - 풋옵션프리미엄 = 1.50-1.15 = 0.35포인트(이익)
따라서 이를 달러로 환산하면, 1포인트는 $250이므로 0.35 × $250 = $87.50
수수료가 있으므로 이를 공제하면, 순이익 = 이익 - 수수료 = $87.5 - $50 = $37.5.

22. 옵션 1개 당 행사이익 = max(S-K, 0) = max(660.35-635, 0) = 25.35포인트
그런데, S&P100지수옵션 1포인트당 가치는 $100이므로,
총이익 = 25.35포인트 × $100/포인트 = $2,535
한편, 만기가 10월이고 행사가격이 635인 콜옵션 가격은 36포인트로 공시되어 있으므로,
주식 매입비용 = 옵션가격 × 100 = 36 × 100 = $3,600
따라서, 투자수익률 = 이익/비용 = $2,535/$3,600 = 0.7042 혹은 70.42%

* 참조 : 주가지수옵션 시세표 읽는 방법

- 첫 번째 열의 'Exp.'는 옵션의 만기(Expiration)를 의미한다.
- 두 번째 열의 'Strike'은 행사가격을, 행사가격 옆의 c는 call옵션을, p는 put옵션을 각각 나타낸다.
- 세 번째 열의 'Vol.'은 거래량을 의미한다.
- 마지막 열의 'Price'는 옵션의 프리미엄(가격)을 의미한다.

23. 총이익 = 지수변동으로 인한 이득×계약단위

= max(K-S, 0) × $100/포인트

= max(250-235, 0) × $100/포인트 = $1,500(이익)

총비용 = 옵션프리미엄 × 계약단위 = 22.45 × 100 = $2,245

따라서, 순손익 = 총이익 - 총비용 = $1,500 - $2,245 = -$745(순손실)

24. 내재가치 = K - S = (90-00) - (87-16) = 2-16.

이를 달러로 환산하면, 2-16 = (2 + 16/32) × $100,000 = $2,500(이익).

비용 = 옵션프리미엄 = 3-08 = (3 + 8/64)% × $100,000 = $3,125

따라서 계약당 손익 = 이익 - 비용 = $2,500 - $3,125 =-$625.

총 5계약이므로, 총손익 = -$625 × 5 = -$3,125(손실)

* 참조: T-bond선물가격에서 xx-yy는 1/32을 단위로 하며, 옵션의 프리미엄은 1/64을 기본단위로 한다.

25. 콜옵션의 이득(payoff) = S - K = (96-00) - (92-00) = 4-00

콜옵션의 이익(profit) = 이득 - 프리미엄

= (4-00) - (0-42/64)

= 3-11/32 = 3 + 11/32 = 3.34375포인트

T-bond의 액면가격이 $100,000이므로 3.65625포인트를 $로 환산하면,

콜옵션의 이익(profit) = (3.34375포인트 × $1000/포인트 × 3(계약)

= $10,031.25

* 참조: 1포인트는 액면가의 1%를 의미하므로, 1포인트 = $100,000 × 0.01 = $1,000

26. 선물은 계약을 이행할 의무가 있으므로 모든 포지션(즉, 매입과 매도)에 대해 증거금이 부과된다. 반면, 옵션의 경우는 선물과 달리 옵션매입자(option buyer)는 의무는 없고 행사할 권리만 가지고 있으므로 증거금이 필요 없고, 옵션발행자(option writer)는 행사된 옵션을 이행할 의무를 가지므로 증거금이 부과된다. 따라서, 이 문제는 옵션발행자의 개시증거금을 구하는 문제이다. 문제에서 설명된 대로 증거금을 구해보면 다음과 같다.

A = 옵션프리미엄 + 선물개시증거금 - 0.5 × 외가격(OTM)금액

= (3-40) + $3,000 - 0.5 × [(75-20) - (72-00)]

= (3-40) + $3,000 - 0.5 × (3-20)

= (3-40/64) + $3,000 - 0.5 × (3-20/32)

= (3.625포인트 × $1,000/포인트) + $3,000 - 0.5 × (3.625포인트 × $1,000/포인트)

= $3,625 + $3,000 - $1,812.50 = $4,812.50

B = 옵션프리미엄 + 0.5 × 선물개시증거금

= (3-40) + 0.5 × $3,000

= (3-40/64) + 0.5 × $3,000

= (3.625포인트 × $1,000/포인트) + $1,500

= $3,625 + $1,500 = $5,125

옵션의 개시증거금은 위의 A와 B 중에서 큰 값으로 하므로, 정답은 $5,125이다.

＊참조 : T-bond선물가격과 T-bond옵션가격의 공시 방법이 다름에 유의해야 한다.

i) T-bond선물가격: 소숫점 이하의 숫자는 1/32을 의미

(보기) 98-07 = 98 + 07/32 = 98 + 0.2188 = 98.2188포인트

ii) T-bond옵션가격: 소숫점 이하의 숫자는 1/64을 의미

(보기) 98-07 = 98 + 07/64 = 98 + 0.1094 = 98.1094포인트

(단, 두 경우 모두 1포인트의 $가치 = $액면가격 × 1% = $액면가격 × 0.01임)

27. 콜옵션 행사 시 이득 = max(S - K, 0) = max(94.78 - 94.00, 0) = 0.78 혹은 78 bp.
유로달러선물옵션에서 1 bp(basis point)는 $25의 가치를 가지므로,
이득 = 78 bp × $25/bp = $1,950
그런데, 옵션매입 비용 = 20bp × $25/bp = $500
따라서, 손익 = 옵션행사 이득 - 옵션매입 비용 = $1,950 - $500 = +$1,450(이익)

28. 행사가격과 기초자산가격이 동일하기 때문에 등가격(at-the-money)상태에 있고, 따라서 옵션매입자는 프리미엄만큼 손실을, 매도자는 이익을 보게 된다. 즉, 매도자는
1.29₵/SF × 125,000SF × 4계약 = 645,000₵ = $6,450(이익)

29. 주어진 자료를 정리하면,
$F=20,\ K=20,\ r=0.09,\ T=4/12,\ \sigma = 0.25,\ \ln(F/K)=\ln(20/20) = 0.$

따라서, (식 13-13)으로부터, $d_1 = \frac{\sigma\sqrt{T}}{2} = 0.07216,\ d_2 = \frac{-\sigma\sqrt{T}}{2} = -0.07216$

$\Rightarrow N(-d_1) = 0.4712,\ N(-d_2) = 0.5288$

$\Rightarrow p=e^{-rT}[KN(-d_2) - FN(-d_1)] = e^{-0.09\frac{4}{12}}\ [20(0.5288) - 20(0.4712) = \$1.12$

30. 우선 연간 배당수익률을 계산해 보자.

2개월간 총 배당수익률 = 0.2% + 0.3% = 0.5%.

따라서 연간 배당수익률 = 0.5% × 6 = 3.0% = 0.03 = q.

또한 주어진 자료들은 S=930, K=900, r=0.08, T=2/12, σ =0.2.

(식 13-1)의 주가지수 콜옵션 가격결정모형으로부터,

$$d_1 = \frac{\ln(\frac{S}{K})+(r-q+\frac{\sigma^2}{2})T}{\sigma\sqrt{T}} = \frac{\ln(\frac{930}{900})+(0.08-0.03+\frac{0.2^2}{2})(\frac{2}{12})}{0.2\sqrt{\frac{2}{12}}} = 0.5444$$

$$d_2 = d_1 - \sigma\sqrt{T} = 0.5444 - 0.2\sqrt{\frac{2}{12}} = 0.4628$$

$\Rightarrow N(d_1) = 0.7069,\ N(d_2) = 0.6782$

$\Rightarrow c = Se^{-qT}N(d_1) - Ke^{-rT}N(d_2)$

$=930e^{-0.03(\frac{2}{12})}(0.7069) - 900e^{-0.08(\frac{2}{12})}(0.6782) = \$51.83.$

Chapter 14

옵션을 이용한 거래전략

옵션은 현물이나 선물과는 달리 매우 다양한 결합이 가능하기 때문에 현물이나 선물로는 불가능한 독특한 전략을 구사할 수 있다. 현물이나 선물시장에서는 현물가격 또는 선물가격의 변동추세를 고려한 추세전략만 구사할 수 있는 반면, 옵션시장에서는 기초자산가격의 변동추세뿐만 아니라 그 변동폭까지 고려한 변동성 전략까지 구사할 수 있다.

옵션은 헷지를 위해서만 사용되는 것이 아니라 이윤을 목적으로 한 적극적 투기방법으로도 많이 사용된다. 그러나 헷지를 위한 시점과 투기를 위한 시점은 상황을 잘 파악하고 결정해야 할 것이다. 여기서는 어떤 상황에서 어떤 투기전략을 사용할 수 있는지에 대해 자세히 살펴보고자 한다. 다양한 증권들과 옵션들을 결합하거나, 기존의 증권이나 파생상품을 분해하여 새로운 금융상품이나 거래과정을 개발하는 것을 금융공학(financial engineering)이라 하는데, 여기서 우리는 기초적인 금융기법들을 배우게 되는 것이다.

특히 옵션을 이용한 거래전략 중에서 다음과 같이 가장 대표적인 3가지 거래전략을 중심으로 살펴보고자 한다.

- 증권과 옵션을 결합한 거래전략 : 채권과 옵션의 결합, 주식과 옵션의 결합 등
- 스프레드 거래전략 : 같은 종류 옵션끼리의 결합, 콜옵션과 콜옵션의 결합 등
- 콤비네이션 거래전략 : 다른 종류 옵션끼리의 결합, 콜옵션과 풋옵션의 결합 등

1. 증권과 옵션을 결합한 거래전략

1) 채권과 옵션의 결합

옵션의 기초자산가격이 어떻게 변하든 상관없이 채권의 원금을 전액 보장받을 수 있는 거래전략으로 액면가보호채권(PPN: principal protected note)이 있다. 이는 옵션과 채권을 결합하여 채권 만기 시 채권의 액면가를 안전하게 보호하기 위해 만들어진 합성채권이다. 이러한 거래전략은 투자자로 하여금 위험이 있는 포지션을 통해 채권의 원금을 무위험하게 만드는 전략이다. 다음과 같이 식으로 표시할 수 있다. 단, B는 액면가가 F, 만기가 T, 표면이자가 전혀 없는 순수할인채권(zero coupon bond)의 현재가격, c는 만기가 T, 행사가격이 F, 현재 등가격(ATM)상태에 있는 유러피안 주식옵션의 현재가격이다.

$$PPN = +B + c \qquad \text{(식 14-1)}$$

이러한 거래전략에서 어떻게 채권의 액면가가 보장되는지 분석한 것이 다음 〈표 14-1〉이다.

〈표 14-1〉 액면가보호채권(PPN)

투자전략	만기(T) 시 현금흐름	
	$S_T < F$	$S_T \geq F$
채권매입(+B)	F	F
콜옵션매입(+c)	0	S_T - F
액면가보호채권(+B+c)	F	S_T

〈표 14-1〉에서 보듯이 콜옵션의 기초자산가격(S_T)이 어떻게 되든지 상관없이 이러한 거래전략의 투자자는 최소한 채권의 액면가는 확보할 수 있다. 채권가격과 옵션가격은 이자율, 주식배당, 기초자산인 주식의 변동성 등으로 인해 변동할 수 있으므로 리스크를 포함하고 있지만 채권의 액면가는 확실하게 보장되므로 액면가에 관한 한 위험이 없다.

2) 주식과 옵션의 결합

주식옵션과 주식을 결합하여 다양한 거래전략을 생성할 수 있는데 이러한 전략으로부터 얻을 수 있는 이익패턴은 〈그림 14-1〉에 묘사되어 있다. 이 장에서는 옵션을 이용한 여러 가지 거래전략을 분석하기 위해 손익(profit or loss)을 표시하는 많은 그래프를 사용하게 되는데, 점선은 옵션의 결합에 사용되는 개별자산의 이익과 주가와의 관계를, 그리고 굵은 실선은 전체 거래전략(혹은 옵션결합으로 만들어진 전체 포트폴리오)의 손익과 주가와의 관계를 나타낸다. 이하에서 C와 P는 콜옵션과 풋옵션가격을 표시한다. 그리고 분석의 편의를 위해 만기 동안의 돈의 시간적 가치(time value of money)는 무시하기로 한다.

〈그림 11-1〉의 (a)는 주식의 매입포지션과 콜옵션의 매도포지션이 결합된 포트폴리오를 묘사하고 있는데 이러한 투자전략을 '보호된 콜옵션(covered call option)'의 매도(발행)포지션전략이라 한다. 이는 콜옵션 매도자(발행자)가 주식가격의 상승으로 인해 커지는 손실을 헷지하기 위해 기초자산인 주식을 동시에 매입하여 콜옵션매도자를 보호(cover)하기에 붙여진 명칭이다. 그림(b)는 주식의 공매(short selling)포지션과 콜옵션 매입포지션과의 결합으로 얻어진 포트폴리오의 손익을 설명하고 있는데 이는 (a)와 반대되는 전략이다.

(c)는 풋옵션 매입포지션과 주식의 매입포지션을 결합한 투자전략이며 '방어적 풋옵션(protective put option)'전략이라 한다. 이는 주식을 매입한 투자자가 주가하락으로 인한 손실을 헷지하기 위해 풋옵션을 동시에 매입하여 주식투자자를 방어(protect)하기 때문에 붙여진 이름이다. (d)는 풋옵션 매도포지션과 주식의 공매포지션이 결합된 투자전략으로서 (c)와 반대되는 전략이다.

왜 이러한 손익선(profit profile)을 갖게 되는지 (a)의 경우를 예를 들어 현금흐름과 손익을 분석한 것이 〈표 14-2〉이다.

〈표 14-2〉 보호된 콜옵션의 이익계산

투자전략	만기(T) 시 현금흐름	
	$S_T < K$	$S_T \geq K$
콜옵션 매도(-C)	$\min(K-S_T, 0) = 0$	$\min(K-S_T, 0) = K-S_T$
주식 매입(+S)	$+S_T$	$+S_T$
보호된 콜옵션(-C+S) 이득	$+S_T$	$K-S_T + S_T = K$
보호된 콜옵션(-C+S) 이익	$+S_T - (S-C)$	$+K - (S-C)$

주) 1) 이익(profit) = 이득(payoff) − 비용(costs)
2) 초기비용 = +C−S (단, S = 초기 주가, C = 초기 콜옵션 가격)

〈표 14-2〉의 손익분석에서 돈의 시간적 가치를 무시한다고 가정하였는데, 만일 돈의 시간적 가치를 고려하였다면 만기(t=T) 시 $1의 현금가치와 초기(t=0) 증권 매입 시 $1의 현금가치는 약간 다를 수 있다. 즉, 연속복리를 적용한다면 $S_T \le K$일 때, 만기 시 손익은 $+S_T-(S-C)e^{rT}$와 같이 표시해야 하는데, 현실적으로 r은 1보다 훨씬 작고, T도 1년 미만인 경우가 많아 1보다 작은 수이므로 rT가 매우 작아지므로 돈의 시간적 가치를 무시해도 큰 문제는 없으며, 분석도 훨씬 간편하므로 여기서는 무시하여도 무방하다. 그림 (b), (c), (d)도 〈표 14-2〉와 같이 분석하여 〈그림 14-1〉처럼 표시할 수 있다.

그러면 위의 각각의 전략은 어떤 상황에서 적용해야 하는가? 〈그림 14-1〉의 손익선으로부터 전략 (a)와 (c)는 향후 주식가격이 상승할 것이라고 예상될 때 사용할 수 있는 거래전략이고, 반면에 전략 (b)와 (d)는 앞으로 주식가격이 하락할 것이라고 예상될 때 사용할 수 있는 거래전략임을 알 수 있다.

〈그림 14-1〉 주식과 옵션의 결합

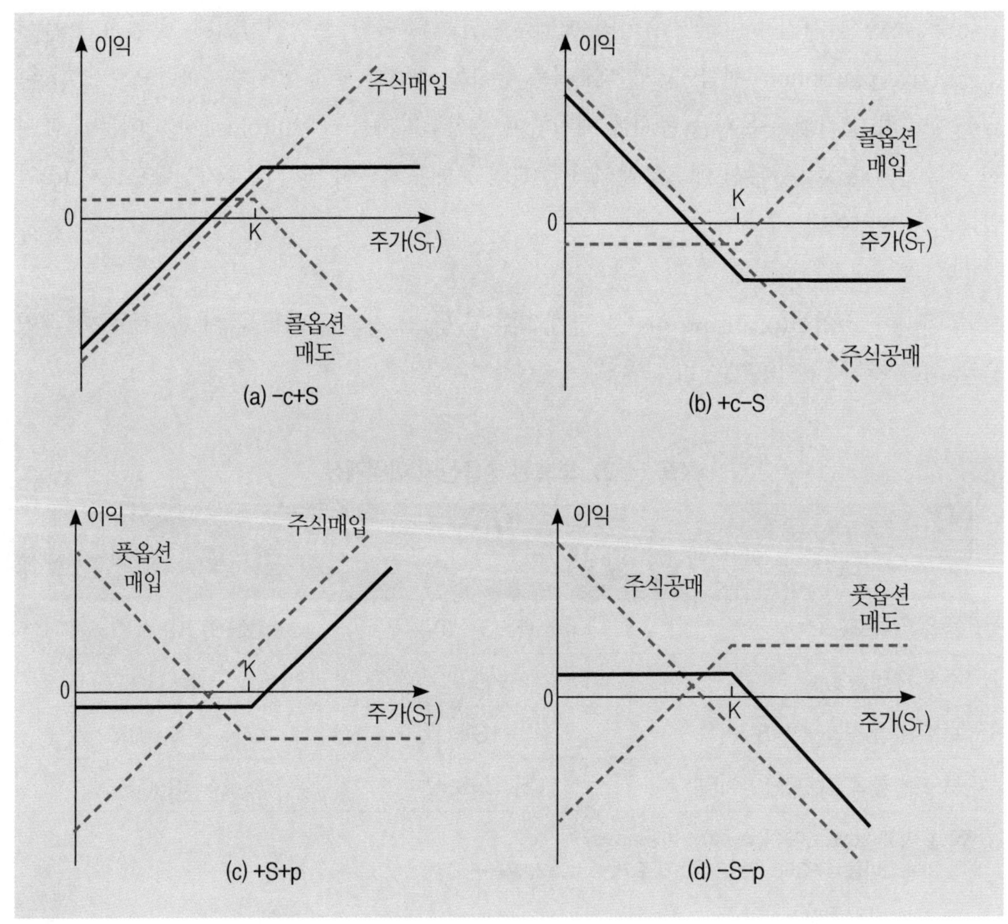

한편, 위에서 설명한 주식과 옵션의 결합전략들은 앞에서 배운 유러피안 옵션의 무배당 풋-콜 패리티(즉, $p + S = c + Ke^{-rT}$)를 이용하여 다음과 같이 설명이 가능하다.

- 보호된 콜 = $-c + S = -p - Ke^{-rT}$ = 풋옵션매도 + 무위험할인채권 공매도(=대출)
- 방어적 풋 = $+S + p = +c + Ke^{-rT}$ = 콜옵션매입 + 무위험할인채권 매입(=예금)

3) 선물과 옵션의 결합

앞에서는 채권이나 주식과 같은 증권과 옵션을 결합하여 얻을 수 있는 거래전략을 소개하였다. 여기서는 선물과 옵션을 결합하여 만들 수 있는 거래전략을 설명하고자 한다. 선물과 옵션을 결합하기 위해서 선물과 옵션의 기초자산(S), 만기(T), 인도가격(K)과 행사가격(K)이 같다고 가정하자. 그러면 다음 (식 14-2)와 같은 합성콜(synthetic call) 결합전략을 얻을 수 있다.

$$+F + p = +c \quad \text{(식 14-2)}$$

즉, (선물매입 + 풋옵션매입)전략 = (콜옵션매입)전략.

이 전략이 왜 가능한지 다음 〈표 14-3〉으로 증명해 보자.

〈표 14-3〉 선물과 옵션의 결합

투자전략	만기(T) 시 현금흐름	
	$S_T < K$	$S_T \geq K$
선물 매입(+F)	$S_T - K$	$S_T - K$
풋옵션 매입(+p)	$K - S_T$	0
선물과 옵션의 결합(+F+p) 이득	0	$S_T - K$
콜옵션 매입(+c) 이득	0	$S_T - K$

이러한 전략으로부터 다음과 같은 다양한 파생전략을 만들어 낼 수 있다.

* $+F = +c-p$: (콜옵션매입 + 풋옵션매도)로 합성선물 창출이 가능
* $+p = +c-F$: (콜옵션매입 + 선물매도)로 합성풋옵션 창출이 가능
* $-c = -F-p$: (선물매도 + 풋옵션매도)로 합성콜옵션매도포지션 창출이 가능

(식 14-2)를 다양하게 변형함으로써 그 외 다양한 투자전략을 생성할 수 있다.

2. 스프레드 거래전략

앞에서는 다양한 증권들과 옵션의 결합으로 얻어지는 전략들을 설명하였으나, 이제부터는 옵션과 옵션의 결합으로부터 얻을 수 있는 거래전략들을 설명하고자 한다. 즉, 만기일이나 행사가격이 서로 다른 콜옵션이나 풋옵션들을 결합하여 다양한 투자전략들을 창출할 수 있다. 옵션을 결합한 투자전략의 적용은 옵션시장뿐만 아니라 주식시장의 유동성을 증가시키는 긍정적인 역할을 한다. 옵션들을 결합한 투자전략은 크게 스프레드와 콤비네이션으로 나눌 수 있는데, 여기서는 먼저 스프레드에 대해 설명하기로 한다.

옵션 스프레드(option spread)란 기초주식은 동일하지만 행사가격이나 만기일이 다른 같은 종류의 옵션(same type option)들을 결합하여 창출한 포트폴리오를 의미한다. 여기서 주의해야 할 사항은 스프레드는 같은 종류의 옵션으로만 결합되어야 한다는 사실이다. 즉, 콜옵션은 콜옵션과, 풋옵션은 풋옵션과만 결합될 수 있다.

스프레드는 옵션의 결합형태에 따라 크게 수직스프레드, 수평스프레드, 대각스프레드, 그리고 나비형스프레드로 구분할 수 있으며, 주요 특징은 다음과 같다.

- 수직스프레드 : 한 옵션을 매입하고, 행사가격만 다른 동일한 옵션을 매도하는 전략
- 수평스프레드 : 한 옵션을 매입하고, 만기만 다른 동일한 옵션을 매도하는 전략
- 대각스프레드 : 한 옵션을 매입하고, 행사가격과 만기가 다른 동일한 옵션을 매도하는 전략
- 나비형스프레드 : 만기일은 동일하나 행사가격이 다른 3개의 옵션을 결합하는 전략

1) 수직스프레드

수직스프레드(vertical spread)는 한 옵션을 매입하고 행사가격만 다른 동일한 옵션을 매도하는 전략이다. 행사가격이 큰 것을 매입하고 작은 것을 매도할 것인지, 혹은 그 반대로 결합할 것인지에 따라 다음과 같이 다시 강세스프레드와 약세스프레드로 나눌 수 있다.

(1) 강세스프레드

강세스프레드(bull spread)는 만기와 기초자산이 같은 동일한 옵션 2개 중 행사가격이 낮

은 옵션을 매입하고 행사가격이 높은 옵션을 매도하는 전략이다. 콜옵션 2개를 이용할 경우 강세 콜스프레드(bull call spread), 풋옵션 2개를 이용할 경우 강세 풋스프레드(bull put spread)라 한다. 콜옵션의 경우 행사가격이 낮은 옵션이 높은 옵션보다 가격이 비싸므로 강세 콜스프레드는 초기에 비용이 발생하고, 풋옵션의 경우 행사가격이 낮은 옵션이 높은 옵션보다 가격이 싸므로 강세 풋스프레드는 초기에 이익이 발생한다.

거래전략의 손익을 분석하기 위해 다음과 같이 몇 가지 기호(notation)를 정의하기로 한다.

K_1 = 매입옵션의 행사가격

K_2 = 매도옵션의 행사가격 (단, $K_1 < K_2$)

S_T = 옵션 만기일의 주식가격(즉, 기초자산 가격)

C_1 = 행사가격이 K_1인 콜옵션가격

C_2 = 행사가격이 K_2인 콜옵션가격 ($K_1 < K_2$이므로, $C_1 > C_2$)

P_1 = 행사가격이 K_1인 풋옵션가격

P_2 = 행사가격이 K_2인 풋옵션가격 ($K_1 < K_2$이므로, $P_1 < P_2$)

〈표 14-4〉는 여러 가지 상황에서 강세 콜스프레드와 풋스프레드의 손익을 보여준다.

〈표 14-4〉 강세 콜스프레드와 강세 풋스프레드의 손익

스프레드 구분	옵션 포지션	만기 시 손익		
		$S_T \le K_1$	$K_1 \le S_T < K_2$	$S_T > K_2$
강세 콜스프레드 ($+C_1-C_2$)	콜옵션매입(K_1)	$0-C_1$	$(S_T-K_1)-C_1$	$(S_T-K_1)-C_1$
	콜옵션매도(K_2)	$0+C_2$	$0+C_2$	$(K_2-S_T)+C_2$
	합 계	C_2-C_1	$(S_T-K_1)+(C_2-C_1)$	$(K_2-K_1)+(C_2-C_1)$
강세 풋스프레드 ($+P_1-P_2$)	풋옵션매입(K_1)	$(K_1-S_T)-P_1$	$0-P_1$	$0-P_1$
	풋옵션매도(K_2)	$(S_T-K_2)+P_2$	$(S_T-K_2)+P_2$	$0+P_2$
	합 계	$(K_1-K_2)+(P_2-P_1)$	$(S_T-K_2)+(P_2-P_1)$	P_2-P_1

〈표 14-4〉에서 얻어진 손익을 그래프로 그리기 위해 S_T구간별 부호(sign)를 분석하면 다음과 같다.

(i) 강세 콜스프레드의 부호

- $S_T \leq K_1$ 일 때: $C_2 - C_1 < 0$ (왜냐하면, $C_1 > C_2$)
- $K_1 \leq S_T < K_2$ 일 때: $(S_T - K_1) + (C_2 - C_1) \leq 0$ 혹은 > 0
- $S_T > K_2$ 일 때: $(K_2 - K_1) + (C_2 - C_1) > 0$ (왜냐하면, $(K_2 - K_1) > (C_2 - C_1)$)

(ii) 강세 풋스프레드의 부호

- $S_T \leq K_1$ 일 때: $(K_1 - K_2) + (P_2 - P_1) < 0$ (왜냐하면, $(K_1 - K_2) < (P_2 - P_1)$)
- $K_1 \leq S_T < K_2$ 일 때: $(S_T - K_2) + (P_2 - P_1) \leq 0$ 혹은 > 0
- $S_T > K_2$ 일 때: $P_2 - P_1 > 0$ (왜냐하면, $P_2 > P_1$)

따라서, 이를 그림으로 묘사하면 〈그림 14-2〉와 같다.

〈그림 14-2〉 강세 스프레드

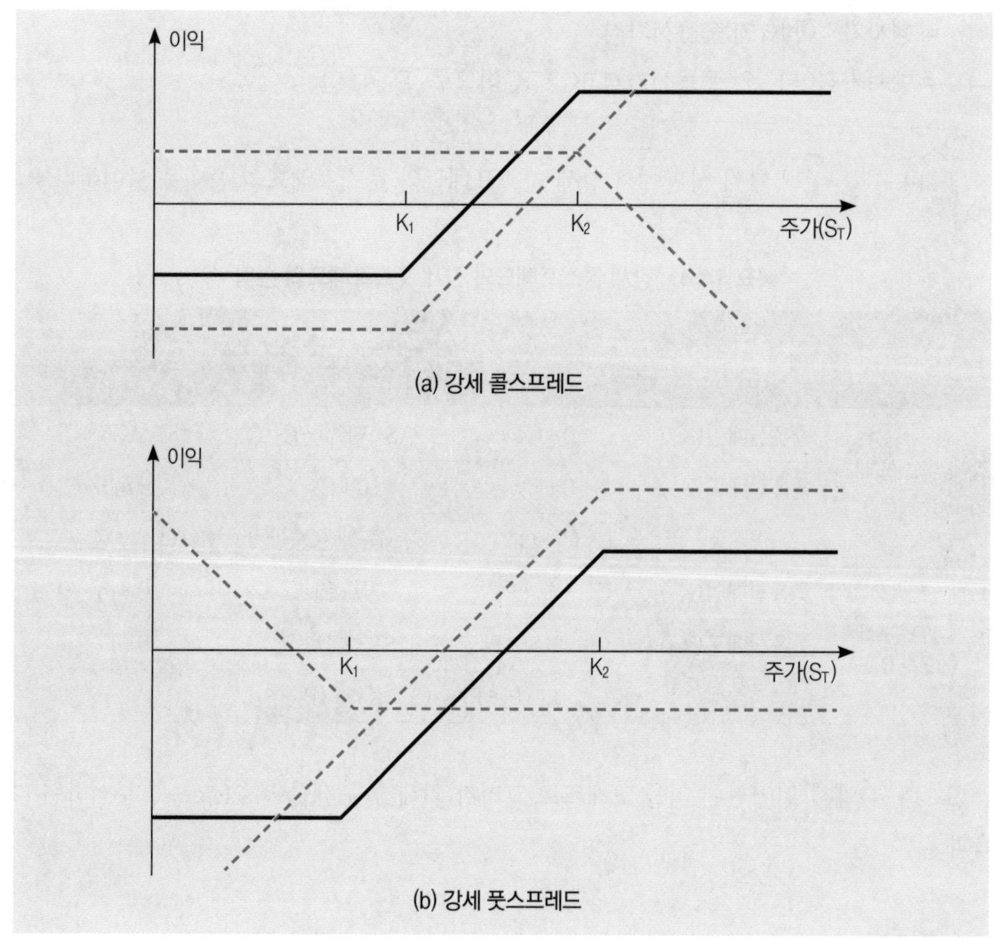

〈그림 14-2〉에서 보는 바와 같이 강세스프레드는 기초자산의 가격이 상승할 것으로 예상되는 경우, 즉 향후 주식시장이 강세(bull market)일 것이라 예상하는 경우 사용하는 투자전략이다. 그림의 (a)에서 보듯이 높은 행사가격의 콜옵션을 매도하여 얻은 프리미엄으로 낮은 행사가격의 콜옵션을 매입하는 데 지급하는 프리미엄의 일부를 커버하므로 초기비용을 줄일 수 있으며, 일정 구간(예를 들어, $S_T < K_2$)에서는 강세 콜스프레드 전략의 손익이 단순히 콜옵션을 매입하는 전략보다 손익이 항상 우위에 있다. (b)의 경우도 동일하게 해석할 수 있다.

강세스프레드에도 약점은 있는데, 기초자산의 가격이 어느 수준이상(예를 들어, $S_T > K_2$)으로 상승하는 경우 이익이 고정되므로 단순 콜옵션 매입으로부터 얻을 수 있는 이익보다 현저하게 적은 이익을 얻게 된다는 점이다. 왜냐하면 바로 그 수준부터 옵션매입으로부터 얻는 이익이 옵션매도로부터 입는 손실과 정확히 상쇄되어 일정한 수준의 이익만 실현할 수 있기 때문이다.

(2) 약세스프레드

약세스프레드(bear spread)는 만기와 기초자산이 같은 동일한 옵션 2개 중 행사가격이 높은 옵션을 매입하고 행사가격이 낮은 옵션을 매도하는 전략이다. 콜옵션 2개를 이용할 경우 약세 콜스프레드(bear call spread), 풋옵션 2개를 이용할 경우 약세 풋스프레드(bear put spread)라 한다. 이는 강세 스프레드와 정확히 반대되는 포지션을 이용하는 전략으로서 따라서 손익선도 강세 스프레드와 반대의 모양을 갖게 된다. 앞에서 정의한 기호를 사용하여 동일한 방법으로 약세스프레드의 손익을 분석한 것이 〈표 14-5〉이며, 이를 그래프로 표시한 것이 〈그림 14-3〉이다.

〈표 14-5〉 약세 콜스프레드와 약세 풋스프레드의 손익

스프레드 구분	옵션 포지션	만기시 손익		
		$S_T \le K_1$	$K_1 \le S_T < K_2$	$S_T > K_2$
약세 콜스프레드 $(-C_1+C_2)$	콜옵션매도(K_1)	$0+C_1$	$(K_1-S_T)+C_1$	$(K_1-S_T)+C_1$
	콜옵션매입(K_2)	$0-C_2$	$0-C_2$	$(S_T-K_2)-C_2$
	합 계	C_1-C_2	$(K_1-S_T)+(C_1-C_2)$	$(K_1-K_2)+(C_1-C_2)$
약세 풋스프레드 $(-P_1+P_2)$	풋옵션매도(K_1)	$(S_T-K_1)+P_1$	$0+P_1$	$0+P_1$
	풋옵션매입(K_2)	$(K_2-S_T)-P_2$	$(K_2-S_T)-P_2$	$0-P_2$
	합 계	$(K_2-K_1)+(P_1-P_2)$	$(K_2-S_T)+(P_1-P_2)$	P_1-P_2

〈그림 14-3〉 약세 스프레드

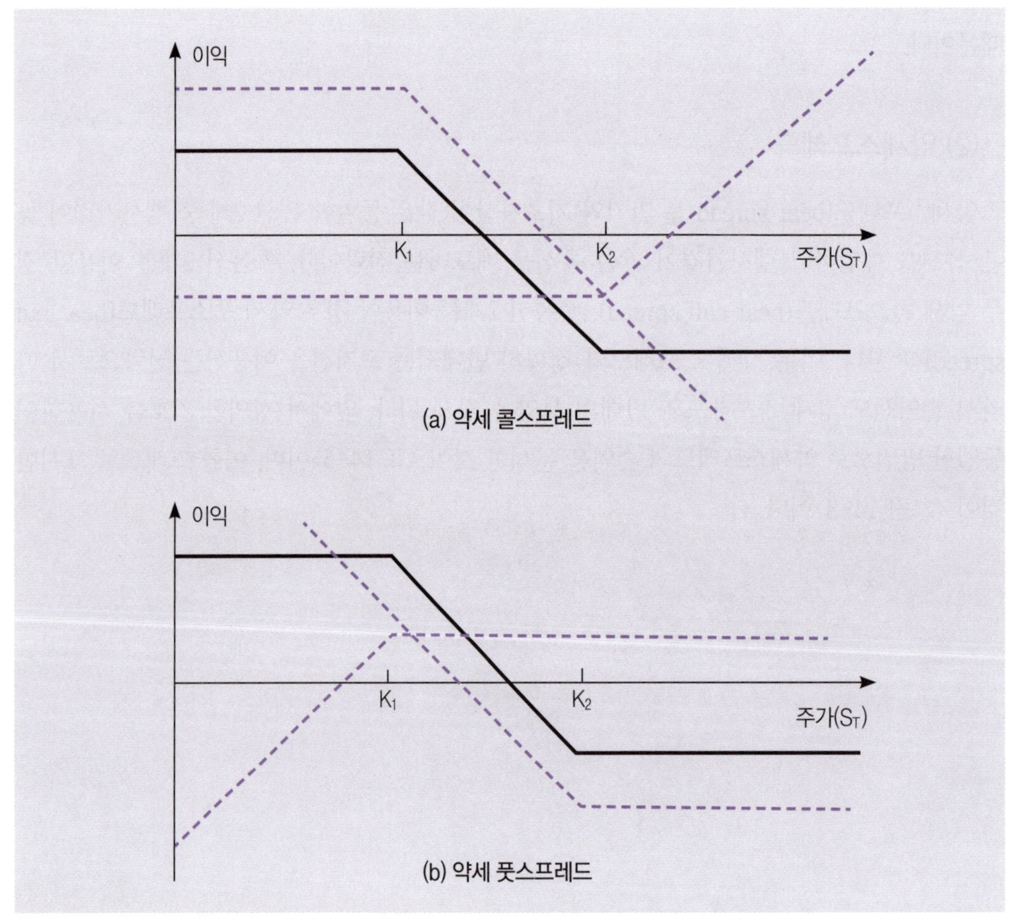

〈그림 14-3〉에서 보는 바와 같이 약세스프레드는 기초자산의 가격이 하락할 것으로 예상되는 경우, 즉 향후 주식시장이 약세(bear market)일 것이라 예상하는 경우 사용하는 투자전략이다. 그림의 (a)에서 보듯이 낮은 행사가격의 콜옵션을 매도하여 얻은 프리미엄으로 높은 행사가격의 콜옵션을 매입하는 데 지급하는 프리미엄의 전부를 커버하고도 남으므로 초기에 비용없이 이익을 얻을 수 있다는 장점이 있으며, 일정 구간(예를 들어, $S_T < K_2$)에서는 약세 콜스프레드 전략의 손익이 단순히 콜옵션을 매도하는 전략보다 손익이 항상 우위에 있다. (b)의 경우도 동일하게 해석할 수 있다.

약세스프레드의 약점은 기초자산의 가격이 어느 수준이하(예를 들어, $S_T < K_1$)로 하락하는 경우 이익이 고정되므로 단순 풋옵션 매입으로부터 얻을 수 있는 이익보다 현저하게 적은 이익을 얻게 된다는 사실이다.

2) 수평스프레드 (시간스프레드, 캘린더스프레드)

수평스프레드(horizontal spread)란 기초자산과 행사가격은 같으나 만기일이 서로 다른 같은 유형의 옵션을 하나는 매입하고 다른 하나는 매도하는 전략을 말한다. 만기만 다르기 때문에 때로는 시간스프레드(time spread) 혹은 캘린더스프레드(calendar spread)라고도 한다. 수평스프레드는 만기가 긴 옵션을 매입함과 동시에 만기가 짧은 옵션을 매도함으로써 구성할 수 있으며, 콜옵션 2개 혹은 풋옵션 2개로 구성할 수 있다.

수평스프레드에서는 한 옵션의 만기가 다른 옵션보다 더 일찍 도달하기 때문에 나머지 옵션의 만기일까지 스프레드를 유지하는 것은 불가능하다. 따라서 〈표 14-4〉나 〈표 14-5〉와 같은 만기일의 손익분석이 불가능하다. 그 대신에 스프레드를 구성하는 데 사용된 옵션의 만기일 이전의 특성을 분석하여야 한다.

만기가 서로 다른 2개의 콜옵션을 이용하여 수평스프레드의 손익을 분석하고 그래프를 그려보기로 하자. 다음과 같은 기호(notation)를 이용하여 수평 콜스프레드를 고찰해 보기로 하자.

T_1 = 매도한 옵션의 만기
T_2 = 매입한 옵션의 만기 (단, $T_1 < T_2$)
TV = 옵션의 시간가치(time value of option)

IV = 옵션의 내재가치(intrinsic value of option)

C_1 = 만기가 짧은 옵션의 가격

C_2 = 만기가 긴 옵션의 가격 ($T_1 < T_2$이므로, $C_1 < C_2$)

앞에서 설명한 바와 같이 옵션의 총가치는 내재가치(IV)와 시간가치(TV)의 합이다. 옵션이 만기에 이르면 시간가치는 사라지고 내재가치만 남게 되지만, 만기이전에는 시간가치와 내재가치 둘 다 존재한다. 수평스프레드의 경우 만기가 다른 두 개의 옵션을 이용하므로 짧은 만기 시점(T_1)에 이르면 만기가 T_1인 옵션은 내재가치만 갖게 되지만, 만기가 긴 옵션은 아직 만기에 이르지 않았으므로 시간가치와 내재가치를 둘 다 가지게 된다. 이러한 사실 때문에 시점 T_1에서 만기가 짧은 매도콜옵션의 손익선은 '직선의 형태' (즉, 옵션의 손익 = $-\max(S_{T_1} - K, 0) + C_1 = \min(K - S_{T_1}, 0) + C_1$)를 갖지만, 만기가 긴 매입콜옵션의 손익선은 '곡선의 형태'(즉, 옵션의 손익 = 시간가치 + 내재가치 − 옵션가격 = $TV + \max(S_{T_1} - K, 0) - C_2$)를 갖게 된다. 시점 T_1에서 분석한 손익이 〈표 14-6〉이고 이를 그래프로 그린 것이 〈그림 14-4〉이다.

〈표 14-6〉 수평스프레드의 손익분석(시점 T_1에서)

구분	시점 T_1에서의 손익	
	$S_{T_1} \le K$ 일 때	$S_{T_1} > K$ 일 때
콜옵션(T_1) 매도	$\min(K-S_{T_1}, 0)=0+C_1$	$\min(K-S_{T_1}, 0)+C_1=K-S_{T_1}+C_1$
콜옵션(T_2) 매입	$\max(S_{T_1}-K, 0)+TV-C_2$	$\max(S_{T_1}-K, 0)+TV-C_2$
수평스프레드	$\max(S_{T_1}-K, 0)+TV+(C_1-C_2)$	$\max(S_{T_1}-K, 0)+TV+(K-S_{T_1})+(C_1-C_2)$

〈표 14-6〉에서 볼 수 있는 바와 같이 $S_{T_1} \le K$ 일 때나 $S_{T_1} > K$ 일 때 만기가 긴 옵션의 시간가치(TV)가 스프레드의 가치에 영향을 미침을 알 수 있다. T_1시점에서 주가가 매우 극단적인 값을 갖는 경우를 고려해 보자. 즉, S_{T_1}이 K에 비해 매우 작다면 만기가 짧은 옵션의 가치는 옵션발행가격과 같게 되고, 만기가 긴 옵션의 가치는 $(TV - C_2)$가 되어 수평스프레드의 가치는 $(TV + C_1 - C_2)$과 같다. 즉, 초기에 스프레드를 구성하는 데 드는 비용(즉, $C_1 - C_2$)보다 약간 큰 값을 갖게 된다. 반대로, S_{T_1}이 K에 비해 매우 크다면 만기가 짧은 옵션의 가치는 $(K - S_{T_1} + C_1)$이 되어 손실이 발생하고(S_{T_1}이 매우 크므로), 만기가 긴 옵션의 가치는 $(TV + C_1 - C_2)$가 되어 수평스프레드의 가치는 마찬가지로 초기에 스프레드를 구성하는 데 드는 비용(즉, $C_1 - C_2$)보다 약간 큰 값을 갖게 된다. 만일 주가가 T_1시점에 행사가격(K)에

근접하는 경우에는 만기가 짧은 매도옵션의 손해가 매우 작거나 0인 반면, 만기가 긴 매입옵션의 가치는 0보다 커서 스프레드의 가치는 0보다 크게 된다.

〈그림 14-4〉 캘린더스프레드

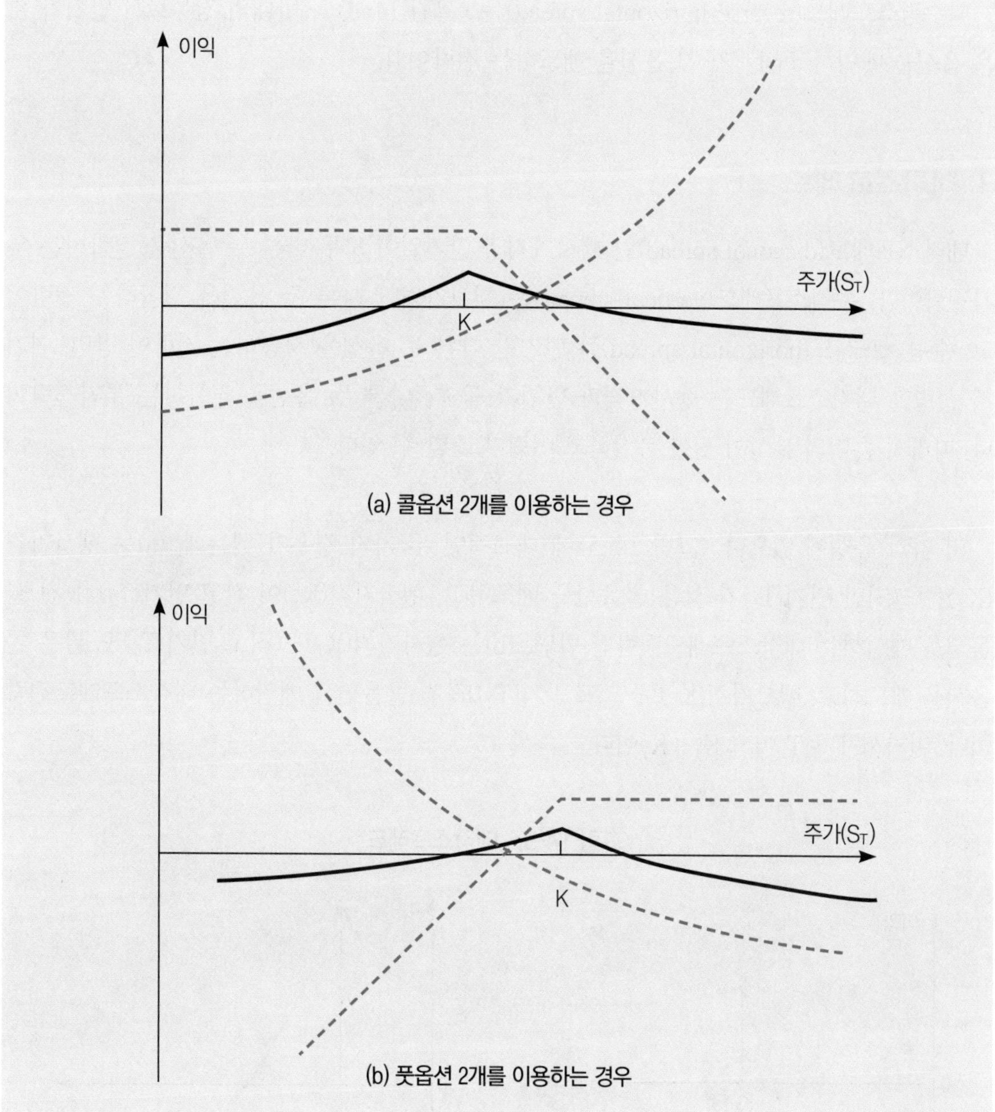

이상의 분석으로부터, 수평스프레드의 손익은 주가가 T_1시점에 두 옵션의 공통된 행사가격인 K에 근접할 때 0보다 큰 이익을 얻는 반면, 주가가 K보다 크거나 작을 때는 0보다 작은 이익(즉, 손실)을 실현하게 되어 〈그림 14-4〉와 같은 형태를 가지게 된다. 풋옵션 2개를 이용하는 경우에도 〈표 14-6〉과 같은 방법으로 분석할 수 있다.

수평스프레드는 〈그림 14-4〉에서 보는 바와 같이 행사가격(K)을 중심으로 이익이 발생하므로 향후 주가가 행사가격 근처에 머물 것으로 예상될 때 사용하는 투자전략이다. 즉, 주가의 변동이 그리 크지 않고 안정적일 때 사용할 수 있는 전략임을 알 수 있다.

역수평스프레드(reverse horizontal spread)는 〈그림 14-4〉와 반대의 경우로서 만기가 짧은 옵션을 매입하고 만기가 긴 옵션을 매도하는 전략이다.

3) 대각스프레드

대각스프레드(diagonal spread)란 행사가격과 만기일이 모두 다른 두 옵션을 결합하는 투자전략이다. 수직스프레드(vertical spread)는 행사가격만 다른 두 옵션을 결합하는 전략이고, 수평스프레드(horizontal spread)는 만기만 다른 두 옵션을 사용하는 전략인 반면, 여기서 설명할 대각스프레드는 행사가격과 만기가 둘 다 다른 두 옵션을 결합하는 투자전략이다. 따라서 손익의 분석이 훨씬 복잡하고 어렵다고 할 수 있다.

몇 가지 유형이 있으나 〈그림 14-5〉에 대표적인 두 가지 경우가 있는데, (a)는 행사가격(K_2)은 크지만 만기(T_1)가 짧은 콜옵션을 매도하고, 행사가격(K_1)이 작고 만기(T_2)가 긴 콜옵션을 매입하는 대각스프레드전략인 반면, (b)는 행사가격(K_1)도 작고 만기(T_1)도 짧은 콜옵션을 매도하고, 행사가격(K_2)도 크고 만기(T_2)도 긴 콜옵션을 매입하는 대각스프레드전략이다. 여기서 $T_1 < T_2$이고 $K_1 < K_2$이다.

〈그림 14-5〉 대각스프레드

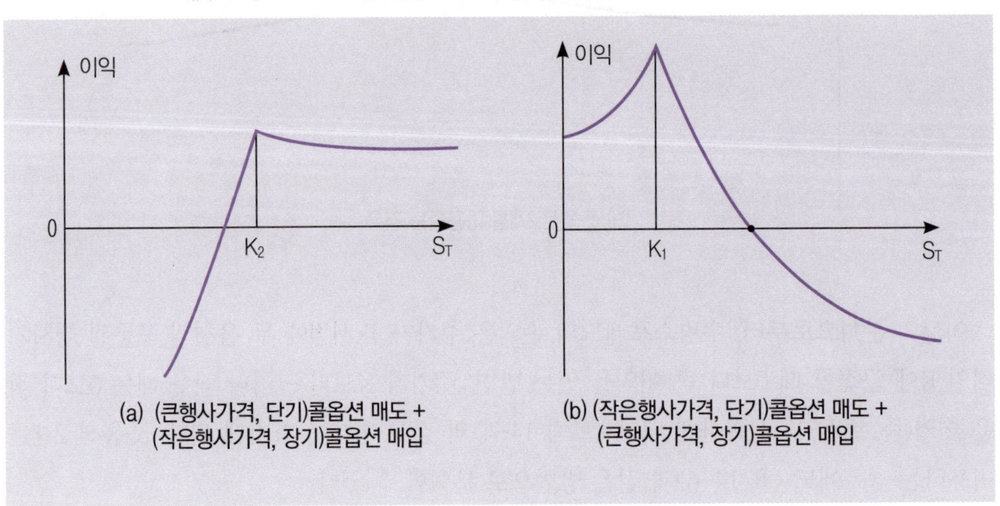

〈그림 14-5〉에 있는 대각스프레드는 서로 독특한 상황에서 적용할 수 있는 투자전략이다. (a)의 경우, 강세시장(bull market)하에서 이익을 낼 수 있다는 점에서 수직스프레드의 성격을 가지고 있다. 한편, 최대이익이 기초자산가격이 정확히 K_2일 때 발생하는데 이는 기초자산의 가격수준이 만기가 짧은 옵션의 행사가격과 동일할 때 시간가치(TV) 감소효과가 수평스프레드에서처럼 유리하게 작용함을 반영하고 있다. 이로부터 전략(a)의 경우 수평스프레드와 수직스프레드의 효과가 혼합되어 있음을 알 수 있다. 반면, 전략(b)의 경우 그림에서 보는 바와 같이 약세시장(bear market) 지향적이며, 최대이익은 기초자산가격이 정확히 K_1일 때 발생한다는 점에서 전략(a)와 차이가 있다.

4) 나비형스프레드

나비형스프레드(butterfly spread)란 행사가격이 상이한 3개의 옵션을 결합한 투자전략을 말한다. 지금까지 설명한 다른 스프레드들이 2개의 같은 유형의 옵션이 결합되어 구성된 전략이라면, 나비형은 3개의 같은 유형의 옵션을 이용한다는 차이점이 있다.

3개의 서로 다른 행사가격을 이용하므로 나비형스프레드의 손익을 분석하기 위해서 3개의 행사가격(K_1, K_2, K_3; $X_1 < X_2 < X_3$)과 3개의 옵션가격(콜옵션의 경우 C_1, C_2, C_3; $C_1 > C_2 > C_3$; 풋옵션의 경우 P_1, P_2, P_3; $P_1 < P_2 < P_3$)이 필요하다. 즉, 행사가격이 제일 작은 옵션(K_1)과 행사가격이 제일 큰 옵션(K_3)에 1개씩의 매입포지션을 취하고, 중간의 행사가격을 가진 옵션(K_2)에 2개의 매도포지션을 취하면 나비형스프레드가 된다. 〈표 14-7〉과 〈그림 14-6〉은 각각 나비형스프레드의 손익분석과 손익선을 보여주고 있다.

손익선을 그리기 전에 한가지 유의해야 할 사항은 $K_2 = (K_1+K_3)/2$라 할지라도 $C_2 > (C_1+C_3)/2$와 $P_2 > (P_1+P_3)/2$이어야 하는데, 이는 옵션가격과 행사가격이 비선형적 관계를 갖기 때문이다.

〈표 14-7〉을 이용하여 그린 나비형스프레드의 손익선이 〈그림 14-6〉이다.

〈표 14-7〉 나비형스프레드의 손익분석

구 분	옵션 포지션	만기시 손익			
		$S_T \le K_1$	$K_1 \le S_T < K_2$	$K_2 \le S_T < K_3$	$S_T > K_3$
나비형 콜 스프레드	콜옵션매입 (K_1)	$0 - C_1$	$(S_T - K_1) - C_1$	$(S_T - K_1) - C_1$	$(S_T - K_1) - C_1$
	콜옵션매도 ($2K_2$)	$2(0 + C_2)$	$2(0 + C_2)$	$2(K_2 - S_T + C_2)$	$2(K_2 - S_T + C_2)$
	콜옵션매입 (K_3)	$0 - C_3$	0 - C3	$0 - C_3$	$(S_T - K_3) - C_3$
	합 계	$2C_2 - (C_1 + C_3)$	$(S_T - K_1) +$ $2C_2 - (C_1 + C_3)$	$(K_3 - S_T) +$ $2C_2 - (C_1 + C_3)$	$2C_2 - (C_1 + C_3)$
나비형 풋 스프레드	풋옵션매입 (K_1)	$(K_1 - S_T) - P_1$	$0 - P_1$	$0 - P_1$	$0 - P_1$
	풋옵션매도 ($2K_2$)	$2(S_T - K_2 + P_2)$	$2(S_T - K_2 + P_2)$	$2(0 + P_2)$	$2(0 + P_2)$
	풋옵션매입 (K_3)	$(K_3 - S_T) - P_3$	$(K_3 - S_T) - P_3$	$(K_3 - S_T) - P_3$	$0 - P_3$
	합 계	$2P_2 - (P_1 + P_3)$	$(S_T - K_1) +$ $2P_2 - (P_1 + P_3)$	$(K_3 - S_T) +$ $2P_2 - (P_1 + P_3)$	$2P_2 - (P_1 + P_3)$

단, $K_2 = (K_1 + K_3)/2$ 혹은 $2K_2 = K_1 + K_3$ 혹은 $2K_2 - K_1 = K_3$ 혹은 $-K_1 = K_3 - 2K_2$
그러나, $C_2 \neq (C_1 + C_3)/2$; $P_2 \neq (P_1 + P_3)/2$ (왜냐하면, 옵션가격은 행사가격에 대해 1:1 함수가 아니므로)

〈그림 14-6〉으로부터 유추할 수 있는 바와 같이, 나비형스프레드는 캘린더스프레드와 유사한 손익형태를 갖는다. 따라서, 미래의 주가가 K_2를 중심으로 약간의 변동을 보일 것이라고 예측되는 경우 유용하게 사용할 수 있는 투자전략이다.

나비형스프레드를 발행하는 경우, 즉 K_1과 K_3를 행사가격으로 하는 옵션을 1개씩 매도하고, K_2를 행사가격으로 갖는 옵션을 2개 매입하면 손익선이 〈그림 14-6〉과 반대의 모양을 갖는 투자전략을 구성할 수 있으며, 이러한 전략은 주가가 K_2로부터 많은 변동을 보일 것이라 예측되는 경우 구사할 수 있는 투자기법이다.

〈그림 14-6〉 나비형스프레드

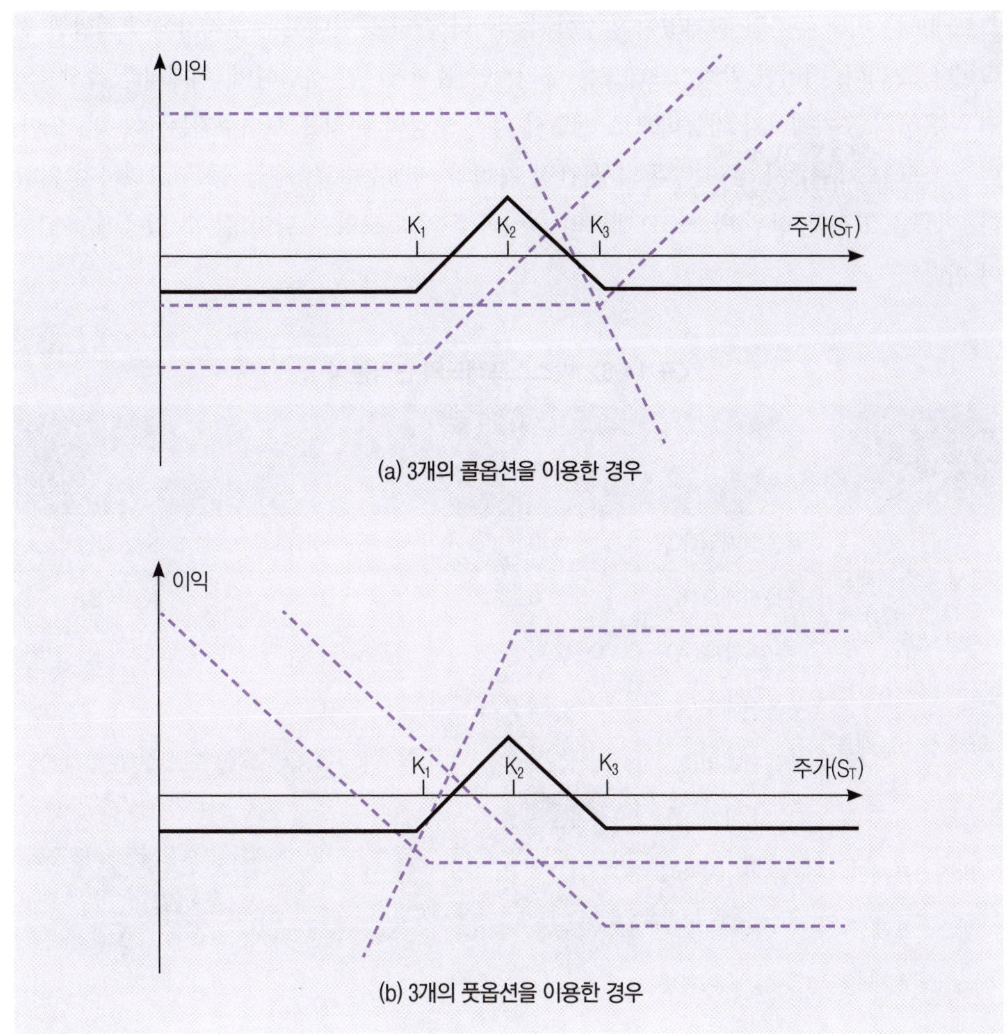

5) 박스스프레드

박스스프레드(box spread)란 강세 콜스프레드(bull call spread)와 약세 풋스프레드(bear put spread)를 결합한 거래전략이다. 이 전략의 가장 큰 특징은 수익(payoff)이 직사각형 모양의 박스(box)모양을 갖는다는 것이다. 물론 수익이 박스모양이고 초기비용도 상수[$(C_1-C_2)+(P_1-P_2)$]이므로 손익도 박스모양이 된다. 〈표 14-8〉과 같이 박스스프레드의 손익을 분석해 보자. 표에서 보듯이 만기 시 주가와 상관없이 항상 박스스프레드의 수익은 (K_2-K_1)으로 일정하며, 손익도 $(K_2-K_1)-[(C_1-C_2)+(P_1-P_2)]$로 일정함을 알 수 있다. 그래서

〈그림 14-7〉에서 보듯이 수익의 그래프가 직사각형의 박스형태를 가지고 있다. 이러한 박스스프레드는 미래 주가와 관계없이 일정한 수익이나 손익을 기대하는 투자자에게 적합한 전략이다. 그러나, 이러한 박스스프레드는 유러피안 옵션에서만 성립하며, 어메리칸 옵션들의 경우 옵션의 조기행사가 가능하므로 반드시 박스 모양의 손익을 보여주지는 않는다. 또한, 박스스프레드 분석 시 우리는 돈의 시간적 가치와 거래수수료, 세금 등을 고려하지 않았다. 이들을 고려할 경우 박스스프레드의 수익과 손익의 모양은 달라 질 수 있음에 유념해야 한다.

〈표 14-8〉 박스스프레드의 손익분석

스프레드 구분	옵션 포지션	만기 시 현금흐름		
		$S_T \le K_1$	$K_1 \le S_T < K_2$	$S_T > K_2$
강세 콜스프레드 $(+C_1-C_2)$	콜옵션매입(K_1)	0	$S_T - K_1$	$S_T - K_1$
	콜옵션매도(K_2)	0	0	$K_2 - S_T$
	수익 합계(A)	0	$S_T - K_1$	$K_2 - K_1$
약세 풋스프레드 $(-P_1+P_2)$	풋옵션매도(K_1)	$S_T - K_1$	0	0
	풋옵션매입(K_2)	$K_2 - S_T$	$K_2 - S_T$	0
	수익 합계(B)	$K_2 - K_1$	$K_2 - S_T$	0
박스스프레드	수익(A+B)	$K_2 - K_1$	$K_2 - K_1$	$K_2 - K_1$
박스스프레드	손익	$(K_2 - K_1)$-cost	$(K_2 - K_1)$-cost	$(K_2 - K_1)$-cost

주) cost = 초기비용 = $(C_1-C_2) + (P_1-P_2)$

〈그림 14-7〉 박스스프레드의 수익

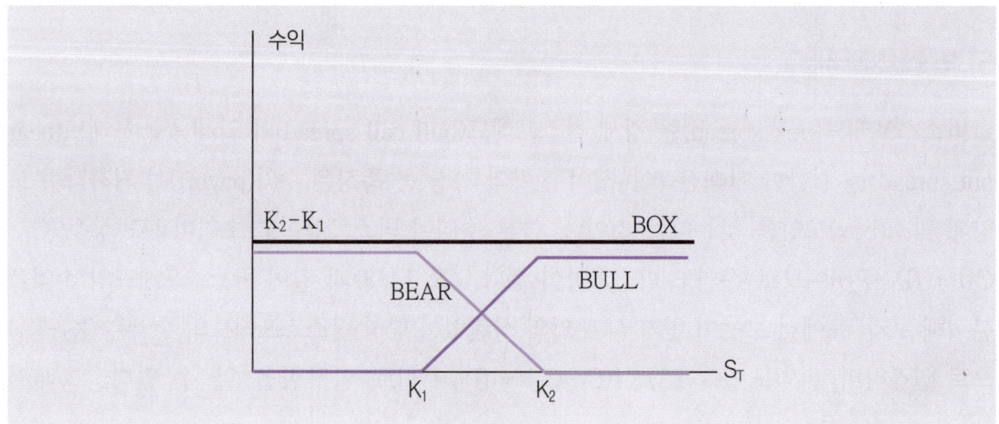

6) 현금유입스프레드와 현금유출스프레드

현금유입스프레드(credit spread)란 가격이 높은 옵션을 발행하고 가격이 낮은 옵션을 매입하므로 초기에 현금유입(credit)이 되는 거래전략이다. 반면에, 현금유출스프레드(debit spread)란 가격이 낮은 옵션을 발행하고 가격이 높은 옵션을 매입하므로 초기에 현금유출(debit)이 되는 전략이다. 예를 들어, 강세 풋스프레드와 약세 콜스프레드는 현금유입 스프레드이고, 강세 콜스프레드와 약세 풋스프레드는 현금유출 스프레드이다.

7) 비율스프레드와 역비율스프레드

(1) 비율스프레드

비율스프레드(ratio spread)란 매입 또는 매도하는 옵션의 비율을 달리하되 매입하는 옵션보다 매도하는 옵션 수가 더 많은 스프레드를 말한다. 앞에서 배운 스프레드들에서는 매입하는 옵션과 매도하는 옵션의 수를 동일하게 하는 1:1비율을 사용하고 있는 반면, 비율스프레드들은 비율을 달리하는 것이다. 비율 콜스프레드와 비율 풋스프레드가 있다.

비율 콜스프레드(ratio call spread)란 특정 행사가격(K_1)의 콜옵션을 매입하고 이보다 행사가격이 더 높은(K_2) 콜옵션을 더 많이 매도하는 거래전략이다. 매입과 매도의 비율을 1:2로 한 비율 콜스프레드의 만기 시 손익을 표시한 것이 〈그림 14-8〉의 (a)이다. 그림에서 보듯이 기초자산 가격이 하락 시에는 손실이 일정 수준으로 한정되고, 가격이 매도옵션의 행사가격일 때 최대이익이 발생하며, 가격이 이 이상으로 커지면 이익이 하락하여 가격이 너무 높아지면 손실이 한정되지 않는다. 따라서, 이러한 투자전략은 향후 기초자산 가격이 크게 오르지 않을 거라 예상될 때 구사할 수 있는 거래전략이다.

〈그림 14-8〉 비율스프레드

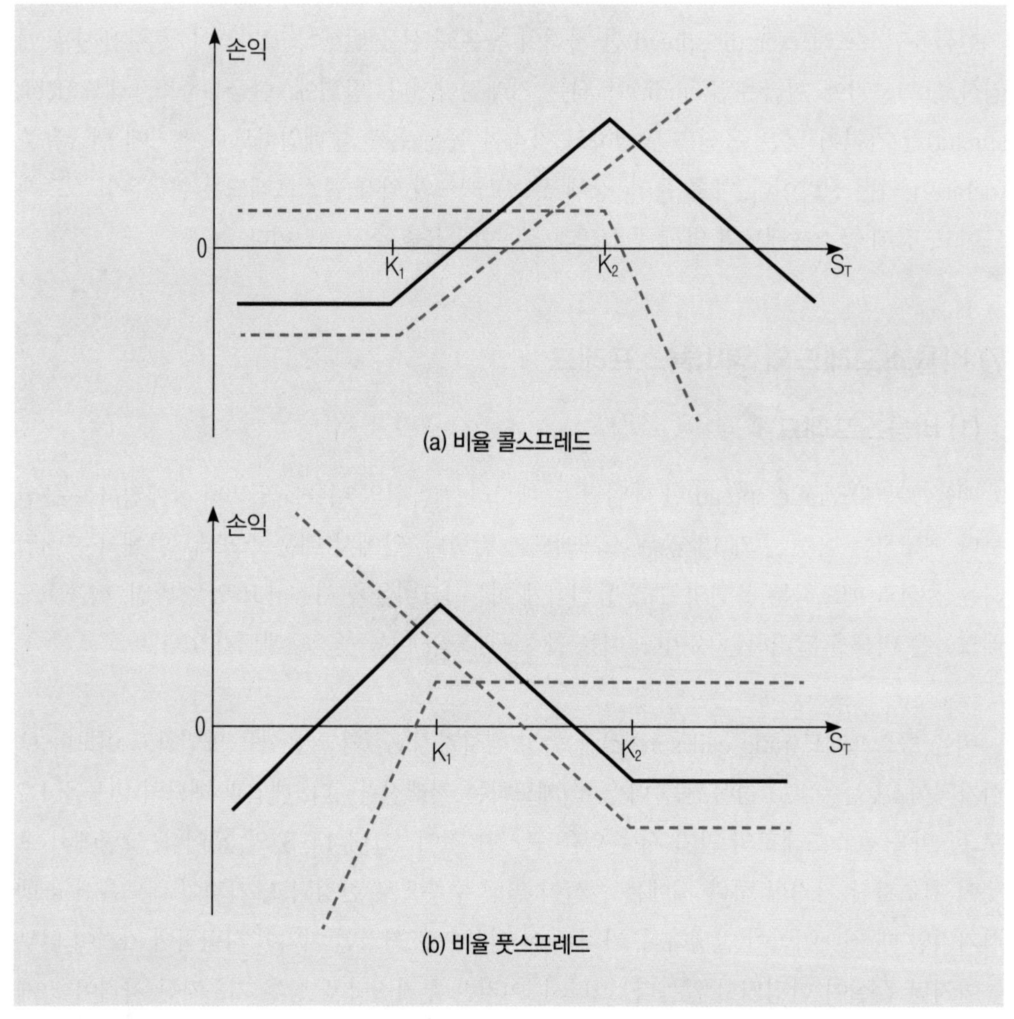

(a) 비율 콜스프레드

(b) 비율 풋스프레드

한편, 비율 풋스프레드(ratio put spread)란 특정 행사가격(K_2)의 풋옵션을 매입하고 이보다 행사가격이 더 낮은(K_1) 풋옵션을 매도하는 투자전략이다. 〈그림 14-8〉의 (b)는 매입수량과 매도수량의 비율을 1:2로 하는 비율 풋옵션의 손익을 표시한 것이다. 그림에서 보듯이 비율 풋은 비율 콜과 대칭적인 손익을 보여주고 있다. 즉, 기초자산가격이 높은 행사가격(K_2)보다 더 상승하면 손실은 일정수준으로 한정되고, 최대이익은 낮은 행사가격(K_1)에서 발생되며, 가격이 더 하락하면 손실을 볼 수 있는 손익패턴을 보여주고 있다. 다만 비율 콜스프레드에서는 무한한 손실이 가능하지만, 비율 풋스프레드에서는 유한책임(limited liability)의 원리에 의해 주식가격은 0보다 작을 수 없으므로 기초자산이 주식인 경우 최대손실은 일정금액으로 제한된다.

(2) 역비율스프레드

역비율스프레드(reverse ratio spread)란 매입 또는 매도하는 옵션의 비율을 달리하되 매도하는 옵션보다 매입하는 옵션 수가 더 많은 스프레드를 말한다. 때로는 백스프레드(back spread)라고도 한다. 역비율 콜스프레드와 역비율 풋스프레드가 있다.

역비율 콜스프레드는 특정 행사가격(K_1)의 콜옵션에 매도포지션을 취하고, 이보다 행사가격이 더 높은(K_2) 콜옵션을 더 많이 매입하는 옵션거래전략이다. 〈그림 14-9〉의 (a)는 매도수량과 매입수량의 비율이 1:2인 역비율 콜스프레드의 손익을 표시한 것이다. 그림에서 보듯이 기초자산가격이 크게 상승하거나 하락할 경우 이익이 발생하며 이익에 제한이 없다. 반면, 기초자산가격이 매입옵션의 행사가격(K_2)일 때 최대손실이 발생한다. 따라서, 이 전략은 기초자산가격이 큰 폭으로 변동할 때, 특히 큰 폭으로 상승할 때 이익을 얻을 수 있는 거래전략이다.

〈그림 14-9〉 역비율스프레드

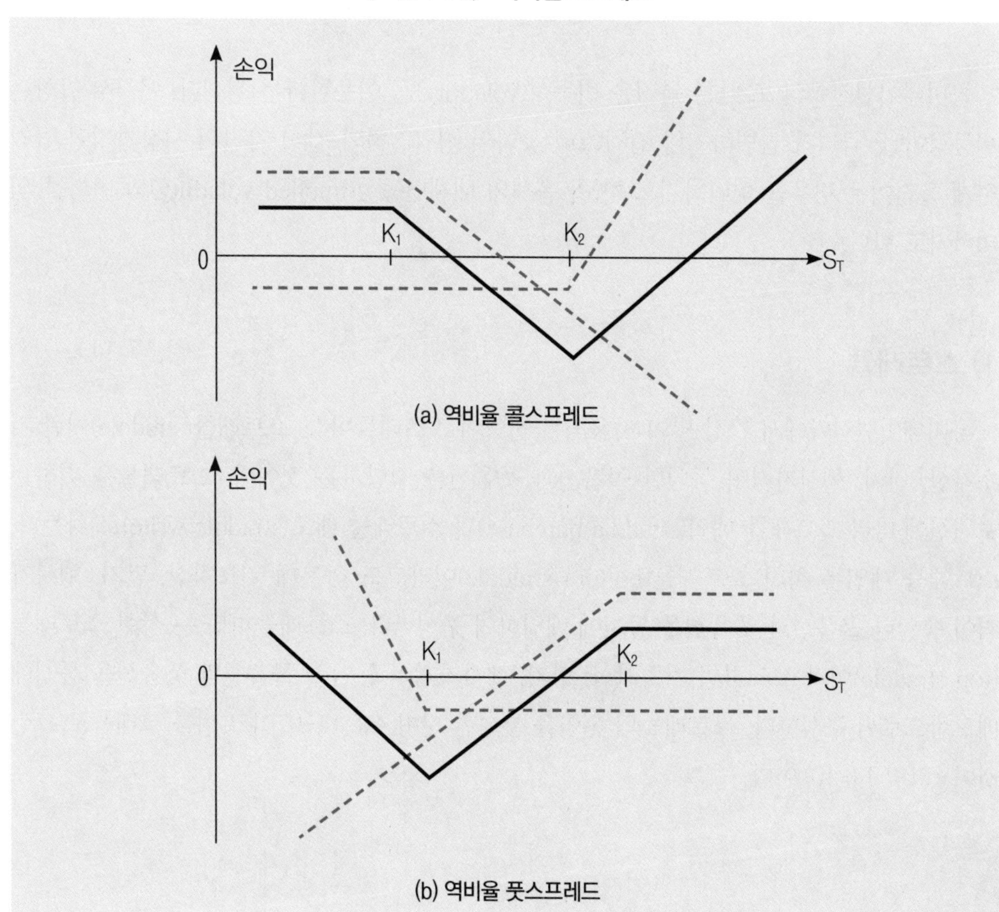

역비율 풋스프레드는 특정 행사가격(K_2)의 풋옵션에 매도포지션을 취하고, 이보다 행사가격이 더 낮은(K_1) 풋옵션을 더 많이 매입하는 옵션거래전략이다. 〈그림 14-9〉의 (b)는 매도수량과 매입수량의 비율이 1:2인 역비율 풋스프레드의 손익을 표시한 것이다. 그림에서 보듯이 기초자산가격이 크게 상승하거나 하락할 경우 이익이 발생한다. 반면, 기초자산가격이 매입옵션의 행사가격(K_1)일 때 최대손실이 발생한다. 따라서, 이 전략은 기초자산가격이 큰 폭으로 변동할 때, 특히 큰 폭으로 하락할 때 큰 이익을 얻을 수 있는 거래전략이다.

3. 콤비네이션 거래전략

스프레드가 같은 종류의 옵션(즉, 콜옵션과 콜옵션 혹은 풋옵션과 풋옵션)을 결합하는 투자전략인 반면, 콜옵션과 풋옵션을 함께 사용하는 전략을 콤비네이션(combination)이라 한다. 콤비네이션전략에는 스트래들, 스트립과 스트랩, 스트랭글 등이 있다.

콤비네이션전략의 또 다른 특징은 변동성(volatility)을 이용한다는 점이다. 여기서 말하는 변동성이란, 금리가 급변하거나 갑작스런 통화의 평가절하와 같이 자산의 시장가격이 급격하게 움직이는 경우를 의미하기도 하고, 옵션의 내재변동성(implied volatility)의 변화를 의미하기도 한다.

1) 스트래들

콤비네이션전략에서 가장 많이 사용되는 전략이 스트래들이다. 스트래들(straddle)이란 기초자산, 만기, 행사가격이 동일한 콜옵션과 풋옵션을 결합하는 것이다. 스트래들은 취하는 포지션에 따라 스트래들 매입(straddle purchase)과 스트래들 매도(straddle write)로 나눈다. 스트래들 매입은 하한 스트래들(bottom straddle)이라고도 하는데 기초자산, 만기, 행사가격이 동일한 콜옵션과 풋옵션을 동시에 매입하여 구성한다. 스트래들 매도는 상한 스트래들(top straddle)이라고도 하며 기초자산, 만기, 행사가격이 동일한 콜옵션과 풋옵션을 동시에 매도함으로써 구성한다. 스트래들의 손익을 분석한 것이 〈표 14-9〉이고 이를 그래프로 그린 것이 〈그림 14-10〉이다.

〈표 14-9〉 스트래들의 손익분석

구 분	옵션 포지션	만기시 손익	
		$S_T \le K$	$S_T > K$
스트래들 매입	콜옵션매입	0 - C	$(S_T - K) - C$
	풋옵션매입	$(K - S_T) - P$	0 - P
	합 계	$(K - S_T) - (C + P)$	$(S_T - K) - (C + P)$
스트래들 매도	콜옵션매도	0 + C	$(K - S_T) + C$
	풋옵션매도	$(S_T - K) + P$	0 + P
	합 계	$(S_T - K) + (C + P)$	$(K - S_T) + (C + P)$

〈그림 14-10〉 스트래들

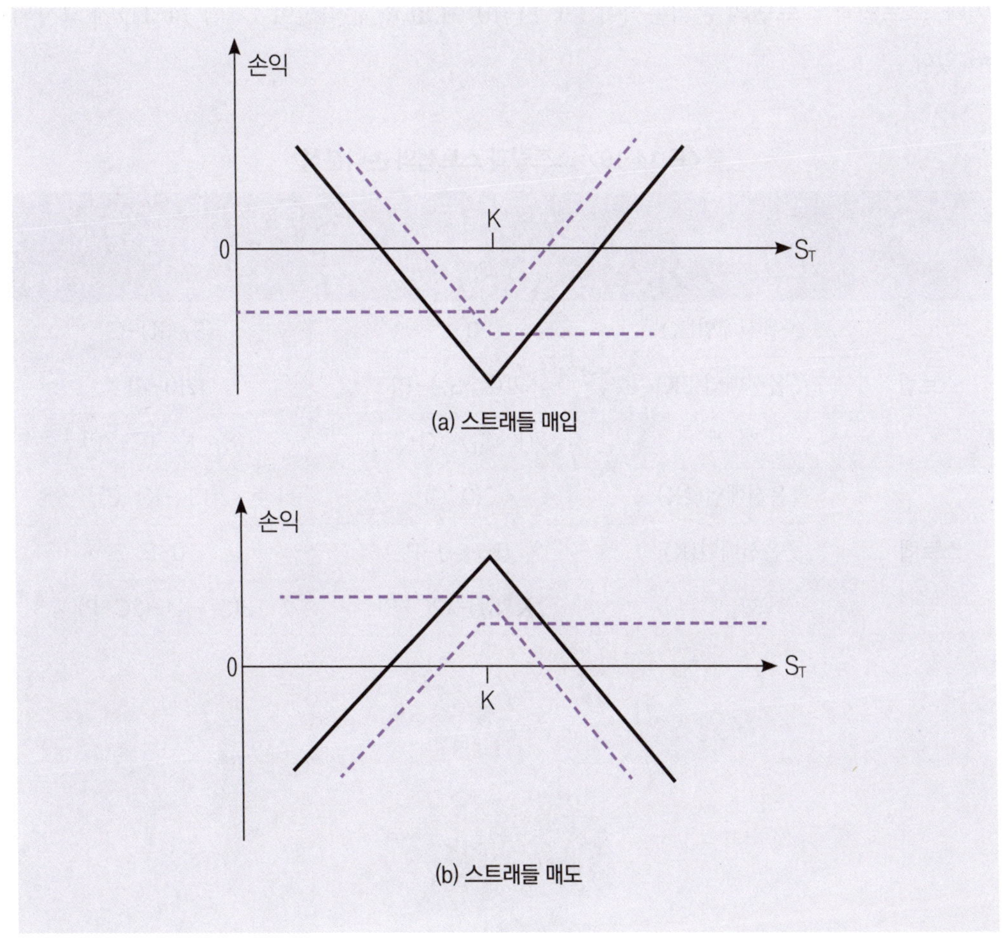

스트래들의 손익분석으로부터 스트래들 매입은 주가의 변동이 심할 것이라 예상될 때 적합한 전략이고, 스트래들 매도는 주가가 행사가격에 근접할 것이라 예상될 때 적합한 전략이다. 스트래들 매입으로부터 얻을 수 있는 이익에는 제한이 없으며, 노출되는 손실은 (C+P)로 한정된다. 반면에 스트래들 매도로부터 얻을 수 있는 이익은 (C+P)로 한정되며, 노출되는 손실에는 제한이 없다. 따라서 스트래들 매도는 매우 위험한 전략임을 알 수 있다.

2) 스트립과 스트랩

스트립과 스트랩은 결합에 사용하는 콜옵션과 풋옵션의 수가 서로 다른 투자전략이다. 즉, 스트립(strip)은 기초자산, 만기, 행사가격이 동일한 콜옵션 1개와 풋옵션 2개를 매입하여 만들므로 풋옵션에 더 비중을 두는 전략이며, 스트랩(strap)은 기초자산, 만기, 행사가격이 동일한 콜옵션 2개와 풋옵션 1개를 매입하여 만들므로 콜옵션에 좀 더 비중을 주는 전략이다. 스트립과 스트랩의 손익분석이 〈표 14-10〉에 있고, 손익선이 〈그림 14-11〉에 묘사되어 있다.

〈표 14-10〉 스트립과 스트랩의 손익분석

구 분	옵션 포지션	만기 시 손익	
		$S_T \le K$	$S_T > K$
스트립	콜옵션매입(K)	0-C	$(S_T-K)-C$
	풋옵션매입(2K)	$2[(K-S_T)-P]$	2[0-P]
	합 계	$2(K-S_T)-(C+2P)$	$(S_T-K)-(C+2P)$
스트랩	콜옵션매입(2K)	2(0-C)	$2[(S_T-K)-C]$
	풋옵션매입(K)	$(K-S_T)-P$	0-P
	합 계	$(K-S_T)-(2C+P)$	$2(S_T-K)-(2C+P)$

〈그림 14-11〉 스트립(a)과 스트랩(b)

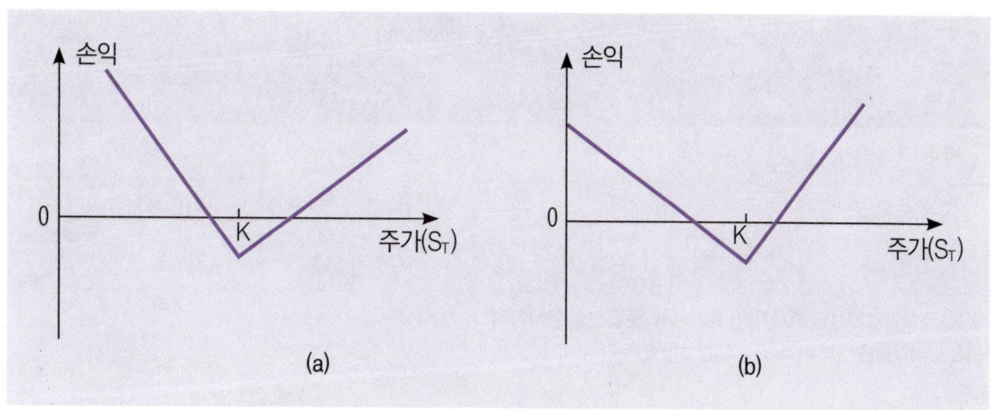

〈표 14-10〉의 손익분석에서 알 수 있는 바와 같이 주가가 큰 폭으로 변할 것으로 기대하는 동시에 주가가 하락할 가능성이 상승할 가능성보다 크다고 판단될 경우에는 스트립전략을 이용한다. 그러나 주가가 큰 폭으로 변할 것으로 기대하지만 주가가 상승할 가능성이 하락할 가능성보다 크다고 판단될 경우에는 스트랩전략을 사용한다.

3) 스트랭글

스트랭글(strangle)이란 기초자산과 만기일은 같으나 행사가격이 다른 콜옵션과 풋옵션을 동시에 매입하는 전략을 말하는 것으로 하한수직콤비네이션(bottom vertical combination)이라고도 한다. 스트랭글의 손익분석이 〈표 14-11〉, 손익그래프가 〈그림 14-12〉에 각각 나타나 있다.

스트랭글은 스트래들과 유사한 전략이나, 주가가 아주 큰 폭으로 변할 때는 스트랭글이 스트래들보다 더 큰 이익을 얻을 수 있고, 주가의 변화가 그리 크지 않을 때는 스트래들이 스트랭글보다 더 큰 이익을 실현할 수 있다는 차이가 있다. 또한 주가가 중간값으로 끝날 시에는 스트랭글의 손실이 스트래들보다 더 작다는 특징이 있다.

〈표 14-11〉 스트랭글의 손익분석

옵션 포지션	만기 시 손익		
	$S_T \leq K_1$	$K_1 \leq S_T < K_2$	$S_T > K_2$
풋옵션매입(K_1)	$(K_1-S_T)-P$	$0-P$	$0-P$
콜옵션매입(K_2)	$0-C$	$0-C$	$(S_T-K_2)-C$
합 계	$(K_1-S_T)-(C+P)$	$-(C+P)$	$(S_T-K_2)-(C+P)$

주) K_2 = 매입콜옵션의 행사가격; K_1 = 매입풋옵션의 행사가격; $K_2 > K_1$;
C = 매입콜옵션의 가격; P = 매입풋옵션의 가격

〈그림 14-12〉 스트랭글

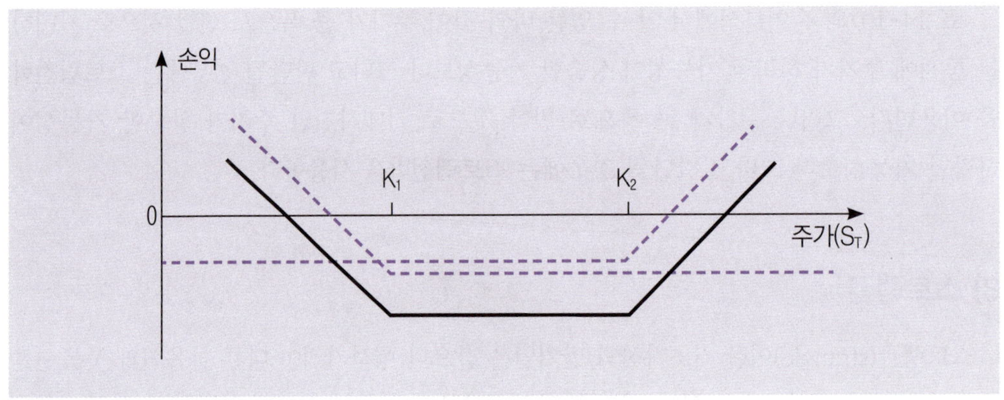

4. 헷지 및 차익거래전략

본 장의 옵션거래전략에서는 주로 스프레드 거래전략을 소개하였으나, 옵션을 결합한 다양한 헷지전략과 차익거래전략들도 창출할 수 있다.

1) 헷지전략

옵션을 이용한 다양한 헷지전략들을 구성할 수 있는데, 앞에서 이미 설명한 보호된 콜(covered call)이나 방어적 풋(protective put)은 일종의 헷지전략으로 볼 수 있다. 또한 앞에서 이미 설명한 바 있는 델타헷지 역시 옵션의 민감도를 활용한 헷지전략의 일환으로 볼 수 있다. 뒤에서 배우게 될 여러 가지 옵션 민감도(그릭문자) 역시 옵션헷지를 위해 사용될 수 있다. 따라서, 여기서는 더 이상 옵션 헷지거래에 대해 자세히 설명하지 않으므로, 해당되는 부분을 참조하기 바란다.

2) 차익거래전략

여기서는 옵션을 이용한 몇 가지 차익거래전략을 소개하고자 한다. 차익거래기회는 기본적으로 시장가격이 균형이 아닐 때 혹은 시장가격과 이론가격 사이에 괴리가 있을 때 발생한다. 따라서, 이러한 차익거래기회를 활용하면 다양한 차익거래전략을 구사할 수 있다.

(1) 합성포지션과 차익거래

앞에서 배운 무배당 기초자산에 대한 유러피안 풋-콜 패리티 공식은 다음과 같다.

$$p + S = c + Ke^{-rT}$$

$$\Rightarrow \text{합성매입}: +S = c - p + Ke^{-rT} \quad \text{(식 14-3)}$$

$$\Rightarrow \text{합성매도}: -S = p - c - Ke^{-rT} \quad \text{(식 14-4)}$$

(식 14-3)은 콜옵션을 매입하고 풋옵션을 매도하여 합성한 기초자산으로 합성매입(synthetic long)이라 하고, (식 14-4)는 풋옵션을 매입하고 콜옵션을 매도하여 합성한 기초자산으로 합성매도(synthetic short)라 한다. 따라서, (식 14-3)과 (식 14-4)로부터 얻어진 합성가격과 실제 시장에서 구한 가격 사이에 괴리가 발생하면 차익거래기회가 존재한다. 예를 들어, 시장에서 구한 주식가격을 S^*라 하고, 위 (식14-3)으로 구한 합성주가를 S라 할 때, $S^*=S$가 성립하지 않으면 차익거래기회가 발생한다. 만일, $S^*>S$라 하면, 시장에서 해당주식을 공매하고, 그 자금으로 (콜옵션매입+콜옵션매도+Ke^{-rT}예금)포지션을 취하면 ($S^* - S = S^* - c + p - Ke^{-rT}$)만큼의 무위험 차익을 실현할 수 있다.

Tip 전환과 역전환

합성매도(synthetic short)를 이용하는 차익거래를 전환(conversion)이라 하고, 합성매입(synthetic long)을 이용하는 차익거래를 역전환(reverse conversion)이라 한다.

실무에서는 주식을 공매하는 데 규제가 있을 수 있으므로 때로는 주식선물을 이용하기도 하는데 이 때는 주식선물로 표시된 풋-콜 패리티를 적용해야 한다.

〈그림 14-13〉에서 (a)는 (식 14-3)에 있는 합성매입(synthetic long)포지션을, (b)는 (식 14-4)에 있는 합성매도(synthetic short)포지션을 각각 표시하고 있다.

〈그림 14-13〉 주식 합성포지션

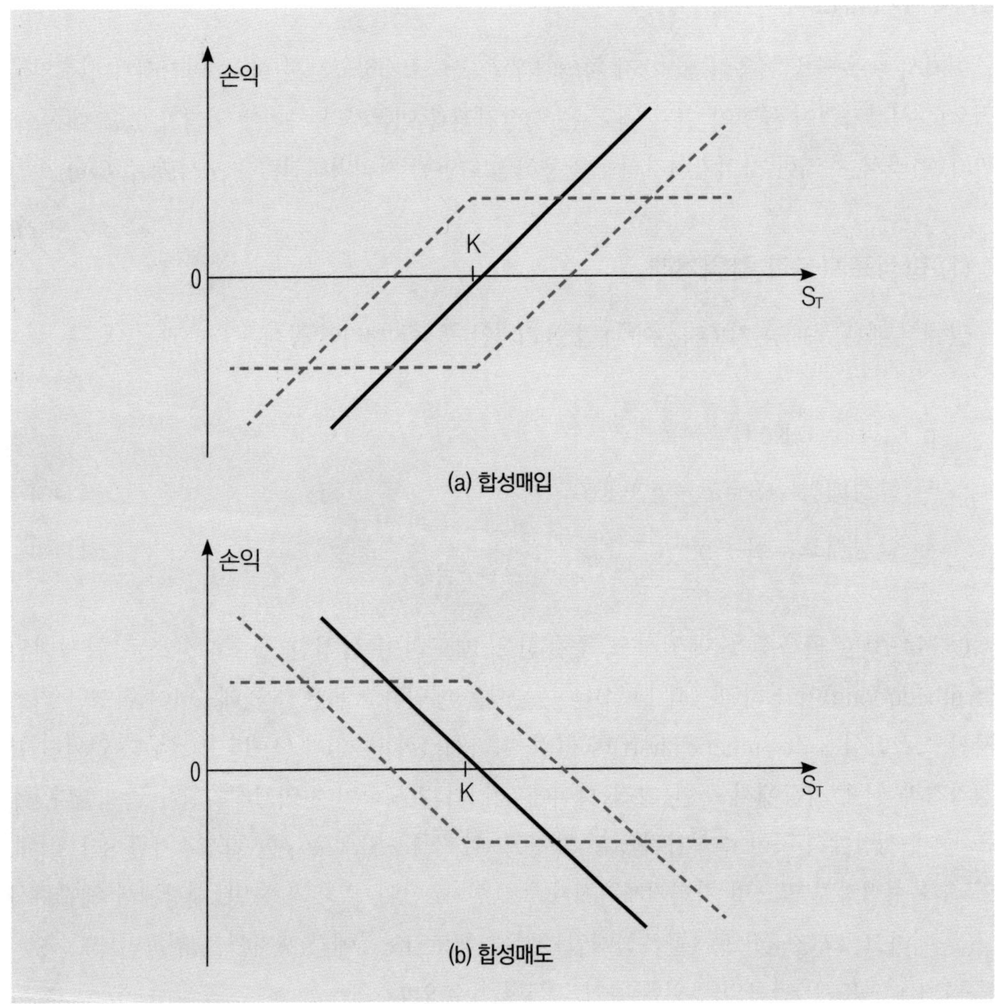

(2) 박스스프레드

앞에서 이미 설명한 박스스프레드(box spread)를 이용하여 차익거래를 할 수도 있다. 〈표 14-8〉에서 분석한 박스스프레드는 다음과 같이 구성된다.

$$
\begin{aligned}
\text{박스스프레드} &= \text{강세 콜스프레드} + \text{약세 풋스프레드} \\
&= [+C_1(K_1) - C_2(K_2)] + [P_1(K_2) - P_2(K_1)] \\
&= [+C_1(K_1) - P_2(K_1)] + [P_1(K_2) - C_2(K_2)] \\
&= \text{합성매입}(K_1) + \text{합성매도}(K_2) \qquad \text{(식 14-5)}
\end{aligned}
$$

(식 14-5)로부터 박스스프레드는 행사가격이 K_1인 합성매입과 행사가격이 K_2인 합성매도로 분리할 수 있다. 두 개의 행사가격의 상대적인 크기에 따라 박스스프레드는 다음과 같이 구분된다.

i) $K_1 > K_2$인 경우

이러한 박스스프레드를 초기 현금유입 박스(credit box)라 하며, 〈표 14-8〉에서 보듯이 만기 시 항상 (-)의 수익 혹은 손실을 실현한다. 그런데 콜옵션가격은 행사가격에 반비례하고, 풋옵션가격은 행사가격에 정비례하므로 이 경우 옵션의 가격은 $C_1(K_1) < C_2(K_2)$, $P_1(K_2) < P_2(K_1)$이 되므로, 초기투자비용 = $[+C_1(K_1) - C_2(K_2)] + [P_1(K_2) - P_2(K_1)] < 0$. 즉, 초기비용이 음(-)이라는 것은 초기에 순현금유입이 된다는 것을 의미한다.

만일 시장에 차익거래 기회가 없다면, 초기현금유입의 만기 시 가치 = 만기 시 박스손실이 되어야 한다. 그러나 옵션가격들이 균형에서 벗어나, 현금유입의 가치가 박스손익과 달라지면 차익거래기회가 생기는 것이다.

ii) $K_1 < K_2$인 경우

이러한 박스스프레드를 초기 현금유출 박스(debit box)라 하며, 〈표 14-8〉에서 보듯이 만기 시 항상 (+)의 수익 혹은 이익을 실현한다. 그런데 콜옵션가격은 행사가격에 반비례하고, 풋옵션가격은 행사가격에 정비례하므로 이 경우 옵션의 가격은 $C_1(K_1) > C_2(K_2)$, $P_1(K_2) > P_2(K_1)$이 되므로, 초기투자비용 = $[+C_1(K_1) - C_2(K_2)] + [P_1(K_2) - P_2(K_1)] > 0$. 즉, 초기비용이 양(+)이라는 것은 초기에 순현금유출이 된다는 것을 의미한다.

만일 시장에 차익거래 기회가 없다면, 초기현금유출의 만기 시 가치 = 만기 시 박스이익이 되어야 한다. 그러나 옵션가격들이 균형에서 벗어나, 현금유입의 가치가 박스손익과 달라지면 차익거래기회가 생기는 것이다.

연습문제

(아래 문제를 푸는 과정에서 수수료와 돈의 시간적 가치 등은 만기가 짧은 경우 무시하기로 가정한다)

01. 만일 한 투자자가 행사가격 410인 7월 만기 금선물 콜옵션을 매입하고 행사가격이 440인 다른 7월 만기 금선물 콜옵션을 매도하였다면 이 전략은?

① 캘린더스프레드(Calendar spread)
② 박스스프레드(Box spread)
③ 비율스프레드(Ratio spread)
④ 강세스프레드(Bull spread)

02. 다음 중 합성콜(synthetic call) 포지션을 올바로 설명한 것은?

① 선물 매도, 풋옵션 매입
② 선물 매입, 콜옵션 매도
③ 선물 매도, 콜옵션 매입
④ 선물 매입, 풋옵션 매입

03. 한 거래자가 옥수수옵션 스프레드를 이용해 이익을 볼 수 있는 기회가 있다고 생각하고 있다. 시장이 약세로 역조(inverted)되고 있어 약세 풋스프레드(bear put spread)가 적절한 전략이라고 생각하고 있다면 다음 중 적절한 매매전략은?

① 행사가격 230인 5월 옥수수풋옵션 매입 및 행사가격 230인 9월 옥수수풋옵션 매도
② 행사가격 230인 9월 옥수수풋옵션 매입 및 행사가격 230인 5월 옥수수풋옵션 매도
③ 행사가격 240인 9월 옥수수풋옵션 매입 및 행사가격 220인 9월 옥수수풋옵션 매도
④ 행사가격 230인 9월 옥수수풋옵션 매입 및 행사가격 240인 9월 옥수수풋옵션 매도

04. '콤비네이션(combination)' 매입포지션이 의미하는 것은?

① 행사가격이 서로 다른 콜옵션과 풋옵션을 동시에 매입함
② 행사가격이 서로 다른 콜옵션을 매도하고 동시에 풋옵션을 매입함
③ 행사가격이 같은 콜옵션을 매입하고 동시에 풋옵션을 매입함
④ 행사가격이 서로 다른 콜옵션을 매도하고 동시에 풋옵션을 매도함

05. 선물을 매입하고 동시에 선물풋옵션을 매입하는 것을 무엇이라 하는가?

① 콤비네이션(combination)　② 보호(covering)
③ 합성풋(synthetic put)　④ 합성콜(synthetic call)

06. 옵션 스트래들(straddle)의 보기로 적당한 것은?

① 행사가격 450인 12월 금콜옵션 매도/행사가격 470인 12월 금콜옵션 매입
② 행사가격 450인 12월 금콜옵션 매도/행사가격 450인 12월 금풋옵션 매도
③ 행사가격 450인 12월 금풋옵션 매입/행사가격 470인 12월 금풋옵션 매입
④ 행사가격 470인 12월 금풋옵션 매도/행사가격 450인 12월 금풋옵션 매입

07. 다음 중 현금유입 스프레드(credit spread)가 아닌 것은?

① 행사가격 35인 11월 풋옵션 매도/행사가격 30인 11월 풋옵션 매입
② 행사가격 40인 4월 콜옵션 매입/행사가격 30인 4월 콜옵션 매도
③ 행사가격 50인 7월 콜옵션 매입/행사가격 60인 7월 콜옵션 매도
④ 행사가격 50인 1월 풋옵션 매입/행사가격 60인 1월 풋옵션 매도

08. 한 투자자가 행사가격 8.5¢인 3월 설탕콜옵션을 프리미엄 0.50¢에 2개 매입하고, 동시에 행사가격 8.5¢인 3월 설탕풋옵션을 프리미엄 0.95¢에 2개 매입하였다면 이 옵션전략은?

① 스프레드(spread)　② 스트래들(straddle) 매입
③ 스트립(strip)　④ 스트래들(straddle) 매도

09. 다음 중 합성풋(synthetic put)을 잘 설명하고 있는 것은?

① 선물매입, 콜옵션매도　② 선물매도, 콜옵션매입
③ 선물매입, 풋옵션매입　④ 선물매도, 풋옵션매도

10. 당신의 고객이 행사가격 420인 4월 금콜옵션을 2개 매입하고, 동시에 행사가격 440인 4월 금콜옵션을 2개 매도하였다면 이 전략은?

① 스트래들(straddle)　② 수평스프레드(horizontal spread)
③ 수직스프레드(vertical spread)　④ 대각스프레드(diagonal spread)

11. 스트랭글(strangle)을 판매하기 위해 당신의 고객에게 권유해야 할 매매전략은?

① 외가격 콜옵션 매입과 외가격 풋옵션 매도
② 외가격 콜옵션 매도와 외가격 풋옵션 매입
③ 외가격 콜옵션 매입과 외가격 풋옵션 매입
④ 외가격 콜옵션 매도와 외가격 풋옵션 매도

12. 다음 중 스트랭글(strangle)을 잘 설명하고 있는 것은?

① 행사가격이 425인 1월 금콜옵션을 12에 매입, 행사가격이 415인 1월 금풋옵션을 9에 매입
② 행사가격이 425인 1월 금콜옵션을 12에 매도, 행사가격이 425인 1월 금풋옵션을 9에 매도
③ 행사가격이 425인 1월 금콜옵션을 12에 매입, 행사가격이 425인 1월 금풋옵션을 9에 매입
④ 행사가격이 415인 1월 금콜옵션을 12에 매입, 행사가격이 475인 1월 금콜옵션을 12에 매입

13. 한 투자자가 10월물 옥수수선물을 265에 매도하고 동시에 10월만기 행사가격이 265인 옥수수선물 콜옵션을 프리미엄 18에 매입하였다. 이러한 투자전략은 합성포지션(synthetic position)인데, 다음의 어느 옵션전략과 동등한 의미를 갖는가?

① 행사가격 265인 10월 만기 옥수수선물 콜옵션을 프리미엄 18에 매입
② 행사가격 265인 10월 만기 옥수수선물 콜옵션을 프리미엄 18에 매도
③ 행사가격 265인 10월 만기 옥수수선물 풋옵션을 프리미엄 18에 매입
④ 행사가격 265인 10월 만기 옥수수선물 풋옵션을 프리미엄 18에 매도

14. 어떤 고객이 뉴욕 상품거래소(COMEX)에서 행사가격이 310인 6월 만기 금선물 풋옵션을 매입하고 행사가격이 290인 6월 만기 금선물 풋옵션을 2개를 매도하였다. 동시에 행사가격이 300인 6월 만기 금선물 풋옵션을 매입하였다. 이 때 6월물 금선물가격은 온스(oz.)당 $310이었다. 이러한 투자전략을 무엇이라 하는가?

① 강세약세 스프레드(bull bear spread)
② 콜풋 스프레드(call put spread)
③ 강세 풋스프레드(bull put spread)
④ 나비형 풋스프레드(butterfly put spread)

15. 옵션의 기초자산 가격이 크게 변동할 가능성이 작으면서, 횡보할 것으로 예상되는 경우 가장 적절한 전략은 무엇인가?

① 스트래들 매도　　② 스트래들 매입
③ 스프레드 매도　　④ 스프레드 매입

16. 한 투자자가 행사가격이 7.5¢인 3월 만기 설탕 콜옵션을 프리미엄 0.40¢에 2개를 매입하고, 동시에 행사가격이 7.5¢인 3월 만기 설탕 풋옵션을 프리미엄 0.90¢ 2개를 매입하였다. 이러한 옵션투자전략을 무엇이라 하는가?

① 스프레드(spread) ② 스트래들 매입(long straddle)
③ 콤비네이션(combination) ④ 스트래들 매도(short straddle)

17. 옵션스프레드전략에 관한 다음 설명 중 옳지 않은 것은?

① 수직강세 스프레드는 풋옵션의 행사가격이 높은 것을 매도하고, 행사가격이 낮은 것을 매입하는 전략이다.
② 수직스프레드는 만기일이 같으면서 행사가격이 다른 옵션을 하나는 매입하고 동시에 다른 하나는 매도하는 전략이다.
③ 수평스프레드는 만기일이 멀면서 행사가격이 높은 옵션을 매입하고 만기일이 가까우면서 행사가격이 낮은 옵션을 매도하는 전략이다.
④ 수직약세 스프레드는 행사가격이 높은 것을 매입하고, 행사가격이 낮은 것을 매도하는 전략이다.

18. 선물에 매입포지션을 취하고, 선물콜옵션을 매도함과 동시에 선물풋옵션을 매입하는 전략을 무엇이라 하는가?

① 전환(conversion) ② 반전(reversal)
③ 나비형스프레드(butterfly spread) ④ 콘돌(condor)

19. 주가지수가 향후 크게 변동할 것으로 예상되며, 특히 주가지수가 상승할 확률이 하락할 확률보다 크다고 판단될 때 적합한 주가지수옵션의 투자전략은?

① 주가지수 콜옵션과 풋옵션을 2:1의 비율로 동시에 매입
② 주가지수 콜옵션과 풋옵션을 1:2의 비율로 동시에 매입
③ 주가지수 콜옵션과 콜옵션을 1:1의 비율로 동시에 매입
④ 주가지수 풋옵션과 풋옵션을 2:1의 비율로 동시에 매입

20. 다음 중 콜옵션과 풋옵션을 동시에 매입하거나 매도하여 구성하는 거래전략은?

① calendar spread ② bull spread
③ ratio spread ④ strip

21. 매입 또는 매도하는 옵션의 비율을 달리하되 매입하는 옵션수 보다 매도하는 옵션수가 더 많은 스프레드를 무엇이라 하는가?

① reverse ratio spread ② ratio spread
③ box spread ④ back spread

22. 행사가격이 5만원인 콜옵션 1개를 2천원에 매도하고, 만기는 같으나 행사가격이 4만5천원인 풋옵션 1개를 3천원에 매도한 투자자가 있다. 만기에 기초자산 가격이 5만 4천원이 되었다면 이 투자자의 손익은 얼마인가?

① 4,000원 이익 ② 4,000원 손실
③ 1,000원 이익 ④ 1,000원 손실

23. 행사가격이 45,000원인 콜옵션 1개를 7,000원에 매입하고, 만기는 같으나 행사가격이 55,000원인 콜옵션 1개를 2,000원에 매도한 투자자가 만기 시 얻을 수 있는 이익의 최대값은 얼마인가?

① 2,000원 ② 3,000원
③ 4,000원 ④ 5,000원

24. 다음 중 기초자산가격의 변동성이 커질 것으로 예상되는 경우 가장 적합하지 않은 거래전략은?

① 매입 스트랭글 ② 매입 스트립
③ 매입 스트래들 ④ 매입 나비형스프레드

25. 다음 중 같은 수의 거래전략을 구성하기 위해 가장 많은 옵션이 필요한 것은?

① 캘린더스프레드 ② 박스스프레드
③ 스트래들 ④ 스트립

26. 만기가 3개월이고 행사가격이 15,000원인 콜옵션 1개를 4,000원에 매입하고, 같은 만기에 행사가격이 17,500원인 콜옵션 2개를 2,000원에 매도하고, 같은 만기에 행사가격이 20,000원인 콜옵션 1개를 500원에 매입하였다. 만기에 기초자산가격이 18,000원이 되었다면 이 옵션투자자의 손익은 얼마인가?

27. 어떤 투자자가 만기가 3월이고 행사가격이 7.5¢인 설탕 콜옵션을 프리미엄 0.40¢에 2개를 매입하고 동시에 만기와 행사가격이 같은 설탕 풋옵션을 프리미엄 0.90¢에 2개를 매입하였다. 이 옵션 투자자가 때 이익을 얻게 되는 기초자산 가격의 범위를 구하라.

28. 당신의 고객이 은(silver) 강세 풋스프레드(bull put spread)전략을 구사하고자 한다. 행사가격이 615인 9월 은선물풋옵션의 프리미엄이 59.5¢ /온스(oz)이고, 행사가격이 645인 9월 은선물콜옵션의 프리미엄이 80¢ /온스(oz)라면 이러한 옵션을 이용한 강세 풋스프레드 전략으로부터 가능한 최대 손실은? (단, 1계약 = 5,000온스(oz)임)

29. 한 투자자가 행사가격이 파운드당 6.75¢인 5월만기 설탕상품콜옵션을 12.45¢에 매입하는 동시에 행사가격이 파운드당 11.25¢인 5월만기 설탕상품콜옵션을 9.85¢에 매도하였다면 투자자가 얻을 수 있는 파운드당 최대 이익은?

30. 행사가격이 9,000원이고 만기가 3개월인 유러피안 콜옵션과 풋옵션이 있고, 기초자산과 만기가 동일하지만 행사가격이 10,000원인 또 다른 유러피안 콜옵션과 풋옵션이 있다고 하자. 현재 시장에서 무위험이자율이 연속복리로 연간 12%라 할 때, 차익거래기회가 발생하지 않기 위한 초기 현금유출입(즉, 옵션매입 및 매도비용)은 얼마이어야 하는지 현금유입 박스(credit box)와 현금유출 박스(debit box)로 나누어 구하라.

연습문제 정답 및 해설

01. ❹

만기가 같고 행사가격이 낮은 콜옵션을 매입하고 행사가격이 높은 콜옵션을 매도하였으므로 강세 콜 스프레드(bull call spread)전략이다.

02. ❹

F + P = C이므로 콜옵션을 합성하기 위해 선물과 풋옵션의 매입이 필요하다.

03. ❸

약세스프레드(bear spread)는 인도월이 같은 두 가지 동일한 옵션 중 행사가격이 높은 옵션을 매입하고 낮은 옵션을 매도하는 전략이다.

04. ❶ **05.** ❹

06. ❷

스트래들(straddle) 매입 혹은 매도는 행사가격과 만기가 같은 콜옵션과 풋옵션을 동시에 매입하거나 매도하는 전략을 말한다.

07. ❸

현금유입 스프레드(credit spread)란 가격이 높은 옵션을 발행하고 가격이 낮은 옵션을 매입하므로 초기에 현금유입(credit)이 되는 전략이다. 반면에, 현금유출 스프레드(debit spread)란 가격이 낮은 옵션을 발행하고 가격이 높은 옵션을 매입하므로 초기에 현금유출(debit)이 되는 전략이 다.

08. ❷

09. ❷

P + F = C로부터, P = C − F, 즉, 합성풋은 콜옵션 매입, 선물매도임을 알 수 있다.

10. ❸ **11.** ❹

12. ❶

스트랭글(strangle)이란 만기는 같고 행사가격이 서로 다른 외가격(OTM) 콜옵션과 풋옵션을 둘 다 매입하거나(스트랭글 매입), 둘 다 매도하는(스트랭글 매도)전략이다.

13. ❸

합성포지션(synthetic position)을 구성하는 원리는 다음과 같다. 즉,

+F + P = +C (+:매입, -: 매도, F:선물, P:풋옵션, C:콜옵션을 각각 의미)
이 식을 적절히 변형시키면 다양한 합성포지션을 만들 수 있다.
예컨대, 위 식의 양변에 (-)를 곱하면,
-F - P = -C 즉, 선물과 풋옵션을 동시에 매도하면 콜옵션 매도포지션을 만들 수 있다.
마찬가지로, 다음과 같은 다양한 합성포지션을 만들 수 있다.
+F - C = -P,
-F + C = +P,
+C - P = +F,
-C + P = -F
주어진 문제의 경우, 선물을 매도(즉, -F)함과 동시에 콜옵션을 매입(즉, +C)하였으므로,
-F + C = +P, 즉, 풋옵션을 매입한 것과 같다.

14. ❹
행사가격이 서로 다른 3개의 풋옵션을 이용하였으므로 나비형 풋스프레드(butterfly put spread)전략이다.

15. ❶
스프레드는 시장이 강세가 되거나 약세가 될 것을 예상하는 투자전략으로서 가격변동이 예상대로 클 경우에 이익이 커진다. 스트래들 매입도 기초자산 가격의 변동이 양방향으로 커질수록, 이익이 극대화 된다.

16. ❷
행사가격과 만기가 동일한 콜옵션과 풋옵션을 이용하므로 스트래들(straddle)전략이고, 둘 다 매입하였으므로 스트래들 매입포지션(long straddle)이다.

17. ❸
만기일이 멀면서 행사가격이 높은 옵션을 매입하고 만기일이 가까우면서 행사가격이 낮은 옵션을 매도하는 전략은 대각스프레드(diagonal spread)라 한다.

18. ❶
전환(conversion)이란 차익거래(arbitrage)전략의 하나로서 선물가격을 고정시키고, 지급한 프리미엄보다 더 많은 프리미엄을 획득하기 위해 사용되어지는 전략이다.

19. ❶
기초자산의 가격이 크게 변동할 것으로 예상되는 경우에는 콜옵션과 풋옵션을 동시에 매입함으로써 상승하면 콜옵션이, 하락하면 풋옵션이 헷지역할을 하도록 만드는 것이 좋은 전략이다. 그런데 특히 상승확률이 하락확률보다 높을 것이라 예상되면 콜옵션을 풋옵션보다 더 많이 매입함으로써 가격상승 시 이익을 극대화하는 것이 바람직한데 이러한 전략을 '매입 스트랩'이라 한다.

20. ❹ **21.** ❷

22. ❸

이 포지션은 매도 스트랭글로서 다음과 같이 구할 수 있다. S_T=54,000원.

옵션포지션	초기 비용	만기 시 수익	만기 시 손익
$-C(K_1=50,000)$	-2,000원	$K_1 - S_T$ - = -4,000원	-2,000원
$-P(K_2=45,000)$	-3,000원	0원(미행사)	+3,000원
합계	-5,000원	-4,000원	+1,000원

단, 만기 시 손익(profit) = 만기 시 수익(payoff) – 비용(costs)

23. ❹

이 투자자의 포지션은 강세 콜스프레드이다.

그런데 강세스프레드의 최대이익은 기초자산 가격이 매도한 콜옵션의 행사가격 이상일 때 발생하며, 이 경우 최대이익은 상수로서,

$(K_2-K_1) + (C_2-C_1)$ = (55,000-45,000) + (2,000-7,000) = 10,000 - 5,000 = 5,000원.

24. ❹

매입 나비형스프레드의 경우 기초자산이 크게 상승하거나 하락하면(즉,변동성이 크면) 손실이 발생하고, 변동성이 작으면 이익이 발생한다.

25. ❷

박스스프레드는 4개의 옵션이 필요하고, 나머지는 2개의 옵션이 필요하다.

26. 이 포지션은 매입 나비형스프레드로서 다음과 같이 구할 수 있다. S_T=18,000원.

옵션포지션	초기 비용	만기 시 수익	만기 시 손익
$+C_1(K_1=15,000)$	+4,000원	$S_T - K_1$ = +3,000원	-1,000원
$-2C_2(K_2=17,500)$	-2*2,000원	$2*(K_2-S_T)$ =- 1,000원	+3,000원
$+C_3(K_3=20,000)$	+500원	0원(옵션 미행사)	-500원
합계	+500원	+2,000원	+1,500원

단, 만기 시 손익(profit) = 만기 시 수익(payoff) – 비용(costs)

27. 동일한 기초자산에 동일한 만기와 행사가격을 갖는 콜옵션과 풋옵션을 매입하였으므로 스트래들 매입(long straddle)전략이다. 스트래들 매입전략에서는 가격의 변화폭이 클 때 (즉, 기초자산가격이 행사가격보다 아주 크거나 아주 작을 때) 이익이며, 행사가격과 기초자산가격이 같을 때 손실이 극대화된다.

즉, 이익을 얻기 위해서는 다음과 같은 두 가지 조건이 충족되어야 한다.

1) 기초자산가격(S)이 많이 상승하는 upside의 경우

이 경우에는 풋옵션의 이득은 0이 되고, 콜옵션의 이득만 남으므로,

스트래들의 이득(payoff) = S - K. 따라서,

⇒ 이익(profit)은 (S - K - 옵션가격의 합) 〉 0 일 때 발생하므로,

⇒ 이익(profit) = S - 7.5₵ - (0.40₵ + 0.90₵) > 0

⇒ S > 8.80₵

2) 기초자산가격(S)이 많이 하락하는 downside의 경우

이 경우에는 콜옵션의 이득은 0이 되고, 풋옵션의 이득만 남으므로,

스트래들의 이득(payoff) = K - S. 따라서,

⇒ 이익(profit)은 (K - S - 옵션가격의 합) > 0 일 때 발생하므로,

⇒ 이익(profit) = 7.5₵ - S - (0.40₵ + 0.90₵) > 0

⇒ S < 6.20₵

위의 1)과 2)로부터, S > 8.80₵ 혹은 S < 6.20₵일 때 투자자는 이익을 얻게 된다.

28. 최대손실 = $(K_H - K_L) - (P_H - P_L)$ = (645 - 615) - (80 - 59.5) = 9.5₵

1온스(oz)당 9.5₵손실이므로, 총 손실 = 9.5₵ × 5,000온스 = 47,500₵ = $475

29. 두 개의 콜옵션을 이용하므로 스프레드전략이고, 행사가격이 낮은 콜을 매입하고 행사가격이 높은 콜을 매도하였으므로 강세 콜스프레드(bull call spread)전략이다. 강세스프레드의 경우,

최대이익 = $(K_H - K_L) - (C_H - C_L)$이고, 최대손실 = $(C_H - C_L)$이다.

따라서, 최대이익 = $(K_H - K_L) - (C_H - C_L)$ = (11.25 - 6.75) - (12.45 - 9.75) = 1.90₵

단, K_H = 높은 행사가격, K_L = 낮은 행사가격

C_H = 높은 콜옵션가격, C_L = 낮은 콜옵션가격

30. 우선, (식 14-5)를 이용하여 다음과 같이 합성매입포지션과 합성매도포지션을 구성하자.

박스스프레드 = 강세 콜스프레드 + 약세 풋스프레드

$= [+C_1(K_1) - C_2(K_2)] + [P_1(K_2) - P_2(K_1)]$

$= [+C_1(K_1) - P_2(K_1)] + [P_1(K_2) - C_2(K_2)]$

= 합성매입(K_1) + 합성매도(K_2)

1) 현금유입 박스(credit box): $K_1 > K_2$

주어진 문제에서 K_1 = 10,000원, K_2 = 9,000원이다.

이 경우 〈표 14-8〉의 분석결과에서 보듯이 만기시점에 기초자산 가격에 상관없이 항상 $(K_2 - K_1)$ = -1000원만큼의 손실을 보게 된다.

그리고, 초기에는 현금유입 박스이므로 순현금유입이 발생한다. 따라서, 다음과 같은 경우 차익거래기회가 발생하지 않는다.

초기현금유입의 만기 시 가치 = 만기 시 손실의 가치

⇒ (초기현금유입)$e^{0.12(3/12)}$ = 1000원 ⇒ 초기현금유입 = 970.40원

2) 현금유입 박스(credit box): $K_1 < K_2$

주어진 문제에서 K_1 = 9,000원, K_2 = 10,000원이다.

이 경우 〈표 14-8〉의 분석결과에서 보듯이 만기시점에 기초자산 가격에 상관없이 항상 $(K_2 - K_1)$ = +1000원만큼의 이익을 보게 된다.

그리고, 초기에는 현금유출 박스이므로 순현금유출이 발생한다. 따라서, 다음과 같은 경우 차익거래기회가 발생하지 않는다.

초기현금유입의 만기 시 가치 = 만기 시 손실의 가치

⇒ (초기현금유출)$e^{0.12(3/12)}$ = 1000원 ⇒ 초기현금유출 = 970.40원.

Chapter 15

옵션가격의 민감도: 그릭문자

우리는 앞에서 옵션가격에 영향을 미치는 6개 주요 변수에 대해 배운 바 있다. 이러한 6개 변수들은 동시에 변할 수도 있고 한 번에 하나만 변할 수도 있다. 6개 변수가 거의 동시에 연속적으로 변동하는 것이 현실적이지만, 6개를 동시에 분석하면 각 변수가 옵션가격에 어떻게 영향을 미치는지 이해하는 것이 대단히 어렵고 복잡해진다. 따라서, 경제학이나 경영학에서는 한 번에 하나의 독립변수만 변동하고 나머지 독립변수들은 일정하다고 가정하여 각 독립변수들이 종속변수의 균형가격에 어떻게 영향을 미치는지 분석하는 경우가 많은데 이를 민감도분석(sensitivity analysis)이라고 한다.

민감도분석을 통해 우리는 옵션의 균형가격에 영향을 미치는 주요 요인들에 대해 요인과 옵션가격 사이의 관계를 좀 더 체계적으로 파악할 수 있고, 이러한 관계가 옵션의 헷지나 투자전략에 어떻게 활용될 수 있는지도 이해할 수 있다. 6개의 주요 요인 중 배당(D)과 상수인 행사가격(K)을 제외한 4개 요인, 즉 기초자산가격(S), 무위험이자율(r), 기초자산의 변동성(σ), 만기까지 남은 시간(T−t)에 대해 분석하고자 한다. 이때 이들 4개의 주요 요인들과 옵션가격 사이의 민감도를 일반적으로 델타, 감마 등 그리스어로 표시하기 때문에 흔히 옵션가격민감도를 '그릭(Greek)'이라고 부르기도 한다.

1. 델타

1) 델타의 개념

델타(delta, Δ)란 기초자산의 가격변동에 따라 옵션가격이 어느 정도 민감하게 반응하는지를 보여주는 것이다. 이항분포모형과 블랙-숄즈-머튼모형에서 무위험포트폴리오 구성시 콜옵션 1개 매도할 때 매입주식의 수가 바로 델타였다. 역으로 주식 1개를 매입할 때 옵션 (1/델타)개를 매도하면 무위험포트폴리오를 구성할 수 있다. 따라서 델타는 수학적으로 설명하면 주가가 1단위 변동할 때 옵션가격이 얼마나 변동하는지를 보여주는 1차미분, 즉, 옵션가격을 종속변수로 하고 기초자산가격을 독립변수로 할 때 접선의 기울기가 된다. 다음과 같은 식으로 표시할 수 있다.

$$\text{델타} = \Delta = \frac{\text{옵션가격의 변동}}{\text{기초자산가격의 변동}} = \frac{\partial f}{\partial S} \qquad \text{(식 15-1)}$$

(식 15-1)에 있는 델타의 의미를 그래프로 표시하면 〈그림 15-1〉과 같다. 편의상 기초자산을 주식이라 하면, 현재 주가(A)에서의 델타는 점A에서 옵션가격을 표시하는 곡선의 접선(tangent line)의 기울기(slope)와 같다. 그림에서는 기울기가 0.6으로서 이 값이 곧 델타인데, 델타가 0.6이라는 것은 주식가격이 $1변동하면, 옵션가격은 $0.6변동함을 의미한다. 그림에서 점B는 주가가 A일 때의 옵션의 가격이다. 주가가 변동하면 옵션가격도 변동하고 옵션가격함수는 곡선이므로 곡선의 각 점에서 기울기는 서로 다르다. 즉, 주가가 변동하면 이에 따라 기울기가 변하므로 델타도 변하게 된다.

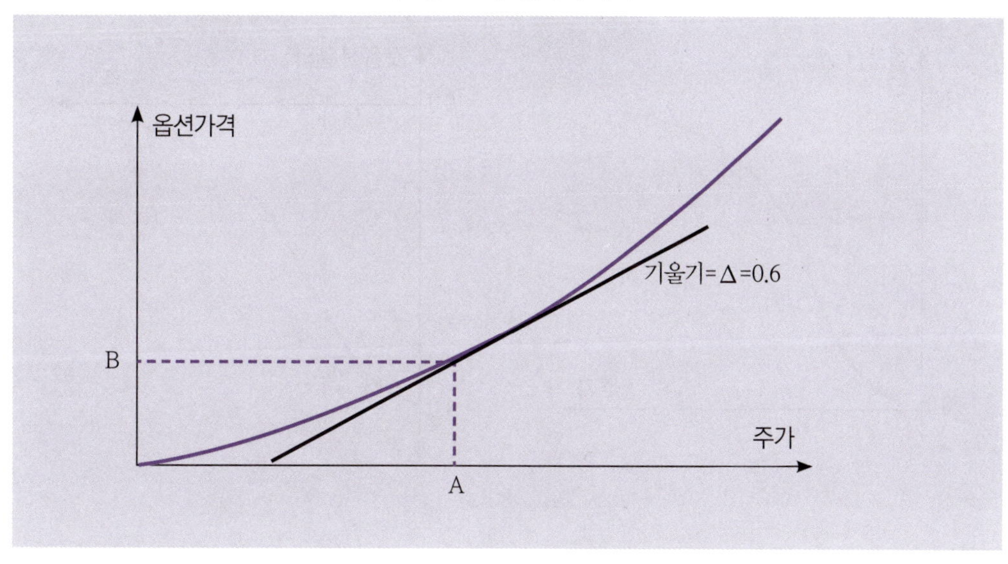

〈그림 15-1〉 델타의 의미

2) 델타와 기초자산

이론적으로 옵션의 가치는 기초자산의 가치보다 상승 또는 하락의 폭이 클 수가 없다. 따라서 콜옵션 델타의 범위는 0에서 1이 되며, 풋옵션의 경우 기초자산의 가격변동방향과 그 가치가 반비례하므로 그 범위는 -1에서 0 사이에 델타가 놓이게 된다. 블랙-숄즈-머튼모형으로부터 배당이 없는 경우 유러피안 콜옵션과 풋옵션의 델타는 다음과 같다.

$$\Delta(\text{콜옵션}) = N(d_1) \qquad \text{(식 15-2)}$$

$$\Delta(\text{풋옵션}) = N(d_1)-1 \qquad \text{(식 15-3)}$$

(식 15-2)와 (식 15-3)으로부터, $N(d_1)$은 확률이므로 $0 \le N(d_1) \le 1$을 만족해야 하며, 따라서 $0 \le \Delta(\text{콜옵션}) \le 1$, $-1 \le \Delta(\text{풋옵션}) \le 0$이 되어야 하는 것이다. (식 15-2)와 (식 15-3)에 대한 증명은 〈심화학습 15-1〉을 참조하기 바란다.

콜옵션과 풋옵션의 델타는 〈그림 15-2〉에서와 같이 기초자산인 주가에 대해 S-자곡선의 형태를 갖는다.

〈그림 15-2〉 델타와 기초자산과의 관계

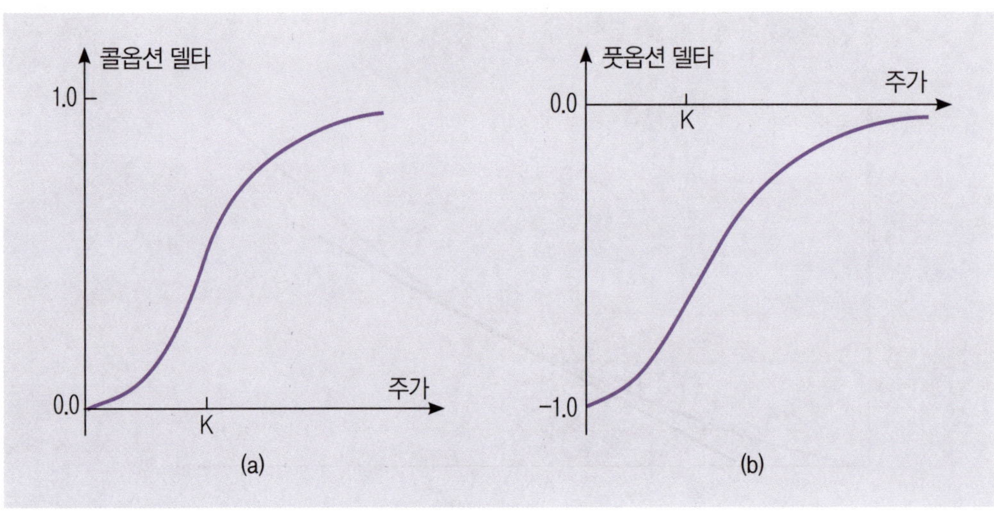

심화 학습 15-1 유러피안 콜옵션과 풋옵션의 델타 증명

블랙-숄즈-머튼모형으로부터,

$$c = SN(d_1) - Ke^{-rT}N(d_2) \qquad (a)$$

$$p = Ke^{-rT}N(-d_2) - SN(-d_1) \qquad (b)$$

$$d_1 = \frac{\ln(\frac{S}{K}) + (r + \frac{\sigma^2}{2})T}{\sigma\sqrt{T}},\ d_2 = d_1 - \sigma\sqrt{T} \qquad (c)$$

(1) 무배당 유러피안 콜옵션의 델타: Δ(콜옵션) = $N(d_1)$

(식 15-1)에 있는 델타의 정의와 식(a)로부터,

$$\Delta(\text{콜옵션}) = \frac{\partial c}{\partial S} = N(d_1) + S\frac{\partial N(d_1)}{\partial S} - Ke^{-rT}\frac{\partial N(d_2)}{\partial S} \qquad (d)$$

그런데, 확률론에서 누적분포함수(cdf) F(x)를 x에 대해 미분하면 확률밀도함수(pdf) f(x)를 갖게 되는 성질, 즉 $\frac{dF(x)}{dx} = f(x)$와 연쇄법칙(chain rule)[1]으로부터,

1 연쇄법칙(chain rule): 함수 f(d)가 d의 함수이고, d는 또 S의 함수일 때, 다음을 연쇄법칙이라 한다: $\frac{\partial f(d)}{\partial S} = (\frac{\partial f(d)}{\partial d})(\frac{\partial d}{\partial S})$

$$\frac{\partial N(d_1)}{\partial S} = \left(\frac{\partial N(d_1)}{\partial d_1}\right)\left(\frac{\partial d_1}{\partial S}\right) = n(d_1)\left(\frac{\partial d_1}{\partial S}\right) \qquad \text{(e)}$$

$$\frac{\partial N(d_2)}{\partial S} = \left(\frac{\partial N(d_2)}{\partial d_2}\right)\left(\frac{\partial d_2}{\partial S}\right) = n(d_2)\left(\frac{\partial d_1}{\partial S}\right) \qquad \text{(f)}$$

따라서, 식(e)와 (f)를 식(d)에 대입하면,

$$\Delta(\text{콜옵션}) = \frac{\partial c}{\partial S} = N(d_1) + Sn(d_1)\left(\frac{\partial d_1}{\partial S}\right) - Ke^{-rT}n(d_2)\left(\frac{\partial d_1}{\partial S}\right) \qquad \text{(g)}$$

그런데, $n(d_1)$은 표준정규분포의 확률밀도함수이므로,

$$n(d_1) = \frac{1}{\sqrt{2\pi}}e^{-\frac{d_1^2}{2}} \qquad \text{(h)}$$

$$n(d_2) = \frac{1}{\sqrt{2\pi}}e^{-\frac{d_2^2}{2}} = \frac{1}{\sqrt{2\pi}}e^{-\frac{(d_1-\sigma\sqrt{T})^2}{2}} = e^{\frac{-d_1^2}{2}}\frac{1}{\sqrt{2\pi}}e^{-\frac{2\sigma\sqrt{T}d_1-\sigma^2T}{2}}$$

$$= n(d_1)e^{\sigma\sqrt{T}d_1-\frac{\sigma^2T}{2}} \qquad \text{(i)}$$

그런데, 식(c)로부터,

$$\sigma\sqrt{T}\,d_1 - \frac{\sigma^2T}{2} = \ln\left(\frac{S}{K}\right) + rT \Rightarrow e^{\sigma\sqrt{T}d_1-\frac{\sigma^2T}{2}} = e^{\ln\left(\frac{S}{K}\right)+rT} = \left(\frac{S}{K}\right)e^{rT} \qquad \text{(j)}$$

식(h), (i), (j)로부터,

$$Sn(d_1)\left(\frac{\partial d_1}{\partial S}\right) - Ke^{-rT}n(d_2)\left(\frac{\partial d_1}{\partial S}\right) = \left(\frac{\partial d_1}{\partial S}\right)n(d_1)\left[S-Ke^{-rT}\left(\frac{S}{K}\right)e^{rT}\right]$$

$$= \left(\frac{\partial d_1}{\partial S}\right)n(d_1)(S-S) = 0 \qquad \text{(k)}$$

따라서, 식(k)를 식(g)에 대입하면,

$$\Delta(\text{콜옵션}) = \frac{\partial c}{\partial S} = N(d_1) + Sn(d_1)\left(\frac{\partial d_1}{\partial S}\right) - Ke^{-rT}n(d_2)\left(\frac{\partial d_1}{\partial S}\right) = N(d_1) + 0 = N(d_1).$$

(2) 무배당 유러피안 풋옵션의 델타: $\Delta(\text{풋옵션}) = N(d_1)-1$

식(b)로부터,

$$\Delta(\text{풋옵션}) = \frac{\partial p}{\partial S} = Ke^{-rT}\frac{\partial N(-d_2)}{\partial S} - N(-d_1) - S\frac{\partial N(-d_1)}{\partial S} \qquad \text{(l)}$$

그런데, 위 (1)의 콜옵션 델타를 구할 때 사용한 방법으로 다음을 증명할 수 있다.

$$Ke^{-rT}\frac{\partial N(-d_2)}{\partial S} - S\frac{\partial N(-d_1)}{\partial S} = 0 \qquad \text{(m)}$$

따라서, 식(m)을 식(l)에 대입하면,

$$\Delta(\text{풋옵션}) = \frac{\partial p}{\partial S} = Ke^{-rT}\frac{\partial N(-d_1)}{\partial S} - N(-d_1) - S\frac{\partial N(-d_1)}{\partial S}$$

$$= -N(-d_1) \qquad (n)$$

그런데, 정규분포의 대칭성으로부터, $N(-d_1) = 1-N(d_1)$ (o)

고로, 식(o)를 식(n)에 대입하면,

$\Delta(\text{풋옵션}) = N(d_1) - 1.$

Q.E.D.

3) 델타와 만기

콜옵션의 경우 옵션이 깊은 내가격(deep in the money)을 갖는다면 N(d1)→1이 되므로, 콜옵션의 가격변화(dc)는 기초자산의 가격변화(dS)와 같게 된다. 반대로 콜옵션이 깊은 외가격(deep out of the money)을 갖는다면 기초자산의 큰 변화와 관계없이 콜옵션의 가격은 소폭의 변화를 갖게 된다. 이처럼 기초자산의 변화와 옵션의 가치변화가 얼마나 밀접한 관계를 갖는가를 알려주는 것이 델타이다.

예를 들어, 콜옵션 델타가 1이라는 것은 기초자산의 가치가 1 포인트 상승하면 옵션의 가치도 1 포인트 상승함을 말하는 것이다. 또한 델타가 0.75이면 옵션의 가치가 기초자산의 변화에 75%만큼 같은 방향으로 움직인다는 것을 의미한다. 콜옵션이 등가격(ATM)이면 델타는 0.5에 가까워지며, 이것은 옵션의 가치변화는 기초자산 변화의 50%만큼만 움직인다는 것을 의미한다.

풋옵션의 경우 기초자산의 가치변화 방향과 풋옵션의 가치변화 방향이 반대이므로 풋옵션 델타는 음(-)의 부호를 갖게 된다. 깊은 내가격을 갖는 풋옵션의 경우 델타는 -1에 가까워진다. 풋옵션의 델타에 대한 해석은 콜옵션의 경우와 같으나 기초자산이 상승하면 델타만큼 풋옵션의 가치가 하락한다는 점만 유의하면 된다. 풋옵션이 등가격(ATM)을 갖는다면 델타는 -0.5가 된다. 〈그림 15-3〉은 콜옵션델타와 만기와의 관계를 표시한다.

〈그림 15-3〉 유러피안 콜옵션델타와 만기와의 관계

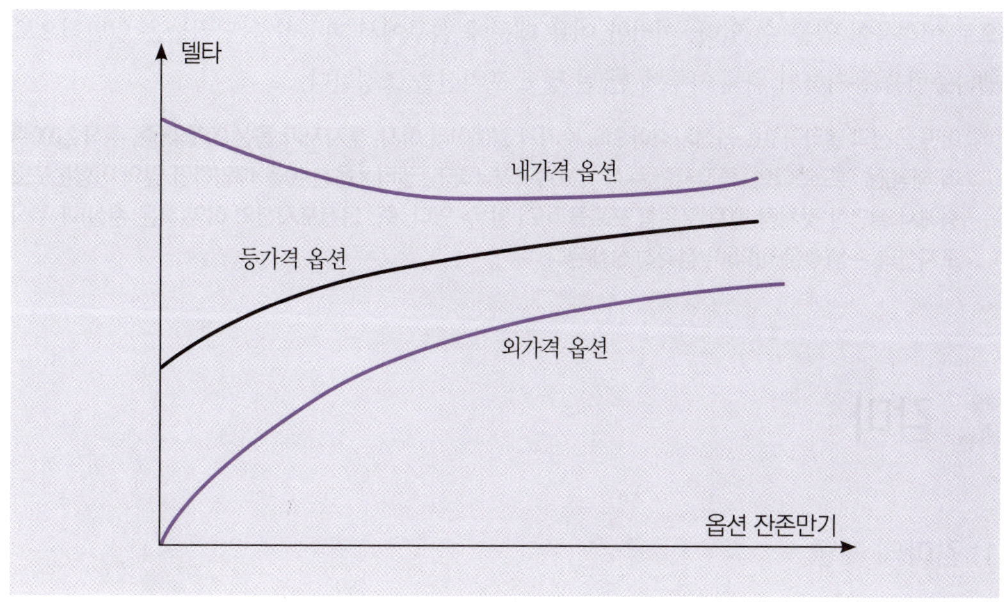

4) 델타헷지

델타는 옵션헷지에 있어서 헷지비율을 말해준다. 기초자산의 자체의 델타(즉, Δ(기초자산) = dS/dS)는 1이어야 하므로, 델타를 이용한 헷지비율을 구하기 위해서는 1을 옵션의 델타로 나누어 주면 된다. 등가격(at the money) 콜옵션인 경우 델타가 0.5라 하였으므로 헷지비율은 (1/0.5) 또는 2:1이 된다. 이것은 2개의 옵션을 매입함과 동시에 1개의 기초자산을 매도함을 의미한다. 이렇게 하여 중립적(neutral) 헷지 포지션을 갖게 된다. 만일 옵션의 델타가 0.4라면 (1/0.4) 또는 5:2 가 되어 5개의 옵션계약을 매입하고 2개의 기초자산계약을 매도하여야 중립적 헷지 포지션을 가질 수 있다는 것이다. 풋옵션의 경우 델타가 -0.75이면 중립적 헷지 포지션을 갖기 위해 기초자산 3계약을 매입하며 풋옵션 4계약을 매도하여야 한다 (1/ 0.75)= 4:3).

이와 같이, 델타를 이용하여 헷지하면 투자자의 포트폴리오의 전체 델타는 0가 되는데, 이를 '델타중립(delta neutral)'포지션이라 한다. 그러나, 여기서 한 가지 유념해야 할 점은 델타중립은 주가가 변하지 않는 기간 동안에만 성립한다는 것이다. 만일 주가가 변하면 델타도 변하기 때문에 델타중립을 유지하기 위해서는 새로운 델타를 이용하여 무위험포트폴리오를 다시 구성해야 한다. 이렇게 주가가 변할 때마다 헷지포지션을 다시 구성하여 헷지하는 것을 동적헷지(dynamic hedge)라 한다. 동적헷지를 해야 거의 완전한 헷지가 가능하지만, 문제는 헷지포트폴리오를 재구성할 때마다 시간과 거래비용 등이 추가되므로 시간적 · 경제적으로 어려움이 있을 수 있다. 이러한 이유 때문에 실무에서 파생상품 딜러들은 일반적으로 델타중립을 유지하기 위해 하루에 한 번 정도 포지션을 조정한다.

(예) 어떤 옵션의 델타가 0.6, 옵션가격이 \$10, 주가가 \$100이라 하자. 투자자가 옵션 20계약(즉, 주식 2,000주에 해당)을 매도했다면, 투자자는 주식 1,200주 (왜냐하면, 델타×옵션수)를 매입하면 앞의 이항분포모형에서 설명한 것처럼 헷지(무위험 포트폴리오) 할 수 있다. 즉, 옵션포지션의 이익(혹은 손실)과 주식포지션의 손실(혹은 이익)이 정확히 상쇄된다.

2. 감마

1) 감마의 개념

감마(gamma, Γ)는 기초자산의 변동에 따른 델타의 변동을 의미한다. 이는 기초자산가격에 대한 옵션가격의 2차미분으로 표시할 수 있음을 의미한다. 델타가 채권에서 듀레이션(duration)에 해당된다면, 감마는 컨벡시티(convexity)에 해당된다고 할 수 있다. 그래서 실무에서는 감마를 곡률(curvature)이라고도 한다. 감마는 다음과 같이 정의되며, 감마가 클수록 위험이 크다는 것을 의미한다.

$$\text{감마} = \Gamma = \frac{\text{델타의 변동}}{\text{기초자산가격의 변동}} = \frac{\partial \Delta}{\partial S} = \frac{\partial}{\partial S}\left(\frac{\partial f}{\partial S}\right) = \frac{\partial^2 f}{\partial S^2} \qquad \text{(식 15-4)}$$

(식 15-4)를 이용하여 무배당 유러피안 콜옵션과 풋옵션의 감마를 구하면 다음과 같이 동일한 결과를 얻는다. 자세한 유도는 〈심화학습 15-1〉을 참조하기 바란다.

$$\Gamma(\text{콜옵션}) = \frac{\partial \Delta(\text{콜옵션})}{\partial S} = \frac{\partial N(d_1)}{\partial S} = n(d_1)\frac{\partial d_1}{\partial S} = \frac{n(d_1)}{S\sigma\sqrt{T}} \qquad \text{(식 15-5)}$$

$$\Gamma(\text{풋옵션}) = \frac{\partial \Delta(\text{풋옵션})}{\partial S} = \frac{\partial [N(d_1)-1]}{\partial S} = n(d_1)\frac{\partial d_1}{\partial S} = \frac{n(d_1)}{S\sigma\sqrt{T}} \qquad \text{(식 15-6)}$$

(식 15-5)와 (식 15-6)에서 보듯이 $n(d_1)$, S, σ, T 모두 0보다 큰 양수(+)이므로 무배당 유러피안 콜옵션과 풋옵션의 감마는 역시 양수(+)이어야 한다.

2) 감마와 기초자산

감마는 기초자산의 1포인트 변화당 델타의 변화를 나타내는데, 이는 기초자산의 가격이 오르면 델타는 감마만큼 상승하고, 기초자산의 가격이 떨어지면 델타는 감마만큼 하락한다는 것을 의미한다. 왜냐하면, $\Gamma = \frac{\partial\Delta}{\partial S}$이므로, $\partial\Delta = \Gamma\partial S$.

(예) 옵션의 감마가 0.05라면 기초자산의 가격이 1포인트 상승할 때 옵션의 델타는 0.05만큼 상승하게 된다. 따라서, 만일 원래의 옵션 델타가 0.25이고 기초자산의 가격이 1포인트 상승했다면, 옵션의 새 델타는 0.3이 된다.

감마는 옵션의 가치가 어느 방향으로 얼마나 빨리 변하는가를 측정하게 하기도 한다. 방향성으로 인한 위험이 중요한 만큼 감마는 위험도를 측정하는데 중요하게 쓰인다. 감마의 (절대)값이 크면 높은 수준의 위험을 뜻하며 반대로 작은 (절대)값을 가지면 낮은 수준의 위험을 뜻한다.

〈그림 15-4〉 감마와 기초자산과의 관계

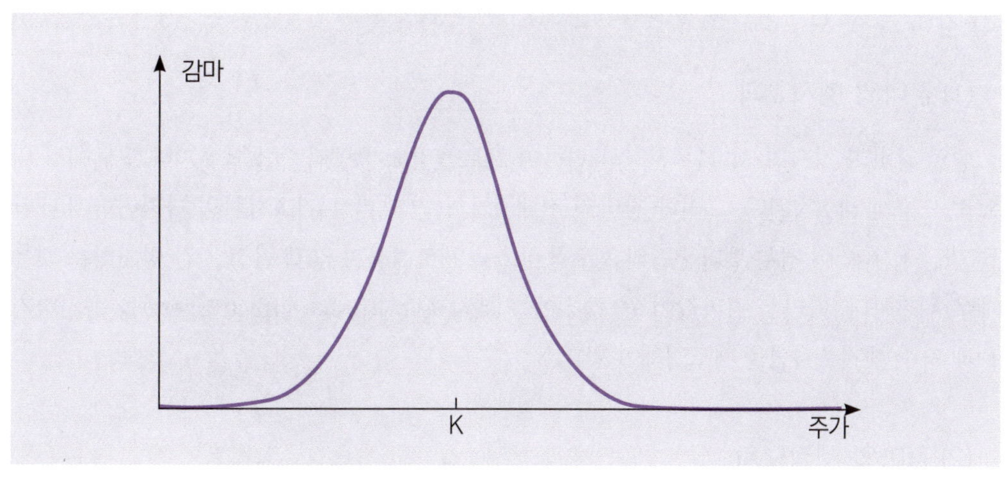

3) 감마와 만기

외가격(OTM), 등가격(ATM), 내가격(ITM) 옵션의 만기에 대한 감마의 관계가 〈그림 15-5〉에 있다. 그림에서 보듯이 등가격옵션의 경우 잔존만기가 짧을수록 감마가 매우 크며 이는 만기가 짧은 등가격 옵션의 경우 옵션가치가 주가변화에 대단히 민감함을 의미한다.

<그림 15-5> 감마와 만기와의 관계

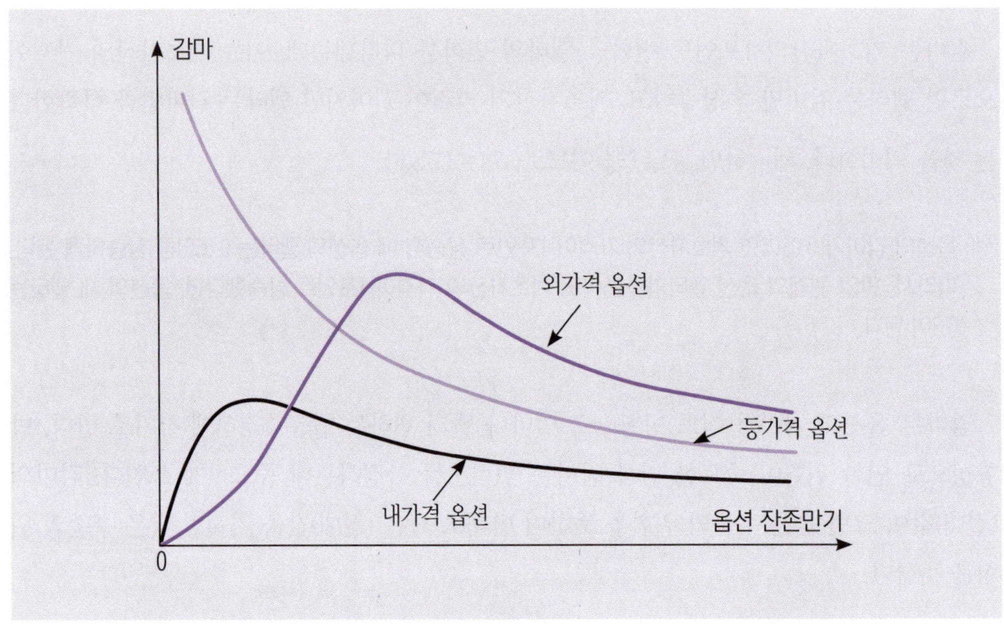

4) 감마와 헷지

(1) 감마와 헷지효과

만일 감마가 작으면 델타는 천천히 변하며 포트폴리오가 델타중립을 유지하기 위해서 비교적 드물게 재조정된다. 그러나 감마의 절대치가 크면 델타는 기초자산의 가격변화에 대단히 민감해진다. 이 경우 델타중립의 포트폴리오를 재조정하지 않고 일정 기간 방치하는 것은 매우 위험하다. 따라서 감마값이 큰 경우에는 헷지효과성(hedge effectiveness)을 유지하기 위해 자주 헷지포지션을 재조정해야 한다.

(2) 감마와 헷징오차

<그림 15-6>에서 보는 바와 같이 기초자산가격이 S_0에서 S_1으로 변동하면 델타헷징은 1차미분을 이용하므로 S_0에서의 접선을 따라 옵션가치가 C_0에서 C_1으로 변동한다고 간주한다. 그러나 실제 옵션가치는 C_0에서 C_2로 변동하므로 델타중립에 의한 헷징으로 오차 (C_2-C_1)이 발생한다. 이러한 오차를 헷징오차(hedging error)라 한다. 헷징오차는 채권가격에서 볼록성(컨벡시티) 때문에 가격오차가 생기는 원리와 유사하다.

<그림 15-6> 감마에 의해 생기는 헷징오차

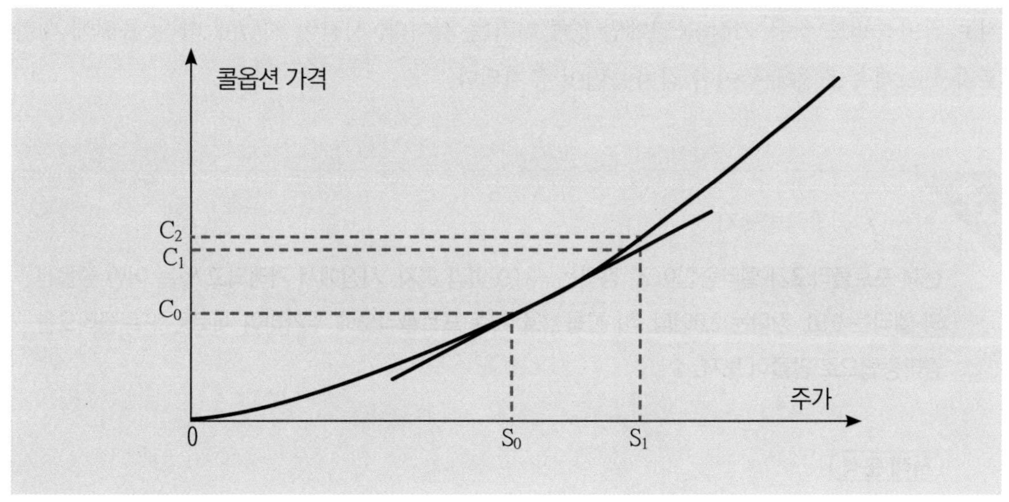

(3) 감마중립헷지

기초자산 자체의 델타(즉, dS/dS)는 1이고, 선도의 델타도 상수(즉, $dF/dS = e^{rT}$)이므로 기초자산과 선도의 감마(=dΔ/dS)는 모두 0이다. 따라서, 포트폴리오의 감마를 변화시키기 위해서 기초자산이나 선도를 사용할 수 없다. 따라서, 포트폴리오의 감마를 변화시키기 위해서는 기초자산과 선형(linearity)관계를 가지지 않는 옵션 같은 파생상품을 포트폴리오에 추가해야 한다. 왜냐하면 선형으로 의존하는 경우 감마를 구하기 위해 2차미분하면 감마가 0이 되기 때문이다.

이제 포트폴리오를 감마중립(즉, 포트폴리오 감마=0)으로 만들어 감마중립헷지(gamma neutral hedge)를 시행하는 방법에 대해 알아보자.

현재 델타중립인 포트폴리오 P의 감마가 Γ이고, 시장에서 거래되는 옵션의 감마가 Γ_T라 하며, 이 옵션의 수를 N이라 하자. 그러면, 옵션이 추가된 새로운 포트폴리오의 감마는 $(N\Gamma_T + \Gamma)$가 된다. 그러면 새로운 포트폴리오를 감마중립으로 만들려면 새로운 감마가 다음과 같이 0이 되어야 한다.

$$N\Gamma_T + \Gamma = 0 \Rightarrow N = \frac{-\Gamma}{\Gamma_T}$$

즉, 감마중립으로 만들기 위해 $N = \frac{-\Gamma}{\Gamma_T}$개의 옵션을 포트폴리오에 추가해야 한다. 그런데 옵션이 포트폴리오에 추가되면 새로운 포트폴리오의 델타도 변하므로 델타중립을 유지하기 위해서는 기초자산에 대한 포지션도 조정되어야 한다. 명심해야 할 것은 델타중립과 마찬가지로 감마중립도 짧은 기간 동안에만 중립이라는 것이다. 시간이 지남에 따라 옵션에 대한 포지션도 계속 조정해 주어야 감마중립이 유지된다.

사례

〈15-1〉 감마중립헷지

현재 포트폴리오가 델타중립이고, 감마는 −3,000이라 하자. 시장에서 거래되고 있는 어떤 콜옵션의 델타는 0.50, 감마는 2.0이다. 이 콜옵션을 기존 포트폴리오에 추가하여 새로운 포트폴리오를 감마중립으로 만들어 보자.

사례 분석

i) 추가되는 콜옵션의 수

$$N = \frac{-\Gamma}{\Gamma_T} = \frac{-(-3{,}000)}{2.0} = 1{,}500$$

즉, 이 콜옵션 1,500개를 기존 포트폴리오에 추가하면 새로운 포트폴리오는 감마중립(즉, 감마 = 0)이 된다.

ii) 델타중립을 유지하기 위한 기초자산 조정

위에서 콜옵션을 추가하면 새로운 포트폴리오의 델타 = 1,500 × 0.5 = 750이 된다. 따라서 새로운 포트폴리오에 대해 델타 중립을 유지하려면, 델타가 1인 기초자산 750개를 매도(공매)하여야 한다.

3. 쎄타

1) 쎄타의 개념

쎄타(theta, θ)는 시간의 경과에 따른 옵션의 가치변화를 의미한다. 즉, 시간의 경과에 따른 옵션 시간가치(외재가치)의 하락(time decay)을 뜻한다. 옵션의 가격은 내재가치와 시간가치의 합인데, 시간가치는 시간이 경과할수록 줄어든다. 쎄타가 0.05라 함은 시간이 경과함에 따라 단위시간당 옵션가치가 0.05만큼씩 줄어듦을 의미한다.

쎄타는 다음과 같이 수학적으로 정의할 수 있다.

$$쎄타 = \Theta = \frac{옵션가치의\ 변동}{시간의\ 변동} = \frac{\partial f}{\partial t} \quad (식\ 15\text{-}7)$$

현재시점을 t라 하면 잔존만기는 (T-t)가 되며, 여기서 옵션가치를 t에 대해 미분하면 쎄타를 구할 수 있다. 그런데 우리는 현재시점을 보통 t=0으로 하므로 쎄타를 구한 후 t=0을 대입하면 다음과 같은 무배당 유러피안 콜옵션과 풋옵션의 쎄타를 구할 수 있다. 실제로 유도하는 과정에서는 앞의 〈심화학습 15-1〉과 같은 다소 복잡한 과정을 거쳐야 한다.

$$쎄타(콜옵션) = \frac{Sn(d_1)\sigma}{2\sqrt{T}} - rKe^{-rT}N(d_2) \quad (식\ 15\text{-}8)$$

$$쎄타(풋옵션) = -\frac{Sn(d_1)\sigma}{2\sqrt{T}} + rKe^{-rT}N(-d_2) \quad (식\ 15\text{-}9)$$

단, $n(x)=표준정규분포의\ 확률밀도함수 = \frac{\partial N(x)}{\partial x} = \frac{1}{\sqrt{2\pi}}e^{\frac{-x^2}{2}}$

2) 쎄타와 주가

쎄타는 일반적으로 하루를 단위로 사용하며 쎄타가 0.05라 함은 시간이 지나 만기에 가까워지면 하루당 0.05만큼씩 옵션가치가 하락함을 뜻한다. 만일 오늘의 옵션가치가 2.75라면 내일은 2.70, 그 다음 날은 2.65가 된다는 뜻이다. 대부분의 옵션에서 쎄타는 음수(-)이지만, 예외적으로 무배당 유러피안 풋옵션, 이자율이 매우 높은 통화에 대한 내가격 유러피안 콜옵션은 양수(+)를 갖는다. 감마가 큰 양(+)의 값을 가지면 쎄타는 큰 음(-)의 값을 가지며, 감마가 큰 음(-)의 값을 가지면 쎄타는 큰 양(-)의 값을 갖는 관계가 있다. 이러한 쎄타와 감마 사이의 관계에 대해서는 뒤에서 좀 더 자세히 설명하게 될 것이다.

〈그림 15-7〉은 쎄타와 기초자산가격과의 관계를 보여주고 있는데, 쎄타의 절대값은 기초자산가격이 행사가격과 같을 때 가장 크다.

〈그림 15-7〉 쎄타와 주가와의 관계

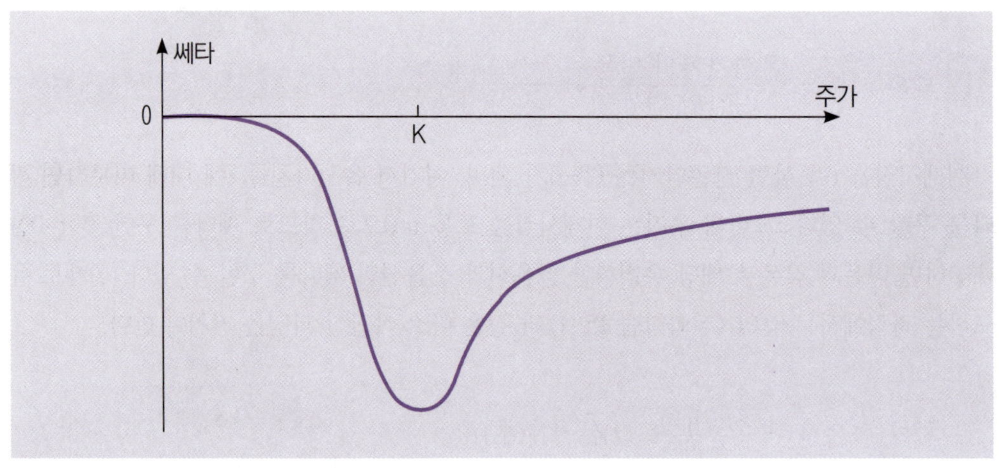

3) 쎄타와 만기

〈그림 15-8〉에서 보듯이 쎄타의 등가격 옵션이 만기에 가까워질수록 급격히 커지게 된다. 따라서 쎄타가 큰 음(-)의 값을 갖는다는 것은 시간의 경과에 따른 위험이 크다는 것을 뜻한다. 기초자산 가격은 변동할 수 있으므로 불확실성이 존재하고 따라서 헷징이 정당화될 수 있다. 그러나 시간에 대해서는 불확실성이 없으므로 시간에 대해 헷징하는 것은 전혀 논리적이지 않다. 다만, 델타중립포트폴리오의 경우 쎄타는 감마의 대용치(proxy)로 사용되기도 한다.

〈그림 15-8〉 쎄타와 만기와의 관계

4. 베가

1) 베가의 개념

지금까지 우리는 기초자산의 변동성이 일정하다고 가정하였다. 그러나 실제로는 변동성도 시간이 지남에 따라 변동한다. 이러한 변동성의 변화에 대한 옵션가치의 민감도가 바로 베가이다. 즉, 베가(vega, V)란 기초자산 변동성의 변화에 따른 옵션가격의 변동을 의미한다. 베가는 때로 카파(kappa: *K*)라 부르기도 한다. 베가는 다음과 같이 수학적으로 정의할 수 있다.

$$\text{베가} = V = \frac{\text{옵션가치의 변동}}{\text{변동성의 변동}} = \frac{\partial f}{\partial \sigma} \quad \text{(식 15-10)}$$

〈심화학습 15-1〉에서와 같은 방법으로 옵션가치를 변동성에 대해 1차 미분하면 다음과 같이 무배당 유러피안 콜옵션과 풋옵션에 대한 베가를 구할 수 있다. (식 15-11)과 (식 15-12)에서 보듯이 두 옵션의 베가가 동일하다.

$$\text{베가(콜옵션)} = S\sqrt{T}n(d_1) \quad \text{(식 15-11)}$$

$$\text{베가(풋옵션)} = S\sqrt{T}n(d_1) \quad \text{(식 15-12)}$$

2) 베가와 기초자산

등가격(ATM)에서 옵션이 변동성에 민감하므로 베가가 가장 크다. 또한 베가는 만기에 가까워질수록 작아진다. 옵션의 가치가 기초자산의 변동이 증가함에 따라 상승하므로 콜옵션과 풋옵션의 베가는 모두 양(+)의 값을 갖는다. 〈표 15-9〉는 베가와 기초자산가격 사이의 관계를 표시하고 있다.

〈그림 15-9〉 베가와 주가와의 관계

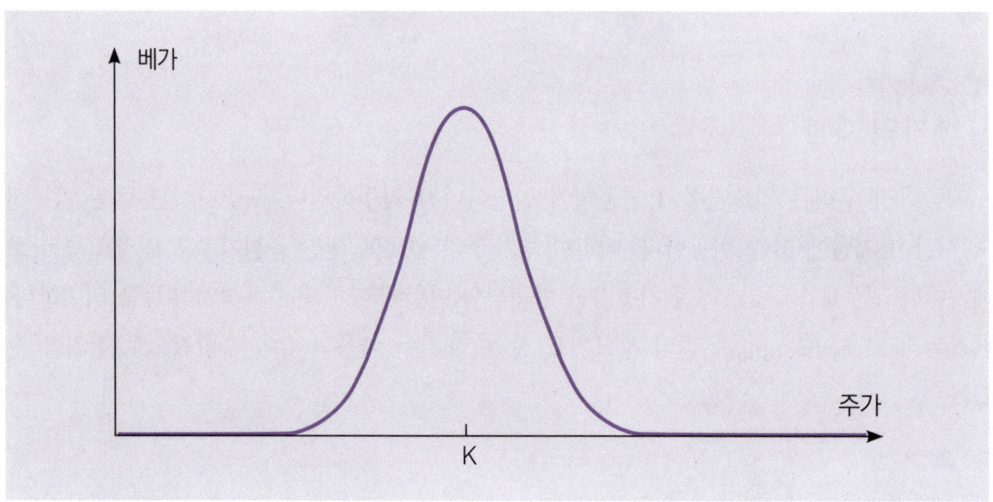

3) 베가와 만기

가장 큰 베가를 갖는 옵션은 등가격에 있는 옵션이다. 이것은 등가 옵션이 변동성에 가장 민감하다는 것을 의미한다. 베가는 만기에 가까워질수록 작아진다. 따라서 만기가 오래 남은 옵션일수록 변동성에 민감해진다. 옵션의 가치는 변동성과 시간의 상관관계가 있다고 할 수 있다. 옵션의 잔존만기가 길수록 기초자산의 가격이 변할 가능성이 높다. 따라서 잔존만기가 길수록, 그리고 변동성이 클수록 옵션의 가치는 커지게 된다. 등가격 옵션의 베가는 변동성에 관계없이 상대적으로 평이하다.

4) 베가중립헷지

기초자산 변동성의 변화에 대한 옵션가격의 변동위험을 헷지하기 위해서는 포트폴리오의 베가값이 0이 되도록 베가중립(vega neutral)포지션을 만들어야 한다. 감마와 마찬가지로 기초자산의 베가도 0이므로 포트폴리오의 베가는 옵션포지션을 이용하여 변화시킬 수 있다. 만일 v가 기존 포트폴리오의 베가이고, v_T는 거래되는 옵션의 베가라 하면, 옵션이 추가된 포트폴리오를 베가중립으로 만들려면 앞에서 설명한 감마중립처럼 $N=-v/v_T$만큼의 옵션을 추가해야 한다. 그러나, 일반적으로 베가중립이라고 해서 감마중립이 되는 것은 아니다. 즉, 베가중립은 실현되더라도 감마중립은 실현되지 않으므로 또 다른 옵션이 필요하게 된다. 즉, 감마중립을 만들기 위해서는 옵션 1개만 추가하면 충분했지만, 베가중립을 만들기 위해서는 최소한 서로 다른 옵션 2개가 필요하다. 다음 〈사례 15-2〉는 베가중립헷지 방법을 소개하고 있다.

〈15-2〉 (델타중립+감마중립+베가중립) 동시 헷지

델타중립이고 감마가 −5,000, 베가가 −8,000인 포트폴리오가 있다. 그리고 시장에서는 다음 표와 같은 옵션들이 거래되고 있다. 이 포트폴리오를 동시에 감마와 베가중립으로 만들기 위한 전략을 설명하라.

구분	델타	감마	베가
포트폴리오	0.0	-5000	-8000
옵션1	0.6	0.5	2.0
옵션2	0.5	0.8	1.2

사례 분석

i) 옵션 1개를 사용할 경우

예를 들어 옵션1을 포트폴리오에 추가하는 경우를 고려해 보자.

이 경우, 베가중립으로 만들기 위해 4,000개의 옵션이 필요하므로 옵션1에 4000개의 매입포지션을 취하면, 새 포트폴리오의 베가 = −8,000 + 2×4,000 = 0.

그러나, 이 경우 새 포트폴리오의 델타 = 0.6×4,000 = 2,400.

따라서, 새 포트폴리오를 델타중립으로 하려면 2,400개의 기초자산을 매도(공매)해야 하는데, 이렇게 되면 델타와 베가는 모두 0이 되어 델타중립과 베가중립은 실현되지만, 문제는 감마이다.

즉, 감마는 당초 −5,000에서 옵션1 4,000개 추가로 감마는 0.5×4000 = 2,000증가하게 되므로 새 포트폴리오의 감마는 −3,000이 되어 감마중립에는 실패하게 된다.

옵션2를 포트폴리오에 추가하는 경우도 동일한 방법으로 분석할 수 있고, 이 경우에도 감마중립과 베가중립을 동시에 달성할 수 없음을 알 수 있다.

ii) 옵션 2개를 사용할 경우

이번에는 옵션1과 옵션2를 동시에 추가하여 델타중립을 유지하면서 감마중립과 베가중립을 동시에 달성할 수 있는지 살펴보자.

M과 N을 옵션1과 2의 매입포지션 수라 하자.

이 경우 감마중립을 위해 다음 식(a)가, 베가중립을 위해 다음 식(b)가 성립해야 한다.

$-5{,}000 + M\times 0.5 + N\times 0.8 = 0$ (a): 감마중립공식

$-8{,}000 + M\times 2.0 + N\times 1.2 = 0$ (b): 베가중립공식

연립방정식 (a)와 (b)는 미지수 2개, 식 2개이므로 유일한 해를 가진다.

이 연립방정식을 풀면, M=400, N=6,000.

따라서, 옵션1에 400개 매입포지션, 옵션2에 6,000개 매입포지션을 취하여 기존 포트폴리오에 추가하면 감마중립과 베가중립을 달성할 수 있다.

그러나, 문제는 델타이다.

새 포트폴리오의 델타 = 0 + 400×0.6 + 6,000×0.5 = 3,240.

따라서 새 포트폴리오를 델타중립으로 만들기 위해서는 감마와 베가가 0인 기초자산 3,240개에 매도(공매)포지션을 취하면 기초자산가격이 변하기 전까지 델타중립도 달성할 수 있다.

결론적으로, i)과 ii)의 분석으로부터 이 포트폴리오의 델타중립을 유지하면서 동시에 감마중립과 베가중립을 달성하기 위해서는 1개의 옵션으로는 불가능하고, 2개의 옵션과 기초자산을 당초 포트폴리오에 추가하여야 한다. 즉, 새로운 포트폴리오 전략은 다음과 같다.

새 포트폴리오 = 기존 포트폴리오 + 400 × (옵션1) + 6,000 × (옵션2) − 3,240 × (기초자산)

5. 로

지금까지 우리는 무위험이자율이 일정한 상수라고 가정하였다. 그러나 실제로 시장에서는 무위험이자율도 약간의 변동이 있을 수 있다. 이렇게 이자율이 변동할 때 옵션가치의 변동을 보여주는 것이 바로 로이다. 즉, 로(rho, ρ)는 이자율(r)의 변화에 따른 옵션 이론가격의 변화를 의미한다. 다음과 같이 로를 수학적으로 정의할 수 있다.

$$\text{로} = \rho = \frac{\text{옵션가치의 변동}}{\text{무위험이자율의 변동}} = \frac{\partial f}{\partial r} \qquad \text{(식 15-13)}$$

〈심화학습 15-1〉에서와 같은 방법으로 옵션가치를 무위험이자율에 대해 1차 미분하면 다음과 같이 무배당 유러피안 콜옵션과 풋옵션에 대한 로를 구할 수 있다.

$$로(콜옵션) = KTe^{-rT}N(d_2) \quad (식 15-14)$$

$$로(풋옵션) = -KTe^{-rT}N(-d_2) \quad (식15-15)$$

(식 15-14)와 (식 15-15)에서 보듯이 무배당 유러피안 콜옵션은 양(+)의 로, 풋옵션은 음(-)의 로를 가진다. 왜냐하면, 콜옵션을 보유하는 것이 비용면에 있어서 유리하기 때문이다. 그러나 풋옵션의 경우에는 무위험이자율이 상승하면 주식을 팔아 현금화시키는 것이 유리하기 때문이다.

깊은 내가격(deep ITM)상태에 있는 옵션은 큰 로값을 가지며, 만기까지의 잔존일수가 길수록 로값은 커진다. 로는 다른 민감도(Greek)와 달리 일반화시켜 설명할 수는 없다. 로의 값은 기초자산의 종류와 정산과정에 따라 다르기 때문이다. 기초자산과 옵션 계약이 선물(future)과 같은 일일정산의 성격을 가지면 로는 0이 된다. 그러나 일반적으로 이자율은 옵셔가격에 대해 매우 비탄력적이므로 옵션의 가격에 영향을 미치는 변수들 중 이자율의 영향이 가장 작다.

이상에서 우리는 옵션가격에 영향을 미치는 4가지 주요 요인들에 대한 5가지 중요한 민감도를 살펴 보았는데 이에 대해 간략히 요약하면 〈표 15-1〉과 같다.

〈표 15-1〉 옵션의 민감도 요약

민감도	의미	콜옵션	풋옵션
델타(Δ)	$\partial f/\partial S$	$N(d_1)$	$N(d_1)-1$
감마(Γ)	$\partial^2 f/\partial S^2$	$n(d_1)\frac{\partial d_1}{\partial S} = \frac{n(d_1)}{S\sigma\sqrt{T}}$	$n(d_1)\frac{\partial d_1}{\partial S} = \frac{n(d_1)}{S\sigma\sqrt{T}}$
쎄타(Θ)	$\partial f/\partial t$	$\frac{Sn(d_1)\sigma}{2\sqrt{T}} - rKe^{-rT}N(d_2)$	$\frac{Sn(d_1)\sigma}{S\sigma\sqrt{T}} + rKe^{-rT}N(d_2)$
베가(V)	$\partial f/\partial \sigma$	$S\sqrt{T}n(d_1)$	$S\sqrt{T}n(d_1)$
로(ρ)	$\partial f/\partial r$	$KTe^{-rT}N(d_2)$	$-KTe^{-rT}N(-d_2)$

주) 1) 여기서는 편의상 무배당 유러피안 옵션에 대해 분석한 것임.
만일 배당률 q가 있는 경우 S를 Se^{-qT}로 바꾸면 됨.
2) f = 옵션의 가치, S = 기초자산가격, t = 현재시점, σ = 기초자산 변동성, r = 무위험이자율, T = 만기, K=행사가격, n(d)=표준정규분포의 확률밀도함수(pdf), N(d)=표준정규분포의 누적확률.

6. 민감도 사이의 관계

앞에서 배운 옵션가격결정이론으로부터 임의의 파생상품은 블랙-숄즈-머튼모형의 미분방정식을 만족해야 하며, 이러한 파생상품의 포트폴리오 P도 다음과 같이 미분방정식을 만족해야 한다.

$$\frac{\partial P}{\partial t} + rS\frac{\partial P}{\partial S} + \frac{1}{2}\sigma^2 S^2 \frac{\partial^2 P}{\partial S^2} = rP \qquad \text{(식 15-16)}$$

그런데, 위에서 배운 민감도공식들로부터,

$$\frac{\partial P}{\partial t} = \Theta,\ \frac{\partial P}{\partial S} = \Delta,\ \frac{\partial^2 P}{\partial S^2} = \Gamma \qquad \text{(식 15-17)}$$

따라서, (식 15-17)을 (식 15-16)에 대입하면, 다음과 같은 민감도 사이의 관계식을 얻는다.

$$\Theta + rS\Delta + \frac{1}{2}\sigma^2 S^2 \Gamma = rP \qquad \text{(식 15-18)}$$

그런데 만일 이 포트폴리오가 델타중립이라면 Δ=0이므로 (식 15-18)은 다음과 같이 된다.

$$\Theta + \frac{1}{2}\sigma^2 S^2 \Gamma = rP \qquad \text{(식 15-19)}$$

(식 15-19)로부터, 만일 쎄타(Θ)값이 매우 큰 양수이면, 감마(Γ)는 절대값이 큰 음수(-)가 되는 경향이 있음을 알 수 있다. 역으로 감마(Γ)가 절대값이 큰 음수(-)이면, 쎄타(Θ)는 매우 큰 양수가 되는 경향이 있다. 이와 같은 사실은 쎄타가 위험중립포트폴리오에서 감마의 대용치(proxy)로 사용될 수 있음을 시사한다.

심화 학습 15-2 포트폴리오 보험과 주가 대폭락

포트폴리오 보험(portfolio insurance)이란 기초자산가격이 유리하게 변동함으로 인해 발생하는 이익은 극대화하되, 기초자산가격이 불리하게 변동하더라도 포트폴리오의 가치가 일정수준 이하로 하락하지 않도록 자산을 운용하는 전략을 말한다. 이러한 포트폴리오에 투자한 경우 마치 보험에 든 것 같은 효과가 있다는 의미로 명칭이 붙여졌다.

포트폴리오 보험기법은 1970년대 말 Leland와 Rubinstein에 의해 본격적으로 개발되기 시작했으며, 1980년대 초 주가지수선물의 등장과 더불어 폭발적인 인기를 얻게되었고, 1987년 10월 19일 블랙 먼데이(Black Monday: 하루에 20%이상 주가 대폭락) 직전에는 미국 내에서만 약 900억 달러 규모의 포트폴리오가 이 기법으로 운영되었던 것으로 전해지고 있다. 그러나, 포트폴리오 보험기법이 블랙 먼데이 주가 대폭락의 주요 원인의 하나로 지목한 미국의회의 브래디 특별위원회 보고서(Brady Commission Report)로 인해 이 기법사용에 여러 규제가 생기게 되었고 이로 인해 보험전략 사용이 많이 위축되기는 하였으나 여전히 펀드운영이나 투자기법에 널리 사용되고 있다. 당시 브래디 보고서는 많은 기관투자가들이 포트폴리오 보험 전략에 의거 과도하게 매도포지션을 취하여 주가 대폭락을 촉발하였다고 평가한 바 있다.

특히 연기금이나 보험회사 등과 같은 기관의 포트폴리오는 최소한의 수익을 보장하면서 가능하면 높은 수익을 추구해야 하기 때문에 포트폴리오 보험 기법은 여전히 중요하고 유효하다. 이 기법의 수익구조는 앞에서 이미 배운 방어적 풋(protective put: +S+P)과 아주 유사하다. 즉, 주식을 매입(+S)한 투자자가 주가하락을 염려하여 풋옵션을 매입(+P)하면, 손실은 일정부분으로 제한하면서 주가가 오르면 큰 이익을 실현할 수 있으므로 포트폴리오 보험전략과 일치한다.

그런데, 이렇게 풋옵션을 이용하면 비교적 쉽게 포트폴리오 보험 전략을 구사할 수 있으나, 실무적으로 몇 가지 문제점이 있다. 첫째, 필요로 하는 풋옵션의 유동성 문제이다. 선물과 달리 옵션은 여러 개의 행사가격과 만기를 갖기 때문에 거래가 분산되어 특정한 행사사격과 만기를 갖는 풋옵션의 거래량이 비교적 적은 규모이고 따라서 유동성이 낮아 원하는 시점에 원하는 수량을 확보하기가 쉽지 않다. 또한 이미 설명한 바와 같이 포트폴리오 보험전략을 구사하는 투자자가 대부분 연기금이나 보험회사 같이 헷지대상 펀드의 규모가 매우 큰 포트폴리오를 운영하는 경우 유동성 문제는 매우 심각한 고려요인이다. 둘째, 대부분의 연기금이나 보험회사 펀드들은 그 성격상 장기간 운영되어야 하는 반면, 풋옵션의 만기는 매우 단기이므로 만기 불일치(mismatch)의 문제도 있다. 물론 만기를 계속 연장시키는 롤 오버(roll over)전략으로 일부 보완할 수는 있으나 이 또한 실무적으로 유동성과 비용문제가 있다. 셋째, 사용할 풋옵션의 프리미엄이 과대평가되어 많은 비용이 소요될 수도 있다. 이러한 문제점들로 인해 방어적 풋옵션 전략으로 포트폴리오 보험기법을 적용하는 것은 실무적으로 문제가 있어 그 대안으로 동적자산배분전략(dynamic asset allocation strategy)이나 동적헷지전략(dynamic hedge strategy)이 많이 활용되고 있다.

동적자산배분전략은 주식과 무위험채권의 적절한 결합으로 방어적 풋옵션을 합성하는 포트폴리오 보험 전략이다. 즉, 주식과 무위험자산을 결합한 포트폴리오(즉, +S+B)의 델타를 방어적 풋 포지션(즉,+P+S)의 델타와 일치시키는 기법이다. 그런데 방어적 풋 포지션(즉,+P+S)의 델타는 $\frac{\partial(P+S)}{\partial S} = \frac{\partial P}{\partial S} + \frac{\partial S}{\partial S} = [N(d_1)-1]+1=N(d_1)$이므로 주식과 무위험자산을 결합한 포트폴리오의 델타를 $N(d_1)$으로 만들면 된다. 즉, $N(d_1)$만큼의 주식을 매입하고 나머지는 무위험자산을 매입하면 포트폴리오 보험전략이 된다. 주식가격이 상승하면 $N(d_1)$이 커지므로 주식매입비율을 늘려야 하고, 주가가 하락하면 주식매입비율을 줄여야 하지만, 수시로 변동하는 주가에 따라 계속해서 주식매입비율을 조정하는 것은 거래비용 등의 측면에서 어려우므로 실무적으로는 주가변동폭을 미리 정해놓고(예를 들어 현재가격대비 3%), 변동폭 이상으로 주가가 변동할 때만 조정하는 전략을 구사한다.

동적헷지전략은 주가지수선물을 이용한 포트폴리오 보험 전략이다. 동적자산배분 방법이 정확하기는 하나 거래비용이 많이 들어 실무적으로 이용하기 어렵기 때문에 앞에서 배운 주가지수선물을 이용하여 헷지하는 것이 바로 동적헷지전략이다. 그러나 이 방법도 두 가지 중요한 문제가 있다. 첫째, 보유하고 있는 포트폴리오가 주가지수와 밀접한 관련성(상관관계)이 없으면 추적오차(tracking error)가 발생한다. 둘째, 주가지수선물의 실제가격과 이론가격 사이에 괴리가 커지면 그 만큼 포트폴리오 보험효과도 작아진다.

이와 같은 포트폴리오 보험 전략의 가장 큰 문제점은 주가가 오르면 주식매입 혹은 주가지수선물 매입포지션을 늘리므로 주식수요가 늘어나 주가가 추가로 상승하는 효과가 있는 반면, 주가가 하락할 경우에는 주식매도 혹은 주가지수선물 매도포지션을 늘리므로 주식공급이 늘어나 추가적으로 주가가 하락하여 결과적으로 시장의 변동성을 커지게 하며, 주식시장이 하락할 때 시장을 더 악화시켜 주가 폭락을 유발할 수 있어 포지션 한도의 확대 등 적절한 규제장치가 필요한 것이다.

연습문제

01. "델타(delta)"의 정의로 적절한 것은?

① 기초선물가격변화에 대한 옵션가격의 변화율
② 주식포트폴리오와 시장간의 상대적 변동성의 척도
③ 주식 혹은 포트폴리오와 시장간의 헷지비율
④ 과거 가격변화의 통계적 측정치

02. 다음 옵션거래 포지션에 대한 설명 중 틀린 것은?

① 델타(delta)란 기초자산의 가격변화에 대한 옵션의 가격변화를 의미한다.
② 감마(gamma)란 기초자산의 가격변화에 대한 델타(delta)의 변화를 의미한다.
③ 베가(vega)란 기초자산의 변동성변화에 대한 옵션의 가격변화를 의미한다.
④ 쎄타(theta)란 이자율변화에 대한 옵션의 가격변화를 의미한다.

03. 포스코 주식콜옵션 100계약을 매입한 투자자가 있다. 이 옵션의 델타값은 0.5이고, 옵션가격은 개당 2,000원이며, 현재 포스코 주가는 100,000원이다. 이 투자자가 델타중립적 포지션을 만들기 위해 취해야 할 전략은?
(단, 옵션 1계약은 주식10주에 해당)

① 포스코 주식 500주 매입 ② 포스코 주식 500주 매도
③ 포스코 주식 300주 매입 ④ 포스코 주식 300주 매도

04. 옵션 민감도에 관한 다음 설명 중 옳지 않은 것은?

① 풋옵션의 델타는 양(+)의 값을 가질 수 없다.
② 콜옵션과 풋옵션의 베가는 동일하다.
③ 유러피안 콜옵션의 델타는 외가격에서 가장 작다.
④ 유러피안 콜옵션의 쎄타는 내가격에서 가장 크다.

05. 다음 중 포트폴리오 보험 전략으로 적절하지 못한 것은?

① 주식포트폴리오보유 + 주가지수선물매입
② 주식포트폴리오보유 + 주가지수풋옵션매입
③ 주식포트폴리오와 무위험자산의 적절한 배분
④ 무위험자산보유 + 주가지수콜옵션매입

06. 다음 옵션 중 델타(delta)가 가장 큰 것은?

① 외가격 옵션　　② 내가격 옵션
③ 등가격 옵션　　④ 만기 근처(near-expiration) 옵션

07. 동일한 기초자산, 만기, 행사가격을 갖는 유러피안 콜옵션과 풋옵션이 있다. 콜옵션의 델타값은 0.75이다. 이때 다음 포지션 가운데 델타중립이 아닌 것은?
(단, 옵션1개 =주식1개로 가정, S=기초자산, C=콜옵션, P=풋옵션, (+)=매입, (-)=매도)

① +100C - 75S　　② +100S - 100C +100P
③ +100P - 25S　　④ +100S + 400P

08. 배당수익률 q를 지급하는 주식을 기초자산으로 하는 유러피안 콜옵션의 델타는?

① $e^{qT}N(d_2)$　　② $e^{-qT}N(d_1)$
③ $e^{-qT} + N(d_2)$　　④ $N(d_2) - e^{qT}$

09. 만일 당신의 고객이 델타(delta)가 0.3인 선물콜옵션 60개를 매도하였다면 기초자산인 선물 몇 개를 거래해야 델타중립(delta-neutral)을 이룰 수 있는가?

① 선물계약 6개 매입　　② 선물계약 6개 매도
③ 선물계약 18개 매입　　④ 선물계약 18개 매도

10. 포트폴리오 보험과 관련된 다음 내용 중 옳지 않은 것은?

① 손실은 일정수준으로 제한하고 이익의 가능성은 그대로 남겨두는 손익구조를 갖는다.
② 동적헷지전략과 정적헷지전략이 있다.
③ 옵션의 유동성문제로 인하여 옵션대신 선물을 주로 이용한다.
④ 주가의 변동성을 증가시킬 수 있다.

11. 기초자산을 10,000개를 보유하고 있는 투자자가 있다. 현재 어떤 콜옵션의 델타가 0.7225라 할 때, 다음과 같이 델타중립헷지를 하고자 할 때 어떻게 포트폴리오를 구성해야 하는지 설명하라.
(단, S=기초자산, C=콜옵션, P=풋옵션, (+)=매입, (-)=매도를 각각 표시함)

1) 포트폴리오(P) = +S - M*C = +1개 기초자산 - M개 콜옵션
2) 포트폴리오(P) = +S + N*P = +1개 기초자산 + N개 풋옵션
3) 포트폴리오(P) = +S - C + P = +1개 기초자산 - 1개 콜옵션 + 1개 풋옵션

Exercises

12. 콜옵션 10,000개를 매도한 투자자가 있다. 현재 이 콜옵션의 델타가 0.7225이고, M개의 기초자산을 매입하여 델타중립헷지를 하고자 할 때 M을 구하라.

13. 콜옵션 10,000개를 매입한 투자자가 있다. 현재 이 콜옵션의 델타가 0.7225이고, N개의 기초자산을 공매하여 델타중립헷지를 하고자 할 때 N을 구하라.

14. 풋옵션 10,000개를 매도한 투자자가 있다. 현재 이 풋옵션의 델타가 -0.2775이고, K개의 기초자산을 공매하여 델타중립헷지를 하고자 할 때 K을 구하라.

15. 풋옵션 10,000개를 매입한 투자자가 있다. 현재 이 풋옵션의 델타가 -0.2775이고, L개의 기초자산을 매입하여 델타중립헷지를 하고자 할 때 L을 구하라.

16. 무배당 유러피안 풋-콜패리티를 이용하여 콜옵션과 풋옵션의 감마가 동일함을 증명하라.

17. 무위험이자율은 연간 10%, 주가의 변동성은 연간 25%일 때 무배당주식에 대한 6개월 만기 등가격(ITM) 유러피안 콜옵션의 델타를 계산하라.

* 다음 자료를 이용하여 문제 (18)~(20)의 질문에 답하라.

무배당주식의 현재 주가는 $49, 행사가격은 $50, 무위험이자율은 연간 5%, 주가변동성은 연간 20%, 만기는 20주(=20주/52주=0.3846년)이다.

18. 이 주식을 기초자산으로 하는 풋옵션의 감마(Γ)를 계산하라.

19. 이 주식을 기초자산으로 하는 풋옵션의 베가(V)를 계산하라.

20. 이 주식을 기초자산으로 하는 풋옵션의 로(ρ)를 계산하라.

연습문제 정답 및 해설

01. ❶

02. ❹

쎄타(theta)란 시간의 경과에 따른 옵션가치의 변화(즉, $\partial f/\partial t$)를 의미한다.

03. ❷

주어진 조건에서, $\frac{\partial C}{\partial S} = N(d_1) = 0.5$

이 투자자의 포트폴리오를, $\Pi = +C + M \times S$ 라 하자.

이 포트폴리오를 델타중립으로 하려면, 다음이 만족되어야 한다.

$0 = \frac{\partial \Pi}{\partial S} = +\frac{\partial C}{\partial S} + M = 0.5 + M \Rightarrow M = -0.5$

즉, 콜옵션 1개당 주식 0.5개를 매도하면 델타중립이 되는데, 현재 이 투자자는 모두 옵션 100계약(=100*10개=1000개)을 매입하고 있으므로, 500개의 주식을 매도해야 된다.

04. ❹

유러피안 콜옵션의 쎄타는 외가격에서 가장 크다.

05. ❶

포트폴리오 보험전략에서 가장 많이 사용되는 방법은 주식포트폴리오를 보유한 상태에서 주가지수선물을 매도하는 포지션을 취하는 것이다. 만일 주가지수콜옵션의 유동성이 풍부하다면, (주식포트폴리오보유 + 주가지수풋옵션매입)으로 프로텍티브 풋옵션 전략을 구사할 수도 있다.

06. ❷

델타(Δ)는 다음과 같이 두 가지 측면에서 정의될 수 있다.

델타(Δ) = $\partial f/\partial S$ = 기초선물가격변화에 대한 옵션가격의 변화율

그런데, 델타는 옵션이 내가격상태에 있을 때 가장 큰 값을 갖는다.

07. ❸

각 포지션을 기초자산(S)으로 미분한 값이 0이 되는지 확인하면 된다.

주어진 조건에서, $\frac{\partial C}{\partial S} = N(d_1) = 0.75$, $\frac{\partial P}{\partial S} = N(d_1) - 1 = -0.25$

① $\Pi = +100C - 75S$

$\Rightarrow \frac{\partial \Pi}{\partial S} = +100\frac{\partial C}{\partial S} - 75 = +100(0.75) - 75 = 0$ (델타중립)

② Π= +100S - 100C + 100P

$\Rightarrow \frac{\partial \Pi}{\partial S}$ = +100−100$\frac{\partial C}{\partial S}$ + 100$\frac{\partial P}{\partial S}$ = +100−100(0.75)+100(−0.25) = 0 (델타중립)

③ Π = +100P - 25S

$\Rightarrow \frac{\partial \Pi}{\partial S}$ = +100$\frac{\partial P}{\partial S}$ −25 = 100(−0.25)−25 = −50 ≠ 0 (델타중립 아님)

④ Π= +100S + 400P

$\Rightarrow \frac{\partial \Pi}{\partial S}$ = +100+400$\frac{\partial P}{\partial S}$ = +100+400(−0.25) = 0 (델타중립)

08. ❷

09. ❸

이 고객의 포트폴리오(Π) = -C + M × S

⇒ Π가 델타중립이 되려면 Π의 델타가 0이어야 한다.

그리고 콜옵션의 델타는 N(d1)=0.3 이므로 다음이 성립해야 한다.

$$0 = \frac{\partial \Pi}{\partial S} = -\frac{\partial C}{\partial S} + M = -0.3 + M \Rightarrow M = 0.3$$

따라서, 콜옵션 1개당 0.3개의 선물을 매입해야 하는데, 현재 투자자가 60개의 콜옵션을 매도하고 있으므로, 이 투자자는 포트폴리오를 델타중립으로 만들기 위해 60×0.3=18개의 선물을 매입하여 포트폴리오를 구성해야 한다.

10. ❷

포트폴리오 보험 전략의 대표적인 두 가지는 동적헷지전략과 동적자산배분전략이다.

11. 1) 포트폴리오(Π) = +S - M×C

⇒ Π가 델타중립이 되려면 Π의 델타가 0이어야 한다.

그리고 콜옵션의 델타는 $N(d_1)$이므로 다음이 성립해야 한다.

$$0 = \frac{\partial \Pi}{\partial S} = 1 - M\frac{\partial C}{\partial S} = 1 - M \times N(d_1) \Rightarrow M = \frac{1}{N(d_1)} = \frac{1}{0.7225} = 1.3841$$

따라서, 주식 1개당 1.3841개의 콜옵션을 매도해야 하는데, 현재 투자자가 100개의 주식을 보유하고 있으므로, 이 투자자는 포트폴리오를 델타중립으로 만들기 위해 13,841개의 콜옵션을 매도하여 포트폴리오를 구성해야 한다.

즉, 델타중립 포트폴리오, Π = +10,000개 주식 - 13,841개의 콜옵션.

2) 포트폴리오(Π) = +S + N×P

⇒ Π가 델타중립이 되려면 Π의 델타가 0이어야 한다.

그리고 풋옵션의 델타는 $[N(d_1)-1=-0.2775]$이므로 다음이 성립해야 한다.

$$0 = \frac{\partial \Pi}{\partial S} = 1 + M\frac{\partial P}{\partial S} = 1 + M \times [N(d_1)-1] \Rightarrow M = \frac{1}{N(d_1)-1} = \frac{1}{-0.7225} = 3.6036$$

따라서, 주식 1개당 3.6036개의 풋옵션을 매도해야 하는데, 현재 투자자가 10,000개의 주식을 보유하고 있으므로, 이 투자자는 포트폴리오를 델타중립으로 만들기 위해 36,036개의 풋옵션을 매입하여 포트폴리오를 구성해야 한다.

즉, 델타중립 포트폴리오, Π = +10,000개 주식 + 36,036개의 풋옵션.

3) 포트폴리오(Π) = +S − C + P

먼저, Π의 델타를 구해보자.

$\frac{\partial \Pi}{\partial S} = 1 - M\frac{\partial C}{\partial S} + \frac{\partial P}{\partial S} = 1 - N(d_1) + [N(d_1) - 1] = 0.$

⇒ Π의 델타가 0이므로 Π는 델타중립상태에 있다.

따라서, 주식 1개당 1개의 콜옵션을 매도하고,1 개의 풋옵션을 매입하면 포트폴리오는 델타중립이 된다. 현재 투자자가 10,000개의 주식을 보유하고 있으므로, 이 투자자는 포트폴리오를 델타중립으로 만들기 위해 10,000개의 콜옵션을 매도하고, 10,000개의 풋옵션을 매입하여 포트폴리오를 구성해야 한다.

즉, 델타중립 포트폴리오,

Π = +10,000개 주식 − 10,000개의 콜옵션+ 10,000개의 풋옵션.

12. S = 기초자산, C=콜옵션, P=풋옵션, (+)=매입, (−)=매도를 각각 표시한다고 하자.

포트폴리오(Π) = −C + M × S

⇒ Π가 델타중립이 되려면 Π의 델타가 0이어야 한다.

그리고 콜옵션의 델타는 $N(d_1)$이므로 다음이 성립해야 한다.

$0 = \frac{\partial \Pi}{\partial S} = -\frac{\partial C}{\partial S} + M = N(d_1) + M \Rightarrow M = N(d_1) = 0.7225.$

따라서, 콜옵션 1개당 0.7225개의 주식을 매입해야 하는데, 현재 투자자가 10,000개의 콜옵션을 매도하고 있으므로, 이 투자자는 포트폴리오를 델타중립으로 만들기 위해 7,225개의 주식을 매입하여 포트폴리오를 구성해야 한다.

즉, 델타중립 포트폴리오, Π = −10,000개 콜옵션 + 7,225개의 주식.

13. S=기초자산, C=콜옵션, P=풋옵션, (+)=매입, (−)=매도를 각각 표시한다고 하자.

포트폴리오(Π) = +C − N × S

⇒ Π가 델타중립이 되려면 Π의 델타가 0이어야 한다.

그리고 콜옵션의 델타는 $N(d_1)$이므로 다음이 성립해야 한다.

$0 = \frac{\partial \Pi}{\partial S} = -\frac{\partial C}{\partial S} - N = N(d_1) + N \Rightarrow N = N(d_1) = 0.7225.$

따라서, 콜옵션 1개당 0.7225개의 주식을 공매해야 하는데, 현재 투자자가 10,000개의 콜옵션을 보유하고 있으므로, 이 투자자는 포트폴리오를 델타중립으로 만들기 위해 7,225개의 주식을 공매하여 포트폴리오를 구성해야 한다.

즉, 델타중립 포트폴리오, Π = +10,000개 콜옵션 − 7,225개의 주식.

14. S=기초자산, C=콜옵션, P=풋옵션, (+)=매입, (−)=매도를 각각 표시한다고 하자.

포트폴리오(Π) = −P − K×S

⇒ Π가 델타중립이 되려면 Π의 델타가 0이어야 한다.

그리고 풋옵션의 델타는 $[N(d_1)-1] = -0.2775$이므로 다음이 성립해야 한다.

$$0 = \frac{\partial \Pi}{\partial S} = -\frac{\partial C}{\partial S} - K = -[N(d_1)-1] - K \quad \Rightarrow K = -[N(d_1)-1] = 0.2775$$

따라서, 풋옵션 1개당 0.2775개의 주식을 공매해야 하는데, 현재 투자자가 10,000개의 풋옵션을 매도하고 있으므로, 이 투자자는 포트폴리오를 델타중립으로 만들기 위해 2,775개의 주식을 공매하여 포트폴리오를 구성해야 한다.

즉, 델타중립 포트폴리오, Π = −10,000개 풋옵션 − 2,775개의 주식.

15. S=기초자산, C=콜옵션, P=풋옵션, (+)=매입, (−)=매도를 각각 표시한다고 하자.

포트폴리오(Π) = +P + L×S

⇒ Π가 델타중립이 되려면 Π의 델타가 0이어야 한다.

그리고 풋옵션의 델타는 $[N(d_{-1})-1] = -0.2775$이므로 다음이 성립해야 한다.

$$0 = \frac{\partial \Pi}{\partial S} = +\frac{\partial P}{\partial S} + L = [N(d_1)-1] - L \quad \Rightarrow L = 1-N(d_1) = 0.2775$$

따라서, 풋옵션 1개당 0.2775개의 주식을 매입해야 하는데, 현재 투자자가 10,000개의 풋옵션을 매입하고 있으므로, 이 투자자는 포트폴리오를 델타중립으로 만들기 위해 2,775개의 주식을 매입하여 포트폴리오를 구성해야 한다.

즉, 델타중립 포트폴리오, Π = +10,000개 풋옵션 + 2,775개의 주식.

16. 무배당 유러피안 풋-콜 패리티는 다음과 같다.

$$p + S = c + Ke^{-rT}$$

⇒ 감마를 구하기 위해 위 식의 양변을 S에 대해 두 번 미분해 보자.

$$\Rightarrow \frac{\partial p}{\partial S} + 1 = \frac{\partial c}{\partial S}$$

$$\Rightarrow \frac{\partial^2 p}{\partial S^2} = \frac{\partial^2 c}{\partial S^2}$$

⇒ 감마(풋옵션) = 감마(콜옵션).

Q.E.D.

17. 주어진 자료로부터, S=K(등가격), r=0.1, σ=0.25, T=6개월=0.5년이므로,

$$d_1 = \frac{\ln(1.0) + (0.1 + \frac{0.25^2}{2})0.5}{0.25\sqrt{0.5}} = 0.3712$$

따라서, 이 콜옵션의 델타, $N(d_1) = N(0.3712) = 0.64$

18. 문제에서 주어진 자료로부터,

S=49, K=50, r=0.05, σ=0.2, T=0.3846

$$\Rightarrow d_1 = \frac{\ln(\frac{49}{50}) + (0.05 + \frac{0.2^2}{2})0.3846}{0.2\sqrt{0.3846}} = 0.0542$$

$$\Rightarrow d_2 = d_1 - \sigma\sqrt{T} = 0.0542 - 0.2\sqrt{0.3846} = -0.0698$$

$$\Rightarrow N(d_1) = 0.5220,\ N(-d_2) = 0.5259$$

따라서, 풋옵션의 감마 $= \dfrac{\frac{1}{\sigma\sqrt{2\pi}}e^{-\frac{d_1^2}{2}}}{S\sigma\sqrt{T}} = 0.066$

19. 문제 (18)로부터

S=49, K=50, r=0.05, σ =0.2, T=0.3846

$d_1 = 0.0542$

따라서, 풋옵션의 베가 $= S\sqrt{T}\ \frac{1}{\sqrt{2\pi}}e^{-\frac{d_1^2}{2}} = 12.1$

20. 문제 (18)로부터

S=49, K=50, r=0.05, σ =0.2, T=0.3846

$d_2 = -0.0698,\ N(-d_2) = 0.5259$

따라서, 풋옵션의 로(ρ) $= -KTe^{-rT}N(-d_2) = -9.92$

Chapter 16

특별옵션

경제, 금융활동과 환경이 다양해지면서 경제주체들의 욕구도 다양해지고, 이로 인해 기존 전통적 개념의 옵션계약들이 충족시킬 수 없는 새로운 다양한 위험, 손익구조를 갖는 상품들에 대한 수요가 증가하는 추세이다.

이에 부응하여 기존옵션들과는 구별되는 새로운 형태의 옵션들이 금융공학(financial engineering)적 기법에 의해 설계되어 상품화되고 있다. 따라서 여기서는 간략하나마 앞에서 설명한 유러피안 옵션, 어메리칸 옵션 등 전통적 옵션들과는 상이한 계약구조를 가지고 있는 특별옵션(special option)들을 소개하고자 한다. 전통적 옵션들이 주로 거래소에서 거래되는 반면, 대부분의 특별옵션들은 장외(OTC)시장에서 거래되고 있다.

1. 워런트

1) 워런트의 개념

워런트(warrant)란 일정수의 보통주(common stock)를 행사가격에 살 수 있는 옵션을 말하며, 따라서 콜옵션이라 볼 수 있다. 워런트는 '신주인수권'이라고도 불린다. 실무자들 사이에 워런트라는 용어가 많이 사용되고 있어 본서에서도 신주인수권이라는 용어보다는 워런트라는 외래어를 주로 사용한다. 워런트는 주식이나 채권과 마찬가지로 거래소뿐만 아니라 금융기관 또는 개인에 의해 발행되어 매매될 수 있으며 양도가 가능하다.

워런트의 행사자는 워런트의 최초 발행기관을 상대로 결제를 요구하며 이 때 장내거래와 달리 결제불이행 위험에 대비한 청산소(clearing house) 같은 보증기관은 없다. 워런트의 거래대상(기초자산)으로는 주식, 주가지수, 통화, 일반상품 등이 있다. 이 중 가장 대표적인 것이 주식워런트로서 주식회사가 자사주식에 대해 발행한다.

주식워런트와 주식옵션 사이에는 다음과 같은 차이가 있다. 첫째, 주식워런트의 발행은 주식발행기관에서 하는데 비해 일반 주식옵션은 임의의 경제주체가 할 수 있다는 점이다. 둘째, 워런트의 경우 발행수량이 법적 혹은 경영관리면에서 제한을 받는 반면, 주식옵션의 경우 제한이 없다는 점이다.

주식옵션과 마찬가지로 다른 기초자산 대상 워런트도 콜워런트와 풋워런트를 발행할 수 있으며, 결제방식은 실물인수도보다는 현금결제가 일반적이다. 그리고 워런트의 만기는 통상 옵션보다 길다.

2) 워런트의 희석효과

(1) 워런트 발행에 따른 주가의 희석

일반 주식옵션의 경우 콜옵션매입자가 옵션을 행사하면 시장에서 거래되고 있는 주식으로 인도하므로 총 발행주식수에 영향을 주지 않는다. 즉, 콜옵션발행자가 주식을 이미 보유하고 있으면 보유한 주식으로 인도하면 되고, 주식을 보유하고 있지 않으면 시장에서 주식을 매입하여 인도하면 되기 때문에 기업이 발행한 총 주식수에는 영향을 주지 않는 것이다.

그러나, 앞에서 이미 설명한 대로 임직원 스톡옵션(employee stock option)이나 워런트의 경우 옵션이 행사되면 기업은 신주를 발행하여 인도하게 된다는 점이 일반 주식옵션과 크게 다른 점이다. 만일 워런트의 행사가격이 주식의 시장가격보다 낮으면 워런트가 행사되어 기존 주주들의 이익이 침해될 수 있는 것이다. 즉, 워런트의 행사로 주식수가 늘어나면 기업의 이익 등 다른 조건이 변하지 않을 경우 주당 주가는 시장에서 하락할 수 있는데 이를 희석효과(dilution)라 한다. 희석효과가 얼마나 되는지 계산해 보자.

기업의 주가가 현재 S_0, 발행되어 있는 주식수는 N, 발행하고자 하는 유러피안 워런트의 수는 M, 워런트의 행사가격은 K, 워런트 1개당 신주 λ개를 매입하는 권리가 부여되었다고 하자.

그러면, 현재 기업의 가치, $V_0 = NS_0$이다. 이 가치는 워런트를 발행해도 변하지 않는다. 만일 워런트가 발행되지 않을 경우 워런트 만기 시 주가를 S_T라 하면, 워런트 만기 시 기업의 가치, V_T(행사 전) = NS_T가 된다. 만일 워런트가 행사되면 워런트 발행기업은 신주 λM개를 발행하게 되므로 λMK만큼의 행사가격이 기업으로 유입되므로 워런트 행사 후 기업의 총가치는 다음과 같다.

$$V_T(\text{행사 후}) = V_T(\text{행사 전}) + \text{행사가치} = NS_T + \lambda MK \quad \text{(식 16-1)}$$

그런데 워런트가 행사되면 λM개의 신주가 발행되므로, 워런트 행사 후 기업의 총발행주식수는 $(N+\lambda M)$개가 된다. 따라서, 워런트 행사 후 기업의 주당가치는 (식 16-1)의 총가치를 새로운 주식발행수로 나누어야 하므로 다음과 같이 된다.

$$\text{주당 가치(행사 후)} = \frac{\text{행사 후 총가치}}{\text{행사 후 총 주식수}} = \frac{NS_T + \lambda MK}{N + \lambda M} \quad \text{(식 16-2)}$$

그런데, 워런트는 콜옵션이므로 $K < S_T$라야 행사되고, 따라서 (식 16-2)로부터, 다음과 같은 부등식을 유도할 수 있다.

$$\frac{NS_T + \lambda MK}{N + \lambda M} = \frac{1}{N + \lambda M}(NS_T + \lambda MK) < \frac{1}{N + \lambda M}(NS_T + \lambda MS_T) = S_T \quad \text{(식 16-3)}$$

(식 16-3)은 워런트가 행사될 경우 주가가 하락되는 희석효과의 원리를 잘 보여주고 있다. 즉, 워런트가 발행되지 않았다면 기업의 주가는 S_T가 되었을 텐데, 워런트의 발행과 행사

로 주가는 $\frac{NS_T + \lambda MK}{N + \lambda M}$로 하락하게 되는 것이다.

한편, 같은 논리로 다음 부등식도 성립한다.

$$\frac{NS_T + \lambda MK}{N + \lambda M} = \frac{1}{N + \lambda M}(NS_T + \lambda MK) > \frac{1}{N + \lambda M}(NK + \lambda MK) = K \qquad \text{(식 16-4)}$$

따라서, (식 16-2)에 있는 워런트 행사 시 주당가치는 다음 부등식을 만족한다.

$$K < \frac{NS_T + \lambda MK}{N + \lambda M} < S_T \qquad \text{(식 16-5)}$$

(2) 워런트의 가치평가

시장이 효율적이라면 워런트나 임직원 스톡옵션의 공시 당시 잠재적 희석효과가 이미 주가에 반영되기 때문에, 워런트의 가치평가에는 영향을 미치지 않는다. 즉, 시장이 효율적이면 워런트 행사에 따른 희석효과는 이미 공시시점에 주가에 반영되므로 워런트의 가치를 평가할 때 다시 고려할 필요가 없다는 것이다. 워런트의 가치평가에 대해 살펴보자.[1]

워런트가 행사되면 기업의 실제 주당가치는 (식 16-2)가 되므로, 워런트를 행사한 투자자의 이득(payoff)은 다음과 같이 된다.

$$\begin{aligned} \text{워런트행사자의 이득} &= \max\left(\frac{NS_T + \lambda MK}{N + \lambda M} - K, 0\right) \\ &= \frac{N}{N + \lambda M}\max(S_T - K, 0) \qquad \text{(식 16-6)} \end{aligned}$$

그런데, (식 16-6)에서 $\max(S_T - K, 0)$는 주식 콜옵션의 만기 시 이득함수이므로 이를 C_T로 표시하면 (식 16-6)은 다음과 같이 다시 쓸 수 있다.

$$\text{워런트행사자의 이득} = \frac{N}{N + \lambda M} C_T \qquad \text{(식 16-7)}$$

(식 16-7)은 워런트의 가치가 워런트가 없을 때의 보통 주식콜옵션가치의 $\frac{N}{N + \lambda M}$배로 작

1 워런트 가치평가에 대해서는 다음 논문들을 참조바람: 1) Galai, D. and M. Schneller, "Pricing Warrants and the Value of the Firm", *Journal of Finance*, 33(1978), 1339–1342. 2) Lauterbach, B. and P. Schultz, "Pricing Warrants: An Empirical Study of the Black–Scholes Model and Its Alternatives", *Journal of Finance*, 45(1990), 1181–1209.

아짐을 알 수 있는데 이는 주가의 희석효과를 반영한다.

이상으로부터, 워런트의 가치는 일반 콜옵션가치(C_T)를 블랙-숄즈-머튼모형으로 먼저 구한 후, (식 16-7)을 이용하여 $\frac{N}{N+\lambda M}$를 곱해주면 구할 수 있다.

3) 신주인수권부 사채

신주인수권부 사채(BW:bond with warrant)란 앞에서 설명한 워런트가 부가된 채권이다. 이러한 채권은 투자자의 입장에서 보면 채권뿐만 아니라 신주인수권도 가지므로 동일한 조건의 일반 채권보다 가격이 높아야 한다. 즉, 신주인수권부 사채의 가치는 다음과 같이 구할 수 있다.

신주인수권부 사채(BW)의 가치 = 채권가치 + 워런트 가치 (식 16-8)

(식 16-8)에서 워런트가치는 (식 16-7)을 적용하면 된다. 참고로 신주인수권부 채권보유자는 신주인수권만 분리하여 별도로 매도할 수 있다.

2. 장기옵션

장기옵션(LTO; long-term option)은 거래소에서 거래되는 만기가 긴 옵션을 말한다. 기존의 상장 옵션들이 대부분 1년 이내의 만기를 갖고 있는 반면, 장기옵션의 만기는 1년 이상 3년 혹은 5년까지이다.

장기옵션은 기존의 단기옵션들과 마찬가지로 헷지 등 다양하게 투자에 활용되고 있지만 장기적인 관점에서 이루어진다는 특징이 있다. 이러한 장기적 특성 때문에 옵션의 시간가치(TV: time value)가 단기옵션보다 더 느리게 감소하는 특성이 있다.

장기옵션의 기초자산에는 개별주식이나 주가지수 같은 주식관련 자산이 대부분이며, 미국의 거래소에서 거래되는 주식관련 장기옵션을 LEAPS(long-term equity anticipation securities)라 한다.

3. 유연옵션

유연옵션(flexible option)이란 옵션의 계약조건들(행사가격, 만기, 행사방식 등)이 고정되어 있지 않고 거래자들 사이에 협의하여 결정되는 옵션을 말한다. 유연옵션은 장내에서 거래되며, 장내옵션의 단점중의 하나인 표준화된(혹은 고정된) 계약조건을 수요자의 선호에 부응하는 조건으로 융통성 있게 조정하게 함으로써 경쟁상대인 장외옵션에 대응하기 위해 고안된 옵션이다.

4. 내재옵션

거래소나 장외시장에서 공식적으로 거래되는 옵션은 아니지만 옵션계약의 성격을 내포하고 있는 옵션을 내재옵션(implied option)이라 한다. 예를 들어 주식자체도 기업자산을 기초자산으로 하고 행사가격이 부채인 콜옵션으로서의 내재옵션으로 볼 수 있으며, 채권 중에서도 전환사채(convertible bond)와 같은 채권들은 내재옵션의 성격을 가지고 있다. 다양한 종류의 내재옵션이 존재하나 여기서는 다음과 같은 대표적인 두 가지 경우를 설명하기로 한다.

1) 전환권

(1) 전환권의 개념

전환권(right of conversion)이란 기존증권의 성격에 증권보유자가 자신의 의사에 따라 원한다면 증권을 일정기간(전환기간) 동안에 일정한 조건으로 증권발행기관이 사전에 지정한 회사의 증권으로 전환할 수 있는 권리를 말한다. 전환대상증권이 보유증권과 동일한 회사의 증권일 경우 전환증권(convertible security)이라 하고, 다른 회사의 증권일 경우 교환증권(exchangeable security)이라 한다. 전환권은 옵션에 비유한다면 전환대상증권을 기초자산으로 하고, 전환기간을 만기로 하며, 사전에 정한 전환가격을 행사가격으로 하는 '내재 콜옵션'이라 할 수 있다. 대표적으로 다음과 같은 전환사채가 있다.

(2) 전환사채

전환사채(CB: convertible bond)는 특정 기간 내에 보유하고 있는 채권을 미리 정해진 수량의 주식으로 전환할 수 있는 권리를 채권보유자에게 부여하는 채권이다. 전환권이 행사되기 이전에는 표면이자가 지급되는 채권으로 존재하고, 일단 전환권이 행사되면 발행기업 입장에서는 추가적인 자금유입 없이 전환규모만큼의 부채가 자기자본으로 전환되는 효과가 있으며, 투자자의 입장에서는 채권이 소멸되고 주식을 소유하므로 채권자에서 주주로 포지션이 전환되는 효과가 있다. 물론, 전환권은 권리이므로 채권자는 본인이 원하면 주식으로 전환하지 않고 채권을 계속 보유해도 된다.

전환사채(CB)와 신주인수권부 사채(BW)의 차이점은, 전환사채의 경우 전환권이 행사되면 채권이 소멸되고 주식으로 전환되는 반면, 신주인수권부 사채의 경우 채권이 소멸되지 않고 신주인수권을 행사하여 주식을 취득한다는 것이다. 전환사채든 신주인수권부 사채든 권리가 행사되면 신주가 발행되므로 주가 희석효과(dilution effect)가 있다는 점은 동일하다.

전환사채를 이해하기 위해 몇 가지 용어를 정의하기로 하자.

- 전환비율(conversion ratio): 전환사채 1개를 포기하고 받는 주식의 수를 말한다.
- 전환가격(conversion price): 주식 1주로 전환하기 위해 포기해야 하는 채권의 액면가로서 다음과 같이 구한다.

$$\text{전환가격} = \frac{\text{채권 액면가}}{\text{전환비율}}$$

- 전환프리미엄(conversion premium): 주식 1주를 얻기 위하여 포기해야 하는 전환사채의 가치, 즉 전환가격이 현재 주가를 초과하는 정도로서 다음과 같이 계산할 수 있다.

$$\text{전환프리미엄} = \frac{\text{전환가격} - \text{현재주가}}{\text{현재주가}}$$

- 전환가치(conversion value): 전환사채가 주식으로 전환될 경우 전환사채의 가치로서 다음과 같이 계산한다.

전환가치 = 현재주가 × 전환비율

〈그림 16-1〉은 전환가치를 그림으로 표시한 것인데, 점선은 기울기가 1(즉, 45도 기울기)로서 주가 희석효과가 없을 때의 전환가치이고, 실선이 주가 희석효과 때문에 하락한 실제 전환가치이다. 그림에서 전환가치는 전환사채가격의 하한선이 된다. 왜냐하면, 만일 전환사채의 시장가격이 전환가치보다 낮으면, 전환사채를 매입하여 주식으로 전환하고 이 주식을 즉시 매도하면 차익을 얻는 차익거래기회가 발생하기 때문이다. 따라서 전환사채 가격은 항상 전환가치보다 크거나 같아야 한다. 또한 당연히 전환사채가치는 전환권이 없는 일반채권(straight bond)가치보다도 커야 하므로 다음식이 성립되어야 한다.

전환사채의 가치 $\geq$ max(전환가치, 일반채권가격) (식 16-9)

〈그림 16-1〉 전환가치

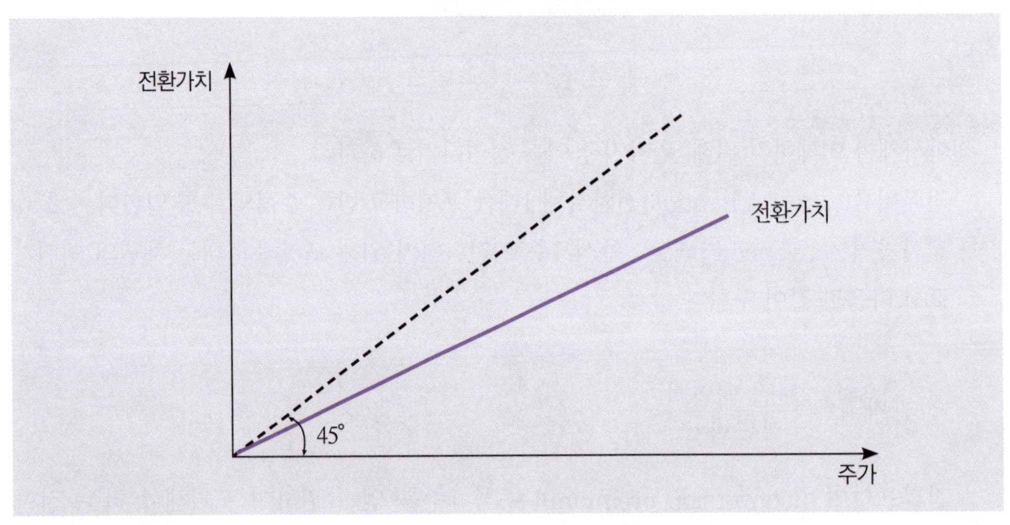

전환사채에 내재된 전환권은 채권의 권리를 포기하고 미리 정한 전환가격(즉, 행사가격)으로 주식을 매입할 수 있는 권리라는 점에서 내재 콜옵션의 성격을 갖는다. 따라서, 전환사채의 현재가치는 다음과 같이 구할 수 있다.

전환사채 가치 = 일반채권가치 + 전환권의 옵션가치 (식 16-10)

(식 16-10)에서, 일반채권가치는 전환권 행사 시 전환권이 없는 동일 조건의 채권의 현재

가치이고, 전환권의 옵션가치는 유러피안 전환옵션인 경우 블랙-숄즈-머튼모형으로 구하되 옵션행사 시점의 채권가치를 행사가격으로 하고, 현재 주가를 기초자산가격으로 하여 구하면 된다.

〈그림 16-2〉는 전환사채의 가치를 표시한 것이다. 그림에서 보듯이 전환사채가치의 하한선은 (식 16-9)에 있는 것처럼 max(전환가치, 일반채권가격)이다. 따라서, 이 하한선에 옵션가치를 더한 것이 전환사채의 가치가 된다.

〈그림 16-2〉 전환사채의 가치

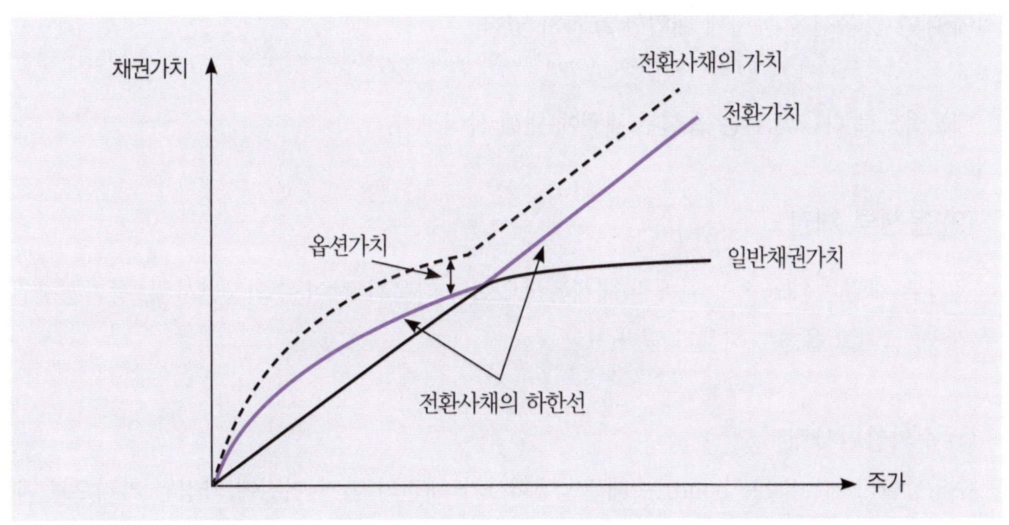

이상에서 설명한 전환권의 내재옵션을 평가할 때 블랙-숄즈-머튼모형을 적용할 수는 있으나 다음과 같은 점들을 주의해야 한다. 첫째, 주식에 배당이 지급되는 경우에는 배당을 조정하고 블랙-숄즈-머튼모형을 적용해야 한다. 둘째, 전환권이 행사되면 신주가 발행되어 주가의 희석효과가 있으므로 앞에서 설명한 워런트처럼 희석효과를 반영해야 한다. 셋째, 전환시기가 고정되어 있지 않은 어메리칸 타입의 전환사채의 경우 더 이상 블랙-숄즈-머튼모형을 적용할 수 없으며, 전환기간이 매우 길게 약정된 경우 이자율이나 기초자산의 변동성이 변동할 수 있으므로 단순히 블랙-숄즈-머튼모형을 적용하기가 어렵다.

2) 환매권

(1) 환매권의 개념

환매권(right of repurchase or resale)이란 증권의 발행기관이나 발행자나 구매자가 증권판매 후 원한다면 만기 전의 일정기간 동안에 증권을 재매입(repurchase)하거나 재매도(resale)할 수 있는 권리를 말한다. 여기서 재매입할 수 있는 권리(call provision)는 콜옵션에 해당하는 것으로서 발행자의 입장에서는 증권을 발행하는 동시에 그 증권에 대한 콜옵션을 매입한 것과 같은 효과가 있다. 반면에 증권 매입자가 발행자에게 재매도할 수 있는 권리(put provision)는 풋옵션에 해당하는 것으로서 매입자의 입장에서는 증권구매 시 그 증권에 대한 풋옵션을 동시에 매입한 효과가 있다.

대표적으로 다음과 같은 옵션부 채권에 대해 살펴보자.

(2) 옵션부 채권

옵션부 채권은 대표적인 환매권 내재옵션으로서 다음과 같이 수의상환사채, 상환청구권부 사채, 그리고 옵션부 사채가 있다.

① 수의상환사채

수의상환사채(callable bond)는 채권발행회사가 채권의 만기 이전에 약정된 가격으로 채권을 상환할 수 있는 권리를 갖고 있는 채권이다. 이 경우 수의상환권을 행사하기 위해 지급하는 상환가격은 채권의 액면가 이상인 경우가 일반적이며, 만기에 접근함에 따라 액면가에 접근하도록 설계되어 있다.

채권발행자가 수의상환권을 갖는 이유는 발행회사가 이자율변동 리스크에 대비하기 위함이다. 예를 들어 시장에서 이자율이 현저히 하락할 것으로 예상되는 경우 이표이자율이 높은 채권을 상환하고 이표이자율이 낮은 채권을 발행함으로써 기업의 자본비용을 줄일 수 있다. 따라서, 수의상환권은 발행자인 기업에게는 유리하지만 채권투자자에게는 불리한 계약조건이 되므로 수의상환채권의 가격은 수의상환권이 없는 동일조건의 일반채권보다 할인되어 거래되어야 한다. 이러한 수의상환권은 발행자의 입장에서는 콜옵션을 갖는 것과 같다. 따라서, 수의상환채권의 현재가치(BC_0)는 다음과 같은 식으로 구할 수 있다. 식에서 B_0는 수의상환사채와 계약조건이 동일하지만 수의상환권만 없는 일반사채의 현재가치를, C_0는 수의 상환권의 콜옵션가치를 각각 표시한다.

$$BC_0 = B_0 - C_0 \quad \text{(식 16-11)}$$

(식 16-11)을 그림으로 표시한 것이 〈그림 16-3〉이다. 그림에서 x-축은 일반사채의 가격을 나타낸다. 시장이자율이 하락하여 사채가격이 상승하게 되어 상환가격에 도달하면 발행회사는 수의상환권을 행사하게 된다. 따라서, 수의상환채권 가치의 상한선은 상환가격이 되며, 수의상환사채의 가치와 일반사채 가치와의 차이가 곧 수의상환옵션의 가치가 된다.

〈그림 16-3〉 수의상환사채의 가치

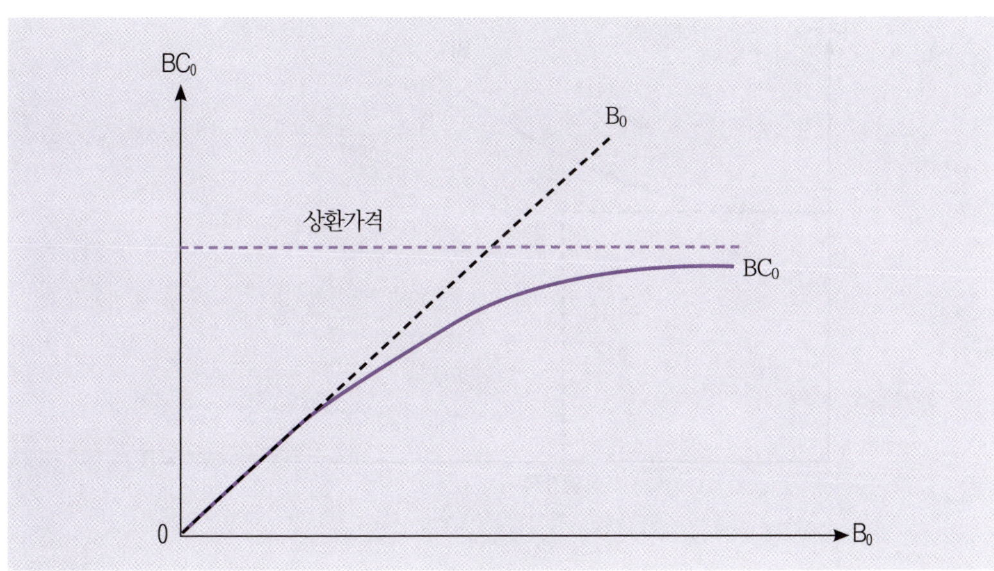

② 상환청구권부사채

상환청구권부사채(puttable bond)는 채권보유자가 만기 이전에 채권 원리금의 상환을 청구할 수 있는 권리가 부여된 채권이다. 채권자의 입장에서는 자신에게 불리하게 채권가격이 형성되면 상환청구권을 행사하여 더 이상의 손실을 막을 수 있는 풋옵션을 매입한 것과 같은 효과가 있다. 채권자에게 유리한 계약조건이므로 상환청구권이 있는 사채의 가격은 청구권이 없는 동일 조건의 일반사채보다 비싸게 형성된다. 이러한 채권은 시장에서 이자율이 상승하여 채권가격이 하락하게 되는 상황에서 옵션이 행사된다. 따라서, 이러한 상환청구권이 부가된 사채의 가치(BP_0)는 다음과 같은 식으로 평가할 수 있다. 식에서 B_0는 상환청구권부사채와 조건이 동일하지만 상환청구권만 없는 일반사채의 현재가치를, P_0는 상환청구권의 풋옵션가치를 각각 표시한다.

$$BP_0 = B_0 + P_0 \qquad \text{(식 16-12)}$$

(식 16-12)를 그림으로 표시한 것이 〈그림 16-4〉이다. 그림에서 보듯이 시장에서 이자율이 상승하면 채권가격은 하락하게 되는데 상환가격 이하로 하락하게 되면 상환옵션을 행사하여 더 이상의 채권가격하락으로 인한 손실을 막을 수 있다.

〈그림 16-4〉 상환청구권부사채의 가치

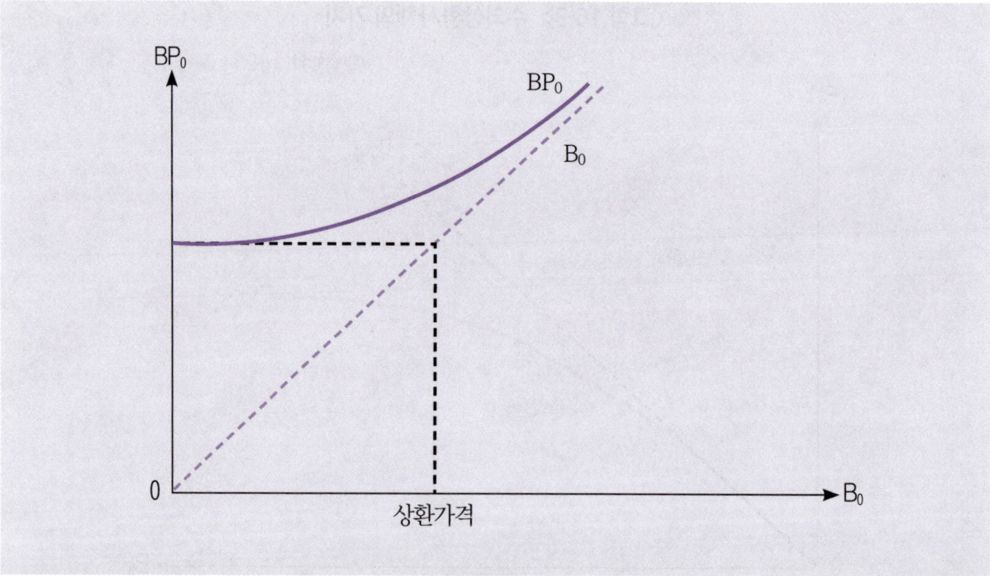

③ 옵션부사채

옵션부사채(bond with option)란 수의상환권과 상환청구권이 둘 다 부가되어 있는 채권을 말한다. 따라서 옵션부사채의 가치(BO_0)는 옵션이 부가되어 있지 않은 동일한 계약조건의 일반사채가격에서 발행자의 콜옵션가치를 빼고, 동시에 채권자가 갖는 풋옵션가치를 더해주면 된다. 다음 식과 같이 표시할 수 있다.

$$BO_0 = B_0 - C_0 + P_0 \qquad \text{(식 16-13)}$$

(식 16-13)을 그림으로 표시한 것이 〈그림 16-5〉인데, 그림에서 K_P는 채권투자자가 상환

청구권을 행사할 때의 상환가격이고, K_C는 채권발행회사가 수의상환권을 행사할 때의 상환가격이다. 일반적으로 낮은 금리(즉, 높은 채권가격)에서 수의상환권이 행사되고, 높은 금리(즉, 낮은 채권가격)에서 상환청구권이 행사되므로 $(K_C > K_P)$인 것은 당연하다.

그림에서 보듯이 일반사채의 가격이 K_P와 K_C사이에 있을 때는 옵션부사채의 가치와 일반사채의 가치가 거의 비슷하게 형성되며, 나머지 구간에서는 앞에서 설명한 옵션가치만큼 차이가 나게 된다.

〈그림 16-5〉 옵션부사채의 가치

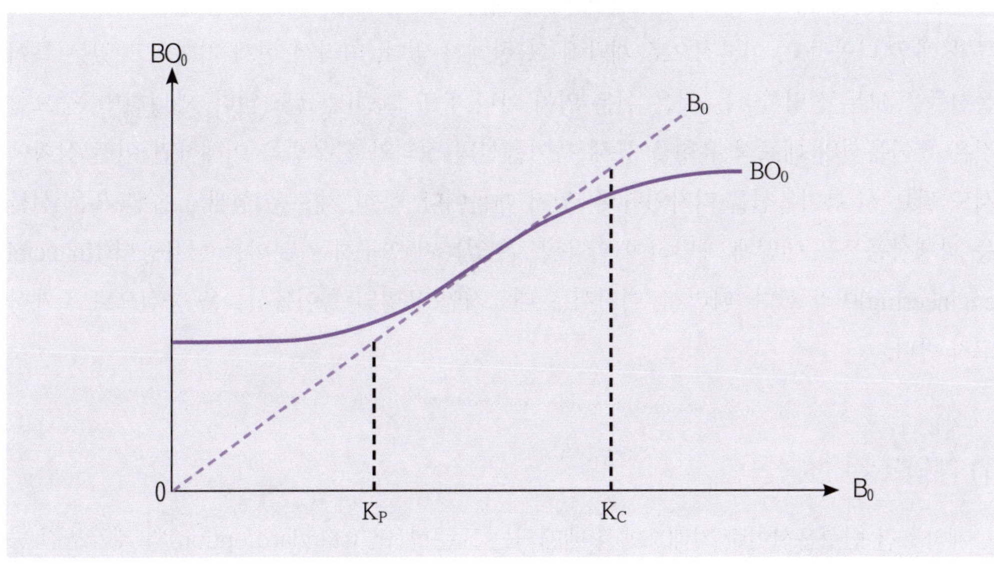

이상에서 설명한 수의상환권, 상환청구권 등의 내재옵션을 평가할 때 블랙-숄즈-머튼모형을 적용할 수는 있으나 다음과 같은 점들을 주의해야 한다. 첫째, 표면이자지급의 문제이다. 이러한 이자는 주식의 배당과 유사하므로 옵션행사 이전에 표면이자의 지급이 있었다면, 배당이 있는 경우와 마찬가지로 블랙-숄즈-머튼모형의 조정이 필요하다. 둘째, 행사가격이 고정되어 있지 않은 경우도 있다. 즉, 수의상환권의 행사가격은 행사시기에 따라 다르게 결정되도록 약정되어 있는 것이 일반적이므로 블랙-숄즈-머튼모형을 바로 적용하기 어려운 점이 있다.

5. 특이옵션

특이옵션(exotic options)이란 기존의 전통적 옵션의 계약조건이나 속성 중 일부를 변형시켜 개발한 새로운 형태의 옵션들을 말한다.[2] 특이옵션은 일반적으로 투자수익률 제고, 특별형태의 헷지, 옵션거래비용의 절감 등을 목적으로 개발되고 있다.

특이옵션들은 대부분 고객의 주문에 따라 개발되어 장외에서 거래되는 상품이므로 그 종류가 매우 다양하고, 이론적으로 개발에 그 한계가 없다. 따라서 현재 거래되고 있는 특이옵션들을 모두 설명한다는 것은 쉬운 일이 아니며 또 그럴 필요도 없다. 왜냐하면, 중요한 것은 특이옵션의 대표적 유형을 통해 특이옵션의 정의와 활용법을 이해하면 어떤 상황에서도 필요 시 특이옵션을 디자인할 수 있기 때문이다. 특히, 새로운 형태의 옵션 혹은 선물 등 파생상품들을 어떻게 개발하여 활용할 수 있는지 연구하는 분야를 금융공학(financial engineering)이라 한다. 따라서, 여기서는 대표적인 유형의 특이옵션들을 중심으로 소개하고자 한다.

1) 계약조건 변형옵션

계약조건 변형옵션이란 거래소에서 매매되는 표준형옵션(standard option)의 계약조건 중 한가지 이상이 변형된 옵션을 말하며 다음과 같은 대표적인 6가지가 있다.

(1) 비표준형 어메리칸 옵션

표준형 어메리칸 옵션을 변형한 것으로 여러 가지 형태가 가능하나 다음과 같은 두 가지가 대표적이다.

- 옵션의 조기행사(early exercise)가 만기 전 몇 몇 특정일이나 일부 기간 중에만 가능하도록 제한한 어메리칸 옵션으로 버뮤다옵션(Bermudan option)이라 불린다.[3]
- 옵션의 행사가격이 시간경과에 따라 옵션만기까지 단계적으로 상승하거나 하락하는 형태의 옵션이 있다.

2 특이옵션을 어떤 교재에서는 '이색옵션'이라고도 한다.

3 버뮤다는 유럽과 미국의 중간에 위치한 지역이다.

이와 같은 특성을 가진 대표적인 옵션으로 앞에서 살펴본 워런트(신주인수권)가 있다. 예를 들어, 어떤 워런트는 만기를 5년으로 하되, 행사는 3년후부터 만기까지만 가능하게한다든지, 행사가격을 3년부터 4년 사이는 $50, 4년부터 만기까지는 $55로 상승하도록 설정할 수 있다. 이러한 특성 때문에 비표준형 어메리칸 옵션의 가치평가는 블랙-숄즈-머튼모형을 적용할 수 없고, 이항분포모형을 적용해야 한다.

(2) 이원옵션

이원옵션(binary option 혹은 digital option)이란 옵션으로부터 얻는 이득이 표준형옵션처럼 연속적인 함수의 형태가 아닌 사전에 서로 약정한 일정금액을 지급하는 불연속적인(discontinuous) 이득패턴을 가진 옵션을 말한다. 이원옵션은 옵션의 이득을 어떻게 정의하느냐에 따라 다음과 같은 여러 가지 종류가 있다.

① **현금이원옵션**(all-or-nothing option 혹은 cash-or-nothing option)

만기(T) 시 옵션이 내가격(ITM)에 있으면 고정된 금액 A를 지급하고, 그렇지 않으면 이득이 영(0)이 되는 옵션으로서 수학적으로는 다음과 같이 표시된다.

(단, A는 사전에 결정된 고정금액임)

$$\text{현금이원옵션의 이득} = \begin{cases} A, & \text{if } S_T \geq K \\ 0, & \text{if } S_T < K \end{cases} \qquad \text{(식 16-14)}$$

<그림 16-6> 현금이원콜옵션

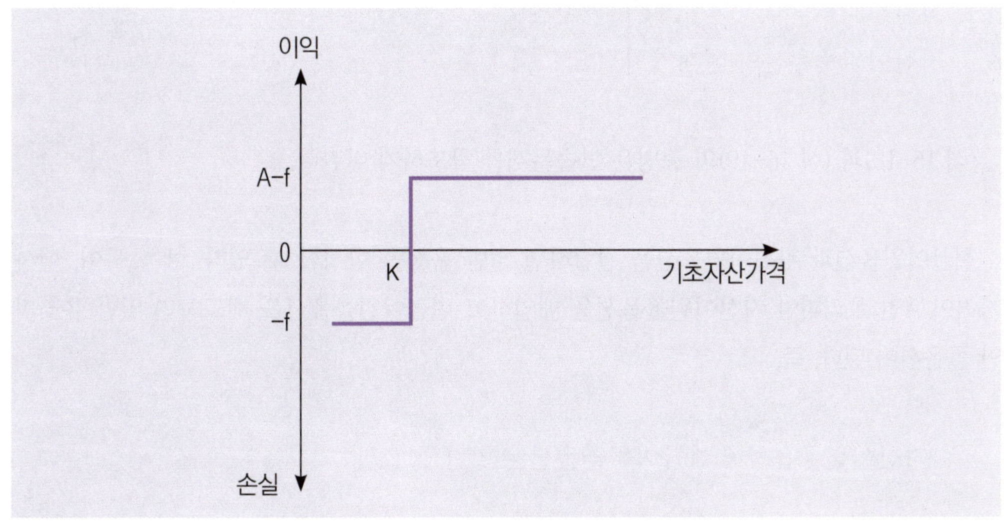

〈그림 16-6〉은 현금이원콜옵션을 표시한 것이다. 기초자산가격이 행사가격인 K보다 크거나 같으면 이득이 A인데 옵션가격을 f라 하면 (A-f)의 이익이 생기고, 기초자산가격이 K보다 작으면 이득이 0이므로 옵션가격인 f 만큼의 손실(즉, -f)이 생긴다.

그런데 블랙-숄즈-머튼모형에서 설명한 바와 같이, 유러피안 콜옵션의 만기 시 내가격(ITM)이 될 확률은 $N(d_2)$, 유러피안 풋옵션의 만기 시 내가격(ITM)이 될 확률은 $N(-d_2)$이므로 현금이원옵션의 현재가치는 다음과 같이 표시할 수 있다.

유러피안 현금이원콜옵션의 현재가치 = $Ae^{-rT}N(d_2)$ (식 16-15)

유러피안 현금이원풋옵션의 현재가치 = $Ae^{-rT}N(-d_2)$ (식 16-16)

② **자산이원옵션**(asset-or-nothing option)

현금이원옵션과 동일하나 한가지 차이점은 내가격(ITM) 상태로 만료되면, 고정금액이 아닌 기초자산의 시가(market value), 즉 S_T를 지불한다는 사실이다. 따라서 자산이원옵션의 이득함수는 다음과 같다.

$$\text{자산이원옵션의 이득} = \begin{cases} S_T, & \text{if } S_T \geq K \\ 0, & \text{if } S_T < K \end{cases} \quad \text{(식 16-17)}$$

자산이원옵션의 가치는 다음과 같이 평가할 수 있다.

자산이원콜옵션의 현재가치 = $SN(d_1)$ (식 16-18)

자산이원풋옵션의 현재가치 = $SN(-d_1)$ (식 16-19)

(식 16-18)과 (식 16-19)의 증명은 연습문제를 참조하기 바란다.

현금이원옵션과 자산이원옵션을 결합하면 일반 옵션을 합성할 수 있다. 예를 들어, 행사가격이 A인 유러피안 자산이원콜옵션을 매입하고 현금이원콜옵션을 매도하면 일반 유러피안 콜옵션이 된다. 즉,

+자산이원콜옵션 − 현금이원콜옵션 = 일반 콜옵션

$\Rightarrow + SN(d_1) - Ae^{-rT}N(d_2) = + c$ (식 16-20)

마찬가지로, 행사가격이 A인 유러피안 현금이원풋옵션을 매입하고 자산이원풋옵션을 매도하면 일반 유러피안 풋옵션이 된다. 즉,

+현금이원풋옵션 − 자산이원풋옵션 = 일반 풋옵션

$$\Rightarrow +Ae^{-rT}N(-d_2) - SN(-d_1) = +p \quad \text{(식 16-21)}$$

③ **구간옵션**(range option)

기초자산 가격이 사전에 정한 특정구간 내에 위치하면 약정된 고정금액을 지급하며, 그 외에는 무가치한 옵션을 말한다.

〈그림 16-7〉은 기초자산이 구간 [a, b]에 있을 때만 고정금액을 지불하고, 그 외 구간에 있을 때는 지급하지 않는 현재가격 f인 구간옵션의 손익을 보여주고 있다.

〈그림 16-7〉 구간옵션

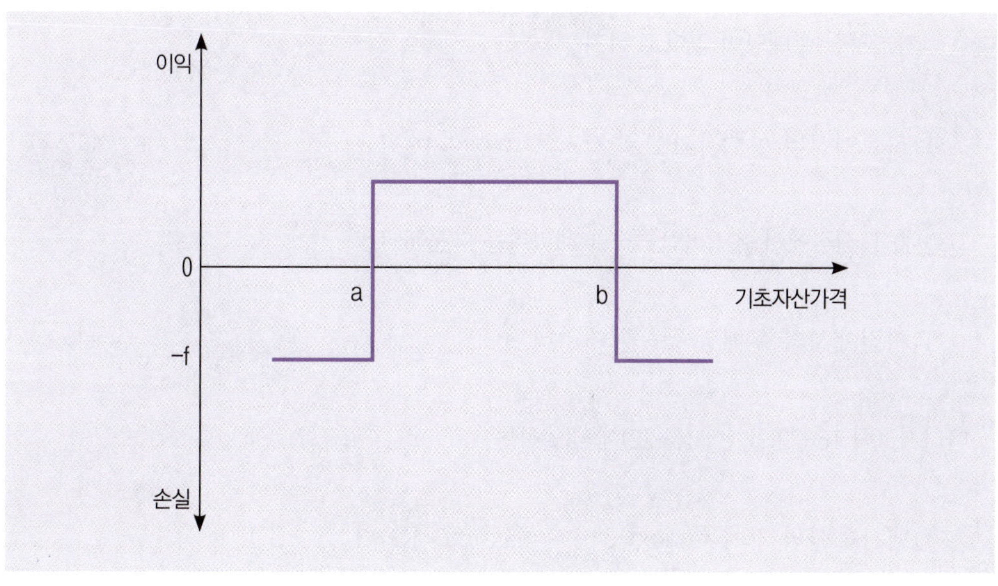

그 외에도 만기 전에 한번이라도 내가격(ITM) 상태에 도달한 적이 있으면 고정된 약정금액을 지불하는 원터치 옵션(one-touch option), 옵션기간 중 내가격(ITM) 상태에 있던 기간의 길이에 비례하여 이득을 계산하는 시간옵션(time option) 등이 있다.

(3) 선택자옵션

선택자옵션(chooser option 혹은 as-you-like-it option)은 특정시점(즉, choice date)에 매입자가 옵션의 종류를 콜옵션으로 할지 혹은 풋옵션으로 할지 결정할 수 있는 옵션을 말한다. 예를 들어, 옵션매입자는 일정시점에 기초자산가격이 상승할 것으로 예상하면 옵션을 콜옵션으로 정하고, 가격이 하락할 것으로 예상하면 옵션을 풋옵션으로 선택할 수 있다.

스트래들매입과 투자효과가 비슷하나 스트래들전략보다 투자비용이 저렴하다는 장점이 있다. 그러나, 유동성이 낮은 장외상품으로서 옵션만기 전에 유리한 상황이 되어도 중도매매가 쉽지 않다는 단점이 있다.

선택자옵션의 가치는 다음과 같이 평가한다. 단, 선택자옵션의 만기는 T_2, 옵션의 종류를 결정하는 선택시점은 T_1, T_1시점에서의 기초자산의 가치를 S_1, 행사가격은 K, 그리고 선택자옵션의 기초가 되는 콜옵션과 풋옵션이 모두 유러피안 옵션이라고 하고, 행사시점(T_1)에서의 옵션가치를 각각 c, p라 하자. 그러면, 선택자옵션의 가치는 다음과 같이 평가할 수 있다. 단, 기초자산에 배당이 없다고 하자.

$$T_1\text{시점에서의 선택자옵션의 가치} = \max(c, p) \qquad \text{(식 16-22)}$$

그런데, T_1시점에서 유러피안 풋-콜 패리티는 다음과 같다.

$$T_1\text{시점에서의 무배당 풋-콜 패리티: } p + S_1 = c + Ke^{-r(T_2-T_1)} \qquad \text{(식 16-23)}$$

따라서, (식 16-23)을 (식 16-22)에 대입하면,

$$\begin{aligned}\text{선택자옵션의 가치} &= \max(c, p) = \max(c, c+Ke^{-r(T_2-T_1)} - S_1) \\ &= c + \max(0, Ke^{-r(T_2-T_1)} - S_1) \qquad \text{(식 16-24)}\end{aligned}$$

(식 16-24)는 선택자옵션이 다음과 같이 두 가지 옵션포지션의 합성임을 알 수 있다.

- 콜옵션 c: 만기가 T_2, 행사가격 K인 유러피안 콜옵션 1개 매입포지션
- 풋옵션 $\max(0, Ke^{-r(T_2-T_1)} - S_1)$: 만기가 T_2, 행사가격 $Ke^{-r(T_2-T_1)}$인 유러피안 풋옵션 1개 매입포지션

(4) 조건부후불 옵션

조건부후불옵션(contingent-premium option)은 옵션가격의 지불을 매입시점에 하지 않고 옵션이 행사되는 경우에만 하는 옵션이다. 그런데 이 옵션의 경우 유러피안 옵션이면 만기 시, 어메리칸 옵션이면 만기 전 내가격 상태에 있을 때는 반드시 옵션을 행사해야 한다. 옵션이 내가격 상태에 있지 않을 경우에는 옵션을 행사할 필요가 없으므로 옵션프리미엄도 지불할 필요가 없다는 장점이 있다. 이 옵션은 cash-on-delivery option, money-back option 혹은 refundable-premium option이라고도 불린다. 조건부후불 콜옵션의 손익선의 예가 〈그림 16-8〉에 있다. 단, f는 옵션 프리미엄이다.

〈그림 16-8〉 조건부후불 콜옵션의 손익선

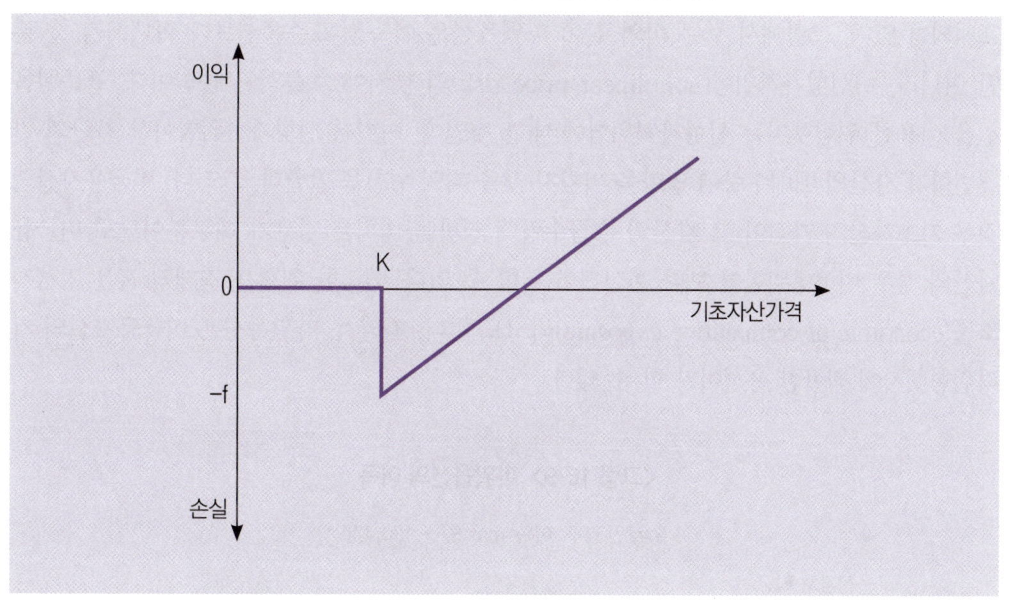

(5) 연기옵션

연기옵션(delayed option) 혹은 선도유효옵션(forward start option)이란 옵션프리미엄의 지불은 지금 하지만 옵션계약의 효력발생은 미래 일정시점으로 연기하는 옵션을 말한다. 행사가격은 효력발생시점(grant date)에 결정하는데 대개 그 시점에서의 기초자산가격으로 한다. 즉, 효력발생시점에서의 옵션은 등가격(ATM)옵션이 된다. 이는 앞에서 설명한 바 있는 임직원 스톡옵션과 유사하다. 즉, 옵션의 부여는 지금 하지만 옵션의 효력은 미래 효력발생시점부터 발생하며, 효력발생시점에 부여되는 행사가격은 통상 효력발생시점의 기초자산가격으로 한다.

(6) 파워옵션

파워옵션(power option)은 이득발생 시 그 크기가 대폭 증가되도록 고안된 옵션을 말하는 것으로서, 지수옵션(exponential option), 다항옵션(polynomial option) 혹은 제곱옵션(squared option)이라고 불린다.

파워 콜옵션의 이득함수(payoff function)에는 통상 다음과 같은 두 가지 형태가 있다.

$$\text{파워 콜옵션의 이득함수} = \max[0, (S_T - X)^n] \text{ 또는 } \max(0, S_T{}^n - X) \quad \text{(식 16-25)}$$

이러한 이득함수에서 n은 다양하게 정의되나, n=2인 경우 옵션의 이득이 〈그림 16-9〉에 표시되어 있다. 그림에서 보는 바와 같이 파워옵션은 이득을 표준옵션보다 확대시켜 줄 뿐만 아니라, 비선형가격위험(non-linear price risk)의 헷지에 효율적인 옵션이다. 표준형옵션을 이용한 위험헷지는 선형가격위험에 대한 것인데, 여기서 선형가격위험이란 자산의 가격변화가 자산의 매매수량에 영향을 미치지 않을 때의 위험을 말한다. 그러나, 비금융자산의 경우 기초자산의 가격이 그 자산의 수급수량에 영향을 미치는 경우가 대부분이므로 비금융자산의 경우 비선형위험이 보다 현실적이라 할 수 있다. 이러한 위험을 경제적 혹은 경쟁적 노출(economic or competitive exposure)라고도 한다. 따라서, 파워옵션은 비금융자산의 가격위험헷지에 적합한 옵션이라 할 수 있다.

〈그림 16-9〉 파워옵션의 이득

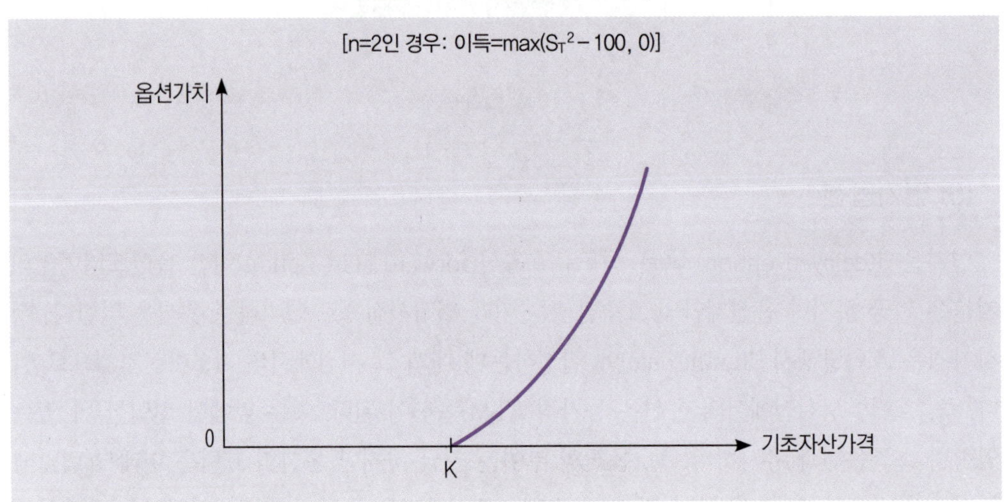

2) 경로종속 옵션

옵션의 이득이 옵션행사 시 기초자산가격에만 의존하는 표준옵션들과는 달리, 옵션 전체 기간 동안의 기초자산가격의 변화과정(history)을 반영하여 계산되는 옵션을 경로종속 옵션(path-dependent option)이라 한다. 표준옵션들은 기초자산의 경로가 반영되지 않고 행사시점의 기초자산가격만 반영되므로 경로독립 옵션(path-independent option)이라 할 수 있다. 대표적인 경로종속 옵션 몇 가지를 소개하고자 한다.

(1) 아시안 옵션

아시안 옵션(Asian option)이란 옵션의 이득이 만기일의 자산가격으로 결정되지 않고 옵션만기 내 특정기간 동안의 평균가격(average price)에 의하여 결정되는 옵션이다.[4] 기초자산가격을 평균가격으로 하는 옵션을 평균가격 옵션이라 하고, 행사가격을 평균가격으로 하는 옵션을 평균행사가격 옵션이라 하며, 아시안 옵션의 이득함수를 요약하면 다음과 같다.

평균가격 콜옵션의 이득 = $\max(S_M - K, 0)$ (식 16-26)

평균가격 풋옵션의 이득 = $\max(K - S_M, 0)$ (식 16-27)

평균행사가격 콜옵션의 이득 = $\max(S_T - S_M, 0)$ (식 16-28)

평균행사가격 풋옵션의 이득 = $\max(S_M - S_T, 0)$ (식 16-29)

단, S_M = 만기 내 특정기간 동안의 기초자산의 평균값

아시안 옵션에서 평균을 계산하기 위해 산술평균(AA: arithmetic average)과 기하평균(GA: geometric average)이 이용되는데, 아시안 옵션의 가격을 정확히 해석적으로(analytically) 평가하는 데는 기하평균을 이용한 경우가 산술평균의 경우보다 더 쉽고 정확하다. 그 이유는 앞에서 이미 설명한 바와 같이 주가가 대수정규분포를 따르는 경우 로그주가는 정규분포를 따르고, 정규분포의 합은 또한 정규분포이기 때문이다. 예를 들어, $\ln(A+B) \neq \ln(A) + \ln(B)$이지만, $\ln(AB) = \ln A + \ln B$이므로 주가의 산술평균보다 기하평균의 분포를 정의하기가 훨씬 쉽다.

---

4 여기서 아시아(Asia)라는 용어는 아시아의 지역적 위치와는 아무런 상관이 없고, 단지 유러피안 옵션과 어메리칸 옵션과 대비시키기 위하여 사용된 것이다.

n개의 주가를 이용하여 산술평균과 기하평균을 구하는 방법은 다음과 같다.

$$산술평균 = \frac{S_1 + S_2 + \cdots + S_n}{n} = \frac{\sum_{j=1}^{n} S_j}{n} \tag{식 16-30}$$

$$기하평균 = \sqrt[n]{S_1 S_2 \cdots S_n} = \sqrt[n]{\prod_{j=1}^{n} S_j} \tag{식 16-31}$$

아시안 옵션은 일반적으로 표준옵션들보다 저렴하며, 기업재무담당자의 요구에 더 잘 부응할 수 있다. 예를 들어, 우리 나라의 수출기업이 미국에 상품을 수출하고 향후 1년간 미국 달러를 균등하게 받을 예정이라면, 이 기업의 재무담당자는 향후 1년 동안 일정수준이상의 평균환율을 보장해 주는 옵션에 관심을 가질 것이다. 이러한 목적을 달성하는 데 아시안 옵션은 매우 유용하다.

아시안 옵션의 가치평가는 표준옵션들보다 더 복잡하다. 관심 있는 독자들은 Kemna and Vorst(1990)의 논문을 참조하기 바란다.[5]

(2) 룩백옵션

룩백옵션(lookback option)은 이득이 옵션만기 동안의 기초자산의 최고가격(max) 혹은 최저가격(min)에 의해 결정되는 옵션을 말한다. 즉, 룩백옵션의 이득은 다음과 같다.

$$룩백\ 콜옵션의\ 이득 = \max(S_T - S_{min}, 0) \tag{식 16-32}$$

$$룩백\ 풋옵션의\ 이득 = \max(S_{max} - S_T, 0) \tag{식 16-33}$$

단, S_{max} = 만기 동안의 기초자산의 최대값
S_{min} = 만기 동안의 기초자산의 최소값

룩백옵션은 어메리칸 옵션의 단점인 최적옵션행사시점을 언제로 할 것인지 걱정할 필요가 없다는 장점이 있다. 왜냐하면 만기 시에 단순히 옵션기간 중 최대성과를 낸 기초자산가격을 적용하면 되기 때문이다. 따라서 항상 어메리칸 옵션 이상의 성과를 낼 수 있으며, 이러한 이유로 룩백옵션가격이 어메리칸 옵션가격보다 더 비싸다는 단점이 있다.

---

5 Kemna, A. and A, Vorst, "A Pricing Method for Options Based on Average Asset Values", *Journal of Banking and Finance*, 14(March 1990), pp,113–129.

룩백옵션의 가치평가모형은 다음과 같이 이미 개발되어 있다. 자세한 평가모형 유도는 Goldman, Sosin, and Gatto(1979) 논문을 참조하기 바란다. 룩백 콜옵션의 현재가치(C_{LB})와 풋옵션의 현재가치(P_{LB})은 각각 다음과 같다. 단, 기초자산이 배당률 q로 연속배당을 지급한다고 가정하자.

$$C_{LB}=Se^{-qT}N(a_1)-Se^{-qT}\frac{\sigma^2}{2(r-q)}N(-a_1)-S_{min}e^{-rT}[N(a_2)-\frac{\sigma^2}{2(r-q)}e^{\Theta_1}N(-a_3)$$ (식 16-34)

$$P_{LB}=S_{max}e^{-rT}[N(b_1)-\frac{\sigma^2}{2(r-q)}e^{-\Theta_2}N(-b_3)] + Se^{-qT}N(-b_2)\frac{\sigma^2}{2(r-q)}-Se^{-qT}N(b_2)$$ (식 16-35)

단, $a_1 = \frac{\ln(\frac{S}{S_{min}}) + (r-q+\frac{\sigma^2}{2})T}{\sigma\sqrt{T}}$

$a_2 = a_1 - \sigma\sqrt{T}$

$a_3 = \frac{\ln(\frac{S}{S_{min}}) + (-r+q-\frac{\sigma^2}{2})T}{\sigma\sqrt{T}}$

$\Theta_1 = -\frac{2(r-q-\frac{\sigma^2}{2})\ln(\frac{S}{S_{min}})}{\sigma^2}$

$b_1 = \frac{\ln(\frac{S_{max}}{S})+(-r+q+\frac{\sigma^2}{2})T}{\sigma\sqrt{T}}$

$b_2 = b_1 - \sigma\sqrt{T}$

$b_3 = \frac{\ln(\frac{S_{max}}{S})+(r-q-\frac{\sigma^2}{2})T}{\sigma\sqrt{T}}$

$\Theta_2 = \frac{2(r-q-\frac{\sigma^2}{2})\ln(\frac{S_{max}}{S})}{\sigma^2}$

S_{max} = 현재까지 기초자산가격의 최대값
S_{min} = 현재까지 기초자산가격의 최소값

(3) 장애물옵션

장애물옵션(barrier option)이란 기초자산가격이 사전에 정한 일정기간(장애물기간: barrier period)동안 일정수준(장애물가격: barrier level)에 도달하는지 여부에 따라 옵션의 이득이 결정되는 옵션을 말한다. 장애물옵션은 전통적 표준옵션에 비해 값이 저렴하다는 장점이 있어 일부 시장참여자에게 인기를 끌고 있는데, 이는 옵션이 도중에 소멸되거나 발효되지 않을 가능성이 있기 때문이다. 대표적으로 다음과 같이 실격옵션과 진입옵션 두 가지가 있다.

① **실격옵션**(knock-out option)

기초자산가격이 장애물가격에 도달하면 옵션이 더 이상 존재하지 않는 옵션을 말한다.

② **진입옵션**(knock-in option)

기초자산가격이 장애물가격에 도달하면 그때부터 옵션이 효력을 발생하는 옵션을 말한다.

실격옵션과 진입옵션에는 네 가지 유형이 있다. 하향실격 콜옵션(down-and-out call)은 장애물가격이 현재의 기초자산가격보다 낮은 실격 콜옵션이고, 하향진입 콜옵션(down-and-in call)은 장애물가격이 현재의 기초자산가격보다 낮은 진입 콜옵션이다. 상향실격 콜옵션(up-and-out call)은 장애물가격이 현재의 기초자산가격보다 높은 실격 콜옵션이고, 상향진입 콜옵션(up-and-in call)은 장애물가격이 현재의 기초자산가격보다 높은 진입 콜옵션이다. 실격 풋옵션과 진입 풋옵션도 동일한 방법으로 네 가지를 정의할 수 있다.

장애물옵션에 대한 가치평가는 매우 복잡하여 여기서는 생략하고자 한다. 이에 대한 자세한 설명은 Broadie, Glasserman, and Kou(1997)의 연구논문을 참조하기 바란다.[6]

(4) 행사가격변동옵션

대표적인 행사가격변동옵션에는 클리켓옵션(cliquet option) 혹은 래칫옵션(ratchet option)이 있는데 만기 동안에 사전에 정해진 시점들에서 행사가격이 등가격(ATM)으로 재조정되는 옵션을 말한다. 즉, 행사가격은 조정시점의 기초자산가격과 같다. 그러나 행사가격이 조정될 때 직전 조정시점과 현 조정시점에 실현된 옵션의 내재가치는 지급이 보장된다.

클리켓옵션은 옵션계약기간 중 얻어지는 내재가치를 만기 시점의 내재가치와 관계없이 최대한 확보할 수 있다는 장점이 있지만, 이러한 장점 때문에 전통적 표준옵션보다 가격이 비싸다는 단점이 있다.

그 외의 행사가격변동옵션에는 시점이 아닌 기초자산의 수준에 따라 행사가격을 조정하는 사다리옵션(ladder option)과 옵션보유자가 원하는 시점에 행사가격을 조정하는 선언옵

6 Broadie, M, P. Glasserman, and S. G. Kou, "A Continuity Correction for Discrete Barrier Options", *Mathematical Finance*, Vol. 7, No.4(October, 1997), pp.325-349.

션(shout option)이 있다. 사다리옵션은 행사가격이 등가격 상태로 재확정된다는 점에서 클리켓옵션과 비슷하지만 기초자산의 가격이 정하여 둔 일련의 계단(ladder) 가격에 도달할 때마다 이에 맞춰 행사가격이 재확정되고 실현된 내재가치가 지급되는 옵션이다.

선언옵션은 만기 동안 단 한번 발행자에게 선언(shout) 할 수 있는 옵션으로 옵션만기일에 옵션소유자는 유러피안 표준옵션의 이득 혹은 선언한 시점에서의 내재가치 중 큰 금액을 수령한다. 예를 들어, 행사가격이 $50이고 기초자산 가격이 $60일 때, 콜옵션 소유자가 선언했다고 하자. 만기일에 기초자산의 최종가격이 $60이하이면 소유자의 이득은 선언 시 내재가치인 $10가 된다. 그러나 만일 만기일에 기초자산의 최종가격이 $60이상이면 소유자의 이득은 (최종가격-$50)가 된다.

3) 복수기초자산 옵션

옵션의 손익이 두 종류 이상의 기초자산 가격에 의존하는 옵션을 복수기초자산 옵션(multi-underlying asset option)이라 한다.

(1) 무지개옵션

무지개옵션(rainbow option)이란 옵션행사나 만료 시 여러 개의 기초자산 중에서 상대적 가치나 성과면에서 특정수준에 있는 기초자산을 선택할 수 있는 옵션을 말한다. 예를 들어, 무지개 콜옵션 보유자는 여러 개의 기초자산 중 가격이 가장 높은 자산을 기초자산으로 선택하고, 무지개 풋옵션 보유자는 여러 개의 기초자산 중 가격이 가장 낮은 자산을 기초자산으로 선택하게 될 것이다. 따라서 무지개옵션의 이득은 다음과 같이 표시할 수 있다.

$$\text{무지개 콜옵션의 이득} = \max[\max(S_1, S_2, \ldots, S_n) - K, 0] \qquad \text{(식 16-36)}$$

$$\text{무지개 풋옵션의 이득} = \max[K - \min(S_1, S_2, \ldots, S_n), 0] \qquad \text{(식 16-37)}$$

단, S_j = j번째 기초자산의 가격

(2) 바스켓옵션

바스켓옵션(basket option)은 옵션의 이득이나 성과가 여러 기초자산의 종합적 성과(예컨대, 가중평균 등)로 결정되는 옵션을 말한다. 기존의 지수옵션도 바스켓옵션의 한 형태이지만 통상 바스켓옵션은 고유의 투자포트폴리오를 대상으로 한다.

바스켓옵션은 개념적으로 개별기초자산의 옵션들의 포트폴리오와 마찬가지이지만, 옵션 가격 면에서는 더 저렴하다. 그 이유는 기초자산의 가격변동이 개별옵션에 미치는 영향이 기초자산들의 포트폴리오 가격변동이 바스켓옵션에 미치는 영향보다 더 크기 때문이다.

(3) 스프레드옵션

스프레드옵션(spread option)이란 옵션의 이득이 두 개의 기초자산의 가격차이로 결정되는 옵션을 말한다. 이 때, 대상이 되는 두 개의 기초자산은 서로 수요 면에서 대체관계에 있거나 생산과정상 전후 관계에 있는 자산들 중에서 선택하는 것이 일반적이다. 예를 들어, 장기금리와 단기금리, 두 개의 주가지수, 두 개의 통화 등으로 기초자산을 구성할 수 있다.

스프레드옵션은 두 경제변수에 대해 각각의 절대적 변동위험이 아닌 양자간의 상대적 변동위험을 헷지하고자 할 때 사용된다.

그 밖에 옵션이득이 하나의 기초자산에 의해 결정되나 그 위험의 노출규모는 다른 기초자산의 가격의 함수로 표시되는 콴토옵션(quanto option: quantity-adjusted option)과 옵션행사 시 하나의 자산을 다른 자산과 교환하는 교환옵션(exchange option)도 복수기초자산옵션에 속한다. 콴토옵션은 주로 한 통화로 표시된 기초자산에 대한 옵션의 수익을 다른 통화로 결제하는 형태가 일반적이다.

교환옵션은 한 유형의 자산을 다른 유형의 자산과 교환할 수 있는 권리가 부여된 옵션을 말한다. 예를 들어, 주식의 공개매수(tender offer)는 어떤 기업의 주식을 다른 기업의 주식과 교환하는 옵션이라 할 수 있다. 이 옵션이 기존의 표준옵션들과 다른 가장 중요한 특징은 행사가격도 기초자산가격처럼 상수가 아닌 확률변수라는 것이다. 즉, 한 자산을 다른 자산으로 교환할 때 두 자산의 가격은 모두 변동할 수 있는 변수인 것이다. 교환옵션에 대한 가치평가는 Margrabe(1978)에 의해 처음으로 도출되었는 데, 그 결과를 요약하면 다음과 같다.[7] 단, T시점에 두 자산을 서로 교환하는 데, T시점에 포기(매도)하는 자산의 가격을 U_T, 대신 받게 되는(매입) 자산의 가치를 V_T라 하자. 두 자산은 둘 다 변동성이 각각 σ_U, σ_V인 기

---

7 Margrabe, W., "The Value of an Option to Exchange One Asset for Another", *Journal of Finance*, 33(March 1978), pp.177-186.

하브라운운동(GBM)을 따른다고 하고, U_T와 V_T사이의 순간 상관관계가 ρ라고 하자. 그러면, 이러한 유러피안 교환옵션의 이득함수는 $\max(V_T - U_T, 0)$이고 현재가치(f)는 다음과 같다.

$$f = VN(d_1) - UN(d_2) \quad \text{(식 16-38)}$$

$$\text{단, } d_1 = \frac{\ln(\frac{V}{U}) + \frac{\sigma^2}{2}T}{\sigma\sqrt{T}}$$

$$d_2 = d_1 - \sigma\sqrt{T}$$

$$\sigma = \sqrt{\sigma_U^2 - 2\rho\sigma_U\sigma_V + \sigma_V^2}$$

4) 그 외 특이옵션

이상에서 분류되지 않은 그 외 특이옵션으로 복합 옵션과 스왑션이 있는데 이에 대해 간략히 설명하고자 한다.

(1) 복합옵션

복합옵션(compound option)이란 옵션에 대한 옵션이다. 즉, 옵션이 기초자산인 옵션이다. 따라서, 복합옵션에는 일반적으로 행사가격과 만기가 각각 2개이다. 이는 다음과 같이 크게 4가지 유형으로 구분할 수 있다.

- 콜옵션에 대한 콜옵션 (call on call)
- 콜옵션에 대한 풋옵션(put on call)
- 풋옵션에 대한 콜옵션(call on put)
- 풋옵션에 대한 풋옵션(put on put)

대표로 콜옵션에 대한 콜옵션에 대해 살펴보자. 첫 번째 옵션 행사일인 T_1에 복합옵션 소유자는 행사가격 K_1을 지불하고 콜옵션을 매입할 권리를 행사할 수 있다. 이렇게 매입한 콜옵션은 옵션소유자에게 두 번째 옵션 행사일인 T_2에 행사가격 K_2를 지불하고 기초자산을 매입할 수 있는 권리를 가지게 된다. 결국 복합옵션은 첫 번째 옵션 행사일에 첫 번째 옵션의 가치가 첫 번째 행사가격보다 높은 경우에만 행사된다.

이러한 4가지 유형의 복합옵션에 대한 가치평가는 매우 복잡하여 여기서는 생략하기로 한

다. 관심 있는 독자들은 Geske(1979) 연구논문을 참조하기 바란다.[8]

(2) 스왑션

여기서 스왑션은 스왑(swap)과 옵션(option)의 합성어이다. 스왑은 뒤에서 좀 더 자세히 설명하게 될 것이다. 스왑션(swaption)이란, 정해진 고정금리가 변동금리와 교환되는 금리스왑을 기초자산으로 하는 옵션을 말한다. 즉, 스왑션은 미래시점에 기준이 되는 변동금리에 대해 미리 정한 고정금리를 주거나 받는 금리스왑계약을 할 것인지를 결정할 수 있는 옵션이다. 이 때 고정금리를 스왑계약에서 스왑률(swap rate)이라 하는데, 이것을 수취하면 수취자 스왑션(receiver's swaption)이라 하고, 지불하면 지불자 스왑션(payer's swaption)이라 한다. 수취자 스왑션에서는 옵션 보유자가 옵션을 행사하면 미리 정한 고정금리(스왑률)를 수취하고 변동금리를 지불하는 스왑계약을 체결하게 되고, 반면에 지불자 스왑션에서는 옵션을 행사하면 고정금리를 지불하고 변동금리를 수취하는 스왑이 체결된다.

스왑션과 유사한 특이옵션으로 금리 캡(cap) 또는 금리 플로어(floor)에 대한 옵션도 있다. 금리 캡을 기초자산으로 하는 옵션을 캡션(caption)이라 하고, 플로어를 기초자산으로 하는 옵션을 플로어션(floortion)이라 한다. 캡션은 미래시점에 정해진 최고금리와 만기를 갖는 금리 캡을 미리 정한 프리미엄에 매입할 것인지를 선택할 수 있는 옵션이고, 플로어션은 미래시점에 정해진 최저금리와 만기를 갖는 금리 플로어를 미리 정한 프리미엄에 매입할 것인지를 선택하는 옵션이다.

---

8 Geske, R., "The Valuation of Compound Options", *Journal of Financial Economics*, 7(1979), pp.63-81.

연습문제

01. 옵션의 수익구조가 만기시점의 기초자산가격에 의해 결정되지 않고 일정기간 동안의 기초자산의 평균가격으로 결정되는 옵션을 무엇이라 하는가?

① Digital option　　② Ladder option
③ Chooser option　　④ Asian option

02. 다음 특이옵션(exotic option)들 중 표준형 옵션보다 프리미엄이 높을 것으로 기대되는 옵션은?

① contingent option　　② knock-out option
③ average price option　　④ compound option

03. 기초자산, 만기, 행사가격 등의 조건이 동일하다면 다음 중 옵션의 프리미엄이 가장 높은 것은?

① 장애옵션　　② 어메리칸 옵션
③ 유러피안 옵션　　④ 버뮤다옵션

04. 다음 중 옵션의 행사가격이 일정한 조건(사전에 정해진 날짜나 가격)이나 옵션보유자가 원하는 시점에 등가격(ATM)상태로 재확정되는 옵션이 아닌 것은?

① shout option　　② ladder option
③ cliquet option　　④ binary option

05. 옵션의 수익은 하나의 기초자산에 의해 결정되지만, 위험에 노출된 정도나 크기는 다른 자산가격에 의해 결정되는 옵션은?

① compound option　　② basket option
③ quanto option　　④ exchange option

06. 다음 중 기초자산이 복수인 옵션이 아닌 것은?

① spread option　　② quanto option
③ rainbow option　　④ lookback option

Exercises

07. 다음 중 경로종속옵션(path dependent option)에 해당되지 않는 것은?

① chooser option ② lookback option
③ ladder option ④ barrier option

08. 외국기업을 인수하려고 시도하는 국내기업이 있다. 인수가 성공할 경우 필요하게 될 달러화의 환리스크를 현재 시점의 달러옵션으로 헷지하려면 지급하는 프리미엄이 많고, 만일 인수가 실패할 경우에는 헷지포지션이 투기포지션으로 전환되어 과도한 환리스크에 노출될 우려가 있다. 이 때 복합 옵션(compound option)을 사용하면 효율적으로 헷지를 할 수 있는데, 다음 중 가장 적절한 옵션은?

① 풋옵션에 대한 풋옵션 ② 콜옵션에 대한 풋옵션
③ 풋옵션에 대한 콜옵션 ④ 콜옵션에 대한 콜옵션

09. 스왑션(swaption)에 관한 다음 설명 중 옳지 않은 것은?

① 지불자 스왑션(payer's swaption)은 시장스왑률이 행사가격으로 정해진 스왑률보다 낮을 경우에 행사된다.
② 스왑션의 매입자는 매도자에게 프리미엄을 지불한다.
③ 미래시점에 정해진 스왑률로 스왑계약을 할 것인지 선택할 수 있는 옵션이다.
④ 수취자 스왑션(receiver's swaption)은 보유자가 옵션을 행사하면 미리 정한 고정금리(스왑률)를 수취하고 변동금리를 지불하는 스왑계약을 갖게 된다.

10. 임직원 스톡옵션(employee stock option)에서 많이 사용되는 옵션과 가장 유사한 유형의 특이옵션(exotic option)은?

① chooser option ② exchange option
③ rainbow option ④ forward start option

11. 특이옵션에 관한 다음 설명 중 옳지 않은 것은?

① 장기옵션(LTO)은 만기가 길기 때문에 장외(OTC)에서 거래된다.
② 전환권이나 환매권은 대표적인 내재옵션이다.
③ 선택자옵션은 스트래들전략과 투자효과가 비슷하다.
④ 연기옵션에서는 옵션가격지불시점과 옵션효력발생시점이 다르다.

12. 다음 중 옵션의 이득(payoff)이 두 개의 기초자산의 가격차이로 결정되는 옵션은?

① power option ② basket option
③ spread option ④ quanto option

13. 다음은 특이옵션의 이득함수를 옵션과 연결한 것이다. 그 연결이 올바른 것은?
(단, S=기초자산가격, S_{avg}=평균기초자산가격, K=행사가격임)

① 룩백 풋옵션 — $\max(S_T - S_{min}, 0)$
② 무지개 콜옵션 — $\max[\max(S_1, S_2, \cdots, S_n) - K, 0]$
③ 자산이원옵션 — K(내가격), 0(등가격, 외가격)
④ 파워콜옵션 — $\max(S_{avg} - K, 0)$

14. 내재옵션을 가진 다음 증권 중 주가의 희석(dilution)과 거리가 먼 것은?

① callable bond ② convertible bond
③ employee stock option ④ bond with warrant

15. 다음 중 내재 환매권을 포함하고 있지 않은 채권은?

① callable bond ② puttable bond
③ bond with option ④ bond with warrant

16. 자산이원콜옵션과 풋옵션의 가치는 (식 16-18)과 (식 16-19)에 있는 바와 같이 다음과 같음을 증명하라. 단, 기초자산이 배당을 지급하지 않는다고 가정한다.

자산이원콜옵션의 현재가치 = $SN(d_1)$
자산이원풋옵션의 현재가치 = $SN(-d_1)$

* 다음 자료를 이용하여 문제 17번~ 20번의 질문에 답하라.

㈜서강전자는 액면가 10만원, 만기 3년인 전환사채를 10만원의 발행가격으로 발행하였다. 이 전환사채는 채권 1개당 4개의 주식으로 전환할 수 있는 권리가 첨부되어 있으며, 현재 이 회사의 주가는 주당 22,000원이다. 이 전환사채의 표면이자는 4%이며, 이자는 연1회 지급된다. 주식수익률의 표준편차는 연간 60%이고, 전환권은 향후 2년째 되는 시점에 행사해야 하는 유러피안 옵션형태라 한다. 시장에서 무위험이자율은 연간 6%이며, 동일한 계약조건의 일반사채는 9%의 시장수익률로 거래되고 있다.

17. 이 전환사채의 일반사채로서의 가치는 얼마인가?

18. 이 전환사채의 전환비율과 전환가격은 얼마인가?

19. 이 전환사채에 내재해 있는 전환권(conversion option)의 가치를 구하라.

20. 이 전환사채(CB)의 가치를 구하라.

연습문제 정답 및 해설

01. ❹

02. ❶

조건부 후불 옵션(contingent option)은 옵션이 내가격으로 끝날 때만 후불로 옵션 프리미엄을 지불하므로 선불로 프리미엄을 지불해야 하는 표준형 옵션보다 가격이 높아야 한다.

03. ❷

만기까지 아무 때나 행사할 수 있는 어메리칸 옵션은 만기에만 행사 가능한 유러피안 옵션이나 만기까지 정해진 일정시점에 행사할 수 있는 버뮤다옵션보다 프리미엄이 더 높다. 장애 옵션은 표준형 옵션보다 가격이 낮다.

04. ❹ 05. ❸ 06. ❹ 07. ❶

08. ❹

인수에 성공할 경우 소요되는 달러화를 정해진 환율에 매입할 것인지 아닌지를 결정하는 복합 옵션이 필요하므로 콜옵션에 대한 콜옵션이 적절한 헷지수단이다.

09. ❶

수취자 스왑션은 시장 스왑률이 행사가격인 스왑률보다 낮은 경우 행사되고, 지불자 스왑션은 시장 스왑률이 행사가격인 스왑률보다 높은 경우 행사된다.

10. ❹

11. ❶

장기옵션(LTO)은 만기가 길고 거래소에서 거래되는 옵션이다. 대체로 표준형 옵션들이 만기가 1년 이내로 단기여서 만기가 장기인 옵션들이 주로 장외에서 거래되자 거래소에서 만기가 긴 옵션투자자들을 유치하기 위해 도입한 옵션을 장기옵션이라 부른다.

12. ❸ 13. ❷

14. ❶

callable bond(수의상환채권)에서 내재 콜옵션이 행사되면 채권만 상환되지 주식과는 아무런 관계가 없으므로 주가의 희석효과가 일어나지 않는다.

15. ❹

16. (증명)

자산이원콜옵션의 현재가치 = $SN(d_1)$

자산이원풋옵션의 현재가치 = $SN(-d_1)$

12장의 블랙-숄즈-머튼 옵션평가모형에서 설명한 바와 같이, Cox와 Ross(1976)는 다음과 같은 두 가지 중요한 공식을 유도하였다(〈심화학습 12-5〉의 (식 12-42)와 (식 12-43)참조)).

$$Pr(S_T > K) = N(d_2)$$

$$E[(S_T \mid S_T > K)] = Se^{rT}\frac{N(d_1)}{N(d_2)}$$

자산이원콜옵션의 현재가치

$$= e^{-rT} * E[(S_T \mid S_T > K)] * Pr(S_T > K)$$

$$= e^{-rT}Se^{rT}\frac{N(d_1)}{N(d_2)}N(d_2) = SN(d_1)$$

같은 논리로,

자산이원풋옵션의 현재가치

$$= e^{-rT} * E[(S_T \mid S_T < K)] * Pr(S_T < K)$$

$$= e^{-rT}Se^{rT}\frac{N(-d_1)}{N(-d_2)}N(-d_2) = SN(-d_1).$$

Q.E.D.

17. 전환권을 행사하지 않고 만기까지 보유할 경우 이 채권은 일반사채(straight bond)로서의 성격을 갖는다. 따라서, 전환권이 행사되지 않는 전환사채의 가치는 일반사채의 가격을 구하는 공식으로 계산할 수 있다.

$$B = \sum_{t=1}^{T}\frac{t\text{시점의 표면이자}}{(1+\text{채권수익률})^t} + \frac{\text{액면가}}{(1+\text{채권수익률})^T}$$

$$= \sum_{t=1}^{3}\frac{4{,}000}{1.09^t} + \frac{100{,}000}{1.09^3} = 87{,}344\text{원}$$

18. (1) 전환비율(conversion ratio):

전환사채 1개를 포기하고 받는 주식의 수이므로 4이다.

(2) 전환가격(conversion price)

주식 1주로 전환하기 위해 포기해야 하는 채권의 액면가로서 다음과 같이 구한다.

$$\text{전환가격} = \frac{\text{채권 액면가}}{\text{전환비율}} = \frac{100{,}000}{4} = 25{,}000\text{원}$$

19. 전환권(conversion option)은 유러피안 옵션이므로 그 가치는 다음과 같이 블랙-숄즈-머튼모형으로 구할 수 있다.

$S=22{,}000$, $\sigma=0.6$, $r=0.06$, $T=2$년, $K=23{,}853$(아래 참조).

⇒ c = 7,199원(주식 1개당)

⇒ 전환비율이 4이므로 채권 1개당 주식 4개를 매입할 수 있으므로

⇒ 총 전환권의 가치 = 7,199원×4 = 28,796원.

20. 전환사채의 가치 = 일반사채로서의 가치 + 전환권의 가치

= 87,344원 + 28,796원 = 116,140원.

* 참조: 행사가격 구하는 법

K = 1주의 주식을 취득하기 위해 포기해야 하는 채권의 가치.

그런데 2년 후 채권 가격 = $\dfrac{100{,}000+4{,}000}{1.09}$ = 95,413원.

95,413원을 포기하면 주식 4주를 취득하므로, 주식 1주를 취득하기 위해서는

95,413원/4 = 23,853원 = K.

Chapter 17

실물옵션

지금까지 우리는 금융자산(주식, 채권, 통화 등)이나 개별 상품자산(농산물, 임산물, 축산물, 천연자원 등)을 기초자산으로 하는 옵션에 대해서만 살펴보았다. 이제 옵션이론과 시장에 대한 마지막 장으로서 다소 새로운 영역에 지금까지 배운 옵션이론들을 적용하고자 한다. 즉, 토지, 건물, 생산설비, 신약개발, 자원개발 등과 같은 실물자산(real asset)에의 투자기회를 평가하는 방법에 대해 고찰해 보고자 한다. 이와 같은 실물자산에의 투자기회에는 여러 가지 형태의 옵션들이 부가되는 경우가 많은데, 예를 들면 투자를 확대하는 옵션, 투자기회를 종료하는 옵션, 투자를 연기할 옵션, 투자하기 전에 기다리면서 상황을 관찰하는 옵션, 생산방식을 변경하는 옵션 등 매우 다양한 옵션들이 있다.

이렇게 다양한 투자변경 옵션이 내재된 실물자산들은 전통적인 가치평가기법인 현금흐름할인(DCF: discounted cash flow)기법만으로는 정확한 평가가 어렵다. 따라서, 본 장에서는 최근 활발한 연구와 실무에의 적용이 이루어지고 있는 실물옵션의 개념, 종류, 그리고 가치평가기법 등에 대해 살펴보고자 한다.

1. 실물옵션의 개념

1) 실물옵션의 정의

실물옵션(real option)이란 토지, 건물, 생산설비 등 실물(real)자산에 내재되어 있는 투자안의 전략적 선택권(option)을 말한다. 좁은 의미에서 보면 실물옵션은 금융옵션이론을 실물(비금융)자산에 확대한 것이다. 따라서 금융옵션의 조건이 계약 시에 상세하게 정의되는 것과 마찬가지로 전략적 투자에 내재되어 있는 실물옵션도 개별적으로 인식되고 선택조건들이 구체화되어야 한다.

MIT 경영대학원(Sloan)의 Myers교수는 전략적 계획과 재무활동의 차이점을 설명하기 위해 다음과 같이 실물옵션이라는 용어를 도입하였다.[1]

> "전략적 계획을 위해서는 재무계획이 필요하다. 전략적 분석에 대한 검토를 위해 현재가치 계산이 필요하고, 현재가치 계산을 위해서도 전략적 분석에 대한 검토가 필요하다. 그러나, 일반적인 현금흐름할인(DCF)법은 사업의 수익성 증가에 수반하는 옵션가치를 과소평가하는 경향이 있다. 재무관리이론은 이러한 '실물옵션'을 다루기 위해 확장되어야 한다."

2) 실물옵션의 예

(1) 스노우 주식회사의 확장옵션

스노우(Snow) 주식회사는 스키생산을 고려 중이다. 일단 스키를 생산하면 이 회사는 스키부츠(신발)의 생산과 판매에 유용한 정보를 입수할 것이고, 그 결과 스키부츠 시장에도 진출하기를 원할 수 있다. 즉, '확장옵션'이 존재한다. 이 확장옵션 가치를 평가하기 위해 스키부츠 산업의 경기변동성에 대한 정보가 필요하다. 이러한 경기변동성과 관련된 불확실성이 크면 클수록 확장옵션의 가치는 더 커질 것이다.

(2) AT&T의 성장옵션

미국 AT&T는 루슨트 테크놀로지를 분사(spin-off)시켰다. 분사 전 현재 수익을 보면 루슨트의 주가는 주당 약 $8정도가 적정가격이다. 그런데 분사 후 루슨트의 주가는 지속적으로

---

1 Myers, S., "Financial Theory and Financial Strategy", *Interface*, Vol.14(1984), Jan.–Feb., pp.126–137.

주당 $60 이상에 거래되고 있다. 이러한 현상은 루슨트의 기술기반과 연구개발 능력에서 발생할 수 있는 새로운 성장옵션에 대한 시장의 평가와 기대가 반영된 것이다.

(3) 실물옵션 분석이 필요한 상황

실물옵션 접근법이 항상 필요한 것은 아니다. 투자가치가 매우 크거나 매우 작을 경우에는 실물옵션가치를 계산하지 않아도 쉽게 투자의사결정을 할 수 있다. 그러나 대부분의 투자의사결정은 복잡한 실물옵션이 내재해 있어 DCF등 전통적인 투자가치 평가방법만으로는 불충분하며 실물옵션분석이 필요하다. 즉, 전통적인 투자분석법은 옵션이 전혀 내재해 있지 않거나, 있더라도 불확실성이 매우 미약한 경우에 효과적이다.

일반적으로 실물옵션 분석이 필요한 상황은 다음과 같다.

- 비확정적인 투자결정을 내리는 경우: 다른 접근법을 가지고는 유동적인 투자결정이 갖는 가치를 정확히 평가할 수 없다.
- 불확실성이 크고 투자가 변경 불가능한 경우: 손실 가능성을 줄이기 위해 좀 더 많은 정보를 기다리는 게 효과적이다.
- 미래 성장이 기대되는 경우: 현금흐름보다는 미래 성장옵션의 가능성이 가치를 가진다고 판단되면 정확한 평가를 위해 성장옵션을 추가해야 한다.
- 투자의 탄력성이 있는 경우: 투자의 불확실성이 대단히 커서 투자의 탄력성을 고려할 필요가 있는 경우에는 실물옵션 분석만이 탄력성을 정확히 평가할 수 있다.
- 전략수정이 필요한 경우: 투자안을 갱신하거나 전략수정이 필요한 경우 수정 선택옵션에 대한 평가가 필요하다.

2. 실물옵션의 종류

실물자산에 내재된 실물옵션은 매우 다양하다. 여기서는 대표적인 몇 가지를 소개하고자 한다.

1) 운영옵션

운영옵션은 자산을 이용하거나 운영하는 동안 불확실성에 대응하기 위한 전략적 유연성

(flexibility)과 관련된 옵션을 말한다. 예를 들어 투입전환 시기(timing), 산출전환 시기, 일시적인 조업중단 시기와 관련된 옵션들이다.

대표적인 운영옵션들을 몇 가지 소개하면 다음과 같다.

(1) 타이밍옵션

타이밍옵션(timing option)은 투자시점을 연기하거나 선택할 수 있는 권리를 말한다. 연기옵션(option to delay) 혹은 시기선택권이라고도 한다. 타이밍옵션을 포함하고 있는 대표적인 투자안의 형태로는 천연자원 개발권, 특허권 등이 있다.

투자시기를 연기해서 투자여부를 선택할 수 있다고 가정할 경우, 투자안 실행시점(T: 옵션 만기)에서의 투자안의 가치를 V_T, 투자안 실행시점에서의 투자금액을 K라 하면, 실행시점에서의 타이밍옵션을 고려한 투자안의 순현재가치(NPV_T)는 다음과 같다.

$$NPV_T = \begin{cases} 0, & \text{if } V_T \leq K \\ V_T - K, & \text{if } V_T > K \end{cases} \qquad \text{(식 17-1)}$$

$$\Rightarrow NPV_T = \max(V_T - K, 0) \qquad \text{(식 17-2)}$$

즉, (식 17-2)로부터 타이밍옵션이 있는 투자안의 순현재가치(NPV_T)는 행사가격=투자금액, 기초자산=투자안인 콜옵션과 같다. 따라서, 콜옵션 가격결정모형을 적용하면 타이밍옵션이 있는 투자안의 현재시점에서의 순현재가치(NPV)를 구할 수 있다.

이 경우 타이밍옵션의 가치(VTO: value of timing option)는 다음과 같이 구할 수 있다.

$$\begin{aligned} VTO &= NPV(\text{타이밍옵션이 있는 투자안}) - NPV(\text{타이밍옵션이 없는 투자안}) \\ &= NPV_T - NPV_0(\text{현재시점에 투자할 경우}) \end{aligned} \qquad \text{(식 17-3)}$$

여기서 한 가지 유의할 것은 투자안의 실행을 연기하면 경쟁상대의 출연 등으로 인해 이익이 감소 할 수도 있다는 점이다. 이를 지연비용(cost of delay)이라 하는데, 타이밍옵션의 가치를 구할 때 지연비용을 고려해야 한다. 이는 마치 주식에서 배당이 있는 것과 유사하므로 배당이 있는 경우의 옵션가격결정모형을 적용하여 평가하면 된다.

(2) 생산유연성

생산유연성(flexibility of production)이란 수요 또는 가격의 변동에 반응하여 입력요소

(input)나 생산물(output)을 변경시킬 수 있는 능력을 의미한다. 즉, 기업은 생산시설에 유연성을 추가함으로써 가장 저렴한 원료를 활용하거나 또는 가장 가치 있는 산출물을 생산할 수 있다. 이 경우 기업은 효과적으로 한 자산을 다른 자산과 교환할 수 있는 옵션을 획득한 것과 동일하다. 이러한 옵션의 가치는 앞에서 설명한 특이옵션 중 교환옵션의 평가기법을 응용하여 구할 수 있다.

2) 투자옵션

투자옵션이란 투자규모에 대한 의사결정, 즉 투자의 확장, 투자의 축소, 투자의 처분 혹은 포기 등과 관련된 선택권을 말한다. 또한 투자대상의 유형과 규모의 선택을 포함하여 자산운용을 변화시킬 수 있는 옵션도 포함한다.

어떤 투자는 차후에 실행 가능한 의사결정범위를 변경하여 실행 가능한 투자전략을 바꿀 수 있는 옵션을 발생시키기도 한다. 예를 들어, 단기적인 제품 사이클을 가진 산업에 시설투자를 할 때 하나의 제품사이클에 대한 투자는 다른 제품사이클에 대한 투자기회를 발생시키기도 한다.

다음과 같이 몇 가지 대표적인 투자옵션을 살펴보자.

(1) 확장옵션

확장옵션(option to expand)이란 기존의 투자로 인해 유발되는 후속투자(follow-on investment)기회를 활용할 권리를 말하며, 그래서 후속 투자기회옵션이라고도 한다. 예를 들어, 반도체를 단순 조립하는 기업에서 반도체를 제조하는 시설을 확장하고자 할 때, 또는 등산용 배낭을 제조하는 기업이 학생용 배낭을 만드는 공정을 추가하거나 확장하고자 할 때 가질 수 있는 선택옵션들이다.

확장옵션의 가치평가를 위해 후속 투자안 실행시점(T)의 후속 투자안의 가치를 V_T, 투자안 실행시점에서의 투자금액을 K라 하면, 실행시점(T)에서의 확장옵션 가치(VOE: value of option to expand)는 다음과 같다.

$$VOE_T = \begin{cases} 0, & \text{if } V_T \le K \\ V_T - K, & \text{if } V_T > K \end{cases} \quad \text{(식 17-4)}$$

$$\Rightarrow VOE_T = \max(V_T - K, 0) \quad \text{(식 17-5)}$$

(식 17-5)로부터 확장옵션은 행사가격=투자금액, 기초자산=후속 투자안인 콜옵션과 같다. 따라서, 콜옵션 가격결정모형을 적용하면 확장옵션의 현재시점에서의 가치를 구할 수 있다.

(2) 포기옵션

포기옵션(option to abandon)은 이미 실행된 투자안을 일정한 대가에 처분 또는 포기할 수 있는 권리를 말한다. 어떤 사업은 일단 투자가 이루어지면 상황이 변하여 불리해지더라도 사업을 유지하는 것이 더 적절할 수도 있지만, 어떤 사업은 일정한 대가를 받고 처분하는 것이 추가적인 손실을 막고 더 좋은 사업을 시작할 수 있는 기회를 발생시켜 기업에 더 이익이 되는 경우도 있다. 따라서 투자안에 대한 처분이나 포기옵션의 적절한 행사는 기업의 가치와 직결되는 문제이다.

포기옵션의 가치평가를 위해 투자안을 포기하는 시점(T)에서의 투자안의 가치를 V_T, 투자안을 처분해서 받을 수 있는 금액을 K라 하면, 포기시점(T)에서의 포기옵션 가치(VOA: value of option to abandon)는 다음과 같다.

$$VOA_T = \begin{cases} 0, & \text{if } V_T \leq K \\ K - V_T, & \text{if } V_T > K \end{cases} \quad \text{(식 17-6)}$$

$$\Rightarrow VOA_T = \max(K - V_T, 0) \quad \text{(식 17-7)}$$

(식 17-7)로부터 포기옵션은 행사가격=처분가치, 기초자산=투자안인 풋옵션과 같다. 즉, 포기옵션은 처분가치를 받고 현재 투자안을 매도할 수 있는 권리를 가진 풋옵션이라 할 수 있다. 처분가치가 커지면 커질수록 초기옵션은 깊은 내가격이 되므로 행사가능성이 커지지만, 처분가치가 현재 투자안의 가치보다 작으면 깊은 외가격이 되므로 포기하는 것 보다는 현재 투자안을 유지하는 것이 더 바람직하다. 풋옵션 가격결정모형을 적용하면 확장옵션의 현재시점에서의 가치를 구할 수 있다.

3) 거래옵션

거래옵션이란 자산소유자가 직면하는 위험의 형태 또는 노출 정도를 변화시키는 특정 거래조항에 대한 선택권을 말한다. 예를 들어, 벤처기업에 투자한 투자자는 이 벤처기업이 파산하여 청산절차를 진행하는 과정에서 변제우선 청구권을 자신에게 부여하는 거래조항(축소 시 방어권)을 선택할 수 있고, 기업이 추가적으로 자본을 증가시킬 때 증자에 참여할 수 있는 권리(성장잠재력의 희석 방지권)를 거래내용에 포함시킬 수 있다.

3. 실물옵션의 가치평가

1) 4단계 평가과정

실물옵션의 평가는 일반 옵션의 평가에 비해 대단히 복잡하고 어렵다. 각 실물투자의 내용과 만기, 옵션의 성격 등이 표준화되어 있지 않기 때문에 그 투자에 대해 잘 알지 못하는 사람은 옵션설계 자체가 대단히 어려운 일이다. 따라서, 실물옵션의 가치를 평가하기 위한 일반적이고 통일적인 모형을 존재하지 않으며, 단지 앞에서 설명한 대로 몇 가지 실물옵션의 유형을 파악하여 기존의 일반옵션 평가법을 적용하는 방법을 많이 사용한다.

여기서는 실물옵션의 가치를 평가하기 위한 4단계 평가과정을 설명하고자 한다.[2] 이러한 4단계과정은 블랙-숄즈-머튼모형과 같은 표준화된 평가모형을 제시하는 것이 아니고, 실물옵션을 평가하기 위한 기본적인 접근방법 혹은 평가의 틀(framework)을 구축하는 것이다. 결국, 실물옵션의 가치를 정확히 평가하기 위해서는 실물투자의 내용을 잘 파악하여 어떤 옵션(선택권)들이 내재해 있는지 분석하고, 이를 토대로 어떤 옵션평가법을 적용할지와 어떤 자료를 활용해야 할지를 결정하여야 한다.

〈그림 17-1〉은 실물옵션을 평가하기 위한 4단계 과정을 그림으로 표시하고 있다. 제1단계에서는 분석틀을 구축하고, 2단계에서는 앞에서 설명한 다양한 옵션평가법을 적용하여 옵션가치를 평가하며, 3단계에서 평가결과를 검토한 후, 검토결과를 토대로 마지막 4단계에서는 분석틀을 재설계할 지 여부를 결정해야 한다. 재설계가 필요하면 1단계부터 다시 시작하고, 재설계가 불필요하면 2단계에서 구한 옵션가치를 확정하면 된다. 4단계 평가과정에서 금융시장 정보를 최대한 활용한다.

2 실물옵션의 4단계 평가과정은 Amram and Kulatilaka(1999)에서 인용함.

〈그림 17-1〉 실물옵션 4단계 평가과정

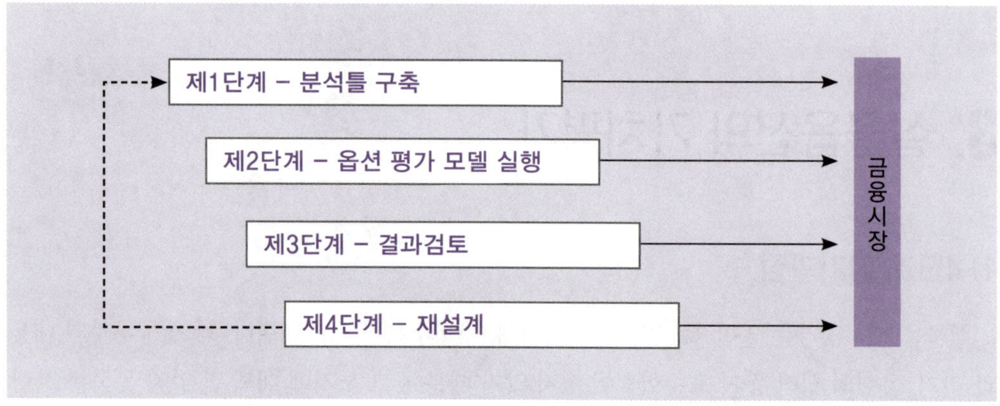

이제 실물옵션 4단계 평가과정을 각 단계별로 좀더 자세히 살펴보도록 하자.

(1) 제1단계: 분석틀 구축

실물옵션에서 다루는 자산들은 거래를 통해 정보가 명확하게 명시되는 것이 아니며, 경험과 분석, 그리고 판단을 통해 식별해야 한다. 따라서, 훌륭한 분석틀은 실물옵션 접근법의 가장 중요한 단계이다. 분석틀이 너무 현실적(realistic)이면 분석과정과 평가모형이 너무 복잡해져서 직관적으로 판단할 수 있는 여지를 잃게 되고, 반대로 너무 이상적(ideal)이면 분석과 평가모형이 지나치게 단순화되어 현실을 제대로 반영하기 어려워진다. 따라서, 실물옵션 분석이 최대한 성공하기 위해서는 현실적이면서도 이상적인 분석틀의 구축이 필요하다.

분석틀을 효과적으로 구축하기 위해 Amram and Kulatilaka(1999)은 다음 〈표 17-1〉과 같은 가이드라인을 제시하고 있다. 표에서 보는 바와 같이 의사결정의 목표와 내용, 불확실성의 원천, 의사결정규칙 확립, 금융시장정보의 활용방안, 그리고 분석틀의 단순성과 투명성 등에 대해 검토해야 한다.

〈표 17-1〉 제1단계: 분석틀 구축방법

고려 요인	검토 내용
의사결정	- 가능한 의사결정의 내용 - 의사결정의 시기 - 의사결정의 주체와 권한관계
불확실성	- 불확실성(리스크)의 원천과 시간경과에 따른 변동 관찰 - 불확실성의 모형화: 적합한 확률과정 탐색 - 현금흐름과 수익률 추정
의사결정규칙	- 의사결정 규칙(rule)의 계량화 및 수학적 표현 - 의사결정규칙의 세분화
금융시장정보	- 고유위험과 시장위험의 분류 - 객관적인 금융시장정보의 적극 활용방안
명확성과 단순성	- 분석틀이 너무 복잡하면 경영진의 이해와 지원이 어려움 - 가급적 단순화시켜 직관을 최대한 활용하도록 유도

이와 같은 분석틀 구축은 상당부분 경험으로 노하우가 축적되고 학습되므로 분석틀구축 담당자들은 가급적 많이, 다양한 상황을 경험할 필요가 있다. 다음은 분석틀 구축 시 발생할 수 있는 일반적인 오류들이므로 잘 숙지하여 시행착오를 줄여야 할 것이다.

- 불확실성의 노출에 대한 이해의 결여: 실물옵션에서 발생하는 손익은 일반옵션에서 발생하는 손익보다 훨씬 복잡하다. 불확실성이 기업의 손익에 어떤 영향을 미치는지 철저히 분석해야 한다.
- 복잡한 옵션을 평가하는 데 빠르고 일반적인 방법 적용: 블랙-숄즈-머튼모형을 적용하면 쉽고 빠르게 옵션가치를 얻을 수 있지만, 실물옵션의 세계는 아주 복잡하여 블랙-숄즈-머튼모형에서 가정하는 세계와 많이 다를 수 있다. 너무 일반적인 방법을 특수한 실물투자 세계에 손쉽게 적용하려다 보면, 오류가 발생할 수 있다.
- 시장위험보다 고유위험에 지나치게 더 집중: 시장에서 유가증권을 통해 형성된 객관적이고 공정한 정보를 바탕으로 하는 시장위험기반 모형이 개별 투자의 특성에 근거한 고유위험기반 모형보다 훨씬 중요하다. 그러나, 많은 실물옵션 분석가들은 고유위험에 지나치게 민감하게 대응하고 반응하여 과잉분석 하는 경향이 있다.

2) 제2단계: 옵션평가모형 실행

앞에서 설명한 제1단계의 분석틀 구축이 완료되면 실물옵션의 가치를 평가하기 위한 구체적인 평가실행 절차를 추진해야 한다. 이항분포모형, 블랙-숄즈-머튼모형 등 다양한 옵션평가기법들을 어떻게 활용할 지에 대해 검토하고 실제 실물옵션가치를 계산해야 하는 것이 2단계의 주요내용이다.

먼저, 옵션평가모형을 실행하기 위해서 투입해야 하는 정보나 자료를 수집하고 검토해야 한다. 특별히 옵션가치에 영향을 미치는 6가지 주요 변수들에 대해 어떤 정보를 투입해야 하는지 결정해야 한다. 〈표 17-2〉에 가이드라인이 제시되어 있다.

〈표 17-2〉 실물옵션평가 투입정보

옵션변수	심볼	투입정보 탐색
기초자산의 현재가치	S	- 실물옵션의 종류에 따라 적절한 기초자산 결정 - 미래의 현금흐름이 예상되면 현재가치로 할인
기초자산의 변동성	σ	- 역사적 변동성, 시장자료 활용
무위험이자율	r	- 만기 3개월 이내 단기 국채(T-bill)수익률
실물옵션의 행사가격	K	- 실물옵션의 종류에 따라 적절한 행사가격 결정
실물옵션의 만기	T	- 실물옵션의 종류에 따라 적절한 만기 결정
배당 등 가치의 손실	D	- 배당, 이자, 보유편익(선물가격활용) 등을 추정

〈표 17-2〉와 같이 실물옵션평가에 필요한 투입정보들이 결정되면, 어떤 옵션평가모형을 적용할 지 결정한다. 유러피안 표준형 옵션의 경우 블랙-숄즈-머튼모형을 적용하면 되고, 어메리칸 표준형 옵션의 경우에는 이항분포모형을 적용할 수 있다. 그 외 비표준형 옵션의 경우 특이옵션에서 설명한 방법론들을 활용할 수 있다.

(3) 제3단계: 결과 검토

지금부터 설명하는 제3단계와 제4단계는 투자전략의 가치를 향상시키기 위해 활용될 수 있다. 제2단계에서 구한 실물옵션의 가치평가결과로 얻어진 투자가치를 할인현금흐름(DCF)방법 등 기존의 다른 가치평가방법으로 구한 투자가치와 비교하면 실물투자에 내재되어 있는 옵션가치를 구할 수 있다. 예를 들어, DCF로 구한 투자가치가 60이고 실물옵션평가방법으로 구한 투자의 총 가치가 100이라면 내재옵션가치는 40이 되는 것이다. 〈그림 17-2〉에서 보는 바와 같이 제3단계 결과검토의 첫 번째 작업이 바로 평가결과를 다른 가치평가법과 비교, 분석하는 것이다.

제3단계 두 번째 작업은 전략적 의사결정에 변동을 줄 수 있는 중요한 가치를 검토하는 것이다. 이 때 중요하게 사용되는 것이 투자전략의 임계가치(critical value)이다. 임계가치란 투자(자산)를 포기하는 것이 최적인 기초자산가치의 수준(level)을 말한다. 즉, 투자(자산)의 가치가 임계가치보다 크면 투자(자산)를 유지하고, 그렇지 않으면 투자를 포기하는 것이 최적의 의사결정이다. 따라서 임계가치를 고려하여 평가결과 산출된 실물옵션의 가치가 투자를 유지하기에 적절한 가치인지 여부를 검토하게 된다.

〈그림 17-2〉 실물옵션 평가 3단계와 4단계

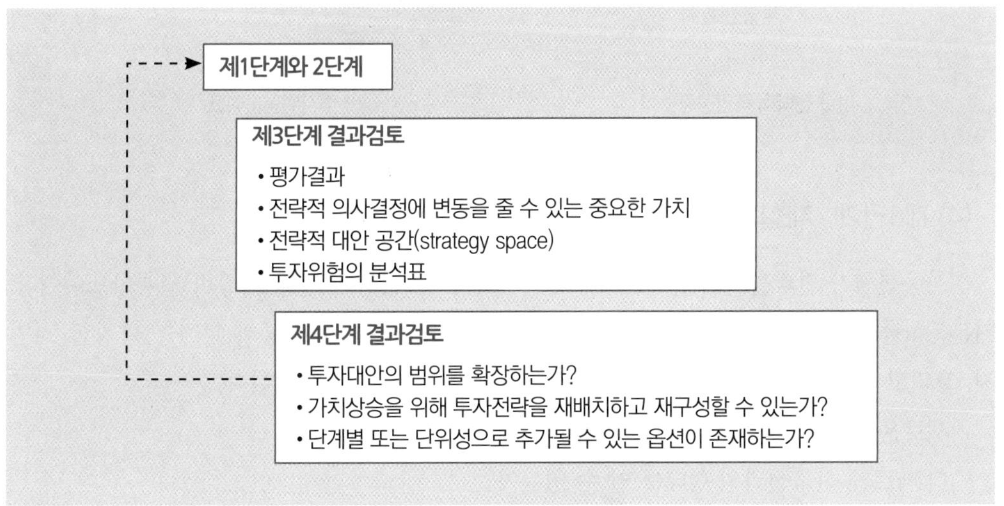

제3단계의 세 번째 작업은 투입정보의 수준을 달리하여 투자가치를 시뮬레이션 해보고 투자를 지속할 것인지, 포기할 것인지, 확대할 것인지를 결정하는 것이다. 〈그림 17-3〉의 (a)에서 보듯이 투자정보 #1, 투자정보 #2 등 다양한 투입정보를 입력하여 실물옵션가치를 평가한 후 투자의사결정을 판단한다. 그리고 그림에서 (b)는 40%의 가능성으로 투자를 포기할 수 있음을 보여준다.

〈그림 17-3〉 전략적 대안공간과 투자위험분석표

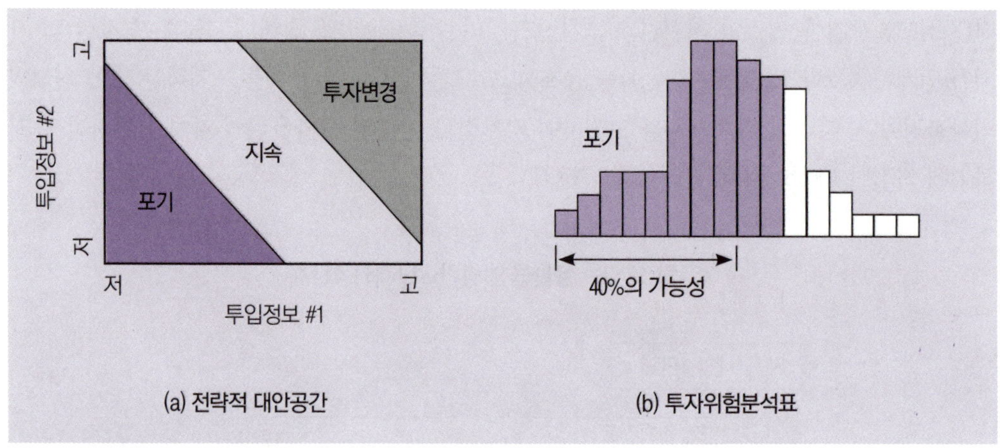

(a) 전략적 대안공간 (b) 투자위험분석표

(4) 제4단계: 재설계

실물옵션평가 결과를 검토할 때 마지막으로 해야 할 일은 투자를 확장하느냐 마느냐이다. 기본분석틀을 개발하고 평가결과를 검토한 후 다음과 같은 질문을 통해 투자를 확장할 것인지, 그리고 어떻게 분석틀을 재설계할 것인지 면밀하게 검토해야 한다.

- 새로운 옵션기회를 창출할 수 있는가?
- 더 빠르게 산출결과의 형태를 알 수 있는가?
- 똑 같은 잠재력을 창출할 수 있는 투자대안은 없는가?

이러한 과정을 몇 차례 반복함으로써 투자전략의 가치를 향상시킬 수 있는 내재옵션을 상당수 추가할 수 있다.

2) 실물옵션 평가 사례

여기서는 몇 가지 대표적인 실물옵션 평가사례를 소개하고자 한다.[3]

(1) 벤처기업평가: 성장옵션

① 기업 현황

〈그림 17-4〉는 한 벤처기업의 사업계획을 보여준다. 이 회사는 맥주를 제조하는 양조회사이며, 회사착수에 400만달러, 제품출시를 위해 1,200만달러의 추가자금이 필요하다. 현재 투

3 여기에서 소개하는 실물옵션 평가사례는 Amram and Kulatilaka(1999)에서 인용함.

자자들은 이 벤처기업이 직면하고 있는 시장의 불확실성에 대해 우려하고 있다. 그러나, 이 기업의 창업자들은 자신들의 사업기회를 대단히 낙관적으로 전망하며 성장가능성이 큰 신생기업이라 확신하고 있다.

〈그림 17-4〉 벤처기업의 사업계획

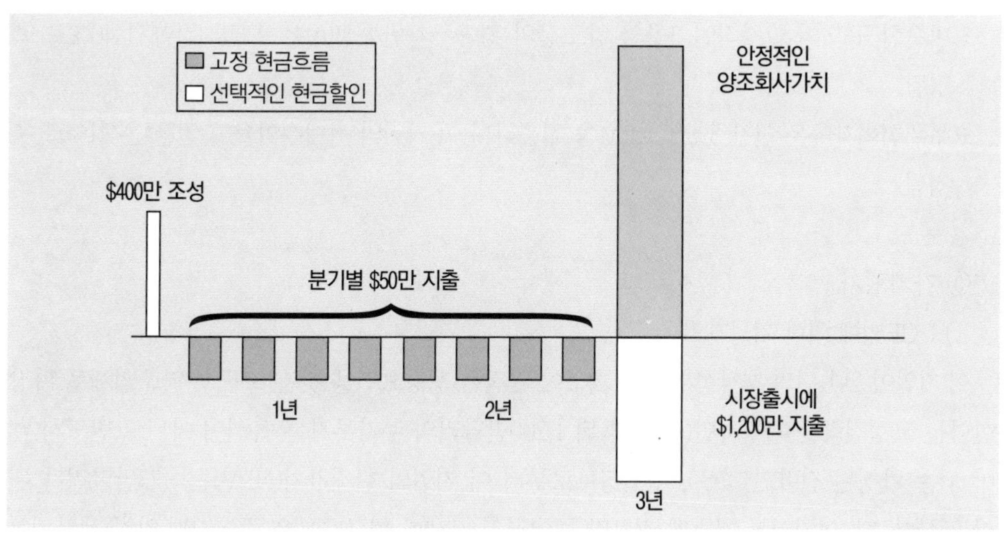

회사의 창업자들은 이 회사가 일단 유통과 판매를 시작하면 다른 소규모 양조업자들과 마찬가지의 한계이익(marginal profit)을 가질 것이고 여기서 발생하는 이익으로 미래 성장을 유지할 수 있는 능력을 얻으리라 예상하고 있다. 그러나, 계속해서 경쟁자들이 새로 시장에 진입하고 있으며, 제품판매량도 계속 변하고 있어 불확실성이 존재한다. 창업자들은 우선 현금흐름할인(DCF)방법으로 기업가치를 평가하였는데 현재가치가 음(-)이었다. 그러나, 창업자들은 현재의 400만달러 투자와 2년 후 1,200만달러의 투자를 유치하여 안정적인 소규모 양조업자가 되기 위한 성장옵션(growth option)의 가치가 크기 때문에 투자가치가 충분하다고 주장하고 있다.

이 신생 벤처기업의 가치는 얼마나 될 지 평가해 보자.

② 가치평가의 구조

만일 이 기업 창업자들의 예상대로 상황이 전개될 경우, 이 기업은 2년 후에 완전한 제품라인을 갖추고 제품을 유통업자에 공급하는 유망한 기업으로 성장하여 안정적인 소규모 양조기업이 될 것이다. 또한 안정적인 기업이 되기 이전에도 성장옵션을 가지고 있다. 다음과 같이 투입정보를 추정하였다.

- 2년 후 안정적인 사업이 전개될 경우 연간 600만달러의 매출액이 기대됨
- 현재 이 기업과 비슷한 규모의 양조기업들의 평균 PER(Price-Earnings Ratio: Price/Earnings)는 3.66임.
- 이러한 정보로부터, 이 벤처기업이 안정화되는 2년 후의 가치, S_2 = (P/E)×$600만 = $2,200만임.
- 비슷한 규모의 안정적인 3곳의 양조장의 평균주가변동성(σ)은 증권시장에서 40%로 측정됨.
- 무위험이자율은 연간 5%, CAPM을 적용하니 이 기업의 기대수익률(할인율)은 21%로 추정됨.

③ **가치평가**

i) DCF법에 의한 기업가치

이 기업이 2년 뒤의 시장상황에 관계없이 완전한 성장요건을 갖춘 소규모 양조업체로 확장한다는 고정전략을 가정하면(즉, 2년 뒤 1,200만달러의 추가투자는 옵션이 아니고 반드시 해야 되는 확정된 전략인 경우), 투입정보로부터 이 기업의 현재가치(NPV)는 -23만달러가 된다고 한다. 단, 여기서는 매출액 정보만 주어졌지 자세한 현금흐름은 주어지지 않아 세부적인 계산과정은 생략하기로 한다.

ii) 투자기회를 포함한 기업가치

실물옵션분석에는 2년후 제품출시 의사결정이 갖는 비확정적 옵션이 포함되어 있다. 기업을 확장하는 옵션은 2년후에만 가능한 유러피안 옵션이라고 간주하고 블랙-숄즈-머튼모형을 이용하여 옵션이 포함된 현재 기업가치를 계산해 보자.

옵션가치계산을 위해 필요한 정보는 다음과 같다. 단, 옵션의 행사가격은 1,200만달러인데, 왜냐하면 투자자들은 2년 후 기업가치가 1,200만달러보다는 커야 제품출시에 필요한 1,200만달러를 투자할 것이기 때문이다.

$S = S_2 e^{-RT} = 2{,}200\text{만}\, e^{-0.21(2\text{년})} = \$1{,}446\text{만}$

$K = \$1{,}200\text{만}$

$r = 0.05$

$\sigma = 0.40$

$T = 2\text{년}.$

이 자료를 블랙-숄즈-머튼모형에 대입하면, 성장옵션의 가치는 496만달러이다. 그런데 향후 2년동안 지출되는 400만달러를 현재가치로 환산하면 $383만이므로, 기업의 순현재가치(NPV)는 113만달러(=496만달러-383만달러)가 된다.

참고로, 만일, 처음 2년동안 매 분기마다 이 투자를 지속하느냐 아니면 포기하느냐를 결정할 수 있는 포기옵션이 포함되어 있다고 가정하고 어메리칸 옵션평가모형으로 기업가치를 구하면 176만달러로 가치가 상승한다.

iii) 성장옵션의 가치

i)과 ii)에서 얻은 결과로부터 다음과 같은 관계식을 도출할 수 있다.

실물옵션으로 구한 기업가치 = DCF로 구한 가치 + 성장옵션(2년 뒤)

⇒ $113만 = -$23만 + 성장옵션

따라서, 성장옵션의 가치는 136만달러가 된다. 즉, 실물옵션방법으로 성장옵션의 가치를 포함하여 벤처기업의 가치를 구하면 (+)의 순현재가치(NPV)가 되어 투자를 채택하게 되지만, 성장옵션을 고려하지 않고 고정된 투자전략으로부터 발생하는 현금흐름만 고려하여 DCF방법으로 기업가치를 구하면 음(-)의 순현재가치가 되어 투자를 기각하게 된다. 이는 실물옵션가치방법이 정확한 의사결정을 위해 얼마나 중요한지 잘 보여주고 있다.

이러한 성장옵션이 내재된 다른 투자사례로서 연구개발(R&D), 기반사업 프로젝트, 기업의 인수합병(M&A), 조인트 벤처(joint venture) 등이 있다.

(2) 석유탐사: 대기옵션, 확장옵션

석유탐사와 같은 자원탐사에는 다양한 옵션들이 내재해 있어 실물옵션을 적용하는 대표적인 사례이다. 석유탐사는 일반적으로 다음과 같은 불확실성을 포함하고 있다.

- 탐사되지 않은 땅에서 석유를 생산하는 데는 6~15년의 시간이 필요하다.
- 탐사와 개발을 위해 수백만달러의 비용이 요구된다.
- 탐사노력이 실제 석유생산으로 연결될 확률은 10%정도로 매우 낮다.

이러한 불확실이 있지만, 유전지역 규모에 대한 불확실성의 대부분은 생산이 시작되기 전에 해소된다. 탐사와 개발은 학습효과를 갖는 투자이며, 유전에서 얻어낼 수 있는 석유량에 대한 불확실성을 해결해 주는 일련의 옵션활동이다.

석유탐사는 다음과 같은 수순을 따른다.

첫째, 투자가 탐사지속옵션이나 개발활동으로의 확장옵션을 창출한다.

둘째, 지진파를 이용한 지질검사나 유정시추를 통해 규모에 대한 불확실성을 해소한다.

셋째, 지질학적 자료만을 바탕으로 한 탐사의사결정은 불완전하다, 땅속에 매장되어 있는 석유의 가치는 석유가격이라는 시장위험에 노출된다. 따라서, 석유가격에 대한 예측이나 분석이 필요하다.

다음 〈그림 17-5〉는 연속적인 석유탐사 투자의사결정의 예를 보여준다. 각 의사결정 단계마다 5가지의 대안, 즉 유보, 시추, 지진파 탐색, 지진파와 시추, 그리고 개발이 있다.

〈그림 17-5〉 석유탐사 평가

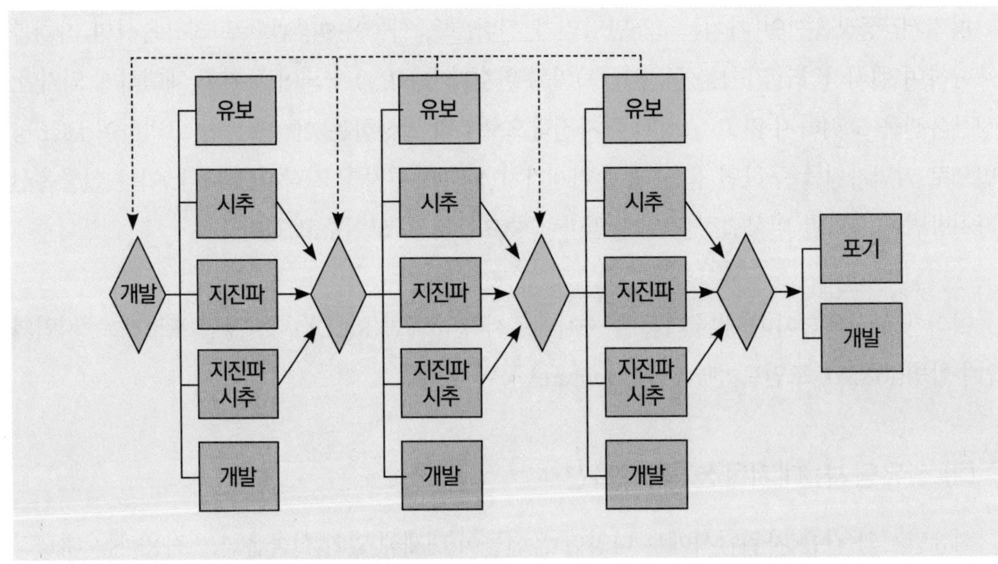

〈그림 17-5〉에서 유보란 현재의 석유가격으로는 석유를 탐사할 가치가 없어 탐사를 보류하는 옵션이다.

이제 주어진 땅에 대해 탐사를 시작해야 하는지, 그리고 탐사를 시작한다면 어떤 탐사전략을 사용해야 하는지 살펴보자.

① **가치평가 분석틀**

유전의 가치는 3가지 불확실성(석유가격, 준비규모, 성공가능성)에 의해 달라지며, 유전의 가치는 곧 일련의 투자옵션에 대한 가치이다. 석유가격은 시장위험이고, 준비규모와 성공가능성은 개별 유전에 따라 달라지는 고유위험이라 할 수 있다. 매일의 석유현물가격은 시장에서 얻을 수 있으며, 보유편익은 석유선물가격에서 얻을 수 있다. 일반적으로 지질학적 매장량의 분포는 대수정규분포(GBM)를 따르며, 불확실성의 초기 측정값은 유전을 인수하는 시점에서 얻을 수 있다고 가정한다.

② **가치평가 결과**

〈그림 17-6〉은 석유탐사에 내재해 있는 두 가지 형태의 대기옵션을 잘 보여주고 있다.

i) 탐사대기옵션

추정매장량과 석유가격이 둘 다 낮을 경우에는 탐사를 시작하지 말고 상황이 좋아질 때까지 대기하는 것이 최적 전략이다. 최소한 석유가격이 상승하여 경제적 타당성을 가질 때까지 기다려야 할 것이다.

ii) 개발대기옵션

매장량의 추정치는 높지만 석유가격이 낮은 경우에는 탐사, 시추 등은 진행하되 개발생산은 보류하고 석유가격이 상승할 때까지 대기하는 것이 바람직하다.

〈그림 17-6〉은 석유산업이 갖는 중요한 특징, 즉 석유가격의 상승은 전략을 유보에서 탐사단계로 전환시키고, 유전관련 서비스(탐사와 개발을 행하는 기업)에 대한 수요를 창출해 준다는 점을 잘 설명해 주고 있다.

〈그림 17-6〉 석유탐사투자에 대한 전략공간

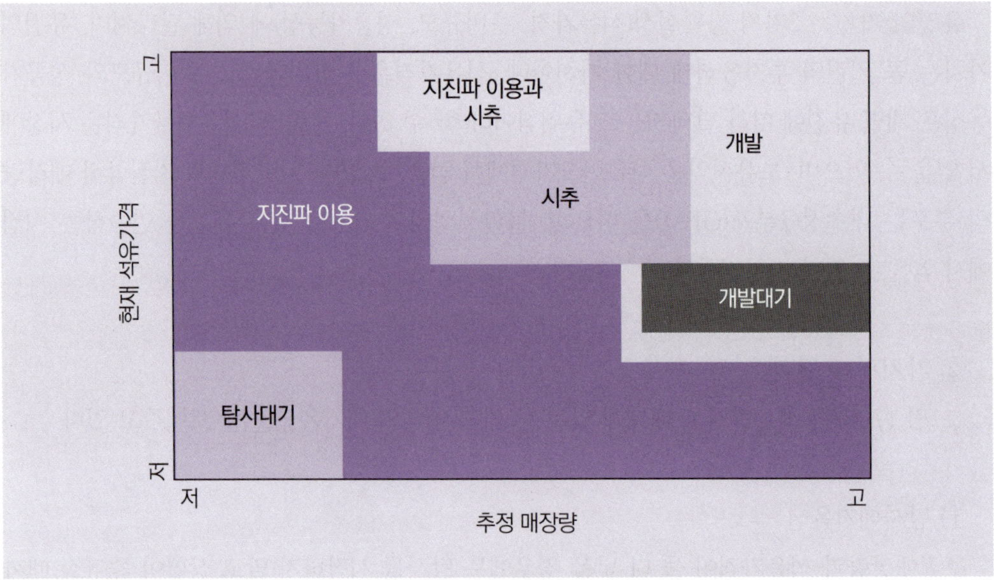

석유탐사에 대한 실물옵션 가치평가는 자원탐사에 대한 지질학적 지식과 옵션평가기법을 결합하여 이루어지기 때문에 매우 복잡하고 전문적인 영역이다. 따라서 여기서는 개념적인 방법론만 제시하고 세부적인 가치평가는 생략하기로 한다.

(3) 신약개발: 포기옵션

① 신약개발의 특징

일반적으로 신약개발의 순현재가치(NPV)는 0에 가깝다고 알려져 있으며, 개발부터 판매까지의 기간이 매우 길고, 성공확률도 10%내외로 알려져 있다. 한 신약개발 제약회사의 사례를 통해 실물옵션이 신약개발의 가치평가에 어떻게 활용될 수 있는지 살펴보자.

신약개발과 개발 성공 후 마케팅을 위해서는 대단히 많은 비용과 시간이 소요된다. 〈그림 17-7〉은 신약의 개발 및 판매기간 동안의 일반적인 연간 지출액을 보여주고 있다. 처음 약 14년 동안 성공적으로 개발된 약품은 다양한 임상 전 실험과 실험실험단계를 거쳐 최종적으로 미국 식품의약청(FDA)의 등록과 승인을 얻는다. 승인 후 약품이 판매되기 시작하며 마케팅 비용은 대략적으로 판매금액에 따라 결정된다. 이러한 오랜 과정에서 신약의 가치에는 상당한 불확실성이 존재하게 된다. 따라서, 신약을 개발하는 제약회사들은 긴 약품의 제품수명기간 동안 개발중단이나 마케팅중단 등의 보류옵션, 포기옵션 등을 가지고 있다. 즉, 개발을 중지할 경우, 약품자체를 포기할 수도 있고 다른 기업에 라이선스라 제공할 수도 있으며, 지금까지의 개발프로젝트를 매각할 수도 있다.

〈그림 17-7〉 신약개발과 마케팅비용

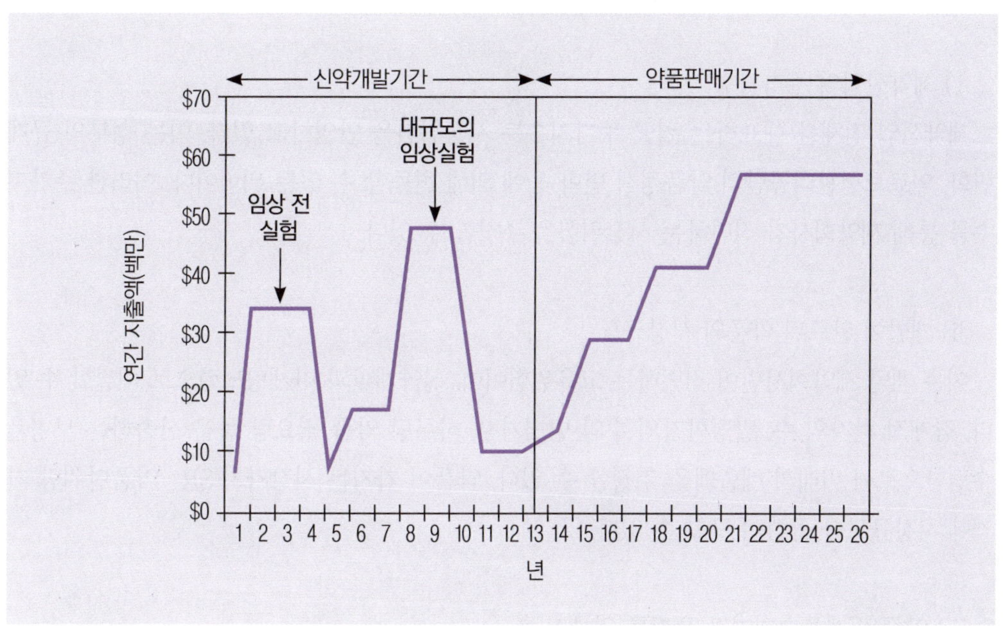

② 신약개발에 내재되어 있는 위험

i) 고유위험

신약개발에는 다음과 같은 고유위험이 존재한다.

첫째, 개발신약이 약효를 발휘하고 생산 시 수익이 있는지의 여부

둘째, 큰 지출비용을 감당할 만한 큰 시장이 존재하는지의 여부

ii) 시장위험

제약시장에서 발생할 수 있는 여러 위험요소로서 의료보험회사의 관행, 기업들이 직원들에게 제공하는 의료지원, 정부의 의료정책 준비금 규모 등 제약산업 전체에 영향을 미칠 수 있는 요소들이다.

③ 가치평가의 분석틀

신약개발과 마케팅과정은 연속적인 학습투자와 포기옵션으로 모형화 할 수 있다. 각 기간

마다 신약개발회사는 후속개발과 마케팅을 위해 예산을 지출할 것인지, 아니면 개발을 포기할 것인지 결정할 수 있다. 개발을 계속할 경우에는 그 다음 단계의 옵션을 고려해야 한다.

다음과 같이 4가지 불확실성 원천의 관점에서 가치평가를 위한 분석틀을 구성할 수 있다.

i) 제약산업의 주가지수

제약산업 전체를 대표하는 평균 주가지수는 시장위험을 반영하고 있다. 이는 정부의 규제 변화, 의료보험관리공단의 약품정책 변화 등에 의해 변동할 수 있는 위험이다. 이러한 주가지수를 통해 제약회사가 직면하는 시장위험을 추적할 수 있다.

ii) 개발이 완료된 약품의 시장규모

이는 개발 제약회사만이 직면하는 고유위험이며, 신약개발과 마케팅노력으로 해결할 수 있다. 잠재적 환자의 수, 발병환자의 수와 발병기간, 하루당 약품 필요량 등을 산출하는 모형을 수립함으로써 미래의 매출액을 추정할 수 있다. 약품이 가지는 시장가치(S)는 약품단위당 가격에 시장규모를 곱하여 구할 수 있다.

iii) 약품의 제품수명기간 유지를 위한 비용

이는 고유위험으로서 미래신약개발 비용과 마케팅비용의 현재가치이다. 시장기회와 함께 존속비용에 대한 불확실성을 경비지출로 해결하는 방식으로 모델링 할 수 있다.

iv) 규제기관의 검사통과 확률

과거의 통계를 통해 각 단계의 FDA검사를 통과하는 확률을 추정할 수 있다. 통계에 따르면 모든 임상실험에 합격한 후 최종적으로 FDA승인을 얻게 될 확률은 대략 12%이다.

④ 평가 결과

약품의 제품수명 각 단계에서 실물옵션 적용방식을 선택한다. 즉, 포기옵션, 후속투자옵션 등을 분석에 포함한다. 일반적으로 할인현금흐름(DCF)방법에 의하면 신약개발이 0의 순현재가치(NPV)를 갖는다고 분석되고 있으나, 약품의 제품수명기간 동안의 모든 옵션을 고려하면 보다 정확하게 평가하면 0보다 큰 순현재가치를 가짐을 알 수 있다. 신약개발과 관련한 실무적인 복잡성 등을 고려하여 구체적인 가치평가결과는 생략하기로 한다.

(4) 유휴지평가: 연기옵션, 대기옵션

① 유휴지평가의 개념

현재 특별한 용도로 사용되고 있지 않은 토지나, 낮은 수익률을 올리고 있는 토지의 경우 보다 수익이 큰 용도로 개발이 가능하다면 현재 토지는 개발을 위한 대기옵션 혹은 연기옵션이 내재하고 있다고 할 수 있다.

예를 들어, 대도시 근교에 과수원이 있는데 과일을 생산하여 연간 $10,000의 매출을 올리고 있다고 하자. 그런데 도시개발로 토지사용 제한이 완화되어 택지로 개발이 가능해졌다고 한다. 즉시 개발을 위해서는 200만달러가 소요되며, 개발된 토지는 220만달러의 가치를 갖게 된다고 한다. 그러나 토지와 주택가격이 변동하기 때문에 개발가치도 변동할 수 있다. 이러한 개발가치의 변동은 부동산투자신탁인 REIT(real estate investment trust)로 추적할 수 있다고 한다. 그렇다면, 이 과수원의 주인은 즉시 개발하는 것이 좋은가 아니면 좀 더 기다리는 것이 좋은가? 이를 실물옵션방법으로 분석해 보자.

② 가치평가의 분석틀

연기옵션은 생산라인의 확장연기, 새로운 시장진출 대기, 낡은 건물을 철거하고 재건축의 연기 등 다양한 상황에 적용될 수 있다. 포기옵션 역시 대기옵션으로 간주할 수 있는데, 포기옵션에는 즉각적인 청산가치를 기대하는 현재의 포기와 일정기간 기다린 후 불확실한 청산가치를 기대하는 포기로 구분된다.

만일 과수원 주인이 지금 당장 개발하기로 결정하면, 200만달러의 개발비용을 지출해야 할 뿐만 아니라, 개발을 연기할 경우 가질 수 있는 연기옵션이나 포기옵션 등을 버리는 결과를 가져온다. 따라서, 매 기간마다 개발가치와 연기옵션가치를 비교하여 큰 쪽으로 의사결정을 하면 이익을 최대화 할 수 있을 것이다. 자세한 평가절차는 실무적인 복잡성과 어려움을 감안하여 여기서는 생략하기로 한다.

③ 가치평가 결과

개발되는 토지의 현재가치를 볼 때, 개발을 유보하는 것이 더 적절하다는 결과를 얻었다. 현재 토지의 연기옵션 가치는 180만달러로 평가되었다. 따라서 지금 당장 개발에 착수하면 개발비용 200만달러와 연기옵션포기에 따른 기회비용 180만달러를 합친 380만달러가 소요된다.

〈그림 17-8〉은 개발되는 토지에 내재된 연기옵션의 가치를 보여주고 있다. 대기옵션의 최적행사는 대기옵션과 즉각 개발의 가치가 만나는 교차점에서 결정된다. 개발가치의 불확실성이 커질수록 옵션의 가치는 커지므로 교차점이 오른쪽으로 이동한다.

〈그림 17-8〉 유휴지 평가

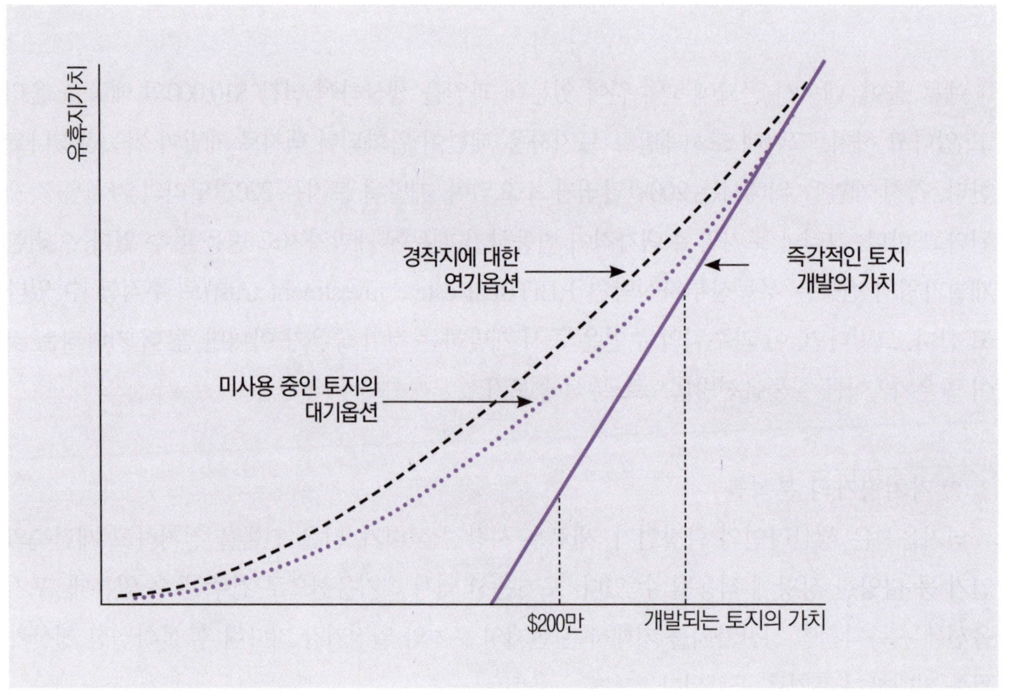

연습문제

01. 다음 중 실물옵션(real option)의 분석이 필요한 상황으로 보기 어려운 것은?

① 비확정적인 투자결정을 내리는 경우
② 투자의 탄력성이 있는 경우
③ 기초자산의 변동성이 큰 경우
④ 불확실성이 크고 투자가 변경 불가능한 경우

02. 다음 중 투자시점을 연기하거나 선택할 수 있는 권리를 의미하는 실물옵션으로 가장 적절한 것은?

① 확장옵션　　② 타이밍옵션
③ 포기옵션　　④ 축소옵션

03. 기존의 투자로 인해 유발되는 후속투자(follow-on investment)기회를 활용할 권리를 의미하는 실물옵션으로 가장 적절한 것은?

① option to exit　　② option to abandon
③ option to wait　　④ option to expand

04. 실물옵션에 대한 다음 설명 중 옳지 않은 것은?

① 기존의 투자평가기법인 NPV법을 완전히 대체할 수 있다.
② 실물투자에 대한 평가에 적절하다.
③ 기존의 옵션가치평가모형을 활용할 수 있다.
④ 일반 금융옵션보다 가치평가가 대체로 더 어렵고 복잡하다.

05. 다음은 실물옵션과 옵션의 성격을 연결한 것이다. 적절치 않은 것은?

① 포기옵션 — 풋옵션　　② 타이밍옵션 — 콜옵션
③ 확장옵션 — 풋옵션　　④ 생산유연성옵션 — 교환옵션

※ (06~08) 한국증권은 코스닥에 신규로 등록하는 ㈜서울벤처의 주식을 인수하기로 하였다. ㈜서울벤처의 최초공모가(현재주가)는 10,000원이며, 주가는 1개월 단위로 변동한다고 가정한다. 그런데 한국증권은 신규등록 후 2개월 후에 주가가 공모가 이하로 하락하면 공모가와의 차액을 보상해 주기로 계약하였다. 한국증권에서는 ㈜서울벤처 주식의 수익률에 대한 표준편차를 연간 40%로 추정하고 있고, 향후 2개월 동안 ㈜서울벤처에 대한 배당금 지급이 없고, 연속복리 무위험이자율이 연간 10%라는 가정하에 다음 질문에 답하라.

06. 이 계약에 내재해 있는 옵션의 구조를 설명하라.

07. 이항분포모형을 이용하여 이 계약의 가치를 구하라.

08. 현재시점에서 한국증권이 주당 9,600원에 ㈜서울벤처의 주식을 인수하였다면, 위 계약을 고려할 경우 ㈜서울벤처는 신주를 주당 얼마에 발행한 셈인가?

※ (09~11) 서강건설은 정부에서 추진중인 신도시건설사업에 참여할 것을 고려 중이다. 이 사업에 참여할 경우 예상되는 현금흐름은 다음과 같으며, 자본비용은 연간 20%이다.

시점(t)	0	1	2	3	4
현금흐름(억원)	-100	20	30	40	50

또한 정부에서는 신도시건설사업에 참여하는 기업에게 배후도시 개발권을 부여하기로 하였으며, 배후도시의 개발은 3년말 시점에서 착수된다고 한다. 이 사업에 참가할 경우 경기가 좋아져서 개발이 성공적으로 이루어지면 3년말 시점에 예상되는 가치가 300억원이고, 경기가 좋지 않아서 성공적으로 이루어지지 못하면 3년말 시점에서 예상되는 가치가 150억원이다. 현재시점에서 추정된 이 투자안의 가치는 200억원이며, 사업참가 시 3년말 시점에서 240억원 투자해야 한다. 연간 무위험이자율이 10%라 하고 다음 질문에 답하라. 단, 모든 이자계산은 편의상 이산복리로 한다.

09. 배후도시 개발권을 고려하지 않은 신도시건설사업의 순현재가치(NPV)를 구하고, 투자가치를 평가하라.

10. 옵션가격결정모형을 이용하여 배후도시 개발권의 현재가치를 구하라.

11. 배후개발권리가 내재된 신도시건설사업의 가치를 평가하라.

※ (12~14) ㈜강서는 1년 후 40억원의 가치를 가질 확률이 40%이고, 10억원의 가치를 가질 확률이 60%인 투자안을 고려하고 있다. 이 투자안에 소요되는 현재시점에서의 투자원금은 23억원이며, 투자안의 자본비용은 연간 10%이다. 또한 ㈜강서는 1년 후에 이 투자안을 포기할 수 있는데, 포기할 경우 20억원에 처분할 수 있다고 한다. 무위험이자율이 연간 6%라 할 때, 다음 질문에 답하라.

12. 1년 후의 포기가능성을 고려하지 않을 경우 순현재가치(NPV)를 구하고 투자가치를 평가하라.

13. 옵션가격결정모형을 이용하여 포기옵션의 현재가치를 구하라.

14. 포기옵션이 내재된 이 투자안의 현재가치를 평가하라.

※ (15~17) 서강텔레콤은 현재시점에서 11억원을 투자하면 매년 20억원의 현금흐름을 영구적으로 가질 수 있는 투자안을 검토중이며, 이 투자안의 자본비용은 연간 16%이다. 그러나 서강텔레콤의 경영자는 향후 1년간 시장의 불확실성에 대비하여 이 투자안의 실행을 1년간 연기할 것을 검토 중이다. 이 투자안의 1년 후 시점에서의 가치는 175억원이 되거나 100억원이 될 것으로 예상된다. 무위험이자율이 연간 7%이고, 1년 후에 투자하더라도 투자원금은 변하지 않는다는 가정하에 다음 질문에 답하라.

15. 이 투자안의 연기권리를 고려하지 않은 상태에서 순현재가치(NPV)를 구하고, 투자가치를 평가하라.

16. 옵션가격결정모형을 이용하여 이 투자안의 실행을 1년 연기할 경우의 순자산가치(NPV)를 구하고 투자안의 연기여부를 결정하라.

17. 투자안을 1년 연기할 수 있는 연기옵션의 가치를 구하라.

※ (18~20) 서울제약회사는 신약개발업체인 강원기업이 개발한 신약의 미래성과를 독점사용하기로 하는 계약을 체결하고자 한다. 신약을 생산하려면 150억원의 투자가 필요하며, 성과는 1기간 후에 결정된다. 1기간만 고려하고 두 가지 경우의 수만 발생하는 단순한 이항모형을 가정한다. 이 투자안에 적용되어야 할 할인율은 연간 50%이고, 무위험이자율은 연간 10%라고 할 때 다음 질문에 답하라. 단, 각 질문은 독립적이다.

18. 신약생산을 위한 투자를 하면, 1기간 후의 순현재가치(NPV)가 투자원금 150억원을 차감하여 40%의 확률로 120억원이 되거나 60%의 확률로 50억원 될 것으로 예상된다. 서울제약회사는 강원기업에게 이 계약의 대가로 얼마까지 지불할 수 있는가?

19. 현재시점에서 투자안을 실행하면 1기간 후에 이 투자안의 가치는 2/3의 확률로 324억원, 1/3의 확률로 162억원이 될 것으로 예상된다. 서울제약회사에게는 이 투자안을 현재시점에서 실행하면, 1기간 후 시점에서 200억원에 처분할 수 있는 기회가 주어진다고 하자.

(1) 이 처분기회의 가치와 이를 고려한 투자안의 총가치를 구하라.

(2) 강원기업에서 계약의 대가로 50억원을 요구할 경우 서울제약회사는 이 제안을 수용해야 되는지 결정하라.

20. 이 투자안의 현재가치는 160억원이며, 1기간 후에는 투자안의 가치가 각각 50%의 확률로 360억원이 되거나 120억원이 될 것으로 예상된다.

(1) 서울제약회사에게 신약생산에 대한 투자를 1기간 연기할 수 있는 기회가 있다면, 이러한 연기옵션의 가치를 구하라.

(2) 신약의 특허기간이 20년이며, 신약생산을 연기하면 경쟁의 출현 등으로 시약생산으로부터 기대되는 이익이 매년 1/20씩 일정비율로 감소한다면, (1)의 결과는 어떻게 달라지는가?

연습문제 정답 및 해설

01. ❸

단순히 기초자산의 변동성이 큰 경우에는 일반옵션으로도 충분히 분석 가능하다.
일반적으로 실물옵션이 필요한 상황은 다음과 같다.
- 비확정적인 투자결정을 내리는 경우
- 불확실성이 크고 투자가 변경 불가능한 경우
- 미래 성장이 기대되는 경우
- 투자의 탄력성이 있는 경우
- 전략수정이 필요한 경우 등

02. ❷

03. ❹

확장옵션(option to expand)에 대한 설명이다.

04. ❶

실물옵션은 기존의 투자평가기법인 NPV법을 완전히 대체한다기 보다는 상호 보완적인 측면이 있다. 불확실성이 없는 일반현금에 대해서는 NPV방법으로 투자가치를 평가하고, 투자안에 선택권이 포함되어 있는 경우 옵션가치평가방법으로 선택권의 가치를 구해 둘을 합하여 선택권이 있는 투자가치를 구하는 것이 일반적이다.

05. ❸

확장옵션은 행사가격=투자금액, 기초자산=후속 투자안인 콜옵션이라 볼 수 있다.

06. 한국증권은 2개월 후에 ㈜서울벤처의 주가가 공모가인 10,000원 이하로 하락하면 공모가와의 차액을 보상해 주어야 하므로 다음과 같은 이득함수를 갖는다. S_T는 2개월 후 서울벤처의 주가, K는 행사가격으로 10,000원이다.

2개월 후 한국증권의 이득 = $\min(S_T-K, 0) = -\max(K-S_T, 0)$.

따라서, 한국증권의 입장에서는 기초자산이 ㈜서울벤처의 주식(S)이고, 행사가격(K)이 10,000원인 유러피안 풋옵션을 매도한 것과 같다.

반면에, ㈜서울벤처의 입장에서는 한국증권에 동일한 유러피안 풋옵션을 매입한 것과 같다.

07. 이항분포모형으로 유러피안 풋옵션가격을 구해보자.

$u = e^{\sigma\sqrt{\Delta t}} = e^{0.4\sqrt{1/12}} = 1.1224$

$d = \frac{1}{u} = \frac{1}{1.1224} = 0.8909$

$$p = \frac{e^{r\Delta t}-d}{u-d} = \frac{e^{0.1(\frac{1}{12})}-0.8909}{1.1224-0.8909} = 0.5074$$

이상의 모수(parameter)들을 유러피안 이항분포공식에 대입하면,

주어진 풋옵션의 가치, p = 492.32원.

08. ㈜서울벤처의 실질적인 발행가격은 한국증권에의 주식매도가격(=한국증권의 인수가격)에 옵션가치를 더해주면 된다. 즉,

실질 발행가격 = 한국증권인수가격 + 풋옵션 매입비용

= 9,600 + 492.32 = 10,092.32원.

09. 신도시건설사업의 NPV는 다음과 같다.

$$NPV = \left(\frac{20}{1.2} + \frac{30}{1.2^2} + \frac{40}{1.2^3} + \frac{50}{1.2^4}\right) - 100 = -15.24\text{억원}$$

NPV < 0 이므로 신도시건설사업만을 고려할 경우 투자할 가치가 없다.

10. 배후도시개발권은 신도시건설사업의 수행에 따른 후속투자이므로 일종의 확장옵션(콜옵션)이라 할 수 있다. 현재와 3년 후 배후도시 개발안(후속투자)의 가치(V)와 그에 따른 개발권(확장 콜옵션)의 가치(c)는 다음과 같이 분석할 수 있다.

구 분	현 재(t=0)	3년 후(t=T=3)	
투자안	V=200	up	$uV = 300 \Rightarrow u = \frac{300}{V} = \frac{300}{200} = 1.5$
		down	$dV=150 \Rightarrow = \frac{150}{V} = \frac{150}{200} = 0.75$
확장옵션	c=?	up	$c_U = \max(uV-K,0) = \max(300-240,0) = 60$
		down	$c_d = \max(dV-K,0) = \max(150-240,0)=0$

* 3년 후 확장옵션의 행사가치 = K = 배후사업 참가 시 투자액 = 240억원.

배후도시개발권(확장옵션)의 현재가치 c는 c_u와 c_d로부터 다음과 같이 구할 수 있다.

$$c = \frac{pc_u+(1-p)c_d}{(1+r)^3} = \frac{0.775(60)+(1-0.775)(0)}{1.1^3} = 34.94\text{억원}$$

* 참조: 투자안의 가치가 상승할 위험중립확률(p) 구하는 방법

$$E(V_T) = p(uV) + (1-p)(dV) = V(1+r)^T$$

$$\Rightarrow p = \frac{(1+r)^T-d}{u-d} = \frac{1.1^3-0.75}{1.5-0.75} = 0.775$$

cf. 연속복리의 경우: $p = \frac{e^{rT}-d}{u-d}$

11. 후속개발권(확장옵션)을 고려한 신도시건설사업의 NPV
= 확장옵션이 없을 때의 NPV + 확장옵션의 가치
= −15.24 + 34,94 = 19.7억원
확장옵션을 고려하면 NPV > 0 이므로 신도시건설사업은 투자할 가치가 있다.

12. V_t를 t시점의 투자안의 가치라 하면, 포기옵션을 고려하지 않을 경우 NPV는 다음과 같다.

$$NPV = \frac{E(V_1)}{1+k} - V_0 = \frac{22}{1.1} - 23 = -3\text{억원.}$$

왜냐하면, $E(V_1) = (40\text{억원} \times 0.4) + (10\text{억원} \times 0.6) = 22\text{억원}$.
따라서, 포기옵션을 고려하지 않을 경우 NPV < 0 이므로 투자할 가치가 없다.

13. 1년 후 투자안을 포기할 수 있는 권리는 일종의 포기옵션(풋옵션)이므로 다음과 같이 이항분포모형으로 포기 풋옵션의 가치(p)를 구할 수 있다.

구분	현재(t=0)	1년 후(t=T=1)	
투자안	V=20	up	$uV=40 \Rightarrow u = \frac{40}{V} = \frac{40}{20} = 2.0$
		down	$dV=10 \Rightarrow d = \frac{10}{V} = \frac{10}{20} = 0.5$
포기옵션	p=?	up	$p_U = \max(K-uV, 0) = \max(20-40, 0) = 0$
		down	$p_d = \max(K-dV, 0) = \max(20-10, 0) = 10$

* 1년 후 포기옵션의 행사가치 = K = 포기 시 처분가치 = 20억원.
  현재 투자안의 가치 = $V_0 = E(V_1)/(1+k) = 22/(1.1) = 20$억원.

포기옵션의 현재가치 p는 p_u와 p_d로부터 다음과 같이 구할 수 있다.

$$p = \frac{(q)p_u + (1-q)p_d}{(1+r)^1} = \frac{0.3733(0)+(1-0.3733)(10)}{1+0.06} = 5.91\text{억원}$$

* 참조: 투자안의 가치가 상승할 위험중립확률(q) 구하는 방법

$E(V_1) = q(uV) + (1-q)(dV) = V(1+r)1$

$$\Rightarrow q = \frac{(1+r)^1 - d}{u-d} = \frac{1.06-0.5}{2.0-0.5} = 0.3733$$

14. 포기옵션을 고려한 투자안의 NPV
= 포기옵션이 없을 때의 NPV + 포기옵션의 가치
= −3 + 5.91 = 2.91억원
포기옵션을 고려하면, NPV > 0 이므로, 투자할 가치가 있다.

15. 연기옵션을 고려하지 않을 경우 NPV는 다음과 같다.

$NPV = \frac{20}{0.16} - 110 = 15$억원.

왜냐하면, 매년 20억원씩 영구적으로 현금흐름이 생기면 이는 영구연금(perpetuity)과 동일하므로 영구연금의 현재가치 공식으로부터,
투자안의 현재가치= C/r = 20억원/0.16 = 125억원.
따라서, 연기옵션을 고려하지 않을 경우 NPV > 0 이므로, 투자할 가치가 있다.

16. 이 투자안의 실행을 1년 후로 연기할 경우의 순현재가치는 투자안을 기초자산으로 하고, 투자원금(110억원)을 행사가격으로 하는 콜옵션의 가치(c)로 볼 수 있다. 따라서, 다음과 같이 구할 수 있다.

구분	현재(t=0)	1년 후(t=T=1)	
투자안의 가치	V=125	up	$uV=175 \Rightarrow u = \frac{175}{V} = \frac{175}{125} = 1.4$
		down	$dV=10 \Rightarrow d = \frac{100}{V} = \frac{100}{125} = 0.8$
투자안의 순현재가치	c=?	up	$c_U = \max(K-uV, 0)$ $= \max(175-110, 0) = 65$
		down	$c_d = \max(dV-K, 0)$ $= \max(100-110, 0) = 0$

연기옵션을 고려한 투자안의 순현재가치 c는 cu와 cd로부터 다음과 같이 구할 수 있다.

$c = \frac{pc_u+(1-p)c_d}{1+r} = \frac{0.45(65)+(1-0.45)(0)}{1.07} = 27.34$억원

⇒ 연기옵션을 고려한 투자안의 순현재가치(c) > 연기옵션을 고려하지 않을 경우 NPV
⇒ 이 투자안의 실행을 1년 연기하는 것이 유리하다.

17. 연기옵션의 가치
= 연기옵션을 고려한 투자안의 순현재가치(c) - 연기옵션을 고려하지 않을 경우 NPV
= 27.34 - 15 = 12.34억원

18. 먼저, 1기간 후의 기대 순현재가치인 E(V1)을 구해보자.
$E(V_1) = 0.4(120억) + 0.6(50억) = 78$억원.
(* 주의 : 1기간 후 가치 120억원과 50억원은 모두 투자원금 150억원을 차감한 순현재가치의 개념이다)
따라서, 자본비용(k)이 50%이므로, 현재시점의 NPV는 다음과 같다.

$NPV = \frac{E(V_1)}{1+k} = \frac{78}{1+0.50} = 52$억원.
따라서, 서울제약회사는 강원기업에게 계약의 대가로 최대 52억원까지 지불할 수 있다.

19. (1)

1기간 후에 투자안을 처분할 수 있는 기회는 일종의 포기옵션(풋옵션)으로 볼 수 있다. 포기 풋옵션의 현재가치는 다음과 같이 구할 수 있다.

구분	현재(t=0)	1년 후(t=T=1)	
투자안의 가치	V=180	up	$uV=324 \Rightarrow u = \frac{324}{V} = \frac{324}{180} = 1.8$
		down	$dV=162 \Rightarrow d = \frac{162}{V} = \frac{162}{180} = 0.9$
포기옵션의 가치	p=?	up	$p_U = \max(K-uV, 0)$ $= \max(200-324, 0) = 0$
		down	$p_d = \max(K-dV, 0)$ $= \max(200-162, 0) = 38$

* 1기간 후 포기옵션의 행사가치 = K = 포기 시 처분가치 = 200억원.
  현재 투자안의 가치 = V_0 = [324(2/3)+162(1/3)]/1.5 = 180억원.

포기옵션의 현재가치 p는 pu와 pd로부터 다음과 같이 구할 수 있다.

$$p = \frac{(q)p_u+(1-q)p_d}{1+r} = \frac{0.2222(0)+(1-0.2222)(38)}{1+0.10} = 26.87\text{억원.}$$

* 참조: 투자안의 가치가 상승할 위험중립확률(q) 구하는 방법

$E(V_1) = q(uV) + (1-q)(dV) = V(1+r)^1$

$\Rightarrow q = \frac{(1+r)^1-d}{u-d} = \frac{1.10-0.9}{1.8-0.9} = 0.2222$

따라서,
투자안의 총가치
= 처분기회(포기옵션)가 없을 경우의 가치 + 포기옵션의 가치
= 180억(V) + 26.87억(p) = 206.87억원.

(2)
서울제약회사가 강원기업의 요구를 수용할 경우의 NPV는 투자안의 총가치에서 계약대가와 투자원금을 차감해서 다음과 같이 구할 수 있다.
NPV = 총가치 - 계약대가 - 투자원금 = 206.87억 - 50억 - 150억 = 6.87억원.
NPV가 0보다 크므로 강원기업의 요구를 수용하는 것이 유리하다.

20. (1)

투자안을 1기간 연기할 경우의 순현재가치는 기초자산이 투자안이고, 행사가격이 투자원금(150억원)인 콜옵션으로 볼 수 있다. 연기가능성을 고려한 순현재가치는 다음과 같이 구할 수 있다.

구분	현재(t=0)	1년 후(t=T=1)	
투자안의 가치	V=186	up	$uV=360 \Rightarrow u = \frac{360}{V} = \frac{360}{160} = 2.25$
		down	$dV=120 \Rightarrow d = \frac{120}{V} = \frac{120}{160} = 0.75$
투자안의 순현재가치	c=?	up	$c_U = \max(uV-K, 0)$ $= \max(360-150, 0) = 0$
		down	$c_d = \max(dV-K, 0)$ $= \max(120-150, 0) = 0$

연기옵션을 고려한 투자안의 순현재가치 c는 cu와 cd로부터 다음과 같이 구할 수 있다.

$$c = \frac{pc_u+(1-p)c_d}{1+r} = \frac{0.2333(210)+(1-0.2333)(0)}{1+0.1} = 44.54\text{억원}$$

그런데, 연기옵션을 고려하지 않은 투자안의 순현재가치 = 160-150 = 10억원.

따라서,

연기옵션의 가치

= 연기옵션을 고려한 투자안의 NPV(c) - 연기옵션을 고려하지 않은 투자안의 NPV

= 44.54억 - 10억 = 34.54억원.

> * 참조: 투자안의 가치가 상승할 위험중립확률(p) 구하는 방법
>
> $$E(V_1) = q(uV) + (1-q)(dV) = V(1+r)^1$$
>
> $$\Rightarrow p = \frac{(1+r)^1-d}{u-d} = \frac{1.10-0.75}{2.25-0.75} = 0.2333$$

(2)

가치손실이 매년 1/20(=0.05)씩 발생하므로 이를 배당률(q)처럼 생각하면, 위험중립확률(p)이 다음과 같이 수정되어야 한다.

$$p = \frac{(1+r-q)^1-d}{u-d} = \frac{(1+0.10-0.05)-0.75}{2.25-0.75} = 0.2$$

따라서, 이 수정된 q를 위의 (1)에 적용하면,

$$c = \frac{pc_u+(1-p)c_d}{1+r} = \frac{0.2(210)+(1-0.2)(0)}{1+0.1} = 38.18\text{억원}$$

연기옵션의 가치 = 38.18억 - 10억 = 28.18억원.

스왑

Chapter 18

스왑의 개념, 종류 및 가치평가

지금까지 파생상품 중 선물과 옵션에 대해 살펴보았고, 이제 마지막으로 스왑에 대해 살펴보고자 한다. 1980년대 초에 처음 스왑거래가 이루어진 이후 스왑시장은 괄목할 만한 성장을 보이고 있고, 현재 스왑은 장외 파생상품시장에서 중심적인 역할을 담당하고 있다. 스왑의 가치평가는 선물이나 옵션보다 다소 복잡한 측면이 있다. 본 장에서는 스왑의 개념, 주요 스왑, 그리고 스왑의 가치평가 방법 등에 대해 살펴보고자 한다.

1. 스왑의 개념

1) 스왑거래의 의의

(1) 스왑의 정의

스왑(swap)이란 미리 약정한 대로 미래에 일련의 현금흐름을 교환하는 두 당사자간의 계약이다. 일반상품시장에서 거래당사자가 각자 자신에게 비교우위가 있는 상품을 상대방과 교환함으로써 서로의 효용을 극대화하는 거래방식은 오래 전부터 존재해 왔다. 이런 거래방식이 금융상품에 응용되어 거래 당사자들이 서로가 상대적으로 유리한 조건으로 금리 및 통화 등의 교환계약을 맺는 것이 바로 스왑이다. 스왑에서는 현금흐름이 지급되는 날짜와 주고받는 현금흐름의 규모를 계산하는 방법이 명시되어 있다. 일반적으로 현금흐름을 계산하는 데에는 이자율, 환율, 또는 다른 시장변수 등이 사용된다.

(2) 스왑거래의 용도

스왑거래는 다음과 같은 다양한 목적을 위해 사용된다.

첫째, 자본비용을 절감하는 수단으로 활용된다.

국제금융시장에서 각 차입자들은 지역간 서로 다른 금융여건에 따른 신용도의 차이를 이용한 스왑거래를 통해 차입비용을 절감할 수 있다.

둘째, 리스크 헷지수단으로 활용된다.

금리, 환율, 주가 등의 변동에서 오는 리스크를 헷지할 수 있는데, 특히 선물이나 옵션만으로 해결하기 어려운 리스크헷지에 대한 보완적 수단으로 활용될 수 있다. 예를 들어, 장기채권에 대해 헷지를 하고 싶으나 이에 대한 선물 및 옵션상품이 없거나, 통화선물이나 옵션의 유동성이 작은 경우 스왑을 통해 헷지할 수 있다.

셋째, 부채나 자산의 성격을 전환시키는 수단으로 활용된다.

스왑은 부채를 고정부채에서 변동부채로, 혹은 변동부채에서 고정부채로 전환할 때 매우 유용하다. 또한 자산을 고정자산에서 변동자산으로, 혹은 변동자산에서 고정자산으로 전환할 때 매우 유용하다.

넷째, 규제회피 수단으로 활용된다.

스왑은 금융 및 외환에 대한 각종 규제를 회피하는 수단으로 사용되기도 한다. 원래 스왑거래의 기원은 1970년대 영국의 외환관리규정을 회피하기 위한 방법으로 고안된 것이었다. 현재에도 자금의 국가간 이동이 규제를 받는 경우 이를 회피할 수 있는 수단으로 스왑이 이용되고 있다.

그 외에도 스왑은 국제금융시장에서의 차익거래, 새로운 금융상품 등의 개발 등 다양한 목적으로 활용되고 있다.

(3) 스왑시장의 기원

스왑의 기원은 1970년대에 성행하던 상호융자(parallel loan) 및 상호직접융자(back-to-back loan)에서 찾을 수 있다. 당시 대부분의 국가에서는 정부의 엄격한 외환통제로 국가간 자금이동이 극히 제한되었다. 특히 영국정부는 자금의 해외유출을 방지하기 위하여 달러를 매입하는 기업은 시장환율보다 높은 가격으로 매입하도록 하는 외환규정을 제정하였다. 이러한 규제를 회피하기 위해 고안된 방법이 스왑의 초기형태인 상호융자에 의한 자금조달이었다.

상호융자란 서로 다른 국가에 소재하는 두 기업이 각각 상대국에 자회사를 갖고 있는 경우 각 모기업이 자국내에 소재하는 상대방 자회사에게 동일한 금액과 만기의 자국통화 표시자금을 자국의 시장금리로 대출해 주는 거래이다. 예를 들어, 영국과 미국에 본사가 있는 두 개의 회사가 각각 상대국에 자회사를 두고 있으며 각 자회사는 본사로부터 자금대출이 필요한 상황이라고 가정해 보자. 그러나 정부에 의한 외환통제가 있는 경우 본국의 모회사가 외국의 자회사에게 직접 자금을 대출해 주는 것이 매우 어렵고 비용이 많이 들게 된다. 이 경우, 〈그림 18-1〉에서 보는 바와 같이 상호융자를 이용하면 규제문제를 해결할 수 있다.[1] 즉, 미국 모회사는 미국 내 영국 자회사에게 달러화(US$) 자금을 대출해 주고, 대신에 영국 모회사는 영국에 있는 미국 자회사에게 파운드화(£) 자금을 대출해 주는 것이다. 따라서 두 기업 모두 실제로는 자금의 국제적인 이동 없이 국내 대출만으로 해외지사에게 외환자금을 공급하는 효과를 갖게 되는 것이다.

그런데, 상호융자는 두 개의 대출계약으로 이루어지므로 거래상대방이 도산하거나 채무불이행이 발생할 경우 이에 대응하여 계약불이행을 할 수 있는 상계권(right of offset)이 없다. 이러한 상계권의 문제를 보완한 것이 상호직접융자(back-to-back loan)이다. 상호직접융자가 상호융자와 다른 점은 자회사를 개입시키지 않고 본사간에 직접적으로 융자가 이루어진다는 점이며, 이에 따라 상호직접융자에서는 법적으로 상대방의 채무불이행에 대응하여 계약불이행을 할 수 있는 권리가 존재한다. 상계권을 제외한 여타 계약조건은 상호융자와 상호직

1 이 장에서 다루고 있는 스왑에 대해서는 박진우(2008), Hull(2012)을 참조하거나 인용하였음.

접융자가 유사하다.

<그림 18-1> 상호융자

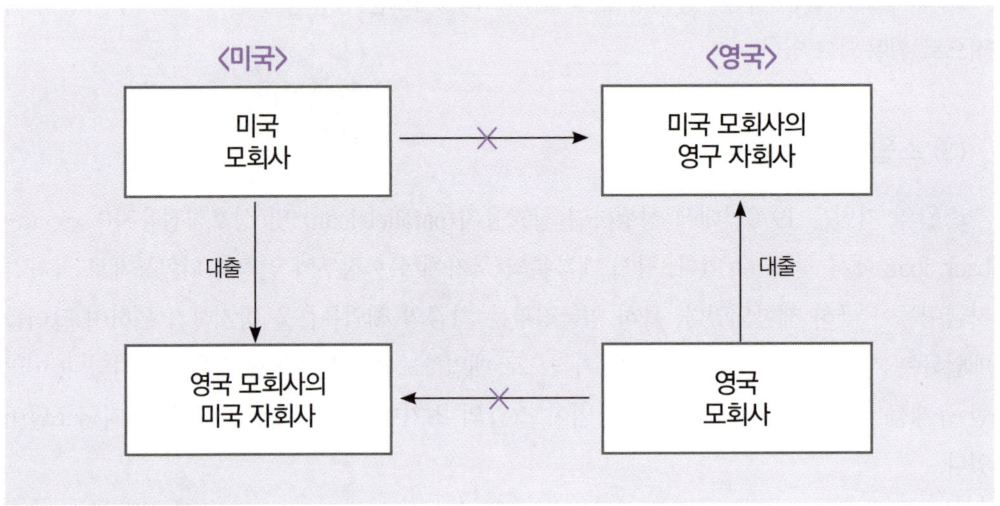

1973년 브레튼우즈 체제가 무너지고 많은 국가에서 변동환율제도를 도입하면서 외환통제는 현저히 완화되었고, 따라서 상호융자나 상호직접융자의 필요성은 현저히 줄어들게 되었다. 대신 변동환율제도의 도입으로 환율변동성이 커지고 이에 따라 환율변동에 대한 헷지수요가 급격히 커지자 1980년대 초에 통화스왑이 등장하게 된 것이다.

(4) 스왑시장의 발전

초기의 스왑시장에서 금융기관들은 서로 조건이 일치하는 거래상대방을 찾아 거래를 성사시키고 중개료를 받는 브로커(broker) 역할만을 수행하였다. 이 경우 서로 반대되는 거래의 필요성을 가진 거래당사자가 있어야만 거래가 성립될 수 있기 때문에 스왑시장의 성장은 제한적일 수 밖에 없었다. 이후 금융기관들은 스왑 딜러(dealer)로서 스왑거래에 직접 참여하게 됨으로써 시장조성자(market maker)의 역할을 하게 되었고 이는 스왑의 유동성을 크게 높여 스왑시장의 발전에 크게 기여하게 되었다.

스왑시장이 발전하게 되자 스왑거래를 표준화하는 작업이 시작되어 1985년 국제스왑딜러협회(ISDA: International Swap Dealers Association)가 결성되었고, 최초로 규격화된 스왑규정을 마련하였다. 이후 1987년 이 규정을 개정하여 공식 스왑계약서가 만들어졌다. 이러한 스왑계약서는 스왑계약의 표준화를 촉진하여 스왑거래의 시간과 비용을 줄이고 스왑시장의 유동성을 크게 제고하여 현재의 발전된 스왑시장에 이르게 되었다.

2) 선도계약과 스왑

앞에서 설명한 선도계약은 스왑계약의 특별한 형태로 볼 수 있다. 예를 들어, 올해 6월 1일에 어떤 기업이 1년 뒤 온스당 1,000달러를 주고 100온스의 금을 매입하는 선도계약을 체결했다고 하자. 이 기업은 1년 후에 금을 매입하자 마자 시장에서 매도할 수 있다. 그러므로 이 선도계약은 기업이 내년 6월 1일에 10만달러를 지급하고 $\$100S_T$를 받는 스왑계약과 동일하다. 여기서 S_T는 선도 만기시점의 금의 온스당 현물가격이다. 즉, 선도는 현금흐름의 교환이 단 1회 발생하는 스왑으로 볼 수 있는 것이다. 다시 말해, 스왑이란 미래에 여러 번 현금흐름의 교환이 발생하는 계약이므로 선도계약의 포트폴리오라 할 수 있다.

2. 금리스왑

1) 기본형 금리스왑

(1) 기본형 금리스왑의 개요

금리스왑(interest rate swap)에서 가장 일반적인 형태는 기본형(plain vanilla) 금리스왑이다.[2] 기본형 금리스왑에서, 한 당사자는 원금에 대해 약정된 고정금리로 이자를 수년간 지급하기로 계약하고, 다른 당사자는 동일한 기간 동안 동일한 원금에 대해 변동금리로 이자를 수취한다. 통상 원금은 교환하지 않고 상계(netting)하고, 정해진 시점에 이자만 지급하거나 수취한다. 원금이 실제로 교환되지 않기 때문에 명목원금(notional principal)이라고 부른다.

금리스왑에서 기준금리로 이용되는 변동금리는 런던은행간대출금리(LIBOR: London Inter-Bank Offer Rate)로서 런던에 있는 우량은행(prime bank)들 사이에 적용되는 도매예금(wholesale deposit)금리이다. 통상 모든 주요 통화에 대해 1개월, 3개월, 6개월, 12개월 만기의 예금금리로 공시된다. 즉, 3개월 LIBOR라 하면, 이는 곧 3개월 예금에 적용되는 변동금리인데, 달리 말하면 지금 공시되는 3개월 LIBOR는 향후 3개월간 예금에 적용되는 예금금리를 말한다. 따라서, 우량금융기관들은 국제금융시장에서 LIBOR금리로 자금을 대출받을 수 있으나, 우량은행이 아닌 금융기관들의 경우 LIBOR+가산금리(add-on rate)가 적용된다. 가산금리는 기업의 신용등급에 의해 결정된다.

---

2 여기서 plain은 '단순함(명쾌함)'을 뜻하는 'simple, clear'를 의미하며, vanilla는 '보통'을 뜻하는 'ordinary, usual, common'을 의미한다. 둘을 합쳐 '기본형'으로 번역하였다.

(예) 만기가 5년, 표면금리는 6개월 LIBOR + 0.5%인 채권이 있다고 하자. 그러면 이 채권만기는 6개월 단위의 10기간으로 구분되고, 이자율은 매 기간 초에 LIBOR보다 0.5% 높게 책정되며, 이자는 매 기말에 지급된다.

(2) 기본형 금리스왑 사례

2013년 3월 1일에 시작되는 ㈜SK와 ㈜LG 사이의 3년 만기 기본형 금리스왑을 예로 들어 살펴보도록 하자. 이 금리스왑에서 SK는 LG에게 1억달러의 원금에 대해 연간 5%의 고정금리 이자를 6개월 마다 지급하기로 되어 있고, LG는 SK에게 같은 원금에 대해 6개월 LIBOR로 변동금리 이자를 지급하기로 되어 있다. 이러한 스왑의 내용이 다음 〈그림 18-2〉에 표시되어 있다.

〈그림 18-2〉 기본형 금리스왑 계약

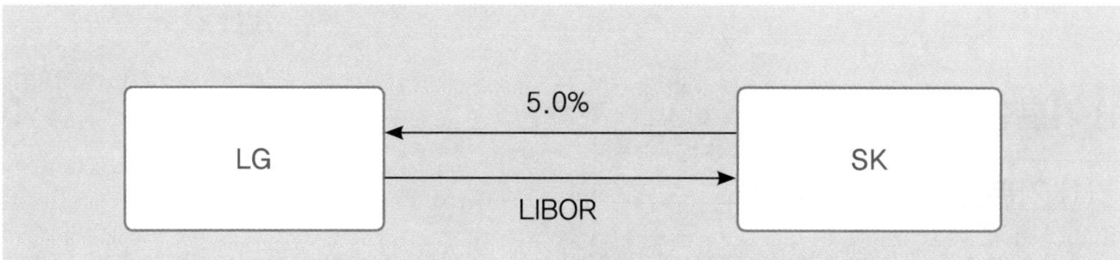

이 스왑의 계약이 체결되면, 첫 번째 이자교환은 6개월 후인 2013년 9월 1일에 이루어진다. SK는 LG에게 250만달러(=$1억×5%/2)의 이자를 지급하고, LG에게 기초(2013년 3월 1일)에 정해진 연간 LIBOR금리인 4.2%를 기준으로 6개월이자 210만달러(=$1억×LIBOR 4.2%/2)를 지급한다. 첫 번째 이자교환에는 불확실성이 전혀 없음에 유의해야 한다. 왜냐하면 고정금리(5%)와 6개월 변동금리(3월1일자 LIBOR 4.2%)는 이미 계약시점에 결정되어 있기 때문이다. 그러나, 두 번째 이자교환부터는 변동금리가 6개월 후부터 결정되어 고시되기 때문에 계약시점에서 볼 때 불확실성이 존재하게 된다. 첫 번째 이자교환과 동일한 방법으로 이자교환이 매 6개월마다 발생하고, 이를 SK입장에서 요약한 것이 〈표 18-1〉이다. LG입장에서는 현금흐름의 방향이 반대이므로 유입 및 유출되는 현금흐름의 부호만 반대로 해주면 된다. 한 가지 주의해야 할 것은 표 어디를 보아도 원금 1억달러는 보이지 않는다는 것이다. 즉, 원금 자체는 교환되지 않으며 단지 이자를 계산하는 데에만 사용된다.

〈표 18-1〉 SK입장에서 본 금리스왑의 현금흐름

교환일	6개월LIBOR(%)	변동현금흐름(유입)	고정현금흐름(유출)	순현금흐름
2013-3-1	4.20			
2013-9-1	4.80	+2.10	-2.50	-0.40
2014-3-1	5.30	+2.40	-2.50	-0.10
2014-9-1	5.50	+2.65	-2.50	+0.15
2015-3-1	5.60	+2.75	-2.50	+0.25
2015-9-1	5.90	+2.80	-2.50	+0.30
2016-3-1		+2.95	-2.50	+0.45

주) 금액단위: $100만

만일 위의 〈표 18-1〉에서 2016년 3월 1일에 원금($1억)도 교환된다고 가정하면 유입의 경우 +102.95, 유출의 경우 -102.50이 될 것인데 이를 포함하여 분석하면 결국 유입의 현금흐름은 변동금리(variable rate) 채권매입(+B_V)의 포지션과 같고, 유출의 현금흐름은 고정금리(fixed rate) 채권매도(-B_F)의 포지션과 같다. 이는 뒤에서 설명할 스왑의 가치평가에 대단히 중요한 시사점을 제공한다. 즉, 기본형 금리스왑은 변동금리채권과 고정금리채권을 교환한 것과 동일한 포지션이므로 채권가치평가모형을 적용하여 스왑의 가치를 평가할 수 있다는 것이다.

2) 금리스왑의 활용

금리스왑은 앞서 설명한 바와 같이 다양한 용도로 활용될 수 있다. 몇 가지 대표적인 용도를 살펴보도록 하자.

(1) 스왑을 이용한 헷지

금리변동에 의해 기업 또는 금융기관의 자산 및 부채의 가치가 변하게 되는 리스크를 제거할 목적으로 많이 사용되며, 이것은 주로 자산 및 부채에 적용되는 금리가 불일치함에 따라 발생하는 리스크를 금리스왑을 이용하여 부채와 자산의 금리를 일치시킴으로써 금리리스크를 헷지하는 것이다.

예를 들어, 은행A는 외화대출(은행의 자산)은 대부분 변동금리로 이루어지는 반면, 해외로부터의 차입(은행의 부채)은 주로 고정금리로 이루어지고 있다면, 이 은행은 외화자산과 외환

부채간의 현금흐름의 차이로 인한 금리리스크에 노출된다. 반대로, 은행B는 대출은 고정금리로 하고, 차입은 변동금리로 조달하고 있다면 은행A와 반대방향으로 금리리스크에 노출된다. 이 경우 두 은행이 스왑을 통해 자산이나 부채의 성격을 전환함으로써 자산과 부채의 금리를 일치시킬 수 있고 금리리스크를 헷지할 수 있다. 예컨대, A은행은 B은행에게 변동금리를 지급하는 대신 B은행은 A은행에게 고정금리를 지급하는 스왑을 통해 A은행은 부채를 고정금리에서 변동금리로, B은행은 부채를 변동금리에서 고정금리로 전환하여 자산과 부채의 금리를 일치시킬 수 있는 것이다.

① 부채의 전환

금리스왑을 이용하면 부채를 고정에서 변동으로, 혹은 변동에서 고정으로 전환(converting 혹은 transforming)할 수 있다. 앞에서 설명한 SK와 LG의 예를 다시 사용해 보자. SK는 현재 시장에서 투자자에게 LIBOR+0.1%의 변동금리를 지불하는 변동금리 부채를 가지고 있고, SK는 고정금리의 투자자산을 가지고 있다. 즉, 자산은 고정금리이고 부채는 변동금리이기 때문에 시장금리가 변동하면 자산과 부채의 현금흐름에 괴리가 발생하여 금리리스크에 노출되어 있다. 그래서 SK는 금리리스크를 헷지하고자 부채를 변동금리에서 고정금리로 전환하여 자산과 부채의 금리를 고정금리로 통일하고자 한다. 이 경우 〈그림 18-2〉의 스왑을 이용하면, 다음 〈그림 18-3〉과 같은 부채전환을 이룰 수 있다.

〈그림 18-3〉 부채전환

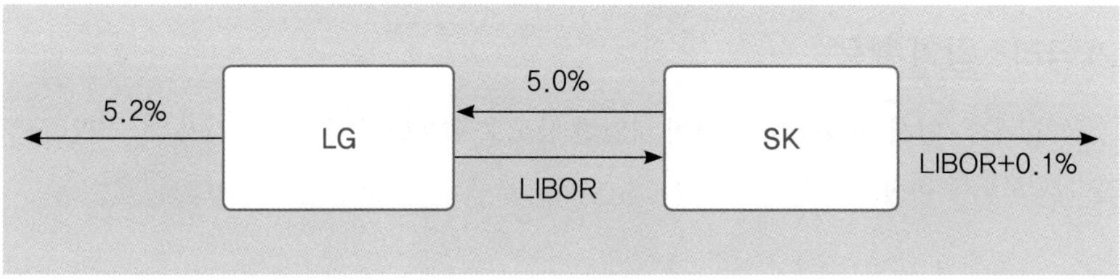

SK와는 반대로, LG는 현재 5.2%의 고정금리 부채를 가지고 있고, 변동금리 투자자산을 가지고 있다고 하면, LG 역시 스왑을 통해 고정금리 부채를 변동금리 부채로 전환할 수 있고, 따라서 부채와 자산의 금리를 변동금리로 통일함으로 금리리스크를 효과적으로 헷지할 수 있다.

〈그림 18-3〉으로부터, SK와 LG의 부채와 스왑의 결합으로 발생하는 순지불(net payment)금리를 구하면 다음과 같다. 편의상 LIBOR를 L이라 표시하자. 그림에서 화살표의 방향은 현금흐름의 방향을 의미한다. 회사에서 나가는 방향은 현금유출(이자지급)을, 회사

로 들어오는 방향은 현금유입(이자수취)을 각각 의미한다. 또한, 아래 식에서 양(+)은 이자지급(현금유출)을, 음(-)은 이자수취(현금유입)을 각각 표시한다.

SK의 순지불 = [(+L + 0.1%) + 5%] - L = 5.1% (고정금리부채) (식 18-1)

LG의 순지불 = (+5.2% + L) - 5% = L + 0.2% (변동금리부채) (식 18-2)

(식 18-1)과 (식 18-2)에서 보는 바와 같이 SK는 스왑을 통해 변동금리 부채를 고정금리 부채로, LG는 고정금리 부채를 변동금리 부채로 전환할 수 있음을 알 수 있다. 따라서, 스왑은 금리리스크 헷지를 위해 부채를 전환하는 데 매우 유용하다.

그런데, 〈그림 18-3〉에서 이루어진 스왑은 SK와 LG가 중간에 브로커나 딜러 없이 당사자가 만나 계약을 체결한 사례이지만, 실제 시장에서 이렇게 서로의 필요가 정확히 일치하는 거래 상대방을 찾기란 거의 불가능하고, 찾으려고 한다 해도 엄청난 시간과 비용이 소요될 것이다. 그래서 필요한 것이 바로 중개기관인데, 대부분 은행이나 금융기관들이 그 역할을 담당한다. 즉, SK와 LG 사이에서 금융기관이 스왑을 중개한다는 것은 금융기관이 SK 및 LG와 동시에 2개의 상쇄스왑계약(offsetting swap transaction)을 체결한다는 것을 의미한다. 이러한 중개기관이 개입한 스왑계약을 표시한 것이 〈그림 18-4〉이다.

〈그림 18-4〉 금융기관이 딜러로 참여한 부채전환

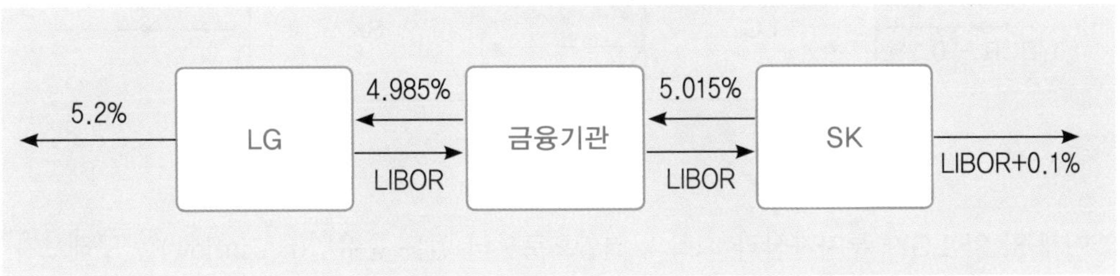

금융기관이 스왑계약에 참여할 경우 SK와 LG는 수수료를 지불해야 하므로 순지불비용은 다음과 같이 증가할 것이다.

SK의 순지불 = [(+L + 0.1%) + 5.015%] - L = 5.115% (고정금리부채) (식 18-3)

LG의 순지불 = (+5.2% + L) - 4.985% = L + 0.215% (변동금리부채) (식 18-4)

(식 18-3)과 (식 18-4)에서 보듯이 SK와 LG의 순지불이 각각 0.015%씩 증가했고 이는 모두 중개기관인 금융기관에게 수수료의 명목으로 돌아가게 된다. 즉, 금융기관은 연간 0.03%

또는 3bp(basis point)를 스왑중개 수수료로 받는데 이를 금액으로 환산하면 원금이 1억달러이므로, \$1억 × 0.03% = \$30,000가 된다. 이 수수료는 결국 SK나 LG가 스왑계약을 이행하지 않을 가능성 때문에 생기는 계약불이행리스크(default risk)를 중개기관이 부담하고 받는 리스크프리미엄(risk premium) 혹은 보험료라 할 수 있다. 스왑계약의 어느 한 당사자가 계약을 이행하지 않으면 중개기관이 대신 계약을 이행해야 하는데 이때 수수료는 이러한 비용의 부분적인 보상이라 할 수 있다.

② 자산의 전환

부채의 전환과 마찬가지로 스왑을 이용하면 자산전환(asset transformation)을 이룰 수 있다. 예를 들어, SK는 현재 고정금리 투자자산과 변동금리 부채를 가지고 있고, LG는 변동금리 투자자산과 고정금리 부채를 가지고 있다고 하자. 그런데 SK는 자산과 부채 모두 변동금리로, LG는 자산과 부채를 모두 고정금리로 통일하여 금리리스크를 헷지하고자 한다고 가정하자. 그러면, SK와 LG는 스왑을 통해 자산을 전환함으로써 이러한 목적을 달성할 수 있을 것이다. 이를 그림으로 표시한 것이 다음 〈그림 18-5〉이다.

〈그림 18-5〉 금리스왑 : 자산전환

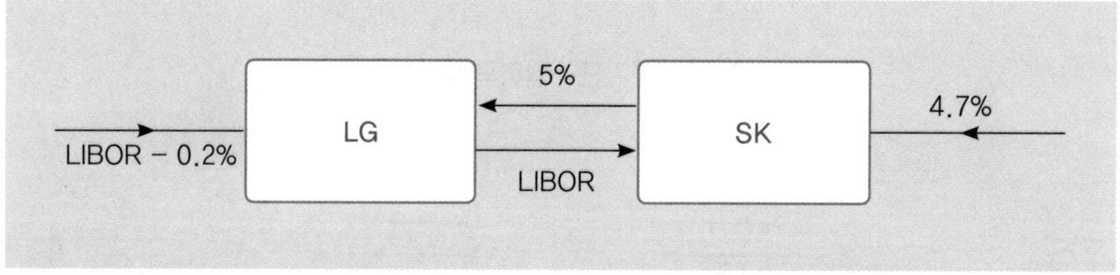

이제 SK와 LG가 투자자산과 스왑의 결합으로부터 얻는 순유입(net inflow)를 구해보자. 아래 식에서 양(+)은 현금유입을, 음(-)은 현금유출을 각각 표시한다.

$$\text{SK의 순유입} = (4.7\% + L) - 5\% = L - 0.3\% \text{ (변동금리자산)} \quad \text{(식 18-5)}$$

$$\text{LG의 순유입} = [(L - 0.2\%) + 5\%] - L = +4.8\% \text{ (고정금리자산)} \quad \text{(식 18-6)}$$

(식 18-5)와 (식 18-6)에서 보는 바와 같이 SK는 스왑을 통해 고정금리 자산을 변동금리 자산으로, LG는 변동금리 자산을 고정금리 자산으로 전환할 수 있음을 알 수 있다. 따라서, 스왑은 금리리스크 헷지를 위해 자산을 전환하는데 매우 유용하다.

또한, 부채의 전환에서 설명했듯이 실제 실무에서는 〈그림 18-5〉와 같이 거래 당사자가 직접 만나서 원하는 스왑계약을 맺는다는 것은 거의 불가능하므로 중개기관을 통해 스왑계약을 체결하게 된다. 다음 〈그림 18-6〉은 중개기관이 스왑계약에 참여할 경우의 스왑계약을 묘사하고 있다.

〈그림 18-6〉 금융기관이 딜러로 참여한 자산전환

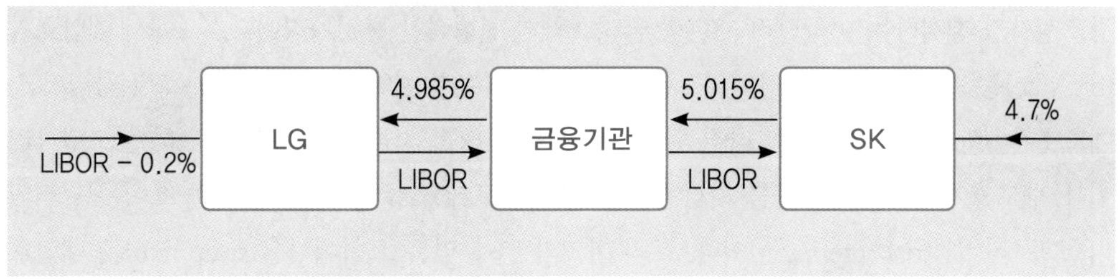

금융기관이 스왑계약에 참여할 경우 SK와 LG는 수수료를 지불해야 하므로 순유입은 다음과 같이 감소할 것이다.

SK의 순유입 = (4.7%+L)−5.015%=L−0.315% (변동금리자산) (식 18-7)

LG의 순유입 = [(L−0.2%)+4.985%]−L=+4.785% (고정금리자산) (식 18-8)

(식 18-7)과 (식 18-8)에서 보듯이 SK와 LG의 순유입이 각각 0.015%씩 감소했고 이는 모두 중개기관인 금융기관에게 수수료의 명목으로 돌아가게 된다. 즉, 중개기관은 연간 0.03% 또는 3bp(basis point)를 스왑중개 수수료로 받는데 이를 금액으로 환산하면 원금이 1억달러이므로, $1억×0.03% = $30,000가 된다.

③ 시장조성자로서의 스왑딜러

스왑거래를 위해 중개기관들이 상쇄스왑계약을 체결하여 거래를 활성화시킴을 앞에서 설명한 바 있다. 이 경우 중개기관은 독립된 2개의 계약을 체결한다. 하나는 SK와의 계약이고, 다른 하나는 LG와의 계약이다. 대부분의 경우에 있어 SK는 금융기관이 LG와 상쇄스왑계약을 체결하고 있는지를 모르고 있고, LG도 금융기관이 SK와 상쇄스왑계약을 체결하고 있는지를 모르고 있다. 따라서, 만일 거래당사자 중 어느 한 편이 스왑계약을 이행하지 않으면 대신 중개기관이 남은 당사자와의 계약을 대신 이행해야 한다.

그런데, 실무적으로 두 당사자가 한 금융기관과 접촉하여 정확히 동일한 스왑에 정반대의 포지션을 취하는 경우는 거의 없다. 이런 이유로 대부분의 대형 금융기관들은 시장조성자

(market maker)로서 행동한다. 즉, 그들은 다른 거래상대방과 상쇄스왑을 체결하지 않고 자신이 직접 거래당사자가 되어 스왑계약을 체결하는데, 때로는 이를 '일방스왑(warehousing swap)'이라 부르기도 한다. 시장조성자들은 그들이 부담하는 계약불이행리스크를 면밀하게 계량화하고 헷지해야 한다. 채권, 선도금리계약, 그리고 금리선물 등은 금리스왑과 밀접한 관련이 있으므로 헷지를 위해 시장조성자들이 사용하는 금융상품들이다. 다음 〈표 18-2〉는 시장조성자가 제시하는 미국달러 기본형 금리스왑의 전형적인 공시가격이다.[3] 표에서 매입호가(bid rate)는 스왑딜러가 한 당사자로부터 LIBOR를 수취(매입)하고 지불하는 고정금리이고, 매도호가(offer rate)는 딜러가 다른 당사자에게 LIBOR를 지불(매도)하고 수취하는 고정금리이다. 매도호가에서 매입호가를 차감한 것을 스왑스프레드(swap spread)라 하고 이는 딜러의 리스크프리미엄(risk premium)이다. 표의 마지막 열에 있는 스왑이자율(swap rate)은 매입호가와 매도호가의 산술평균이다. 일반적으로 스왑스프레드는 약 3~4bp정도에서 형성된다.

〈표 18-2〉 스왑시장에서 고정금리 매매호가와 스왑이자율

만기(년)	매입호가(%)	매도호가(%)	스왑이자율(%)
2	6.03	6.06	6.045
3	6.21	6.24	6.225
4	6.35	6.39	6.370
5	6.47	6.51	6.490
7	6.65	6.68	6.665
10	6.83	6.87	6.850

(2) 스왑을 이용한 자본비용절감

스왑을 이용하는 두 번째 목적은 스왑을 통해 차입비용을 줄이는 것이다. 신용등급이 서로 다른 기업에게는 시장에서 서로 다른 대출금리가 적용된다. 어떤 기업은 고정금리에, 다른 기업은 변동금리에서 비교우위를 가질 수 있다. 이 경우 스왑을 통해 자본조달비용을 줄일 수 있는 것이다. 이를 위해 먼저 절대우위와 비교우위의 개념을 이해 할 필요가 있다.

① 비교우위와 절대우위

비교우위(comparative advantage)는 스왑이 많이 이용되는 근거로 흔히 거론된다. 어떤 기업은 고정금리로 차입할 때 비교우위를 가지며, 반면 어떤 기업은 변동금리로 차입할 때 비교

3 인용자료: Hull(2012).

우위를 가질 수 있다. 기업이 비교우위를 갖는 시장에서 신규로 차입하는 것이 당연하다. 따라서, 한 기업은 변동금리로 차입하기를 원하는데 고정금리에서 비교우위가 있고, 반대로 또 다른 기업은 고정금리로 차입하기를 원하는데 변동금리에서 비교우위가 있다면 두 기업은 스왑을 통해 부채를 전환함으로써 자본비용을 절감할 수 있고 이를 통해 기업의 이익을 극대화할 수 있을 것이다.

다음과 같은 예제를 통해 비교우위와 절대우위에 대해 살펴보도록 하자.

- ㈜BMW는 변동금리로 5년 동안 차입하기를 원한다.
- ㈜GM은 고정금리로 5년 동안 차입하기를 원한다.

그리고 현재 자금시장에서 두 기업의 차입조건은 다음 〈표 18-3〉과 같다.

〈표 18-3〉 시장에서의 차입조건

	고정금리	변동금리
BMW	4.0%	6개월 LIBOR - 0.1%
GM	5.2%	6개월 LIBOR + 0.6%
BMW-GM	-1.2% (a)	-0.7% (b)

〈표 18-3〉으로부터, 고정금리의 경우 BMW는 시장에서 4.0%로 차입할 수 있으나 GM은 5.2%로 차입할 수 있어 BMW가 1.2%만큼의 우위가 있고, 변동금리의 경우 같은 논리로 BMW가 GM보다 0.7% 우위에 있다. 따라서, BMW는 고정금리 차입의 우위가 변동금리 차입의 우위보다 크므로 고정금리에서 상대적으로 더 유리하므로 고정금리에 비교우위가 있다. 반면, GM은 고정금리와 변동금리 둘 다에서 BMW보다 불리한 조건에 있으나 상대적으로 변동금리가 덜 불리하므로 변동금리에서 비교우위에 있는 것이다. 따라서 두 기업의 스왑을 통해 부채를 전환하면 서로에게 이익이고 자본비용도 줄일 수 있다. 한편, BMW는 GM에 비해 고정금리와 변동금리 모두에 우위에 있으므로 차입시장에서 BMW는 GM보다 절대우위에 있다.

② **자본비용절감**

〈표 18-3〉의 분석에서 BMW는 고정금리에 비교우위에 있지만 실제로는 변동금리 차입을 원하고 있고, GM은 변동금리에서 비교우위에 있지만 고정금리 차입을 원하므로 두 기업은 스왑을 통해 부채전환을 할 수 있고 자본비용도 절감할 수 있다. 〈그림 18-7〉은 BMW와 GM의 스왑계약을 보여주고 있다.

〈그림 18-7〉 비교우위를 이용한 스왑계약

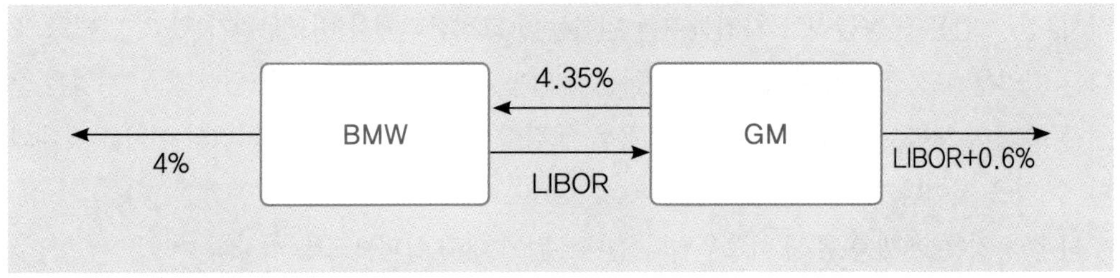

〈그림 18-7〉로부터, BMW와 GM의 부채와 스왑의 결합으로 발생하는 순지불(net payment) 금리를 구하면 다음과 같다.

BMW의 순지불 = (4% + L) - 4.35% = L - 0.35% (변동금리부채) (식 18-9)
GM의 순지불 = [(L + 0.6%) +4.35%] - L = 4.95% (고정금리부채) (식 18-10)

(식 18-9)와 (식 18-10)으로부터, BMW는 원하는 대로 변동금리로 차입하게 되었고, GM도 원하는 대로 고정금리로 차입하게 되었다. 더 좋은 것은 BMW는 〈표 18-3〉에서 보듯이 스왑을 하지 않고 시장에서 변동금리로 차입할 경우 (6개월 LIBOR - 0.1%)를 지불해야 했지만, 스왑 덕분에 (식 18-9)에서처럼 (6개월 LIBOR - 0.35%)로 차입할 수 있게 되어 0.25%만큼의 자본비용을 절감할 수 있게 되었다. 동일한 논리로 GM도 스왑없이는 5.2%의 고정금리를 지불해야 했지만, 스왑 덕분에 4.95%만 지불하면 되므로 0.25%만큼의 자본비용을 절감할 수 있게 되었다. 즉, 비교우위효과를 스왑을 통해 교환함으로써 두 기업 모두 자본비용을 절감하게 된 것이다. 자본비용절감 효과는 다음과 같은 식으로 계산할 수 있다. 〈표 18-3〉에서 두 기업의 고정금리 차이는 (a)였고, 변동금리 차이는 (b)였다. 따라서, 스왑을 통한 총 자본비용 절감은 다음과 같다.

총 자본비용 절감 = |a-b| = 절대값(a-b) (식 18-11)

(식 18-11)로부터 총 자본비용절감 = |a-b| = |-1.2-(-0.7)|=0.5%. 그런데, 총 자본비용절감은 두 기업이 동등하게 분배해야 공정하므로 각 기업의 자본비용 절감은 각각 0.5%/2 = 0.25%가 되는 것이다.

그런데, 만일 중개기관이 스왑거래에 참여하게 되면 수수료가 발생하므로 총 자본비용절감이 수수료만큼 줄어들어야 한다. 다음 〈그림 18-8〉은 중개기관이 참여할 경우의 스왑거래내용이다.

〈그림 18-8〉 비교우위를 이용한 스왑계약: 중개기관

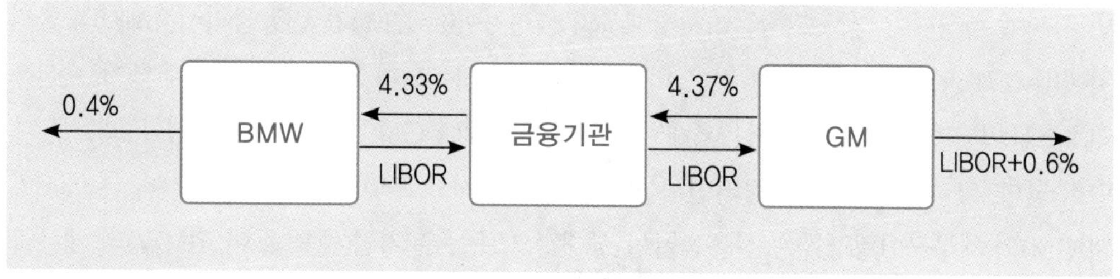

중개기관이 참여할 경우의 두 기업의 순지불은 다음과 같다.

BMW는 순지불 = (4% + L) - 4.33% = L - 0.33% (변동금리부채) (식 18-12)
GM의 순지불 = [(L + 0.6%) +4.37%] - L = 4.97% (고정금리부채) (식 18-13)

(식 18-12)와 (식 18-13)으로부터, BMW와 GM 모두 중개기관 수수료로 각각 0.02%(즉, 2bp)를 지급함으로써 총자본비용절감이 0.04% 감소한 0.46%가 되었고, 두 기업의 각각의 자본비용절감액은 0.25%에서 0.23%로 줄어들었다. 줄어든 총자본비용절감액 0.04%는 모두 중개기관의 수수료로 사용되었지만, 사회 전체로 보면 총이익은 0.5%로 일정하다.

③ **비교우위 논리에 대한 비판**

〈표 18-3〉에서 비교우위가 생기는 근본적인 이유는 고정금리 부채에서의 두 기업 사이의 금리차이(스프레드=1.2%)와 변동금리 부채에서의 금리차이(스프레드=0.7%)가 다르기 때문이다. 만일 스프레드에 차이가 없다면 비교우위도 발생하지 않으며 0.5%의 총 스왑이익(=a-b)도 없을 것이고 스왑의 필요성도 사라지게 될 것이다. 또한 이렇게 스프레드 차이가 부채 만기(5년) 동안 지속된다면 차익거래를 통해 투자자들은 이익을 보게 되고 결국 시장에서 두 금리 사이의 스프레드 차이는 소멸하게 될 것이다.

그렇다면 왜 동일한 두 기업에 대해 고정금리 스프레드(a)와 변동금리 스프레드(b)가 차이가 날까? 가장 큰 이유는 고정금리시장과 변동금리시장에서 기업이 이용할 수 있는 차입계약의 성격이 다르기 때문이다. 즉, 고정금리시장에서 BMW와 GM이 이용할 수 있는 금리 4.0%와 5.2%는 각 기업이 발행할 수 있는 5년 만기 고정금리 회사채의 이자율과 같다. 또한 변동금리시장에서 두 기업이 이용할 수 있는 (LIBOR - 0.1%)와 (LIBOR + 0.6%)는 6개월 만기 변동이자율이다. 그런데 변동금리시장에서 대출해 주는 금융기관은 매 6개월마다 변동금리를 검토할 권리를 갖는다. 따라서, 만일 BMW나 GM의 신용등급이 변동하면 대출자는 LIBOR스프레드를 조정할 권리를 가지며, 극단적인 경우에는 대출연장을 거부할 수도 있다.

그러나 고정금리 대출자는 이러한 조정권리를 가지고 있지 않다. 이러한 이유 때문에 두 기업 사이에 형성되어 있는 고정금리시장에서의 금리차이(a=1.2%)가 변동금리시장에서의 금리차이(b=0.7%)와 다르게 형성된 것은 바로 두 기업의 신용도가 변동하기 때문에 생기는 신용리스크를 반영한 결과이다. 처음 6개월 동안은 BMW나 GM이 채무를 불이행할 확률은 대단히 낮다. 그러나, 채무가 연장되면 신용등급이 상대적으로 낮은 기업(예를 들어, 본 예제에서 GM)의 채무불이행확률은 신용등급이 상대적으로 높은 기업(예를 들어, BMW)의 채무불이행확률보다 더 빨리 증가한다. 그래서 이 예제에서 보듯이 두 기업간의 고정금리 스프레드(a)가 변동금리 스프레드(b)보다 더 크게 형성되어 있는 것이다. 즉, 변동금리에서는 매 6개월마다 차입기업의 신용도를 반영하여 변동대출금리를 조정할 수 있으나, 5년 만기 고정금리는 중간에 대출기업의 신용도가 변동되어도 고정금리를 조정할 수 없으므로 상대적으로 변동금리보다 두 기업 사이의 스프레드가 크게 형성되는 것이다. 결론적으로 변동금리 스프레드(b)는 두 기업 사이의 6개월간의 신용도 차이를 반영하는 것이지만, 고정금리 스프레드(a)는 두 기업 사이의 5년간 신용도 차이를 반영하는 것이다.

따라서 스왑에서 사용되는 비교우위논리는 스왑 만기(5년) 동안 두 기업 사이의 신용도의 차이가 거의 일정하게 유지된다는 가정아래에서 성립된다. 만일 만기 동안에 두 기업 사이의 신용도의 차이가 크게 변동하면 비교우위 논리도 맞지 않을 수 있음에 유의해야 한다.

(3) 스왑을 이용한 투자수익 제고

앞에서 설명한 자산전환(asset transformation)을 이용하여 스왑은 투자수익률 제고에도 사용될 수 있다.

3) 금리스왑의 가치평가

금리스왑계약이 처음 체결될 때는 양 당사자 누구에게도 이익이나 손실이 발생하면 불공정하므로 당연히 계약 시점에서의 스왑가치는 0이어야 한다. 그러나, 차츰 시간이 경과함에 따라 변동금리가 변하므로 스왑의 가치도 (+)가 되거나 (-)의 값을 갖게 된다.

금리스왑계약의 가치를 평가하는 방법에는 크게 두 가지가 있다. 하나는 앞에서 설명한 대로 스왑계약을 두 개의 채권(즉, 고정금리 채권과 변동금리 채권)을 교환하는 것으로 보아 두 개의 채권가격의 차이로 스왑가치를 평가하는 방법이고, 다른 하나는 스왑이자가 교환될 때마다 새로운 선도금리계약(FRA: forward rate agreement)을 체결하는 것으로 간주하여 스왑을 여러 개의 FRA들로 구성된 포트폴리오로 보고 스왑가치를 평가하는 방법이다. 이 두 가지 평가방법에 대해 살펴보자.

(1) 채권을 이용한 평가

〈표 18-1〉에서 보는 바와 같이 금리스왑에서 원금은 교환되지 않는다. 그러나, 동일한 원금을 두 거래당사자가 주고 받는다고 가정하더라도 원금교환은 상쇄되므로 스왑가치에는 영향을 주지 않는다. 이렇게 가정하면 스왑거래에서 변동금리를 지급하는 입장에서 보면 스왑포지션은 고정금리채권에 매입포지션을 취하고, 변동금리채권에 매도포지션을 취한 것과 동일하다. 즉, 스왑의 현재가치는 다음과 같다.

$$V_{swap}(\text{변동금리 지급자}) = +B_F - B_V \quad \text{(식 18-14)}$$

$$V_{swap}(\text{고정금리 지급자}) = +B_V - B_F \quad \text{(식 18-15)}$$

(식 18-14)와 (식 18-15)에서, B_F는 고정금리채권의 현재가치이고, B_V는 변동금리채권의 현재가치이다. 먼저, 고정금리채권(fixed rate bond: B_F)의 현재가치는 일반 채권의 가치평가 방법으로 구하면 되는 데, 고정금리를 c, 스왑원금을 L, 채권의 할인율을 r (=LIBOR/swap무이표채이자율)이라 하면, B_F는 다음과 같이 구할 수 있다. 단 이자계산은 이산복리를 가정한다.

$$B_F = \sum_{t=1}^{T} \frac{cL}{(1+r)^t} + \frac{L}{(1+r)^T} \quad \text{(식 18-16)}$$

한편, 변동금리채권(variable rate bond 혹은 floating rate bond: B_V)의 현재가치는 다음과 같이 구할 수 있다. 단, 이자계산은 이산복리를 가정한다.

$$B_V = \frac{L+k}{(1+r)^t} \quad \text{(식 18-17)}$$

단, t = 다음 이자교환 시점
k = 다음 이자교환 시점에서의 변동이자금액 = L×LIBOR
r = t시점까지 적용되는 LIBOR/swap무이표채이자율

(식 18-17)이 성립되는 이유는 다음과 같다.

- 현재시점을 t=0라 하고, 다음 이자교환시기를 t라 하면, 다음 이자교환시점까지 남은 시간은 t이다.
- 변동금리채권의 경우 변동금리를 지불한 직후의 채권은 액면가와 같고, 다음 이자교환시점에는 액면가에 교환할 변동이자금액을 더하면 된다. 왜냐하면,

표면이자를 지급하는 이표채권의 현재가치 = 액면가(L)+경과이자(AI).

따라서, 다음 이자교환시점에서의 현금흐름 = L+k=L+L×LIBOR=L(1+LIBOR).

- 따라서, 현재시점에서의 변동금리채권의 가치는 (L+k)를 t기간만큼 할인하면 된다. 이때 할인율은 LIBOR/스왑이자율을 사용하는데, 그 이유는 〈심화학습 18-1〉을 참조하기 바란다.

심화 학습 18-1 LIBOR/스왑이자율과 부트 스트랩(bootstrap)

파생상품 거래자들은 파생상품 가치를 평가할 때 LIBOR를 무위험이자율의 대용치(proxy)로 사용하는 경향이 있다. 보통 대형 은행이나 금융기관들은 주요 통화에 대해 1개월, 3개월, 6개월, 12개월 LIBOR금리를 공시하는데, 3개월 LIBOR란 3개월 예금에 적용되는 이자율이다. LIBOR가 갖는 한 가지 문제점은 최장 만기가 12개월이므로 12개월 동안에만 시장에서 관찰 가능하다는 것이다. 따라서, 12개월이 초과하는 기간의 LIBOR금리는 유로달러선물을 이용하여 추정하는데 보통 2년까지 가능하다. 그러나 2년이 초과하는 경우에는 스왑이자율(swap rate)을 활용할 수 있는데, 이렇게 유로달러선물이나 스왑이자율을 이용하여 시장에서 관찰할 수 없는 1년 초과의 LIBOR금리를 추정하는 것을 '부트 스트랩(bootstrap)방법'이라 하고, 이렇게 추정된 LIBOR금리와 만기 사이의 관계를 'LIBOR/스왑 무이표이자율곡선(LIBOR/swap zero curve)' 혹은 간단히 LIBOR/스왑 무이표이자율이라 한다. 이렇게 구한 LIBOR/스왑 무이표이자율은 금리스왑의 가치를 평가할 때 할인율(r)로 사용된다.

간단한 예를 통해, LIBOR/스왑 무이표이자율을 구해보자.

변동금리채권의 표면이자가 LIBOR인데 이 채권을 LIBOR로 할인하면 이 채권은 할인률과 표면이자율이 같으므로 액면가채권(즉, 채권가격=액면가)이 된다. 그런데, 스왑계약시에는 스왑의 가치가 0이므로, 이 때 고정금리채권가치와 변동금리채권가치는 모두 액면가와 같다. 따라서 스왑이자율은 액면가채권의 수익률이라 볼 수 있다. 〈표18-2〉에 있는 마지막 열의 스왑이자율은 액면가채권의 수익률인데, 예컨대 2년 LIBOR/스왑 액면가수익율은 6.045%이고, 3년 LIBOR/스왑 액면가수익율은 6.225%이다.

예를 들어, 6개월, 12개월, 18개월 LIBOR/스왑 무이표이자율이 연속복리 기준으로 각각 4%, 4.5%, 그리고 4.8%라 하면, 2년 LIBOR/스왑 무이표이자율이 얼마여야 하는지 부트 스트랩방법으로 구해보자. 단, 2년 만기 스왑이자율이 현재 시장에서 5%(반년 복리기준)라 가정한다. 그러면, 여기서 스왑이자율이 5%라는 것은 원금이 $100라 할 때, 연5%

로 반년마다 이자를 지급하는 채권이 액면가로 판매되고 있음을 의미한다. 만일 구하고자 하는 2년 LIBOR/스왑 무이표이자율을 r이라 하면, 액면가채권가격 공식으로부터 다음식이 성립되어야 한다.

$$\$2.5e^{-0.04(0.5)}+\$2.5e^{-0.045(1.0)}+\$2.5e^{-0.048(1.5)}+\$102.5e^{-r(2.0)}=\$100.$$

위의 방정식을 풀면, r=4.953%가 된다. 즉, 2년 LIBOR/스왑 무이표이자율이 4.953%이므로 이 금리가 스왑의 가치평가에서 2년 뒤 발생하는 현금흐름의 할인율로 사용된다. 이제 2년 LIBOR/스왑 무이표이자율을 계산하였으므로 같은 방법으로 3년, 4년, 5년,…,n년 LIBOR/스왑 무이표이자율을 연속적으로 구할 수 있는데 이를 부트 스트랩(bootstrap)방법이라 한다.

사례

〈18-1〉 채권가격을 이용한 금리스왑의 가치평가

다음과 같은 계약조건을 가진 금리스왑의 가치를 채권가격을 이용하여 평가하라. 원금(L) = $100, 변동이자지급 = 6개월 LIBOR, 고정이자수취=연8%(6개월마다), 스왑계약 존속기간=15개월, LIBOR/스왑 무이표이자율(연속복리)=10%(3개월), 10.5%(9개월), 11%(15개월)이다. 다음 이자교환은 3개월 뒤부터 발생하며, 가장 최근 LIBOR금리는 반년복리기준으로 10.2%였다.

사례 분석

이 경우 두 채권의 현금흐름을 다음 표와 같이 정리할 수 있다.

〈표 18-4〉 채권을 이용한 금리스왑 평가

t(년)	고정금리채권 현금흐름 (A)	변동금리채권 현금흐름 (B)	할인 요소 (C)	고정금리채권 현금흐름현재가치 (A×C)	변동금리채권 현금흐름현재가치 (B×C)
0.25	$4.0	$105.10	0.9753	$3.901	$102.505
0.75	$4.0		0.9243	$3.697	
1.25	$104.0		0.8715	$90.640	
합계				$98.238	$102.505

위의 〈표 18-4〉에서, 할인요소(discount factor)는 연속복리이므로 e^{-rt}를 의미하며, 변동금리채권의 현금흐름은 (식 18-17)로부터 k=L×LIBOR=\$100×10.2%×0.5(반년마다 지급)= \$5.1이므로, L+k = \$100+\$5.1 = \$105.10. 그리고, 고정금리채권의 가격은 \$98.238, 변동금리채권의 가격은 \$102.505 임을 알 수 있다. 따라서, 스왑의 가치는 (식18-14)로부터 변동금리지급자이므로,

V_{swap}(변동금리 지급자) = $+B_F - B_V$ = \$98.238 - \$102.505 = -\$4.267.

반면, 고정금리를 지급하고 변동금리를 받는 상대방의 스왑가치는, (식 18-15)로부터,

V_{swap}(고정금리 지급자) = $+B_V - B_F$ = \$102.505 - \$98.238 = +\$4.267.

(2) 선도금리계약을 이용한 평가

만일 금리스왑에서 n번 이자를 교환한다면, 이는 n개의 선도금리계약(FRA)을 체결한 것과 같다. FRA란 거래당사자들이 특정이자율을 미래 특정기간 동안에 원금을 차입하거나 대출하는데 적용할 것을 합의하는 장외(OTC) 선도계약이다. 즉, FRA 1개는 약정한 고정이자율(현재 LIBOR)과 실제이자율(특정기간 실제LIBOR)을 교환하는 1기간 스왑이라 할 수 있고, 따라서 금리스왑은 n개의 FRA로 구성된 포트폴리오라 할 수 있다. 그러므로 각 기간의 FRA 가치를 평가하여 전 기간에 대해 더해주면 금리스왑의 가치를 구할 수 있다. 먼저, 선도금리계약을 이용하여 금리스왑의 가치를 구하는 공식을 일반식으로 표현하면 다음과 같다.

$$V_{swap}(\text{변동금리 지급자}) = \sum_{j=1}^{n} L(R_F - R_V)e^{-r_j t_j} \qquad \text{(식 18-18)}$$

$$V_{swap}(\text{고정금리 지급자}) = \sum_{j=1}^{n} L(R_V - R_F)e^{-r_j t_j} \qquad \text{(식 18-19)}$$

단, L = 스왑 원금
R_F = 고정금리(fixed rate)
R_V = 변동금리(variable rate 혹은 floating rate) = LIBOR선도이자율
r_j = j번째 이자가 교환되는 시점의 할인율(LIBOR/스왑 무이표이자율)
t_j = j번째 이자가 교환되는 시점
n = 총 이자교환 횟수.

특히 위의 식에서 변동금리(R_V)는 현재기간에서는 현재 LIBOR를 사용하면 되지만, 미래기간의 LIBOR는 5장의 (식 5-10)에서 정의한 다음과 같은 선도금리산출 공식(연속복리의 경우)을 이용하여 LIBOR선도금리(LIBOR forward rate)를 계산하여야 한다.

$$f_{m,n} = \frac{nr_n - mr_m}{n-m}$$

또한, 각 이자교환 시점(t_j)에 적용되는 할인율(r_j)은 앞에서 설명한 부트 스트랩 방법으로 추정해야 한다.

사례

〈18-2〉 선도금리계약을 이용한 금리스왑의 가치평가

앞의 〈사례 18-1〉에서 사용한 금리스왑과 동일한 계약조건을 가진 금리스왑의 가치를 선도금리계약의 포트폴리오를 이용하여 평가하라.

사례 분석

이 경우 두 채권의 현금흐름을 다음 표와 같이 정리할 수 있다.

〈표18-5〉 FRA를 이용한 금리스왑 평가

t(년)	고정금리채권 현금흐름(A)	변동금리채권 현금흐름(B)	순현금흐름 (B-A)	할인요소 (C)	순현금흐름 현재가치 [(B-A)×C]
0.25	\$4.0	-\$5.100	-\$1.100	0.9753	-\$1.073
0.75	\$4.0	-\$5.522	-\$1.522	0.9243	-\$1.407
1.25	\$4.0	-\$6.051	-\$2.051	0.8715	-\$1.787
합계					-\$4.267

위의 〈표 18-5〉에서, 할인요소(discount factor)는 연속복리이므로 e^{-rt}를 의미한다. 변동금리채권의 현금흐름을 구하기 위해서는 LIBOR선도금리를 구해야 한다. 첫 번째 기간은 LIBOR현물금리가 적용되므로 주어진 10.2%로부터 6개월분 5.1%를 적용하면 된다. 그런데 두 번째 이자교환시점부터는 LIBOR선도금리를 구해야 한다. 선도금리 구하는 (식 5-10)을 적용하여 연속복리 기준 선도이자율을 구한 후 6개월 복리로 전환하든지, 아니면 (식 5-9)에 있는 다음 식을 이용하여 구하면 된다.

$$f_{m,n} = \left[\frac{(1-r_n)^n}{(1+r_m)^m}\right]^{n-m} - 1$$

이렇게 LIBOR선도금리를 구하면, m=0.25, n=0.75, r_m=10%, r_m=10.5%로부터 $f_{0.25,0.75}$=11.044%를 얻을 수 있고, m=0.75, n=1.25, r_m=10.5%, r_m=11.0%로부터

$f_{0.7,1.25}$=12.102%를 얻을 수 있다. 이렇게 해서 구한 최종 금리스왑의 가치는 -$4.267인데 이는 <사례 18-1>에서 채권가격을 이용하여 구한 가치와 동일하다. 즉,

V_{swap}(변동금리 지급자) = -$4.267.
V_{swap}(고정금리 지급자) = +$4.267.

따라서, 금리스왑의 가치는 <사례 18-1>처럼 채권가격의 차이로 구할 수도 있고, <사례 18-2>처럼 선도금리계약을 이용하여 구할 수도 있지만 결과는 동일하다. 자신에게 익숙하고 편리한 방법을 선택하면 된다.

3. 통화스왑

지금까지는 대표적인 스왑인 금리스왑에 대해 살펴보았다. 이제부터는 또 다른 대표적인 기본형 스왑인 통화스왑에 대해 살펴보고자 한다. 그런데 통화스왑의 기본개념은 금리스왑과 동일하기 때문에 통화스왑에서는 금리스왑과 다른 부분을 중심으로 간략하게 설명하고자 한다.

1) 통화스왑의 개념

통화스왑(currency swap)이란 서로 다른 통화로 표시된 현금흐름을 갖는 거래 상대방이 미래의 정해진 만기까지 일정한 기간마다 서로의 현금흐름을 교환하기로 약정하는 계약이다.

통화스왑은 금리스왑과 비슷한 구조를 가지고 있지만 다음과 같은 차이점을 가지고 있다.

첫째, 금리스왑에서는 동일한 한 가지 통화로 현금흐름이 발생하지만, 통화스왑에서는 교환되는 현금흐름의 표시통화가 다르다.

둘째, 금리스왑에서는 명목원금(notional principal)만 있을 뿐 실제로 원금의 교환은 일어나지 않지만, 통화옵션에서는 원금이 서로 다른 통화로 표시되어 있기 때문에 실제로 원금의 교환이 발생한다. 원금은 일반적으로 스왑계약이 시작되는 시점과 만료되는 시점에 교환된다. 시작되는 시점에서는 동등한 가치가 되도록 원금이 결정되고 교

환되지만, 만기 시점에서 교환되는 원금은 환율의 변동으로 인해 원래 원금의 가치와 크게 달라질 수도 있다.

2) 통화스왑의 구조

(1) 통화스왑의 전형적인 현금흐름

통화스왑에서는 일반적으로 다음과 같이 3단계로 현금흐름의 교환이 발생한다.

① 스왑계약 시작시점(t=0)

계약시점의 환율로 동등한 가치의 원금이 교환된다. 이때 적용되는 환율은 두 통화의 원금크기를 결정하고 계약기간 중 이자계산을 위한 기준이 되므로 매우 중요하다. 일반적으로 계약 당시의 시장환율을 사용하나, 계약당사자간의 약정에 의해 다른 환율을 사용할 수도 있다. 만일 계약 당시의 시장환율을 사용할 경우에는 동일한 금액의 외화를 각자 외환시장에서 사고 팔 수 있으므로 원금의 교환이 반드시 필요한 것은 아니다.

② 계약기간 중간시점(0 < t < T)

계약원금에 대한 이자를 합의하고 금리(고정금리 또는 변동금리)를 적용하여 해당 통화로 계약당사자간에 이자를 교환한다. 이때 교환되는 금리의 형태가 거래 상대방 모두 고정금리인 경우에는 '고정-고정 통화스왑(fixed-for-fixed currency swap)', 양측 모두변동금리인 경우에는 '변동-변동 통화스왑(floating-for-floating currency swap)', 그리고 한쪽은 고정금리, 다른 쪽은 변동금리인 경우에는 '고정-변동 통화스왑(fixed-for-floating currency swap)'이라고 부른다.

③ 계약 만기시점(t=T)

계약 만기시점에는 마지막 이자와 원금이 교환된다. 통화스왑에서는 원금이 서로 다른 통화로 표시되어 있기 때문에 교환되는 서로 다른 통화표시 원금의 현재가치가 같도록 하는 현금의 교환이 만기시점에서 필요하다. 그것이 환율변동으로 인한 외환리스크를 헷지하는 역할을 하게 된다. 이때 적용되는 환율은 계약 당시 약정한 환율이 되며 대개는 원금교환 시 사용했던 환율이 다시 사용된다.

(2) 통화옵션 계약 사례

미국 포드(Ford) 자동차회사와 영국항공사(BA: British Airlines)는 2013년 6월 1일에 5년 만기 통화스왑계약을 체결하였다. Ford는 영국 파운드화로 연5%의 고정금리를 지급하고 BA로부터 미국 달러화로 연6%의 고정금리를 수취하는 '고정-고정 통화스왑'이다. 이자는 1년에 1회 교환되고 원금은 $1,800와 ₤1,000이다. 〈그림 18-9〉는 이 스왑계약의 구조를 묘사하고 있다.

〈그림 18-9〉 통화스왑

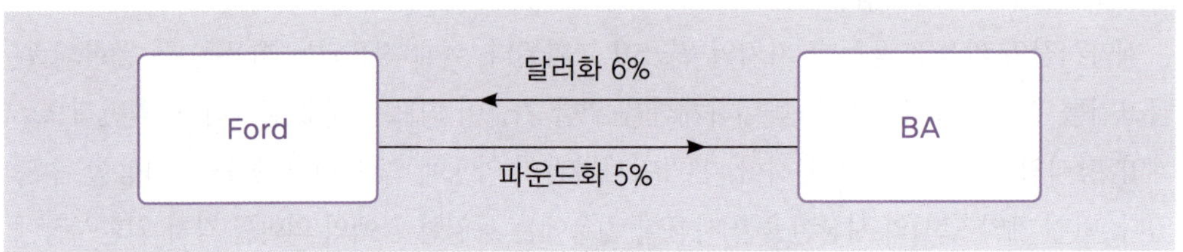

〈그림 18-9〉의 스왑계약에서는 계약 시점(t=0)에서 원금은 화살표와 반대 방향으로(즉, Ford는 BA에게 $1,800를 지급하고, BA는 Ford에게 ₤1,000를 지급함) 교환되고, 계약기간 동안(0〈t〈T)의 이자교환은 화살표와 같은 방향으로 교환되며(즉, Ford는 매년 $108를 BA로부터 수취하고, BA에게 ₤50를 지급함), 계약 만기(T)시점에는 마지막 이자와 원금이 교환된다(즉, 마지막이자는 중간이자와 동일, 마지막 원금은 Ford가 BA에게 ₤1,000지급하고 $1,800수취). 다음 〈표 18-4〉는 Ford와 BA 사이의 통화스왑에서 발생하는 현금흐름을 정리한 것이다.

〈표 18-6〉 통화스왑의 현금흐름: Ford측

날짜(t)	달러화 현금흐름($)	파운드화 현금흐름(₤)
2013-6-1	-1,800	+1,000
2014-6-1	+108	-50
2015-6-1	+108	-50
2016-6-1	+108	-50
2017-6-1	+108	-50
2018-6-1	+108+1,800 = +1,908	-50-1,000 = -1,050

(3) 통화옵션의 주요 용도

① 헷지

금리스왑이 금리리스크를 헷지하는 수단으로 활용되는 것처럼, 통화스왑도 재무리스크를 헷지하는 수단으로서 중요한 역할을 한다. 특히 국제차입과 국제투자에서 자산과 부채의 표시통화 및 금리의 차이로 인해 발생하는 외환리스크 및 금리리스크를 헷지하는 데 통화스왑이 널리 활용된다. 예를 들어, 기업의 수익은 고정금리 엔화로 발생하는데, 비용은 변동금리 달러화로 발생한다면, 엔화와 달러화 사이의 '고정-변동 통화스왑'을 이용하여 수익과 비용의 통화와 금리를 일치시킬 수 있어 금리 및 외환리스크를 헷지할 수 있다.

또한, 금리스왑에서 이미 설명한 것처럼, 통화스왑도 부채의 전환(conversion of liability)과 투자자산의 전환(conversion of asset)을 통해 부채와 자산 사이의 통화불일치(mismatch of currency), 금리불일치(mismatch of interest rate)에서 발생하는 외환리스크와 금리리스크를 헷지할 수 있다.

② 비교우위를 이용한 차입비용 절감

금리스왑과 마찬가지로 통화스왑의 기회도 비교우위로 인해 발생될 수 있다. 사례를 통해 살펴보도록 하자. 미국 델타항공(Delta Airlines)과 호주항공(AA: Australia Airlines)이 시장에서 5년 동안 고정금리로 차입하고자 한다. 이들 기업이 고정금리시장에서 미국 달러화(U$)와 호주 달러화(A$)로 차입할 수 있는 조건은 〈표 18-7〉과 같다.

〈표 18-7〉 통화스왑에서의 비교우위

기업	US$	A$
Delta	5.0%	7.6%
AA	7.0%	8.0%
Delta-AA	-2.0%(a)	-0.4%(b)

주) 여기서 고정금리는 두 나라 사이의 세금의 차이가 조정된 것이라 가정함.

〈표 18-7〉에서 보는 바와 같이 Delta는 US$에서 비교우위를 가지며, AA는 A$에서 비교우위를 가진다. 만일 Delta는 A$로 차입하기를 원하며, AA는 US$로 차입하기를 원한다면 두 기업은 '고정-고정 통화스왑'을 통해 비교우위에 있는 금리를 교환함으로써 서로가 원하는 통화로 차입할 수 있다. 즉, 각 기업은 자신이 비교우위에 있는 시장에서 자금을 차입한다. Delta는 US$로 차입하고, AA A$로 차입한다. 그 다음 통화스왑을 통해 Delta는 US$를 A$

로 전환하고, AA는 A$를 US$로 전환함으로써 자신이 원하는 통화로 차입함과 동시에 비교우위로부터 차입비용을 (식 18-11)에 있는 것처럼 두 기업 합계 |a-b| = |-2.0-(-0.4)| = 1.6%만큼 절감할 수 있다.

그러나, 통상 스왑거래를 위해 중개기관을 이용하므로 다음 〈그림 18-10〉과 같이 실제 차입비용절감은 중개 수수료만큼 감소한다.

〈그림 18-10〉 중개기관이 참여하는 통화스왑

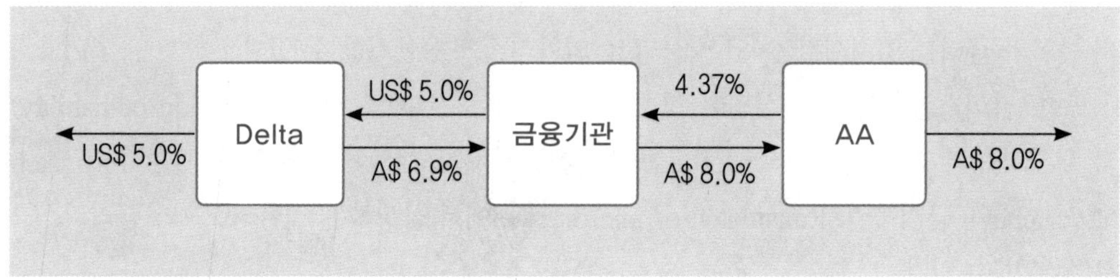

3) 통화스왑의 가치평가

금리스왑과 마찬가지로 통화스왑도 다음과 같이 두 가지 방법으로 가치평가를 할 수 있다.

① 채권가격을 이용한 가치평가

자국통화(D: domestic currency)로 받고 외국통화(F: foreign currency)로 지급하는 고정-고정 통화스왑의 달러화 가치는 다음과 같이 채권의 가격차이로 계산할 수 있다.

$$V_{swap}(\text{외국통화 지급자}) = +B_D - S \cdot B_F \quad (식\ 18\text{-}20)$$

$$V_{swap}(\text{자국통화 지급자}) = +S \cdot B_F - B_D \quad (식\ 18\text{-}21)$$

단, B_D = 스왑의 기초가 되는 자국통화(D)표시 채권 가격
B_F = 스왑의 기초가 되는 외국통화(F)표시 채권 가격
S = 현물환율 (자국통화/외국통화)

사례

〈18-3〉 채권가격을 이용한 통화스왑의 가치평가

미국(D)과 일본(F)의 이자율기간구조가 모두 수평적(flat)이고, 연속복리 기준으로 일본의 이자율이 연 4%이며 미국의 이자율은 연 9%라 하자. 한 회사가 통화스왑계약을 체결하였는데 거기서 이 회사는 매년 엔화로 연간 5%의 이자를 지급하고, 달러화로 연 8%의 이자를 받는다. 두 통화의 원금이 각각 $1,000와 120,000엔이다. 통화스왑계약은 3년만기이며 현재 외환시장에서 현물환율은 1달러당 110엔이다. 이 통화스왑의 가치를 채권가격을 이용하여 구하라.

사례 분석

통화스왑의 가치를 평가하기 위해 두 통화로 표시된 채권의 가격을 구해야 하는데 다음 〈표 18-8〉에 계산과정이 요약되어 있다. 단, r_D는 자국금리(9%), r_F는 외국금리(4%)이다.

〈표 18-8〉 채권가격을 이용한 통화스왑 가치평가

t(년)	달러채권 현금흐름($)(A)	달러채권 현금흐름현재가치($) ($A*e^{-r_D t}$)	엔화채권 현금흐름(엔)(B)	엔화채권 현금흐름현재가치(엔) ($B*e^{-r_D t}$)
1	80	73.11	6,000	5,765
2	80	66.82	6,000	5,539
3	1,080	824.45	126,000	111,752
합계		964.39(=B_D)		123,055(=B_F)

〈표 18-8〉과 (식 18-20)으로부터, 외국통화(엔화)를 지급하는 이 기업의 스왑가치는,

$$V_{swap}(\text{외국통화 지급자}) = +B_D - S \cdot B_F$$
$$= 964.39 - 123,055 \cdot (1/110) = -\$154.29.$$

참고로, 거래 상대방의 스왑가치는 +$154.29가 된다.

② 선도계약 포트폴리오를 이용한 가치평가

고정-고정 통화스왑에서 지급액의 매 교환은 선도계약이라 볼 수 있다. 앞에서 설명한 바와 같이 선도외환계약은 선도환율이 실현된다고 가정하여 평가할 수 있다. 고정-고정 통화스왑의 가치는 다음과 같이 구할 수 있다.

$$V_{swap}(\text{외국통화 지급자}) = \sum_{j=1}^{n}(P_D r_D - P_F r_F F_j)e^{-r_D t_j} \quad \text{(식 18-22)}$$

$$V_{swap}(\text{자국통화 지급자}) = \sum_{j=1}^{n}(P_F r_F - P_D r_D \frac{1}{F_j})e^{-r_F t_j} \quad \text{(식 18-23)}$$

단, P_D = 자국통화표시 채권의 액면가
P_F = 외국통화표시 채권의 액면가
r_D = 자국 고정금리(fixed rate)
r_F = 외국 고정금리(fixed rate)
F_j = j번째 이자가 교환될 때의 선도환율(forward exchange rate)
t_j = j번째 이자가 교환되는 시점
n = 총 이자교환 횟수

사례

〈18-4〉 선도계약 포트폴리오를 이용한 통화스왑의 가치평가

앞의 〈사례 18-3〉의 사례에서 사용한 자료들을 그대로 사용하되, 선도계약 포트폴리오를 이용하여 통화스왑의 가치를 평가하라. 단, LIBOR/스왑이자율의 기간구조는 일본과 미국 모두에게 수평적이라 가정한다.

사례 분석

선도(선물)의 보유비용보형(cost of carry model)에서 이미 설명한 바와 같이, 기초자산이 환율인 경우 선도가격(즉, 선도환율)을 구하는 공식은 다음과 같다. 단, F_{t1}은 t1시점의 선도환율, F_{t2}는 구간 (t1. t2)사이에 적용되는 선도환율을 의미한다.

$$F_{t2} = F_{t1}e^{(r_D - r_F)(t2-t1)}$$

예를 들어, $F_1 = F_0 e^{(0.09-0.04)(1-0)} = S_0 e^{(0.09-0.04)(1-0)} = (1/110)e^{0.05} = 0.009557$이고, $F_2 = F_1 e^{(0.09-0.04)(2-1)} = 0.009557 \quad e^{0.05} = 0.010047$ 등과 같이 구할 수 있다. 아래 〈표 18-9〉의 네 번째 열(C)에 있는 선도환율이 이와 같은 방법으로 구해진 것이다.

선도계약 포트폴리오를 이용한 통화스왑 가치평가 과정이 〈표 18-9〉에 요약되어 있다.

〈표18-9〉 선도계약 포트폴리오를 이용한 통화스왑 가치평가

t(년)	달러수취이자 (A)	엔지급이자 (B)	선도환율 (C)	엔이자 달러가치(B*C=D)	순현금흐름 (A-D=E)	순현금흐름 현재가치
1	80	6,000	0.009557	57.34	+22.66	+20.71
2	80	6,000	0.010047	60.28	+19.72	+16.47
3	1,080	126,000	0.010562	1,330.81	-250.81	-191.47
합계						-154.29

〈표 18-9〉와 (식 18-22)로부터, 외국통화(엔화)를 지급하는 이 기업의 스왑가치는,

$$V_{swap}(\text{외국통화 지급자}) = \sum_{j=1}^{n}(P_D r_D - P_F r_F F_j)e^{-r_D t_j} = -\$154.29.$$

참고로, 거래 상대방의 스왑가치는 +$154.29가 된다. 따라서, 이러한 결과들은 〈사례 18-3〉에서 채권가격으로 구한 스왑의 가치와 정확히 일치한다.

4. 다른 종류의 스왑

옵션에 표준형 옵션과 특이옵션들이 있는 것처럼, 스왑에도 기본형 스왑과 변형된 스왑이 있다. 여기서는 대표적인 변형 스왑들에 대해 간략히 소개하고자 한다.

1) 기본형 스왑의 변형

지금까지 설명한 스왑들은 비교적 단순한 형태로서 통상 '기본형 스왑(plain vanilla swap)'이라 부른다. 이러한 기본형 스왑들을 거래 일방 혹은 양당사자의 다양한 요구에 부응하도록 변형시킨 다양한 종류의 스왑들이 존재한다. 여기서는 대표적인 몇 가지를 소개하고자 한다.

(1) 원금변형 스왑

이는 명목원금을 미리 정한 방식에 따라 변동하도록 하는 스왑으로서 명목원금의 변화추세에 따라 원금증가형 스왑(accreting swap), 원금감소형 스왑(amortising swap), 원금증감형 스왑(rollercoaster swap) 등이 있다. 원금증가형 스왑은 향후 자금조달계획에 따라 차입금 규모가 증가하거나 무역거래에 있어서 수출입규모가 증가할 것으로 예상되는 경우에 금리나 환율위험을 헷지하고자 할 때 유용하다. 상향스왑(step-up swap)이라고도 한다. 원금감소형 스왑은 감채기금(sinking fund)[4] 이 있는 채권을 발행했거나 원리금이 분할상환되는 대출에 의해 자금을 조달한 경우에 시간이 지남에 따라 감소하는 원금에 맞추어 설계된 스왑으로 '상각스왑'이라고도 한다. 원금증감형 스왑은 원금의 증가 혹은 감소가 반복되는 형태의 스왑거래로서 사전에 파악한 미래 현금흐름 전체를 대상으로 금리나 환율위험을 헷지하기 위해 이용된다.

(2) 이자변형 스왑

이는 교환되는 이자가 고정이자이나 LIBOR 변동이자처럼 일률적이지 않고, 다양하게 변형될 수 있는 스왑이다. 변동금리와 교환되는 고정금리가 스왑거래 기간 중에 일정하게 고정되지 않고 몇 단계의 기간에 걸쳐 점차 높아지는 금리증가형 스왑(step-up swap)과 점차 고정금리가 낮아지는 금리감소형 스왑(step-down swap)이 있다. 금리증가형 스왑은 급격히 우상향하는 수익률곡선하에서 고정금리를 지급하고 변동금리를 수취하는 스왑계약자가 스왑초기의 자금부담을 줄이고 향후 예상되는 변동금리의 상승과 비슷한 수준에서 고정금리가 지급되도록 하는 데 효과적이다. 반면, 금리감소형 스왑은 급격히 우하향하는 수익률곡선하에서 유용하게 활용될 수 있다.

그 외에도 변동금리 이자의 현름은 예정된 시점마다 정기적으로 발생하는 반면, 고정금리 이자의 현금흐름은 스왑기간 중에는 발생하지 않고 스왑 계약시점(t=0)이나 만기시점(t=T)에 일시불로 지급되는 무이표 스왑(zero swap)이 있다. 또한, 변동금리로 LIBOR 대신 기업어음(CP: commercial paper)이자율을 사용하는 금리스왑, 스왑의 일방에게 지급되는 이자가 기준이 되는 변동금리가 일정 범위에 있을 때만 발생하는 발생스왑(accrual swap), 이자는 미리 정해진 원칙에 따라 스왑의 만기까지 복리 계산되고 스왑의 만기일에 오직 한 번 지급하는 복리스왑(compound swap)도 있다.

4 감채기금(sinking fund)이란 채권자를 보호하고 채권발행회사의 원금 일시 상환 부담을 줄이고자 미리 적립하는 기금을 말한다. 감채기금을 의무화한 채권을 감채기금사채라 한다.

(3) 기간변형 스왑

이는 스왑기간을 당사자간에 조정할 수 있는 스왑이다. 대표적으로 연장가능스왑과 이연스왑이 있다. 연장가능스왑(extendable swap)은 스왑당사자 한 쪽이 자신에게 유리하도록 스왑계약기간을 연장할 수 있는 선택권(option)이 첨부된 스왑으로서 선택권을 가진 당사자는 상대방에게 그 대가를 지불해야 하는데 계약시점에 일시불로 지급하거나 스왑이자율에 반영하기도 한다. 이연스왑(deferred start swap)은 계약일로부터 일정기간(수개월 혹은 수년) 후에 이자가 교환되기 시작하는 스왑으로서 선도스왑(forward swap)이라고도 한다. 이는 미래시점에 발생하게 될 자산수익 또는 부채비용의 스케쥴에 맞춰 미래 스왑계약을 하거나, 기존의 스왑이나 자산 또는 부채의 구조를 변경하는데 활용된다.

2) 옵션이 부가된 스왑

때로는 스왑계약에 선택권(option)이 부가되는 경우가 있는데 대표적으로 다음과 같은 것들이 있다. 즉, 해지가능스왑(puttable swap)은 스왑계약을 조기에 해지할 수 있는 옵션이 첨부된 스왑이고, 연장가능스왑은 앞에서 이미 설명한 바와 같이 스왑계약기간의 연장이 가능한 스왑이다. 스왑에 대한 옵션으로 스왑션(swaption)이란 것도 있는데, 이는 미래에 거래의 한 당사자가 예정된 고정금리와 변동금리가 교환되는 스왑계약을 체결할 수 있는 선택권이 부여된 스왑이다. 그 밖에 이연스왑, 발생스왑도 옵션이 부가된 스왑으로 분류할 수 있다.

3) 기타 스왑

(1) 베이시스스왑

기본형 금리스왑에서는 고정금리와 변동금리가 교환되는 반면, 서로 다른 변동금리간에 교환이 일어나는 스왑이 있는데 이를 베이시스스왑(basis swap)이라 한다. 주로 사용되는 주요 변동금리에는 앞에서 설명한 기업어음(CP)과 양도성예금증서(CD: certificate of deposit)금리, 연방준비자금금리(FFR: federal fund rate) 등이 있다. 이러한 베이시스스왑은 주로 자산과 부채의 금리유형의 차이에 따른 리스크를 관리하는 데 사용된다.

베이시스스왑의 변형으로서 딥스왑(diff swap)이 있는데, 거래 일방은 특정한 통화로 표시된 변동금리이자를 지급하고, 상대방은 다른 통화로 표시된 변동금리에 일정한 마진을 가감한 금리로 이자를 지급하되 실제 지급통화는 동일하게 설계된 스왑이다.

(2) 주식스왑

스왑시장은 주로 금리스왑과 통화스왑을 중심으로 발전하여 왔지만 최근에는 거래대상의 범위가 실물상품이나 다양한 금융상품으로 확대되고 있다. 그 중에 대표적인 것이 주식스왑과 상품스왑이다. 주식스왑(equity swap)은 채권의 금리(변동금리 또는 고정금리)와 주가수익률(= 자본이득률 + 배당수익률)을 교환하는 스왑이다. 여기서 거래대상이 되는 주가는 개별주식, 일부주식들의 포트폴리오, 주가지수 등이 가능하며 그 중에 주가지수가 가장 많이 사용된다. 주식스왑은 동일통화 뿐만 아니라 서로 다른 통화 간에도 거래될 수 있으며, 서로 다른 통화로 교환할 경우 콴토스왑(quanto swap)이라고 한다.

주식스왑이 변형된 스왑들도 있다. 예를 들어, 주식베이시스스왑(equity basis swap)은 두 개의 서로 다른 주가지수의 성과에 기초하여 주기적으로 지불금을 교환하는 계약이며, 복합지수주식스왑(blended-index equity swap)은 두 가지 이상의 주가지수의 수익률과 금리가 교환되는 스왑이다.

(3) 상품스왑

상품스왑(commodity swap)은 거래의 한쪽이 상대방에게 일정한 양의 상품에 대해서 고정된 가격을 정기적으로 지불하고 상대방은 고정가격 대신에 시장가격을 지불하기로 하는 스왑계약이다. 거래의 대상이 되는 상품은 동일한 상품일 수도 있고 서로 다른 상품일 수도 있다. 거래대상이 되는 상품이 동일할 경우 실물의 교환은 필요 없고 현금정산만 하면 되지만, 상품이 서로 다른 경우에는 실물을 교환하기도 한다. 거래는 직접 당사자간에 이루어지기도 하고, 금융기관의 중개로 이루어지기도 한다.

상품스왑은 1970년대부터 이루어져 왔으며 상품의 생산자나 구매자가 상품가격리스크를 헷징할 수 있는 유용한 수단으로 활용되어 왔다. 헷징의 경우 상품구매자는 고정가격 지급자가 되고, 상품생산자는 고정가격 수취자가 된다.

(4) 변동성스왑

변동성스왑(volatility swap)은 여러 개의 기간을 포함하고 있는데 각 기간 말에 거래의 한 당사자는 미리 합의된 변동성 금액을 지불하는 반면, 다른 당사자는 그 기간 동안에 실현된 역사적 변동성 금액을 지불하는 스왑계약이다. 변동성 금액은 양측의 변동성에 동일한 명목원금을 곱하여 결정된다.

(5) 특이스왑

지금까지 소개한 변형된 스왑들 뿐만 아니라 수많은 스왑들이 계속 개발되고 있다. 스왑에 대한 다양한 수요를 충족시킬 수 있는 스왑의 개발은 새로운 금융상품을 개발하는 금융공학자들(financial engineers)의 상상력과 자산을 관리하는 펀드매니저들(fund managers)의 아이디어, 그리고 기업의 재무책임자들(treasurers)의 필요가 결합되어 지속적으로 이루어져 왔고 앞으로도 이루어 질 것이다.

5. 스왑거래와 리스크

두 당사자간에 사적으로 이루어지는 스왑계약에는 거래 상대방 중 한 쪽이 계약을 이행하지 않아 발생하는 신용리스크(credit risk)가 존재한다. 또한 스왑의 가치가 시간에 따라 변동하기 때문에 발생하는 가격리스크(price risk)도 존재한다. 여기서는 스왑거래에 내재해 있는 리스크에 대해 간략히 살펴본다.

1) 신용리스크

신용리스크(credit risk)란 계약의 상대방이 계약을 이행하지 않아 생기는, 즉 상대방의 채무불이행으로 생기는 손실가능성을 말한다. 그런데 신용리스크로 손실이 발생하는 경우는 나의 계약의 가치가 양(+)일 때만 발생한다. 스왑계약에서도 나의 가치가 양(+)(즉, 상대방의 가치가 음(-))일 때만 신용리스크가 존재하게 되는데 이를 표현한 것이 〈그림 18-11〉이다. 그림에서 x-축에 있는 스왑의 가치는 나의 입장에서 본 가치이다. 나의 스왑가치가 양(+)으로서 커지면 커질수록 y-축의 위험노출액도 비례해서 커진다.

만일 스왑계약에서 당사자간의 직접적인 계약이 아니라 금융기관이 중개기관으로 참여할 경우, 금융기관은 양 당사자와 상쇄계약(offsetting contract)을 체결하게 되며 이 때 신용리스크는 금융기관이 부담하게 되며, 수수료는 신용리스크를 부담하는 데 따른 일종의 보상 혹은 보험료의 성격이라 할 수 있다. 이 경우에 금융기관은 한 쪽의 거래자와는 음(-)의 스왑가치를 가지며 다른 거래자와는 양(+)의 스왑가치를 가지게 되는데, 이는 금융기관의 입장에서는 자연스러운 헷지포지션이다. 따라서 스왑계약이 유지만 된다면 금융기관입장에서는 당사자가 누가되든 상관없이 리스크없이 수수료 수입을 얻을 수 있는 것이다. 만일 양(+)의 가치를 금융기관에 주고 있는 한 당사자가 채무를 불이행하게 되면, 금융기관은 양(+)의 가치를 모두 잃고 한쪽 헷지포지션이 사라지므로 손실에 노출된다. 따라서 금융기관은 헷지포지션을 유지하기 위해 제3의 거래자를 찾아 채무불이행이 발생한 포지션을 인수하도록 만들어야 한다. 이를 위해 금융기관은 보통 채무불이행 이전의 스왑가치를 제3자에게 지급한다.

만일 스왑가치가 음(-)의 가치를 갖는 상대방이 파산한다면, 금융기관의 입장에서는 손해볼 것이 없다. 이론적으로 보면 금융기관이 음(-)의 가치를 갖는다는 것은 금융기관 입장에서는 일종의 상대방에게 채무를 갖는다는 것인데 채권자가 파산했으니 금융기관입장에서는 채무가 제거되는 효과가 있기 때문이다. 그러나 이 경우 실제로는 양(+)의 스왑가치를 갖고 있지만 파산한 상대방은 그 계약을 제3자에게 매도하거나 그 가치가 유실되지 않도록 재정리하려 노력할 것이기 때문에 금융기관이 이익을 볼 가능성은 거의 없다. 따라서 금융기관이 중개기관으로 스왑에 참여할 경우, 〈그림 18-11〉에서 x-축에 있는 스왑의 가치는 금융기관의 입장에서 본 가치이다. 따라서, 금융기관의 스왑가치가 양(+)으로서 커지면 커질수록 y-축의 위험노출액도 비례해서 커진다.

〈그림 18-11〉 스왑과 신용리스크

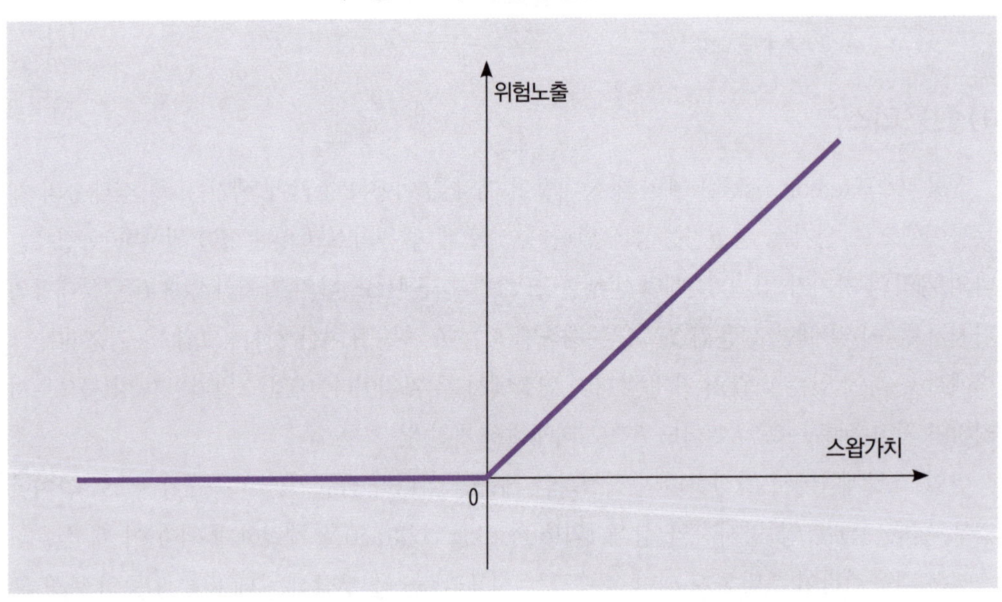

스왑계약에 신용리스크가 있긴 하지만 이는 일반 금융대출(loan)에 비해 그 크기가 매우 작다. 왜냐하면, 스왑거래에서는 원금의 영향이 극히 작기 때문이다. 금리스왑의 경우에는 원금이 아예 교환되지도 않으며, 통화스왑의 경우에도 동일한 환율변동으로 인한 원금의 차액만이 신용리스크에 노출된다. 원금 전체가 위험에 노출되는 금융대출과는 비교할 수 없을 정도로 작은 신용리스크라 보면 무방하다. 또한 대출에서는 이자 전체가 신용리스크에 노출되지만, 스왑에서는 교환되는 이자의 차이, 즉 순이자(순현금흐름)만이 신용리스크에 노출되므로 그 크기가 그리 크지 않다.

선도(선물)와 스왑의 신용리스크를 비교해 보면, 선도는 만기일에 결제가 한 번 이루어지므로 한 번의 집중된 신용리스크에 노출되지만, 스왑은 교환(결제)이 여러 번 이루어지므로 신용리스크가 분산되는 효과가 있다. 따라서 스왑과 선도의 만기가 동일하다면, 스왑의 신용리스크가 선도의 신용리스크보다 작다고 할 수 있다. 그러나, 선물의 경우에는 일일정산제도가 있어 스왑보다도 결제가 더 자주 있고 리스크도 더 많이 분산되어 신용리스크가 극히 작기 때문에 스왑의 신용리스크가 선물의 신용리스크보다는 크다. 결론적으로 스왑의 신용리스크는 선물보다는 크고 선도보다는 작다고 할 수 있다.

2) 가격리스크

스왑에서 가격리스크(price risk)란 스왑계약을 체결할 당시(t=0)에 0이었던 스왑계약의 가치가 이후 시간이 경과함에 따라 점차 변동함으로 생기는 손실가능성을 말한다. 스왑거래의 양 당사자는 자기가 원하기 때문에 스왑에 참여하지만, 스왑딜러입장에서는 부득이하게 원치 않는 포지션을 갖게 되므로 가격리스크는 스왑딜러에게 더 큰 문제가 된다. 때문에 딜러들은 가격리스크를 헷지하기 위해 여러 가지 노력을 하게 된다.

예를 들어, 스왑계약에서 교환되는 양 방향의 현금흐름의 현재가치가 같아지도록 스왑의 가격을 결정하고(pricing), 시장상황이 변동하더라도 이러한 상태가 유지되도록 노력하는 데 이것이 바로 헷징이다. 스왑딜러의 입장에서 가장 확실한 헷지방법은 모든 계약조건이 일치하는 스왑계약을 서로 반대방향으로 동시에 포지션을 취하는 것이다. 그러나 이는 현실적으로 불가능에 가깝기 때문에 딜러들은 최대한 많은 스왑계약을 체결하여 노출되어 있는 리스크가 서로 상쇄(offsetting)되도록 하되(리스크 분산효과), 상쇄되지 않는 리스크에 대해서만 별도의 헷징전략을 구사하게 된다. 스왑딜러들이 상쇄되지 않고 남아있는 가격리스크를 헷지하기 위해 가장 많이 사용하는 전략은 선물시장과 채권시장을 이용하는 것이다. 그 이유는 앞에서 설명한 바와 같이 스왑은 채권의 교환 혹은 선도계약 포트폴리오로 간주할 수 있기 때문이다.

실제로 미국달러화로 표시되는 스왑 중에서 만기가 긴 스왑의 경우, 유동성이 높고 환매채시장(repo market)에의 접근이 용이한 미국재무성채권들(T-bill, T-bond 등) 또는 이를 기초자산으로 하는 금리선물을 이용하여 헷지하는 것이 보편화되어 있다.

연습문제

01. A, B기업은 5년간 100만달러를 차입하려고 한다. 자본시장에서 두 기업이 차입가능한 조건은 다음 표와 같다. A기업은 변동금리차입을 원하며 B기업은 고정금리차입을 원한다면 두 기업이 스왑을 통해 절감할 수 있는 자본비용은 각 기업당 몇%인가?
단, 중개기관의 수수료는 0.3%라고 한다.

기업	고정금리	변동금리
A기업	5.0%	LIBOR + 0.5%
B기업	6.5%	LOBOR + 1.5%

① 0.1% ② 0.2%
③ 0.3% ④ 0.5%

02. 다음 스왑 중 내재옵션을 포함하고 있지 않은 것은?

① extendable swap ② puttable swap
③ equity swap ④ swaption

03. 다음 중 원금이 변형된 스왑이 아닌 것은?

① accreting swap ② amortising swap
③ rollercoaster swap ④ deferred swap

04. 다음 중 스왑이 사용되는 용도와 거리가 먼 것은?

① 금융 및 외환에 대한 규제회피 ② 신용리스크 회피
③ 금리 및 환율리스크 헷지 ④ 자본비용의 절감

05. 금리스왑의 가격결정과 관련된 다음 설명 중 옳지 않은 것은?

① 스왑이자율(swap rate)은 매도호가(offer rate)보다 일반적으로 높다.
② 금리스왑의 가격결정은 스왑계약에 의해 교환되는 현금흐름의 가치가 서로 같도록 하는 고정금리, 즉 균형스왑이자율을 구하는 것이다.
③ 금리선물계약은 일련의 선도금리계약의 포트폴리오로 볼 수 있다.
④ 금리선물의 가치는 고정금리채권과 변동금리채권의 차이로 계산할 수 있다.

06. 세종은행은 미국의 스왑은행과 원화 고정금리를 지급하고 달러화 고정금리를 수취하는 통화스왑 계약을 체결하였다. 이후 다른 조건은 일정하다고 가정하면, 금리와 환율이 어떻게 변할 때 세종은행의 입장에서 스왑의 가치가 극대화되는가?
단, ↓은 하락을, ↑은 상승을 의미한다.

① ↑원화금리, ↓달러화금리, ↑원/달러 환율
② ↑원화금리, ↑달러화금리, ↑원/달러 환율
③ ↑원화금리, ↓달러화금리, ↓원/달러 환율
④ ↓원화금리, ↑달러화금리, ↑원/달러 환율

07. 채권의 금리와 주가수익률을 교환하는 스왑을 무엇이라 하는가?

① basis swap
② stock index swap
③ bond portfolio swap
④ equity swap

08. ㈜고려는 스왑은행에 고정금리 6.0%를 지급하고 그 대가로 LIBOR금리를 수취하는 2년만기 금리스왑을 체결하였다. 계약체결 이후 LIBOR금리가 시장에서 상승하였다면, 다음 설명 중 옳지 않은 것은?

① ㈜고려의 스왑가치 증가
② 스왑이자율의 상승
③ 스왑은행 신용리스크의 증가
④ ㈜고려의 이익 증가

09. 금리스왑에서 스왑이자율(swap rate)은 다음 중 무엇을 의미하는가?

① 변동금리에 가산되는 스프레드(spread)
② 스왑거래에서 변동금리와 교환되는 고정금리
③ 스왑딜러에게 지불하는 스왑 수수료
④ 스왑거래에서 고정금리와 교환되는 변동금리

10. 다음 중 신용리스크의 상대적 크기를 가장 정확하게 표시하고 있는 것은?

① 선물계약 < 선도계약 = 스왑계약
② 선도계약 < 선물계약 < 스왑계약
③ 선물계약 < 스왑계약 < 선도계약
④ 선물계약 = 선도계약 < 스왑계약

Exercises

※ (11~13)

현재 ㈜서강과 ㈜한국은 자금을 차입하려고 하는데 시장에서 두 회사의 차입조건은 다음과 같다. 아래 질문에 답하라.

기업	고정금리	변동금리
㈜서강	5.0%	LIBOR+0.5%
㈜한국	6.5%	LIBOR+1.0%

11. 차입시장 금리조건에서 절대우위에 있는 기업은?

12. 차입시장에서 각 회사의 비교우위는 어느 금리에 있는가?

13. ㈜서강은 변동금리로 차입을 원하고 ㈜한국은 고정금리로 차입을 원하고 있으나, 각각 비교우위가 있는 방식으로 자금을 조달하고 금리스왑을 할 경우 두 회사가 절약하게 될 금리는 총 얼마인가? 단, 중개기관 없이 직접 두 기업이 스왑계약을 체결한다고 가정한다.

14. 세종기업은 LIBOR+2.0에 변동금리사채를 발행하고 금리스왑거래를 통해 지급이자를 고정하고자 한다. 현재 스왑딜러가 LIBOR금리에 대해 제시하고 있는 bid-offer스왑이자율이 4.0%-4.15%라 할 때, 세종기업이 최종적으로 부담해야 될 고정이자비용은 얼마인가?

※ (15~17)

KB은행은 고정금리로 미국달러화의 차입을 원하고, HANA은행은 변동금리로 영국 파운드화의 차입을 원하고 있다. 두 은행이 차입하려는 금액은 현재 환율로 환산했을 때 같은 금액이라 한다. KB와 HANA가 시장에서 차입할 수 있는 조건이 다음과 같을 때 두 은행은 통화스왑을 통해 조달비용을 절약할 수 있다.

은행	달러($)	파운드(£)
KB	5.0%	LIBOR+0.5%
HANA	6.0%	LIBOR+2.5%

15. 두 은행은 각각 어느 차입방법에 비교우위가 있는가?

16. 스왑의 중개를 담당한 금융기관이 0.4%의 수수료를 갖게 될 경우, 두 은행이 스왑을 통해 절약되는 조달비용을 공평하게 나누어 가질 수 있도록 스왑계약을 설계하고 그림으로 표시하라.

17. 이러한 통화스왑 결과 두 은행이 부담하게 될 금리는 각각 얼마인가?

※ (18~20)
㈜백두는 2011년 1월 1일에 1,000억원을 5년만기, 고정금리 13.5%의 조건으로 한라은행으로부터 차입하였다. 2013년 1월 1일 현재 ㈜백두의 재무담당자는 서강은행으로부터 변동금리로 이 채무를 스왑해 주겠다는 제의를 받았다. 1년만기, 2년 만기, 3년 만기 현물이자율은 각각 10%, 12%, 13%이다. 단, 이자율의 기간구조는 순수기대이론이 성립하며 시장참가자들은 위험중립적이라 한다. 그리고 이자는 매년 말에 1회 지급하고 이자계산은 이산복리로 한다고 가정한다.

18. ㈜백두의 입장에서 스왑거래의 가치를 채권가격을 이용하여 계산하라.

19. ㈜백두의 입장에서 스왑거래의 가치를 선도금리계약을 이용하여 계산하라.

20. 스왑거래의 대가로 서강은행은 수수료 10억원을 요구하고 있다. 이 제의를 받아들일 것인지 결정하라.

연습문제 정답 및 해설

01. ❶

기업	고정금리	변동금리
A기업	5.0%	LIBOR+0.5%
B기업	6.5%	LOBOR+1.5%
A-B	-1.5(a)	-1.0(b)

위의 표로부터, 총 절감금리 = |a-b| = |-1.5-(-1.0)| = 0.5%.
그런데 중개기관 수수료가 0.3%이므로 총 순절감금리 = 0.5-0.3 = 0.2%.
따라서, 한 기업당 순절감은 0.2%/2 = 0.1%.

02. ❸

03. ❹
deferred swap(이연스왑)은 원금변형스왑이 아니고 기간조정스왑이다.

04. ❷
스왑은 장외시장에서 거래되는 사적계약이기 때문에 스왑의 사용은 불가피하게 신용리스크를 유발한다. 따라서 신용리스크를 회피하려면 스왑보다는 거래소에서 거래되는 선물이나 옵션 같은 파생상품을 거래해야 한다.

> * 참조 : 스왑의 주요 용도
>
> 1) 자본비용을 절감하는 수단
> 2) 금리, 환율, 주가 등의 변동에서 오는 리스크를 헷지하는 수단
> 3) 부채나 자산의 성격을 전환시키는 수단
> 4) 규제회피 수단
> 5) 기타: 국제금융시장에서의 차익거래, 새로운 금융상품 등의 개발 등

05. ❶
스왑이자율(swap rate)은 매입호가(bid rate)와 매도호가(offer rate)의 산술평균이고, 매도호가가 매입호가보다 커야 하므로 다음의 관계식이 성립한다.
매입호가 < 스왑이자율 < 매도호가.

06. ❶

세종은행은 원화 고정금리를 지급하고 달러화 고정금리를 수취하므로, 시장에서 원화고정금리가 상승하거나 달러화 고정금리가 하락하면, 스왑조건이 시장보다 상대적으로 더 유리해진다. 또한 원화/달러환율이 시장에서 상승하면 원화가치가 상대적으로 하락하므로 스왑조건이 시장보다 더 유리해진다. 따라서, 시장에서 다음과 같이 변동하면 세종은행 입장에서의 스왑가치는 증가한다. 즉, ↑원화금리, ↓달러화금리, ↑원/달러 환율.

07. ❹

08. ❸

㈜고려의 경우 스왑에서 고정을 지급하고 LIBOR를 수취한다는 것은 최종적으로 고정을 지급하는 채무를 갖게 된다. 따라서, 시장에서 LIBOR금리가 상승해도 고정금리에 아무런 영향을 받지 않으므로 상대적으로 이익이 되며 스왑가치도 (+)로 커지게 된다. 반면, 스왑은행의 스왑가치는 (-)로 작아지게 되므로 ㈜고려와 관련해서는 스왑은행의 신용리스크가 없어진다. 또한 시장에서 LIBOR의 증가는 스왑이자율의 상승을 가져온다.

09. ❷

스왑이자율(swap rate)이란 스왑거래에서 변동금리와 교환되는 고정금리로서 매입호가와 매도호가의 평균이다. 또한 스왑거래에서 딜러에 대한 수수료는 매도호가와 매입호가의 차이이다.

10. ❸

선도는 만기일에 결제가 한 번 이루어지므로 한 번의 집중된 신용리스크에 노출되지만, 스왑은 교환(결제)이 여러 번 이루어지므로 신용리스크가 분산되는 효과가 있다. 따라서 스왑과 선도의 만기가 동일하다면, 스왑의 신용리스크가 선도의 신용리스크보다 작다고 할 수 있다. 그러나, 선물의 경우에는 일일정산제도가 있어 스왑보다도 결제가 더 자주 있고 리스크도 더 많이 분산되어 신용리스크가 극히 작기 때문에 스왑의 신용리스크가 선물의 신용리스크보다는 크다. 결론적으로 스왑의 신용리스크는 선물보다는 크고 선도보다는 작다고 할 수 있다.

11. ㈜서강은 고정금리와 변동금리 모두에서 우위에 있으므로 ㈜서강이 절대우위에 있다.

12. 비교우위를 확인하기 위해 다음과 같은 표를 작성해 보자.

기업	고정금리	변동금리
㈜서강	5.0%	LIBOR+0.5%
㈜한국	6.5%	LIBOR+1.0%
서강-한국	-1.5%(a)	-0.5%(b)

표에서 보는 바와 같이 ㈜서강은 고정금리에서 비교우위에 있고, ㈜한국은 변동금리에서 비교우위에 있다.

13. ㈜서강은 변동금리로 차입을 원하고 ㈜한국은 고정금리로 차입을 원하고 있으나, 각각 비교우위가 있는 곳은 고정금리와 변동금리이므로 비교우위가 있는 금리로 자금을 차입한 후 금리스왑을 하면, 두 회사가 절감하게 될 금리는 다음과 같다.

총 절감금리 = |a-b|=|-1.5-(-0.5)|=1.0%.

참고로 두 회사는 각각 1.0%/2 = 0.5%씩의 자본비용절감효과를 보게 된다.

14. 변동금리채무를 고정금리채무로 전환하기 위해 금리스왑을 이용할 수 있다.

이 경우 세종기업은 고정금리를 지급하고 변동금리를 수취하는 스왑을 해야 한다.

역으로, 중개기관입장에서는 변동금리(LIBOR)를 지급(매도)하고 고정금리를 수취하는 스왑이므로 금융기관입장에서는 '매도(offer)'스왑이자율을 적용하게 된다. 그런데 매도 스왑이자율이 4.15%이므로, 세종기업의 순지불(net payment)은 다음과 같다.

⇒ 세종기업의 순지불 = 지불금리 - 수취금리 = [(LIBOR + 2.0) + 4.15] - LIBOR = 6.15%.

15. 다음 표를 통해 비교우위를 분석해 보자.

은행	달러($)	파운드(£)
KB	5.0%	LIBOR+0.5%
HANA	6.0%	LIBOR+2.5%
KB-HANA	-1.0(a)	-2.0(b)

표에서 보듯이 KB는 파운드화 변동금리에서, HANA는 달러화 고정금리에서 각각 비교우위를 가진다.

16. 15번문제의 결과로부터, KB는 달러화 고정을 원하는데 파운드 변동에 비교우위에 있고, 반면 HANA는 파운드 변동을 원하는데 달러화 고정에 비교우위가 있으므로 통화스왑을 통해 두 은행은 자본조달비용을 절감할 수 있다.

즉, KB는 비교우위에 있는 파운드 변동으로 시장에서 자금을 차입하고, HANA는 비교우위에 있는 달러 고정으로 시장에서 자금을 차입한 후, 두 기업이 다음 그림과 같은 통화스왑을 통해 자본조달비용을 절감할 수 있다.

그림에서 L = LIBOR, r = 달러화 고정금리라 하고, 두 은행의 순지불을 구해보자.

KB의 순지불 = [(L+O.5) + (r+0.4)] - L = r + 0.9

HANA의 순지불 = (6 + L) - r = L - r + 6

그런데, KB가 시장에서 고정금리 5%로 차입가능하므로,

KB의 자본비용절감 = 5 - 순지불 = 5 - (r + 0.9). (식1)

마찬가지로, HANA는 시장에서 (L+2.5%)로 차입가능하므로,

HANA의 자본비용절감 = (L+2.5%) - 순지불 = (L+2.5%) - (L - r + 6) = r - 3.5 (식2)
두 은행의 자본비용절감액이 같아야 공평하므로,
(식1) = (식2) 이어야 한다.
⇒ 5 - (r + 0.9) = r - 3.5
⇒ r = 3.8%
따라서, 매도스왑률 = r + 0.4 = 4.2%, 매입스왑률 = r = 3.8%로 하여, 위의 그림과 같이 스왑을 설계하면 두 은행이 원하는 공평한 차입거래를 할 수 있다.

> * 참조: 스왑설계의 다양성
>
> 여기서의 설계는 금융기관이 두 은행에 주고 받는 변동금리를 Pound LIBOR로 고정했을 때의 예이다. 만일 (LIBOR + x)로 하면 또 다른 스왑을 설계할 수 있다. 즉, 스왑설계는 스왑률을 다양하게 설계할 수 있으므로 단 하나의 스왑거래방법만 있는 것은 아니다.

17. 16번 문제에서 총 자본비용절감 = |a-b|=|-1.0-(-2.0)|=1.0%.
중개기관의 수수료 0.4%을 고려하면 두 은행의 순절감 = 1.0 - 0.4 = 0.6%.
두 은행이 부담하는 금리는 다음과 같다. (r = US$ 고정금리 = 3.8%)
KB의 순지불 고정금리 = r + 0.9 = US$ 4.7% (0.3% 절감효과)
HANA의 순지불 변동금리 = L - r + 6 = Pound LIBOR + 2.2% (0.3% 절감효과).

18. 채권가격을 이용하여 스왑가치를 평가하기 위해 다음과 같은 표를 작성해 보자. 단, 2011년 1월 1일에 5년만기로 차입했는데 지금은 2013년 1월 1일이므로 남은 만기는 3년이다. 즉, 스왑의 만기는 3년이고, ㈜백두는 고정금리를 변동금리로 전환해야 하므로 서강은행과 고정금리를 수취하고(즉, 고정금리채권 매입), 변동금리채권을 지급하는(즉, 변동금리채권 매도) 스왑계약을 체결하면 된다.

채권을 이용한 금리스왑 평가

t(년)	고정금리채권 현금흐름 (A)	변동금리채권 현금흐름 (B)	할인요소 (C)	고정금리채권 현금흐름현재가치 (A*C)	변동금리채권 현금흐름현재가치 (B*C)
1	$135	$1,100	0.9091	$122.73	$1,000.01
2	$135		0.7972	$107.62	
3	$1,135		0.6931	$786.67	
합계				$1,017.05	$1,000.01

(금액단위 : 억원)

위의 표에서, 할인요소(discount factor)는 이산복리이므로 $1/(1+r)^t$를 의미하며(r=각 기간 현물이자율), 변동금리채권의 현금흐름은 (식18-17)로부터 k=L×변동금리(=현재현물금리)=$1000억원×10%=$100억원이므로, L+k = $1,000+$100 = $1,100억원. 그리고, 고정금리채권의 가격은 $1,017.05억원, 변동금리채권의 가격은 $1,000.01억원임을 알 수 있다. 따라서, 스왑의 가치는 (식18-

14)로부터 변동금리지급자이므로,

V_{swap}(변동금리 지급자 = ㈜백두) = $+B_F - B_V$ = \$1,017.05 - \$1,000.01 = \$17.04억원

19. 선도금리계약을 이용하기 위해서는 선도금리를 알아야 한다.
그런데 순수기대가설(pure expectation hypothesis)에 의하면, 장기채권의 수익률은 미래에 예상되는 단기수익률들의 기대평균과 같다. 즉, 이에 따르면, 이산복리의 경우 선도이자율을 다음 공식으로 계산할 수 있다. 단, $f_{m,n}$은 기간 m부터 n까지 적용되는 선도이자율, r_m은 m시점 현물이자율이다.

$$f_{m,n} = \left[\frac{(1+r_n)^n}{(1+r_m)^m}\right]^{n-m} - 1$$

이 식을 적용하면, $f_{0,1} = r_1 = 10\%$, $f_{1,2} = 14.03\%$, $f_{2,3} = 15.02\%$를 쉽게 구할 수 있다.
이제 순현금흐름을 정리하면 다음 표와 같다.

선도금리계약을 이용한 금리스왑 평가

t(년)	고정금리채권 현금흐름 (A)	변동금리채권 현금흐름 B=L * $f_{m,n}$)	순현금흐름 (B-A)	할인요소 (C)	순현금흐름 현재가치 [(B-A) * C]
1	+\$135	-\$100.0	+\$35	0.9091	+\$31.81
2	+\$135	-\$140.3	-\$5.3	0.7972	-\$4.23
3	+\$135	-\$150.2	-\$15.2	0.6931	-\$10.54
합계					+\$17.04

(금액단위: 억원)

위의 표에서, 구한 최종 금리스왑의 가치는 +\$17.04억원인데 이는 18번문제에서 채권가격을 이용하여 구한 가치와 동일하다. 즉,
V_{swap}(변동금리 지급자 = ㈜백두) = +\$17.04억원.

20. ㈜백두의 입장에서 스왑의 가치가 약 17억원인데 서강은행이 수수료를 10억원 요구하므로 수수료를 공제하더라도 약 7억원의 순이익이 발생하다. 즉,
㈜ 백두의 NPV = 17.04억원 - 10억원 = 7.04억원 > 0.
따라서, ㈜백두는 서강은행의 스왑제안을 받아들여야 한다.

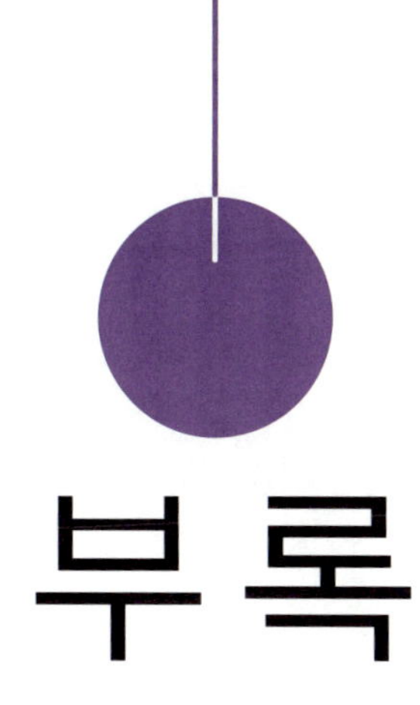

부록

[부록 1] 미국의 파생상품 관련규정

[부록 2] 한국의 파생상품시장 업무규정

[부록 3] 주요 용어

[부록 4] 표준정규분포표

부록 1

미국의 파생상품 관련규정

1. 선물거래 관련규정 개요

선물시장(futures market)의 가장 큰 특징은 엄격한 회원제를 바탕으로 합리적이고 과학적인 절차를 가지고 운영된다는 점이다. 이를 유지하기 위한 각종규제와 감독 방법이 계속 발전되어 왔는데, 먼저 거래관련 규정을 살펴 보도록 한다.

선물시장의 거래 관련규정은 시장의 건전한 육성과 선의의 투자자를 보호하기 위해 존재한다. 과잉투자, 가격조작, 유언비어 유포, 담합거래 등의 불법거래로 인한 선물시장의 건전성저해를 방지하고, 시장정보의 효율적인 공표, 시장의 효율성 제고, 시장질서의 유지 등을 위하여 각종 규제 사항 및 규정이 제정되어 운영되고 있다. 또한 투자자를 보호하기 위해 사기 행위 방지, 불법거래 단속, 고객 예치금의 보호, 거래기록의 유지 등을 규정하고 있다.

선물시장은 다음과 같이 3단계로 규제되고 있다.

① 선물거래소와 청산소의 자율규제
② 선물협회(NFA)의 자율규제
③ 상품선물거래위원회(CFTC)의 정부규제

선물거래소와 청산소 그리고 전국선물협회의 규제는 공정한 선물거래가 이루어지고 정부의 규제에 앞서 자율적으로 규제하는 기능을 갖는다. 그리고 CFTC의 정부규제는 선물거래가 경제적 목적에 부합하도록 정부가 궁극적으로 보증하는 기능을 갖는다.

선물시장의 선물거래 관련규정은 선물시장 환경 변화와 그와 관련한 시장참여자들의 문제점을 해소하기 위하여 개정되어 왔다. 이러한 개정의 초점은 대체적으로 주법(state law)과 연방법(federal law)에 근거 주변환경변화에 따른 대안책과 선물거래소, 회원(member), 회원사(member firm) 그리고 기타 선물시장 관련 종사자들의 선물거래소와 관련된 행위를 규제하는데 있었다. 특히 1970년대에 이르러 미국 경제는 급변하기 시작하였다. 통화량의 증가에 따른 높은 인플레이션과 외환시장에서 미 달러의 약세현상이 두드러졌다. 또한 농산물 가격을 포함한 상품시장 가격은 보다 심한 폭등세를 보였다. 선물시장에서는 심한 가격변화에 따라 원당, 원목, 코코아, 금, 은, 동을 포함한 금속(metal)시장의 거래량이 급격히 증가하고 새로운 채권, 외환 등의 금융 선물상품이 등장하였다.

급변하는 시장 상황에 기존의 상품거래법(Commodity Exchange Act)으로는 대처하는 것이 한계가 있게 되자 1974년 미 상원은 상품선물거래위원회법(Commodity Futures Trading Commission Act)를 제정하였고, 1975년 동법에 의해 상품선물거래위원회(Commodity Futures Trading Commission)가 설립되어 독립된 연방규제기관으로 운영되어 오고 있다. 1848년 CBOT가 설립된 이후 1975년 CFTC가 설립되기 전까지는 주로 선물 거래소와 청산소가 중심이 되어 자율적으로 규제되어 왔던 반면에, CFTC가 설립된 1975년 이후에는 정부가 선물시장 규제에 깊이 관여하게 되었다.

2. 상품거래위원회(CFTC) 관련규정

1) CFTC 의 조직

CFTC는 1974년 미 상원에 의해 입법된 상품선물거래위원회법(Commodity Futures Trading Commission Act)에 의해 설립된 선물 및 선물옵션에 관한 배타적 규제 권한을 가진 독립 기관이다. CFTC는 종전의 미국 농무성 산하의 CEA(Commodity Exchange Authority)를 대신하여 1975년 4월 21일부터 운영되어 오고 있다.

CFTC는 5명의 위원으로 구성되어 있다. 대통령이 상원의 동의를 얻어 1명의 위원장(chairman)과 4명의 위원(commissioner)을 선정하고 이들의 임기는 5년이다. 주사무소(headquarter)는 워싱턴 D.C.에 두며 뉴욕, 시카고에 지역 사무소(regional office)가 있고, 캔사스 시티, 미니애폴리스, 로스 엔젤레스에 분사무소(small office)가 있다.

CFTC는 매 4년마다 상원의 재인가를 얻어야 하며, 만약 재인가를 얻지 못하는 경우 해체되는 일몰규정(sunset provision)이 적용된다. 이러한 재인가정책(renewal policy)을 도입한 배경은 재인가 시마다 선물시장의 변화에 따라 시장상황에 맞는 효율적인 운영과 효과적인 업무수행을 도모하기 위함이다.

2) CFTC 규제의 목적

CFTC 규제의 목적은 기본적으로 선물시장의 경제적 기능(economic function)을 효과적으로 달성하며 고객을 보호하고 선물시장의 효율적이고 공정한 거래질서를 확립하는데 있다. 이에 CFTC는 다음과 같은 제 목적을 설정하고 있다.

- 사기 및 부정행위의 금지
- 가격 조작행위 및 그의 시도 금지
- 과도한 투기행위의 금지
- 매점매석행위 및 그의 시도 금지
- 허위정보의 유포 금지
- 불법거래 금지
- 고객예치금의 보호
- 선물중개회사에 대한 최소자본금 요건의 적용

3) CFTC 의 주요기능

미국내의 모든 선물거래는 CFTC가 전적으로 관할하며 선물거래소 운영에 관한 주요 규제 사항은 아래와 같다.

- 선물거래소의 설립 및 선물계약 상품의 계약조건(contract terms) 인가한다.
- 선물거래소로 하여금 거래행위에 관한 규정(trading rules)의 설정 변경 및 추가를 승인하며 징계절차(disciplinary procedures)를 설정케 한다.

- 거래소 회원권과 고객불평에 관한 검토를 한다.
- 모든 거래소는 CFTC의 규정을 준수하며 가격조작 행위를 방지한다.
- 거래소는 선물거래에 관한 기록(market data)을 보관하고 공식적으로 보관한다.
- CFTC와 거래소는 선물거래 참여자의 거래활동을 규제하기 위하여 거래량 보고 수준(reporting level)과 포지션 한도(position limit)를 설정하고 이를 감시한다.

거래량 보고수준(reporting level): CFTC는 해당 거래소와 함께 어느 특정 상품의 선물 및 선물옵션 거래와 관련하여 보고하여야 할 거래자들의 보유 수준을 설정하여 놓고 있다. 이 수준을 거래량 보고수준이라 하며 이는 거래자가 보고하여야 할 보유 계약수의 초과계약 수이다. 즉 보고수준이 50계약일 경우 50계약 이상을 보유한 거래자는 이를 CFTC에 보고해야 한다.

포지션한도(position limit): 포지션한도는 CFTC나 거래소가 정한 보유 계약수의 절대적 최대치이다. CFTC와 해당 선물거래소는 어느 특정 선물상품과 선물옵션 거래에 관하여 고객이 보유할 수 있는 최대한의 계약수(position limit)를 설정한다. 이는 해당 거래소에 따라 총 거래량 (total position), 순 거래량(net position) 또는 월별로 설정되기도 한다. 포지션한도에 도달하거나 이를 초과한 경우 일일 보고의무를 통해 엄중한 감시를 받는다. 포지션한도의 설정 목적은 지나친 투기거래(speculation)와 가격 조작 가능성을 방지하기 위함이며, 투기자(speculator)와 스프레더(spreader)에게 적용되나 헷저는 적용 대상에서 제외된다.

4) 시장 참여자에 대한 규제

CFTC는 선물거래에 영향을 주는 모든 선물시장의 참여자에 대하여 규제하며, 규제의 주목적은 앞서 명시된 CFTC의 설립목적에 근거하여 바람직하지 않은 행위를 선물 및 선물옵션시장으로부터 추방하기 위함이다. CFTC는 해당 분야의 선물 중개인(market professionals)으로 하여금 CFTC 또는 NFA에 등록하도록 함으로써 이 목적을 달성하도록 하고 있다.

해당 선물중개인으로서의 등록과정은 신청자의 지문채취와 함께 신청자에 관한 광범위한 사업배경 및 경력에 관한 정보를 제공하여야 함을 원칙으로 한다. CFTC는 선물시장의 중개인(market professionals) 모두를 관할하며, 이들의 자격요건을 설정하고 요건에 따른 등록을 요구한다. CFTC에 등록을 하는 중개인은 반드시 NFA에 회원으로서 등록하도록 규정되어 있다. NFA의 등록은 CFTC의 등록과는 별도로 요구된다.

FCM, IB, CTA, CPO가 CFTC에 등록이 요구되는 것처럼 그에 종사하는 종업원도 CFTC에 등록이 요구된다. FCM와 IB는 매년 재등록이 요구되며 AP는 매 2년마다 재등록 해야하나, AP는 동시에 2개 이상의 FCM이나 IB에 등록할 수 없다. 그러나 AP가 다른 FCM으로 옮길 경우 그의 등록기한이 만기가 되지 않거나 등록에 따른 모든 구비서류 여건상에 하자가 없는 한 다시 공인선물중개사시험(NCFE)에 응시할 필요는 없다. 또한 CTA나 CPO의 AP는 만약 일임매매구좌 관련 자금 및 유가증권 또는 기타 투자관련 자산을 유치하는 경우, 혹은 그와 관련된 업무에 종사하는 자를 감독하는 경우 CFTC에 등록하여야 한다. 등록이 요구되는 선물시장의 참여자 6개 부문(Floor Broker, FCM, IB, AP, CPO 그리고 CTA)에 대한 규제사항은 뒤에서 설명하기로 한다.

5) CFTC 의 법적 조치

CFTC의 법적인 권한은 대부분의 다른 미 연방기구와 비슷하다. CFTC는 관할 범위, 선물 및 선물옵션의 범위 내에서 CFTC 규정위반이 있다고 믿어 질 때는 그 자체의 권한에 의하여 그에 따른 법적 조치(legal remedies)를 취할 수 있으며, 필요하다고 인정되면 그 자체의 재량에 의하여 추가로 긴급명령(emergency power)을 발동할 수 있다.

선물시장 참여자가 CFTC의 규제 조항을 위반하였을 경우 CFTC는 다음과 같은 제재 수단의 전부 또는 일부를 적용할 수 있다.

(1) 미 법무성(The U.S. Department of Justice)에 형사상 고발

형사소송을 필요로 하는 사안 발생시 미 법무성에 형사상 고발을 한다. 형사소송의 판결 결과 경범죄에 관하여는 최대 징역 1년의 벌이 가하여 질 수 있으며. 중죄의 경우 벌금은 $500,000 이하 또는 5년 이하의 징역에 처해 질 수 있다.

(2) 손해 배상 절차의 주선

CFTC는 시장참여자에 의하여 미 연방 상품거래법에 근거 손해 배상 청구 소송이 제기되면 이에 관한 배상 절차를 주선한다. 이 소송은 선물거래 전문판사(administrative law judge)에 의하여 취급되며, 이 손해배상 절차는 소송 금액과 관련하여 소송 관련자들간의 의견일치에 따라서 유연성 있게 처리된다.

(3) 소송사건과 관련하여 선물거래 전문판사(administrative law judge) 담당의 소송(administrative proceeding) 의 주선

(4) 선물거래와 관련하여 불합리한 행위에 대한 중지명령을 내리거나 CFTC의 규정을 준수하도록 하는 명령서 등의 발부

CFTC는 모든 선물거래소로 하여금 고객의 불평처리를 위한 자체 중재위원회(Arbitration Committee)을 구성하도록 하고 있다. 이 규정에 따라 각 선물 거래소는 그 자체의 선물거래소에서 발생되는 U$15,000이하의 분쟁금액에 관하여는 각 선물거래소의 중재위원회에서 처리하도록 하고 있으며, 중재위원회가 처리할 수 있는 금액의 한도는 선물거래소 특성에 따라 설정할 수 있도록 하고 있다. CBOT의 경우는 U$50,000까지 거래소 자체의 중재위원회에서 처리한다.

3. 선물협회(NFA) 관련규정

선물협회(The National Futures Association)는 상품거래법 제17조에 근거 1981년 9월 22일 공식적으로 CFTC에 등록된 유일한 선물거래협회이다. 이 협회는 CFTC에 의하여 규제되는 선물업계를 보조하고 선물업계에 의하여 유지되는 자율적 단체(self-regulatory organization)이다. NFA의 감독기관은 CFTC이며. 거래소회원과 비회원을 포함한 FCM, 그리고 그와 관련된 AP, CTA 및 CPO의 선물중개인들은 NFA에 회원등록을 하여야 한다. NFA는 현재 유일하게 존재하는 선물 중개인의 회원등록 단체이다.

1) NFA 의 설립목적

NFA 설립의 기본 목적은 회원을 통한 규제와 CFTC의 과중한 업무를 경감시키기 위하여 선물업 관련 사업환경 조성과 선물업 종사자의 공공 이해관계의 향상을 촉진하는데 있다. 이러한 목적을 달성하기 위하여 NFA는 CFTC에 의하여 주어진 다음과 같은 사항들을 관할하고 있다.

- 공공의 이익을 보호하기 위한 윤리 규범과 고객 보호 원칙의 집행
- FCM과 IB의 재정요건 및 일반규정 준수 여부의 감독
- 선물 및 선물옵션거래와 관련 분쟁에 관한 중재수단의 제공
- NFA회원의 적격심사
- NFA회원의 자질향상을 위한 교육 및 현장실습과 관련된 기준들을 채택, 개발하고 관장
- NFA회원의 제반 사업 관련한 기준의 채택, 집행 및 감독
- NFA 이름 하에 소송제기 및 응소
- NFA회원간의 거래 및 상호관계에 관한 필요 사항들을 채택하고 관장. 이에는 거래 권유의 내용, 업무처리 형태 및 방식, 고객의 주문, 거래계정과 관련한 업무처리, 기록을 취급하는 양식 등이 포함됨.

2) NFA 주요규정

선물거래협회(NFA)는 주어진 목적을 달성하기 위하여 일련의 규정조항을 설정하고 있다. 주요 규정 조항은 아래와 같다.

(1) 회원의 금지사항(규정 22)

NFA에 등록한 회원은 다음과 같은 행위 또는 그의 시도가 금지된다.

- 협잡, 사기, 횡령행위와 그와 같은 행위의 시도
- 불법중개(bucket shop; 선물중개업체가 선물을 대량 매입하여 공개호가에 의한 가격 이외의 가격으로 고객에게 매도하는 행위) 등의 불법거래 행위
- 선물거래와 관련한 고의의 허위 보고 행위
- 선물가격에 영향을 미치는 거짓 정보의 유포행위
- 시장가격 조작행위 및 조작참여 행위
- NFA에 허위보고 행위
- 거래가 금지된 자, 또는 비회원과의 거래행위
- 고객의 자금 및 유가증권에 대한 횡령, 절도 및 고의 사기 등의 행위

(2) 이익의 분배(규정 23)

회원 및 준회원(AP)는 사전 서면 허가를 얻은 경우 고객과 이익 및 손실을 분배할 수 있다.

(3) 공정거래 원칙(규정 24)

회원 및 AP는 그들의 선물거래업을 수행함에 있어 높은 상업적 신용을 유지하고 공정하고 정당한 거래원칙을 준수하여야 한다.

(4) 협회의 조사 및 소송에의 협조(규정 25)

NFA회원은 NFA규정에 근거 실시되는 어떠한 NFA의 조사, 질의, 감사 및 소송에 대해서도 즉시 그리고 충분하게 협조하여야 한다.

(5) 징계중인 회원(규정 26)

NFA회원(또는 AP)으로서 징계중인 자는 징계기간 동안 회원으로서 자격을 유지할 수 없으며 NFA회원은 NFA의 지역위원회(Regional Committee)나 소청위원회(Appeals Committee)의 허락을 득하지 않는 한 징계중인 회원(또는 AP)과 거래에 임할 수 없다.

(6) 일임매매계정(규정 28)

일임매매 계정은 고객으로부터 위임장(power of attorney)을 통한 서면허가로 이루어진다. 회원이나 AP는 고객이 위임장에 해당 선물상품의 상품명, 연도, 인수도월, 계약수(거래량), 매도 및 매입의 거래행위 등을 명시하지 않는 한 임의로 선물거래에 임할 수 없다.

일임매매계정에 대한 거래는 거래가 종료된 날 최종 영업시간까지 동업자(partner), 책임자(officer). 관리자(director) 또는 FCM/IB의 감독자(supervisor)에 의하여 검토되어야 한다. 즉 일임매매계정은 끊임없는 감독이 요구된다. 계정관리인(AE: account executive)의 일임매매 계정을 통한 거래는 일임매매계정 관리 이전에 계정관리인의 고용주(개인회원 또는 FCM)로부터 서면 승인이 있어야 한다.

어느 회원이나 IB도 최소 2년 이상 등록된 AP로서 활동을 하지 않은 AP에게는 고객의 선물거래와 관련하여 일임매매계정을 담당할 자격을 부여할 수 없다. 고객의 계좌를 제 3자가 관리한다면 회원인 FCM이나 IB는 계좌 소유주로부터 서명된 위임장, 또는 승낙서 사본과 위험 공시조항에 관한 확인 서명을 입수하여야 한다. 이 규정은 계좌를 관리하는 사람이 계좌 소유자의 가족중의 한 사람이라면 적용되지 않는다.

(7) 감독(규정 29)

회원은 그들의 선물거래 영업행위를 수행함에 있어 그의 피고용인과 대리인을 감독할 책임이 있다.

(8) 기록의 보관 (규정 210)

회원은 장부와 모든 기록을 유지 · 보관해야 하고, 그러한 기록 등을 일반에 공개하려면 사전에 NFA의 인가를 받아야 한다.

(9) 총괄계정(규정 212)

회원은 모든 총괄계정(omnibus accounts)의 완전한 명단을 NFA에 보고해야 하고, 그 내용은 계좌의 성명, 주소, 계좌의 형태(규제 대상 또는 비규제 대상) 등을 포함한다.

(10) CPO/CTA규정(규정 213)

CPO나 CTA의 공시, 보고, 기록의 보관, 광고 등과 관련한 CFTC의 규정을 위반한 NFA 회원은 NFA 규정을 위반한 것으로 간주한다. NFA회원은 관련서류를 CFTC에 제출할 경우 제출일까지 1부의 사본을 NFA의 시카고 사무실에 제출하여야 한다.

(11) 옵션 거래절차(규정 215)

선물옵션거래에 관하여 FCM은 다음과 같이 옵션거래에 관한 절차를 서면으로 채택하고 시행하여야 한다.

- 선물옵션거래의 감독절차
- 권리행사 통보의 할당
- 깊은 외가격(deep out-of-the-money) 옵션의 매도행위 감시

(12) 옵션판촉(규정 216)

회원 또는 AP는 고객으로부터 선물거래를 유치하기 위하여 사기성이 있는 또는 강매성이 있는 표현을 사용하여서는 안 된다.

(13) 옵션프리미엄의 지급(규정 217)

FCM은 각 선물거래소에서 지정한 시간 내에 옵션 프리미엄(option premium)의 전액을

받아야 한다.

(14) 옵션거래시 고객의 불평처리(규정 218)

옵션거래 시 발생되는 고객과의 구두 또는 서면 분쟁의 경우 이의 처리결과 $1.000 또는 그 이상의 금액이 조정(조정예상)될 때는 FCM 또는 IB는 다음의 조치를 취하여야 한다.

- 서면 또는 구두의 모든 분쟁을 기록
- 불평사항, 해당 AP의 성명, 문제점의 개요, 분쟁에 대하여 취해진 조치를 기록
- 분쟁기록의 사본과 처리내용을 각 1부씩 NFA에 즉시 송부

(15) 옵션거래에 관한 공시사항과 기타 준수사항(규정 219)

FCM 또는 IB는 NFA규정 이외의 다른 규제기관에 의해 가해진 모든 징계행위에 관하여 NFA에 통보해야 한다.또한, FCM 또는 IB는 고객의 옵션거래와 관련하여 선물거래와는 별도로 위험 공시사항을 교부하고 서명과 날짜가 기입된 고객의 확인서를 접수하여야 한다.

뿐만 아니라 FCM과 IB는 NFA의 검토를 위하여 그들이 사용하는 모든 광고물을 즉시 제출해야 한다.

(16) 옵션거래의 일임매매계정(규정 220)

옵션거래와 관련하여 일임매매계정을 개설한 FCM과 IB는

- 고객에게 일임매매와 관련해서 사용되는 거래전략의 본질과 내포된 위험을 설명하고,
- 거래를 실행하기 전에 감독자로 하여금 서면허가를 득하며,
- 주문시 감독자의 머리글자(initial)에 의한 서명과 주문 날짜 등을 명시하게 하며,
- 모든 일임매매 계좌를 자주 감독한다.

(17) NFA에 제출해야 할 옵션관련 서류(규정 221)

FCM은 적어도 옵션 최초거래일 10일 전에 FCM의 옵션거래와 관련하여 NFA에 옵션거래계약서(option customer account agreement), 옵션공시사항(option disclosure statements), 광고물(promotional material)과 (규정 215)에 명시된 서면으로 작성된 옵션거래절차(written option procedures)를 제출하여야 한다.

(18) 금지된 표현(규정 222)

어느 회원도 그들이 회원이라는 사실 외에 NFA에 의해서 후원, 추천 또는 인가 받았다는

표현 또는 암시를 하여서는 안 된다.

(19) IB를 보증한 FCM의 책임(규정 223)

FCM은 FCM이 보증한 IB의 행위와 부주의에 관하여 NFA규정 위반 시 그에 대한 연대 또는 단독 책임이 있다.

(20) 고객계정의 이관(규정 227)

고객으로부터 서면요청에 의하여 계정이관(transfer of customer account) 또는 자금이체를 의뢰 받은 선물중개회사(carrying member)는 영업일 이틀 이내에 혹은 정당한 사유 존재 시 허락되어지는 그 이상의 기간 이내에 고객이 원하는 새로운 선물중개회사(receiving member)에게 고객의 선물거래 관련 해당 계좌의 미청산거래량과 모든 잔액을 통보한다. 자금이체는 고객으로부터 통지 후 영업일 사흘 이내에 이체를 마쳐야 한다.

(21) 광고 및 홍보물(규정 229)

어느 회원도 다음의 내용이 담긴 홍보물을 사용해서는 안 된다.

- 대중을 기만하거나 사기 및 기만 가능성이 있는 내용
- 강압적 방법(high pressure approach)이 담긴 내용
- 모든 사람에게 선물거래가 적합하다는 내용
- 오도를 할 수 있는 내용이나 오도할 수 있도록 내용을 생략하는 경우
- 손실위험을 나타내지 않고 이익 가능성만을 표현하는 내용
- 과거의 거래이익이 미래의 이익을 대변하지 않는다는 표현없이 과거 거래이익만을 언급하는 내용
- NFA에 광고내용이 모든 계좌에 적용된다고 증명할 수 없으면서 과거 선물거래 실적만을 단순히 사용하는 행위
- 광고내용이 의견이라는 것을 명백히 표현하지 않는 내용

(22) 고객정보 및 위험공시(규정 230)(고객정보숙지규칙)

각 회원과 AP는 선물거래 고객에 관한 정보를 입수·보유하여야 하며, 그러한 고객에게 선물거래에 따른 위험공시 사항을 교부해야 한다. 입수하여야 할 고객에 대한 정보는 다음과 같다.

- 고객의 실명, 주소, 직업 또는 사업

- 고객의 현재 예상 년수입과 순재산
- 고객의 나이
- 고객의 과거 투자금액 및 선물거래 경력

3) 회원의 적격심사

고객의 계좌와 관련하여 선물시장에서 활동하고 있는 FCM, IB, CTA, CPO 는 반드시 CFTC 규정하에 NFA의 회원(member)으로서 등록하여야 하며, AP(Associated Person)는 CFTC등록과 함께 NFA의 준회원(associate member)으로 등록하여야 한다. 회원등록은 NFA의 적격심사로부터 시작된다. 만약 신청자가 등록 자격에 미달되거나 부적합하다고 판단되면 최종결정은 NFA의 회원 적격심사위원회(membership committee)에서 심사하게 된다. FCM, IB, CTA, CPO, 또는 AP로서 NFA의 등록을 위해서는 먼저 NCFE(Series 3 Exam)에 합격하여야 한다.

4) 분쟁의 조정

고객과 회원간의 또는 회원 서로간의 분쟁이 발생되면 이는 조정(arbitration)에 의하여 해결하는 것이 일반적인 방법이다. 특히 고객으로부터 분쟁이 제기되면, NFA회원과 그의 종업원은 문제의 해결을 위하여 조정에 임하는 것이 의무적이며, 제3의 중재자(arbitrator)가 중재안을 제시함으로써 분쟁의 당사자들간의 협의를 통하여 분쟁을 해결한다. 이때 합의에 의하여 중재되는 최종 합의안(final agreement)에 관하여는 일체의 이의신청이 허락되지 않는다. NFA규정에 의하면 조정에 의한 합의안을 준수하지 않으면 NFA회원이나 혹은 회원사의 종사자는 징계를 받게 된다.

5) NFA규정 준수 및 처벌

NFA는 FCM과 IB회원에 대해서 최소 재정요건을 제정 · 적용하며 감사한다. 그러나 이러한 재정요건은 CPO나 CTA, 그리고 거래소 회원인 FCM에게는 NFA 회원이라 할지라도 적용되지 않는다. 이들에 대한 감사는 해당 규제기관에서 실시되기 때문이다.

NFA의 감사는 크게 일반 규정의 준수여부와 재정요건의 준수여부의 두 종류로 구분된다.

일반규정의 준수에 대한 감사는 선물중개회사의 선물거래와 관련한 제반 활동, 즉 기록의 보관, 자금관리 및 광고물의 적정성 등에 대해서 실시된다. 만약 NFA에 의하여 NFA의 규정상 선물시장의 사업과 관련한 위반행위가 적발되는 경우 이는 NFA산하 지역업무수행위원회(Regional Business Conduct Committee)에 회부된다.

재정요건 준수에 관한 감사는 NFA 산하 규정준수감독국(Office of compliance)이 담당하고 있다. 규정준수감독관(Director of Compliance)은 NFA의 규정사항 위반이 있다고 간주될 경우 위반사항을 조사하고, 보고서를 작성한 후 기소할 수 있다. 이러한 조사는 긴급사항이 존재하지 않는한 관련자가 그들의 선물거래 업무를 지속하는 동안에도 실시되며, 처리기간은 정당한 사유를 제외하고는 4개월 이내이다.

지역업무수행위원회 (Regional Business Conduct Committee)는 30일 기간 동안 보고서를 검토하고 사건을 종료시키거나 혹은 경고장을 발송하기도 한다. 또는 서면의 공식소장(formal complaint)을 발부한다.

소장에는 다음의 사항이 포함되어야 한다.

- 관련된 NFA 규정
- 피소인의 위반내용
- 피소인의 의무 및 권리. 즉 피소인이 소장에 대한 답변서를 제출하고 청문회를 열 권리가 있다는 사실 및 답변서를 제출하지 않을 경우에 대한 결과

피소인이 선임한 변호인이 조사 진행을 지체 또는 방해하거나 NFA의 권한을 부인하지 않는 한 조사나 청문회 기간 중 언제라도 변호인을 선임할 수 있다. 피소인은 10일 이내에 피소 사실에 대한 답변서를 제출하여야 한다. 답변서를 제출하지 않을 경우 규정 위반을 인정하는 것으로 간주된다. 피소인이 위반사실을 부인하는 경우, 가능한 빠른 시일 내에 지역위원회(Regional Committee)에 청문회를 요청할 수 있다. 청문회 요청이 없을 경우 청문회를 요청할 수 있는 권리를 포기한 것으로 간주한다. 지역업무수행위원회 (Regional Business Conduct Committee)는 규정 위반 여부를 가리지 않고 합의를 받아들일 수도 있다.

청문회 후 지역업무수행위원회 (Regional Business Conduct Committee)는 서면으로 판결결과를 발부하고. 피소인은 이에 관하여 지역업무수행위원회 (Regional Business Conduct Committee)의 판결일로부터 상소위원회(Appeals Committee)에 15일 안에 서면으로 이의신청을 제기할 수 있다. 만약 피소인이 상소위원회(Appeals Committee)의 최종 결정에 불복하여 CFTC에 이의를 신청한다면 30일 안에 CFTC는 재심한다. NFA의 지역업무수행위원회

의 결정은 상소할 수 있지만 NFA중재위원회의 판정은 상소할 수 없다.

일반적으로 NFA의 지역업무수행위원회 (Regional Business Conduct Committee)나 상소위원회(Appeals Committee)에 의하여 취하여지는 처벌의 종류는 다음과 같다. 거래소에서 일하는 브로커나 거래자는 NFA에 의한 아래의 처벌에 해당되지 않는다. 이들은 해당 선물거래소 규정 하에 활동하기 때문이다 :

- 중지명령이나 기타 적절한 조치
- $250,000이내의 벌금
- 견책이나 징계
- NFA회원과의 교류금지
- 제명이나 정지(이 경우 지역업무수행위원회나 상소위원회의 $^2/_3$의 찬성을 필요로 한다)

규정을 위반한 NFA회원에 대한 처벌은 위의 순서로서 처벌이 이루어지기도 하지만, 동시에 모든 처벌이 가해 질 수도 있다. 지정된 시간까지 벌금을 납입하지 못할 경우 서면통지 발부 후 7일 경과 후 벌금이 납입될 때까지 NFA회원 자격이 즉시 정지된다. 회원자격의 정지는 NFA의 협회장(president), NFA이사회나 집행위원회가 선물업계, 고객 또는 다른 회원을 보호하기 위한 충분한 사유가 있다고 생각될 때도 적용된다. 이러한 제재행위는 CFTC에 통보된다. NFA회원은 징계 또는 정지 처분중인 자와의 거래를 금지하고 있다.

6) 회원권의 상실

NFA회원권(membership)은 아래의 7가지 방법에 의해 상실된다.

① 임시면허(temporary license for AP) 종결의 경우

FCM, IB, CPO, CTA는 그의 사업과 관련하여 NCFE(미국공인 선물중개사 자격 시험이다. 일명 Series 3 Exam이라 한다)을 합격하지 않은 자를 AP로서 고용할 수 있다. 이 경우 신청 후 AP로서의 임시 면허증이 발부되나 최대 유효기간은 6개월이다. NFA에 의하여 허락된 기간 내에 NCFE에 합격한 성적표 사본과 AP등록을 위한 신청서류를 제출하지 않으면 신청자의 AP 임시 면허는 취소된다.

② 등록갱신 불이행이나 등록취소의 경우

NFA의장의 서면 통보일로부터 7일 경과 후 즉각적인 자격상실

③ 준회원(AP)으로서의 고용 종결

회원은 AP의 고용 종결 시 이를 즉시 NFA에 통보하여야 한다. AP는 60일 안에 다른 회원에 의하여 고용되어 재등록 하지 않으면 NFA의 AP로서의 자격을 상실한다.

④ 사임의 경우

NFA에 의하여 조사나 규제 중이 아닐 경우를 제외하고는 NFA 사무국 (NFA Secretary)에 사임에 관한 서면 통보를 함으로써 언제든지 사임할 수 있다.

⑤ 주소변경을 통보하지 않는 경우

⑥ 회비 등을 미납한 경우

⑦ 자격취소

상기의 여러 사유로 인한 경우

4. CTA 및 CPO 관련규정

1) CTA

(1) 정의(definition)

CTA(Commodity Trading Advisors: 선물거래투자자문회사)란 고객의 선물거래 또는 선물옵션거래와 관련하여 고객에게 직접 또는 보고서, 출판물 등의 간접적인 투자자문을 제공함으로써 이에 대하여 수수료 또는 거래이익의 일부를 수입으로 하는 개인 또는 회사이다.

CTA는 NFA에 회원등록을 통해서 CFTC에 등록이 되며, 고객 및 CTA의 운영에 관하여 CFTC규정을 준수하여야 한다. CTA에 관한 규제의 중심은 CTA가 유포하는 여러 종류의 선물거래 관련정보 내용에 두고 있다.

(2) 등록 면제 대상자(exemptions from registration)

CTA로서의 CFTC등록 면제 대상자는 다음과 같다.

- 현물시장의 딜러, 가공업자, 브로커, 매도업에 종사하는 자로서 그들의 사업관련 투자자문을 하는 경우

- 비영리단체(nonprofit organization), 자발적인 회원, 거래협회, 농업관련 조직에 근무하는 자가 그의 사업의 일부로서 투자자문을 하는 경우
- AP, CPO, IB, 그리고 LTM(Leveraged Transaction Merchant) 등이 그들의 해당 업무관련 투자자문을 하는 경우
- 지난 12개월 동안 고객 인원수가 15명 미만인 CTA로서 대중에게 홍보를 하지 않는 경우

(3) 금지사항(prohibited activities)

CTA가 고객의 선물거래 관련고객으로부터 받은 자금은 CTA의 이름이 아닌 고객계좌가 개설되어 있는 FCM의 이름으로 예치해야 한다.

(4) 공시사항(disclosure)

CTA는 그들의 거래 프로그램에 관하여 예상 고객에게 다음과 같은 정보를 제공해야 한다 이 정보는 공시약관(disclosure documents)에 포함되어야 한다.

① 일반사항(general information)

- CTA의 명칭, 주소, 전화번호, 그리고 CTA의 형태(개인 또는 회사)
- CTA의 대표 명단
- 사용될 거래 프로그램에 대한 설명
- CTA가 거래할 FCM, IB, 또는 고객이 자유롭게 FCM이나 IB를 선택할 수 있다는 내용
- 거래될 상품 유형 및 그에 따른 제한 또는 규제

② 사업경력(business background)

- CTA와 각 대표에 대한 서류 작성일로부터 과거 5년간의 사업경력(business background)

③ 거래실적보고서(performance record)

- 서류 작성일로부터 CTA와 그의 자본주의 과거 3년간의 거래실적을 기록한다.
- 거래실적 보고서는 적어도 분기별로 도표(table)형식에 의해 작성하며 이때 사용되는 제반 정보는 최근 정보를 포함한 3개월 이내의 정보를 사용하여야 한다.
- 선물계좌상 거래실적의 보고는 개별적(individual basis) 또는 종합적(composite basis)인 분석에 근거 작성한다.

④ 수수료(fees)

- 수수료가 현금으로 지불되어야 할 경우 정확한 금액을 명시한다.
- 수수료가 총이익(gross profit), 순자산(net assets), 또는 선물거래 관련 순이익(net gains)에 근거하여 산출되면 산출 근거항목의 정의를 구체적으로 기술하여야 한다.
- 만약 수수료가 고객의 지분증가에 근거 산출되면 지분증가 산출방법, 해당 기간, 기간 말 수수료 부과 금액 및 징수 해당 계좌 등을 명시하여야 한다.

⑤ 이해분쟁(conflicts of interest)

- CTA(또는 CTA의 대표), FCM 또는 IB(혹은 그의 대표)와 관련하여 실제 혹은 잠제적인 이해 상충(conflicts of interest)에 관한 사항을 명시한다.
- 이해분쟁의 본질에 관한 상세한 설명을 포함한다.
- 만약 선물거래 관련 이해분쟁의 사건이 없으면 명시하여야 한다.

⑥ 자기 거래(self-trading)

- CTA 및 그 대표의 선물거래를 명시하여야 한다.
- CTA 및 그 대표가 자기거래를 하고자 할 경우 거래기록의 감사에 관한 사항이 명시되어야 한다.
- 자기거래(self trading)를 하지 않는다면, 그에 대한 내용이 언급되어야 한다.

⑦ 소송(litigation)

- CTA와 그 대표 또는 FCM, IB 또는 그 대표에 대해서 제기된 과거 5년 동안의 행정상·민형사상 모든 소송 내역을 명시한다.
- 과거 피소사실이 없다면, 없었다는 사실도 명시되어야 한다.

⑧ 위험 공시(risk disclosure)

- 위험 공시 조항(risk disclosure statement)은 서류의 맨 첫 페이지에 명확하게 공시되어야 한다.
- 만약 CTA가 FCM이 아닐 경우, 위험공시조항의 맨 하단에 다음과 같은 사항이 추가되어야 한다.

  “CTA는 법에 의하여 CTA의 이름으로 고객으로부터 선물거래를 위한 자금을 접수하는 것이 금지되어 있으며, 고객은 CTA의 거래 프로그램에 관련된 선물거래 자금을 직접

FCM에 예치해야 한다."

⑨ 공시약관의 정확성 및 배부(accuracy and delivery)

CFTC에 의하여 주어진 CTA의 공시약관에 관한 정확성과 배부에 관한 규제 내용은 다음과 같다.

- 다음의 경고문구를 표지(cover page)에 명시해야 한다.
  "CFTC는 본 프로그램에 의하여 발생되는 선물거래시의 이점에 관하여 관여하지 않으며 본 공시약관의 적정성과 정확성에 관하여 판단을 내리지 않는다."
- CTA가 공시약관상의 오류를 발견하였을 때는 21일 안에 오류를 정정하고 고객에게 통보하여야 하며, 오류 정정 전에는 서류를 사용할 수 없다.
- CTA의 공시약관의 작성일자는 최초 사용일로 한다.
- 고객은 고객의 CTA를 통한 선물거래와 관련하여 CTA로부터 공시약관을 접수한 경우 고객은 반드시 공시약관 접수일을 기입하고 서명하여야 한다.
- 공시약관의 작성에 필요한 정보는 작성한 일로부터 3개월 이내의 정보이어야 하며 6개월 이전에 작성된 공시약관은 사용할 수 없다.
- CTA는 3부의 공시약관과 그의 수정본을 고객에게 교부하기 21일 전에 CFTC에 제출하여야 한다.

(5) 필요기록 보관(required financial record)

CTA는 아래의 기록 등을 본사에 보관해야 한다. 만약 CFTC요구가 있으면 72시간 내에 사용될 수 있어야 한다. 필요기록(required financial records)은 아래와 같다.

고객과 가입자의

- 이름과 주소
- 서명된 승낙서
- 선물거래에 관하여 CTA에게 권한을 위임하는 위임장
- CTA와 고객사이에 체결된 기타 계약서
- CTA에 의해 거래된 선물계좌(futures accounts)명세서와 거래 기록
- FCM으로부터 접수한 계약체결확인서(confirmations), 거래실적보고서(purchase & sale statements), 월별 선물거래 보고서

2) CPO

(1) 정의(definition)

CPO(Commodity Pool Operator: 선물거래투자신탁회사)는 선물거래를 할 목적으로 고객으로부터 자금, 유가증권, 재산 등을 모집하여 투자신탁이나 신디케이트의 업무에 종사하는 개인이나 회사를 말한다.

CPO는 고객의 자금을 운영하기 때문에 CFTC에 의하여 보다 엄격한 규제를 받고 있다. CPO에 관한 CFTC의 규제 목적은 CPO의 실제 또는 잠재적인 실적에 관하여 고객을 속이거나 사기행위를 방지하고, 기금에 참여한 자금을 오용하거나 기금 참여 금액 이상의 거래를 미연에 방지하는데 있다.

(2) 등록 면제 대상자(exemptions from registration)

CFTC에 CPO로서의 등록이 면제되는 대상자는 다음과 같다.

- CPO가 기금 운영에 관하여 일반비용 외의 직 · 간접의 보수를 받지 않는 경우
- 항상 단지 하나의 기금만을 운영하는 경우
- 달리 등록이 요구되지 않거나 등록된 자에 소속된 자
- 기금과 관련하여 어떠한 광고도 하지 않는 자
- CPO에 의하여 운영되는 모든 기금의 총출자금(total gross capital)이 $200,000을 초과하지 않는 자
- 기금의 참여자가 한번에 15명 이하의 경우(이 경우 CPO운영자, CTA, CPO 관련 대표 및 기금 참여자와 그와 관련된 자는 제외된다)

  등록이 면제된 CPO는 CPO로서의 CFTC등록 면제 사실을 모든 기금 참여자에게 서면으로 통보하고 반드시 기금 참여자는 사면통보서에 서명을 하여야 한다. 뿐만 아니라 등록이 면제된 CPO는 등록이 면제되었다 하더라도 CFTC에 의하여 아래와 같은 의무사항이 부과된다.
- 기금에 의해 시행된 월별 선물거래 실적보고서를 매월 FCM으로부터 접수 후 각 기금 참여자에게 교부해야 한다.
- 전월 선물거래 실적보고서 교부 이후부터의 청산된 모든 거래에 대한 순손익계산서를 각 보고서에 명시해야 한다.
- 5년간의 거래활동에 대한 모든 기록을 보관하고 2년간 CFTC와 법무부(Department of Justice)가 사용할 수 있도록 보관하여야 한다.

CFTC의 등록신청은 반드시 GAAP(Generally Accepted Accounting Principles) 하에 작성된 재무제표(financial statements)를 첨부되어야 한다. 만약 등록이 면제된 CTA가 CPO로 등록을 했다면 CPO에 관한 모든 규정의 적용을 받게 된다.

(3) 금지사항

CPO는 기금의 운영자(operator)로서 자신의 자금과 기금 자금을 분리하여 관리하여야 한다. 단 예외적인 경우는 다음과 같다.

- CTA가 기금의 참여자에게 기금에 참여한 비율만큼 주식을 교부 받을 것이라는 사실을 서면으로 CFTC에 통보한 경우
- CTA가 기금운영자의 기금과 참여자의 기금이 별도로 관리되고 있음을 CFTC에 입증할 경우
- CFTC의 판단으로 면제여부를 결정할 때

(4) 공시사항(disclosure)

CPO의 공시사항에 대한 규정은 기금운영자와 그 대표, CPO와 대표, FCM과 IB 및 그 대표와 관련된 CTA규정과 유사하다. CPO는 공시약관(disclosure document)이 적절한 양식을 통해 고객에게 전달되기 전에는 자금을 유치할 수 없다.

(5) 기금투자가들을 위한 보고(reporting to pool participant)

- 모든 CPO는 GAAP에 의거 작성된 회계보고서를 손익계산서 및 순자산가치변동명세서 형식으로 작성하여 각 기금의 모든 투자자들에게 반드시 정기적으로 보고하여야 한다.
- 회계보고서는 기금의 회계연도 초를 기준으로 $500,000이상의 순자산을 가진 기금의 경우 적어도 월별로 보고되어야 하며, 그렇지 않을 경우 최소한도 분기별로 보고되어야 한다. 회계보고는 기금이 형성된 시점부터 보고가 시작되어야 한다. 그러므로 CPO는 기금 투자자들의 목록은 있으나 아직 거래를 시작하지 않았을지라도 반드시 회계보고를 하여야 한다.
- 모든 CPO는 연간 보고서를 투자자들에게 보고하고, 기금의 회계연도 말부터 90일 이내에 보고서 사본 3부를 CFTC에 제출해야 한다.

(6) 필요기록 보관(required financial record)

CPO의 기록 의무는 CTA와 유사하며, 감사 요구 시 72시간 내에 아래의 추가적인 정보와

함께 제공되어야 한다.

- 모든 입출금을 기록한 분개장
- 기금 투자자들의 이름, 주소, 자금, 증권 및 기타 자산을 나타내는 보조원장
- 모든 원장에 전기의 기준이 되는 수정분개 또는 원시분개 기록
- 자산, 부채, 자본, 수입, 비용금액을 상세하게 기록한 원장
- 기금의 운영과 관련하여 작성된 취소수표, 은행조정표, 분개장, 원장, 송장, 컴퓨터 기록, 기타 데이터 및 메모사항
- 기금의 순자산이 $500,000 이상인 경우 매월 말의 재무상태명세서, 기타 기금의 경우 분기말 재무상태명세서
- 손익계산서

3) 선물업계의 관계(industry relationships)

아래의 도표는 선물거래업계의 구조를 나타낸다.

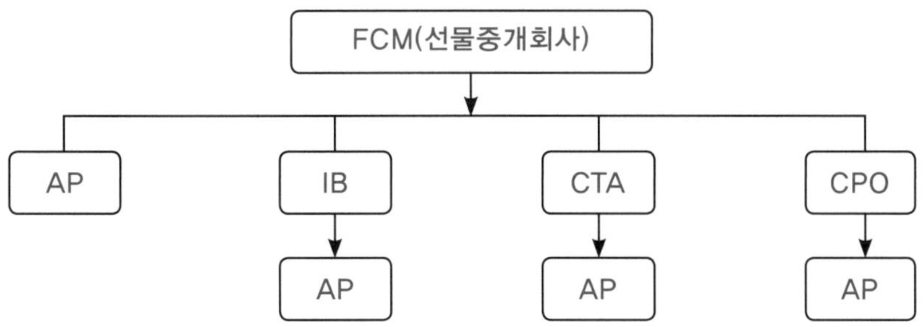

- FCM은 재무상태 요건을 충족해야 하고 중개수수료를 부과할 수 있으며, AP를 고용하여 기금의 유치를 할 수 있다. 또한 FCM은 자금유치업무를 담당할 IB를 고용할 수 있으며, IB는 AP를 대리인으로 고용할 수 있다.
- CTA와 CPO는 FCM을 통해서 거래를 청산하며, 구좌를 유치하기 위해 AP를 고용할 수 있다.

(1) FCM

FCM(Futures Commission Merchant 또는 Brokerage House)는 선물계약의 매매를 위해 주문을 수행하는 개인, 법인, 조합, 합자회사 등으로서 집행된 주문을 보증하기 위해 자금, 증권, 자산 등을 예수한 자를 말한다. 이의 등록은 CFTC에 FCM으로 등록한다. FCM은 자금을 예수하는 반면 IB는 자금을 예수하지 않는다.

기본적으로 FCM은 고객으로부터의 모든 주문을 거래소와 지정된 거래지역으로 전달하고 고객 주문서에 관한 한 FCM 또는 그와 관련된 어느 누구도 부적당하게 이용할 수 없도록 절차를 설정하는 의무를 지고 있다. FCM에 대한 규제의 주요한 목적은 고객 주문서 처리에 있어 공정성을 확보하는데 있다. FCM에 관한 규제는 기록 및 보관, 광고, 종업원의 감독, 적정 재무상태 유지 등 전반적인 사항에 대해서 규제하고 있다. FCM에 대한 주요 규제사항은 아래와 같다.

① 재무구조에 대한 규제

CFTC는 FCM으로 하여금 $250,000의 최소자본금(해당 거래소의 회원인 경우 최소 U$ 500,000)을 유지하여야 하며, 자본금의 4%는 CFTC의 규정에 의해 고객의 증거금용으로 구분하여 관리하도록 규정하고 있다.

② 고객의 적격심사

FCM은 고객인지수칙(know your customer rule)에 따라 적합성(suitability) 여부를 타진하여야 한다.

③ 위험공시 조항의 숙지

FCM은 고객의 선물거래에 앞서 선물거래에 관련한 위험을 분명하게 명시하여야 한다. 이는 위험공시조항(risk disclosure statement)을 포함한 제반 서류에 고객의 서명을 받음으로써 이루어진다.

④ 고객 및 자기자금의 분리

CFTC는 FCM의 자기자금과 고객의 자금을 구분(segregated account)하여 관리토록 요구하고 있다. 이는 FCM이 FCM자신의 선물거래 행위와 관련하여 고객 자금을 유용하지 못하게 하기 위함이다. 또한 FCM이 유치한 어느 특정 고객의 증거금도 다름 고객의 증거금으로 대치할 수 없음을 명시하고 있다.

⑤ 위장매매의 금지

위장매매(wash sale)란 동일 선물거래소에서 동일 선물상품에 관하여 동시에 매입과 매도를 취하는 거래를 말한다. 이러한 거래를 금지시키고 있다.

⑥ bucketing(또는 bucket shop)) 의 금지

FCM은 주문 집행 시 고객이 제시한 주문서와 같은 상품에 관하여 고객의 주문서보다 먼저 주문할 수 없다. 이는 FCM이 고객의 주문서와 관련하여 동시에 브로커가 자기거래를 할

수 없음을 의미한다.

⑦ 고객의 허락 없는 거래행위 금지

FCM 또는 FCM의 고용인은 고객의 구체적인 허락이 있지 않는 한 또는 일임매매 계정의 경우 고객의 서면허락을 받지 않는 한 고객을 위한 어느 거래도 금지시키고 있다. 또한 고객의 일임 매매계정 관련 'churning'행위도 금지된다. churning이란 커미션을 증가시킬 목적으로 고객의 투자목적과는 관련 없이 지나치게 거래하는 행위를 말한다.

⑧ 선물거래와 관련한 주문서의 접수, 전달, 집행 및 계약체결 확인통보에 관하여 반드시 주문서의 처리과정을 확인하는 time stamp를 사용하여야 한다.

⑨ 선물거래와 관련된 광고 선전물은 3년간, 그 외의 모든 기록은 5년간 보관하여야 한다.

(2) IB

IB(Introducing Broker)는 선물거래에 있어 고객의 주문서를 해당 선물거래소 회원인 하나 이상의 FCM에 전달시켜 주는 작은 FCM이라 말할 수 있다. 이의 자격은 개인 또는 법인이 될 수 있다. IB는 그 자체가 거래소 회원인 FCM도 아니며 FCM의 종업원도 아니기 때문에 그 자체의 청산용 선물계좌를 보유할 수 없고, FCM을 통하여 선물거래 관련 포지션을 관리한다. CFTC는 1982년부터 IB도 등록을 하도록 요구하고 있다. 현재 CFTC에 등록을 하여야 하는 IB의 특징을 열거하면 아래와 같다.

- IB는 고객으로부터 받은 고객의 선물거래자금을 FCM에 개설된 IB의 계좌를 이용하여 FCM에 예치한다.
- IB는 독립된 사업자로 고객을 유치하고 주문을 받아 FCM에 전달함으로써 IB고객의 선물거래와 관련한 커미션을 FCM과의 약정에 의하여 분배한다.
- IB는 FCM의 보증 IB와 무보증 IB로 구분되며, 무보증 IB는 최소자본이 $30,000이상 되어야 한다. 보증 IB는 CFTC 승인 하에 FCM과의 보증계약서에 의하여 설립된다.
- 선물거래에 관한 매일의 거래기록과 CFTC에서 요구하는 제안 장부 등을 보관·유지하여야 한다.

(3) 장내 브로커

장내 브로커(pit broker)란 선물거래소 거래장에서 고객의 주문을 실제로 체결하는 개인을 말한다. 이들에 대한 규제의 주 목적은 고객의 주문을 이용하여 자신의 거래이익을 도모하지 못하게 하는데 있다. 이런 규제 수단의 하나로 정확한 거래기록(record keeping)을 요구하고 있다. 장내 브로커들은 그들에게 부과된 이러한 의무를 이행하기 위하여 주문서 처리에 따른 시간을 기록하기 위하여 timestamp를 사용하고 있다. 장내 브로커의 거래기록 방법에 관한 규제내용을 소개하면 아래와 같다.

- 고객으로부터 접수된 주문서의 시간 및 계약체결 확인용 주문서의 발송시간을 정확하게 기록하여야 한다.
- 주문서의 변경 시 그에 관한 시간을 정확하게 기록하여야 한다.
- 브로커에 계약체결을 위하여 시행되는 모든 거래를 시간에 의한 순서별로 그리고 고객을 위한 거래인지 또는 자기거래인지를 구분하여야 한다.

(4) 장내거래자

장내거래자(FT: floor trader)는 자기 자신의 계정을 가지고 선물거래소에서 선물 또는 옵션을 거래하는 개인을 말한다.

(5) AP

① AP(Associated Person)는 고객으로부터 선물거래 관련 주문서를 유치하여 해당 선물거래소에 전달하며, 선물거래와 관련한 자금관리 업무 등을 취급하는 선물거래 중개인이다. 이들은 일종의 선물시장의 영업사원(sales person)으로서 AP는 둘 이상의 선물중개회사(FCM 또는 IB)에 고용될 수 없다. AP의 예를 들면 RCR, sales assistants, branch manager 등이 이에 속하며 이들을 관리하는 자도 AP로서 분류된다.

② 실질적으로 AP는 세계의 각처에 산재하고 있어 비상업적 또는 비윤리적인 AP에 관한 감독 및 규제는 FCM, IB, CPO 또는 CTA등의 해당 관련 또는 소속 단체(또는 개인)를 통하여 이루어진다. AP의 등록은 관련 또는 소속 단체(또는 개인)를 통하여 1982년의 CFTC규정 에 의하여 시행되었다.

③ AP는 고객을 위하여 자기매매 계정(nondiscretionary account)에 대하여 임의로 주문을 할 수 없다. 고객의 자기매매 계정(nondiscretionary account)에 대한 거래는 고객 또는 오직 고객에 의하여 지시된 자만이 주문서를 제시할 수 있다. AP의 주요 업무를 소개하면 다음과 같다.

- 신규고객의 선물 계좌의 개설을 위하여 필요한 서류를 제공하고 서명여부를 확인

한다.

- 고객으로부터의 주문서를 거래소내의 브로커에게 전달한다.
- 계약 체결 시 주문서의 계약체결 확인 통보를 한다.
- 시황에 관한 제반 서비스를 제공한다.
- 고객의 증거금관리를 한다. 만약 마진 콜이 발생하면 이를 통보하고 관리한다.
- 소정의 자격을 갖춘 AP는 일임매매 계약에 근거 고객을 위하여 일임매매 거래를 시행한다.
- 기타 고객의 선물거래와 관련한 계좌이체 등의 보조 업무처리를 담당한다.

(6) RCR

① RCR(Registered Commodity Representative)은 해당 선물거래소에서 인가된 자로서 해당 선물거래소 내에서 거래소 회원이나 소속 회원사를 위하여 업무를 수행한다.

② 고객유치, 주문서의 전달, 증거금 관리, 선물거래의 자문 및 자기거래 등 이들의 주업무는 AP와 유사하지만 AP는 CFTC로부터 인가를 받고 RCR은 해당 거래소로부터 권한을 위임받는다.

③ RCR이 되기 위해서는 NCFE의 자격시험에 합격해야 하며 그로부터 2년 내에 회원사의 피고용인이 되든지 거래소의 회원으로서 등록되어야 한다. RCR로서 활동하지 않는 기간이 2년을 초과해서는 안 된다.

③ RCR은 선물업계에서 중추적인 역할을 하고 있다. RCR은 거래를 유치하고, 고객을 인지하고, 증거금을 확보하고, 적절한 주문을 내고, 고객에게 거래에 대한 자문활동을 하며. 그들 자신의 이익을 위하여 자기계정을 가지고 자기거래를 한다.

5. 선물거래소 관련규정

상품선물거래위원회(CFTC) 규제 하에 각 선물거래소의 규정은 선물거래소에서 거래되는 선물상품의 특성과 거래자의 유형 등 시장상황과 그에 따른 필요성에 맞게 자율적으로 제정되어진다. 거래소 규정은 선물상품의 규격화, 주문서의 허용범위, 거래행위, 가격 고시방법, 분쟁 조정 방법 등 해당 선물상품 거래에 관하여 전반적으로 규제하고 있다.

선물거래소 관련 주요 일반규정을 소개하면 다음과 같다.

1) 공개 경쟁시장 형성에 관한 규정

모든 선물거래는 공개 경쟁체재 하에서 이루어 져야 한다. 이는 모든 매입과 매도행위는 거래소 안의 지정된 거래지역(pit)내에서 공개호가 방법에 의한 자유로운 호가에 의하여 성립되어야 한다는 것이다.

2) 청산에 관한 규정

비청산회원(nonclearing member)은 반드시 해당 선물거래소의 청산회원(clearing member)을 통하여 비청산회원 자신과 그의 고객의 선물 및 선물옵션 거래에 관한 청산을 하여야 한다. 또한 청산회원은 그러한 비청산 회원의 거래와 관련하여 거래소에서 주어진 절차를 통하여 청산에 관한 협약이 공식적으로 종료될 때까지 비청산 회원의 선물거래 청산에 관한 책임을 진다.

3) 거래소내의 비회원사 종업원에 관한 규정

거래소에서 근무하는 비회원사 종업원은 해당 선물거래소 규정에 의하여 주어진 업무에만 종사하여야 하며 그들의 업무내용은 구체적이고 명확히 제한된다. 예를 들면 거래 확인자는 단지 브로커에 의하여 집행된 거래에 관한 확인을 하며, 메시지 전달자(floor messenger)는 메시지를 수령하고 전달하는 일에만 종사한다.

4) 주문서 허용에 관한 규정

주문서의 형태는 매우 다양하며 일반적으로 허용되는 주문서의 종류와 제출 시기는 거래소마다 다소 차이가 있다. 따라서 허용되는 주문 형태 등은 각 거래소별로 확인하여야 한다.

5) 가격고시 방법에 관한 규정

각 거래소는 개장가, 최고가, 최저가 및 정산가격 설정에 관한 규정을 명시하여야 한다. CBOT의 예를 들면, CBOT시장은 해당 상품에 따라 개장 후 30분 이내로 개장가의 범위(opening range)를 변경할 수 있으며, CME시장은 개장 후 15분으로 제한하고 있다.

6) 범죄행위에 관한 규정

거래소는 다음과 같이 거래소에서 활동하는 거래소 회원 및 회원사 또는 그의 종업원의 행위에 관하여 규제조항을 채택하고 있다. 만약 거래소 회원(사) 및 그의 종업원이 아래에 열거되는 행위를 범할 시에는 대부분의 미국 내 선물 거래소에서 거래소법의 규정위반으로 취급된다. 이를 위반 시는 벌금(fine)에서 자격정지(suspension), 추방(expulsion)에 이르기까지 각종 제재가 가해진다.

(1) 중과실(major offenses)

- 허위거래 행위
- 가격조작 또는 이를 시도하는 행위
- 강요행위(협박행위)
- 매입이나 매도에 따른 의무를 이행하지 않으려 하거나 지불불능 상태 이후의 거래행위
- 청산회원사의 경우 최소한의 재정적 요구수준을 유지하지 못하는 행위
- 중재에 불복하거나 중재위원회의 최종결정에 불복하는 행위

(2) 경과실(minor offenses)

상행위에 위반되거나 부정직한 행위로서 CBOT에서는 거래회사의 상행위에 위배되는 행위를 다음과 같이 열거하고 있다.

- 중개인이 거래권한을 행사하는 계정에 대해 위임권 또는 특별승인서 없이 거래하는 행위
- CBOT가 인정한 자격을 갖지 않은 중개인으로부터 고객 계정의 주문을 수행하는 행위
- 다른 회사에 속한 고객계정에 대해 사전 동의 없이 주문을 수행하는 행위
- 거래소의 명성을 손상시키는 행위

연습문제

01. 증거금을 납부하지 않을 경우 FCM이 반드시 해야 되는 것은 아니지만 사전 통지 없이 취할 수 있는 조치는?

① 신용(credit)의 확대
② 부분적 혹은 완전한 포지션의 청산
③ 계정의 마감
④ 회수를 위한 법적 조치의 착수

02. 개인고객의 계정을 위해 필요한 서류에는 (1) 신계좌 정보 양식(New Account information), (2) 상품계좌 동의서(Commodity Account Agreement), (3) 위험명세서 (Risk Disclosure Statement), (4) 자금이체위임장(Transfer of Fund Authorization) 등이 포함된다.

① 맞다(True)
② 틀리다(False)

03. 선물계약의 크기, 등급, 인도장소, 그리고 인도월은 누가 결정하는가?

① CFTC
② 선물이 거래되는 거래소
③ NFA
④ NASD

04. 선물의 매입가격 혹은 매도가격은 다음 중 어느 것에 의해 결정되는가?

① 거래소 위원회
② CFTC
③ 장내브로커 사이의 사전 약속
④ 거래소 장내에서의 매입 및 매도 호가

05. 다음 중 NFA에 대해 올바로 설명한 것은?

① NFA는 1974년의 NFA법에 의해 설립되었다.
② NFA에게는 선물거래인(futures professionals)에 필요한 등록요건을 설정하고 적용할 수 있는 권한이 부여되어 있다.
③ NFA는 상품선물거래소와 상품선물계약을 규제하는 역할을 한다.
④ 신규선물계약은 거래가 이루어지기 전에 NFA의 승인을 얻어야 한다.

06. 만일 FCM 혹은 IB가 고객에게 '시장진입비용(market entry fee)' 혹은 다른 형태의 1회성 비용을 부과하고자 할 경우, 그러한 행위에 대한 올바른 설명은?

① NFA의 승인을 받으면 허용된다.
② 그 고객을 후원하는 AP가 대리권을 가지면 가능하다.
③ 그러한 비용부과에 관한 모든 정보가 고객에게 완전히 공시되면 가능하다.
④ 부과되는 비용이 통상적인 수수료를 초과하지 않을 때만 가능하다.

07. NFA 감사결과 IB의 재무 및 회계적 처리에 심각한 결격사유가 발생하여 지역업무수행위원회(RBCC: Regional Business Conduct Committee)가 소장(complaint)을 발부하였다. 해당 IB에게 문제점에 대해 해명하고 사실을 설명하도록 요구되었다면 다음 중 어느 절차에 따라야 하는가?

① 청문회만 하면 되며, IB는 RBCC의 결정에 따라야 한다.
② RBCC앞에서의 청문회: 청문회결정에 불복할 경우 상소위원회(Appeals Committee)에 상소할 수 있고, 상소위원회 결정에 불복할 경우 CFTC에 이의를 신청할 수 있다.
③ 지역재판소에 소송을 제기할 수 있다.
④ IB는 소장을 무시할 수 있으며, NFA는 어떤 행동을 취할 권한이 없다.

08. NFA 규정에 따라 NFA에 등록할 의무가 없는 사람은 다음 중 누구인가?

① 동시에 10기금(pools)이상을 운영하고 있는 CPO
② 동시에 1기금만 운영하고 광고도 CBOE와 CBOT의 소식지에 한정하고 있는 CPO
③ 동시에 1기금만 운영하고 일반비용에 상응하는 보상만 받으며 기금참여자를 위해 광고를 하지 않는 CPO
④ 10기금까지 운영하고 자본조달을 위해 'boiler room'을 운영하는 CPO

09. 기금(pool)의 규모가 $500,000을 초과할 경우 CPO는 기금참여자(pool participant)에게 매달 보고해야 한다.

① 맞다 ② 틀리다

10. AP로서 등록되면 FCM종업원은 특별한 주문이나 사전 위임 없이도 고객의 거래에 효력을 가질 수 있다.

① 맞다 ② 틀리다

Exercises

11. 어떤 CPO가 6년간 업무를 수행해 왔다. CFTC규정에 따르면 이 CPO는 과거 모든 업무내역을 공시하여야 한다.

① 맞다　　② 틀리다

12. NFA회원이 NFA에 의해 조사 받고 있는 중이라 해도 서면으로 NFA에 알리면 회원의 자격을 사임할 수 있다.

① 맞다　　② 틀리다

13. IB에 대한 순자본필요액은 최소필요현금을 보유하는 방법 이외의 다른 방법으로 충족될 수 없다.

① 맞다　　② 틀리다

14. 다음 중 고객에게 반드시 알려야 할 위험공시명세서에 포함되지 않는 것은?

① 고객이 초기예탁금의 전부를 잃을 수 있다는 사실
② 초기예탁금의 손실은 물론 추가예탁금이 필요 할 수도 있다는 사실
③ 신규고객에게 있어 역지정가 주문이 유효한 위험관리수단이 될 수 있다는 사실
④ 투기자가 선물거래를 50%의 증거금이 필요한 반면 일반선물거래는 소규모의 자금으로도 가능하여 위험이 증가된다는 사실

15. CFTC 설립의 근거법인 상품거래법(CEA: Commodity Exchange Act)이 강조하는 것은 다음 중 어느 것인가?

① 거래소에서 일어나는 모든 선물관련 행위에 대한 배타적 규제권한이 CFTC에 있다.
② 거래소는 자치적으로 스스로를 규제할 의무가 있다.
③ CFTC는 거래소에 대한 감독관할권을 가지고 있다.
④ 위의 세 가지 모두 다 해당된다.

16. IB와 FCM사이의 보장협약(Guarantee Agreement)에 포함되는 내용은 다음 중 어느 것인가?

① IB에게 더 이상의 재무기록유지와 보고를 면제해 주는 것
② IB에게 최소 순자본(net capital)을 유지할 필요없이도 업무를 수행하게 하는 것
③ FCM과 IB의 이름과 합의서의 유효날짜
④ 위의 세 가지 모두 다 해당된다.

17. CTA와 자본주(each principal)의 거래실적은 공시되어야 하는 데, 이때 실적기록의 기간은 다음 중 어느 것인가?

① 과거 5년 ② 과거 4년
③ 과거 3년 ④ 과거 2년

18. NFA에 등록한 IB가 유지해야 하는 최소 수정 순자본금(adjusted net capital)은 얼마인가?

① $20,000 ② $25,000
③ $30,000 ④ $50,000

19. NFA규정에 따르면 $1,000이상이 포함된 선물옵션과 관련하여 구두소장(verbal complaint)이 접수되면 이 소장은 IB에 의해 서면으로 작성되고 유지되어야 한다.

① 맞다 ② 틀리다

20. 규정을 어겨 $25,000의 벌금이 부과된 NFA회원이 회원자격이 즉결로 박탈되지 않으려면 며칠 이내에 조치를 취해야 하는가?

① 31일 ② 20일
③ 14일 ④ 7일

21. NFA 상소위원회(Appeals Committee)의 결정은 30일 이내에 다음 중 어느 기관에 의해 재심될 수 있는가?

① 지역위원회 ② 대법원위원회
③ CFTC ④ NFA집행위원회

22. CFTC규정에 따르면 FCM 혹은 IB는 위험공시명세서 이외에 고객에게 고시할 의무가 있는 부문을 잘 설명하고 있는 것은 다음 중 어느 것인가?

① 세부 회사업무관련 비용 및 경비를 최소 매 분기별 고시해야 한다.
② 고객이 요구하면 회사선물거래 관련 이익과 손실을 고시해야 한다.
③ 거래수행과 유지와 관련하여 고객이 부담해야 할 총 비용을 고시해야 한다.
④ 위의 세 가지 모두 다 옳다.

23. 다음 중 NFA등록요건의 규제를 받지 않는 선물전문가는?

① (사업체로서의) FCM과 IB
② FCM과 IB, 그리고 그들이 고용한 IB
③ 일반대중을 상대로 영업하는 CPO와 CTO
④ 선물거래소

24. 다음 중 CPO가 현금예탁금을 받고 새로운 고객을 참여자(participants)로 등록시킬 수 있는 상황은 어느 것인가?

① 고객이 선물위험을 완전하게 공시한 FCM 혹은 IB와 거래계좌를 설정했을 경우
② CPO가 고객에게 공시서류를 제시하고 고객은 그러한 사실을 설명받고 이해했음을 서면으로 인정할 경우
③ CPO가 5년 이상의 경력을 가지고 있어 고객이 제한 없이 기금에 참여할 수 있는 경우
④ 고객의 참여가 간청(solicit)되지 않아 기금관리자가 개인에게 공시의무가 없을 때

25. CPO는 고객에게 선불로 납부해야 하는 비용들에 대해 서면으로 공시해야 한다. 다음 중 이러한 공시의무를 잘 설명하고 있는 것은?

① 선불비용은 초기 관리비를 포함한다.
② 선불비용항목은 CPO의 공식공시서류의 첫 장에 공시되어야 한다.
③ 변호사와 회계관련비용은 선불비용에 포함되지 않는다.
④ 위의 세 가지 모두 다 옳다.

26. 다음 CFTC의 권한과 관련한 설명 중 옳지 않은 것은?

① CFTC는 개인이나 회사가 일부 혹은 전체 선물시장에서 거래하는 것을 금할 수 있다.
② CFTC는 자신의 권한으로 선물시장에서 개인이나 회사에게 명령, 중지, 금지 등의 조치를 취할 있다.
③ CFTC는 선물관련위원회로부터 개인의 등록을 정지시키거나 박탈할 수 있다.
④ CFTC는 형사상의 범죄를 저지른 개인에게 $500,000까지의 벌금을 부과할 수 있다.

27. 다음 중 NFA의 규정 2-30(Rule 2-30) 즉, '고객인지(know your customer)'에 해당 되지 않는 사항은?

① 고객의 연간 순소득　② 고객의 나이
③ 고객의 교육적 배경　④ 고객의 투자 및 선물거래 경력

28. FCM이 고객공시서류를 유지하고 있다면 IB는 따로 그러한 서류를 유지할 필요가 없다.

① 맞다 ② 틀리다

29. 상품선물기금을 설정하고자 하는 CPO를 보조하고 고객을 CPO에게 보내는 대가로 FCM이 받는 수수료는 다음 중 어디에 공시되어야 하는가?

① 기금합의서의 일부로서 ② (NFA규정 2-4에 따라) 별도로
③ 공시 서류에 ④ 임의의 방법으로

30. 고객합의서(customer agreement)의 목적은 무엇을 보장하기 위해서인가?

① 고객의 증거금 납부
② 선물위험에 관한 고객의 이해
③ 필요 증거금의 고객 수용
④ 증거금 미납 시 고객포지션의 부분적 혹은 완전 청산

31. 거래소장내위원회(Exchange Floor Committee)의 기능을 잘 설명한 것은?

① 선물주문집행에서 생기는 불평 조사
② 대중에게 숨김없는 개방적 시장 유지
③ 장내거래인들 사이의 공모거래 및 비밀거래의 방지
④ 위의 세 가지 모두 다 해당된다.

32. CBOT에서 거래되는 상품선물의 거래량과 미계약 약정수에 관한 보고서는 누가 작성하는가?

① CBOT ② CFTC
③ USDA ④ 통계위원회

33. 모든 FCM에게는 고객에 관한 정보를 수집함에 있어 최상의 노력과 정확성이 요구되어진다. 이러한 고객에 관련된 정보에는 고객의 투자와 거래경험의 본질, 유형, 그리고 거래량 등이 포함된다.

① 맞다 ② 틀리다

34. 다음 중 CFTC의 포지션한도와 포지션보고 의무사항에 대해 바르게 설명하고 있는 것은?

① 포지션한도는 포지션의 과중한 집중과 헷저와 투기자의 극한적 행위(cornering activity)를 막기 위한 것이다.
② 포지션한도와 포지션보고 의무사항은 헷저에게만 해당된다.
③ 포지션보고 의무사항은 투기자에게만 해당되는 반면, 포지션보고는 사실상의 헷저(bona fide)에게만 해당된다.
④ 위의 세 가지 모두 아니다.

35. T-bond선물옵션을 규제하는 CFTC규정에 따르면 고객으로부터 주문을 받을 수 있는 사람은 다음 중 누구인가?

① NFA회원인 AP
② CBOT의 등록대리인(registered representative)
③ CME의 준브로커(sub-broker)
④ 캔사스시티거래소의 회원

36. 위험공시명세서(Risk-disclosure statement)에 포함되어야 하는 것은 다음 중 어느 것인가?

① 고객의 서명과 서류가 서명된 날짜
② 오직 고객의 서명
③ 오직 FCM과 IB의 서명
④ 서명과 서명날짜는 필요 없음

37. 상품거래법(Commodity Exchange Act)위반으로 초래된 손해에 대해 CFTC에 소장을 제기하기 위한 기한은?

① 1년　　② 2년
③ 6개월　　④ 3년

38. 다음 중 NFA의 회원이 될 필요가 없는 사람 혹은 기관은?

① CPO　　② IB
③ FB(floor broker)　　④ CTA

39. 미국에서 선물거래를 규제하는 기관은?

① CFTC ② NFA
③ 거래소 자체 ④ 위의 세 기관 모두 해당

40. 모든 등록된 선물대리인 들은 일임매매계좌(discretionary accounts)에 대한 통제권을 행사할 수 있다.

① 맞다 ② 틀리다

41. 다음 중 CFTC와 관련이 없는 것은?

① 계약시장으로서의 선물시장 설계
② 포지션한도 설정
③ 장내브로커의 등록
④ 상품수출 자격증 부여

42. 규제된 선물거래를 하고 주문을 처리할 수 있는 자격을 갖기 위해서 회사는 어디에 등록해야 하는가?

① USDA(U.S. Department of Agriculture)
② CBOT
③ CFTC
④ SEC(Securities and Exchange Commission)

43. 계좌집행인(account executive)이 고객을 위해 일임매매계좌(discretionary account)를 개설했다. 다음 중 이를 위해 필요한 조치가 아닌 것은?

① 그 계좌는 회원사의 동업자(partner) 혹은 직원의 감독을 받아야 한다.
② 고객은 매매 후에 확인을 받아야 한다.
③ 고객은 새로운 포지션을 취할 때마다 계좌집행인에게 통지해야 한다.
④ 고객은 계좌집행인에게 서면으로 계좌재량권을 주어야 한다.

44. 투기자인 당신의 고객이 당신에게 선물옵션거래를 위한 재량계좌를 열도록 부탁했다. 다음 중 거래소와 NFA규정에 의해 반드시 필요한 사항이 아닌 것은?

① 고객이 선물계좌를 가지고 있어야 한다.
② 사전에 계좌집행인과 회사책임자로부터 승인을 받아야 한다.
③ 그 계좌가 취할 초기전략의 내용과 위험을 고객에게 알려야 한다.
④ 회사책임자는 빈번히 그 계좌를 점검하여야 한다.

45. 12명의 기금참여자와 $175,000의 자본기여를 가지고 CFTC에 등록된 하나의 기금을 가지고 있는 CPO는 NFA의 회원이어야 한다.

① 맞다 ② 틀리다

46. 다음 중 CFTC규정을 어긴 AP에 대해 최초로 취해져야 하는 징계절차는 무엇인가?

① 벌금 부과 ② 주문처리 정지 및 중지
③ 거래특권의 임시 정지 ④ AP등록의 영구 취소

47. 위험공시조항 외에 FCM과 IB가 고객에게 공시해야 할 것은 다음 중 어느 것인가?

① 고객에게 부여하는 선물거래 관련 모든 비용
② 거래 후 하루가 지나기 전에 거래내역(거래비용 포함)의 세부사항 확인
③ 계좌명세서(개시현금잔액, 거래수입과 지출, 종료현금잔액 등)의 정기적 송부(사용중인 계좌의 경우 매월, 비활성 계좌의 경우 최소 분기별)
④ 위의 세 가지 모두 다 해당된다.

48. FCM, IB, CPO들이 CFTC와 NFA에 제출한 연간재무보고서들은 독립적인 공인회계사에 의해 확인을 받아야 한다. 다음 중 공인회계사의 독립성을 저해할 수 있는 요인은 어느 것인가?

① 공인회계사가 FCM, IB, CPO와 재무와 관련 이해관계가 있다.
② 공인회계사가 FCM, IB, CPO의 이사이거나 임원이다.
③ 공인회계사가 FCM, IB, CPO의 회계기록을 유지할 책임이 가지고 있다.
④ 위의 세 가지 모두 다 해당된다.

49. 다음 중 CTA가 자신의 고객에게 공시해야 할 사항이 아닌 것은?

① CTA와 대표들(principals)의 과거 5개년 업무내역
② CTA가 고객에게 부과하는 모든 선불 비용
③ 경력 CTA의 경우 오늘까지의 거래 성과
④ CTA의 관리하에 있는 모든 고객자산이 물리적으로는 FCM이 보관하고 있다는 사실

50. IB고객에게 송부된 거래확인서(trade confirmation)는

① IB의 이름만 밝히면 된다.
② IB와 FCM이름 모두를 밝혀야 한다.
③ IB와 FCM이름은 밝힐 필요 없고, 거래내역만 밝히면 된다.
④ 필요 없다. 왜냐하면 IB는 거래대금 결제 시 현금이나 증권을 받지 않기 때문이다.

51. 다음 중 CFTC로부터 자격증을 취득해야 하는 사람은?

① 주문을 받고, 새로운 계좌를 유치하는 자
② 투자자에게 투자정보를 발행하여 제공하는 자
③ 상품기금(commodity pool)의 지분(share)을 판매하는 자
④ 잠재고객(potential clients)을 회사의 다른 사람에게 인도하는 자

52. 다음 중 NFA의 목적을 설명하고 있는 것은?

① 산업의 자율규제 강화　　② 통일된 규제기준 제공
③ 자율규제 비용의 절감　　④ 위의 세 가지 전부 해당

53. CFTC는 법무부장관이나 연방법원과 관계없이 행정판사를 통해 금지명령(injunction)을 내릴 수 있다.

① 맞다.　　② 틀리다.

54. 고객의 주문을 잘 못 처리함으로써 발생한 손실에 대해 책임을 지는 사람은?

① 고객　　② 브로커
③ 청산소(clearing house)　　④ 거래소

55. 대부분의 거래소 규정에 따르면 주문의 일부 혹은 스프레드의 한쪽만 처리한 장내브로커(FB; Floor Broker)는 장종료 벨이 울린 후 1분 이내에 그 주문을 처리해야 한다.

① 맞다. ② 틀리다.

56. CFTC의 규제활동 중 가장 중요한 것 중의 하나는 FCM과 IB의 최소재정요건을 설정하는 것이다.

① 맞다. ② 틀리다.

57. 미국 선물거래협회(NFA)의 주요계획과 우선순위를 설정하는 주체는?

① NFA의 업무수행위원회(Business Conduct Committee)
② NFA회장
③ NFA 전체이사회
④ CFTC

58. IB와 보장협약(GA; guarantee agreement)을 체결한 FCM은 IB고객의 중재와 보상에 있어 재정적 책임은 지지만, IB가 위반한 행위에 대해서는 책임질 필요가 없다.

① 맞다. ② 틀리다.

59. NFA회원이 주소변경을 NFA에 통보하지 않으면 회원권이 박탈될 수 있다.

① 맞다. ② 틀리다.

60. IB와 FCM 사이에 보장협약(GA; Guarantee Agreement)이 존재할 경우 다음 중 옳은 것은?

① IB는 어떤 기록도 유지할 필요가 없다.
② IB는 어떤 재정기록도 유지할 필요가 없다.
③ IB는 매 분기마다 재정보고서를 작성해야 한다.
④ IB와 FCM 모두 재정기록을 유지하고 재정보고서를 작성해야 한다.

61. 다음 중 CFTC에 의해 규제되는 선물상품이 아닌 것은?

① 다이아몬드 ② 석탄
③ 강철 ④ 위의 세 가지 모두 규제대상이 아니다.

62. 만일 CFTC의 감독관(commissioner)이나 직원이 선물 혹은 옵션거래를 하였다면, 이는 다음 중 무엇에 해당하는가?

① 중죄(felony) ② 경범죄(misdemeanor)

63. 일단 선물거래자 혹은 선의(bona fide)의 헷저들의 포지션수가 보고수준(reporting level)을 도달하면, 포지션의 일부를 매도하지 않는 한 더 이상의 포지션을 취할 수가 없다.

① 맞다. ② 틀리다.

64. 다음 위험공시명세서(risk disclosure statement)에 관한 설명 중 옳은 것은?

Ⅰ. 투기자와 헷저를 포함한 모든 투자자에게 송부되어야 한다. Ⅱ. 고객에 의해 서명되어야 한다. Ⅲ. 다음과 유사한 설명이 포함되어야 한다; '스프레드포지션은 매입(혹은 매도) 포지션 보다 더 안전하지 않을 수 있다'

① Ⅰ ② Ⅰ, Ⅱ
③ Ⅰ, Ⅲ ④ Ⅰ, Ⅱ, Ⅲ

65. 어떤 특정 상품에 대한 선물을 상장하고자 거래소가 제안서(proposal)를 낼 때, CFTC는 그 거래소가 충분한 수의 FCM과 브로커의 관심, 그리고 대중의 투기관심 등을 유발할 수 있는 영업능력을 가지고 있는지를 확인하여야 한다.

① 맞다. ② 틀리다.

66. 위험공시명세서에 포함되어야 하는 위험들 중에는 고객이 직면할 수 있는 불균형적으로 '차입효과에 의한 손실(levered losses)'가능성이 포함되어 있다.

① 맞다. ② 틀리다.

67. 다음 선물 전문가들 중에서 CFTC규정에 의해 고객에게 위험공시를 해야 하는 의무를 갖는 사람은?

① 장내브로커(floor broker) ② IB와 FCM
③ 오직 FCM ④ CPO와 계약을 맺고 서비스를 제공하는 CTA

68. 청산소(clearing house)는 결제된 포지션에서 발생하는 이익을 그 포지션이 마감될 때까지 보유한다.

① 맞다. ② 틀리다.

69. CPO의 공시서류 중 선불비용(up-front fees and expenses)의 게시(display)와 관련한 다음 CFTC의 요구사항 중 옳은 것은?

① 선불비용은 CPO의 공시서류 겉 표지에 게시(display)되어야 한다.
② 선불비용은 투자기본설명과 거래로 가능한 이익설명과 함께 표(table)형태로 작성해야 한다.
③ CPO의 총 투지비용대비 선물비용이 게시는 그 비용이 고객의 투자결정시 어떤 영향을 미치는 지를 나타내므로 고객들의 관심을 끌게 된다.
④ 위의 세 가지 모두 맞다.

70. 만일 NFA의 회원이 되기를 희망하는 자가 회원가입이 거부될 경우 다음 중 옳은 것은?

① 입회거부는 NFA의 조정조항(Code of Arbitration)에 의해 소청(appeal)이 허락된다.
② 청문회소청(appeal for a hearing)은 입회거부 30일 이내에 CFTC에 할 수 있다.
③ 청문회소청은 지역업무수행위원회(Regional Business Conduct Committee)에 할 수 있다.
④ 위의 세 가지 모두 답이 아니다.

71. 거래소에서 회원권(seats on exchange)을 소유(혹은 임대)하고 있는 사람만이 거래소장 내에서 선물을 사거나 팔 수 있다.

① 맞다. ② 틀리다.

72. 다음 중 NFA에 등록할 필요가 없는 선물거래인(futures professionals)은?

① 선물계약시장에 의해 거래특권을 부여 받은 장내거래인(floor traders)
② 선물 혹은 선도를 이용하여 매도가격을 헷지하는 곡물 농부 혹은 상품 생산자
③ 일반 대중에게 장기 투자프로그램을 제공하는 레버리지 거래 중개인
④ FCM에 의해 재정상태가 보증되는 IB

73. 다음 중 NFA회원이 해서는 안 되는 사항은?

① 회원자격이 상실된 선물중개인(AP) 혹은 회원과의 선물업무 수행
② 고객들과의 연합거래벤처(joint trading venture)결성 및 거래손익 공동 분배
③ NFA회원은 NFA의 인정 없이는 업무를 수행할 수 없다는 사실을 암시하지 않은 상태에서 NFA 회원이라는 사실을 광고하는 행위
④ 위의 세가지 모두

74. 선물업계 용어에 따르면 다른 사람의 재정 혹은 투자문제를 다루는 사람은 '3자계좌 조정자(third-party account controller)'라 불린다. 3자계좌 조정자로부터 업무를 인수하기 전에 AP가 취해야 하는 조치는?

① 고객의 이익을 위해 선물을 거래하기 전에 3자계좌 조정자로부터 거래허가를 서면으로 받아야 한다.
② 만일 3자계좌 조정자가 등록된 CTA라면 AP는 고객이 그 CTA가 작성한 적절한 공시서류를 읽거나 받았는지를 확인하여야 한다.
③ A와 B 모두 맞다.
④ A와 B 모두 틀리다.

75. CFTC규정에 따른 CPO의 공시의무와 관련한 다음 설명 중 맞는 것은?

① CPO에 관한 모든 사항, 모집기금(pool)의 총액, CTA이름, 기금을 운영할 FCM의 성격 등을 고객에게 공시해야 한다.
② 기금운영과 관련하여 CFTC/NFA로부터 받은 제재(중범죄 혹은 경범죄)를 고객에게 공시해야 한다.
③ A와 B 모두 맞다.
④ A와 B 모두 틀리다.

76. CPO는 기금참여자가 자신의 지분을 매각할 수 있는 기간과 조건을 공시해야 한다.

① 맞다. ② 틀리다.

77. 유지증거금(maintenance margin)은 거래소가 설정하고, 개시증거금(initial margin)은 CFTC가 설정한다.

① 맞다. ② 틀리다.

78. 다음 중 CFTC가 CPO에게 요구하는 공시의무와 관련이 없는 것은?

① 만일 기금(pool)이 1년 미만의 기간 동안 운영되었다면, 전 기간 동안의 기금운영실적을 고객에게 제공해야 하며, 그 CPO의 관리하에 있는 다른 기금들의 경우 과거 3년 혹은 3년 미만의 기금의 경우 전기간 실적을 제공해야 한다.
② A에서 언급한 사항을 공시하되 공시대상은 운영중인 기금만 포함하면 된다.

79. 12개월 이상 영업을 한 CPO는 과거 3년간 혹은 3년 미만의 경우 전기간의 영업실적을 공시해야 한다.

① 맞다. ② 틀리다.

80. CFTC의 규정에 따라 CPO가 정기적으로 행해야 하는 보고서와 고객계좌명세에 관한 다음 설명 중 옳은 것은?

① 계좌명세서 혹은 다른 정기적 보고서의 경우 예외 없이 매월 준비되어야 한다.
② 계좌명세서 혹은 정기적 보고서에는 거래기간동안의 실현된 이익과 미실현 이익, 손실, 투자소득, 발생된 비용 등이 포함되어야 한다.

81. 주문(order)의 종류 중 'OB(Or Better)'주문은 '명시된 가격 혹은 그보다 좋은 가격'에서 계약이 체결되는 주문이다. 대부분의 경우 장내거래인들은 가장 좋은 조건의 가격대에서 거래를 성사시키고자 하기 때문에 사실상 OB주문은 별 의미가 없다. 그러나, 다음 중 OB주문이 필요한 경우는?

① 시장가격이 부쉘당 $3.34인 옥수수를 $3.25에 매입 주문하는 경우
② 시장가격이 파운드당 $11.20인 설탕을 $11.30에 매입 주문하는 경우
③ 시장가격이 73-00인 T-bond를 72-24에 매입 주문하는 경우
④ 시장가격이 410인 금을 415에 매도 주문하는 경우

82. 청산소(clearing house)가 매일 거래결과에 따라 이익과 손실을 계좌에 반영하는 것을 무엇이라 하는가?

① 정지(stopping) ② 정산(settling)
③ 증거금화(margining) ④ 스트래들링(straddling)

83. 다음 중 위험공시명세서(risk disclosure statement)에 반드시 포함되어야 하는 사항은?

① 고객은 개시증거금 외에 추가로 자금을 납부할 수도 있다는 설명
② 시장유동성이 악화될 경우 선물포지션을 현금화하기 대단히 어려울 수도 있다는 설명
③ 역지정가주문(stop order)이 100% 체결되지 않을 수도 있다는 설명
④ 위의 세 가지 모두 해당

84. 계좌집행인이 고객을 위해 일임매매계좌(discretionary account)를 개설하였다. 다음 중 필수조치가 아닌 것은?

① 그 계좌는 회원사의 파트너 혹은 직원의 감독하에 있어야 한다.
② 그 고객은 선물을 매입하거나 매도 시 승인을 받아야 한다.
③ 계좌집행인이 새로운 포지션을 취할 때마다 고객에게 알려야 한다.
④ 그 고객은 계좌집행인에게 서면으로 재량권을 인정해야 한다.

85. IB가 가족의 일임매매계좌를 운영하기 위해서는 2년 이상 연속적으로 등록해야 한다.

① 맞다. ② 틀리다.

86. 만일 헷지계좌의 포지션이 CFTC의 규정에 의해 보고수준(reporting level)에 이르면 그 계좌의 모든 거래행위가 얼마나 자주 보고되어야 하는가?

① 매일(daily) ② 매월(monthly)
③ 월 2회(semimonthly) ④ 보고할 필요 없다.

87. 다음 중 AP를 위한 'Series 3' 시험을 주관하는 기관은?

① 미국 증권협회(NASD) ② 미국 선물거래위원회(CFTC)
③ 미국 선물거래협회(NFA) ④ 미국 상품거래위원회(CEAC)

88. 선물거래규정에 따르면 다음 중 규정위반에 해당되는 사항은?

① 가격조작 시도
② 부정확한 시장정보 유포
③ 동일선물상품에 대해 동시에 매입자와 매도자가 되는 행위(즉, 위장매매;wash sale)
④ 위의 세 가지 모두 해당

89. 상품거래법(Commodity Exchange Act)중에는 위반하면 감옥에 갈 수 있는 규정이 있다.

① 맞다. ② 틀리다.

90. 최대 가격변동폭을 결정하는 거래소규정을 변경시키려면 CFTC의 승인을 얻어야 한다.

① 맞다. ② 틀리다.

91. 보고수준(reporting level)은 모든 거래자에게 적용된다.

① 맞다. ② 틀리다.

92. 만일 사전에 서면으로 허락을 받는다면 NFA회원들은 고객의 이익을 나누어 가질 수 있다.

① 맞다. ② 틀리다.

93. 만일 시장참여자가 CFTC규제를 위반할 때, CFTC가 취하는 조치는 다음 중 어느 것인가?

① 미국 법무부에 형사소추 권고
② 벌금부과 혹은 배상(reparation) 절차 시작
③ 행정소송이 시작되기 전에 행정절차 시작
④ 위의 세 가지 모두

94. 다음 중 어떤 조건하에서 CPO는 현금예치금을 받고 고객을 기금참여자로 등록시킬 수 있는가?

① 고객이 FCM 혹은 IB와 거래계좌를 개설하고, FCM과 IB는 고객에게 선물거래시의 위험을 설명해 준 경우
② CPO가 고객에게 위험공시서류를 설명하고 고객이 서면으로 서류들을 받고 이해했음을 인정하는 경우
③ 최소한 5년 이상의 업무경력을 가진 CPO가 고객을 유치한 경우
④ 고객이 자발적으로 참여한 경우, 기금관리자(pool operator)는 고객에게 위험을 공시할 필요가 없다.

95. 자기자신의 계좌로 상품을 거래하는 CPO, CTA, 혹은 그들의 대표들은 위험공시명세서에 위험을 공시할 필요가 없다.

① 맞다. ② 틀리다.

96. 다음 중 CFTC 직원에게 허용되는 것은?

① 상품선물에의 투기
② 자신의 포지션에 대한 위험을 적절히 공시할 시 상품선물에의 투기
③ 자신의 포지션에 대한 위험을 적절히 공시할 시 선물에의 헷지
④ 위의 세 가지 모두 허용되지 않음

97. 한 선물거래 대리인이 고객에게 전화를 걸어 상품의 특성을 설명하자 그 고객이 대리인에게 '당신이 원하는 대로 해도 됩니다.'라고 말했다 하자. 이때 이 대리인이 취해야 할 조치는 다음 중 어느 것인가?

① 주문을 낸다.
② 주문을 내서는 안 된다.
③ 주문을 내기 전에 고객에게 '확실한 약속(firm commitment)'을 받는다.
④ 먼저 CFTC로부터 승인을 받는다.

98. CFTC의 명령권(injunctive power)은 위원회로 하여금 위원회명의로 위원회소속 변호사를 통해 명령을 내리는 것을 가능하게 한다.

① 맞다. ② 틀리다.

99. 다음 일임매매계좌(discretionary account)와 관련한 설명 중 틀린 것은?

① 고객은 위험공시조항을 받아야 한다.
② 고객은 위임장(power of attorney)에 서명해야 한다.
③ 고객은 거래가 이루어지기 전에 거래내역을 통보 받아야 한다.
④ 고객은 거래를 '거부(disavow)'할 기회를 가져야 한다.

100. 한 FCM이 선물거래소의 청산소회원인 다른 FCM과 계좌를 유지하고 있다. 청산소회원이 아닌 그 FCM이 이름과 신분을 밝히지 않은 다수의 고객들의 주문을 동시에 내었다면, 이런 유형의 주문을 무엇이라 하는가?

① 금지된 계좌(prohibited account)
② 총괄계좌(omnibus account)
③ 일임매매계좌(discretionary account)
④ 완전노출계좌(fully disclosed account)

101. 등록된 선물거래 대리인(representative)이 '스프레드(spread)'에 대해 고객에게 할 수 있는 말은 다음 중 어느 것인가?

① 스프레드는 매입과 매도포지션을 동시에 취하므로 위험이 없다.
② 스프레드는 언제나 매도 혹은 매입포지션보다 덜 위험하다.
③ 스프레드는 언제나 매도 혹은 매입포지션보다 더 위험하다.
④ 스프레드는 매도 혹은 매입포지션보다 더 위험할 수도 있다.

102. 규제를 받고 있는 상품거래소들은 증거금수준과 관련된 규정이나 법규를 제정하기 위해서는 CFTC의 승인을 받아야 한다.

① 맞다. ② 틀리다.

103. CFTC의 증거금규정에 의하면 옵션매입자는 언제 프리미엄을 전액 지불해야 하는가?

① 계좌가 개설될 때
② 옵션포지션을 가질 때
③ 거래일 거래시간이 마감될 때까지
④ 거래개시 24시간 이내에

104. 광고물(promotional material)의 사본(copy)은 최소한 5년간 보관되어야 한다.

① 맞다. ② 틀리다.

105. CFTC의 증거금관련 규제활동(margin regulatory activity)들 중의 하나는 FCM 혹은 IB의 최소필요자본금(minimum financial requirement)을 설정하는 것이다.

① 맞다. ② 틀리다.

106. CPO는 자신이 참가는 하고 있으나 거래를 시작하지 않은 기금(pool)에 대해서는 위험 공시를 할 필요가 없다.

① 맞다. ② 틀리다.

107. NFA에 따르면, IB가 고객의 주문기록을 유지하여야 하는 고객은 다음 중 어느 것인가?

① 주문을 위해 FCM에게 직접 전화를 건 고객
② 주문을 위해 IB에게 직접 전화를 건 고객
③ 고객계좌에 대해 재량권을 가지고 있는 CTA가 FCM에게 직접 주문하는 경우
④ FCM에게 서면으로 직접 주문하는 고객

108. 다음 중 NFA에 등록할 필요가 없는 CTA(Commodities Trading Advisor)는?

① 12개월간 15명 이상에게 투자자문하는 CTA
② 자신을 CTA로 간주하는 자
③ 20명에게 투자자문하지만 자신을 CTA라 간주하지 않는 자
④ 12개월간 15명 이하에게 투자자문하고 자신을 CTA라 간주하지 않는 자

109. 하나 이상의 상품기금(commodity pool)에 조언하는 CTA는 CPO처럼 등록할 필요가 없다.

① 맞다. ② 틀리다.

110. CFTC규정에 따르면 FCM(Futures Commission Merchant)은 고객의 계좌에 남아있는 미결제 포지션(open position)을 서면으로 고객에게 언제 알려야 하는가?

① 매일(daily) ② 매주(weekly)
③ 매월(monthly) ④ 매분기(quarterly)

111. 다음 중 IB(Introducing Broker)가 해야 하는 일이 아닌 것은?

① 2년 연속 등록하기 전에 가족들의 일임매매계좌를 받아들이는 일
② 2년 연속 등록한 후에 임의의 고객의 일임매매계좌를 받아들이는 일
③ NFA에 등록직후 고객의 일임매매계좌를 받아들이는 일
④ 일임매매계좌를 위해 자신의 판단과 재량을 최대로 사용하는 일

112. 보장협약(guarantee agreement)을 가지고 있지 않은 IB는 얼마나 자주 NFA에 재정 보고서를 제출해야 하는가?

① 반년마다(semi-annually) ② 매일(daily)
③ 분기마다(quarterly) ④ 매년(annually)

113. 다음 중 NFA에 의해 설정된 '최소자본금(minimum financial requirement)'의 적용을 받는 자는?

① CPO(Commodity Pool Operator)
② CTA(Commodity Trading Advisor)
③ AP(Associated Person)
④ FCM(Futures Commission Merchant)

114. '고객인지수칙(Know Your Customer rule)'이 의미하는 것은?

① 거래를 할 만한 자인지를 결정하기 위해 고객에 대해 충분히 아는 것
② 고객의 도덕성에 관해 완전히 아는 것
③ 고객의 거래목적만을 아는 것
④ 고객의 재정적 배경에 대해 완전히 아는 것

115. 고객의 계좌를 개설할 때 RCR(Registered Commodity Representative)이 해야 하는 일이 아닌 것은?

① 위험공시명세서를 고객에게 주는 일
② 고객이 서명한 위험공시명세서를 받는 일
③ 고객이 서명한 자금대출계약서를 받는 일
④ 고객이 가지고 있는 담보물목록을 받는 일

116. 상품고객합의서(Commodity Customer's Agreement)가 하는 기능은 다음 중 어느 것인가?

① 적절한 증거금이 충족되지 않으면 브로커에게 임의로 미결제 포지션을 마감할 수 있는 권한을 부여함
② 거래에서 발생하는 손실로부터 브로커의 책임을 면제함
③ 브로커에게 계좌에 있는 기금에 대해 위임권(power of attorney)을 부여함
④ 선물거래가 CFTC에 의해 감독되고 있다는 사실을 고객에게 확신시킴

117. 선물거래규정에 따르면, 한 계좌에 대해 위임권(power of attorney)을 갖고 있고 그 계좌로부터 얻어지는 이익에 대해 공유할 수 있는 권리를 갖기 위해서 다음 중 꼭 필요한 사항이 아닌 것은?

① 그러한 계약이 FCM에 신고되었다는 편지
② 적절한 선물거래소에 통지될 것
③ 그 계좌의 월간거래명세서를 고객에게 보낼 것
④ CFTC의 승인을 얻을 것

118. 선물거래중개사(AP)는 고객증거금을 징수할 책임이 있다.

① 맞다. ② 틀리다.

119. 시간을 명시하지 않고 내는 주문을 무엇이라 하는가?

① 1시간유효 주문(good for one hour)
② 1일 주문(a day order)
③ 공개 주문(GTC: good-till-canceled)
④ 마감장 주문(MOC: market-on-close)

120. CFTC는 원유선물옵션(option on crude oil futures)과 금선물옵션(option on gold futures)에 대해 규제하는 반면, SEC는 T-bond선물옵션(option on T-bond futures)에 대해 규제한다.

① 맞다. ② 틀리다.

121. NFA규정에 따르면, 자기계좌(own account)에 대해 거래하는 IB는 다음 중 어느 규정을 지켜야 하는가?

① 고객의 주문 보다 자신의 주문을 먼저 처리한다.
② 특정 고객을 위한 주문이 자신에 의해 처리되고 있음을 공시한다.
③ 고객 주문의 상대포지션(other side of a customer's order)을 알면서도 취한다.
④ 강세시장(bull market)에서 거래하여 이익을 얻는다.

122. 언제 거래확인서(confirm of a trade)를 고객에게 보내야 하는가?

① 거래일 ② 다음 날
③ 3영업일 이내 ④ 5영업일 이내

123. 외국시민권을 가지고 있는 사람이 CBOT의 장내에서 거래하기 위해서는 CFTC에 등록 하여야만 한다.

① 맞다. ② 틀리다.

Exercises

124. 다음 중 선물거래를 위한 비(非)일임매매계좌(non-discretionary account)를 개설하기 위해 필요한 사항은?

① 위임장(power of attorney)
② 최소투자액 $5,000
③ 위험공시명세서(risk disclosure statement)
④ 옵션공시명세서(option disclosure statement)

125. FCM이 거래인에 대해 '선의의 헷징(bona fide hedging)'을 하고 있다고 판단하기 위해 필요한 조건은 다음 중 어느 것인가?

① 거래인으로부터 선의의 헷징에 대한 서신을 가지고 있는 경우
② 6개월마다 거래인의 선물거래에 대해 검사를 할 경우
③ 거래인의 자산내역을 검사할 경우
④ 1년마다 거래인의 선물거래에 대해 검사를 할 경우

126. 상품거래법(CEA: Commodity Exchange Act)이 CFTC의 규제체계를 설정함에 있어 강조하는 사항은 다음 중 어느 것인가?

① CFTC가 거래소에서 이루어지는 모든 선물거래행위에 대해 포괄적 규제권한을 가지고 있다는 사실
② 거래소는 스스로를 자율적 규제해야 할 책임이 있다는 사실
③ CFTC가 거래소들에 대해 감독관할권을 가지고 있다는 사실
④ 위의 세 가지 모두

127. 선물거래중개인(AP)이 거래에서 발생할 수 있는 이익(profit)에 대해 고객에게 언급하지 않는다면, 거래에서 발생할 수 있는 손실(loss)에 대해서도 언급하지 않아도 된다.

① 맞다. ② 틀리다.

128. CFTC와 거래소 규정에 따르면 다음 중 투기자(speculator)가 취하는 행동은?

① 선물거래소에서 가격을 조종할 수 있는 거래행위
② 무제한의 선물거래 매입
③ 상품시장에서 위험을 받아들임
④ 증거금 없이 선물을 매입하거나 매도함

129. 만일 RCR(Registered Commodity Representative)이 자신의 고객이 추가증거금요청 (margin call)에 응할 수 없다는 사실을 알 경우, 그가 취해야 하는 행동은?

① 추가증거금 요청에 응할 수 있도록 시간을 더 준다.
② RCR과 고객 모두 시장여건이 고객에게 유리하게 호전될 것을 확신하므로, 고객이 자신의 포지션을 유지할 수 있도록 회사관리자에게 권고한다.
③ 고객에게 충분한 이익을 얻을 수 있는 상대와 거래를 하도록 권고한다.
④ 더 큰 손실을 막아 줄 수 있는 스프레드 전략을 구사하도록 고객에게 권유한다.
⑤ 강제매각이 발동되기 전에 추가손실을 막기 위해 포지션을 마감할 것을 고객에게 권유한다.

130. 기금(pool)의 순자산규모가 $500,000을 초과할 경우 CPO는 매월 기금참여자에게 보고해야 한다.

① 맞다. ② 틀리다.

131. 자신의 기금에 대해서만 거래상담자로 일하고 투자자문을 하는 기금운영자(pool operator)는 CPO/CTA로 등록하여야만 한다.

① 맞다. ② 틀리다.

132. 만일 CTA가 회사를 옮기면, 그는 등록해야만 한다.

① 맞다. ② 틀리다.

133. 만일 선물거래중개인(AP)가 최소 1년 이상의 업무경력이 있다면, 일임매매계좌(discre- tionary account)를 운영할 수 있다.

① 맞다. ② 틀리다.

134. 광범위한 규제권한을 행사하기 위해 CFTC가 취할 수 있는 조치는?

① 법무부장관과 상의 없이 규정위반자를 자신의 법정에 세우는 일
② 행정절차(administrative proceedings)를 발동하는 일
③ 법무부에 소추를 의뢰하는 일
④ 위의 세 가지 모두

Exercises

135. IB는 얼마나 자주 NFA에 재정보고를 해야 하는가?

① 매월(monthly) ② 매분기별(quarterly)
③ 6개월마다(semi-annually) ④ 매년(annually)

136. 다음 선물중개인(futures professional)중에서 NFA에 등록할 의무가 없는 사람(혹은 기관)은?

① FCM과 IB ② FCM, IB, AP
③ CPO와 CTA ④ 장내거래인과 거래소

137. 다음 중 CFTC가 개인고객에게 요구하는 사항이 아닌 것은?

① 위험공시 ② 적합성 결정(suitability determination)
③ 신계좌카드 ④ 최소 $5,000의 증거금

138. 다음 중 미국에서 모든 상품거래소에 대해 감독권을 가지고 있는 기관은?

① SEC ② CFTC
③ FRB ④ NASD

139. CFTC는 돼지사육자의 옥수수선물 매도를 '선의의 헷지(bona fide hedge)'로 간주한다.

① 맞다. ② 틀리다.

140 CFTC의장(chairman)은 CFTC집행위원(commissioner)들이 선출하며, 미국 상원(Senate)의 인준을 받아야 한다.

① 맞다. ② 틀리다.

141. 일임매매계좌(discretionary account)를 위해 필요한 사항이 아닌 것은?

① 계좌에 대한 사전 서면 승인 ② 모든 거래에 대한 서면 동의
③ 거래집행 전의 서면 승인 ④ 거래 권한의 서면 취소

142. '선의의 헷저(bona fide hedger)'가 되기 위해 투자자가 갖추어야 하는 요건은?

① 상품이 거래되는 거래소의 회원이어야 한다.
② 상품이 거래되는 거래소의 회원과 거래하여야 한다.
③ CFTC에 의해 인준되고 금융기관에 의해 지정되어야 한다.
④ 실물포지션을 헷지하기 위해 선물을 매입하거나 매도하여야 한다.

143. NFA규정을 위반한 NFA회원은 지역업무수행위원회(Regional Business Conduct Committee)에 의해 $100,000의 벌금이 부과된다.

① 맞다. ② 틀리다.

144. 청산소(clearing house)는 증거금이 각각의 고객에 적절하게 예치되어 있는지를 항상 확인해야 한다.

① 맞다. ② 틀리다.

145. 만일 규정준수감독관(Director of Compliance)이 NFA규정이 위반되어 질 것으로 판단되는 근거를 가지고 있을 경우, 다음 중 그가 취할 수 있는 조치에 해당되지 않는 것은?

① 지역위원회(Regional Committee)에 위반사항에 대한 서면보고서를 제출한다.
② NFA회원권을 즉결로 정지시킨다.
③ 지역위원회에 조치를 권고한다.
④ 위반사항과 관련이 있는 회원, 준회원 등으로부터 서약서를 받는다.

146. 다음 중 FCM(Futures Commission Merchant)의 정의(definition)로 적절한 것은?

① 고객으로부터 수수료를 받고 선물계약 매매를 위해 주문을 유치하거나 받는 개인이나 기관
② 고객으로부터 수수료를 받지 않고 선물계약 매매를 위해 단지 주문을 유치하거나 받는 개인이나 기관
③ 선물거래 목적으로 다수의 투자자로부터 자금이나 기금(pool)을 유치하는 개인이나 기관
④ 상품선물계약을 매매하는 중개인을 감독하는 사람

147. 다음 중 IB(Introducing Broker)의 정의(definition)로 적절한 것은?

① 상품선물계약을 매매하는 중개인을 감독하는 사람
② 고객으로부터 수수료를 받고 선물계약 매매를 위해 주문을 유치하거나 받는 개인이나 기관
③ 고객으로부터 수수료를 받지 않고 선물계약 매매를 위해 단지 주문을 유치하거나 받는 개인이나 기관
④ 선물거래 목적으로 다수의 투자자로부터 자금이나 기금(pool)을 유치하는 개인이나 기관

148. 거래소의 회원(member)과 비회원(non-member)간의 분쟁은 대개 누가 조정하는가?

① 거래소의 지역업무수행위원회(Regional Business Conduct Committee)
② 상품선물위원회(CFTC: Commodity Futures Trading Commission)
③ 거래소의 분쟁조정위원회(Committee on Arbitration)
④ 당사자가 소속된 선물협회

149. 매일 정산가격(daily settlement price)를 결정하는 기관은?

① CFTC
② 거래소의 청산소
③ 거래소
④ 위의 세 가지 모두 아니다.

150. CPO의 거래실적기록은 최소한 매 분기별로 해야 하며 다음 중 어떤 정보를 포함해야 하는가?

① 해당 기간 동안의 수익률
② 미결제약정 수
③ 해당기간 말 현재 순자산가치
④ 위의 세 가지 모두

연습문제 정답 및 해설

1. ❷ 2. ❶ 3. ❷ 4. ❹ 5. ❷

6. ❸ 7. ❷ 8. ❸ 9. ❶ 10. ❷

11. ❷ 과거업무실적(business history)은 5년간만 공시하면 된다.

12. ❷ NFA회원이 NFA에 의해 조사 중에 있지 않을 때는 사임할 수 있으나, 조사가 진행 중일 때는 사임할 수 없다.

13. ❶ 14. ❸ 15. ❹ 16. ❹ 17. ❸

18. ❸ 19. ❶ 20. ❹ 21. ❸ 22. ❸

23. ❹ 24. ❷ 25. ❷

26. ❹ 형사상의 문제(criminal matters)는 법정에서 판결된다.

27. ❸

28. ❷ FCM과 IB는 각각 공시서류를 준비해야 한다.

29. ❸ 30. ❹ 31. ❹ 32. ❶ 33. ❶ 34. ❹

35. ❶ NFA에 등록된 회원사의 AP는 모두 고객의 주문을 받을 수 있다.

36. ❶ 37. ❷ 38. ❸ 39. ❹

40. ❷ 일임매매계좌(discretionary account)를 취급하기 위해서는 2년 이상의 경력이 요구된다.

41. ❹ 42. ❸ 43. ❸ 44. ❶ 45. ❷ 46. ❷ 47. ❹

48. ❹ CFTC와 NFA는 FCM, IB, CPO의 재정기록에 대한 외부 회계사의 증명을 요구한다. 만일 회계사가 FCM, IB, CPO와 재무와 관련 이해관계가 있고, FCM, IB, CPO의 이사이거나 임원이며, FCM, IB, CPO의 회계기록을 유지할 책임이 있다면 독립된 공인회계사라 할 수 없다.

49. ❸ CTA는 거래실적이 없더라도 그 사실을 공시해야 할 의무가 있다.

50. ❷ 거래확인서에는 IB와 FCM의 이름이 포함되어야 한다.

51. ❷ 52. ❹ 53. ❶

54. ❷ 주문의 잘못된 수행으로부터 발생한 손실은 중개인과 중개회사가 배상하여야 하며, 만일 이익이 난다면 고객의 것이 된다. 문제에서 중개인은 브로커만 해당된다.

55. ❷ 선물거래는 개장시간 내에 이루어져야만 한다. 장종료 후의 장내거래는 불가능하다.

56. ❷ FCM과 IB의 최소필요자본금(minimum capital requirement) 수준은 NFA가 정한다. FCM의 최소필요자본금은 $250,000이며, IB는 $30,000이다.

57. ❸

58. ❷ IB와 보장협약(GA; guarantee agreement)을 체결한 FCM은 IB의 규정위반에 대한 공동 책임을 지게 된다.

59. ❶ **60.** ❷

61. ❹ 다이아몬드, 석탄, 강철 모두 선물거래소에서 거래되는 상품이 아니다.

62. ❶

63. ❷ 보고수준(reporting level)은 단지 일정수준을 초과하는 포지션에 대해 보고의무가 있을 뿐, 거래한도(position limit)와는 다르다.

64. ❹ **65.** ❷ **66.** ❶ **67.** ❷

68. ❷ 선물투자자는 개시증거금(initial margin)을 초과하는 증거금을 언제든 인출할 수 있으며, 신규거래를 위해서 사용할 수도 있다. 반면에, 유지증거금(maintenance margin)을 밑도는 증거금계좌는 증거금납입요청(margin call)에 따라 추가로 개시증거금수준까지 입금시켜야 한다.

69. ❹ CFTC는 선물거래의 모든 비용 및 수수료를 공시할 것을 요구한다.

70. ❷ **71.** ❶ **72.** ❷ **73.** ❶ **74.** ❸ **75.** ❸ **76.** ❶

77. ❷ 개시증거금과 유지증거금 둘 다 거래소가 설정한다.

78. ❶ **79.** ❶

80. ❷ 기금의 순자산(net asset)이 $500,000 이상일 경우 매월, 이하일 경우 매 분기별로 보고해야 한다.

81. ❷ **82.** ❷ **83.** ❹ **84.** ❸

85. ❷ 가족회원(family member)에 대한 일임매매계좌(discretionary account)를 운영하기 위해서는 2년간의 등록을 요구하지 않는다. 그러나, 위임장(power of attorney)은 필요하다.

86. ❶

87. ❶ Series 3 시험출제 및 관할은 미국 증권거래인협회(NASD)에서 하지만, 합격수준과 등록에 관한 사항은 미국 선물거래협회(NFA)관할이다.

88. ❹ 89. ❶ 90. ❶ 91. ❶

92. ❶ 사전에 고객과 서면으로 합의하였다면 이익을 고객과 분배할 수 있다.

93. ❹

94. ❷ CPO가 고객에게 공시서류를 제공하여 고객이 이해하고 서명한 후 기금을 유치하고, 기금참여자(pool participant)로 등재할 수 있다.

95. ❷ 공시서류에는 CPO와 CTA 그리고 각 대표들의 자체계좌에 대한 사항도 포함되어져야 한다.

96. ❸ CFTC의 직원들은 '선의의 헷저(bona fide hedger)'임을 서류로 입증하는 경우에만 선물 거래를 할 수 있다.

97. ❸ 98. ❶ 99. ❸ 100. ❷ 101. ❹

102. ❷ 증거금설정은 거래소가 한다.

103. ❷

104. ❷ 광고물(promotional materials)의 의무 보관기간은 3년이다.

105. ❶

106. ❷ 거래를 시작하지 않았다 하더라도 잠재고객을 유치하기 전에 공시서류를 준비해야 한다.

107. ❷ IB를 통한 주문일 때만 IB가 주문서에 시간도장(time stamp)을 찍고 거래기록을 유지, 보관한다.

108. ❹

109. ❶ CTA로서의 활동의 일환으로 기금(pool)에 대해 조언하는 사람은 CPO로의 등록이 요구되지 않는다.

110. ❸ 계좌에 남아있는 미결제포지션에 관한 명세서는 고객에게 매월(monthly) 보내야 한다. 실적이 적은 계좌에 대해서는 분기별로 보내면 된다.

111. ❸ 112. ❸

113. ❸ FCM과 IB는 최소자본금이 필요하다. FCM은 $250,000의 최소자본금이, IB는 $30,000의 최소자본금이 필요하다.

114. ❶ 115. ❸ 116. ❶

117. ❹ 고객과의 이익의 분배는 서면으로 서로 합의하면 되며, CFTC의 승인은 필요 없다.

118. ❶ 119. ❷

120. ❷ 선물거래 및 선물옵션의 거래와 관련된 사항은 CFTC의 관할이다.

121. ❹ 처음 세 가지는 IB로서 해서는 안 되는 사항이며, IB는 자신의 계좌로 거래를 해서 이익을 추구할 수 있다.

122. ❷ 거래확인서는 거래 다음 날까지 고객에게 보내져야 한다.

123. ❶ 거래소(Exchange)내에서 거래를 원하는 사람은 모두 장내거래인(FT: floor trader)으로 CFTC에 등록해야만 한다.

124. ❸ 125. ❶ 126. ❹

127. ❷ AP는 항상 모든 고객에게 선물거래의 위험성에 대해 충분히 인식시켜야 한다.

128. ❸ 129. ❺ 130. ❶

131. ❷ 이미 기금을 운영하고 있다면 CPO로 등록한 자인데 또다시 등록할 필요는 없다.

132. ❷

133. ❷ 일임매매계좌(discretionary account)를 취급하기 위해서는 2년간의 등록이 요구된다.

134. ❹

135. ❷ IB는 NFA에 분기별(quarterly)로 재정보고를 해야 한다.

136. ❹ 장내중개인과 장내거래인의 등록은 CFTC에서 관할한다.

137. ❹ 고객에 대한 최소증거금을 따로 정해놓지는 않았다.

138. ❷

139. ❷ 돼지 사육업자는 사료로 쓰는 옥수수를 헷지해야 한다면 매입헷지(long hedge)를 해야지 '선의의 헷저(bona fide hedger)'라 할 수 있다. 돼지 사육업자가 반대로 매도헷지(short hedge)를 했다면 이는 투기포지션(speculation position)으로 간주된다.

140. ❷ CFTC의장(chairman)은 대통령이 임명한다.

141. ❸

142. ❹ '선의의 헷저(bona fide hedger)'는 현물을 보유하고 있거나 향후 보유하고자 하는 사람이 현물포지션을 헷지하는 것을 말한다.

143. ❶ NFA의 지역업무수행위원회(Regional Business Conduct Committee)는 $100,000까지의 벌금형을 부과할 수 있다.

144. ❷ 청산소(clearing house)는 단지 청산회원사의 증거금에 대해 확인을 할 뿐 고객의 계좌에 대한 확인은 청산회원사의 관할 하에 있다.

145. ❷ 회원자격 정지에 관한 사항은 NFA의장 또는 이사회나 집행위원회에서 결정할 사항이다.

146. ❶

147. ❸ IB는 고객으로부터 직접 증거금에 대한 자금을 받을 수 없다. 그러한 자금은 반드시 FCM에 예치되어야 한다.

148. ❸ 거래소의 회원(member)과 비회원(non-member)간의 분쟁은 해당 거래소의 분쟁중재위원회(Committee on Arbitration)에서 중재한다.

149. ❷ **150.** ❹

한국의 파생상품시장 업무규정

파생상품시장 업무규정

제 정 2005. 1.21 규정 제12호
개 정 2005. 2.25 규정 제63호
개 정 2005. 7.22 규정 제97호
개 정 2005.10.14 규정 제112호
개 정 2006. 4.28 규정 제158호
개 정 2006.10.27 규정 제196호
전부개정 2007. 1.19 규정 제234호
개 정 2007.12.21 규정 제304호
개 정 2008. 6.27 규정 제350호
전부개정 2009. 1.14 규정 제395호
개 정 2009. 3. 4 규정 제478호
개 정 2009. 3.18 규정 제486호
개 정 2009. 9.23 규정 제543호
개 정 2009.12.29 규정 제567호
개 정 2010. 6.23 규정 제618호
개 정 2010. 9. 1 규정 제636호
개 정 2011. 1.26 규정 제682호
개 정 2011. 7. 6 규정 제742호
개 정 2011.12.28 규정 제800호
개 정 2012.12.12 규정 제880호

제1편 총칙

제1장 통칙

제1조(목적) 이 규정은 「자본시장과 금융투자업에 관한 법률」 제393조제2항에 따라 한국거래소가 개설한 파생상품시장에서의 장내파생상품의 거래, 결제 및 수탁 등에 관하여 필요한 사항을 규정함을 목적으로 한다.

제2조(정의) ① 이 규정에서 사용하는 용어의 정의는 다음과 같다.
〈개정 2009.3.4, 2009.9.23, 2011.1.26, 2011.12.28〉

1. "파생상품거래"란 한국거래소(이하 "거래소"라 한다)가 개설한 파생상품시장(이하 "시장"이라 한다)에서 이루어지는「자본시장과 금융투자업에 관한 법률」(이하 "법"이라 한다) 제5조제2항의 장내파생상품의 거래를 말한다.
2. "선물거래"란 이 규정이 정하는 기준과 방법에 따라 시장에서 이루어지는 다음 각 목의 어느 하나에 해당하는 파생상품거래를 말한다.

가. 당사자가 장래의 특정 시점에 특정한 가격으로 기초자산을 수수할 것을 약정하는 매매거래

나. 당사자가 기초자산에 대하여 사전에 약정한 가격이나 이자율, 지표, 단위 및 지수 등의 수치(이하 "수치"라 한다)와 장래의 특정 시점의 해당 기초자산의 가격이나 수치(이하 "최종결제가격"이라 한다)와의 차이로부터 산출되는 현금을 수수할 것을 약정하는 거래

3. "옵션거래"란 이 규정이 정하는 기준과 방법에 따라 시장에서 이루어지는 거래로서 당사자 일방이 상대방의 의사표시에 의하여 다음 각 목의 어느 하나에 해당하는 거래를 성립시킬 수 있는 권리(이하 "옵션"이라 한다)를 상대방에게 부여하고, 상대방은 당사자 일방에게 대가를 지급할 것을 약정하는 파생상품거래를 말한다.

가. 기초자산의 매매거래

나. 행사가격과 권리행사일의 기초자산의 가격이나 수치(이하 "권리행사결제기준가격"이라 한다)와의 차이로부터 산출되는 현금을 수수하는 거래

다. 제1항제2호가목의 선물거래

라. 제1항제2호나목의 선물거래

4. "유가증권시장"이란 법 제9조제13항제1호에 따라 거래소가 개설한 증권시장을 말한다.
5. "코스닥시장"이란 법 제9조제13항제2호에 따라 거래소가 개설한 증권시장을 말한다.
6. "회원"이란 거래소의 「회원관리규정」 제3조제1항에 따라 시장에서 파생상품거래의 전부 또는 일부에 참가할 수 있는 회원을 말하며, 다음 각 목과 같이 구분한다.

가. 결제회원

거래소의 「회원관리규정」 제3조제2항제1호의 결제회원 중 시장에서 자기의 명의로 성립된 거래의 결제를 자기의 명의로 하거나 매매전문회원으로부터 거래에 따른 결제를 위탁받아 자기의 명의로 하는 회원

나. 매매전문회원

거래소의 「회원관리규정」 제3조제2항제2호의 매매전문회원 중 시장에서 자기의 명의로 거래만 성립되고 거래에 따른 결제는 결제회원에게 위탁하는 회원

다. 지정결제회원

매매전문회원이 거래에 따른 결제의 위탁계약을 체결한 결제회원

7. “투자중개업자”란 법 제12조에 따라 장내파생상품의 전부 또는 일부에 대한 투자중 개업의 인가를 받은 자를 말한다.
8. “투자매매업자”란 법 제12조에 따라 장내파생상품의 전부 또는 일부에 대한 투자매매업의 인가를 받은 자를 말한다.
9. “기초자산”이란 선물거래의 경우에는 거래의 대상물을 말하고, 옵션거래의 경우에는 매수자의 일방적 의사표시(이하 “권리행사”라 한다)에 의하여 성립되는 거래의 대상물을 말한다.
10. “행사가격”이란 권리행사에 따라 성립되는 거래에 있어서 사전에 설정된 기초자산의 가격 또는 수치를 말한다.
11. “콜옵션”이란 다음 각 호의 옵션을 말한다.

가. 기초자산을 수수하는 옵션거래(제1항제3호가목의 옵션거래를 말한다. 이하 같다) 및 선물옵션거래(제1항제3호다목 및 라목의 옵션거래를 말한다. 이하 같다)의 경우

권리행사에 의하여 행사가격으로 기초자산의 매수로 되는 거래를 성립시킬 수 있는 옵션

나. 현금을 수수하는 옵션거래(제1항제3호나목의 옵션거래를 말한다. 이하 같다)의 경우

권리행사에 의하여 행사가격이 권리행사결제기준가격보다 낮은 경우에 그 차이로부터 산출되는 금전을 수령하게 되는 거래를 성립시킬 수 있는 옵션

12. “풋옵션”이란 다음 각 호의 옵션을 말한다.

가. 기초자산을 수수하는 옵션거래 및 선물옵션거래의 경우

권리행사에 의하여 행사가격으로 기초자산의 매도로 되는 거래를 성립시킬 수 있는 옵션

나. 현금을 수수하는 옵션거래의 경우

권리행사에 의하여 행사가격이 권리행사결제기준가격보다 높은 경우에 그 차이로부터 산출되는 금전을 수령하게 되는 거래를 성립시킬 수 있는 옵션

13. “종목”이란 선물거래의 경우에는 기초자산 · 결제월 · 최종거래일 · 최종결제방법 및 거래승수 등으로 구분되는 것을 말하고, 옵션거래의 경우에는 기초자산 · 콜옵션과 풋옵션 · 행사가격 · 결제월 · 거래승수 및 권리행사의 유형(최종거래일에만 권리행사를 할 수 있는 유형과 최종거래일 이전에 권리행사를 할 수 있는 유형을 말한다. 이하 같다) 등으로 구분되는 것을 말한다.

14. "선물스프레드거래"란 기초자산이 동일한 선물거래의 2개 종목 중 동일한 수량으로 일방 종목의 매도와 타방 종목의 매수를 동시에 성립시키기 위하여 해당 2개 종목의 가격 차이(이하 "선물스프레드"라 한다)를 기초자산으로 하는 거래를 말한다.
15. "호가"란 거래소의 회원이 시장에서 거래를 하기 위한 매도의 의사표시 또는 매수의 의사표시를 말하며, 다음 각 호와 같이 구분한다.
가. 지정가호가
종목, 수량 및 가격을 지정하는 호가로서 지정한 가격 또는 그 가격보다 유리한 가격으로 거래를 하려는 호가
나. 시장가호가
종목 및 수량은 지정하되 가격은 지정하지 아니하는 호가로서 제73조제3항 및 제74조제2항에서 각각 호가한 것으로 보는 가격으로 거래를 하려는 호가
다. 조건부지정가호가
제73조제1항제3호의 최종약정가격을 결정하는 경우에 시장가호가로 전환되는 것을 조건으로 하는 지정가호가
라. 최유리지정가호가
종목 및 수량은 지정하되 가격은 이 규정 시행세칙(이하 "세칙"이라 한다)이 정하는 가격을 지정한 것으로 보아 거래를 하려는 호가
16. "주문"이란 위탁자가 거래를 위하여 투자중개업자에게 행하는 매도의 의사표시 또는 매수의 의사표시를 말하며, 다음 각 호와 같이 구분한다.
가. 지정가주문
종목, 수량 및 가격을 지정하는 주문으로서 지정한 가격 또는 그 가격보다 유리한 가격으로 거래를 하려는 주문
나. 시장가주문
종목 및 수량은 지정하되 가격은 지정하지 아니하는 주문으로서 제73조제3항 및 제74조제2항에서 각각 호가한 것으로 보는 가격으로 거래를 하려는 주문
다. 조건부지정가주문
제73조제1항제3호의 최종약정가격을 결정하는 경우에 시장가주문으로 전환되는 것을 조건으로 하는 지정가주문
라. 최유리지정가주문
종목 및 수량은 지정하되 가격은 제1항제15호라목에서 지정한 것으로 보는 가격으로 거래를 하려는 주문
17. "기세"란 당일의 정규거래시간 중에 거래가 성립되지 아니한 종목에 대한 호가의 가격(시장가호가의 경우에는 제73조제3항 및 제74조제2항에서 각각 호가한 것으로 보는 가격을 말하고, 최유리지정가호가의 경우에는 제1항제15호라목에서 지정한 것으로 보는 가격을 말한다. 이하 같다) 중 기준가격(제

70조제2항의 기준가격을 말한다. 이하 같다)보다 낮은 매도호가가 있는 경우에는 가장 낮은 매도호가의 가격을, 기준가격보다 높은 매수호가가 있는 경우에는 가장 높은 매수호가의 가격을 말한다.

18. "자기거래"란 회원이 자기의 명의 및 계산으로 행하는 거래나 회원이 비회원인 투자매매업자의 자산운용을 위한 거래의 위탁을 받아 자기의 명의 및 그 비회원인 투자매매업자의 계산으로 행하는 거래를 말한다.
19. "위탁거래"란 회원이 해당 회원 이외의 자로부터 위탁을 받아 행하는 거래로서 자기거래가 아닌 거래를 말한다.
20. "최근월종목"이란 결제월종목 중 최종거래일이 가장 먼저 도래하는 종목을 말한다.
21. "거래소파생상품시스템"이란 거래소가 호가의 접수, 거래의 체결 및 결제 등을 위하여 설치 및 운영하는 시스템(거래소가 호가의 접수, 거래의 체결 등을 위하여 계약으로 제3자로부터 시스템을 제공받는 경우 해당 시스템을 포함한다)을 말한다.
22. "회원파생상품시스템"이란 회원이 호가의 입력 등을 위하여 거래소의 승인을 얻어 거래소파생상품시스템과 연결하는 시스템을 말한다.
23. "직전약정가격"이란 당일 정규거래시간의 결제월종목의 약정가격 중 가장 최근에 개별경쟁거래의 방법으로 체결된 약정가격(제64조에 따라 선물스프레드거래의 성립으로 체결된 것으로 보는 결제월종목의 약정가격을 제외하며, 당일 정규거래시간 중 체결된 약정가격이 없는 경우에는 제70조제2항의 기준가격으로 한다)을 말한다.
24. ①"장종료"란 제4조제1항의 정규거래시간(최종거래일이 도래한 종목의 정규거래시간은 제외한다)이 종료되는 때를 말한다.

② 이 규정을 적용함에 있어서 기초자산의 수치는 가격으로 본다.

③ 현금을 수수하는 선물거래(제1항제2호나목의 선물거래를 말한다. 이하 같다)에 있어서 매도는 최종결제가격이 약정가격보다 낮은 경우에는 그 차이로부터 산출되는 금전을 수령하고, 높은 경우에는 그 차이로부터 산출되는 금전을 지급하는 당사자로 되는 거래로 한다.

④ 현금을 수수하는 선물거래에 있어서 매수는 최종결제가격이 약정가격보다 높은 경우에는 그 차이로부터 산출되는 금전을 수령하고, 낮은 경우에는 그 차이로부터 산출되는 금전을 지급하는 당사자로 되는 거래로 한다.

⑤ 그 밖에 이 규정에서 사용하는 용어의 정의는 이 규정에서 특별히 정하는 경우를 제외하고는 법, 그 밖에 거래소의 업무관련규정에서 정하는 바에 따른다.

제2장 시장의 구분 및 개폐

제3조(시장의 구분) ① 시장은 주식상품시장, 금리상품시장, 통화상품시장, 일반상품시장, 선물스프레드시장 및 플렉스시장으로 구분한다.〈개정 2009.3.4〉

② 제1항의 각 시장은 다음 각 호와 같이 구분한다.〈개정 2009.3.4, 2011.1.26〉

1. 주식상품시장의 경우
   코스피200선물시장, 스타지수선물시장, 코스피200옵션시장, 주식선물시장 및 주식옵션시장
2. 금리상품시장의 경우
   3년국채선물시장, 5년국채선물시장 및 10년국채선물시장
3. 통화상품시장의 경우
   미국달러선물시장, 일본엔선물시장(이하 "엔선물시장"이라 한다), 유럽연합유로선물시장(이하 "유로선물시장"이라 한다) 및 미국달러옵션시장
4. 일반상품시장의 경우
   금선물시장, 미니금선물시장 및 돈육선물시장
5. 선물스프레드시장의 경우
   코스피200선물스프레드시장, 스타지수선물스프레드시장, 주식선물스프레드시장, 3년국채선물스프레드시장, 5년국채선물스프레드시장, 10년국채선물스프레드시장, 미국달러선물스프레드시장, 엔선물스프레드시장, 유로선물스프레드시장, 금선물스프레드시장, 미니금선물스프레드시장 및 돈육선물스프레드시장
6. 플렉스시장의 경우
   미국달러플렉스선물시장

제4조(거래시간) ① 시장의 정규거래시간은 9시부터 15시 15분까지로 한다. 다만, 돈육선물시장의 경우에는 10시 15분부터 15시 15분까지로 한다.〈개정 2009.3.4〉

② 제1항에도 불구하고 최종거래일이 도래한 종목(미국달러플렉스선물거래의 종목을 제외하고, 선물스프레드거래의 경우에는 선물스프레드를 구성하는 선물거래의 2개 종목 중 최종거래일이 도래한 종목이 있는 종목으로 한다)의 정규거래시간은 다음 각 호와 같이 한다.〈개정 2009.3.4, 2010.6.23〉

1. 주식상품시장의 경우: 9시부터 14시 50분까지
2. 금리상품시장, 통화상품시장 및 금선물시장의 경우: 9시부터 11시 30분까지
3. 미니금선물시장의 경우: 9시부터 15시 15분까지
4. 돈육선물시장의 경우: 10시 15분부터 15시 15분까지
5. 선물스프레드시장의 경우: 제1호부터 제4호까지의 거래시간 중 선물스프레드를 구성하는 선물거래의 종목에 해당하는 거래시간

③ 제3조제2항제1호의 코스피200옵션시장의 경우에는 정규거래시간 이외에 7시 30분부터 8시 30분까지(이하 "장개시전거래시간"이라 한다) 제75조의5에 따라 장개시전협의거래를 한다.〈신설 2009.3.18〉

④ 거래소는 다음 각 호의 어느 하나에 해당하는 경우에는 제1항부터 제3항까지의 거래시간을 변경할 수 있다.〈개정 2009.3.4, 2009.3.18〉

1. 거래소파생상품시스템 또는 회원파생상품시스템의 장애 발생으로 정상적인 거래를 할 수 없는 경우로서 세칙이 정하는 경우
2. 주식시장(유가증권시장 중 주식시장과 코스닥시장 중 주식시장을 말한다. 이하 같다)의 매매거래시간 등 기초자산의 거래시간이 변경되는 경우
3. 선물스프레드거래의 경우에는 선물스프레드를 구성하는 선물거래의 거래시간이 변경되는 경우
4. 미국달러플렉스선물시장의 경우에는 미국달러선물시장의 거래시간이 변경되는 경우
5. 그 밖에 거래소가 시장관리상 필요하다고 인정하는 경우

제4조의2(글로벌거래시간) ① 코스피200선물시장의 경우에는 정규거래시간의 거래(이하 "정규거래"라 한다) 이외에 당일 18시부터 다음 날 5시까지(이하 "글로벌거래시간"이라 한다) 거래(이하 "글로벌거래"라 한다)를 한다.

② 제1항에도 불구하고 최종거래일이 도래한 종목의 경우와 글로벌거래와 관련한 거래소파생상품시스템을 가동할 수 없는 경우에는 글로벌거래를 하지 아니한다.

③ 거래소는 다음 각 호의 어느 하나에 해당하는 경우에는 제1항의 거래시간을 변경할 수 있다.〈개정 2010.6.23〉

1. 거래소파생상품시스템 또는 회원파생상품시스템의 장애 발생으로 정상적인 거래를 할 수 없는 경우로서 세칙이 정하는 경우
2. 정규거래시간이 변경되는 경우
3. 그 밖에 거래소가 시장관리상 필요하다고 인정하는 경우

[본조신설 2009.9.23]

제5조(휴장일) ① 거래소는 다음 각 호의 어느 하나에 해당하는 날을 휴장일로 하여 거래를 하지 아니한다. 이 경우 글로벌거래는 글로벌거래시간의 개시시점이 속하는 날을 기준(거래시간이 변경되는 경우에는 변경되기 전의 거래시간을 기준으로 한다)으로 휴장일을 적용한다.〈개정 2009.9.23, 2010.6.23〉

1. 「관공서의 공휴일에 관한 규정」에 따른 공휴일
2. 「근로자의 날 제정에 관한 법률」에 따른 근로자의 날
3. 토요일
4. 12월 31일(공휴일 또는 토요일인 경우에는 직전의 거래일로 한다)
5. 기초자산이 주식 또는 주가지수인 경우에는 유가증권시장 또는 코스닥시장의 휴장일

6. 돈육선물시장의 경우에는 「축산법」에 따라 설립된 축산물품질평가원(이하 "품질평가원"이라 한다)이 「돈육 대표가격 관리기준」에서 정한 축산부류도매시장 및 축산물공판장(이하 "축산물도매시장"이라 한다)의 과반수가 휴장하는 날
7. 그 밖에 경제사정의 급격한 변동 또는 급격한 변동이 예상되거나 거래소가 시장관리상 필요하다고 인정하는 날

② 제1항제5호 및 제6호에 따른 휴장일은 제13조, 제20조, 제26조제1항, 제36조제1항, 제59조제2항, 제88조제5항, 제103조제4항제1호 · 제2호, 제132조제4항 및 제137조제3항의 거래일에는 적용하지 아니한다. 〈개정 2010.6.23, 2011.1.26〉
③ 거래소는 제1항에도 불구하고 시장관리상 필요하다고 인정하는 경우에는 제1항 각 호에 해당하는 날에 거래를 할 수 있다.

제6조(시장의 임시정지 및 재개) ① 거래소는 천재 · 지변, 전시 · 사변, 시장에서의 화재, 경제사정의 급격한 변동 또는 급격한 변동이 예상되는 경우, 그 밖에 시장관리상 필요하다고 인정하는 경우에는 시장의 전부 또는 일부를 임시로 정지할 수 있다.
② 거래소는 제1항에 따라 시장을 임시로 정지한 후 그 정지사유가 해소되는 경우에는 지체 없이 시장을 재개한다.

제7조(거래의 중개) 회원 간의 파생상품거래에 관한 계약을 체결하기 위한 중개업무는 거래소가 행한다.

제8조(거래소파생상품시스템에 의한 거래계약의 체결) 회원 간의 파생상품거래에 관한 계약의 체결은 거래소파생상품시스템으로 행한다.

제8조의2(회원시스템 접속 등에 관한 기준) ① 거래소는 시장에서의 공정한 경쟁을 도모하고 거래소 시스템을 효율적 · 안정적으로 운영하기 위하여 회원과 거래소간 및 회원과 위탁자간 시스템의 연결방법 등 세칙이 정하는 사항을 「회원시스템 접속 등에 관한 기준」으로 정한다.
② 거래소는 제1항에 따라 「회원시스템 접속 등에 관한 기준」을 새로이 정하거나 변경하는 경우에는 이를 지체 없이 회원에게 통지하여야 한다.
③ 회원은 제1항에 따라 거래소가 정한 「회원시스템 접속 등에 관한 기준」을 준수하여야 한다.
[본조신설 2011.7.6]

제2편 상장상품

제1장 총칙

제9조(결제월거래) ① 파생상품거래는 결제월의 특정한 거래일을 최종거래일로 하는 거래(이하 "결제월거래"라 한다)로 구분한다.

② 파생상품거래는 최초로 최종거래일이 도래하는 결제월거래의 최종거래일의 다음 거래일을 새로운 결제월거래의 거래개시일로 한다.

③ 거래소는 천재 · 지변, 전시 · 사변, 시장에서의 화재, 경제사정의 급변 또는 급변이 예상되는 경우, 그 밖에 시장관리상 필요하다고 인정하는 경우에는 결제월거래의 최종거래일, 권리행사일, 거래기간 또는 거래개시일을 변경할 수 있다.

제2장 주식상품거래

제1절 주가지수선물거래

제10조(기초자산, 거래수량단위 및 거래승수 등) ① 주가지수선물거래의 기초자산은 다음 각 호와 같다.

1. 코스피200선물거래의 경우
   코스피200(유가증권시장에 상장된 주권 중 200종목에 대하여 기준일인 1990년 1월 3일의 지수를 100포인트로 하여 거래소가 산출하는 시가총액방식의 주가지수를 말한다. 이하 같다)
2. 스타지수선물거래의 경우
   스타지수(코스닥시장에 상장된 주권 중 30종목에 대하여 기준일인 2003년 1월 2일의 지수를 1천포인트로 하여 거래소가 산출하는 시가총액방식의 주가지수를 말한다. 이하 같다)

② 주가지수선물거래의 거래수량단위(거래를 성립시킬 수 있는 최소단위의 수량을 말한다. 이하 같다)는 1계약으로 하고, 1계약의 금액은 가격에 거래승수를 곱하여 산출되는 금액으로 한다.〈개정 2011.7.6〉

1. 삭제〈2011.7.6〉
2. 삭제〈2011.7.6〉

③ 제2항의 거래승수는 코스피200선물거래의 경우에는 50만으로 하고, 스타지수선물거래의 경우에는 1만으로 한다.〈개정 2011.7.6〉

제11조(결제월 등) ① 주가지수선물거래의 결제월은 3월, 6월, 9월 및 12월(이하 "분기월"이라 한다)로

한다.
② 주가지수선물거래의 결제월의 수는 4개로 하고, 각 결제월의 거래기간은 1년으로 한다.

제12조(호가가격단위) 주가지수선물거래의 호가가격단위(호가를 할 수 있는 최소단위의 가격을 말한다. 이하 같다)는 코스피200선물거래의 경우에는 0. 05포인트로 하고, 스타지수선물거래의 경우에는 0.50포인트로 한다.〈개정 2011.1.26〉

제13조(최종거래일 및 최종결제일) 주가지수선물거래의 최종거래일은 결제월의 두 번째 목요일(휴장일인 경우에는 순차적으로 앞당긴다)로 하고, 최종결제일은 최종거래일의 다음 거래일로 한다.

제14조(최종결제) ① 주가지수선물거래의 최종결제는 최종거래일까지 소멸되지 아니한 미결제약정수량(이하 "최종결제수량"이라 한다)에 대하여 최종결제차금(최종거래일의 정산가격과 최종결제가격과의 차이에 최종결제수량 및 거래승수를 곱하여 산출되는 금액을 말한다. 이하 같다)을 수수하는 방법으로 한다.
② 주가지수선물거래의 최종결제가격은 다음 각 호에 해당하는 주가지수의 수치로 한다. 다만, 최종거래일에 해당 주가지수가 없거나 이를 산출할 수 없는 경우에는 세칙이 정하는 주가지수의 수치로 한다.

1. 코스피200선물거래의 경우
   최종거래일의 최종 코스피200
2. 스타지수선물거래의 경우
   최종거래일의 최종 스타지수

제2절 주가지수옵션거래

제15조(기초자산, 거래수량단위 및 거래승수 등) ① 주가지수옵션거래의 기초자산은 코스피200으로 한다.
② 주가지수옵션거래의 거래수량단위는 1계약으로 하고, 1계약의 금액은 가격에 거래승수를 곱하여 산출되는 금액으로 한다.
③ 제2항의 거래승수는 50만으로 한다.〈개정 2011.12.28〉

제16조(결제월 등) ① 주가지수옵션거래의 결제월은 매월로 한다.
② 주가지수옵션거래의 결제월의 수는 분기월 중 2개와 그 밖의 월 중 2개로 한다.
③ 주가지수옵션거래의 각 결제월의 거래기간은 분기월의 경우에는 6개월로 하고, 그 밖의 월의 경우에는

3개월로 한다.

제17조(행사가격) ① 주가지수옵션거래의 행사가격은 각 결제월의 거래개시일에 13개(분기월인 경우에는 7개로 한다)를 설정한다.
② 거래소는 각 결제월의 거래개시일의 다음 거래일 이후에 행사가격을 추가로 설정할 수 있다.
③ 제1항 및 제2항에 따른 행사가격의 설정방법, 그 밖에 행사가격의 설정에 관하여 필요한 사항은 세칙으로 정한다.

제18조(권리행사의 유형) 주가지수옵션거래의 권리행사는 결제월의 최종거래일에만 할 수 있다.

제19조(호가가격단위) 주가지수옵션거래의 호가가격단위는 호가의 가격이 3포인트 미만인 경우에는 0.01포인트로 하고, 3포인트 이상인 경우에는 0.05포인트로 한다.

제20조(최종거래일 및 권리행사결제일) 주가지수옵션거래의 최종거래일은 결제월의 두 번째 목요일(휴장일인 경우에는 순차적으로 앞당긴다)로 하고, 권리행사에 대한 결제일(이하 "권리행사결제일"이라 한다)은 권리행사일의 다음 거래일로 한다.

제21조(권리행사결제) ① 주가지수옵션거래의 권리행사결제는 권리행사수량 및 배정수량(이하 "권리행사결제수량"이라 한다)에 대하여 권리행사차금(행사가격과 권리행사결제기준가격과의 차이에 권리행사결제수량 및 거래승수를 곱하여 산출되는 금액을 말한다. 이하 같다)을 수수하는 방법으로 한다.
② 주가지수옵션거래의 권리행사결제기준가격은 권리행사일의 최종 코스피200의 수치로 한다. 다만, 권리행사일에 코스피200이 없거나 이를 산출할 수 없는 경우에는 세칙이 정하는 주가지수의 수치로 한다.

제3절 주식선물거래

제22조(기초자산) ① 주식선물거래의 기초자산은 다음 각 호의 기준에 해당하는 보통주식 중에서 시가총액, 재무상태 등을 감안하여 세칙으로 정하는 주권(이하 "기초주권"이라 한다)으로 한다.

1. 주식시장에 상장되어 있을 것. 다만, 제128조제1항제1호 각 목의 어느 하나에 해당하여 대용증권에서 제외되는 종목은 제외한다.
2. 유통주식수가 1천만주 이상일 것
3. 소액출자자수가 1만인 이상일 것
4. 1년간 주식시장에서의 거래대금이 5천억원 이상일 것

② 제1항의 시가총액, 재무상태, 유통주식수, 소액출자자수 및 거래대금의 산출기준 · 방법, 그 밖에 기

초주권의 선정에 관하여 필요한 사항은 세칙으로 정한다.

제23조(거래수량단위 및 거래승수 등) ① 주식선물거래의 거래수량단위는 1계약으로 하고, 1계약의 금액은 가격에 거래승수를 곱하여 산출되는 금액으로 한다.

② 제1항의 거래승수는 10으로 한다.

③ 제2항에도 불구하고 기초주권의 분할, 병합, 유·무상증자, 주식배당 등으로 권리락, 배당락 등(이하 "배당락등"이라 한다)이 행하여진 경우에는 세칙이 정하는 바에 따라 거래승수를 조정한다. 다만, 기초주권의 1주가 1주의 정수배로 분할되어 그 조정되는 승수가 거래승수의 정수배가 되는 경우, 미결제약정이 없는 결제월종목의 경우, 그 밖에 시장관리상 필요하다고 인정하는 경우에는 그러하지 아니하다.

④ 제3항 단서에 따라 조정되는 승수가 제2항의 거래승수의 정수배가 되는 경우, 그 밖에 시장관리상 필요하다고 인정하는 경우에는 세칙이 정하는 바에 따라 미결제약정수량을 조정할 수 있다.

제24조(결제월 등) ① 주식선물거래의 결제월은 분기월로 한다.

② 주식선물거래의 결제월의 수는 4개로 하고, 각 결제월의 거래기간은 1년으로 한다.

제25조(호가가격단위) 주식선물거래의 호가가격단위는 다음 각 호와 같다.

1. 호가의 가격이 1만원 미만인 경우에는 5원
2. 호가의 가격이 1만원 이상 5만원 미만인 경우에는 25원
3. 호가의 가격이 5만원 이상 10만원 미만인 경우에는 50원
4. 호가의 가격이 10만원 이상 50만원 미만인 경우에는 250원
5. 호가의 가격이 50만원 이상 인 경우에는 500원

제26조(최종거래일 및 최종결제일) ① 주식선물거래의 최종거래일은 결제월의 두 번째 목요일(휴장일인 경우에는 순차적으로 앞당긴다)로 하고, 최종결제일은 최종거래일의 다음 거래일로 한다.

② 제1항에도 불구하고 기초주권의 매매거래를 정지하는 경우 등 시장관리상 필요하다고 인정하는 경우에는 세칙이 정하는 바에 따라 해당 기초주권에 관한 주식선물거래의 최종거래일 등을 변경한다.

제27조(최종결제) ① 주식선물거래의 최종결제는 최종결제수량에 대하여 최종결제차금을 수수하는 방법으로 한다.

② 주식선물거래의 최종결제가격은 최종거래일의 기초주권의 종가(기세를 포함한다. 이하 같다)로 한다. 다만, 최종거래일에 종가가 없는 경우에는 세칙이 정하는 가격으로 한다.

제4절 주식옵션거래

제28조(기초자산) ① 주식옵션거래의 기초자산은 제22조제1항 각 호의 기준에 해당하는 보통주식 중에서 시가총액, 재무상태 등을 감안하여 세칙으로 정하는 기초주권으로 한다.
② 제1항을 적용함에 있어 기초주권의 선정에 필요한 사항에 관해서는 제22조제2항을 준용한다.

제29조(거래수량단위 및 거래승수 등) ① 주식옵션거래의 거래수량단위는 1계약으로 하고, 1계약의 금액은 가격에 거래승수를 곱하여 산출되는 금액으로 한다.
② 제1항의 거래승수는 10으로 한다. 다만, 제32조제2항 본문에 따라 거래승수가 조정되는 경우에는 그 조정된 승수를 거래승수로 한다.

제30조(결제월 등) ① 주식옵션거래의 결제월은 매월로 한다.
② 주식옵션거래의 결제월의 수는 분기월 중 2개와 그 밖의 월 중 2개로 한다.
③ 주식옵션거래의 결제월의 거래기간은 분기월의 경우에는 6개월로 하고, 그 밖의 월의 경우에는 3개월로 한다.

제31조(행사가격) ① 주식옵션거래의 행사가격은 각 결제월의 거래개시일에 9개를 설정한다.
② 거래소는 각 결제월의 거래개시일의 다음 거래일 이후에 행사가격을 추가로 설정할 수 있다.
③ 제1항 및 제2항에 따른 행사가격의 설정방법, 그 밖에 행사가격의 설정에 관하여 필요한 사항은 세칙으로 정한다.

제32조(행사가격의 조정 등) ① 기초주권의 배당락등이 행하여진 경우에는 세칙이 정하는 바에 따라 해당 기초주권에 관한 주식옵션거래의 행사가격을 조정한다.
② 제1항에 따라 행사가격을 조정하는 경우에는 세칙이 정하는 바에 따라 제29조제2항의 주식옵션거래의 거래승수를 조정한다. 다만, 기초주권의 1주가 1주의 정수배로 분할되어 그 조정되는 승수가 제29조제2항 본문의 거래승수의 정수배가 되는 경우, 그 밖에 시장관리상 필요하다고 인정하는 경우에는 그러하지 아니하다.
③ 제2항 단서에 따라 조정되는 승수가 제29조제2항 본문의 거래승수의 정수배가 되는 경우, 그 밖에 시장관리상 필요하다고 인정하는 경우에는 세칙이 정하는 바에 따라 미결제약정수량을 조정할 수 있다.

제33조(행사가격의 특별설정) ① 제32조제2항 본문에 따라 제29조제2항의 주식옵션거래의 거래승수가 조정되는 경우에는 제32조제1항에 따라 조정되는 행사가격과 구분하여 세칙이 정하는 바에 따라 제29조제2항 본문의 거래승수를 1계약으로 하는 행사가격을 설정(이하 "행사가격의 특별설정"이라 한다)한다.

② 제1항의 행사가격의 특별설정은 세칙이 정하는 바에 따라 배당락등이 행하여지는 날(이하 "특별설정일"이라 한다)에 9개를 설정한다.

③ 특별설정일의 다음 거래일 이후에 설정하는 행사가격의 추가설정, 그 밖에 행사가격의 특별설정에 관하여 필요한 사항은 세칙으로 정한다.

제34조(권리행사의 유형) 주식옵션거래의 권리행사는 결제월의 최종거래일에만 할 수 있다.

제35조(호가가격단위) 주식옵션거래의 호가가격단위는 다음 각 호와 같다.

1. 호가의 가격이 1천원 미만인 경우에는 10원
2. 호가의 가격이 1천원 이상 2천원 미만인 경우에는 20원
3. 호가의 가격이 2천원 이상 5천원 미만인 경우에는 50원
4. 호가의 가격이 5천원 이상 1만원 미만인 경우에는 100원
5. 호가의 가격이 1만원 이상인 경우에는 200원

제36조(최종거래일 및 권리행사결제일) ① 주식옵션거래의 최종거래일은 결제월의 두 번째 목요일(휴장일인 경우에는 순차적으로 앞당긴다)로 하고, 권리행사결제일은 권리행사일의 다음 거래일로 한다.

② 제1항에도 불구하고 기초주권의 매매거래를 정지하는 경우 등 시장관리상 필요하다고 인정하는 경우에는 세칙이 정하는 바에 따라 해당 기초주권에 관한 주식옵션거래의 최종거래일 등을 변경한다.

제37조(권리행사결제) ① 주식옵션거래의 권리행사결제는 권리행사결제수량에 대하여 권리행사차금을 수수하는 방법으로 한다.

② 주식옵션거래의 권리행사결제기준가격은 권리행사일의 기초주권의 종가로 한다. 다만, 권리행사일에 종가가 없는 경우에는 세칙이 정하는 가격으로 한다.

제3장 금리상품선물거래

제38조(기초자산, 거래단위 및 거래승수 등) ① 금리선물거래의 기초자산은 다음 각 호와 같다.〈개정 2010.9.1, 2011.1.26〉

1. 3년국채선물거래의 경우

   액면 100원, 만기 3년, 표면금리 연 5% 및 6월 단위 이자지급방식의 국고채권표준물

2. 5년국채선물거래의 경우

   액면 100원, 만기 5년, 표면금리 연 5% 및 6월 단위 이자지급방식의 국고채권표준물

3. 10년국채선물거래의 경우

액면 100원, 만기 10년, 표면금리 연 5% 및 6월 단위 이자지급방식의 국고채권표준물

4. 삭제〈2011.1.26〉

② 금리선물거래의 거래단위는 다음 각 호와 같다.〈개정 2010.9.1, 2011.1.26〉

1. 3년국채선물거래, 5년국채선물거래 및 10년국채선물거래의 경우에는 액면 1억원

2. 삭제〈2010.9.1〉

3. 삭제〈2011.1.26〉

③ 금리선물거래의 거래수량단위는 1계약으로 하고, 1계약의 금액은 가격에 거래승수를 곱하여 산출되는 금액으로 한다.

④ 제3항의 거래승수는 다음 각 호와 같다.〈개정 2010.9.1, 2011.1.26〉

1. 3년국채선물거래, 5년국채선물거래 및 10년국채선물거래의 경우에는 100만

2. 삭제〈2010.9.1〉

3. 삭제〈2011.1.26〉

제39조(결제월 등) ① 금리선물거래의 결제월은 분기월로 한다.

② 금리선물거래의 결제월의 수 및 거래기간은 다음 각 호와 같다.〈개정 2010.9.1, 2011.1.26〉

1. 3년국채선물거래, 5년국채선물거래 및 10년국채선물거래의 경우
   결제월의 수는 2개로 하고, 각 결제월의 거래기간은 6개월로 한다.

2. 삭제〈2010.9.1〉

3. 삭제〈2011.1.26〉

제40조(호가가격단위 및 가격의 표시) ① 금리선물거래의 호가가격단위는 0.01로 한다.〈개정 2010.9.1〉

② 금리선물거래의 가격은 다음 각 호와 같이 표시한다.〈개정 2011.1.26〉

1. 3년국채선물거래, 5년국채선물거래 및 10년국채선물거래의 경우
   액면 100원당 원화

2. 삭제〈2011.1.26〉

제41조(최종거래일 및 최종결제일) 금리선물거래의 최종거래일은 결제월의 세 번째 화요일(휴장일인 경우에는 순차적으로 앞당긴다)로 하고, 최종결제일은 최종거래일의 다음 거래일로 한다.[전문개정 2010.9.1]

제42조(최종결제) ① 금리선물거래의 최종결제는 최종결제수량에 대하여 최종결제차금을 수수하는 방법으로 한다.〈개정 2010.9.1〉

② 금리선물거래의 최종결제가격은 다음 각 호에 따라 산출되는 수치(소수점 셋째 자리에서 반올림한

다)로 한다. 이 경우 제1호부터 제3호까지의 산식에서 r은 최종결제기준채권의 결제수익률로 한다.〈개정 2010.9.1, 2011.1.26〉

1. 3년국채선물거래의 경우

$$최종결제가격 = \sum_{i=1}^{\sigma} \frac{5/2}{(1+r/2)^i} + \frac{100}{(1+r/2)^\sigma}$$

2. 5년국채선물거래의 경우

$$최종결제가격 = \sum_{i=1}^{10} \frac{5/2}{(1+r/2)^i} + \frac{100}{(1+r/2)^{10}}$$

3. 10년국채선물거래의 경우

$$최종결제가격 = \sum_{i=1}^{20} \frac{5/2}{(1+r/2)^i} + \frac{100}{(1+r/2)^{20}}$$

4. 삭제〈2011.1.26〉

③ 제2항제1호부터 제3호까지의 최종결제기준채권은 거래소가 해당 결제월의 거래개시일의 직전 거래일에 지정하는 6월 단위 이자지급방식의 국고채권으로 한다.〈개정 2010.9.1〉

④ 제2항제1호부터 제3호까지의 결제수익률은 한국금융투자협회가 최종결제기준채권에 대해 공시하는 다음 각 호의 수익률을 평균한 후 소수점 넷째자리에서 반올림하여 산출한다. 이 경우 최종결제기준채권이 복수인 경우에는 최종결제기준채권별 수익률을 평균한 후 소수점 넷째자리에서 반올림하여 산출한 수익률로 한다.〈개정 2010.9.1〉

1. 최종거래일 11시 30분의 수익률
2. 최종거래일 10시, 10시 30분 및 11시의 수익률 중 최고치와 최저치를 제외한 수익률

⑤ 삭제〈2011.1.26〉

제43조 삭제〈2010.9.1〉

제4장 통화상품거래

제1절 통화선물거래

제44조(기초자산, 거래단위 및 거래승수) ① 통화선물거래의 기초자산은 미국달러, 엔 및 유로로 한다.

② 통화선물거래의 거래단위는 다음 각 호와 같다.〈개정 2009.3.4〉

1. 미국달러선물거래의 경우에는 1만달러
2. 엔선물거래의 경우에는 1백만엔
3. 유로선물거래의 경우에는 1만유로

③ 통화선물거래의 거래수량단위는 1계약으로 하고, 1계약의 금액은 가격에 거래승수를 곱하여 산출되는 금액으로 한다.

④ 제3항의 거래승수는 1만으로 한다.〈개정 2009.3.4〉

제45조(결제월 등) ① 통화선물거래의 결제월은 매월로 한다.

② 통화선물거래의 결제월의 수는 분기월 중 4개와 그 밖의 월 중 4개로 한다.
〈개정 2009.3.4〉

③ 통화선물거래의 결제월의 거래기간은 분기월의 경우에는 1년으로 하고, 그 밖의 월의 경우에는 6개월로 한다.〈개정 2009.3.4〉

제46조(호가가격단위 및 가격의 표시) 통화선물거래의 호가가격단위는 0.10으로 하고, 가격은 다음 각 호와 같이 표시한다.

1. 미국달러선물거래의 경우: 1달러당 원화
2. 엔선물거래의 경우: 100엔당 원화
3. 유로선물거래의 경우: 1유로당 원화

제47조(최종거래일 및 최종결제일) 통화선물거래의 최종거래일은 결제월의 세 번째 월요일(휴장일인 경우에는 순차적으로 앞당긴다)로 하고, 최종결제일은 최종거래일부터 기산하여 3일째의 거래일로 한다.

제48조(최종결제) ① 통화선물거래의 최종결제는 최종결제수량에 대하여 통화와 최종결제대금을 수수하는 방법으로 한다.

② 통화선물거래의 최종결제가격은 최종거래일의 정산가격으로 한다.

③ 제1항의 최종결제대금은 최종결제가격에 최종결제수량 및 거래승수를 곱하여 산출되는 금액으로 한다.

④ 제1항에 따른 통화의 수수에 관하여 필요한 사항은 세칙으로 정한다.

제2절 통화옵션거래

제49조(기초자산, 거래단위 및 거래승수 등) ① 통화옵션거래의 기초자산은 미국달러로 하고, 거래단위는 1만 미국달러로 한다.

② 통화옵션거래의 거래수량단위는 1계약으로 하고, 1계약의 금액은 가격에 거래승수를 곱하여 산출되는 금액으로 한다.

③ 제2항의 거래승수는 1만으로 한다.

第50조(결제월 등) ① 통화옵션거래의 결제월은 매월로 한다.
② 통화옵션거래의 결제월의 수는 분기월 중 2개와 그 밖의 월 중 2개로 한다.
③ 통화옵션거래의 결제월의 거래기간은 분기월의 경우에는 6개월로 하고, 그 밖의 월의 경우에는 3개월로 한다.

第51조(행사가격) ① 통화옵션거래의 행사가격은 각 결제월의 거래개시일에 7개를 설정한다.
② 거래소는 각 결제월의 거래개시일의 다음 거래일 이후에 행사가격을 추가로 설정할 수 있다.
③ 제1항 및 제2항에 따른 행사가격의 설정방법, 그 밖에 행사가격의 설정에 관하여 필요한 사항은 세칙으로 정한다.

第52조(권리행사의 유형) 통화옵션거래의 권리행사는 결제월의 최종거래일에만 할 수 있다.

第53조(호가가격단위 및 가격의 표시) 통화옵션거래의 호가가격단위는 0.10으로 하고, 가격은 원화로 표시한다.

第54조(최종거래일 및 권리행사결제일) 통화옵션거래의 최종거래일은 결제월의 세 번째 월요일(휴장일인 경우에는 순차적으로 앞당긴다)로 하고, 권리행사결제일은 권리행사일부터 기산하여 3일째의 거래일로 한다.

第55조(권리행사결제) ① 통화옵션거래의 권리행사결제는 권리행사결제수량에 대하여 통화와 권리행사결제대금(행사가격에 권리행사결제수량 및 거래승수를 곱하여 산출되는 금액을 말한다. 이하 같다)을 수수하는 방법으로 한다.
② 제1항에 따른 통화의 수수에 관하여 필요한 사항은 세칙으로 정한다.

제5장 일반상품선물거래

第56조(기초자산, 거래단위 및 거래승수 등) ① 일반상품선물거래의 기초자산은 다음 각 호와 같다.〈개정 2010.6.23〉
1. 금선물거래 및 미니금선물거래의 경우에는 순도 99. 99%의 금괴
2. 돈육선물거래의 경우에는 돈육대표가격(품질평가원이 「돈육 대표가격 관리기준」에 따라 공표하는 일별 대표가격으로서 공표일 직전 2일간 축산물도매시장에서 형성된 돈육도체별 경락가격의 합계액을 도체중량 합계액으로 나누어 산출하는 돈육의 1킬로그램당 평균가격을 말한다. 이하 같다)

② 일반상품선물거래의 거래단위는 다음 각 호와 같다.〈개정 2010.6.23〉

1. 금선물거래의 경우에는 중량 1천그램
2. 미니금선물거래의 경우에는 중량 1백그램
3. 돈육선물거래의 경우에는 중량 1천킬로그램

③ 일반상품선물거래의 거래수량단위는 1계약으로 하고, 1계약의 금액은 가격에 거래승수를 곱하여 산출되는 금액으로 한다.

④ 제2항제1호 및 제3호의 거래승수는 1천으로 하며, 같은 항 제2호의 거래승수는 1백으로 한다.〈개정 2010.6.23〉

第57조(결제월 등) ① 일반상품선물거래의 결제월은 매월로 한다.

② 일반상품선물거래의 결제월의 수는 다음 각 호와 같다.〈개정 2010.6.23〉

1. 금선물거래 및 미니금선물거래의 경우에는 2월, 4월, 6월, 8월, 10월 및 12월 중 6개와 그 밖의 월 중 1개
2. 돈육선물거래의 경우에는 분기월 중 2개와 그 밖의 월 중 4개

③ 일반상품선물거래의 결제월의 거래기간은 다음 각 호와 같다.〈개정 2010.6.23〉

1. 금선물거래 및 미니금선물거래의 경우
   결제월이 2월, 4월, 6월, 8월, 10월 및 12월인 경우에는 1년, 그 밖의 월인 경우에는 2개월
2. 돈육선물거래의 경우
   6개월

第58조(호가가격단위 및 가격의 표시) 일반상품선물거래의 호가가격단위 및 가격의 표시는 다음 각 호와 같이 한다.〈개정 2010.6.23〉

1. 금선물거래 및 미니금선물거래의 경우에는 호가가격단위는 10원으로 하고, 가격은 1그램당 원화로 표시한다.
2. 돈육선물거래의 경우에는 호가가격단위는 5원으로 하고, 가격은 1킬로그램당 원화로 표시한다.

第59조(최종거래일 및 최종결제일) ① 일반상품선물거래의 최종거래일은 각 결제월의 세 번째 수요일(휴장일인 경우에는 순차적으로 앞당긴다)로 한다. 다만, 제5조제1항제6호에 따른 휴장일 및 그 밖에 거래소가 시장관리상 필요하다고 인정하는 경우에는 세칙이 정하는 바에 따라 최종거래일을 변경한다.〈개정 2010.6.23〉

② 일반상품선물거래의 최종결제일은 각 결제월의 최종거래일부터 기산하여 3일째의 거래일로 한다. 다만, 돈육선물거래의 경우 제60조제2항제3호 본문에 따른 돈육대표가격이 최종거래일의 다음 거래일까지 공표되지 않은 경우에는 세칙이 정하는 바에 따라 최종결제일을 변경한다.〈개정 2010.6.23〉

제60조(최종결제) ① 일반상품선물거래의 최종결제방법은 다음 각 호와 같다.〈개정 2010.6.23〉

1. 금선물거래 의 경우

   최종결제수량에 대하여 금괴와 최종결제대금을 수수하는 방법

2. 미니금선물거래 및 돈육선물거래의 경우

   최종결제수량에 대하여 최종결제차금을 수수하는 방법

② 일반상품선물거래의 최종결제가격은 다음 각 호와 같다.〈개정 2010.6.23〉

1. 금선물거래의 경우

   최종거래일의 정산가격

2. 미니금선물거래의 경우

   최종거래일 장종료 이후에 런던금시장가격픽싱회사(The London Gold Market Fixing Limited)가 1트로이 온스(troy ounce)로 최초 공표하는 미국달러표시 금기준가격을 1그램(gram)으로 환산한 다음 최종거래일에 서울외국환중개주식회사를 통하여 이루어진 미국달러 현물환거래에서 형성된 최종환율을 곱하여 산출한 가격(소수점 셋째 자리에서 반올림한다). 다만, 거래소가 시장관리상 필요하다고 인정하는 경우에는 세칙이 정하는 가격으로 한다.

3. 돈육선물거래의 경우

   최종거래일의 다음 날 이후에 최초로 공표되는 돈육대표가격. 다만, 최종거래일에 축산물도매시장이 장기간 휴장하는 등 시장관리상 필요하다고 인정하는 경우에는 세칙이 정하는 가격으로 한다.

③ 제1항제1호의 금선물거래의 최종결제대금은 다음 각 호의 산식에 따라 산출되는 금액에 부가가치세액을 더한 금액으로 한다. 다만, 금괴의 매수자가 「조세특례제한법」 제106조의3제1항제3호에 따른 부가가치세 면제대상자인 경우에는 다음 각 호의 산식에 따라 산출되는 금액으로 한다.

1. 금괴가 수입된 경우

   최종결제가격×최종결제수량×거래승수×(1+「관세법」 제49조에 따라 금괴에 적용되는 관세율)

2. 그 밖의 경우최종결제가격×최종결제수량×거래승수

제61조(금괴의 수수) ① 제60조제1항제1호에 따른 금선물거래의 최종결제로 수수하는 금괴는 다음 각 호의 요건을 충족하여야 한다.

1. 순도 99. 99% 이상의 1천그램 금괴로서 제련업자명 또는 상표명 · 중량 · 순도 및 제조번호가 각인되어 있는 금괴일 것
2. 세칙이 정하는 제련업자명 또는 상표명의 금괴일 것
3. 수입된 금괴인 경우에는 세칙이 정하는 기간 이내에 수입된 금괴일 것

② 제1항 이외에 금괴의 수수 장소 및 절차, 그 밖에 금괴의 수수에 관하여 필요한 사항은 세칙으로 정한다.

제6장 선물스프레드거래

제62조(선물스프레드거래의 종목 등) ① 선물스프레드거래의 종목은 기초자산이 동일한 선물거래에 있어서 세칙이 정하는 2개의 결제월종목 간 선물스프레드별로 구분한다.
② 선물스프레드거래에 있어서 가격은 원월종목(최종거래일이 나중에 도래하는 종목을 말한다. 이하 같다)의 가격에서 근월종목(최종거래일이 먼저 도래하는 종목을 말한다. 이하 같다)의 가격을 뺀 가격으로 한다. 다만, 금리상품의 경우에는 근월종목의 가격에서 원월종목의 가격을 뺀 가격으로 한다.
③ 선물스프레드거래에 있어서 매도는 근월종목의 매수 및 원월종목의 매도를 하는 거래로 한다. 다만, 금리상품의 경우에는 근월종목의 매도 및 원월종목의 매수를 하는 거래로 한다.
④ 선물스프레드거래에 있어서 매수는 근월종목의 매도 및 원월종목의 매수를 하는 거래로 한다. 다만, 금리상품의 경우에는 근월종목의 매수 및 원월종목의 매도를 하는 거래로 한다.

제63조(호가가격단위 및 가격의 표시 등) 선물스프레드거래의 호가가격단위 및 거래수량단위는 선물스프레드를 구성하는 선물거래의 호가가격단위 및 거래수량단위로 하고, 가격은 0, 양수 또는 음수로 표시한다. 이 경우 주식선물스프레드거래의 호가가격단위는 선물스프레드를 구성하는 선물거래종목의 기준가격에 해당하는 호가가격단위 중 낮은 가격으로 한다.

제64조(선물스프레드거래의 성립에 따른 의제약정가격) 선물스프레드거래가 성립된 경우에는 해당 체결된 수량과 동일한 수량으로 기초자산이 동일한 선물거래의 근월종목과 원월종목의 결제월거래가 동시에 세칙이 정하는 가격을 약정가격으로 하여 체결된 것으로 본다.

제7장 미국달러플렉스선물거래 〈신설 2009.3.4〉

제64조의2(비결제월거래) ① 제9조제1항에도 불구하고 미국달러플렉스선물거래는 매 거래일별로 거래를 구분한다.
② 제9조제2항에도 불구하고 미국달러플렉스선물거래는 제75조의4에 따라 특정한 최종거래일 및 최종결제방법으로 하는 플렉스협의거래가 최초로 신청되는 날을 새로운 종목의 거래개시일로 한다.
③ 거래소는 천재ㆍ지변, 전시ㆍ사변, 시장에서의 화재, 경제사정의 급변 또는 급변이 예상되는 경우, 그 밖에 시장관리상 필요하다고 인정하는 경우에는 미국달러플렉스선물거래의 최종거래일을 변경할 수 있다.
[본조신설 2009.3.4]

제64조의3(기초자산, 거래단위 및 거래승수 등) ① 미국달러플렉스선물거래의 기초자산은 미국달러로

한다.
② 미국달러플렉스선물거래의 거래단위, 거래수량단위, 1계약의 금액, 거래승수, 호가가격단위 및 가격의 표시에 관하여는 제44조 및 제46조의 미국달러선물거래를 준용한다.
[본조신설 2009.3.4]

제64조의4(최종거래일 및 최종결제일) ① 미국달러플렉스선물거래의 최종거래일은 각 종목별로 세칙이 정하는 거래일 중에서 제75조의4에 따라 플렉스협의거래의 당사자 간에 협의된 날로 한다.
② 미국달러플렉스선물거래의 최종결제일은 다음 각 호와 같다.
1. 기초자산을 수수하는 종목의 경우
최종거래일부터 기산하여 3일째의 거래일
2. 현금을 수수하는 종목의 경우
최종거래일의 다음 거래일
[본조신설 2009.3.4]

제64조의5(최종결제) ① 미국달러플렉스선물거래의 최종결제는 각 종목별로 다음 각 호의 방법 중에서 제75조의4에 따라 플렉스협의거래의 당사자 간에 협의된 방법으로 한다.
1. 기초자산을 수수하는 종목의 경우
최종결제수량에 대하여 미국달러와 최종결제대금을 수수하는 방법
2. 현금을 수수하는 종목의 경우
최종결제수량에 대하여 최종결제차금을 수수하는 방법
② 미국달러플렉스선물거래의 최종결제가격은 최종거래일의 플렉스협의거래의 신청시간 종료 전 30분간 서울외국환중개주식회사를 통하여 이루어진 미국달러 현물환거래에서 형성된 환율의 거래량을 가중평균하여 산출되는 가격(소수점 다섯째자리에서 반올림한다)으로 한다. 다만, 해당 시간 중에 현물거래에서 형성된 환율이 없거나 그 밖에 시장관리상 필요한 경우에는 세칙이 정하는 가격으로 한다.
③ 제1항제1호의 최종결제대금은 최종결제가격에 최종결제수량 및 거래승수를 곱하여 산출되는 금액으로 한다.
④ 제1항제1호에 따른 미국달러의 수수에 관하여는 제48조제4항의 미국달러선물거래를 준용한다.
[본조신설 2009.3.4]

제3편 거래의 체결

제1장 호가

제1절 호가의 방법 등

제65조(호가의 입력내용 및 방법〈개정 2011.7.6〉) ① 회원이 호가를 하려는 경우에는 세칙이 정하는 호가의 내용을 거래소파생상품시스템에 입력하여야 한다.

② 회원은 호가를 거래소파생상품시스템에 입력하기 전에 호가의 적합성 등 세칙에서 정하는 사항을 직접(법 제42조에 따라 제삼자에게 업무를 위탁한 경우를 포함한다) 점검하여야 한다.〈개정 2011.7.6〉

③ 제2항에 따라 점검한 결과 호가가 적합한 경우에 한하여 회원은 해당 호가를 회원파생상품시스템을 통해 거래소파생상품시스템에 즉시 입력하여야 한다.〈개정 2011.7.6〉

④ 회원은 회원파생상품시스템에 장애가 발생하여 호가를 제출할 수 없는 경우에는 회원파생상품단말기(호가의 입력 등을 위하여 회원이 해당 회원의 본점 · 지점, 그 밖의 영업소에 설치하는 단말기 중 거래소의 승인을 얻어 거래소파생상품시스템과 연결하는 단말기를 말한다. 이하 같다)를 통해 거래소파생상품시스템에 호가를 입력할 수 있다. 이 경우 제2항에 따른 회원의 호가 적합성 점검은 적용하지 아니한다.〈신설 2011.7.6〉

⑤ 회원은 회원파생상품단말기의 설치장소를 변경하는 경우에는 지체 없이 거래소에 통지하여야 한다.〈개정 2011.7.6〉

⑥ 호가의 입력제한에 관하여 필요한 사항은 세칙으로 정한다.〈신설 2011.7.6〉

제66조(호가접수시간) ① 호가는 호가접수시간에 하여야 한다.

② 제1항의 호가접수시간은 세칙으로 정한다.

제67조(호가의 기록 및 통지) ① 거래소는 호가가 접수된 순서에 따라 즉시 호가의 접수번호를 부여하고 해당 호가의 내용을 거래소파생상품시스템에 기록한다.

② 거래소는 접수 또는 기록된 호가의 내용을 즉시 해당 호가를 입력한 회원에게 통지하고, 통지는 거래소파생상품시스템을 통하여 회원파생상품시스템 또는 회원파생상품단말기에 입력하거나 그 밖의 방법으로 한다.

③ 거래소는 접수 또는 기록된 호가의 내용을 자기테이프, 자기디스크, 그 밖의 보조기억장치에 기록하여 접수일 또는 기록일로부터 10년간 기록 · 유지한다.

④ 제1항에도 불구하고 조건부지정가호가의 전환 · 접수 및 기록에 관하여 필요한 사항은 세칙으로 정한다.

第68조(호가의 효력) ① 호가는 접수된 때부터 당일의 장종료 때까지(거래가 체결된 경우에는 거래가 성립되는 때까지로 한다) 효력을 지속한다. 다만, 세칙이 정하는 경우에는 호가의 효력을 제한할 수 있다.〈개정 2009.9.23〉
② 제1항에도 불구하고 제76조제1항제1호에 해당하여 거래를 중단하는 경우로서 제81조제1항의 거래소착오거래의 우려가 있는 때의 호가의 효력은 거래소가 그 때마다 정할 수 있다.

第69조(호가의 취소 및 정정) ① 회원은 호가의 전부 또는 일부의 수량을 취소하거나 세칙이 정하는 바에 따라 호가의 종류 및 가격을 정정할 수 있다.
② 제1항에 따른 호가의 취소 및 정정은 거래가 성립되지 아니한 수량에 한정한다.

제2절 호가의 관리

第70조(호가의 가격제한) ① 호가는 기준가격을 기준으로 상한가(호가를 할 수 있는 가장 높은 가격을 말한다. 이하 같다)보다 높거나 하한가(호가를 할 수 있는 가장 낮은 가격을 말한다. 이하 같다)보다 낮은 가격으로 하여서는 아니된다.
② 제1항의 기준가격, 상한가, 하한가, 그 밖에 호가의 가격에 관하여 필요한 사항은 세칙으로 정한다.

第71조(호가의 수량제한) ① 호가수량단위(호가를 할 수 있는 최소단위의 수량을 말한다. 이하 같다)는 1계약으로 한다.
② 호가한도수량(호가 당 지정할 수 있는 최대수량을 말한다. 이하 같다), 그 밖에 호가의 수량에 관하여 필요한 사항은 세칙으로 정한다.

제2장 거래에 관한 계약의 체결

제1절 거래에 관한 계약의 체결방법

第72조(개별경쟁거래의 원칙) ① 거래는 개별경쟁거래의 방법에 의한다.
② 개별경쟁거래는 단일가격에 의한 개별경쟁거래와 복수가격에 의한 개별경쟁거래로 구분한다.
③ 개별경쟁거래에 있어서 호가의 우선순위는 다음 각 호에서 정하는 바에 따른다.
1. 낮은 가격의 매도호가는 높은 가격의 매도호가에 우선하고, 높은 가격의 매수호가는 낮은 가격의 매수호가에 우선한다.
2. 가격이 동일한 호가 간에는 호가가 접수된 시간의 선후에 따라 먼저 접수된 호가가 나중에 접수된 호가에 우선한다. 다만, 상한가 및 하한가의 단일가호가 간에는 세칙이 정하는 바에 따라 큰 수량의 호가가

적은 수량의 호가에 우선하고, 수량이 동일한 경우에는 먼저 접수된 호가가 나중에 접수된 호가에 우선한다.

第73조(단일가격에 의한 개별경쟁거래) ① 다음 각 호의 어느 하나에 해당하는 정규거래의 약정가격의 결정(선물스프레드거래를 제외한다)은 단일가격에 의한 개별경쟁거래에 의한다.〈개정 2009.9.23〉

1. 최초약정가격
2. 제76조제2항, 제77조제2항 및 제78조제3항에 따라 거래가 재개된 후의 최초약정가격
3. 최종약정가격. 다만, 세칙이 정하는 거래의 최종약정가격을 제외한다.
4. 기초주권이 정리매매종목(「유가증권시장 상장규정」 제94조제2항 또는 「코스닥시장상장규정」 제47조에 따라 상장폐지 전에 매매거래를 정지한 후 일정기간 매매거래를 허용하는 종목을 말한다. 이하 같다)인 주식선물거래 및 주식옵션거래의 약정가격

② 제1항의 단일가격에 의한 개별경쟁거래에 참여하는 호가(이하 "단일가호가"라 한다)의 범위는 세칙으로 정한다.

③ 제1항에 따라 약정가격을 결정하는 경우에 시장가호가는 세칙이 정하는 가격으로 호가한 것으로 본다.

④ 제1항에 따라 약정가격을 결정하는 경우에는 다음 각 호에서 정하는 매도호가의 합계수량과 매수호가의 합계수량이 일정한 가격에서 합치하는 가격(이하 "합치가격"이라 한다)을 약정가격으로 하여 제72조제3항에 따른 호가의 우선순위에 따라 거래를 성립시킨다. 다만, 제1항제2호의 최초약정가격을 결정하기 위한 단일가호가의 접수시간 중에 제76조부터 제78조까지의 규정에 따라 거래가 중단되는 경우로서 세칙이 정하는 경우에는 그러하지 아니하다.

1. 합치가격보다 낮은 가격의 매도호가의 모든 수량 및 합치가격보다 높은 가격의 매수호가의 모든 수량
2. 합치가격의 호가에 대하여는 다음 각 목에서 정하는 수량

가. 매도호가 또는 매수호가 중 어느 일방 호가의 모든 수량

나. 타방 호가가 있는 경우에는 타방 호가의 거래수량단위 이상의 수량

⑤ 제4항의 합치가격이 2개 이상인 경우의 약정가격은 직전약정가격과 동일한 합치가격이 있는 경우에는 그 합치가격으로 하고, 직전약정가격과 동일한 합치가격이 없는 경우에는 직전약정가격에 가장 가까운 합치가격으로 한다.

⑥ 제4항에도 불구하고 제4항제1호 및 제2호가목에서 정하는 매도호가의 합계수량과 매수호가의 합계수량이 일치하는 가격이 2개인 경우에는 제72조제3항에 따른 호가의 우선순위에 따라 거래를 성립시킨다. 이 경우 제5항은 약정가격의 결정에 준용한다.

第74조(복수가격에 의한 개별경쟁거래) ① 제73조제1항 각 호 이외의 약정가격의 결정은 복수가격에 의한 개별경쟁거래에 의한다.

② 제1항에 따라 약정가격을 결정하는 경우에 시장가호가는 세칙이 정하는 가격으로 호가한 것으로 본다.

③ 제1항에 따라 약정가격을 결정하는 경우에 가장 높은 매수호가의 가격이 가장 낮은 매도호가의 가격 이상인 경우에는 먼저 접수된 호가의 가격을 약정가격으로 하여 제72조제3항의 호가의 우선순위에 따라 거래를 성립시킨다.

제75조(협의거래) ① 거래소는 제72조부터 제74조까지의 규정에도 불구하고 다음 각 호의 거래에 대하여는 당사자 간에 협의된 조건으로 거래를 체결(이하 "협의거래"라 한다)할 수 있다.〈개정 2009.3.18〉

1. 협의대량거래
2. 기초자산조기인수도부거래
3. 플렉스협의거래
4. 장개시전협의거래

② 제72조제1항에도 불구하고 미국달러플렉스선물거래는 협의거래로만 거래를 체결한다.

③ 이 규정에서 협의거래의 신청은 호가로 보며, 협의거래에 대하여 관련 규정에서 특별히 정한 경우를 제외하고는 호가에 관한 규정을 적용한다.

④ 협의거래는 제72조에 따른 경쟁거래와 별도로 호가의 접수번호를 부여한다.

⑤ 협의거래의 신청의 취소 · 정정, 제한, 그 밖에 협의거래에 관하여 필요한 사항은 세칙으로 정한다.

[본조신설 2009.3.4]

제75조의2(협의대량거래) ① 제75조제1항제1호의 협의대량거래는 회원이 다음 각 호의 거래에 대하여 종목, 가격 및 수량에 관하여 당사자 간에 협의된 거래의 체결을 거래소에 신청하는 방법으로 한다.〈개정 2009.3.4〉

1. 3년국채선물거래
2. 미국달러선물거래, 엔선물거래 및 유로선물거래

② 협의대량거래의 신청은 해당 종목의 거래시간 이내에서 세칙이 정하는 시간에 하여야 한다.

③ 협의대량거래의 가격은 상한가 및 하한가 이내에서 세칙이 정하는 가격으로 한다.

④ 협의대량거래의 신청수량, 신청내용, 신청방법, 신청시한, 그 밖에 협의대량거래에 관하여 필요한 사항은 세칙으로 정한다.〈개정 2009.3.4〉

제75조의3(기초자산조기인수도부거래) ① 제75조제1항제2호의 기초자산조기인수도부거래는 선물거래의 미결제약정을 최종거래일 이전에 해소하기 위하여 미국달러선물거래의 종목, 가격 및 수량에 관하여 회원이 당사자 간에 협의된 거래의 체결을 거래소에 신청하고, 해당 미결제약정수량에 관한 미국달러와 대금을 수수하는 방법으로 한다.

② 기초자산조기인수도부거래의 신청시간 및 가격에 관하여는 제75조의2제2항 및 제3항을 준용한다.

③ 기초자산조기인수도부거래의 신청수량, 신청내용, 신청방법, 신청시한, 그 밖에 기초자산조기인수도

부거래에 관하여 필요한 사항은 세칙으로 정한다.
[본조신설 2009.3.4]

제75조의4(플렉스협의거래) ① 제75조제1항제3호의 플렉스협의거래는 회원이 미국달러플렉스선물거래에 대하여 최종거래일, 최종결제방법(최종거래일과 최종결제방법이 동일한 종목의 거래가 이미 개시된 경우에는 해당 종목으로 한다), 가격 및 수량에 관하여 당사자 간에 협의된 거래의 체결을 거래소에 신청하는 방법으로 한다.
② 플렉스협의거래의 신청은 해당 종목의 거래시간 이내에서 세칙이 정하는 시간에 하여야 한다.
③ 플렉스협의거래의 가격은 상한가 및 하한가 이내에서 세칙이 정하는 가격으로 한다.
④ 플렉스협의거래의 신청수량, 신청내용, 신청방법, 신청시한, 그 밖에 플렉스협의거래에 관하여 필요한 사항은 세칙으로 정한다.
[본조신설 2009.3.4]

제75조의5(장개시전협의거래) ① 제75조제1항제4호의 장개시전협의거래는 거래소가 지정하는 해외거래소에서의 코스피200옵션을 기초자산으로 하는 거래로서 세칙이 정하는 거래를 하려는 경우에 회원이 코스피200옵션거래의 종목 및 수량에 관하여 당사자 간에 협의된 거래의 체결을 거래소에 신청하는 방법으로 한다.
② 장개시전협의거래의 신청은 장개시전거래시간 이내에서 세칙이 정하는 시간에 하여야 한다.
③ 장개시전협의거래의 가격은 제70조제2항의 기준가격으로 한다.
④ 장개시전협의거래의 신청수량, 신청내용, 신청방법, 그 밖에 장개시전협의거래에 관하여 필요한 사항은 세칙으로 정한다.
[본조신설 2009.3.18]

제2절 거래의 중단

제76조(거래의 임의적 중단) ① 거래소는 다음 각 호의 어느 하나에 해당하는 경우에는 관련되는 종목의 거래를 중단 또는 정지할 수 있다.〈개정 2009.3.4, 2010.6.23〉

1. 거래소파생상품시스템 또는 회원파생상품시스템의 장애 발생으로 정상적인 거래를 할 수 없는 경우로서 세칙이 정하는 경우
2. 주식시장의 시스템장애가 세칙이 정하는 시간 이상 발생하여 주가지수의 구성종목 중 세칙이 정하는 종목 수 이상에 대하여 매매거래를 할 수 없는 경우
3. 주식선물거래 및 주식옵션거래에 있어서 기초주권의 매매거래의 중단 · 정지, 그 밖에 세칙이 정하는 경우

4. 선물스프레드거래에 있어서 그 거래를 구성하는 선물거래의 2개 종목 중에서 거래가 중단된 종목이 있는 경우
5. 돈육선물거래에 있어서 품질평가원이 「돈육 대표가격 관리기준」에서 정한 축산물도매시장의 과반수가 거래를 중단하는 경우
6. 미국달러플렉스선물거래에 있어서 미국달러선물거래가 중단되는 경우
7. 그 밖에 거래상황에 이상이 있거나 그 우려가 있어 거래를 계속하는 것이 곤란하다고 거래소가 인정하는 경우

② 거래소는 제1항에 따라 거래를 중단 또는 정지한 후 그 사유가 해소되는 경우 또는 시장관리상 필요하다고 인정하는 경우에는 거래를 재개할 수 있다.

제77조(주가지수선물거래의 필요적 중단) ① 거래소는 다음 각 호의 어느 하나에 해당하는 경우에는 기초자산이 동일한 모든 종목의 주가지수선물거래를 중단한다. 〈개정 2009.9.23〉

1. 주가지수선물거래의 약정가격의 급변 등 세칙이 정하는 경우
2. 「유가증권시장 업무규정」 제25조제1항 또는 「코스닥시장 업무규정」 제26조제1항에 따라 주식시장의 매매거래가 중단되는 경우

② 거래소는 제1항에 따라 주가지수선물거래를 중단한 후 세칙이 정하는 시간이 경과하는 때에는 즉시 중단된 주가지수선물거래를 재개한다.

제78조(주가지수선물스프레드거래 등의 필요적 중단) ① 거래소는 제77조제1항에 따라 주가지수선물거래가 중단되는 경우에는 동일한 주가지수를 기초자산으로 하는 모든 종목의 선물스프레드거래 및 옵션거래를 중단한다.

② 거래소는 제77조제1항제2호에 따라 주식시장의 매매거래가 중단되는 경우에는 해당 유가증권시장 또는 코스닥시장의 기초주권과 관련한 모든 종목의 주식선물거래, 주식선물스프레드거래 및 주식옵션거래(이하 이 조에서 "주식선물거래등"이라 한다)를 중단한다.

③ 거래소는 제1항에 따라 선물스프레드거래 및 옵션거래를 중단한 후 주가지수선물거래가 재개되는 경우에는 즉시 재개되는 주가지수선물거래와 동일한 주가지수를 기초자산으로 하는 선물스프레드거래 및 옵션거래를 재개하고, 제2항에 따라 주식선물거래등을 중단한 후 주식시장의 매매거래가 재개되는 경우에는 즉시 주식선물거래등을 재개한다.

제3절 회원에 대한 거래내용의 통지 등

제79조(거래내용의 통지) ① 거래소는 거래가 성립된 때에는 세칙이 정하는 거래내용을 회원에게 즉시 통지한다.

② 제1항에 따른 거래내용의 통지는 거래소파생상품시스템을 통하여 회원파생상품시스템 또는 회원파생상품단말기에 입력하거나 그 밖의 방법으로 한다.
③ 거래소는 제1항의 거래내용을 자기디스크, 자기테이프, 그 밖의 보조기억장치에 기록하여 거래의 성립일로부터 10년간 기록 · 유지한다.

제80조(거래내용의 확인) ① 회원은 거래소가 통지한 거래내용을 즉시 확인하여야 한다.
② 거래소가 통지한 거래내용이 회원파생상품시스템 또는 회원파생상품단말기에 도달된 때에는 회원이 이를 확인한 것으로 본다.

제81조(착오거래의 정정) ① 거래소는 거래의 중개업무를 함에 있어서 다음 각 호의 어느 하나에 해당하는 사유로 호가의 내용에 부합되지 아니하게 성립된 거래(이하 "거래소착오거래"라 한다)를 정정할 수 있다.
1. 거래소파생상품시스템의 장애
2. 거래소파생상품시스템의 프로그램운영상의 장애
3. 그 밖에 거래소가 필요하다고 인정하는 사유

② 거래소는 회원이 주문의 접수, 호가의 입력 등을 함에 있어서 착오로 주문의 내용에 부합되지 아니하게 성립된 거래(이하 "회원착오거래"라 한다)를 정정할 수 있다.
③ 제1항의 거래소착오거래, 제2항의 회원착오거래의 정정방법, 그 밖에 필요한 사항은 세칙으로 정한다.

제81조의2(착오거래의 구제) ① 거래소는 회원 또는 위탁자의 착오로 인하여 본래의 의사와 다르게 성립된 거래(이하 "투자자착오거래"라 한다) 중 세칙이 정하는 요건을 충족하는 경우 이를 구제할 수 있다. 다만, 시장상황의 급변, 그 밖에 시장관리상 필요하다고 인정하는 경우에는 그러하지 아니하다.
② 제1항의 착오거래 구제방법, 그 밖에 필요한 사항은 세칙으로 정한다.
[본조신설 2011.12.28]

제82조(시세 등의 공표) ① 거래소는 종목별로 다음 각 호에 해당하는 시세 등을 공표한다. 〈개정 2009.9.23〉
1. 현재 · 최초 · 최고 · 최저 및 최종의 약정가격
2. 약정수량 및 약정금액
3. 미결제약정수량
4. 직전 정규거래의 최종의 약정가격 또는 기준가격
5. 단일가호가시간 이외의 호가접수시간의 경우에는 우선가격의 호가수량, 단일가호가시간의 경우에는 호가수량의 합계수량 또는 예상체결가격 등 세칙이 정하는 사항
6. 그 밖에 거래소가 시장관리상 필요하다고 인정하는 사항

② 제1항의 예상체결가격의 공표기간 중 호가의 정정 및 취소의 제한, 시세 등의 공표방법, 그 밖에 필요한 사항은 세칙으로 정한다.

제2장의2 글로벌거래의 특례 〈신설 2009.9.23〉

제82조의2(적용범위) 글로벌거래의 호가와 거래에 관한 계약의 체결에 대하여는 이 장을 적용한다.
[본조신설 2009.9.23]

제82조의3(호가의 입력내용 및 방법〈개정 2011.7.6〉) ① 회원이 글로벌거래의 호가를 하려면 세칙이 정하는 호가의 내용을 거래소파생상품시스템에 입력하여야 한다.
② 호가는 회원파생상품시스템으로 거래소파생상품시스템에 입력한다.
③ 삭제〈2009.12.29〉
④ 글로벌거래의 호가의 입력제한에 관하여 필요한 사항은 세칙으로 정한다.
[본조신설 2009.9.23]

제82조의4(호가접수시간 및 효력) ① 글로벌거래의 호가는 세칙이 정하는 호가접수시간에 하여야 한다.
② 호가는 접수된 때부터 해당 거래일의 글로벌거래시간의 종료 때까지(거래가 체결된 경우에는 거래가 성립되는 때까지로 한다) 효력을 지속한다.
③ 제2항에도 불구하고 제82조의9제1항제1호에 해당하여 거래를 중단하는 경우로서 제82조의10제1항의 거래소착오거래의 우려가 있는 때의 호가의 효력은 거래소가 그 때마다 정할 수 있다.
④ 호가의 효력제한에 관하여는 제68조제1항 단서를 준용한다.
[본조신설 2009.9.23]

제82조의5(호가의 취소 및 정정) ① 회원은 호가를 취소하거나 세칙이 정하는 바에 따라 호가의 수량 및 가격을 정정할 수 있다.
② 제1항의 호가의 취소 및 가격정정은 거래가 성립되지 아니한 수량에 한정한다.
[본조신설 2009.9.23]

제82조의6(호가의 가격제한) ① 글로벌거래의 호가는 기준가격을 기준으로 상한가보다 높거나 하한가보다 낮은 가격으로 하여서는 아니된다.
② 제1항의 기준가격, 상한가, 하한가, 그 밖에 호가의 가격에 관하여 필요한 사항은 세칙으로 정한다.
[본조신설 2009.9.23]

第82조의7(호가의 수량제한) ① 글로벌거래의 호가수량단위는 1계약으로 한다.

② 글로벌거래의 호가한도수량, 그 밖에 호가의 수량에 관하여 필요한 사항은 세칙으로 정한다.

[본조신설 2009.9.23]

第82조의8(거래의 체결방법) ① 글로벌거래의 체결은 복수가격에 의한 개별경쟁거래의 방법에 의한다.

② 제1항의 복수가격에 의한 개별경쟁거래의 방법에 관하여는 제72조제3항 및 제74조를 준용한다.

[본조신설 2009.9.23]

第82조의9(거래의 임의적 중단) ① 거래소는 다음 각 호의 어느 하나에 해당하는 경우에는 글로벌 거래를 중단 또는 정지할 수 있다.〈개정 2010.6.23〉

1. 거래소파생상품시스템 또는 회원파생상품시스템의 장애 발생으로 정상적인 거래를 할 수 없는 경우로서 세칙이 정하는 경우
2. 그 밖에 거래상황에 이상이 있거나 그 우려가 있어 거래를 계속하는 것이 곤란하다고 거래소가 인정하는 경우

② 거래소는 제1항에 따라 거래를 중단 또는 정지한 후 그 사유가 해소되는 경우 또는 시장관리상 필요하다고 인정하는 경우에는 거래를 재개할 수 있다.

③ 제2항에 따른 거래의 재개에 관하여 필요한 사항은 세칙으로 정한다.

[본조신설 2009.9.23]

第82조의10(착오거래의 정정) ① 거래소는 글로벌거래의 중개업무와 관련한 거래소착오거래를 정정할 수 있다.

② 거래소는 글로벌거래와 관련한 회원착오거래를 정정할 수 있다.

③ 제1항의 거래소착오거래, 제2항의 회원착오거래의 정정방법, 그 밖에 필요한 사항은 세칙으로 정한다.

[본조신설 2009.9.23]

第82조의11(시세 등의 공표) ① 거래소는 글로벌거래의 종목별로 다음 각 호에 해당하는 시세 등을 공표한다.

1. 현재 · 최초 · 최고 · 최저 및 최종의 약정가격
2. 약정수량 및 약정금액
3. 미결제약정수량
4. 직전 정규거래의 최종의 약정가격 또는 기준가격
5. 우선호가의 호가수량 등 세칙이 정하는 사항
6. 그 밖에 거래소가 시장관리상 필요하다고 인정하는 사항

② 제1항의 시세 등의 공표방법, 그 밖에 필요한 사항은 세칙으로 정한다.
[본조신설 2009.9.23]

제82조의12(준용규정) 제67조, 제79조 및 제80조는 글로벌거래의 호가 및 거래에 관한 계약의 체결에 준용한다.
[본조신설 2009.9.23]

제3장 시장조성자

제83조(시장조성자) ① 거래소와 시장조성계약을 체결한 자(이하 "시장조성자"라 한다)는 계약이 정하는 바에 따라 의무적으로 시장을 조성하는 호가(이하 "시장조성호가"라 한다)를 제출하여야 한다.
② 시장조성자가 되고자 하는 자는 다음 각 호의 요건을 갖추어야 한다.
1. 투자매매업자일 것
2. 결제회원일 것
3. 그 밖에 세칙이 정하는 요건
③ 시장조성호가를 제출할 수 있는 상품, 종목 또는 기간에 대해서는 세칙으로 정한다.〈개정 2009.3.4, 2010.9.1, 2011.1.26, 2012.12.12〉

제84조(시장조성계약의 사전 체결) ① 시장조성자가 되고자 하는 자는 사전에 거래소와 시장조성계약을 체결하여야 한다.
② 시장조성계약의 기재사항, 그 밖에 시장조성계약에 필요한 사항은 세칙으로 정한다.

제85조(시장조성호가의 제출시기 및 제출간격) ① 시장조성자는 최우선매도호가의 가격(매도호가가 없는 경우에는 상한가에서 호가가격단위를 뺀 가격으로 한다. 이하 이 장에서 같다)과 최우선매수호가의 가격(매수호가가 없는 경우에는 하한가에서 호가가격단위를 더한 가격으로 한다. 이하 이 장에서 같다)과의 간격(이하 "최우선호가간격"이라 한다)이 다음 각 호의 간격보다 큰 경우에는 그 때부터 5분 이내에 다음 각 호의 간격 이내로 최우선호가간격을 축소시키는 매도호가 또는 매수호가를 제출하여야 한다. 다만, 회원파생상품시스템의 장애, 파업, 그 밖에 세칙이 정하는 경우에는 그러하지 아니하다.〈개정 2012.12.12〉
1. 선물거래의 경우 기초자산 가격변동률을 감안하여 세칙이 정하는 간격
2. 옵션거래의 경우 호가가격단위의 일정한 비율에 해당하는 수준으로서 세칙이 정하는 간격
② 삭제〈2012.12.12〉
③ 거래소는 시장상황의 급변, 그 밖에 시장관리상 필요하다고 인정하는 경우에는 제출시한 및 제출간격을 변경할 수 있다.〈개정 2012.12.12〉

第86조(시장조성호가의 제출방법) ① 시장조성호가는 세칙이 정하는 바에 따라 개설된 시장조성계좌를 통하여 다음 각 호에 해당하는 방법으로 제출하여야 한다.

1. 지정가호가로 제출할 것
2. 제74조에 따른 복수가격에 의한 개별경쟁거래에 참여하는 호가를 접수하는 시간에 제출할 것. 다만, 세칙이 정하는 경우에는 그러하지 아니하다.
3. 호가당 5계약 이상으로 제출할 것

② 시장조성자는 시장조성계좌를 통하여 시장조성호가 이외에 시장의 유동성 또는 가격의 연속성을 제고하는 호가로서 세칙이 정하는 호가를 제출할 수 있다.

③ 거래소는 시장상황의 급변, 그 밖에 시장관리상 필요하다고 인정하는 경우에는 제1항제3호의 수량을 변경할 수 있다.

第87조(시장조성자에 대한 대가지급 등) ① 삭제〈2012.12.12〉

② 거래소는 시장조성자의 시장조성 실적을 평가한 후 그 실적에 따라 파생상품거래와 관련한 수수료 수입의 범위 내에서 시장조성자에게 대가를 지급할 수 있다.〈개정 2010.9.1〉

③ 제2항에 따른 시장조성실적의 평가시기 및 평가방법, 대가의 지급기준 및 지급방법, 그 밖에 필요한 사항은 세칙으로 정한다.〈개정 2012.12.12〉

제4편 거래의 청산 및 결제 〈개정 2009.12.29〉

제1장 거래증거금

第88조(거래증거금의 예탁 등) ① 결제회원은 회원 및 위탁자(투자중개업자로부터 위탁의 주선을 받은 경우에는 그 투자중개업자에 위탁한 자를 포함한다)의 파생상품거래에 관한 계좌(이하 "파생상품계좌"라 한다)별로 장종료 시점을 기준으로 기초자산의 가격 · 수치, 변동성 등이 일정한 수준으로 변동하는 경우에 발생할 수 있는 최대순손실상당액 이상의 금액을 거래증거금으로 거래소에 예탁하여야 한다.〈개정 2009.9.23, 2011.7.6〉

② 제1항의 경우 매매전문회원은 거래증거금 이상에서 지정결제회원이 정하는 금액 이상을 매매전문회원증거금으로 해당 지정결제회원에게 예탁하여야 한다.

③ 회원은 제1항의 거래증거금을 세칙이 정하는 한도 이내에서 현금(「외국환거래법」 제3조에 따른 내국통화를 말하고, 「수표법」 제6조에 따라 은행이 발행한 자기앞수표를 포함한다. 이하 같다)에 갈음하여 대용증권, 외화 또는 외화증권으로 예탁할 수 있다.〈개정 2012.12.12〉

④ 제3항에 따른 외화 및 외화증권의 종류 및 평가, 그 밖에 필요한 사항은 세칙으로 정한다.〈개정

2012.12.12〉

⑤ 회원은 제1항에 따라 산출되는 거래증거금(매매전문회원이 지정결제회원에게 예탁하는 경우에는 매매전문회원증거금으로 한다)을 회원의 재산과 회원이 아닌 자의 재산으로 구분하여 산출일의 다음 거래일 12시(매매전문회원증거금의 경우에는 12시 이내에서 결제위탁계약에서 정하는 시간으로 한다)까지 예탁하여야 한다.

⑥ 거래소는 제5항에도 불구하고 천재 · 지변, 전시 · 사변, 시장에서의 화재, 경제사정의 급격한 변동 또는 급격한 변동이 예상되는 경우, 그 밖에 시장관리상 필요하다고 인정하는 경우에는 거래증거금 및 매매전문회원증거금의 예탁일, 예탁시한 등을 변경할 수 있다.

⑦ 제1항에 따른 최대순손실상당액의 산출방법, 그 밖에 거래증거금 등에 관하여 필요한 사항은 세칙으로 정한다.

第89조(대용증권) ① 제88조제3항에 따른 대용증권의 종류 및 가격 등에 관하여는 제128조를 준용한다.

② 거래소는 환금이 제한되는 대용증권에 대하여 그 제한되는 기간 동안 대용증권의 효력을 인정하지 아니할 수 있다.

③ 회원은 자기가 발행한 증권을 거래증거금 또는 매매전문회원증거금으로 예탁하여서는 아니된다. 다만, 위탁자로부터 예탁받은 증권이 자기가 발행한 증권인 경우에는 그러하지 아니하다.

④ 결제회원은 자신을 지정결제회원으로 하는 매매전문회원이 매매전문회원증거금의 예탁을 위하여 사용할 수 있는 대용증권의 종류에 대하여 필요한 제한을 할 수 있다.

第90조(매매전문회원증거금의 사용제한) 지정결제회원은 매매전문회원증거금으로 예탁받은 현금, 대용증권, 외화 및 외화증권을 해당 거래전문회원 이외의 자를 위하여 사용하여서는 아니 된다.〈개정 2012.12.12〉

第91조(거래증거금 등의 예탁 및 인출방법) ① 결제회원의 거래증거금의 예탁 및 인출 방법은 다음 각 호와 같다.〈개정 2012.12.12〉

1. 현금 또는 외화의 경우

   결제금액수수은행에 거래증거금의 예탁을 위하여 개설한 거래소 명의의 계좌로 입금하는 방법으로 예탁하고, 해당 거래소 명의의 계좌에서 거래증거금의 수령을 위하여 해당 은행에 개설한 결제회원 명의의 계좌로 대체하는 방법으로 인출한다.

2. 대용증권의 경우

   한국예탁결제원에 개설한 결제회원의 예탁자계좌부에 기재되어 있는 예탁증권에 대하여 법이 정하는 바에 따라 거래소가 질권을 취득하는 방법으로 예탁하고, 해당 질권을 말소하는 방법으로 인출한다.

3. 외화증권의 경우

외화증권의 거래증거금 예탁을 위하여 한국예탁결제원에 개설한 거래소 명의의 계좌로 대체하는 방법으로 예탁하고, 해당 거래소 명의의 계좌에서 외화증권 수령을 위하여 한국예탁결제원에 개설한 결제회원 명의의 계좌로 대체하는 방법으로 인출한다.

② 결제회원이 제1항에 따른 거래증거금을 예탁 및 인출하는 경우에는 세칙이 정하는 바에 따른다.

③ 제1항 및 제2항은 매매전문회원이 지정결제회원에 현금, 대용증권, 외화 또는 외화증권으로 매매전문회원증거금을 예탁 및 인출하는 경우에 준용한다. 〈개정 2012.12.12〉

第92조(거래증거금 관리 및 운용〈개정 2012.12.12〉) ① 거래소는 거래증거금으로 예탁된 현금, 외화 또는 외화증권을 거래소의 고유재산과 구분하여 결제회원별로 관리한다. 〈개정 2012.12.12〉

② 거래소는 결제회원이 예탁한 현금 또는 외화를 「자본시장과 금융투자업에 관한 법률 시행령」(이하 "법시행령"이라 한다) 제362조제5항 각 호의 어느 하나에 해당하는 방법 중 환금성을 확보할 수 있는 방법으로 운용할 수 있다.

③ 현금 또는 외화로 예탁된 거래증거금에서 발생하는 과실은 결제회원별로 결제회원의 재산과 결제회원이 아닌 자의 재산으로 구분하여 거래증거금에 산입한다.

第93조(거래증거금 등의 인출) ① 결제회원은 제88조제1항에 따른 금액을 초과하여 거래증거금을 예탁한 경우에 그 초과액에 해당하는 금액을 인출할 수 있다.

② 매매전문회원은 제88조제2항에 따른 금액을 초과하여 매매전문회원증거금을 예탁한 경우에 그 초과액에 해당하는 금액을 인출할 수 있다.

제2장 거래소와 회원 간 청산 및 결제 〈개정 2009.12.29〉

제1절 통칙

第93조의2(채무인수할 거래의 확인) 거래소는 거래의 성립후 회원의 채무를 인수하고자 하는 때에는 사전에 인수할 채무의 기초가 되는 거래를 확인한다. 이 경우 착오거래의 정정 등으로 거래가 변경된 때에는 변경된 거래를 확인한다.
[본조신설 2009.12.29]

第94조(면책적 채무인수〈개정 2009.12.29〉) ① 거래소는 제93조의2에 따라 확인한 거래에 대하여 회원이 상대방인 회원에 부담하는 채무를 인수하고, 당해 회원은 거래소가 인수한 채무와 동일한 내용의 채무를 거래소에 부담한다. 〈개정 2009.12.29〉

② 제1항에 따라 거래소에 채무를 이전한 회원은 이전하기 전에 상대방인 회원에 대하여 부담하는 채무

를 면한다.〈개정 2009.12.29〉

제95조(매도 · 매수 대등수량의 소멸) 거래소는 파생상품계좌별로 동일한 종목의 매도와 매수의 약정수량(직전 거래일의 미결제약정수량을 포함한다) 중 대등한 수량을 상계한 것으로 보아 소멸시킨다.

제2절 선물거래의 결제방법

제96조(일일정산 및 정산가격) ① 거래소와 결제회원, 지정결제회원과 매매전문회원은 선물거래의 각 종목에 대하여 거래일마다 장종료 시점을 기준으로 정산가격으로 정산하여야 한다. 이 경우 글로벌거래의 각 종목에 대하여는 글로벌거래의 종료 후에 개시되는 정규거래에 포함하여 정산한다.〈개정 2009.9.23〉

② 제1항의 정산가격은 각 종목별로 정규거래시간 중 가장 나중에 성립된 약정가격(선물스프레드거래의 성립에 따라 체결된 것으로 보는 결제월거래의 약정가격과 협의거래의 약정가격을 제외한다. 이하 이 항에서 같다)으로 한다. 다만, 약정가격이 없거나 약정가격이 기초자산 가격의 일정 수준을 초과하는 종목의 경우, 미국달러플렉스선물거래의 경우, 그 밖에 시장관리상 필요하다고 인정하는 경우에는 세칙이 정하는 가격을 정산가격으로 한다.〈개정 2009.3.4, 2009.9.23〉

제97조(당일차금의 수수) ① 결제회원은 당일의 약정가격(직전 거래일의 글로벌거래의 약정가격을 포함한다)과 당일의 정산가격과의 차이에 약정수량 및 거래승수를 곱하여 산출되는 금액(이하 "당일차금"이라 한다)을 거래소와 수수하여야 한다.〈개정 2009.9.23〉

② 매매전문회원은 당일차금을 지정결제회원과 수수하여야 한다.

제98조(갱신차금의 수수) ① 결제회원은 직전 거래일의 정산가격과 당일의 정산가격과의 차이에 직전 거래일의 장종료 시점의 미결제약정수량 및 거래승수를 곱하여 산출되는 금액(이하 "갱신차금"이라 한다)을 거래소와 수수하여야 한다. 다만, 주식선물거래의 기초주권의 배당락등이 행하여진 경우, 그 밖에 시장관리상 필요하다고 인정하는 경우에는 세칙이 정하는 바에 따라 갱신차금을 산출한다.〈개정 2009.9.23〉

② 매매전문회원은 갱신차금을 지정결제회원과 수수하여야 한다.

제3절 옵션거래의 결제방법

제99조(옵션대금의 수수) ① 결제회원은 옵션거래의 각 종목에 대하여 약정가격에 약정수량 및 거래승수를 곱하여 산출되는 금액(이하 "옵션대금"이라 한다)을 거래소와 수수하여야 한다.

② 매매전문회원은 옵션대금을 지정결제회원과 수수하여야 한다.

제100조(권리행사의 신고) ① 회원이 권리행사를 하는 경우에는 종목별로 다음 각 호의 구분에 따라 권리행사수량을 신고시한 이내에 거래소에 신고하여야 한다.

1. 회원의 자기계산에 의한 거래와 그 회원 이외의 자의 계산에 의한 거래의 구분
2. 위탁자(투자중개업자로부터 위탁의 주선을 받는 경우에는 그 투자중개업자에 위탁한 자를 포함한다)의 구분

② 제1항에도 불구하고 현금을 수수하는 옵션거래의 경우에는 다음 각 호의 어느 하나에 해당하는 종목(이하 "손실종목"이라 한다)에 대하여 권리행사의 신고를 하여서는 아니된다.

1. 콜옵션에 있어서 권리행사결제기준가격이 행사가격 이하인 종목
2. 풋옵션에 있어서 권리행사결제기준가격이 행사가격 이상인 종목

③ 제1항에도 불구하고 다음 각 호의 어느 하나에 해당하는 종목(이하 "이익종목"이라 한다)의 경우에는 제1항에 따른 권리행사의 신고를 한 것으로 본다. 다만, 기초자산을 수수하는 옵션거래의 경우에 회원이 권리행사의 포기를 신고하는 경우에는 그러하지 아니하다.

1. 콜옵션에 있어서 권리행사결제기준가격에서 행사가격을 뺀 수치가 세칙이 정하는 수치(이하 "권리행사신고의제수치"라 한다) 이상인 종목
2. 풋옵션에 있어서 행사가격에서 권리행사결제기준가격을 뺀 수치가 권리행사신고의제수치 이상인 종목

④ 제3항을 적용함에 있어서 미국달러옵션거래의 권리행사결제기준가격은 권리행사일의 11시 30분에 서울외국환중개주식회사를 통하여 이루어진 미국달러 현물환거래에서 형성된 환율(해당 시점에 형성된 환율이 없는 경우에는 직전 거래에서 형성된 환율로 한다)로 한다.

⑤ 제1항부터 제3항까지의 규정에 따라 매매전문회원이 권리행사의 신고 또는 권리행사 포기의 신고를 한 경우에 해당 매매전문회원은 지체 없이 그 내용을 지정결제회원에게 통지하여야 한다.

⑥ 제1항의 신고시한, 제1항부터 제3항까지의 신고방법, 제5항의 통지방법, 그 밖에 필요한 사항은 세칙으로 정한다.

제101조(권리행사의 배정) ① 거래소는 제100조에 따라 신고한 각 종목의 권리행사수량을 제100조제1항 각 호의 구분에 따라 해당 종목의 매도의 미결제약정에 대하여 무작위로 배정하되, 세칙이 정하는 방법으로 배정하고 지체 없이 그 배정수량을 해당 회원에게 통지한다.

② 매매전문회원은 제1항에 따른 통지를 받은 때에는 지체 없이 그 내용을 지정결제회원에게 통지하여야 한다.

③ 제1항에 따른 권리행사 배정의 통지방법은 세칙으로 정한다.

제102조(옵션의 소멸) 최종거래일이 도래한 옵션으로서 거래종료 후에 권리행사 및 배정이 되지 않은 미결제약정으로 남아 있는 옵션은 권리행사의 배정이 이루어진 후에 소멸되는 것으로 본다.

제4절 차감결제 및 결제시한 등

제103조(차감 및 차감결제현금 · 차감결제기초자산의 확정〈개정 2009.12.29〉) ① 거래소는 결제일 및 결제시한이 동일한 당일차금, 갱신차금, 옵션대금, 최종결제차금, 최종결제대금, 권리행사차금 및 권리행사결제대금의 총지급액과 총수령액을 차감한 금액(이하 이 절에서 "차감결제현금"이라 한다)를 거래소와 회원간 수수하는 현금으로 확정한다.〈개정 2009.12.29〉

② 거래소는 결제일 및 결제시한이 동일한 각 기초자산별로 지급할 기초자산과 수령할 기초자산을 차감한 기초자산(이하 이 절에서 "차감결제기초자산"이라 한다)을 거래소와 회원간에 수수하는 기초자산으로 확정한다.〈개정 2009.12.29〉

③ 지정결제회원은 결제위탁계약을 체결한 매매전문회원의 확정된 채권을 취득하고 채무를 부담하며 당해 매매전문회원은 지정결제회원에 대하여 동일한 내용의 채권을 취득하고 채무를 부담한다.〈개정 2009.12.29〉

④ 제1항 및 제2항의 결제일 및 결제시한은 다음 각 호의 날 및 시간까지로 한다.〈개정 2009.12.29〉

1. 당일차금 및 갱신차금의 경우
   해당 차금이 발생한 날의 다음 거래일의 16시
2. 옵션대금의 경우
   옵션거래가 성립한 날의 다음 거래일의 16시
3. 최종결제차금, 최종결제대금, 권리행사차금, 권리행사결제대금 및 기초자산의 경우
   현금을 수수하는 파생상품거래는 최종결제일 또는 권리행사결제일의 16시, 기초자산을 수수하는 파생상품거래는 최종결제일 또는 권리행사결제일의 세칙이 정하는 시간

⑤ 거래소는 제4항에도 불구하고 시장관리상 필요하다고 인정하는 경우에는 결제일 또는 결제시한을 변경할 수 있다.〈신설 2009.12.29〉

⑥ 제1항 및 제2항에 따른 차감결제현금 및 차감결제기초자산의 산출방법은 세칙으로 정한다.〈개정 2009.12.29〉

제103조의2(결제내역의 통지) 거래소는 제103조에 따라 확정된 차감결제현금 및 차감결제기초자산의 내역(이하 "결제내역"이라 한다)을 거래소파생상품시스템을 통하여 회원파생상품시스템 또는 회원파생상품단말기로 전송하거나 그 밖의 방법으로 회원에게 통지한다.
[본조신설 2009.12.29]

제104조(차감결제현금 및 차감결제기초자산의 수수〈개정 2009.12.29〉) ① 결제회원은 통지받은 결제내역에 따라 차감결제현금 또는 차감결제기초자산을 제103조제4항의 결제시한까지 거래소에 납부하여야 하고, 거래소는 제105조의2에 따라 결제회원에게 지급 또는 인도한다.〈개정 2009.12.29〉

② 제1항에 따른 거래소와 결제회원간 차감결제현금 또는 차감결제기초자산의 수수는 다음 각 호에서 정하는 방법으로 한다.〈신설 2009.12.29〉

1. 차감결제현금의 경우
   차감결제현금의 결제를 위하여 결제은행에 개설한 거래소 명의의 계좌와 결제회원 명의의 계좌간의 대체
2. 삭제〈2010.9.1〉
3. 통화상품거래 및 미국달러플렉스선물거래 차감결제기초자산의 경우
   제48조제4항, 제55조제2항 및 제64조의5제4항에 따른 방법
4. 금선물거래 차감결제기초자산의 경우

(제61조제2항에 따른 방법)

③ 매매전문회원과 지정결제회원은 차감결제현금 및 차감결제기초자산을 결제일의 다음 각 호에서 정하는 시간까지 수수하여야 한다.〈개정 2009.12.29〉

1. 매매전문회원이 결제회원에게 지급하는 경우
   제103조제4항의 결제시한 이내에서 결제위탁계약으로 정하는 시간
2. 매매전문회원이 결제회원으로부터 수령하는 경우
   제103조제4항의 결제시한 이후에서 결제위탁계약에서 정하는 시간

④ 결제은행의 지정 및 해지에 관하여 필요한 사항은 세칙으로 정한다.〈개정 2009.12.29〉

제104조의2(결제위험의 파악 · 관리 등) ① 결제회원은 원활한 결제가 곤란하다고 인정하는 경우에는 그 사실을 거래소에 통지하여야 한다.

② 거래소는 안정적이고 원활한 결제를 위하여 결제회원의 결제에 관한 위험을 파악하고 관리한다.

③ 제1항의 통지내용 및 시기, 제2항의 결제회원의 결제에 관한 위험의 파악 및 관리방법 그 밖에 필요한 사항은 세칙으로 정한다.

[본조신설 2009.12.29]

제105조(결제이행보증을 위한 유동성공급 등〈개정 2009.12.29〉) ① 거래소는 결제회원이 제103조제4항의 결제시한까지 차감결제현금을 납부하지 아니한 경우 결제시한을 기준으로 지체없이 결제이행재원으로 유동성을 공급한다. 다만, 결제은행 전산시스템의 장애 그 밖에 불가피한 사정으로 거래소가 유동성을 공급하기 곤란하다고 인정하는 경우에는 그러하지 아니하다.〈신설 2009.12.29〉

② 거래소는 기초자산의 인도자인 결제회원이 거래소에 대하여 기초자산의 인도를 이행하지 아니한 경우에는 지체 없이 기초자산을 매입하여 기초자산의 인수자인 결제회원에게 인도하여야 한다.

③ 거래소는 제2항에도 불구하고 기초자산의 공급부족, 그 밖의 불가피한 사유로 기초자산을 매입하여

인도할 수 없는 경우에는 상품별로 세칙이 정하는 바에 따라 최종결제일 또는 권리행사결제일에 형성되는 기초자산에 상당하는 금액을 지급함으로써 기초자산의 인도에 갈음할 수 있다. 다만, 기초자산에 상당하는 금액이 결제대금(최종결제대금 또는 권리행사결제대금을 말한다)보다 적은 경우에 거래소는 결제대금에 해당하는 금액을 지급한다.〈개정 2009.12.29〉

④ 결제회원이 제3항에 따라 거래소로부터 기초자산에 상당하는 금액을 지급받은 경우에 그 결제회원은 자신을 지정결제회원으로 하는 매매전문회원에게 해당 금액을 지급함으로써 기초자산의 인도에 갈음할 수 있다.〈개정 2009.12.29〉

⑤ 거래소는 제1항에 따라 유동성을 공급하거나 제2항 또는 제3항에 따라 기초자산을 매입하여 인도하거나 기초자산에 상당하는 금액을 지급하는 경우 그 사실을 즉시 해당 결제회원에게 통지한다.〈신설 2009.12.29〉

⑥ 제1항의 결제이행재원의 종류 및 사용방법 그 밖에 필요한 사항은 세칙으로 정한다.〈신설 2009.12.29〉

제105조의2(결제지시) 거래소는 결제시한 이후 다음 각 호의 자에 대하여 거래소에서 수령할 결제회원으로의 제104조제2항의 방법에 의한 차감결제현금의 지급 또는 차감결제기초자산의 인도의 지시(이하 "결제지시"라 한다)를 한다. 다만, 납부할 모든 결제회원이 결제시한 이전에 차감결제현금 또는 차감결제기초자산의 납부를 완료한 경우에는 당해 납부가 완료된 때에 결제지시를 할 수 있다.

1. 차감결제현금의 경우: 결제은행
2. 차감결제기초자산의 경우: 세칙이 정하는 자

[본조신설 2009.12.29]

제105조의3(결제지연손해금) ① 결제시한까지 차감결제현금을 납부하지 아니한 결제회원은 결제지연손해금을 거래소에 납부하여야 한다. 다만, 천재지변, 경제사정의 급변, 결제은행 전산시스템의 장애 그 밖에 결제시한에 유동성을 공급하는 것이 곤란하다고 거래소가 인정하는 경우에는 그러하지 아니하다.

② 제1항의 결제지연손해금의 산출 및 납부방법 그 밖에 결제지연손해금의 부과에 필요한 사항은 세칙으로 정한다.

[본조신설 2009.12.29]

제106조(비용의 부담) 결제 또는 결제불이행으로 인하여 발생하는 은행수수료 등 제반비용과 손실은 결제회원이 부담한다. 이 경우 결제회원은 매매전문회원과 관련하여 발생한 제반비용과 손실에 대하여 해당 매매전문회원에게 이를 부담시킬 수 있다.

제107조(결제회원의 결제불이행시 조치 등) ① 거래소는 결제회원이 결제(차감결제현금 및 차감결제기

초자산의 수수를 말한다) 또는 거래증거금의 예탁을 이행하지 아니하거나 그 우려가 있다고 인정하는 경우(이하 "결제불이행"이라 한다)에는 일정한 기간을 정하거나 그 사유가 소멸될 때까지 다음 각 호의 어느 하나에 해당하는 조치를 하거나 당해 결제회원이 부담하는 채무를 인수하지 아니할 수 있다.〈개정 2009.12.29〉

1. 거래의 전부 또는 미결제약정수량을 증가시키는 거래 등 일부의 정지
2. 해당 결제회원이 거래소로부터 수령할 예정인 차감결제현금 및 차감결제기초자산 또는 거래증거금 그 밖에 해당 결제회원이 거래소로부터 수령할 금전 또는 증권의 전부 또는 일부의 지급 정지
3. 그 밖에 세칙이 정하는 조치

② 제1항의 "결제 또는 거래증거금의 예탁을 이행하지 아니할 우려가 있는 경우"란 다음 각 호의 어느 하나에 해당하는 경우를 말한다.〈개정 2009.12.29〉

1. 결제회원에 의한 지급정지, 회생절차개시신청이 있는 경우
2. 발행한 어음 또는 수표가 부도로 되거나 은행과의 거래가 정지 또는 금지된 경우
3. 금융위원회로부터 영업정지조치를 받은 경우
4. 장내파생상품에 대한 투자매매업 또는 투자중개업을 행하는 국내지점인 경우 국외의 본점 등이 제1호부터 제3호까지에 상당하거나 유사한 사유에 해당하는 경우
5. 거액의 금융사고 또는 부실채권이 발생한 경우
6. 유동성이 급격히 악화된 경우
7. 그 밖에 제1호부터 제6호까지의 규정에 준하는 경우로서 결제를 이행하지 아니할 우려가 있는 경우

③ 결제회원이 결제불이행으로 인하여 제1항의 조치를 받은 경우에는 제1항제2호에 따라 지급정지한 차감결제현금, 차감결제기초자산 또는 거래증거금 그 밖의 금전 또는 증권으로 채권회수에 충당하거나 해당 결제회원이 거래소에 납부할 차감결제기초현금 또는 차감결제기초자산과 상계할 수 있다. 이 경우 결제회원의 거래소에 대한 채권 및 채무의 기한의 이익은 상실된 것으로 본다.〈개정 2009.12.29〉

④ 거래소는 지급정지한 차감결제기초자산 또는 증권을 매도하거나 지급정지한 금전으로 차감결제기초자산을 매수할 수 있다.〈신설 2009.12.29〉

⑤ 제1항에 따른 조치를 받은 결제회원은 조치내용 그 밖에 거래소가 필요하다고 인정하는 사항을 지체없이 위탁자에게 통지하여야 한다.〈신설 2009.12.29〉

⑥ 거래소는 결제회원에 대하여 제1항에 따라 조치를 하는 경우로서 필요하다고 인정하는 때에는 세칙이 정하는 바에 따라 소속직원으로 하여금 당해 결제회원에 파견하여 원활한 결제를 하도록 지원할 수 있다.〈신설 2009.12.29〉

제108조(매매전문회원의 결제불이행시 조치) ① 지정결제회원은 매매전문회원이 결제 또는 매매전문회원증거금의 예탁을 이행하지 아니하거나 그 우려가 있다고 인정하는 경우에는 매매전문회원에 대하여 다음 각 호의 어느 하나에 해당하는 조치를 할 수 있다.〈개정 2009.12.29〉

1. 차감결제현금 및 차감결제기초자산 또는 매매전문회원증거금 그 밖에 당해 매매전문회원이 결제회원으로부터 수령할 금전 또는 증권의 전부 또는 일부의 지급 정지
2. 결제위탁수량의 제한
3. 그 밖에 결제위탁계약에서 정하는 조치

② 거래소는 제1항에 따른 조치와 관련하여 지정결제회원의 요청이 있는 경우에는 해당 매매전문회원에 대하여 일정한 기간을 정하여 거래를 정지할 수 있다.

제109조(거래정지회원의 미결제약정의 해소) ① 거래소는 제107조 · 제108조, 「회원관리규정」 제36조 및 「시장감시규정」 제22조에 따라 거래가 정지된 회원(이하 "거래정지회원"이라 한다)이 보유하고 있는 미결제약정을 일정한 기간을 정하여 당해 거래정지회원으로 하여금 다음 각 호의 어느 하나에 해당하는 방법으로 스스로 해소하게 할 수 있다. 이 경우 거래소는 필요하다고 인정하는 경우 해당 기간을 변경할 수 있다.

1. 미결제약정을 소멸시키게 되는 매도, 매수, 최종결제 또는 권리행사(이하 "미결제약정의 정리"라 한다)
2. 다른 결제회원으로의 미결제약정의 인계(이하 "미결제약정의 인계"라 한다)

② 거래소는 거래정지회원이 보유하고 있는 자기계산에 의한 미결제약정을 제1항의 방법으로 해소하는 것이 곤란하다고 인정하거나 제1항에서 정한 기간 이내에 해소되지 않는 경우 거래소가 지정하는 다른 결제회원으로 하여금 미결제약정의 정리를 하게 할 수 있다.

③ 거래소는 거래정지회원이 보유하고 있는 위탁자의 미결제약정을 제1항의 방법으로 해소하는 것이 곤란하다고 인정하거나 제1항에서 정한 기간 이내에 해소되지 않는 경우 거래소가 지정하는 다른 결제회원으로 하여금 미결제약정의 정리를 하게 하거나 거래소가 지정하는 다른 결제회원에게 미결제약정의 인계를 하게 할 수 있다.

④ 제2항 및 제3항에 따라 거래소의 지정에 의하여 미결제약정의 정리를 행하는 다른 결제회원과 거래정지회원과의 사이에는 위임계약이 성립된 것으로 본다.

⑤ 제3항에 따른 미결제약정의 인계는 인계하고자 하는 미결제약정과 동일한 수량을 거래정지회원과 거래소가 지정하는 결제회원 간에 거래에 관한 계약을 체결하는 방법으로 한다.

⑥ 제1항 또는 제3항에 따른 조치를 받은 결제회원은 조치내용 그 밖에 거래소가 필요하다고 인정하는 사항을 지체없이 위탁자에게 통지하여야 한다.

⑦ 제1항부터 제3항까지의 규정에 따른 미결제약정의 정리방법, 제4항의 위임사무의 처리방법, 제5항에 따른 계약의 체결방법 · 체결가격, 미결제약정과 관련한 위탁자 재산의 이전방법 그 밖에 미결제약정의 정리 및 인계에 관하여 필요한 사항은 세칙으로 정한다.

[전문개정 2009.12.29]

제109조의2(결제불이행에 따른 조치의 해지) ① 거래소가 제107조제1항에 따라 기간을 정하지 않고 결제회원의 거래를 정지한 경우 당해 결제회원은 거래정지의 사유가 해소된 때에는 거래소에 거래정지 조치의 해지를 신청할 수 있다.

② 거래소는 제1항에 따라 거래정지 조치의 해지에 관한 신청이 있는 경우 그 조치의 해지가 적당하다고 인정하는 경우에는 거래정지의 조치를 해지할 수 있다.

[본조신설 2009.12.29]

제5편 거래의 수탁

제1장 수탁의 조건

제1절 파생상품계좌의 설정 및 약관의 교부 등

제110조(파생상품계좌의 설정) ① 회원은 위탁자로부터 거래의 위탁을 받는 때에는 사전에 위탁자와 파생상품계좌를 설정하고, 세칙이 정하는 바에 따라 파생상품계좌번호를 부여하여야 한다.

② 회원이 제1항에 따라 위탁자와 파생상품계좌를 설정하려면 다음 각 호의 사항이 기재된 서면으로 파생상품계좌설정계약을 체결하여야 한다. 다만, 제114조제3호의 위탁자파악사항을 감안하여 위탁자가 거래를 하는 것이 적합하지 아니하다고 인정하는 경우에는 해당 위탁자와 파생상품계좌설정계약을 체결하여서는 아니된다.

1. 회원과 위탁자는 시장에서의 거래를 위하여 파생상품계좌를 설정한다는 사항
2. 위탁자는 시장에서의 거래의 수탁과 관련하여 회원이 사전에 정한 계약의 내용(이하 "파생상품거래약관"이라 한다)을 승인한다는 사항

③ 제1항 및 제2항에 따라 파생상품계좌를 개설한 위탁자가 추가로 파생상품계좌를 개설하는 경우에는 파생상품거래약관 및 제113조의 파생상품거래위험고지서의 교부 등에 관하여 필요한 사항은 세칙으로 정한다.

제110조의2(주문의 수탁방법등의 공표 및 설명) ① 회원은 주문의 수탁방법 및 처리방법, 그에 따른 이용조건 및 비용 등(이하 "주문의 수탁방법등" 이라 한다)에 관한 사항을 정하여야 한다. 이 경우 회원은 합리적인 이유 없이 이용조건을 제한하거나 비용을 차등 부과하여서는 아니된다.

② 회원은 제1항의 주문의 수탁방법등을 정하거나 변경하는 경우 사전에 이를 공표하여야 한다.

③ 회원은 위탁자와 파생상품계좌설정계약을 체결하는 경우에는 위탁자가 적합한 주문방법을 선택할 수 있도록 제1항의 주문의 수탁방법등에 관한 사항을 위탁자에게 설명하여야 한다.

④ 제1항 및 제2항에 따른 주문의 수탁방법등의 세부내용과 그 공표에 관하여 필요한 사항은 세칙으로 정한다.

[본조신설 2011.7.6]

제111조(약관의 기재사항) ① 회원은 거래에 관한 법령과 그 법령에 따른 명령, 거래소의 「회원관리규정」·「시장감시규정」·이 규정, 그 밖에 거래에 관한 규정(이하 "파생상품관계법규"라 한다)에 위반되지 아니하는 범위 내에서 다음 각 호의 사항을 파생상품거래약관에 기재하여야 한다.〈개정 2009.9.23, 2011.1.26, 2012.12.12〉

1. 파생상품관계법규 및 파생상품관계법규에 따른 조치의 준수에 관한 사항
2. 수탁의 거부에 관한 사항
3. 지정결제회원에 관한 사항
4. 기본예탁금의 예탁에 관한 사항
5. 위탁증거금의 예탁에 관한 사항
6. 대용증권 및 외화증권의 이용제한에 관한 사항
7. 위탁증거금의 추가예탁 또는 결제를 이행하지 아니하거나 사후위탁증거금의 예탁시한까지 사후위탁증거금을 예탁하지 않을 경우의 조치에 관한 사항
8. 위탁수수료의 징수에 관한 사항
9. 기초자산 수수의 제한 및 책임에 관한 사항
10. 최종결제대금, 권리행사결제대금 및 기초자산의 사전예탁에 관한 사항
11. 위탁자의 결제조건의 변경, 최종결제가격 등의 재산출 및 손해배상청구권의 제한에 관한 사항
12. 위탁증거금의 추가예탁 통지 등 위탁자에 대한 통지에 관한 사항
13. 제133조제4항에 따라 사후위탁증거금 적용 위탁자의 위험노출액한도 초과시 적용되는 조치에 관한 사항
14. 그 밖에 위탁자의 권리 또는 의무에 관한 사항으로서 회원이 필요하다고 인정하는 사항

② 회원은 파생상품거래약관을 작성하거나 그 내용을 변경하여 파생상품계좌설정계약의 내용으로 하려는 경우에는 해당 파생상품거래약관을 지체 없이 거래소에 통지하여야 한다. 다만, 회원이 법 제56조제3항에 따라 한국금융투자협회가 제정한 표준약관을 파생상품거래약관으로 사용하는 경우에는 그러하지 아니하다.〈개정 2011.12.28〉

③ 거래소는 회원이 통지한 파생상품거래약관의 내용이 파생상품관계법규 및 신의성실의 원칙에 위반되거나 위탁자의 보호에 미흡하다고 인정되는 경우에는 해당 파생상품거래약관의 내용의 변경을 요구할 수 있다.

제112조(약관의 중요내용의 설명 및 교부) 회원은 위탁자와 파생상품계좌설정계약을 체결하는 경우에는

위탁자에게 파생상품거래약관의 중요내용을 설명하고 해당 파생상품거래약관을 교부하여야 한다.

제113조(위험고지서의 교부 등) ① 회원이 위탁자와 파생상품계좌설정계약을 체결하려면 사전에 다음 각 호의 사항이 기재된 서면(이하 "파생상품거래위험고지서"라 한다)을 위탁자에게 교부하고 그 내용을 충분히 설명하여야 한다. 〈개정 2012.12.12〉

1. 위탁증거금 이상의 손실발생 가능성
2. 위탁증거금의 추가예탁 가능성
3. 위탁증거금의 추가예탁, 사후위탁증거금의 예탁, 결제를 이행하지 아니하는 경우에 회원에 의한 미결제약정의 해소 및 위탁증거금으로 예탁된 대용증권, 외화 또는 외화증권의 처분 가능성
4. 시장의 상황에 따른 위탁증거금의 인상 가능성
5. 시장의 상황 및 거래소의 시장조치 등에 따른 거래의 체결 및 미결제약정의 해소 곤란성
6. 그 밖에 위탁자의 보호를 위하여 금융위원회가 정하는 사항

② 회원은 제1항에 따라 파생상품거래위험고지서를 교부하는 경우에는 "파생상품거래위험고지서를 충분히 숙지한 후, 자신의 판단과 책임으로 거래를 한다"는 취지가 기재된 서면(이하 "파생상품거래위험고지서 교부확인서"라 한다)을 위탁자로부터 징구하여야 한다.

③ 위탁자는 파생상품거래위험고지서 교부확인서에 기명날인 또는 서명을 하여야 한다.

제114조(위탁자관련사항의 기록 등) 회원은 위탁자와 파생상품계좌설정계약을 체결하는 경우에는 위탁자로부터 다음 각 호의 사항을 서면으로 확인받아 기록 · 유지하여야 한다.

1. 성명(법인인 경우에는 명칭으로 한다), 주민등록번호(법인인 경우에는 법인등록번호 · 납세번호 또는 사업자등록번호로 하고, 외국인인 경우에는 외국인투자등록고유번호 · 사업자등록번호 또는 신분증에 기재된 번호 등 동일인을 인식할 수 있는 번호로 한다) 및 비밀번호
2. 주소(법인인 경우에는 사무소의 소재지로 한다) 및 전화번호
3. 다음 각 목의 위탁자파악사항

가. 개인, 기관투자자, 일반법인, 그 밖의 위탁자의 구분
나. 위탁자의 투자목적
다. 위탁자의 투자경험
라. 위탁자의 자산 및 소득수준
마. 위탁자의 신용상태
바. 그 밖에 회원이 위탁자 파악에 필요하다고 인정하는 사항

4. 그 밖에 세칙이 정하는 사항

제114조의2(글로벌거래의 수탁) ① 회원이 글로벌거래의 위탁을 받는 경우에는 사전에 위탁자와 글로벌

거래의 수탁에 관한 계약을 체결하여야 한다. 이 경우 계약의 체결은 서면에 의한 방법 이외에 「전자서명법」 제2조제3호에 따른 공인전자서명의 방법으로 할 수 있다.

② 제1항의 글로벌거래의 수탁에 관한 계약에는 다음 각 호의 사항을 포함하여야 한다.

1. 글로벌거래의 참여에 관한 사항
2. 글로벌거래와 관련한 예탁총액 및 예탁현금의 인출제한에 관한 사항
3. 글로벌거래의 주문의 수탁방법에 관한 사항
4. 그 밖에 글로벌거래와 관련하여 회원이 필요하다고 인정하는 사항

[본조신설 2009.9.23]

제115조(파생상품계좌설정약정서 등의 보관) 회원은 제110조에 따른 파생상품계좌설정계약에 관한 서면, 제113조제2항의 파생상품거래위험고지서 교부확인서 및 제114조에 따른 위탁자관련사항에 관한 서면을 법시행령 제62조에서 정하는 기간 동안 기록·유지하여야 한다.

제116조(회원의 선관의무 등) ① 회원은 위탁자로부터 거래의 위탁을 받는 경우 선량한 관리자의 주의로써 수탁 업무를 처리하여야 한다.〈개정 2011.7.6〉

② 회원은 위탁자의 주문수탁과 관련하여 위탁자의 거래목적, 거래규모 및 경험 등을 감안하지 아니한 투자권유를 하거나 근거 없는 투자판단자료를 제공하는 등 위탁자의 합리적 의사결정을 저해하는 행위를 하여서는 아니된다.

③ 회원이 위탁자로부터 거래의 위탁을 받은 때에는 그 위탁받은 거래를 행하기 전에 자기가 직접 또는 간접으로 이해관계를 가지는 계산으로써 거래를 하여서는 아니된다.

제2절 수탁의 방법 및 조건

제117조(주문내용의 확인) 회원은 위탁자로부터 거래의 위탁을 받는 경우에는 세칙이 정하는 주문내용을 확인하여야 한다.

제118조(주문의 수탁방법) ① 회원은 위탁자로부터 다음 각 호의 어느 하나에 해당하는 방법으로 거래의 위탁을 받을 수 있다.〈개정 2011.7.6〉

1. 문서에 의한 방법
2. 전화, 전보, 모사전송, 전자우편, 그 밖에 이와 유사한 방법(이하 "전화등방법"이라 한다)
3. 컴퓨터, 그 밖에 이와 유사한 전자통신의 방법(이하 "전자통신방법"이라 한다)

② 회원이 전자통신방법으로 거래의 위탁을 받는 경우에는 위탁자가 입력한 주문이 제8조의2제1항의 「회원시스템 접속 등에 관한 기준」에서 정한 보안장치를 경유하도록 하여야 한다. 다만, 주문의 수탁 및

처리 과정에서 거래의 안정성을 훼손할 염려가 없는 경우로서 세칙이 정하는 경우에는 그러하지 아니한다.〈신설 2011.7.6〉

③ 제1항 각 호의 거래의 위탁 방법에 관하여 필요한 사항은 세칙으로 정한다.〈신설 2011.7.6〉

제119조 삭제〈2011.7.6〉

제120조 삭제〈2011.7.6〉

제121조 삭제〈2011.7.6〉

제122조(주문 접수시간의 기록 등〈개정 2011.7.6〉) ① 회원이 거래의 위탁을 받는 경우 문서에 의한 방법의 경우에는 주문표에, 전화등방법의 경우에는 주문표 또는 전산주문표에, 전자통신방법의 경우에는 회원파생상품시스템에 그 접수시간을 기재하여야 한다.

② 회원이 위탁자로부터 문서에 의한 방법 또는 전화등방법으로 거래의 위탁을 받는 경우에는 주문내용을 접수한 시간의 순서에 따라 회원파생상품시스템 또는 회원파생상품단말기에 입력하여야 한다.〈개정 2011.7.6〉

③ 회원은 제1항과 제118조제1항의 규정에 따른 주문의 접수 등에 관한 기록을 법시행령 제62조에서 정하는 기간 동안 기록 · 유지하여야 한다.〈개정 2011.7.6〉

④ 삭제〈2011.7.6〉

제123조(협의거래의 수탁〈개정 2009.3.4〉) ① 회원은 위탁자로부터 제75조제1항 각 호에 따른 협의거래를 수탁할 수 있다.〈개정 2009.3.4〉

② 회원이 제1항에 따른 협의거래의 위탁을 받는 경우에 확인하여야 할 내용 등 협의거래의 수탁에 관하여 필요한 사항은 세칙으로 정한다.〈개정 2009.3.4〉

제124조(수탁의 거부) ① 회원은 다음 각 호의 어느 하나에 해당하는 경우에는 수탁을 거부하여야 한다.〈개정 2009.9.23, 2011.1.26, 2011.7.6〉

1. 기본예탁금을 예탁하지 아니한 위탁자로부터 거래의 위탁을 받는 경우
2. 위탁증거금의 추가예탁 또는 결제를 이행하지 아니하거나 사후위탁증거금의 예탁시한까지 사후위탁증거금을 예탁하지 아니한 위탁자로부터 신규거래 또는 위탁증거금이나 현금으로 예탁하여야 하는 위탁증거금(이하 "현금예탁필요액"이라 한다)을 증가시키는 반대거래(거래가 체결되는 경우 위탁증거금액이 증가하는 거래를 말한다)의 위탁을 받는 경우. 다만, 세칙으로 정하는 경우는 제외한다.
3. 제154조에 따른 미결제약정수량의 제한수량을 초과하게 되는 거래의 위탁을 받는 경우. 다만, 제154조제1항제1호가목의 경우에는 세칙이 정하는 바에 의한다.
4. 삭제〈2011.7.6〉

5. 그 밖에 세칙이 정하는 거래의 위탁을 받는 경우

② 회원이 제1항제3호에 따른 미결제약정수량 또는 매도 · 매수의 위탁수량을 계산함에 있어서 동일한 위탁자가 다른 투자중개업자에게 개설한 파생상품계좌에 미결제약정수량 또는 위탁수량이 있음을 알게 된 경우에는 그 수량을 합산한다.

③ 회원은 공익과 투자자 보호 또는 시장에서의 거래질서의 안정을 위하여 필요하다고 인정하는 경우나 위탁자의 신용상태 및 재산상태 등을 감안하여 거래의 수탁이 부적절하다고 인정하는 경우에는 거래의 수탁을 거부할 수 있다.

④ 회원이 제1항 및 제3항에 따라 거래의 수탁을 거부하는 경우에는 그 이유를 주문표, 전산주문표, 그 밖에 주문내용을 기록한 문서에 기재하고 그 사실을 즉시 위탁자에게 통지하여야 한다.

제125조(위탁자에 대한 거래내용의 통지) ① 회원은 위탁자의 주문에 대하여 거래가 체결된 경우에는 거래내용을 지체 없이 해당 위탁자에게 통지하여야 한다. 이 경우 통지내용, 그 밖에 필요한 사항은 세칙으로 정한다.

② 회원은 금융위원회가 정하는 바에 따라 월간 거래의 실적이 있는 위탁자에 대하여는 월간거래내용 및 월말잔고현황을 다음 달 20일(휴장일인 경우에는 순연한다)까지 통지하고, 반기 간 거래의 실적이 없는 위탁자에 대하여는 반기말잔고현황을 그 반기 종료 후 20일(휴장일인 경우에는 순연한다)까지 통지하여야 한다.

③ 회원이 제1항의 거래내용, 제2항의 월간거래내용 · 월말잔고현황 및 반기말잔고현황을 위탁자가 지정한 주소(법인인 경우에는 사무소의 소재지로 한다)로 우편 또는 전자통신방법 등으로 발송한 경우에는 이를 통지한 것으로 본다.

④ 제1항에 따라 거래내용을 통지한 자는 그 통지내용을 주문표나 전산주문표에 기록한 후 기명날인 또는 서명하여야 한다. 다만, 전자통신방법으로 통지한 경우에는 그러하지 아니하다.

제2장 위탁증거금

제1절 통칙

제126조(정의) ① 이 장에서 "위탁금액"이란 위탁가격(시장가주문, 조건부지정가주문 및 최유리지정가주문의 경우에는 세칙이 정하는 가격으로 한다)에 위탁수량 및 거래승수를 곱하여 산출되는 금액을 말한다.

② 이 장에서 "약정금액"이란 약정가격에 약정수량 및 거래승수를 곱하여 산출되는 금액을 말한다.

제127조(기본예탁금) ① 회원이 미결제약정이 없는 위탁자(해당 회원에 설정된 파생상품계좌별 위탁자를 말하고, 투자중개업자로부터 위탁의 주선을 받은 경우에는 그 투자중개업자에 설정된 파생상품계좌별 위

탁자를 포함한다. 이하 같다)로부터 거래의 위탁을 받는 때에는 사전에 위탁자의 재무건전성 및 신용상태 등을 감안하여 세칙이 정하는 금액(이하 "기본예탁금액"이라 한다) 이상의 현금, 대용증권, 외화 또는 외화증권을 기본예탁금으로 예탁받아야 한다.〈개정 2012.12.12〉

② 미결제약정을 소멸시키게 되는 매도 · 매수 또는 최종거래일의 도래로 해당 미결제약정이 소멸된 후에도 제150조에 따른 결제시한이 도래하기 전에는 제1항에 따른 미결제약정이 있는 것으로 본다.

③ 제1항에도 불구하고 다음 각 호의 어느 하나에 해당하는 파생상품계좌로부터 거래의 위탁을 받는 경우에는 기본예탁금을 예탁 받지 아니할 수 있다.〈개정 2011.7.6〉

1. 사후위탁증거금을 예탁하는 파생상품계좌
2. 삭제〈2011.7.6〉

④ 제1항에 따른 외화 및 외화증권의 종류 및 평가, 그 밖에 필요한 사항은 세칙으로 정한다.〈개정 2012.12.12〉

第128조(대용증권의 종류) ① 제127조제1항의 대용증권은 다음 각 호의 어느 하나에 해당하는 증권(이하 "대용증권"이라 한다)으로 한다.〈개정 2009.9.23〉

1. 유가증권시장 및 코스닥시장에 상장되어 있는 주권. 다만, 다음 각 목의 어느 하나에 해당하는 종목은 제외한다.

가. 관리종목(「유가증권시장 상장규정」 제75조제1항 · 제76조제1항 또는 「코스닥시장상장규정」 제28조제1항에 따른 관리종목을 말한다. 이하 같다)

나. 정리매매종목

다. 「코스닥시장상장규정」 제45조에 따른 상장폐지신청을 하여 매매거래가 중단된 종목

라. 「시장감시규정」 제5조의2에 따른 투자위험종목

마. 그 밖에 「유가증권시장 상장규정」 제95조제1항제2호 · 제6호 · 제12호 및 같은 조 제2항 또는 「코스닥시장상장규정」 제29조제1항에 따라 매매거래가 정지된 종목

2. 유가증권시장에 상장되어 있는 채권. 다만, 정리매매종목은 제외한다.
3. 그 밖에 세칙이 정하는 증권

② 대용증권의 가격(이하 "대용가격"이라 한다)은 해당 대용증권의 기준시세에 사정비율을 곱한 금액으로 한다.

③ 대용가격의 산출방법 및 산출시기, 기준시세 및 사정비율, 그 밖에 대용증권의 관리 및 제한에 관하여 필요한 사항은 세칙으로 정한다.

第129조(대용증권의 질권 설정 및 말소) 회원이 위탁자로부터 대용증권을 예탁받는 경우에는 법이 정하는 바에 따라 해당 회원이 질권을 취득하여야 하고, 예탁받은 대용증권을 위탁자에게 지급하는 경우에는 해당 질권을 말소하여야 한다.

제129조의2(외화증권의 예탁 및 반환) 회원이 위탁자로부터 외화증권을 예탁받는 경우에는 한국예탁결제원에 개설한 회원 명의의 계좌로 대체하는 방법으로 예탁하고, 예탁받은 외화증권을 위탁자에게 반환하는 경우에는 해당 회원 명의의 계좌에서 위탁자가 지정한 계좌로 대체하는 방법으로 반환한다.
[본조신설 2012.12.12]

제130조(대용증권 · 외화증권의 이용제한〈개정 2012.12.12〉) ① 회원은 위탁자로부터 예탁받은 대용증권 또는 외화증권을 사전에 문서에 의한 동의를 받아 거래에 관한 거래증거금 또는 매매전문회원증거금으로 이용할 수 있다.〈개정 2012.12.12〉
② "위탁자는 현재 또는 장래에 예탁받는 대용증권 또는 외화증권을 회원이 거래증거금으로 거래소에 예탁하거나 매매전문회원증거금으로 지정결제회원에 예탁함에 동의한다"는 취지의 문서를 위탁자가 회원에게 제출하는 경우에는 제1항에 따른 동의를 한 것으로 본다.〈개정 2012.12.12〉

제131조(대용증권 · 외화증권의 혼합보관 등〈개정 2012.12.12〉) ① 회원은 대용증권 또는 외화증권을 종목별로 혼합하여 보관할 수 있다.〈개정 2012.12.12〉
② 회원은 대용증권 또는 외화증권을 반환하는 경우에는 동일한 종목으로 반환할 수 있다.〈개정 2012.12.12〉
③ 권리에 하자가 있는 대용증권 또는 외화증권을 예탁한 위탁자는 이를 지체 없이 하자가 없는 대용증권 또는 외화증권으로 교체하여야 한다.〈개정 2012.12.12〉

제2절 위탁증거금의 예탁

제132조(파생상품계좌별 위탁증거금의 예탁) ① 회원은 위탁자의 파생상품계좌별로 위탁증거금을 예탁받아야 한다.
② 제1항의 위탁증거금은 위탁자로부터 거래의 위탁을 받기 이전에 예탁받는 위탁증거금(이하 "사전위탁증거금"이라 한다)과 정규거래시간의 종료 후에 예탁받는 위탁증거금(이하 "사후위탁증거금"이라 한다)으로 구분한다.〈개정 2009.3.4〉
③ 제2항의 위탁증거금은 현금으로 예탁받아야 한다. 다만, 현금예탁필요액을 제외한 위탁증거금은 현금에 갈음하여 대용증권, 외화 또는 외화증권으로 예탁 받을 수 있다.〈개정 2011.7.6, 2012.12.12〉
④ 제2항의 사후위탁증거금의 예탁시한은 당일 중에서 회원이 정하는 시간 또는 다음 거래일의 10시 이내에서 회원이 정하는 시간으로 한다.〈신설 2011.1.26〉

제133조(사후위탁증거금의 적용 및 관리〈개정 2011.1.26〉) ① 세칙이 정하는 요건을 충족하는 기관투자자 중에서 회원이 재무건전성, 신용상태, 미결제약정의 보유상황 및 시장상황 등에 비추어 결제이행능력이

충분하다고 인정하는 위탁자(이하 "적격기관투자자"라 한다)는 사후위탁증거금을 적용하고, 적격기관투자자 이외의 위탁자는 사전위탁증거금을 적용한다.〈개정 2011.1.26〉

② 회원은 사후위탁증거금계좌별로 위탁자가 장중에 보유할 수 있는 최대위험노출액(이하 "위험노출액한도"라 한다)을 사전에 설정하여야 한다. 이 경우 위험노출액한도는 예탁총액(결제시한이 도래하기 전의 대용증권의 매도대금을 포함할 수 있다. 이하 이 조에서 같다)의 10배를 초과할 수 없다.〈개정 2011.1.26, 2011.7.6〉

③ 회원은 세칙이 정하는 방법에 따라 산출되는 위험노출액이 위험노출액한도를 초과하지 않도록 관리하여야 한다.〈신설 2011.1.26〉

④ 회원은 위험노출액한도를 초과하는 위탁자에 대해 위험노출액의 감소를 요구하여야 하며, 세칙에서 정하는 일정시한까지 위험노출액한도의 초과액이 해소되지 않는 경우에는 다음 각 호의 어느 하나에 해당하는 조치를 지체 없이 하여야 한다.〈신설 2011.1.26, 2011.7.6〉

1. 사전위탁증거금의 적용
2. 세칙이 정하는 방법에 따른 미결제약정의 반대거래
3. 삭제〈2011.7.6〉

⑤ 회원은 제1항의 적격기관투자자의 선정 요건, 제2항의 사후위탁증거금계좌별 위험노출액한도 설정방법 및 제4항의 위험노출액한도 초과시 조치 등 적격기관투자자의 위험 관리에 관하여 필요한 사항(이하 "적격기관투자자위험관리기준"이라 한다)을 정하여야 한다.〈신설 2011.1.26〉

⑥ 회원은 제5항의 적격기관투자자위험관리기준을 정하거나 변경하는 경우에는 세칙이 정하는 기간 내에 거래소에 통지하여야 한다.〈신설 2011.1.26〉

⑦ 제5항의 적격기관투자자위험관리기준 및 그 밖에 사후위탁증거금의 적용 · 관리에 관하여 필요한 사항은 세칙으로 정한다.〈신설 2011.7.6〉

제134조(사전위탁증거금) ① 사전위탁증거금은 다음 각 호의 금액의 합계액 이상으로 한다. 다만, 해당 주문으로 인하여 위탁자의 순위험이 일정한 수준 이상으로 증가 또는 감소되는 경우에는 세칙이 정하는 금액으로 한다.〈개정 2009.9.23, 2011.7.6, 2011.12.28〉

1. 위탁받은 주문에 대한 다음 각 목의 금액

가. 선물거래의 경우: 위탁금액에 위탁증거금률을 곱하여 산출되는 금액

나. 옵션거래의 매수의 경우: 위탁금액

다. 옵션거래의 매도의 경우: 위탁수량에 거래승수 및 세칙이 정하는 가격을 곱하여 산출되는 금액

라. 선물스프레드거래의 경우: 위탁수량에 계약당스프레드주문위탁증거금액을 곱하여 산출되는 금액

2. 사전순위험위탁증거금액
3. 결제예정금액
4. 삭제〈2011.7.6〉

② 제1항제1호가목의 위탁증거금률, 제1호라목의 계약당스프레드주문위탁증거금액, 제2호의 사전순위험위탁증거금액, 제3호의 결제예정금액, 사전위탁증거금으로 예탁하여야 하는 현금예탁필요액의 수준의 산출기준 및 산출방법, 그 밖에 사전위탁증거금에 관하여 필요한 사항은 세칙으로 정한다.〈개정 2009.9.23, 2011.7.6, 2012.12.12〉

제135조(사후위탁증거금) ① 사후위탁증거금은 사후순위험위탁증거금액 이상으로 한다.〈개정 2009.9.23, 2011.12.28〉
② 사후위탁증거금으로 예탁받는 경우에 차익거래 또는 헤지거래에 대하여는 그 밖의 거래보다 낮은 수준에서 세칙이 정하는 금액 이상을 예탁 받을 수 있다.
③ 제1항의 사후순위험위탁증거금액, 제2항의 차익거래 및 헤지거래의 범위, 사후위탁증거금으로 예탁하여야 하는 현금예탁필요액의 수준, 그 밖에 사후위탁증거금에 관하여 필요한 사항은 세칙으로 정한다.〈개정 2009.9.23, 2011.7.6〉

제3절 위탁증거금의 지급 · 충당 및 추가예탁 등

제136조(위탁증거금의 지급 · 충당) ① 회원은 위탁자의 예탁총액(예탁된 현금과 대용증권의 대용가액, 외화 및 외화증권의 평가가액의 합계액을 말한다. 이하 같다)이 위탁증거금액을 초과하거나 예탁현금이 현금예탁필요액을 초과하는 경우에는 해당 초과하는 금액 이하의 금액을 지급하거나 위탁자로부터 예탁받아야 하는 위탁증거금에 충당할 수 있다.〈개정 2011.7.6, 2012.12.12〉
② 제1항의 지급 · 충당금액의 산출기준 및 방법, 지급의 제한, 그 밖에 필요한 사항은 세칙으로 정한다.〈개정 2009.9.23〉

제137조(위탁증거금의 추가예탁) ① 회원은 장종료 시점을 기준으로 위탁자의 예탁총액이 유지위탁증거금액보다 적거나 예탁현금이 유지현금예탁필요액보다 적은 경우에는 위탁증거금을 추가로 예탁받아야 한다.〈개정 2009.9.23, 2011.7.6〉
② 회원이 제1항에 따라 위탁증거금을 추가로 예탁 받으려면 위탁자에게 추가예탁금액을 지체 없이 통지하여야 한다.
③ 제1항 및 제2항에 따른 위탁증거금의 추가예탁시한은 그 부족액이 발생한 날의 다음 거래일 12시까지로 한다.
④ 제3항에도 불구하고 거래소는 시장관리상 필요하다고 인정하는 경우에는 위탁증거금의 추가예탁일 또는 추가예탁시한을 변경할 수 있다.
⑤ 제3항 및 제4항에도 불구하고 회원은 위탁자의 투자목적, 투자경험, 자산 및 소득 수준, 신용상태, 미결제약정의 보유상황 또는 시장상황 등에 비추어 결제불이행의 우려가 있다고 인정되는 경우에는 위탁증

거금의 추가예탁시한을 앞당길 수 있다.
⑥ 제1항의 예탁총액, 유지위탁증거금액, 예탁현금, 유지현금예탁필요액, 추가예탁금액의 산출기준 및 방법, 사후위탁증거금으로 예탁하는 경우의 추가위탁증거금, 그 밖에 필요한 사항은 세칙으로 정한다.〈개정 2011.7.6〉

제138조(위탁증거금의 추가예탁 등 불이행시의 조치) ① 회원은 위탁자가 위탁증거금을 추가로 예탁하지 아니하거나 사후위탁증거금을 예탁하지 아니하는 경우에는 선량한 관리자의 주의로써 세칙이 정하는 바에 따라 해당 위탁자의 미결제약정을 소멸시키게 되는 매도 또는 매수를 하거나 위탁증거금으로 예탁받은 대용증권, 외화 또는 외화증권을 매도할 수 있다.〈개정 2012.12.12〉
② 회원은 제1항에 따라 미결제약정을 소멸시키게 되는 매도 또는 매수를 하거나 대용증권, 외화 또는 외화증권을 매도한 후에도 부족액이 발생하는 경우에는 해당 위탁자에 대하여 그 부족액의 납부를 청구할 수 있다.〈개정 2012.12.12〉

제139조(위탁증거금의 사용제한) 회원은 위탁자로부터 예탁받은 현금, 대용증권, 외화 또는 외화증권 등을 해당 위탁자의 거래와 관련한 결제의 이행, 거래증거금 · 매매전문회원증거금의 예탁 또는 금융위원회가 정하는 방법 이외에는 사용하지 못한다.〈개정 2012.12.12〉

제3장 회원과 위탁자간 결제

제1절 선물거래의 결제방법

제140조(일일정산 및 정산가격) ① 회원은 선물거래의 각 종목에 대하여 거래일마다 장종료 시점을 기준으로 정산가격으로 위탁자와 정산하여야 한다. 이 경우 글로벌거래의 각 종목에 대하여는 글로벌거래의 종료 후에 개시되는 정규거래에 포함하여 정산한다.〈개정 2009.9.23〉
② 제1항의 정산가격에 관하여는 제96조제2항을 준용한다.

제141조(당일차금의 수수) 회원과 위탁자는 당일차금을 결제금액으로 수수하여야 한다.

제142조(갱신차금의 수수) 회원과 위탁자는 갱신차금을 결제금액으로 수수하여야 한다. 이 경우 제98조제1항 단서의 규정은 갱신차금의 산출에 준용한다.

제143조(매도 · 매수 대등수량의 소멸) 회원은 위탁자의 파생상품계좌별로 동일한 종목의 매도와 매수의 약정수량(직전 거래일의 미결제약정수량을 포함한다) 중 대등한 수량을 상계한 것으로 보아 소멸시킨다.

제144조(최종결제) ① 회원과 위탁자는 최종결제수량에 대하여 현금을 수수하거나 기초자산을 수수하는 방법으로 최종결제를 하여야 한다.
② 제1항의 현금을 수수하는 선물거래의 최종결제는 최종결제차금을 수수하는 방법으로 행한다.
③ 제1항의 기초자산을 수수하는 선물거래의 최종결제는 해당 기초자산과 최종결제대금을 세칙이 정하는 바에 따라 수수하는 방법으로 행한다.

제2절 옵션거래의 결제방법

제145조(옵션대금의 수수) 회원과 위탁자는 옵션대금을 결제금액으로 수수하여야 한다.

제146조(매도 · 매수 대등수량의 소멸) 회원은 위탁자의 파생상품계좌별로 동일한 종목의 매도와 매수의 약정수량(직전 거래일의 미결제약정수량을 포함한다) 중 대등한 수량을 상계한 것으로 보아 소멸시킨다.

제147조(위탁자의 권리행사 신고) ① 위탁자가 권리행사를 하려면 세칙이 정하는 시한까지 회원에게 권리행사의 신고를 하여야 한다.
② 제1항에 따른 권리행사의 신고에 관하여는 제100조제2항부터 제4항까지의 규정을 준용한다. 이 경우 "회원"은 "위탁자"로 본다.

제148조(권리행사결제) ① 회원과 위탁자는 권리행사결제수량에 대하여 현금을 수수하거나 기초자산을 수수하는 방법으로 권리행사결제를 하여야 한다.
② 제1항의 현금을 수수하는 옵션거래의 권리행사결제는 권리행사차금을 수수하는 방법으로 행한다.
③ 제1항의 기초자산을 수수하는 옵션거래의 권리행사결제는 해당 기초자산과 권리행사결제대금을 세칙이 정하는 바에 따라 수수하는 방법으로 행한다.

제3절 차감결제 및 결제시한 등

제149조(차감결제) ① 회원이 위탁자와 수수하는 현금은 수수일(제103조제4항의 결제일을 말한다. 이하 같다) 및 수수시한이 동일한 당일차금, 갱신차금, 옵션대금, 최종결제차금, 최종결제대금, 권리행사차금 및 권리행사결제대금의 총지급액과 총수령액의 차감액(이하 이 절에서 "차감결제현금"이라 한다)으로 한다. 〈개정 2009.12.29〉
② 회원이 위탁자와 수수하는 기초자산은 수수일 및 수수시한이 동일한 각 기초자산별로 지급할 기초자산과 수령할 기초자산을 차감한 기초자산(이하 이 절에서 "차감결제기초자산"이라 한다)으로 한다.
③ 회원은 두개 이상의 파생상품계좌를 개설한 위탁자와 결제를 함에 있어서 수수일 및 수수시한이 동일

한 파생상품계좌 간에 현금을 차감하거나 기초자산을 차감하여 수수한다.

④ 제1항부터 제3항까지의 규정의 수수시한은 다음 각 호의 시간까지로 한다.

1. 당일차금 및 갱신차금의 경우: 수수일의 12시
2. 옵션대금의 경우: 수수일의 12시
3. 최종결제차금, 최종결제대금, 권리행사차금, 권리행사결제대금 및 기초자산의 경우: 현금을 수수하는 파생상품거래는 수수일의 12시, 기초자산을 수수하는 파생상품거래는 수수일의 세칙이 정하는 시간

제150조(위탁자의 결제시한) ① 회원과 위탁자 간의 차감결제현금 및 차감결제기초자산의 수수시한은 수수일의 12시까지로 한다. 다만, 기초자산을 수수하는 파생상품거래는 제149조제4항제3호의 기초자산을 수수하는 파생상품거래의 수수시한으로 한다.

② 거래소는 제1항에도 불구하고 시장관리상 필요하다고 인정하는 경우에는 차감결제현금 및 차감결제기초자산의 수수일 또는 수수시한을 변경할 수 있다.

③ 회원은 제1항에도 불구하고 제137조제5항에 따라 결제불이행의 우려가 있다고 인정되는 위탁자에 대하여는 차감결제현금 및 차감결제기초자산의 수수시한을 앞당길 수 있다.

제151조(기초자산 수수의 책임) 회원은 제105조에 따라 거래소로부터 기초자산의 인도에 상당하는 금액을 지급받은 경우에는 그 금액을 위탁자에게 지급함으로써 기초자산의 인도에 갈음할 수 있다.

제152조(위탁자의 결제불이행시 조치) ① 회원은 위탁자가 차감결제현금 또는 차감결제기초자산을 납부하지 아니하는 경우에는 선량한 관리자의 주의로써 세칙이 정하는 바에 따라 해당 위탁자의 미결제약정을 소멸시키게 되는 매도 또는 매수를 하거나 위탁증거금으로 예탁받은 대용증권, 외화 또는 외화증권을 매도할 수 있다.〈개정 2012.12.12〉

② 회원은 제1항에 따른 조치를 한 후에도 부족액이 발생하는 경우에는 해당 위탁자에 대하여 그 부족액을 징수할 수 있다.

③ 회원은 위탁자가 납부하지 아니한 결제금액 등에 대하여 연체기간 동안의 연체료를 징수할 수 있다.

④ 회원은 결제를 이행하지 아니한 위탁자에게 결제의 불이행으로 인하여 회원이 부담한 손실 및 제반비용을 징수할 수 있다.

제6편 시장의 관리

제153조(유동성관리상품 및 상장폐지예고상품의 지정) ① 거래소는 일정기간 거래가 부진하여 거래의 활성화가 필요하다고 인정하는 거래의 상품을 유동성관리상품으로 지정한다.

② 거래소는 제1항에 따라 유동성관리상품으로 지정한 이후에도 일정기간 거래부진이 지속되어 상장을 폐지할 필요가 있다고 인정하는 상품을 상장폐지예고상품으로 지정한다.

③ 제1항의 유동성관리상품 및 제2항의 상장폐지예고상품의 지정기준, 지정시기, 그 밖에 필요한 사항은 세칙으로 정한다.

제154조(미결제약정수량의 보유한도〈개정 2011.1.26〉) ① 회원은 다음 각 호의 수량(회원이 시장조성계좌에 보유하고 있는 수량을 제외한다. 이하 이 조에서 같다)을 초과하여 미결제약정을 자기계산으로 보유하거나 동일인 위탁자가 보유하게 하여서는 아니된다. 이 경우 회원은 제114조제3호의 위탁자 파악사항 등을 감안하여 다음 각 호의 수량 이내에서 위탁자별로 미결제약정수량의 보유한도를 정할 수 있다.〈개정 2010.6.23, 2011.1.26, 2012.12.12〉

1. 주식상품거래의 경우 다음 각 목의 수량

가. 코스피200선물거래 및 코스피200옵션거래의 경우

(1) 모든 종목을 대상으로 세칙이 정하는 방법에 따라 산출되는 미결제약정수량을 기준으로 1만계약. 단, 세칙이 정하는 위탁자의 경우에는 5천계약

(2) 최종거래일이 도래한 종목을 대상으로 세칙이 정하는 방법에 따라 산출되는 미결제약정수량을 기준으로 1만계약. 단, 세칙이 정하는 위탁자의 경우에는 5천계약

나. 스타지수선물거래의 경우

순미결제약정수량(매도의 미결제약정수량의 합계수량과 매수의 미결제약정수량의 합계수량 중 큰 수량에서 적은 수량을 차감한 수량을 말한다. 이하 같다)을 기준으로 5천계약

다. 주식선물거래의 경우

순미결제약정수량을 기준으로 기초주권 상장주식수의 0.3% 이내에서 거래승수 등을 감안하여 세칙이 정하는 수량

2. 10년국채선물거래의 경우: 순미결제약정수량을 기준으로 1만 계약
3. 금선물거래 및 미니금선물거래의 경우: 순미결제약정수량을 기준으로 금선물거래의 경우에는 3백계약, 미니금선물거래의 경우에는 3천계약
4. 돈육선물거래의 경우
   순미결제약정수량을 기준으로 3천계약 및 최근월종목의 경우 최종거래일이 속하는 월의 두 번째 목요일부터는 미결제약정수량을 기준으로 9백계약
5. 그 밖의 거래의 경우

거래소가 시장관리상 필요하다고 인정하여 그 때마다 정하는 순미결제약정수량 또는 총미결제약정수량(매도의 미결제약정수량의 합계수량에 매수의 미결제약정수량의 합계수량을 더한 수량을 말한다)

② 거래소는 제1항에도 불구하고 경제상황 또는 시장상황의 급변이나 급변의 우려가 있는 경우에는 제1항 각 호에서 정하는 수량을 축소할 수 있다.

③ 제1항제1호(제1항제1호가목(2)는 제외한다) 및 제5호에 따른 회원 또는 위탁자의 보유 수량을 산출함에 있어서 차익거래관련수량 및 헤지거래관련수량은 제외한다.〈개정 2010.6.23, 2011.1.26〉

④ 제3항에 따라 차익거래 관련수량 또는 헤지거래 관련수량을 보유수량에서 제외하려는 회원은 다음 각 호에 따라 세칙이 정하는 시한 내에 거래소에 신고 하여야 한다. 이 경우 거래소 및 회원은 제출된 증빙서류가 부실하다고 인정되는 때에는 증빙서류의 보완을 요구할 수 있다.〈개정 2011.12.28〉

1. 회원 자기계산에 의한 거래의 경우
   해당 관련수량임을 증빙하는 서류를 세칙이 정하는 방법에 따라 거래소에 제출한다.
2. 위탁거래의 경우(회원이 비회원인 투자매매업자의 자산운용을 위한 거래의 위탁을 받아 자기의 명의 및 그 비회원인 투자매매업자의 계산으로 행하는 거래를 포함한다. 이하 이 조에서 같다)
   위탁자로부터 해당 관련수량임을 증빙하는 서류를 제출받아 확인 · 보관하고 이를 세칙이 정하는 방법에 따라 지체 없이 거래소에 제출한다.

⑤ 거래소는 회원의 자기계산에 의한 거래가 제1항 각호에서 정하는 수량을 초과하게 되는 경우에는 그 회원의 자기계산에 의한 호가 중 선물거래 또는 옵션거래의 미결제약정보유 제한수량을 초과시키는 호가의 접수를 거부할 수 있다.

⑥ 제1항의 동일인의 범위, 제3항의 차익거래관련수량 · 헤지거래관련수량의 범위, 순미결제약정수량의 보고, 그 밖에 필요한 사항은 세칙으로 정한다.

제155조(주식선물거래 등의 제한〈개정 2011.12.28〉) 거래소는 기초주권이 상장폐지되는 경우, 관리종목으로 지정되는 경우, 그 밖에 시장관리상 필요하다고 인정하는 경우에는 세칙이 정하는 바에 따라 주식선물거래, 주식선물스프레드거래 및 주식옵션거래를 제한한다.〈개정 2011.12.28〉

제156조(파생상품시스템을 가동할 수 없는 경우의 비상조치) ① 거래소는 거래소파생상품시스템에 장애가 발생하여 거래소가 필요하다고 인정하는 경우에는 거래소파생상품시스템 이외의 방법으로 거래를 체결할 수 있다.

② 제1항에 따라 거래소파생상품시스템 이외의 방법으로 거래를 체결하는 경우의 호가의 방법, 호가의 우선순위, 거래의 체결방법, 권리행사의 배정, 그 밖에 필요한 사항은 거래소가 그 때마다 정한다.

제156조의2(과다호가의 접수제한) 거래소는 호가폭주로 거래소파생상품시스템의 장애가 발생하거나 장애가 예상되는 경우, 그 밖에 시장관리상 필요하다고 인정하는 경우에는 세칙이 정하는 바에 따라 해당

회원의 호가의 전부 또는 일부를 접수하지 아니할 수 있다.
[본조신설 2009.9.23]

제157조(결제조건 등의 변경) ① 거래소는 천재 · 지변, 전시 · 사변, 시장에서의 화재, 경제사정의 급격한 변동 또는 급격한 변동이 예상되는 경우, 그 밖에 시장관리상 필요한 사유로 결제가 불가능하거나 곤란하다고 인정하는 경우에는 결제조건이나 방법을 변경할 수 있다.
② 위탁자는 제1항에 따라 거래소가 결제의 조건이나 방법을 변경하는 경우에는 이에 따라야 한다.

제158조(시장상황 등의 상시파악) 거래소는 이 규정에 따른 시장조치의 적시성 · 적정성 등의 확보를 위하여 상시적으로 시장의 상황 등을 파악하여야 한다.

제159조(회원에 대한 조치) 거래소는 시장관리상 필요하다고 인정하는 경우에는 회원에 대하여 자기계산에 의한 거래의 제한, 그 밖에 필요한 조치를 할 수 있다.

제160조(회원의 보고 및 자료제출) ① 거래소는 시장관리상 필요하다고 인정하는 경우에는 회원에게 거래 및 결제와 관련한 사항에 대하여 보고 또는 자료의 제출을 요구할 수 있다.
② 회원은 제65조에 따른 호가입력내용과 관련된 회원파생상품시스템에 관한 정보를 세칙이 정하는 바에 따라 거래소에 보고하여야 한다.

제160조의2 삭제〈2011.7.6〉
제161조(회원에 대한 통지사항) 거래소가 시장관리와 관련하여 회원에게 통지하는 사항, 그 밖에 통지와 관련하여 필요한 사항은 세칙으로 정한다.

제7편 보칙

제162조 삭제〈2012.12.12〉
제163조 삭제〈2012.12.12〉
제164조 삭제〈2012.12.12〉
제165조(최종결제가격 등의 재산출 및 손해배상청구권의 배제) ① 거래소는 결제시한 전에 정산가격, 최종결제가격 또는 권리행사결제기준가격 등에 잘못이 있는 경우에는 이를 재산출할 수 있다.
② 위탁자는 제1항에 따라 거래소가 정산가격, 최종결제가격 또는 권리행사결제기준가격 등을 재산출하는 경우에는 이에 따라야 한다.

③ 회원 및 위탁자는 거래소가 고의 또는 중대한 과실 없이 정산가격, 최종결제가격 또는 권리행사결제기준가격 등을 재산출하거나 코스피200 및 스타지수 등을 잘못 산출하여 손해를 입은 경우에는 거래소에 대하여 손해배상을 청구할 수 없다.

제166조(미결제약정의 타회원 인계) ① 매매전문회원은 결제위탁계약을 체결한 지정결제회원에 있는 미결제약정을 다른 지정결제회원에게 인계할 수 있다.
② 위탁자는 파생상품계좌설정계약을 체결한 회원에 있는 미결제약정을 다른 회원에게 인계할 수 있다.
③ 제1항 및 제2항에 따른 미결제약정의 인계는 인계하고자 하는 미결제약정과 동일한 수량을 인계하는 회원과 인계받는 회원 간에 거래에 관한 계약을 체결하는 방법으로 한다.
④ 제3항의 거래에 관한 계약의 체결방법 · 체결가격, 미결제약정과 관련한 재산의 이전방법, 그 밖에 미결제약정의 인계에 관하여 필요한 사항은 세칙으로 정한다.

제166조의2(위탁자의 미결제약정의 인수) ① 미국달러플렉스선물거래에 있어서 위탁증거금 등을 추가로 납부하지 아니하거나 결제불이행한 위탁자의 미결제약정에 대하여 제138조 및 제152조에 따라 해당 미결제약정을 소멸시키게 되는 매도 또는 매수를 할 수 없다고 거래소가 인정하는 경우에는 회원은 위탁자의 미결제약정을 자기거래로 인수할 수 있다.
② 제1항에 따른 미결제약정의 인수에 관하여 필요한 사항은 세칙으로 정한다.
[본조신설 2009.3.4]

제167조(위탁수수료의 징수) ① 회원은 위탁자로부터 위탁을 받은 주문에 대하여 거래의 성립, 최종결제 또는 권리행사 · 배정 등이 있는 경우에는 해당 위탁자로부터 위탁수수료를 징수하여야 한다.
② 회원은 위탁수수료의 징수율 또는 징수금액, 징수방법 및 징수시기 등(이하 "위탁수수료징수기준"이라 한다)을 정하여야 한다.
③ 회원은 제2항의 위탁수수료징수기준을 정하거나 변경하는 경우에는 사전에 이를 공표하고 세칙이 정하는 기간 내에 거래소에 통지하여야 한다.

제168조(실비의 징수) 회원은 위탁수수료 이외에 월간거래내용, 월말잔고현황 및 반기말잔고현황 등의 통지에 소요되는 비용을 위탁자로부터 징수할 수 있다.

제169조(파생상품계좌의 기록) 회원은 위탁증거금, 결제, 그 밖에 거래와 관련하여 위탁자와 수수하는 현금, 기초자산, 대용증권, 외화 또는 외화증권 등에 관한 사항을 파생상품계좌에 기록하여야 한다.〈개정 2012.12.12〉

제170조(결제조건 등의 변경통지) 회원은 파생상품거래약관, 결제조건, 위탁증거금률 및 위탁증거금액, 그 밖에 위탁자의 권리 · 의무에 중요한 영향을 미치는 사항이 변경되는 경우에는 지체 없이 그 변경내용을 위탁자에게 통지하고 본점 · 지점, 그 밖의 영업소에 7거래일 이상 게시하여야 한다.

제171조(대리인의 제한) 회원의 임원 또는 직원은 그 회원과 파생상품계좌의 설정계약을 체결하는 위탁자의 대리인이 되지 못한다.

제172조(시행세칙) 이 규정의 시행에 관하여 필요한 사항은 세칙으로 정한다.

부칙 〈제395호,2009.1.14〉

제1조(시행일) 이 규정은 「자본시장과 금융투자업에 관한 법률」의 시행일부터 시행한다. 다만, 금리상품거래, 통화상품거래 및 금선물거래의 기본예탁금 예탁에 대한 본칙 제127조의 개정규정은 2009년 4월 27일부터 시행한다.

제2조(선물시장수탁계약준칙 폐지) 선물시장수탁계약준칙은 이 규정의 시행과 동시에 폐지한다.

제3조(선물시장수탁계약준칙 폐지 관련 경과조치) 이 규정의 시행 이전에 종전 선물시장수탁계약준칙에 따라 행하여진 선물거래 및 옵션거래에 대한 미결제약정, 이 규정 시행일 직전 거래일에 산출되는 추가증거금 및 결제, 그 밖에 수탁 등에 관한 사항은 이 규정에 의하여 행하여진 것으로 본다.

제4조(기본예탁금의 예탁의 특례) 금리상품거래, 통화상품거래 및 금선물거래에 대한 기본예탁금 예탁에 관한 규정은 부칙 제1조 단서의 시행일의 직전 거래일의 장종료후부터 적용한다.

부칙 〈제478호,2009.3.4〉

제1조(시행일) 이 규정은 회원사의 파생상품시스템 프로그램 개발에 소요되는 기간 등을 감안하여 세칙이 정하는 날부터 시행한다.

제2조(통화선물 거래기간 변경에 대한 적용례) 제45조제3항의 개정규정은 이 규정 시행일 이후에 새로이 거래가 개시되는 통화선물거래의 결제월종목부터 적용한다.

제3조(통화선물 거래개시의 특례) 제9조제2항에도 불구하고 이 규정 시행일에는 세칙에서 정하는 2개 결제월의 통화선물거래를 새로이 개시한다.

제4조(통화선물 미결제약정의 특례) 이 규정 시행일에는 통화선물거래의 미결제약정수량에 5를 곱하는 방법으로 미결제약정수량을 조정한다.

제5조(통화선물 갱신차금 산출의 특례) 제98조제1항에도 불구하고 이 규정 시행일에는 통화선물거래의 전일의 미결제약정수량에 5를 곱한 수량을 전일의 미결제약정수량으로 하여 갱신차금을 산출한다.

부칙 〈제486호,2009.3.18〉

이 규정은 회원의 파생상품시스템 프로그램개발에 소요되는 기간 등을 감안하여 세칙이 정하는 날부터 시행한다.

부칙 〈제543호,2009.9.23〉

이 규정은 회원파생상품시스템의 프로그램 변경에 소요되는 기간 등을 감안하여 세칙이 정하는 날부터 시행한다.

부칙 〈제567호,2009.12.29〉

이 규정은 2009년 12월 31일부터 시행한다. 다만, 유동성공급과 관련한 제105조제1항, 제5항 및 제6항의 개정규정과 제105조의3의 개정규정은 2010년 2월 1일부터 시행한다.

부칙〈제618호,2010.6.23〉

제1조(시행일) 이 규정은 2010년 6월 24일부터 시행한다. 다만, 제3조, 제4조, 제56조(제1항제2호는 제외한다), 제57조 내지 제60조 및 제154조의 개정규정은 회원파생상품시스템의 프로그램 개발에 소요되는 기간 등을 감안하여 세칙이 정하는 날부터 시행한다.

제2조(미니금선물 거래개시일 및 거래기간의 특례) 본칙 제9조제2항 및 제57조제3항제1호의 개정규정에

불구하고 미니금선물의 거래개시일에는 세칙이 정하는 7개 결제월의 미니금선물거래를 개시한다.

제3조(금선물 최종거래일 및 최종결제일의 특례) 본칙 제59조의 개정규정에 불구하고 이 규정 시행일의 전일(휴장일인 때에는 순차적으로 앞당긴다) 장종료 시점을 기준으로 미결제약정이 존재하는 금선물거래 결제월종목의 최종거래일 및 최종결제일은 종전 규정 제59조를 적용한다.

부칙 〈제636호,2010.9.1〉

제1조(시행일) 이 규정은 2010년 9월 13일부터 시행한다. 다만, 본칙 제38조부터 제43조 및 제104조제2항제2호의 개정규정은 회원사의 파생상품시스템 프로그램 개발에 소요되는 기간 등을 감안하여 세칙이 정하는 날부터 시행한다.

제2조(10년국채선물스프레드거래 제한의 특례) 본칙 제62조제1항에 따라 기초자산이 동일한 10년국채선물거래의 종목에도 불구하고 거래단위, 거래승수 등이 다른 경우에는 해당 종목을 선물스프레드거래의 종목에서 제외한다.

제3조(3년국채선물거래 및 5년국채선물거래에 대한 경과조치) ① 본칙 제38조제1항 및 제42조제2항의 개정규정에도 불구하고 이 규정 시행일 전일(휴장일인 경우에는 순차적으로 앞당긴다. 이하 같다)의 장종료 시점을 기준으로 미결제약정이 존재하는 3년국채선물거래 및 5년국채선물거래의 결제월종목은 각각 종전규정을 적용한다.
② 이 규정 시행일 전일의 장종료 시점을 기준으로 미결제약정이 존재하지 않는 3년국채선물거래 및 5년국채선물거래의 결제월종목은 본칙 제38조제1항 및 제42조제2항의 개정규정을 적용한다.

제4조(10년국채선물거래에 대한 경과조치) ① 본칙 제38조제2항 · 제4항, 제39조제2항(거래기간에 한한다), 제40조제1항, 제41조, 제42조제1항 · 제2항, 제43조 및 제104조제2항의 개정규정에도 불구하고 이 규정 시행일 전일의 장종료 시점을 기준으로 미결제약정이 존재하는 10년국채선물거래의 결제월종목은 각각 종전규정을 적용한다.
② 이 규정 시행일 전일의 장종료 시점을 기준으로 미결제약정이 존재하지 않는 10년국채선물거래의 결제월종목은 본칙 제38조제2항 · 제4항, 제40조제1항, 제41조, 제42조제1항 · 제2항, 제43조 및 제104조제2항의 개정규정을 적용한다.
③ 10년국채선물거래의 결제월 수는 본칙 제39조제2항의 개정규정에도 불구하고 이 규정 시행일 전일의 장종료 시점을 기준으로 최종거래일이 가장 나중에 도래하는 결제월종목의 미결제약정이 존재하는 경우에는 최근월종목의 최종거래일까지 종전규정을 적용한다.

부칙 〈제682호,2011.1.26〉

제1조(시행일) 이 규정은 2011년 2월 14일부터 시행한다. 다만, 규정 제5조, 제111조, 제122조, 제124조, 제132조, 제133조 및 제154조는 회원파생상품시스템의 프로그램 개발에 소요되는 기간 등을 감안하여 세칙이 정하는 날부터 시행한다.

제2조(통안증권선물 최종거래일의 특례) 본칙 제41조에도 불구하고 이 규정 시행 전일(휴장일인 때에는 순차적으로 앞당긴다) 장종료 시점을 기준으로 통안증권선물거래의 각 결제월종목의 미결제약정이 없는 날을 당해 결제월의 최종거래일로 한다.

제3조(통안증권선물 거래개시의 특례) 본칙 제9조 및 제39조에도 불구하고 부칙 제2조에 의한 최종거래일 이후에는 통안증권선물의 새로운 결제월을 상장하지 아니한다.

부칙 〈제742호,2011.7.6〉

제1조(시행일) 이 규정은 2011년 8월 1일부터 시행한다. 다만, 제8조의2, 제65조, 제88조, 제110조의2, 제116조, 제118조 내지 제122조, 제124조제1항제2호, 제132조, 제134조 내지 제137조 및 제160조의2의 개정 규정은 회원파생상품시스템의 프로그램 변경에 소요되는 기간 등을 감안하여 세칙이 정하는 날부터 시행한다.

제2조(옵션매수전용계좌 폐지에 관한 특례) 이 규정의 시행일의 직전 거래일의 장종료 시점을 기준으로 옵션매수전용계좌는 사전위탁증거금일반계좌로 전환된 것으로 본다.

부칙 〈제800호,2011.12.28〉

제1조(시행일) 이 규정은 금융위원회의 승인일로부터 6개월을 넘지 아니하는 범위에서 세칙이 정하는 날부터 시행한다.

제2조(주가지수옵션 거래승수 변경에 대한 적용례) 개정규정 제15조제3항은 세칙이 정하는 날 이후에 새로이 거래가 개시되는 주가지수옵션거래의 결제월부터 적용한다.

부칙 〈제880호,2012.12.12〉

이 규정은 2012년 12월 24일에 시행한다. 다만, 제154조, 제162조부터 제164조를 제외한 규정은 회원파생상품시스템의 프로그램 개발에 소요되는 기간 등을 감안하여 세칙이 정하는 날부터 시행한다.

부록 3

주요 용어

A

Asset-Backed Security(자산유동화증권): 대출자산, 채권, 신용카드채권 등의 자산포트폴리오로부터 파생되는 새로운 유가증권

Accreting Swap(원금증가형 스왑): 원금이 점차 증가하는 스왑으로 상향스왑(step-up swap)이라고도 함.

Accrual Swap(발생스왑): 스왑의 일방에게 지급되는 이자가 기준이 되는 변동금리가 일정 범위에 있을 때만 발생하는 스왑.

Accrued Interest(발생이자): 최근 이자지급일 이후부터 현재까지 발생한 이자.

Agency Costs(대리인 비용): 주인과 대리인 사이의 비대칭 정보로 인해 발생하는 도덕적 해이, 역선택 등을 최소화하기 위해 투입되는 비용.

American Option(아메리칸 옵션): 옵션의 만기일까지 언제든지 권리행사가 가능한 옵션.

Amortising Swap(원금감소형 스왑): 원금이 점차 감소하는 스왑으로 상각스왑이라고도 함.

Analytic Result(해석적 결과): 공식의 형태를 가지는 가치평가 모형.

Arbitrage(차익거래): 두개 이상의 자산의 가격이 상대적으로 잘못 결정되었음을 이용하여 초기투자와 위험없이 이익을 취하는 거래.

Arbitrageur(차익거래자): 차익거래를 하는 사람.

Arithmetis Brownian Motion(ABM)(산술브라운운동): 브라운운동의 한 형태로서 정규분포를 따름

Arithmetic mean(산술평균): n개의 변수의 합을 n으로 나누어 얻는 평균치.

Asian Option(아시안옵션): 정해진 기간 동안에 기초자산의 평균가격에 의해 이득이 결정되는 옵션.

Ask Price(매도호가): 자산을 매도하면서 제시하는 가격.

Asset-or-nothing Call Option: 기초자산가격이 행사가격보다 높으면 이득이 기초 자산의 가격으로, 행사가격보다 낮으면 이득이 0으로 결정되는 옵션.

Asset-or-nothing Put Option: 기초자산가격이 행사가격보다 낮으면 이득이 기초자산의 가격으로, 행사가격보다 높으면 이득이 0으로 결정되는 옵션.

As-you-like-it Option(선택자 옵션): Chooser Option 참조.

At-the-money Option(내가격 옵션): 행사가격이 기초자산의 가격과 동일한 옵션.

Average Price Call Option(평균가격 콜옵션): 기초자산의 평균가격이 행사가격을 초과하는 정도와 0 중에서 큰 금액으로 이득이 결정되는 옵션.

Average Price Put Option(평균가격 풋옵션): 행사가격이 기초자산의 평균가격을 초과하는 정도와 0 중에서 큰 금액으로 이득이 결정되는 옵션.

B

Back Spread(백 스프레드): 역비율 스프레드(reverse ratio spread).

Barrier Option(장애물옵션): 기초자산의 가격이 장애물가격에 도달하는지의 여부에 의해 이득이 결정되는 옵션.

Basis(베이시스): 상품의 현물가격과 선물가격의 차이(통상 basis = 현물가격 - 선물가격)

Basis Point(베이시스포인트): 이자율을 묘사할 때 사용되는 것으로, 1베이시스 포인트는 1%의 100분의 1(0.01%)이다(즉, 100bp = 1%).

Basis Risk(베이시스 위험): 미래시점의 베이시스가 불확실함으로 인해 헷저가 부담하는 위험.

Basis Swap(베이시스 스왑): 서로 다른 변동금리간에 교환이 일어나는 스왑.

Bear Spread(약세스프레드): 행사가격이 X1인 풋옵션을 매도하고 행사가격이 X2인 풋옵션을 매입하여 구성한 포지션으로 콜옵션을 이용하여 구성할 수도 있음 (단, X2 > X1).

Bernoulli Distribution(베르누이분포): 확률변수가 2가지 값만 가질 수 있는 분포.

Beta(베타): 자산의 체계적 위험 측정치.

Bid-ask Spread(매매호가 차이): 매입호가와 매도호가 간의 차이.

Bid Price(매입호가): 자산을 매입하면서 제시하는 가격.

Binary Option(이원옵션): cash-or-nothing option 또는 asset-or-nothing option을 의미함.

Binomial Equation(이항공식) :$(a+b)^n$을 구하는 공식.

Binomial Model(이항분포모형): 자산의 가격이 연이은 짧은 기간 동안 계속 점검되는 모형으로 각각의 짧은 기간 동안 주가는 단 2개의 가격변화를 가짐.

Black Monday(검은 월요일): 주가가 20% 이상 대폭락한 1987년 10월 19일의 월요일을 지칭하는 말.

Black-Scholes-Merton Model(블랙-숄즈-머튼 모형): 1973년 피셔 블랙과 마이클 숄즈, 머튼 등이 발표한 유로피언 주식옵션 가격결정모형.

Black's Model(블랙모형): 블랙이 1976년에 블랙-숄즈-머튼 모형을 확장한 것으로 유로피언 선물옵션의 가치를 평가하는 모형임.

Blended-index Equity Swap(복합지수주식스왑): 두가지 이상의 주가지수의 수익률과 금리가 교환되는 스왑.

Board Broker(장내브로커): 거래소에서 지정가 주문을 처리하는 사람. 장내브로커는 다른 거래자들이 이용할 수 있도록 지정가주문 잔고를 알려주는 일도 함.

Board Order(전광판주문): MIT order 참조.

Bond Option(채권옵션): 기초자산이 채권인 옵션.

Bootstrap Method(붓스트랩법): 시장자료를 이용해서 무이표채 수익률곡선을 확장하기 위해 계산하는 절차.

Broker(브로커): 거래를 단순중개하는 자로서 자산을 비축(inventory)하지 않는다는 것이 딜러와의 차이다.

Brown Motion(브라운 운동): Ito과정의 한 형태로서 생물학자 브라운이 발견한 확률과정이며, 기하브라운과정과 산술브라운과정으로 구분됨.

Bull Spread(강세스프레드): 행사가격이 X1인 콜옵션을 매입하고 행사가격이 X2인 콜옵션을 매도하여 구성한 포지션으로, 풋옵션을 이용해서도 구성할 수 있음(단, X2 > X1).

Butterfly Spread(나비형스프레드): 행사가격이 X1인 콜옵션과 행사가격이 X3인 콜옵션을 각각 1개씩 매입하고 행사가격이 X2인 콜옵션 2개를 매도하여 구성한 포지션으로, 풋옵션을 이용해서도 구성할 수 있음

(단, X3 > X2 > X1 이고, X2 = (X1 + X3)/2임).

C

Calendar Day(달력일): 달력에 있는 그대로의 날짜와 요일.

Calendar Spread(캘린더스프레드): 콜옵션 1개를 매입하고 콜옵션 1개를 매도하여 구성한 포지션으로, 풋옵션을 이용해서도 구성할 수 있음(단, 옵션의 만기는 상이함).

Callable Bond(수의상환권부 채권): 발행자가 만기 전에 정해진 가격으로 채권을 매입할 수 있는 권리가 부여된 채권.

Call Option(콜옵션): 일정 기간까지 일정가격으로 기초자산을 매입할 수 있는 옵션.

Capital Asset Pricing Model(자본자산가격결정모형): 자산의 기대수익률을 베타와 관련시켜 결정하는 모형(CAPM).

Caplet(캡레트): 금리캡의 구성요소.

Cap Rate(캡금리): 금리캡에서 이득을 결정하는 이자율.

Cash-or-nothing Call Option: 최종자산가격이 행사가격보다 높으면 미리 정한 일 정금액의 이득이 발생하고, 반대의 경우 이득이 0인 옵션.

Cash-or-nothing Put Option: 최종자산가격이 행사가격보다 낮으면 미리 정한 일정금액의 이득이 발생하고, 반대의 경우 이득이 0인 옵션.

Cash Settlement(현금정산): 주가지수선물처럼 기초자산을 인도하지 않고 현금으로 선물계약을 정산하는 절차.

CBOE(Chicago Board Options Exchange): 시카고에 소재한 세계 최대의 주식옵션 시장을 가지고 있는 시카고 옵션거래소.

CBOT(Chicago Board of Trade): 시카고 상품거래소.

Central Limit Theorem(중심극한정리): 표본의 수가 커지면 임의의 확률분포가 정규분포로 수렴한다는 원리.

Cheapest-to-deliver Bond(최저가인도채권): CBOT의 채권선물계약에서 인도하는 데 가장 싼 채권.

Chooser Option(선택옵션): 만기일 전 어느 시점에서 콜옵션과 풋옵션 중 소유자가 선택할 권리가 주어진 옵션.

Circuit Breakers(서킷브레이커): 선물가격이 급격히 변동할 때 선물거래를 중단시키는 것.

Clean Price of Bond(채권의 공시가격): 공시된 채권 가격. 채권의 현금가격(dirty price of bond)은 채권의 공시가격(clean price of bond)에 발생이자를 더해서 구함.

Clearinghouse(결제소): 파생상품의 거래이행을 보증하는 기관(결제회사라고도 부른다).

Clearing Margin(거래증거금): 결제소회원이 거래를 위해 결제소에 위탁하는 증거금.

Closing price(종료현물가격): 선물 최종거래일의 종료가격을 의미하며 최종거래일의 정산가격으로 쓰임.

CME(Chicago Mercantile Exchange): 시카고 상업거래소.

Combination(콤비네이션): 동일한 기초자산에 대한 콜옵션과 풋옵션을 동시에 이용하여 구성한 포지션.

Commission Brokers(커미션브로커): 고객들을 위해 거래를 대신하고 그에 대한 대가로 커미션을 받는 사람.

Commodity Swap(상품스왑): 거래의 한쪽이 상대방에게 일정한 양의 상품에 대해서 고정된 가격을 정기적으로 지불하고 상대방은 고정가격 대신에 시장가격을 지불하는 스왑.

Compound Option(복합옵션): 옵션에 대한 옵션(즉, 기초자산이 옵션인 옵션).

Compound Option Model(복합옵션모형): 기업의 자기자본(equity)을 기업자산에 대한 옵션으로 취급하는 모형.

Compound Swap(복리스왑): 이자는 미리 정해진 원칙에 따라 스왑의 만기까지 복리 계산되고 스왑의 만기일에 오직 한 번 지급하는 스왑.

Consumption Asset(소비자산): 투자목적이 아니고 소비목적으로 보유하는 자산.

Contango(콘탱고): 선물가격이 기대현물가격보다 높은 상황.

Continuous Compounding(연속복리): 이자율을 표시하는 한 방법. 이자율을 적용하는 기간을 측정할 수 없을 정도로 극단적으로 짧게 하는 방법.

Convenience Yield(보유편익률): 자산을 직접 소유함으로써 얻는 편익으로서, 선물계약 매입포지션을 소유한 투자자는 얻을 수 없음.

Conversion(전환): 합성매도(synthetic short)를 이용하는 차익거래.

Conversion Factor(전환계수): CBOT의 채권선물계약에서 인도되어야 할 채권의 수를 결정하는데 사용되는 계수.

Convertible Bond(전환사채): 만기전(즉, 잔존기간 중) 일정한 시점에서 미리 정해진 수량의 주식으로 전환될 수 있는 회사채.

Convexity(볼록성): 채권의 가격과 수익률간에 존재하는 곡률(curvature)의 정도.

Cost of Carry(보유비용): 보관비용. 자본조달 비용. 중간소득

Cost of Delay(지연비용): 타이밍 옵션이 내재해 있는 투자안의 평가에서 투자안의 실행을 지연함으로써 발생하는 비용.

Coupon(이자 또는 표면이자): 채권의 이자지급액.

Covered Call(보호된 콜옵션): 콜옵션 매도포지션과 기초자산 매입포지션이 결합된 포지션.

Credit Box(현금유입 박스): 합성매입포지션의 행사가격(K_1)이 합성매도포지션의 행사가격(K_2)보다 큰 박스 스프레드.

Credit Risk(신용위험): 파생상품 거래의 상대방이 채무불이행함으로써 발생하는 손실위험.

Credit Spread(현금유입 스프레드): 가격이 높은 옵션을 발행하고 가격이 낮은 옵션을 매입하므로 초기에 이익(credit)이 되는 거래전략.

Critical Value(임계가치): 실물옵션에서 실물투자(자산)를 포기하는 것이 최적인 기초자산가치의 수준(level).

Currency Option(통화옵션): 환율을 대상으로 하는 옵션.

D

Day Count(일수계산): 이자를 계산하는 날수의 산정.

Day Trade(당일마감거래): 동일한 날에 시작했다가 마감한 거래.

Default Risk(채무불이행위험): 계약당사자가 계약을 이행하지 않을 위험

Dealer(딜러): 거래를 중개한다는 점에서는 브로커와 같으나, 자산을 비축(inventory)하여 수요와 공급을 원활히 한다는 점에서 브로커와 다름.

Debit Box(현금유출 박스): 합성매입포지션의 행사가격(K_1)이 합성매도포지션의 행사가격(K_2)보다 작은 박스 스프레드.

Debit Spread(현금유출 스프레드): 가격이 낮은 옵션을 발행하고 가격이 높은 옵션을 매입하므로 초기에 현금유출(debit)이 되는 전략.

Deferred Start Swap(이연스왑): 계약일로부터 일정기간(수개월 혹은 수년) 후에 이자가 교환되기 시작하는

스왑으로 선도스왑(forward swap)이라고도 함.

Delta(델타): 기초자산의 가격에 대한 파생상품의 가격변화율.

Delta Hedging(델타헷징): 기초자산의 가격이 조금 변할 때 파생상품으로 구성된 포트폴리오의 가치가 변하지 않도록 하기 위한 헷징방법.

Delta-neutral Portfolio(델타중립 포트폴리오): 델타가 0인 포트폴리오로 기초자산의 가격이 조금 변할 때 포트폴리오의 가치는 변하지 않음.

Derivative(파생상품): 가격이 다른 자산의 가격으로부터 연유되는, 또는 다른 자산의 가격에 의해 결정되는 금융상품(instrument).

Diagonal Spread(대각스프레드): 행사가격과 만기가 상이한 콜옵션 2개를 이용하여 구성한 포지션으로, 풋옵션을 이용해서도 구성할 수 있음.

Diff Swap(딥스왑): 거래 일방은 특정한 통화로 표시된 변동금리이자를 지급하고, 상대방은 다른 통화로 표시된 변동금리에 일정한 마진을 가감한 금리로 이자를 지급하되 실제 지급통화는 동일하게 설계된 스왑.

Discount Instrument(할인상품): T-bill과 같이 중간에 이자를 지급하지 않는 금융상품.

Discount Rate(할인율): 최종 액면가의 퍼센트로 표현된 T-bill 또는 유사상품의 연간 수익률.

Discretionary order(재량주문): 더 유리한 가격을 얻기 위하여 브로커의 재량권으로 계약을 체결하도록 하는 주문의 형태.

Diversification(분산투자): 투자의 위험, 특히 비체계적 위험을 제거하기 위해 위험수준이 다르고 서로 상관관계가 있는 자산에 골고루 분산하여 투자하는 것.

Dividend(배당): 주식 소유자에게 지급되는 현금배당액.

Dividend Yield(배당수익률): 배당을 주가로 나눈 비율.

Down-and-in Option(하향진입옵션): 기초자산의 가격이 미리 정한 수준으로 하락하면 유효하게 되는 옵션.

Down-and-out Option(하향실격옵션): 기초자산의 가격이 미리 정한 수준으로 하락하면 실격되는 옵션.

Drift Rate(평균율): 확률과정에서 기준시간당 평균변화.

Duration(듀레이션): 채권의 가중평균회수기간. 이는 채권수익률의 절대변화에 대한 채권가격의 변화율을 개략적으로 나타낸다.

Duration Matching(듀레이션 일치): 금융기관에서 자산과 부채의 듀레이션을 일치시키는 절차.

Dynamic Asset Allocation Strategy(동적자산배분전략): 주식과 무위험채권의 적절한 결합으로 프로텍티브 풋옵션을 합성하는 포트폴리오 보험 전략.

Dynamic Hedging(동적 헷징): 기초자산의 포지션을 정기적으로 조정하여 옵션포지션을 헷징하는 절차로 델타중립인 포지션을 유지하는데 목적이 있음.

E

Early Exercise(조기행사 또는 만기일전 권리행사): 만기일 전에 권리를 행사하는 것.

Efficient Market Hypothesis(효율적 시장가설): 자산의 가격에는 관련정보가 이미 반영되어 있다는 가설(EMH).

Embedded Option(부가된 옵션): 다른 증권에 묵시적으로 포함된 옵션.

Equity Basis Swap(주식베이시스스왑): 두 개의 서로 다른 주가지수의 성과에 기초하여 주기적으로 지불금을 교환하는 스왑.

Equity Swap(주식스왑): 채권의 금리(변동금리 또는 고정금리)와 주가수익률(= 자본이득률 + 배당수익률)을 교환하는 스왑.

Eurocurrency(유로통화): 발행국가 통화당국의 공식적인 통제가 미치지 못하는 국외에서 유통되는 통화.

Eurodollar(유로달러): 미국 밖에 소재한 은행이 보유하고 있는 달러.

Eurodollar Futures Contract(유로달러 선물계약): 유로달러 예금액(deposit)을 기초자산으로 하여 발행된 선물계약.

Eurodollar Interest Rate(유로달러 이자율): 유로달러 예금의 이자율.

European Option(유러피안 옵션): 오직 만기일에만 권리를 행사할 수 있는 옵션.

Ex-dividend Date(배당락일): 배당을 지급하기로 공시할 때 배당락일이 명시되며, 배당락일에 주식을 매입하는 투자자는 배당금을 받을 수 없음. 배당락일 현재 주식을 보유하는 투자자는 배당을 받음.

Exercise Price(행사가격): 옵션계약에서 기초자산을 사거나 파는 가격.

Exotic Option(이색옵션, 특이옵션): 표준화되지 않은 옵션.

Expectations Theory(기대이론): 이자율의 기간구조(term structure)를 설명하는 한 이론으로서, 장기이자율이 미래의 기대단기 이자율을 반영하여 결정된다는 이론.

Expected Value of a Variable(변수의 기대치): 변수값을 발생확률로 가중평균 한 값.

Expiration Date(만기일): 계약 만료일.

Extendable Bond(연장채권): 채권소유자의 선택에 의해 만기가 연장될 수 있는 채권.

Extendable Swap(연장가능스왑): 스왑당사자 한 쪽이 자신에게 유리하도록 스왑계약기간을 연장할 수 있는 선택권(option)이 첨부된 스왑.

F

FASB(Financial Accounting Standards Board): 재무회계기준위원회.

Fill-or-kill order(성립취소주문): 주문이 즉시 체결되지 않으면 소멸되는 주문 형태.

Financial Engineering(금융공학): 다양한 증권들과 옵션들을 결합하거나, 기존의 증권이나 파생상품을 분해하여 새로운 금융상품이나 거래과정을 개발하는 것.

Financial Intermediary(금융중개기관): 서로 다른 경제주체 간에 자금의 흐름을 연결하는 은행 또는 기타 금융기관.

Fixed-income Securities(고정소득증권): 채권처럼 미래 소득이 고정되어 있는 증권

Floorlet(플로아레트): 플로아의 구성요소.

Floor Rate(플로아금리): 금리플로아 계약에서의 이자율.

Foreign Currency Option(통화옵션): 환율에 대한 옵션.

Forward Contract(선도계약): 계약자가 특정자산을 미래 일정시점에서 미리 정해진 인도가격으로 사거나 파는 의무가 부여된 계약.

Forward Exchange Rate(선도환율): 외국통화 1단위당 선도가격.

Forward Interest Rate(선도이자율): 현재 시장에서 형성되는 이자율에 내재된 미래 일정기간 동안의 이자율.

Forward Price(선도가격): 계약의 가치가 0이 되도록 하는 선도계약의 인도가격.

Forward Rate Agreement(FRA)(선도금리계약): 미래 특정기간 동안에 미리 정한 원금에 대해 특정 이자율이 적용되는 선도계약.

FRB(Federal Reserve Board): 미국의 중앙은행 역할을 하는 연방준비은행.

Front running: 선물중개인이 고객의 주문에 앞서 자

신의 주문을 유리한 가격에 먼저 성사시키는 행위로서 금지사항임.

Futures Contract(선물계약): 계약자가 미래 일정기간 동안에 미리 정한 가격으로 자산을 사거나 팔아야 하는 의무가 부여된 계약. 일일 정산됨.

Futures Option(선물옵션): 선물이 기초자산이 되는 옵션.

Futures Price(선물가격): 선물계약의 현재 인도가격.

G

Gamma(감마): 기초자산의 가격에 대한 델타의 변화율.

Gamma-neutral Portfolio(감마중립 포트폴리오): 감마가 0인 포트폴리오.

Generalized Wiener Process(GWP)(일반화된 위너과정): 확률과정(SP)의 한 종류 로 평균이 a(상수)이고 분산율이 b(상수)인 마코브확률과정.

Geometric Average(기하평균): n개의 변수를 곱한 후 1n 승하여 얻는 평균치.

Geometric Brownian Motion(GBM)(기하브라운운동): 브라운운동의 한 형태로서 대수정규분포를 따름.

Girsanov Theorem(거사노브이론): 확률론에서 측도(measure)의 전환을 통해 변동성은 유지하면서 기대수익률을 변화시킬 수 있다는 원리.

GNMA(Government National Mortgage Association): 보통 Ginnie Mae로 불리는 정부보증 무위험채권.

H

Hedge(헷지): 위험을 줄이기 위한 거래.

Hedger(헷저): 헷징거래를 하는 사람.

Hedge Ratio(헷지비율): 헷징대상자산 규모에 대한 헷징수단(즉, 선물계약) 포지션 크기의 비율.

Hedging Error(헷징오차): 감마의 절대값이 클 경우 델타헷지에 의해 생기는 오차.

Historic Volitility(역사적 변동성): 과거의 자료로부터 추정된 변동성.

Horizontal Spread(수평스프레드): 한 옵션을 매입하고, 만기만 다른 동일한 옵션을 매도하는 전략.

I

I.I.D.(Independent and Identically Distributed)(독립동일분포): 확률분포가 서로 독립적이고 모수가 변함이 없이 일정함.

IMM(International Money Market): 1972년 CME의 한 사업부로 설립되었으며 외국 통화의 선물거래가 이루어지는 국제금융시장.

Immunization(면역화): 시장금리가 변동할 때 가격위험과 재투자 위험이 서로 반대로 움직이는 원리를 이용하여 금리변동으로 인한 이득이나 손실이 0이 되도록 하는 전략.

Implied Repo Rate(환매조건부계약의 내재이자율): T-bill과 T-bill 선물가격에 내재되어 있는 환매조건부계약의 이자율.

Implied Volatility(내재변동성): 블랙-숄즈-머튼의 모형 또는 다른 옵션가격결정모형에 옵션가격을 적용하여 구한 변동성으로, 시장에서 관찰되는 옵션가격에 내재해 있는 변동성.

Index Arbitrage(지수차익거래): 주가지수를 구성하는 주식 포지션과 주가지수선물 포지션을 이용하는 차익거래.

Index Futures(지수선물): 주가지수 또는 기타 지수에 대한 선물.

Index Option(지수옵션): 주가지수 또는 다른 지수에 대한 옵션.

Initial Margin(개시증거금): 선물거래를 시작할 때 거래자에게 요구되는 증거금.

Interest Rate Cap(금리캡): 이자율이 정해진 수준보다 높으면 이득이 발생하는 옵션으로 이자율은 정기적으로 조정되는 변동금리임 .

Interest Rate Collar(금리칼라): 금리캡과 금리플로아의 결합.

Interest Rate Floor(금리플로아): 이자율이 정해진 수준보다 낮으면 이득이 발생하는 옵션. 이자율은 정기적으로 조정되는 변동금리임 .

Interest-rate Option(금리옵션): 이자율의 수준과 어떤 방식이로든 연결되어 있는 옵션.

In-the-money Option(내가격 옵션): 자산가격이 행사가격보다 높은 콜옵션 또는 자산가격이 행사가격보다 낮은 풋옵션.

Intrinsic Value(내재가치): 콜옵션의 경우 자산가격이 행사가격을 초과하는 정도와 0 중에서 큰 값이고, 풋옵션의 경우 행사가격이 자산가격을 초과하는 정도와 0 중에서 큰 값임.

Inverted Market(역조시장): 만기일에 가까워짐에 따라 선물가격이 하락하는 시장.

Investment Asset(투자자산): 많은 투자자들이 투자목적으로 보유하는 자산.

Ito Process(이토과정): 추세항(drift term)과 확산항(diffusion term)이 모두 시간의 함수로 표시되는 확률과정

Ito Lemma(이토정리): 확률과정의 함수로 표시된 확률과정이 어떤 형태인지 보여주는 이론으로서 Taylor Series를 확률미적분에 응용한 것.

J

Jensen's Inequality(젠센의 부등식): 함수 G(X)가 위로 볼록한 함수(concave function)이면, G[E(X)] > E[G(X)]가 되어야 한다는 이론.

K

Know-your-customer Rule: 고객인지수칙으로서 신규계좌개설 시 회사가 고객에 대해 조사해야 하는 고객의 인적 · 재정적 상태를 고려하여 계좌를 개설해야 한다는 원칙

KRX(Korea Exchange): 한국거래소.

Kurtosis(첨도): 분포의 꼬리가 두터운 정도.

L

Laspeyres 방식: 주가지수를 계산하는 방식으로, 가중을 위해 기준시점의 수량을 사용.

LEAPS(Long-term equity anticipation security): 개별주식 또는 주가지수에 대한 만기 1년~5년의 장기옵션.

LIBID(London Interbank bid rate): 런던은행간 매입이자율. 유로통화 예금을 은행이 매입하는 이자율(즉, 은행이 다른 은행으로부터 차입할 때의 이자율).

LIBOR(London interbank offer rate): 런던은행간 대출이자율. 유로통화 예금에 대해 은행이 제시하는 이자율(은행이 다른 은행에게 대출할 때의 이자율).

LIFFE(London International Financial Futures Echange): 런던국제금융선물거래소.

Limit Move(제한폭 변동): 단일 거래기간 동안에 거래소가 허용한 최대 가격변동폭.

Limit order(지정가주문): 명시된 가격 또는 투자자에게 유리한 가격으로만 거래가 이루어지도록 하는 주문.

Limited Liability(유한책임): 채권자에 대해 주주가 가지는 책임의 범위는 회사 자산가치에 한정된다는 원칙.

Liquidity Premium(유동성 프리미엄): 선도이자율이 기대 현물이자율을 초과하는 크기.

Local(로칼): 다른 사람을 위해 거래하는 것이 아니라 자신을 위해 거래하는 장내거래인.

Lognormal Distribution(대수정규분포): 변수에 자연대수를 취한 값이 정규분포를 따르면 변수는 대수정규분포를 따름.

Long Hedge(매입헷지): 선물에 매입포지션을 취하는 헷지.

Long Position(매입포지션): 자산을 구입한 포지션.

Lookack Option(룩백 옵션): 만기 내 일정기간 동안의 최고 또는 최저가격에 의해 이득이 결정되는 옵션.

M

Maintenance Margin(유지증거금): 거래자의 증거금 계좌의 잔액이 유지증거금 미만으로 떨어질 때, 거래자는 개시증거금 수준까지 증거금을 납입하라는 증거금납입요청을 받음.

Making Up Difference(차금결제): 선물거래의 결제방법으로 실물을 주고받지 않고 주로 반대매매에 의해 매수나 매도대금의 차액만을 결제하는 것.

Markov Process(마코브과정): 확률변수의 미래상태가 현재에만 의존하고 과거의 경로나 과정과는 독립적인 확률과정

MMI(Major Market Index): NYSE에 상장되어 있는 20개의 블루칩(blue chip) 주식들로 구성된 주요시장지수.

Margin(증거금 또는 위탁증거금): 선물 또는 옵션 거래자에게 요구되는 현금(또는 증권).

Margin Call(증거금납입요청): 증거금계좌의 잔액이 유지증거금 미만으로 떨어질 때, 추가로 증거금을 위탁하도록 하는 요청.

Market Maker(시장조성자): 자산의 매입호가와 매도호가를 결정하는 거래자.

Market Risk(시장위험): 금리, 물가, 환율 등 시장전체에 영향을 미치는 위험

Marking to Market(일일정산): 시장관련 변수들의 현재가치를 반영하여 금융상품의 가치를 재평가하는 과정.

Maturity Date(만기일): 계약의 만료일.

Mean Reversion(평균회귀성): 이자율와 같은 시장변수가 장기적으로 평균에 회귀하려는 속성.

MIT Order(MIT 주문): Market-If-Touched Order의 약자로서, 거래가 특정가격 또는 그보다 유리한 가격으로 일단 이루어지면 시장에서 이용가능한 최선의 가격으로 거래가 이루어지도록 하는 주문.

Modified Duration(수정듀레이션): 채권가격의 변화율과 채권수익률의 절대변화 간의 관계를 좀더 정확히 묘사하기 위하여 듀레이션을 수정한 듀레이션. 수정듀레이션은 공시 수익률의 복리효과를 감안한 개념.

Moment Generating Function(MGF)(적률생성함수): 통계학의 주요 모수인 평균, 분산 등 적률(moment)을 생성해 내는 함수로서 $M_{X(t)} = E(e^{tX})$로 정의됨.

Monte Carlo Simulation(몬테카를로 시뮬레이션): 시뮬레이션의 한 기법으로 특정한 분포를 가정하는 모수적(parametric) 시뮬레이션 방법임.

Mortgate-backed Security(부동산담보증권): 소유자에게 부동산담보풀에서 발생하는 현금흐름에 참여할 수 있는 권리를 부여하는 증권.

Multiplication Rule(곱셈법칙): 이토정리를 통해 확률과정의 함수가 어떤 확률 과정을 따르는지 규명할 때 적용하는 위너과정들간의 곱셈을 규정하는 법칙.

N

Naked Option(노출된 옵션): 기초자산과 결합되지 않은 옵션.

NFA(National Futures Association): 1982년에 설립된 미국선물협회.

N-for-M Stock Split(주식분할): 주식가격이 너무 높을 경우 M개의 주식을 N개로 분할하여 주식유동성을 증가시키는 기법.

No-arbitrage Assumption(무차익거래 가정): 시장가격에 차익거래기회가 없다는 가정.

Nonsystematic Risk(비체계적 위험): 분산투자하면 제거될 수 있는 기업고유의 위험.

Normal Backwardation(정상 백워데이션): 선물가격이 기대 현물가격보다 낮은 상황.

Normal Market(정상시장): 만기일에 접근함에 따라 선물가격이 상승하는 시장.

Numerical Procedure(수치화 절차): 가격결정공식이 존재하지 않는 경우 옵션의 가치를 평가하는 방법.

O

OCC(Option Clearing Corporation): Clearing-house 참조.

One-Touch Option: 만기 전에 한번이라도 내가격(ITM) 상태에 도달한 적이 있으면 고정된 약정금액을 지불하는 특이옵션.

Open Interest(미결제약정수): 시장에 남아 있는 매입 포지션의 총수(total number)(또는 시장에 남아있는 매도포지션의 총수).

Optimal Hedge Ratio(최적헷지비율): 선물계약으로부터 얻는 미래현금흐름의 분산을 최소화하는 헷지비율.

Option(옵션): 자산을 사거나 팔 수 있는 권리.

Option Class(옵션클래스): 특정주식에 대한 동일한 유형(콜옵션 또는 풋옵션)의 모든 옵션.

Option Series(옵션시리이즈): 동일한 행사가격과 만기를 가지며 동일한 유형에 속한 모든 옵션.

Order-Book Official(주문관리인): Board Broker 참조.

Ordinary Differential Equation(ODE)(상미분방정식): 독립변수가 1개만 포함된 미분방정식으로서 전미분을 포함함.

Out-of-the-money Option(외가격 옵션): 자산가격이 행사가격보다 낮은 콜옵션 또는 자산가격이 행사가격보다 높은 풋옵션.

Over-the-Counter Market(장외시장): 전화 혹은 컴퓨터로 거래하는 시장. 거래자들은 보통 금융기관, 기업, 그리고 펀드매니저들임(OTC).

P

Paasches 방식: 주가지수를 계산하는 방식으로, 가중을 위해 비교시점의 수량을 사용.

Parallel Shift(수평이동): 수익률곡선의 모든 점이 동일한 크기만큼 이동하는 것.

Partial Differntial Equation(PDE)(편미분방정식): 독립변수가 2개 이상인 미분방정식으로서 편미분을 포함하고 있음.

Par Value(액면가): 채권의 원금.

Par Yield(액면가수익률): 가격을 원금과 동일하게 하는 채권의 액면이자율.

Pascal's Triangle(파스칼의 삼각형): 이항공식에서 각 항의 계수를 구하는데 유용한 원리.

Payoff(이득): 옵션 또는 다른 파생상품의 소유자가 옵션을 행사할 때 실현하는 현금.

Perfect Hedge(완전헷지): 위험을 완전히 제거하는 헷지

Plain Vanilla(플레인 바닐라): 표준적인 것 혹은 기본적인 것을 의미하는 용어.

Plain Vanilla Interest Rate Swap(기본형 금리스왑): 기본형 금리스왑으로서, 한 당사자는 원금에 대해 약정된 고정금리로 이자를 수년간 지급하기로 계약하고, 다른 당사자는 동일한 기간 동안 동일한 원금에 대해 변동금리로 이자를 수취하는 스왑이며 원금은 상계하고 교환하지 않음.

Portfolio Immunization(포트폴리오 면역화): 이자율이 변해도 포트폴리오의 가치가 변하지 않게 만드는 것.

Portfolio Insurance(포트폴리오 보험): 기초자산가격이 유리하게 변동함으로 인해 발생하는 이익은 극대화하되, 기초자산가격이 불리하게 변동하더라도 포트폴리오의 가치가 일정수준 이하로 하락하지 않도록 자산을 운용하는 전략.

Position Limit(포지션 한도): 거래자(또는 동일거래자 집단)가 보유할 수 있는 최대 포지션 규모.

Premium(프리미엄): 옵션의 가격.

Prepayments(조기상환): 원금을 일정보다 앞서 상환하는 것.

Principal(원금): 부채(채권)의 액면가.

Principal Protected Note(PPN)(액면가 보호채권): 옵션의 기초자산가격이 어떻게 변하든 상관없이 채권의 원금을 전액 보장받을 수 있는 거래전략으로 옵션과 채권을 결합하여 만드는 합성된 채권.

Profit(이익): 이득(payoff)에서 비용을 제외한 순이익.

Program Trading(프로그램매매): 컴퓨터에 의해 자동적으로 거래가 결정되고 거래지시가 거래소에 전송되는 매매방법.

Protective Put(방어적 풋옵션): 기초자산의 매입포지션과 결합된 풋옵션.

Pull-to-Par(액면가 회귀): 채권의 가격이 만기일에 액면가로 회귀해야 한다는 사실을 일컫는 말.

Put-Call Parity(풋-콜 패리티): 아비트라지 기회가 없다고 할 때 행사가격과 만기가 동일한 콜옵션 가격과 풋옵션 가격간의 균형관계를 나타내는 등식(유러피안) 혹은 부등식(어메리칸).

Put Option(풋옵션): 일정 기간까지 일정가격으로 기초자산을 매도할 수 있는 옵션.

Puttable Bond(상환요구권부 채권): 채권소유자가 정해진 가격으로 정해진 시점에서 채권발행자에게 상환을 요구할 수 있는 권리가 부여된 채권.

Puttable Swap(해지가능스왑): 스왑계약을 조기에 해지할 수 있는 옵션이 첨부된 스왑.

Q

Quanto Option(콴토 옵션): 특이 옵션의 하나로서, 옵션의 이득은 하나의 기초자산에 의해 결정되지만 그 위험의 노출규모는 다른 기초자산의 가격함수로 표시되는 옵션.

R

Random walk(랜덤 워크): 짧은 기간동안 주가의 변화율은 정규분포를 따른다는 이론으로, 주가예측의 불가능성을 지칭함.

Ratio Spread(비율 스프레드): 매입 또는 매도하는 옵션의 비율을 달리하되, 매입하는 옵션수보다 매도하는 옵션수가 더 많은 스프레드.

Real Option(실물옵션): 토지, 건물, 생산설비 등 실물(real)자산에 내재되어 있는 투자안의 전략적 선택권(option).

Rebalancing(재조정): 주기적으로 거래포지션을 조정하는 과정으로 델타중립을 유지하는 데 목적이 있음.

Recombined Binomial Model(재결합이항모형): 다기간 이항분포모형에서 기초자산의 가격이 (상승+하락)하는 것과 (하락+상승)하는 것이 같게 만든 모형.

Repo(Repurchase agreement): 환매조건부계약. 거래 상대방에게 증권을 매출함으로써 자금을 차입하고 나중에 약간 높은 가격으로 그 증권을 다시 매입하기로 한 계약.

Repo Rate(Repurchase agreement rate): 환매조건부계약의 이자율.

Reverse Conversion(역전환): 합성매입(synthetic long)을 이용하는 차익거래.

Reverse Ratio Spread(역비율 스프레드): 매입 또는 매도하는 옵션의 비율을 달리 하되, 매도하는 옵션수보다 매입하는 옵션수가 더 많은 스프레드.

Rho(로): 이자율에 대한 파생상품 가격의 변화율.

Rights Issue(구주주배정 유상증자): 구주주가 일정한 가격으로 신주를 살 수 있는 권리가 부여된 주식의 발행.

Risk-free Rate(무위험이자율): 단기정부발행채권(T-bill 등)과 같이 위험을 부담하지 않고 얻을 수 있는 이자율.

Risk-neutral Valuation(위험중립가치평가): 위험중립을 가정하고 옵션 또는 다른 파생상품의 가치를 평가하는 것을 말하며, 위험중립가치평가는 실제로 위험중립이 아닌 경우에도 파생상품의 가치를 정확히 평가함.

Risk-neutral World(위험중립세계): 투자자들이 위험을 추가로 부담하는 것에 대하여 평균적으로 추가수익률을 요구하지 않는다고 가정하는 경우.

Rollercoaster Swap(원금증감형 스왑): 원금의 증가나 감소가 반복되는 스왑.

S

S&P500 Index(S&P500지수): 500개의 서로 다른 주식들의 가중 주가평균으로서 NYSE에서 거래되는 주식시가 총액의 80%를 반영하고 있으며, 400개의 제조업주식, 40개의 공기업주식, 20개의 운수업주식, 40개의 금융주들로 구성되어 있음.

Scalper(초단기거래자): 매우 짧은 기간 동안만 포지션을 유도하는 거래자.

Scenario Analysis(시나리오분석): 시장변수의 미래 변화가 포트폴리오의 가치에 미치는 영향을 분석하는 방법.

SEC(Securities and Exchange Commission) :(미국) 증권거래위원회.

Settlement Price(정산가격): 하루 동안의 거래를 종료하는 벨이 울리기 직전에 거래된 계약들의 평균가격으로 일일정산의 기준이 됨.

Short Hedge(매도헷지): 선물에 매도포지션을 취하는 헷지.

Short Position(매도포지션): 자산을 매도한 포지션.

Short Rate(단기이자율): 매우 짧은 기간 동안에 이루어진 무위험투자에 적용하는 이자율.

Short Selling(공매 혹은 대주): 다른 투자자로부터 빌린 주식을 시장에서 매도하는 것.

Sinking Fund(감채기금): 채권자를 보호하고 채권발행회사의 원금 일시 상환 부담을 줄이고자 미리 적립하는 기금으로 감채기금을 의무화한 채권.

Specialist(스페셜리스트): 일부거래소에서 지정가주문을 관리하는 개인. 스페셜 리스트는 지정가주문에 대한 정보를 다른 거래자에게 제공하지 않음.

Spot Interest Rate(현물이자율): Zero-coupon Interest Rate 참조.

Spot Price(현물가격): 현재 즉각 인도될 수 있는 자산에 적용되는 가격.

Spread Transaction(스프레드거래): 동일한 유형(콜옵션 또는 풋옵션)의 두 개 이상의 옵션에 포지션을 취하는 것.

Step-up Swap(상향스왑): 원금이나 이자가 일정하지 않고 점차 증가하는 스왑.

Stochastic Process(확률과정): 확률변수들의 집합

Stock Dividend(주식배당): 현금대신 주식으로 배당을 지급하는 것.

Stock Index(주가지수): 주식포트폴리오의 가치를 나타내는 지수.

Stock Index Futures(주가지수선물): 주가지수에 대한 선물.

Stock Index Option(주가지수옵션): 주가지수에 대한 옵션.

Stock Option(주식옵션): 개별주식을 기초자산으로 하는 옵션.

Stop-limit Order(지정폭주문): 역지정주문과 지정가주문을 결합한 주문.

Stop-loss Order(역지정가주문): 특정가격 또는 덜 유리한 가격(less favorable price)으로 매입 또는 매도하는 주문이 있으면 가장 유리한 가격으로 거래가 이루어지는 주문.

Stop Order(역지정가주문): Stop-loss Order 참조.

Storage Cost(보관비용): 상품을 보관하는데 드는 비용.

Straddle(스트래들): 행사가격이 동일한 콜옵션과 풋옵션을 모두 매입한 포지션.

Strangle(스트랭글): 행사가격이 상이한 콜옵션과 풋옵션을 모두 매입한 포지션.

Strap(스트랩): 행사가격이 동일한 콜옵션 2개와 풋옵션 1개를 매입한 포지션.

Stress Testing(위기분석): 극단적인 시장변화가 포트폴리오의 가치에 미치는 영향을 분석하는 방법.

Strike Price(행사가격): 옵션계약에서 기초자산을 매입 또는 매도하는 가격.

Strip(스트립): 행사가격이 동일한 콜옵션 1개와 풋옵션 2개를 매입한 포지션.

Swap(스왑): 미리 정해진 대로 미래 일정기간 동안 현금흐름을 교환하는 계약.

Swaption(스왑션): 정해진 고정금리가 변동금리와 교환되는 금리스왑을 기초자산으로 하는 옵션.

Synthetic Long(합성매입): 풋-콜 패리티를 이용하여, 콜옵션을 매입하고 풋옵션을 매도하여 합성한 기초자산.

Synthetic Short(합성매도): 풋-콜 패리티를 이용하여, 콜옵션을 매도하고 풋옵션을 매입하여 합성한 기초자산.

Synthetic Option(합성옵션): 기초자산의 거래를 통하여 창조된 옵션.

Systematic Risk(체계적 위험): 분산투자를 해도 제거할 수 없는 시장전체의 위험.

T

Term Structure(기간구조): 만기(T)와 만기별 이자율(YT)의 관계.

Terminal Value(만기가치): 만기일의 가치.

Theta(쎄타): 시간 경과에 대한 옵션 또는 다른 파생상품의 가격변화율.

Time Decay(시간가치 하락): 시간의 경과에 따른 옵션 시간가치(외재가치)의 하락.

Time Option(시간 옵션): 옵션기간 중 내가격(ITM) 상태에 있던 기간의 길이에 비례하여 이득을 계산하는 특이옵션.

Time Value(시간가치): 만기일까지 기간이 남아 있다는 사실로부터 발생하는 옵션가치로서 옵션가격에서 내재가치를 차감한 값임.

Trading Day(달력일): 실제 증권거래가 이루어지는 날(미국: 1년에 252일).

Transactions Cost(거래비용): 거래하는데 드는 비용(커미션, 체결가격과 매매 호가 중간점 간의 차이).

Treasury Bill(미국의 단기국채): 미국 정부가 만기 1년 이하의 단기성 부채자본을 조달할 때 발행하는 무이표채(T-bill).

Treasury Bill Futures(T-bill 선물): T-bill에 대한 선물계약.

Treasury Bond(미국의 장기국채): 미국 정부가 만기 10년 이상의 장기성 부채자본을 조달할 때 발행하는 이표채(T-bond).

Treasury Bond Futures(T-bond 선물): T-bond에 대한 선물계약.

Treasury Note(미국의 중기국채): 만기가 1년 이상 10년 이하인 미국재무성 발행 채권.

Treasury Note Futures(T-note 선물): T-note에 대한 선물계약.

Triple Witching Hour(세마녀의 시간): 주가지수선물, 주가지수옵션, 그리고 주가지수선물옵션이 함께 만기가 되는 시간에 붙여진 별명.

Type 1 Arbitrage(1종 아비트라지): T-bill 선물가격에 내재된 선도이자율과 T-bill 현물이자율에 내재된 선도이자율이 다를 경우 선물계약을 매도하고 현물계약을 매입하여 차익을 실현하는 거래.

Type 2 Arbitrage(2종 아비트라지): T-bill 선물가격을 매입하고 현물계약을 매도하여 실현하는 차익거래.

U

Underlying Variable(기초변수): 옵션 또는 다른 파생상품의 가치를 결정하는 기초자산.

Unsystematic Risk(비체계적 위험): Nonsystematic Risk 참조.

Up-and-in Option(상향진입옵션): 기초자산가격이 정해진 수준까지 상승하면 유효하게 되는 옵션.

Up-and-out Option(상향실격옵션): 기초자산가격이 정해진 수준까지 상승하면 실격되는 옵션.

Uptick rule(업틱 룰): 최근 평균가보가 낮게 매도할 수 없다는 공매도 제한규정.

V

Variance Rate(분산율): 확률과정에서 기준시간당 분산.

Variation Margin(추가증거금): 증거금납입요청이 있을 때 증거금계좌의 잔액을 개시증거금 수준으로 맞추기 위해 추가적으로 내야 하는 증거금.

Vega(베가): 변동성에 대한 옵션 또는 다른 파생상품의 가격변화율.

Vega-neutral Portfolio(베가중립 포트폴리오): 베가가 0인 포트폴리오.

Vertical Spread(수직스프레드): 한 옵션을 매입하고 행사가격만 다른 동일한 옵션을 매도하는 전략.

Volitility(변동성): 자산으로부터 얻게 될 수익률의 불확실성을 측정하는 위험의 척도.

Volatility Swap(변동성스왑): 여러 개의 기간을 포함하고 있는데 각각 기간 말에 거래의 한 당사자는 미리 합의된 변동성 금액을 지불하는 반면, 다른 당사자는 그 기간 동안에 실현된 역사적 변동성 금액을 지불하는 스왑.

W

Warrant(워런트): 기업 또는 금융기관이 발행하는 옵션으로 콜워런트는 기업이 자사주를 기초자산으로 하여 주로 발행함.

Wild Card Play(와일드카드 플레이): 거래를 마감한 후 일정시간 동안 종가로 선물계약을 인도할 수 있는 권리.

Wiener Process(WP)(위너과정): 확률과정(SP)의 한 종류로 평균이 0이고 분산이 dt인 정규분포를 따르는 마코브확률과정.

Writing an Option(옵션발행): 옵션매도.

Y

Yield(수익률): 금융상품에서 얻는 수익률.

Yield Curve(수익률곡선): Term Structure 참조.

Z

Zero-coupon Bond(무이표채): 만기내에 표면이자를 지급하지 않는 채권으로 통상 할인되어 판매됨.

Zero-coupon Interest Rate(무이표채 이자율): 이자를 지급하지 않는 채권으로부터 얻는 이자율.

Zero-coupon Yield Curve(무이표채 수익률곡선): 무이표채의 만기와 이자율의 관계를 그린 곡선.

표준정규분포표

표에 제시된 수치는 z=0에서 정(플러스)의 z 값을 가진 빗금친 부분의 면적을 나타내는 비율이다.

z	.00	.01	.02	.03	.04	.05	.06	.07	.08	.09
0.0	.0000	.0040	.0080	.0120	.0160	.0199	.0239	.0279	.0319	.0359
0.1	.0398	.0438	.0478	.0517	.0557	.0596	.0636	.0675	.0714	.0753
0.2	.0793	.0832	.0871	.0910	.0948	.0987	.1026	.1064	.1103	.1141
0.3	.1179	.1217	.1255	.1293	.1331	.1368	.1406	.1443	.1480	.1517
0.4	.1554	.1591	.1628	.1664	.1700	.1736	.1772	.1808	.1844	.1879
0.5	.1915	.1950	.1985	.2019	.2054	.2088	.2133	.2157	.2190	.2224
0.6	.2257	.2291	.2324	.2357	.2389	.2422	.2454	.2486	.2517	.2549
0.7	.2580	.2611	.2642	.2673	.2703	.2734	.2764	.2794	.2823	.2852
0.8	.2881	.2910	.2939	.2967	.2995	.3023	.3051	.3078	.3106	.3133
0.9	.3159	.3186	.3212	.3238	.3264	.3289	.3315	.3340	.3365	.3389
1.0	.3413	.3438	.3461	.3485	.3508	.3531	.3554	.3577	.3599	.3621
1.1	.3643	.3665	.3686	.3708	.3729	.3749	.3770	.3790	.3810	.3830
1.2	.3849	.3869	.3888	.3907	.3925	.3944	.3962	.3980	.3997	.4015
1.3	.4032	.4049	.4066	.4082	.4099	.4115	.4131	.4147	.4162	.4177
1.4	.4192	.4207	.4222	.4236	.4251	.4265	.4279	.4292	.4306	.4319
1.5	.4332	.4345	.4357	.4370	.4382	.4394	.4406	.4418	.4429	.4441
1.6	.4452	.4463	.4474	.4484	.4495	.4505	.4515	.4525	.4535	.4545
1.7	.4554	.4564	.4573	.4582	.4591	.4599	.4608	.4616	.4625	.4633
1.8	.4641	.4649	.4656	.4664	.4671	.4678	.4686	.4693	.4699	.4706
1.9	.4713	.4719	.4726	.4732	.4738	.4744	.4750	.4756	.4761	.4767
2.0	.4772	.4778	.4787	.4788	.4793	.4798	.4803	.4808	.4812	.4817
2.1	.4821	.4826	.4830	.4834	.4838	.4842	.4846	.4850	.4854	.4857
2.2	.4861	.4864	.4868	.4871	.4875	.4878	.4881	.4884	.4887	.4890
2.3	.4893	.4896	.4898	.4901	.4904	.4906	.4909	.4911	.4913	.4916
2.4	.4918	.4920	.4922	.4925	.4927	.4929	.4931	.4932	.4394	.3936
2.5	.4938	.4940	.4941	.4943	.4945	.4946	.4948	.4949	.4951	.4952
2.6	.4953	.4955	.4956	.4957	.4959	.4960	.4761	.4962	.4963	.4964
2.7	.4965	.4966	.4967	.4968	.4969	.4970	.4971	.4972	.4973	.4974
2.8	.4974	.4975	.4976	.4977	.4977	.4978	.4979	.4979	.4980	.4981
2.9	.4981	.4982	.4982	.4983	.4984	.4984	.4985	.4985	.4986	.4986
3.0	.4987	.4987	.4987	.4988	.4988	.4989	.4989	.4989	.4990	.4990

참고 문헌

제1부 : 선물과 선도

구본열, 『자산가격결정론』, 두남, 2005

김명직, 장국현, 『금융시계열분석』, 경문사, 1998

김석진, 김태혁, 차명준, 『선물옵션의 기초와 거래전략』, 삼영사, 1999

김철중, 윤평식, 『파생상품의 평가와 헷징전략』, 탐진, 1999

박진우, 『파생상품론』, 명경사, 2008

박진우, 『파생상품 연습』, 명경사, 2009

서기원, 원재환, 서동필, 『선물옵션이론과 실제』, 유풍출판사, 2000

신민식, 『금융공학』, 법문사, 1996

원재환, 『선물옵션연습』, 유풍출판사, 2003

원재환, 『금융리스크관리』, 법문사, 2011

지청, 조담, 『투자론』, 학현사, 2005

최원근, 고종문, 소영일, 『금융옵션』, 박영사, 1999

Allayannis, G. and J. Weston, "The Use of Foreign Currency Derivatives and Firm Market Value", *Review of Financial Studies*, 14, 1(Spring 2001), pp.243-276.

Brownm G.W., G.S. Hayt, R.C. Marston, "Managing Foreign Exchange Risk with Derivatives", *Journal of Financial Economics*, 60(2001), pp.401-448.

Burghardt, G. and W. Hoskins, "The Convexity Bias in Eurodollar Futures", *Risk*, 8, 3(1995), pp.63-70.

Chancellor, E., *Devil Take the Hindmost: A History of Financial Speculation*, NY: Farra Straus Giroux, 2000

Cox, J,C., J.E. Ingersoll, and S.A. Ross, "The Relation between Forward Prices and Futures Prices", *Journal of Financial Economics*, 9(December 1981), pp.321-346.

Duffie, Darrell, *Futures Markets*, Prentice-Hall International, Inc., 1989

Ederington, L.H., "The Hedging Performance of the New Futures markets", *Journal of Finance*, 34(March 1979), pp.157-170.

Fabozzi, F.J., *Fixed Income Mathematics: Analytical and Statistical Techniques*, 4th ed., NY: 2006

Fabozzi, F.J., *Duration, Convexity, and Other Bond Risk measures*, F.J. Fabozzi Assoc., 1999.

Ghon, R.S. and R.P. Chang, "Intra-day Arbitrage in Foreign Exchange and Eurocurrency Markets", *Journal of Finance*, 47, 1(1992), pp.363-380.

Grinblatt, M. and N. Jegadeesh, "The Relative Price of Eurodollar Futures and Forward Contracts", *Journal of Finance*, 51, 4(Sept. 1996), pp.1499-1522.

Hull, John C., *Options, Futures and Other Derivative Securities*, 8th Edition, Pearson, 2012

Jarrow, R.A. and G.S. Oldfield, "Forward Contracts and Futures Contracts", *Journal of Financial Economics*, 9(Dec. 1981), pp.373-382.

Jorion, P., "Risk Management Lessons from Long-Term Capital Management", *European Financial Management*, 6(2000), pp.277-300.

Kane, E.J., "Market Incompleteness and Divergences between Forward and Futures Interest Rates", *Journal of Finance*, 35(May 1980), pp.221-234.

Kawallen, L.G., and P.D. Koch, "Meeting the Highly Effective Epectation Criterion for Hedge Accounting", *Journal of Derivatives*, 7, 4(Summer 2000), pp.79-87.

Marshall, John F. and Vipul K. Bansal, *Financial Engineering*, New York Institute of Finance, 1992

Mason, Scott, Robert Merton, Andre Perold, and Peter Tufano, *Cases in Financial Engineering,* Prentice-Hall, Inc., 1995

Mello, A.S. and J.E. Parsons, "Hedging and Liquidity", *Review of Financial Studies*, 13(Spring 2000), pp.127-153.

Merton, R.C., "Finance Theory and Future Trends: The Shift to Integration", *Risk*, 12.(1999) 7(July), pp.48-51.

Miller, M.H., "Financial Innovation: Achievements and Prospects", *Journal of Applied Corporate Finance*, 4(Winter 1992), pp.4-11.

Neuberger, A,J., "Hedging Long-term Exposures with Multiple Short-term Futures Contracts", *Review of Financial Studies*, 12(1999), pp.429-459.

Petersen, M.A. and S.R. Thiagarajan, "Risk Management and Hedging: With and Without Derivatives", *Financial Management*, 29, 4(Winter 2000), pp.5-30.

Pindyck, R.S., "Inventories and The Short-run Dynamics of Commodity Prices", *Rand Journal of Economics*, 25, 1(1994), pp.141-159.

Rendleman, R. "A Reconciliation of Potentially Conflicting Approaches to Hedging with Futures", *Advances in Futures and Options*, 6(1993), pp.81-92.

Richard, S. and S. Sundaresan, "A Continuous-time Model of Forward and Futures Prices in a

Multigood Eonomy", *Journal of Financial Economics*, 9(Dec. 1981), pp.347-372.
Ritchken, Peter, *Derivative Markets*, Harper-Collins College Publishing, 1996
Routledge, B.R., D.J. Seppi, and C.S. Spatt, "Equilibrium Forward Curves for Commodities", *Journal of Finance*, 55, 3(2000), pp.1297-1338.
Stulz, R.M., "Optimal Hedging Policies", *Journal of Financial and Quantitative Analysis*, 19(June 1984), pp.127-140.
Tufano, P., "Who Manages Risk? An Empirical Examination of Risk Management Practices in the Gold Mining Industry", *Journal of Finance*, 51, 4(1996), pp.1097-1138.
Tufano, P., "The Determination of Stock Price Exposure: Financial Engineering and The Gold Mining Industry", *Journal of Finance*, 53, 3(1998), pp.1015-1052.
Whaley, Robert E., Interrelations among Futures, Option, and Futures Option Market, Board of Trade of the City of Chicago, 1992
Zhang, P.G., *Barings Bankruptcy and Financial Derivatives,* Singapore: World Scientific, 1995.

제2부 : 옵션

구본열, 『자산가격결정론』, 두남, 2005
김명직, 장국현, 『금융시계열분석』, 경문사, 1998
김석진, 김태혁, 차명준, 『선물옵션의 기초와 거래전략』, 삼영사, 1999
김철중, 윤평식, 『파생상품의 평가와 헷징전략』, 탐진, 1999
박진우, 『파생상품론』, 명경사, 2008
박진우, 『파생상품 연습』, 명경사, 2009
서기원, 원재환, 서동필, 『선물옵션이론과 실제』, 유풍출판사, 2000
신민식, 『금융공학』, 법문사, 1996
원재환, 『선물옵션연습』, 유풍출판사, 2003
원재환, 『금융리스크관리』, 법문사, 2011
원재환, "스톡옵션제도의 도입이 배당정책에 미치는 영향", 「경영학연구」, 제33권(제4호), 2004, pp. 1073-1096.
원재환, 김재필, "스톡옵션도입의 재무적 효과", 「대한경영학회지」, 제16권(제7호), 2003, pp. 2295-2317.
원재환, "스톡옵션제도의 공시효과와 위험에 관한 연구", 「증권학회지」, 제28집, 2001, pp. 579-623.

원재환, “주식과 연계된 보상정책이 배당에 미치는 영향: Marsh and Merton모형을 이용한 은행과 일반기업의 비교연구”, 「금융안정연구」, 제3권(제1호), 2002, pp. 105–127.

지청, 조담, 『투자론』, 학현사, 2005

최원근, 고종문, 소영일, 『금융옵션』, 박영사, 1999

Ahuja, N.L., “Commodity Derivatives Market in India: Development, Regulation and Futures Perspects”, *International Research Journal of Finance and Economics*, 2(2006), pp.153-162.

Aitchison, J. and J. A. Brown, *The Lognormal Distribution*, Cambridge University Press, 1966.

Amin, K. and R.A. Jarrow, “Pricing Foreign Currency Options under Stochastic Interest Rates”, *Journal of International Money and Finance*, 10(1991), pp.310-329.

Amram, M. and N. Kulatilaka, *Real Options: Managing Strategic Investments in an Uncertain World*, Harvard Business School Press, 1999.

Amram, M., F. Li, and C.A. Perkins, “How Kimberly-Clark Uses Real Options”, *Journal of Applied Corporate Finance*, 18(Spring 2006), pp.40-47.

Arditti, F., L. Cai, M. Cao, and R. McDonald, “Weather to Hedge”, *Risk*, Supplement on Weather Risk(1999), pp.9-12.

Arzac, E.R., “PERCs, DECs, and Other Mandatory Convertibles”, *Journal of Applied Corporate Finance*, 10, 1(1997), pp.54-63.

Bakshi, G.C., C. Cao, and Z. Chen, “Empirical Performance of Alternative Option pricing Models”, *Journal of Finance*, 52, 5(Dec. 1997), pp.2004-2049.

Bharadwaj, A.and J.B. Wiggins, “Box Spread and Put-Call Parity Tests for the S&P Index LEAPS Markets”, *Journal of Derivatives*, 8, 4(Summer 2001), pp.62-71.

Biger, N. and J.C. Hull, “The Valuation of Currency Options”, *Financial Management*, 12(Spring 1983), pp. 24-28.

Black, F., “Facts and Fallacy in the Use of Options and Corporate Liabilities”, *Financial Analysts Journal*, 31(July/Aug. 1975), pp.36-41, 61-72.

Black, F., “The Pricing of Commodity Contract”, *Journal of Financial Economics*, 3(1976), pp.167-179.

Black, F., “How We Came Up with the Option Pricing Formula”, *Journal of Portfolio Management*, 15, 2(1989), pp.4-8.

Black, F. and P. Karasinski, “Bond and Option Pricing When Short Rates are Lognormal”, *Financial Analysts Journal*, July/Aug.(1991), pp.52-59.

Black, F. and M. Scholes, “The Pricing of Options and Corporate Liabilities”, *Journal of Political*

Economy, 81(May-June 1973), pp.637-659.

Bodie, Z., "On the Risk of Stocks in the Long Run", *Financial Analysts Journal*, 51, 3(1995), pp.18-22.

Bookstaber, Richard M., *Option Pricing and Investment Strategies*, Probus Publishing, 1987

Boyle, P.P., "Options: A Monte Carlo Approach", *Journal of Financial Economics*, 4(1977), pp.323-328.

Boyle, P.P., M. Broadie, and P. Glasserman, "Monte Carlo Methods for Security Pricing", *Journal of Economic Dynamics and Control*, 21(1977), 1267-1332.

Braga, B.S., "Derivatives Markets in Brazil: An Overview", *Journal of Derivatives*, 4(Fall 1996), pp.63-78.

Brealey, R.A., *An Introduction to Risk and Return from Common Stock*, 2nd ed., Cambridge, MA: MIT Press, 1986.

Brennan, M.J. and E.S. Schwartz, "Evaluating Natural Resource Investment", *Journal of Business*, 58(April 1985), pp.135-157.

Broadie, M.P. and J. Detemple, "American Option Valuation: New Bounds, Approximations, and A Comparison of Existing methods", *Review of Financial studies*, 9, 4(1996), pp.1211-1250.

Broadie, M, P. Glasserman, and S. G. Kou, "A Continuity Correction for Discrete Barrier Options", *Mathematical Finance*, Vol.7, No.4(October, 1997), pp.325-349.

Broadie, M, P. Glasserman, and G. Jain, "Enhanced Monte Carlo Estimates for American Option Prices", *Journal of Derivatives*, 5(Fall 1997), pp.25-44.

Cao, M. and J. Wei, "Weather Derivatives Valuation and the Market Price of Weather Risk", *Journal of Futures Markets*, 24, 11(Nov. 2004), pp.1065-1089.

Chaput, J.S. and L.H. Ederington, "Option Spread and Combination Trading", *Journal of Derivatives*, 10, 4(Summer 2003), pp.70-88.

Clewlow, L. and C. Strickland, *Exotic Options: The State of the Art*, London: Thomson Business Press, 1997.

Copeland, T., T, Koller, and J. Murrin, *Valuation: Measuring and Managing the Value of Companies*, 3rd ed., NY: Wiley, 2000

Copeland, T. and V. Antikarov, *Real Options: A Practitioners Guide*, NY: Texere, 2003

Coval, J.E. and T. Scumway, "Expected Option Returns", *Journal of Finance*, 56, 3(2001), pp.983-1009.

Cox, D.R. and H.D. Miller, *The Theory of Stochastic Processes*, London, Chapman & Hall, 1977.

Cox, J.C., J.E. Ingersoll, S.A. Ross, "A Theory of the Term Structure of Interest Rates", *Econometrica*, 53(1985), pp.385-407.

Cox, J.C. and S.A. Ross, "The Valuation of Options for Alternative Stochastic Processes", *Journal of Financial Economics,* 3(1976), pp.145-166.

Cox, J.C., S.A. Ross, and M. Rubinstein, "Option Pricing: A Simplified Approach", *Journal of Financial Economics*, 7(Oct. 1979), pp.229-264.

Cox, J. C. and Mark Rubinstein, *Options Markets*, Prentice-Hall International, Inc., 1985

Derman, E., D. Ergener, and I. Kani, "Static Options Replication", *Journal of Derivatives*, 2, 4(Summer 1995), pp.78-95.

Dixit, A.K. and R.S. Pindyck, *Investment under Uncertainty*, Princeton University Press, 1994.

Ederington, L.H. and W. Guan, "Why are Those Options Smiling?", *Journal of Derivatives*, 10,2(2002), pp.9-34.

Fama, E.F., "The Behavior of Stock Market Prices", *Journal of Business*, 38(Jan. 1965), pp.34-105.

Feller, W., *Introduction to Probability Theory and Its Applications*, New York: Wiley, 1968.

Figlewski, S. and B. Gao, "The Adaptive mesh Model: A New Approach to Efficient Option Pricing", *Journal of Financial Economics*, 53(1999), pp.313-351.

French, K.R., "Stock Returns and the Weekend Efect", *Journal of Financial Economics*, 8(March 1980), pp.55-69.

French, K.R. and R. Roll, "Stock Return Variances: The Arrival of Information and the Reaction of Traders", *Journal of Financial Economics*, 17(Sept. 1986), pp.5-26.

Galai, D. and M. Schneller, "Pricing Warrants and the Value of the Firm", *Journal of Finance*, 33(1978), 1339-1342.

Garman, M.B. and S.W. Kohlhagen, "Foreign Currency Option Values", *Journal of International Money and Finance*, 2(December 1983), 231-237.

Geske, R., "The Valuation of Compound Options", *Journal of Financial Economics*, 7(1979), pp.63-81.

Giddy, I.H. and G. Dufey, "Uses and Abuses of Currency Options", *Journal of Applied Corporate Finance*, 8, 3(1995), pp.49-57.

Goldman, B., H. Sosin, and M.A. Gatto, "Path Dependent Options: Buy at the Low, Sell at the High", *Journal of Finance*, 34(Dec. 1979), pp.1111-1127.

Grabbe, J.O., "The Pricing of Call and Put Options on Foreign Exchange", *Journal of International Money and Finance*, 2(Dec. 1983), pp. 239-253.

Hilliard, J.E. and J. Reis, "Valuation of Commodity Futures and Options under Stochastic Convenience Yields, Interest Rates, Jump Diffusions in the Spot", *Journal of Financial and Quantitative Analysis*, 33, 1(March 1998), pp.61-86.

Hogg, R. V., Joseph W. McKean, and Allen Craig, *Introduction to Mathematical Statistics*, 7th Edition, Pearson Custom Publishing.

Hull, J. C., *Options, Futures and Other Derivative Securities*, 8th Edition, Pearson, International, Inc., 2012

Hull, J.C. and A. White, "The Use of the Control Variate Technique in Option Pricing", *Journal of Financial and Quantitative Analysis*, 23(Sept. 1988), pp.237-251.

Hull, J.C. and A. White, "Valuing Derivative Securities Using the Explicit Finite Difference Method", *Journal of Financial and Quantitative Analysis*, 25, 1(March 1990), pp.87-100.

Hull, J.C. and A. White, "Pricing Interest Rate Derivative Securities", *The Review of Financial Studies*, 3, 4(1990), pp. 573-592.

Jackwerth, J.C. and M. Rubinstein, "Recovering Probability Distributions from Option Prices", *Journal of Finance*, 51(Dec. 1996), pp.1611-1631.

Jorion, P., "Predicting Volatility in the Foreign Exchange Market", *Journal of Finance*, 50, 2(1995), pp.507-528.

Kemna, A. and A, Vorst, "A Pricing Method for Options Based on Average Asset Values", *Journal of Banking and Finance*, 14(March 1990), pp,113-129.

Kon, S.J., "Models of Stock Returns-A Comparison", *Journal of Finance*, 39(March 1984), pp.147-165.

Lauterbach, B. and P. Schultz, "Pricing Warrants: An Empirical Study of the Black-Scholes Model and Its Alternatives", *Journal of Finance*, 45(1990), pp.1181-1209.

Longstaff, F.A. and E.S. Schwartz, "Interest Rate Volatility and the Term Structure: A Two Factor General Equilibrium Model", *Journal of Finance*, 47, 4(Sept. 1992), pp.1259-1282.

Margrabe, W., "The Value of an Option to Exchange One Asset for Another", *Journal of Finance*, 33(March 1978), pp.177-186.

Marshall, John F. and Vipul K. Bansal, *Financial Engineering*, New York Institute of Finance, 1992

Mason, S.P. and R.C. Merton, "The Role of Contingent Claims Analysis in Corporate Finance", in E.I. Altman and M.G. Subrahmanyan(eds.), *Recent Advances in Corporate Finance*(Homewood, IL: Richard D. Irwin, Inc., 1985

Mason, S., R. Merton, A. Perold, and P. Tufano, *Cases in Financial Engineering*, Prentice-Hall, Inc., 1995

McDonald, R. L., "The Role of Real Options in Capital Budgeting: Theory and Practice", *Journal of Applied Corporate Finance*, 18(Spring 2006), pp.28-39.

Melick, W.R. and C.P. Thomas, "Recovering an Asset's Implied Probability Density Function from Option Prices: An Application to Crude Oil during the Gulf Crisis", *Journal of Financial and Quantitative Analysis*, 32, 1(March 1997), pp.91-115.

Merton, R.C., "The Relation between Put and Call Prices: Comment", *Journal of Finance*, 28(March 1973), pp.183-184.

Merton, R.C., "On the Pricing of Corporate Debt: The Risk Structure of Interest Rates", *Journal of Finance*, 29, 2(1974), pp.449-470.

Merton, R.C., "Finance Theory and Future Trends: The Shift to Integration", *Risk*, 12.(1999) 7(July), pp.48-51.

Milevski, M.A. and S.E. Posner, "Asian Options: The Sum of Lognormals and the Reciprocal Gamma Distribution", *Journal of Financial and Quantitative Analysis*, 33, 3(Sept. 1998), pp.409-422.

Miller, M.H., "Financial Innovation: Achievements and Prospects", *Journal of Applied Corporate Finance*, 4(Winter 1992), pp.4-11.

Miltersen, K.R. and E.S. Schwartz, "Pricing Options on Commodity Futures with Stochastic Term Structure of Convenience Yields and Interest Rates", *Journal of Financial and Quantitative Analysis*, 33, 1(March 1998), pp.33-59.

Myers, S., "Financial Theory and Financial Strategy", *Interface*, Vol.14(1984), Jan.-Feb., pp.126-137.

Neftci, S., *Introduction to Mathematics of Financial Derivatives*, 2nd ed., NY: Academic Press, 2000.

Rendleman, R.J., "Covered Call Writing from an Expected Utility Perspective", *Journal of Derivatives*, 8, 3(Spring 2001), pp.63-75.

Rendleman, R.J. and B. Bartter, "Two State Option Pricing", *Journal of Finance*, 34(1979), pp.1092-1110.

Ritchken, P., "On Pricing Barrier Options", *Journal of Derivatives*, 3, 2(Winter 1995), pp.19-28.

Ritchken, P., *Derivative Markets*, Harper-Collins College Publishing, 1996

Ritchken, P., L. Sankarasubramanian, and A.M. Vijh, "The Valuation of Path Dependent Contracts on the Average", *Mangement Science*, 39(1993), pp.1202-1213.

Roll, R., "Orange Juice and Weather", *American Economic Review*, 74, 5(Dec. 1984), pp.861-880.

Ronn, A.G. and E.I. Ronn, "The Box-Spread Arbitrage Conditions", *Review of Financial Studies*, 2, 1(1989), pp.91-108.

Ross,S. M., *Probability Models*, Academic Press

Rubinstein, M.,"Non-parametric Tests of Alternative Option Pricing Models Using All Reported Trades and Quotes on the 30 Most Active CBOE Option Classes from August 23, 1976 through August 31, 1978", *Journal of Finance*, 40(June 1985), pp.455-480.

Rubinstein, M., "One for Another", *Risk*, July/Aug.(1991), pp.30-32.

Rubinstein, M., "Pay Now, Choose Later", *Risk*, Feb.(1991), pp.44-47.

Rubinstein, M., "Two in One", *Risk*, May(1991), pp.49.

Rubinstein, M., "Somewhere over the Rainbow", *Risk*, Nov.(1991), pp.63-66.

Rubinstein, M., "Implied Binomial Trees", *Journal of Finance*, 49, 3(July 1994), pp.771-818.

Schwartz, E.S. and M. Moon, "Rational Pricing of Internet Companies", *Financial Analysts Journal*, May/June(2000), pp.62-75.

Smith, C.W., "Option Pricing: A Review", *Journal of Financial Economics*, 3(1976), pp.3-54.

Smit, H. and L. Trigeorgis, *Strategic Investment, Real Options and Games*, Princeton University Press, 2004.

Stoll, H.R., "The Relation between Put and Call Prices", *Journal of Finance*, 24(Dec. 1969), pp.801-824.

Stulz, R.M., "Options on the Minimum or maximum of Two Assets", *Journal of Financial Economics*, 10(1982), pp.161-185..

Taleb, N.N., *Dynamic Hedging: Managing Vanilla and Exotic Options*, NY: Wiley, 1996.

Trigeorgis, L., *Real Options: Managerial Flexibility and Strategy in Resouce Allocation*, MIT Press, Cambridge, MA, 1996.

Turnbull, S.M. and L.M. Wakeman, "A Quick Algorithm for Pricing European Average Options", *Journal of Financial and Quantitative Analysis*, 26(Sept. 1991), pp.377-389..

Vasicek, O.A., "An Equilibrium Characterization of the Term Structure", *Journal of Financial Economics*, 5(1977), pp.177-188.

Whaley, Robert E., Interrelations Among Futures, Option, and Futures Option Market, Board of Trade of the City of Chicago, 1992.

Won, Chaehwan, "Valuation of investments in natural resources using contingent-claim framework with Application to Bituminous Coal Developments in Korea", *Energy*, 2009, Vol. 34, No.9, September, pp.1215-1224.

Won, Chaehwan, "Contingent-claim Valuation of a Closed-end Funds: Models and Implications", *Korean Journal of Futures and Options*, 2009, Vol. 17, No.4, pp.43-74.

Won, Chaehwan, The Behavior and Predictive Power of Implied Volatilities in Spot and Futures Options", *Journal of Commerce and Economics*, 2008, Vol.24, No.2, pp. 189-217.

Won, Chaehwan "The Empirical Tests of the Regulated Industry Hypothesis (RIH): The Case of Stock Option System", *Korean Management Review*, 2005, Vol. 34, No.4(Aug.), pp. 1165-1193.

Won, Chaehwan "Mathematical Model of Optimal Payouts under Nonlinear Demand Curve", *International Journal of Management Science*, Vol. 10 (No. 2), 2004, pp. 53-71.

Won, Chaehwan "A Contingent-Claim Analysis of the Closed-end Mutual Fund Discount Puzzle", with Andrew Chen and Larry Merville, *Research in Finance*, Vol.18, 2001, pp. 105-132.

Zhang, P.G., *Barings Bankruptcy and Financial Derivatives*, Singapore: World Scientific, 1995.

Xu, X. and S.J. Taylor, "The Term Structure of Volatility Implied by Foreign Exchange Options", *Journal of Financial and Quantitative Analysis*, 29(1994), pp.57-74.

제3부 : 스왑

구본열, 『자산가격결정론』, 두남, 2005

김명직, 장국현, 『금융시계열분석』, 경문사, 1998

김철중, 윤평식, 『파생상품의 평가와 헷징전략』, 탐진, 1999

박진우, 『파생상품론』, 명경사, 2008

박진우, 『파생상품 연습』, 명경사, 2009

신민식, 『금융공학』, 법문사, 1996

지청, 조담, 『투자론』, 학현사, 2005

Baz, J. and M. Pascutti, "Alternative Swap Contracts Analysis and Pricing", *Journal of Derivatives*, (Winter 1996), pp.7-21.

Brown, K.C. and D.J. Smith, *Interest Rate and Currency Swaps: A Tutorial*, Association for Investment Management and Research, 1996.

Carr, P. and R. Lee, "Realized Volatility and Variance: Options via Swap", *Risk*, May 2007, pp.76-83.

Chance, D. and Rich, "The Pricing of Equity Swap and Swaptions", *Journal of Derivatives*, 5,

4(Summer 1998), pp.19-31.

Cooper, I. and A. Mello, "The Default Risk in Interest Rate Swaps", *Journal of Finance*, 46, 2(1991), pp.597-620.

Dattatreya, R.E. and K. Hotta, *Advanced Interest Rate and Currency Swaps: State-of-the-Art Products, Strategies, and Risk Management Applications*, Irwin, 1993.

Demeterfi, K., E. Derman, M. Kamal, and J. Zou, "More Than You Ever Wanted To Know about Volatility Swap", *Journal of Derivatives*, 6, 4(Summer 1999), pp.9-32.

Flavell, R., *Swaps and Other Instruments*, Chichester: Willy 2002.

Gupta, A. and M.G. Subrahmanyam, "An Empirical Examination of the Convexity Bias in the Pricing of Interest Rate Swaps", *Journal of Financial Economics*, 55, 2(2000), pp.239-279.

Hull, John C., *Options, Futures and Other Derivative Securities*, 8th Edition, Pearson, 2012

Litzenberger, R.H., "Swaps: Plain and Fanciful", *Journal of Finance*, 47, 3(1992), pp.831-850.

Marshall, John F. and Vipul K. Bansal, *Financial Engineering*, New York Institute of Finance, 1992

Mason, Scott, Robert Merton, Andre Perold, and Peter Tufano, *Cases in Financial Engineering*, Prentice-Hall, Inc., 1995

Minton, B.A., "An Empirical Examination of the Basic Valuation Models for Interest Rate Swaps", *Journal of Financial Economics*, 44,2(1997), pp.251-277.

Ritchken, Peter, *Derivative Markets*, Harper-Collins College Publishing, 1996.

Smith, D.J., "Aggressive Corporate Finance: A Closer Look at the Procter and Gamble-Bankers Trust Leveraged Swap", *Journal of Derivatives*, 4, 4(Summer 1997), pp.67-79.

Sun, T., S. Sundaresan, and C. Wang, "Interest rate Swaps: An Empirical Investigation", *Journal of Financial Economics*, 34, 1(1993), pp.77-99.

Titman, S., "Interest Rate Swaps and Corporate Financing Choices", *Journal of Finance*, 47, 4(1992), pp.1503-1516.

영문색인

A

B

C

D

G

H

I

J

K

L

M

N

O

P

Q

R

S

T

U

V

W

Y

Z

국문색인

ㄱ

ㄴ

ㄷ

ㄹ

ㅁ

ㅂ

ㅅ

ㅇ

ㅈ

ㅊ

ㅋ

ㅌ

ㅍ

ㅎ

[저자의 주요 저서 및 논문]

금융리스크관리(2012), 법문사

선물옵션연습(2003), 유풍출판사

선물옵션의 이론과 실제(2000), 유풍출판사

"Using GABKR Model for Dividend Policy Forecasting", Expert Systems with Application, 2012(Dec. 15), Vol. 39, Issue 18, pp.13472-13479.(coauthor)

"A Knowledge Integration Model for the Prediction of Corporate Dividends", Expert Systems with Application, 2010, Vol. 37, pp.1344-1350.(coauthor)

"Valuation of Investments in Natural Resources Using Contingent-claim Framework", Energy, 2009, Vol.34, No.9, September, pp.1215-1224.

"Earnings Uncertainty and Analyst Forecast Herding", Asia Pacific Journal of Financial Studies, 2009, Vol. 38, No. 4, pp.545-574.(coauthor)

"Contingent-claim Valuation of a Closed-end Funds: Models and Implications", Korean Journal of Futures and Options, 2009, Vol. 17, No.4, pp.43-74.(coauthor)

"Mathematical Model of Optimal Payouts under Nonlinear Demand Curve", International Journal of Management Science, Vol. 10 (No. 2), 2004, pp. 53-71.

"A Knowledge-based Framework for Incorporating Investor's Preference into Portfolio Decision-making", Intelligent Systems in Accounting, Finance and Management, Vol. 12 (No. 2), 2004, pp. 121-138.(coauthor)

"Two-layer Investment Decision-Making Using Knowledge about Investors' Risk Preference: Model and Empirical Testing", International Journal of Management Science, Vol. 10 (No. 1), 2004, pp. 25-41.(coauthor)

"A Contingent-Claim Analysis of the Closed-end Mutual Fund Discount Puzzle", Research in Finance, Vol.18, 2001, pp.105-132.(coauthor)

"부도확률 예측에서 미시정보와 거시정보의 역할", 금융안정연구, 2012, Vol.13, No.2, pp.25-50. (공저)

"주식형펀드성과의 지속성 평가를 위한 최적 성과평가방법", 경영연구, 2010, Vol.25, No.4, pp.395-422. (공저)

"기업의 부채구조를 고려한 옵션형 기업부도예측모형과 신용리스크", 재무관리연구, 제23권(2호), 2006, pp. 209-237.(공저)

"예금보험제도가 은행의 위험추구와 최적재무구조 그리고 기업가치에 미치는 영향", 보험학회지, 제75집(3호), 2006, pp.135-168.

"한국금융시장에서 파생상품도입의 가격효과", 금융연구, 19권(1호), 2005, pp.149-177.

"스톡옵션제도의 도입이 배당정책에 미치는 영향", 경영학연구, 제33권(제4호), 2004, pp.1073-1096.

"스톡옵션제도의 공시효과와 위험에 관한 연구", 증권학회지, 제28집, 2001, pp.579-623. 외 다수.

저자 약력

원 재 환

고려대학교 학사(B.E.)
한국과학기술원(KAIST) 석사(M.S.)
미국 텍사스대학 경영학박사(Ph.D. in Finance)

전, 행정고등고시 출제위원
보험계리사, 손해사정인시험 출제위원
매일경제신문, 아시아경제신문 칼럼니스트
서강대 경영전문대학원 부원장
서강대 경영대학 재무계열 주임교수
경영연구 편집위원 등
현, 서강대학교 경영학과 교수
산업통상자원부 해외자원투자 자문위원
한국산업경영학회 이사 등

파생상품이론 값37,000원

2013년 4월 15일 초판 인쇄
2013년 4월 17일 초판 발행

저 자 원 재 환
발행인 리 재 영
발행처 新論社
등록번호 제10-308호(1989.3.4)

판매처 새문사
등록번호 제1-273호(1977.9.19)

주소 : 서울시 마포구 대흥로 6길 6-12(용강동 494-80)
전화 : (02)715-7232(代), 717-7235, Fax : (02)715-7235
E-mail : sinlon@saemoon.co.kr
website : www.saemoonbook.com
ISBN : 978-89-7411-352-0 93320